BOXING

BOXING

A Worldwide Record of Bouts and Boxers

HERBERT G. GOLDMAN

Volume 4
Part III. World Title Bouts;
Part IV. Records and Champions;
Part V. The Organization of the Sport;
Part VI. Boxing in History and Culture;
   Appendix; Bibliography

McFarland & Company, Inc., Publishers
Jefferson, North Carolina, and London

Volume 4

LIBRARY OF CONGRESS CATALOGUING-IN-PUBLICATION DATA

Goldman, Herbert G.
Boxing : a worldwide record of bouts and boxers / Herbert G. Goldman.
p. cm.
Includes bibliographical references.

4 volume set —
ISBN 978-0-7864-6054-0
softcover : acid free paper ∞

1. Boxing — Records. 2. Boxers (Sports) — Biography.
3. Boxing — History. I. Title.
GV1137.G65 2012   796.83 — dc23   2011044075

BRITISH LIBRARY CATALOGUING DATA ARE AVAILABLE

© 2012 Herbert G. Goldman. All rights reserved

*No part of this book may be reproduced or transmitted in any form
or by any means, electronic or mechanical, including photocopying
or recording, or by any information storage and retrieval system,
without permission in writing from the publisher.*

On the cover: (top) Photographic composite of two men boxing
by Eadweard Muybridge, 1887; Ricardo Dominguez (left)
and Rafael Ortiz in a 2005 match (photograph by Wayne Short)

Manufactured in the United States of America

McFarland & Company, Inc., Publishers
Box 611, Jefferson, North Carolina 28640
www.mcfarlandpub.com

TABLE OF CONTENTS

Volume 1

Acknowledgments vi
Preface 1

Part I. The Boxers — 3
Bare Knuckle Era, 1791–1880 — 5
Transitional Era, 1870s–1880s — 19
Queensberry Rules Era, 1895–Present (Ada–Gallagher) — 27

Volume 2

Queensberry Rules Era, 1895–Present (Galloway–O'Brien) — 455

Volume 3

Queensberry Rules Era, 1895–Present (O'Brien–Zyglewicz) — 913
Women Boxers — 1326

Part II. Registries of Other Personnel — 1333

Referees	1335	*Managers*	1346
Judges	1339	*Trainers*	1350
Timekeepers	1341	*Cut Men*	1352
Promoters	1341	*Ring Announcers*	1353
Matchmakers	1344	*Ringside Commentators*	1353
Booking Agents	1345	*Historians*	1354
Publicists	1345	*Record Keepers and Compilers*	1354

Volume 4

Part III. World Title Bouts — 1355

Part IV. Records and Champions — 1479
All-Time Professional Leaders — 1481
Miscellaneous Queensberry Records — 1491
Professional Champions — 1500
Amateur Champions — 1624

Part V. The Organization of the Sport — 1651
Weight Divisions and World Titles — 1653

U.S. Association of Boxing Commissions (ABC)	1664
Boxers Associations	1666
Halls of Fame	1667

Part VI. Boxing in History and Culture — 1673

Olympic Champions of Ancient Greece	1675
A Brief History of Boxing	1676
Boxing Demographics	1680
Equipment and Equipment Makers	1682
Selected Boxing Venues and Gymnasiums	1683
Boxing Broadcasts on Radio and Television	1689
Literature, Stage, Screen and the Arts	1697

Appendix: Timeline of Boxing History 1705

Bibliography 1721

PART III

World Title Bouts

The following charts present complete data on all generally recognized world title bouts under Queensberry Rules as well as all fights sanctioned by the International Boxing Union (IBU), National Boxing Association (NBA), World Boxing Association (WBA), World Boxing Council (WBC), International Boxing Federation (IBF), and World Boxing Organization (WBO) as world title contests. Also included are world title bouts sanctioned by individual states (the New York State Athletic Commission [NYAC], California, Michigan, Maryland, and Pennsylvania), the European Boxing Union (EBU), and the British Boxing Board of Control (BBBC). In addition, certain world title bouts sanctioned by the World Athletic Association (WAA), the Intercontinental Boxing Council (IBC), the World Boxing Union (WBU) and the International Boxing Organization (IBO) have been included when, in the opinion of the editor, they had some claim to historical legitimacy as world title bouts.

Bouts are arranged chronologically within each weight division. Almost all world title bouts were scheduled for fifteen rounds from 1943 through 1982, when the WBC reduced their world championship distance to twelve rounds. The WBA and then the IBF followed suit before the start of the next decade.

One of the questions most often asked of boxing journalists is whether a bout stopped between rounds (due to one of the contestants being unfit to continue) is officially recorded as ending in the round just completed, or the round that was about to start. (This is a paradox, as how can a boxer have been stopped in a round that was completed — or, stopped in a round that was not fought?) The British Boxing Board of Control always records the bout as ending in the round that has just ended. The Japanese Boxing Commission records it as a knockout in 0:12 of the round coming up *if* the bell for that round has sounded; otherwise it is a stoppage in the prior round. Some U.S. state commissions say it is a TKO in the previous round, others in the round about to start, while others have it as a TKO in the previous round *if* the bell for the coming round has not been sounded and a TKO in the next round if it has. This book adheres to the ruling of the body in charge in the records of the individual fighters, but has it as a TKO in the round about to start in the world title bout charts — with an asterisk (*) in the column for the time of stoppage, indicating the loser failed to answer the bell for that round. This is done in order to make the charts consistent (within themselves) and intelligible to the reader.

The first column in these charts gives the initials sanctioning body — WBA, WBC, IBF, WBO, etc. The following abbreviations are used for title bouts sanctioned by more than one of these organizations.

BABC   WBA (World Boxing Association)/WBC (World Boxing Council)

BABF   WBA (World Boxing Association)/IBF (International Boxing Federation)

BABO   WBA (World Boxing Association)/WBO (World Boxing Organization)

BCBF   WBC (World Boxing Council)/IBF (International Boxing Federation)

BCBO   WBC (World Boxing Council)/WBO (World Boxing Organization)

BFBOI   BF (International Boxing Federation/WBO (World Boxing Organization

BACF   WBA/WBC/IBF

BACO   WBA/WBC/WBO

BAFO   WBA/IBF/WBO

BCFO   WBC/IBF/WBO

Title bouts sanctioned by all four bodies (e.g., Bernard Hopkins *vs.* Oscar de la Hoya) are listed without *any* sanctioning body — that is, as generic *world* title bouts.

Weights are the official weigh-in weights. Names of promotional bodies are listed in full wherever possible, but in abbreviated form where necessitated by the names of co-promotional bodies.

Heavyweight

9/7/1892. H *Won* James J. Corbett (178) *Lost* John L. Sullivan (212). KO 21/1:45 *S* Olympic Club, New Orleans, La. *R* John Duffy *P* Bohemian Athletic Club.

1/25/1894. H *Won* James J. Corbett (184) *Lost* Charley Mitchell (158). KO 3 *S* Fairgrounds Arena, Jacksonville, Fla. *R* John Kelly *P* Duval Athletic Club.

3/17/1897. H *Won* Bob Fitzsimmons (167) *Lost* James J. Corbett (183). KO 14/1:40 *S* Amphitheatre, Carson City, Nev. *R* George Siler *P* Daniel A. Stewart.

6/9/1899. H *Won* James J. Jeffries (206) *Lost* Bob Fitzsimmons (167). KO 11/1:32 *S* Seaside Athletic Club, Coney Is., N.Y. *R* George Siler *P* Wm. A. Brady/M. Julian.

11/3/1899. H *Won* James J. Jeffries (215) *Lost* Tom Sharkey (183). Ref 25 *S* Greater New York A.C., Coney Is., N.Y. *R* George Siler *P* John F. Dowdell.

4/6/1900. H *Won* James J. Jeffries *Lost* Jack Finnegan. KO 1/0:55 *S* Light Guard Armory, Detroit, Mich. *R* George Siler *P* Cadillac Athletic Club.

5/11/1900. H *Won* James J. Jeffries (218) *Lost* James J. Corbett (188). KO 23 *S* Greater New York A.C., Coney Is., N.Y. *R* Charley White.

11/15/1901. H *Won* James J. Jeffries (211) *Lost* Gus Ruhlin (194). TKO 6/* *S* Mechanics Pavilion, San Francisco, Ca. *R* Harry Corbett *P* James W. Coffroth.

7/25/1902. H *Won* James J. Jeffries (219) *Lost* Bob Fitzsimmons (172). KO 8 *S* Amphitheatre, San Francisco, Calif. *R* Ed Graney *P* James W. Coffroth.

8/14/1903. H *Won* James J. Jeffries (220) *Lost* James J. Corbett (190). KO 10 *S* Mechanics Pavilion, San Francisco, Ca. *R* Ed Graney *P* James W. Coffroth.

8/25/1904. H *Won* James J. Jeffries (219) *Lost* Jack Munroe (186). TKO 2 *S* Mechanics Pavilion, San Francisco, Ca. *R* Ed Graney *P* James W. Coffroth.

7/3/1905. H *Won* Marvin Hart (190) *Lost* Jack Root (171). KO 12 *S* Amphitheatre, Reno, Nev. *R* James J. Jeffries *P* Tom McCarey.

2/23/1906. H *Won* Tommy Burns (180) *Lost* Marvin Hart (188). Ref 20 *S* Naud Junction Pavilion, Los Angeles, Ca. *R* Charles Eyton *P* Tom McCarey.

10/2/1906. H *Won* Tommy Burns *Lost* Fireman Jim Flynn. KO 15 *S* Naud Junction Pavilion, Los Angeles, Ca. *R* Eddie Robinson *P* Tom McCarey.

11/28/1906. H *Won* Tommy Burns (172) *Lost* Phila. Jack O'Brien (163½). Draw 20 *S* Naud Junction Pavilion, Los Angeles, Ca. *R* James J. Jeffries *P* Tom McCarey.

5/8/1907. H *Won* Tommy Burns (180) *Lost* Phila. Jack O'Brien (167). Ref 20 *S* Naud Junction Pavilion, Los Angeles, Ca. *R* Charles Eyton *P* Tom McCarey.

7/4/1907. H *Won* Tommy Burns (181) *Lost* Bill Squires (180). KO 1/2:09 *S* Mission Street Arena, Colma, Calif. *R* James J. Jeffries *P* James W. Coffroth.

12/2/1907. H *Won* Tommy Burns (177) *Lost* Gunner Moir (207). KO

10/2:48 *S* National Sporting Club, London, Eng. *R* Eugene Corri *P* National Sporting Club.

2/10/1908. H *Won* Tommy Burns *Lost* Jack Palmer. KO 4 *S* Wonderland Arena, London, Eng. *R* Eugene Corri *P* Tommy Burns.

3/17/1908. H *Won* Tommy Burns *Lost* Jem Roche. KO 1/1:28 *S* Royal Theatre, Dublin, Ireland *R* R.P. Watson *P* Richard Croker.

4/18/1908. H *Won* Tommy Burns *Lost* Jewey Smith. KO 5 *S* Neuilly Bowling Palace, Paris, France *R* Louis Phelan *P* Leon See.

6/13/1908. H *Won* Tommy Burns (184) *Lost* Bill Squires (183). KO 8 *S* Neuilly Bowling Palace, Paris, France *R* Louis Phelan *P* Leon See.

8/24/1908. H *Won* Tommy Burns (181) *Lost* Bill Squires (184). KO 13 *S* Sydney Stadium, Sydney, N.S.W., Australia *R* H.C. Nathan *P* Hugh D. McIntosh.

9/2/1908. H *Won* Tommy Burns (183) *Lost* Bill Lang (187). KO 6 *S* W. Melbourne Stadium, Melbourne, Vic., Aus. *R* Hugh McIntosh *P* Hugh D. McIntosh.

12/26/1908. H *Won* Jack Johnson (192) *Lost* Tommy Burns (168). TKO 14 *S* Sydney Stadium, Sydney, N.S.W., Australia *R* Hugh McIntosh *P* Hugh D. McIntosh.

5/19/1909. H *Won* Jack Johnson (205) *Lost* Phila. Jack O'Brien (161). ND 6 *S* National Athletic Club, Philadelphia, Pa. *R* Jack McGuigan *P* Jack McGuigan.

6/3/1909. H *Won* Jack Johnson (207) *Lost* Tony Ross (214). ND 6 *S* Duquesne Gardens, Pittsburgh, Pa. *R* Jimmy Dime.

9/9/1909. H *Won* Jack Johnson (209) *Lost* Al Kaufman (191). ND 10 *S* Mission Street Arena, Colma, Calif. *R* Ed. W. Smith *P* James W. Coffroth.

10/16/1909. H *Won* Jack Johnson (205½) *Lost* Stanley Ketchel (170¼). KO 12 *S* Mission Street Arena, Colma, Calif. *R* Jack Welch *P* James W. Coffroth.

7/4/1910. H *Won* Jack Johnson (208) *Lost* James J. Jeffries (227). KO 15/2:20 *S* Amphitheatre, Reno, Nev. *R* Tex Rickard *P* Tex Rickard–Jack Gleason.

7/4/1912. H *Won* Jack Johnson (195½) *Lost* Fireman Jim Flynn (175). DQ 9 *S* Amphitheatre, Las Vegas, N.M. *R* Ed. W. Smith.

12/19/1913. H *Won* Jack Johnson *Lost* Battling Jim Johnson. Draw 10 *S* Premierland, Paris, France *R* Emil Maitrot.

6/27/1914. H *Won* Jack Johnson (221) *Lost* Frank Moran (203). Ref 20 *S* Velodrome d'Hiver, Paris, France *R* Georges Carpentier *P* M. Vienne.

4/5/1915. H *Won* Jess Willard (230) *Lost* Jack Johnson (205½). KO 26/1:26 *S* Oriental Race Track, Marianao, Cuba *R* Jack Welch *P* Jack Curley–Harry Frazee.

3/25/1916. H *Won* Jess Willard (225) *Lost* Frank Moran (203). ND 10 *S* Madison Sq. Garden, New York, N.Y. *R* Charley White *P* George (Tex) Rickard.

7/4/1919. H *Won* Jack Dempsey (187) *Lost* Jess Willard (245). TKO 4/* *S* Bay View Park Arena, Toledo, Ohio *R* Ollie Pecord *P* Toledo Athletic Club.

9/6/1920. H *Won* Jack Dempsey (185) *Lost* Billy Miske (187). KO 3/1:13 *S* Amphitheatre, Benton Harbor, Mich. *R* Jack Dougherty *P* Floyd Fitzsimmons.

12/14/1920. H *Won* Jack Dempsey (188¼) *Lost* Bill Brennan (197). KO 12/1:57 *S* Madison Sq. Garden, New York, N.Y. *R* Johnny Haukaup *P* George (Tex) Rickard.

7/2/1921. H *Won* Jack Dempsey (188) *Lost* Georges Carpentier (172). KO 4/1:16 *S* Rickard's Oval, Jersey City, N.J. *R* Harry Ertle *P* George (Tex) Rickard.

7/4/1923. H *Won* Jack Dempsey (188) *Lost* Tommy Gibbons (175½). Ref 15 *S* Amphitheatre, Shelby, Mont. *R* Jack Dougherty *P* Loy J. Molumby.

9/14/1923. H *Won* Jack Dempsey (192½) *Lost* Luis Angel Firpo (216½). KO 2/0:57 *S* Polo Grounds, New York, N.Y. *R* Jack Gallagher *P* George (Tex) Rickard.

9/23/1926. H *Won* Gene Tunney (189½) *Lost* Jack Dempsey (190). Unan 10 *S* Sesq. Stadium, Philadelphia, Pa. *R* Pop Reilly *P* George (Tex) Rickard.

9/23/1927. H *Won* Gene Tunney (189½) *Lost* Jack Dempsey (192½). Unan 10 *S* Soldier Field, Chicago, Ill. *R* Dave Barry *P* George (Tex) Rickard.

7/26/1928. H *Won* Gene Tunney (192) *Lost* Tom Heeney (203½). TKO 11/2:52 *S* Yankee Stadium, Bronx, N.Y. *R* Ed Forbes *P* George (Tex) Rickard.

6/12/1930. H *Won* Max Schmeling (188) *Lost* Jack Sharkey (197). Foul 4 *S* Yankee Stadium, Bronx, N.Y. *R* Jim Crowley *P* Madison Sq. Garden Corp.

7/3/1931. H *Won* Max Schmeling (189) *Lost* Young Stribling (186½). TKO 15/2:46 *S* Municipal Stadium, Cleveland, Ohio *R* George Blake *P* Madison Sq. Garden Corp.

6/21/1932. H *Won* Jack Sharkey (205) *Lost* Max Schmeling (188). Split 15 *S* M.S.G. Bowl, Long Is. City, N.Y. *R* Gunboat Smith *P* Madison Sq. Garden Corp.

6/29/1933. H *Won* Primo Carnera (260½) *Lost* Jack Sharkey (201). KO 6/2:27 *S* M.S.G. Bowl, Long Is. City, N.Y. *R* Arthur Donovan *P* Madison Sq. Garden Corp.

10/22/1933. H *Won* Primo Carnera (259½) *Lost* Paolino Uzcudun (229¼). Unan 15 *S* Piazza de Sienna, Rome, Italy *R* Maurice Nicord *P* Italian Boxing Federation.

3/1/1934. H *Won* Primo Carnera (270) *Lost* Tommy Loughran (184). Unan 15 *S* M.S.G. Stadium, Miami, Fla. *R* Leo Shea *P* Madison Sq. Garden Corp.

6/14/1934. H *Won* Max Baer (209½) *Lost* Primo Carnera (263¼). TKO 11/2:16 *S* M.S.G. Bowl, Long Is. City, N.Y. *R* Arthur Donovan *P* Madison Sq. Garden Corp.

6/13/1935. H *Won* Jim Braddock (193¾) *Lost* Max Baer (209½). Unan 15 *S* M.S.G. Bowl, Long Is. City, N.Y. *R* Jack McAvoy *P* Madison Sq. Garden Corp.

6/22/1937. H *Won* Joe Louis (197¼) *Lost* Jim Braddock (197). KO 8/1:10 *S* Comiskey Park, Chicago, Ill. *R* Tommy Thomas *P* Twentieth Century S.C.

8/30/1937. H *Won* Joe Louis (197) *Lost* Tommy Farr (204½). Unan 15 *S* Yankee Stadium, Bronx, N.Y. *R* Arthur Donovan *P* Twentieth Century S.C.

2/23/1938. H *Won* Joe Louis (200) *Lost* Nathan Mann (193½). KO 3/1:56 *S* Madison Sq. Garden, New York, N.Y. *R* Arthur Donovan *P* Twentieth Century S.C.

4/1/1938. H *Won* Joe Louis (202½) *Lost* Harry Thomas (196). KO 5/2:50 *S* Chicago Stadium, Chicago, Ill. *R* Dave Miller *P* Chicago Stadium Corp.

6/22/1938. H *Won* Joe Louis (198¾) *Lost* Max Schmeling (193). KO 1/2:04 *S* Yankee Stadium, Bronx, N.Y. *R* Arthur Donovan *P* Twentieth Century S.C.

1/25/1939. H *Won* Joe Louis (200¼) *Lost* John Henry Lewis (180¾). KO 1/2:29 *S* Madison Sq. Garden, New York, N.Y. *R* Arthur Donovan *P* Twentieth Century S.C.

4/17/1939. H *Won* Joe Louis (201¼) *Lost* Jack Roper (204¾). KO 1/2:20 *S* Wrigley Field, Los Angeles, Calif. *R* George Blake *P* Twentieth Century S.C.

6/28/1939. H *Won* Joe Louis (200¾) *Lost* Tony Galento (233¾). TKO 4/2:29 *S* Yankee Stadium, Bronx, N.Y. *R* Arthur Donovan *P* Twentieth Century S.C.

9/20/1939. H *Won* Joe Louis (200) *Lost* Bob Pastor (183). KO 11/0:38 *S* Briggs Stadium, Detroit, Mich. *R* Sam Hennessey *P* Twentieth Century S.C.

2/9/1940. H *Won* Joe Louis (203) *Lost* Arturo Godoy (202). Split 15 *S* Madison Sq. Garden, New York, N.Y. *R* Arthur Donovan *P* Twentieth Century S.C.

3/29/1940. H *Won* Joe Louis (201½) *Lost* Johnny Paychek (187½). KO 2/0:44 *S* Madison Sq. Garden, New York, N.Y. *R* Arthur Donovan *P* Twentieth Century S.C.

6/20/1940. H *Won* Joe Louis (199) *Lost* Arturo Godoy (201¼). TKO 8/1:24 *S* Yankee Stadium, Bronx, N.Y. *R* Billy Cavanagh *P* Twentieth Century S.C.

12/16/1940. H *Won* Joe Louis (202¼) *Lost* Al McCoy (180¾). TKO

6/* S Boston Garden, Boston, Mass. R Johnny Martin P Twentieth Century S.C.

1/31/1941. H Won Joe Louis (202½) Lost Red Burman (188). KO 5/2:49 S Madison Sq. Garden, New York, N.Y. R Arthur Donovan P Twentieth Century S.C.

2/17/1941. H Won Joe Louis (203½) Lost Gus Dorazio (193½). KO 2/1:30 S Convention Hall, Philadelphia, Pa. R Irvin Kutcher P Twentieth Century S.C.

3/21/1941. H Won Joe Louis (202) Lost Abe Simon (254½). TKO 13/1:20 S Olympia Stadium, Detroit, Mich. R Sam Hennessey P Twentieth Century S.C.

4/8/1941. H Won Joe Louis (203½) Lost Tony Musto (199½). TKO 9/1:36 S The Arena, St. Louis, Mo. R Arthur Donovan P Twentieth Century S.C.

5/23/1941. H Won Joe Louis (201½) Lost Buddy Baer (237½). DQ 7/* S Griffith Stadium, Washington, D.C. R Arthur Donovan P Twentieth Century S.C.

6/18/1941. H Won Joe Louis (199½) Lost Billy Conn (174). KO 13/2:58 S Polo Grounds, New York, N.Y. R Eddie Joseph P Twentieth Century S.C.

9/29/1941. H Won Joe Louis (202¼) Lost Lou Nova (202½). TKO 6/2:59 S Polo Grounds, New York, N.Y. R Arthur Donovan P Twentieth Century S.C.

1/9/1942. H Won Joe Louis (206¾) Lost Buddy Baer (250). KO 1/2:56 S Madison Sq. Garden, New York, N.Y. R Frank Fullam P Twentieth Century S.C.

3/27/1942. H Won Joe Louis (207½) Lost Abe Simon (255½). KO 6/0:16 S Madison Sq. Garden, New York, N.Y. R Eddie Joseph P Twentieth Century S.C.

6/9/1946. H Won Joe Louis (207) Lost Billy Conn (187). KO 8/2:19 S Yankee Stadium, Bronx, N.Y. R Eddie Joseph P Twentieth Century S.C.

9/18/1946. H Won Joe Louis (211) Lost Tami Mauriello (198½). KO 1/2:09 S Yankee Stadium, Bronx, N.Y. R Arthur Donovan P Twentieth Century S.C.

12/5/1947. H Won Joe Louis (211½) Lost Jersey Joe Walcott (194½). Split 15 S Madison Sq. Garden, New York, N.Y. R Ruby Goldstein P Twentieth Century S.C.

6/25/1948. H Won Joe Louis (213½) Lost Jersey Joe Walcott (194¾). KO 11/2:56 S Yankee Stadium, Bronx, N.Y. R Frank Fullam P Twentieth Century S.C.

6/22/1949. NBA:H Won Ezzard Charles (181¾) Lost Jersey Joe Walcott (195½). Unan 15 S Comiskey Park, Chicago, Ill. R Dave Miller P International Boxing Club.

8/10/1949. NBA:H Won Ezzard Charles (180) Lost Gus Lesnevich (182). TKO 8/* S Yankee Stadium, Bronx, N.Y. R Ruby Goldstein P International Boxing Club.

10/14/1949. NBA:H Won Ezzard Charles (182) Lost Pat Valentino (188½). KO 8/0:35 S Cow Palace, San Francisco, Calif. R Jack Downey P International Boxing Club.

6/6/1950. BBBC:H Won Lee Savold Lost Bruce Woodcock. TKO 4 S White City Stadium, London, Eng. R Andrew Smyth P Jack Solomons, Ltd.

8/15/1950. NBA:H Won Ezzard Charles (183¼) Lost Freddie Beshore (184½). TKO 14/2:53 S Memorial Auditorium, Buffalo, N.Y. R Barney Felix P International Boxing Club.

9/27/1950. H Won Ezzard Charles (184½) Lost Joe Louis (218). Unan 15 S Yankee Stadium, Bronx, N.Y. R Mark Conn P International Boxing Club.

12/15/1950. H Won Ezzard Charles (185) Lost Nick Barone (178½). KO 11/2:06 S Cincinnati Gardens, Cincinnati, Ohio R Tommy Warndorf P International Boxing Club.

1/12/1951. H Won Ezzard Charles (185) Lost Lee Oma (193). TKO 10/1:19 S Madison Sq. Garden, New York, N.Y. R Ruby Goldstein P International Boxing Club.

3/7/1951. H Won Ezzard Charles (186) Lost Jersey Joe Walcott (193). Unan 15 S Olympia Stadium, Detroit, Mich. R Clarence Rosen P International Boxing Club.

5/30/1951. H Won Ezzard Charles (182) Lost Joey Maxim (181½). Unan 15 S Chicago Stadium, Chicago, Ill. R Frank Gilmer P International Boxing Club.

7/18/1951. H Won Jersey Joe Walcott (194) Lost Ezzard Charles (182). KO 7/0:55 S Forbes Field, Pittsburgh, Pa. R Buck McTiernan P International Boxing Club.

6/5/1952. H Won Jersey Joe Walcott (196) Lost Ezzard Charles (191½). Unan 15 S Municipal Stadium, Philadelphia, Pa. R Zack Clayton P Int. Boxing Club/H. Taylor.

9/23/1952. H Won Rocky Marciano (184) Lost Jersey Joe Walcott (196). KO 13/0:43 S Municipal Stadium, Philadelphia, Pa. R Charley Daggert P Int. Boxing Club/H. Taylor.

5/15/1953. H Won Rocky Marciano (184½) Lost Jersey Joe Walcott (197¾). KO 1/2:25 S Chicago Stadium, Chicago, Ill. R Frank Sikora P International Boxing Club.

9/24/1953. H Won Rocky Marciano (185) Lost Roland LaStarza (184¾). TKO 11/1:31 S Polo Grounds, New York, N.Y. R Ruby Goldstein P International Boxing Club.

6/17/1954. H Won Rocky Marciano (187½) Lost Ezzard Charles (185½). Unan 15 S Yankee Stadium, Bronx, N.Y. R Ruby Goldstein P International Boxing Club.

9/17/1954. H Won Rocky Marciano (187) Lost Ezzard Charles (192½). KO 8/2:36 S Yankee Stadium, Bronx, N.Y. R Al Berl P International Boxing Club.

5/16/1955. H Won Rocky Marciano (189) Lost Don Cockell (205). TKO 9/0:59 S Kezar Stadium, San Francisco, Calif. R Frankie Brown P International Boxing Club.

9/21/1955. H Won Rocky Marciano (188¼) Lost Archie Moore (188). KO 9/1:19 S Yankee Stadium, Bronx, N.Y. R Harry Kessler P International Boxing Club.

11/30/1956. H Won Floyd Patterson (182¼) Lost Archie Moore (187¾). KO 5/2:27 S Chicago Stadium, Chicago, Ill. R Frank Sikora P International Boxing Club.

7/29/1957. H Won Floyd Patterson (184) Lost Tommy Jackson (192½). TKO 10/1:52 S Polo Grounds, New York, N.Y. R Ruby Goldstein P Emil Lence.

8/22/1957. H Won Floyd Patterson (187¼) Lost Pete Rademacher (202). KO 6/2:57 S Sick's Stadium, Seattle, Wash. R Tommy Loughran P Jack Hurley.

8/18/1958. H Won Floyd Patterson (184½) Lost Roy Harris (194). TKO 13/* S Wrigley Field, Los Angeles, Calif. R Mushy Callahan P Rosensohn Enterprises.

5/1/1959. H Won Floyd Patterson (182½) Lost Brian London (206). KO 11/0:51 S Fairgrounds Coliseum, Indianapolis, Ind. R Frank Sikora P Cecil Rhodes, Jr./Al Farb.

6/26/1959. H Won Ingemar Johansson (196) Lost Floyd Patterson (182). TKO 3/2:03 S Yankee Stadium, Bronx, N.Y. R Ruby Goldstein P Feature Sports, Inc.

6/20/1960. H Won Floyd Patterson (190) Lost Ingemar Johansson (194¾). KO 5/1:51 S Polo Grounds, New York, N.Y. R Arthur Mercante P Feature Sports, Inc.

3/13/1961. H Won Floyd Patterson (194¾) Lost Ingemar Johansson (206½). KO 6/2:45 S Convention Hall, Miami Beach, Fla. R Billy Regan P Feature Sports, Inc.

12/4/1961. H Won Floyd Patterson (188½) Lost Tom McNeeley (197). KO 4/2:51 S Maple Leaf Gardens, Toronto, Ont. R Jersey Joe Walcott P Champ. Sports/Tom Bolan.

9/25/1962. H Won Sonny Liston (214) Lost Floyd Patterson (189). KO 1/2:06 S Comiskey Park, Chicago, Ill. R Frank Sikora P Championship Sports.

7/22/1963. H Won Sonny Liston (215) Lost Floyd Patterson (194½). KO 1/2:10 S Convention Center, Las Vegas, Nev. R Harry Krause P Championship Sports.

2/25/1964. H Won Cassius Clay (210½) Lost Sonny Liston (218). TKO 7/* S Convention Hall, Miami Beach, Fla. R Barney Felix P Inter-Continental Sports.

3/5/1965. WBA:H Won Ernest Terrell (199) Lost Eddie Machen (192).

Unan 15 *S* Int. Amphitheatre, Chicago, Ill. *R* Bernard Weissman *P* Irv Schoenwald/Joe Kellman.

5/25/1965. H *Won* Muhammad Ali (206) *Lost* Sonny Liston (215¼). KO 1/1:52 *S* St. Dom.'s Youth Center, Lewiston, Me. *R* Jersey Joe Walcott *P* Inter-Continental Sports.

11/1/1965. WBA:H *Won* Ernest Terrell (206) *Lost* George Chuvalo (209). Unan 15 *S* Maple Leaf Gardens, Toronto, Ont. *R* Sammy Luftspring.

11/22/1965. H *Won* Muhammad Ali (210) *Lost* Floyd Patterson (196¾). TKO 12/2:18 *S* Convention Center, Las Vegas, Nev. *R* Harry Krause *P* Inter-Continental Sports.

3/29/1966. H *Won* Muhammad Ali (214½) *Lost* George Chuvalo (216). Unan 15 *S* Maple Leaf Gardens, Toronto, Ont. *R* Jackie Silvers *P* Main Bout, Inc.

5/21/1966. H *Won* Muhammad Ali (201½) *Lost* Henry Cooper (188). TKO 6/1:38 *S* Arsenal Stadium, London, Eng. *R* George Smith *P* Harry Levene.

6/28/1966. WBA:H *Won* Ernest Terrell (209½) *Lost* Doug Jones (187½). Unan 15 *S* Houston Coliseum, Houston, Texas *R* Ernie Taylor *P* Texas Boxing Enterprises.

8/6/1966. H *Won* Muhammad Ali (209½) *Lost* Brian London (201½). KO 3/1:40 *S* Earls Court, London, Eng. *R* Harry Gibbs *P* Jack Solomons/Lawrie Lewis.

9/10/1966. H *Won* Muhammad Ali (203½) *Lost* Karl Mildenberger (194¼). TKO 12/1:30 *S* Frankfurt Walk Stadium, Frankfurt, Ger. *R* Teddy Waltham *P* Harry Levene/Joaquim Gottert.

11/14/1966. H *Won* Muhammad Ali (212¾) *Lost* Cleveland Williams (210½). TKO 3/1:08 *S* Astrodome, Houston, Texas *R* Harry Kessler *P* Main Bout/Earl Gilliam.

2/6/1967. H *Won* Muhammad Ali (212¼) *Lost* Ernest Terrell (212½). Unan 15 *S* Astrodome, Houston, Texas *R* Harry Kessler *P* Main Bout, Inc.

3/22/1967. H *Won* Muhammad Ali (211½) *Lost* Zora Folley (202½). KO 7/1:48 *S* Madison Sq. Garden, New York, N.Y. *R* John LoBianco *P* M.S.G. Boxing, Inc.

3/4/1968. NYAC:H *Won* Joe Frazier (204½) *Lost* Buster Mathis (243½). TKO 11/2:43' *S* Madison Sq. Garden, New York, N.Y. *R* Arthur Mercante *P* M.S.G. Boxing, Inc.

4/27/1968. WBA:H *Won* Jimmy Ellis (197) *Lost* Jerry Quarry (195). Maj 15 *S* Coliseum, Oakland, California *R* Elmer Costa *P* Top Rank/Don Chargin.

6/24/1968. NYAC:H *Won* Joe Frazier (203½) *Lost* Manuel Ramos (208). TKO 2/3:00 *S* Madison Sq. Garden, New York, N.Y. *R* Arthur Mercante *P* M.S.G. Boxing, Inc.

9/14/1968. WBA:H *Won* Jimmy Ellis (198) *Lost* Floyd Patterson (188). Ref 15 *S* Raasunda Stadium, Solna, Sweden *R* Harold Valan.

12/10/1968. NYAC:H *Won* Joe Frazier (203) *Lost* Oscar Bonavena (207). Unan 15 *S* The Spectrum, Philadelphia, Pa. *R* Joe Sweeney *P* Louis Luchesse.

4/22/1969. NYAC:H *Won* Joe Frazier (204½) *Lost* Dave Zyglewicz (190½). KO 1/1:36 *S* Houston Coliseum, Houston, Texas *R* Jimmy Webb.

6/23/1969. NYAC:H *Won* Joe Frazier (203½) *Lost* Jerry Quarry (198½). TKO 8/* *S* Madison Sq. Garden, New York, N.Y. *R* Arthur Mercante *P* M.S.G. Boxing, Inc.

2/16/1970. H *Won* Joe Frazier (205) *Lost* Jimmy Ellis (201). TKO 5/* *S* Madison Sq. Garden, New York, N.Y. *R* Tony Perez *P* M.S.G. Boxing, Inc.

11/18/1970. H *Won* Joe Frazier (209) *Lost* Bob Foster (188). KO 2/0:49 *S* Cobo Hall, Detroit, Mich. *R* Tom Briscoe.

3/8/1971. H *Won* Joe Frazier (205½) *Lost* Muhammad Ali (215). Unan 15 *S* Madison Sq. Garden, New York, N.Y. *R* Arthur Mercante *P* M.S.G. Boxing, Inc.

1/15/1972. H *Won* Joe Frazier (215½) *Lost* Terry Daniels (195). TKO 4/1:45 *S* Rivergate Auditorium, New Orleans, La. *R* Herman Dutreix.

5/26/1972. H *Won* Joe Frazier (217½) *Lost* Ron Stander (218). TKO 5/* *S* Civic Auditorium, Omaha, Neb. *R* Zack Clayton.

1/22/1973. H *Won* George Foreman (217½) *Lost* Joe Frazier (214). TKO 2/1:35 *S* National Stadium, Kingston, Jamaica *R* Arthur Mercante *P* Video Tech./Alex Valdez.

9/1/1973. H *Won* George Foreman (219½) *Lost* Jose (King) Roman (196½). KO 1/2:00 *S* Martial Arts Hall, Tokyo, Japan *R* Jay Edson *P* Kyokuto Promotions.

3/26/1974. H *Won* George Foreman (224¾) *Lost* Ken Norton (212¾). TKO 2/2:00 *S* El Poliedro, Caracas, Venezuela *R* Jimmy Rondeau *P* Video Tech./Poliedro Sports.

10/30/1974. H *Won* Muhammad Ali (216½) *Lost* George Foreman (220). KO 8/2:58 *S* 20th of May Stadium, Kinshasa, Zaire *R* Zack Clayton *P* Video Techniques/Hemdale.

3/24/1975. H *Won* Muhammad Ali (223½) *Lost* Chuck Wepner (225). TKO 15/2:41 *S* Coliseum, Richfield, Ohio *R* Tony Perez *P* Don King Productions.

5/16/1975. H *Won* Muhammad Ali (224½) *Lost* Ron Lyle (219). TKO 11/1:06 *S* Convention Center, Las Vegas, Nev. *R* Ferd Hernandez *P* Don King Productions.

6/30/1975. H *Won* Muhammad Ali (224½) *Lost* Joe Bugner (230). Unan 15 *S* Independence Stadium, K. Lumpur, Mal. *R* Takeo Ugo *P* Don King Productions.

9/30/1975. H *Won* Muhammad Ali (224½) *Lost* Joe Frazier (214½). TKO 15/* *S* Araneta Coliseum, Quezon City, Phil. *R* Carlos Padilla *P* Don King Productions.

2/20/1976. H *Won* Muhammad Ali (226) *Lost* Jean-Pierre Coopman (206). KO 5/2:46 *S* R. Clemente Coliseum, Hato Rey, P.R. *R* Ismael Quinones *P* Don King Productions.

4/30/1976. H *Won* Muhammad Ali (230) *Lost* Jimmy Young (211). Unan 15 *S* Capital Center, Landover, Md. *R* Tom Kelly *P* Don King Productions.

5/24/1976. H *Won* Muhammad Ali (220) *Lost* Richard Dunn (206½). TKO 5/2:05 *S* Olympic Hall, Munich, Bavaria, Ger. *R* Herbert Thomser *P* Top Rank, Inc.

9/28/1976. H *Won* Muhammad Ali (221) *Lost* Ken Norton (217½). Unan 15 *S* Yankee Stadium, Bronx, N.Y. *R* Arthur Mercante *P* Top Rank/M.S.G. Boxing.

5/16/1977. H *Won* Muhammad Ali (221¼) *Lost* Alfredo Evangelista (209½). Unan 15 *S* Capital Center, Landover, Md. *R* Harry Cecchini *P* Don King Productions.

9/29/1977. H *Won* Muhammad Ali (225) *Lost* Earnie Shavers (211¼). Unan 15 *S* Madison Sq. Garden, New York, N.Y. *R* John LoBianco *P* M.S.G. Boxing/Top Rank.

2/15/1978. H *Won* Leon Spinks (197¼) *Lost* Muhammad Ali (224½). Split 15 *S* Las Vegas Hilton, Las Vegas, Nev. *R* David Pearl *P* Top Rank, Inc.

6/9/1978. WBC:H *Won* Larry Holmes (209) *Lost* Ken Norton (220). Split 15 *S* Caesars Palace, Las Vegas, Nev. *R* Mills Lane *P* Don King Productions.

9/15/1978. WBA:H *Won* Muhammad Ali (221) *Lost* Leon Spinks (201). Unan 15 *S* Superdome, New Orleans, La. *R* Lucien Joubert *P* Top Rank/Louisiana Sports.

11/10/1978. WBC:H *Won* Larry Holmes (214) *Lost* Alfredo Evangelista (208¼). KO 7/2:14 *S* Caesars Palace, Las Vegas, Nev. *R* Richard Greene *P* Don King Productions.

3/23/1979. WBC:H *Won* Larry Holmes (214) *Lost* Osvaldo Ocasio (207). TKO 7/2:38 *S* Las Vegas Hilton, Las Vegas, Nev. *R* Carlos Padilla *P* Don King Productions.

6/22/1979. WBC:H *Won* Larry Holmes (215) *Lost* Mike Weaver (202). TKO 12/0:44 *S* Madison Sq. Garden, New York, N.Y. *R* Harold Valan *P* Don King/M.S.G., Inc.

9/28/1979. WBC:H *Won* Larry Holmes (210) *Lost* Earnie Shavers (211). TKO 11/2:00 *S* Caesars Palace, Las Vegas, Nev. *R* David Pearl *P* Don King Productions.

10/20/1979. WBA:H *Won* John Tate (240) *Lost* Gerrie Coetzee (222). Unan 15 *S* Loftus Versfeld Stadium, Pretoria, S.A. *R* Carlos Berrocal *P* Top Rank, Inc.

2/3/1980. WBC:H *Won* Larry Holmes (213½) *Lost* Lorenzo Zanon (215). TKO 6/2:39 *S* Caesars Palace, Las Vegas, Nev. *R* Raymundo Solis *P* Don King Productions.

3/31/1980. WBC:H *Won* Larry Holmes (211) *Lost* Leroy Jones (254½). TKO 8/2:56 *S* Caesars Palace, Las Vegas, Nev. *R* Richard Greene *P* Don King Productions.

3/31/1980. WBA:H *Won* Mike Weaver (207½) *Lost* John Tate (232). KO 15/2:15 *S* Stokely Athletic Club, Knoxville, Tenn. *R* Ernesto Magana *P* Top Rank, Inc.

7/7/1980. WBC:H *Won* Larry Holmes (214¼) *Lost* Scott LeDoux (226). TKO 7/2:05 *S* Metro Center, Minneapolis, Minn. *R* David Pearl *P* Don King Productions.

10/2/1980. WBC:H *Won* Larry Holmes (211½) *Lost* Muhammad Ali (217½). TKO 11/* *S* Caesars Palace, Las Vegas, Nev. *R* Richard Greene *P* Don King Productions.

10/25/1980. WBA:H *Won* Mike Weaver (210) *Lost* Gerrie Coetzee (226½). KO 13/1:49 *S* Super Bowl, Sun City, Boph. *R* Jesus Celis *P* Top Rank, Inc.

4/11/1981. WBC:H *Won* Larry Holmes (215) *Lost* Trevor Berbick (215½). Unan 15 *S* Caesars Palace, Las Vegas, Nev. *R* Mills Lane *P* Don King Productions.

6/12/1981. WBC:H *Won* Larry Holmes (212¼) *Lost* Leon Spinks (200¼). TKO 3/2:34 *S* Joe Louis Arena, Detroit, Mich. *R* Richard Steele *P* Don King Productions.

10/3/1981. WBA:H *Won* Mike Weaver (215) *Lost* James (Quick) Tillis (209). Unan 15 *S* Horizon Arena, Rosemont, Ill. *R* Stan Christodoulou *P* Top Rank, Inc.

11/6/1981. WBC:H *Won* Larry Holmes (213¼) *Lost* Renaldo Snipes (215¾). TKO 11/1:05 *S* Civic Arena, Pittsburgh, Pa. *R* Rudy Ortega *P* Don King Productions.

6/11/1982. WBC:H *Won* Larry Holmes (212½) *Lost* Gerry Cooney (225½). TKO 13/2:52 *S* Caesars Palace, Las Vegas, Nev. *R* Mills Lane *P* Don King/Tiffany Promos.

11/26/1982. WBC:H *Won* Larry Holmes (217½) *Lost* Randall (Tex) Cobb (234¼). Unan 15 *S* Astrodome, Houston, Texas *R* Steve Crosson *P* Don King Productions.

12/10/1982. WBA:H *Won* Michael Dokes (216) *Lost* Mike Weaver (209¾). TKO 1/1:03 *S* Caesars Palace, Las Vegas Nev. *R* Joey Curtis *P* Don King Productions.

3/27/1983. WBC:H *Won* Larry Holmes (221) *Lost* Lucien Rodriguez (209). Unan 12 *S* Watres Armory, Scranton, Pa. *R* Carlos Padilla *P* Sports-Cor, Inc.

5/20/1983. WBC:H *Won* Larry Holmes (213) *Lost* Tim Witherspoon (219½). Split 12 *S* Dunes Hotel, Las Vegas, Nev. *R* Mills Lane *P* Don King Productions.

5/20/1983. WBA:H *Won* Michael Dokes (223) *Lost* Mike Weaver (218½). Draw 15 *S* Dunes Hotel, Las Vegas, Nev. *R* Richard Steele *P* Don King Productions.

9/10/1983. WBC:H *Won* Larry Holmes (223) *Lost* Scott Frank (211¼). TKO 5/1:28 *S* Harrah's Marina Hotel, Atlantic City, N.J. *R* Tony Perez *P* Andreoli/M. Muhammad.

9/23/1983. WBA:H *Won* Gerrie Coetzee (215) *Lost* Michael Dokes (217). KO 10/3:08 *S* Coliseum, Richfield, Ohio *R* Tony Perez *P* Don King Productions.

11/25/1983. H *Won* Larry Holmes (219) *Lost* Marvis Frazier (200). TKO 1/2:57 *S* Caesars Palace, Las Vegas, Nev. *R* Mills Lane *P* Andreoli/M. Muhammad.

3/9/1984. WBC:H *Won* Tim Witherspoon (220¼) *Lost* Greg Page (239½). Maj 12 *S* Convention Center, Las Vegas, Nev. *R* Mills Lane *P* Don King Productions.

8/31/1984. WBC:H *Won* Pinklon Thomas (216) *Lost* Tim Witherspoon (217). Maj 12 *S* Riviera Hotel, Las Vegas, Nev. *R* Richard Steele *P* Don King Productions.

11/9/1984. IBF:H *Won* Larry Holmes (221½) *Lost* Bonecrusher Smith (227). TKO 12/2:10 *S* Riviera Hotel, Las Vegas, Nev. *R* David Pearl *P* Don King Productions.

12/1/1984. WBA:H *Won* Greg Page (236½) *Lost* Gerrie Coetzee (218). KO 8/3:03 *S* Super Bowl, Sun City, Boph. *R* Isidro Rodriguez *P* Sun Int./Sol Kerzner.

3/15/1985. IBF:H *Won* Larry Holmes (223½) *Lost* David Bey (233¼). TKO 10/2:58 *S* Riviera Hotel, Las Vegas, Nev. *R* Carlos Padilla *P* Don King Productions.

4/29/1985. WBA:H *Won* Tony Tubbs (229) *Lost* Greg Page (239½). Unan 15 *S* Memorial Auditorium, Buffalo, N.Y. *R* Vincent Rainone *P* Don King Productions.

5/20/1985. IBF:H *Won* Larry Holmes (222¼) *Lost* Carl Williams (215). Unan 15 *S* Lawlor Events Center, Reno, Nev. *R* Mills Lane *P* Murad Muhammad.

6/15/1985. WBA:H *Won* Pinklon Thomas (220¼) *Lost* Mike Weaver (221¼). KO 8/1:42 *S* Riviera Hotel, Las Vegas, Nev. *R* Carlos Padilla *P* Don King Productions.

9/21/1985. IBF:H *Won* Michael Spinks (200) *Lost* Larry Holmes (221½). Unan 15 *S* Riviera Hotel, Las Vegas, Nev. *R* Carlos Padilla *P* Dynamic Duo, Inc.

1/17/1986. WBA:H *Won* Tim Witherspoon (227) *Lost* Tony Tubbs (244). Maj 15 *S* The Omni, Atlanta, Georgia *R* Nate Morgan *P* Don King Productions.

3/22/1986. WBC:H *Won* Trevor Berbick (218½) *Lost* Pinklon Thomas (222¾). Unan 12 *S* Riviera Hotel, Las Vegas, Nev. *R* Richard Steele *P* Dynamic Duo, Inc.

4/19/1986. IBF:H *Won* Michael Spinks (205) *Lost* Larry Holmes (223). Split 15 *S* Las Vegas Hilton, Las Vegas, Nev. *R* Mills Lane *P* Dynamic Duo, Inc.

7/19/1986. WBA:H *Won* Tim Witherspoon (234¾) *Lost* Frank Bruno (228). TKO 11/2:57 *S* Wembley Stadium, Wembley, Eng. *R* Isidro Rodriguez *P* Barrett-Duff/D.D., Inc.

9/6/1986. IBF:H *Won* Michael Spinks (201) *Lost* Steffen Tangstad (214¾). TKO 4/0:58 *S* Las Vegas Hilton, Las Vegas, Nev. *R* Richard Steele *P* Dynamic Duo, Inc.

11/22/1986. WBC:H *Won* Mike Tyson (221¼) *Lost* Trevor Berbick (218½). TKO 2/2:35 *S* Las Vegas Hilton, Las Vegas, Nev. *R* Mills Lane *P* Dynamic Duo, Inc.

12/12/1986. WBA:H *Won* Bonecrusher Smith (228½) *Lost* Tim Witherspoon (233½). TKO 1/2:12 *S* Madison Sq. Garden, New York, N.Y. *R* Luis Rivera *P* Don King Productions.

3/7/1987. BCBA:H *Won* Mike Tyson (219) *Lost* Bonecrusher Smith (233). Unan 12 *S* Las Vegas Hilton, Las Vegas, Nev. *R* Mills Lane *P* Dynamic Duo, Inc.

5/30/1987. BCBA:H *Won* Mike Tyson (218¾) *Lost* Pinklon Thomas (217¾). TKO 6/2:00 *S* Las Vegas Hilton, Las Vegas, Nev. *R* Carlos Padilla *P* Don King Productions.

5/30/1987. IBF:H *Won* Tony Tucker (222¼) *Lost* Buster Douglas (227¼). TKO 10/1:36 *S* Las Vegas Hilton, Las Vegas, Nev. *R* Mills Lane *P* Don King Productions.

6/15/1987. H *Won* Michael Spinks (208) *Lost* Gerry Cooney (238). TKO 5/2:51 *S* Convention Hall, Atlantic City, N.J. *R* Frank Cappuccino *P* Butch Lewis Productions.

8/1/1987. BCAF:H *Won* Mike Tyson (221) *Lost* Tony Tucker (221). Unan 12 *S* Las Vegas Hilton, Las Vegas, Nev. *R* Mills Lane *P* Don King Productions.

10/16/1987. BCAF:H *Won* Mike Tyson (216) *Lost* Tyrell Biggs (228¾). TKO 7/2:59 *S* Convention Hall, Atlantic City, N.J. *R* Tony Orlando *P* Don King Productions.

1/22/1988. WBC:H *Won* Mike Tyson (215¾) *Lost* Larry Holmes (225¾). TKO 4/2:55 *S* Convention Hall, Atlantic City, N.J. *R* Joe Cortez *P* Don King Productions.

3/21/1988. BCBA:H *Won* Mike Tyson (216¼) *Lost* Tony Tubbs (238¼). TKO 2/2:54 *S* Tokyo Dome, Tokyo, Japan *R* Arthur Mercante *P* Teiken Boxing Promotions.

6/27/1988. BCAF:H *Won* Mike Tyson (218¼) *Lost* Michael Spinks (212¼). KO 1/1:31 *S* Convention Hall, Atlantic City, N.J. *R* Frank Cappuccino *P* Don King/Butch Lewis.

2/25/1989. BCAF:H *Won* Mike Tyson (218) *Lost* Frank Bruno (228). TKO 5/2:55 *S* Las Vegas Hilton, Las Vegas, Nev. *R* Richard Steele *P* Don King Productions.

5/6/1989. WBO:H *Won* Francesco Damiani (233) *Lost* Johnny DuPlooy (210). KO 3 *S* Sports Palace, Syracuse, Sicily *R* Tony Perez.

7/21/1989. BCAF:H *Won* Mike Tyson (219¼) *Lost* Carl Williams (218). TKO 1/1:33 *S* Convention Hall, Atlantic City, N.J. *R* Randy Neumann *P* Don King Productions.

12/16/1989. WBO:H *Won* Francesco Damiani (229) *Lost* Daniel Netto (198). TKO 2 *S* Sports Palace, Cesena, Italy.

2/11/1990. BCAF:H *Won* Buster Douglas (231½) *Lost* Mike Tyson (220½). KO 10/1:23 *S* Tokyo Dome, Tokyo, Japan *R* Octavio Meyran *P* Teiken Promos./Don King.

10/25/1990. BCAF:H *Won* Evander Holyfield (208) *Lost* Buster Douglas (246). KO 3/1:10 *S* Mirage Casino-Hotel, Las Vegas, Nev. *R* Mills Lane *P* Mirage Casino-Hotel.

1/11/1991. WBO:H *Won* Ray Mercer (215) *Lost* Francesco Damiani (229¼). TKO 9/2:47 *S* Taj Mahal Hotel, Atlantic City, N.J. *R* Rudy Battle *P* Top Rank, Inc.

4/19/1991. BABF:H *Won* Evander Holyfield (208) *Lost* George Foreman (257). Unan 12 *S* Convention Hall, Atlantic City, N.J. *R* Rudy Battle *P* Top Rank/Main Events.

10/18/1991. WBO:H *Won* Ray Mercer (225) *Lost* Tommy Morrison (221¾). TKO 5/0:28 *S* Convention Hall, Atlantic City, N.J. *R* Tony Perez *P* Top Rank, Inc.

11/23/1991. BABF:H *Won* Evander Holyfield (210) *Lost* Bert Cooper (215). TKO 7/2:58 *S* The Omni, Atlanta, Georgia *R* Mills Lane *P* Main Events-Monitor, Inc.

5/15/1992. WBO:H *Won* Michael Moorer (217) *Lost* Bert Cooper (224½). TKO 5/2:21 *S* Taj Mahal, Atlantic City *R* Joe O'Neill *P* Main Events, Inc.

6/19/1992. BCAF:H *Won* Evander Holyfield (210) *Lost* Larry Holmes (233). Unan 12 *S* Caesars Palace, Las Vegas, Nev. *R* Mills Lane *P* Main Events/Top Rank.

11/13/1992. BCAF:H *Won* Riddick Bowe (235) *Lost* Evander Holyfield (205). Unan 12 *S* Thomas & Mack Center, Las Vegas, Nev. *R* Joe Cortez *P* Main Events, Inc.

2/6/1993. BABF:H *Won* Riddick Bowe (243) *Lost* Michael Dokes (244). TKO 1/2:19 *S* Madison Sq. Garden, New York, N.Y. *R* Joe Santarpia *P* M.S.G./Spencer Promos.

5/8/1993. WBC:H *Won* Lennox Lewis (235) *Lost* Tony Tucker (235). Unan 12 *S* Thomas & Mack Center, Las Vegas, Nev. *R* Joe Cortez *P* Don King Productions.

5/22/1993. WBA:H *Won* Riddick Bowe (244) *Lost* Jesse Ferguson (224). KO 2/0:17 *S* RFK Stadium, Washington, D.C. *R* Larry Hazzard *P* Spencer Promotions.

6/7/1993. WBO:H *Won* Tommy Morrison (226) *Lost* George Foreman (256). Unan 12 *S* Thomas & Mack Center, Las Vegas, Nev. *R* Mills Lane *P* Top Rank, Inc.

8/30/1993. WBO:H *Won* Tommy Morrison (226) *Lost* Tim Tomashek (205). TKO 5/* *S* Kemper Arena, Kansas City, Mo. *R* Danny Campbell *P* Top Rank, Inc.

10/1/1993. WBC:H *Won* Lennox Lewis (229) *Lost* Frank Bruno (238). TKO 7/1:12 *S* Arms Rugby Stadium, Cardiff, Wales *R* Mickey Vann *P* Maloney/Main Events.

10/29/1993. WBO:H *Won* Michael Bentt (226) *Lost* Tommy Morrison (227). TKO 1/1:33 *S* Civic Center, Tulsa, Okla. *R* Danny Campbell *P* Top Rank, Inc.

11/6/1993. BABF:H *Won* Evander Holyfield (217) *Lost* Riddick Bowe (246). Maj 12 *S* Caesars Palace, Las Vegas, Nev. *R* Mills Lane *P* Spencer/Main Events.

3/19/1994. WBO:H *Won* Herbie Hide (216) *Lost* Michael Bentt (230). KO 7/2:50 *S* Millwall Football Club, London, Eng. *R* Paul Thomas *P* Matchroom Boxing/Top Rank.

4/22/1994. BABF:H *Won* Michael Moorer (214) *Lost* Evander Holyfield (214). Maj 12 *S* Caesars Palace, Las Vegas, Nev. *R* Mills Lane *P* Main Events, Inc.

5/6/1994. WBC:H *Won* Lennox Lewis (235) *Lost* Phil Jackson (218). TKO 8/1:35 *S* Convention Hall, Atlantic City, N.J. *R* Arthur Mercante *P* Main Events/Garden State.

9/24/1994. WBC:H *Won* Oliver McCall (231) *Lost* Lennox Lewis (238). TKO 2/0:31 *S* Wembley Arena, Wembley, Eng. *R* Lupe Garcia *P* Main Events/Frank Maloney.

11/5/1994. BABF:H *Won* George Foreman (250) *Lost* Michael Moorer (222). KO 10/2:03 *S* MGM Grand Garden, Las Vegas, Nev. *R* Joe Cortez *P* Main Events/Top Rank.

3/11/1995. WBO:H *Won* Riddick Bowe (241) *Lost* Herbie Hide (214). KO 6/2:25 *S* MGM Grand Garden, Las Vegas, Nev. *R* Richard Steele *P* Spencer Promotions.

4/8/1995. WBC:H *Won* Oliver McCall (231) *Lost* Larry Holmes (236). Unan 12 *S* Caesars Palace, Las Vegas, Nev. *R* Richard Steele *P* Don King Productions.

4/8/1995. WBA:H *Won* Bruce Seldon (236) *Lost* Tony Tucker (243). TKO 8/* *S* Caesars Palace, Las Vegas, Nev. *R* Mills Lane *P* Don King Productions.

4/22/1995. BFBU:H *Won* George Foreman (256) *Lost* Axel Schulz (221). Maj 12 *S* MGM Grand Garden, Las Vegas, Nev. *R* Joe Cortez *P* Top Rank, Inc.

6/17/1995. WBO:H *Won* Riddick Bowe (243) *Lost* Jorge Luis Gonzalez (237). KO 6/1:50 *S* MGM Grand Garden, Las Vegas, Nev. *R* Mills Lane *P* Spencer Promotions.

8/19/1995. WBA:H *Won* Bruce Seldon (234) *Lost* Joe Hipp (233). TKO 10/1:47 *S* MGM Grand Garden, Las Vegas, Nev. *R* Richard Steele *P* Don King Productions.

9/2/1995. WBC:H *Won* Frank Bruno (247¾) *Lost* Oliver McCall (234¾). Unan 12 *S* Wembley Stadium, Wembley, Eng. *R* Tony Perez *P* Don King/Sports Network.

12/9/1995. IBF:H *Won* Frans Botha (227) *Lost* Axel Schulz (222¾). Split 12 *S* Hans-Martin Schleyer Hall, Stuttgart, Ger. *R* Rudy Battle *P* Don King/Cedric Kushner.

3/16/1996. WBC:H *Won* Mike Tyson (220) *Lost* Frank Bruno (247). TKO 3/0:50 *S* MGM Grand Garden, Las Vegas, Nev. *R* Mills Lane *P* Don King Productions.

6/22/1996. IBF:H *Won* Michael Moorer (222¼) *Lost* Axel Schulz (222¾). Split 12 *S* Westfalenstadion, Dortmund, Ger. *R* William Connors *P* C. Kushner/Main Events.

6/29/1996. WBO:H *Won* Henry Akinwande (232) *Lost* Jeremy Williams (216½). KO 3/0:43 *S* Fantasy Springs Casino, Indio, Calif. *R* Raul Caiz *P* Don King Productions.

9/7/1996. WBA:H *Won* Mike Tyson (219) *Lost* Bruce Seldon (229). TKO 1/1:49 *S* MGM Grand Garden, Las Vegas, Nev. *R* Richard Steele *P* Don King Productions.

11/3/1996. WBU:H *Won* George Foreman (253) *Lost* Crawford Grimsley (235). Unan 12 *S* Tokyo Bay NK Hall, Tokyo, Japan *R* Max Parker *P* Ron Weathers/JEC Tokyo.

11/9/1996. WBO:H *Won* Henry Akinwande (238) *Lost* Alexandre Zolkin (235). TKO 10/2:32 *S* MGM Grand Garden, Las Vegas, Nev. *R* Richard Steele *P* Don King Productions.

11/9/1996. WBA:H *Won* Evander Holyfield (215) *Lost* Mike Tyson (222). TKO 11/0:37 *S* MGM Grand Garden, Las Vegas, Nev. *R* Mitch Halpern *P* Don King Productions.

11/9/1996. IBF:H *Won* Michael Moorer (219) *Lost* Frans Botha (224). TKO 12/0:18 *S* MGM Grand Garden, Las Vegas, Nev. *R* Mills Lane *P* Don King Productions.

1/11/1997. WBO:H *Won* Henry Akinwande (232½) *Lost* Scott Welch (229). Unan 12 *S* Nashville Arena, Nashville, Tenn. *R* William Connors *P* Don King Productions.

2/7/1997. WBC:H *Won* Lennox Lewis (251) *Lost* Oliver McCall (237). TKO 5/0:55 *S* Las Vegas Hilton, Las Vegas, Nev. *R* Mills Lane *P* Main Events, Inc.

3/29/1997. IBF:H *Won* Michael Moorer (212) *Lost* Vaughn Bean (212). Maj 12 *S* Las Vegas Hilton, Las Vegas, Nev. *R* Mitch Halpern *P* Don King Productions.

4/26/1997. H *Won* George Foreman (253) *Lost* Lou Savarese (230). Split 12 *S* Convention Hall, Atlantic City, N.J. *R* Ed Cotton *P* Main Events, Inc.

6/28/1997. WBO:H *Won* Herbie Hide (214¾) *Lost* Tony Tucker (243¼). TKO 2/2:45 *S* Sports Village, Norwich, Eng. *R* Raul Caiz *P* Sports Net.

6/28/1997. WBA:H *Won* Evander Holyfield (218) *Lost* Mike Tyson (218). DQ 3/3:00 *S* MGM Grand Garden, Las Vegas, Nev. *R* Mills Lane *P* Don King Productions.

7/12/1997. WBC:H *Won* Lennox Lewis (242) *Lost* Henry Akinwande

(237½). DQ 5/2:34 *S* Caesars Tahoe, Lake Tahoe, Nev. *R* Mills Lane *P* Main Events, Inc.

10/4/1997. WBC:H *Won* Lennox Lewis (244) *Lost* Andrew Golota (244). TKO 1/1:35 *S* Convention Center, Las Vegas, Nev. *R* Joe Cortez *P* Main Events, Inc.

11/8/1997. BABF:H *Won* Evander Holyfield (214) *Lost* Michael Moorer (223). TKO 9/* *S* Thomas & Mack Center, Las Vegas, Nev. *R* Mitch Halpern *P* Don King/Main Events.

11/22/1997. H *Won* Shannon Briggs (227) *Lost* George Foreman (260). Maj 12 *S* Trump Taj Mahal, Atlantic City, N.J. *R* Ed Cotton *P* A. & W. Promotions.

3/28/1998. WBC:H *Won* Lennox Lewis (243) *Lost* Shannon Briggs (228). TKO 5/1:45 *S* Convention Hall, Atlantic City, N.J. *R* Frank Cappuccino *P* Main Events, Inc./Panix.

4/18/1998. WBO:H *Won* Herbie Hide (219) *Lost* Damon Reed (199). TKO 1/0:52 *S* NYNEX, Manchester, Eng. *R* Rudy Battle *P* Sports Net.

9/19/1998. BABF:H *Won* Evander Holyfield (217) *Lost* Vaughn Bean (231). Unan 12 *S* Georgia Dome, Atlanta, Ga. *R* Brian Garry *P* Don King/Butch Lewis.

9/26/1998. WBO:H *Won* Herbie Hide (220) *Lost* Willi Fischer (231). TKO 2/1:04 *S* Sports Village, Norwich, Eng. *R* Joe Cortez *P* Sports Network, Ltd.

9/26/1998. WBC:H *Won* Lennox Lewis (243) *Lost* Zeljko Mavrovic (214¼). Unan 12 *S* Mohegan Sun Casino, Uncasville, Conn. *R* Frank Cappuccino *P* Main Events, Inc./Panix.

3/13/1999. BCAF:H *Won* Lennox Lewis (246) *Lost* Evander Holyfield (215). Draw 12 *S* Madison Sq. Garden, New York, N.Y. *R* Arthur Mercante, Jr. *P* King/Panix/Main Events.

6/26/1999. WBO:H *Won* Vitali Klitschko (245¾) *Lost* Herbie Hide (221). KO 2/1:14 *S* London Arena, London, Eng. *R* Genaro Rodriguez *P* Sports Network/Universum.

10/9/1999. WBO:H *Won* Vitali Klitschko (246) *Lost* Ed Mahone (229¼). TKO 3/1:45 *S* Arena Oberhausen, Oberhausen, Ger. *R* Rudy Battle *P* Universum Box Promotions.

11/13/1999. BCAF:H *Won* Lennox Lewis (242) *Lost* Evander Holyfield (217). Unan 12 *S* Thomas & Mack Center, Las Vegas, Nev. *R* Mitch Halpern *P* King/Panix/Main Events.

12/11/1999. WBO:H *Won* Vitali Klitschko (244¾) *Lost* Obed Sullivan (227¾). TKO 10/* *S* Alsterdorfer Sporthalle, Hamburg, Ger. *R* Joe Cortez *P* Universum Box Promotions.

4/1/2000. WBO:H *Won* Chris Byrd (210¾) *Lost* Vitali Klitschko (244¼). TKO 10/* *S* Estrel Convention Center, Berlin, Ger. *R* Genaro Rodriguez *P* Universum Box/C. Kushner.

4/29/2000. BCBF:H *Won* Lennox Lewis (247) *Lost* Michael Grant (250). KO 2/2:53 *S* Madison Sq. Garden, New York, N.Y. *R* Arthur Mercante, Jr. *P* Main Events, Inc./Panix.

7/15/2000. BCBF:H *Won* Lennox Lewis (250) *Lost* Frans Botha (236). TKO 2/2:39 *S* London Arena, London, Eng. *R* Larry O'Connell *P* M. Events/Panix/S. Network.

8/12/2000. WBA:H *Won* Evander Holyfield (221) *Lost* John Ruiz (224). Unan 12 *S* Paris Hotel, Las Vegas, Nev. *R* Richard Steele *P* Don King Productions.

10/14/2000. WBO:H *Won* Wladimir Klitschko (238) *Lost* Chris Byrd (213½). Unan 12 *S* Cologne Arena, Cologne, Germany *R* Lou Moret *P* Universum Box/C. Kushner.

11/11/2000. BCBF:H *Won* Lennox Lewis (249) *Lost* David Tua (245). Unan 12 *S* Mandalay Bay Resort, Las Vegas, Nev. *R* Joe Cortez *P* M. Events/Panix/Amer. Pres.

3/3/2001. WBA:H *Won* John Ruiz (227) *Lost* Evander Holyfield (217). Unan 12 *S* Mandalay Bay Resort, Las Vegas, Nev. *R* Joe Cortez *P* Don King Productions.

3/24/2001. WBO:H *Won* Wladimir Klitschko (246) *Lost* Derrick Jefferson (260). TKO 2/2:09 *S* Rudi-Sedlmayer Halle, Munich, Germany *R* Genaro Rodriguez *P* Universum Box Promotion.

4/22/2001. BCBF:H *Won* Hasim Rahman (238) *Lost* Lennox Lewis (253½). KO 5/2:32 *S* Carnival City Arena, Brakpan, Trans., S.A. *R* Daniel van de Wiele *P* G.G./Main Events/Kushner.

8/4/2001. WBO:H *Won* Wladimir Klitschko (241) *Lost* Charles Shufford (234). TKO 6/2:55 *S* Mandalay Bay Resort, Las Vegas, Nev. *R* Kenny Bayless *P* Top Rank/Universum Box.

11/17/2001. BCBF:H *Won* Lennox Lewis (246½) *Lost* Hasim Rahman (236). KO 4/1:29 *S* Mandalay Bay Resort, Las Vegas, Nev. *R* Joe Cortez *P* Don King/Lion/Main Events.

12/15/2001. WBA:H *Won* John Ruiz (232) *Lost* Evander Holyfield (219). Draw 12 *S* Foxwoods Resort, Mashantucket, Conn. *R* Steve Smoger *P* Don King Productions.

3/16/2002. WBO:H *Won* Wladimir Klitschko (242) *Lost* Frans Botha (241½). TKO 8/0:48 *S* Hanns-Martin Schleyer Halle, Stuttgart, Ger. *R* Genaro Rodriguez *P* Universum Box Promotion.

6/8/2002. BCBF:H *Won* Lennox Lewis (249¼) *Lost* Mike Tyson (234½). KO 8/2:25 *S* The Pyramid, Memphis, Tenn. *R* Ed Cotton *P* Lion/Main Events/Fight Night.

6/29/2002. WBO:H *Won* Wladimir Klitschko (243) *Lost* Ray Mercer (228). TKO 6/1:08 *S* Trump Taj Mahal, Atlantic City, N.J. *R* Randy Neumann *P* Main Events/Universum Box.

7/27/2002. WBA:H *Won* John Ruiz (233) *Lost* Kirk Johnson (238). DQ 10/2:17 *S* Mandalay Bay Resort, Las Vegas, Nev. *R* Joe Cortez *P* Don King/Duva Boxing.

12/7/2002. WBO:H *Won* Wladimir Klitschko (240) *Lost* Jameel McCline (263). TKO 11/* *S* Mandalay Bay Resort, Las Vegas, Nev. *R* Jay Nady *P* Top Rank/C. Kushner.

12/14/2002. IBF:H *Won* Chris Byrd (214) *Lost* Evander Holyfield (220). Unan 12 *S* Boardwalk Hall, Atlantic City, N.J. *R* Randy Neumann *P* Don King Productions.

3/1/2003. WBA:H *Won* Roy Jones, Jr. (193) *Lost* John Ruiz (226). Unan 12 *S* Thomas & Mack Center, Las Vegas, Nev. *R* Jay Nady *P* King/Square Ring/M+M.

3/8/2003. WBO:H *Won* Corrie Sanders (225) *Lost* Wladmir Klitschko (242½). TKO 2/0:27 *S* Preussag Arena, Hanover, Germany *R* Genaro Rodriguez *P* Universum Box Promotion.

6/21/2003. WBC:H *Won* Lennox Lewis (256½) *Lost* Vitali Klitschko (248). TKO 7/* *S* Staples Center, Los Angeles, Calif. *R* Lou Moret *P* Lion/Prize Fight Promos.

9/20/2003. IBF:H *Won* Chris Byrd (211¾) *Lost* Fres Oquendo (224). Unan 12 *S* Mohegan Sun Casino, Uncasville, Conn. *R* Ed Cotton, Jr. *P* Don King Productions.

4/10/2004. WBO:H *Won* Lamon Brewster (226) *Lost* Wladimir Klitschko (243). TKO 5/3:00 *S* Mandalay Bay Resort, Las Vegas, Nev. *R* Robert Byrd *P* Don King Productions.

4/17/2004. WBA:H *Won* John Ruiz (240) *Lost* Fres Oquendo (222½). TKO 11/2:33 *S* Madison Sq. Garden, New York, N.Y. *R* Wayne Kelly *P* Don King Productions.

4/17/2004. IBF:H *Won* Chris Byrd (210½) *Lost* Andrew Golota (237½). Draw 12 *S* Madison Sq. Garden, New York, N.Y. *R* Randy Neumann *P* Don King Productions.

4/24/2004. WBC:H *Won* Vitali Klitschko (245) *Lost* Corrie Sanders (235). TKO 8/2:46 *S* Staples Center, Los Angeles, Calif. *R* Jon Schorle *P* K2 Promotions, Inc.

9/4/2004. WBO:H *Won* Lamon Brewster (227) *Lost* Kali Meehan (236). Split 12 *S* Mandalay Bay Resort, Las Vegas, Nev. *R* Jay Nady *P* Don King Productions.

11/13/2004. WBA:H *Won* John Ruiz (239) *Lost* Andrew Golota (238). Unan 12 *S* Madison Sq. Garden, New York, N.Y. *R* Randy Neumann *P* Don King Productions.

11/13/2004. IBF:H *Won* Chris Byrd (214) *Lost* Jameel McCline (270). Split 12 *S* Madison Sq. Garden, New York, N.Y. *R* Wayne Kelly *P* Don King Productions.

12/11/2004. WBC:H *Won* Vitali Klitschko (250) *Lost* Danny Williams (270). TKO 8/1:26 *S* Mandalay Bay Resort, Las Vegas, Nev. *R* Jay Nady *P* K2 Promos./Top Rank.

4/30/2005. WBA:H *Won* James Toney (231) *Lost* John Ruiz (244). Unan 12 *S* Madison Sq. Garden, New York, N.Y. *R* Steve Smoger *P* Don King Productions.

5/21/2005. WBO:H *Won* Lamon Brewster (224) *Lost* Andrew Golota

(248). TKO 1/0:53 *S* United Center, Chicago, Ill. *R* Genaro Rodriguez *P* Don King Productions.

9/28/2005. WBO:H *Won* Lamon Brewster (228¼) *Lost* Luan Krasniqi (224¾). TKO 9/2:48 *S* Color Line Arena, Hamburg, Germany *R* Jose H. Rivera *P* Universum Box Promotion.

10/1/2005. IBF:H *Won* Chris Byrd (213) *Lost* DaVarryl Williamson (225). Unan 12 *S* Reno Events Center, Reno, Nev. *R* Vic Drakulich *P* Gary Shaw Productions.

12/17/2005. WBA:H *Won* Nikolai Valuev (324¼) *Lost* John Ruiz (237¾). Maj 12 *S* Max Schmeling Halle, Berlin, Germany *R* Stan Christodoulou *P* Sauerland Promotions.

3/18/2006. WBC:H *Won* Hasim Rahman (238) *Lost* James Toney (237). Draw 12 *S* Conv. Hall, Atlantic City *R* Ed Cotton *P* Top Rank, Inc.

4/1/2006. WBO:H *Won* Sergei Lyakhovich (238½) *Lost* Lamon Brewster (232). Unan 12 *S* Wolstein Center, Cleveland, Ohio *R* Ernest Shariff *P* Don King Productions.

4/22/2006. IBF:H *Won* Wladimir Klitschko (241) *Lost* Chris Byrd (213½). TKO 7/0:41 *S* SAP Arena, Mannheim, Germany *R* Wayne Kelly *P* Sauerland/K2 Promos.

6/3/2006. WBA:H *Won* Nikolai Valuev (320¾) *Lost* Owen Beck (242½). TKO 3/1:44 *S* TUI Arena, Hanover, Germany *R* Luis Pabon *P* Sauerland Promotions.

8/12/2006. WBC:H *Won* Oleg Maskaev (238) *Lost* Hasim Rahman (235). TKO 12/2:17 *S* Thomas & Mack Center, Las Vegas, Nev. *R* Jay Nady *P* Top Rank/D. Rappaport.

10/7/2006. WBA:H *Won* Nikolai Valuev (328) *Lost* Monte Barrett (222½). TKO 11/2:12 *S* All-State Arena, Rosemont, Ill. *R* John O'Brien *P* Don King Productions.

11/4/2006. WBO:H *Won* Shannon Briggs (268) *Lost* Sergei Lyakhovich (238). KO 12/2:59 *S* Chase Field, Phoenix, Ariz. *R* Robert Ferrara *P* Don King Productions.

11/11/2006. IBF:H *Won* Wladimir Klitschko (241) *Lost* Calvin Brock (224½). TKO 7/2:10 *S* Madison Sq. Garden, New York, N.Y. *R* Wayne Kelly *P* K2 Promotions.

12/10/2006. WBC:H *Won* Oleg Maskaev (240) *Lost* Peter Okhello (254½). Unan 12 *S* Olympic Sports Arena, Moscow, Russia *R* Guadalupe Garcia *P* Vlad. Hrunov/D. Rappaport.

1/20/2007. WBA:H *Won* Nikolai Valuev (322½) *Lost* Jameel McCline (268½). TKO 4/* *S* St. Jakob Halle, Basel, Switzerland *R* John Coyle *P* Sauerland Promotions.

3/10/2007. IBF:H *Won* Wladimir Klitschko (246½) *Lost* Ray Austin (247). TKO 2/1:23 *S* SAP Arena, Mannheim, Germany *R* Ed Cotton *P* K2 Promotions.

4/14/2007. WBA:H *Won* Ruslan Chagaev (228¼) *Lost* Nikolai Valuev (319). Maj 12 *S* Porsche Arena, Stuttgart, Germany *R* Luis Pabon *P* Sauerland Promotions.

6/2/2007. WBO:H *Won* Sultan Ibragimov (221) *Lost* Shannon Briggs (273). Unan 12 *S* Convention Hall, Atlantic City, N.J. *R* Ed Cotton *P* Seminole/Golden Boy/M.E.

7/7/2007. IBF:H *Won* Wladimir Klitschko (243½) *Lost* Lamon Brewster (228¼). TKO 7/* *S* Cologne Arena, Cologne, Germany *R* Sam Williams *P* K2 Promotions.

10/13/2007. WBO:H *Won* Sultan Ibragimov (219) *Lost* Evander Holyfield (211½). Unan 12 *S* Khodynka Ice Palace, Moscow, Russia *R* Raul Caiz *P* Sem. War./M.E./Federov.

1/19/2008. WBA:H *Won* Ruslan Chagaev (229¼) *Lost* Matt Skelton (254¾). Unan 12 *S* Burg-Wachter Castello, Dusseldorf, Ger. *R* G. Pineda Perez *P* Universum Box Promotion.

2/23/2008. BFBO:H *Won* Wladimir Klitschko (238) *Lost* Sultan Ibragimov (219). Unan 12 *S* Madison Sq. Garden, New York, N.Y. *R* Wayne Kelly *P* K2/Seminole Warriors.

3/8/2008. WBC:H *Won* Samuel Peter (250) *Lost* Oleg Maskaev (243). TKO 6/2:56 *S* Plaza de Toros, Cancun, Q.R., Mex. *R* Guadalupe Garcia *P* Don King Productions.

7/12/2008. BFBO:H *Won* Wladimir Klitschko (241) *Lost* Tony Thompson (247½). KO 11/1:38 *S* Color Line Arena, Hamburg, Germany *R* Joe Cortez *P* K2 Promotions.

8/30/2008. WBA:H *Won* Nikolai Valuev (317¾) *Lost* John Ruiz (239). Unan 12 *S* Max Schmeling Halle, Berlin, Germany *R* Derek Milham *P* Sauerland Promotions.

10/11/2008. WBC:H *Won* Vitali Klitschko (247) *Lost* Samuel Peter (253½). TKO 9/* *S* 02 World Arena, Berlin, Germany *R* Mas. Barrovecchio *P* K2 Promotions.

12/13/2008. BFBO:H *Won* Wladimir Klitschko (244¾) *Lost* Hasim Rahman (253½). TKO 7/0:44 *S* SAP Arena, Mannheim, Germany *R* Tony Weeks *P* K2 Promotions.

12/20/2008. WBA:H *Won* Nikolai Valuev (310¾) *Lost* Evander Holyfield (214¼). Maj 12 *S* Hallenstadion, Zurich, Switzerland *R* Luis Pabon *P* Sauerland Promotions.

2/7/2009. WBA:H *Won* Ruslan Chagaev (227) *Lost* Carl Davis Drumond (229). TKO 7/* *S* Stadthalle, Rostock, Germany *R* Gustavo Padilla *P* Universum Box Promotion.

3/21/2009. WBC:H *Won* Vitali Klitschko (249¼) *Lost* Juan Carlos Gomez (230½). TKO 9/1:49 *S* Hans M. Schleyer Halle, Stuttgart, Ger. *R* Daniel Van de Wiele *P* Universum Box/K2 Promos.

6/20/2009. BFBO:H *Won* Wladimir Klitschko (240½) *Lost* Ruslan Chagaev (225). TKO 10/* *S* Veltins Arena, Gelsenkirchen, Germany *R* Ed Cotton *P* K2 Promotions.

9/26/2009. WBC:H *Won* Vitali Klitschko (252) *Lost* Chris Arreola (251). TKO 11/* *S* Staples Center, Los Angeles, Calif. *R* Jon Schorle *P* K2 Promos./Goossen Tutor.

11/7/2009. WBA:H *Won* David Haye (216¾) *Lost* Nikolai Valuev (314¾). Maj 12 *S* Versicherung Arena, Nuremberg, Ger. *R* Luis Pabon *P* Sauerland Promotions.

12/12/2009. WBC:H *Won* Vitali Klitschko (247) *Lost* Kevin Johnson (242½). Unan 12 *S* Post Finance Arena, Berne, Switz. *R* Kenny Bayless *P* K2 Promotions.

3/20/2010. BFBO:H *Won* Wladimir Klitschko (244¾) *Lost* Eddie Chambers (209½). KO 12/2:55 *S* Esprit Arena, Dusseldorf, Germany *R* Genaro Rodriguez *P* K2 Promotions.

4/3/2010. WBA:H *Won* David Haye (222) *Lost* John Ruiz (231). TKO 9/2:01 *S* MEN Arena, Manchester, Eng. *R* G. Perez Pineda *P* Golden Boy/Hayemaker.

CRUISERWEIGHT

12/8/1979. WBC:C *Won* Marvin Camel (183½) *Lost* Mate Parlov (189). Draw 15 *S* Sports Center, Split, Croatia *R* Raymond Baldeyrou *P* Top Rank/R. Sabbatini.

3/31/1980. WBC:C *Won* Marvin Camel (185¾) *Lost* Mate Parlov (189). Unan 15 *S* Caesars Palace, Las Vegas, Nev. *R* Ferd Hernandez *P* Don King Productions.

11/25/1980. WBC:C *Won* Carlos DeLeon (182½) *Lost* Marvin Camel (182). Maj 15 *S* Superdome, New Orleans, La. *R* Carlos Padilla *P* Don King Productions.

2/13/1982. WBA:C *Won* Ossie Ocasio (188¾) *Lost* Robbie Williams (186¾). Split 15 *S* Rand Stadium, Johannesburg, S.A. *R* Yusaku Yoshida *P* Queensberry Promotions.

2/24/1982. WBC:C *Won* Carlos DeLeon (182¾) *Lost* Marvin Camel (183½). TKO 8/* *S* Playboy Hotel, Atlantic City, N.J. *R* Juan Jose Guerra *P* Don King Productions.

6/27/1982. WBC:C *Won* S.T. Gordon (189) *Lost* Carlos DeLeon (187). TKO 2/2:51 *S* Front Row Theatre, Highland Hts., Oh. *R* Carlos Padilla *P* Don King Productions.

12/15/1982. WBA:C *Won* Ossie Ocasio (188½) *Lost* Young Joe Louis (187½). Unan 15 *S* Aragon Ballroom, Chicago, Ill. *R* Isidro Rodriguez *P* Don King/Luis Marquez.

2/16/1983. WBC:C *Won* S.T. Gordon (194) *Lost* Jesse Burnett (183). KO 8/3:07 *S* Byrne Arena, E. Rutherford, N.J. *R* Vincent Rainone *P* Don King Productions.

5/20/1983. WBA:C *Won* Ossie Ocasio (188¾) *Lost* Randy Stephens (188¾). Unan 15 *S* Dunes Hotel, Las Vegas, Nev. *R* Isidro Rodriguez *P* Don King Productions.

7/17/1983. WBC:C *Won* Carlos DeLeon (191¼) *Lost* S.T. Gorfdon

(194¼). Unan 12 S Dunes Hotel, Las Vegas, Nev. R Carlos Padilla P Don King Productions.

9/21/1983. WBC:C *Won* Carlos DeLeon (188¾) *Lost* Yaqui Lopez (188¾). TKO 4/2:51 S Municipal Stadium, San Jose, Calif. R Henry Elesperu P Don King/Garden City.

12/13/1983. IBF:C *Won* Marvin Camel (186¼) *Lost* Roddy MacDonald (177¼). KO 5/2:40 S Metro Center, Halifax, N.S., Canada R Bob Beaton.

3/9/1984. WBC:C *Won* Carlos DeLeon (190) *Lost* Anthony Davis (192¼). Unan 12 S Convention Center, Las Vegas, Nev. R Carlos Padilla P Don King/Riviera Hotel.

5/5/1984. WBA:C *Won* Ossie Ocasio (189) *Lost* John Odhiambo (187½). TKO 15/2:24 S Mets Pavilion, Guaynabo, P.R. R Isidro Rodriguez P Salinas Promotions.

6/2/1984. WBC:C *Won* Carlos DeLeon (192½) *Lost* Bashiru Ali (190). Unan 12 S Oakland Coliseum, Oakland, Calif. R Henry Elesperu P Gordon Ashby/Don King.

10/6/1984. IBF:C *Won* Lee Roy Murphy (190) *Lost* Marvin Camel (190). TKO 14 S Yellowstone Metra, Billings, Mont. R Dan Janjic.

12/1/1984. WBA:C *Won* Piet Crous (180) *Lost* Ossie Ocasio (187¾). Unan 15 S Superbowl, Sun City, Bophu. R Carlos Berrocal P Sun Int./Sol Kerzner.

12/20/1984. IBF:C *Won* Lee Roy Murphy (190) *Lost* Young Joe Louis (190). TKO 12/1:37 S Bismarck Hotel, Chicago, Ill. R Stanley Berg P Cedric Kushner Promos.

3/30/1985. WBA:C *Won* Piet Crous (185¾) *Lost* Randy Stephens (188¼). TKO 3/2:22 S Superbowl, Sun City, Bophu. R Ismael Fernandez P Sun Int. Promotions.

6/6/1985. WBC:C *Won* Alfonzo Ratliff (192½) *Lost* Carlos DeLeon (187¾). Split 12 S Riviera Hotel, Las Vegas, Nev. R Carlos Padilla P Don King Productions.

7/27/1985. WBA:C *Won* Dwight M. Qawi (189¼) *Lost* Piet Crous (189¼). TKO 11/1:47 S Superbowl, Sun City, Bophu. R Enzo Montero P Sun Int. Promotions.

9/21/1985. WBC:C *Won* Bernard Benton (190) *Lost* Alfonzo Ratliff (194). Unan 12 S Riviera Hotel, Las Vegas, Nev. R Joey Curtis P Dynamic Duo, Inc.

10/19/1985. IBF:C *Won* Lee Roy Murphy (190) *Lost* Chisanda Mutti (188). KO 12/1:53 S Louis II Stadium, Monte Carlo, Mon. R Larry Hazzard P Rodolfo Sabbatini.

3/22/1986. WBA:C *Won* Dwight M. Qawi (189) *Lost* Leon Spinks (190). TKO 6/2:56 S Lawlor Events Center, Reno, Nev. R Mills Lane P Main Events, Inc.

3/22/1986. WBC:C *Won* Carlos DeLeon (185) *Lost* Bernard Benton (185). Maj 12 S Riviera Hotel, Las Vegas, Nev. R Joey Curtis P Dynamic Duo, Inc.

4/19/1986. IBF:C *Won* Lee Roy Murphy (189) *Lost* Dorcey Gaymon (188½). KO 9/2:31 S San Remo Casino, San Remo, Italy R Joe Santarpai P Roberto Sabbatini.

7/12/1986. WBA:C *Won* Evander Holyfield (186) *Lost* Dwight M. Qawi (189¾). Split 15 S Omni Coliseum, Atlanta, Ga. R Vincent Rainone P Abernethy/M.E.-Monitor.

8/10/1986. WBC:C *Won* Carlos DeLeon (188¼) *Lost* Michael Greer (186¼). TKO 8/1:43 S Parcheggio S. Alfio, Giardini Naxos, Sicily R Rudy Ortega P Elles Promotions.

10/25/1986. IBF:C *Won* Ricky Parkey (190) *Lost* Lee Roy Murphy (190). TKO 10/2:56 S Sports Palace, Marsala, Sicily R Frank Cappuccino P Elles Promotions.

2/14/1987. WBA:C *Won* Evander Holyfield (188½) *Lost* Henry Tillman (189). TKO 7/1:43 S Bally's Grand Hotel, Reno, Nev. R Carlos Padilla P Main Events/Monitor.

2/21/1987. WBC:C *Won* Carlos DeLeon (188½) *Lost* Angelo Rottoli (189½). TKO 5/* S Sports Palace, Bergamo, Italy R Franz Marti P Roberto Sabbatini.

3/28/1987. IBF:C *Won* Ricky Parkey (189¼) *Lost* Chisanda Mutti (187¼). TKO 12/0:54 S Sports Palace, Lido de Camaiore, Italy R Vincent Rainone P Elles Promotions.

5/15/1987. IBF:C *Won* Evander Holyfield (188) *Lost* Ricky Parkey (187½). KO 3/2:44 S Caesars Palace, Las Vegas, Nev. R David Pearl P Main Events, Inc.

8/15/1987. BABF:C *Won* Evander Holyfield (189) *Lost* Ossie Ocasio (190). TKO 11/1:24 S Grand Pavilion, St. Tropez, France R John Coyle P Main Events/Loisirs Art.

12/5/1987. IBF:C *Won* Evander Holyfield (187) *Lost* Dwight M. Qawi (190). KO 4/2:30 S Convention Hall, Atlantic City, N.J. R Randy Neumann P M.E.-Monitor/Caesars.

1/22/1988. WBC:C *Won* Carlos DeLeon (188) *Lost* Jose Flores Burlon (189). Unan 12 S Convention Hall, Atlantic City, N.J. R Frank Cappuccino P Don King/Trump Plaza.

4/9/1988. C *Won* Evander Holyfield (190) *Lost* Carlos DeLeon (188). TKO 8/1:08 S Caesars Palace, Las Vegas, Nev. R Mills Lane P Main Events-Monitor/King.

3/25/1989. WBA:C *Won* Toufik Belbouli (189½) *Lost* Michael Greer (189½). TKO 8 S Sheraton Hotel, Casablanca, Morocco R Nicasio L. Drake P Sports Loisirs Artistiques.

5/17/1989. WBC:C *Won* Carlos DeLeon (189¾) *Lost* Sammy Reeson (189½). TKO 9/2:04 S London Docklands Arena, London, Eng. R Arthur Mercante P Frank Warren/London Arena.

6/3/1989. IBF:C *Won* Glenn McCrory (190) *Lost* Patrick Lamumba (187¾). Unan 12 S Louisa Centre, Stanley, Eng. R Randy Neumann P C. Kushner/John Spensley.

10/21/1989. IBF:C *Won* Glenn McCrory (190) *Lost* Siza Makathini (187). KO 11/1:07 S Epson Sports Centre, Langbourgh, Eng. R Rudy Battle P Cedric Kushner Promos.

11/27/1989. WBA:C *Won* Robert Daniels (188½) *Lost* Dwight M. Qawi (188½). Split 12 S Pavilion Baltard, Nogent-sur-Marne, France R Bernard Soto P Main Events/Loisirs Art.

12/3/1989. WBO:C *Won* Boone Pultz *Lost* Magne Havnaa. Unan 12 S The Parken, Copenhagen, Den. R Stan Christodoulou.

1/27/1990. WBC:C *Won* Carlos DeLeon (188¾) *Lost* Johnny Nelson (190). Draw 12 S City Hall, Sheffield, Eng. R Robert Logist P Matchroom/Alma Ingle.

3/22/1990. IBF:C *Won* Jeff Lampkin (188) *Lost* Glenn McCrory (189½). KO 3/2:27 S Leisure Centre, Gateshead, Eng. R Randy Neumann P C. Kushner/John Spensley.

5/17/1990. WBO:C *Won* Magne Havnaa (189¾) *Lost* Boone Pultz (190). TKO 5/2:55 S Nordjysk Messecenter Arena, Aars, Den. R Denny Nelson P Mogens Palle.

7/19/1990. WBA:C *Won* Robert Daniels (188½) *Lost* Craig Bodzianowski (190). Unan 12 S Seattle Kingdome, Seattle, Wash. R Lou Moret P Bill Wheeler and Associates.

7/27/1990. WBC:C *Won* Massimiliano Duran (183½) *Lost* Carlos DeLeon (189½). DQ 11 S Grand Pavilion, Capo D'Orlando, Italy R Robert Logist P Elio Cotena/R. Sabbatini.

7/28/1990. IBF:C *Won* Jeff Lampkin (190) *Lost* Siza Makathini (187). TKO 8/2:04 S Hilton Hotel, St. Petersburg, Fla. R Bill Connors P Cedric Kushner/Phil Alessi.

11/22/1990. WBA:C *Won* Robert Daniels (186½) *Lost* Taoufik Belbouli (188½). Draw 12 S Sports Palace, Madrid, Spain R Ernesto Magana P Michel Acaries.

12/8/1990. WBC:C *Won* Massimiliano Duran (187) *Lost* Anaclet Wamba (189¾). DQ 12/2:51 S Sports Palace, Ferrara, Italy R Larry O'Connell P Elio Cotena/Total Sports.

12/8/1990. WBO:C *Won* Magne Havnaa (190) *Lost* Daniel Netto (190). Unan 12 S Hallef Sports Hall, Aalborg, Denmark R Bill Connors P Mogens Palle.

2/15/1991. WBO:C *Won* Magne Havnaa (190) *Lost* Tyrone Booze (186¼). Split 12 S Randershallen, Randers, Denmark R I. Quinones Falu P Mogens Palle.

3/8/1991. WBA:C *Won* Bobby Czyz (186½) *Lost* Robert Daniels (188¼). Split 12 S Trump Taj Mahal, Atlantic City, N.J. R Rudy Battle P Top Rank/Gelb Promos.

7/20/1991. WBC:C *Won* Anaclet Wamba (189) *Lost* Massimiliano Duran (183¾). TKO 11/0:42 S Athletic Amphitheatre, Palermo, Sicily R Arthur Mercante P A.B. Stars, Inc.

8/9/1991. WBA:C *Won* Bobby Czyz (188) *Lost* Bashiru Alli (188). Unan 12 *S* Convention Hall, Atlantic City, N.J. *R* Steve Smoger *P* Top Rank, Inc.

9/7/1991. IBF:C *Won* James Warring (186) *Lost* James Pritchard (189¾). KO 1/0:36 *S* San Giacomo Studio, Salemi, Sicily *R* Joey Curtis *P* Cedric Kushner Promos.

11/16/1991. IBF:C *Won* James Warring (188½) *Lost* Donnell Wingfield (185¾). TKO 5/1:05 *S* Valley Sports Arena, Roanoke, Va. *R* Al Rothenburg *P* Cedric Kushner Promos.

12/13/1991. WBC:C *Won* Anaclet Wamba (189½) *Lost* Massimiliano Duran (184½). TKO 11/1:16 *S* Palais Omnisports de Bercy, Paris, France *R* Richard Steele *P* A.B. Stars, Inc.

5/8/1992. WBA:C *Won* Bobby Czyz (187) *Lost* Don Lalonde (184½). Unan 12 *S* Riviera Hotel, Las Vegas, Nev. *R* Richard Steele *P* Momentum Enterprises.

5/16/1992. IBF:C *Won* James Warring (188) *Lost* Johnny Nelson (189¼). Unan 12 *S* Hugo's Night Club, Bealeton, Va. *R* Chris Wollensen *P* Cedric Kushner Promos.

6/13/1992. WBC:C *Won* Anaclet Wamba (189¾) *Lost* Andrei Rudenko (186½). TKO 5/2:00 *S* Salle M. Cerdan, Levallois-Perret, France *R* Joe Cortez *P* A.B. Stars, Inc.

7/25/1992. WBO:C *Won* Tyrone Booze (189½) *Lost* Derek Angol (190). KO 7/2:32 *S* G-Mex Centre, Manchester, Eng. *R* Roy Francis *P* Frank Warren Productions.

7/30/1992. IBF:C *Won* Al (Ice) Cole (190) *Lost* James Warring (188). Unan 12 *S* Waterloo Village, Stanhope, N.J. *R* Rafael Ramos *P* Top Rank/ C. Kushner.

10/2/1992. WBO:C *Won* Tyrone Booze (187) *Lost* Ralf Rocchigiani (184½). Unan 12 *S* Deutschlandhalle, Berlin, Germany *R* Genaro Rodriguez *P* Viking Winner Boxing.

10/16/1992. WBC:C *Won* Anaclet Wamba (184¾) *Lost* Andrew Maynard (179¾). Unan 12 *S* Pierre de Coubertin Stadium, Paris, France *R* Mickey Vann *P* A.B. Stars, Inc.

2/13/1993. WBO:C *Won* Tyrone Booze (188) *Lost* Markus Bott (188). Unan 12 *S* Sporthalle, Hamburg, Germany *R* I. Quinones Falu *P* Universum Box Promotion.

2/28/1993. IBF:C *Won* Al (Ice) Cole (190) *Lost* Uriah Grant (189). Unan 12 *S* Trump Castle, Atlantic City, N.J. *R* Tony Orlando *P* Top Rank, Inc.

3/6/1993. WBC:C *Won* Anaclet Wamba (190) *Lost* David Vedder (187½). Unan 12 *S* Salle M. Cerdan, Levallois-Perret, France *R* Larry O'Connell *P* A.B. Stars, Inc.

6/26/1993. WBO:C *Won* Nestor Giovannini (185¼) *Lost* Markus Bott (189). Split 12 *S* Sporthalle, Hamburg, Germany *R* Paul Thomas *P* Universum Box Promotion.

7/16/1993. IBF:C *Won* Al (Ice) Cole (190) *Lost* Glenn McCrory (190). Unan 12 *S* Prospekt Mira Sports Palace, Moscow, Russia *R* Rudy Battle *P* Madrid Boxing Club.

10/16/1993. WBC:C *Won* Anaclet Wamba (190) *Lost* Akim Tafer (189¾). TKO 8/* *S* Salle M. Cerdan, Levallois-Perret, France *R* Rol. Barrovecchio *P* A.B. Stars, Inc.

11/6/1993. WBA:C *Won* Orlin Norris (188¼) *Lost* Marcelo Figueroa (188¼). TKO 6/0:45 *S* Cirque d'Hiver, Paris, France *R* Franco Priami *P* A.B. Stars, Inc.

11/17/1993. IBF:C *Won* Al (Ice) Cole (190) *Lost* Vincent Boulware (190). TKO 5/1:08 *S* Caesars Hotel, Atlantic City, N.J. *R* Robert Palmer *P* Top Rank, Inc.

11/20/1993. WBO:C *Won* Nestor Giovannini (189) *Lost* Markus Bott (189). Unan 12 *S* Sporthalle, Hamburg, Germany *R* Joe O'Neill *P* Universum Box Promotion.

3/4/1994. WBA:C *Won* Orlin Norris (187) *Lost* Arthur Williams (189). Split 12 *S* MGM Grand Garden, Las Vegas, Nev. *R* Toby Gibson *P* Don King Productions.

7/2/1994. WBA:C *Won* Orlin Norris (188) *Lost* Arthur Williams (190). TKO 3/1:08 *S* The Mirage, Las Vegas, Nev. *R* Richard Steele *P* Don King Productions.

7/14/1994. WBC:C *Won* Anaclet Wamba (189½) *Lost* Adolpho Washington (189¾). Draw 12 *S* Sporting Club, Monte Carlo, Monaco *R* Mickey Vann *P* A.B. Stars, Inc.

7/23/1994. IBF:C *Won* Al (Ice) Cole (189) *Lost* Nate Miller (190). Unan 12 *S* Civic Ctr., Bismarck, N.D. *R* Denny Nelson *P* Don King Productions.

11/12/1994. WBA:C *Won* Orlin Norris (187¾) *Lost* James Heath (187¾). KO 2/2:46 *S* Monumental Plaza, Mexico City, Mex. *R* Julio C. Alvarado *P* Don King Productions.

12/3/1994. WBC:C *Won* Anaclet Wamba (190) *Lost* Marcelo Dominguez (188¾). Maj 12 *S* Polideportivo, Cd. Salta, Argentina *R* Mickey Vann *P* A.B. Stars, Inc.

12/17/1994. WBO:C *Won* D. Michalczewski (181) *Lost* Nestor Giovannini (182). KO 10/1:25 *S* Sporthalle, Hamburg, Germany *R* Genaro Rodriguez *P* Universum Box Promotion.

3/18/1995. WBA:C *Won* Orlin Norris (190) *Lost* Adolpho Washington (190). Unan 12 *S* Memorial Auditorium, Worcester, Mass. *R* Hubert Earle *P* Don King Productions.

6/10/1995. WBO:C *Won* Ralf Rocchigiani (187½) *Lost* Carl Thompson (188). TKO 11/0:38 *S* G-Mex Centre, Manchester, Eng. *R* Genaro Rodriguez *P* Frank Warren Promos.

6/24/1995. IBF:C *Won* Al (Ice) Cole (190) *Lost* Uriah Grant (188). Unan 12 *S* Convention Hall, Atlantic City, N.J. *R* Steve Smoger *P* Sq. Ring/New Contenders.

7/22/1995. WBA:C *Won* Nate Miller (186¾) *Lost* Orlin Norris (188¾). KO 8/2:04 *S* London Arena, Millwall, London, Eng. *R* John Coyle *P* Don King/Sports Network.

7/25/1995. WBC:C *Won* Marcelo Dominguez (186½) *Lost* Akim Tafer (185¾). TKO 9 *S* Jai Alai Stadium, St. Jean de Luz, France *R* Daniel van de Wiele *P* A.B. Stars, Inc.

9/2/1995. WBC:C *Won* Marcelo Dominguez (188½) *Lost* Reynaldo Gimenez (189½). TKO 12/2:47 *S* Juventul Unida Stadium, Gualeguaychu, Arg. *R* Luis C. Guzman *P* A.B. Stars, Inc.

9/30/1995. WBO:C *Won* Ralf Rocchigiani (186½) *Lost* Mark Randazzo (186). Unan 12 *S* Sports Center, Hanover, Germany *R* Raul Caiz *P* Universum Box Promotion.

10/24/1995. WBC:C *Won* Marcelo Dominguez (186) *Lost* Sergei Kobozev (187). Split 12 *S* Salle M. Cerdan, Levallois-Perret, France *R* Mitch Halpern *P* A.B. Stars, Inc.

11/25/1995. WBO:C *Won* Ralf Rocchigiani (186¼) *Lost* Dan Ward (187). TKO 8/2:55 *S* The Stadthalle, Braunschweig, Ger. *R* Luis Pabon *P* Universum Box Promotion.

1/13/1996. WBA:C *Won* Nate Miller (188½) *Lost* Reynaldo Gimenez (189). TKO 5/* *S* Miami Jai Alai Fronton, Miami, Fla. *R* Bernard Soto *P* Don King Productions.

3/16/1996. WBO:C *Won* Ralf Rocchigiani (184½) *Lost* Jay Snyder (189¾). TKO 4/2:05 *S* Deutschlandhalle, Berlin, Germany *R* Genaro Rodriguez *P* Universum Box Promotion.

3/23/1996. WBA:C *Won* Nate Miller (188¼) *Lost* Brian LaSpada (187). TKO 9/0:56 *S* Miami Arena, Miami, Fla. *R* Bill Connors *P* Don King Productions.

7/5/1996. WBC:C *Won* Marcelo Dominguez (190) *Lost* Patrice Aouissi (188). TKO 10/* *S* Espace 3000, Hyeres, France *R* Robert Logist *P* A.B. Stars, Inc.

7/13/1996. WBO:C *Won* Ralf Rocchigiani (187½) *Lost* Bashiru Alli (189¾). Unan 12 *S* Grugerhalle, Essen, Germany *R* Rudy Battle *P* Universum Box Promotion.

8/31/1996. IBF:C *Won* Adolpho Washington (189¾) *Lost* Torsten May (188½). Unan 12 *S* Balear Coliseum, Palma de Mallorca, Spain *R* Randy Neumann *P* W. Sauerland/C. Kushner.

8/31/1996. WBA:C *Won* Nate Miller (189½) *Lost* James Heath (187½). TKO 7/2:54 *S* The Point Theatre, Dublin, Ireland *R* Carlos Berrocal *P* Don King/Sports Network.

12/6/1996. WBC:C *Won* Marcelo Dominguez (189¼) *Lost* Jose Arimateia (188½). TKO 8/* *S* Fomento Amigos, Buenos Aires, Arg. *R* Luis C. Guzman *P* A.B. Stars, Inc.

12/13/1996. WBO:C *Won* Ralf Rocchigiani (187½) *Lost* Stefan Anghern (186½). Unan 12 *S* Stadionsporthalle, Hanover, Germany *R* Michael Benitez *P* Universum Box Promotion.

2/22/1997. WBA:C *Won* Nate Miller (188) *Lost* Alexandre Gurov (190). TKO 2/1:54 *S* Ft. Lauderdale Theater, Ft. Lauderdale, Fla. *R* Jorge Alonso *P* Don King Productions.

4/26/1997. WBO:C *Won* Ralf Rocchigiani (187¼) *Lost* Stefan Anghern (187¼). Maj 12 *S* Hallenstadion, Zurich, Switzerland *R* Joe Cortez *P* Universum Box Promotion.

6/21/1997. IBF:C *Won* Adolpho Washington (190) *Lost* Uriah Grant (187¼). Maj 12 *S* Univ. of S. Florida Sun Dome, Tampa, Fla. *R* Brian Garry *P* Don King/Alessi Promos.

8/16/1997. WBC:C *Won* Marcelo Dominguez (190) *Lost* Akim Tafer (189¼). Unan 12 *S* La Palestre, Le Cannet-Rocheville, France *R* Richard Steele *P* A.B. Stars, Inc.

10/4/1997. WBO:C *Won* Carl Thompson (188½) *Lost* Ralf Rocchigiani (185¾). Split 12 *S* Stadion-Sporthalle, Hanover, Germany *R* Max Parker *P* Universum Box Promotion.

11/8/1997. IBF:C *Won* Imamu Mayfield (188) *Lost* Uriah Grant (190). Unan 12 *S* Thomas & Mack Center, Las Vegas, Nev. *R* Jay Nady *P* Don King/Main Events.

11/8/1997. WBA:C *Won* Fabrice Tiozzo (190) *Lost* Nate Miller (190). Unan 12 *S* Thomas & Mack Center, Las Vegas, Nev. *R* Richard Steele *P* Don King/Main Events.

2/21/1998. WBA:C *Won* Juan Carlos Gomez (189½) *Lost* Marcelo Dominguez (190). Unan 12 *S* Pan-American Stadium, Mar del Plata, Arg. *R* Richard Steele *P* Osvaldo Rivero/Don King.

3/28/1998. IBF:C *Won* Imamu Mayfield (188) *Lost* Terry Dunstan (189¾). KO 11/1:35 *S* Hull Ice Arena, Hull, Yorks., Eng. *R* John Coyle *P* Panix/S. Pollard/D. King.

4/18/1998. WBO:C *Won* Carl Thompson (189) *Lost* Chris Eubank (186½). Unan 12 *S* NYNEX Arena, Manchester, Eng. *R* Roy Francis *P* Sports Network Ltd.

5/2/1998. WBA:C *Won* Fabrice Tiozzo (189½) *Lost* Terry Ray (187¾). TKO 1/1:00 *S* L'Astroballe, Villeurbanne, France *R* John Coyle *P* Don King Productions.

6/5/1998. WBC:C *Won* Juan Carlos Gomez (189½) *Lost* Guy Waters (185¼). TKO 6/1:30 *S* Wandsbeker Sporthalle, Hamburg, Ger. *R* Jay Nady *P* Universum Box Promotion.

7/18/1998. WBO:C *Won* Carl Thompson (189½) *Lost* Chris Eubank (189). TKO 10/* *S* Sheffield Arena, Sheffield, Eng. *R* Paul Thomas *P* Sports Network Ltd.

10/3/1998. WBC:C *Won* Juan Carlos Gomez (189) *Lost* Alexei Iliin (189¼). TKO 2/2:35 *S* Prinz-Garden Halle, Augsburg, Germany *R* Tony Perez *P* Universum Box Promotion.

10/30/1998. IBF:C *Won* Arthur Williams (187) *Lost* Imamu Mayfield (186½). TKO 9/1:10 *S* Grand Casino, Biloxi, Miss. *R* Elmo Adolph *P* M+M Sports, Inc.

11/14/1998. WBA:C *Won* Fabrice Tiozzo (189) *Lost* Ezequiel Paixao (183½). KO 2/1:04 *S* L'Espace Francois-Mitterand, France *R* John Coyle *P* Don King Productions.

12/12/1998. WBC:C *Won* Juan Carlos Gomez (190) *Lost* Rodney Gordon (190). TKO 2/2:19 *S* Ballsporthalle Hochst, Frankfurt, Ger. *R* Luis C. Guzman *P* Universum Box Promotion.

3/13/1999. WBC:C *Won* Juan Carlos Gomez (189½) *Lost* Marcelo Dominguez (188½). Unan 12 *S* Hansehalle Lubeck, Lubeck, Germany *R* Martin Denkin *P* Universum Box Promotion.

3/27/1999. WBO:C *Won* Johnny Nelson (190) *Lost* Carl Thompson (189½). TKO 5/1:42 *S* Derby Storm Arena, Derby, Eng. *R* Paul Thomas *P* Sports Network Ltd.

5/15/1999. WBO:C *Won* Johnny Nelson (190) *Lost* Bruce Scott (187). Unan 12 *S* Ponds Forge Leisure Centre, Sheffield, Eng. *R* John Coyle *P* Sports Network Ltd.

6/5/1999. IBF:C *Won* Vassiliy Jirov (188) *Lost* Arthur Williams (188). TKO 7/1:59 *S* Mississippi Coast Coliseum, Biloxi, Miss. *R* Paul Sita *P* M+M/Square Ring.

7/17/1999. WBC:C *Won* Juan Carlos Gomez (188½) *Lost* Bruce Scott (188½). TKO 6/2:46 *S* Phillipshalle, Dusseldorf, Germany *R* Daniel van de Wiele *P* Universum Box Promotion.

8/7/1999. WBO:C *Won* Johnny Nelson (189½) *Lost* Willard Lewis (189¾). TKO 5/* *S* Goresbrook Leisure Centre, Dagenham, Eng. *R* Dave Parris *P* Sports Network Ltd.

9/18/1999. IBF:C *Won* Vassiliy Jirov (188) *Lost* Dale Brown (188). KO 10/2:52 *S* Mandalay Bay Resort, Las Vegas, Nev. *R* Richard Steele *P* Top Rank, Inc.

9/18/1999. WBO:C *Won* Johnny Nelson (190) *Lost* Sione Vaati Asipeli (190). Unan 12 *S* Mandalay Bay Resort, Las Vegas, Nev. *R* Joe Cortez *P* Top Rank, Inc.

11/6/1999. WBO:C *Won* Johnny Nelson (189¼) *Lost* Christophe Girard (182½). KO 4/2:34 *S* Kingsway Leisure Centre, Widnes, Eng. *R* Mickey Vann *P* Sports Network Ltd.

11/13/1999. WBA:C *Won* Fabrice Tiozzo (189½) *Lost* Ken Murphy (188). TKO 8/* *S* Thomas & Mack Center, Las Vegas, Nev. *R* Joe Cortez *P* King/Panix/Main Events.

12/11/1999. WBC:C *Won* Juan Carlos Gomez (189¼) *Lost* Napoleon Tagoe (189½). KO 9/1:25 *S* Alsterdorfer Sporthalle, Hamburg, Ger. *R* Laurence Cole *P* Universum Box Promotion.

2/12/2000. IBF:C *Won* Vassiliy Jirov (189½) *Lost* Saul Montana (189½). TKO 9/2:55 *S* Bank of America Center, Boise, Idaho *R* Jerry Armstrong *P* Top Rank, Inc.

3/11/2000. WBC:C *Won* Juan Carlos Gomez (189½) *Lost* Mohamed Siluvangi (187½). TKO 2/2:35 *S* Hansehalle Luebeck, Luebeck, Ger. *R* Larry O'Connell *P* Universum Box Promotion.

4/8/2000. WBA:C *Won* Fabrice Tiozzo (189½) *Lost* Valery Vikhor (188½). TKO 6/1:45 *S* Palais Omnisports de Bercy, Paris, France *R* Joe Cortez *P* A.B. Stars/Don King.

4/8/2000. WBO:C *Won* Johnny Nelson (189¼) *Lost* Pietro Aurino (189½). TKO 7/2:23 *S* York Hall, Bethnal Green, London, Eng. *R* Paul Thomas *P* Sports Network Ltd.

5/6/2000. WBC:C *Won* Juan Carlos Gomez (189¾) *Lost* Imamu Mayfield (189¾). KO 3/0:50 *S* Swissotel, Neuss, Germany *R* Guadalupe Garcia *P* Universum Box Promotion.

10/7/2000. WBO:C *Won* Johnny Nelson (189¼) *Lost* Adam Watt (189¾). TKO 5/2:12 *S* Doncaster Dome, Doncaster, Eng. *R* Dave Parris *P* Sports Network Ltd.

12/9/2000. WBA:C *Won* Virgil Hill (190) *Lost* Fabrice Tiozzo (190). TKO 1/2:59 *S* Astroballe, Villeurbanne, France *R* Luis Pabon *P* Don King/Roger Ferrer.

12/16/2000. WBC:C *Won* Juan Carlos Gomez (189) *Lost* Jorge Castro (183). TKO 10/1:56 *S* Gruga Halle, Essen, Germany *R* Larry O'Connell *P* Universum Box Promotion.

1/27/2001. WBO:C *Won* Johnny Nelson (189¾) *Lost* George Arias (189¼). Unan 12 *S* York Hall, Bethnal Green, London, Eng. *R* Bill Connors *P* Sports Network Ltd.

2/6/2001. IBF:C *Won* Vassiliy Jirov (188) *Lost* Alex Gonzales (189¾). KO 1/1:35 *S* Ice Sports Palace, Almaty, Kazakhstan *R* Ed Cotton *P* Kushner/Panix Promos.

3/24/2001. IBF:C *Won* Vassiliy Jirov (190) *Lost* Terry McGroom (190). KO 1/1:22 *S* MGM Grand Garden, Las Vegas, Nev. *R* Tony Weeks *P* Univision Sports, LLC.

7/21/2001. WBO:C *Won* Johnny Nelson (189¾) *Lost* Marcelo Dominguez (187½). Unan 12 *S* Ponds Forge Leisure Centre, Sheffield, Eng. *R* Bill Connors *P* Sports Network Ltd.

9/8/2001. IBF:C *Won* Vassiliy Jirov (190) *Lost* Julian Letterlough (186½). TKO 8/1:24 *S* Lawlor Events Center, Reno, Nev. *R* Jay Nady *P* Forum Boxing/Panix.

11/3/2001. WBC:C *Won* Juan Carlos Gomez (190) *Lost* Pietro Aurino (190). TKO 6/1:42 *S* Hansehalle, Luebeck, Germany *R* Mark Green *P* Universum Box Promotion.

2/1/2002. IBF:C *Won* Vassiliy Jirov (189) *Lost* Jorge Castro (187). Unan 12 *S* Celebrity Theater, Phoenix, Ariz. *R* Robert Ferrara *P* S.R.L. Boxing, LLC.

2/23/2002. WBA:C *Won* Jean-Marc Mormeck (185) *Lost* Virgil Hill (189¾). TKO 9/* *S* Palais des Sports, Marseilles, France *R* Stan Christodoulou *P* A.B. Stars, Inc.

4/6/2002. WBO:C *Won* Johnny Nelson (189½) *Lost* Ezra Sellers (189). KO 8/2:39 *S* Cirkusbygningen Arena, Copenhagen, Den. *R* A. van Grootenbrue *P* Sports Network Ltd.

8/10/2002. WBA:C *Won* Jean-Marc Mormeck (188) *Lost* Dale Brown (189½). TKO 8/2:00 *S* Plages Gaston Deferre, Marseilles, France *R* Luis Pabon *P* A.B. Stars, Inc.

10/11/2002. WBC:C *Won* Wayne Braithwaite (186) *Lost* Vincenzo Cantatore (190). TKO 10/2:03 *S* Casino di Campione, Campione d'Italia, Italy *R* Guadalupe Garcia *P* Salvatore Cherchi.

11/23/2002. WBO:C *Won* Johnny Nelson (189) *Lost* Guillermo Jones (189). Draw 12 *S* Derby Storm Arena, Derby, England *R* Paul Thomas *P* Sports Network, Ltd.

2/21/2003. WBC:C *Won* Wayne Braithwaite (186) *Lost* Ravea Springs (184½). TKO 4/2:41 *S* Miccosukee Gaming Center, Miami, Fla. *R* Tommy Kimmons *P* Millennium Events.

3/1/2003. WBA:C *Won* Jean-Marc Mormeck (187½) *Lost* Alexandre Gurov (188½). TKO 8/0:32 *S* Thomas & Mack Center, Las Vegas, Nev. *R* Kenny Bayless *P* Don King Productions.

4/26/2003. IBF:C *Won* James Toney (190) *Lost* Vassiliy Jirov (188). Unan 12 *S* Foxwoods Resort, Mashantucket, Conn. *R* Steve Smoger *P* DiBella Entertainment.

11/15/2003. WBO:C *Won* Johnny Nelson (189½) *Lost* Alexandre Petkovic (188¾). Maj 12 *S* Bavarian Oberfrankenhalle, Bayreuth, Ger. *R* Genaro Rodriguez *P* Universum Box Promo.

12/13/2003. WBC:C *Won* Wayne Braithwaite (189) *Lost* Luis Pineda (199). TKO 1/1:27 *S* Conv. Hall, Atlantic City *R* Ed Cotton *P* Don King.

4/17/2004. WBC:C *Won* Wayne Braithwaite (188) *Lost* Louis Azille (193¾). Unan 12 *S* Madison Sq. Garden, New York, N.Y. *R* Eddie Claudio *P* Don King Productions.

5/1/2004. IBF:C *Won* Kelvin Davis (190) *Lost* Ezra Sellers (190). TKO 8/2:33 *S* Jai-Alai Fronton, Miami *R* Frank Santore, Jr. *P* Don King Prods.

5/22/2004. WBA:C *Won* Jean-Marc Mormeck (196¼) *Lost* Virgil Hill (194¾). Unan 12 *S* Carnival City Arena, Brakpan, S.A. *R* Wally Snowball *P* Don King/Golden Gloves.

9/4/2004. WBO:C *Won* Johnny Nelson (199½) *Lost* Rudiger May (198¾). TKO 7/2:29 *S* Gruga Halle, Essen, Germany *R* Axel Zielke *P* Sauerland Promotions.

4/2/2005. BABC:C *Won* Jean-Marc Mormeck (198) *Lost* Wayne Braithwaite (188). Unan 12 *S* DCU Center, Worcester, Mass. *R* Richard Flaherty *P* Don King Productions.

5/20/2005. IBF:C *Won* O'Neil Bell (199) *Lost* Dale Brown (198¾). Unan 12 *S* Seminole Casino, Hollywood, Fla. *R* Armando Garcia *P* Warriors Boxing, Inc.

8/26/2005. IBF:C *Won* O'Neil Bell (200) *Lost* Sebastian Rothmann (194). KO 11/2:09 *S* Seminole Casino, Hollywood, Fla. *R* Tommy Kimmons *P* Warriors Boxing/Kushner.

11/26/2005. WBO:C *Won* Johnny Nelson (198½) *Lost* Vincenzo Cantatore (199¼). Split 12 *S* Sports Palace, Rome, Italy *R* Roberto Ramirez *P* Sports Promotions.

1/7/2006. BACF:C *Won* O'Neil Bell (199½) *Lost* Jean-Marc Mormeck (197¾). KO 10/2:50 *S* Madison Sq. Garden, New York, N.Y. *R* Wayne Kelly *P* Don King Productions.

10/14/2006. WBO:C *Won* Enzo Maccarinelli (199) *Lost* Mark Hobson (200). TKO 1/1:11 *S* MEN Arena, Manchester, Eng. *R* Terry O'Connor *P* Sports Network, Ltd.

11/25/2006. IBF:C *Won* Krzysztof Wlodarczyk (192¼) *Lost* Steve Cunningham (193½). Split 12 *S* Torwar Sports Hall, Warsaw, Poland *R* Tony Weeks *P* Hammer K.O. Promotions.

3/17/2007. BABC:C *Won* Jean-Marc Mormeck (198¼) *Lost* O'Neil Bell (198½). Unan 12 *S* Cerdan Sports Palace, Paris, France *R* Mas. Barrovecchio *P* Don King/AMI Productions.

4/7/2007. WBO:C *Won* Enzo Maccarinelli (200) *Lost* Bobby Gunn (195). TKO 1/2:35 *S* Millennium Stadium, Cardiff, Wales *R* Mark Nelson *P* Sports Network, Ltd.

5/26/2007. IBF:C *Won* Steve Cunningham (194) *Lost* Krzysztof Wlodarczyk (196). Maj 12 *S* Spodek Arena, Katowice, Poland *R* Dave Parris *P* Hammer K.O. Promotions.

7/21/2007. WBO:C *Won* Enzo Maccarinelli (194) *Lost* Wayne Braithwaite (195¼). Unan 12 *S* International Arena, Cardiff, Wales *R* Mickey Vann *P* Sports Network, Ltd.

11/3/2007. WBO:C *Won* Enzo Maccarinelli (197¾) *Lost* Mohamed Azzaoui (197¾). TKO 4/0:58 *S* Millennium Stadium, Cardiff, Wales *R* Dave Parris *P* Sports Network, Ltd.

11/10/2007. BABC:C *Won* David Haye (199½) *Lost* Jean-Marc Mormeck (199). TKO 7/1:05 *S* Cerdan Sports Palace, Paris, France *R* Franco Ciminale *P* Don King/AMI Productions.

12/29/2007. IBF:C *Won* Steve Cunningham (192¾) *Lost* Marco Huck (198½). TKO 12/1:56 *S* Seidensticker Halle, Bielefeld, Ger. *R* Marlon Wright *P* Sauerland Promotions.

3/8/2008. BACO:C *Won* David Haye (198) *Lost* Enzo Maccarinelli (197). TKO 2/2:04 *S* Millennium Dome, London, Eng. *R* John Keane *P* Sports Network, Ltd.

3/8/2008. BACO:C *Won* David Haye (198) *Lost* Enzo Maccarinelli (197). TKO 2/2:04 *S* Millennium Dome, London, Eng. *R* John Keane *P* Sports Network, Ltd.

5/3/2008. WBA:C *Won* Firat Arslan (199½) *Lost* Darnell Wilson (199½). Unan 12 *S* Hans M. Schleyer Halle, Stuttgart, Ger. *R* Paul Thomas *P* Universum Box Promotion.

10/24/2008. WBC:C *Won* Giacobbe Fragomeni (194½) *Lost* Rudolf Kraj (198½). TWu 8 *S* PalaLido, Milan, Italy *R* Yuji Fukuchi *P* OPI 2000 (Sal. Cherchi).

12/11/2008. IBF:C *Won* Tomasz Adamek (198) *Lost* Steve Cunningham (197). Split 12 *S* Prudential Center, Newark, N.J. *R* Earl Morton *P* Main Events/Don King.

2/27/2009. IBF:C *Won* Tomasz Adamek (199) *Lost* Johnathon Banks (200). TKO 8/1:30 *S* Prudential Center, Newark, N.J. *R* Ed Cotton *P* Main Events/Ziggy Promos.

5/16/2009. WBC:C *Won* Giacobbe Fragomeni (197¼) *Lost* Krzysztof Wlodarczyk (198½). Draw 12 *S* Gran Teatro, Rome, Italy *R* Ian-John Lewis *P* OPI 2000 (Sal. Cherchi).

5/16/2009. WBO:C *Won* Victor E. Ramirez (198½) *Lost* Ali Ismailov (197½). Split 12 *S* Luna Park Stadium, Buenos Aires, Arg. *R* Michael Ortega *P* OR Promos./Luna Park.

7/11/2009. IBF:C *Won* Tomasz Adamek (199) *Lost* Bobby Gunn (194). TKO 5/* *S* Prudential Center, Newark, N.J. *R* Earl Brown *P* Main Events, Inc.

8/29/2009. WBO:C *Won* Marco Huck (198½) *Lost* Victor E. Ramirez (199). Unan 12 *S* Gerry Weber Stadium, Halle, Ger. *R* Mark Nelson *P* Sauerland Promotions.

11/21/2009. WBC:C *Won* Zsolt Erdei (179) *Lost* Giacobbe Fragomeni (196). Maj 12 *S* Sparkassen Arena, Kiel, Germany *R* Vic Drakulich *P* Universum Box Promotion.

12/5/2009. WBO:C *Won* Marco Huck (196) *Lost* Ola Afolabi (196½). Unan 12 *S* Ludwigsburg Arena, Ludwigsburg, Ger. *R* Joe Cortez *P* Sauerland Promotions.

3/13/2010. WBO:C *Won* Marco Huck (198½) *Lost* Adam Richards (199¼). TKO 3/2:30 *S* Max Schmeling Hall, Berlin, Germany *R* Mark Nelson *P* Sauerland Promotions.

5/1/2010. WBO:C *Won* Marco Huck (199) *Lost* Brian Minto (198½). TKO 10/* *S* Weser-Ems Halle, Oldenburg, Germany *R* Robert Byrd *P* Sauerland Promotions.

Light Heavyweight

8/18/1899. LH *Won* Joe Choynski (158) *Lost* Jimmy Ryan (152). Ref 20 *S* Saengerbund Hall, Dubuque, Ia. *R* George Siler *P* Dubuque Athletic Assn.

9/25/1899. LH *Won* Joe Choynski (160) *Lost* Jim Hall (168). KO 3/2:45 *S* Louisville Music Hall, Louisville, Ky. *R* Edmund Rucker *P* Nonpareil Athletic Assn.

10/20/1899. LH *Won* Joe Choynski (168) *Lost* Jimmy Ryan (165). KO 7/2:35 *S* Broadway Athletic Club, New York, N.Y. *R* Johnny White *P* Broadway Athletic Club.

1/12/1900. LH *Won* Kid McCoy *Lost* Joe Choynski. TKO 4/* *S* Broadway Athletic Club, New York, N.Y. *R* Johnny White *P* Broadway Athletic Club.

4/22/1903. LH *Won* Jack Root (168) *Lost* Kid McCoy (173). Ref 10 *S* Light Guard Armory, Detroit, Mich. *R* Bat Masterson.

7/4/1903. LH *Won* George Gardner *Lost* Jack Root. KO 12/2:20 *S* Int. A.C., Fort Erie, Ontario, Canada *R* E.H. McBride *P* Jack Herman.

11/25/1903. LH *Won* Bob Fitzsimmons (168) *Lost* George Gardner (170). Ref 20 *S* Mechanics Pavilion, San Francisco, Ca. *R* Ed Graney *P* James W. Coffroth.

12/20/1905. LH *Won* Phila. Jack O'Brien (164) *Lost* Bob Fitzsimmons (165). TKO 14/* *S* Mechanics Pavilion, San Francisco, Ca. *R* Ed Graney *P* James W. Coffroth.

8/15/1911. LH *Won* Sam Langford (173) *Lost* Phila. Jack O'Brien (166). KO 5 *S* St. Nicholas Arena, New York, N.Y. *R* Charley White *P* Twentieth Century A.C.

4/14/1914. LH *Won* Jack Dillon *Lost* Battling Levinsky. Ref 12 *S* Holland Arena, Butte, Mont. *R* Harry Stout.

6/15/1914. LH *Won* Jack Dillon *Lost* Bob Moha. Ref 12 *S* Holland Arena, Butte, Mont. *R* John McIntosh.

4/25/1916. LH *Won* Jack Dillon *Lost* Battling Levinsky. Ref 15 *S* Convention Hall, Kansas City, Mo. *R* Ed. W. Smith.

10/24/1916. LH *Won* Battling Levinsky *Lost* Jack Dillon. Ref 12 *S* Armory A.A., Boston, Mass. *R* Larry Connolly.

10/12/1920. LH *Won* Georges Carpentier (170½) *Lost* Battling Levinsky (175). KO 4/1:07 *S* Int. League Park, Jersey City, N.J. *R* Harry Ertle *P* Tex Rickard/Taylor-Gunnis.

6/11/1922. LH *Won* Georges Carpentier (175) *Lost* Ted (Kid) Lewis (157). KO 1/2:15 *S* Olympia Arena, London, Eng. *R* Joe Palmer *P* C.B. Cochran.

9/24/1922. LH *Won* Battling Siki (174) *Lost* Georges Carpentier (173½). KO 6/1:10 *S* Velodrome Buffalo, Paris, France *R* Henri Bernstein.

3/17/1923. LH *Won* Mike McTigue (159) *Lost* Battling Siki (175). Ref 20 *S* Scala Opera House, Dublin, Ire. *R* Jack Smith *P* Tom Singleton.

5/30/1925. LH *Won* Paul Berlenbach (170½) *Lost* Mike McTigue (170½). Unan 15 *S* Yankee Stadium, Bronx, N.Y. *R* Ed Purdy *P* George (Tex) Rickard.

9/11/1925. LH *Won* Paul Berlenbach (172) *Lost* Jimmy Slattery (161½). TKO 11/1:28 *S* Yankee Stadium, Bronx, N.Y. *R* Patsy Haley *P* George (Tex) Rickard.

12/11/1925. LH *Won* Paul Berlenbach (173½) *Lost* Jack Delaney (166). Maj 15 *S* Madison Sq. Garden, New York, N.Y. *R* Ed Purdy *P* Madison Sq. Garden Corp.

6/10/1926. LH *Won* Paul Berlenbach (174½) *Lost* Young Stribling (171). Unan 15 *S* Yankee Stadium, Bronx, N.Y. *R* Jim Crowley *P* George (Tex) Rickard.

7/16/1926. LH *Won* Jack Delaney (166½) *Lost* Paul Berlenbach (174½). Unan 15 *S* Ebbets Field, Brooklyn, N.Y. *R* Jim Crowley *P* Humbert J. Fugazy.

12/10/1926. LH *Won* Jack Delaney (172½) *Lost* Jamaica Kid (175). KO 3/1:13 *S* State Armory, Waterbury, Conn. *R* Young McAuliffe.

8/30/1927. NBA:LH *Won* Jimmy Slattery (169½) *Lost* Maxie Rosenbloom (168½). Ref 10 *S* Velodrome, Hartford, Conn. *R* Young McAuliffe.

10/7/1927. LH *Won* Tommy Loughran (175) *Lost* Mike McTigue (172½). Unan 15 *S* Madison Sq. Garden, New York, N.Y. *R* Lou Magnolia *P* Madison Sq. Garden Corp.

12/12/1927. LH *Won* Tommy Loughran (173½) *Lost* Jimmy Slattery (165½). Unan 15 *S* Madison Sq. Garden, New York, N.Y. *R* Lou Magnolia *P* Madison Sq. Garden Corp.

1/6/1928. LH *Won* Tommy Loughran (174½) *Lost* Leo Lomski (171). Unan 15 *S* Madison Sq. Garden, New York, N.Y. *R* Jack Denning *P* Madison Sq. Garden Corp.

6/1/1928. LH *Won* Tommy Loughran (173¾) *Lost* Pete Latzo (168). Unan 15 *S* Ebbets Field, Brooklyn, N.Y. *R* Jed Gahan *P* Humbert J. Fugazy.

7/16/1928. LH *Won* Tommy Loughran (172½) *Lost* Pete Latzo (167½). Unan 10 *S* Artillery Park, Wilkes-Barre, Pa. *R* Leo Houck.

3/28/1929. LH *Won* Tommy Loughran (173¼) *Lost* Mickey Walker (165). Split 10 *S* Chicago Stadium, Chicago, Ill. *R* Dave Miller *P* Chicago Stadium Corp.

7/18/1929. LH *Won* Tommy Loughran (174) *Lost* Jim Braddock (170). Unan 15 *S* Yankee Stadium, Bronx, N.Y. *R* Eddie Forbes *P* Madison Sq. Garden Corp.

2/10/1930. LH *Won* Jimmy Slattery (166¾) *Lost* Lou Scozza (169½). Maj 15 *S* Broadway Auditorium, Buffalo, N.Y. *R* Jim Crowley.

6/25/1930. LH *Won* Maxie Rosenbloom (170½) *Lost* Jimmy Slattery (166½). Split 15 *S* Bison Stadium, Buffalo, N.Y. *R* Patsy Haley.

10/22/1930. LH *Won* Maxie Rosenbloom (174½) *Lost* Abie Bain (171½). TKO 11/1:47 *S* Madison Sq. Garden, New York, N.Y. *R* Lou Magnolia *P* Madison Sq. Garden Corp.

8/5/1931. LH *Won* Maxie Rosenbloom (171½) *Lost* Jimmy Slattery (170½). Unan 15 *S* Ebbets Field, Brooklyn, N.Y. *R* Kid McPartland *P* Dodger A.C./J.J. Johnston.

3/18/1932. NBA:LH *Won* George Nichols (163) *Lost* Dave Maier (173½). Split 10 *S* Chicago Stadium, Chicago, Ill. *R* Phil Collins *P* Chicago Stadium Corp.

7/14/1932. LH *Won* Maxie Rosenbloom (175) *Lost* Lou Scozza (173). Maj 15 *S* Bison Stadium, Buffalo, N.Y. *R* Gunboat Smith.

3/1/1933. NBA:LH *Won* Bob Godwin (164½) *Lost* Joe Knight (173¼). Ref 10 *S* Dixie Arena, W. Palm Beach, Fla. *R* Phil O'Connell.

3/10/1933. LH *Won* Maxie Rosenbloom (174) *Lost* Adolf Heuser (172). Unan 15 *S* Madison Sq. Garden, New York, N.Y. *R* Jed Gahan *P* Madison Sq. Garden Corp.

3/24/1933. LH *Won* Maxie Rosenbloom (174¾) *Lost* Bob Godwin (167¼). TKO 4/1:16 *S* Madison Sq. Garden, New York, N.Y. *R* Pete Hartley *P* Madison Sq. Garden Corp.

11/3/1933. LH *Won* Maxie Rosenbloom (173¾) *Lost* Mickey Walker (173½). Split 15 *S* Madison Sq. Garden, New York, N.Y. *R* Eddie Forbes *P* Madison Sq. Garden Corp.

2/5/1934. LH *Won* Maxie Rosenbloom (174) *Lost* Joe Knight (173). Draw 15 *S* M.S.G. Stadium, Miami, Fla. *R* Harry Graham *P* Madison Sq. Garden Corp.

11/16/1934. LH *Won* Bob Olin (173) *Lost* Maxie Rosenbloom (173½). Split 15 *S* Madison Sq. Garden, New York, N.Y. *R* Arthur Donovan *P* Madison Sq. Garden Corp.

10/31/1935. LH *Won* John Henry Lewis (174½) *Lost* Bob Olin (175). Unan 15 *S* The Arena, St. Louis, Mo. *R* Walter Heisner.

3/13/1936. LH *Won* John Henry Lewis (172¼) *Lost* Jock McAvoy (168¼). Unan 15 *S* Madison Sq. Garden, New York, N.Y. *R* Arthur Donovan *P* Madison Sq. Garden Corp.

11/9/1936. LH *Won* John Henry Lewis (173½) *Lost* Len Harvey (172). Ref 15 *S* Empire Pool, Wembley, Eng. *R* Jack Smith.

6/3/1937. LH *Won* John Henry Lewis (174) *Lost* Bob Olin (174¾). TKO 8/1:20 *S* The Arena, St. Louis, Mo. *R* Walter Heisner.

4/25/1938. LH *Won* John Henry Lewis (174¾) *Lost* Emilio Martinez (174). KO 4/0:54 *S* Auditorium, Minneapolis, Minn. *R* Britt Gorman.

10/28/1938. LH *Won* John Henry Lewis (174) *Lost* Al Gainer (170). Unan 15 *S* The Arena, New Haven, Conn. *R* Dave Fitzgerald.

2/3/1939. LH *Won* Melio Bettina (172½) *Lost* Tiger Jack Fox (174¾). TKO 9/1:22 *S* Madison Sq. Garden, New York, N.Y. *R* Eddie Joseph *P* Twentieth Century S.C.

7/10/1939. BBBC:LH *Won* Len Harvey (174) *Lost* Jock McAvoy (171). Ref 15 *S* White City Stadium, London, Eng. *R* Charlie Thomas.

7/13/1939. LH *Won* Billy Conn (170¼) *Lost* Melio Bettina (173¼). Unan 15 *S* Madison Sq. Garden, New York, N.Y. *R* Frank Fullam *P* Twentieth Century S.C.

9/25/1939. LH *Won* Billy Conn (172¼) *Lost* Melio Bettina (174½). Unan 15 *S* Forbes Field, Pittsburgh, Pa. *R* Red Robinson.

11/17/1939. LH *Won* Billy Conn (171½) *Lost* Gus Lesnevich (174¾). Unan 15 *S* Madison Sq. Garden, New York, N.Y. *R* Johnny McAvoy *P* Twentieth Century S.C.

6/5/1940. LH *Won* Billy Conn (173½) *Lost* Gus Lesnevich (173½). Unan 15 *S* Olympia Stadium, Detroit, Mich. *R* Sam Hennessey.

1/13/1941. NBA:LH *Won* Anton Christoforidis (168½) *Lost* Melio Bettina (174). Unan 15 *S* The Arena, Cleveland, Ohio *R* Joe Sedley.

5/22/1941. LH *Won* Gus Lesnevich (175) *Lost* Anton Christoforidis (166). Unan 15 *S* Madison Sq. Garden, New York, N.Y. *R* Frank Fullam *P* Twentieth Century S.C.

8/26/1941. LH *Won* Gus Lesnevich (175) *Lost* Tami Mauriello (170¾). Split 15 *S* Madison Sq. Garden, New York, N.Y. *R* Eddie Joseph *P* Twentieth Century S.C.

11/14/1941. LH *Won* Gus Lesnevich (173¾) *Lost* Tami Mauriello (173½). Unan 15 *S* Madison Sq. Garden, New York, N.Y. *R* Arthur Donovan *P* Twentieth Century S.C.

6/20/1942. BBBC:LH *Won* Freddie Mills (173½) *Lost* Len Harvey (171¼). KO 2/0:53 *S* White Hart Lane, London, Eng. *R* Eugene Henderson.

5/14/1946. LH *Won* Gus Lesnevich (175) *Lost* Freddie Mills (174). TKO 10/2:56 *S* Harringay Arena, London, Eng. *R* Eugene Henderson *P* Jack Solomons.

2/28/1947. LH *Won* Gus Lesnevich (174½) *Lost* Billy Fox (172). TKO 10/2:19 *S* Madison Sq. Garden, New York, N.Y. *R* Johnny Burns *P* Twentieth Century S.C.

3/5/1948. LH *Won* Gus Lesnevich (175) *Lost* Billy Fox (172¼). KO 1/1:58 *S* Madison Sq. Garden, New York, N.Y. *R* Frank Fullam *P* Twentieth Century S.C.

7/26/1948. LH *Won* Freddie Mills (171½) *Lost* Gus Lesnevich (174¾). Ref 15 *S* White City Stadium, London, Eng. *R* Teddy Waltham *P* Jack Solomons.

1/24/1950. LH *Won* Joey Maxim (174¼) *Lost* Freddie Mills (173). KO 10/1:54 *S* Earls Court, London, Eng. *R* Andrew Smyth *P* Jack Solomons.

8/22/1951. LH *Won* Joey Maxim (173½) *Lost* Bob Murphy (174½). Unan 15 *S* Madison Sq. Garden, New York, N.Y. *R* Ruby Goldstein *P* International Boxing Club.

6/25/1952. LH *Won* Joey Maxim (173) *Lost* Ray Robinson (157½). TKO 14/* *S* Yankee Stadium, Bronx, N.Y. *R* Ruby Goldstein *P* International Boxing Club.

12/17/1952. LH *Won* Archie Moore (172½) *Lost* Joey Maxim (174½). Unan 15 *S* The Arena, St. Louis, Mo. *R* Harry Kessler *P* International Boxing Club.

6/24/1953. LH *Won* Archie Moore (173¾) *Lost* Joey Maxim (175). Unan 15 *S* Municipal Stadium, Ogden, Utah *R* Ray Miller *P* International Boxing Club.

1/27/1954. LH *Won* Archie Moore (175) *Lost* Joey Maxim (174¼). Unan 15 *S* Orange Bowl, Miami, Fla. *R* Cy Gottfried *P* International Boxing Club.

8/11/1954. LH *Won* Archie Moore (173) *Lost* Harold Johnson (172½). TKO 14/0:56 *S* Madison Sq. Garden, New York, N.Y. *R* Ruby Goldstein *P* International Boxing Club.

6/22/1955. LH *Won* Archie Moore (175) *Lost* Carl (Bobo) Olson (170¼). KO 3/1:19 *S* Polo Grounds, New York, N.Y. *R* Ruby Goldstein *P* International Boxing Club.

6/5/1956. LH *Won* Archie Moore (174½) *Lost* Yolande Pompey (171¼). TKO 10/2:50 *S* Harringay Arena, London, Eng. *R* Jack Hart *P* Jack Solomons.

9/20/1957. LH *Won* Archie Moore (175) *Lost* Tony Anthony (172). TKO 7/2:29 *S* Olympic Auditorium, Los Angeles, Ca. *R* Mushy Callahan *P* I.B.C./Olympic B.C.

12/10/1958. LH *Won* Archie Moore (173¾) *Lost* Yvon Durelle (172). KO 11/0:49 *S* Forum, Montreal, Quebec, Canada *R* Jack Sharkey *P* International Boxing Club.

8/12/1959. LH *Won* Archie Moore (174¼) *Lost* Yvon Durelle (173). KO 3/2:52 *S* Forum, Montreal, Quebec, Canada *R* Jack Sharkey *P* Int. Boxing Club/Eddie Quinn.

2/7/1961. NBA:LH *Won* Harold Johnson (172) *Lost* Jesse Bowdry (173). TKO 9/0:45 *S* Convention Hall, Philadelphia, Pa. *R* Cy Gottfried *P* Herman Taylor.

4/24/1961. NBA:LH *Won* Harold Johnson (174) *Lost* Von Clay (175). KO 2/2:23 *S* The Arena, Philadelphia, Pa. *R* David Beloff *P* Herman Taylor.

6/10/1961. LH *Won* Archie Moore (174½) *Lost* Giulio Rinaldi (173¾). Unan 15 *S* Madison Sq. Garden, New York, N.Y. *R* Ruby Goldstein *P* M.S.G. Boxing, Inc.

8/29/1961. NBA:LH *Won* Harold Johnson (173) *Lost* Eddie Cotton (170). Split 15 *S* Sicks Stadium, Seattle, Wash. *R* Jimmy Rondeau *P* George Chemeres.

5/12/1962. LH *Won* Harold Johnson (171½) *Lost* Doug Jones (171½). Unan 15 *S* The Arena, Philadelphia, Pa. *R* David Beloff *P* Herman Taylor.

6/23/1962. LH *Won* Harold Johnson (172½) *Lost* Gustav Scholz (171). Unan 15 *S* Olympic Stadium, Berlin, Germany *R* Ike Powell.

6/1/1963. LH *Won* Willie Pastrano (174) *Lost* Harold Johnson (173½). Split 15 *S* Convention Center, Las Vegas, Nev. *R* Jim Olivas *P* Silver State Sports Club.

10/29/1963. MABC:LH *Won* Eddie Cotton (172½) *Lost* Henry Hank (175). Unan 15 *S* IMA Auditorium, Flint, Mich. *R* Jack Stein *P* Samuel Rosenthal.

4/10/1964. LH *Won* Willie Pastrano (174¾) *Lost* Gregorio Peralta (174¾). TKO 6/* *S* Municipal Auditorium, New Orleans, La. *R* Peter Giarusso *P* New Orleans Boxing Club.

11/30/1964. LH *Won* Willie Pastrano (174¾) *Lost* Terry Downes (171). TKO 11/1:17 *S* Belle Vue Stadium, Manchester, Eng. *R* Andrew Smyth.

3/30/1965. LH *Won* Jose Torres (171¼) *Lost* Willie Pastrano (174½). TKO 10/* *S* Madison Sq. Garden, New York, N.Y. *R* John LoBianco *P* M.S.G. Boxing, Inc.

5/21/1966. LH *Won* Jose Torres (175) *Lost* Wayne Thornton (174). Unan 15 *S* Shea Stadium, Flushing, Queens, N.Y. *R* John LoBianco *P* Combat, Inc.

8/15/1966. LH *Won* Jose Torres (173) *Lost* Eddie Cotton (174). Unan 15 *S* Convention Center, Las Vegas, Nev. *R* Nate Morgan *P* Combat, Inc.

10/15/1966. LH *Won* Jose Torres (175) *Lost* Chic Calderwood (175). KO 2/2:06 *S* Hiram Bithorn Stadium, San Juan, P.R. *R* Teddy Martin *P* Felix Zabala.

12/16/1966. LH *Won* Dick Tiger (167) *Lost* Jose Torres (175). Unan 15 *S* Madison Sq. Garden, New York, N.Y. *R* John LoBianco *P* M.S.G. Boxing, Inc.

2/5/1967. LH *Won* Dick Tiger (167) *Lost* Jose Torres (175). Split 15 *S* Madison Sq. Garden, New York, N.Y. *R* Harold Valan *P* M.S.G. Boxing, Inc.

11/17/1967. LH *Won* Dick Tiger (168¼) *Lost* Roger Rouse (174½). TKO 12/0:12 *S* Convention Center, Las Vegas, Nev. *R* Jim Olivas *P* Silver State Sports Club.

5/24/1968. LH *Won* Bob Foster (173½) *Lost* Dick Tiger (168). KO 4/2:05 *S* Madison Sq. Garden, New York, N.Y. *R* Mark Conn *P* M.S.G. Boxing, Inc.

1/23/1969. LH *Won* Bob Foster (171½) *Lost* Frank DePaula (173). TKO 1/2:17 *S* Madison Sq. Garden, New York, N.Y. *R* John LoBianco *P* M.S.G. Boxing, Inc.

5/24/1969. LH *Won* Bob Foster (174) *Lost* Andy Kendall (175). TKO 4/1:15 *S* Eastern States Coliseum, W. Springfield, Mass. *R* Bill Connelly.

4/4/1970. LH *Won* Bob Foster (174) *Lost* Roger Rouse (173½). TKO 4/* *S* Univ. of Montana Fieldhouse, Missoula, Mt. *R* Lee Sala *P* Elmer Boyce.

6/27/1970. LH *Won* Bob Foster (173¾) *Lost* Mark Tessman (170). KO 10/2:00 *S* Civic Center, Baltimore, Md. *R* Terry Moore *P* Eddie Hrica/Eli Hanover.

2/27/1971. WBA:LH *Won* Vicente Rondon (175) *Lost* Jimmy Dupree (173½). KO 6/2:58 *S* Nuevo Circo, Caracas, Venezuela *R* Zack Clayton.

3/2/1971. LH *Won* Bob Foster (174) *Lost* Hal Carroll (171½). KO 4/2:32 *S* Catholic Youth Center, Scranton, Pa. *R* Manny Gelb *P* Friends of Boxing/W. Gilzenberg.

4/24/1971. LH *Won* Bob Foster (170¼) *Lost* Ray Anderson (172½). Unan 15 *S* Curtis Hixon Hall, Tampa, Fla. *R* Lee Sala *P* Alessi Promotions.

6/5/1971. WBA:LH *Won* Vicente Rondon (174¾) *Lost* Piero Del Papa (172). KO 1/2:35 *S* Nuevo Circo, Caracas, Venezuela *R* Zack Clayton.

8/21/1971. WBA:LH *Won* Vicente Rondon (175) *Lost* Eddie Jones (173¾). Unan 15 *S* Nuevo Circo, Caracas, Venezuela *R* Jesus Celis.

10/26/1971. WBA:LH *Won* Vicente Rondon (175) *Lost* Gomeo Brennan (167½). TKO 13/* *S* Convention Hall, Miami Beach, Fla. *R* Eddie Eckert *P* Chris Dundee.

10/29/1971. LH *Won* Bob Foster (174) *Lost* Tommy Hicks (171). TKO 8/1:04 *S* Catholic Youth Center, Scranton, Pa. *R* Manny Gelb *P* Friends of Boxing/W. Gilzenberg.

12/15/1971. WBA:LH *Won* Vicente Rodon (175) *Lost* Doyle Baird (170). TKO 8/2:10 *S* The Arena, Cleveland, Ohio *R* John Christopher *P* Don Elbaum.

12/16/1971. LH *Won* Bob Foster (174) *Lost* Brian Kelly (175). KO 3/1:56 *S* Fairgrounds Arena, Oklahoma City, Ok. *R* Earle Kell *P* Pat O'Grady.

4/7/1972. LH *Won* Bob Foster (175) *Lost* Vicente Rondon (175). KO 2/2:55 *S* Convention Hall, Miami Beach, Fla. *R* Cy Gottfried *P* Maj. W.H. Peeples, Jr.

6/27/1972. LH *Won* Bob Foster (173½) *Lost* Mike Quarry (175). KO 4/3:10 *S* Convention Center, Las Vegas, Nev. *R* Harry Krause *P* Top Rank, Inc.

9/26/1972. LH *Won* Bob Foster (174½) *Lost* Chris Finnegan (173¾). KO 14/0:55 *S* Empire Pool, Wembley, Eng. *R* Roland Dakin *P* Int. Sporting Club (Duff-Astaire).

8/21/1973. LH *Won* Bob Foster (173) *Lost* Pierre Fourie (168). Unan 15 *S* University Arena, Albuquerque, N.M. *R* Jim Cleary *P* Paul Chavez.

12/1/1973. LH *Won* Bob Foster (174) *Lost* Pierre Fourie (167). Unan 15 *S* Rand Stadium, Johannesburg, S.A. *R* Roland Dakin *P* Springbok Promotions.

7/17/1974. LH *Won* Bob Foster (174) *Lost* Jorge Ahumada (173½). Draw 15 *S* University Arena, Albuquerque, N.M. *R* Jim Cleary *P* M.S.G. Boxing/Pete Ashlock.

10/1/1974. WBC:LH *Won* John Conteh (174¼) *Lost* Jorge Ahumada (174). Ref 15 *S* Empire Pool, Wembley, Eng. *R* Harry Gibbs *P* Int. Sporting Club (Duff-Astaire).

12/7/1974. WBA:LH *Won* Victor Galindez (174) *Lost* Len Hutchins (172¼). TKO 13/* *S* Luna Park Stadium, Buenos Aires, Arg. *R* Jesus Celis *P* Tito Lectoure.

3/11/1975. WBA:LH *Won* John Conteh (174) *Lost* Lonnie Bennett (172½). TKO 5/1:10 *S* Empire Pool, Wembley, Eng. *R* Roland Dakin *P* Int. Sporting Club (Duff-Astaire).

4/7/1975. WBA:LH *Won* Victor Galindez (172) *Lost* Pierre Fourie (168¾). Unan 15 *S* Ellis Park Stadium, Johannesburg, S.A. *R* Waldemar Schmidt *P* Springbok Promotions.

6/30/1975. WBA:LH *Won* Victor Galindez (174) *Lost* Jorge Ahumada (175). Unan 15 *S* Madison Sq. Garden, New York, N.Y. *R* Jimmy Devlin *P* Don King/M.S.G. Boxing.

9/13/1975. WBA:LH *Won* Victor Galindez (175) *Lost* Pierre Fourie (174½). Split 15 *S* Rand Stadium, Johannesburg, S.A. *R* Waldemar Schmidt *P* Springbok Promotions.

3/28/1976. WBA:LH *Won* Victor Galindez (173½) *Lost* Harald Skog (173½). TKO 3/1:45 *S* Ekeberg Hall, Oslo, Norway *R* Tony Perez *P* International Entertainment.

5/22/1976. WBA:LH *Won* Victor Galindez (174½) *Lost* Richie Kates (173¾). KO 15/2:59 *S* Rand Stadium, Johannesburg, S.A. *R* Stan Christodoulou *P* Springbok Promotions.

10/5/1976. WBA:LH *Won* Victor Galindez (175) *Lost* Kosie Smith (174). Unan 15 *S* Rand Stadium, Johannesburg, S.A. *R* Waldemar Schmidt *P* Springbok Promotions.

10/9/1976. WBC:LH *Won* John Conteh (174¼) *Lost* Yaqui Lopez (173). Unan 15 *S* The Forum, Copenhagen, Denmark *R* Rudolf Drust *P* International Entertainment.

3/5/1977. WBC:LH *Won* John Conteh (175) *Lost* Len Hutchins (173¾). TKO 3/1:05 *S* Liverpool Stadium, Liverpool, Eng. *R* Sid Nathan.

5/21/1977. WBC:LH *Won* Miguel A. Cuello (173) *Lost* Jesse Burnett (169). KO 9/2:49 *S* Louis II Stadium, Monte Carlo, Mon. *R* Raymundo Solis *P* Top Rank/R. Sabbatini.

6/18/1977. WBA:LH *Won* Victor Galindez (174) *Lost* Richie Kates (173¾). Unan 15 *S* Sports Palace, Rome, Italy *R* Waldemar Schmidt *P* Top Rank/R. Sabbatini.

9/17/1977. WBA:LH *Won* Victor Galindez (174½) *Lost* Yaqui Lopez (174½). Unan 15 *S* Sports Palace, Rome, Italy *R* Stan Christodoulou *P* Top Rank/R. Sabbatini.

11/20/1977. WBA:LH *Won* Victor Galindez (173½) *Lost* Eddie Gregory (174). Unan 15 *S* Sports Palace, Turin, Italy *R* Luis Sulbaran *P* Top Rank/R. Sabbatini.

1/7/1978. WBC:LH *Won* Mate Parlov (173½) *Lost* Miguel A. Cuello (174). KO 9/2:43 *S* Sports Palace, Milan, Italy *R* Sid Nathan *P* Top Rank/R. Sabbatini.

5/6/1978. WBA:LH *Won* Victor Galindez (174) *Lost* Yaqui Lopez (172). Unan 15 *S* Sports Palace, Via Reggio, Italy *R* Mario Riva *P* Top Rank/R. Sabbatini.

6/17/1978. WBC:LH *Won* Mate Parlov (175) *Lost* John Conteh (173). Split 15 *S* Red Star Stadium, Belgrade, Serbia *R* Rudy Ortega *P* Top Rank, Inc.

9/15/1978. WBA:LH *Won* Mike Rossman (173) *Lost* Victor Galindez (174). TKO 13/0:55 *S* Superdome, New Orleans, La. *R* Stan Christodoulou *P* Top Rank/Louisiana Sports.

12/2/1978. WBC:LH *Won* Marvin Johnson (175) *Lost* Mate Parlov (174¾). TKO 10/2:33 *S* Sports Palace, Marsala, Italy *R* Roland Dakin *P* Top Rank/R. Sabbatini.

12/5/1978. WBA:LH *Won* Mike Rossman (171) *Lost* Aldo Traversaro (173½). TKO 6/1:15 *S* The Spectrum, Philadelphia, Pa. *R* Jesus Celis *P* Top Rank/Peltz Boxing.

4/14/1979. WBA:LH *Won* Victor Galindez (174¼) *Lost* Mike Rossman (174¼). TKO 10/* *S* Superdome, New Orleans, La. *R* Stan Christodoulou *P* Top Rank, Inc.

4/22/1979. WBC:LH *Won* Matthew Franklin (175) *Lost* Marvin Johnson (175). TKO 8/2:44 *S* Market Sq. Arena, Indianapolis, Ind. *R* George DeFabis *P* Top Rank/Fred Berns.

8/18/1979. WBC:LH *Won* Saad Muhammad (172½) *Lost* John Conteh (175). Unan 15 *S* Resorts Int. Hotel, Atlantic City, N.J. *R* Carlos Padilla *P* Top Rank/Frank Gelb.

11/30/1979. WBA:LH *Won* Marvin Johnson (173½) *Lost* Victor Galindez (174¾). TKO 11/0:20 *S* Superdome, New Orleans, La. *R* Jesus Celis *P* Top Rank, Inc.

3/29/1980. WBC:LH *Won* Saad Muhammad (175) *Lost* John Conteh (175). TKO 4/2:27 *S* Resorts Int. Hotel, Atlantic City, N.J. *R* Octavio Meyran *P* Top Rank/Gelb Promos.

3/31/1980. WBA:LH *Won* Eddie Gregory (174) *Lost* Marvin Johnson (174½). TKO 11/2:43 *S* Stokely Athletic Club, Knoxville, Tenn. *R* Carlos Berrocal *P* Top Rank, Inc.

5/11/1980. WBC:LH *Won* Saad Muhammad (174½) *Lost* Louis Pergaud (174½). TKO 5/1:19 *S* Metro Center, Halifax, N.S., Canada *R* Rudy Ortega *P* Top Rank/Jim Maloney.

7/13/1980. WBC:LH *Won* Saad Muhammad (174¼) *Lost* Yaqui Lopez (173¾). TKO 14/2:03 *S* Great Gorge Playboy Hotel, McAfee, N.J. *R* Waldemar Schmidt *P* Top Rank, Inc.

7/20/1980. WBA:LH *Won* Mustafa Muhammad (175) *Lost* Jerry Martin (175). TKO 10/2:25 *S* Great Gorge Playboy Hotel, McAfee, N.J. *R* Tony Perez *P* Bahar Muhammad.

11/28/1980. WBC:LH *Won* Saad Muhammad (175) *Lost* Lotte Mwale (172½). KO 4/2:25 *S* Sports Arena, San Diego, Calif. *R* Tony Perez *P* Muhammad Ali Pro. Sports.

11/29/1980. WBA:LH *Won* Mustafa Muhammad (175) *Lost* Rudi Koopmans (175). TKO 4/* *S* Olympic Auditorium, Los Angeles, Ca. *R* Larry Rozadilla *P* Muhammad Ali Pro. Sports.

2/28/1981. WBC:LH *Won* Saad Muhammad (174¼) *Lost* Vonzell Johnson (174). TKO 11/2:23 *S* Bally's Park Place Hotel, Atlantic City, N.J. *R* Tony Perez *P* Murad Muhammad, Inc.

4/25/1981. WBC:LH *Won* Saad Muhammad (175) *Lost* Murray Sutherland (173). KO 9/1:16 *S* Resorts Int. Hotel, Atlantic City, N.J. *R* Paul Venti *P* Murad Muhammad, Inc.

7/18/1981. WBA:LH *Won* Michael Spinks (173¾) *Lost* Mustafa Muhammad (175). Unan 15 *S* Imperial Palace Hotel, Las Vegas, Nev. *R* Richard Greene *P* Butch Lewis/Tiffany.

9/26/1981. WBC:LH *Won* Saad Muhammad (172) *Lost* Jerry Martin (172½). TKO 11/0:28 *S* Golden Nugget Casino, Atlantic City, N.J. *R* Larry Hazzard *P* Murad Muhammad, Inc.

11/7/1981. WBA:LH *Won* Michael Spinks (173) *Lost* Vonzell Johnson

(174¼). TKO 7/1:13 *S* Playboy Hotel, Atlantic City, N.J. *R* Larry Hazzard *P* Butch Lewis Productions.

12/19/1981. WBC:LH *Won* Dwight Braxton (174¾) *Lost* Saad Muhammad (174½). TKO 10/2:54 *S* Playboy Hotel, Atlantic City, N.J. *R* Arthur Mercante *P* Murad Muhammad, Inc.

2/13/1982. WBA:LH *Won* Michael Spinks (173¾) *Lost* Mustapha Wasajja (174½). TKO 6/1:36 *S* Playboy Hotel, Atlantic City, N.J. *R* Tony Perez *P* Butch Lewis Productions.

3/21/1982. WBC:LH *Won* Dwight Braxton (175) *Lost* Jerry Martin (173½). TKO 6/2:30 *S* Showboat Hotel, Las Vegas, Nev. *R* David Pearl *P* Don Chargin Promotions.

4/11/1982. WBA:LH *Won* Michael Spinks (172) *Lost* Murray Sutherland (173¾). TKO 8/1:24 *S* Playboy Hotel, Atlantic City, N.J. *R* Zack Clayton *P* Butch Lewis Productions.

6/12/1982. WBA:LH *Won* Michael Spinks (173¾) *Lost* Jerry Celestine (174¼). TKO 8/1:58 *S* Playboy Hotel, Atlantic City, N.J. *R* Jimmy Rondeau *P* Butch Lewis Productions.

8/7/1982. WBC:LH *Won* Dwight Braxton (174½) *Lost* Saad Muhammad (175). TKO 6/1:23 *S* The Spectrum, Philadelphia, Pa. *R* Carlos Padilla *P* Murad Muhammad, Inc.

9/18/1982. WBA:LH *Won* Michael Spinks (173¼) *Lost* Johnny Davis (172¾). TKO 9/2:27 *S* Sands Hotel, Atlantic City, N.J. *R* Larry Hazzard *P* Butch Lewis Productions.

11/20/1982. WBC:LH *Won* Dwight M. Qawi (174½) *Lost* Eddie Davis (175). TKO 11/0:28 *S* Convention Hall, Atlantic City, N.J. *R* Tony Perez *P* Main Events/M. Muhammad.

3/18/1983. LH *Won* Michael Spinks (173) *Lost* Dwight M. Qawi (174). Unan 15 *S* Convention Hall, Atlantic City, N.J. *R* Larry Hazzard *P* Butch Lewis Productions.

11/25/1983. LH *Won* Michael Spinks (173¾) *Lost* Oscar Rivadeneyra (173¼). TKO 10/1:42 *S* Pacific Coliseum, Vancouver, B.C. *R* Joe Cortez *P* Butch Lewis/CorpSports Int.

2/25/1984. LH *Won* Michael Spinks (172) *Lost* Eddie Davis (173½). Unan 12 *S* Resorts Int. Hotel, Atlantic City, N.J. *R* Frank Cappuccino *P* Butch Lewis Productions.

2/23/1985. LH *Won* Michael Spinks (170½) *Lost* David Sears (173¾). TKO 3/1:02 *S* Sands Hotel, Atlantic City, N.J. *R* Larry Hazzard *P* Butch Lewis Productions.

6/6/1985. LH *Won* Michael Spinks (175) *Lost* Jim MacDonald (172¼). TKO 8/1:30 *S* Riviera Hotel, Las Vegas, Nev. *R* David Pearl *P* Don King Prods.

12/10/1985. WBC:LH *Won* J.B. Williamson (173) *Lost* Mamah Mohammed (171½). Unan 12 *S* Great Western Forum, Inglewood, Calif. *R* Martin Denkin *P* Forum Boxing, Inc.

12/21/1985. IBF:LH *Won* Slobodan Kacar (173½) *Lost* Mustafa Muhammad (173½). Split 15 *S* Sports Palace, Pesaro, Italy *R* Joe Cortez *P* Italian Boxing Promotions.

2/9/1986. WBA:LH *Won* Marvin Johnson (174½) *Lost* Leslie Stewart (175). TKO 7/0:56 *S* Market Sq. Arena, Indianapolis, Ind. *R* Franco Priami *P* Sunshine Promotions.

4/30/1986. WBC:LH *Won* Dennis Andries (173) *Lost* J.B. Williamson (172). Split 12 *S* Picketts Lock Center, Edmonton, Eng. *R* Angelo Poletti *P* Frank Warren/Don King.

9/6/1986. IBF:LH *Won* Bobby Czyz (172¾) *Lost* Slobodan Kacar (175). TKO 5/1:10 *S* Las Vegas Hilton, Las Vegas, Nev. *R* Joey Curtis *P* Dynamic Duo, Inc.

9/10/1986. WBC:LH *Won* Dennis Andries (174½) *Lost* Tony Sibson (172). TKO 9/2:04 *S* Alexandra Pavilion, London, Eng. *R* Sid Nathan *P* Frank Warren Promotions.

9/20/1986. WBA:LH *Won* Marvin Johnson (175) *Lost* Jean-Marie Emebe (174). TKO 13/1:41 *S* Market Sq. Arena, Indianapolis, Ind. *R* Luis Rivera *P* Tiffany Promotions/Peltz.

12/26/1986. IBF:LH *Won* Bobby Czyz (175) *Lost* David Sears (175). TKO 1/1:01 *S* South Mountain Arena, W. Orange, N.J. *R* Joe Cortez *P* Carlo Dee Enterprises.

2/21/1987. IBF:LH *Won* Bobby Czyz (174½) *Lost* Willie Edwards (175). KO 2/2:16 *S* Trump Plaza Hotel, Atlantic City, N.J. *R* Rudy Battle *P* Carlo Dee Enterprises.

3/7/1987. WBC:LH *Won* Thomas Hearns (173¾) *Lost* Dennis Andries (173½). TKO 10/1:26 *S* Cobo Hall, Detroit, Mich. *R* Isaac Herrera *P* Ringside/Greg Steene.

5/3/1987. IBF:LH *Won* Bobby Czyz (174¼) *Lost* Jim MacDonald (175). TKO 6/0:37 *S* Convention Hall, Atlantic City, N.J. *R* Tony Orlando *P* C. Dee/Gelb/Trump Plaza.

5/23/1987. WBA:LH *Won* Leslie Stewart (175) *Lost* Marvin Johnson (175). TKO 9/* *S* National Stadium, Port of Spain, Trinidad *R* Bernard Soto *P* Newmarket Promotions.

9/5/1987. WBA:LH *Won* Virgil Hill (173¾) *Lost* Leslie Stewart (174¾). KO 4/3:07 *S* Trump Plaza Hotel, Atlantic City, N.J. *R* Vincent Rainone *P* S. & B. Promotions.

10/29/1987. IBF:LH *Won* Charles Williams (172¼) *Lost* Bobby Czyz (173¾). TKO 10/* *S* Las Vegas Hilton, Las Vegas, Nev. *R* Carlos Padilla *P* Top Rank, Inc.

11/21/1987. WBA:LH *Won* Virgil Hill (174¼) *Lost* Rufino Angulo (173¼). Unan 12 *S* Pierre de Coubertin Stadium, Paris, France *R* John Coyle *P* Jean-Max Skenadji.

11/27/1987. WBC:LH *Won* Don Lalonde (173¼) *Lost* Eddie Davis (173). TKO 2/0:22 *S* National Stadium, Port of Spain, Trinidad *R* I. Quinones Falu *P* Regency Promotions.

4/3/1988. WBA:LH *Won* Virgil Hill (173) *Lost* Jean-Marie Emebe (174). TKO 11/1:29 *S* Civic Center, Bismarck, N.D. *R* Roberto Ramirez *P* Civic Arena Promotions.

5/29/1988. WBC:LH *Won* Don Lalonde (172½) *Lost* Leslie Stewart (173¼). TKO 5/2:27 *S* National Stadium, Port of Spain, Trinidad *R* Martin Denkin *P* Regency Promotions.

6/6/1988. WBA:LH *Won* Virgil Hill (174½) *Lost* Ramzi Hassan (175). Unan 12 *S* Las Vegas Hilton, Las Vegas, Nev. *R* Mills Lane *P* Top Rank, Inc.

6/10/1988. IBF:LH *Won* Charles Williams (172¼) *Lost* Richard Caramanolis (174½). TKO 11/* *S* Annecy Football Stadium, Annecy, France *R* Randy Neumann *P* RMO Ferrer Promotions.

10/21/1988. IBF:LH *Won* Charles Williams (174¾) *Lost* Rufino Angulo (174). KO 3/2:21 *S* L'Espace d'Ornon, Villenave d'Ornon, France *R* Joe O'Neil *P* Francois Lillet.

11/7/1988. WBC:LH *Won* Sugar Ray Leonard (165) *Lost* Don Lalonde (167). TKO 9/2:30 *S* Caesars Palace, Las Vegas, Nev. *R* Richard Steele *P* Victory Promotions, Inc.

11/11/1988. WBA:LH *Won* Virgil Hill (174) *Lost* Willie Featherstone (174). TKO 10/2:05 *S* Civic Center, Bismarck, N.D. *R* Steve Smoger *P* Ernie Letiziano.

12/3/1988. WBO:LH *Won* Michael Moorer (174¼) *Lost* Ramzi Hassan (175). TKO 5/2:37 *S* Int. Exposition Center, Cleveland, Ohio *R* Dale Grable *P* Ringside Productions.

1/14/1989. WBO:LH *Won* Michael Moorer (175) *Lost* Victor Claudio (173¼). TKO 2/0:25 *S* The Palace, Auburn Hills, Mich. *R* Sam Williams *P* Ringside Productions.

2/19/1989. WBO:LH *Won* Michael Moorer (174) *Lost* Frankie Swindell (175). TKO 6/2:50 *S* Monessen High School, Monessen, Pa. *R* Andy DePaolo *P* Ringside/Anthony Crane.

2/21/1989. WBC:LH *Won* Dennis Andries (173½) *Lost* Tony Willis (173). TKO 5/1:06 *S* Convention Center, Tucson, Ariz. *R* Carlos Padilla *P* Kronk West Promotions.

3/4/1989. WBA:LH *Won* Virgil Hill (174¼) *Lost* Bobby Czyz (174½). Unan 12 *S* Civic Center, Bismarck, N.D. *R* Tony Perez *P* Top Rank/Civic Arena.

4/22/1989. WBO:LH *Won* Michael Moorer (171) *Lost* Freddie Delgado (171). TKO 1/2:39 *S* The Palace, Auburn Hills, Mich. *R* Bobby Watson *P* Ringside Productions.

5/27/1989. WBA:LH *Won* Virgil Hill (173) *Lost* Joe Lasisi (173). TKO 7/1:56 *S* Civic Center, Bismarck, N.D. *R* Hubert Earle *P* Top Rank, Inc.

6/24/1989. WBC:LH *Won* Jeff Harding (174½) *Lost* Dennis Andries (175). TKO 12/1:23 *S* Convention Hall, Atlantic City, N.J. *R* Joe Cortez *P* Top Rank/Gelb/Trump Plaza.

6/25/1989. IBF:LH *Won* Charles Williams (172½) *Lost* Bobby Czyz

(175). TKO 10/3:00 *S* Convention Hall, Atlantic City, N.J. *R* Rudy Battle *P* Top Rank/Gelb/Trump Plaza.

6/25/1989. WBO:LH *Won* Michael Moorer (173¾) *Lost* Leslie Stewart (174¼). TKO 8/2:04 *S* Harrah's Marina Hotel, Atlantic City, N.J. *R* Ted Pick *P* HBA/Gelb Productions.

10/24/1989. WBC:LH *Won* Jeff Harding (172) *Lost* Tom Collins (171¾). TKO 3/* *S* Entertainment Center, Brisbane, Aus. *R* Lou Filippo *P* Top Rank/Classic Promos.

10/24/1989. WBA:LH *Won* Virgil Hill (175) *Lost* James Kinchen (174). TKO 1/2:52 *S* Civic Center, Bismarck, N.D. *R* William Yoham *P* Top Rank/Civic Arena.

11/16/1989. WBO:LH *Won* Michael Moorer (175) *Lost* Jeff Thompson (175). TKO 1/1:46 *S* Resorts Int. Hotel, Atlantic City, N.J. *R* Frank Cappuccino *P* Gelb Promotions.

12/22/1989. WBO:LH *Won* Michael Moorer (175) *Lost* Mike Sedillo. TKO 6/2:07 *S* The Palace, Auburn Hills, Mich. *R* Sam Williams *P* Ringside Productions.

1/7/1990. IBF:LH *Won* Charles Williams (172½) *Lost* Frankie Swindell (175). TKO 9/* *S* Trop World Casino, Atlantic City, N.J. *R* Tony Orlando *P* Top Rank, Inc.

2/3/1990. WBO:LH *Won* Michael Moorer (175) *Lost* Marcellus Allen (175). TKO 10/* *S* Convention Hall, Atlantic City, N.J. *R* Frank Cappuccino *P* Main Events, Inc.

2/25/1990. WBA:LH *Won* Virgil Hill (174¾) *Lost* David Vedder (175). Unan 12 *S* Civic Center, Bismarck, N.D. *R* Eddie Eckert *P* Top Rank, Inc.

3/18/1990. WBC:LH *Won* Jeff Harding (174) *Lost* Nestor Giovannini (175). TKO 11/0:56 *S* Resorts Int. Hotel, Atlantic City, N.J. *R* Joe Cortz *P* Top Rank/Classic Promos.

4/28/1990. WBO:LH *Won* Michael Moorer (174) *Lost* Mario Melo (174). KO 1/1:52 *S* Trump Taj Mahal, Atlantic City, N.J. *R* Joe O'Neil *P* Top Rank/Trump Sports.

7/7/1990. WBA:LH *Won* Virgil Hill (175) *Lost* Tyrone Frazier (173). Unan 12 *S* Civic Center, Bismarck, N.D. *R* Billy Yoham *P* Top Rank, Inc.

7/28/1990. WBC:LH *Won* Dennis Andries (174¼) *Lost* Jeff Hardign (175). KO 7/2:15 *S* National Tennis Center, Melbourne, Aus. *R* Arthur Mercante *P* Top Rank/Classic Promos.

10/10/1990. WBC:LH *Won* Dennis Andries (173¾) *Lost* Sergio Merani (173½). TKO 5/* *S* Royal Albert Hall, London, Eng. *R* Franz Marti *P* National Promotions.

12/15/1990. WBO:LH *Won* Michael Moorer (175) *Lost* Danny Stonewalker (174¼). TKO 8/0:11 *S* Civic Arena, Pittsburgh, Pa. *R* Frank Cappuccino *P* Ringside Productions.

1/6/1991. WBA:LH *Won* Virgil Hill (174) *Lost* Mike Peak (173). Unan 12 *S* Civic Center, Bismarck, N.D. *R* Eddie Eckert *P* Top Rank, Inc.

1/12/1991. IBF:LH *Won* Charles Williams (172½) *Lost* Mwehu Beya (172). Unan 12 *S* Sports Palace, San Vincent, Italy *R* Frank Cappuccino *P* C. Kushner/L. Spagnoli.

1/19/1991. WBC:LH *Won* Dennis Andries (174¾) *Lost* Guy Waters (173½). Unan 12 *S* Memorial Drive Courts, Adelaide, Aus. *R* Richard Steele *P* Classic Promotions.

4/20/1991. IBF:LH *Won* Charles Williams (174) *Lost* James Kinchen (175). TKO 2/0:23 *S* Caesars Hotel, Atlantic City, N.J. *R* Frank Cappuccino *P* Cedric Kushner Promos.

5/9/1991. WBO:LH *Won* Leeonzer Barber (173½) *Lost* Tom Collins (174½). TKO 6/* *S* Town Hall, Leeds, Yorkshire, Eng. *R* Roberto Ramirez *P* National Promotions.

6/3/1991. WBA:LH *Won* Thomas Hearns (174) *Lost* Virgil Hill (173). Unan 12 *S* Caesars Palace, Las Vegas, Nev. *R* Mills Lane *P* Forum Boxing, Inc.

7/20/1991. IBF:LH *Won* Charles Williams (173¼) *Lost* Vincent Boulware (173¼). KO 3/2:49 *S* Ariston Theatre, San Remo, Italy *R* Joe O'Neil *P* Cedric Kushner Promos.

9/11/1991. WBC:LH *Won* Jeff Harding (173) *Lost* Dennis Andries (175). Maj 12 *S* Hammersmith Odeon, London, Eng. *R* Joe Cortez *P* National Promotions.

10/19/1991. IBF:LH *Won* Charles Williams (172) *Lost* Freddie Delgado (173). TKO 2/2:24 *S* Memorial Field House, Williamson, W. Va. *R* Al Rothenberg *P* Cedric Kushner Promos.

1/7/1992. WBO:LH *Won* Leeonzer Barber (172) *Lost* Anthony Hembrick (174). Split 12 *S* The Palace, Auburn Hills, Mich. *R* Frank Cappuccino *P* Ringside Promotions.

3/20/1992. WBA:LH *Won* Iran Barkley (174) *Lost* Thomas Hearns (174). Split 12 *S* Caesars, Las Vegas, Nev. *R* Mills Lane *P* Top Rank, Inc.

6/5/1992. WBC:LH *Won* Jeff Harding (174¾) *Lost* Christophe Tiozzo (174¾). TKO 8/1:13 *S* Sports Palace, Marseilles, France *R* Richard Steele *P* Jean-Christophe Courreges.

9/29/1992. WBA:LH *Won* Virgil Hill (175) *Lost* Frank Tate (175). Unan 12 *S* Civic Ctr., Bismarck, N.D. *R* Bernard Soto *P* Cedric Kushner Promos.

12/3/1992. WBC:LH *Won* Jeff Harding (170¾) *Lost* David Vedder (169¾). Unan 12 *S* Salle Franklin, St. Jean de Luz, France *R* Arthur Mercante *P* Julien Fernandez.

2/20/1993. WBA:LH *Won* Virgil Hill (175) *Lost* Adolpho Washington (175). TWu 11 *S* The Fargodome, Fargo, N.D. *R* Steve Smoger *P* Cedric Kushner Promos.

2/27/1993. WBO:LH *Won* Leeonzer Barber (175) *Lost* Mike Sedillo (174). Unan 12 *S* Capital City Gymnasium, Beijing, China *R* Dr. James Jen-Kin *P* Xinghua Group/Momentum.

3/20/1993. IBF:LH *Won* Henry Maske (174) *Lost* Charles Williams (174¼). Unan 12 *S* Philipshalle, Dusseldorf, Germany *R* Al Rothenberg *P* C. Kushner/Sauerland.

4/3/1993. WBA:LH *Won* Virgil Hill (174) *Lost* Fabrice Tiozzo (174). Split 12 *S* Cerdan Sports Palace, Levallois, France *R* Carlos Berrocal *P* A.B. Stars/Cedric Kushner.

8/28/1993. WBA:LH *Won* Virgil Hill (174¾) *Lost* Sergio Merani (174½). Unan 12 *S* Civic Center, Bismarck, N.D. *R* Bernard Soto *P* Cedric Kushner Promos.

9/18/1993. IBF:LH *Won* Henry Maske (172½) *Lost* Anthony Hembrick (171½). Unan 12 *S* Philipshalle, Dusseldorf, Germany *R* Robert Ferrara *P* C. Kushner/Sauerland.

9/29/1993. WBO:LH *Won* Leeonzer Barber (174½) *Lost* Andrea Magi (174¼). Unan 12 *S* Palazetto del Ghiaccio, Pesaro, Italy *R* Ismael Fernandez *P* Giulio Spagnoli.

11/9/1993. WBA:LH *Won* Virgil Hill (175) *Lost* Saul Montana (175). TKO 10/2:26 *S* Fargodome, Fargo, N.D. *R* Hubert Earle *P* Cedric Kushner Promos.

12/11/1993. IBF:LH *Won* Henry Maske (174¾) *Lost* David Vedder (172½). Unan 12 *S* Philipshalle, Dusseldorf, Germany *R* Norbert Krosch *P* C. Kushner/Sauerland.

12/17/1993. WBA:LH *Won* Virgil Hill (175) *Lost* Guy Waters (173½). Unan 12 *S* Municipal Auditorium, Minot, N.D. *R* Waldemar Schmidt *P* Cedric Kushner Promos.

1/29/1994. WBO:LH *Won* Leeonzer Barber (175) *Lost* Nicky Piper (174¾). TKO 9/1:40 *S* National Ice Rink, Cardiff, Wales *R* Ismael Quinones *P* Sports Network, Ltd.

3/26/1994. IBF:LH *Won* Henry Maske (174¾) *Lost* Ernie Magdaleno (174¾). TKO 9/2:14 *S* Westfallenhalle, Dortmund, Ger. *R* Sam Williams *P* C. Kushner-W. Sauerland.

6/4/1994. IBF:LH *Won* Henry Maske (173¾) *Lost* Andrea Magi (174½). Unan 12 *S* Westfallenhalle, Dortmund, Ger. *R* Robert Gonzales *P* Cedric Kushner Promos.

7/23/1994. WBC:LH *Won* Mike McCallum (174½) *Lost* Jeff Harding (174). Unan 12 *S* Civic Center, Bismarck, N.D. *R* Martin Denkin *P* Don King Productions.

7/23/1994. WBA:LH *Won* Virgil Hill (174½) *Lost* Frank Tate (174¼). Unan 12 *S* Civic Ctr., Bismarck, N.D. *R* Bernard Soto *P* Don King Prods.

9/10/1994. WBO:LH *Won* D. Michalczewski (174) *Lost* Leeonzer Barber (174). Unan 12 *S* Sporthalle, Hamburg, Germany *R* Raul Caiz *P* Universum Box Promo.

10/8/1994. IBF:LH *Won* Henry Maske (174¼) *Lost* Iran Barkley (171½). TKO 10/* *S* Olympiahalle, Halle, Germany *R* Robert Ferrara *P* C. Kushner-W. Sauerland.

2/11/1995. IBF:LH *Won* Henry Maske (174) *Lost* Egerton Marcus

(173½). Unan 12 *S* Festhalle, Frankfurt, Germany *R* Chris Wollensen *P* Cedric Kushner Promos.

2/25/1995. WBC:LH *Won* Mike McCallum (174) *Lost* Carl Jones (171). TKO 7/1:17 *S* London Arena, London, Eng. *R* Larry O'Connell *P* Sports Network/Don King.

3/11/1995. WBO:LH *Won* D. Michalczewski (173¾) *Lost* Roberto Dominguez (173¼). KO 2/1:05 *S* Sporthalle, Cologne, Germany *R* Genaro Rodriguez *P* Universum Box Promo.

4/1/1995. WBA:LH *Won* Virgil Hill (175) *Lost* Crawford Ashley (174). Unan 12 *S* Buffalo Bill's Hotel, Las Vegas, Nev. *R* Richard Steele *P* Don King Productions.

5/20/1995. WBO:LH *Won* D. Michalczewski (172¾) *Lost* Paul Carlo (174¼). KO 4/2:46 *S* Sporthalle, Hamburg, Germany *R* Genaro Rodriguez *P* Universum Box Promo.

5/27/1995. IBF:LH *Won* Henry Maske (174) *Lost* Graciano Rocchigiani (173½). Unan 12 *S* Westfallenhalle, Dortmund, Germany *R* Robert Ferrara *P* Cedric Kushner Promos.

6/16/1995. WBC:LH *Won* Fabrice Tiozzo (174¼) *Lost* Mike McCallum (174¼). Unan 12 *S* Palais des Sports, Lyons, France *R* Joe Cortez *P* Don King Productions.

8/19/1995. WBO:LH *Won* D. Michalczewski (175) *Lost* Everardo Armenta (174½). KO 5/2:59 *S* Ice Palace, Dusseldorf, Germany *R* Ismael Fernandez *P* Universum Box Promo.

9/2/1995. WBA:LH *Won* Virgil Hill (174¾) *Lost* Drake Thadzi (172¾). Unan 12 *S* Wembley Stadium, Wembley, Eng. *R* Stan Christodoulou *P* Don King/Sports Network.

10/7/1995. WBO:LH *Won* D. Michalczewski (174) *Lost* Philippe Michel (173). Unan 12 *S* Festhalle, Frankfurt, Germany *R* Jose Rivera *P* Universum Box Promo.

10/14/1995. IBF:LH *Won* Henry Maske (173¾) *Lost* Graciano Rocchigiani (173¾). Unan 12 *S* Olympiahalle, Munich, Germany *R* Robert Byrd *P* C. Kushner/W. Sauerland.

1/13/1996. WBC:LH *Won* Fabrice Tiozzo (174¾) *Lost* Eric Lucas (174). Unan 12 *S* Palais des Spectacular, St. Etienne, France *R* Arthur Mercante *P* Frank Tiozzo.

2/17/1996. IBF:LH *Won* Henry Maske (174½) *Lost* Duran Williams (174). Unan 12 *S* Westfallenhalle, Dortmund, Germany *R* Pete Podgorski *P* C. Kushner/W. Sauerland.

4/6/1996. WBO:LH *Won* D. Michalczewski (174¾) *Lost* Asluddin Umarov (174¼). TKO 5/2:30 *S* Sports Center, Hanover, Germany *R* Ismael Fernandez *P* Universum Box Promo.

4/20/1996. WBA:LH *Won* Virgil Hill (174½) *Lost* Louis Del Valle (175). Unan 12 *S* Engelstad Arena, Grand Forks, N.D. *R* Hubert Earle *P* Cedric Kushner Promos.

5/25/1996. IBF:LH *Won* Henry Maske (174¾) *Lost* John Scully (174¼). Unan 12 *S* Neue Messehallen, Leipzig, Germany *R* Stan Christodoulou *P* Cedric Kushner Promos.

6/8/1996. WBO:LH *Won* D. Michalczewski (175) *Lost* Christophe Girard (175). Unan 12 *S* Sporting Hall, Cologne, Germany *R* A. van Grootenbruel *P* Universum Box Promo.

8/10/1996. WBO:LH *Won* D. Michalczewski (174) *Lost* Graciano Rocchigiani (173½). DQ 7/2:35 *S* St. Paul Stadium, Hamburg, Germany *R* Joe O'Neil *P* Universum Box Promo.

11/22/1996. WBC:LH *Won* Roy Jones, Jr. (173) *Lost* Mike McCallum (175). Unan 12 *S* Ice Palace, Tampa *R* Brian Garry *P* Square Ring/Yerrid.

11/23/1996. BABF:LH *Won* Virgil Hill (174¾) *Lost* Henry Maske (174¼). Split 12 *S* Olympiahalle, Munich, Germany *R* Carlos Berrocal *P* C. Kushner/W. Sauerland.

12/13/1996. WBO:LH *Won* D. Michalczewski (175) *Lost* Christophe Girard (174½). TKO 8/1:35 *S* Stadionsporthalle, Hanover, Germany *R* Joe Cortez *P* Universum Box Promo.

3/21/1997. WBC:LH *Won* Montell Griffin (175) *Lost* Roy Jones, Jr. (175). DQ 9/2:27 *S* Trump Taj Mahal, Atlantic City, N.J. *R* Tony Perez *P* Square Ring, Inc./Panix.

6/13/1997. BABF:LH *Won* D. Michalczewski (174½) *Lost* Virgil Hill (173¾). Unan 12 *S* Arena Oberhausen, Oberhausen, Ger. *R* John Coyle *P* Universum/C. Kushner.

7/19/1997. IBF:LH *Won* William Guthrie (173) *Lost* Darrin Allen (174). TKO 3/2:38 *S* Fantasy Springs Casino, Indio, Calif. *R* Robert Byrd *P* America Presents, Inc.

8/7/1997. WBC:LH *Won* Roy Jones, Jr. (175) *Lost* Montell Griffin (174). KO 1/2:31 *S* Foxwoods Resort, Mashantucket, Conn. *R* Arthur Mercante *P* Square Ring, Inc.

9/20/1997. WBA:LH *Won* Louis Del Valle (174¾) *Lost* Eddy Smulders (175). TKO 8/0:22 *S* Tivoli Eissporthalle, Aachen, Germany *R* John Coyle *P* C. Kushner/Universum.

10/4/1997. WBO:LH *Won* D. Michalczewski (175) *Lost* Nicky Piper (174½). TKO 8/* *S* Stadionsporthalle, Hanover, Germany *R* Raul Caiz *P* Universum Box Promo.

12/13/1997. WBO:LH *Won* D. Michalczewski (175) *Lost* Darren Zenner (175). TKO 7/* *S* Sporthalle, Hamburg, Germany *R* Raul Caiz *P* Universum Box Promo.

2/6/1998. IBF:LH *Won* Reggie Johnson (172¼) *Lost* William Guthrie (174). KO 5/1:58 *S* Mohegan Sun Casino, Uncasville, Ct. *R* Steve Smoger *P* C. Kushner/Am. Presents.

3/20/1998. WBO:LH *Won* D. Michalczewski (174¼) *Lost* Andrea Magi (174¾). TKO 4/2:35 *S* Ballsporthalle, Frankfurt, Germany *R* Raul Caiz *P* Universum Box Promo.

5/29/1998. IBF:LH *Won* Reggie Johnson (173) *Lost* Ole Klemetsen (174¾). Unan 12 *S* BPA Palas, Pesaro, Italy *R* Sam Williams *P* Cedric Kushner Promos.

7/18/1998. BCBA:LH *Won* Roy Jones, Jr. (175) *Lost* Louis Del Valle (175). Unan 12 *S* M.S.G. Theater, New York, N.Y. *R* Jim Santa *P* M+M/Sq. Ring/Kushner.

9/19/1998. WBO:LH *Won* D. Michalczewski (174¾) *Lost* Mark Prince (173¾). TKO 8/2:57 *S* Centrum Arena, Oberhausen, Ger. *R* Rudy Battle *P* Universum Box Promo.

11/14/1998. BCBA:LH *Won* Roy Jones, Jr. (171) *Lost* Otis Grant (172). TKO 10/1:18 *S* Foxwoods Resort, Mashantucket, Conn. *R* Arthur Mercante *P* M+M Sports/Sq. Ring.

12/12/1998. WBO:LH *Won* D. Michalczewski (175) *Lost* Drake Thadzi (174). TKO 9/1:45 *S* Ballsporthalle, Frankfurt, Germany *R* Lou Moret *P* Universum Box Promo.

1/9/1999. BCBA:LH *Won* Roy Jones, Jr. (175) *Lost* Richard Frazier (174). TKO 2/2:59 *S* Civic Center, Pensacola, Fla. *R* Armando Garcia *P* M+M/Sq. Ring/Kushner.

2/27/1999. IBF:LH *Won* Reggie Johnson (172) *Lost* Will Taylor (173). Unan 12 *S* Miccosukee Gaming Center, Miami, Fla. *R* Max Parker, Jr. *P* C. Kushner/Top Rank.

4/3/1999. WBO:LH *Won* D. Michalczewski (174¼) *Lost* Muslim Biarslanov (174¾). TKO 7/1:41 *S* Stadthalle, Bremen, Germany *R* Michael Ortega *P* Universum Box Promo.

6/5/1999. BACF:LH *Won* Roy Jones, Jr. (174) *Lost* Reggie Johnson (171). Unan 12 *S* Miss. Coast Coliseum, Biloxi, Miss. *R* Elmo Adolph *P* M+M Sports/Sq. Ring.

8/28/1999. WBO:LH *Won* D. Michalczewski (175) *Lost* Montell Griffin (175). TKO 4/2:59 *S* Stadthalle, Bremen, Germany *R* Joe Cortez *P* Universum Box Promo.

1/15/2000. BACF:LH *Won* Roy Jones, Jr. (175) *Lost* David Telesco (175). Unan 12 *S* Radio City Music Hall, New York, N.Y. *R* Arthur Mercante *P* M+M/Sq. Ring/M.S.G.

4/15/2000. WBO:LH *Won* D. Michalczewski (175) *Lost* Graciano Rocchigiani (175). TKO 10/* *S* Preussag Arean, Hanover, Germany *R* Rudy Battle *P* Universum Box Promo.

5/13/2000. BACF:LH *Won* Roy Jones, Jr. (173½) *Lost* Richard Hall (174½). TKO 11/1:41 *S* Conseco Fieldhouse, Indianapolis, Ind. *R* Wayne Kelly *P* M+M Sports/Sq. Ring.

9/9/2000. BACF:LH *Won* Roy Jones, Jr. (173½) *Lost* Eric Harding (173¾). TKO 11/* *S* New Orleans Arena, New Orleans, La. *R* John Femia, Jr. *P* M+M Sports/Sq. Ring.

12/16/2000. WBO:LH *Won* D. Michalczewski (175) *Lost* Ka-dy King (175). TKO 7/0:28 *S* The Gruga Halle, Essen, Germany *R* Genaro Rodriguez *P* Universum Box Promo.

2/24/2001. BACF:LH *Won* Roy Jones, Jr. (174) *Lost* Derrick Harmon

(175). TKO 11/* *S* The Ice Palace, Tampa, Fla. *R* Frank Santore, Jr. *P* Square Ring, Inc.

5/5/2001. WBO:LH *Won* D. Michalczewski (175) *Lost* Alejandro Lakatus (174½). KO 9/1:35 *S* Volkswagen Halle, Braunschweig, Ger. *R* Michael Ortega *P* Universum Box Promo.

7/28/2001. BACF:LH *Won* Roy Jones, Jr. (173) *Lost* Julio Gonzalez (174¼). Unan 12 *S* Staples Center, Los Angeles, Calif. *R* Raul Caiz *P* Top Rank/Square Ring.

12/15/2001. WBO:LH *Won* D. Michalczewski (174½) *Lost* Richard Hall (173½). TKO 11/1:50 *S* Estrel Convention Center, Berlin, Ger. *R* Mark Nelson *P* Universum Box Promo.

2/2/2002. BACF:LH *Won* Roy Jones, Jr. (172) *Lost* Glen Kelly (174½). KO 7/1:55 *S* Amer. Airlines Arena, Miami. *R* Max Parker *P* Square Ring.

4/20/2002. WBO:LH *Won* D. Michalczewski (175) *Lost* Joey DeGrandis (175). KO 2/1:58 *S* Stocz. Olivia Arena, Gdansk, Poland *R* Joachim Jacobsen *P* Universum Box Promo.

9/7/2002. BACF:LH *Won* Roy Jones, Jr. (174¾) *Lost* Clinton Woods (174). TKO 6/1:29 *S* Rose Garden, Portland, Ore. *R* Jay Nady *P* Sq. Ring/Duva Boxing.

9/14/2002. WBO:LH *Won* D. Michalczewski (175) *Lost* Richard Hall (175). TKO 10/1:12 *S* Volkswagenhalle, Braunschweig, Germany *R* Rudy Battle *P* Universum Box Promo.

3/8/2003. WBA:LH *Won* Mehdi Sahnoune (173½) *Lost* Bruno Girard (175). TKO 7/2:43 *S* Palais des Sports, Marseilles, France *R* Daniel Talon *P* A.B. Stars, Inc.

3/29/2003. WBO:LH *Won* D. Michalczewski (174½) *Lost* Derrick Harmon (175). KO 9/1:08 *S* Color Line Arena, Hamburg, Germany *R* Ed Cotton *P* Universum Box Promo.

4/26/2003. BCBF:LH *Won* Antonio Tarver (175) *Lost* Montell Griffin (175). Unan 12 *S* Foxwoods Resort, Mashantucket, Conn. *R* Michael Ortega *P* DiBella Entertainment.

10/10/2003. WBA:LH *Won* Silvio Branco (175) *Lost* Mehdi Sahnoune (175). TKO 11/2:15 *S* Palais des Sports, Marseilles, France *R* Guillermo Perez *P* A.B. Stars, Inc.

10/18/2003. WBO:LH *Won* Julio Gonzalez (174¼) *Lost* D. Michalczewski (174¼). Split 12 *S* Color Line Arena, Hamburg, Germany *R* Joe Cortez *P* Universum Box Promotion.

11/7/2003. IBF:LH *Won* Glengoffe Johnson (173¾) *Lost* Clinton Woods (174). Draw 12 *S* Hillsborough Leisure Centre, Sheffield, Eng. *R* Ian John-Lewis *P* Fight Academy, Ltd.

11/8/2003. WBC:LH *Won* Roy Jones, Jr. (175) *Lost* Antonio Tarver (175). Maj 12 *S* Mandalay Bay Resort, Las Vegas, Nev. *R* Kenny Bayless *P* Star Boxing/Square Ring.

1/17/2004. WBO:LH *Won* Zsolt Erdei (172) *Lost* Julio C. Gonzalez (172½). Unan 12 *S* Karlsruhe Arena, Karlsruhe, Germany *R* John Coyle *P* Universum Box Promotion.

2/6/2004. IBF:LH *Won* Glengoffe Johnson (174½) *Lost* Clinton Woods (174). Unan 12 *S* Ponds Forge Leisure Centre, Sheffield, Eng. *R* Dave Parris *P* Fight Academy, Inc.

3/20/2004. WBA:LH *Won* Fabrice Tiozzo (175) *Lost* Silvio Branco (173¾). Maj 12 *S* Palais des Sports, Lyons, France *R* Guillermo Perez *P* A.B. Stars, Inc.

5/8/2004. WBO:LH *Won* Zsolt Erdei (173¾) *Lost* Hugo Garay (174¾). Maj 12 *S* Westfalenhalle, Dortmund, Germany *R* Jose Rivera *P* Universum Box Promotion.

5/15/2004. BABC:LH *Won* Antonio Tarver (175) *Lost* Roy Jones, Jr. (174). KO 2/1:41 *S* Mandalay Bay Resort, Las Vegas, Nev. *R* Jay Nady *P* Don King Productions.

9/11/2004. WBO:LH *Won* Zsolt Erdei (174) *Lost* Alejandro Lakatus (174¼). Unan 12 *S* Kisstadion, Budapest, Hungary *R* Joachim Jacobsen *P* Universum Box Promotion.

9/25/2004. IBF:LH *Won* Glengoffe Johnson (175) *Lost* Roy Jones, Jr. (175). KO 9/0:48 *S* FedEx Forum, Memphis, Tenn. *R* Bill Clancy *P* Sq. Ring/Goossen-Tutor.

12/18/2004. IBO:LH *Won* Glengoffe Johnson (174) *Lost* Antonio Tarver (175). Split 12 *S* Staples Center, Los Angeles, Calif. *R* Pat Russell *P* Star Boxing Promotions.

2/26/2005. WBA:LH *Won* Fabrice Tiozzo (174¼) *Lost* D. Michalczewski (175). TKO 6/2:05 *S* Color Line Arena, Hamburg, Germany *R* Stan Christodoulou *P* Universum Box Promo.

3/4/2005. IBF:LH *Won* Clinton Woods (174) *Lost* Rico Hoye (174½). TKO 5/2:59 *S* Magna Centre, Rotherham, Eng. *R* Ian John-Lewis *P* Fight Academy/D. Hobson.

5/21/2005. WBC:LH *Won* Tomasz Adamek (175) *Lost* Paul Briggs (175). Maj 12 *S* United Center, Chicago, Ill. *R* Tim Adams *P* Don King Productions.

6/18/2005. IBO:LH *Won* Antonio Tarver (173½) *Lost* Glengoffe Johnson (173). Unan 12 *S* FedEx Forum, Memphis, Tenn. *R* Bill Clancy *P* Goossen Tutor/Star Boxing.

9/9/2005. IBF:LH *Won* Clinton Woods (174¾) *Lost* Julio Gonzalez (175). Unan 12 *S* Hallam FM Arena, Sheffield, Eng. *R* Mickey Vann *P* Fight Academy/D. Hobson.

10/1/2005. IBO:LH *Won* Antonio Tarver (175) *Lost* Roy Jones, Jr. (173). Unan 12 *S* St. Pete Times Forum, Tampa, Fla. *R* Tommy Kimmons *P* Star Boxing/Square Ring.

10/15/2005. WBC:LH *Won* Tomasz Adamek (174¾) *Lost* Thomas Ulrich (174¾). KO 6/1:57 *S* Mehrzweckhalle, Dusseldorf, Germany *R* Ian John Lewis *P* Universum Box/Don King.

10/22/2005. WBO:LH *Won* Zsolt Erdei (174¼) *Lost* Mehdi Sahnoune (175). TKO 12/2:17 *S* Brandberge Arena, Halle an der Saale, Ger. *R* Joe Cortez *P* Universum Box Promotion.

5/6/2006. WBO:LH *Won* Zsolt Erdei (172¾) *Lost* Paul Murdoch (172½). TKO 10/0:19 *S* Burgwachter Castello, Dusseldorf, Ger. *R* Mark Nelson *P* Universum Box Promotion.

5/13/2006. IBF:LH *Won* Clinton Woods (174½) *Lost* Jason DeLisle (172½). TKO 6/1:55 *S* Ponds Forge Sports Centre, Sheffield, Eng. *R* Dave Parris *P* Fight Academy/D. Hobson.

6/10/2006. IBO:LH *Won* Bernard Hopkins (174) *Lost* Antonio Tarver (174). Unan 12 *S* Convention Hall, Atlantic City, N.J. *R* Benji Esteves, Jr. *P* Star Boxing Promotions.

7/29/2006. WBO:LH *Won* Zsolt Erdei (172¼) *Lost* Thomas Ulrich (174¼). Unan 12 *S* Koenig-Pilsener Arena, Oberhausen, Ger. *R* Ed Cotton *P* Universum Box Promotion.

9/2/2006. IBF:LH *Won* Clinton Woods (175) *Lost* Glengoffe Johnson (172). Split 12 *S* Reebok Centre, Bolton, Lanc., Eng. *R* Howard Foster *P* Sports Network, Ltd.

10/7/2006. WBC:LH *Won* Tomasz Adamek (174) *Lost* Paul Briggs (175). Maj 12 *S* All-State Arena, Rosermont, Ill. *R* Tim Adams *P* Don King Productions.

1/27/2007. WBO:LH *Won* Zsolt Erdei (173) *Lost* Danny Santiago (174½). TKO 8/1:56 *S* Burg-Wachter Castello, Dusseldorf, Ger. *R* Genaro Rodriguez *P* Universum Box Promotion.

2/3/2007. WBC:LH *Won* Chad Dawson (175) *Lost* Tomasz Adamek (174). Unan 12 *S* Silver Spurs Arena, Kissimmee, Fla. *R* Jorge Alonso *P* Don King/Gary Shaw.

4/28/2007. WBA:LH *Won* Stipe Drews (174¼) *Lost* Silvio Branco (174¼). Unan 12 *S* Koenig-Pilsener Arena, Oberhausen, Ger. *R* Steve Smoger *P* Universum Box Promo.

6/9/2007. WBC:LH *Won* Chad Dawson (174) *Lost* Jesus Ruiz (174¾). TKO 6/2:00 *S* Convention Center, Hartford, Conn. *R* Johnny Callas *P* Star Boxing/Gary Shaw.

6/16/2007. WBO:LH *Won* Zsolt Erdei (172) *Lost* George Blades (174¼). TKO 11/2:27 *S* SYMA Sport Centre, Budapest, Hungary *R* Joe Cortez *P* Universum Box Promotion.

9/29/2007. IBF:LH *Won* Clinton Woods (174½) *Lost* Julio C. Gonzalez (173½). Unan 12 *S* Hallam FM Arena, Sheffield, Eng. *R* Dave Parris *P* Fight Academy, Ltd.

9/29/2007. WBC:LH *Won* Chad Dawson (172¾) *Lost* Epifanio Mendoza (175). TKO 4/2:30 *S* ARCO Arena, Sacramento, Calif. *R* Jon Schorle *P* Don King/Gary Shaw.

11/24/2007. WBO:LH *Won* Zsolt Erdei (173½) *Lost* Tito Mendoza (174). Split 12 *S* Freiberger Arena, Dresden, Germany *R* Samuel Viruet *P* Universum Box Promotion.

12/16/2007. WBA:LH *Won* Danny Green (174½) *Lost* Stipe Drews

(174½). Unan 12 *S* Challenge Stadium, Perth, W. Australia *R* Takeshi Shimakawa *P* Green Machine/Univ. Box.

4/12/2008. IBF:LH *Won* Antonio Tarver (173¾) *Lost* Clinton Woods (175). Unan 12 *S* St. Pete Times Forum, Tampa, Fla. *R* Frank Santore, Jr. *P* Gary Shaw Productions.

4/12/2008. WBC:LH *Won* Chad Dawson (173¾) *Lost* Glengoffe Johnson (172½). Unan 12 *S* St. Pete Times Forum, Tampa, Fla. *R* Tommy Kimmons *P* Gary Shaw Productions.

4/26/2008. WBO:LH *Won* Zsolt Erdei (173¼) *Lost* DeAndrey Abron (173). Unan 12 *S* Freiberger Arena, Dresden, Germany *R* Roberto Ramirez *P* Universum Box Promotion.

7/3/2008. WBA:LH *Won* Hugo Garay (174¾) *Lost* Yuri Barashian (175). Unan 12 *S* Luna Park Stadium, Buenos Aires, Arg. *R* Roberto Ramirez *P* Universum Box/O. Rivero.

10/11/2008. IBF:LH *Won* Chad Dawson (174) *Lost* Antonio Tarver (174). Unan 12 *S* Palms Hotel & Casino, Las Vegas, Nev. *R* Jay Nady *P* G. Shaw/A.T. Entertainment.

11/22/2008. WBA:LH *Won* Hugo Garay (175) *Lost* Jurgen Braehmer (174¼). Unan 12 *S* Stadthalle, Rostock, Germany *R* Stan Christodoulou *P* Universum Box Promotion.

1/10/2009. WBO:LH *Won* Zsolt Erdei (173) *Lost* Yuri Barashian (177). Unan 12 *S* Bordelandhalle, Magdeburg, Germany *R* Robeto Ramirez *P* Universum Box Promotion.

5/9/2009. IBF:LH *Won* Chad Dawson (175) *Lost* Antonio Tarver (172). Unan 12 *S* Hard Rock Hotel, Las Vegas, Nev. *R* Robert Byrd *P* Gary Shaw Productions.

6/19/2009. WBC:LH *Won* Jean Pascal (174¼) *Lost* Adrian Diaconu (173¼). Unan 12 *S* Bell Centre, Montreal, Quebec, Canada *R* Marlon Wright *P* Groupe Yvon Michel/Interbox.

6/20/2009. WBA:LH *Won* Gabriel Campillo (174¼) *Lost* Hugo Garay (175). Maj 12 *S* Club Libertad, Sunchales, S.F., Arg. *R* Steve Smoger *P* Osvaldo Rivero Promos.

8/15/2009. WBA:LH *Won* Gabriel Campillo (174¾) *Lost* Beibut Shumenov (174). Maj 12 *S* Daulet Sport Complex, Astana, Kazakhstan *R* Steve Smoger *P* KZ Event/Sampson Boxing.

8/28/2009. IBF:LH *Won* Tavoris Cloud (174) *Lost* Clinton Woods (173½). Unan 12 *S* Hard Rock Hotel, Hollywood, Fla. *R* Telis Assimenios *P* Seminole Warriors Boxing.

9/25/2009. WBC:LH *Won* Jean Pascal (175) *Lost* Silvio Branco (174¼). TKO 10/2:19 *S* Bell Centre, Montreal, Quebec, Canada *R* Gerry Bolen *P* Groupe Yvon Michel/Interbox.

12/11/2009. WBC:LH *Won* Jean Pascal (174) *Lost* Adrian Diaconu (174¾). Unan 12 *S* Bell Centre, Montreal, Quebec, Canada *R* Michael Griffin *P* Groupe Yvon Michel/Interbox.

12/19/2009. WBO:LH *Won* Jurgen Braehmer (175) *Lost* Dmitry Sukhotsky (172¾). Unan 12 *S* Sport and Congress Center, Schwerin, Ger. *R* Michael Ortega *P* Universum Box Promotion.

1/29/2010. WBA:LH *Won* Beibut Shumenov (174½) *Lost* Gabriel Campillo (175). Split 12 *S* Hard Rock Hotel, Las Vegas, Nev. *R* Jay Nady *P* Golden Boy/KZ Event.

4/24/2010. WBO:LH *Won* Jurgen Braehmer (174½) *Lost* Mariano Plotinsky (174¼). TKO 5/2:36 *S* Sporthalle Alsterdorf, Hamburg, Germany *R* Paul Thomas *P* Universum Box Promotion.

Super Middleweight

11/25/1974. SM *Won* Bill Douglas (167) *Lost* Danny Brewer (163). KO 2/1:07 *S* Lausche Building, Columbus, Ohio *R* Lew Eskin *P* Ralph Banks.

3/28/1984. IBF:SM *Won* Murray Sutherland (167¼) *Lost* Ernie Singletary (167¾). Unan 15 *S* Harrah's Hotel, Atlantic City, N.J. *R* Larry Hazzard *P* Main Events, Inc.

7/22/1984. IBF:SM *Won* Chong-Pal Park (167½) *Lost* Murray Sutherland (167¼). KO 11/1:12 *S* Changchung Gymnasium, Seoul, Korea *R* Tomas Evaresto *P* Dong-A Promotions.

1/2/1985. IBF:SM *Won* Chong-Pal Park (167½) *Lost* Roy Gumbs (165½). KO 2/1:42 *S* Munhwa Gymnasium, Seoul, Korea *R* Abraham Pacheco *P* Dong-A Promotions.

6/30/1985. IBF:SM *Won* Chong-Pal Park (168) *Lost* Vinnie Curto (168). Unan 15 *S* Munhwa Gymnasium, Seoul, Korea *R* Yasujiro Fujimoto *P* Dong-A Promotions.

4/11/1986. IBF:SM *Won* Chong-Pal Park (168) *Lost* Vinnie Curto (166¾). KO 15/2:15 *S* Sports Arena, Los Angeles, Calif. *R* Henry Elesperu *P* Gemini Promotions.

7/6/1986. IBF:SM *Won* Chong-Pal Park (168) *Lost* Lindell Holmes (166). NC 2/1:10 *S* Sports Arena, Chungjoo, Korea *R* James Reilly *P* Dong-A Promotions.

9/14/1986. IBF:SM *Won* Chong-Pal Park (167¾) *Lost* Marvin Mack (167½). Unan 15 *S* Kudok Gymnasium, Pusan, Korea *R* Frank Cappuccino *P* Dong-A Promotions.

1/25/1987. IBF:SM *Won* Chong-Pal Park (167½) *Lost* Doug Sam (166). TKO 15/1:55 *S* Hilton Convention Center, Seoul, Korea *R* Herbert Minn *P* Dong-A Promotions.

5/3/1987. IBF:SM *Won* Chong-Pal Park (167¾) *Lost* Lindell Holmes (165¼). Split 15 *S* Sunin University Gym., Inchon, Korea *R* Abraham Pacheco *P* Dong-A Promotions.

7/26/1987. IBF:SM *Won* Chong-Pal Park (168) *Lost* Emmanuel Otti (167¾). KO 4/3:08 *S* Kwangju Coliseum, Kwangju, Korea *R* Bill Connors *P* Dong-A Promotions.

12/6/1987. WBA:SM *Won* Chong-Pal Park (168) *Lost* Jesus Gallardo (165). TKO 2/0:27 *S* Sajik Gymnasium, Pusan, Korea *R* Carlos Berrocal *P* Dong-A Promotions.

3/1/1988. WBA:SM *Won* Chong-Pal Park (167½) *Lost* Polly Pasireron (168). KO 5/2:55 *S* Chonju Gymnasium, Chonju, Korea *R* Isidro Rodriguez *P* Dong-A Promotions.

3/11/1988. IBF:SM *Won* Graciano Rocchigiani (166½) *Lost* Vincent Boulware (168). TKO 8/2:11 *S* Philipshalle, Dusseldorf, Germany *R* Joe Santarpia *P* Wilfried Sauerland.

5/23/1988. WBA:SM *Won* Fulgencio Obelmejias (166) *Lost* Chong-Pal Park (167). Unan 12 *S* Waikiki Arena, Suanbao, Korea *R* Sean Curtin *P* Dong-A Promotions.

6/3/1988. IBF:SM *Won* Graciano Rocchigiani (167½) *Lost* Nicky Walker (167¾). Unan 15 *S* Deutschlandhalle, Berlin, Germany *R* Waldemar Schmidt *P* Wilfried Sauerland.

10/7/1988. IBF:SM *Won* Graciano Rocchigiani (166¼) *Lost* Chris Reid (165½). TKO 11/2:39 *S* Deutschlandhalle, Berlin, Germany *R* Frank Cappuccino *P* Wilfried Sauerland.

11/4/1988. WBO:SM *Won* Thomas Hearns (165½) *Lost* James Kinchen (166). Split 12 *S* Las Vegas Hilton, Las Vegas, Nev. *R* Mills Lane *P* Top Rank, Inc.

11/7/1988. WBC:SM *Won* Ray Leonard (165) *Lost* Don Lalonde (167). TKO 9/2:30 *S* Caesars Pal., Las Vegas. *R* Richard Steele *P* Victory Promos.

1/27/1989. IBF:SM *Won* Graciano Rocchigiani (167¾) *Lost* Thulani Malinga (165½). Unan 12 *S* Deutschlandhalle, Berlin, Germany *R* Sam Williams *P* Wilfried Sauerland.

5/28/1989. WBA:SM *Won* In-Chul Baek (167½) *Lost* Fulgencio Obelmejias (167). TKO 11/2:21 *S* Hungkuk Gymnasium, Yuchon, Korea *R* Bernard Soto *P* Kuk-Dong Promotions.

6/12/1989. WBC:SM *Won* Ray Leonard (160) *Lost* Thomas Hearns (162½). Draw 12 *S* Caesars Palace, Las Vegas, Nev. *R* Richard Steele *P* Top Rank, Inc.

10/8/1989. WBA:SM *Won* In-Chul Baek (167¾) *Lost* Ronnie Essett (168). TKO 11/0:29 *S* Intercontinental Hotel, Seoul, Korea *R* Julio C. Alvarado *P* Kuk-Dong Promotions.

12/7/1989. WBC:SM *Won* Ray Leonard (160) *Lost* Roberto Duran (158). Unan 12 *S* The Mirage, Las Vegas, Nev. *R* Richard Steele *P* Top Rank/Victory Promos.

1/13/1990. WBA:SM *Won* In-Chul Baek (168) *Lost* Yoshiaki Tajima (166½). TKO 8/* *S* Hyundai Gymnasium, Ulsan, Korea *R* Pinij Prayadsub *P* Kuk-Dong Promotions.

1/27/1990. IBF:SM *Won* Lindell Holmes (168) *Lost* Frank Tate (166). Maj 12 *S* Municipal Auditorium, New Orleans, La. *R* Lucien Joubert *P* Top Rank/Les Bonano.

3/30/1990. WBA:SM *Won* Christophe Tiozzo (166½) *Lost* In-Chul Baek (168). TKO 6/2:54 *S* Palais des Sports, Lyons, France *R* Carlos Berrocal *P* Sports Loisirs/Main Events.

4/28/1990. WBO:SM *Won* Thomas Hearns (168) *Lost* Michael Olajide (166½). Unan 12 *S* Trump Taj Mahal, Atlantic City, N.J. *R* Tony Orlando *P* Top Rank/Trump Sports.

7/19/1990. IBF:SM *Won* Lindell Holmes (167) *Lost* Carl Sullivan (166½). TKO 9/0:45 *S* Seattle Kingdome, Seattle, Wash. *R* James Reilly *P* Bill Wheeler and Assoc.

7/20/1990. WBA:SM *Won* Christophe Tiozzo (168) *Lost* Paul Whittaker (167½). TKO 8/2:38 *S* Plaza de Toros, Arles, France *R* Julio Alvarado *P* Jean Courreges Promos.

11/23/1990. WBA:SM *Won* Christophe Tiozzo (167¾) *Lost* Danny Morgan (168). TKO 2/2:35 *S* St. Martin Hall, Cergy-Pontoise, France *R* Franco Priami *P* Jean-Christophe Courreges.

12/15/1990. WBC:SM *Won* Mauro Galvano (166) *Lost* Dario Matteoni (167). Unan 12 *S* Etoile Theatre, Monte Carlo, Mon. *R* Vince Delgado *P* A.B. Stars, Inc.

12/15/1990. IBF:SM *Won* Lindell Holmes (165½) *Lost* Thulani Malinga (166¼). Unan 12 *S* Ghiaccio Palace, Marino, Italy *R* Rudy Battle *P* Cedric Kushner Promos.

3/7/1991. IBF:SM *Won* Lindell Holmes (165½) *Lost* Antoine Byrd (164½). Split 12 *S* Sports Palace, Madrid, Spain *R* Waldemar Schmidt *P* Cedric Kushner Promos.

4/5/1991. WBA:SM *Won* Victor Cordoba (167¼) *Lost* Christophe Tiozzo (167¾). TKO 9/0:53 *S* Palais des Sports, Marseilles, France *R* Enzo Montero *P* Jean-Christophe Courreges.

5/18/1991. IBF:SM *Won* Darrin Van Horn (165½) *Lost* Lindell Holmes (166½). KO 11/1:49 *S* Sports Palace, Verbania, Italy *R* Robert Byrd *P* C. Kushner/R. Sabbatini.

7/27/1991. WBC:SM *Won* Mauro Galvano (166½) *Lost* Ronnie Essett (167¼). Unan 12 *S* Sports Palace, Capo D'Orlando, Italy *R* Franz Marti *P* A.B. Stars, Inc.

8/17/1991. IBF:SM *Won* Darrin Van Horn (168) *Lost* John Jarvis (168). KO 3/1:11 *S* Bren Events Center, Irvine, Calif. *R* Lou Moret *P* Cedric Kushner Promos.

9/21/1991. WBO:SM *Won* Chris Eubank (167) *Lost* Michael Watson (166). TKO 12/0:29 *S* White Hart Lane, London, Eng. *R* Roy Francis *P* Matchroom Boxing Ltd.

12/13/1991. WBA:SM *Won* Victor Cordoba (168) *Lost* Vincenzo Nardiello (165½). TKO 11/1:44 *S* Palais Omnisports de Bercy, Paris, France *R* Stan Christodoulou *P* A.B. Stars, Inc.

1/10/1992. IBF:SM *Won* Iran Barkley (168) *Lost* Darrin Van Horn (167). TKO 2/1:33 *S* The Paramount, New York, N.Y. *R* Arthur Mercante, Jr. *P* Main Events/M.S.G.

2/1/1992. WBO:SM *Won* Chris Eubank (168) *Lost* Thulani Malinga (167). Split 12 *S* National Exhibition Centre, Birmingham, Eng. *R* Steve Smoger *P* Matchroom Boxing Ltd.

2/6/1992. WBC:SM *Won* Mauro Galvano (167) *Lost* Juan C. Gimenez (167½). Unan 12 *S* Palaghiaccio de Marino, Marino, Italy *R* Larry O'Connell *P* A.B. Stars, Inc.

4/25/1992. WBO:SM *Won* Chris Eubank (168) *Lost* John Jarvis (168). KO 3/1:50 *S* G-Mex Centre, Manchester, Eng. *R* Stan Christodoulou *P* Matchroom Boxing Ltd.

6/27/1992. WBO:SM *Won* Chris Eubank (168) *Lost* Ronnie Essett (166). Unan 12 *S* Quinta do Lago Hotel, Quinta do Lago, Port. *R* Roberto Ramirez *P* Matchroom Boxing Ltd.

9/12/1992. WBA:SM *Won* Michael Nunn (168) *Lost* Victor Cordoba (168). Split 12 *S* Thomas & Mack Center, Las Vegas, Nev. *R* Mills Lane *P* Don King Productions.

9/19/1992. WBO:SM *Won* Chris Eubank (168) *Lost* Tony Thornton (168). Unan 12 *S* National Exhibition Centre, Glasgow, Scot. *R* Stan Christodoulou *P* Matchroom Boxing Ltd.

10/3/1992. WBC:SM *Won* Nigel Benn (167½) *Lost* Mauro Galvano (168). TKO 4/* *S* Palaghiaccio di Marino, Marino, Italy *R* Joe Cortez *P* Total Sports (Sabbatini).

11/28/1992. WBO:SM *Won* Chris Eubank (168) *Lost* Juan C. Gimenez (168). Unan 12 *S* G-Mex Centre, Manchester, Eng. *R* Steve Smoger *P* Matchroom Boxing Ltd.

12/12/1992. WBC:SM *Won* Nigel Benn (167½) *Lost* Nicky Piper (167½). TKO 11/1:44 *S* Alexandra Palace, London, Eng. *R* Larry O'Connell *P* Matchroom Boxing Ltd.

1/30/1993. WBA:SM *Won* Michael Nunn (168) *Lost* Victor Cordoba (168). Unan 12 *S* The Pyramid, Memphis, Tenn. *R* Ernesto Magana *P* Don King Productions.

2/13/1993. IBF:SM *Won* James Toney (167) *Lost* Iran Barkley (168). TKO 10/* *S* Caesars Palace, Las Vegas, Nev. *R* Richard Steele *P* Top Rank, Inc.

2/20/1993. WBO:SM *Won* Chris Eubank (168) *Lost* Lindell Holmes (167). Unan 12 *S* Olympia Grand Hall, London, Eng. *R* Stan Christodoulou *P* Matchroom Boxing Ltd.

2/20/1993. WBA:SM *Won* Michael Nunn (168) *Lost* Danny Morgan (167¾). KO 1/2:59 *S* Azteca Stadium, Mexico City, Mex. *R* Enzo Montero *P* Don King Productions.

3/6/1993. WBC:SM *Won* Nigel Benn (167¾) *Lost* Mauro Galvano (167¼). Unan 12 *S* Scottish Exhibition Centre, Glasgow, Scot. *R* Tony Perez *P* Matchroom/St. Andrews S.C.

4/23/1993. WBA:SM *Won* Michael Nunn (167½) *Lost* Crawford Ashley (163). TKO 6/2:59 *S* Pyramid, Memphis *R* Julio C. Alvarado *P* Don King

5/15/1993. WBO:SM *Won* Chris Eubank (168) *Lost* Ray Close (168). Draw 12 *S* Scottish Exhibition Centre, Glasgow, Scot. *R* Paul Thomas *P* Matchroom/St. Andrews S.C.

6/26/1993. WBC:SM *Won* Nigel Benn (167¼) *Lost* Lou Gent (168). TKO 4/0:35 *S* Olympia National Hall, London, Eng. *R* Larry O'Connell *P* Matchroom Boxing Ltd.

10/9/1993. BCBO:SM *Won* Nigel Benn (167) *Lost* Chris Eubank (168). Draw 12 *S* Old Trafford Stadium, Manchester, Eng. *R* Larry O'Connell *P* Matchroom Boxing Ltd.

10/29/1993. IBF:SM *Won* James Toney (168) *Lost* Tony Thornton (167). Unan 12 *S* Civic Center, Tulsa, Okla. *R* Sam Williams *P* Top Rank, Inc.

12/18/1993. WBA:SM *Won* Michael Nunn (168) *Lost* Merqui Sosa (165½). Unan 12 *S* Cuauhtemoc Stadium, Puebla, Mex. *R* Julio C. Alvarado *P* Don King Productions.

2/5/1994. WBO:SM *Won* Chris Eubank (168) *Lost* Graciano Rocchigiani (163¾). Unan 12 *S* Deutschlandhalle, Berlin, Germany *R* Genaro Rodriguez *P* Universum Box Promotion.

2/26/1994. WBC:SM *Won* Nigel Benn (168) *Lost* Henry Wharton (167½). Unan 12 *S* Earls Court, London, Eng. *R* Tony Perez *P* Don King/Sports Network.

2/26/1994. WBA:SM *Won* Steve Little (168) *Lost* Michael Nunn (167). Split 12 *S* Earls Crt., London *R* John Coyle *P* Don King/Sports Net.

3/5/1994. IBF:SM *Won* James Toney (167¾) *Lost* Tim Littles (166½). TKO 4/1:03 *S* Olympic Auditorium, Los Angeles, Ca. *R* Pat Russell *P* Top Rank, Inc.

5/21/1994. WBO:SM *Won* Chris Eubank (167¾) *Lost* Ray Close (168). Split 12 *S* King's Hall, Belfast *R* Paul Thomas *P* Matchroom Boxing.

7/9/1994. WBO:SM *Won* Chris Eubank (168) *Lost* Mauricio Amaral (166). Unan 12 *S* Olympia Grand Hall, London, Eng. *R* Steve Smoger *P* Matchroom Boxing Ltd.

7/29/1994. IBF:SM *Won* James Toney (168) *Lost* Charles Williams (167½). KO 12/2:45 *S* MGM Grand Garden, Las Vegas, Nev. *R* Joe Cortez *P* Top Rank, Inc.

8/12/1994. WBA:SM *Won* Frankie Liles (166¾) *Lost* Steve Little (168). Unan 12 *S* Club Defensores, V. Lujan, Tucuman, Arg. *R* Steve Smoger *P* King/Rivero/Panaprom.

8/27/1994. WBO:SM *Won* Chris Eubank (168) *Lost* Sammy Storey (168). TKO 7/1:00 *S* Convention Centre, Cardiff, Wales *R* Dave Parris *P* Matchroom Boxing Ltd.

9/10/1994. WBC:SM *Won* Nigel Benn (167¼) *Lost* Juan C. Gimenez (167½). Unan 12 *S* National Exh. Centre, Birmingham, Eng. *R* Luis C. Guzman *P* Don King/Frank Warren.

10/15/1994. WBO:SM *Won* Chris Eubank (168) *Lost* Dan Schommer (166½). Unan 12 *S* Superbowl, Sun City, Bophuthatswana *R* Stan Christodoulou *P* Matchroom Boxing Ltd.

11/18/1994. IBF:SM *Won* Roy Jones, Jr. (168) *Lost* James Toney (167).

Unan 12 *S* MGM Grand Garden, Las Vegas, Nev. *R* Richard Steele *P* Top Rank, Inc.

12/10/1994. WBO:SM *Won* Chris Eubank (168) *Lost* Henry Wharton (167¾). Unan 12 *S* G-Mex Centre, Manchester, Eng. *R* Steve Smoger *P* Matchroom Boxing Ltd.

12/17/1994. WBA:SM *Won* Frankie Liles (167) *Lost* Michael Nunn (168). Unan 12 *S* Ruminahui Coliseum, Quito, Ecuador *R* Rafael Ramos *P* Don King Productions.

2/25/1995. WBC:SM *Won* Nigel Benn (168) *Lost* Gerald McClellan (165). KO 10/1:46 *S* London Arena, London, Eng. *R* Alfred Asaro *P* Sports Network/Don King.

3/18/1995. WBO:SM *Won* Steve Collins (167¾) *Lost* Chris Eubank (167¾). Unan 12 *S* Green Glens Arena, Millstreet, Cork, Ire. *R* Ron Lipton *P* Matchroom/Eastwood.

3/18/1995. IBF:SM *Won* Roy Jones, Jr. (167½) *Lost* Antoine Byrd (167½). TKO 1/2:06 *S* Civic Center, Pensacola, Fla. *R* Bill Connors *P* Square Ring, Inc.

5/27/1995. WBA:SM *Won* Frankie Liles (166¼) *Lost* Frederic Seillier (167). TKO 6/2:44 *S* Convention Center, Ft. Lauderdale, Fla. *R* Bill Connors *P* Don King Productions.

6/24/1995. IBF:SM *Won* Roy Jones, Jr. (168) *Lost* Vinny Pazienza (168). TKO 6/2:58 *S* Convention Hall, Atlantic City, N.J. *R* Tony Orlando *P* Sq. Ring/New Contenders.

7/22/1995. WBC:SM *Won* Nigel Benn (168) *Lost* Vincenzo Nardiello (167). TKO 8/1:43 *S* London Arena, London, Eng. *R* Larry O'Connell *P* Don King/Sports Network.

9/2/1995. WBC:SM *Won* Nigel Benn (166¼) *Lost* Danny Perez (167). KO 7/2:23 *S* Wembley Stadium, Wembley, Eng. *R* Mickey Vann *P* Don King/Sports Network.

9/9/1995. WBO:SM *Won* Steve Collins (167) *Lost* Chris Eubank (167½). Split 12 *S* Praire ua Ciamh, Cork, Ireland *R* Ismael Fernandez *P* Sports Network Ltd.

9/30/1995. IBF:SM *Won* Roy Jones, Jr. (167½) *Lost* Tony Thornton (165¾). TKO 3/0:45 *S* Civic Center, Pensacola, Fla. *R* Brian Garry *P* Square Ring Promotions.

11/25/1995. WBO:SM *Won* Steve Collins (167¾) *Lost* Cornelius Carr (167½). Unan 12 *S* The Point, Dublin, Ireland *R* Ismael Fernandez *P* Sports Network Ltd.

12/9/1995. WBA:SM *Won* Frankie Liles (168) *Lost* Mauricio Amaral (165¾). Unan 12 *S* Schleyer Hall, Stuttgart, Germany *R* Hubert Earle *P* Don King/Cedric Kushner.

3/2/1996. WBC:SM *Won* Thulani Malinga (165¾) *Lost* Nigel Benn (166½). Split 12 *S* Newcastle Int. Arena, Newcastle, Eng. *R* Richard Steele *P* Don King/Sports Network.

3/9/1996. WBO:SM *Won* Steve Collins (167¾) *Lost* Neville Brown (167). TKO 11/0:54 *S* Green Glens Arena, Millstreet, Cork, Ire. *R* Ismael Fernandez *P* Sports Network Ltd.

6/8/1996. WBA:SM *Won* Frankie Liles (167¼) *Lost* Tim Littles (167). TKO 3/2:58 *S* Newcastle Arena, Newcastle, Eng. *R* Mitch Halpern *P* Don King/Sports Network.

6/15/1996. IBF:SM *Won* Roy Jones, Jr. (166) *Lost* Eric Lucas (165¾). TKO 12/* *S* Veterans Memorial Coliseum, Jacksonville, Fla. *R* Brian Garry *P* Square Ring, Inc.

7/6/1996. WBO:SM *Won* Steve Collins (165¾) *Lost* Nigel Benn (167½). TKO 4/2:40 *S* NYNEX Arena, Manchester, Eng. *R* Genaro Rodriguez *P* Sports Network Ltd.

7/6/1996. WBC:SM *Won* Vincenzo Nardiello (167) *Lost* Thulani Malinga (165¾). Split 12 *S* NYNEX Arena, Manchester, Eng. *R* Mickey Vann *P* Sports Network Ltd.

10/4/1996. IBF:SM *Won* Roy Jones, Jr. (168) *Lost* Bryant Brannon (168). TKO 2/2:23 *S* M.S.G. Theater, New York, N.Y. *R* Ron Lipton *P* Square Ring, Inc.

10/12/1996. WBC:SM *Won* Robin Reid (167¼) *Lost* Vincenzo Nardiello (168). TKO 7/2:58 *S* Forum Assago, Milan, Italy *R* Frank Cappuccino *P* Cotena Boxing Promos.

11/9/1996. WBO:SM *Won* Steve Collins (168) *Lost* Nigel Benn (167). TKO 7/* *S* NYNEX, Manchester, Eng. *R* Paul Thomas *P* Sports Network.

2/8/1997. WBO:SM *Won* Steve Collins (167½) *Lost* Frederic Seillier (167½). TKO 5/2:20 *S* London Arena, London, Eng. *R* Joe Cortez *P* Sports Network/Don King.

2/8/1997. WBC:SM *Won* Robin Reid (166½) *Lost* Giovanni Pretorius (166). KO 7/2:10 *S* London Arena, London, Eng. *R* Lou Filippo *P* Sports Network/Don King.

4/19/1997. WBA:SM *Won* Frankie Liles (168) *Lost* Segundo Mercado (166¾). TKO 5/1:37 *S* Memorial Auditorium, Shreveport, La. *R* Terry Woods *P* Don King Productions.

5/3/1997. WBC:SM *Won* Robin Reid (166¼) *Lost* Henry Wharton (168). Maj 12 *S* NYNEX Arena, Manchester, Eng. *R* Larry O'Connell *P* Sports Network Ltd.

6/21/1997. IBF:SM *Won* Charles Brewer (165) *Lost* Gary Ballard (167¼). TKO 5/1:40 *S* Univ. of S. Florida Sun Dome, Tampa, Fla. *R* Max Parker *P* Don King/Alessi Promos.

7/5/1997. WBO:SM *Won* Steve Collins (167¾) *Lost* Craig Cummings (161½). TKO 3/1:17 *S* Kelvin Hall, Glasgow, Scotland *R* Roy Francis *P* Sports Network Ltd.

7/19/1997. WBA:SM *Won* Frankie Liles (166¼) *Lost* Zafarou Ballogou (167½). Unan 12 *S* Nashville Arena, Nashville, Tenn. *R* Anthony Bryant *P* Don King Productions.

9/11/1997. WBC:SM *Won* Robin Reid (166) *Lost* Hassine Cherifi (165¼). Split 12 *S* Kingsway Leisure Centre, Widnes, Eng. *R* Tony Perez *P* Sports Network Ltd.

10/11/1997. WBO:SM *Won* Joe Calzaghe (167¼) *Lost* Chris Eubank (167¾). Unan 12 *S* Sheffield Arena, Sheffield, Eng. *R* Joe Cortez *P* Sports Network Ltd.

12/2/1997. IBF:SM *Won* Charles Brewer (166½) *Lost* Joey DeGrandis (168). Unan 12 *S* Blue Horizon Auditorium, Philadelphia, Pa. *R* Rudy Battle *P* Peltz Boxing Promotions.

12/19/1997. WBC:SM *Won* Thulani Malinga (166) *Lost* Robin Reid (167½). Unan 12 *S* London Arena, Millwall, London, Eng. *R* John Keane *P* Sports Network Ltd.

1/24/1998. WBO:SM *Won* Joe Calzaghe (167¾) *Lost* Branko Sobot (166½). TKO 3/1:35 *S* International Arena, Cardiff, Wales *R* Paul Thomas *P* Sports Network Ltd.

3/27/1998. WBC:SM *Won* Richie Woodhall (166¼) *Lost* Thulani Malinga (167¾). Unan 12 *S* Telford Ice Rink, Telford, Eng. *R* Robert Logist *P* Sports Network Ltd.

3/28/1998. IBF:SM *Won* Charles Brewer (168) *Lost* Herol Graham (167). TKO 10/1:34 *S* Convention Hall, Atlantic City, N.J. *R* Earl Morton *P* Main Events/Panix USA.

4/3/1998. WBA:SM *Won* Frankie Liles (168) *Lost* Andrei Shkalikov (168). Unan 12 *S* R. Rodriguez Coliseum, Bayamon, P.R. *R* Waldemar Schmidt *P* Don King Productions.

4/25/1998. WBO:SM *Won* Joe Calzaghe (166½) *Lost* Juan C. Gimenez (166½). TKO 10/* *S* Cardiff Ice Rink, Cardiff, Wales *R* Michael Ortega *P* Sports Network Ltgd.

8/22/1998. IBF:SM *Won* Charles Brewer (167¾) *Lost* Antoine Byrd (167¾). TKO 3/1:11 *S* Messe Halle, Leipzig, Germany *R* Denny Nelson *P* C. Kushner/W. Sauerland.

9/5/1998. WBC:SM *Won* Richie Woodhall (166¾) *Lost* Glenn Catley (167¾). Maj 12 *S* Telford Ice Rink, Telford, Eng. *R* Richie Davies *P* Sports Network Ltd.

10/24/1998. IBF:SM *Won* Sven Ottke (166¾) *Lost* Charles Brewer (168). Split 12 *S* Phillipshalle, Dusseldorf, Germany *R* Randy Neumann *P* Sauerland Promotions.

2/13/1999. WBO:SM *Won* Joe Calzaghe (167) *Lost* Robin Reid (167¾). Split 12 *S* TeleWest Arena, Newcastle, Eng. *R* Roy Francis *P* Sports Network Ltd.

2/13/1999. WBC:SM *Won* Richie Woodhall (167) *Lost* Vincenzo Nardiello (168). TKO 6/1:44 *S* TeleWest Arena, Newcastle, Eng. *R* Guadalupe Garcia *P* Sports Network Ltd.

2/27/1999. IBF:SM *Won* Sven Ottke (167¼) *Lost* Giovanni Nardiello (168). KO 3/2:30 *S* Max Schmeling Hall, Berlin, Ger. *R* Robert Ferrara *P* Sauerland Promotions.

5/8/1999. IBF:SM *Won* Sven Ottke (167½) *Lost* Gabriel Hernandez

(165¼). Unan 12 *S* Philipshalle, Dusseldorf, Germany *R* Sam Williams *P* W. Sauerland/C. Kushner.

6/5/1999. WBO:SM *Won* Joe Calzaghe (167) *Lost* Rick Thornberry (167). Unan 12 *S* International Arena, Cardiff, Wales *R* Rudy Battle *P* Sports Network Ltd.

6/12/1999. WBA:SM *Won* Byron Mitchell (168) *Lost* Frankie Liles (168). TKO 11/1:17 *S* Shriners Auditorium, Wilmington, Mass. *R* Gerry Leone *P* Don King Productions.

9/4/1999. IBF:SM *Won* Sven Ottke (167½) *Lost* Thomas Tate (165½). TWu 11/0:25 *S* Magdeburger Bordelhalle, Magdeburg, Ger. *R* Raffaele Argiolis *P* Sauerland Promotions.

10/23/1999. WBC:SM *Won* Markus Beyer (166¾) *Lost* Richie Woodhall (167¾). Unan 12 *S* Telford Ice Rink, Telford, Eng. *R* Laurence Cole *P* Sports Network Ltd.

11/27/1999. IBF:SM *Won* Sven Ottke (168) *Lost* Glengoffe Johnson (166¾). Unan 12 *S* Phillipshalle, Dusseldorf, Germany *R* Randy Neumann *P* Sauerland Promotions.

12/11/1999. WBA:SM *Won* Byron Mitchell (167) *Lost* Bruno Girard (166). Draw 12 *S* Grand Hotel, Tunica, Miss. *R* Elmo Adolph *P* Don King Productions.

1/29/2000. WBO:SM *Won* Joe Calzaghe (167¾) *Lost* David Starie (167½). Unan 12 *S* Manchester Eve. News Arena, Manchester, Eng. *R* John Coyle *P* Sports Network Ltd.

1/29/2000. WBC:SM *Won* Markus Beyer (167¼) *Lost* Leif Keiski (166¼). KO 7/1:47 *S* Sachsen. Riesa, Riesa, Ger. *R* Jay Nady *P* Sauerland Promos.

3/11/2000. IBF:SM *Won* Sven Ottke (168) *Lost* Lloyd Bryan (168). Unan 12 *S* Magdeburger Bordelandhalle, Magdeburg, Ger. *R* Denny Nelson *P* Sauerland Promotions.

4/8/2000. WBA:SM *Won* Bruno Girard (168) *Lost* Byron Mitchell (167½). Unan 12 *S* Palais Omnisports de Bercy, Paris, France *R* John Coyle *P* A.B. Stars/Don King.

5/6/2000. WBC:SM *Won* Glenn Catley (167) *Lost* Markus Beyer (167¼). TKO 12/0:53 *S* Ballsporthalle Hoechst, Frankfurt, Ger. *R* Robert Logist *P* Sauerland Promotions.

6/3/2000. IBF:SM *Won* Sven Ottke (166½) *Lost* Tocker Pudwill (167). Unan 12 *S* Europahalle, Karlsruhe, Germany *R* Raffaele Argiolis *P* W. Sauerland/C. Kushner.

8/12/2000. WBO:SM *Won* Joe Calzaghe (168) *Lost* Omar Sheika (167). TKO 5/2:08 *S* Conference Centre, Wembley, Eng. *R* Genaro Rodriguez *P* Sports Network Ltd.

9/1/2000. WBC:SM *Won* Dingaan Thobela (167) *Lost* Glenn Catley (167¼). KO 12/2:53 *S* Carnival City, Brakpan, Trans., S.A. *R* Ed Cotton *P* Golden Gloves Promos.

9/2/2000. IBF:SM *Won* Sven Ottke (167½) *Lost* Charles Brewer (167). Split 12 *S* Boerderlandhalle, Magdeburg, Ger. *R* Brian Garry *P* Sauerland Promotions.

9/16/2000. WBA:SM *Won* Bruno Girard (167½) *Lost* Manuel Siaca (167½). Split 12 *S* Grand Pavilion, Chateauroux, France *R* John Coyle *P* A.B. Stars, Inc.

12/15/2000. WBC:SM *Won* David Hilton, Jr. (160½) *Lost* Dingaan Thobela (166½). Split 12 *S* Molson Centre, Montreal, Que., Canada *R* Elmo Adolph *P* Interbox Ltd./Kushner.

12/16/2000. WBO:SM *Won* Joe Calzaghe (167¾) *Lost* Richie Woodhall (167½). TKO 10/0:28 *S* Sheffield Arena, Sheffield, Eng. *R* Roy Francis *P* Sports Network Ltd.

12/16/2000. IBF:SM *Won* Sven Ottke (165) *Lost* Silvio Branco (167¾). Unan 12 *S* EuropaHalle, Karlsruhe, Germany *R* Arno Pokrandt *P* Sauerland Promotions.

3/3/2001. WBA:SM *Won* Byron Mitchell (168) *Lost* Manuel Siaca (168). TKO 12/2:32 *S* Mandalay Bay Resort, Las Vegas, Nev. *R* Jay Nady *P* Don King Productions.

3/24/2001. IBF:SM *Won* Sven Ottke (167¾) *Lost* James Crawford (167¼). KO 8/2:52 *S* Boerderlandhalle, Magdeburg, Germany *R* Robert Byrd *P* Sauerland Promotions.

4/28/2001. WBO:SM *Won* Joe Calzaghe (167¾) *Lost* Mario Veit (167). TKO 1/1:52 *S* International Arena, Cardiff, Wales *R* Mark Nelson *P* Sports Network Ltd.

6/9/2001. IBF:SM *Won* Sven Ottke (166) *Lost* Ali Ennebati (165½). TKO 11/2:28 *S* Frankenlandhalle, Nuremberg, Germany *R* Arno Pokrandt *P* Sauerland Promotions.

7/10/2001. WBC:SM *Won* Eric Lucas (167¾) *Lost* Glenn Catley (167¼). KO 7/2:04 *S* Molson Centre, Montreal, Que., Canada *R* Guadalupe Garcia *P* Interbox Ltd./Panix.

9/1/2001. IBF:SM *Won* Sven Ottke (167½) *Lost* James Butler (167½). Unan 12 *S* Boerderlandhalle, Magdeburg, Germany *R* Randy Neumann *P* Sauerland Promotions.

9/29/2001. WBA:SM *Won* Byron Mitchell (168) *Lost* Manuel Siaca (167½). Split 12 *S* Madison Sq. Garden, New York, N.Y. *R* Arthur Mercante, Jr. *P* Don King Productions.

10/13/2001. WBO:SM *Won* Joe Calzaghe (167½) *Lost* Will McIntyre (167½). TKO 4/0:45 *S* Parken Stadium, Copenhagen, Den. *R* Rudy Battle *P* Sports Network Ltd.

11/30/2001. WBC:SM *Won* Eric Lucas (167¾) *Lost* Dingaan Thobela (168). TKO 8/2:15 *S* Molson Centre, Montreal, Que., Canada *R* Laurence Cole *P* Interbox Ltd.

12/1/2001. IBF:SM *Won* Sven Ottke (167) *Lost* Anthony Mundine (166½). KO 10/2:40 *S* Westfalenhalle, Dortmund, Germany *R* Wayne Kelly *P* Sauerland Promotions.

3/1/2002. WBC:SM *Won* Eric Lucas (167¾) *Lost* Vinny Pazienza (168). Unan 12 *S* Foxwoods Resort, Mashantucket, Conn. *R* Ed Cotton *P* Classic Ent. and Sports.

3/16/2002. IBF:SM *Won* Sven Ottke (168) *Lost* Rick Thornberry (167½). Unan 12 *S* Boerderlandhalle, Magdeburg, Germany *R* Denny Nelson *P* Sauerland Promotions.

4/20/2002. WBO:SM *Won* Joe Calzaghe (167¾) *Lost* Charles Brewer (167¾). Unan 12 *S* International Arena, Cardiff, Wales *R* Mark Nelson *P* Sports Network Ltd.

6/1/2002. IBF:SM *Won* Sven Ottke (168) *Lost* Thomas Tate (168). Unan 12 *S* Frankenlandhalle, Nuremberg, Germany *R* Randy Neumann *P* Sauerland Promotions.

7/27/2002. WBA:SM *Won* Byron Mitchell (167½) *Lost* Julio Cesar Green (168). TKO 4/1:55 *S* Mandalay Bay Resort, Las Vegas, Nev. *R* Vic Drakulich *P* Don King/Duva Boxing.

8/17/2002. WBO:SM *Won* Joe Calzaghe (167¾) *Lost* Miguel Jimenez (168). Unan 12 *S* Cardiff Castle, Cardiff, Wales *R* Dave Parris *P* Sports Network Ltd.

8/24/2002. IBF:SM *Won* Sven Ottke (167½) *Lost* Joe Gatti (168). KO 9/2:43 *S* Leipzig Arena, Leipzig, Germany *R* Raffaele Argiolis *P* Sauerland Promotions.

9/6/2002. WBC:SM *Won* Eric Lucas (166¾) *Lost* Omar Sheika (167). Unan 12 *S* Bell Centre, Montreal, Quebec, Canada *R* Guadalupe Garcia *P* Interbox, Ltd.

11/16/2002. IBF:SM *Won* Sven Ottke (167½) *Lost* Rudy Markussen (166). Unan 12 *S* Frankenlandhalle, Nuremberg, Germany *R* Robert Byrd *P* Sauerland Promotions.

12/14/2002. WBO:SM *Won* Joe Calzaghe (167¼) *Lost* Tocker Pudwill (167½). TKO 2/0:39 *S* Telewest Arena, Newcastle, Eng. *R* Dave Parris *P* Sports Network Ltd.

3/15/2003. BABF:SM *Won* Sven Ottke (167) *Lost* Byron Mitchell (167¼). Split 12 *S* Max Schmeling Halle, Berlin, Germany *R* Stan Christodoulou *P* Sauerland/Don King.

4/5/2003. WBC:SM *Won* Markus Beyer (167¼) *Lost* Eric Lucas (166¼). Split 12 *S* Leipzig Arena, Leipzig, Germany *R* Laurence Cole *P* Sauerland Promotions.

6/14/2003. BABF:SM *Won* Sven Ottke (167½) *Lost* David Starie (168). Unan 12 *S* Borderlandhalle, Magdeburg, Germany *R* Randy Neumann *P* Sauerland Promotions.

6/28/2003. WBO:SM *Won* Joe Calzaghe (167) *Lost* Byron Mitchell (168). TKO 2/2:36 *S* Cardiff International Arena, Cardiff, Wales *R* Dave Parris *P* Sports Network, Ltd.

8/16/2003. WBC:SM *Won* Markus Beyer (167½) *Lost* Danny Green (167½). DQ 5/2:15 *S* Formula One Racetrack, Nuremberg, Ger. *R* Bill Clancy *P* Sauerland Promotions.

9/6/2003. BABF:SM *Won* Sven Ottke (168) *Lost* Mads Larsen (167½).

Maj 12 *S* Erfurter Messenhalle, Erfurt, Germany *R* Pete Podgorski *P* Sauerland Promotions.

12/13/2003. BABF:SM *Won* Sven Ottke (168) *Lost* Robin Reid (168). Unan 12 *S* Nurenberg Arena, Nurenberg, Germany *R* Roger Tillemann *P* Sauerland Promotions.

1/19/2004. WBA:SM *Won* Anthony Mundine (168) *Lost* Yoshinori Nishizawa (167¾). TKO 5/0:43 *S* Entertainment Center, Wollongong, Aus. *R* John Coyle *P* Global Box Promotions.

2/21/2004. WBO:SM *Won* Joe Calzaghe (167¾) *Lost* Mger Mkrtchyan (167). TKO 7/1:05 *S* National Ice Rink, Cardiff, Wales *R* Paul Thomas *P* Sports Network Ltd.

2/28/2004. WBC:SM *Won* Markus Beyer (166¾) *Lost* Andre Thysse (167¼). Unan 12 *S* Mehrzweckhalle, Dresden, Germany *R* Larry O'Connell *P* Sauerland Promotions.

3/27/2004. BABF:SM *Won* Sven Ottke (167½) *Lost* Armand Krajnc (166½). Unan 12 *S* Borderlandhalle, Magdeburg, Germany *R* Armando Garcia *P* Sauerland Promotions.

5/5/2004. WBA:SM *Won* Manny Siaca (167½) *Lost* Anthony Mundine (167¼). Split 12 *S* Entertainment Centre, Sydney, N.S.W., Aus. *R* Raul Caiz, Sr. *P* Global Box/Don King.

6/5/2004. WBC:SM *Won* Cristian Sanavia (166½) *Lost* Markus Beyer (167½). Split 12 *S* Chemnitz Arena, Chemnitz, Germany *R* Mark Greene *P* Sauerland Promotions.

10/2/2004. IBF:SM *Won* Jeff Lacy (168) *Lost* Syd Vanderpool (167). TKO 8/1:37 *S* Caesars, Las Vegas *R* Robert Byrd *P* Gary Shaw Prods.

10/9/2004. WBC:SM *Won* Markus Beyer (167¼) *Lost* Cristian Sanavia (165¾). KO 6/0:54 *S* Erfurter Messehalle, Erfurt, Germany *R* Ian John Lewis *P* Sauerland Promotions.

10/22/2004. WBO:SM *Won* Joe Calzaghe (168) *Lost* Kabary Salem (167¾). Unan 12 *S* Royal Highland Showground, Edinburgh, Scot. *R* Paul Thomas *P* Sports Network, Ltd.

11/12/2004. WBA:SM *Won* Mikkel Kessler (168) *Lost* Manny Siaca (168). TKO 8/* *S* Brondy Hallen, Copenhagen, Denmark *R* Stan Christodoulou *P* Team Palle.

12/4/2004. IBF:SM *Won* Jeff Lacy (168) *Lost* Omar Sheika (166). Unan 12 *S* Mandalay Bay Resort, Las Vegas, Nev. *R* Tony Weeks *P* Gary Shaw/Top Rank.

12/18/2004. WBC:SM *Won* Markus Beyer (166¾) *Lost* Yoshinori Nishizawa (167). Unan 12 *S* Oberfranken Halle, Bayreuth, Germany *R* John Keane *P* Sauerland Promotions.

3/5/2005. IBF:SM *Won* Jeff Lacy (167) *Lost* Rubin Williams (167). TKO 7/0:47 *S* Mandalay Bay Resort, Las Vegas, Nev. *R* Tony Weeks *P* Top Rank/Gary Shaw.

3/12/2005. WBC:SM *Won* Markus Beyer (167) *Lost* Danny Green (166). Maj 12 *S* Stadthalle, Zwickau, Germany *R* Laurence Cole *P* Sauerland Promotions.

5/7/2005. WBO:SM *Won* Joe Calzaghe (167¾) *Lost* Mario Veit (167¾). TKO 6/2:18 *S* Volkswagenhalle, Braunschweig, Germany *R* Genaro Rodriguez *P* Universum Box Promotion.

6/8/2005. WBA:SM *Won* Mikkel Kessler (167½) *Lost* Anthony Mundine (166¾). Unan 12 *S* Entertainment Centre, Sydney, N.S.W., Aus. *R* Luis Pabon *P* Tony Mundine, Sr.

8/6/2005. IBF:SM *Won* Jeff Lacy (167) *Lost* Robin Reid (167½). TKO 8/* *S* St. Pete Times Forum, Tampa, Fla. *R* Jorge Alonso *P* Gary Shaw Productions.

9/3/2005. WBC:SM *Won* Markus Beyer (167¼) *Lost* Omar Sheika (167¼). Unan 12 *S* IC-Center, Berlin, Germany *R* M. Barrovecchio *P* Sauerland Promotions.

9/10/2005. WBO:SM *Won* Joe Calzaghe (167½) *Lost* Evans Ashira (166). Unan 12 *S* International Arena, Cardiff, Wales *R* Mark Nelson *P* Sports Network, Ltd.

11/5/2005. IBF:SM *Won* Jeff Lacy (168) *Lost* Scott Pemberton (168). KO 2/2:59 *S* Caesars Tahoe, Stateline, Nev. *R* Vic Drakulich *P* Gary Shaw Productions.

1/14/2006. WBA:SM *Won* Mikkel Kessler (168) *Lost* Eric Lucas (167). TKO 10/1:51 *S* Brondby Hallen, Copenhagen, Den. *R* Luis Pabon *P* Team Palle.

1/28/2006. WBC:SM *Won* Markus Beyer (167) *Lost* Alberto Colajanni (164). TKO 12/2:25 *S* Tempodrom Arena, Berlin, Germany *R* Larry O'Connell *P* Sauerland Promotions.

3/4/2006. BFBO:SM *Won* Joe Calzaghe (168) *Lost* Jeff Lacy (167). Unan 12 *S* MEN Arena, Manchester, Eng. *R* Raul Caiz *P* Sports Network/G. Shaw.

5/13/2006. WBC:SM *Won* Markus Beyer (167¾) *Lost* Sakio Bika (168). TDm 4/1:45 *S* Stadthalle Zwickau, Zwickau, Germany *R* Joe Cortez *P* Sauerland Promotions.

10/14/2006. BFBO:SM *Won* Joe Calzaghe (168) *Lost* Sakio Bika (168). Unan 12 *S* MEN Arena, Manchester, Eng. *R* Mickey Vann *P* Sports Network, Ltd.

10/14/2006. BABC:SM *Won* Mikkel Kessler (167¾) *Lost* Markus Beyer (168). KO 3/2:58 *S* Parken Stadium, Copenhagen, Den. *R* Guido Cavalleri *P* Team Palle.

3/3/2007. IBF:SM *Won* Robert Stieglitz (167¼) *Lost* Alejandro Berrio (168). TKO 3/2:37 *S* Rostock Stadthalle, Rostock, Germany *R* Remigio Ruggeri *P* Sauerland Promotions.

3/24/2007. BABC:SM *Won* Mikkel Kessler (168) *Lost* Librado Andrade (168). Unan 12 *S* The Parken, Copenhagen, Denmark *R* Laurence Cole *P* Palm Productions.

4/7/2007. WBO:SM *Won* Joe Calzaghe (167¾) *Lost* Peter Manfredo (166). TKO 3/1:30 *S* Millennium Stadium, Cardiff, Wales *R* Terry O'Connor *P* Sports Network, Ltd.

10/19/2007. IBF:SM *Won* Lucien Bute (167) *Lost* Alejandro Berrio (167¾). TKO 11/1:27 *S* Bell Centre, Montreal, Quebec, Canada *R* Marlon Wright *P* Interbox, Ltd.

11/3/2007. BACO:SM *Won* Joe Calzaghe (167½) *Lost* Mikkel Kessler (168). Unan 12 *S* Millennium Stadium, Cardiff, Wales *R* Michael Ortega *P* Sports Network, Ltd.

2/29/2008. IBF:SM *Won* Lucian Bute (167½) *Lost* William Joppy (167¾). TKO 10/1:08 *S* Bell Centre, Montreal, Quebec, Canada *R* Marlon Wright *P* Interbox, Ltd.

6/21/2008. WBA:SM *Won* Mikkel Kessler (167¾) *Lost* Dimitri Sartison (167¼). KO 12/2:00 *S* Brondby Hallen, Copenhagen, Den. *R* Stan Christodoulou *P* Team Palle.

9/27/2008. WBO:SM *Won* Denis Inkin (167¼) *Lost* Fulgencio Zuniga (166¼). Unan 12 *S* Color Line Arena, Hamburg, Germany *R* Mark Nelson *P* Universum Box Promotion.

10/24/2008. IBF:SM *Won* Lucian Bute (168) *Lost* Librado Andrade (167¾). Unan 12 *S* Bell Centre, Montreal, Quebec, Canada *R* Marlon Wright *P* Interbox, Ltd.

12/6/2008. WBC:SM *Won* Carl Froch (166½) *Lost* Jean Pascal (167¾). Unan 12 *S* Trent FM Arena, Nottingham, Eng. *R* Guido Cavalleri *P* Hennessy Sports Promos.

1/10/2009. WBO:SM *Won* Karoly Balzsay (167¼) *Lost* Denis Inkin (167¼). Unan 12 *S* Bordelandhalle, Magdeburg, Germany *R* Jose H. Rivera *P* Universum Box Promo.

3/13/2009. IBF:SM *Won* Lucian Bute (167½) *Lost* Fulgencio Zuniga (167¾). TKO 4/2:25 *S* Bell Centre, Montreal, Quebec, Canada *R* Lindsay Page, Jr. *P* Interbox, Ltd.

4/25/2009. WBO:SM *Won* Karoly Balzsay (167½) *Lost* Maselino Masoe (167¼). TKO 11/2:07 *S* Koenig Palast, Krefeld, Germany *R* Mark Nelson *P* Universum Box Promotion.

4/25/2009. WBC:SM *Won* Carl Froch (167) *Lost* Jermain Taylor (166). TKO 12/2:46 *S* Foxwoods Resort, Mashantucket, Conn. *R* Michael Ortega *P* DiBella Ent./Hennessy.

8/22/2009. WBO:SM *Won* Robert Stieglitz (167¼) *Lost* Karoly Balzsay (166¾). TKO 11/0:12 *S* SYMA Sport Center, Budapest, Hun. *R* Joe Cortez *P* Universum Box Promotion.

9/12/2009. WBA:SM *Won* Mikkel Kessler (167¾) *Lost* Gusmyl Perdomo (167¼). TKO 4/0:51 *S* MCH Messecenter, Herning, Denmark *R* Russell Mora *P* Sauerland Promotions.

10/17/2009. WBC:SM *Won* Carl Froch (167½) *Lost* Andre Dirrell (167½). Split 12 *S* Trent FM Arena, Nottingham, Eng. *R* Hector Afu *P* Hennessy Sports Promos.

10/25/2009. WBA:SM *Won* Mikkel Kessler (167¼) *Lost* Danilo Haus-

sler (167¼). KO 3/1:08 *S* Weser-Ems Halle, Oldenburg, Ger. *R* Stan Christodoulou *P* Sauerland Promotions.

11/21/2009. WBA:SM *Won* Andre Ward (166½) *Lost* Mikkel Kessler (167). TWu 11/1:42 *S* Oracle Arena, Oakland, Calif. *R* Jack Reiss *P* Goossen-Tutor Promos.

11/28/2009. IBF:SM *Won* Lucian Bute (167) *Lost* Librado Andrade (166¾). KO 4/2:57 *S* Pepsi Coliseum, Quebec City, Canada *R* Benji Esteves *P* Interbox/Golden Boy.

1/9/2010. WBO:SM *Won* Robert Stieglitz (168) *Lost* Ruben E. Acosta (167½). TKO 5/1:48 *S* Bordelandhalle, Magdeburg, Germany *R* Jose H. Rivera *P* Universum Box Promotion.

4/17/2010. WBO:SM *Won* Robert Stieglitz (167) *Lost* Eduard Gutknecht (168). Unan 12 *S* Bordelandhalle, Magdeburg, Germany *R* Manfred Kuchler *P* Universum Box Promotion.

4/17/2010. IBF:SM *Won* Lucian Bute (167¼) *Lost* Edison Miranda (167). TKO 3/1:20 *S* Bell Centre, Montreal, Quebec, Canada *R* Ernest Sharif *P* Interbox, Ltd. (Jean Bedard).

4/24/2010. WBC:SM *Won* Mikkel Kessler (167) *Lost* Carl Froch (167¼). Unan 12 *S* MCH Messecenter, Herning, Denmark *R* Michael Griffin *P* Sauerland Promotions.

Middleweight

3/12/1878. M *Won* Denny Harrington (153½) *Lost* George Rooke (150½). KO 6 *S* Royal Surrey Gardens, London, Eng. *R* Mr. Conquest.

12/17/1880. M *Won* William Sherriff (152) *Lost* Denny Harrington (149). TKO 11 *S* Marsden Green, Lapworth, Eng. *R* Charles Bedford.

2/3/1886. M *Won* Jack Dempsey *Lost* Jack Fogarty. KO 27 *S* Clarendon Hall, New York, N.Y. *R* Al Smith.

3/4/1886. M *Won* Jack Dempsey (149) *Lost* George LaBlanche (155). KO 13 *S* Larchmont Sound, N.Y. *R* Jim O'Neil.

2/18/1890. M *Won* Jack Dempsey (147½) *Lost* Billy McCarthy (152½). TKO 28 *S* California A.C., San Francisco, Calif. *R* Hiram Cook.

1/14/1891. M *Won* Bob Fitzsimmons (150½) *Lost* Jack Dempsey (147½). KO 13 *S* Olympic Club, New Orleans, La. *R* Alex Brewster.

9/26/1894. M *Won* Bob Fitzsimmons (156) *Lost* Dan Creedon (157). KO 2/1:40 *S* Olympic Club, New Orleans, La. *R* John Duffy.

3/2/1896. M *Won* Kid McCoy (155) *Lost* Tommy Ryan (148). KO 15 *S* Empire Athletic Club, Maspeth, N.Y. *R* Tim Hurst.

5/18/1896. M *Won* Kid McCoy (153½) *Lost* Mys. Billy Smith (148). DQ 6/2:40 *S* Newton Street Armory, Boston, Mass. *R* Capt. Bill Daly.

12/26/1896. M *Won* Kid McCoy (156) *Lost* Billy Doherty (158). KO 9 *S* Amphitheatre, Johannesburg, S.A. *R* Clem D. Webb.

5/26/1897. M *Won* Kid McCoy *Lost* Dick O'Brien. TKO 10/1:30 *S* Palace Athletic Club, New York, N.Y. *R* Charley White.

12/17/1897. M *Won* Kid McCoy (155½) *Lost* Dan Creedon (157). TKO 16/* *S* Puritan Club, Long Is. City, N.Y. *R* Sam Austin *P* Long Island Athletic Club.

10/24/1898. M *Won* Tommy Ryan (149) *Lost* Jack Bonner (158). Ref 20 *S* Greater New York A.C., Coney Is., N.Y. *R* Alex Brown.

11/23/1898. M *Won* Tommy Ryan *Lost* Johnny Gorman. TKO 9/* *S* Turn Hall, Syracuse, N.Y. *R* Yank Sullivan *P* Monarch Athletic Club.

12/23/1898. M *Won* Tommy Ryan (148) *Lost* Dick O'Brien (158). TKO 14/2:53 *S* Coliseum, Hartford, Conn. *R* Dick Roche.

3/1/1899. M *Won* Tommy Ryan *Lost* Charles Johnson. KO 8 *S* Whittington Park Arena, Hot Springs, Ark.

8/31/1899. M *Won* Tommy Ryan *Lost* Jack Moffatt. Ref 20 *S* Saengerbund Hall, Dubuque, Ia. *R* George Siler *P* Dubuque Athletic Assoc.

9/18/1899. M *Won* Tommy Ryan *Lost* Frank Craig. TKO 10 *S* Greater New York A.C., Coney Is., N.Y. *R* George Siler *P* Coney Is. S.C./John F. Dowdell.

3/4/1901. M *Won* Tommy Ryan *Lost* Tommy West. TKO 17 *S* Southern A.C., Louisville, Ky. *R* Tim Hurst.

6/24/1902. M *Won* Tommy Ryan *Lost* Johnny Gorman. KO 3 *S* National Sporting Club, London, Eng. *P* National Sporting Club.

9/15/1902. M *Won* Tommy Ryan *Lost* Kid Carter. KO 6 *S* Int. A.C., Fort Erie, Ontario, Canada *R* George Siler.

4/7/1904. M *Won* Jack (Twin) Sullivan *Lost* Hugo Kelly. Ref 20 *S* Vineyard Hall, Kansas City, Mo. *R* Dave Porteus *P* Missouri Athletic Club.

4/14/1904. M *Won* Phila. Jack O'Brien *Lost* Jack (Twin) Sullivan. KO 3 *S* West End Coliseum, St. Louis, Mo. *R* Harry Sharpe *P* Charles Haughton.

4/25/1905. M *Won* Hugo Kelly *Lost* Phila. Jack O'Brien. Ref 10 *S* Auditorium, Indianapolis, Ind. *R* Tommy Ryan *P* Indianapolis A.C.

3/9/1906. M *Won* Hugo Kelly *Lost* Jack (Twin) Sullivan. Draw 20 *S* Naud Junction Pavilion, Los Angeles, Ca. *R* Charles Eyton *P* Pacific Athletic Club.

5/10/1907. M *Won* Hugo Kelly *Lost* Jack (Twin) Sullivan. Draw 20 *S* Naud Junction Pavilion, Los Angeles, Ca. *R* Tommy Burns *P* Pacific Athletic Club.

12/30/1907. M *Won* Hugo Kelly *Lost* Billy Papke. Draw 10 *S* Hippodrome, Schlitz Park, Milwaukee, Wis. *R* Malachi Hogan.

3/16/1908. M *Won* Billy Papke *Lost* Hugo Kelly. Ref 10 *S* Hippodrome, Schlitz Park, Milwaukee, Wis. *R* Al Bright.

6/4/1908. M *Won* Stanley Ketchel *Lost* Billy Papke. Ref 10 *S* Hippodrome, Schlitz Park, Milwaukee, Wis. *R* Jack McGuigan.

7/31/1908. M *Won* Stanley Ketchel *Lost* Hugo Kelly. KO 3 *S* Coliseum, San Francisco, Calif. *R* Jack Welch.

9/7/1908. M *Won* Billy Papke *Lost* Stanley Ketchel. TKO 12 *S* Arena, Vernon, Calif. *R* James J. Jeffries *P* Jeffries Athletic Club.

11/26/1908. M *Won* Stanley Ketchel *Lost* Billy Papke. KO 11 *S* Mission Street Arena, Colma, Calif. *R* Jack Welch *P* James W. Coffroth.

7/5/1909. M *Won* Stanley Ketchel *Lost* Billy Papke. Ref 20 *S* Mission Street Arena, Colma, Calif. *R* Billy Roche *P* James W. Coffroth.

5/22/1912. FFSB:M *Won* Georges Carpentier *Lost* Willie Lewis. Ref 20 *S* Cirque de Paris, Paris, France *R* Fernand Cuny.

6/24/1912. FFSB:M *Won* Frank Klaus *Lost* Georges Carpentier. DQ 19 *S* Magasin Generaux, Dieppe, France *R* Jean Moues.

6/29/1912. FFBP:M *Won* Billy Papke *Lost* Marcel Moreau. TKO 16 *S* Cirque de Paris, Paris, France *R* Frantz Reichel.

10/23/1912. FFBP:M *Won* Billy Papke *Lost* Georges Carpentier (160). TKO 18 *S* Cirque de Paris, Paris, France *R* Frantz Reichel.

12/4/1912. FFBP:M *Won* Billy Papke *Lost* George Bernard. TKO 8/* *S* Cirque de Paris, Paris, France *R* Frantz Reichel.

3/15/1913. M *Won* Frank Klaus *Lost* Billy Papke. DQ 15 *S* Cirque de Paris, Paris, France *R* Frantz Reichel.

12/23/1913. M *Won* George Chip (160) *Lost* Frank Klaus (162½). KO 5 *S* Duquesne Garden, Pittsburgh, Pa. *R* Jack Dillon.

1/1/1914. Aus.:M *Won* Eddie McGoorty (158) *Lost* Dave Smith (158). KO 1/1:30 *S* Sydney Stadium, Sydney, N.S.W., Aus. *R* Arthur Scott *P* Snowy Baker.

2/7/1914. Aus.:M *Won* Eddie McGoorty (158) *Lost* Pat Bradley (158). Ref 20 *S* Sydney Stadium, Sydney, N.S.W., Aus. *R* Arthur Scott *P* Snowy Baker.

3/14/1914. Aus.:M *Won* Jeff Smith (157¾) *Lost* Eddie McGoorty (159). Ref 20 *S* Sydney Stadium, Sydney, N.S.W., Aus. *R* Arthur Scott *P* Snowy Baker.

4/6/1914. M *Won* Al McCoy (156) *Lost* George Chip (162½). KO 1/1:55 *S* Broadway Sporting Club, Brooklyn, N.Y. *R* Johnny Haukaup.

4/13/1914. Aus.:M *Won* Jeff Smith (157½) *Lost* Pat Bradley (157¼). KO 16 *S* Sydney Stadium, Sydney, N.S.W., Aus. *R* Harald Baker *P* Snowy Baker.

6/6/1914. Aus.:M *Won* Jeff Smith (156¾) *Lost* Jimmy Clabby (153¼). Ref 20 *S* Sydney Stadium, Sydney, N.S.W., Aus. *R* Harald Baker *P* Snowy Baker.

11/28/1914. Aus.:M *Won* Mick King (157¼) *Lost* Jeff Smith (157). Ref 20 *S* Sydney Stadium, Sydney, N.S.W., Aus. *R* Harald Baker *P* Snowy Baker.

12/26/1914. Aus.:M *Won* Jeff Smith (158) *Lost* Mick King (154). Ref 20 *S* Sydney Stadium, Sydney, N.S.W., Aus. *R* Harald Baker *P* Snowy Baker.

1/23/1915. Aus.:M *Won* Jeff Smith (160) *Lost* Les Darcy (155). DQ 5 *S* Sydney Stadium, Sydney, N.S.W., Aus. *R* Harald Baker *P* Snowy Baker.

2/20/1915. Aus.:M *Won* Jeff Smith (158½) *Lost* Mick King (156½). Ref 20 *S* W. Melbourne Stadium, Melbourne, Aus. *R* Victor Newhouse.

Middleweight

5/23/1915. Aus.:M *Won* Les Darcy (159) *Lost* Jeff Smith (159). Foul 2 *S* Sydney Stadium, Sydney, N.S.W., Aus. *R* Harald Baker *P* Snowy Baker.

6/12/1915. Aus.:M *Won* Les Darcy (159) *Lost* Mick King (159). TKO 10 *S* Sydney Stadium, Sydney, N.S.W., Aus. *R* Harald Baker *P* Snowy Baker.

7/31/1915. Aus.:M *Won* Les Darcy (159¼) *Lost* Eddie McGoorty (159½). TKO 15 *S* Sydney Stadium, Sydney, N.S.W., Aus. *R* Harald Baker *P* Snowy Baker.

9/4/1915. Aus.:M *Won* Les Darcy (159) *Lost* Billy Murray (160). Ref 20 *S* Sydney Stadium, Sydney, N.S.W., Aus. *R* Harald Baker *P* Snowy Baker.

10/9/1915. Aus.:M *Won* Les Darcy (159) *Lost* Fred Dyer (150). TKO 6 *S* Sydney Stadium, Sydney, N.S.W., Aus. *R* Harald Baker *P* Snowy Baker.

10/23/1915. Aus.:M *Won* Les Darcy (159¼) *Lost* Jimmy Clabby (153¾). Ref 20 *S* Sydney Stadium, Sydney, N.S.W., Aus. *R* Arthur Scott *P* Snowy Baker.

5/13/1916. Aus.:M *Won* Les Darcy (158) *Lost* Alex Costica (154¼). TKO 5/* *S* Sydney Stadium, Sydney, N.S.W., Aus. *R* Arthur Scott *P* Snowy Baker.

9/9/1916. Aus.:M *Won* Les Darcy (159¼) *Lost* Jimmy Clabby (153¼). Ref 20 *S* Sydney Stadium, Sydney, N.S.W., Aus. *R* Arthur Scott *P* Snowy Baker.

9/30/1916. Aus.:M *Won* Les Darcy (159½) *Lost* George Chip (159½). KO 9 *S* Sydney Stadium, Sydney, N.S.W., Aus. *R* Arthur Scott *P* Snowy Baker.

11/14/1917. M *Won* Mike O'Dowd (157) *Lost* Al McCoy (162). KO 6 *S* Clermont Sporting Club, Brooklyn, N.Y. *R* Johnny McAvoy.

5/6/1920. M *Won* Johnny Wilson (158) *Lost* Mike O'Dowd (159½). Ref 12 *S* Armory A.A., Boston, Mass. *R* Hector McInnis.

3/17/1921. M *Won* Johnny Wilson (158) *Lost* Mike O'Dowd (159¼). Split 15 *S* Madison Sq. Garden, New York, N.Y. *R* Johnny McAvoy *P* George (Tex) Rickard.

12/12/1921. Ohio:M *Won* Bryan Downey (157¾) *Lost* Happy Littleton (160½). KO 5/2:00 *S* Louisiana Auditorium, New Orleans, La. *R* Remy Dorr *P* Dominick Tortorich.

2/22/1922. Ohio:M *Won* Bryan Downey *Lost* Frank Carbone. Ref 12 *S* Auditorium, Canton, Ohio *R* Eddie Davis *P* McKinney Athletic Club.

5/15/1922. Ohio:M *Won* Bryan Downey *Lost* Mike O'Dowd. Ref 12 *S* Fairmont Arena, Columbus, Ohio *R* Sammy Trott.

8/14/1922. NYAC:M *Won* Dave Rosenberg (160) *Lost* Phil Krug (155). Unan 15 *S* Velodrome, Bronx, N.Y. *R* Kid McPartland.

9/18/1922. Ohio:M *Won* Jock Malone *Lost* Bryan Downey. Ref 12 *S* Fairmont Arena, Columbus, Ohio *R* Sammy Trott.

11/30/1922. NYAC:M *Won* Mike O'Dowd (159) *Lost* Dave Rosenberg (156). Foul 8/2:10 *S* Clermont Sporting Club, Brooklyn, N.Y. *R* Patsy Haley *P* Rink Sporting Club.

8/31/1923. M *Won* Harry Greb (158) *Lost* Johnny Wilson (158). Unan 15 *S* Polo Grounds, New York, N.Y. *R* Jack O'Sullivan *P* Polo Grounds A.C.

12/3/1923. M *Won* Harry Greb (161) *Lost* Bryan Downey (158½). Unan 10 *S* Motor Square Garden, Pittsburgh, Pa. *R* Ed Kennedy.

1/18/1924. M *Won* Harry Greb (159) *Lost* Johnny Wilson (159). Unan 15 *S* Madison Sq. Garden, New York, N.Y. *R* Ed Purdy *P* George (Tex) Rickard.

3/24/1924. M *Won* Harry Greb (159½) *Lost* Fay Kaiser (158½). TKO 12 *S* Fourth Regiment Armory, Baltimore, Md. *R* Benny Franklin.

6/26/1924. M *Won* Harry Greb (159½) *Lost* Ted Moore (160). Unan 15 *S* Yankee Stadium, Bronx, N.Y. *R* Ed Purdy *P* Cromwell Athletic Club.

7/2/1925. M *Won* Harry Greb (159) *Lost* Mickey Walker (152). Unan 15 *S* Polo Grounds, New York, N.Y. *R* Ed Purdy *P* Humbert Fugazy.

11/13/1925. M *Won* Harry Greb (169) *Lost* Tony Marullo (168). Unan 15 *S* Coliseum Arena, New Orleans, La. *R* Jimmy Moran.

2/26/1926. M *Won* Tiger Flowers (158½) *Lost* Harry Greb (159½). Split 15 *S* Madison Sq. Garden, New York, N.Y. *R* Gunboat Smith *P* Madison Sq. Garden Corp.

8/19/1926. M *Won* Tiger Flowers (159¼) *Lost* Harry Greb (159). Split 15 *S* Madison Sq. Garden, New York, N.Y. *R* Jim Crowley *P* Madison Sq. Garden Corp.

12/3/1926. M *Won* Mickey Walker (154) *Lost* Tiger Flowers (159). Ref 10 *S* Coliseum, Chicago, Ill. *R* Benny Yanger *P* Fred Irvin.

6/30/1927. M *Won* Mickey Walker (159½) *Lost* Tommy Milligan (159½). KO 10 *S* Olympia, London, England *R* Eugene Corri *P* Charles B. Cochran.

6/21/1928. M *Won* Mickey Walker (158) *Lost* Ace Hudkins (155). Split 10 *S* Comiskey Park, Chicago, Ill. *R* Ed Purdy.

10/29/1929. M *Won* Mickey Walker (159½) *Lost* Ace Hudkins (156). Ref 10 *S* Wrigley Field, Los Angeles, Calif. *R* Jack Kennedy *P* Tom Gallery.

1/25/1932. NBA:M *Won* Gorilla Jones (152½) *Lost* Oddone Piazza (153¾). TKO 6 *S* Auditorium, Milwaukee, Wisc. *R* Julius Fidler.

4/26/1932. NBA:M *Won* Gorilla Jones (151) *Lost* Young Terry (158). Ref 12 *S* Armory, Trenton, N.J. *R* Hank Lewis.

6/11/1932. BABU:M *Won* Marcel Thil (158) *Lost* Gorilla Jones (149). DQ 11 *S* Parc des Princes, Paris, France *R* Juan Casanovas.

7/4/1932. IBU:M *Won* Marcel Thil *Lost* Len Harvey. Ref 15 *S* White City Stadium, London, Eng. *R* F. Deveraz *P* Jeff Dickson.

1/13/1933. NYAC:M *Won* Ben Jeby (158¾) *Lost* Frank Battaglia (159¼). TKO 12/1:46 *S* Madison Sq. Garden, New York, N.Y. *R* Jack Britton *P* Madison Sq. Garden Corp.

3/17/1933. NYAC:M *Won* Ben Jeby (159½) *Lost* Vince Dundee (159¾). Draw 15 *S* Madison Sq. Garden, New York, N.Y. *R* Eddie Forbes *P* Madison Sq. Garden Corp.

7/10/1933. NYAC:M *Won* Ben Jeby (158¼) *Lost* Young Terry (157). Ref 15 *S* Dreamland Park, Newark, N.J. *R* Whitey Healey.

8/9/1933. NYAC:M *Won* Lou Brouillard (158½) *Lost* Ben Jeby (159). KO 7/2:21 *S* Polo Grounds, New York, N.Y. *R* Pete Hartley.

8/21/1933. PSAC:M *Won* Teddy Yarosz (157¼) *Lost* Vince Dundee (158). Unan 10 *S* Forbes Field, Pittsburgh, Pa. *R* Al Grayber.

10/2/1933. IBU:M *Won* Marcel Thil (133½) *Lost* Kid Tunero (157). Unan 15 *S* Palais des Sports, Paris, France *R* Roger Nicod *P* Jeff Dickson.

10/30/1933. NYBA:M *Won* Vince Dundee (160) *Lost* Lou Brouillard (159). Unan 15 *S* Boston Garden, Boston, Mass. *R* Johnny Martin.

12/8/1933. NYBA:M *Won* Vince Dundee (158½) *Lost* Andy Callahan (152½). Split 15 *S* Boston Garden, Boston, Mass. *R* Jack Decker.

2/12/1934. PSAC:M *Won* Teddy Yarosz (158½) *Lost* Jimmy Smith (154¾). Unan 15 *S* Motor Square Garden, Pittsburgh, Pa. *R* Al Grayber *P* Jules Beck.

2/26/1934. IBU:M *Won* Marcel Thil (159) *Lost* Ignacio Ara (156¾). Unan 15 *S* Palais des Sports, Paris, France *R* Roger Nicod *P* Jeff Dickson.

4/6/1934. PSAC:M *Won* Teddy Yarosz *Lost* Ben Jeby. Unan 12 *S* Duquesne Garden, Pittsburgh, Pa. *R* Red Robinson.

5/1/1934. NYBA:M *Won* Vince Dundee (157) *Lost* Al Diamond (156½). Ref 15 *S* State Armory, Paterson, N.J. *R* Phil Ehrhardt.

5/3/1934. IBU:M *Won* Marcel Thil (157½) *Lost* Gustave Roth (157). Unan 15 *S* Palais des Sports, Paris, France *R* Edouard Rabret *P* Jeff Dickson.

6/28/1934. M *Won* Marcel Thil (159) *L* Carmelo Candel (159½) Unan 15 *S* Roland Garros Stadium, Paris, France.

9/11/1934. NYBA:M *Won* Teddy Yarosz (157¼) *Lost* Vince Dundee (158½). Split 15 *S* Forbes Field, Pittsburgh, Pa. *R* Al Grayber.

10/15/1934. IBU:M *Won* Marcel Thil (157) *Lost* Carmelo Candel (158). Draw 15 *S* Palais des Sports, Paris, France *R* Jean Chavanne *P* Jeff Dickson.

5/4/1935. IBU:M *Won* Marcel Thil (159) *Lost* Vilda Jaks (158½). TKO 14 *S* Palais des Sports, Paris, France *R* Jean Chavanne *P* Jeff Dickson.

6/1/1935. IBU:M *Won* Marcel Thil (158¾) *Lost* Ignacio Ara (159¼). Unan 15 *S* Plaza de Toros, Madrid *R* Luigi Giorumello *P* Jeff Dickson.

7/13/1935. M *Won* Marcel Thil (156½) *L* Kid Tunero (154) Unan 15 *S* Les Arenes du Prado, Marseilles, France.

9/19/1935. NYBA:M *Won* Babe Risko (158¼) *Lost* Teddy Yarosz (158½). Unan 15 *S* Forbes Field, Pittsburgh, Pa. *R* Red Robinson.

1/20/1936. IBU:M *Won* Marcel Thil (158¾) *Lost* Lou Brouillard (155½). DQ 4 *S* Palais des Sports, Paris, France *R* Roger Nicod *P* Jeff Dickson.

2/10/1936. NYBA:M *Won* Babe Risko (159¾) *Lost* Tony Fisher (159¾). Ref 10 *S* Laurel Garden, Newark, N.J. *R* Whitey Healey.

7/11/1936. NYBA:M *Won* Freddie Steele (156¾) *Lost* Babe Risko (158). Unan 15 *S* Civic Stadium, Seattle, Wash. *R* Tommy McCarthy *P* Nate Druxman.

1/1/1937. NYBA:M *Won* Freddie Steele (157) *Lost* Gorilla Jones (153). Unan 10 *S* Auditorium, Milwaukee, Wisc. *R* Jim Keefe.

2/15/1937. IBU:M *Won* Marcel Thil (159) *Lost* Lou Brouillard (157¼). DQ 6 *S* Palais des Sports, Paris, France *R* Marcel Faloney *P* Jeff Dickson.

2/19/1937. NYBA:M *Won* Freddie Steele (157) *Lost* Babe Risko (158). Unan 15 *S* Madison Sq. Garden, New York, N.Y. *R* Arthur Donovan *P* Madison Sq. Garden Corp.

5/11/1937. NYBA:M *Won* Freddie Steele (156) *Lost* Frank Battaglia (159¾). KO 3/0:34 *S* Civic Auditorium, Seattle, Wash. *R* Tommy Clark.

9/11/1937. NYBA:M *Won* Freddie Steele (157¼) *Lost* Ken Overlin (160). KO 4 *S* Civic Auditorium, Seattle, Wash. *R* Tommy Clark.

9/23/1937. M *Won* Fred Apostoli (159¼) *Lost* Marcel Thil (159). TKO 10/0:44 *S* Polo Grounds, New York, N.Y. *R* Arthur Donovan *P* Twentieth Century S.C.

2/19/1938. NYBA:M *Won* Freddie Steele (159) *Lost* Carmen Barth (159¼). TKO 7 *S* Auditorium, Cleveland, Ohio *R* Jim Braddock.

4/1/1938. M *Won* Fred Apostoli (160¾) *Lost* Glenn Lee (156¾). Unan 15 *S* Madison Sq. Garden, New York, N.Y. *R* Eddie Joseph *P* Twentieth Century S.C.

7/26/1938. NBA:M *Won* Al Hostak (158¼) *Lost* Freddie Steele (159). KO 1/1:43 *S* Civic Stadium, Seattle, Wash. *R* Jack Dempsey *P* Nate Druxman.

11/1/1938. NBA:M *Won* Solly Krieger *Lost* Al Hostak. Unan 15 *S* Civic Auditorium, Seattle, Wash. *R* Rod Murphy *P* Nate Druxman.

11/18/1938. NYAC:M *Won* Fred Apostoli (159) *Lost* Young Corbett (159½). TKO 8/2:01 *S* Madison Sq. Garden, New York, N.Y. *R* Eddie Joseph *P* Twentieth Century S.C.

6/27/1939. NBA:M *Won* Al Hostak (158¼) *Lost* Solly Krieger (160). KO 4/0:46 *S* Civic Stadium, Seattle, Wash. *R* Jim Braddock *P* Nate Druxman.

10/2/1939. NYAC:M *Won* Ceferino Garcia (153¾) *Lost* Fred Apostoli (160). KO 7/2:07 *S* Madison Sq. Garden, New York, N.Y. *R* Billy Cavanagh *P* Twentieth Century S.C.

12/11/1939. NBA:M *Won* Al Hostak (159) *Lost* Erich Seelig (160). KO 1/1:21 *S* The Arena, Cleveland, Ohio *R* Tony LaBranche *P* Cleve. News/Ed Bang.

12/23/1939. NYAC:M *Won* Ceferino Garcia (152½) *Lost* Glenn Lee (156). TKO 13 *S* Rizal Stadium, Manila, Philippines *R* Jack Dempsey *P* Jes Cortes.

3/1/1940. NYAC:M *Won* Ceferino Garcia (153½) *Lost* Henry Armstrong (142). Draw 10 *S* Gilmore Stadium, Los Angeles, Calif. *R* George Blake.

5/23/1940. NYAC:M *Won* Ken Overlin (159) *Lost* Ceferino Garcia (154½). Unan 15 *S* Madison Sq. Garden, New York, N.Y. *R* Arthur Donovan *P* Twentieth Century S.C.

7/19/1940. NBA:M *Won* Tony Zale (158) *Lost* Al Hostak (159¾). TKO 13/1:20 *S* Civic Stadium, Seattle, Wash. *R* Benny Leonard *P* Nate Druxman.

11/1/1940. NYAC:M *Won* Ken Overlin (158) *Lost* Steve Belloise (153). Maj 15 *S* Madison Sq. Garden, New York, N.Y. *R* George Walsh *P* Twentieth Century S.C.

12/13/1940. NYAC:M *Won* Ken Overlin (159) *Lost* Steve Belloise (154). Split 15 *S* Madison Sq. Garden, New York, N.Y. *R* Arthur Donovan *P* Twentieth Century S.C.

2/21/1941. NBA:M *Won* Tony Zale (159) *Lost* Steve Mamakos (157½). KO 14/0:26 *S* Chicago Stadium, Chicago, Ill. *R* Tommy Gilmore *P* Chicago Stadium Corp.

5/9/1941. NYAC:M *Won* Billy Soose (157¾) *Lost* Ken Overlin (159½). Unan 15 *S* Madison Sq. Garden, New York, N.Y. *R* Arthur Donovan *P* Twentieth Century S.C.

5/28/1941. NBA:M *Won* Tony Zale (158¾) *Lost* Al Hostak (158¼). KO 2/2:32 *S* Chicago Stadium, Chicago, Ill. *R* Johnny Behr *P* Chicago Stadium Corp.

11/28/1941. M *Won* Tony Zale (158¼) *Lost* Georgie Abrams (159). Unan 15 *S* Madison Sq. Garden, New York, N.Y. *R* Billy Cavanagh *P* Twentieth Century S.C.

9/27/1946. M *Won* Tony Zale (160) *Lost* Rocky Graziano (154). KO 6/1:43 *S* Yankee Stadium, Bronx, N.Y. *R* Ruby Goldstein *P* Twentieth Century S.C.

7/16/1947. M *Won* Rocky Graziano (155¼) *Lost* Tony Zale (159). TKO 6/2:10 *S* Chicago Stadium, Chicago, Ill. *R* Johnny Behr *P* Chicago Stadium Corp.

6/10/1948. M *Won* Tony Zale (158¾) *Lost* Rocky Graziano (158½). KO 3/1:08 *S* Ruppert Stadium, Newark, N.J. *R* Paul Cavalier *P* Tournament of Champions.

9/21/1948. M *Won* Marcel Cerdan (158) *Lost* Tony Zale (159). TKO 12/* *S* Roosevelt Stadium, Union City, N.J. *R* Paul Cavalier *P* Tournament of Champions.

6/16/1949. M *Won* Jake LaMotta (158½) *Lost* Marcel Cerdan (159½). TKO 10/* *S* Briggs Stadium, Detroit, Mich. *R* Johnny Weber *P* International Boxing Club.

6/5/1950. PSAC:M *Won* Ray Robinson (155) *Lost* Robert Villemain (159½). Unan 15 *S* Municipal Stadium, Philadelphia, Pa. *R* Charley Daggert *P* International Boxing Club.

7/12/1950. M *Won* Jake LaMotta (159) *Lost* Tiberio Mitri (159). Unan 15 *S* Madison Sq. Garden, New York, N.Y. *R* Mark Conn *P* International Boxing Club.

8/25/1950. PSAC:M *Won* Ray Robinson (154¾) *Lost* Jose Basora (159¾). KO 1/0:52 *S* Scranton Stadium, Scranton, Pa. *R* Johnny Kelly *P* International Boxing Club.

9/13/1950. M *Won* Jake LaMotta (159½) *Lost* Laurent Dauthuille (160). KO 15/2:47 *S* Olympia Stadium, Detroit, Mich. *R* Lou Handler *P* International Boxing Club.

10/26/1950. PSAC:M *Won* Ray Robinson (158) *Lost* Bobo Olson (159). KO 12/1:19 *S* Convention Hall, Philadelphia, Pa. *R* Charley Daggert *P* International Boxing Club.

2/14/1951. M *Won* Ray Robinson (155½) *Lost* Jake LaMotta (160). TKO 13/2:04 *S* Chicago Stadium, Chicago, Ill. *R* Frank Sikora *P* International Boxing Club.

7/10/1951. M *Won* Randy Turpin (158¾) *Lost* Ray Robinson (154½). Ref 15 *S* Earls Court Exhibition Hall, London, Eng. *R* Eugene Henderson *P* Jack Solomons, Ltd.

9/12/1951. M *Won* Ray Robinson (157½) *Lost* Randy Turpin (159). TKO 10/2:52 *S* Polo Grounds, New York, N.Y. *R* Ruby Goldstein *P* International Boxing Club.

3/13/1952. M *Won* Ray Robinson (157½) *Lost* Bobo Olson (159½). Unan 15 *S* Civic Auditorium, San Francisco, Calif. *R* Jack Downey *P* International Boxing Club.

4/16/1952. M *Won* Ray Robinson (157¼) *Lost* Rocky Graziano (159¾). KO 3/1:53 *S* Chicago Stadium, Chicago, Ill. *R* Tommy Gilmore *P* International Boxing Club.

10/21/1953. M *Won* Bobo Olson (159½) *Lost* Randy Turpin (157). Unan 15 *S* Madison Sq. Garden, New York, N.Y. *R* Al Berl *P* International Boxing Club.

4/2/1954. M *Won* Bobo Olson (159½) *Lost* Kid Gavilan (155). Maj 15 *S* Chicago Stadium, Chicago, Ill. *R* Bernard Weissman *P* International Boxing Club.

8/20/1954. M *Won* Bobo Olson (160) *Lost* Rocky Castellani (160). Unan 15 *S* Cow Palace, San Francisco, Calif. *R* Ray Flores *P* International Boxing Club.

12/15/1954. M *Won* Bobo Olson (159½) *Lost* Pierre Langlois (157¾). TKO 11/0:58 *S* Cow Palace, San Francisco, Calif. *R* Ray Flores *P* International Boxing Club.

12/9/1955. M *Won* Ray Robinson (159¾) *Lost* Bobo Olson (159¼). KO 2/2:51 *S* Chicago Stadium, Chicago, Ill. *R* Frank Sikora *P* International Boxing Club.

5/18/1956. M *Won* Ray Robinson (159½) *Lost* Bobo Olson (160). KO 4/2:51 *S* Wrigley Field, Los Angeles, Calif. *R* Mushy Callahan *P* International Boxing Club.

1/2/1957. M *Won* Gene Fullmer (157¼) *Lost* Ray Robinson (160). Unan 15 *S* Madison Sq. Garden, New York, N.Y. *R* Ruby Goldstein *P* International Boxing Club.

5/1/1957. M *Won* Ray Robinson (159½) *Lost* Gene Fullmer (159¼).

KO 5/1:27 *S* Chicago Stadium, Chicago, Ill. *R* Frank Sikora *P* International Boxing Club.

9/23/1957. M *Won* Carmen Basilio (153½) *Lost* Ray Robinson (160). Split 15 *S* Yankee Stadium, Bronx, N.Y. *R* Al Berl *P* International Boxing Club.

3/25/1958. M *Won* Ray Robinson (159¾) *Lost* Carmen Basilio (153). Split 15 *S* Chicago Stadium, Chicago, Ill. *R* Frank Sikora *P* International Boxing Club.

8/28/1959. NBA:M *Won* Gene Fullmer (159½) *Lost* Carmen Basilio (156). TKO 14/0:39 *S* Cow Palace, San Francisco, Calif. *R* Jack Downey *P* International Boxing Club.

12/4/1959. NBA:M *Won* Gene Fullmer (159¾) *Lost* Spider Webb (157¾). Unan 15 *S* George Nelson Fieldhouse, Logan, Utah *R* Ken Shulsen *P* International Boxing Club.

1/22/1960. M *Won* Paul Pender (159¾) *Lost* Ray Robinson (159¼). Split 15 *S* Boston Garden, Boston, Mass. *R* Joe Zapustas *P* Rip Valenti–Sam Silverman.

4/20/1960. NBA:M *Won* Gene Fullmer (160) *Lost* Joey Giardello (158¼). Draw 15 *S* State College Fieldhouse, Missoula, Mt. *R* Harry Kessler.

6/10/1960. M *Won* Paul Pender (160) *Lost* Ray Robinson (158½). Split 15 *S* Boston Garden, Boston, Mass. *R* Jimmy McCarron *P* Rip Valenti–Sam Silverman.

6/29/1960. NBA:M *Won* Gene Fullmer (159¼) *Lost* Carmen Basilio (156½). TKO 12/2:54 *S* Derks Field, Salt Lake City, Utah *R* Pete Giacoma.

12/3/1960. NBA:M *Won* Gene Fullmer (159) *Lost* Ray Robinson (158¾). Draw 15 *S* Sports Arena, Los Angeles, Calif. *R* Tommy Hart *P* Olympic Boxing Club.

1/14/1961. M *Won* Paul Pender (160) *Lost* Terry Downes (160). TKO 7/0:57 *S* Boston Arena, Boston, Mass. *R* Bill Connelly *P* Rip Valenti–Sam Silverman.

3/4/1961. NBA:M *Won* Gene Fullmer (159¾) *Lost* Ray Robinson (159¾). Unan 15 *S* Convention Center, Las Vegas, Nev. *R* Frank Carter *P* Silver State Sports Club.

4/22/1961. M *Won* Paul Pender (160) *Lost* Carmen Basilio (159). Unan 15 *S* Boston Garden, Boston, Mass. *R* Ed Bradley *P* Rip Valenti–Sam Silverman.

7/11/1961. M *Won* Terry Downes (158¾) *Lost* Paul Pender (159). TKO 10/* *S* Empire Pool, Wembley, Eng. *R* Ike Powell *P* Harry Levene.

8/15/1961. NBA:M *Won* Gene Fullmer (159¾) *Lost* Floro. Fernandez (157¼). Split 15 *S* Ogden Stadium, Ogden, Utah *R* Ken Shulsen.

12/9/1961. NBA:M *Won* Gene Fullmer (159¾) *Lost* Benny Paret (156¾). KO 10/2:30 *S* Convention Center, Las Vegas, Nev. *R* Harry Krause *P* Silver State Sports Club.

4/7/1962. M *Won* Paul Pender (159) *Lost* Terry Downes (159). Unan 15 *S* Boston Garden, Boston, Mass. *R* Jimmy McCarron *P* Rip Valenti–Sam Silverman.

10/23/1962. WBA:M *Won* Dick Tiger (159) *Lost* Gene Fullmer (160). Unan 15 *S* Candlestick Park, San Francisco, Calif. *R* Frank Carter.

2/23/1963. WBA:M *Won* Dick Tiger (160) *Lost* Gene Fullmer (160). Draw 15 *S* Convention Center, Las Vegas, Nev. *R* Vern Bybee *P* Silver State Sports Club.

8/10/1963. M *Won* Dick Tiger (159¾) *Lost* Gene Fullmer (160). TKO 8/* *S* Liberty Stadium, Ibadan, Nigeria *R* Jack Hart *P* Jack Solomons.

12/7/1963. M *Won* Joey Giardello (158) *Lost* Dick Tiger (159). Ref 15 *S* Convention Hall, Atlantic City, N.J. *R* Paul Cavalier *P* Garden State Boxing.

12/14/1964. M *Won* Joey Giardello (160) *Lost* Ruben Carter (158½). Unan 15 *S* Convention Hall, Philadelphia, Pa. *R* Bob Polis *P* Jimmy Riggio.

10/21/1965. M *Won* Dick Tiger (158½) *Lost* Joey Giardello (160). Unan 15 *S* Madison Sq. Garden, New York, N.Y. *R* John LoBianco *P* M.S.G. Boxing, Inc.

4/25/1966. M *Won* Emile Griffith (150½) *Lost* Dick Tiger (160). Unan 15 *S* Madison Sq. Garden, New York, N.Y. *R* Arthur Mercante *P* M.S.G. Boxing, Inc.

7/13/1966. M *Won* Emile Griffith (152) *Lost* Joey Archer (159½). Maj 15 *S* Madison Sq. Garden, New York, N.Y. *R* John LoBianco *P* M.S.G. Boxing, Inc.

1/23/1967. M *Won* Emile Griffith (152) *Lost* Joey Archer (160). Unan 15 *S* Madison Sq. Garden, New York, N.Y. *R* Arthur Mercante *P* M.S.G. Boxing, Inc.

4/17/1967. M *Won* Nino Benvenuti (159) *Lost* Emile Griffith (153½). Unan 15 *S* Madison Sq. Garden, New York, N.Y. *R* Mark Conn *P* M.S.G. Boxing, Inc.

9/29/1967. M *Won* Emile Griffith (154) *Lost* Nino Benvenuti (159¾). Maj 15 *S* Shea Stadium, Flushing, Queens, N.Y. *R* Tommy Walsh *P* M.S.G. Boxing, Inc.

3/4/1968. M *Won* Nino Benvenuti (160) *Lost* Emile Griffith (154½). Unan 15 *S* Madison Sq. Garden, New York, N.Y. *R* John LoBianco *P* M.S.G. Boxing, Inc.

12/14/1968. M *Won* Nino Benvenuti (160) *Lost* Don Fullmer (159). Unan 15 *S* Teatro Ariston, San Remo, Italy *R* Piero Brambille *P* Rino Tommasi.

10/4/1969. M *Won* Nino Benvenuti (160) *Lost* Fraser Scott (158). DQ 7/1:40 *S* San Paolo Stadium, Naples, Italy *R* Tonci Gilardi *P* Rino Tommasi.

11/22/1969. M *Won* Nino Benvenuti (159½) *Lost* Luis Rodriguez (156). KO 11/1:08 *S* Sports Palace, Rome. *R* Mario Carrabellese *P* Rino Tommasi.

5/23/1970. M *Won* Nino Benvenuti (160) *Lost* Tom Bethea (160). KO 8/2:43 *S* Sports Palace, Umag, Slovenia *R* Georges Gondre *P* Rino Tommasi.

11/7/1970. M *Won* Carlos Monzon (159¾) *Lost* Nino Benvenuti (159¾). KO 12/2:00 *S* Sports Palace, Rome, Italy *R* Rudolf Drust *P* Rodolfo Sabbatini.

5/9/1971. M *Won* Carlos Monzon (159½) *Lost* Nino Benvenuti (160). TKO 3/1:05 *S* Louis II Stadium, Monte Carlo, Mon. *R* Victor Avendano *P* Rodolfo Sabbatini.

9/25/1971. M *Won* Carlos Monzon (159) *Lost* Emile Griffith (154). TKO 14/2:49 *S* Luna Park Stadium, Buenos Aires, Arg. *R* Ramon Berumen *P* Tito Lectoure.

3/4/1972. M *Won* Carlos Monzon (159) *Lost* Denny Moyer (158¾). TKO 5/1:50 *S* Sports Palace, Rome, Italy *R* Lorenzo Fortunato *P* Rodolfo Sabbatini.

6/17/1972. M *Won* Carlos Monzon (159¼) *Lost* Jean-Claude Bouttier (159). TKO 13/* *S* Colombes Stadium, Paris, France *R* Rudolf Drust *P* Sabbatini/Jean Bretonel.

8/19/1972. M *Won* Carlos Monzon (159) *Lost* Tom Bogs (159½). TKO 5/2:30 *S* Idraets Stadium, Copenhagen, Den. *R* Harry Gibbs *P* International Entertainment.

11/11/1972. M *Won* Carlos Monzon (158) *Lost* Bennie Briscoe (157). Unan 15 *S* Luna Park Stadium, Buenos Aires, Arg. *R* Victor Avendano *P* Tito Lectoure.

6/2/1973. M *Won* Carlos Monzon (159) *Lost* Emile Griffith (157). Unan 15 *S* Louis II Stadium, Monte Carlo, Mon. *R* Pierrot Brenbilla *P* Rodolfo Sabbatini.

9/29/1973. M *Won* Carlos Monzon (159¾) *Lost* Jean-Claude Bouttier (159). Unan 15 *S* Roland Garros Stadium, Paris, France *R* Harry Gibbs *P* Rodolfo Sabbatini.

2/9/1974. M *Won* Carlos Monzon (159) *Lost* Jose Napoles (153). TKO 7/* *S* Parc des Expositions, Paris, France *R* Raymond Baldeyrou *P* Alain Delon.

5/25/1974. WBC:M *Won* Rodrigo Valdez (156¾) *Lost* Bennie Briscoe (156½). KO 7 *S* Louis II Stadium, Monte Carlo, Mon. *R* Harry Gibbs *P* Top Rank/R. Sabbatini.

10/5/1974. M *Won* Carlos Monzon (160) *Lost* Tony Mundine (159¼). KO 7/1:20 *S* Luna Park Stadium, Buenos Aires, Arg. *R* Issac Herrera *P* Tito Lectoure.

11/13/1974. WBC:M *Won* Rodrigo Valdez (160) *Lost* Gratien Tonna (159). KO 11 *S* Parc des Expositions, Paris, France *R* Jean Deswert *P* Top Rank/R. Sabbatini.

5/31/1975. WBC:M *Won* Rodrigo Valdez (160) *Lost* Ramon Mendez (159). TKO 8 *S* Plaza de Toros, Cali, Colombia *R* Humberto Caceres *P* Top Rank, Inc.

Middleweight

6/30/1975. M *Won* Carlos Monzon (159¾) *Lost* Tony Licata (160). TKO 10/2:43 *S* Madison Sq. Garden, New York, N.Y. *R* Tony Perez *P* Don King/M.S.G. Boxing.

8/16/1975. WBC:M *Won* Rodrigo Valdez (159½) *Lost* Rudy Robles (159½). Unan 15 *S* Plaza de Toros, Cartagena, Colombia *R* Victor Amor.

12/13/1975. M *Won* Carlos Monzon (160) *Lost* Gratien Tonna (159). KO 5 *S* Nouvel Hippodrome, Paris, France *R* Waldemar Schmidt.

3/28/1976. WBC:M *Won* Rodrigo Valdez (159½) *Lost* Nessim Cohen (158¼). TKO 4/2:45 *S* Pavillon des Paris, Paris, France *R* Marcello Bertini *P* Top Rank/R. Sabbatini.

6/26/1976. M *Won* Carlos Monzon (159½) *Lost* Rodrigo Valdez (160). Unan 15 *S* Louis II Stadium, Monte Carlo, Mon. *R* Raymond Baldeyrou *P* Top Rank/R. Sabbatini.

7/30/1977. M *Won* Carlos Monzon (159) *Lost* Rodrigo Valdez (158). Unan 15 *S* Louis II Stadium, Monte Carlo, Mon. *R* Roland Dakin *P* Top Rank/R. Sabbatini.

11/5/1977. M *Won* Rodrigo Valdez (160) *Lost* Bennie Briscoe (160). Unan 15 *S* Sports Palace, Campione d'Italia, Switz. *R* Wally Thom *P* Top Rank/R. Sabbatini.

11/26/1977. MSBC:M *Won* Marvin Hagler (160) *Lost* Mike Colbert (157½). KO 12 *S* Boston Garden, Boston, Mass. *R* Tommy Rawson *P* Rip Valenti–Sam Silverman.

4/22/1978. M *Won* Hugo Corro (159¾) *Lost* Rodrigo Valdez (159¼). Unan 15 *S* Teatro Ariston, San Remo, Italy *R* Angelo Poletti *P* Top Rank/R. Sabbatini.

8/5/1978. M *Won* Hugo Corro (159) *Lost* Ronnie Harris (159½). Unan 15 *S* Luna Park Stadium, Buenos Aires, Arg. *R* Waldemar Schmidt *P* Tito Lectoure.

11/11/1978. M *Won* Hugo Corro (159¼) *Lost* Rodrigo Valdez (158¾). Unan 15 *S* Luna Park Stadium, Buenos Aires, Arg. *R* Stan Christodoulou *P* Tito Lectoure.

6/30/1979. M *Won* Vito Antuofermo (159¼) *Lost* Hugo Corro (158¾). Split 15 *S* Chapiteau de Fontvieille, Fontvieille, Mon. *R* Ernesto Magana *P* Top Rank/R. Sabbatini.

11/30/1979. M *Won* Vito Antuofermo (158½) *Lost* Marvin Hagler (158½). Draw 15 *S* Caesars Palace, Las Vegas, Nev. *R* Mills Lane *P* Top Rank, Inc.

3/16/1980. M *Won* Alan Minter (159¾) *Lost* Vito Antuofermo (158¾). Split 15 *S* Caesars Palace, Las Vegas, Nev. *R* Carlos Padilla *P* Top Rank, Inc.

6/28/1980. M *Won* Alan Minter (160) *Lost* Vito Antuofermo (159¼). TKO 9/* *S* Empire Pool, Wembley, Eng. *R* Octavio Meyran *P* Top Rank/Int. Sporting Club.

9/27/1980. M *Won* Marvin Hagler (160) *Lost* Alan Minter (159¾). TKO 3/1:45 *S* Empire Pool, Wembley, Eng. *R* Carlos Berrocal *P* Top Rank/Int. Sporting Club.

1/17/1981. M *Won* Marvin Hagler (159½) *Lost* Fulgencio Obelmejias (159½). TKO 8/0:20 *S* Boston Garden, Boston, Mass. *R* Octavio Meyran *P* Top Rank/Rip Valenti.

6/13/1981. M *Won* Marvin Hagler (160) *Lost* Vito Antuofermo (158¾). TKO 5/* *S* Boston Garden, Boston, Mass. *R* David Pearl *P* Top Rank/Rip Valenti.

10/3/1981. M *Won* Marvin Hagler (157) *Lost* Mustafa Hamsho (160). TKO 11/2:09 *S* Horizon Arena, Rosemont, Ill. *R* Octavio Meyran *P* Top Rank/Ernie Terrell.

3/7/1982. M *Won* Marvin Hagler (158) *Lost* Caveman Lee (159½). TKO 1/1:07 *S* Bally's Park Place, Atlantic City, N.J. *R* Larry Hazzard *P* Top Rank, Inc.

10/30/1982. M *Won* Marvin Hagler (158½) *Lost* Fulgencio Obelmejias (159¼). TKO 5/2:35 *S* Teatro Ariston, San Remo, Italy *R* Ernesto Magana *P* Top Rank/R. Sabbatini.

2/11/1983. M *Won* Marvin Hagler (158¼) *Lost* Tony Sibson (160). TKO 6/2:40 *S* Centrum, Worcester, Mass. *R* Carlos Padilla *P* Top Rank/Goodwin A.C.

5/27/1983. M *Won* Marvin Hagler (160) *Lost* Wilford Scypion (160). KO 4/2:47 *S* Civic Center, Providence, R.I. *R* Frank Cappuccino *P* Top Rank, Inc.

11/10/1983. M *Won* Marvin Hagler (157½) *Lost* Roberto Duran (156½). Unan 15 *S* Caesars Palace, Las Vegas, Nev. *R* Stan Christodoulou *P* Top Rank, Inc.

3/30/1984. M *Won* Marvin Hagler (159¼) *Lost* Juan D. Roldan (159¼). TKO 10/0:39 *S* Riviera Hotel, Las Vegas, Nev. *R* Tony Perez *P* Top Rank, Inc.

10/19/1984. M *Won* Marvin Hagler (159½) *Lost* Mustafa Hamsho (159½). TKO 3/2:31 *S* Madison Sq. Garden, New York, N.Y. *R* Arthur Mercante *P* Top Rank, Inc.

4/15/1985. M *Won* Marvin Hagler (159¼) *Lost* Thomas Hearns (159¾). TKO 3/1:52 *S* Caesars Palace, Las Vegas, Nev. *R* Richard Steele *P* Top Rank, Inc.

3/10/1986. M *Won* Marvin Hagler (159½) *Lost* John Mugabi (157). KO 11/1:29 *S* Caesars Palace, Las Vegas, Nev. *R* Mills Lane *P* Top Rank, Inc.

4/6/1987. WBC:M *Won* Ray Leonard (158) *Lost* Marvin Hagler (158½). Split 12 *S* Caesars, Las Vegas, Nev. *R* Richard Steele *P* Top Rank, Inc.

10/10/1987. IBF:M *Won* Frank Tate (160) *Lost* Michael Olajide (157½). Unan 15 *S* Caesars Palace, Las Vegas, Nev. *R* Richard Steele *P* M.S.G./Houston B.A.

10/23/1987. WBA:M *Won* Sumbu Kalambay (159½) *Lost* Iran Barkley (156). Unan 15 *S* Sports Palace, Livorno, Italy *R* Isidro Rodriguez *P* Top Rank/R. Sabbatini.

10/29/1987. WBC:M *Won* Thomas Hearns (159½) *Lost* Juan D. Roldan (159¼). KO 4/2:01 *S* Las Vegas Hilton, Nev. *R* Mills Lane *P* Top Rank, Inc.

2/7/1988. IBF:M *Won* Frank Tate (160) *Lost* Tony Sibson (160). TKO 10/2:53 *S* Bingley Hall, Stafford, Eng. *R* Frank Cappuccino *P* F. Warren/Houston B.A.

3/5/1988. WBA:M *Won* Sumbu Kalambay (159) *Lost* Mike McCallum (158¾). Unan 12 *S* Sports Palace, Pesaro, Italy *R* John Coyle *P* Top Rank/R. Sabbatini.

6/6/1988. WBC:M *Won* Iran Barkley (160) *Lost* Thomas Hearns (160). TKO 3/2:39 *S* Las Vegas Hilton, Las Vegas, Nev. *R* Richard Steele *P* Top Rank, Inc.

6/12/1988. WBA:M *Won* Sumbu Kalambay (158¾) *Lost* Robbie Sims (159¼). Unan 12 *S* Sports Palace, Ravenna, Italy *R* John Coyle *P* Top Rank/R. Sabbatini.

7/28/1988. IBF:M *Won* Michael Nunn (160) *Lost* Frank Tate (160). TKO 9/0:40 *S* Caesars Palace, Las Vegas, Nev. *R* Mills Lane *P* Houston Boxing Assn.

11/4/1988. IBF:M *Won* Michael Nunn (160) *Lost* Juan D. Roldan (160). KO 8/2:28 *S* Las Vegas Hilton, Las Vegas, Nev. *R* Richard Steele *P* Top Rank, Inc.

11/8/1988. WBA:M *Won* Sumbu Kalambay (158½) *Lost* Doug DeWitt (159). TKO 7/1:31 *S* Louis II Stadium, Monte Carlo, Mon. *R* Carlos Berrocal *P* Top Rank/R. Sabbatini.

2/24/1989. WBC:M *Won* Iran Barkley (159) *Lost* Roberto Duran (156¼). Split 12 *S* Convention Hall, Atlantic City, N.J. *R* Joe Cortez *P* Top Rank/Trump Plaza.

3/25/1989. IBF:M *Won* Michael Nunn (160) *Lost* Sumbu Kalambay (159). KO 1/1:28 *S* Las Vegas Hilton, Las Vegas, Nev. *R* Richard Steele *P* Top Rank, Inc.

4/18/1989. WBO:M *Won* Doug DeWitt (160) *Lost* Robbie Sims (159). Split 12 *S* Showboat Hotel, Atlantic City, N.J. *R* Joe Cortez *P* Top Rank/Frank Gelb.

5/10/1989. WBA:M *Won* Mike McCallum (159) *Lost* Herol Graham (159¾). Split 12 *S* Royal Albert Hall, London, Eng. *R* Enzo Montero *P* Mickey Duff Promotions.

8/14/1989. IBF:M *Won* Michael Nunn (159) *Lost* Iran Barkley (160). Maj 12 *S* Lawlor Events Center, Reno, Nev. *R* Carlos Padilla *P* Top Rank, Inc.

1/15/1990. WBO:M *Won* Doug DeWitt (160) *Lost* Matthew Hilton (158). TKO 12/* *S* Convention Hall, Atlantic City, N.J. *R* Randy Neumann *P* Top Rank/Frank Gelb.

2/3/1990. WBA:M *Won* Mike McCallum (159) *Lost* Steve Collins (160). Unan 12 *S* Hynes Convention Center, Boston, Mass. *R* Bernard Soto *P* Top Rank/Goodwin A.C.

4/14/1990. IBF:M *Won* Michael Nunn (160) *Lost* Marlon Starling (158). Maj 12 *S* Mirage Hotel and Casino, Las Vegas, Nev. *R* Mills Lane *P* Mirage Hotel and Casino.

4/14/1990. WBA:M *Won* Mike McCallum (159¾) *Lost* Michael Watson (160). KO 11/2:22 *S* Royal Albert Hall, London, Eng. *R* Roberto Ramirez *P* Matchroom Boxing Ltd.

4/29/1990. WBO:M *Won* Nigel Benn (158) *Lost* Doug DeWitt (160). TKO 8/0:44 *S* Caesars Palace, Atlantic City, N.J. *R* Randy Neumann *P* Top Rank, Inc.

8/18/1990. WBO:M *Won* Nigel Benn (159½) *Lost* Iran Barkley (160). TKO 1/2:57 *S* Bally's Hotel and Casino, Las Vegas, Nev. *R* Carlos Padilla *P* Top Rank, Inc.

10/18/1990. IBF:M *Won* Michael Nunn (159¾) *Lost* Donald Curry (158). TKO 10/1:59 *S* Palais Omnisports de Bercy, Paris, France *R* Dennis Nelson *P* Top Rank/A.B. Stars.

11/18/1990. WBO:M *Won* Chris Eubank (159½) *Lost* Nigel Benn (159¾). TKO 9/2:56 *S* National Exhibition Centre, Birmingham, Eng. *R* Richard Steele *P* Matchroom/Top Rank.

11/24/1990. WBC:M *Won* Julian Jackson (160) *Lost* Herol Graham (160). KO 4/1:13 *S* Torrequebrada Hotel, Benalmadena, Spain *R* Joe Cortez *P* Matchroom Boxing Ltd.

2/23/1991. WBO:M *Won* Chris Eubank (160) *Lost* Dan Sherry (160). TWs 10/2:11 *S* Brighton Centre, Brighton, Eng. *R* Frank Santore *P* Matchroom Boxing Ltd.

4/1/1991. WBA:M *Won* Mike McCallum (159½) *Lost* Sumbu Kalambay (159½). Split 12 *S* Louis II Stadium, Monte Carlo, Mon. *R* John Coyle *P* Total Sports.

4/18/1991. WBO:M *Won* Chris Eubank (160) *Lost* Gary Stretch (159). TKO 6/1:56 *S* Olympia Grand Hall, London, Eng. *R* Tony Orlando *P* Matchroom Boxing Ltd.

5/10/1991. IBF:M *Won* James Toney (157) *Lost* Michael Nunn (160). TKO 11/2:14 *S* John O'Donnell Stadium, Davenport, Ia. *R* Dennis Nelson *P* Top Rank, Inc.

6/22/1991. WBO:M *Won* Chris Eubank (160) *Lost* Michael Watson (160). Maj 12 *S* Earls Court Exhibition Centre, London, Eng. *R* Frank Cappuccino *P* Matchroom/Giant Promos.

6/29/1991. IBF:M *Won* James Toney (159) *Lost* Reggie Johnson (159). Split 12 *S* Las Vegas Hilton, Nev. *R* Richard Steele *P* Top Rank, Inc.

9/14/1991. WBC:M *Won* Julian Jackson (158) *Lost* Dennis Milton (159). KO 1/2:10 *S* Mirage Hotel and Casino, Las Vegas, Nev. *R* Mills Lane *P* Don King Productions.

10/12/1991. IBF:M *Won* James Toney (160¼) *Lost* Francesco Dell'-Aquila (158¾). KO 4/0:43 *S* Louis II Stadium, Monte Carlo, Mon. *R* Frank Cappuccino *P* Cedric Kushner Promotions.

11/20/1991. WBO:M *Won* Gerald McClellan (158½) *Lost* John Mugabi (157½). TKO 1/2:51 *S* Royal Albert Hall, London, Eng. *R* Roberto Ramirez *P* National Promotions.

12/13/1991. IBF:M *Won* James Toney (159) *Lost* Mike McCallum (157¾). Draw 12 *S* Convention Hall, Atlantic City, N.J. *R* Steve Smoger *P* Top Rank, Inc.

2/8/1992. IBF:M *Won* James Toney (159¾) *Lost* Dave Tiberi (158½). Split 12 *S* Trump Taj Mahal, Atlantic City. *R* Robert Palmer *P* Top Rank.

2/15/1992. WBC:M *Won* Julian Jackson (159) *Lost* Ismael Negron (160). TKO 1/0:50 *S* Mirage Hotel, Las Vegas, Nev. *R* Mills Lane *P* Don King Productions.

4/10/1992. WBC:M *Won* Julian Jackson (158¾) *Lost* Ron Collins (159½). TKO 5/1:27 *S* Place El Toreo, Naucalpan, Mex. *R* Guadalupe Garcia *P* Don King/Pro Vantage.

4/11/1992. IBF:M *Won* James Toney (160) *Lost* Glenn Wolfe (160). Unan 12 *S* Thomas & Mack Center, Las Vegas, Nev. *R* Mills Lane *P* Top Rank, Inc.

4/22/1992. WBA:M *Won* Reggie Johnson (159) *Lost* Steve Collins (160). Maj 12 *S* Meadowlands Arena, E. Rutherford, N.J. *R* Arthur Mercante *P* 3M Productions.

8/1/1992. WBC:M *Won* Julian Jackson (159) *Lost* Thomas Tate (159). Unan 12 *S* Las Vegas Hilton, Las Vegas, Nev. *R* Richard Steele *P* Don King Productions.

8/29/1992. IBF:M *Won* James Toney (158¾) *Lost* Mike McCallum (158). Maj 12 *S* Sparks Convention Center, Reno, Nev. *R* Joe Cortez *P* Top Rank, Inc.

10/27/1992. WBA:M *Won* Reggie Johnson (159¼) *Lost* Lamar Parks (159½). Unan 12 *S* The Summit, Houston, Texas *R* Jerry McKenzie *P* Ten Goose Boxing/M.S.G.

1/19/1993. WBA:M *Won* Reggie Johnson (160) *Lost* Ki-Yun Song (160). TKO 8/0:40 *S* Boise Centre, Boise, Idaho *R* Luis Rivera *P* Ten Goose Boxing, Inc.

5/4/1993. WBA:M *Won* Reggie Johnson (160) *Lost* Wayne Harris (160). Unan 12 *S* McNichols Arena, Denver, Colo. *R* Rafael Ramos *P* Al Goossen Boxing Promos.

5/8/1993. WBC:M *Won* Gerald McClellan (160) *Lost* Julian Jackson (159). TKO 5/2:09 *S* Thomas & Mack Center, Las Vega, Nev. *R* Mills Lane *P* Don King Productions.

5/19/1993. WBO:M *Won* Chris Pyatt (158½) *Lost* Sumbu Kalambay (160). Unan 12 *S* Granby Halls, Leicester, Eng. *R* Ismael Fernandez *P* Matchroom Boxing Ltd.

5/22/1993. IBF:M *Won* Roy Jones, Jr. (159½) *Lost* Bernard Hopkins (159). Unan 12 *S* R.F.K. Stadium, Washington, D.C. *R* Steve Smoger *P* Spencer Promos./D.C. Armory.

8/6/1993. WBC:M *Won* Gerald McClellan (159½) *Lost* Jay Bell (157½). KO 1/0:30 *S* R. Rodriguez Coliseum, Bayamon, P.R. *R* Tony Perez *P* Don King Productions.

9/18/1993. WBO:M *Won* Chris Pyatt (158) *Lost* Hugo Corti (159). KO 6/1:58 *S* Granby Halls, Leicester, Eng. *R* Frank Cappuccino *P* Matchroom Boxing Ltd.

10/1/1993. WBA:M *Won* John D. Jackson (159½) *Lost* Reggie Johnson (160). Unan 12 *S* Obras Stadium, Buenos Aires, Arg. *R* Oscar Coronel *P* Panaprom/Osvaldo Rivero.

2/9/1994. WBO:M *Won* Chris Pyatt (159¼) *Lost* Mark Cameron (158½). KO 1/3:07 *S* International Centre, Brentwood, Eng. *R* Bobby Gonzalez *P* Matchroom Boxing Ltd.

3/4/1994. WBC:M *Won* Gerald McClellan (159) *Lost* Gilbert Baptist (158). TKO 1/1:37 *S* MGM Grand Garden, Las Vegas, Nev. *R* Richard Steele *P* Don King Productions.

5/7/1994. WBC:M *Won* Gerald McClellan (160) *Lost* Julian Jackson (160). TKO 1/1:23 *S* MGM Grand Garden, Las Vegas, Nev. *R* Joe Cortez *P* Don King Productions.

5/11/1994. WBO:M *Won* Steve Collins (159) *Lost* Chris Pyatt (159). TKO 5/2:27 *S* Ponds Forge Leisure Centre, Sheffield, Eng. *R* Paul Thomas *P* Matchroom Boxing Ltd.

5/27/1994. IBF:M *Won* Roy Jones, Jr. (159) *Lost* Thomas Tate (159½). TKO 2/0:30 *S* MGM Grand Garden, Las Vegas, Nev. *R* Richard Steele *P* Top Rank, Inc.

8/12/1994. WBA:M *Won* Jorge Castro (159¾) *Lost* Reggie Johnson (159¾). Split 12 *S* Club Defensores de Villa Lujan, Tucuman, Arg. *R* Armand Krief *P* King/Panaprom/O. Rivero.

11/5/1994. WBA:M *Won* Jorge Castro (159½) *Lost* Alex Ramos (159¾). KO 2/1:13 *S* Municipal Gymnasium, Caleta Olivia, Arg. *R* Enzo Montero *P* Osvaldo Rivero Promotions.

12/10/1994. WBA:M *Won* Jorge Castro (160) *Lost* John D. Jackson (160). TKO 9/2:43 *S* Estadio de Beisbol, Monterrey, Mexico *R* Stan Christodoulou *P* Don King Productions.

12/17/1994. IBF:M *Won* Bernard Hopkins (157) *Lost* Segundo Mercado (158). Draw 12 *S* Ruminahui Coliseum, Quito, Ecuador *R* Sam Williams *P* Don King Productions.

3/17/1995. WBC:M *Won* Julian Jackson (160) *Lost* Agostino Cardamone (160). TKO 2/1:50 *S* Memorial Auditorium, Worcester, Mass. *R* Martin Denkin *P* Don King Productions.

4/29/1995. IBF:M *Won* Bernard Hopkins (158) *Lost* Segundo Mercado (160). TKO 7/1:10 *S* USAir Arena, Landover, Md. *R* Rudy Battle *P* Don King Productions.

5/19/1995. WBO:M *Won* Lonnie Bradley (160) *Lost* David Mendez (159). TKO 12/2:10 *S* Buffalo Bill's Hotel, Stateline, Nev. *R* Richard Steele *P* Forum Boxing, Inc.

5/27/1995. WBA:M *Won* Jorge Castro (159¾) *Lost* Anthony Andrews

(158¼). TKO 12/2:14 *S* Convention Center, Ft. Lauderdale, Fla. *R* Bernard Soto *P* Don King Productions.

7/15/1995. WBO:M *Won* Lonnie Bradley (160) *Lost* Dario Galindez (159½). KO 1/1:54 *S* Great Western Forum, Inglewood, Calif. *R* Raul Caiz *P* Forum Boxing, Inc.

8/19/1995. WBC:M *Won* Quincy Taylor (159½) *Lost* Julian Jackson (160). TKO 6/2:33 *S* MGM Grand Garden, Las Vegas, Nev. *R* Jay Nady *P* Don King Productions.

10/13/1995. WBA:M *Won* Jorge Castro (160) *Lost* Reggie Johnson (157¾). Split 12 *S* Socios Fundadores, Como. Rivadavia, Arg. *R* John Coyle *P* Osvaldo Rivero Promotions.

12/19/1995. WBA:M *Won* Shinji Takehara (160) *Lost* Jorge Castro (160). Unan 12 *S* Korakuen Hall, Tokyo, Japan *R* Mitch Halpern *P* Tokuchi Oki Boxing Club.

1/27/1996. IBF:M *Won* Bernard Hopkins (159) *Lost* Steve Frank (160). TKO 1/0:24 *S* Veterans Memorial Coliseum, Phoenix, Ariz. *R* Robert Ferrara *P* Don King Productions.

2/6/1996. WBO:M *Won* Lonnie Bradley (159½) *Lost* Randy Smith (158½). TKO 2/2:03 *S* Sixty-Ninth Regiment Armory, New York, N.Y. *R* Samuel Viruet *P* New Contenders, Inc.

3/16/1996. IBF:M *Won* Bernard Hopkins (160) *Lost* Joe Lipsey, Jr. (158). KO 4/2:50 *S* MGM Grand Garden, Las Vegas, Nev. *R* Mitch Halpern *P* Don King Productions.

3/16/1996. WBC:M *Won* Keith Holmes (159) *Lost* Quincy Taylor (160). TKO 9/1:43 *S* MGM Grand Garden, Las Vegas, Nev. *R* Richard Steele *P* Don King Productions.

5/7/1996. WBO:M *Won* Lonnie Bradley (160) *Lost* Lonnie Beasley (159). Unan 12 *S* St. John Arena, Steubenville, Ohio *R* Michael Ortega *P* Banner Promotions.

6/24/1996. WBA:M *Won* William Joppy (160) *Lost* Shinji Takehara (160). TKO 9/2:29 *S* Yokohama Arena, Yokohama, Japan *R* John Coyle *P* Tokuchi Oki Boxing Club.

7/16/1996. IBF:M *Won* Bernard Hopkins (158¼) *Lost* William (Bo) James (158). TKO 11/2:02 *S* Resorts Hotel, Atlantic City, N.J. *R* Rudy Battle *P* Butch Lewis Productions.

8/30/1996. WBO:M *Won* Lonnie Bradley (159¾) *Lost* Simon Brown (157¾). Unan 12 *S* Municipal Stadium, Reading, Pa. *R* Frank Cappuccino *P* Banner Promotions.

10/19/1996. WBC:M *Won* Keith Holmes (157) *Lost* Richie Woodhall (158). TKO 12/2:32 *S* Showplace Arena, Upper Marlboro, Md. *R* Arthur Mercante *P* Don King Productions.

10/19/1996. WBA:M *Won* William Joppy (159) *Lost* Ray McElroy (156½). TKO 6/1:41 *S* Showplace Arena, Upper Marlboro, Md. *R* Ken Chevalier *P* Don King Productions.

3/4/1997. WBO:M *Won* Lonnie Bradley (160) *Lost* Otis Grant (160). Draw 12 *S* Aladdin Hotel, Las Vegas. *R* Richard Steele *P* Banner Promos.

4/19/1997. IBF:M *Won* Bernard Hopkins (156½) *Lost* John D. Jackson (156). TKO 7/2:22 *S* Memorial Auditorium, Shreveport, La. *R* Johnny Femia, Jr. *P* Don King Productions.

5/10/1997. WBA:M *Won* William Joppy (159) *Lost* Peter Venancio (159). Unan 12 *S* Convention Center, Cocoanut Grove, Fla. *R* Bill Connors *P* Don King Productions.

6/28/1997. WBO:M *Won* Lonnie Bradley (160) *Lost* John Williams (159½). TKO 8/0:45 *S* MGM Grand Garden, Las Vegas, Nev. *R* Richard Steele *P* Don King Productions.

7/20/1997. IBF:M *Won* Bernard Hopkins (160) *Lost* Glengoffe Johnson (159¾). KO 11/1:23 *S* Fantasy Springs Casino, Indio, Calif. *R* Pat Russell *P* America Presents, Inc.

8/23/1997. WBA:M *Won* Julio Cesar Green (159) *Lost* William Joppy (160). Unan 12 *S* Madison Sq. Garden, New York, N.Y. *R* Wayne Kelly *P* Don King/M.S.G. Boxing.

11/18/1997. IBF:M *Won* Bernard Hopkins (160) *Lost* Andrew Council (160). Unan 12 *S* Showplace Arena, Upper Marlboro, Md. *R* Ken Chevalier *P* America Presents, Inc.

12/5/1997. WBC:M *Won* Keith Holmes (157¼) *Lost* Paul Vaden (158). TKO 11/1:11 *S* Amphitheater, Pompano Beach, Fla. *R* Brian Garry *P* Don King Productions.

12/13/1997. WBO:M *Won* Otis Grant (159¼) *Lost* Ryan Rhodes (159¾). Unan 12 *S* Ponds Forge Leisure Centre, Sheffield, Eng. *R* Joe Cortez *P* Sports Network Ltd.

1/31/1998. IBF:M *Won* Bernard Hopkins (160) *Lost* Simon Brown (160). KO 6/1:00 *S* Trump Taj Mahal, Atlantic City, N.J. *R* Rudy Battle *P* America Presents, Inc.

1/31/1998. WBA:M *Won* William Joppy (159½) *Lost* Julio Cesar Green (160). Unan 12 *S* Ice Palace, Tampa *R* Max Parker, Jr. *P* Don King.

5/2/1998. WBC:M *Won* Hassine Cherifi (158¾) *Lost* Keith Holmes (159½). Unan 12 *S* L'Astroballe, Villeurbanne, France *R* Larry O'Connell *P* Don King Productions.

5/12/1998. WBO:M *Won* Otis Grant (159) *Lost* Ernesto Sena (159). TWu 9/1:57 *S* Corel Ctr., Kanata, Ont., Can. *R* Mark Nelson *P* Banner Promos.

8/28/1998. IBF:M *Won* Bernard Hopkins (159) *Lost* Robert Allen (160). NC 4/2:57 *S* Las Vegas Hilton, Las Vegas, Nev. *R* Mills Lane *P* Don King Productions.

8/28/1998. WBA:M *Won* William Joppy (160) *Lost* Roberto Duran (159). TKO 3/2:54 *S* Las Vegas Hilton, Las Vegas, Nev. *R* Joe Cortez *P* Don King Productions.

1/30/1999. WBO:M *Won* Bert Schenk (159) *Lost* Freemon Barr (158). TKO 4/2:23 *S* Stadthalle, Cottbus, Cottbus, Germany *R* Mark Nelson *P* Universum Box Promotion.

2/6/1999. IBF:M *Won* Bernard Hopkins (159) *Lost* Robert Allen (159). TKO 7/1:18 *S* Convention Center, Washington, D.C. *R* Rudy Battle *P* Don King Productions.

4/24/1999. WBC:M *Won* Keith Holmes (159) *Lost* Hassine Cherifi (158). TKO 7/2:13 *S* MCI Center, Washington, D.C. *R* Frank Cappuccino *P* Don King Productions.

5/22/1999. WBO:M *Won* Bert Schenk (159) *Lost* Juan Medina-Padilla (157¼). Unan 12 *S* Sports Palace, Budapest, Hungary *R* A. van Grootenbruel *P* Universum Box Promotion.

7/17/1999. WBO:M *Won* Jason Matthews (159¾) *Lost* Ryan Rhodes (159¾). KO 2/0:28 *S* The Dome, Doncaster, Eng. *R* Mark Nelson *P* Sports Network Ltd.

9/24/1999. WBC:M *Won* Keith Holmes (158½) *Lost* Andrew Council (159½). Unan 12 *S* MCI Center, Washington, D.C. *R* Arthur Mercante *P* Don King Productions.

9/24/1999. WBA:M *Won* William Joppy (158½) *Lost* Julio Cesar Green (159½). TKO 7/1:52 *S* MCI Center, Washington, D.C. *R* Ken Chevalier *P* Don King Productions.

11/27/1999. WBO:M *Won* Armand Krajnc (158¾) *Lost* Jason Matthews (160). TKO 8/1:45 *S* Hansehalle, Luebeck, Germany *R* James Condon *P* Universum Box Promotion.

12/12/1999. IBF:M *Won* Bernard Hopkjins (158½) *Lost* Antwun Echols (160). Unan 12 *S* Miccosukee Gaming Center, Miami, Fla. *R* Frank Santore *P* America Presents, Inc.

3/11/2000. WBO:M *Won* Armand Krajnc (159¾) *Lost* Jonathan Corn (159¾). KO 2/1:29 *S* Hansehalle, Luebeck, Germany *R* Mark Nelson *P* Universum Box Promotion.

4/29/2000. WBC:M *Won* Keith Holmes (158) *Lost* Robert McCracken (159½). TKO 11/2:24 *S* Wembley Arena, Wembley, Eng. *R* Alfred Asaro *P* Panix Promotions.

5/13/2000. IBF:M *Won* Bernard Hopkins (158½) *Lost* Syd Vanderpool (160). Unan 12 *S* Conseco Fieldhouse, Indianapolis, Ind. *R* Bill Page *P* M+M Sports/Square Ring.

5/20/2000. WBA:M *Won* William Joppy (157¼) *Lost* Rito Ruvalcaba (155¾). TKO 1/1:53 *S* Grand Casino, Tunica, Miss. *R* Fred Steinwinder III *P* Don King Productions.

9/16/2000. WBA:M *Won* William Joppy (160) *Lost* Hassine Cherifi (159). Unan 12 *S* MGM Grand Garden, Las Vegas, Nev. *R* Joe Cortez *P* Don King Productions.

10/7/2000. WBO:M *Won* Armand Krajnc (159) *Lost* Bert Schenk (159½). TKO 6/2:51 *S* Estrel Convention Center, Berlin, Ger. *R* James Condon *P* Universum Box Promotion.

12/1/2000. IBF:M *Won* Bernard Hopkins (158½) *Lost* Antwun Echols (160). TKO 10/1:42 *S* Venetian Casino-Hotel, Las Vegas, Nev. *R* Tony Weeks *P* Banner Promotions.

12/2/2000. WBA:M *Won* William Joppy (159½) *Lost* Jonathan Reid (160). TKO 4/2:43 *S* Mandalay Bay Resort, Las Vegas, Nev. *R* Joe Cortez *P* Don King Productions.

4/14/2001. BCBF:M *Won* Bernard Hopkins (159) *Lost* Keith Holmes (157½). Unan 12 *S* M.S.G. Theater, New York, N.Y. *R* Steve Smoger *P* Don King/M.S.G. Boxing.

5/12/2001. WBA:M *Won* Felix Trinidad (159½) *Lost* William Joppy (158¾). TKO 5/2:25 *S* Madison Sq. Garden, New York, N.Y. *R* Arthur Mercante, Jr. *P* Don King/M.S.G. Boxing.

9/29/2001. BACF:M *Won* Bernard Hopkins (157) *Lost* Felix Trinidad (158½). TKO 12/1:42 *S* Madison Sq. Garden, New York, N.Y. *R* Steve Smoger *P* Don King/M.S.G. Boxing.

11/3/2001. WBO:M *Won* Armand Krajnc (160) *Lost* Paolo Roberto (160). Unan 12 *S* Hansehalle, Luebeck, Germany *R* Joachim Jacobsen *P* Universum Box Promotion.

2/2/2002. BACF:M *Won* Bernard Hopkins (158¾) *Lost* Carl Daniels (160). TKO 11/* *S* Sovereign Center, Reading, Pa. *R* Frank Cappuccino *P* Don King Productions.

4/6/2002. WBO:M *Won* Harry Simon (159) *Lost* Armand Krajnc (159½). Unan 12 *S* Cirkusbygningen Arena, Copenhagen, Den. *R* Michael Ortega *P* Sports Network Ltd.

3/29/2003. BACF:M *Won* Bernard Hopkins (158½) *Lost* Morrade Hakkar (159). TKO 9/* *S* The Spectrum, Philadelphia, Pa. *R* Frank Cappuccino *P* Don King Productions.

5/10/2003. WBO:M *Won* Hector Velazco (159¼) *Lost* Andras Galfi (159). TKO 8/* *S* Luna Park Stadium, Buenos Aires, Arg. *R* Samuel Viruet *P* Osvaldo Rivero.

9/13/2003. WBO:M *Won* Felix Sturm (158¾) *Lost* Hector Velazco (159¼). Split 12 *S* Estrel Convention Center, Berlin, Ger. *R* Rocky Burke *P* Universum Box Promotion.

12/13/2003. BACF:M *Won* Bernard Hopkins (160) *Lost* William Joppy (159). Unan 12 *S* Convention Hall, Atlantic City, N.J. *R* Earl Morton *P* Don King Productions.

12/20/2003. WBO:M *Won* Felix Sturm (159¾) *Lost* Ruben Varon (158¾). Unan 12 *S* Ostseehalle, Kiel, Germany *R* Roberto Ramirez *P* Universum Box Promotion.

6/5/2004. WBO:M *Won* Oscar de la Hoya (160) *Lost* Felix Sturm (160). Unan 12 *S* MGM Grand Garden, Las Vegas, Nev. *R* Vic Drakulich *P* Top Rank/Golden Boy.

6/5/2004. BACF:M *Won* Bernard Hopkins (159) *Lost* Robert Allen (160). Unan 12 *S* MGM Grand Garden, Las Vegas, Nev. *R* Joe Cortez *P* Top Rank/Golden Boy.

9/18/2004. M *Won* Bernard Hopkins (156) *Lost* Oscar de la Hoya (155). KO 9/1:38 *S* MGM Grand Garden, Las Vegas, Nev. *R* Kenny Bayless *P* Top Rank/Golden Boy.

2/19/2005. M *Won* Bernard Hopkins (159½) *Lost* Howard Eastman (159½). Unan 12 *S* Staples Center, Los Angeles, Calif. *R* Raul Caiz, Jr. *P* Golden Boy Promotions.

7/16/2005. M *Won* Jermain Taylor (160) *Lost* Bernard Hopkins (160). Split 12 *S* MGM Grand Garden, Las Vegas, Nev. *R* Jay Nady *P* Golden Boy/DiBella Ent.

12/3/2005. BACO:M *Won* Jermain Taylor (159) *Lost* Bernard Hopkins (160). Unan 12 *S* Mandalay Bay Resort, Las Vegas, Nev. *R* Jay Nady *P* Golden Boy/DiBella Ent.

12/10/2005. IBF:M *Won* Arthur Abraham (159) *Lost* Kingsley Ikeke (159). TKO 5/1:36 *S* Leipzig Arena, Leipzig, Germany *R* Samuel Viruet *P* Sauerland Promotions.

3/4/2006. IBF:M *Won* Arthur Abraham (159¾) *Lost* Shannan Taylor (159½). Unan 12 *S* EWE Arena, Oldenburg, Germany *R* Wayne Kelly *P* Sauerland Promotions.

5/13/2006. IBF:M *Won* Arthur Abraham (160) *Lost* Kofi Jantuah (158¾). Unan 12 *S* Stadthalle Zwickau, Zwickau, Germany *R* Robert Byrd *P* Sauerland Promotions.

6/17/2006. BACO:M *Won* Jermain Taylor (160) *Lost* Ronald Wright (159½). Draw 12 *S* FedEx Forum, Memphis, Tenn. *R* Frank Garza *P* DiBella Ent./Gary Shaw.

9/23/2006. IBF:M *Won* Arthur Abraham (160) *Lost* Edison Miranda (160). Unan 12 *S* Rittal Arena, Wetzlar, Germany *R* Randy Neumann *P* Sauerland Promotions.

12/9/2006. BACO:M *Won* Jermain Taylor (159½) *Lost* Kassim Ouma (158½). Unan 12 *S* Alltel Arena, Little Rock, Ark. *R* Frank Garza *P* DiBella Entertainment.

5/19/2007. BCBO:M *Won* Jermain Taylor (159¾) *Lost* Cory Spinks (159¾). Draw 12 *S* FedEx Forum, Memphis, Tenn. *R* Michael Ortega *P* DiBella Ent./Don King.

5/26/2007. IBF:M *Won* Arthur Abraham (160) *Lost* Sebastien Demers (159). TKO 3/2:57 *S* JAKO Arena, Bamberg, Germany *R* Ernest Sharif *P* Sauerland Promotions.

8/18/2007. IBF:M *Won* Arthur Abraham (160) *Lost* Khoren Gevor (160). KO 11/2:41 *S* Max Schmeling Halle, Berlin, Germany *R* Pete Podgorski *P* Sauerland Promotions.

9/29/2007. BCBO:M *Won* Kelly Pavlik (159½) *Lost* Jermain Taylor (159). KO 7/2:14 *S* Convention Hall, Atlantic City, N.J. *R* Steve Smoger *P* DiBella Ent./Top Rank.

12/8/2007. IBF:M *Won* Arthur Abraham (160) *Lost* Wayne Elcock (159). TKO 5/1:58 *S* St. Jakob Halle, Basel, Switzerland *R* Wayne Kelly *P* Sauerland Promotions.

3/29/2008. IBF:M *Won* Arthur Abraham (159¾) *Lost* Elvin Ayala (159¾). KO 12/2:32 *S* Sparkassen Arena, Kiel, Germany *R* Roberto Ramirez *P* Sauerland Promotions.

4/5/2008. WBA:M *Won* Felix Sturm (158¾) *Lost* Jamie Pittman (160). TKO 7/0:36 *S* Burg-Waechter Castello, Dusseldorf, Ger. *R* Russell Mora *P* Universum Box Promotion.

6/7/2008. BCBO:M *Won* Kelly Pavlik (159) *Lost* Gary Lockett (159½). TKO 3/1:40 *S* Convention Hall, Atlantic City *R* Ed Cotton *P* Top Rank.

7/5/2008. WBA:M *Won* Felix Sturm (159½) *Lost* Randy Griffin (159¾). Unan 12 *S* Gerry Weber Stadium, Halle, Germany *R* G. Perez Pineda *P* Universum Box Promotion.

11/1/2008. WBA:M *Won* Felix Sturm (159½) *Lost* Sebastian Sylvester (159½). Unan 12 *S* Koenig Pilsener Arena, Oberhausen, Ger. *R* G. Perez Pineda *P* Universum Box Promotion.

11/8/2008. IBF:M *Won* Arthur Abraham (159¾) *Lost* Raul Marquez (160). TKO 7/* *S* Jako Arena, Bamberg, Germany *R* Wayne Kelly *P* Sauerland/Warriors.

2/21/2009. BCBO:M *Won* Kelly Pavlik (159) *Lost* Marco A. Rubio (160). TKO 10/* *S* Chevrolet Centre, Youngstown, Ohio *R* Frank Garza *P* Top Rank, Inc.

3/14/2009. IBF:M *Won* Arthur Abraham (159¾) *Lost* Lajuan Simon (157¼). Unan 12 *S* Ostseehalle, Kiel, Germany *R* Benji Esteves *P* Sauerland Promotions.

4/25/2009. WBA:M *Won* Felix Sturm (159) *Lost* Koji Sato (159¾). TKO 7/2:46 *S* Koenig Palast, Krefeld, Germany *R* Luis Pabon *P* Universum Box Promotion.

6/27/2009. IBF:M *Won* Arthur Abraham (159¾) *Lost* Mahir Oral (158¾). TKO 10/1:23 *S* Max Schmeling Halle, Berlin, Germany *R* Earl Brown *P* Sauerland Promotions.

7/11/2009. WBA:M *Won* Felix Sturm (159¼) *Lost* Khoren Gevor (159¾). Unan 12 *S* Nuremberg Race Arena, Nuremberg, Ger. *R* Jean-Louis Legland *P* Universum Box Promotion.

9/19/2009. IBF:M *Won* Sebastian Sylvester (159¼) *Lost* Giovanni Lorenzo (160). Split 12 *S* Jahnsportforum, Neubrandenburg, Ger. *R* David Fields *P* Sauerland Promotions.

12/19/2009. BCBO:M *Won* Kelly Pavlik (160) *Lost* Miguel Espino (159). TKO 5/1:44 *S* Beeghly Center, Youngstown, Ohio *R* Steve Smoger *P* Top Rank, Inc.

1/30/2010. IBF:M *Won* Sebastian Sylvester (159¾) *Lost* Billy Lyell (156¾). TKO 10/0:37 *S* Jahnsportforum, Neubrandenburg, Ger. *R* Earl Brown *P* Sauerland Promotions.

4/17/2010. BCBO:M *Won* Sergio Martinez (159½) *Lost* Kelly Pavlik (159½). Unan 12 *S* Convention Hall, Atlantic City, N.J. *R* David Fields *P* Top Rank, Inc.

Junior Middleweight

10/17/1962. EBU:JM *Won* Emile Griffith (149) *Lost* Ted Wright (153). Unan 15 *S* City Hall, Vienna, Austria *R* H. Debakker.

10/20/1962. WBA:JM *Won* Denny Moyer (153) *Lost* Joey Giambra (154). Unan 15 *S* Memorial Coliseum, Portland, Ore. *R* Sonny Liston.

2/3/1963. EBU:JM *Won* Emile Griffith (152) *Lost* Chris Christensen (150½). TKO 9 *S* K.B. Halle, Copenhagen, Denmark *R* Robert Seidel.

2/19/1963. WBA:JM *Won* Denny Moyer (153½) *Lost* Stan Harrington (150¼). Unan 15 *S* Civic Auditorium, Honolulu, Hawaii *R* Louis Freitas *P* Boxing Enterprises, Ltd.

4/29/1963. WBA:JM *Won* Ralph Dupas (151) *Lost* Denny Moyer (154). Split 15 *S* Municipal Auditorium, New Orleans, La. *R* Pete Giarusso *P* New Orleans Boxing Club.

6/17/1963. WBA:JM *Won* Ralph Dupas (150) *Lost* Denny Moyer (153¾). Unan 15 *S* Civic Center, Baltimore, Md. *R* Benny Goldstein *P* Civic Boxing Club.

9/7/1963. WBA:JM *Won* Sandro Mazzinghi (153¼) *Lost* Ralph Dupas (152¼). KO 9/1:45 *S* Vigorelli Velodrome, Milan, Italy *R* Rolf Neuhold.

12/2/1963. WBA:JM *Won* Sandro Mazzinghi (153) *Lost* Ralph Dupas (150¼). KO 13/1:20 *S* Sydney Stadium, Sydney, N.S.W., Aus. *R* Vic Patrick *P* Stadiums, Ltd.

10/3/1964. WBA:JM *Won* Sandro Mazzinghi (153¾) *Lost* Tony Montano (156). KO 12/2:45 *S* Sports Palace, Genoa, Italy *R* Rolf Neuhold.

12/11/1964. WBA:JM *Won* Sandro Mazzinghi (154) *Lost* Fortunato Manca (153). Ref 15 *S* Sports Palace, Rome, Italy *R* Giorgio Tinelli.

6/18/1965. WBA:JM *Won* Nino Benvenuti (153) *Lost* Sandro Mazzinghi (153½). KO 6/2:40 *S* San Siro Stadium, Milan, Italy *R* Sal. Brambilla.

12/17/1965. WBA:JM *Won* Nino Benvenuti (153¾) *Lost* Sandro Mazzinghi (153¾). Unan 15 *S* Sports Palace, Rome, Italy *R* Giacinto Aniello.

6/25/1966. WBA:JM *Won* Ki-Soo Kim (152¼) *Lost* Nino Benvenuti (153). Split 15 *S* Changchung Gymnasium, Seoul, Korea *R* Nick Pope.

12/17/1966. WBA:JM *Won* Ki-Soo Kim (153½) *Lost* Stan Harrington (154). Unan 15 *S* Changchung Gymnasium, Seoul, Korea *R* Yung-Soo Chung.

10/3/1967. WBA:JM *Won* Ki-Soo Kim (154) *Lost* Freddie Little (152½). Split 15 *S* Seoul Stadium, Seoul, Korea *R* Yung-Soo Chung.

5/25/1968. WBA:JM *Won* Sandro Mazzinghi (151½) *Lost* Ki-Soo Kim (151¾). Split 15 *S* San Siro Stadium, Milan, Italy *R* Harold Valan.

10/25/1968. WBA:JM *Won* Freddie Little (151¼) *Lost* Sandro Mazzinghi (151¼). TKO 9/* *S* Sports Palace, Rome, Italy *R* Herbert Tomser.

3/17/1969. WBA:JM *Won* Freddie Little (153½) *Lost* Stanley Hayward (154). Unan 15 *S* Convention Center, Las Vegas, Nev. *R* Harry Krause.

9/9/1969. WBA:JM *Won* Freddie Little (152¼) *Lost* Hisao Minami (150). KO 2/1:26 *S* Prefectural Gymnasium, Osaka, Japan *R* Nick Pope *P* Toshikatsu Umetani.

3/20/1970. WBA:JM *Won* Freddie Little (152¾) *Lost* Gerhard Piaskowy (153¼). Ref 15 *S* Sports Palace, Berlin, Germany *R* L. Sanchez Villard.

7/9/1970. WBA:JM *Won* Carmelo Bossi (153) *Lost* Freddie Little (152). Ref 15 *S* Monza Stadium, Monza, Italy *R* Roland Dakin.

4/29/1971. WBA:JM *Won* Carmelo Bossi (154) *Lost* Jose Hernandez (154). Draw 15 *S* Sports Palace, Madrid, Spain *R* Bernard Mascot.

10/31/1971. WBA:JM *Won* Koichi Wajima (152¾) *Lost* Carmelo Bossi (153¼). Split 15 *S* Nihon University Auditorium, Tokyo, Japan *R* Harold Valan *P* Misako Promotions.

5/7/1972. WBA:JM *Won* Koichi Wajima (153) *Lost* Domenico Tiberia (154). KO 1/1:49 *S* Fukuoka Sports Center, Tokyo, Japan *R* Yusaku Yoshida *P* Misako Promotions.

10/21/1972. WBA:JM *Won* Koichi Wajima (150½) *Lost* Matt Donovan (151¾). KO 3/0:53 *S* Nihon University Auditorium, Tokyo, Japan *R* Takeo Ugo *P* Misako Promotions.

1/9/1973. WBA:JM *Won* Koichi Wajima (152) *Lost* Miguel de Oliveira (153½). Draw 15 *S* Municipal Gymnasium, Tokyo, Japan *R* Hiroyuki Tezaki *P* Misako Promotions.

4/20/1973. WBA:JM *Won* Koichi Wajima (154) *Lost* Ryu Sorimachi (151¼). Maj 15 *S* Prefectural Gymnasium, Osaka, Japan *R* Nobumitsu Inukai *P* Misako Promotions.

8/14/1973. WBA:JM *Won* Koichi Wajima (153¾) *Lost* Silvani Bertini (153). TKO 13/* *S* Makomanai Ice Arena, Sapporo, Japan *R* Takeo Ugo *P* Misako Promotions.

2/5/1974. WBA:JM *Won* Koichi Wajima (153) *Lost* Miguel de Oliveira (153¾). Maj 15 *S* Municipal Gymnasium, Tokyo, Japan *R* Seiji Ebine *P* Misako Promotions.

6/3/1974. WBA:JM *Won* Oscar Albarado (151¾) *Lost* Koichi Wajima (153¾). KO 15/1:54 *S* Nihon University Auditorium, Tokyo, Japan *R* Yusaku Yoshida *P* Misako Promotions.

10/8/1974. WBA:JM *Won* Oscar Albarado (154) *Lost* Ryu Sorimachi (152¾). TKO 7/2:17 *S* Nihon University Auditorium, Tokyo, Japan *R* Dick Young *P* Misako Promotions.

1/21/1975. WBA:JM *Won* Koichi Wajima (153) *Lost* Oscar Albarado (154). Unan 15 *S* Nihon University Auditorium, Tokyo, Japan *R* Dick Young *P* Misako Promotions.

5/7/1975. WBC:JM *Won* Miguel de Oliveira (154) *Lost* Jose Duran (154). Unan 15 *S* Louis II Stadium, Monte Carlo, Monaco *R* Herbert Tomser.

6/7/1975. WBA:JM *Won* Jae-Do Yuh (154) *Lost* Koichi Wajima (154). TKO 7/2:00 *S* Municipal Gymnasium, Kitakyushu, Japan *R* Yusaku Yoshida *P* Misako Promotions.

11/11/1975. WBA:JM *Won* Jae-Do Yuh (154) *Lost* Masahiro Misako (153½). TKO 6/2:16 *S* Sumpu Arena, Shizuoka, Japan *R* Takeo Ugo *P* Misako Promotions.

11/13/1975. WBC:JM *Won* Elisha Obed (154) *Lost* Miguel de Oliveira (154). TKO 11/* *S* Nouveau Hippodrome, Paris, France *R* Kurt Halbach.

2/17/1976. WBA:JM *Won* Koichi Wajima (153) *Lost* Jae-Do Yuh (153). KO 15/1:47 *S* Nihon University Auditorium, Tokyo, Japan *R* Jae-Duk Kim *P* Misako Promotions.

2/28/1976. WBC:JM *Won* Elisha Obed (154) *Lost* Tony Gardner (154). KO 2/2:55 *S* Queen Elizabeth Centre, Nassau, Bahamas *R* Jay Edson.

4/25/1976. WBC:JM *Won* Elisha Obed (150) *Lost* Sea Robinson (149½). Split 15 *S* National Stadium, Abidjan, Ivory Coast *R* Jay Edson.

5/18/1976. WBA:JM *Won* Jose Duran (154) *Lost* Koichi Wajima (154). KO 14/0:50 *S* Nihon University Auditorium, Tokyo, Japan *R* Yusaku Yoshida *P* Misako Promotions.

6/18/1976. WBC:JM *Won* Eckhard Dagge (154) *Lost* Elisha Obed (154). TKO 10/1:47 *S* Deutschlandhalle, Berlin, Germany *R* Jay Edson.

9/18/1976. WBC:JM *Won* Eckhard Dagge (154) *Lost* Emile Griffith (151½). Maj 15 *S* Deutschlandhalle, Berlin, Germany *R* Angelo Poletti.

10/8/1976. WBA:JM *Won* Miguel A. Castellini (153¼) *Lost* Jose Duran (153). Split 15 *S* Sports Palace, Madrid, Spain *R* Stan Christodoulou.

3/5/1977. WBA:JM *Won* Eddie Gazo (153) *Lost* Miguel A. Castellini (151). Unan 15 *S* National Stadium, Managua, Nicaragua *R* Jay Edson.

3/15/1977. WBC:JM *Won* Eckhard Dagge (153) *Lost* Maurice Hope (152). Draw 15 *S* Deutschlandhalle, Berlin, Germany *R* Dino Ambrosini.

6/7/1977. WBA:JM *Won* Eddie Gazo (152½) *Lost* Koichi Wajima (154). TKO 11/0:45 *S* Martial Arts Hall, Tokyo, Japan *R* Jay Edson *P* Misako Promotions.

8/6/1977. WBC:JM *Won* Rocky Mattioli (154) *Lost* Eckhard Dagge (152). KO 5/2:20 *S* Deutschlandhalle, Berlin, Germany *R* Richard Steele.

9/13/1977. WBA:JM *Won* Eddie Gazo (153¾) *Lost* Kenji Shibata (153½). Unan 15 *S* Martial Arts Hall, Tokyo, Japan *R* Carlos Berrocal *P* Saida Promotions.

12/18/1977. WBA:JM *Won* Eddie Gazo (152½) *Lost* Chae-Keun Lim (152½). Split 15 *S* Sunin Gymnasium, Inchon, Korea *R* Martin Denkin.

3/11/1978. WBC:JM *Won* Rocky Mattioli (151½) *Lost* Elisha Obed (153). KO 7/1:07 *S* Kooyong Stadium, Melbourne, Vic., Aus. *R* Dick Young *P* Toorak Aus. Promotions.

5/14/1978. WBC:JM *Won* Rocky Mattioli (152¾) *Lost* Jose Duran (153). KO 5/2:24 *S* Adriatic Stadium, Pescara, Italy *R* Jean Deswert.

8/9/1978. WBA:JM *Won* Masashi Kudo (153¼) *Lost* Eddie Gazo (152¼). Split 15 *S* City Gymnasium, Akita, Japan *R* Martin Denkin *P* Kyokuto Promotions.

12/13/1978. WBA:JM *Won* Masashi Kudo (153½) *Lost* Joo Ho (154). Split 15 *S* Prefectural Gym., Osaka, Japan *R* Paul Field *P* Kyokuto Promos.

3/4/1979. WBC:JM *Won* Maurice Hope (154) *Lost* Rocky Mattioli (152). TKO 9/* *S* Teatro Ariston, San Remo, Italy *R* Ray Solils.

3/13/1979. WBA:JM *Won* Masashi Kudo (154) *Lost* Manuel R. Gonzalez (153). Maj 15 *S* Korakuen Hall, Tokyo, Japan *R* Luis Sulbaran *P* Kyokuto Promotions.

6/20/1979. WBA:JM *Won* Masashi Kudo (153¾) *Lost* Manuel R. Gonzalez (152). TKO 12/2:51 *S* City Gymnasium, Yokkaichi, Japan *R* Stan Christodoulou *P* Kyokuto Promotions.

9/25/1979. WBC:JM *Won* Maurice Hope (153½) *Lost* Mike Baker (152½). TKO 7/2:30 *S* Empire Pool, Wembley, England *R* Ray Baldeyrou *P* Barrett-Duff-Levene.

10/24/1979. WBA:JM *Won* Ayub Kalule (153¾) *Lost* Masashi Kudo (154). Unan 15 *S* Prefectural Gymnasium, Akita, Japan *R* Robert Ferrara *P* Kyokuto Promotions.

12/6/1979. WBA:JM *Won* Ayub Kalule (153) *Lost* Steve Gregory (152). Unan 15 *S* Brondbyhallen, Copenhagen, Denmark *R* Tony Perez *P* International Entertainment.

4/17/1980. WBA:JM *Won* Ayub Kalule (153½) *Lost* Emiliano Villa (150¾). TKO 12/* *S* Brondbyhallen, Copenhagen, Denmark *R* Joe Santarpia *P* International Entertainment.

6/12/1980. WBA:JM *Won* Ayub Kalule (153½) *Lost* Marijan Benes (153). Unan 15 *S* Randers Stadium, Randers, Denmark *R* Max Strengfeld *P* International Entertainment.

7/12/1980. WBC:JM *Won* Maurice Hope (153) *Lost* Rocky Mattioli (151¾). TKO 11/2:52 *S* Conference Centre, Wembley, Eng. *R* Arthur Mercante *P* Barrett-Duff-Levene.

9/6/1980. WBA:JM *Won* Ayub Kalule (153¼) *Lost* Bushy Bester (152½). Unan 15 *S* Aarhus Stadium, Aarhus, Denmark *R* David Pearl *P* International Entertainment.

11/26/1980. WBC:JM *Won* Maurice Hope (153½) *Lost* Carlos Herrera (151¾). Unan 15 *S* Conference Centre, Wembley, Eng. *R* Arthur Mercante *P* Barrett-Duff-Levene.

5/23/1981. WBC:JM *Won* Wilfred Benitez (153¼) *Lost* Maurice Hope (153½). TKO 12/1:56 *S* Caesars Palace, Las Vegas, Nev. *R* Richard Steele *P* Don Chargin Productions.

6/25/1981. WBA:JM *Won* Ray Leonard (153) *Lost* Ayub Kalule (153). KO 9/3:06 *S* Houston Astrodome, Houston, Texas *R* Carlos Berrocal *P* Top Rank, Inc.

11/7/1981. WBA:JM *Won* Tadashi Mihara (154) *Lost* Rocky Fratto (153¼). Maj 15 *S* War Memorial Auditorium, Rochester, N.Y. *R* Arthur Mercante *P* Top Rank, Inc.

11/14/1981. WBC:JM *Won* Wilfred Benitez (153¼) *Lost* Carlos Santos (152¼). Unan 15 *S* Showboat Hotel, Las Vegas, Nev. *R* Ferd Hernandez *P* Azteca Promotions.

1/30/1982. WBC:JM *Won* Wilfred Benitez (152¼) *Lost* Roberto Duran (152½). Unan 15 *S* Caesars Palace, Las Vegas, Nev. *R* Richard Greene *P* Don King Productions.

2/2/1982. WBA:JM *Won* Davey Moore (152¾) *Lost* Tadashi Mihara (153¾). TKO 6/0:53 *S* Metropolitan Gymnasium, Tokyo, Japan *R* Carlos Berrocal *P* Saito-Kimura/Misako.

4/26/1982. WBA:JM *Won* Davey Moore (152) *Lost* Charlie Weir (151¾). KO 5/0:35 *S* Ellis Park Stadium, Johannesburg, S.A. *R* Luis Sulbaran *P* Southern Sun Promotions.

7/17/1982. WBA:JM *Won* Davey Moore (154) *Lost* Ayub Kalule (154). TKO 10/2:58 *S* Bally's Casino Hotel, Atlantic City, N.J. *R* Luis Sulbaran *P* Top Rank, Inc./Frank Gelb.

12/3/1982. WBC:JM *Won* Thomas Hearns (153¾) *Lost* Wilfred Benitez (152). Maj 15 *S* Louisiana Superdome, New Orleans, La. *R* Octavio Meyran *P* King/Sports Promos. Assoc.

1/29/1983. WBA:JM *Won* Davey Moore (153¼) *Lost* Gary Guiden (152). KO 4/2:18 *S* Bally's Casino Hotel, Atlantic City, N.J. *R* Vincent Rainone *P* Top Rank, Inc.

6/16/1983. WBA:JM *Won* Roberto Duran (152½) *Lost* Davey Moore (154). TKO 8/2:02 *S* Madison Square Garden, New York, N.Y. *R* Ernesto Magana *P* Top Rank, Inc.

2/11/1984. WBC:JM *Won* Thomas Hearns (153¾) *Lost* Luigi Minchillo (153). Unan 12 *S* Joe Louis Arena, Detroit, Mich. *R* Waldemar Schmidt *P* Gold Circle Promotions.

3/11/1984. IBF:JM *Won* Mark Medal (152¾) *Lost* Earl Hargrove (153½). TKO 5/0:49 *S* Sands Hotel, Atlantic City, N.J. *R* Paul Venti *P* Peltz/Connelly/M.S.G.

6/15/1984. WBC:JM *Won* Thomas Hearns (153¼) *Lost* Roberto Duran (154). KO 2/1:07 *S* Caesars Palace, Las Vegas, Nev. *R* Carlos Padilla *P* Gold Circle/Shelteron.

9/15/1984. WBC:JM *Won* Thomas Hearns (154) *Lost* Fred Hutchings (153¾). TKO 3/2:56 *S* Civic Center, Saginaw, Mich. *R* Arthur Mercante *P* Gold Circle/Ringside Seat.

10/19/1984. WBA:JM *Won* Mike McCallum (153¾) *Lost* Sean Mannion (154). Unan 15 *S* Madison Sq. Garden, New York, N.Y. *R* Tony Perez *P* Top Rank, Inc.

11/2/1984. IBF:JM *Won* Carlos Santos (152½) *Lost* Mark Medal (153½). Unan 15 *S* Felt Forum, New York, N.Y. *R* Joe Cortez *P* M.S.G. Boxing Dept.

12/1/1984. WBA:JM *Won* Mike McCallum (153) *Lost* Luigi Minchillo (153). TKO 14/* *S* Sports Palace, Milan, Italy *R* Frank Cappuccino *P* OPI '82 Productions.

6/1/1985. IBF:JM *Won* Carlos Santos (153½) *Lost* Louis Acaries (154). Unan 15 *S* Parc des Princes Stadium, Paris, France *R* Larry Hazzard *P* Top Rank, Inc.

7/28/1985. WBA:JM *Won* Mike McCallum (154) *Lost* David Braxton (154). TKO 8/2:26 *S* Tamiani Fairgrounds Auditorium, Miami, Fla. *R* Roberto Ramirez *P* Don King/Mr. Chi-Chi.

6/4/1986. IBF:JM *Won* Buster Drayton (152¾) *Lost* Carlos Santos (153). Maj 15 *S* Byrne Arena, E. Rutherford, N.J. *R* Tony Orlando *P* Top Rank, Inc.

6/23/1986. WBC:JM *Won* Thomas Hearns (154) *Lost* Mark Medal (154). TKO 8/2:20 *S* Caesars Palace, Las Vegas, Nev. *R* David Pearl *P* Top Rank, Inc.

8/23/1986. WBA:JM *Won* Mike McCallum (152½) *Lost* Julian Jackson (152). TKO 2/2:03 *S* Convention Center, Miami Beach, Fla. *R* Eddie Eckert *P* Ivette/F. Zabala/D. King.

8/24/1986. IBF:JM *Won* Buster Drayton (154) *Lost* Davey Moore (154). TKO 10/1:15 *S* La Pinede, Juan-les-Pins, France *R* Robert Ferrara *P* Top Rank/Sports Leaders.

10/25/1986. WBA:JM *Won* Mike McCallum (154) *Lost* Said Skouma (153¾). TKO 9/2:25 *S* Zenith Palais, Paris, France *R* Roberto Ramirez *P* Sports Leaders Agency.

12/5/1986. WBC:JM *Won* Duane Thomas (152¼) *Lost* John Mugabi (153½). TKO 3/0:56 *S* Caesars Palace, Las Vegas, Nev. *R* Carlos Padilla *P* Top Rank, Inc.

3/27/1987. IBF:JM *Won* Buster Drayton (153½) *Lost* Saad Skouma (153¼). TKO 10/3:00 *S* Palais des Festivals, Cannes, France *R* Joe O'Neil *P* Ferrer Promociones.

4/19/1987. WBA:JM *Won* Mike McCallum (153¾) *Lost* Milton McCrory (154). TKO 10/2:20 *S* The Pointe at South Mountain, Phoenix, Ariz. *R* Joe Cortez *P* Ringside/Eisner/Main Events.

6/27/1987. IBF:JM *Won* Matthew Hilton (154) *Lost* Buster Drayton (154). Unan 15 *S* Forum, Montreal, Quebec, Canada *R* Denny Nelson *P* HFS Promotions, Inc.

7/12/1987. WBC:JM *Won* Lupe Aquino (154) *Lost* Duane Thomas (154). Unan 12 *S* Merignac Sports Complex, Bordeaux, France *R* Larry O'Connell *P* Sports Loisirs Art./Top Rank.

7/18/1987. WBA:JM *Won* Mike McCallum (153¾) *Lost* Donald Curry (154). KO 5/1:14 *S* Caesars Palace, Las Vegas, Nev. *R* Richard Steele *P* Top Rank, Inc.

10/2/1987. WBC:JM *Won* Gianfranco Rosi (153¾) *Lost* Lupe Aquino (154). Unan 12 *S* Sports Palace, Perugia, Italy *R* Joe Cortez *P* Rob. Sabbatini/Elio Cotena.

10/16/1987. IBF:JM *Won* Matthew Hilton (154) *Lost* Jack Callahan (154). TKO 3/* *S* Convention Hall, Atlantic City, N.J. *R* Rudy Battle *P* Don King/Trump Plaza.

11/21/1987. WBA:JM *Won* Julian Jackson (153) *Lost* In-Chul Baek

(154). TKO 3/1:17 *S* Las Vegas Hilton, Las Vegas, Nev. *R* Mills Lane *P* Don King Productions.

1/3/1988. WBC:JM *Won* Gianfranco Rosi (153¼) *Lost* Duane Thomas (154). TKO 7/0:57 *S* Sports Palace, Genoa, Italy *R* Larry O'Connell *P* Top Rank/Roberto Sabbatini.

7/8/1988. WBC:JM *Won* Donald Curry (153½) *Lost* Gianfranco Rosi (153¼). TKO 10/* *S* Portosole, San Remo, Italy *R* Octavio Meyran *P* Top Rank/Roberto Sabbatini.

7/30/1988. WBA:JM *Won* Julian Jackson (153) *Lost* Buster Drayton (153). KO 3/2:57 *S* Harrah's Hotel & Casino, Atlantic City, N.J. *R* Tony Perez *P* Don King Productions.

11/4/1988. IBF:JM *Won* Robert Hines (152) *Lost* Matthew Hilton (154). Unan 12 *S* Las Vegas Hilton, Las Vegas, Nev. *R* Carlos Padilla *P* Top Rank, Inc.

12/8/1988. WBO:JM *Won* John D. Jackson (153) *Lost* Lupe Aquino (154). TKO 8/* *S* Cobo Hall, Detroit, Mich. *P* Sylvia Steward-Prentice Byrd.

2/5/1989. IBF:JM *Won* Darrin Van Horn (153¼) *Lost* Robert Hines (153). Unan 12 *S* Trump Castle Hotel, Atlantic City, N.J. *R* Randy Neumann *P* Peltz Boxing Promotions.

2/11/1989. WBC:JM *Won* Rene Jacquot (153) *Lost* Donald Curry (154). Unan 12 *S* Palais des Sport, Grenoble, France *R* Jean Deswerts *P* RMO (Genaro Teysseron).

2/25/1989. WBA:JM *Won* Julian Jackson (152½) *Lost* Francisco DeJesus (153½). KO 8/2:19 *S* Las Vegas Hilton, Las Vegas, Nev. *R* Mills Lane *P* Don King Productions.

4/22/1989. WBO:JM *Won* John D. Jackson (152) *Lost* Steve Little (152¾). TKO 8/0:38 *S* The Palace, Auburn Hills, Mich. *R* Dale Grable *P* Ringside Productions.

7/8/1989. WBC:JM *Won* John Mugabi (153½) *Lost* Rene Jacquot (152½). KO 1/2:53 *S* The Mirapolis, Cergy-Pontoise, France *R* Arthur Mercante *P* Sports Loisirs Artistiques.

7/15/1989. IBF:JM *Won* Gianfranco Rosi (153) *Lost* Darrin Van Horn (154). Unan 12 *S* Trump Castle Hotel, Atlantic City, N.J. *R* Tony Perez *P* C. Kushner/Peltz Boxing.

7/30/1989. WBA:JM *Won* Julian Jackson (153¼) *Lost* Terry Norris (152). TKO 2/1:33 *S* Convention Hall, Atlantic City, N.J. *R* Joe Cortez *P* Don King/Trump Plaza.

10/27/1989. IBF:JM *Won* Gianfranco Rosi (153¼) *Lost* Troy Waters (153½). Unan 12 *S* Sports Palace, St. Vincent, Italy *R* Tony Orlando *P* C. Kushner/Renzo Spagnoli.

2/17/1990. WBO:JM *Won* John D. Jackson (153¾) *Lost* Martin Camara (152). NC 11 *S* Hotel Deauville, Chapillon, France *R* Ted Pick *P* Tiozzo Management.

3/31/1990. WBC:JM *Won* Terry Norris (153¾) *Lost* John Mugabi (154). KO 1/2:47 *S* Sun Dome, Tampa *R* Eddie Eckert *P* Alessi Promotions.

4/14/1990. IBF:JM *Won* Gianfranco Rosi (153¾) *Lost* Kevin Daigle (154). TKO 7/2:29 *S* Loew's Hotel, Monte Carlo, Monaco *R* Rudy Battle *P* C. Kushner/L. Spagnoli.

7/13/1990. WBC:JM *Won* Terry Norris (152½) *Lost* Rene Jacquot (152¾). Unan 12 *S* Patinoir de Annecy, Annecy, France *R* Joe Cortez *P* RMO (Genaro Teysseron).

7/21/1990. IBF:JM *Won* Gianfranco Rosi (153½) *Lost* Darrin Van Horn (154). Unan 12 *S* Palazzo del Ghiaccio, Marino, Italy *R* Randy Neumann *P* C. Kushner/Renzo Spagnoli.

10/23/1990. WBO:JM *Won* John D. Jackson (154) *Lost* Chris Pyatt (152¼). Unan 12 *S* Granby Halls, Leicester, England *R* Ismael Quinones *P* Frank Warren Promotions.

11/30/1990. IBF:JM *Won* Gianfranco Rosi (154) *Lost* Rene Jacquot (153¾). Unan 12 *S* Sports Palace, Marsala, Sicily, Italy *R* Joey Curtis *P* C.Kushner/L. Spagnoli.

2/9/1991. WBC:JM *Won* Terry Norris (152½) *Lost* Ray Leonard (154). Unan 12 *S* Madison Sq. Garden, New York, N.Y. *R* Arthur Mercante, Jr. *P* Victory Promotions/M.S.G.

2/23/1991. WBA:JM *Won* Gilbert Dele (153¼) *Lost* Carlos Elliott (152½). TKO 7/1:48 *S* Stade du Futbol, Pointe-a-Pitre, Guad. *R* Isidro Rodriguez *P* Acaries Promotions.

3/16/1991. IBF:JM *Won* Gianfranco Rosi (153½) *Lost* Ron Amundsen (153½). Unan 12 *S* Sports Palace, St. Vincent, Italy *R* Randy Neumann *P* Cedric Kushner Promotions.

5/4/1991. WBA:JM *Won* Gilbert Dele (154) *Lost* Jun-Sok Hwang (154). Unan 12 *S* Halle Carpentier, Paris, France *R* Eddie Eckert *P* Acaries Promotions.

6/1/1991. WBC:JM *Won* Terry Norris (154) *Lost* Donald Curry (151). KO 8/2:54 *S* Radisson Hotel, Palm Springs, Calif. *R* Chuck Hassett *P* Main Events/Ten Goose.

7/13/1991. IBF:JM *Won* Gianfranco Rosi (153½) *Lost* Glenn Wolfe (153¾). Unan 12 *S* Main City Square, Avezzano, Italy *R* Sam Williams *P* Cedric Kushner Promotions.

7/21/1991. WBO:JM *Won* John D. Jackson (153) *Lost* Tyrone Trice (154). Unan 12 *S* A.C. Race Course, Atlantic City, N.J. *R* Joe Cortez *P* Gelb Promotions, Inc.

8/17/1991. WBC:JM *Won* Terry Norris (153) *Lost* Brett Lally (154). TKO 1/2:40 *S* Sports Arena, San Diego, Calif. *R* Rudy Ortega *P* Goossen/Arena Boxing Ent.

10/1/1991. WBA:JM *Won* Vinny Pazienza (154) *Lost* Gilbert Dele (154). TKO 12/2:10 *S* Civic Center, Providence, R.I. *R* Luis Rivera *P* Main Events/Cedric Kushner.

11/21/1991. IBF:JM *Won* Gianfranco Rosi (153½) *Lost* Gilbert Baptiste (152¼). Unan 12 *S* Sports Palace, Perugia, Italy *R* Dennis Nelson *P* International Productions.

12/13/1991. WBC:JM *Won* Terry Norris (151¼) *Lost* Jorge Castro (154). Unan 12 *S* Omnisports de Bercy, Paris *R* Joe Cortez *P* Acaries Promos.

2/22/1992. WBC:JM *Won* Terry Norris (152) *Lost* Carl Daniels (152). TKO 9/2:37 *S* Sports Arena, San Diego, Calif. *R* Lou Filippo *P* Al Goossen Promotions.

4/9/1992. IBF:JM *Won* Gianfranco Rosi (153½) *Lost* Angel Hernandez (152¾). TKO 6/0:26 *S* Sports Arena, Celano, Italy *R* Dale Grable *P* International Productions.

5/9/1992. WBC:JM *Won* Terry Norris (149) *Lost* Meldrick Taylor (149). TKO 4/2:55 *S* Mirage, Las Vegas, Nev. *R* Mills Lane *P* Main Events, Inc.

6/9/1992. WBO:JM *Won* John D. Jackson (154) *Lost* Pat Lawlor (151). TKO 10/* *S* Civic Auditorium, San Francisco, Calif. *R* Armando Caiz *P* Momentum/Gagliardi.

7/11/1992. IBF:JM *Won* Gianfranco Rosi (152½) *Lost* Gilbert Dele (154). Split 12 *S* Louis II Stadium, Monte Carlo, Monaco *R* Rudy Battle *P* Acaries Promotions.

12/19/1992. WBO:JM *Won* John D. Jackson (153¼) *Lost* Michele Mastrodonato (153¼). TKO 10/1:14 *S* Sports Palace, San Severo, Italy *R* Stan Christodoulou *P* Total Sports (R. Sabbatini).

12/21/1992. WBA:JM *Won* Julio C. Vasquez (152¾) *Lost* Hiroshi Kamiyama (152¼). KO 1/2:59 *S* Club Ferro Carril Oeste, Buenos Aires, Arg. *R* Isidro Rodriguez *P* Panaprom (Luis Spada).

1/20/1993. IBF:JM *Won* Gianfranco Rosi (153¾) *Lost* Gilbert Dele (153½). Split 12 *S* Grand Pavilion, Avoriaz, France *R* Robert Byrd *P* A.B. Stars Productions.

2/20/1993. WBC:JM *Won* Terry Norris (151) *Lost* Maurice Blocker (150). TKO 2/0:49 *S* Azteca Stadium, Mexico City, Mex. *R* Richard Steele *P* Don King Productions.

2/22/1993. WBA:JM *Won* Julio C. Vasquez (154) *Lost* Aquilino Asprilla (153¾). TKO 1/0:47 *S* Estadio Superdomo, Mar del Plata, Arg. *R* Waldemar Schmidt *P* Osvaldo Rivero.

4/24/1993. WBA:JM *Won* Julio C. Vasquez (153) *Lost* Javier Castillejos (152). Unan 12 *S* La Ermita Parque Sur, Madrid, Spain *R* John Coyle *P* Arena Box.

6/19/1993. WBC:JM *Won* Terry Norris (154) *Lost* Troy Waters (152). TKO 4/* *S* San Diego Sports Arena, San Diego, Calif. *R* Martin Denkin *P* Don King Productions.

7/10/1993. WBA:JM *Won* Julio C. Vasquez (153¼) *Lost* Alejandro Ugueto (154). Unan 12 *S* V. Lujan Stadium, San Miguel de Tuc., Arg. *R* Julio Alvarado *P* Panaprom/Osvaldo Rivero.

8/21/1993. WBA:JM *Won* Julio C. Vasquez (153) *Lost* Aaron Davis (154). Maj 12 *S* Sporting Club, Monte Carlo, Monaco *R* Stan Christodoulou *P* A.B. Stars Promotions.

9/10/1993. WBC:JM *Won* Terry Norris (153½) *Lost* Joe Gatti (153¾). TKO 1/1:28 *S* The Alamodome, San Antonio, Texas *R* David Avalos *P* King/Main Events-Monitor.

10/30/1993. WBO:JM *Won* Verno Phillips (151½) *Lost* Lupe Aquino (154). TKO 7/0:57 *S* America W. Arena, Phoenix *R* Al Munoz *P* Top Rank, Inc.

12/18/1993. WBC:JM *Won* Simon Brown (153½) *Lost* Terry Norris (151¼). KO 4/1:06 *S* Cuauhtemoc Stadium, Puebla, Mex. *R* Guadalupe Garcia *P* Don King Productions.

1/22/1994. WBA:JM *Won* Julio C. Vasquez (153¾) *Lost* Juan R. Medina (152½). Unan 12 *S* Sports Palace, Alma Ata, Kazakhstan *R* Armand Krief *P* Madrid B.C. (Enrique Soria).

1/29/1994. WBC:JM *Won* Simon Brown (153) *Lost* Troy Waters (153). Maj 12 *S* MGM Grand Garden, Las Vegas, Nev. *R* Mitch Halpern *P* Don King Productions.

3/4/1994. IBF:JM *Won* Gianfranco Rosi (154) *Lost* Vincent Pettway (150). TD 6/0:19 *S* MGM Grand Garden, Las Vegas, Nev. *R* Mills Lane *P* Don King Productions.

3/4/1994. WBA:JM *Won* Julio C. Vasquez (154) *Lost* Arman Picar (153½). TKO 2/2:05 *S* MGM Grand Garden, Las Vegas, Nev. *R* Mitch Halpern *P* Don King Productions.

4/8/1994. WBA:JM *Won* Julio C. Vasquez (152¾) *Lost* Ricardo Nunez (152¼). Unan 12 *S* Club Defensores, V. Lujan, Tuc., Arg. *R* Fernando Peyrous *P* Osvaldo Rivero.

5/7/1994. WBC:JM *Won* Terry Norris (153) *Lost* Simon Brown (154). Unan 12 *S* MGM Grand Garden, Las Vegas, Nev. *R* Richard Steele *P* Don King Productions.

5/21/1994. WBA:JM *Won* Julio C. Vasquez (153¾) *Lost* Ahmet Dottuev (153). TKO 10/0:47 *S* King's Hall, Belfast, No. Ireland *R* John Coyle *P* Matchroom/Don King.

7/25/1994. WBO:JM *Won* Verno Phillips (154) *Lost* Jaime Llanes (154). TKO 7/2:46 *S* Great Western Forum, Inglewood, Ca. *R* Lou Moret *P* Forum Boxing, Inc.

8/21/1994. WBA:JM *Won* Julio C. Vasquez (151) *Lost* Ronald Wright (152¾). Unan 12 *S* Jai Alai Fronton, St. Jean de Luz, France *R* Enzo Montero *P* A.B. Stars Productions.

9/17/1994. IBF:JM *Won* Vincent Pettway (153) *Lost* Gianfranco Rosi (154). KO 4/2:59 *S* MGM Grand Garden, Las Vegas, Nev. *R* Jay Nady *P* Don King Productions.

11/9/1994. WBO:JM *Won* Verno Phillips (153¾) *Lost* Santos Cardona (152½). Unan 12 *S* Lakefront Arena, New Orleans, La. *R* Robert Gonzalez *P* Top Rank, Inc.

11/11/1994. WBA:JM *Won* Julio C. Vasquez (153¾) *Lost* Tony Marshall (148¼). Unan 12 *S* Club Caja Popular, Tucuman, Arg. *R* Renato Caddeo *P* Osvaldo Rivero/A.B. Stars.

11/12/1994. WBC:JM *Won* Luis Santana (152½) *Lost* Terry Norris (151). DQ 5/2:02 *S* Plaza Monumental, Mexico City, Mex. *R* Mitch Halpern *P* Don King Productions.

2/3/1995. WBO:JM *Won* Verno Phillips (152½) *Lost* Santos Cardona (153). Split 12 *S* Fernwood Resort Hotel, Bushkill, Pa. *R* Rudy Battle *P* Top Rank, Inc.

3/4/1995. WBA:JM *Won* Pernell Whitaker (153¾) *Lost* Julio C. Vasquez (153¾). Unan 12 *S* Convention Hall, Atlantic City, N.J. *R* Tony Orlando *P* Main Events, Inc.

4/8/1995. WBC:JM *Won* Luis Santana (153) *Lost* Terry Norris (153). DQ 3 *S* Caesars Palace, Las Vegas, Nev. *R* Kenny Bayless *P* Don King Productions.

4/29/1995. IBF:JM *Won* Vincent Pettway (152¼) *Lost* Simon Brown (154). KO 6/2:07 *S* USAir Arena, Landover, Md. *R* Ray Klingmeyer *P* Don King Productions.

5/17/1995. WBO:JM *Won* Gianfranco Rosi (152¾) *Lost* Verno Phillips (154). Unan 12 *S* Sports Palace, Perugia, Italy *R* Paul Thomas *P* Spagnoli/Sabbatini Promos.

6/16/1995. WBA:JM *Won* Carl Daniels (153½) *Lost* Julio Cesar Green (153¾). Unan 12 *S* Palais des Sports, Lyons, France *R* Stan Christodoulou *P* Don King Productions.

8/12/1995. IBF:JM *Won* Paul Vaden (154) *Lost* Vicent Pettway (153). TKO 12/2:33 *S* MGM Grand Garden, Las Vegas, Nev. *R* Richard Steele *P* Don King Productions.

8/19/1995. WBC:JM *Won* Terry Norris (152) *Lost* Luis Santana (154). TKO 2/2:09 *S* MGM Grand Garden, Las Vegas, Nev. *R* Joe Cortez *P* Don King Productions.

9/16/1995. WBC:JM *Won* Terry Norris (151) *Lost* David Gonzalez (152). TKO 9/2:59 *S* The Mirage, Las Vegas, Nev. *R* Richard Steele *P* Don King Productions.

11/22/1995. WBO:JM *Won* Paul Jones (153½) *Lost* Verno Phillips (154). Maj 12 *S* Hillsborough Leisure Centre, Sheffield, Eng. *R* Ismael Fernandez *P* Matchroom Boxing, Ltd.

12/16/1995. BCBF:JM *Won* Terry Norris (151½) *Lost* Paul Vaden (154). Unan 12 *S* The Spectrum, Philadelphia. *R* Rudy Battle *P* Don King Prods.

12/16/1995. WBA:JM *Won* Julio C. Vasquez (154) *Lost* Carl Daniels (153). TKO 11/0:34 *S* The Spectrum, Philadelphia, Pa. *R* Charles Sgrillo *P* Don King Productions.

1/27/1996. IBF:JM *Won* Terry Norris (152½) *Lost* Jorge Luis Vado (153½). TKO 2/0:42 *S* Veterans Memorial Coliseum, Phoenix, Ariz. *R* Roger Yanez *P* Don King Productions.

2/24/1996. BCBF:JM *Won* Terry Norris (150¾) *Lost* Vincent Pettway (151). TKO 8/2:41 *S* Richmond Coliseum, Richmond, Va. *R* Larry Doggett *P* Don King Productions.

3/1/1996. WBO:JM *Won* Bronco McKart (153¼) *Lost* Santos Cardona (154). TKO 9/0:41 *S* Fantasy Springs Casino, Indio, Calif. *R* Lou Moret *P* Top Rank, Inc.

5/17/1996. WBO:JM *Won* Ronald Wright (152) *Lost* Bronco McKart (154). Split 12 *S* Glen Stock Arena, Monroe, Mich. *R* Dale Grable *P* Fight Night, Inc.

8/21/1996. WBA:JM *Won* Laurent Boudouani (153) *Lost* Julio C. Vasquez (153½). KO 5/2:07 *S* Arena Desportes, Le Cannet, France *R* Franco Priami *P* A.B. Stars Productions.

9/7/1996. BCBF:JM *Won* Terry Norris (153) *Lost* Alex Rios (153½). TKO 5/2:08 *S* MGM Grand Garden, Las Vegas, Nev. *R* Mills Lane *P* Don King Productions.

11/9/1996. WBO:JM *Won* Ronald Wright (152¾) *Lost* Ensley Bingham (154). Unan 12 *S* NYNEX Arena, Manchester, Eng. *R* Genaro Rodriguez *P* Sports Network, Ltd.

1/11/1997. BCBF:JM *Won* Terry Norris (154) *Lost* Nick Rupa (152¼). TKO 10/2:34 *S* Nashville Arena, Nashville, Tenn. *R* Martin Denkin *P* Don King Productions.

3/29/1997. WBA:JM *Won* Laurent Boudouani (154) *Lost* Carl Daniels (154). Unan 12 *S* Las Vegas Hilton, Las Vegas, Nev. *R* Richard Steele *P* Don King Productions.

4/12/1997. IBF:JM *Won* Raul Marquez (153) *Lost* Anthony Stephens (154). TKO 9/1:47 *S* Tropicana Hotel, Las Vegas, Nev. *R* Richard Steele *P* Top Rank, Inc.

5/3/1997. WBO:JM *Won* Ronald Wright (154) *Lost* Steve Foster (153¾). TKO 6/2:52 *S* NYNEX Arena, Manchester, Eng. *R* Genaro Rodriguez *P* Sports Network, Ltd.

7/5/1997. IBF:JM *Won* Raul Marquez (153) *Lost* Romallis Ellis (153). TKO 4/1:14 *S* Isle of Capri Casino, Lake Charles, La. *R* Elmo Adolph *P* Top Rank, Inc.

9/13/1997. IBF:JM *Won* Raul Marquez (154) *Lost* Keith Mullings (154). Split 12 *S* Thomas & Mack Center, Las Vegas, Nev. *R* Mitch Halpern *P* Top Rank, Inc.

12/6/1997. IBF:JM *Won* Ramon Campas (154) *Lost* Raul Marquez (153½). TKO 8/2:29 *S* Convention Hall, Atlantic City, N.J. *R* James Condon *P* Top Rank, Inc.

12/6/1997. WBC:JM *Won* Keith Mullings (153½) *Lost* Terry Norris (154). TKO 9/0:51 *S* Convention Hall, Atlantic City, N.J. *R* Tony Perez *P* Top Rank, Inc.

12/19/1997. WBO:JM *Won* Ronald Wright (153¾) *Lost* Adrian Dodson (153). TKO 7/* *S* London Arena, Millwall, London, Eng. *R* Lou Moret *P* Sports Network, Ltd.

2/13/1998. WBA:JM *Won* Laurent Boudouani (153¼) *Lost* Guillermo Jones (153). Draw 12 *S* The Pit, Univ. of N.M., Albuquerque, N.M. *R* Al Martinez *P* Don King Productions.

3/14/1998. WBC:JM *Won* Keith Mullings (154) *Lost* Davide Ciarlante (153¾). TKO 6/* *S* Trump Taj Mahal, Atlantic City, N.J. *R* Larry O'Connell *P* Top Rank, Inc.

3/23/1998. IBF:JM *Won* Ramon Campas (152¾) *Lost* Anthony Stephens (153¼). TKO 4/* *S* Foxwoods Resort, Mashantucket, Conn. *R* Ron Lipton *P* Top Rank, Inc.

5/30/1998. WBA:JM *Won* Laurent Boudouani (153½) *Lost* Guillermo Jones (154). Split 12 *S* Las Vegas Hilton, Las Vegas, Nev. *R* Richard Steele *P* Don King Productions.

6/5/1998. IBF:JM *Won* Ramon Campas (153¼) *Lost* Pedro Ortega (151). TKO 11/1:52 *S* Municipal Auditorium, Tijuana, B.C.N., Mex. *R* Gwen Farrell Adair *P* Top Rank/Zanfer Promos.

8/22/1998. WBO:JM *Won* Harry Simon (153¾) *Lost* Ronald Wright (153¾). Maj 12 *S* Carousel Resort Casino, Hammanskraal, S.A. *R* Samuel Viruet *P* Golden Gloves/Sports Network.

9/18/1998. IBF:JM *Won* Ramon Campas (153) *Lost* Larry Barnes (153½). TKO 4/* *S* Thomas & Mack Center, Las Vegas, Nev. *R* Mitch Halpern *P* Top Rank, Inc.

11/30/1998. WBA:JM *Won* Laurent Boudouani (153½) *Lost* Terry Norris (154). TKO 9/2:59 *S* Palais des Sports, Versailles, France *R* Waldemar Schmidt *P* A.B. Stars Productions.

12/12/1998. IBF:JM *Won* Fernando Vargas (151) *Lost* Ramon Campas (151). TKO 8/* *S* Trump Taj Mahal, Atlantic City, N.J. *R* Ed Cotton *P* Main Events, Inc.

1/30/1999. WBC:JM *Won* Javier Castillejo (153¾) *Lost* Keith Mullings (153½). Maj 12 *S* Palazo de Toros, Leganes, Spain *R* Bob Logist *P* Top Rank/MGC Faoro + Cie.

3/6/1999. WBA:JM *Won* David Reid (154) *Lost* Laurent Boudouani (152). Unan 12 *S* Convention Center, Atlantic City, N.J. *R* Randy Neumann *P* America Presents/A.B. Stars.

3/13/1999. IBF:JM *Won* Fernando Vargas (154) *Lost* Howard Clarke (154). TKO 4/2:29 *S* Madison Sq. Garden, New York, N.Y. *R* Wayne Kelly *P* Don King/Main Events.

5/1/1999. WBO:JM *Won* Harry Simon (153) *Lost* Kevin Lueshing (153). TKO 3/2:08 *S* Crystal Palace, London, England *R* Lou Moret *P* Sports Network, Ltd.

5/14/1999. WBC:JM *Won* Javier Castillejo (153¾) *Lost* Humberto Aranda (153¾). TKO 4/2:52 *S* La Cubierta Palazo de Toros, Leganes, Spain *R* Guadalupe Garcia *P* Ricardo Sanchez Atocha.

7/16/1999. WBA:JM *Won* David Reid (153) *Lost* Kevin Kelly (153). Unan 12 *S* Conv. Ctr., Atlantic City. *R* Tony Orlando *P* America Presents.

7/17/1999. IBF:JM *Won* Fernando Vargas (154) *Lost* Raul Marquez (153). TKO 11/2:00 *S* Caesars Tahoe, Lake Tahoe, Nev. *R* Joe Cortez *P* Main Events, Inc.

8/28/1999. WBA:JM *Won* David Reid (154) *Lost* Keith Mullings (154). Unan 12 *S* Hard Rock Hotel, Las Vegas. *R* Jay Nady *P* America Presents.

9/10/1999. WBC:JM *Won* Javier Castillejo (153¾) *Lost* Paolo Roberto (154). TKO 7/1:47 *S* Pabellon Europa, Leganes, Spain *R* Daniel van de Wiele *P* Rimer-Box.

12/4/1999. IBF:JM *Won* Fernando Vargas (154) *Lost* Ronald Wright (154). Maj 12 *S* Chinook Winds Casino, Lincoln City, Ore. *R* Joe Cortez *P* Main Events, Inc.

12/17/1999. WBC:JM *Won* Javier Castillejo (154) *Lost* Mikael Rask (153¼). TKO 7/1:41 *S* La Cubierta Palazo de Toros, Leganes, Spain *R* Alfred Asaro *P* Rimer-Box.

2/19/2000. WBO:JM *Won* Harry Simon (153½) *Lost* Enrique Areco (154). TKO 11/* *S* Goresbrook Leisure Centre, Dagenham, Eng. *R* Raul Caiz *P* Sports Network, Ltd.

3/3/2000. WBA:JM *Won* Felix Trinidad (153) *Lost* David Reid (153). Unan 12 *S* Caesars Palace, Las Vegas, Nev. *R* Mitch Halpern *P* King/America Presents.

4/15/2000. IBF:JM *Won* Fernando Vargas (153½) *Lost* Ike Quartey (152). Unan 12 *S* Mandalay Bay Resort, Las Vegas, Nev. *R* Joe Cortez *P* Main Events, Inc.

7/21/2000. WBC:JM *Won* Javier Castillejo (153¾) *Lost* Tony Marshall (154). Unan 12 *S* La Cubierta Palazo de Toros, Leganes, Spain *R* Daniel van de Wiele *P* Rimer-Box.

7/22/2000. WBA:JM *Won* Felix Trinidad (154) *Lost* Mamadou Thiam (152½). TKO 3/2:48 *S* American Airlines Arena, Miami, Fla. *R* Jorge Alonso *P* Don King Productions.

8/26/2000. IBF:JM *Won* Fernando Vargas (153) *Lost* Ross Thompson (153½). TKO 4/1:07 *S* Mandalay Bay Resort, Las Vegas, Nev. *R* Joe Cortez *P* Main Events, Inc.

9/23/2000. WBO:JM *Won* Harry Simon (154) *Lost* Rodney Jones (153½). Maj 12 *S* Casino Rama, Rama, Ontario, Canada *R* Mark Nelson *P* Banner/Sports Network.

10/21/2000. WBC:JM *Won* Javier Castillejo (154) *Lost* Javier Martinez (152¾). TKO 4/1:43 *S* Salon 21 Night Club, Mexico City, Mex. *R* Guadalupe Garcia *P* World Boxing Council.

12/2/2000. BABF:JM *Won* Felix Trinidad (154) *Lost* Fernando Vargas (154). TKO 12/1:33 *S* Mandalay Bay Resort, Las Vegas, Nev. *R* Jay Nady *P* Don King/Main Events.

2/10/2001. WBO:JM *Won* Harry Simon (152¼) *Lost* Wayne Alexander (154). TKO 5/2:43 *S* Kingsway Leisure Centre, Widnes, Eng. *R* Paul Thomas *P* Sports Network, Ltd.

6/23/2001. WBC:JM *Won* Oscar de la Hoya (154) *Lost* Javier Castillejo (154). Unan 12 *S* MGM Grand Garden, Las Vegas, Nev. *R* Vic Drakulich *P* M+M/Univision/Forum.

9/22/2001. WBA:JM *Won* Fernando Vargas (153½) *Lost* Jose (Shibata) Flores (153½). KO 7/2:59 *S* Mandalay Bay Resort, Las Vegas, Nev. *R* Joe Cortez *P* Main Events, Inc.

10/12/2001. IBF:JM *Won* Ronald Wright (153¾) *Lost* Robert Frazier (153). Unan 12 *S* Fantasy Springs Casino, Indio, Calif. *R* John Schorle *P* Top Rank, Inc.

2/2/2002. IBF:JM *Won* Ronald Wright (153¼) *Lost* Jason Papillion (149½). TKO 5/2:44 *S* American Airlines Arena, Miami, Fla. *R* Bill Connors *P* Square Ring, Inc.

3/16/2002. WBO:JM *Won* Daniel Santos (154) *Lost* L. Ramon Campas (153½). TKO 11/1:36 *S* Bally's Hotel & Casino, Las Vegas, Nev. *R* Joe Cortez *P* Top Rank, Inc.

8/17/2002. WBO:JM *Won* Daniel Santos (154) *Lost* Meh. Takalobighashi (154). Unan 12 *S* Cardiff Castle, Cardiff, Wales *R* Genaro Rodriguez *P* Sports Network, Ltd.

9/7/2002. IBF:JM *Won* Ronald Wright (153¾) *Lost* Bronco McKart (153½). DQ 8/2:33 *S* The Rose Garden, Portland, Ore. *R* Mike Fischer *P* Square Ring/Duva Boxing.

9/14/2002. BABC:JM *Won* Oscar de la Hoya (154) *Lost* Fernando Vargas (154). TKO 11/1:48 *S* Mandalay Bay Resort, Las Vegas, Nev. *R* Joe Cortez *P* Top Rank/Main Events.

3/1/2003. IBF:JM *Won* Ronald Wright (153½) *Lost* Juan C. Candelo (153). Unan 12 *S* Thomas & Mack Center, Las Vegas, Nev. *R* Robert Byrd *P* King/Square Ring/Banner.

5/3/2003. BABC:JM *Won* Oscar de la Hoya (154) *Lost* L. Ramon Campas (153½). TKO 7/2:54 *S* Mandalay Bay Resort, Las Vegas, Nev. *R* Vic Drakulich *P* Top Rank, Inc.

6/28/2003. WBO:JM *Won* Daniel Santos (154) *Lost* Fulgencio Zuniga (153). Unan 12 *S* Hiram Bithorn Stadium, San Juan, P.R. *R* Luis Pabon *P* Top Rank/Best Boxing.

9/13/2003. BABC:JM *Won* Shane Mosley (154) *Lost* Oscar de la Hoya (154). Unan 12 *S* MGM Grand Garden, Las Vegas, Nev. *R* Joe Cortez *P* Top Rank/Gary Shaw.

11/8/2003. IBF:JM *Won* Ronald Wright (154) *Lost* Angel Hernandez (154). Unan 12 *S* Mandalay Bay Resort, Las Vegas, Nev. *R* Tony Weeks *P* Sq. Ring/Banner Promos.

3/13/2004. BACF:JM *Won* Ronald Wright (154) *Lost* Shane Mosley (154). Unan 12 *S* Mandalay Bay Resort, Las Vegas, Nev. *R* Tony Weeks *P* Gary Shaw Productions.

4/17/2004. WBO:JM *Won* Daniel Santos (153½) *Lost* Michael Lerma (153¼). Unan 12 *S* State Fairgrounds Ent. Hall, Tampa, Fla. *R* Max Parker, Jr. *P* Warriors Boxing Promos.

6/5/2004. IBF:JM *Won* Verno Phillips (153½) *Lost* Carlos Bojorquez (154). TKO 7/* *S* Leggett & Platt Athletic Center, Joplin, Mo. *R* Mark Nelson *P* Gary Shaw/Tony Holden.

9/11/2004. WBO:JM *Won* Daniel Santos (154) *Lost* Antonio Margarito

(153). TWs 9 *S* Jose M. Agrelot Coliseum, Hato Rey, P.R. *R* Luis Pabon *P* Top Rank, Inc.

10/2/2004. IBF:JM *Won* Kassim Ouma (152) *Lost* Verno Phillips (152½). Unan 12 *S* Caesars Palace, Las Vegas, Nev. *R* Joe Cortez *P* Gary Shaw Productions.

11/20/2004. BABC:JM *Won* Ronald Wright (154) *Lost* Shane Mosley (154). Maj 12 *S* Mandalay Bay Resort, Las Vegas, Nev. *R* Joe Cortez *P* Gary Shaw/Square Ring.

1/29/2005. IBF:JM *Won* Kassim Ouma (152) *Lost* Kofi Jantuah (153). Unan 12 *S* Convention Hall, Atlantic City, N.J. *R* Randy Neumann *P* Main Events/Peltz Boxing.

7/14/2005. IBF:JM *Won* Roman Karmazin (153½) *Lost* Kassim Ouma (154). Unan 12 *S* Orleans Hotel & Casino, Las Vegas, Nev. *R* Robert Byrd *P* Golden Boy/Don King.

8/13/2005. WBA:JM *Won* Alejandro Garcia (154) *Lost* Luca Messi (151). Unan 12 *S* United Ctr., Chicago. *R* Pete Podgorski *P* Don King Prods.

8/13/2005. WBC:JM *Won* Ricardo Mayorga (154) *Lost* Michele Piccirillo (154). Unan 12 *S* The United Center, Chicago, Ill. *R* Gerald Scott *P* Don King Productions.

12/3/2005. WBO:JM *Won* Sergei Dzindziruk (154) *Lost* Daniel Santos (154). Unan 12 *S* Boerdelandhalle, Magdeburg, Germany *R* Genaro Rodriguez *P* Universum Box Promotion.

5/6/2006. WBA:JM *Won* Jose A. Rivera (152½) *Lost* Alejandro Garcia (152½). Unan 12 *S* DCU Center, Worcester, Mass. *R* Richard Flaherty *P* Don King Productions.

5/6/2006. WBC:JM *Won* Oscar de la Hoya (153½) *Lost* Ricardo Mayorga (153½). TKO 6/1:25 *S* MGM Grand Garden, Las Vegas, Nev. *R* Jay Nady *P* Golden Boy/Don King.

5/27/2006. WBO:JM *Won* Sergei Dzindziruk (154) *Lost* Sebastian Lujan (153¾). Unan 12 *S* Zenith Die Kulturhalle, Munich, Ger. *R* Joe Cortez *P* Universum Box Promotion.

7/8/2006. IBF:JM *Won* Cory Spinks (153) *Lost* Roman Karmazin (153). Maj 12 *S* Savvis Center, St. Louis, Mo. *R* Mark Nelson *P* Don King Productions.

10/21/2006. WBO:JM *Won* Sergei Dzindziruk (153) *Lost* Alisultan Nadirbegov (151½). Unan 12 *S* Brandberge Arena, Halle, Germany *R* Terry O'Connor *P* Universum Box Promotion.

1/6/2007. WBA:JM *Won* Travis Simms (153¾) *Lost* Jose A. Rivera (153). TKO 9/2:00 *S* Seminole Arena, Hollywood, Fla. *R* Frank Santore, Jr. *P* Don King/Goossen-Tutor.

2/3/2007. IBF:JM *Won* Cory Spinks (153¾) *Lost* Rodney Jones (153). Unan 12 *S* Silver Spurs Arena, Kissimmee, Fla. *R* Tommy Kimmons *P* Don King/Gary Shaw.

5/5/2007. WBC:JM *Won* Floyd Mayweather, Jr. (150) *Lost* Oscar de la Hoya (154). Split 12 *S* MGM Grand Garden, Las Vegas, Nev. *R* Kenny Bayless *P* Golden Boy Promotions.

5/19/2007. WBO:JM *Won* Sergei Dzindziruk (153¾) *Lost* Carlos Nascimento (151½). KO 11/1:42 *S* Color Line Arena, Hamburg, Germany *R* Brian Garry *P* Universum Box Promotion.

7/7/2007. WBA:JM *Won* Joachim Alcine (152¼) *Lost* Travis Simms (152½). Unan 12 *S* Harbor Yard Arena, Bridgeport, Conn. *R* Michael Ortega *P* Don King Productions.

7/28/2007. WBC:JM *Won* Vernon Forrest (154) *Lost* Carlos Baldomir (154). Unan 12 *S* Emerald Queen Casino, Tacoma, Wash. *R* Michael Ortega *P* Gary Shaw/Brian Halquist.

12/1/2007. WBC:JM *Won* Vernon Forrest (153) *Lost* Michele Piccirillo (152). TKO 11/2:21 *S* Foxwoods Resort, Mashantucket, Conn. *R* Arthur Mercante, Jr. *P* Gary Shaw Productions.

12/7/2007. WBA:JM *Won* Joachim Alcine (152¼) *Lost* Alfonso Mosquera (153). TKO 12/2:17 *S* Bell Centre, Montreal, Quebec, Canada *R* Michael Griffin *P* GYM Promotions.

3/27/2008. IBF:JM *Won* Verno Phillips (153) *Lost* Cory Spinks (153). Split 12 *S* Scottrade Center, St. Louis, Mo. *R* Gerald Scott *P* Don King/Banner Promos.

4/26/2008. WBO:JM *Won* Sergei Dzindziruk (153) *Lost* Lukas Konecny (153). Maj 12 *S* Freiberger Arena, Dresden, Germany *R* Jose H. Rivera *P* Universum Box Promotion.

6/7/2008. WBC:JM *Won* Sergio Mora (154) *Lost* Vernon Forrest (153¾). Maj 12 *S* Mohegan Sun Casino, Uncasville, Conn. *R* Richard Flaherty *P* Shaw/Fite Night/Contender.

7/11/2008. WBA:JM *Won* Daniel Santos (153) *Lost* Joachim Alcine (153). KO 6/2:10 *S* Uniprix Stadium, Montreal, Que., Canada *R* Marlon Wright *P* GYM Promos./Don King.

9/13/2008. WBC:JM *Won* Vernon Forrest (154) *Lost* Sergio Mora (154). Unan 12 *S* MGM Grand Garden, Las Vegas, Nev. *R* Vic Drakulich *P* Golden Boy/Gary Shaw.

4/24/2009. IBF:JM *Won* Cory Spinks (152¾) *Lost* DeAndre Latimore (153½). Split 12 *S* Scottrade Center, St. Louis, Mo. *R* Earl Morton *P* Don King/DiBella Ent.

11/14/2009. WBA:JM *Won* Yuri Foreman (154) *Lost* Daniel Santos (154). Unan 12 *S* MGM Grand Garden, Las Vegas, Nev. *R* Jay Nady *P* Top Rank/Cotto Promos.

Welterweight

6/1/1887. W *Won* Johnny Reagan (146) *Lost* John Files (144). KO 44 *S* Amphitheater, Yonkers, N.Y.

8/8/1887. W *Won* Johnny Reagan (142) *Lost* Tom Henry (145). NC 39 *S* Amphitheater, Yonkers, N.Y.

10/30/1888. W *Won* Paddy Duffy (140) *Lost* Bill McMillan (143). KO 17 *S* Amphitheater, Fort Foote, Va.

3/29/1889. W *Won* Paddy Duffy (140) *Lost* Tom Meadows (142). Foul 45 *S* California A.C., San Francisco, Calif. *R* Hiram Cook *P* California Athletic Club.

2/16/1891. W *Won* Tommy Ryan (139¾) *Lost* Danny Needham (139½). TKO 77/* *S* Twin City Gymnasium, Minneapolis, Mn. *R* Joe Mannix *P* Twin City Athletic Club.

8/9/1891. W *Won* Tommy Ryan *Lost* Bill McMillan. KO 3 *S* Amphitheater, Richardson, Ill. *R* Malachi Hogan.

12/13/1891. W *Won* Tommy Ryan *Lost* Frank Howson (136½). KO 14 *S* Chicago Skating Rink, Chicago, Ill. *R* George Siler.

7/30/1892. W *Won* Tommy Ryan *Lost* Jack Wilkes. TKO 16 *S* Blum's Hall, Omaha, Neb. *R* Frank Parmalee *P* South Omaha A.C.

7/26/1894. W *Won* Tommy Ryan *Lost* Mys. Billy Smith. Ref 20 *S* Twin City Gymnasium, Minneapolis, Mn. *R* Joe Choynski *P* Twin City Athletic Club.

1/18/1895. W *Won* Tommy Ryan (145) *Lost* Jack Dempsey (142). TKO 3 *S* Coney Island A.C., Coney Is., N.Y. *R* Tim Hurst.

5/27/1895. W *Won* Tommy Ryan *Lost* Mys. Billy Smith. NC 18 *S* Coney Island A.C., Coney Is., N.Y. *R* Tim Hurst.

2/24/1897. W *Won* Tommy Ryan (144¾) *Lost* Tom Tracey (140). KO 9/2:20 *S* The Alhambra, Syracuse, N.Y. *R* Yank Sullivan *P* Empire Athletic Club.

6/21/1897. W *Won* Tommy Ryan *Lost* Tom Williams. KO 2 *S* The Alhambra, Syracuse, N.Y. *R* Yank Sullivan *P* Empire Athletic Club.

8/27/1898. W *Won* Mys. Billy Smith *Lost* Matty Matthews. Ref 25 *S* Lenox Athletic Club, New York, N.Y. *R* Charley White.

10/7/1898. W *Won* Mys. Billy Smith *Lost* Charley McKeever. Ref 25 *S* Lenox Athletic Club, New York, N.Y. *R* Charley White.

3/10/1899. W *Won* Mys. Billy Smith (142) *Lost* Kid Lavigne (139). TKO 14 *S* Woodward's Pavilion, San Francisco, Ca. *R* Jim McDonald.

4/17/1900. W *Won* Matty Matthews *Lost* Mys. Billy Smith. KO 19 *S* Broadway Athletic Club, New York, N.Y. *R* Johnny White.

6/5/1900. W *Won* Eddie Connolly *Lost* Matty Matthews. Ref 25 *S* Seaside Athletic Club, Coney Is., N.Y. *R* Billy Madden.

8/13/1900. W *Won* Rube Ferns *Lost* Eddie Connolly. TKO 15 *S* Olympic Club, Buffalo, N.Y. *R* E.H. McBride.

8/30/1900. W *Won* Rube Ferns *Lost* Matty Matthews. Ref 15 *S* Light Guard Armory, Detroit, Mich. *R* Malachi Hogan.

10/16/1900. W *Won* Matty Matthews (141½) *Lost* Rube Ferns (141½). Ref 15 *S* Light Guard Armory, Detroit, Mich. *R* George Siler *P* Cadillac Athletic Club.

4/29/1901. W *Won* Matty Matthews (139½) *Lost* Tom Couhig (139). Ref 20 *S* Monarch Athletic Club, Louisville, Ky. *R* Ike English.

Welterweight

5/24/1901. W *Won* Rube Ferns *Lost* Matty Matthews. KO 10/2:10 *S* Mutual Street Rink, Toronto, Ont. *R* Marvin Smith.

9/23/1901. W *Won* Rube Ferns *Lost* Frank Erne. KO 9 *S* Int. A.C., Fort Erie, Ont., Canada *R* E.H. McBride *P* Jack Herman.

11/28/1901. W *Won* Rube Ferns *Lost* Charley Thurston. Ref 15 *S* Light Guard Armory, Detroit, Mich. *R* Malachi Hogan *P* Twentieth Century A.C.

12/18/1901. W *Won* Joe Walcott *Lost* Rube Ferns. TKO 5 *S* Int. A.C., Fort Erie, Ont., Canada *R* E.H. McBride.

6/23/1902. W *Won* Joe Walcott *Lost* Tommy West. Ref 15 *S* National Sporting Club, London, Eng. *R* Tom Scott *P* National Sporting Club.

4/1/1903. W *Won* Joe Walcott *Lost* Billy Woods. Draw 20 *S* Hazard's Pavilion, Los Angeles, Calif. *R* Harry Stuart.

7/3/1903. W *Won* Joe Walcott *Lost* Mose LaFontise. KO 3 *S* Broadway Theater, Butte, Mont. *R* Duncan McDonald *P* Montana Athletic Club.

4/29/1904. W *Won* Dixie Kid (138) *Lost* Joe Walcott (144½). Foul 20 *S* Woodward's Pavilion, San Francisco, Ca. *R* Duck Sullivan.

7/10/1906. W *Won* Joe Walcott *Lost* Jack Dougherty. KO 8 *S* Pythion Rink, Chelsea, Mass. *R* Maffitt Flaherty *P* Lincoln Athletic Club.

9/30/1906. W *Won* Joe Walcott *Lost* Billy Rhodes. Draw 20 *S* Amphitheater, Kansas City, Mo. *R* Dave Porteous.

11/29/1906. W *Won* Honey Mellody (141½) *Lost* Joe Walcott (140½). TKO 12 *S* Pythion Rink, Chelsea, Mass. *R* Jack Sheehan *P* Lincoln Athletic Club.

4/23/1907. W *Won* Mike (Twin) Sullivan *Lost* Honey Mellody. Ref 20 *S* Naud Junction Pavilion, Los Angeles, Ca. *R* Charles Eyton *P* Tom McCarey.

11/1/1907. W *Won* Mike (Twin) Sullivan *Lost* Frank Fields. Ref 20 *S* Casino Amphitheatre, Goldfield, Nev.

11/27/1907. W *Won* Mike (Twin) Sullivan *Lost* Kid Farmer. TKO 13 *S* Naud Junction Pavilion, Los Angeles, Ca. *R* Charles Eyton *P* Tom McCarey.

4/23/1908. W *Won* Mike (Twin) Sullivan *Lost* Jimmy Gardner. Ref 25 *S* The Arena, Vernon, Calif. *R* James J. Jeffries *P* Jack Doyle.

5/25/1909. W *Won* Mike (Twin) Sullivan *Lost* Kyle Whitney. Draw 20 *S* Dreamland Arena, San Francisco, Ca. *R* Eddie Hanlon *P* Mission Athletic Club.

2/19/1910. W *Won* Harry Lewis (144) *Lost* Willie Lewis (146¾). Draw 25 *S* Cirque de Paris, Paris, France *R* Snowy Lawrence *P* Theo. Vienne-Victor Breyer.

4/23/1910. W *Won* Harry Lewis *Lost* Willie Lewis. Draw 25 *S* Cirque de Paris, Paris, France *R* Louis Phelan *P* Theo. Vienne-Victor Breyer.

5/4/1910. W *Won* Harry Lewis *Lost* Peter Brown. KO 3 *S* Salle Wagram, Paris, France *R* F.G. Calhoun.

6/27/1910. W *Won* Harry Lewis *Lost* Young Joseph. TKO 8/* *S* Wonderland, London, Eng. *R* Eugene Corri.

1/25/1911. W *Won* Harry Lewis (148¾) *Lost* Johnny Summers (140¾). KO 4 *S* Olympic Annexe, London, Eng. *R* Eugene Corri.

4/24/1912. IBU:W *Won* Dixie Kid (147) *Lost* George Bernard. TKO 11/* *S* Cirque de Paris, Paris, France *R* Willie Lewis *P* T. Vienne–V. Breyer.

10/4/1912. IBU:W *Won* Marcel Thomas *Lost* Dixie Kid. Ref 15 *S* Premierland, Paris, France *R* Emil Maitrot *P* Roth-Maitrot.

3/21/1914. Aus.:W *Won* Matt Wells *Lost* Tom McCormick. Ref 20 *S* Sydney Stadium, Sydney, N.S.W., Aus. *R* Harald Baker *P* Snowy Baker.

6/25/1917. W *Won* Ted (Kid) Lewis *Lost* Jack Britton. Ref 20 *S* Westwood Field, Dayton, Ohio *R* Lou Bauman *P* Dayton Gymnastic Club.

5/17/1918. W *Won* Ted (Kid) Lewis *Lost* Johnny Tillman. Unan 20 *S* Amphitheatre, Denver, Colo. *R* Billy Roche.

3/17/1919. W *Won* Jack Britton (144½) *Lost* Ted (Kid) Lewis. KO 9/2:10 *S* Auditorium, Canton, Ohio *R* Matt Hinkel.

2/7/1921. W *Won* Jack Britton (145) *Lost* Ted (Kid) Lewis (145). Unan 15 *S* Madison Sq. Garden, New York, N.Y. *R* Dick Nugent *P* George (Tex) Rickard.

6/26/1922. W *Won* Jack Britton (146½) *Lost* Dave Shade (144½). Draw 15 *S* Madison Sq. Garden, New York, N.Y. *R* Patsy Haley *P* George (Tex) Rickard.

6/26/1922. W *Won* Jack Britton (146¼) *Lost* Benny Leonard (139¼). Foul 13/2:42 *S* Velodrome, Bronx, N.Y. *R* Patsy Haley *P* George (Tex) Rickard.

11/1/1922. W *Won* Mickey Walker (144¼) *Lost* Jack Britton (146). Unan 15 *S* Madison Sq. Garden, New York, N.Y. *R* Patsy Haley *P* George (Tex) Rickard.

7/27/1923. NY-M:W *Won* Jimmy Jones (145½) *Lost* Dave Shade (143½). Ref 10 *S* The Arena, Boston, Mass. *R* Jack Sheehan.

6/2/1924. W *Won* Mickey Walker (147) *Lost* Lew Tendler (142¾). Unan 10 *S* Baker Bowl, Philadelphia, Pa. *R* Jim Brennan.

10/1/1924. W *Won* Mickey Walker (146¾) *Lost* Bobby Barrett (147). KO 6/1:33 *S* Baker Bowl, Philadelphia, Pa. *R* Dan Buckley.

9/21/1925. W *Won* Mickey Walker (144½) *Lost* Dave Shade (147). Split 15 *S* Yankee Stadium, Bronx, N.Y. *R* Patsy Haley *P* George (Tex) Rickard.

5/20/1926. W *Won* Pete Latzo (146) *Lost* Mickey Walker (144). Maj 10 *S* Armory, Scranton, Pa. *R* Frank J. Floyd *P* Lou Pagnotti.

7/9/1926. W *Won* Pete Latzo (147) *Lost* George Levine (145½). Foul 4/1:28 *S* Polo Grounds, New York, N.Y. *R* Ed Purdy.

6/3/1927. W *Won* Joe Dundee (143) *Lost* Pete Latzo (146½). Maj 15 *S* Polo Grounds, New York, N.Y. *R* Eddie Forbes.

3/25/1929. NBA:W *Won* Jackie Fields (145¾) *Lost* Yg. Jack Thompson (145). Ref 10 *S* Coliseum, Chicago, Ill. *R* Ed Purdy.

7/25/1929. W *Won* Jackie Fields (145) *Lost* Joe Dundee (147). Foul 2/1:55 *S* State Fair Grounds, Detroit, Mich. *R* Elmer McClelland *P* Floyd Fitzsimmons.

5/9/1930. W *Won* Yg. Jack Thompson (142¾) *Lost* Jackie Fields (145¾). Ref 15 *S* Olympia Stadium, Detroit, Mich. *R* Elmer McClelland.

9/5/1930. W *Won* Tommy Freeman (145¾) *Lost* Yg. Jack Thompson (143¼). Ref 15 *S* League Park, Cleveland, Ohio *R* Patsy Haley.

4/14/1931. W *Won* Yg. Jack Thompson (145¼) *Lost* Tommy Freeman (146¾). TKO 12 *S* Public Hall, Cleveland, Ohio *R* Eddie Davis.

10/23/1931. W *Won* Lou Brouillard (146¾) *Lost* Yg. Jack Thompson (146). Unan 15 *S* Boston Garden, Boston, Mass. *R* Johnny Brassil.

1/28/1932. W *Won* Jackie Fields (145½) *Lost* Lou Brouillard (146). Unan 10 *S* Chicago Stadium, Chicago, Ill. *R* Dave Miller.

2/22/1933. W *Won* Yg. Corbett III (146) *Lost* Jackie Fields (146). Ref 10 *S* Seals Stadium, San Francisco, Calif. *R* Jack Kennedy.

5/29/1933. W *Won* Jimmy McLarnin (145¼) *Lost* Yg. Corbett III (146). KO 1/2:37 *S* Wrigley Field, Los Angeles, Calif. *R* George Blake.

5/28/1934. W *Won* Barney Ross (137¾) *Lost* Jimmy McLarnin (142). Split 15 *S* M.S.G. Bowl, Long Is. City, N.Y. *R* Eddie Forbes *P* Madison Sq. Garden Corp.

9/17/1934. W *Won* Jimmy McLarnin (146¼) *Lost* Barney Ross (140¼). Split 15 *S* M.S.G. Bowl, Long Is. City, N.Y. *R* Arthur Donovan *P* Madison Sq. Garden Corp.

5/28/1935. W *Won* Barney Ross (141) *Lost* Jimmy McLarnin (144¾). Unan 15 *S* Polo Grounds, New York, N.Y. *R* Jack Dempsey *P* Madison Sq. Garden Corp.

11/27/1936. W *Won* Barney Ross (143¼) *Lost* Izzy Jannazzo (145¼). Unan 15 *S* Madison Sq. Garden, New York, N.Y. *R* Johnny McAvoy *P* Madison Sq. Garden Corp.

9/23/1937. W *Won* Barney Ross (143) *Lost* Ceferino Garcia (145¾). Unan 15 *S* Polo Grounds, New York, N.Y. *R* Billy Cavanagh *P* Twentieth Century S.C.

2/16/1938. IBU:W *Won* Felix Wouters *Lost* Gustav Eder. Unan 15 *S* Palais des Sports, Brussels, Belgium *R* Max Pippow.

5/31/1938. W *Won* Henry Armstrong (133½) *Lost* Barney Ross (142). Unan 15 *S* M.S.G. Bowl, Long Is. City, N.Y. *R* Arthur Donovan *P* Twentieth Century S.C.

11/25/1938. W *Won* Henry Armstrong (134) *Lost* Ceferino Garcia (146½). Unan 15 *S* Madison Sq. Garden, New York, N.Y. *R* Arthur Donovan *P* Twentieth Century S.C.

12/5/1938. W *Won* Henry Armstrong (134¾) *Lost* Al Manfredo (146). TKO 3/1:45 *S* The Arena, Cleveland, Ohio *R* Tony LaBranche.

1/10/1939. W *Won* Henry Armstrong (134½) *Lost* Baby Arizmendi (136). Ref 10 *S* Olympic Auditorium, Los Angeles, Ca. *R* George Blake.

3/4/1939. W *Won* Henry Armstrong (134) *Lost* Bobby Pacho (147). TKO 4/1:10 *S* Tropical Stadium, Havana, Cuba *R* Jim Braddock.

3/16/1939. W *Won* Henry Armstrong (135) *Lost* Lew Feldman (134). KO 1/2:12 *S* Municipal Auditorium, St. Louis, Mo. *R* Walter Heisner.

3/31/1939. W *Won* Henry Armstrong (135) *Lost* Davey Day (136). KO 12/2:49 *S* Madison Sq. Garden, New York, N.Y. *R* Billy Cavanagh *P* Twentieth Century S.C.

5/25/1939. W *Won* Henry Armstrong (135) *Lost* Ernie Roderick (145¾). Ref 15 *S* Harringay Arena, London, Eng. *R* Wilfred Smith *P* Harringay Arena, Ltd.

10/9/1939. W *Won* Henry Armstrong (141½) *Lost* Al Manfredo (146¾). TKO 4/1:35 *S* Riverview Park Arena, Des Moines, Ia. *R* Alex Fidler.

10/13/1939. W *Won* Henry Armstrong (141) *Lost* Howard Scott (147). KO 2/1:38 *S* Armory, Minneapolis, Minn. *R* John de Otis.

10/20/1939. W *Won* Henry Armstrong (139¾) *Lost* Ritchie Fontaine (141). KO 3/2:03 *S* Civic Stadium, Seattle, Wash. *R* Tommy Clark *P* Nate Druxman.

10/24/1939. W *Won* Henry Armstrong (138¼) *Lost* Jimmy Garrison (139½). Ref 10 *S* Olympic Auditorium, Los Angeles, Ca. *R* George Blake.

10/30/1939. W *Won* Henry Armstrong (140) *Lost* Bobby Pacho (146). TKO 4 *S* Municipal Auditorium, Denver, Colo. *R* Jack Bloom.

12/11/1939. W *Won* Henry Armstrong (138¾) *Lost* Jimmy Garrison (141). KO 7/1:19 *S* The Arena, Cleveland, Ohio *R* Benny Leonard *P* Cleveland News/Ed Bang.

1/4/1940. W *Won* Henry Armstrong (136¾) *Lost* Joe Ghnouly (135½). KO 5/1:34 *S* Municipal Auditorium, St. Louis, Mo. *R* Harry Cook.

1/24/1940. W *Won* Henry Armstrong (139¾) *Lost* Pedro Montanez (144½). TKO 9/0:47 *S* Madison Sq. Garden, New York, N.Y. *R* Billy Cavanagh *P* Twentieth Century S.C.

4/26/1940. W *Won* Henry Armstrong (139½) *Lost* Paul Junior (141). TKO 7/1:05 *S* Boston Garden, Boston, Mass. *R* Johnny Martin.

5/24/1940. W *Won* Henry Armstrong (140½) *Lost* Ralph Zanelli (145½). TKO 5/1:30 *S* Boston Garden, Boston, Mass. *R* Johnny Martin.

6/21/1940. W *Won* Henry Armstrong (144) *Lost* Paul Junior (142½). TKO 3 *S* Exposition Building, Portland, Maine *R* Johnny Martin *P* Arena Athletic Association.

9/23/1940. W *Won* Henry Armstrong (146) *Lost* Phil Furr (147). KO 4/1:45 *S* Griffith Stadium, Washington, D.C. *R* Ray Powen.

10/4/1940. W *Won* Fritzie Zivic (145½) *Lost* Henry Armstrong (142). Unan 15 *S* Madison Sq. Garden, New York, N.Y. *R* Arthur Donovan *P* Twentieth Century S.C.

10/14/1940. Md.:W *Won* Izzy Jannazzo (146½) *Lost* Cocoa Kid (147). Split 15 *S* Carlin's Park, Baltimore, Md. *R* Jack Dempsey.

1/17/1941. W *Won* Fritzie Zivic (145¾) *Lost* Henry Armstrong (140½). TKO 12/0:52 *S* Madison Sq. Garden, New York, N.Y. *R* Arthur Donovan *P* Twentieth Century S.C.

4/14/1941. Md.:W *Won* Izzy Jannazzo (145½) *Lost* Jimmy Leto (145½). Split 15 *S* Coliseum, Baltimore, Md. *R* Charlie Short.

7/29/1941. W *Won* Freddie Cochrane (142½) *Lost* Fritzie Zivic (145). Ref 15 *S* Ruppert Stadium, Newark, N.J. *R* Joe Mangold.

2/1/1946. W *Won* Marty Servo (143) *Lost* Freddie Cochrane (145). KO 4/2:54 *S* Madison Sq. Garden, New York, N.Y. *R* Eddie Joseph *P* Twentieth Century S.C.

12/20/1946. W *Won* Ray Robinson (146½) *Lost* Tommy Bell (146). Unan 15 *S* Madison Sq. Garden, New York, N.Y. *R* Eddie Joseph *P* Twentieth Century S.C.

6/24/1947. W *Won* Ray Robinson (146) *Lost* Jimmy Doyle (147). TKO 9/* *S* The Arena, Cleveland, Ohio *R* Jackie Davis *P* Larry Atkins.

12/19/1947. W *Won* Ray Robinson (146½) *Lost* Chuck Taylor (144¾). TKO 6/2:07 *S* Olympia Stadium, Detroit, Mich. *R* Johnny Weber.

6/28/1948. W *Won* Ray Robinson (146½) *Lost* Bernard Docusen (145½). Unan 15 *S* Comiskey Park, Chicago, Ill. *R* Walter Brightmore.

7/11/1949. W *Won* Ray Robinson (147) *Lost* Kid Gavilan (144½). Unan 15 *S* Municipal Stadium, Philadelphia. *R* Charley Daggert *P* Arena Corp.

8/9/1950. W *Won* Ray Robinson (147) *Lost* Charley Fusari (145¼). Ref 15 *S* Roosevelt Stadium, Union City, N.J. *R* Paul Cavalier *P* Jersey Sports Exhibits.

3/14/1951. NBA:W *Won* Johnny Bratton (146¼) *Lost* Charley Fusari (146¼). Split 15 *S* Chicago Stadium, Chicago, Ill. *R* Tommy Gilmore *P* International Boxing Club.

5/18/1951. W *Won* Kid Gavilan (145¼) *Lost* Johnny Bratton (147). Unan 15 *S* Madison Sq. Garden, New York, N.Y. *R* Ruby Goldstein *P* International Boxing Club.

8/29/1951. W *Won* Kid Gavilan (145½) *Lost* Billy Graham (145). Split 15 *S* Madison Sq. Garden, New York, N.Y. *R* Mark Conn *P* International Boxing Club.

2/4/1952. W *Won* Kid Gavilan (147) *Lost* Bobby Dykes (146¾). Split 15 *S* Miami Stadium, Miami, Fla. *R* Eddie Coachman *P* International Boxing Club.

7/7/1952. W *Won* Kid Gavilan (146) *Lost* Gil Turner (144½). TKO 11/2:47 *S* Municipal Stadium, Philadelphia, Pa. *R* Pete Tomasco *P* I.B.C./Herman Taylor.

10/5/1952. W *Won* Kid Gavilan (146½) *Lost* Billy Graham (146½). Unan 15 *S* Stadium Park, Havana, Cuba *R* Mike Rojo *P* International Boxing Club.

2/11/1953. W *Won* Kid Gavilan (146½) *Lost* Chuck Davey (147). TKO 10 *S* Chicago Stadium, Chicago, Ill. *R* Frank Gilmer *P* International Boxing Club.

9/18/1953. W *Won* Kid Gavilan (146¾) *Lost* Carmen Basilio (147). Split 15 *S* War Memorial Auditorium, Syracuse, N.Y. *R* George Walsh *P* I.B.C./Norman Rothschild.

11/13/1953. W *Won* Kid Gavilan (146) *Lost* Johnny Bratton (145½). Unan 15 *S* Chicago Stadium, Chicago, Ill. *R* Frank Gilmer *P* International Boxing Club.

10/20/1954. W *Won* Johnny Saxton (146½) *Lost* Kid Gavilan (145½). Unan 15 *S* Convention Hall, Philadelphia, Pa. *R* Pete Pantaleo *P* I.B.C./Herman Taylor.

4/1/1955. W *Won* Tony DeMarco (145) *Lost* Johnny Saxton (145½). TKO 14/2:20 *S* Boston Garden, Boston, Mass. *R* Mel Manning *P* International Boxing Club.

6/10/1955. W *Won* Carmen Basilio (145½) *Lost* Tony DeMarco (144¾). TKO 12/1:52 *S* War Memorial Auditorium, Syracuse, N.Y. *R* Harry Kessler *P* J.D. Norris–Norman Rothschild.

11/30/1955. W *Won* Carmen Basilio (145½) *Lost* Tony DeMarco (145½). TKO 12/1:54 *S* Boston Garden, Boston, Mass. *R* Mel Manning *P* International Boxing Club.

3/14/1956. W *Won* Johnny Saxton (146) *Lost* Carmen Basilio (146¾). Unan 15 *S* Chicago Stadium, Chicago, Ill. *R* Frank Gilmer *P* International Boxing Club.

9/12/1956. W *Won* Carmen Basilio (146¼) *Lost* Johnny Saxton (145¾). TKO 9/1:31 *S* War Memorial Auditorium, Syracuse, N.Y. *R* Al Berl *P* International Boxing Club.

2/22/1957. W *Won* Carmen Basilio (147) *Lost* Johnny Saxton (147). KO 2/2:42 *S* The Arena, Cleveland, Ohio *R* Tony LaBranche *P* International Boxing Club.

10/29/1957. Mass:W *Won* Virgil Akins (144½) *Lost* Tony DeMarco (146). KO 14/1:17 *S* Boston Garden, Boston, Mass. *R* Jim McCarron *P* International Boxing Club.

1/21/1958. Mass:W *Won* Virgil Akins (147) *Lost* Tony DeMarco (147). TKO 12/1:53 *S* Boston Garden, Boston, Mass. *R* Eddie Bradley *P* International Boxing Club.

6/5/1958. W *Won* Virgil Akins (146¾) *Lost* Vince Martinez (146¾). KO 4/0:52 *S* The Arena, St. Louis, Mo. *R* Harry Kessler *P* International Boxing Club.

12/5/1958. W *Won* Don Jordan (145) *Lost* Virgil Akins (145½). Unan 15 *S* Olympic Auditorium, Los Angeles, Ca. *R* Lee Grossman *P* International Boxing Club.

4/24/1959. W *Won* Don Jordan (146¾) *Lost* Virgil Akins (147). Unan 15 *S* Kiel Auditorium, St. Louis, Mo. *R* Harry Kessler *P* Int. B.C./Sam Muchnick.

7/10/1959. W *Won* Don Jordan (147) *Lost* Denny Moyer (146½). Unan 15 *S* Meadows Race Track, Portland, Ore. *R* Harry Volk *P* International Boxing Club.

5/27/1960. W *Won* Benny Paret (146½) *Lost* Don Jordan (144½). Unan

15 S Convention Center, Las Vegas, Nev. R Charles Randolph P Silver State Sports Club.

12/10/1960. W *Won* Benny Paret (147) *Lost* Federico Thompson (145½). Unan 15 S Madison Sq. Garden, New York, N.Y. R Arthur Mercante P M.S.G. Boxing, Inc.

4/1/1961. W *Won* Emile Griffith (145½) *Lost* Benny Paret (146½). KO 13/1:11 S Convention Hall, Miami Beach, Fla. R Jimmy Peerless P M.S.G. Boxing/C. Dundee.

6/3/1961. W *Won* Emile Griffith (145½) *Lost* Gaspar Ortega (146). TKO 12/0:48 S Olympic Auditorium, Los Angeles, Ca. R Tommy Hart P Olympic Boxing Club.

9/30/1961. W *Won* Benny Paret (146) *Lost* Emile Griffith (147). Split 15 S Madison Sq. Garden, New York, N.Y. R Al Berl P M.S.G. Boxing, Inc.

3/24/1962. W *Won* Emile Griffith (144) *Lost* Benny Paret (146½). KO 12/2:09 S Madison Sq. Garden, New York, N.Y. R Ruby Goldstein P M.S.G. Boxing, Inc.

7/13/1962. W *Won* Emile Griffith (145¼) *Lost* Ralph Dupas (145¾). Unan 15 S Convention Center, Las Vegas, Nev. R Frankie Van P Silver State Sports Club.

12/8/1962. W *Won* Emile Griffith (145) *Lost* Jorge Fernandez (147). TKO 9/1:34 S Convention Center, Las Vegas, Nev. R Harry Krause P Silver State Sports Club.

3/21/1963. W *Won* Luis Rodriguez (146) *Lost* Emile Griffith (145½). Unan 15 S Dodger Stadium, Chavez Ravine, Ca. R Tommy Hart P Olympic Boxing Club.

6/8/1963. W *Won* Emile Griffith (146½) *Lost* Luis Rodriguez (146½). Split 15 S Madison Sq. Garden, New York, N.Y. R Jimmy Devlin P M.S.G. Boxing, Inc.

6/12/1964. W *Won* Emile Griffith (146) *Lost* Luis Rodriguez (146½). Split 15 S Convention Center, Las Vegas, Nev. R Harry Krause P M.S.G./Silver State S.C.

9/22/1964. W *Won* Emile Griffith (145½) *Lost* Brian Curvis (145½). Ref 15 S Empire Pool, Wembley, Eng. R Harry Gibbs P Jack Solomons.

3/30/1965. W *Won* Emile Griffith (146½) *Lost* Jose Stable (146). Unan 15 S Madison Sq. Garden, New York, N.Y. R Arthur Mercante P M.S.G. Boxing, Inc.

12/10/1965. W *Won* Emile Griffith (146¼) *Lost* Manuel Gonzalez (146). Unan 15 S Madison Sq. Garden, New York, N.Y. R Arthur Mercante P M.S.G. Boxing, Inc.

8/6/1966. SA:W *Won* Willie Ludick (146½) *Lost* Jean Josselin (147). Unan 15 S Wembley Stadium, Johannesburg, S.A. R Wilf Garforth P Dave Levin Promos.

8/24/1966. WBA:W *Won* Curtis Cokes (145¾) *Lost* Manuel Gonzalez (147). Unan 15 S Municipal Stadium, New Orleans, La. R Pete Giarusso.

11/28/1966. WBA:W *Won* Curtis Cokes (145¾) *Lost* Jean Josselin (146¾). Unan 15 S Memorial Auditorium, Dallas, Texas R Dick Cole P Norman Levinson.

12/7/1966. CSAC:W *Won* Charlie Shipes (146) *Lost* Percy Manning (146). TKO 10/2:49 S High School Gymnasium, Hayward, Ca. R Vern Bybee.

5/19/1967. WBA:W *Won* Curtis Cokes (145) *Lost* Francois Pavilla (146¾). TKO 10/2:50 S Memorial Auditorium, Dallas, Texas R Pat Riley.

10/2/1967. WBA:W *Won* Curtis Cokes (145) *Lost* Charlie Shipes (145). KO 8/1:37 S Oakland Coliseum, Oakland, Calif. R Jack Downey P East Bay Boxing Club.

10/7/1967. SA:W *Won* Willie Ludick (146¾) *Lost* Carmelo Bossi (147). Unan 15 S Ellis Park Tennis Courts, Johannesburg, S.A. R Bill Godfrey P Dave Levin Promos.

11/25/1967. SA:W *Won* Willie Ludick (146¼) *Lost* Carmelo Bossi (147). Unan 15 S Ellis Park Tennis Courts, Johannesburg, S.A. R Bill Godfrey P Dave Levin Promos.

4/16/1968. W *Won* Curtis Cokes (145¾) *Lost* Willie Ludick (146¼). TKO 5/0:34 S Memorial Auditorium, Dallas, Texas R Lew Eskin.

10/21/1968. W *Won* Curtis Cokes (146½) *Lost* Ramon LaCruz (147). Unan 15 S Municipal Auditorium, New Orleans, La. R Herman Dutreix P Louis Messina.

4/18/1969. W *Won* Jose Napoles (143) *Lost* Curtis Cokes (145½). TKO 14/* S The Forum, Inglewood, Calif. R George Latka P George Parnassus.

6/29/1969. W *Won* Jose Napoles (145) *Lost* Curtis Cokes (146½). TKO 11/* S Plaza Monumental, Mexico City, Mex. R Ramon Berumen P Pablo Ochoa.

10/17/1969. W *Won* Jose Napoles (144¾) *Lost* Emile Griffith (144½). Unan 15 S The Forum, Inglewood, Calif. R Dick Young P George Parnassus.

2/15/1970. W *Won* Jose Napoles (145½) *Lost* Ernie Lopez (146). TKO 15/2:38 S The Forum, Inglewood, Calif. R Larry Rozadilla P George Parnassus.

12/3/1970. W *Won* Billy Backus (146½) *Lost* Jose Napoles (144¼). TKO 4/0:55 S War Memorial Auditorium, Syracuse, N.Y. R Jack Millicent P Canastota B.C. (Joe Rinaldi).

6/4/1971. W *Won* Jose Napoles (146) *Lost* Billy Backus (145¾). TKO 4/1:53 S The Forum, Inglewood, Calif. R Dick Young P George Parnassus.

12/14/1971. W *Won* Jose Napoles (145½) *Lost* Hedgemon Lewis (144¾). Unan 15 S The Forum, Inglewood, Calif. R Larry Rozadilla P George Parnassus.

3/28/1972. W *Won* Jose Napoles (146¼) *Lost* Ralph Charles (147). KO 7/2:52 S Empire Pool, Wembley, Eng. R James Brimmell P Int. S.C. (Duff-Astaire).

6/10/1972. W *Won* Jose Napoles (146) *Lost* Adolph Pruitt (143½). TKO 2/2:10 S Memorial Plaza, Monterrey, Mex. R Octavio Meyran.

6/16/1972. NYAC:W *Won* Hedgemon Lewis (147) *Lost* Billy Backus (147). Unan 15 S War Memorial Auditorium, Syracuse, N.Y. R Arthur Mercante P Canastota B.C. (Joe Rinaldi).

12/8/1972. NYAC:W *Won* Hedgemon Lewis (145) *Lost* Billy Backus (145). Unan 15 S War Memorial Auditorium, Syracuse, N.Y. R Tony Phillips P Canastota B.C. (Joe Rinaldi).

2/28/1973. W *Won* Jose Napoles (146½) *Lost* Ernie Lopez (146½). KO 7/1:36 S The Forum, Inglewood, Calif. R Dick Young P George Parnassus.

6/23/1973. W *Won* Jose Napoles (146) *Lost* Roger Menetry (145). Unan 15 S Sports Palace, Grenoble, France R Roland Dakin P Gilbert Benaim/Charles Michaelis.

9/22/1973. W *Won* Jose Napoles (147) *Lost* Clyde Gray (147). Unan 15 S Maple Leaf Garden, Toronto, Ont. R Jay Edson P Top Rank/Ballard/Elbaum.

8/3/1974. W *Won* Jose Napoles (145) *Lost* Hedgemon Lewis (141). TKO 9/2:34 S Sports Palace, Mexico City, Mex. R Ramon Berumen P Pronessa (Jaime DeHaro).

12/14/1974. W *Won* Jose Napoles (146½) *Lost* Horacio Saldano (143). KO 3/1:55 S Sports Palace, Mexico City, Mex. R Ramon Berumen P Pronessa (Jaime DeHaro).

3/30/1975. W *Won* Jose Napoles (147) *Lost* Armando Muniz (145). TWu 12/0:50 S Convention Center, Acapulco, Mex. R Ramon Berumen P Pronessa (Jaime DeHaro).

6/28/1975. WBA:W *Won* Angel Espada (145¾) *Lost* Clyde Gray (144½). Unan 15 S R. Clemente Coliseum, Hato Rey, P.R. R Isaac Herrera.

7/12/1975. WBC:W *Won* Jose Napoles (146) *Lost* Armando Muniz (146½). Unan 15 S Sports Palace, Mexico City, Mex. R Octavio Meyran P Pronessa (Jaime DeHaro).

10/11/1975. WBA:W *Won* Angel Espada (143½) *Lost* Johnny Gant (144). Unan 15 S Paquito Montaner Stadium, Ponce, P.R. R Waldemar Schmidt.

12/6/1975. WBC:W *Won* John H. Stracey (145) *Lost* Jose Napoles (147). TKO 6/2:30 S Plaza Monumental, Mexico City, Mex. R Octavio Meyran P Pronessa (Jaime DeHora).

3/20/1976. WBC:W *Won* John H. Stracey (146¼) *Lost* Hedgemon Lewis (146¾). TKO 10/1:25 S Empire Pool, Wembley, Eng. R Harry Gibbs P Int. S.C. (Duff-Astaire).

6/22/1976. WBC:W *Won* Carlos Palomino (145¼) *Lost* John H. Stracey (146). TKO 12/1:35 S Empire Pool, Wembley, Eng. R Sid Nathan P Int. S.C. (Duff-Astaire).

7/17/1976. WBA:W *Won* Pipino Cuevas (146) *Lost* Angel Espada (145). TKO 2/1:00 *S* Plaza Calafia, Mexicali, B.C.N., Mex. *R* Isidro Rodriguez.

10/27/1976. WBA:W *Won* Pipino Cuevas (145¾) *Lost* Shoji Tsujimoto (146¾). KO 6/2:29 *S* Jissen Rinri Stadium, Kanazawa, Japan *R* Carlos Berrocal *P* Kawaragi Promotions.

1/22/1977. WBA:W *Won* Carlos Palomino (146½) *Lost* Armando Muniz (147). TKO 15/2:26 *S* Olympic Auditorium, Los Angeles, Ca. *R* John Thomas *P* Olympic Boxing Club.

3/12/1977. WBA:W *Won* Pipino Cuevas (146½) *Lost* Miguel Campanino (146½). KO 2/2:05 *S* Toreo de Cuatro Caminos, Mexico City, Mex. *R* Isaac Herrera.

6/14/1977. WBC:W *Won* Carlos Palomino (147) *Lost* Dave (Boy) Green (146¾). KO 11/2:05 *S* Empire Pool, Wembley, Eng. *R* James Brimmell *P* Int. S.C. (Duff-Astaire).

8/6/1977. WBA:W *Won* Pipino Cuevas (145½) *Lost* Clyde Gray (147). KO 2/1:28 *S* Olympic Auditorium, Los Angeles, Ca. *R* Chuck Hassett *P* Olympic Boxing Club.

9/13/1977. WBC:W *Won* Carlos Palomino (147) *Lost* Everaldo Azevedo (145½). Unan 15 *S* Olympic Auditorium, Los Angeles, Ca. *R* Dick Young *P* Olympic Boxing Club.

11/19/1977. WBA:W *Won* Pipino Cuevas (147) *Lost* Angel Espada (146½). TKO 12/* *S* R. Clemente Coliseum, Hato Rey, P.R. *R* Jesus Celis.

12/10/1977. WBC:W *Won* Carlos Palomino (147) *Lost* Jose Palacios (146½). KO 13/0:49 *S* Olympic Auditorium, Los Angeles, Ca. *R* John Thomas *P* Olympic Boxing Club.

2/11/1978. WBC:W *Won* Carlos Palomino (147) *Lost* Ryu Sorimachi (147). KO 7/2:03 *S* Las Vegas Hilton, Las Vegas, Nev. *R* Ferd Hernandez *P* Top Rank/Olympic B.C.

3/4/1978. WBA:W *Won* Pipino Cuevas (146¼) *Lost* Harold Weston, Jr. (146½). TKO 10/* *S* Olympic Auditorium, Los Angeles, Ca. *R* Martin Denkin *P* Olympic Boxing Club.

3/18/1978. WBC:W *Won* Carlos Palomino (147) *Lost* Mimoun Mohatar (145¼). TKO 9/0:57 *S* Aladdin Hotel, Las Vegas, Nev. *R* Charles Roth *P* Top Rank/Mel Greb.

5/20/1978. WBA:W *Won* Pipino Cuevas (146¾) *Lost* Billy Backus (146¼). TKO 2/* *S* The Forum, Inglewood, Calif. *R* Carlos Berrocal.

5/27/1978. WBC:W *Won* Carlos Palomino (147) *Lost* Armando Muniz (146). Unan 15 *S* Olympic Auditorium, Los Angeles, Ca. *R* Rudy Ortega *P* Olympic Boxing Club.

9/9/1978. WBA:W *Won* Pipino Cuevas (146¼) *Lost* Pete Ranzany (146). TKO 2/1:57 *S* Hughes Stadium, Sacramento, Calif. *R* Isidro Rodriguez *P* Magnaverde Promotions.

1/14/1979. WBC:W *Won* Wilfred Benitez (146) *Lost* Carlos Palomino (146½). Split 15 *S* Hiram Bithorn Stadium, San Juan, P.R. *R* Jay Edson *P* Top Rank, Inc.

1/29/1979. WBA:W *Won* Pipino Cuevas (146) *Lost* Scott Clark (145½). TKO 2/2:15 *S* The Forum, Inglewood, Calif. *R* Luis Sulbaran.

3/25/1979. WBC:W *Won* Wilfred Benitez (147) *Lost* Harold Weston, Jr. (147). Unan 15 *S* Hiram Bithorn Stadium, San Juan, P.R. *R* Richard Steele *P* Top Rank, Inc.

7/30/1979. WBA:W *Won* Pipino Cuevas (146½) *Lost* Randy Shields (142½). Unan 15 *S* International Amphitheatre, Chicago, Ill. *R* Luis Sulbaran.

11/30/1979. WBC:W *Won* Ray Leonard (146) *Lost* Wilfred Benitez (144½). TKO 15/2:54 *S* Caesars Palace, Las Vegas, Nev. *R* Carlos Padilla *P* Top Rank, Inc.

12/8/1979. WBA:W *Won* Pipino Cuevas (146) *Lost* Angel Espada (144½). TKO 10/2:03 *S* Sports Arena, Los Angeles, Calif. *R* Terry Smith.

3/31/1980. WBC:W *Won* Ray Leonard (147) *Lost* Dave (Boy) Green (147). KO 4/2:27 *S* Capital Centre, Landover, Md. *R* Arthur Mercante *P* Top Rank, Inc.

4/6/1980. WBA:W *Won* Pipino Cuevas (146½) *Lost* Harold Volbrecht (146¾). KO 5/1:19 *S* Astro Arena, Houston, Texas *R* Carlos Berrocal.

6/20/1980. WBC:W *Won* Roberto Duran (145¼) *Lost* Ray Leonard (145). Unan 15 *S* Olympic Stadium, Montreal, Que., Can. *R* Carlos Padilla *P* Top Rank, Inc./Don King.

8/2/1980. WBA:W *Won* Thomas Hearns (146½) *Lost* Pipino Cuevas (146). TKO 2/2:39 *S* Joe Louis Arena, Detroit, Mich. *R* Stan Christodoulou *P* Muhammad Ali Pro. Sports.

11/25/1980. WBC:W *Won* Ray Leonard (146) *Lost* Roberto Duran (146). TKO 8/2:44 *S* Superdome, New Orleans, La. *R* Octavio Meyran *P* Don King Productions.

12/6/1980. WBA:W *Won* Thomas Hearns (146½) *Lost* Luis Primera (146¾). KO 6/2:00 *S* Joe Louis Arena, Detroit, Mich. *R* Ismael Fernandez *P* Muhammad Ali Pro. Sports.

3/28/1981. WBC:W *Won* Ray Leonard (145½) *Lost* Larry Bonds (144¾). TKO 10/2:22 *S* Carrier Dome, Syracuse, N.Y. *R* Arthur Mercante *P* Top Rank, Inc.

4/25/1981. WBC:W *Won* Thomas Hearns (146) *Lost* Randy Shields (146½). TKO 13/* *S* Veterans Coliseum, Phoenix, Ariz. *R* Robert Ferrera *P* Top Rank, Inc.

6/25/1981. WBA:W *Won* Thomas Hearns (147) *Lost* Pablo Baez (144¾). TKO 4/2:10 *S* Astrodome, Houston, Texas *R* Ken Morita *P* Top Rank, Inc.

9/16/1981. W *Won* Ray Leonard (146) *Lost* Thomas Hearns (145). TKO 14/1:45 *S* Caesars Palace, Las Vegas, Nev. *R* David Pearl *P* Main Events Productions.

2/15/1982. W *Won* Ray Leonard (146) *Lost* Bruce Finch (145¼). TKO 3/1:50 *S* Centennial Col, Reno. *R* Mills Lane *P* Main Events Productions.

2/13/1983. WBA:W *Won* Don Curry (146¼) *Lost* Juk-Sok Hwang (147). Unan 15 *S* Civic Center, Ft. Worth, Texas *R* Roberto Ramirez *P* Top Rank/Robt. Sawyer.

3/19/1983. WBC:W *Won* Milton McCrory (146½) *Lost* Colin Jones (146). Draw 12 *S* Convention Center, Reno, Nev. *R* Octavio Meyran *P* Don King Productions.

8/13/1983. WBC:W *Won* Milton McCrory (147) *Lost* Colin Jones (146½). Split 12 *S* Dunes Hotel, Las Vegas, Nev. *R* Isaac Herrera *P* Don King Productions.

9/3/1983. WBA:W *Won* Don Curry (147) *Lost* Roger Stafford (147). TKO 1/1:42 *S* Municipal Stadium, Marsala, Sicily *R* Stan Christodoulou *P* Top Rank, Inc.

1/14/1984. WBC:W *Won* Milton McCrory (147) *Lost* Milton Guest (147). TKO 6/3:06 *S* Premier Center, Sterling Height, Mich. *R* Zack Clayton *P* Don King Productions.

2/4/1984. WBA:W *Won* Don Curry (147) *Lost* Marlon Starling (146). Unan 15 *S* Bally's Park Place Hotel, Atlantic City, N.J. *R* Joe Cortez *P* Top Rank/Frank Gelb.

4/15/1984. WBC:W *Won* Milton McCrory (146½) *Lost* Gilles Elbilia (146). TKO 6/1:08 *S* Cobo Hall, Detroit, Mich. *R* Carlos Padilla *P* Don King/Gold Circle.

4/21/1984. WBA:W *Won* Don Curry (147) *Lost* Elio Diaz (145½). TKO 8/* *S* Will Rogers Coliseum, Ft. Worth, Texas *R* Stan Christodoulou *P* Top Rank/Robt. Sawyer.

9/22/1984. WBA:W *Won* Don Curry (147) *Lost* Nino LaRocca (146¾). TKO 6/1:27 *S* Circus Pavilion, Monte Carlo, Monaco *R* Stan Christodoulou *P* Top Rank, Inc.

1/19/1985. WBA:W *Won* Don Curry (147) *Lost* Colin Jones (146). TKO 4/0:36 *S* National Exhibition Centre, Birmingham, Eng. *R* Ismael Fernandez *P* Frank Warren Productions.

3/9/1985. WBC:W *Won* Milton McCrory (147) *Lost* Pedro Vilella (142). Unan 12 *S* Palais Omnisports de Bercy, Paris, France *R* Angelo Poletti *P* Top Rank, Inc.

7/14/1985. WBC:W *Won* Milton McCrory (147) *Lost* Carlos Trujillo (146½). TKO 3/1:59 *S* Louis II Stadium, Monte Carlo, Mon. *R* Rudy Ortega *P* Top Rank, Inc.

12/6/1985. W *Won* Don Curry (146¾) *Lost* Milton McCrory (146¾). KO 2/1:53 *S* Las Vegas Hilton, Las Vegas. *R* Mills Lane *P* Top Rank, Inc.

3/9/1986. W *Won* Don Curry (146¾) *Lost* Eduardo Rodriguez (146½). KO 2/2:29 *S* Will Rogers Coliseum, Ft. Worth, Texas *R* Hubert Earle *P* Top Rank/Ten-Count.

9/27/1986. W *Won* Lloyd Honeyghan (146½) *Lost* Don Curry (146½). TKO 7/* *S* Caesars Hotel, Atlantic City, N.J. *R* Octavio Meyran *P* Top Rank, Inc.

2/6/1987. WBA:W *Won* Mark Breland (146) *Lost* Harold Volbrecht (146½). KO 7/2:07 *S* Trump Plaza Hotel, Atlantic City, N.J. *R* Tony Perez *P* Main Events-Monitor, Inc.

2/22/1987. IBF:W *Won* Lloyd Honeyghan (146½) *Lost* Johnny Bumphus (145½). TKO 2/0:55 *S* Conference Centre, Wembley, Eng. *R* Sam Williams *P* Mike Barrett-Mickey Duff.

4/18/1987. BCBF:W *Won* Lloyd Honeyghan (147) *Lost* Maurice Blocker (146¾). Unan 12 *S* Royal Albert Hall, London, Eng. *R* Bob Logist *P* Mike Barrett-Mickey Duff.

8/22/1987. WBA:W *Won* Marlon Starling (146) *Lost* Mark Breland (146). KO 11/1:38 *S* Township Auditorium, Columbia, S.C. *R* Tony Perez *P* Main Events-Monitor, Inc.

8/30/1987. WBC:W *Won* Lloyd Honeyghan (147) *Lost* Gene Hatcher (147). KO 1/0:45 *S* Nueva Andalucia Bullring, Marbella, Spain *R* Jean Deswerts *P* Mike Barrett-Mickey Duff.

10/28/1987. WBC:W *Won* Lloyd Honeyghan (146½) *Lost* Jorge Vaca (146¾). TWs 8/2:00 *S* Wembley Arena Grand Hall, Wembley, Eng. *R* Henry Elesperu *P* Mike Barrett-Mickey Duff.

2/5/1988. WBA:W *Won* Marlon Starling (145) *Lost* Fujio Ozaki (146¼). Unan 12 *S* Convention Center, Atlantic City, N.J. *R* Steve Smoger *P* Cedric Kushner Promos.

3/29/1988. WBC:W *Won* Lloyd Honeyghan (145¾) *Lost* Jorge Vaca (146½). KO 3/2:58 *S* Wembley Arena, Wembley, Eng. *R* Joe Cortez *P* Mickey Duff.

4/16/1988. WBA:W *Won* Marlon Starling (146½) *Lost* Mark Breland (146). Draw 12 *S* Las Vegas Hilton, Las Vegas, Nev. *R* Mills Lane *P* King/Main Events/Kushner.

4/23/1988. IBF:W *Won* Simon Brown (146) *Lost* Tyrone Trice (146). TKO 14/2:29 *S* Palais des Sports, Berck-sur-Mer, France *R* Steve Smoger *P* Sports Loisirs Artistique.

7/16/1988. IBF:W *Won* Simon Brown (146¼) *Lost* Jorge Vaca (146¾). TKO 3/2:05 *S* National Stadium, Kingston, Jamaica *R* Rudy Battle *P* LKB Promotions.

7/29/1988. WBA:W *Won* Tomas Molinares (146¾) *Lost* Marlon Starling (147). KO 6/3:10 *S* Trump Plaza Hotel, Atlantic City, N.J. *R* Joe Cortez *P* Main Events-Monitor/Kushner.

7/29/1988. WBC:W *Won* Lloyd Honeyghan (147) *Lost* Yung-Kil Chung (146¾). TKO 5/0:42 *S* Trump Plaza Hotel, Atlantic City, N.J. *R* Tony Orlando *P* Main Events-Monitor/Kushner.

10/14/1988. IBF:W *Won* Simon Brown (147) *Lost* Mauro Martelli (146¼). Unan 12 *S* Patinoire de Malley, Lausanne, Switz. *R* Steve Smoger *P* Sports Loisirs Artistique.

2/4/1989. WBA:W *Won* Mark Breland (147) *Lost* Seung-Soon Lee (146). TKO 1/0:54 *S* Caesars Palace, Las Vegas, Nev. *R* Richard Steele *P* Main Events, Inc.

2/4/1989. WBC:W *Won* Marlon Starling (146) *Lost* Lloyd Honeyghan (146½). TKO 9/1:19 *S* Caesars Palace, Las Vegas, Nev. *R* Mills Lane *P* Main Events, Inc.

2/18/1989. IBF:W *Won* Simon Brown (146) *Lost* Jorge Maysonet (147). TKO 3/2:01 *S* Sportscarnok Hall, Budapest, Hungary *R* Rudy Battle *P* LKB Promotions.

4/27/1989. IBF:W *Won* Simon Brown (147) *Lost* Al Long (146½). KO 7/2:21 *S* Starplex Armory, Washington, D.C. *R* Tony Orlando *P* LKB Promotions.

5/8/1989. WBO:W *Won* Genaro Leon (147) *Lost* Danny Garcia (147). KO 1/2:58 *S* Santa Ana Stadium, Santa Ana, California. *R* John Thomas.

9/15/1989. WBC:W *Won* Marlon Starling (146) *Lost* Yung-Kil Chung (147). Unan 12 *S* Civic Center, Hartford, Conn. *R* Arthur Mercante *P* Kushner/Main Events-Monitor.

10/13/1989. WBA:W *Won* Mark Breland (146½) *Lost* Mauro Martelli (146½). TKO 2/1:15 *S* Ice Palace, Geneva, Switzerland *R* John Coyle *P* Daniel Perroud/Sports Loisirs.

11/9/1989. IBF:W *Won* Simon Brown (146½) *Lost* Luis Santana (146½). Unan 12 *S* Civic Center, Springfield, Mass. *R* Matt Mullaney *P* LKB Promotions.

12/10/1989. WBA:W *Won* Mark Breland (146¼) *Lost* Fujio Ozaki (146¾). TKO 4/0:35 *S* Korakuen Hall, Tokyo, Japan *R* Julio C. Alvarado *P* Teiken Boxing.

12/15/1989. WBO:W *Won* Manning Galloway *Lost* Veabro Boykin. Unan 12 *S* Yabucoa Basketball Court, Yabucoa, P.R.

3/3/1990. WBA:W *Won* Mark Breland (146½) *Lost* Lloyd Honeyghan (147). TKO 3/2:15 *S* Wembley Arena, Wembley, Eng. *R* Julio C. Alvarado *P* National Promotions.

4/1/1990. IBF:W *Won* Simon Brown (146½) *Lost* Tyrone Trice (147). TKO 10/0:51 *S* Starplex Armory, Washington, D.C. *R* Steve Smoger *P* Capitol City Promotions.

7/8/1990. WBA:W *Won* Aaron Davis (146) *Lost* Mark Breland (146¼). KO 9/2:56 *S* Harrah's Hotel and Casino, Reno, Nev. *R* Mills Lane *P* Main Events/M.S.G. Boxing.

8/19/1990. WBC:W *Won* Maurice Blocker (146) *Lost* Marlon Starling (146). Maj 12 *S* Bally's Hotel and Casino, Reno, Nev. *R* Mills Lane *P* Cedric Kushner Promos.

8/25/1990. WBO:W *Won* Manning Galloway (147) *Lost* Nika Khumalo (145½). Unan 12 *S* Central Maine Youth Center, Lewiston, Me. *R* Roberto Ramirez *P* Ray Sepulveda.

1/19/1991. WBA:W *Won* Meldrick Taylor (145) *Lost* Aaron Davis (145½). Unan 12 *S* Convention Center, Atlantic City, N.J. *R* Arthur Mercante *P* Main Events/M.S.G. Boxing.

2/15/1991. WBO:W *Won* Manning Galloway (145½) *Lost* Gert Bo Jacobsen (147). TKO 9/* *S* Randershallen, Randers, Denmark *R* Mariano Soto *P* International Entertainment.

3/18/1991. BCBF:W *Won* Simon Brown (147) *Lost* Maurice Blocker (146). TKO 10/2:10 *S* Mirage Hotel & Casino, Las Vegas, Nev. *R* Mills Lane *P* Don King Productions.

5/17/1991. WBO:W *Won* Manning Galloway (146½) *Lost* Racheed Lawal (143). TKO 8/* *S* K.B. Hallen, Copenhagen, Denmark *R* Wiso Fernandez *P* International Entertainment.

6/1/1991. WBA:W *Won* Meldrick Taylor (146¾) *Lost* Luis G. Garcia (146¾). Split 12 *S* Radisson Hotel, Palm Springs, Calif. *R* Lou Moret *P* Main Events/Ten Goose.

9/15/1991. WBO:W *Won* Manning Galloway (146½) *Lost* Jeff Malcolm (145¼). Unan 12 *S* Jupiter's Casino, Broadbeach, Qld., Aus. *R* Rudy Ortega *P* Good Sport International.

10/4/1991. IBF:W *Won* Maurice Blocker (147) *Lost* Glenwood Brown (147). Split 12 *S* Resort Int. Hotel, Atlantic City, N.J. *R* Joe Cortez *P* M.S.G. Boxing/Butch Lewis.

11/29/1991. WBC:W *Won* Buddy McGirt (145) *Lost* Simon Brown (147). Unan 12 *S* Mirage Hotel & Casino, Las Vegas, Nev. *R* Mills Lane *P* Don King/M.S.G. Boxing.

12/14/1991. WBO:W *Won* Manning Galloway (147) *Lost* Nika Khumalo (145¾). Split 12 *S* Green Point Stadium, Cape Town, S.A. *R* Al Munoz *P* World Sport Promotions.

1/18/1992. WBA:W *Won* Meldrick Taylor (146¼) *Lost* Glenwood Brown (146½). Unan 12 *S* Civic Center, Philadelphia, Pa. *R* Rudy Battle *P* Main Events/M.S.G. Boxing.

6/25/1992. WBC:W *Won* Buddy McGirt (144) *Lost* Patrizio Oliva (146¼). Unan 12 *S* Acquaflash di Licola, Naples, Italy *R* Arthur Mercante *P* Elio Cotena.

7/25/1992. WBO:W *Won* Manning Galloway (147) *Lost* Pat Barrett (144¾). Unan 12 *S* G-Mex Centre, Manchester, Eng. *R* Stan Christodoulou *P* Frank Warren Productions.

8/28/1992. IBF:W *Won* Maurice Blocker (147) *Lost* Luis G. Garcia (147). Split 12 *S* Trump Plaza Hotel, Atlantic City, N.J. *R* Frank Cappuccino *P* Butch Lewis Productions.

10/31/1992. WBA:W *Won* Crisanto Espana (147) *Lost* Meldrick Taylor (146½). TKO 8/2:11 *S* Earls Court, London, Eng. *R* John Coyle *P* Champion/Main Events/3M.

11/27/1992. WBO:W *Won* Manning Galloway (146½) *Lost* Gert Bo Jacobsen (145). NC 1 *S* Randershallen, Randers, Denmark *R* Ismael Quinones *P* International Entertainment.

1/12/1993. WBC:W *Won* Buddy McGirt (147) *Lost* Genaro Leon (147). Unan 12 *S* M.S.G. Theater, New York, N.Y. *R* Arthur Mercante, Jr. *P* M.S.G. Boxing, Inc.

2/12/1993. WBO:W *Won* Gert Bo Jacobsen (146¾) *Lost* Manning Galloway (146¾). Unan 12 *S* Randershallen, Randers, Denmark *R* Ismael Fernandez *P* International Entertainment.

3/6/1993. WBC:W *Won* Pernell Whitaker (146¼) *Lost* Buddy McGirt (147). Unan 12 *S* Madison Sq. Garden, New York, N.Y. *R* Larry Hazzard *P* M.S.G. Boxing/Main Events.

5/5/1993. WBA:W *Won* Crisanto Espana (147) *Lost* Rodolfo Aguilar (145¾). Unan 12 *S* Ulster Hall, Belfast, No. Ireland *R* John Coyle *P* Eastwood Promotions.

6/19/1993. IBF:W *Won* Felix Trinidad (145½) *Lost* Maurice Blocker (146). KO 2/1:49 *S* Sports Arena, San Diego, Calif. *R* Robert Byrd *P* Don King Productions.

8/6/1993. WBO:W *Won* Felix Trinidad (146½) *Lost* Luis G. Garcia (147). TKO 1/2:31 *S* R. Rodriguez Coliseum, Bayamon, P.R. *R* Waldemar Schmidt *P* Don King Productions.

9/10/1993. WBC:W *Won* Pernell Whitaker (145) *Lost* Julio C. Chavez (142). Draw 12 *S* The Alamodome, San Antonio, Texas *R* Joe Cortez *P* King/Main Events-Monitor.

10/9/1993. WBA:W *Won* Crisanto Espana (147) *Lost* Donovan Boucher (147). TKO 10/2:31 *S* Old Trafford Stadium, Manchester, Eng. *R* John Coyle *P* Matchroom Boxing Ltd.

10/16/1993. WBO:W *Won* Eamonn Loughran (146) *Lost* Lorenzo Smith (146½). Unan 12 *S* King's Hall, Belfast, No. Ireland *R* Knud Jensen *P* Matchroom Boxing Ltd.

10/23/1993. IBF:W *Won* Felix Trinidad (147) *Lost* Anthony Stephens (145). KO 10/3:09 *S* Convention Center, Ft. Lauderdale, Fla. *R* Bill Connors *P* Don King Productions.

1/22/1994. WBO:W *Won* Eamonn Loughran (146¾) *Lost* Alessandro Duran (144¼). Unan 12 *S* King's Hall, Belfast, No. Ireland *R* Ron Lipton *P* Matchroom Boxing Ltd.

1/29/1994. IBF:W *Won* Felix Trinidad (147) *Lost* Hector Camacho (147). Unan 12 *S* MGM Grand, Las Vegas *R* Joe Cortez *P* Don King Prods.

4/9/1994. WBC:W *Won* Pernell Whitaker (147) *Lost* Santos Cardona (146½). Unan 12 *S* The Scope, Norfolk, Va. *R* Alan Rothenburg *P* Main Events, Inc.-Monitor.

6/4/1994. WBA:W *Won* Ike Quartey (147) *Lost* Crisanto Espana (147). TKO 11/0:57 *S* Cerdan Sports Palace, Levallois, France *R* Julio C. Alvarado *P* A.B. Stars, Inc.

9/17/1994. IBF:W *Won* Felix Trinidad (146½) *Lost* L. Ramon Campas (146½). TKO 4/2:41 *S* MGM Grand Garden, Las Vegas, Nev. *R* Richard Steele *P* Don King Productions.

10/1/1994. WBA:W *Won* Ike Quartey (144¾) *Lost* Alberto Cortes (146). TKO 5/2:03 *S* Arena de Cosets, Carpentras, France *R* Stan Christodoulou *P* A.B. Stars, Inc.

10/1/1994. WBC:W *Won* Pernell Whitaker (147) *Lost* Buddy McGirt (146). Unan 12 *S* The Scope, Norfolk, Va. *R* Bill Connors *P* Main Events.

12/10/1994. IBF:W *Won* Felix Trinidad (146½) *Lost* Oba Carr (145). TKO 8/2:41 *S* Estadio de Beisbol, Monterrey, Mex. *R* Robert Gonzalez *P* Don King Productions.

12/10/1994. WBO:W *Won* Eamonn Loughran (146½) *Lost* Manning Galloway (146). TWu 4 *S* G-Mex Centre, Manchester, Eng. *R* Luis Fernandez *P* Matchroom Boxing Ltd.

3/4/1995. WBA:W *Won* Ike Quartey (147) *Lost* Jung-Oh Park (147). TKO 4/2:35 *S* Convention Hall, Atlantic City, N.J. *R* Earl Morton *P* Main Events, Inc.

4/8/1995. IBF:W *Won* Felix Trinidad (147) *Lost* Roger Turner (147). TKO 2/2:28 *S* Caesars Palace, Las Vegas, Nev. *R* Mitch Halpern *P* Don King Productions.

5/27/1995. WBO:W *Won* Eamonn Loughran (147) *Lost* Angel Beltre (145¾). NC 3/2:23 *S* King's Hall, Belfast, No. Ireland *R* Roberto Ramirez *P* Matchroom Boxing Ltd.

8/23/1995. WBA:W *Won* Ike Quartey (145¼) *Lost* Andrew Murray (145½). TKO 4/0:44 *S* La Palestre, Le Cannet, France *R* Carlos Berrocal *P* A.B. Stars, Inc.

8/26/1995. WBO:W *Won* Eamonn Loughran (147) *Lost* Tony Gannarelli (146). TKO 6/1:52 *S* Ulster Hall, Belfast, No. Ireland *R* Roy Francis *P* Matchroom Boxing Ltd.

8/26/1995. WBC:W *Won* Pernell Whitaker (147) *Lost* Gary Jacobs (147). Unan 12 *S* Convention Hall, Atlantic City, N.J. *R* Ron Lipton *P* Main Events, Inc.

10/7/1995. WBO:W *Won* Eamonn Loughran (146¼) *Lost* Angel Beltre (145½). Unan 12 *S* Ulster Hall, Belfast, No. Ireland *R* Ismael Fernandez *P* Matchroom Boxing Ltd.

11/18/1995. IBF:W *Won* Felix Trinidad (147) *Lost* Larry Barnes (146). TKO 4/2:54 *S* Convention Hall, Atlantic City, N.J. *R* Benji Esteves *P* Main Events/Square Ring.

11/18/1995. WBC:W *Won* Pernell Whitaker (147) *Lost* Jake Rodriguez (146¼). KO 6/2:45 *S* Convention Hall, Atlantic City, N.J. *R* Frank Cappuccino *P* Main Events/Square Ring.

2/10/1996. IBF:W *Won* Felix Trinidad (147) *Lost* Rodney Moore (147). TKO 5/* *S* MGM Grand Garden, Las Vegas, Nev. *R* Mitch Halpern *P* Don King Productions.

4/12/1996. WBA:W *Won* Ike Quartey (147) *Lost* Vincent Phillips (147). TKO 3/2:31 *S* Atlantis Casino, Cupecoy Bay, St. Maarten *R* Julio C. Alvarado *P* Main Events/A.B. Stars.

4/12/1996. WBC:W *Won* Pernell Whitaker (147) *Lost* Wilfredo Rivera (147). Split 12 *S* Atlantis Casino, Cupecoy Bay, St. Maarten *R* Larry O'Connell *P* Main Events/A.B. Stars.

4/13/1996. WBO:W *Won* Jose Luis Lopez (146½) *Lost* Eamonn Loughran (146¾). TKO 1/0:51 *S* Everton Park Sports Centre, Liverpool, Eng. *R* Roy Francis *P* Matchroom Boxing Ltd.

5/18/1996. IBF:W *Won* Felix Trinidad (147) *Lost* Fred Pendleton (147). KO 5/1:30 *S* Mirage, Las Vegas *R* Richard Steele *P* Don King Productions.

9/7/1996. IBF:W *Won* Felix Trinidad (147) *Lost* Ray Lovato (146½). TKO 6/1:57 *S* MGM Grand Garden, Las Vegas, Nev. *R* Mitch Halpern *P* Don King Productions.

9/20/1996. WBC:W *Won* Pernell Whitaker (147) *Lost* Wilfredo Rivera (147). Unan 12 *S* Hyatt Regency Knight Center, Miami, Fla. *R* Frank Santore *P* Main Events-Monitor, Inc.

10/4/1996. WBA:W *Won* Ike Quartey (147) *Lost* Oba Carr (147). Maj 12 *S* M.S.G. Theater, New York, N.Y. *R* Arthur Mercante *P* Square Ring/A.B. Stars.

10/6/1996. WBO:W *Won* Jose Luis Lopez (147) *Lost* L. Ramon Campas (147). TKO 6/* *S* Sports Arena, Los Angeles, Calif. *R* Raul Caiz *P* Main Events/Don Chargin.

1/11/1997. IBF:W *Won* Felix Trinidad (147) *Lost* Kevin Lueshing (146¼). TKO 3/2:59 *S* Nashville Arena, Nashville, Tenn. *R* Denny Nelson *P* Don King Productions.

1/24/1997. WBC:W *Won* Pernell Whitaker (147) *Lost* Diobelys Hurtado (146). KO 11/1:52 *S* Convention Hall, Atlantic City, N.J. *R* Arthur Mercante, Jr. *P* Main Events, Inc.

2/22/1997. WBO:W *Won* Michael Loewe (145½) *Lost* Santiago Samaniego (145). Unan 12 *S* Sporthalle Wandsbek, Hamburg, Ger. *R* Genaro Rodriguez *P* Universum Box Promo.

4/12/1997. WBC:W *Won* Oscar de la Hoya (146½) *Lost* Pernell Whitaker (146½). Unan 12 *S* Thomas & Mack Center, Las Vegas, Nev. *R* Mills Lane *P* Top Rank/Main Ev./Caesars.

4/18/1997. WBA:W *Won* Ike Quartey (146½) *Lost* Ralph Jones (147). TKO 5/1:08 *S* Las Vegas Hilton, Las Vegas, Nev. *R* Joe Cortez *P* Main Events/A.B. Stars.

6/14/1997. WBC:W *Won* Oscar de la Hoya (147) *Lost* David Kamau (146¾). KO 2/2:54 *S* The Alamodome, San Antonio, Texas *R* Laurence Cole *P* Top Rank, Inc.

9/13/1997. WBC:W *Won* Oscar de la Hoya (147) *Lost* Hector Camacho (147). Unan 12 *S* Thomas & Mack Center, Las Vegas, Nev. *R* Richard Steele *P* Top Rank, Inc.

9/20/1997. WBO:W *Won* Michael Loewe (145¼) *Lost* Michael Carruth (145). Maj 12 *S* Tivoli Eissporthalle, Aachen, Ger. *R* Rudy Battle *P* Kushner/Universum Box.

10/17/1997. WBA:W *Won* Ike Quartey (146) *Lost* Jose Luis Lopez (146½). Draw 12 *S* Foxwoods Resort, Mashantucket, Conn. *R* Steve Smoger *P* Main Events/A.B. Stars.

12/6/1997. WBC:W *Won* Oscar de la Hoya (147) *Lost* Wilfredo Rivera

(147). TKO 8/2:48 *S* Convention Hall, Atlantic City, N.J. *R* Joe Cortez *P* Top Rank, Inc.

2/14/1998. WBO:W *Won* Ahmed Kotiev (146¼) *Lost* Leonard Townsend (146¾). Unan 12 *S* Maritim Hotel, Stuttgart, Germany *R* Joe Cortez *P* Universum Box Promo.

4/3/1998. IBF:W *Won* Felix Trinidad (147) *Lost* Mahenge Zulu (147). TKO 4/2:20 *S* R. Rodriguez Coliseum, Bayamon, P.R. *R* Luis Pabon *P* Don King Productions.

5/23/1998. WBO:W *Won* Ahmed Kotiev (147) *Lost* Paulo Sanchez (146¾). Unan 12 *S* Sporthalle, Offenburg, Germany *R* A. van Grootenbruel *P* Universum Box Promo.

6/13/1998. WBC:W *Won* Oscar de la Hoya (147) *Lost* Patrick Charpentier (146). TKO 3/1:56 *S* Sun Bowl, El Paso, Texas *R* Laurence Cole *P* Top Rank, Inc.

9/18/1998. WBC:W *Won* Oscar de la Hoya (146½) *Lost* Julio Cesar Chavez (144½). TKO 9/* *S* Thomas & Mack Center, Las Vegas, Nev. *R* Richard Steele *P* Top Rank, Inc.

10/10/1998. WBA:W *Won* James Page (145½) *Lost* Andrei Pestriaev (146¾). KO 2/0:45 *S* Palais Omnisports de Bercy, Paris, France *R* Stan Christodoulou *P* Don King/A.B. Stars.

11/28/1998. WBO:W *Won* Ahmed Kotiev (146½) *Lost* Santos Cardona (146½). Unan 12 *S* Hansehalle, Lubeck, Germany *R* Bill Connors *P* Universum Box Promotion.

12/5/1998. WBA:W *Won* James Page (147) *Lost* Jose Luis Lopez (146½). Unan 12 *S* Conv. Ctr., Atlantic City *R* Tony Perez *P* Don King Prods.

2/13/1999. WBC:W *Won* Oscar de la Hoya (147) *Lost* Ike Quartey (146½). Split 12 *S* Thomas & Mack Center, Las Vegas, Nev. *R* Mitch Halpern *P* Top Rank/Main Events.

2/20/1999. IBF:W *Won* Felix Trinidad (147) *Lost* Pernell Whitaker (147). Unan 12 *S* Madison Sq. Garden, New York, N.Y. *R* Benji Esteves *P* King/Main Events-Monitor.

3/13/1999. WBA:W *Won* James Page (147) *Lost* Sam Garr (146¼). Unan 12 *S* Madison Sq. Garden, New York, N.Y. *R* Steve Smoger *P* King/Main Events/M.S.G.

4/24/1999. WBO:W *Won* Ahmed Kotiev (147) *Lost* Peter Malinga (145½). TKO 3/1:15 *S* Circus Krone, Munich, Bavaria, Ger. *R* Genaro Rodriguez *P* Universum Box Promotion.

5/22/1999. WBC:W *Won* Oscar de la Hoya (147) *Lost* Oba Carr (147). TKO 11/0:55 *S* Mandalay Bay Resort, Las Vegas, Nev. *R* Richard Steele *P* Top Rank, Inc.

5/29/1999. IBF:W *Won* Felix Trinidad (147) *Lost* Hugo Pineda (147). KO 4/2:53 *S* R. Clemente Coliseum, Hato Rey, P.R. *R* Roberto Ramirez *P* Don King Productions.

7/24/1999. WBA:W *Won* James Page (147) *Lost* Fred Pendleton (146½). TKO 11/2:25 *S* Flamingo Hotel, Las Vegas, Nev. *R* Joe Cortez *P* Don King Productions.

9/18/1999. BCBF:W *Won* Felix Trinidad (147) *Lost* Oscar de la Hoya (147). Maj 12 *S* Mandalay Bay Resort, Las Vegas, Nev. *R* Mitch Halpern *P* Top Rank, Inc.

11/27/1999. WBO:W *Won* Ahmed Kotiev (145¾) *Lost* Daniel Santos (147). Split 12 *S* Hansehalle, Luebeck, Germany *R* Earl Jewell *P* Universum Box Promotion.

5/6/2000. WBO:W *Won* Daniel Santos (147) *Lost* Ahmed Kotiev (147). KO 5/2:07 *S* Swissotel, Neuss, Germany *R* Bill Connors *P* Universum Box Promotion.

6/17/2000. WBC:W *Won* Shane Mosley (147) *Lost* Oscar de la Hoya (146½). Split 12 *S* Staples Center, Los Angeles, Calif. *R* Lou Moret *P* Top Rank/C. Kushner.

7/29/2000. WBO:W *Won* Daniel Santos (146½) *Lost* Giovanni Parisi (145¾). TKO 4/2:32 *S* Granillo Stadium, Reggio Calabria, Italy *R* Raul Caiz *P* OPI 2000/Universum Box.

8/26/2000. IBF:W *Won* Vernon Forrest (146½) *Lost* Raul Frank (147). NC 3/1:45 *S* Mandalay Bay Resort, Las Vegas, Nev. *R* Kenny Bayless *P* Main Events, Inc.

11/4/2000. WBC:W *Won* Shane Mosley (146½) *Lost* Antonio Diaz (146½). TKO 6/1:36 *S* M.S.G. Theater, New York, N.Y. *R* Arthur Mercante *P* Cedric Kushner/M.S.G.

12/16/2000. WBO:W *Won* Daniel Santos (147) *Lost* Neil Sinclair (146). KO 2/2:25 *S* Sheffield Arena, Sheffield, Eng. *R* John Coyle *P* Sports Net.

2/17/2001. WBA:W *Won* Andrew Lewis (147) *Lost* James Page (146). TKO 7/1:13 *S* MGM Grand Garden, Las Vegas, Nev. *R* Kenny Bayless *P* Top Rank, Inc.

3/10/2001. WBC:W *Won* Shane Mosley (147) *Lost* Shannan Taylor (147). TKO 6/* *S* Caesars Palace, Las Vegas, Nev. *R* Victor Drakulich *P* Cedric Kushner Promos.

4/28/2001. WBA:W *Won* Andrew Lewis (146½) *Lost* Larry Marks (144¼). Unan 12 *S* Hammerstein Ballroom, New York, N.Y. *R* Steve Smoger *P* Top Rank, Inc.

5/12/2001. IBF:W *Won* Vernon Forrest (145¼) *Lost* Raul Frank (147). Unan 12 *S* Madison Sq. Garden, New York, N.Y. *R* Ken Zimmer *P* Don King/M.S.G. Boxing.

7/21/2001. WBO:W *Won* Daniel Santos (147) *Lost* Antonio Margarito (146). NC 1/2:11 *S* R. Rodriguez Coliseum, Bayamon, P.R. *R* Jose H. Rivera *P* Sports Network, Ltd.

7/21/2001. WBC:W *Won* Shane Mosley (147) *Lost* Adrian Stone (147). KO 3/2:01 *S* Caesars Palace, Las Vegas, Nev. *R* Jay Nady *P* Cedric Kushner Promos.

7/28/2001. WBA:W *Won* Vernon Lewis (147) *Lost* Ricardo Mayorga (146¾). NC 2/0:07 *S* Staples Center, Los Angeles, Calif. *R* Martin Denkin *P* Top Rank, Inc.

1/26/2002. WBC:W *Won* Vernon Forrest (147) *Lost* Shane Mosley (146). Unan 12 *S* M.S.G. Theater, New York, N.Y. *R* Steve Smoger *P* C. Kushner/Main Events.

3/16/2002. WBO:W *Won* Antonio Margarito (146½) *Lost* Antonio Diaz (147). TKO 10/2:17 *S* Bally's Hotel & Casino, Las Vegas, Nev. *R* Jay Nady *P* Top Rank, Inc.

3/30/2002. WBA:W *Won* Ricardo Mayorga (145½) *Lost* Andrew Lewis (147). TKO 5/1:08 *S* Sovereign Center, Reading, Pa. *R* Rudy Battle *P* Don King Productions.

4/13/2002. IBF:W *Won* Michele Piccirillo (147) *Lost* Cory Spinks (146½). Unan 12 *S* Casino di Campione, Campione, Italy *R* Raffaele Argiolis *P* Don King Productions.

7/20/2002. WBC:W *Won* Vernon Forrest (147) *Lost* Shane Mosley (147). Unan 12 *S* Conseco Fieldhouse, Indianapolis, Ind. *R* Laurence Cole *P* Black Expo/Pacers Sports.

10/12/2002. WBO:W *Won* Antonio Margarito (146½) *Lost* Danny Perez (145½). Unan 12 *S* Arrowhead Pond Arena, Anaheim, Ca. *R* John Schorle *P* Top Rank, Inc.

1/25/2003. BABC:W *Won* Ricardo Mayorga (146) *Lost* Vernon Forrest (146½). TKO 3/2:06 *S* Pechanga Resort, Temecula, Calif. *R* Martin Denkin *P* DiBella Ent./Don King.

2/8/2003. WBO:W *Won* Antonio Margarito (146½) *Lost* Andrew Lewis (147). KO 2/2:31 *S* Mandalay Bay Resort, Las Vegas, Nev. *R* Joe Cortez *P* Top Rank, Inc.

3/22/2003. IBF:W *Won* Cory Spinks (146¼) *Lost* Michele Piccirillo (146½). Unan 12 *S* Casino di Campione, Campione, Italy *R* Mario Maianti *P* S. Cherchi/Don King.

7/12/2003. BABC:W *Won* Ricardo Mayorga (146) *Lost* Vernon Forrest (147). Maj 12 *S* Orleans Hotel & Casino, Las Vegas, Nev. *R* Jay Nady *P* Don King Productions.

12/13/2003. BACF:W *Won* Cory Spinks (146) *Lost* Ricardo Mayorga (146). Maj 12 *S* Convention Hall, Atlantic City, N.J. *R* Tony Orlando *P* Don King Productions.

1/31/2004. WBO:W *Won* Antonio Margarito (146¾) *Lost* Hercules Kyvelos (147). TKO 2/0:54 *S* Dodge Theater, Phoenix, Ariz. *R* Raul Caiz, Sr. *P* Top Rank/Don King.

4/10/2004. BACF:W *Won* Cory Spinks (147) *Lost* Zabdiel Judah (146). Unan 12 *S* Mandalay Bay Resort, Las Vegas, Nev. *R* Joe Cortez *P* Don King Productions.

9/4/2004. BACF:W *Won* Cory Spinks (147) *Lost* Miguel A. Gonzalez (146½). Unan 12 *S* Mandalay Bay Resort, Las Vegas, Nev. *R* Joe Cortez *P* Don King Productions.

2/5/2005. BACF:W *Won* Zabdiel Judah (146) *Lost* Cory Spinks (147).

TKO 9/2:49 *S* Savvis Center, St. Louis, Mo. *R* Armando Garcia *P* Don King Productions.

4/23/2005. WBO:W *Won* Antonio Margarito (147) *Lost* Kermit Cintron (146½). TKO 5/2:12 *S* Caesars Palace, Las Vegas, Nev. *R* Kenny Bayless *P* Main Events, Inc.

5/14/2005. BACF:W *Won* Zabdiel Judah (146½) *Lost* Cosme Rivera (147). TKO 3/2:11 *S* MGM Grand Garden, Las Vegas, Nev. *R* Joe Cortez *P* Don King Productions.

1/7/2006. WBC:W *Won* Carlos Baldomir (146¼) *Lost* Zabdiel Judah (146¾). Unan 12 *S* Madison Sq. Garden, New York, N.Y. *R* Arthur Mercante, Jr. *P* Don King Productions.

2/18/2006. WBO:W *Won* Antonio Margarito (146½) *Lost* Manuel Gomez (147). TKO 1/1:14 *S* Aladdin Hotel, Las Vegas, Nev. *R* Richard Steele *P* Top Rank, Inc.

4/8/2006. IBF:W *Won* Floyd Mayweather, Jr. (146) *Lost* Zabdiel Judah (145½). Unan 12 *S* Thomas & Mack Center, Las Vegas, Nev. *R* Richard Steele *P* Top Rank/Don King.

5/13/2006. WBA:W *Won* Ricky Hatton (147) *Lost* Luis Collazo (147). Unan 12 *S* TD Banknorth Garden, Boston, Mass. *R* John Zablocki *P* Banner/Don King.

7/22/2006. WBC:W *Won* Carlos Baldomir (147) *Lost* Arturo Gatti (147). TKO 9/2:50 *S* Convention Hall, Atlantic City, N.J. *R* Wayne Hedgepeth *P* Main Events, Inc.

10/28/2006. IBF:W *Won* Kermit Cintron (146) *Lost* Mark Suarez (146¼). TKO 5/2:53 *S* Convention Center, Palm Beach, Fla. *R* Frank Santore, Jr. *P* Bobby Bostick Promos.

11/4/2006. WBC:W *Won* Floyd Mayweather, Jr. (146) *Lost* Carlos Baldomir (147). Unan 12 *S* Mandalay Bay Resort, Las Vegas, Nev. *R* Jay Nady *P* Goossen-Tutor/Sycuan.

12/2/2006. WBO:W *Won* Antonio Margarito (147) *Lost* Joshua Clottey (147). Unan 12 *S* Convention Hall, Atlantic City, N.J. *R* Benji Esteves, Jr. *P* Top Rank, Inc.

12/2/2006. WBA:W *Won* Miguel A. Cotto (146) *Lost* Carlos Quintana (147). TKO 6/* *S* Convention Hall, Atlantic City, N.J. *R* Steve Smoger *P* Top Rank, Inc.

6/9/2007. WBA:W *Won* Miguel A. Cotto (146½) *Lost* Zabdiel Judah (145). TKO 11/0:49 *S* Madison Sq. Garden, New York, N.Y. *R* Arthur Mercante, Jr. *P* Top Rank, Inc.

7/14/2007. IBF:W *Won* Kermit Cintron (146) *Lost* Walter Matthysse (147). KO 2/0:29 *S* Conv. Hall, Atlantic City. *R* Earl Morton *P* Main Events.

7/14/2007. WBO:W *Won* Paul Williams (145½) *Lost* Antonio Margarito (145¾). Unan 12 *S* Home Depot Center, Carson, Calif. *R* Lou Moret *P* Goossen-Tutor Promos.

11/10/2007. WBA:W *Won* Miguel A. Cotto (146¼) *Lost* Shane Mosley (146¼). Unan 12 *S* Madison Sq. Garden, New York, N.Y. *R* Benji Esteves, Jr. *P* Top Rank, Inc.

11/23/2007. IBF:W *Won* Kermit Cintron (146¾) *Lost* Jesse Feliciano (147). TKO 10/1:53 *S* Staples Center, Los Angeles, Calif. *R* Jon Schorle *P* Don King Productions.

12/8/2007. WBC:W *Won* Floyd Mayweather, Jr. (147) *Lost* Ricky Hatton (145). TKO 10/1:35 *S* MGM Grand Garden, Las Vegas, Nev. *R* Joe Cortez *P* Golden Boy/Mayweather.

2/9/2008. WBO:W *Won* Carlos Quintana (146¾) *Lost* Paul Williams (146¾). Unan 12 *S* Pechanga Resort, Temecula, Calif. *R* Jack Reese *P* Goossen-Tutor Promos.

4/12/2008. IBF:W *Won* Antonio Margarito (146½) *Lost* Kermit Cintron (146½). KO 6/1:57 *S* Convention Hall, Atlantic City, N.J. *R* Earl Brown *P* Top Rank, Inc.

4/12/2008. WBA:W *Won* Miguel A. Cotto (146½) *Lost* Alfonso Gomez (147). TKO 6/* *S* Convention Hall, Atlantic City, N.J. *R* Randy Neumann *P* Top Rank, Inc.

6/7/2008. WBO:W *Won* Paul Williams (145¾) *Lost* Carlos Quintana (146). TKO 1/2:15 *S* Mohegan Sun Casino, Uncasville, Conn. *R* Ed Claudio *P* G. Shaw/Goossen-Tutor.

6/21/2008. WBC:W *Won* Andre Berto (146) *Lost* Miguel A. Rodriguez (145). TKO 7/2:13 *S* FedEx Forum, Memphis, Tenn. *R* Laurence Cole *P* DiBella/Prize Fight.

7/26/2008. WBA:W *Won* Antonio Margarito (147) *Lost* Miguel A. Cotto (147). TKO 11/2:05 *S* MGM Grand Garden, Las Vegas, Nev. *R* Kenny Bayless *P* Top Rank, Inc.

8/2/2008. IBF:W *Won* Joshua Clottey (147) *Lost* Zabdiel Judah (143). TWu 9/1:12 *S* Palms Hotel & Casino, Las Vegas, Nev. *R* Robert Byrd *P* Top Rank, Inc.

9/27/2008. WBC:W *Won* Andre Berto (145½) *Lost* Steve Forbes (147). Unan 12 *S* Staples Center, Los Angeles, Calif. *R* James Jen-Kin *P* Golden Boy/Don King.

1/17/2009. WBC:W *Won* Andre Berto (146) *Lost* Luis Collazo (145¾). Unan 12 *S* Beau Rivage Resort, Biloxi, Miss. *R* Keith Hughes *P* DiBella Entertainment.

1/24/2009. WBA:W *Won* Shane Mosley (147) *Lost* Antonio Margarito (145¾). TKO 9/0:43 *S* Staples Center, Los Angeles, Calif. *R* Raul Caiz *P* Top Rank/Golden Boy.

2/21/2009. WBO:W *Won* Miguel A. Cotto (146) *Lost* Michael Jennings (146½). TKO 5/2:36 *S* Madison Sq. Garden, New York, N.Y. *R* Benji Esteves *P* Top Rank, Inc.

5/30/2009. WBC:W *Won* Andre Berto (145¼) *Lost* Juan Urango (146½). Unan 12 *S* Hard Rock Arena, Hollywood, Fla. *R* Tommy Kimmons *P* DiBella/Seminole Warriors.

6/13/2009. WBO:W *Won* Miguel A. Cotto (146) *Lost* Joshua Clottey (147). Split 12 *S* Madison Sq. Garden, New York, N.Y. *R* Arthur Mercante, Jr. *P* Top Rank, Inc.

8/1/2009. IBF:W *Won* Isaac Hlatshwayo (146¼) *Lost* Delvin Rodriguez (147). Split 12 *S* Mohegan Sun Arena, Uncasville, Conn. *R* Steve Smoger *P* Star Boxing, Inc.

11/14/2009. WBO:W *Won* Manny Pacquiao (144) *Lost* Miguel A. Cotto (145). TKO 12/0:55 *S* MGM Grand Garden, Las Vegas, Nev. *R* Kenny Bayless *P* Top Rank/Cotto Promos.

12/11/2009. IBF:W *Won* Jan Zaveck (146½) *Lost* Isaac Hlatshwayo (146). TKO 3/2:55 *S* Wembley Arena, Johannesburg, S.A. *R* Jen Chevalier *P* Branco Sports Productions.

3/13/2010. WBO:W *Won* Manny Pacquiao (145¾) *Lost* Joshua Clottey (147). Unan 12 *S* Cowboys Stadium, Arlington, Texas *R* Rafael Ramos *P* Top Rank, Inc.

4/9/2010. IBF:W *Won* Jan Zaveck (147) *Lost* Rodolfo Martinez (147). TKO 12/2:15 *S* Tivoli Sports Hall, Ljubljana, Slovenia *R* Ingo Barrabas *P* Steinforth Sports Events.

4/10/2010. WBC:W *Won* Andre Berto (146½) *Lost* Carlos Quintana (146½). TKO 8/2:16 *S* BankAtlantic Center, Sunrise, Fla. *R* Tommy Kimmons *P* DiBella Entertainment.

5/1/2010. W *Won* F. Mayweather, Jr. (146) *Lost* Shane Mosley (147). Unan 12 *S* MGM Grand Garden, Las Vegas, Nev. *R* Kenny Bayless *P* Golden Boy Promotions.

Junior Welterweight

9/21/1926. JW *Won* Mushy Callahan *Lost* Pinkey Mitchell. Ref 10 *S* The Arena, Vernon, California *R* Jess Kenworthy *P* Pacific Athletic Club.

3/14/1927. JW *Won* Mushy Callahan (138½) *Lost* Andy DiVodi (139½). KO 2/2:13 *S* Madison Sq. Garden, New York, N.Y. *R* Jim Crowley *P* Madison Sq. Garden Corp.

5/31/1927. JW *Won* Mushy Callahan (139½) *Lost* Spug Myers (137½). Result not available 10 *S* Wrigley Field, Chicago, Ill. *R* Jim Gardner *P* James C. Mullen.

5/28/1929. JW *Won* Mushy Callahan (139¼) *Lost* Fred Mahan (140). KO 3 *S* Olympic Auditorium, Los Angeles, Ca. *R* Jack Kennedy.

2/18/1930. JW *Won* Jack (Kid) Berg (137¼) *Lost* Mushy Callahan (137¼). TKO 11/* *S* Royal Albert Hall, London, Eng. *R* Ted Broadribb.

1/23/1931. JW *Won* Jack (Kid) Berg (138¼) *Lost* Goldie Hess (137¾). Unan 10 *S* Chicago Stadium, Chicago, Ill. *R* Tommy Thomas *P* Chicago Stadium Corp.

4/10/1931. JW *Won* Jack (Kid) Berg (138) *Lost* Billy Wallace (137). Unan 10 *S* Olympia Stadium, Detroit, Mich. *R* Elmer McClelland.

4/24/1931. NBA:JW *Won* Tony Canzoneri (132) *Lost* Jack (Kid) Berg

(134¼). KO 3/2:23 *S* Chicago Stadium, Chicago, Ill. *R* Phil Collins *P* Chicago Stadium Corp.

7/13/1931. NBA:JW *Won* Tony Canzoneri *Lost* Cecil Payne. Result not available 10 *S* Wrigley Field, Los Angeles, Calif. *R* Abe Roth.

9/10/1931. NBA:JW *Won* Tony Canzoneri (131¾) *Lost* Jack (Kid) Berg (134½). Unan 15 *S* Polo Grounds, New York, N.Y. *R* Patsy Haley.

10/29/1931. NBA:JW *Won* Tony Canzoneri (132) *Lost* Phillie Griffin (138¾). Unan 10 *S* Armory, Newark, N.J. *R* John Healy.

11/20/1931. NBA:JW *Won* Tony Canzoneri (132) *Lost* Kid Chocolate (127½). Split 15 *S* Madison Sq. Garden, New York, N.Y. *R* Willie Lewis *P* Madison Sq. Garden Corp.

1/18/1932. NBA:JW *Won* Johnny Jadick (136½) *Lost* Tony Canzoneri (132½). Unan 10 *S* The Arena, Philadelphia, Pa. *R* Leo Houck.

5/20/1932. JW *Won* Sammy Fuller (138) *Lost* Jack (Kid) Berg (138½). Split 12 *S* Madison Sq. Garden, New York, N.Y. *R* Gunboat Smith *P* Madison Sq. Garden Corp.

7/18/1932. NBA:JW *Won* Johnny Jadick (135¼) *Lost* Tony Canzoneri (133). Split 10 *S* Baker Bowl, Philadelphia, Pa. *R* Joe McGuigan.

2/20/1933. NBA:JW *Won* Battling Shaw (136) *Lost* Johnny Jadick (135). Maj 10 *S* Coliseum Arena, New Orleans, La. *R* Jimmy Moran.

5/21/1933. NBA:JW *Won* Tony Canzoneri (133) *Lost* Battling Shaw (136½). Unan 10 *S* Henemann Park, New Orleans, La. *R* Jimmy Moran.

6/23/1933. NBA:JW *Won* Barney Ross (134¾) *Lost* Tony Canzoneri (133½). Maj 10 *S* Chicago Stadium, Chicago, Ill. *R* Tommy Gilmore.

7/26/1933. NBA:JW *Won* Barney Ross *Lost* Johnny Farr. TKO 6 *S* Convention Hall, Kansas City, Mo. *R* Walter Bates.

9/12/1933. NBA:JW *Won* Barney Ross (135) *Lost* Tony Canzoneri (133¼). Split 15 *S* Polo Grounds, New York, N.Y. *R* Arthur Donovan.

11/17/1933. JW *Won* Barney Ross (135½) *Lost* Sammy Fuller (139). Maj 10 *S* Chicago Stadium, Chicago, Ill. *R* Joe McNamara *P* Chicago Stadium Corp.

2/7/1934. JW *Won* Barney Ross (135½) *Lost* Pete Nebo (139). Unan 12 *S* Convention Hall, Kansas City, Mo.

3/5/1934. JW *Won* Barney Ross (137½) *Lost* Frankie Klick (138). Draw 10 *S* Civic Auditorium, San Francisco, Calif. *R* Toby Irwin.

3/27/1934. JW *Won* Barney Ross (138½) *Lost* Bobby Pacho (139½). Ref 10 *S* Olympic Auditorium, Los Angeles, Ca. *R* George Blake.

12/10/1934. JW *Won* Barney Ross (138) *Lost* Bobby Pacho (138¾). Unan 12 *S* Public Hall, Cleveland, Ohio *R* Matt Brock.

1/28/1935. JW *Won* Barney Ross (136) *Lost* Frankie Klick (137). Unan 10 *S* Municipal Stadium, Miami, Fla. *R* Leo Shea *P* Maj. W.H. Peeples, Jr.

4/9/1935. JW *Won* Barney Ross (136½) *Lost* Harry Woods (137¼). Unan 12 *S* Civic Auditorium, Seattle, Wash. *R* Tommy McCarthy.

7/5/1939. Mon.:JW *Won* Maxie Berger (139½) *Lost* Wesley Ramey (132¾). Unan 10 *S* Forum, Montreal, Quebec, Canada *P* Raymond Lamontagne.

7/28/1941. La.:JW *Won* Harry Weekly (139¾) *Lost* Baby Breese (138¾). Maj 15 *S* Municipal Auditorium, New Orleans, La. *R* Red Dolan *P* Auditorium Boxing Club.

4/29/1946. NBA:JW *Won* Tippy Larkin (139½) *Lost* Willie Joyce (138¼). Unan 12 *S* Boston Garden, Boston, Mass. *R* Johnny Martin *P* Callahan A.C.

9/13/1946. NBA:JW *Won* Tippy Larkin (139¼) *Lost* Willie Joyce (139). Unan 12 *S* Madison Sq. Garden, New York, N.Y. *R* Frank Fullam *P* Twentieth Century S.C.

3/12/1959. NBA:JW *Won* Carlos Ortiz (139¼) *Lost* Kenny Lane (140). TKO 3/* *S* Madison Sq. Garden, New York, N.Y. *R* Harry Kessler.

2/4/1960. NBA:JW *Won* Carlos Ortiz (137) *Lost* Battling Torres (138). KO 10/2:56 *S* Memorial Coliseum, Los Angeles, Calif. *R* Mushy Callahan.

6/15/1960. NBA:JW *Won* Carlos Ortiz (137½) *Lost* Duilio Loi (140). Split 15 *S* Cow Palace, San Francisco, Calif. *R* Vern Bybee.

9/1/1960. NBA:JW *Won* Duilio Loi (139½) *Lost* Carlos Ortiz (138½). Maj 15 *S* San Siro Stadium, Milan, Italy *R* Andre Esparraquera.

5/10/1961. NBA:JW *Won* Duilio Loi (138) *Lost* Carlos Ortiz (136¾). Unan 15 *S* San Siro Stadium, Milan, Italy *R* Frank Carter.

10/21/1961. NBA:JW *Won* Duilio Loi (138) *Lost* Eddie Perkins (139). Draw 15 *S* Sports Palace, Milan, Italy *R* Nello Barroveccio.

9/14/1962. WBA:JW *Won* Eddie Perkins (140) *Lost* Duilio Loi (140). Unan 15 *S* Virgorelli Stadium, Milan, Italy *R* Pierre Verners.

12/15/1962. WBA:JW *Won* Duilio Loi (137¼) *Lost* Eddie Perkins (138½). Ref 15 *S* Sports Palace, Milan, Italy *R* Georges Gondre.

3/21/1963. WBA:JW *Won* Roberto Cruz (138¼) *Lost* Battling Torres (140). KO 1/2:07 *S* Dodger Stadium, Chavez Ravine, Calif. *R* Lee Grossman.

6/15/1963. JW *Won* Eddie Perkins (138¼) *Lost* Roberto Cruz (140). Unan 15 *S* Rizal Memorial Coliseum, Manila, Phil. *R* Teodorico Reyes.

1/4/1964. JW *Won* Eddie Perkins (138¼) *Lost* Yoshinori Takahashi (139¼). KO 13/1:35 *S* Kuramae Arena, Tokyo, Japan *R* Nick Pope *P* Kokusai Promotions.

4/18/1964. JW *Won* Eddie Perkins (139) *Lost* Bunny Grant (137½). Unan 15 *S* National Stadium, Kingston, Jamaica *R* Willie Pep.

1/18/1965. JW *Won* Carlos Hernandez (139½) *Lost* Eddie Perkins (140). Split 15 *S* Nuevo Circo, Caracas, Venezuela *R* Henry Armstrong.

5/16/1965. JW *Won* Carlos Hernandez (134¼) *Lost* Mario Rossito (137½). TKO 5 *S* Alej. Borges Stadium, Maracaibo, Vez.

7/10/1965. JW *Won* Carlos Hernandez (137½) *Lost* Percy Hayles (136½). KO 3/2:53 *S* National Stadium, Kingston, Jamaica *R* Willie Pep.

4/30/1966. JW *Won* Sandro Lopopolo (139½) *Lost* Carlos Hernandez (139½). Maj 15 *S* Sports Palace, Rome, Italy *R* Manuel Risoto.

10/21/1966. JW *Won* Sandro Lopopolo (139¾) *Lost* Vicente Rivas (140). TKO 8/* *S* Sports Palace, Rome, Italy *R* Nello Barroveccio.

4/30/1967. JW *Won* Paul Fujii (140) *Lost* Sandro Lopopolo (139). TKO 2/2:33 *S* Kuramae Arena, Tokyo, Japan *R* Jay Edson *P* Kyokuro Promotions.

11/16/1967. JW *Won* Paul Fujii (140) *Lost* Willi Quatuor (139¼). KO 4/2:30 *S* Kuramae Arena, Tokyo, Japan *R* Jay Edson *P* Kyokuro Promotions.

12/12/1968. WBA:JW *Won* Nicolino Locche (138½) *Lost* Paul Fujii (139¼). TKO 10 *S* Kuramae Arena, Tokyo, Japan *R* Nick Pope *P* Kyokuro Promotions.

12/14/1968. WBC:JW *Won* Pedro Adigue (140) *Lost* Adolph Pruitt (140). Unan 15 *S* Araneta Coliseum, Quezon City, Phil. *R* Pempe Padilla *P* Oriental Promotions.

5/3/1969. WBA:JW *Won* Nicolino Locche (139) *Lost* Carlos Hernandez (137). Unan 15 *S* Luna Park Stadium, Buenos Aires, Arg. *R* Victor Avendano.

10/11/1969. WBA:JW *Won* Nicolino Locche (139¾) *Lost* Joao Henrique (138¼). Unan 15 *S* Luna Park Stadium, Buenos Aires, Arg. *R* Alfonso Araujo.

2/1/1970. WBC:JW *Won* Bruno Arcari (138½) *Lost* Pedro Adigue (139½). Ref 15 *S* Sports Palace, Rome, Italy *R* Teddy Waltham.

5/16/1970. WBA:JW *Won* Nicolino Locche (139¼) *Lost* Adolph Pruitt (138). Unan 15 *S* Luna Park Stadium, Buenos Aires, Arg. *R* Joaquin Arvas.

7/10/1970. WBC:JW *Won* Bruno Arcari (138¾) *Lost* Rene Roque (139). DQ 6/1:29 *S* Sports Palace, Lignano Sabbiadoro, Italy *R* G. Martinelli.

10/30/1970. WBC:JW *Won* Bruno Arcari (139) *Lost* Raymundo Dias (137½). KO 3/1:45 *S* Sports Palace, Genoa, Italy *R* Dom. Carabellese.

3/6/1971. WBC:JW *Won* Bruno Arcari (139¼) *Lost* Joao Henrique (138¾). Ref 15 *S* Sports Palace, Rome, Italy *R* Teddy Waltham.

4/3/1971. WBA:JW *Won* Nicolino Locche *Lost* Domingo Barrera (138). Split 15 *S* Luna Park Stadium, Buenos Aires, Arg. *R* Antonio Guzman.

6/26/1971. WBC:JW *Won* Bruno Arcari (139½) *Lost* Enrique Jana (137¾). TKO 9/0:45 *S* Sports Palace, Palermo, Sicily *R* Georges Gondre.

10/10/1971. WBC:JW *Won* Bruno Arcari *Lost* Domingo Corpas. KO 10 *S* Sports Palace, Genoa, Italy *R* Teddy Waltham.

12/11/1971. WBA:JW *Won* Nicolino Locche (139) *Lost* Antonio Cervantes (138). Unan 15 *S* Luna Park Stadium, Buenos Aires, Arg. *R* Jose Gomez.

3/10/1972. WBA:JW *Won* Alfonso Frazer (137) *Lost* Nicolino Locche

(139). Unan 15 *S* Nuevo Panama Gym., Panama City, Pan. *R* Jesus Celiz.

6/10/1972. WBC:JW *Won* Bruno Arcari (139½) *Lost* Joao Henrique (139½). KO 12/2:15 *S* Sports Palace, Genoa, Italy *R* Harry Gibbs.

10/28/1972. WBA:JW *Won* Antonio Cervantes (139) *Lost* Alfonso Frazer (139½). TKO 10/1:15 *S* Nuevo Panama Gym., Panama City, Pan. *R* Waldemar Schmidt.

12/2/1972. WBC:JW *Won* Bruno Arcari (140) *Lost* E. Costa Azevedo (139). Unan 15 *S* Palasport di Bacoruffini, Turin, Italy *R* Jean Deswert.

2/15/1973. WBA:JW *Won* Antonio Cervantes (140) *Lost* Josue Marquez (137). Split 15 *S* R. Clemente Coliseum, Hato Rey, P.R. *R* Luis Sulbaran *P* Caribbean Finance Co.

3/17/1973. WBA:JW *Won* Antonio Cervantes (139) *Lost* Nicolino Locche (140). TKO 10/* *S* Maestranza Cesar Giron, Maracay, Vez. *R* Luis Sulbaran.

5/19/1973. WBA:JW *Won* Antonio Cervantes (139½) *Lost* Alfonso Frazer (137½). TKO 5/1:38 *S* Nuevo Panama Gym., Panama City, Pan. *R* Luis Sulbaran.

9/8/1973. WBA:JW *Won* Antonio Cervantes (139) *Lost* Carlos Giminez (140). TKO 5/1:45 *S* El Campin Stadium, Bogota, Colombia *R* Isaac Herrera.

11/1/1973. WBC:JW *Won* Bruno Arcari (139) *Lost* Jorgen Hansen (141). KO 5 *S* K.B. Hall, Copenhagen, Denmark *R* Raymond Baldeyrou.

12/5/1973. WBA:JW *Won* Antonio Cervantes (139) *Lost* Lion Furuyama (139). Unan 15 *S* Nuevo Panama Gym., Panama City, Pan. *R* Jesus Celis.

2/16/1974. WBC:JW *Won* Bruno Arcari (138¾) *Lost* Tony Ortiz (136½). DQ 8 *S* Palasport di Barcoruffini, Turin, Italy *R* Rudolf Drust.

3/2/1974. WBA:JW *Won* Antonio Cervantes (140) *Lost* Chang-Kil Lee (139). KO 6 *S* Plaza de Toros de Indias, Cartagena, Col. *R* Isidro Rodriguez *P* Julio Guerrero.

7/28/1974. WBA:JW *Won* Antonio Cervantes (139) *Lost* Victor Ortiz (140). KO 2/1:35 *S* Plaza de Toros de Indias, Cartagena, Col. *R* Ray Solis.

9/21/1974. WBC:JW *Won* Perico Fernandez (140) *Lost* Lion Furuyama (140). Split 15 *S* Sports Stadium, Rome, Italy *R* Roland Dakin.

10/26/1974. WBA:JW *Won* Antonio Cervantes (140) *Lost* Shinichi Kadoto (138½). KO 8/1:42 *S* Nihon Univ. Auditorium, Tokyo, Japan *R* Luis Sulbaran *P* Misako Promotions.

4/19/1975. WBC:JW *Won* Perico Fernandez (139) *Lost* Joao Henrique (140). KO 9/1:00 *S* Sports Stadium, Barcelona, Spain.

5/17/1975. WBA:JW *Won* Antonio Cervantes (139) *Lost* Esteban DeJesus (139). Unan 15 *S* Nuevo Panama Gym., Panama City, Pan. *R* Isidro Rodriguez.

7/15/1975. WBC:JW *Won* Saen. Muangsurin (140) *Lost* Perico Fernandez (140). TKO 8/* *S* Huan Mark Stadium, Bangkok, Thailand *R* Ernesto Magana.

11/15/1975. WBA:JW *Won* Antonio Cervantes (139¼) *Lost* Hector Thompson (138¼). TKO 8/* *S* Nuevo Panama Gym., Panama City, Pan. *R* Isaac Herrera.

1/25/1976. WBC:JW *Won* Saen. Muangsurin (139) *Lost* Lion Furuyama (140). Unan 15 *S* Nihon Univ. Auditorium, Tokyo, Japan *R* Enrique Jiminez *P* Sasazaki Promotions.

3/6/1976. WBA:JW *Won* Wilfred Benitez *Lost* Antonio Cervantes. Split 15 *S* Hiram Bithorn Stadium, San Juan, P.R. *R* Isaac Herrera.

5/31/1976. WBA:JW *Won* Wilfred Benitez *Lost* Emiliano Villa. Unan 15 *S* R. Clemente Coliseum, Hato Rey, P.R. *R* I. Quinones Falu.

6/30/1976. WBC:JW *Won* Miguel Velasquez (140) *Lost* Saensak Muangsurin (140). DQ 5 *S* Sports Palace, Madrid, Spain *R* Abraham Echavarria.

10/16/1976. WBA:JW *Won* Wilfred Benitez *Lost* Tony Petronelli. TKO 3/0:53 *S* Hiram Bithorn Stadium, San Juan, P.R. *R* I. Quinones Falu.

10/29/1976. WBC:JW *Won* Saen. Muangsurin (139) *Lost* Miguel Velasquez (139). TKO 2 *S* Plaza de Toros, Segovia, Spain *R* Dick Young.

1/15/1977. WBC:JW *Won* Saen. Muangsurin (139½) *Lost* Monroe Brooks (139½). TKO 15/1:55 *S* Municipal Stadium, Chiang Mai, Thai. *R* Marcelo Bertini.

4/2/1977. WBC:JW *Won* Saen. Muangsurin (139) *Lost* Gattu Ishimatsu (140). KO 6/1:56 *S* Kuramae Arena, Tokyo Japan *R* Larry Nadayag *P* Yonekura Promotions.

6/17/1977. WBC:JW *Won* Saen. Muangsurin (140) *Lost* Perico Fernandez (135). Unan 15 *S* Sports Palace, Madrid, Spain *R* Jay Ed-son.

6/25/1977. WBA:JW *Won* Antonio Cervantes (139¼) *Lost* Carlos Giminez (139¼). TKO 6 *S* Plaza de Toros, Maracaibo, Vez. *R* Martin Denkin.

8/3/1977. NYAC:JW *Won* Wilfred Benitez (139½) *Lost* Guerrero Chavez (139½). TKO 15/1:41 *S* Madison Sq. Garden, New York, N.Y. *R* Arthur Mercante *P* M.S.G. Boxing, Inc.

8/20/1977. WBC:JW *Won* Saen. Muangsurin (140) *Lost* Mike Everett (136). TKO 6/2:50 *S* Army Stadium, Roi-et, Thailand *R* Larry Nadayag.

10/22/1977. WBC:JW *Won* Saen. Muangsurin (139½) *Lost* Saoul Mamby (138). Split 15 *S* Korat Stadium, Korat, Thailand *R* Abraham Echavarria.

11/5/1977. WBA:JW *Won* Antonio Cervantes (139) *Lost* Adriano Marrero (139½). Unan 15 *S* Maestranza Cesar Giron, Maracay, Vez. *R* Luis Sulbaran.

12/29/1977. WBC:JW *Won* Saen. Muangsurin (138) *Lost* Jo Kimpuani (136½). TKO 14/* *S* Tung Na-Chai Stadium, Chanthaburi, Thai. *R* Marcelo Bertini.

4/8/1978. WBC:JW *Won* Saen. Muangsurin (140) *Lost* Francisco Moreno (139). KO 13/2:40 *S* Municipal Stadium, Hat Yai, Thai. *R* Jay Edson.

4/28/1978. WBA:JW *Won* Antonio Cervantes (140) *Lost* Tonga Kiatvayupakdi (140). KO 6/2:40 *S* Provincial Stadium, Udon Thani, Thai. *R* Jesus Celis.

8/26/1978. WBA:JW *Won* Antonio Cervantes (139) *Lost* Norman Sekgapane (139¼). TKO 9/1:52 *S* Independence Stadium, Mmbatho, Boph. *R* Luis Sulbaran.

12/30/1978. WBC:JW *Won* Sang-Hyun Kim (140) *Lost* Saensak Muangsurin (139½). KO 13/2:05 *S* Munhwa Stadium, Seoul, Korea *R* Carlos Padilla.

1/18/1979. WBA:JW *Won* Antonio Cervantes (140) *Lost* Miguel Montilla (138). Unan 15 *S* Madison Sq. Garden, New York, N.Y. *R* Stan Christodoulou *P* M.S.G. Boxing, Inc.

6/3/1979. WBC:JW *Won* Sang-Hyun Kim (139½) *Lost* Fitzroy Guisseppi (139½). Unan 15 *S* Changchung Gymnasium, Seoul, Korea *R* Abraham Echavarria.

8/25/1979. WBA:JW *Won* Antonio Cervantes (139¼) *Lost* Kwang-Min Kim (139½). Split 15 *S* Changchung Gymnasium, Seoul, Korea *R* Stan Christodoulou.

10/4/1979. WBC:JW *Won* Sang-Hyun Kim (139½) *Lost* Masahiro Yokai (140). KO 11/2:01 *S* Korakuen Hall, Tokyo, Japan *R* Ray Solis *P* Saida Promotions.

2/23/1980. WBC:JW *Won* Saoul Mamby (139) *Lost* Sang-Hyun Kim (140). KO 14/1:44 *S* Changchung Gymnasium, Seoul, Korea *R* Harry Gibbs.

3/29/1980. WBA:JW *Won* Antonio Cervantes (139¼) *Lost* Miguel Montilla (139½). TKO 7/1:28 *S* Plaza de Toros de Indias, Cartagena, Col. *R* Waldemar Schmidt.

7/7/1980. WBC:JW *Won* Saoul Mamby (139½) *Lost* Esteban DeJesus (140). TKO 13/1:13 *S* Metro Center, Bloomington, Minn. *R* Rudy Ortega *P* Don King Productions.

8/2/1980. WBA:JW *Won* Aaron Pryor (138½) *Lost* Antonio Cervantes (139½). KO 4/1:47 *S* Riverfront Coliseum, Cincinnati, Ohio *R* Larry Rozadilla *P* Muhammad Ali Pro. Sports.

10/2/1980. WBC:JW *Won* Saoul Mamby (138½) *Lost* Maurice Watkins (140). Unan 15 *S* Caesars Palace, Las Vegas, Nev. *R* Mills Lane *P* Don King Productions.

11/22/1980. WBA:JW *Won* Aaron Pryor (138½) *Lost* Gaetan Hart (138¼). TKO 6/2:09 *S* Riverfront Coliseum, Cincinnati, Ohio *R* Roberto Ramirez *P* Muhammad Ali Pro. Sports.

6/12/1981. WBC:JW *Won* Saoul Mamby (139¾) *Lost* Jo Kimpuani (139¼). Unan 15 *S* Joe Louis Arena, Detroit, Mich. *R* Eddie Yoo *P* Don King Productions.

6/27/1981. WBA:JW *Won* Aaron Pryor (140) *Lost* Lennox Blackmoore

(139½). TKO 2/0:58 *S* Hacienda Hotel, Las Vegas, Nev. *R* Mills Lane *P* Don King Productions.

8/29/1981. WBC:JW *Won* Saoul Mamby (139¼) *Lost* Thomas Americo (139). Maj 15 *S* Senaya Stadium, Djakarta, Indonesia *R* Ken Morita *P* Brig. Gen. Herman Suediro.

11/14/1981. WBA:JW *Won* Aaron Pryor (139¼) *Lost* Dujuan Johnson (140). TKO 7/1:49 *S* Public Auditorium, Cleveland, Ohio *R* Jack Keough *P* Don King Productions.

12/20/1981. WBC:JW *Won* Saoul Mamby (139¼) *Lost* Obisia Nwakpa (138¼). Split 15 *S* National Stadium, Lagos, Nigeria *R* Harry Gibbs *P* Jossy International Promos.

3/21/1982. WBA:JW *Won* Aaron Pryor (139¾) *Lost* Miguel Montilla (139). TKO 12/0:42 *S* Playboy Hotel, Atlantic City, N.J. *R* Joe Cortez *P* Don King Productions.

6/26/1982. WBC:JW *Won* Leroy Haley (139½) *Lost* Saoul Mamby (138¾). Split 15 *S* Front Row Theatre, Highland Heights, Ohio *R* Jackie Keough *P* Don King Productions.

7/4/1982. WBA:JW *Won* Aaron Pryor (139½) *Lost* Akio Kameda (139¼). TKO 6/1:44 *S* Riverfront Coliseum, Cincinnati, Ohio *R* Ernesto Magana *P* Top Rank/Hawk Promos.

10/20/1982. WBC:JW *Won* Leroy Haley (139¼) *Lost* Giovanni G. Gimenez (139½). Unan 15 *S* Public Hall, Cleveland, Ohio *R* Carlos Padilla *P* Don King Productions.

11/12/1982. WBA:JW *Won* Aaron Pryor (140) *Lost* Alexis Arguello (138½). TKO 14/1:06 *S* Orange Bowl, Miami, Fla. *R* Stan Christodoulou *P* Top Rank/Top Ten Promos.

1/19/1983. WBA:JW *Won* Roger Mayweather (130) *Lost* Samuel Serrano (130). KO 8/2:13 *S* Hiram Bithorn Stadium, San Juan, P.R. *R* Isidro Rodriguez *P* Don King Productions.

2/13/1983. WBC:JW *Won* Leroy Haley (140) *Lost* Saoul Mamby (140). Unan 12 *S* Public Hall, Cleveland, Ohio *R* Richard Steele *P* Spider Bynum.

4/2/1983. WBA:JW *Won* Aaron Pryor (140) *Lost* Sang-Hyun Kim (138¾). TKO 3/0:37 *S* Sands Hotel, Atlantic City, N.J. *R* Carlos Berrocal *P* Main Events, Inc.

5/18/1983. WBC:JW *Won* Bruce Curry (139) *Lost* Leroy Haley (140). Unan 12 *S* Dunes Hotel, Las Vegas, Nev. *R* David Pearl *P* Don King Prods.

7/7/1983. WBC:JW *Won* Bruce Curry (138¼) *Lost* Hidekazu Akai (139¾). TKO 7/1:11 *S* Kinki Univ. Auditorium, Osaka, Japan *R* Octavio Meyran *P* Takao Kambayashi Promos.

9/9/1983. WBA:JW *Won* Aaron Pryor (140) *Lost* Alexis Arguello (139). KO 10/1:48 *S* Caesars Palace, Las Vegas, Nev. *R* Richard Steele *P* Main Events, Inc.

10/19/1983. WBC:JW *Won* Bruce Curry (139½) *Lost* Leroy Haley (138¾). Split 12 *S* Showboat Hotel, Las Vegas, Nev. *R* David Pearl *P* Don King Productions.

1/22/1984. WBA:JW *Won* Johnny Bumphus (139) *Lost* Lorenzo Garcia (139¼). Unan 15 *S* Sands Hotel, Atlantic City, N.J. *R* Tony Perez *P* Main Events, Inc.

1/29/1984. WBC:JW *Won* Bill Costello (140) *Lost* Bruce Curry (139½). TKO 10/0:56 *S* Civic Center, Beaumont, Texas *R* Richard Steele *P* Don King Productions.

6/1/1984. WBA:JW *Won* Gene Hatcher (139½) *Lost* Johnny Bumphus (139½). TKO 11/2:35 *S* Memorial Coliseum, Buffalo, N.Y. *R* John LoBianco *P* Top Rank/Main Events.

6/22/1984. IBF:JW *Won* Aaron Pryor (139½) *Lost* Nick Furlano (140). Unan 15 *S* Varsity Stadium, Toronto, Ont., Canada *R* Harold Davis.

7/15/1984. WBC:JW *Won* Bill Costello (138¾) *Lost* Ronnie Shields (140). Unan 12 *S* Midtown Neighborhood Center, Kingston, N.Y. *R* David Pearl *P* Don King Productions.

11/3/1984. WBC:JW *Won* Bill Costello (140) *Lost* Saoul Mamby (139¼). Unan 12 *S* Midtown Neighborhood Center, Kingston, N.Y. *R* Tony Perez *P* Don King Productions.

12/15/1984. WBA:JW *Won* Gene Hatcher (139) *Lost* Ubaldo Sacco (140). Split 15 *S* Tarrant County Civic Center, Ft. Worth, Tx. *R* Arthur Mercante *P* Top Rank/Ten Count Promos.

3/2/1985. IBF:JW *Won* Aaron Pryor (140) *Lost* Gary Hinton (140). Split 15 *S* Sands Hotel, Atlantic City, N.J. *R* Rudy Battle *P* Tiger Eye Productions.

7/21/1985. WBA:JW *Won* Ubaldo Sacco (139) *Lost* Gene Hatcher (140). TKO 9/1:28 *S* Casino Municipale, Campione d'Italia, Italy *R* Ernesto Magana *P* Top Rank, Inc.

8/21/1985. WBC:JW *Won* Lonnie Smith (138½) *Lost* Bill Costello (138½). TKO 8/2:31 *S* Madison Sq. Garden, New York, N.Y. *R* Luis Rivera *P* Lightning Bolt/Tiffany.

3/15/1986. WBA:JW *Won* Patrizio Oliva (139¼) *Lost* Ubaldo Sacco (139½). Split 15 *S* Louis II Stadium, Monte Carlo, Mon. *R* Frank Cappuccino *P* Italian Boxing Promos./M. Mattioli.

4/26/1986. IBF:JW *Won* Gary Hinton (139½) *Lost* Reyes A. Cruz (139¼). Unan 15 *S* Sports Palace, Lucca, Italy *R* Randy Neumann *P* Elles Boxing Promotions.

5/5/1986. WBC:JW *Won* Rene Arredondo (139¼) *Lost* Lonnie Smith (139½). TKO 5/1:24 *S* Olympic Auditorium, Los Angeles, Ca. *R* Martin Denkin *P* Azteca Promotions.

7/24/1986. WBC:JW *Won* Tsuyoshi Hamada (139¾) *Lost* Rene Arredondo (139½). KO 1/3:09 *S* Kokugikan Arena, Tokyo, Japan *R* Steve Crosson *P* Teiken Promotions.

9/6/1986. WBA:JW *Won* Patrizio Oliva (139¼) *Lost* Brian Brunette (140). TKO 3/2:38 *S* Sports Palace, Naples, Italy *R* Guy Jutras *P* Elio Cotena.

10/30/1986. IBF:JW *Won* Joe Louis Manley (138½) *Lost* Gary Hinton (139). KO 10/2:14 *S* Civic Center, Hartford, Conn. *R* Sal Maltempo *P* Cedric Kushner Promotions.

12/2/1986. WBC:JW *Won* Tsuyoshi Hamada (139¾) *Lost* Ronnie Shields (139¼). Split 12 *S* Kokugikan Arena, Tokyo, Japan *R* Arthur Mercante *P* Teiken Promotions.

1/10/1987. WBA:JW *Won* Patrizio Oliva (140) *Lost* Gato Gonzalez (138½). Unan 15 *S* Teatro Tenda Piazza la Malfa, Agrigento, Sicily *R* Isidro Rodriguez *P* R. Sabbatini/Elio Cotena.

3/4/1987. IBF:JW *Won* Terry Marsh (140) *Lost* Joe Louis Manley (138½). TKO 10/0:20 *S* Festival Hall Pavilion, Basildon, Essex, Eng. *R* Randy Neumann *P* Frank Warren Promotions.

7/1/1987. IBF:JW *Won* Terry Marsh (140) *Lost* Akio Kameda (140). TKO 7/* *S* Royal Albert Hall, London, Eng. *R* Randy Neumann *P* Frank Warren Promotions.

7/4/1987. WBA:JW *Won* Juan M. Coggi (138¾) *Lost* Patrizio Oliva (139¾). KO 3/2:41 *S* Sports Pal., Ribera, Sicily *R* Bernard Soto *P* Elio Cotena.

7/22/1987. WBC:JW *Won* Rene Arredondo (139¾) *Lost* Tsuyoshi Hamada (139¾). TKO 6/0:43 *S* Kokugikan Arena, Tokyo, Japan *R* Joe Cortez *P* Teiken Promotions.

11/12/1987. WBC:JW *Won* Roger Mayweather (139) *Lost* Rene Arredondo (139). TKO 6/2:00 *S* Sports Arena, Los Angeles, Calif. *R* Lou Filippo *P* Azteca Promotions.

2/14/1988. IBF:JW *Won* Buddy McGirt (138½) *Lost* Frankie Warren (139¾). TKO 12/1:32 *S* Memorial Coliseum, Corpus Christi, Tx. *R* Barry Yeates *P* Main Events/M.S.G.

3/24/1988. WBC:JW *Won* Roger Mayweather (139½) *Lost* Mauricio Aceves (139¾). TKO 3/1:32 *S* Sports Arena, Los Angeles, Calif. *R* Chuck Hassett *P* Azteca Promotions.

5/7/1988. WBA:JW *Won* Juan M. Coggi (138¾) *Lost* Sang-Ho Lee (139¼). KO 2/1:35 *S* San Patrignano, Italy *R* Carlos Berrocal *P* Roberto Sabbatini.

6/6/1988. WBC:JW *Won* Roger Mayweather (140) *Lost* Harold Brazier (140). Split 12 *S* Las Vegas Hilton, Las Vegas, Nev. *R* Carlos Padilla *P* Top Rank, Inc.

7/31/1988. IBF:JW *Won* Buddy McGirt (138) *Lost* Howard Davis, Jr. (139¾). KO 1/2:45 *S* Felt Forum, New York, N.Y. *R* Joe Santarpia *P* M.S.G. Boxing, Inc.

9/3/1988. IBF:JW *Won* Meldrick Taylor (140) *Lost* Buddy McGirt (138¼). TKO 12/2:00 *S* Harrah's Marina Hotel, Atlantic City, N.J. *R* Randy Neumann *P* M.S.G. Boxing, Inc.

9/22/1988. WBC:JW *Won* Roger Mayweather (140) *Lost* Gato Gonzalez (140). KO 12/2:13 *S* Sports Arena, Los Angeles, Calif. *R* Lou Filippo *P* Azteca Promotions.

11/7/1988. WBC:JW *Won* Roger Mayweather (140) *Lost* Vinny Pazi-

enza (140). Unan 12 *S* Caesars Palace, Las Vegas, Nev. *R* Mills Lane *P* Victory Promotions.

1/21/1989. WBA:JW *Won* Juan M. Coggi (139¾) *Lost* Harold Brazier (139¾). Unan 12 *S* Sports Palace, Vasto, Italy *R* John Coyle *P* Total Sports (R. Sabbatini).

1/21/1989. IBF:JW *Won* Meldrick Taylor (139¾) *Lost* John W. Meekins (138). TKO 7/3:00 *S* Trump Plaza Hotel, Atlantic City, N.J. *R* Steve Smoger *P* Main Events, Inc.

3/6/1989. WBO:JW *Won* Hector Camacho (140) *Lost* Ray Mancini (139). Split 12 *S* Lawlor Events Ctr., Reno, Nev. *R* Mills Lane *P* J. & J., Inc.

4/29/1989. WBA:JW *Won* Juan M. Coggi (140) *Lost* Akinobu Hiranaka (140). Unan 12 *S* Sports Palace, Vasto, Italy *R* John Coyle *P* Antena Italia Corp.

5/13/1989. WBC:JW *Won* Julio Cesar Chavez (140) *Lost* Roger Mayweather (138¾). TKO 11/* *S* Great Western Forum, Inglewood, Ca. *R* Henry Elesperu *P* Don King Productions.

9/11/1989. IBF:JW *Won* Meldrick Taylor (140) *Lost* Courtney Hooper (139½). Unan 12 *S* Caesars Hotel, Atlantic City, N.J. *R* Frank Cappuccino *P* Main Events/Monitor, Inc.

11/18/1989. WBC:JW *Won* Julio Cesar Chavez (139¾) *Lost* Sammy Fuentes (139¾). TKO 11/* *S* Caesars Palace, Las Vegas, Nev. *R* Carlos Padilla *P* Don King Productions.

12/16/1989. WBC:JW *Won* Julio Cesar Chavez (140) *Lost* Alberto Cortes (139¾). TKO 3/1:56 *S* Sports Palace, Mexico City, Mex. *R* Arthur Mercante *P* Promo Mundo.

2/3/1990. WBO:JW *Won* Hector Camacho (140) *Lost* Vinny Pazienza (138). Unan 12 *S* Convention Hall, Atlantic City, N.J. *R* Tony Perez *P* Main Events, Inc.

3/17/1990. WBC:JW *Won* Julio Cesar Chavez (139½) *Lost* Meldrick Taylor (139¾). TKO 12/2:58 *S* Las Vegas Hilton, Las Vegas, Nev. *R* Richard Steele *P* Don King/Main Events.

3/24/1990. WBA:JW *Won* Juan M. Coggi (139¾) *Lost* Jose Luis Ramirez (138½). Unan 12 *S* Grand Pavilion, Ajaccio, Corsica *R* John Coyle *P* R. Sabbatini/Acaries.

8/11/1990. WBO:JW *Won* Hector Camacho (140) *Lost* Tony Baltazar (140). Unan 12 *S* Caesars Tahoe, Lake Tahoe, Nev. *R* Richard Steele *P* Main Events/Monitor, Inc.

8/17/1990. WBA:JW *Won* Loreto Garza (139) *Lost* Juan M. Coggi (139½). Maj 12 *S* Palais des Congres d'Acropolis, Nice, France *R* Ernesto Magana *P* Sports Loisirs Artistiques.

12/1/1990. WBA:JW *Won* Loreto Garza (139½) *Lost* Vinny Pazienza (140). DQ 11/2:59 *S* ARCO Arena, Sacramento, Calif. *R* Larry Rozadilla *P* Main Events/Don Chargin.

12/8/1990. BCBF:JW *Won* Julio Cesar Chavez (139) *Lost* Kyung-Duk Ahn (139). TKO 3/2:14 *S* Convention Hall, Detroit, Mich. *R* Tony Perez *P* Don King Productions.

2/23/1991. WBO:JW *Won* Greg Haugen (139) *Lost* Hector Camacho (140). Split 12 *S* Caesars Palace, Las Vegas, Nev. *R* Carlos Padilla *P* Main Events/Monitor, Inc.

3/18/1991. BCBF:JW *Won* Julio Cesar Chavez (139) *Lost* John Duplessis (139). TKO 4/2:42 *S* The Mirage, Las Vegas, Nev. *R* Carlos Padilla *P* Don King Productions.

5/18/1991. WBO:JW *Won* Hector Camacho (138½) *Lost* Greg Haugen (139). Split 12 *S* Sparks Convention Center, Reno, Nev. *R* Robert Ferrara *P* Main Events/Monitor, Inc.

6/14/1991. WBA:JW *Won* Edwin Rosario (139½) *Lost* Loreto Garza (139). TKO 3/1:09 *S* ARCO Arena, Sacramento, Calif. *R* Larry Rozadilla *P* Main Events/Don Chargin.

9/14/1991. WBC:JW *Won* Julio Cesar Chavez (140) *Lost* Lonnie Smith (140). Unan 12 *S* The Mirage, Las Vegas, Nev. *R* Carlos Padilla *P* Don King Productions.

12/7/1991. IBF:JW *Won* Rafael Pineda (139) *Lost* Roger Mayweather (140). KO 9/2:00 *S* Sparks Convention Center, Reno, Nev. *R* Mills Lane *P* Top Rank, Inc./Cedric Kushner.

4/10/1992. WBA:JW *Won* Edwin Rosario (140) *Lost* Akinobu Hiranaka (139¼). TKO 1/1:32 *S* Plaza El Toreo, Naucalpan, Mex. *R* Enzo Montero *P* Don King/Pro Vantage.

4/10/1992. WBC:JW *Won* Julio Cesar Chavez (139) *Lost* Angel Hernandez (139½). TKO 5/1:11 *S* Plaza El Toreo, Naucalpan, Mex. *R* Arthur Mercante *P* Don King/Pro Vantage.

5/22/1992. IBF:JW *Won* Rafael Pineda (139) *Lost* Clarence Coleman (139). TKO 7/0:28 *S* Cuatro Caminos, Mexico City, Mex. *R* Jesus Arias *P* Cedric Kushner Promotions.

6/29/1992. WBO:JW *Won* Carlos Gonzalez (139½) *Lost* Jimmy Paul (140). TKO 2/2:56 *S* Great Western Forum, Inglewood, Ca. *R* Lou Moret *P* Forum Boxing, Inc.

7/18/1992. IBF:JW *Won* Pernell Whitaker (140) *Lost* Rafael Pineda (139). Unan 12 *S* The Mirage, Las Vegas, Nev. *R* Joe Cortez *P* Main Events-Monitor/Kushner.

8/1/1992. WBC:JW *Won* Julio Cesar Chavez (140) *Lost* Frankie Mitchell (137½). TKO 4/0:56 *S* Las Vegas Hilton, Las Vegas, Nev. *R* Mills Lane *P* Don King Productions.

9/9/1992. WBA:JW *Won* Morris East (140) *Lost* Akinobu Hiranaka (140). TKO 11/1:47 *S* Martial Arts Hall, Tokyo, Japan *R* Carlos Berrocal *P* Kyokuto Promotions.

9/12/1992. WBC:JW *Won* Julio Cesar Chavez (140) *Lost* Hector Camacho (140). Unan 12 *S* Thomas & Mack Center, Las Vegas, Nev. *R* Richard Steele *P* Don King Productions.

11/9/1992. WBO:JW *Won* Carlos Gonzalez (138) *Lost* Lorenzo Smith (139). TKO 7/* *S* Great Western Forum, Inglewood, Ca. *R* Raul Caiz *P* Forum Boxing, Inc.

12/14/1992. WBO:JW *Won* Carlos Gonzalez (138½) *Lost* Rafael Ortiz (138¾). TKO 1/1:33 *S* Fronton Mexico, Mexico City, Mex. *R* Ismael Fernandez *P* Formento Deportivo des P.R.I.

1/12/1993. WBA:JW *Won* Juan M. Coggi (139¾) *Lost* Morris East (139¼). TKO 8/2:50 *S* Super Dome, Mar del Plata, Argentina *R* Bernard Soto *P* Panaprom S.A.

2/20/1993. WBC:JW *Won* Julio Cesar Chavez (139½) *Lost* Greg Haugen (140). TKO 5/2:02 *S* Azteca Stadium, Mexico City, Mex. *R* Joe Cortez *P* Don King Productions.

3/22/1993. WBO:JW *Won* Carlos Gonzalez (139¾) *Lost* Tony Baltazar (139¾). TKO 1/2:22 *S* Great Western Forum, Inglewood, Ca. *R* Raul Caiz *P* Forum Boxing, Inc.

4/10/1993. WBA:JW *Won* Juan M. Coggi (140) *Lost* Jose Rivera (139¼). TKO 7/2:58 *S* Super Dome, Mar del Plata, Argentina *R* Isidro Rodriguez *P* Panaprom S.A.

5/8/1993. WBC:JW *Won* Julio Cesar Chavez (140) *Lost* Terrence Alli (139½). TKO 6/0:45 *S* Thomas & Mack Center, Las Vegas, Nev. *R* Carlos Padilla *P* Don King Productions.

5/15/1993. IBF:JW *Won* Charles Murray (140) *Lost* Rodney Moore (140). Unan 12 *S* Trump Castle Hotel, Atlantic City, N.J. *R* Frank Cappuccino *P* Cedric Kushner Promotions.

6/7/1993. WBO:JW *Won* Zack Padilla (139) *Lost* Carlos Gonzalez (140). Unan 12 *S* Thomas & Mack Center, Las Vegas, Nev. *R* Richard Steele *P* Top Rank, Inc.

6/23/1993. WBA:JW *Won* Juan M. Coggi (140) *Lost* Hiroyuki Yoshino (140). KO 5/2:15 *S* Korakuen Hall, Tokyo, Japan *R* Rafael Ramos *P* Kyokuto Promotions.

7/24/1993. IBF:JW *Won* Charles Murray (140) *Lost* Juan LaPorte (140). Unan 12 *S* Showboat Hotel, Atlantic City, N.J. *R* Tony Orlando *P* Cedric Kushner Promotions.

8/13/1993. WBA:JW *Won* Juan M. Coggi (139½) *Lost* Jose Barboza (139¼). Unan 12 *S* Lanus Stadium, Lanus, B.A., Argentina *R* Waldemar Schmidt *P* Panaprom S.A.

9/24/1993. WBA:JW *Won* Juan M. Coggi (140) *Lost* Guillermo Cruz (139¼). TKO 10/1:51 *S* Club Defensores, V. Lujan, Tucuman, Arg. *R* Carlos Berrocal *P* Panaprom/Osvaldo Rivero.

11/19/1993. WBO:JW *Won* Zack Padilla (139) *Lost* Efrem Calamati (139½). TKO 8/* *S* Sports Palace, Arezzo, Italy *R* Bill Connors *P* Guilio Spagnoli.

11/19/1993. IBF:JW *Won* Charles Murray (140) *Lost* Courtney Hooper (139). TKO 6/* *S* Convention Hall, Atlantic City, N.J. *R* Frank Cappuccino *P* Top Rank, Inc.

12/16/1993. WBO:JW *Won* Zack Padilla (138½) *Lost* Ray Oliveira

(139). Unan 12 *S* Foxwoods Resort, Mashantucket, Conn. *R* Steve Smoger *P* Top Rank, Inc.

12/17/1993. WBA:JW *Won* Juan M. Coggi (139¾) *Lost* Eder Gonzalez (139¾). TKO 7/2:26 *S* Club Defensores, V. Lujan, Tucuman, Arg. *R* Isidro Rodriguez *P* Panaprom/Osvaldo Rivero.

12/18/1993. WBC:JW *Won* Julio Cesar Chavez (139¼) *Lost* Andy Holligan (140). TKO 6/* *S* Cuauhtemoc Stadium, Cd. Puebla, Mex. *R* Arthur Mercante *P* Don King Productions.

1/29/1994. WBC:JW *Won* Frankie Randall (140) *Lost* Julio Cesar Chavez (140). Split 12 *S* MGM Grand Garden, Las Vegas, Nev. *R* Richard Steele *P* Don King Productions.

2/13/1994. IBF:JW *Won* Jake Rodriguez (140) *Lost* Charles Murray (140). Maj 12 *S* Bally's Park Place Hotel, Atlantic City, N.J. *R* Tony Orlando *P* Top Rank, Inc.

3/18/1994. WBA:JW *Won* Juan M. Coggi (140) *Lost* Eder Gonzalez (140). TKO 3/2:01 *S* MGM Grand Garden, Las Vegas, Nev. *R* Richard Steele *P* Don King Productions.

4/18/1994. WBO:JW *Won* Zack Padilla (137¾) *Lost* Harold Miller (136¾). TKO 7/* *S* Ahoy Sports Palace, Rotterdam, Neth. *R* Norbert Krosch *P* Top Rank, Inc.

4/21/1994. IBF:JW *Won* Jake Rodriguez (140) *Lost* Ray Oliveira (140). Unan 12 *S* Foxwoods Resort, Mashantucket, Conn. *R* Steve Smoger *P* Top Rank, Inc.

5/7/1994. WBC:JW *Won* Julio Cesar Chavez (140) *Lost* Frankie Randall (140). TWs 8/2:57 *S* MGM Grand Garden, Las Vegas, Nev. *R* Mills Lane *P* Don King Productions.

7/24/1994. WBO:JW *Won* Zack Padilla (140) *Lost* Juan LaPorte (140). TKO 10/* *S* Olympic Auditorium, Los Angeles, Ca. *R* Raul Caiz *P* Top Rank, Inc.

8/27/1994. IBF:JW *Won* Jake Rodriguez (140) *Lost* George Scott (139½). TKO 10/* *S* Fernwood Resort, Bushkill, Pa. *R* Tony Wolfe *P* Top Rank.

9/17/1994. WBA:JW *Won* Frankie Randall (140) *Lost* Juan M. Coggi (140). Unan 12 *S* MGM Grand Garden, Las Vegas, Nev. *R* Mitch Halpern *P* Don King Productions.

9/17/1994. WBC:JW *Won* Julio Cesar Chavez (140) *Lost* Meldrick Taylor (140). TKO 8/1:41 *S* MGM Grand Garden, Las Vegas, Nev. *R* Mills Lane *P* Don King Productions.

12/10/1994. WBA:JW *Won* Frankie Randall (140) *Lost* Rodney Moore (139). TKO 7/1:43 *S* Baseball Stadium, Monterrey, N.L., Mex. *R* Kenny Bayless *P* Don King Productions.

12/10/1994. WBC:JW *Won* Julio Cesar Chavez (140) *Lost* Tony Lopez (139). TKO 10/1:41 *S* Baseball Stadium, Monterrey, N.L., Mex. *R* Luis Carlos Guzman *P* Don King Productions.

1/28/1995. IBF:JW *Won* Kostya Tszyu (139) *Lost* Jake Rodriguez (139½). TKO 6/1:50 *S* MGM Grand Garden, Las Vegas, Nev. *R* Richard Steele *P* Top Rank, Inc.

2/20/1995. WBO:JW *Won* Sammy Fuentes (139½) *Lost* Fidel Avendano (138). TKO 2/0:41 *S* Great Western Forum, Inglewood, Ca. *R* Lou Filippo *P* Forum Boxing, Inc.

4/8/1995. WBC:JW *Won* Julio Cesar Chavez (140) *Lost* Giovanni Parisi (139). Unan 12 *S* Caesars Palace, Las Vegas, Nev. *R* Joe Cortez *P* Don King Productions.

6/10/1995. WBO:JW *Won* Sammy Fuentes (140) *Lost* Hector Lopez (139½). Split 12 *S* Caesars Palace, Las Vegas, Nev. *R* Mitch Halpern *P* Forum Boxing, Inc.

6/16/1995. WBA:JW *Won* Frankie Randall (140) *Lost* Jose Barboza (139½). Split 12 *S* Palais des Sports de Gerland, Lyons, France *R* Julio C. Alvarado *P* Don King Productions.

6/25/1995. IBF:JW *Won* Kostya Tszyu (139½) *Lost* Roger Mayweather (140). Unan 12 *S* Entertainment Centre, Newcastle, N.S.W., Aus. *R* Billy Males *P* Paul Hotz Sports Mgt. Group.

9/16/1995. WBC:JW *Won* Julio Cesar Chavez (140) *Lost* David Kamau (140). Unan 12 *S* The Mirage, Las Vegas, Nev. *R* Mills Lane *P* Don King Productions.

1/13/1996. WBA:JW *Won* Juan M. Coggi (140) *Lost* Frankie Randall (140). TWu 5/1:15 *S* Jai Alai Fronton, Miami, Fla. *R* Bill Connors *P* Don King Productions.

1/20/1996. IBF:JW *Won* Kostya Tszyu (139¾) *Lost* Hugo Pineda (139½). TKO 11/2:38 *S* Parramatta Stadium, Parramatta, N.S.W., Aus. *R* Billy Males *P* Vlad Wharton.

3/9/1996. WBO:JW *Won* Giovanni Parisi (138) *Lost* Sammy Fuentes (140). TKO 8/2:20 *S* Palalido Sports Palace, Milan, Italy *R* Raul Caiz *P* Cotena Boxing Group.

5/24/1996. IBF:JW *Won* Kostya Tszyu (139½) *Lost* Corey Johnson (140). KO 4/2:21 *S* Entertainment Centre, Sydney, N.S.W., Aus. *R* Billy Males *P* Vlad Wharton.

6/7/1996. WBC:JW *Won* Oscar de la Hoya (139) *Lost* Julio Cesar Chavez (139). TKO 4/2:37 *S* Caesars Palace, Las Vegas, Nev. *R* Joe Cortez *P* Top Rank, Inc.

6/20/1996. WBO:JW *Won* Giovanni Parisi (137¼) *Lost* Carlos Gonzalez (138¾). Draw 12 *S* Forum Assago, Milan, Italy *R* Larry Rozadilla *P* Salvatore Cherchi.

8/16/1996. WBA:JW *Won* Frankie Randall (140) *Lost* Juan M. Coggi (140). Unan 12 *S* Sociedad Alemana, V. Ballester, B.A., Arg. *R* John Coyle *P* Osvaldo Rivero.

9/14/1996. IBF:JW *Won* Kostya Tszyu (139½) *Lost* Jan Bergman (139¾). KO 6/1:23 *S* Entertainment Centre, Newcastle, N.S.W., Aus. *R* Billy Males *P* Vlad Wharton.

10/12/1996. WBO:JW *Won* Giovanni Parisi (139½) *Lost* Sergio Rey (136¾). TKO 4/2:03 *S* Forum Assago, Milan, Italy *R* Samuel Viruet *P* Cotena Boxing Group.

1/11/1997. WBA:JW *Won* Khalid Rahilou (139) *Lost* Frankie Randall (139½). TKO 11/0:58 *S* Nashville Arena, Nashville, Tenn. *R* Rafael Ramos *P* Don King Productions.

1/18/1997. WBC:JW *Won* Oscar de la Hoya (140) *Lost* Miguel A. Gonzalez (140). Unan 12 *S* Thomas & Mack Center, Las Vegas, Nev. *R* Mills Lane *P* Top Rank, Inc.

1/18/1997. IBF:JW *Won* Kostya Tszyu (139) *Lost* Leonardo Mas (139). TD 1 *S* Thomas & Mack Center, Las Vegas, Nev. *R* Joe Cortez *P* Top Rank, Inc.

4/19/1997. WBO:JW *Won* Giovanni Parisi (138¼) *Lost* Harold Miller (138¼). TKO 8/1:45 *S* El Palalido, Milan, Italy *R* Mario Maianati *P* Cotena Boxing Group.

5/31/1997. IBF:JW *Won* Vincent Phillips (140) *Lost* Kostya Tszyu (140). TKO 10/1:22 *S* Trump Taj Mahal, Atlantic City, N.J. *R* Benji Esteves *P* Top Rank/Gelb Promos.

7/5/1997. WBA:JW *Won* Khalid Rahilou (139¼) *Lost* Marty Jakubowski (139). TKO 7/2:40 *S* Mohammed V Sports Complex, Casablanca, Mor. *R* Stan Christodoulou *P* A.B. Stars, Inc.

8/9/1997. IBF:JW *Won* Vincent Phillips (139½) *Lost* Mickey Ward (139¾). TKO 3/2:49 *S* The Roxy, Boston, Mass. *R* Dick Flaherty *P* Top Rank, Inc.

10/4/1997. WBO:JW *Won* Giovanni Parisi (138) *Lost* Nigel Wenton (139½). TKO 9/* *S* Grand Pavilion, Vibo Valentia, Italy *R* Genaro Rodriguez *P* Cotena Boxing Group.

12/6/1997. WBO:JW *Won* Giovanni Parisi (137¼) *Lost* Jose M. Berdonce (139½). Unan 12 *S* Sports Palace, Catanzaro, Italy *R* Roberto Ramirez *P* Salvatore Cherchi.

12/13/1997. IBF:JW *Won* Vincent Phillips (140) *Lost* Fred Pendleton (140). KO 10/0:41 *S* Amphitheatre, Pompano Beach, Fla. *R* Tom Kimmons *P* Don King Productions.

2/21/1998. WBA:JW *Won* Khalid Rahilou (139¾) *Lost* Jean-Baptiste Mendy (139). Unan 12 *S* Palais des Omnisports, Paris, France *R* Carlos Berrocal *P* A.B. Stars, Inc.

3/7/1998. WBC:JW *Won* Julio Cesar Chavez (140) *Lost* Miguel A. Gonzalez (140). Draw 12 *S* Plaza de Mexico, Mexico City, Mex. *R* Guadalupe Garcia *P* Don King Productions.

3/14/1998. IBF:JW *Won* Vincent Phillips (140) *Lost* Alfonso Sanchez (139). KO 1/2:30 *S* Trump Taj Mahal, Atlantic City, N.J. *R* Joe Cortez *P* Top Rank, Inc.

5/29/1998. WBO:JW *Won* Carlos Gonzalez (139) *Lost* Giovanni Parisi (138½). TKO 9/2:14 *S* BPA Palace, Pesaro, Italy *R* Jose Rivera *P* Cedric Kushner Promotions.

10/10/1998. WBA:JW *Won* Sharmba Mitchell (139) *Lost* Khalid

Rahilou (140). Unan 12 *S* Palais des Omnisports, Paris, France *R* Julio Alvarado *P* Don King/A.B. Stars, Inc.

2/6/1999. WBA:JW *Won* Sharmba Mitchell (140) *Lost* Pedro Saiz (140). Unan 12 *S* Co, Ctr, Washington, D.C. *R* Ken Chevalier *P* Don King Prods.

2/20/1999. IBF:JW *Won* Terronn Millett (140) *Lost* Vincent Phillips (140). TKO 5/1:58 *S* Madison Sq. Garden, New York, N.Y. *R* Jim Santa *P* King/Main Events-Monitor.

4/24/1999. WBA:JW *Won* Sharmba Mitchell (140) *Lost* Reggie Green (140). Maj 12 *S* The MCI Center, Washington, D.C. *R* Ken Chevalier *P* Don King Productions.

5/15/1999. WBO:JW *Won* Randall Bailey (140) *Lost* Carlos Gonzalez (139¾). KO 1/0:41 *S* Jai Alai Fronton, Miami, Fla. *R* Telis Assimenios *P* Don King Productions.

7/24/1999. IBF:JW *Won* Terronn Millett (139) *Lost* Virgil McClendon (139½). TKO 12/1:50 *S* Flamingo Hotel, Las Vegas, Nev. *R* Richard Steele *P* Don King Productions.

8/21/1999. WBC:JW *Won* Kostya Tszyu (140) *Lost* Miguel A. Gonzalez (140). TKO 10/0:48 *S* Miccosukee Gaming Center, Miami, Fla. *R* Frank Santore *P* Top Ring/Am. Presents/King.

11/13/1999. WBA:JW *Won* Sharmba Mitchell (139½) *Lost* Elio Ortiz (139½). Unan 12 *S* Thomas & Mack Center, Las Vegas, Nev. *R* Richard Steele *P* King/Panix/Main Events.

12/11/1999. WBO:JW *Won* Randall Bailey (140) *Lost* Hector Lopez (140). TKO 9/2:00 *S* Grand Hotel, Tunica, Miss. *R* Fred Steinwinder *P* Don King Productions.

2/12/2000. WBC:JW *Won* Kostya Tszyu (140) *Lost* Ahmed Santos (139). TKO 8/0:36 *S* Mohegan Sun Casino, Uncasville, Conn. *R* Frank Cappuccino *P* Main Events/Wharton/Kushner.

2/12/2000. IBF:JW *Won* Zabdiel Judah (138½) *Lost* Jan Bergman (138¾). KO 4/2:50 *S* Mohegan Sun Casino, Uncasville, Conn. *R* Steve Smoger *P* Main Events/Wharton/Kushner.

4/8/2000. WBO:JW *Won* Randall Bailey (139½) *Lost* Rocky Martinez (139½). TKO 7/* *S* Palais des Omnisports, Paris, France *R* Samuel Viruet *P* A.B. Stars/Don King Prods.

6/24/2000. IBF:JW *Won* Zabdiel Judah (139¾) *Lost* Junior Witter (139¼). Unan 12 *S* Hampden Park, Glasgow, Scot. *R* Roy Francis *P* Sports Network/Main Events.

7/22/2000. WBO:JW *Won* Ener Julio (139¾) *Lost* Randall Bailey (139). Split 12 *S* American Airlines Arena, Miami, Fla. *R* Max Parker, Jr. *P* Don King Productions.

7/29/2000. WBC:JW *Won* Kostya Tszyu (139½) *Lost* Julio Cesar Chavez (140). TKO 6/1:30 *S* Veterans Memorial Coliseum, Phoenix, Ariz. *R* Robert Ferrara *P* American Presents, Inc.

8/5/2000. IBF:JW *Won* Zabdiel Judah (138) *Lost* Terronn Millett (139½). TKO 4/2:47 *S* Mohegan Sun Casino, Uncasville, Conn. *R* Michael Ortega *P* Main Events, Inc.

9/16/2000. WBA:JW *Won* Sharmba Mitchell (139) *Lost* Felix Flores (139½). Unan 12 *S* MGM Grand Garden, Las Vegas, Nev. *R* Tony Weeks *P* Don King Productions.

10/20/2000. IBF:JW *Won* Zabdiel Judah (139¼) *Lost* Hector Quiroz (140). TKO 8/1:56 *S* The Palace, Auburn Hills, Mich. *R* Dale Grable *P* Am. Presents/Main Events.

1/13/2001. IBF:JW *Won* Zabdiel Judah (138¼) *Lost* Reggie Green (139). TKO 10/1:29 *S* Mohegan Sun Casino, Uncasville, Conn. *R* Arthur Mercante *P* Main Events, Inc.

2/3/2001. BABF:JW *Won* Kostya Tszyu (140) *Lost* Sharmba Mitchell (140). TKO 8/* *S* Mandalay Bay Resort, Las Vegas, Nev. *R* Joe Cortez *P* Don King/Millennium Events.

6/23/2001. BABC:JW *Won* Kostya Tszyu (139½) *Lost* Oktay Urkal (138½). Unan 12 *S* Mohegan Sun Casino, Uncasville, Conn. *R* Frank Cappuccino *P* Main Events/Millennium.

6/23/2001. IBF:JW *Won* Zabdiel Judah (138½) *Lost* Allan Vester (138). TKO 3/2:58 *S* Mohegan Sun Casino, Uncasville, Conn. *R* Charles Dwyer *P* Main Events/Millennium.

6/30/2001. WBO:JW *Won* DeMarcus Corley (140) *Lost* Felix Flores (140). TKO 1/2:49 *S* Mandalay Bay Resort, Las Vegas, Nev. *R* Jay Nady *P* Don King Productions.

11/3/2001. BACF:JW *Won* Kostya Tszyu (140) *Lost* Zabdiel Judah (139½). TKO 2/2:59 *S* MGM Grand Garden, Las Vegas, Nev. *R* Jay Nady *P* Millennium/Main Events.

1/19/2002. WBO:JW *Won* DeMarcus Corley (140) *Lost* Ener Julio (140). Unan 12 *S* Miami Jai Alai Fronton, Miami, Fla. *R* Jorge Alonzo *P* Don King Productions.

5/18/2002. BACF:JW *Won* Kostya Tszyu (140) *Lost* Ben Tackie (139½). Unan 12 *S* Mandalay Bay Resort, Las Vegas, Nev. *R* Jay Nady *P* Millennium/Banner Promos.

1/4/2003. WBO:JW *Won* DeMarcus Corley (140) *Lost* Randall Bailey (139). Unan 12 *S* D.C. Armory, Washington, D.C. *R* Joseph Cooper *P* Don King Productions.

1/19/2003. BACF:JW *Won* Kostya Tszyu (139¾) *Lost* James Leija (139). TKO 7/* *S* The Telstra Dome, Melbourne, Australia *R* Malcolm Bulner *P* Millennium Events.

7/12/2003. WBO:JW *Won* Zabdiel Judah (140) *Lost* DeMarcus Corley (139½). Split 12 *S* Orleans Hotel & Casino, Las Vegas, Nev. *R* Joe Cortez *P* Don King Productions.

12/13/2003. WBO:JW *Won* Zabdiel Judah (140) *Lost* Jaime Rangel (140). KO 1/1:12 *S* Convention Hall, Atlantic City, N.J. *R* Frank Cappuccino *P* Don King Productions.

1/24/2004. WBC:JW *Won* Arturo Gatti (140) *Lost* Gianluca Branco (140). Unan 12 *S* Convention Hall, Atlantic City, N.J. *R* Rudy Battle *P* Main Events, Inc.

7/24/2004. WBC:JW *Won* Arturo Gatti (139¼) *Lost* Leonard Dorin (139). KO 2/2:55 *S* Convention Hall, Atlantic City, N.J. *R* Randy Neumann *P* Main Events/DiBella Ent.

9/11/2004. WBO:JW *Won* Miguel A. Cotto (140) *Lost* Kelson Pinto (139). TKO 6/0:32 *S* Jose M. Agrelot Coliseum, Hato Rey, P.R. *R* Roberto Ramirez *P* Top Rank, Inc.

10/23/2004. WBA:JW *Won* Vivian Harris (139¾) *Lost* Oktay Urkal (139). TKO 11/0:56 *S* Tempodrom, Berlin, Germany *R* Armando Garcia *P* Sauerland Promotions.

11/6/2004. IBF:JW *Won* Kostya Tszyu (140) *Lost* Sharmba Mitchell (140). TKO 3/2:48 *S* Glendale Arena, Phoenix, Ariz. *R* Raul Caiz *P* Milennium Events, Inc.

12/11/2004. WBO:JW *Won* Miguel A. Cotto (140) *Lost* Randall Bailey (139½). TKO 6/1:39 *S* Mandalay Bay Resort, Las Vegas, Nev. *R* Norm Budden *P* Top Rank/K2 Promos.

1/29/2005. WBC:JW *Won* Arturo Gatti (140) *Lost* James Leija (140). KO 5/1:48 *S* Convention Hall, Atlantic City, N.J. *R* Earl Brown *P* Main Events/Golden Boy.

2/26/2005. WBO:JW *Won* Miguel A. Cotto (140) *Lost* DeMarcus Corley (137). TKO 5/2:45 *S* R. Rodriguez Coliseum, Bayamon, P.R. *R* I. Quinones Falu *P* Top Rank, Inc.

6/4/2005. IBF:JW *Won* Ricky Hatton (140) *Lost* Kostya Tszyu (140). TKO 12/* *S* MEN Arena, Manchester, Eng. *R* Dave Parris *P* Sports Net.

6/11/2005. WBO:JW *Won* Miguel A. Cotto (138¾) *Lost* Mohamad Abdullaev (138¾). TKO 9/0:57 *S* Madison Sq. Garden, New York, N.Y. *R* John Callas *P* Top Rank, Inc.

6/25/2005. WBA:JW *Won* Carlos Maussa (139) *Lost* Vivian Harris (139). KO 7/0:43 *S* Convention Hall, Atlantic City, N.J. *R* Albert Brown *P* Main Events/Top Rank.

6/25/2005. WBC:JW *Won* Floyd Mayweather, Jr. (139) *Lost* Arturo Gatti (140). TKO 7/* *S* Convention Hall, Atlantic City, N.J. *R* Earl Morton *P* Main Events/Top Rank.

9/24/2005. WBO:JW *Won* Miguel A. Cotto (140) *Lost* Ricardo Torres (140). KO 7/1:52 *S* Convention Hall, Atlantic City, N.J. *R* David Fields *P* Top Rank/Duva/K2.

11/26/2005. BABF:JW *Won* Ricky Hatton (139½) *Lost* Carlos Maussa (139¾). KO 9/1:10 *S* Hallam FM Arena, Sheffield, Eng. *R* Mickey Vann *P* Fight Academy.

3/4/2006. WBO:JW *Won* Miguel A. Cotto (140) *Lost* Gianluca Branco (140). TKO 8/0:49 *S* R. Rodriguez Coliseum, Bayamon, P.R. *R* Luis Pabon *P* Top Rank, Inc.

6/10/2006. WBO:JW *Won* Miguel A. Cotto (138¼) *Lost* Paul Malig-

naggi (138¼). Unan 12 *S* Madison Sq. Garden, New York, N.Y. *R* Steve Smoger *P* Top Rank, Inc.

6/30/2006. IBF:JW *Won* Juan Urango (139) *Lost* Naoufel ben Rabah (138). Unan 12 *S* Seminole Arena, Hollywood, Fla. *R* Tommy Kimmons *P* Warriors Boxing.

9/2/2006. WBA:JW *Won* Souleymane M'baye (139½) *Lost* Raul H. Balbi (140). TKO 4/2:14 *S* Reebok Centre, Bolton, Lanc., Eng. *R* Paul Thomas *P* Sports Network, Ltd.

9/15/2006. WBC:JW *Won* Junior Witter (138¼) *Lost* DeMarcus Corley (139½). Unan 12 *S* Alexandra Palace, London, Eng. *R* Mas. Barrovecchio *P* Hennessy Sports, Ltd.

11/18/2006. WBO:JW *Won* Ricardo Torres (139) *Lost* Mike Arnaoutis (138). Split 12 *S* Thomas & Mack Center, Las Vegas, Nev. *R* Tony Weeks *P* Top Rank, Inc.

1/20/2007. WBC:JW *Won* Junior Witter (139¾) *Lost* Arturo Morua (139¾). TKO 9/2:12 *S* Alexandra Palace, London, Eng. *R* Timothy Adams *P* Hennessy Sports, Ltd.

1/20/2007. IBF:JW *Won* Ricky Hatton (139) *Lost* Juan Urango (139). Unan 12 *S* Paris Hotel, Las Vegas. *R* Tony Weeks *P* Banner/Fight Acad.

3/10/2007. WBA:JW *Won* Souleymane M'baye (139¾) *Lost* Andres Kotelnik (140). Draw 12 *S* The Olympia, Liverpool, England *R* Dave Parris *P* Sports Network, Ltd.

6/16/2007. IBF:JW *Won* Paul Malignaggi (138) *Lost* Lovemore N'dou (138¼). Unan 12 *S* Mohegan Sun Casino, Uncasville, Conn. *R* Ed Cotton *P* DiBella Entertainment.

6/23/2007. IBO:JW *Won* Ricky Hatton (140) *Lost* Jose Luis Castillo (140). KO 4/2:16 *S* Thomas & Mack Center, Las Vegas, Nev. *R* Joe Cortez *P* Banner/Fight Acm./Top Rank.

7/21/2007. WBA:JW *Won* Gavin Rees (139½) *Lost* Souleymane M'baye (139½). Unan 12 *S* Cardiff International Arena, Cardiff, Wales *R* Stan Christodoulou *P* Sports Network, Ltd.

9/1/2007. WBO:JW *Won* Ricardo Torres (140) *Lost* Kendall Holt (139¾). TKO 11/2:24 *S* Country Club Jumbo Salon, Barranquilla, Col. *R* Genaro Rodriguez *P* Cuadrilatero Promotions.

9/2/2007. WBC:JW *Won* Junior Witter (139½) *Lost* Vivian Harris (139½). KO 7/1:00 *S* Doncaster Dome, Doncaster, Eng. *R* D. Van der Wiele *P* Hennessy Sports, Ltd.

1/5/2008. IBF:JW *Won* Paul Malignaggi (139) *Lost* Herman Ngoudjo (140). Unan 12 *S* Bally's Hotel & Casino, Atlantic City, N.J. *R* Allan Huggins *P* DiBella Entertainment.

3/22/2008. WBA:JW *Won* Andreas Kotelnik (140) *Lost* Gavin Rees (140). TKO 12/2:34 *S* Cardiff International Arena, Cardiff, Wales *R* Luis Pabon *P* Sports Network, Ltd.

5/10/2008. WBC:JW *Won* Timothy Bradley (139½) *Lost* Junior Witter (139¾). Split 12 *S* Trent FM Arena, Nottingham, Eng. *R* Mas. Barrovecchio *P* Hennessy Sports, Ltd.

5/24/2008. IBF:JW *Won* Paul Malignaggi (139¾) *Lost* Lovemore N'dou (139). Split 12 *S* City Stadium, Manchester, Eng. *R* Mickey Vann *P* Punch/Golden Boy/Maloney.

5/24/2008. IBO:JW *Won* Ricky Hatton (140) *Lost* Juan Lazcano (139¾). Unan 12 *S* City Stadium, Manchester, Eng. *R* Howard J. Foster *P* Punch/Golden Boy/Maloney.

7/5/2008. WBO:JW *Won* Kendall Holt (139) *Lost* Ricardo Torres (139). KO 1/1:01 *S* Planet Hollywood Resort, Las Vegas, Nev. *R* Jay Nady *P* Top Rank, Inc.

9/13/2008. WBA:JW *Won* Andreas Kotelnik (140) *Lost* Norio Kimura (140). Unan 12 *S* Sports Palace, L'viv, Ukraine *R* Stan Christodoulou *P* AK 1 Promotions.

9/13/2008. WBC:JW *Won* Timothy Bradley (139¾) *Lost* Edner Cherry (139¼). Unan 12 *S* Beau Rivage Resort, Biloxi, Miss. *R* Gary Ritter *P* Don King Productions.

1/30/2009. IBF:JW *Won* Juan Urango (139) *Lost* Herman Ngoudjo (139¼). Unan 12 *S* Bell Centre, Montreal, Quebec, Canada *R* Marlon Wright *P* GYM/Seminole Warriors.

2/7/2009. WBA:JW *Won* Andreas Kotelnik (139½) *Lost* Marcos Maidana (140). Split 12 *S* Stadthalle, Rostock, Germany *R* Hector Afu *P* Universum Box Promo.

4/4/2009. BCBO:JW *Won* Timothy Bradley (138¾) *Lost* Kendall Holt (140). Unan 12 *S* Bell Centre, Montreal, Quebec, Canada *R* Michael Griffin *P* Shaw/Top Rank/Gillett.

5/2/2009. IBO:JW *Won* Manny Pacquiao (138) *Lost* Ricky Hatton (140). KO 2/2:59 *S* MGM Grand Garden, Las Vegas, Nev. *R* Kenny Bayless *P* Top Rank, Inc.

7/18/2009. WBA:JW *Won* Amir Khan (140) *Lost* Andriy Kotelnik (139¾). Unan 12 *S* MEN Arena, Manchester, Eng. *R* Stan Christodoulou *P* Sports Network, Ltd.

8/1/2009. WBC:JW *Won* Devon Alexander (138½) *Lost* Junior Witter (139). TKO 9/* *S* Agua Caliente Resort, Rancho Mirage, Ca. *R* Lou Moret *P* Gary Shaw Productions.

8/1/2009. WBO:JW *Won* Timothy Bradley (139) *Lost* Nate Campbell (138½). NC 3 *S* Agua Caliente Resort, Rancho Mirage, Ca. *R* David Mendoza *P* Gary Shaw Productions.

8/28/2009. IBF:JW *Won* Juan Urango (139) *Lost* Randall Bailey (139½). TKO 11/1:51 *S* Hard Rock Hotel, Hollywood, Fla. *R* Tommy Kimmons *P* Seminole Warriors Boxing.

12/5/2009. WBA:JW *Won* Amir Khan (139½) *Lost* Dmitriy Salita (140). TKO 1/1:16 *S* Metro Radio Arena, Newcastle, Eng. *R* Luis Pabon *P* Sports Network, Ltd.

12/12/2009. WBO:JW *Won* Timothy Bradley (138) *Lost* Lamont Peterson (139). Unan 12 *S* Agua Caliente Resort, Rancho Mirage, Ca. *R* Pat Russell *P* Shaw/Thompson Promos.

3/6/2010. BCBF:JW *Won* Devon Alexander (139¼) *Lost* Juan Urango (139¾). TKO 8/1:12 *S* Mohegan Sun Arena, Uncasville, Conn. *R* Benji Esteves *P* Don King Productions.

LIGHTWEIGHT

6/1/1896. L *Won* Kid Lavigne (134) *Lost* Dick Burge (136). KO 17 *S* National Sporting Club, London, Eng. *R* B.J. Angle *P* National Sporting Club.

10/27/1896. L *Won* Kid Lavigne *Lost* Jack Everhardt. TKO 24 *S* Bohemian Sporting Club, New York, N.Y. *R* John Kelly *P* Bohemian Sporting Club.

1/14/1887. L *Won* Jack McAuliffe (132¾) *Lost* Harry Gilmore (128½). KO 28 *S* Farmer's Barn, Lawrence, Mass.

11/16/1887. L. *Won* Jack McAuliffe (131¾) *Lost* Jem Carney (129). NC 74 *S* City Warehouse, Revere, Mass. *R* Frank Stevenson.

10/10/1888. L. *Won* Jack McAuliffe (131½) *Lost* Billy Dacey (129¾). KO 11 *S* Farmer's Barn, Dover, N.J.

2/13/1889. L *Won* Jack McAuliffe *Lost* Billy Myer. NC 64 *S* Burch's Opera House, No. Judson, Ill.

3/21/1890. L *Won* Jack McAuliffe (134½) *Lost* Jimmy Carroll. KO 47 California A.C., San Francisco, Calif. *R* Hiram Cook. *P* California Athletic Club.

9/11/1891. L *Won* Jack McAuliffe (135) *Lost* Austin Gibbs (130½). TKO 6 *S* Granite Assn. Club Room, Hoboken, N.J. *R* Jere Dunn.

9/5/1892. L *Won* Jack McAuliffe (137¾) *Lost* Billy Myer (137½). KO 15 *S* Olympic Club, New Orleans, La. *R* John Duffy. *P* Bohemian Athletic Club.

2/8/1897. L *Won* Kid Lavigne *Lost* Kid McPartland. Ref 25 *S* Broadway Athletic Club, New York, N.Y. *R* Dick Roche *P* Broadway Athletic Club.

4/30/1897. L *Won* Kid Lavigne (132) *Lost* Eddie Connolly (132). TKO 12/* *S* Broadway Athletic Club, New York, N.Y. *R* Dick Roche *P* Broadway Athletic Club.

10/29/1897. L *Won* Kid Lavigne *Lost* Joe Walcott. TKO 13/* *S* Mechanics Pavilion, San Francisco, Ca. *R* Ed Graney.

3/17/1898. L *Won* Kid Lavigne *Lost* Jack Daly. Draw 20 *S* Central Armory, Cleveland, Ohio *R* Kid McCoy.

9/28/1898. L *Won* Kid Lavigne *Lost* Frank Erne. Draw 20 *S* Greater New York A.C., Coney Is., N.Y. *R* Sam Austin.

11/25/1898. L *Won* Kid Lavigne *Lost* Tom Tracy. Ref 20 *S* Woodward's Pavilion, San Francisco, Ca. *R* Jim McDonald.

7/3/1899. L *Won* Frank Erne *Lost* Kid Lavigne. Ref 20 *S* Hawthorne Athletic Club, Buffalo, N.Y. *R* John Kelly.

Lightweight   **PART III. WORLD TITLE BOUTS**

12/4/1899. L *Won* Frank Erne *Lost* Jack O'Brien. Draw 25 *S* Greater New York A.C., Coney Is., N.Y. *R* George Siler.

3/23/1900. L *Won* Frank Erne (131) *Lost* Joe Gans (133). TKO 12/0:21 *S* Broadway Athletic Club, New York, N.Y. *R* Johnny White *P* Broadway Athletic Club.

5/12/1902. L *Won* Joe Gans *Lost* Frank Erne. KO 1/1:40 *S* Int. A.C., Fort Erie, Ontario, Canada *R* Charley White.

6/27/1902. L *Won* Joe Gans *Lost* George McFadden. TKO 3 *S* Woodward's Pavilion, San Francisco, Ca. *R* Phil Wand *P* Hayes Valley A.C.

7/24/1902. L *Won* Joe Gans *Lost* Rufe Turner. KO 15 *S* Acme Club, Oakland, California *R* Ed. W. Smith.

10/13/1902. L *Won* Joe Gans *Lost* Kid McPartland. KO 5/2:25 *S* Int. A.C., Fort Erie, Ontario, Canada *R* Charley White.

1/1/1903. L *Won* Joe Gans *Lost* Gus Gardner. DQ 11 *S* New Britain Casino, New Britain, Conn. *R* John Willis *P* National Athletic Club.

3/11/1903. L *Won* Joe Gans *Lost* Steve Crosby. TKO 11 *S* Whittington Park Arena, Hot Springs, Ark. *R* Tommy Ryan.

6/29/1903. L *Won* Joe Gans *Lost* Willie Fitzgerald. KO 10 *S* Mechanics Pavilion, San Francisco, Ca. *R* Ed Graney *P* James W. Coffroth.

7/4/1903. L *Won* Joe Gans *Lost* Buddy King. KO 5 *S* Old Baseball Park, Butte, Mont. *R* Duncan McDonald *P* Silver Bow Athletic Club.

1/12/1904. L *Won* Joe Gans *Lost* Willie Fitzgerald. Ref 10 *S* Metropolitan A.C., Detroit, Mich. *R* Tim Hurst.

10/31/1904. L *Won* Joe Gans *Lost* Jimmy Britt. Foul 5 *S* Mechanics Pavilion, San Francisco, Ca. *R* Ed Graney *P* James W. Coffroth.

12/20/1904. L *Won* Jimmy Britt *Lost* Battling Nelson. Ref 20 *S* Mechanics Pavilion, San Francisco *R* Billy Roche *P* James W. Coffroth.

5/5/1905. L *Won* Jimmy Britt *Lost* Jabez White. TKO 20/2:40 *S* Woodward's Pavilion, San Francisco, Ca. *R* Ed. W. Smith *P* James W. Coffroth.

7/21/1905. L *Won* Jimmy Britt *Lost* Kid Sullivan. Ref 20 *S* Woodward's Pavilion, San Francisco, Ca. *R* Jack Welch *P* James W. Coffroth.

9/9/1905. L *Won* Battling Nelson *Lost* Jimmy Britt. KO 18 *S* Mission Street Arena, Colma, Calif. *R* Ed Graney *P* James W. Coffroth.

9/3/1906. L *Won* Joe Gans *Lost* Battling Nelson. Foul 42 *S* Casino A.C. Amphitheatre, Goldfield, Nev. *R* George Siler *P* George (Tex) Rickard.

1/1/1907. L *Won* Joe Gans *Lost* Kid Herman. KO 8 *S* Amphitheatre, Tonopah, Nev. *R* Jack Welch.

9/3/1907. L *Won* Joe Gans (132) *Lost* Jimmy Britt (132¼). TKO 6/* *S* Recreation Park, San Francisco, Calif. *R* Jack Welch.

9/27/1907. L *Won* Joe Gans *Lost* George Memsic. Ref 20 *S* Naud Junction Pavilion, Los Angeles, Ca. *R* James J. Jeffries *P* Tom McCarey.

5/14/1908. L *Won* Joe Gans *Lost* Rudy Unholz. TKO 11 *S* Coliseum, San Francisco, Calif. *R* Jack Welch.

7/4/1908. L *Won* Battling Nelson *Lost* Joe Gans. KO 17 *S* Mission Street Arena, Colma, Calif. *R* Jack Welch.

9/9/1908. L *Won* Battling Nelson (131¼) *Lost* Joe Gans (133). KO 21 *S* Mission Street Arena, Colma, Calif. *R* Ed. W. Smith.

5/29/1909. L *Won* Battling Nelson *Lost* Dick Hyland. KO 23 *S* Mission Street Arena, Colma, Calif. *R* Ed. W. Smith.

6/22/1909. L *Won* Battling Nelson *Lost* Jack Clifford. TKO 5 *S* Arena, Oklahoma City, Okla. *R* Jack Portis.

2/22/1910. L *Won* Ad Wolgast *Lost* Battling Nelson. TKO 40 *S* Hester's Arena, Richmond, Calif. *R* Ed. W. Smith *P* Sid Hester.

3/17/1911. L *Won* Ad Wolgast *Lost* George Memsic. TKO 9 *S* Arena, Vernon, California *R* Charles Eyton *P* Jack Doyle.

3/31/1911. L *Won* Ad Wolgast *Lost* Anton LaGrave. TKO 5 *S* Auditorium Rink, San Francisco, Calif. *R* Jack Welch.

6/27/1911. L *Won* Ad Wolgast *Lost* Oak. Frankie Burns. TKO 17/* *S* Eighth Street Arena, San Francisco, Ca. *R* Jack Welch.

7/4/1911. L *Won* Ad Wolgast *Lost* Owen Moran. KO 13/0:30 *S* Eighth Street Arena, San Francisco, Ca. *R* Jack Welch.

7/4/1912. L *Won* Ad Wolgast *Lost* Joe Rivers. KO 13 *S* Arena, Vernon, California *R* Jack Welch *P* Jack Doyle.

11/28/1912. L *Won* Willie Ritchie *Lost* Ad Wolgast. Foul 16 *S* Mission Street Arena, Colma, Calif. *R* Jim Griffin.

7/4/1913. L *Won* Willie Ritchie *Lost* Joe Rivers. KO 11 *S* Eighth Street Arena, San Francisco, Ca. *R* Ed Graney *P* Tuxedo Club.

4/17/1914. L *Won* Willie Ritchie *Lost* Tommy Murphy. Ref 20 *S* Eighth Street Arena, San Francisco, Ca. *R* Jim Griffin.

7/7/1914. L *Won* Freddie Welsh *Lost* Willie Ritchie. Ref 20 *S* Olympia Sporting Club, London, Eng. *R* Eugene Corri *P* Charles B. Cochran.

7/4/1916. L *Won* Freddie Welsh *Lost* Ad Wolgast. Foul 11 *S* Arena, Denver, Colorado *R* Otto Floto.

9/4/1916. L *Won* Freddie Welsh *Lost* Charlie White. Ref 20 *S* Arena, Colorado Springs, Colo. *R* Billy Roche.

5/28/1917. L *Won* Benny Leonard (133) *Lost* Freddie Welsh (136¾). TKO 9/1:15 *S* Manhattan Casino, New York, N.Y. *R* Kid McPartland.

11/26/1920. L *Won* Benny Leonard (134) *Lost* Joe Welling (135). TKO 14/1:07 *S* Madison Sq. Garden, New York, N.Y. *R* Johnny Haukaup *P* George (Tex) Rickard.

1/14/1921. L *Won* Benny Leonard (134) *Lost* Richie Mitchell (134). TKO 6/1:55 *S* Madison Sq. Garden, New York, N.Y. *R* Johnny Haukaup *P* George (Tex) Rickard.

2/10/1922. L *Won* Benny Leonard (134½) *Lost* Rocky Kansas (135). Unan 15 *S* Madison Sq. Garden, New York, N.Y. *R* Kid McPartland *P* George (Tex) Rickard.

7/23/1923. L *Won* Benny Leonard (134) *Lost* Lew Tendler (133¾). Unan 15 *S* Yankee Stadium, Bronx, N.Y. *R* Andy Griffin *P* Cromwell Athletic Club.

7/13/1925. NYAC:L *Won* Jimmy Goodrich (135) *Lost* Stanislaus Loayza (134). TKO 2/0:35 *S* Queensboro Stadium, Long Is. City, N.Y. *R* Gunboat Smith.

12/7/1925. L *Won* Rocky Kansas (132) *Lost* Jimmy Goodrich (134). Unan 15 *S* Broadway Auditorium, Buffalo, N.Y. *R* Jim Crowley.

7/3/1926. L *Won* Sammy Mandell *Lost* Rocky Kansas. Ref 10 *S* Comiskey Park, Chicago, Ill. *R* Phil Collins.

7/16/1927. L *Won* Sammy Mandell (135) *Lost* Phil McGraw (132¼). Ref 10 *S* Dinan Field, Detroit, Mich. *R* Elmer McClelland *P* Floyd Fitzsimmons.

5/21/1928. L *Won* Sammy Mandell (135) *Lost* Jimmy McLarnin (135). Unan 15 *S* Polo Grounds, New York, N.Y. *R* Lou Magnolia.

8/2/1929. L *Won* Sammy Mandell (135) *Lost* Tony Canzoneri (132½). Split 10 *S* Chicago Stadium, Chicago, Ill. *R* Dave Perry *P* Paddy Harmon.

7/17/1930. L *Won* Al Singer (133½) *Lost* Sammy Mandell (134½). KO 1/1:46 *S* Yankee Stadium, Bronx, N.Y. *R* Arthur Donovan *P* Madison Sq. Garden Corp.

11/14/1930. L *Won* Tony Canzoneri (132) *Lost* Al Singer (134). KO 1/1:06 *S* Madison Sq. Garden, New York, N.Y. *R* Johnny McAvoy *P* Madison Sq. Garden Corp.

4/24/1931. L *Won* Tony Canzoneri (132) *Lost* Jack (Kid) Berg (134¼). KO 3/2:23 *S* Chicago Stadium, Chicago, Ill. *R* Phil Collins *P* Chicago Stadium Corp.

9/10/1931. L *Won* Tony Canzoneri (131¾) *Lost* Jack (Kid) Berg (134½). Unan 15 *S* Polo Grounds, New York, N.Y. *R* Patsy Haley.

11/20/1931. L *Won* Tony Canzoneri (132) *Lost* Kid Chocolate (127½). Split 15 *S* Madison Sq. Garden, New York, N.Y. *R* Willie Lewis *P* Madison Sq. Garden Corp.

11/4/1932. L *Won* Tony Canzoneri (132) *Lost* Billy Petrolle (134½). Unan 15 *S* Madison Sq. Garden, New York, N.Y. *R* Gunboat Smith *P* Madison Sq. Garden Corp.

6/23/1933. L *Won* Barney Ross (134¾) *Lost* Tony Canzoneri (133½). Maj 10 *S* Chicago Stadium, Chicago, Ill. *R* Tommy Gilmore *P* Chicago Stadium Corp.

9/12/1933. L *Won* Barney Ross (135) *Lost* Tony Canzoneri (133¼). Split 15 *S* Polo Grounds, New York, N.Y. *R* Arthur Donovan.

5/10/1935. L *Won* Tony Canzoneri (133) *Lost* Lou Ambers (133¾). Unan 15 *S* Madison Sq. Garden, New York, N.Y. *R* Arthur Donovan *P* Madison Sq. Garden Corp.

10/4/1935. L *Won* Tony Canzoneri (133½) *Lost* Al Roth (133½). Unan 15 *S* Madison Sq. Garden, New York, N.Y. *R* Arthur Donovan *P* Madison Sq. Garden Corp.

9/3/1936. L *Won* Lou Ambers (134½) *Lost* Tony Canzoneri (135). Unan 15 *S* Madison Sq. Garden, New York, N.Y. *R* Arthur Donovan *P* Madison Sq. Garden Corp.

5/7/1937. L *Won* Lou Ambers (135) *Lost* Tony Canzoneri (135). Unan 15 *S* Madison Sq. Garden, New York, N.Y. *R* Arthur Donovan *P* Madison Sq. Garden Corp.

9/23/1937. L *Won* Lou Ambers (134½) *Lost* Pedro Montanez (135). Maj 15 *S* Polo Grounds, New York, N.Y. *R* John Marto *P* Twentieth Century S.C.

8/17/1938. L *Won* Henry Armstrong (134) *Lost* Lou Ambers (134¼). Split 15 *S* Madison Sq. Garden, New York, N.Y. *R* Billy Cavanagh *P* Twentieth Century S.C.

8/22/1939. L *Won* Lou Ambers (134½) *Lost* Henry Armstrong (135). Unan 15 *S* Yankee Stadium, Bronx, N.Y. *R* Arthur Donovan *P* Twentieth Century S.C.

5/3/1940. NBA:L *Won* Sammy Angott (134½) *Lost* Davey Day (134½). Ref 15 *S* Jefferson Co. Armory, Louisville, Ky. *R* Jack Dempsey *P* Sportsmens Boxing Club.

5/10/1940. L *Won* Lew Jenkins (132) *Lost* Lou Ambers (134½). TKO 3/1:29 *S* Madison Sq. Garden, New York, N.Y. *R* Billy Cavanagh *P* Twentieth Century S.C.

11/22/1940. L *Won* Lew Jenkins (134½) *Lost* Pete Lello (131¾). TKO 2/2:27 *S* Madison Sq. Garden, New York, N.Y. *R* Arthur Donovan *P* Twentieth Century S.C.

12/19/1941. L *Won* Sammy Angott (133½) *Lost* Lew Jenkins (133). Unan 15 *S* Madison Sq. Garden, New York, N.Y. *R* Arthur Susskind *P* Twentieth Century S.C.

5/15/1942. L *Won* Sammy Angott (134½) *Lost* Allie Stolz (133). Split 15 *S* Madison Sq. Garden, New York, N.Y. *R* Frank Fullam *P* Twentieth Century S.C.

12/18/1942. NYAC:L *Won* Beau Jack (132¾) *Lost* Tippy Larkin (134½). KO 3/1:19 *S* Madison Sq. Garden, New York, N.Y. *R* Arthur Susskind *P* Twentieth Century S.C.

1/4/1943. Md.:L *Won* Slugger White (134¾) *Lost* Willie Joyce (133¾). Unan 15 *S* Coliseum, Baltimore, Maryland *R* Charley Baum.

5/21/1943. NYAC:L *Won* Bob Montgomery (134) *Lost* Beau Jack (135). Unan 15 *S* Madison Sq. Garden, New York, N.Y. *R* Arthur Donovan *P* Twentieth Century S.C.

10/27/1943. NBA:L *Won* Sammy Angott (134) *Lost* Slugger White (135). Unan 15 *S* Gilmore Field, Los Angeles, Calif. *R* Benny Whitman.

11/19/1943. NYAC:L *Won* Beau Jack (132¾) *Lost* Bob Montgomery (133¾). Unan 15 *S* Madison Sq. Garden, New York, N.Y. *R* Arthur Susskind *P* Twentieth Century S.C.

3/3/1944. NYAC:L *Won* Bob Montgomery (135) *Lost* Beau Jack (134). Split 15 *S* Madison Sq. Garden, New York, N.Y. *R* Arthur Susskind *P* Twentieth Century S.C.

3/8/1944. NBA:L *Won* Juan Zurita (133½) *Lost* Sammy Angott (135). Unan 15 *S* Legion Stadium, Hollywood, Calif. *R* Mushy Callahan.

4/18/1945. NBA:L *Won* Ike Williams (131) *Lost* Juan Zurita (133). KO 2 *S* El Toreo, Mexico City, Mexico *R* Luis Garcia Mata *P* Sam Rosoff.

4/30/1946. NBA:L *Won* Ike Williams (134½) *Lost* Enrique Bolanos (133½). TKO 8/2:22 *S* Wrigley Field, Los Angeles, Calif. *R* Benny Whitman.

6/28/1946. NYAC:L *Won* Bob Montgomery (134¾) *Lost* Allie Stolz (132½). KO 13/2:54 *S* Madison Sq. Garden, New York, N.Y. *R* Ruby Goldstein *P* Twentieth Century S.C.

9/4/1946. NBA:L *Won* Ike Williams (134¾) *Lost* Ronnie James (134¼). KO 9/2:41 *S* Ninian Park, Cardiff, Wales *R* Moss Deyong *P* Jack Solomons.

11/26/1946. NYAC:L *Won* Bob Montgomery (135) *Lost* Wesley Mouzon (132¾). KO 8/2:18 *S* Convention Hall, Philadelphia, Pa. *R* Charley Daggert *P* Herman Taylor.

8/4/1947. L *Won* Ike Williams (133¾) *Lost* Bob Montgomery (133¾). KO 6/2:37 *S* Municipal Stadium, Philadelphia, Pa. *R* Charley Daggert *P* Herman Taylor.

5/25/1948. L *Won* Ike Williams (135) *Lost* Enrique Bolanos (134). Split 15 *S* Wrigley Field, Los Angeles, Calif. *R* Charles Randolph.

7/12/1948. L *Won* Ike Williams (134) *Lost* Beau Jack (134). TKO 6/0:33 *S* Shibe Park, Philadelphia, Pa. *R* Charley Daggert *P* Herman Taylor.

9/23/1948. L *Won* Ike Williams (134¾) *Lost* Jesse Flores (134¾). KO 10/2:04 *S* Yankee Stadium, Bronx, N.Y. *R* Mark Conn *P* Twentieth Century S.C.

7/21/1949. L *Won* Ike Williams (135) *Lost* Enrique Bolanos (133). TKO 4/2:40 *S* Wrigley Field, Los Angeles, Calif. *R* Jack Dempsey *P* Costello Youth Foundation.

12/5/1949. L *Won* Ike Williams (135) *Lost* Freddie Dawson (134). Unan 15 *S* Convention Hall, Philadelphia, Pa. *R* Charley Daggert *P* I.B.C./Herman Taylor.

5/25/1951. L *Won* Jimmy Carter (133) *Lost* Ike Williams (135). TKO 14/2:49 *S* Madison Sq. Garden, New York, N.Y. *R* Petey Scalzo *P* International Boxing Club.

11/14/1951. L *Won* Jimmy Carter (134¼) *Lost* Art Aragon (134¼). Unan 15 *S* Olympic Auditorium, Los Angeles, Ca. *R* Mushy Callahan *P* I.B.C./Olympic Boxing Club.

4/1/1952. L *Won* Jimmy Carter (134) *Lost* Lauro Salas (131). Unan 15 *S* Olympic Auditorium, Los Angeles, Ca. *R* Abe Roth *P* I.B.C./Olympic Boxing Club.

5/14/1952. L *Won* Lauro Salas (131) *Lost* Jimmy Carter (134). Split 15 *S* Olympic Auditorium, Los Angeles, Ca. *R* Frankie Van *P* I.B.C./Olympic Boxing Club.

10/15/1952. L *Won* Jimmy Carter (135) *Lost* Lauro Salas (132). Unan 15 *S* Chicago Stadium, Chicago, Ill. *R* Frank Gilmer *P* International Boxing Club.

4/24/1953. L *Won* Jimmy Carter (134¼) *Lost* Tommy Collins (133¾). TKO 4/2:28 *S* Boston Garden, Boston, Mass. *R* Tommy Rawson *P* International Boxing Club.

6/12/1953. L *Won* Jimmy Carter (135) *Lost* George Araujo (132½). TKO 13/2:16 *S* Madison Sq. Garden, New York, N.Y. *R* Al Berl *P* International Boxing Club.

11/11/1953. L *Won* Jimmy Carter (133½) *Lost* Armand Savoie (134). KO 5/0:59 *S* Forum, Montreal, Quebec, Canada *R* Tom Sullivan *P* International Boxing Club.

3/5/1954. L *Won* Paddy DeMarco (135) *Lost* Jimmy Carter (135). Unan 15 *S* Madison Sq. Garden, New York, N.Y. *R* Ruby Goldstein *P* International Boxing Club.

11/17/1954. L *Won* Jimmy Carter (135) *Lost* Paddy DeMarco (134½). TKO 15/0:14 *S* Cow Palace, San Francisco, Calif. *R* Ray Flores *P* International Boxing Club.

6/29/1955. L *Won* Bud Smith (134) *Lost* Jimmy Carter (134¼). Split 15 *S* Boston Garden, Boston, Mass. *R* Mel Manning *P* International Boxing Club.

10/19/1955. L *Won* Bud Smith (135) *Lost* Jimmy Carter (135). Unan 15 *S* Cincinnati Gardens, Cincinnati, Ohio *R* Tony Warndorf *P* International Boxing Club.

8/24/1956. L *Won* Joe Brown (133) *Lost* Bud Smith (134½). Split 15 *S* Municipal Arena, New Orleans, La. *R* Ronald Brown *P* New Orleans Boxing Club.

2/13/1957. L *Won* Joe Brown (134¾) *Lost* Bud Smith (134). TKO 11/* *S* Auditorium, Miami Beach, Fla. *R* Jimmy Pearless *P* International Boxing Club.

6/19/1957. L *Won* Joe Brown (134¼) *Lost* Orlando Zulueta (133¾). TKO 15/2:39 *S* Coliseum, Denver, Colorado *R* Ray Keech *P* International Boxing Club.

12/4/1957. L *Won* Joe Brown (133½) *Lost* Joey Lopes (133½). TKO 11/1:50 *S* Chicago Stadium, Chicago, Ill. *R* Joey White *P* International Boxing Club.

5/7/1958. L *Won* Joe Brown (134) *Lost* Ralph Dupas (134). TKO 8/2:21 *S* Houston Coliseum, Houston, Texas *R* Jimmy Webb *P* International Boxing Club.

7/23/1958. L *Won* Joe Brown (134¼) *Lost* Kenny Lane (134¼). Unan 15 *S* Houston Coliseum, Houston, Texas *R* Ernie Taylor *P* International Boxing Club.

2/11/1959. L *Won* Joe Brown (134) *Lost* Johnny Busso (135). Unan 15

Lightweight

S Houston Coliseum, Houston, Texas *R* Jimmy Webb *P* International Boxing Club.

6/3/1959. L *Won* Joe Brown (132) *Lost* Paolo Rosi (134). TKO 9/* *S* Uline Arena, Washington, D.C. *R* Charley Reynolds *P* International Boxing Club.

12/2/1959. L *Won* Joe Brown (134) *Lost* Dave Charnley (133¾). TKO 6/* *S* Houston Coliseum, Houston, Texas *R* Jimmy Webb *P* International Boxing Club.

10/28/1960. L *Won* Joe Brown (134½) *Lost* Cisco Andrade (133½). Unan 15 *S* Olympic Auditorium, Los Angeles, Ca. *R* Lee Grossman *P* I.B.C./Olympic B.C.

4/18/1961. L *Won* Joe Brown (134) *Lost* Dave Charnley (134½). Ref 15 *S* Earls Court, London, England *R* Tommy Little.

10/28/1961. L *Won* Joe Brown (135) *Lost* Bert Somodio (135). Unan 15 *S* Araneta Coliseum, Quezon City, Phil. *R* Arch Hindman.

4/21/1962. L *Won* Carlos Ortiz (134¾) *Lost* Joe Brown (134¾). Unan 15 *S* Convention Center, Las Vegas, Nev. *R* Frankie Van *P* Silver State Sports Club.

12/3/1962. L *Won* Carlos Ortiz (134¾) *Lost* Teruo Kosaka (133). KO 5/2:32 *S* Kuramae Arena, Tokyo, Japan *R* James Wilson *P* Teiken Promotions.

4/7/1963. L *Won* Carlos Ortiz (134½) *Lost* Doug Vaillant (134). TKO 13/0:49 *S* Hiram Bithorn Stadium, San Juan, P.R. *R* Peter Pantaleo.

8/19/1963. MABC:L *Won* Kenny Lane (134¾) *Lost* Paul Armstead (135). Unan 15 *S* Veterans Memorial Stadium, Saginaw, Mich. *R* Lou Jallos *P* Julius Piazza–Henry Steinert.

2/15/1964. L *Won* Carlos Ortiz (135) *Lost* Flash Elorde (135). TKO 14/1:44 *S* Rizal Memorial Coliseum, Manila, Phil. *R* James Wilson.

4/11/1964. L *Won* Carlos Ortiz (135) *Lost* Kenny Lane (135). Unan 15 *S* Hiram Bithorn Stadium, San Juan, P.R. *R* Peter Pantaleo *P* Robert Leith.

4/10/1965. L *Won* Ismael Laguna (132) *Lost* Carlos Ortiz (134¾). Maj 15 *S* Anoche Stadium, Panama City, Pan. *R* Jersey Joe Walcott.

11/13/1965. L *Won* Carlos Ortiz (135) *Lost* Ismael Laguna (133). Unan 15 *S* Hiram Bithorn Stadium, San Juan, P.R. *R* Rocky Marciano.

6/20/1966. L *Won* Carlos Ortiz (135) *Lost* Johnny Bizzarro (133¾). TKO 12/2:29 *S* Civic Arena, Pittsburgh, Pa. *R* Buck McTiernan.

10/22/1966. L *Won* Carlos Ortiz (134¾) *Lost* Sugar Ramos (134¾). TKO 5/1:45 *S* El Toreo, Mexico City, Mexico *R* Billy Conn.

11/28/1966. L *Won* Carlos Ortiz (135) *Lost* Flash Elorde (134½). KO 14/2:01 *S* Madison Sq. Garden, New York, N.Y. *R* Jimmy Devlin *P* M.S.G. Boxing, Inc.

7/1/1967. L *Won* Carlos Ortiz (135) *Lost* Sugar Ramos (132¾). TKO 4/1:16 *S* Hiram Bithorn Stadium, San Juan, P.R. *R* Zack Clayton.

8/16/1967. L *Won* Carlos Ortiz (135) *Lost* Ismael Laguna (135). Unan 15 *S* Shea Stadium, Flushing, Queens, N.Y. *R* Arthur Mercante.

6/29/1968. L *Won* Carlos Teo Cruz (134½) *Lost* Carlos Ortiz (135). Split 15 *S* Quisqueya Stadium, Santo Domingo, D.R. *R* Zack Clayton.

9/28/1968. L *Won* Carlos Teo Cruz (135) *Lost* Mando Ramos (135). Unan 15 *S* Memorial Coliseum, Los Angeles, Calif. *R* Lee Grossman.

2/18/1969. L *Won* Mando Ramos (134½) *Lost* Carlos Teo Cruz (135). TKO 11/2:19 *S* Memorial Coliseum, Los Angeles, Calif. *R* John Thomas *P* Olympic Boxing Club.

10/4/1969. L *Won* Mando Ramos (134½) *Lost* Yoshiaki Numata (134). TKO 6/2:20 *S* Sports Arena, Los Angeles, Calif. *R* Lee Grossman *P* Olympic Boxing Club.

3/3/1970. L *Won* Ismael Laguna (135) *Lost* Mando Ramos (134½). TKO 10/* *S* Sports Arena, Los Angeles, Calif. *R* Lee Grossman.

6/7/1970. L *Won* Ismael Laguna (135) *Lost* Gattu Ishimatsu (135). TKO 13/2:45 *S* Nuevo Panama Gym., Panama City, Pan. *R* Juval Horta.

9/26/1970. L *Won* Ken Buchanan (134) *Lost* Ismael Laguna (134½). Split 15 *S* Hiram Bithorn Stadium, San Juan, P.R. *R* Waldemar Schmidt.

2/12/1971. L *Won* Ken Buchanan (134½) *Lost* Ruben Navarro (135). Unan 15 *S* Sports Arena, Los Angeles, Calif. *R* Arthur Mercante.

9/13/1971. L *Won* Ken Buchanan (133½) *Lost* Ismael Laguna (135). Unan 15 *S* Madison Sq. Garden, New York, N.Y. *R* Jimmy Devlin *P* M.S.G. Boxing, Inc.

11/5/1971. WBC:L *Won* Pedro Carrasco (134) *Lost* Mando Ramos (134). DQ 11 *S* Sports Palace, Madrid, Spain *R* Samuel Odubote.

2/18/1972. WBC:L *Won* Mando Ramos (135) *Lost* Pedro Carrasco (134). Split 15 *S* Sports Arena, Los Angeles, Calif. *R* Lee Grossman *P* Olympic Boxing Club.

6/26/1972. WBA:L *Won* Roberto Duran (132¼) *Lost* Ken Buchanan (133½). TKO 14/* *S* Madison Sq. Garden, New York, N.Y. *R* John LoBianco *P* M.S.G. Boxing, Inc.

6/28/1972. WBC:L *Won* Mando Ramos *Lost* Pedro Carrasco. Split 15 *S* Sports Palace, Madrid, Spain *R* Ray Solis.

9/15/1972. WBC:L *Won* Chango Carmona (134) *Lost* Mando Ramos (134¾). TKO 8/1:48 *S* Memorial Coliseum, Los Angeles, Calif. *R* Rudy Jordan *P* Olympic Boxing Club.

11/10/1972. WBC:L *Won* Rodolfo Gonzalez (132½) *Lost* Chango Carmona (134). TKO 13/* *S* Sports Arena, Los Angeles, Calif. *R* John Thomas.

1/20/1973. WBA:L *Won* Roberto Duran (135) *Lost* Jimmy Robertson (135). KO 5/3:05 *S* Nuevo Panama Gym., Panama City, Pan. *R* Vivian Steward.

3/17/1973. WBC:L *Won* Rodolfo Gonzalez (135) *Lost* Ruben Navarro (133½). TKO 9/2:33 *S* Sports Arena, Los Angeles, Calif. *R* George Latka.

6/2/1973. WBA:L *Won* Roberto Duran (134½) *Lost* Hector Thompson (135). TKO 8/2:15 *S* Nuevo Panama Gym., Panama City, Pan. *R* Nicasio L. Drake.

9/8/1973. WBA:L *Won* Roberto Duran (133½) *Lost* Gattu Ishimatsu (135). TKO 10/2:10 *S* Nuevo Panama Gym., Panama City, Pan. *R* Nicasio L. Drake.

10/27/1973. WBC:L *Won* Rodolfo Gonzalez (134) *Lost* Antonio Puddu (134). TKO 11/* *S* Sports Arena, Los Angeles, Calif. *R* John Thomas.

3/16/1974. WBA:L *Won* Roberto Duran (134½) *Lost* Esteban DeJesus (134½). TKO 11/1:11 *S* Nuevo Panama Gym., Panama City, Pan. *R* Isaac Herrera.

4/11/1974. WBC:L *Won* Gattu Ishimatsu (135) *Lost* Rodolfo Gonzalez (134½). KO 9/2:12 *S* Nihon University Auditorium, Tokyo, Japan *R* Larry Rozadilla *P* Yonekura Promotions.

9/12/1974. WBC:L *Won* Gattu Ishimatsu (135) *Lost* Arturo Pineda (135). Draw 15 *S* Aichi Prefectural Gymnasium, Nagoya, Japan *R* Takeshi Makimura *P* Yonekura Promotions.

11/28/1974. WBC:L *Won* Gattu Ishimatsu (135) *Lost* Rodolfo Gonzalez (133¼). KO 13/2:23 *S* Prefectural Gymnasium, Osaka, Japan *R* Yusaku Yoshida *P* Yonekura Promotions.

12/21/1974. WBA:L *Won* Roberto Duran (134¾) *Lost* Masataka Takayama (133¾). KO 1/1:40 *S* Zapote Plaza de Toros, San Jose, C.R. *R* Julio Cesar Paris.

2/27/1975. WBC:L *Won* Gattu Ishimatsu (135) *Lost* Ken Buchanan (133¾). Unan 15 *S* Municipal Gymnasium, Tokyo, Japan *R* Dick Young *P* Yonekura Promotions.

3/2/1975. WBA:L *Won* Roberto Duran (134½) *Lost* Ray Lampkin (133½). KO 14/0:39 *S* Nuevo Panama Gym., Panama City, Pan. *R* Isaac Herrera.

6/5/1975. WBC:L *Won* Gattu Ishimatsu (133) *Lost* Arturo Pineda (133). Unan 15 *S* Kinki Univ. Memorial Hall, Osaka, Japan *R* Jim Scaramosy *P* Yonekura Promotions.

12/4/1975. WBC:L *Won* Gattu Ishimatsu (135) *Lost* Alvaro Rojas (135). KO 14/2:59 *S* Nihon University Auditorium, Tokyo, Japan *R* Yusaku Yoshida *P* Yonekura Promotions.

12/14/1975. WBA:L *Won* Roberto Duran (135) *Lost* Leoncio Ortiz (133½). KO 15/2:39 *S* R. Clemente Coliseum, Hato Rey, P.R. *R* Waldemar Schmidt *P* Don King Productions.

5/8/1976. WBC:L *Won* Esteban DeJesus *Lost* Gattu Ishimatsu. Unan 15 *S* Loubriel Stadium, Bayamon, P.R. *R* Harry Gibbs.

5/22/1976. WBA:L *Won* Roberto Duran (133¼) *Lost* Lou Bizzarro (134). KO 14/2:59 *S* County Field House, Erie, Pa. *R* Waldemar Schmidt *P* Don King/Don Elbaum.

9/10/1976. WBC:L *Won* Esteban DeJesus (135) *Lost* Hector Medina (135). KO 7/1:45 *S* Loubriel Stadium, Bayamon, P.R. *R* Rudy Ortega.

10/15/1976. WBA:L *Won* Roberto Duran (134½) *Lost* Alvaro Rojas

(135). KO 1/2:17 *S* Sportatorium, Hollywood, Fla. *R* Carlos Berrocal *P* Don King/Chris Dundee.

1/29/1977. WBA:L *Won* Roberto Duran (133) *Lost* Vilomar Fernandez (134¼). KO 13/2:10 *S* Fontainebleau Hotel, Miami Beach, Fla. *R* Servio Ley *P* Don King/Chris Dundee.

2/12/1977. WBC:L *Won* Esteban DeJesus (135) *Lost* Buzzsaw Yamabe (135). TKO 6/2:06 *S* Loubriel Stadium, Bayamon, P.R. *R* Tony Perez.

6/25/1977. WBC:L *Won* Esteban DeJesus (135) *Lost* Vicente Saldivar (134½). TKO 11/2:20 *S* Loubriel Stadium, Bayamon, P.R. *R* Raymond Baldeyrou.

9/17/1977. WBA:L *Won* Roberto Duran (134½) *Lost* Edwin Viruet (135). Unan 15 *S* The Spectrum, Philadelphia, Pa. *R* Isidro Rodriguez *P* Don King/J.R. Peltz.

1/21/1978. L *Won* Roberto Duran (134½) *Lost* Esteban DeJesus (134). KO 12/2:32 *S* Caesars Palace, Las Vegas, Nev. *R* Buddy Basilico *P* Don King Productions.

4/17/1979. WBC:L *Won* Jim Watt (134½) *Lost* Alfredo Pitalua (135). TKO 12/1:52 *S* Kelvin Hall, Glasgow, Scotland *R* Arthur Mercante *P* Mickey Duff Promotions.

6/16/1979. WBA:L *Won* Ernesto Espana (135) *Lost* Claude Noel (134½). TKO 13/2:38 *S* R. Clemente Coliseum, Hato Rey, P.R. *R* Waldemar Schmidt.

8/4/1979. WBA:L *Won* Ernesto Espana (133¾) *Lost* Johnny Lira (134¾). TKO 10/* *S* Conrad Hilton Hotel, Chicago, Ill. *R* Roque Nova.

11/3/1979. WBC:L *Won* Jim Watt (135) *Lost* Roberto Vasquez (134½). TKO 9/2:30 *S* Kelvin Hall, Glasgow, Scotland *R* Rudy Ortega *P* Mickey Duff Promotions.

3/2/1980. WBA:L *Won* Hilmer Kenty (134¼) *Lost* Ernesto Espana (134¾). TKO 9/2:53 *S* Joe Louis Arena, Detroit, Mich. *R* Larry Rozadilla *P* Muhammad Ali Pro. Sports.

3/14/1980. WBC:L *Won* Jim Watt (134¾) *Lost* Charlie Nash (134¾). TKO 4/2:10 *S* Kelvin Hall, Glasgow, Scotland *R* Sid Nathan *P* Mickey Duff Promotions.

6/7/1980. WBC:L *Won* Jim Watt (134¾) *Lost* Howard Davis, Jr. (133½). Unan 15 *S* Ibrox Park, Glasgow, Scotland *R* Carlos Padilla *P* Mickey Duff Promotions.

8/2/1980. WBA:L *Won* Hilmer Kenty (135) *Lost* Young-Ho Oh (134½). TKO 9/2:15 *S* Joe Louis Arena, Detroit, Mich. *R* Ernesto Magana *P* Muhammad Ali Pro. Sports.

9/20/1980. WBA:L *Won* Hilmer Kenty (135) *Lost* Ernesto Espana (135). TKO 4/2:57 *S* Hiram Bithorn Stadium, San Juan, P.R. *R* Martin Denkin.

11/1/1980. WBC:L *Won* Jim Watt (135) *Lost* Sean O'Grady (133). TKO 12/2:37 *S* Kelvin Hall, Glasgow, Scotland *R* Raymond Baldeyrou *P* Mickey Duff Promotions.

11/8/1980. WBA:L *Won* Hilmer Kenty (135) *Lost* Vilomar Fernandez (134½). Unan 15 *S* Cobo Hall, Detroit, Mich. *R* Waldemar Schmidt *P* Muhammad Ali Pro. Sports.

4/12/1981. WBA:L *Won* Sean O'Grady (133) *Lost* Hilmer Kenty (134½). Unan 15 *S* Bally's Park Place Hotel, Atlantic City, N.J. *R* Larry Hazzard *P* Top Rank, Inc.

6/20/1981. WBC:L *Won* Alexis Arguello (134½) *Lost* Jim Watt (134¾). Unan 15 *S* Wembley Arena, Wembley, England *R* Arthur Mercante *P* Rogelio Robles/Mickey Duff.

9/12/1981. WBA:L *Won* Claude Noel (134) *Lost* R. (Gato) Gonzalez (134½). Unan 15 *S* Bally's Park Place Hotel, Atlantic City, N.J. *R* Vincent Rainone *P* Top Rank, Inc.

10/3/1981. WBC:L *Won* Alexis Arguello (135) *Lost* Ray Mancini (134½). TKO 14/1:46 *S* Bally's Park Place Hotel, Atlantic City, N.J. *R* Tony Perez *P* Top Rank, Inc.

10/31/1981. WAA:L *Won* Andrew Ganigan (133) *Lost* Sean O'Grady (132). KO 2/2:08 *S* Convention Ctr., Little Rock, Ark. *R* Larry Hazzard.

11/21/1981. WBC:L *Won* Alexis Arguello (135) *Lost* Robert Elizondo (133¾). KO 7/3:07 *S* Showboat Hotel, Las Vegas, Nev. *R* Joey Curtis *P* Azteca Promotions.

12/5/1981. WBA:L *Won* Arturo Frias (133¼) *Lost* Claude Noel (134¼). KO 8/1:52 *S* Showboat Hotel, Las Vegas *R* Mills Lane *P* Top Rank, Inc.

1/30/1982. WBA:L *Won* Arturo Frias (135) *Lost* Ernesto Espana (135). TWu 9/0:26 *S* Olympic Auditorium, Los Angeles, Ca. *R* Hiroyuki Tezaki *P* Top Rank, Inc./Don Chargin.

2/13/1982. WBC:L *Won* Alexis Arguello (135) *Lost* Bubba Busceme (134½). TKO 6/2:35 *S* Civic Center, Beaumont, Texas *R* Octavio Meyran *P* Top Rank/Sports Associates.

5/8/1982. WBA:L *Won* Ray Mancini (135) *Lost* Arturo Frias (134½). TKO 1/2:54 *S* Aladdin Hotel, Las Vegas, Nev. *R* Richard Greene *P* Top Rank, Inc.

5/22/1982. WBC:L *Won* Alexis Arguello (134¾) *Lost* Andrew Ganigan (135). KO 5/3:09 *S* Aladdin Hotel, Las Vegas, Nev. *R* Carlos Padilla *P* Azteca Promotions.

7/24/1982. WBA:L *Won* Ray Mancini (135) *Lost* Ernesto Espana (133¾). TKO 6/2:59 *S* Mollenkopf Stadium, Warren, Ohio *R* Stan Christodoulou *P* Top Rank/Round One.

11/13/1982. WBA:L *Won* Ray Mancini (134¾) *Lost* Deuk-Koo Kim (134¼). KO 14/0:19 *S* Caesars Palace, Las Vegas, Nev. *R* Richard Greene *P* Top Rank/Round One.

5/1/1983. WBC:L *Won* Edwin Rosario (134) *Lost* Jose Luis Ramirez (134). Unan 12 *S* R. Clemente Coliseum, Hato Rey, P.R. *R* Arthur Mercante *P* Don King Productions.

9/15/1983. WBA:L *Won* Ray Mancini (135) *Lost* Orlando Romero (134¾). KO 9/1:56 *S* Madison Sq. Garden, New York, N.Y. *R* Tony Perez *P* Top Rank, Inc./M.S.G.

1/14/1984. WBA:L *Won* Ray Mancini (134) *Lost* Bobby Chacon (133¾). TKO 3/1:17 *S* Lawlor Events Center, Reno, Nev. *R* Richard Steele *P* Bob Andreoli Productions.

1/30/1984. IBF:L *Won* Choo-Choo Brown (134¾) *Lost* Melvin Paul (133¾). Split 15 *S* Sands Hotel, Atlantic City, N.J. *R* Larry Hazzard.

3/17/1984. WBC:L *Won* Edwin Rosario (134½) *Lost* Robert Elizondo (134½). TKO 1/1:57 *S* Hiram Bithorn Stadium, San Juan, P.R. *R* David Pearl *P* Don King Productions.

4/15/1984. IBF:L *Won* Harry Arroyo (134¾) *Lost* Choo-Choo Brown (134). TKO 14/2:07 *S* Sands Hotel, Atlantic City, N.J. *R* Larry Hazzard.

6/1/1984. WBA:L *Won* Livingstone Bramble (134½) *Lost* Ray Mancini (135). TKO 14/0:53 *S* Memorial Coliseum, Buffalo, N.Y. *R* Martin Denkin *P* Top Rank/Main Events.

6/23/1984. WBC:L *Won* Edwin Rosario (133½) *Lost* Howard Davis, Jr. (135). Split 12 *S* R. Clemente Coliseum, Hato Rey, P.R. *R* Mike Jacobs *P* Don King Productions.

9/1/1984. IBF:L *Won* Harry Arroyo (135) *Lost* Charlie Brown (135). TKO 8/0:21 *S* Struthers Field House, Struthers, Ohio *R* Larry Haz-zard.

11/3/1984. WBC:L *Won* Jose Luis Ramirez (135) *Lost* Edwin Rosario (135). TKO 4/2:52 *S* Hiram Bithorn Stadium, San Juan, P.R. *R* Steve Crosson *P* Don King Productions.

1/12/1985. IBF:L *Won* Harry Arroyo (134) *Lost* Terrence Alli (134). TKO 11/1:16 *S* Bally's Park Place Hotel, Atlantic City, N.J. *R* Tony Perez *P* Top Rank, Inc.

2/16/1985. WBA:L *Won* Livingstone Bramble (133¾) *Lost* Ray Mancini (135). Unan 15 *S* Lawlor Events Center, Reno, Nev. *R* Mills Lane *P* Main Events, Inc.

4/6/1985. IBF:L *Won* Jimmy Paul (135) *Lost* Harry Arroyo (134½). Unan 15 *S* Bally's Park Place Hotel, Atlantic City, N.J. *R* Larry Hazzard *P* Top Rank, Inc.

6/30/1985. IBF:L *Won* Jimmy Paul (134¾) *Lost* Robin Blake (134). TKO 14/2:14 *S* Tropicana Hotel, Las Vegas, Nev. *R* Joey Curtis *P* Top Rank, Inc.

8/10/1985. WBC:L *Won* Hector Camacho (134) *Lost* Jose Luis Ramirez (134¾). Unan 12 *S* Riviera Hotel, Las Vegas, Nev. *R* Mills Lane *P* Don King Productions.

2/16/1986. WBA:L *Won* Livingstone Bramble (135) *Lost* Tyrone Crawley (134¾). TKO 13/2:57 *S* MGM Grand Hotel, Reno, Nev. *R* Joey Curtis *P* Top Rank, Inc.

6/4/1986. IBF:L *Won* Jimmy Paul (135) *Lost* Cubanito Perez (134¾). Maj 15 *S* Brendan Byrne Arena, E. Rutherford, N.J. *R* Joe O'Neill *P* Top Rank, Inc.

6/13/1986. WBC:L *Won* Hector Camacho (135) *Lost* Edwin Rosario

(134). Split 12 *S* Madison Sq. Garden, New York, N.Y. *R* Arthur Mercante *P* Don King Productions.

8/15/1986. IBF:L *Won* Jimmy Paul (135) *Lost* Darryl Tyson (135). Unan 15 *S* Cobo Hall, Detroit, Mich. *R* Sam Williams *P* Ringside/Sylcon Promos.

9/26/1986. WBC:L *Won* Hector Camacho (135) *Lost* C. Boza-Edwards (135). Unan 12 *S* Abel Holtz Stadium, Miami Beach, Fla. *R* Carlos Padilla *P* Ivette/F. Zabala/Don King.

9/26/1986. WBA:L *Won* Edwin Rosario (135) *Lost* Livingstone Bramble (135). KO 2/2:28 *S* Abel Holtz Stadium, Miami Beach, Fla. *R* Ernesto Magana *P* Ivette/F. Zabala/Don King.

12/5/1986. IBF:L *Won* Greg Haugen (135) *Lost* Jimmy Paul (135). Maj 15 *S* Caesars Palace, Las Vegas, Nev. *R* David Pearl *P* Top Rank, Inc.

6/7/1987. IBF:L *Won* Vinny Pazienza (134½) *Lost* Greg Haugen (134¼). Unan 15 *S* Civic Center, Providence, R.I. *R* Waldemar Schmidt *P* Main Events/Top Rank.

7/19/1987. WBC:L *Won* Jose Luis Ramirez (134) *Lost* Terrence Alli (134½). Unan 12 *S* Oceanfront Pavilion, St. Tropez, France *R* Tony Perez *P* Top Rank/Sports Loisirs Art.

8/11/1987. WBA:L *Won* Edwin Rosario (134¾) *Lost* Juan Nazario (134½). TKO 8/2:43 *S* University of Illinois Pavilion, Chicago, Ill. *R* Carlos Berrocal *P* Amador Rodriguez/Don King.

10/10/1987. WBC:L *Won* Jose Luis Ramirez (134½) *Lost* C. Boza-Edwards (135). KO 5/1:45 *S* Zenith Teatre de Usines, Paris, France *R* Arthur Mercante *P* Sports Loisirs Artistique.

11/21/1987. WBA:L *Won* Julio C. Chavez (134¾) *Lost* Edwin Rosario (135). TKO 11/2:36 *S* Las Vegas Hilton, Las Vegas, Nev. *R* Richard Steele *P* Don King Productions.

2/6/1988. IBF:L *Won* Greg Haugen (135) *Lost* Vinny Pazienza (135). Unan 15 *S* Convention Hall, Atlantic City, N.J. *R* Tony Perez *P* Main Events/Caesars Palace.

3/12/1988. WBC:L *Won* Jose Luis Ramirez (135) *Lost* Pernell Whitaker (134¾). Split 12 *S* Levallois Stadium, Levallois-Perret, France *R* Carlos Guzman *P* Sports Loisirs Art./Main Events.

4/11/1988. IBF:L *Won* Greg Haugen (135) *Lost* Miguel Santana (134½). TWs 11 *S* Tacoma Dome, Tacoma, Wash. *R* James Cassidy *P* Victory Promotions/Mike Trainer.

4/16/1988. WBA:L *Won* Julio C. Chavez (135) *Lost* Rodolfo Aguilar (134½). TKO 6/1:13 *S* Las Vegas Hilton, Las Vegas, Nev. *R* Richard Steele *P* Don King/Main Events/C. Kushner.

10/28/1988. IBF:L *Won* Greg Haugen (135) *Lost* Gert Bo Jacobsen (135). TKO 10/1:20 *S* Brohdby Hallen, Copenhagen, Denmark *R* Randy Neumann *P* Mogens Palle.

10/29/1988. BABC:L *Won* Julio C. Chavez (135) *Lost* Jose Luis Ramirez (134). TWu 11 *S* Las Vegas Hilton, Las Vegas, Nev. *R* Richard Steele *P* Don King Productions.

1/20/1989. WBO:L *Won* Mauricio Aceves (134) *Lost* Amancio Castro (134). Draw 12 *S* Miguel Lora Coliseum, Monteria, Col. *R* Mariano Soto *P* Caribbean Boxing Promotions.

2/18/1989. IBF:L *Won* Pernell Whitaker (134½) *Lost* Greg Haugen (134). Unan 12 *S* Hampton Coliseum, Hampton, Va. *R* Al Rothenberg *P* Main Events-Monitor Promos.

4/30/1989. IBF:L *Won* Pernell Whitaker (134¾) *Lost* Louie Lomeli (134½). TKO 3/2:43 *S* The Scope, Norfolk, Va. *R* Al Rothenberg *P* Main Events/Monitor Promos.

5/6/1989. WBO:L *Won* Mauricio Aceves (135) *Lost* Amancio Castro (135). Unan 12 *S* Santa Ana Stadium, Santa Ana, Calif. *R* John Thomas.

7/9/1989. WBA:L *Won* Edwin Rosario (135) *Lost* Anthony Jones (135). TKO 6/2:00 *S* Showboat Hotel, Atlantic City, N.J. *R* Tony Orlando *P* M.S.G./Main Events, Inc.

8/20/1989. BCBF:L *Won* Pernell Whitaker (134¾) *Lost* Jose Luis Ramirez (134). Unan 12 *S* The Scope, Norfolk, Va. *R* Chris Wollesen *P* Main Events-Monitor Promos.

8/30/1989. WBO:L *Won* Mauricio Aceves (135) *Lost* Oscar Bejines (134¾). TKO 10/2:06 *S* L.A. Sports Arena, Los Angeles, Calif. *R* Larry Rozadilla.

2/3/1990. BCBF:L *Won* Pernell Whitaker (134¾) *Lost* Fred Pendleton (135). Unan 12 *S* Convention Hall, Atlantic City, N.J. *R* Randy Neumann *P* Main Events, Inc.

4/4/1990. WBA:L *Won* Juan Nazario (135) *Lost* Edwin Rosario (134¼). TKO 9/* *S* Madison Sq. Garden, New York, N.Y. *R* Luis Rivera *P* M.S.G. Boxing, Inc.

5/19/1990. BCBF:L *Won* Pernell Whitaker (135) *Lost* Azumah Nelson (134). Unan 12 *S* Caesars Palace, Las Vegas, Nev. *R* Mills Lane *P* Main Events-Monitor/Don King.

8/11/1990. BACF:L *Won* Pernell Whitaker (135) *Lost* Juan Nazario (135). KO 1/2:59 *S* Caesars Tahoe, Lake Tahoe, Nev. *R* Mills Lane *P* Main Events-Monitor/M.S.G.

9/22/1990. WBO:L *Won* Dingaan Thobela (135) *Lost* Mauricio Aceves (134¾). Split 12 *S* Int. Convention Center, Brownsville, Tx. *R* Steve Flores *P* Ringside Texas.

2/23/1991. BACF:L *Won* Pernell Whitaker (135) *Lost* Anthony Jones (135). Unan 12 *S* Caesars Palace, Las Vegas, Nev. *R* Mills Lane *P* Main Events-Monitor Promos.

3/2/1991. WBO:L *Won* Dingaan Thobela (134½) *Lost* Mario Martinez (135). Unan 12 *S* Exhibit Hall, San Jose, Calif. *R* Rudy Ortega *P* Momentum Enterprises.

7/27/1991. BACF:L *Won* Pernell Whitaker (135) *Lost* Policarpo Diaz (133¾). Unan 12 *S* The Scope, Norfolk, Virginia *R* Al Rothenberg *P* Main Events, Inc.

9/14/1991. WBO:L *Won* Dingaan Thobela (134¼) *Lost* Antonio Rivera (134¾). Unan 12 *S* Standard Bank Arena, Johannesburg, S.A. *R* Steve Smoger *P* World Sports Promotions.

10/5/1991. BACF:L *Won* Pernell Whitaker (135) *Lost* Jorge Paez (135). Unan 12 *S* Great Western Forum, Inglewood, Calif. *R* Mills Lane *P* Main Events-Monitor Promos.

6/13/1992. WBA:L *Won* Joey Gamache (135) *Lost* Chil-Sung Chun (135). TKO 9/* *S* Cumberland Co. Civic Center, Portland, Me. *R* Stan Christodoulou *P* Main Events/Bos-Gamache.

8/24/1992. WBC:L *Won* Miguel A. Gonzalez (134½) *Lost* Wilfrido Rocha (134½). TKO 10/* *S* Fronton de Mexico, Mexico City, Mex. *R* Tony Perez *P* Azteca Promotions.

8/29/1992. IBF:L *Won* Fred Pendleton (135) *Lost* Tracy Spann (134). TD 2/2:05 *S* Sparks Convention Center, Reno, Nev. *R* Richard Steele *P* Top Rank, Inc.

9/25/1992. WBO:L *Won* Giovanni Parisi (133½) *Lost* Javier Altamirano (134). TKO 10/0:25 *S* Voghera Stadium, Voghera, Italy *R* Ismael Quinones *P* International Productions.

10/24/1992. WBA:L *Won* Joey Gamache (135) *Lost* Tony Lopez (134½). TKO 11/0:40 *S* Cumberland Co. Civic Center, Portland, Me. *R* James Santa *P* Main Events/Bos-Gamache.

12/5/1992. WBC:L *Won* Miguel A. Gonzalez (135) *Lost* Darryl Tyson (134½). Unan 12 *S* Toreo de Cuatro Caminos, Mexico City, Mex. *R* Luis C. Guzman *P* Constructora el Toreo.

1/10/1993. IBF:L *Won* Fred Pendleton (135) *Lost* Tracy Spann (135). Unan 12 *S* Harrah's Marina Hotel, Atlantic City, N.J. *R* Randy Neumann *P* Top Rank, Inc.

2/12/1993. WBA:L *Won* Tony Lopez (134¾) *Lost* Dingaan Thobela (134¾). Unan 12 *S* ARCO Arena, Sacramento, Calif. *R* Larry Rozadilla *P* Main Events/Don Chargin.

4/16/1993. WBO:L *Won* Giovanni Parisi (134) *Lost* Michael Ayers (135). Unan 12 *S* Sports Palace Dell'Eur, Rome, Italy *R* Frank Santore *P* Giulio Spagnoli.

4/26/1993. WBC:L *Won* Miguel A. Gonzalez (135) *Lost* Hector Lopez (134). Unan 12 *S* Plaza Monumental, Aguascalientes, Mex. *R* Jose Medina *P* Azteca Promotions.

6/26/1993. WBA:L *Won* Dingaan Thobela (135) *Lost* Tony Lopez (134¾). Unan 12 *S* Superbowl, Sun City, Bophuthatswana *R* John Coyle *P* Sun Int./Top Rank/Chargin.

7/17/1993. IBF:L *Won* Fred Pendleton (135) *Lost* Jorge Paez (135). Unan 12 *S* Caesars Palace, Las Vegas, Nev. *R* Joe Cortez *P* Top Rank, Inc.

8/13/1993. WBC:L *Won* Miguel A. Gonzalez (135) *Lost* David Sample

(134¾). Unan 12 *S* Arena Coliseo, Guadalajara, Jalisco, Mex. *R* Luis C. Guzman *P* Azteca Promotions.

9/24/1993. WBO:L *Won* Giovanni Parisi (134½) *Lost* Antonio Rivera (134¼). Unan 12 *S* Sports Palace, Rome, Italy *R* Tony Orlando *P* Giulio Spagnoli.

10/30/1993. WBA:L *Won* Orzubek Nazarov (134) *Lost* Dingaan Thobela (134¼). Unan 12 *S* NASREC Exh. Hall No. 5, Jo'burg, S.A. *R* Enzo Montero *P* Top Rank South Africa.

11/27/1993. WBC:L *Won* Miguel A. Gonzalez (135) *Lost* Wilfrido Rocha (134¾). TKO 11/0:12 *S* Arena Coliseo, Mexico City, Mex. *R* Simon DeLima *P* Azteca Promotions.

2/19/1994. IBF:L *Won* Rafael Ruelas (135) *Lost* Fred Pendleton (135). Unan 12 *S* Great Western Forum, Inglewood, Calif. *R* Robert Byrd *P* Top Rank, Inc.

3/19/1994. WBA:L *Won* Orzubek Nazarov (134¼) *Lost* Dingaan Thobela (134¾). Unan 12 *S* Carousel Casino, Temba, Bophuthatswana *R* Carlos Berrocal *P* Cedric Kushner Promotions.

3/29/1994. WBC:L *Won* Miguel A. Gonzalez (135) *Lost* Jean-B. Mendy (133¼). TKO 5/2:40 *S* Cerdan Sports Palace, Levallois, France *R* Arthur Mercante *P* Julien Fernandez.

5/27/1994. IBF:L *Won* Rafael Ruelas (135) *Lost* Mike Evgen (135). TKO 3/2:53 *S* MGM Grand Garden, Las Vegas, Nev. *R* Mith Halpern *P* Top Rank, Inc.

7/29/1994. WBO:L *Won* Oscar de la Hoya (135) *Lost* Jorge Paez (134½). KO 2/0:39 *S* MGM Grand Garden, Las Vegas, Nev. *R* Richard Steele *P* Top Rank, Inc.

8/6/1994. WBC:L *Won* Miguel A. Gonzalez (134) *Lost* Leavander Johnson (132¼). TKO 8/2:05 *S* Plaza de Toros Monumental, Cd. Juarez, Mex. *R* Mickey Vann *P* Azteca Promotions.

11/18/1994. WBO:L *Won* Oscar de la Hoya (135) *Lost* Carl Griffith (135). TKO 3/1:02 *S* MGM Grand Garden, Las Vegas, Nev. *R* Mitch Halpern *P* Top Rank, Inc.

12/10/1994. WBO:L *Won* Oscar de la Hoya (135) *Lost* John Avila (135). TKO 9/1:07 *S* Olympic Aud., Los Angeles *R* Raul Caiz *P* Top Rank, Inc.

12/10/1994. WBA:L *Won* Orzubek Nazarov (134) *Lost* Joey Gamache (135). TKO 2/2:50 *S* Cumberland Co. Civic Center, Portland, Me. *R* John Coyle *P* Johnny Bos Promotions.

12/13/1994. WBC:L *Won* Miguel A. Gonzalez (134½) *Lost* Calvin Grove (133½). TKO 6/* *S* The Pit University Arena., Albuquerque, N.M. *R* Joe Cortez *P* Azteca Promotions.

1/28/1995. IBF:L *Won* Rafael Ruelas (135) *Lost* Billy Schwer (134). TKO 9/* *S* MGM Grand Garden, Las Vegas, Nev. *R* Mills Lane *P* Top Rank, Inc.

2/18/1995. WBO:L *Won* Oscar de la Hoya (135) *Lost* Juan Molina (134). Unan 12 *S* MGM Grand Garden, Las Vegas, Nev. *R* Mills Lane *P* Top Rank, Inc.

4/25/1995. WBC:L *Won* Miguel A. Gonzalez (134½) *Lost* Ricardo Silva (132½). Unan 12 *S* Civic Center, South Padre Island, Texas *R* Jerry McKenzie *P* Sport Talent/Azteca.

5/6/1995. BFBO:L *Won* Oscar de la Hoya (134½) *Lost* Rafael Ruelas (135). TKO 2/1:43 *S* Caesars Palace, Las Vegas, Nev. *R* Richard Steele *P* Top Rank, Inc.

5/15/1995. WBA:L *Won* Orzubek Nazarov (135) *Lost* Won Park (135). KO 2/2:57 *S* Korakuen Hall, Tokyo *R* Carlos Berrocal *P* Kyoei Promos.

6/2/1995. WBC:L *Won* Miguel A. Gonzalez (135) *Lost* Marty Jakubowski (134¼). Unan 12 *S* Foxwoods Resort, Mashantucket, Conn. *R* Mickey Vann *P* Azteca Promotions.

8/19/1995. IBF:L *Won* Phillip Holiday (133¾) *Lost* Miguel Julio (134¼). TKO 11/* *S* Superbowl, Sun City, Bophuthatswana *R* Stan Christodoulou *P* Golden Gloves/Cedric Kushner.

8/19/1995. WBC:L *Won* Miguel A. Gonzalez (135) *Lost* Lamar Murphy (135). Maj 12 *S* MGM Grand Garden, Las Vegas, Nev. *R* Mitch Halpern *P* Don King Productions.

9/9/1995. WBO:L *Won* Oscar de la Hoya (135) *Lost* Genaro Hernandez (133). TKO 7/* *S* Caesars Palace, Las Vegas, Nev. *R* Richard Steele *P* Top Rank, Inc.

11/4/1995. IBF:L *Won* Phillip Holiday (134¼) *Lost* Rocky Martinez (134¾). Unan 12 *S* Superbowl, Sun City, Bophuthatswana *R* Stan Christodoulou *P* Cedric Kushner/Golden Gloves.

11/14/1995. WBA:L *Won* Orzubek Nazarov (134½) *Lost* Dindo Canoy (133¾). Unan 12 *S* Municipal Gymnasium, Iwaki City, Japan *R* Franco Priami *P* Kyoei Promotions.

12/15/1995. WBO:L *Won* Oscar de la Hoya (135) *Lost* James Leija (134¾). TKO 3/* *S* Madison Sq. Garden, New York, N.Y. *R* Ron Lipton *P* Top Rank/M.S.G. Boxing.

2/17/1996. IBF:L *Won* Phillip Holiday (133¼) *Lost* John Lark (134¾). TKO 10/2:32 *S* Carousel Hotel, Hammanskraal, S.A. *R* Sam Williams *P* Golden Gloves Promotions.

4/13/1996. WBO:L *Won* Artur Grigorian (135) *Lost* Antonio Rivera (135). TKO 12/2:23 *S* Sportshalle, Hamburg-Alsterdorf, Ger. *R* Joe O'Neill *P* Universum Box Promotion.

4/15/1996. WBA:L *Won* Orzubek Nazarov (135) *Lost* Adrianus Taroreh (135). KO 4/3:09 *S* Korakuen Hall, Tokyo, Japan *R* Roberto Ramirez *P* Kyoei Promotions.

4/20/1996. WBC:L *Won* Jean-B. Mendy (133¼) *Lost* Lamar Murphy (134½). Unan 12 *S* Cerdan Sports Palace, Levallois, France *R* Mickey Vann *P* A.B. Stars, Inc.

5/18/1996. IBF:L *Won* Phillip Holiday (134¼) *Lost* Jeff Fenech (134½). TKO 2/2:18 *S* Olympic Park, Melbourne, Vic., Aus. *R* Robert Byrd *P* Cedric Kushner/Paul Hotz.

9/21/1996. WBO:L *Won* Artur Grigorian (134½) *Lost* Gene Reed (134¾). KO 2/1:25 *S* Sport und Erhulung. SEZ, Berlin, Ger. *R* Jose Rivera *P* Universum Box Promotion.

10/19/1996. IBF:L *Won* Phillip Holiday (133¾) *Lost* Joel Diaz (134½). Unan 12 *S* Wembley Arena, Johannesburg, S.A. *R* Rudy Battle *P* Cedric Kushner/Gloves Gloves.

11/16/1996. WBO:L *Won* Artur Grigorian (134¾) *Lost* Marty Jakubowski (134). Unan 12 *S* Wandsbeker Sporthalle, Hamburg, Ger. *R* Harold Gomes *P* Universum Box Promotion.

12/21/1996. IBF:L *Won* Phillip Holiday (135) *Lost* Ivan Robinson (134¾). Unan 12 *S* Mohegan Sun Casino, Uncasville, Conn. *R* Steve Smoger *P* Cedric Kushner/Main Events.

2/22/1997. WBO:L *Won* Artur Grigorian (134) *Lost* Raul H. Balbi (134½). TKO 11/1:10 *S* Sporthalle Wandsbek, Hamburg, Ger. *R* A. van Grootenbruel *P* Universum Box Promotion.

3/1/1997. WBC:L *Won* Steve Johnston (134½) *Lost* Jean-B. Mendy (133½). Split 12 *S* Halle Carpentier, Paris, France *R* Guadalupe Garcia *P* A.B. Stars, Inc.

5/10/1997. WBA:L *Won* Orzubek Nazarov (134) *Lost* Leavander Johnson (132). TKO 7/0:17 *S* Convention Center, Coconut Grove, Fla. *R* Brian Garry *P* Don King Productions.

5/16/1997. IBF:L *Won* Phillip Holiday (135) *Lost* Pete Taliaferro (135). Split 12 *S* Carousel Casino, Hammanskraal, S.A. *R* Stan Christodoulou *P* Cedric Kushner/Golden Gloves.

7/26/1997. WBC:L *Won* Steve Johnston (134½) *Lost* Hiroyuki Sakamoto (135). Split 12 *S* Yokohama Arena, Yokohama, Japan *R* Carlos Padilla *P* Teiken Promotions.

8/2/1997. IBF:L *Won* Shane Mosley (134½) *Lost* Phillip Holiday (134¾). Unan 12 *S* Mohegan Sun Casino, Uncasville, Conn. *R* Steve Smoger *P* Cedric Kushner Promotions.

9/12/1997. WBC:L *Won* Steve Johnston (134) *Lost* Saul Duran (134). Unan 12 *S* Caesars, Las Vegas, Nev. *R* Jay Nady *P* Top Rank, Inc.

10/11/1997. WBO:L *Won* Artur Grigorian (134½) *Lost* David Armstrong (134½). Unan 12 *S* Stadehall Cottbus, Cottbus, Germany *R* Joe O'Neill *P* Universum Box Promotion.

11/25/1997. IBF:L *Won* Shane Mosley (133½) *Lost* Manuel Gomez (132). KO 11/1:25 *S* County Coliseum, El Paso, Texas *R* Barry Yeats *P* Cedric Kushner Promotions.

2/6/1998. IBF:L *Won* Shane Mosley (135) *Lost* Demetrio Ceballos (135). TKO 8/2:34 *S* Mohegan Sun Casino, Uncasville, Conn. *R* Eddie Cotton *P* C. Kushner/America Presents.

2/28/1998. WBC:L *Won* Steve Johnston (134¼) *Lost* George Scott (135). Unan 12 *S* Bally's Park Place Hotel, Atlantic City, N.J. *R* Eddie Cotton *P* Top Rank, Inc.

3/14/1998. WBO:L *Won* Artur Grigorian (134½) *Lost* Marco Rudolph (135). KO 6/1:50 *S* Sporthalle Wandsbek, Hamburg, Ger. *R* Bill Connors *P* Universum Box Promotion.

5/9/1998. IBF:L *Won* Shane Mosley (135) *Lost* Juan Molina (135). TKO 8/2:27 *S* Trump Taj Mahal, Atlantic City, N.J. *R* Eddie Johnson *P* Cedric Kushner Promotions.

5/16/1998. WBA:L *Won* Jean-B. Mendy (132¼) *Lost* Orzubek Nazarov (134½). Unan 12 *S* Palais des Omnisports, Paris, France *R* Carlos Berrocal *P* A.B. Stars, Inc.

6/13/1998. WBC:L *Won* Cesar Bazan (133¾) *Lost* Steve Johnston (133). Split 12 *S* Sun Bowl, El Paso, Texas *R* Guadalupe Garcia *P* Top Rank, Inc.

6/27/1998. IBF:L *Won* Shane Mosley (134¾) *Lost* Wilfrido Ruiz (134½). KO 5/2:32 *S* Apollo of Temple, Philadelphia, Pa. *R* Rudy Battle *P* America Presents/C. Kushner.

8/23/1998. WBC:L *Won* Cesar Bazan (134¾) *Lost* Hiroyuki Sakamoto (134¾). Unan 12 *S* Yokohama Arena, Yokohama, Japan *R* Richard Steele *P* Teiken Promos./Top Rank.

9/22/1998. IBF:L *Won* Shane Mosley (135) *Lost* Eduardo Morales (134). TKO 5/2:06 *S* M.S.G. Theater, New York, N.Y. *R* Arthur Mercante, Jr. *P* Cedric Kushner Promotions.

10/24/1998. WBO:L *Won* Artur Grigorian (134½) *Lost* Giorgio Campanella (134). TKO 10/1:36 *S* Sporthalle Alsterdorfer, Hamburg, Ger. *R* Genaro Rodriguez *P* Universum Box Promotion.

10/30/1998. WBC:L *Won* Cesar Bazan (135) *Lost* Mauro Lucero (132½). Maj 12 *S* Santos Municipal Arena, Cd. Juarez, Mex. *R* Jose Medina *P* Osv. Kuchle-Fernando Beltran.

11/14/1998. IBF:L *Won* Shane Mosley (135) *Lost* James Leija (135). TKO 10/* *S* Foxwoods Resort, Mashantucket, Conn. *R* Eddie Cotton *P* M+M Sports/Square Ring.

1/9/1999. IBF:L *Won* Shane Mosley (134¾) *Lost* Golden Johnson (135). KO 7/2:59 *S* Civic Center, Pensacola, Fla. *R* Tommy Kimmons *P* M+M/Square Ring/Kushner.

1/25/1999. WBA:L *Won* Jean-B. Mendy (134¾) *Lost* Alberto Sicurella (134½). Unan 12 *S* Palais des Sports, Versailles, France *R* Mitch Halpern *P* A.B. Stars/Cedric Kushner.

2/27/1999. WBC:L *Won* Steve Johnston (134½) *Lost* Cesar Bazan (134½). Split 12 *S* Miccosukee Gaming Center, Miami, Fla. *R* Tomy Kimmons *P* Top Rank/Cedric Kushner.

3/13/1999. WBO:L *Won* Artur Grigorian (134½) *Lost* Oscar Garcia Cano (133½). Unan 12 *S* Hansehalle Luebeck, Luebeck, Germany *R* Raul Caiz *P* Universum Box Promotion.

4/10/1999. WBA:L *Won* Julien Lorcy (134) *Lost* Jean-B. Mendy (134¼). TKO 6/2:45 *S* Palais Omnisp., Paris, France *R* Daniel Talon *P* A.B. Stars.

4/17/1999. IBF:L *Won* Shane Mosley (134½) *Lost* John Brown (134¼). TKO 9/* *S* Fantasy Springs Casino, Indio, Calif. *R* Pat Russell *P* Cedric Kushner Promotions.

6/26/1999. WBC:L *Won* Steve Johnston (135) *Lost* Aldo Rios (134½). Unan 12 *S* Mandalay Bay Resort, Las Vegas, Nev. *R* Jay Nady *P* Top Rank, Inc.

8/7/1999. WBA:L *Won* Stefano Zoff (134) *Lost* Julien Lorcy (134½). Split 12 *S* La Palestre, La Cannet, France *R* John Coyle *P* A.B. Stars, Inc.

8/14/1999. WBC:L *Won* Steve Johnston (135) *Lost* Angel Manfredy (135). Unan 12 *S* Foxwoods Resort, Mashantucket, Conn. *R* Frank Cappuccino *P* Cedric Kushner/Top Rank.

8/20/1999. IBF:L *Won* Paul Spadafora (135) *Lost* Israel Cardona (132½). Unan 12 *S* Mountaineer Race Track, Chester, W. Va. *R* Dave Johnson *P* Acri Boxing Promotions.

10/9/1999. WBO:L *Won* Artur Grigorian (134¾) *Lost* Michael Clark (134). KO 5/1:45 *S* Arena Oberhausen, Oberhausen, Ger. *R* Samuel Viruet *P* Universum Box Promotion.

11/13/1999. WBA:L *Won* Gilberto Serrano (134) *Lost* Stefano Zoff (133½). TKO 10/0:31 *S* Thomas & Mack Center, Las Vegas, Nev. *R* Jay Nady *P* Don King/Panix/Main Events.

11/27/1999. WBO:L *Won* Artur Grigorian (134¾) *Lost* Wilson Galli (134½). TKO 10/2:40 *S* Hansehalle Luebeck, Luebeck, Germany *R* Luis Pabon *P* Universum Box Promotion.

11/29/1999. WBC:L *Won* Steve Johnston (133¼) *Lost* Billy Schwer (134¾). Unan 12 *S* Wembley Arena, Wembley, Eng. *R* Larry O'Connell *P* Panix Promotions/Top Rank.

12/17/1999. IBF:L *Won* Paul Spadafora (134¾) *Lost* Renato Cornett (134). TKO 11/0:52 *S* Lawrence Convention Center, Pittsburgh, Pa. *R* Rick Steigerwald *P* Acri Boxing Promotions.

2/19/2000. WBO:L *Won* Artur Grigorian (134¾) *Lost* Sandro Casamonica (134¾). TKO 9/1:48 *S* Estrel Convention Center, Berlin, Ger. *R* A. van Grootenbruel *P* Universum Box Promotion.

3/3/2000. IBF:L *Won* Paul Spadafora (133) *Lost* Victoriano Sosa (133). Unan 12 *S* Turning Stone Casino, Verona, N.Y. *R* Robert Finocchi *P* Acri Boxing Promotions.

3/12/2000. WBA:L *Won* Gilberto Serrano (134½) *Lost* Hiroyuki Sakamoto (134½). TKO 5/2:27 *S* Ryogoku Sumo Arena, Tokyo, Japan *R* Mitch Halpern *P* Teiken Promotions.

3/17/2000. WBC:L *Won* Steve Johnston (134½) *Lost* Julio Alvarez (135). TKO 2/2:35 *S* Magness Arena, Denver, Colo. *R* Victor Drakulich *P* Top Rank/Barry Fey.

5/6/2000. IBF:L *Won* Paul Spadafora (135) *Lost* Mike Griffith (134½). TWm 10 *S* Mellon Arena, Pittsburgh, Pa. *R* Ernie Sharif *P* Acri Boxing Promotions.

6/11/2000. WBA:L *Won* Taka. Hatakeyama (135) *Lost* Gilberto Serrano (135). TKO 8/2:30 *S* Ariake Coliseum, Tokyo, Japan *R* Armando Garcia *P* Yokohama Hikari/Teiken.

6/17/2000. WBC:L *Won* Jose Luis Castillo (135) *Lost* Steve Johnston (135). Maj 12 *S* Bicycle Casino, Bell Gardens, Calif. *R* Chuck Hassett *P* Top Rank, Inc.

6/23/2000. WBO:L *Won* Artur Grigorian (135) *Lost* Zoltan Kalocsai (134½). TKO 12/1:00 *S* FTC Stadium, Budapest, Hungary *R* A. van Grootenbruel *P* Universum Box Promotion.

9/15/2000. WBC:L *Won* Jose Luis Castillo (134) *Lost* Steve Johnston (135). Draw 12 *S* Pepsi Arena, Denver *R* Richard Steele *P* Top Rank.

10/11/2000. WBA:L *Won* Taka. Hatakeyama (135) *Lost* Hiroyuki Sakamoto (135). KO 10/0:18 *S* Yokohama Arena, Yokohama, Japan *R* Masakazu Uchida *P* Yokohama Hikari/Teiken.

11/25/2000. WBO:L *Won* Artur Grigorian (134¾) *Lost* Antonio Pitalua (134). Unan 12 *S* Pressaug Halle, Hanover, Germany *R* Michael Ortega *P* Universum Box Promotion.

12/16/2000. IBF:L *Won* Paul Spadafora (135) *Lost* Billy Irwin (134½). Unan 12 *S* Lawrence Convention Center, Pittsburgh, Pa. *R* Richard Steigerwald *P* Acri Boxing Promotions.

1/20/2001. WBC:L *Won* Jose Luis Castillo (135) *Lost* Cesar Bazan (134½). TKO 6/2:54 *S* MGM Grand Garden, Las Vegas, Nev. *R* Victor Drakulich *P* Top Rank, Inc.

2/17/2001. WBA:L *Won* Taka. Hatakeyama (135) *Lost* Rick Roberts (135). Draw 12 *S* Ryogoku Sumo Arena, Tokyo, Japan *R* Ken Morita *P* Yokohama Hikari/Teiken.

2/24/2001. WBO:L *Won* Artur Grigorian (135) *Lost* Jose A. Perez (135). TKO 6/1:40 *S* Sporthalle Wandsbek, Hamburg, Ger. *R* A. van Grootenbruel *P* Universum Box Promotion.

5/8/2001. IBF:L *Won* Paul Spadafora (135) *Lost* Joel Perez (135). Unan 12 *S* I.C. Light Amphitheater, Pittsburgh *R* Ernest Sharif *P* Acri.

6/16/2001. WBO:L *Won* Artur Grigorian (135) *Lost* Aldo Rios (133½). Unan 12 *S* Kisstadion, Budapest, Hungary *R* Lou Moret *P* Universum Box Promotion.

6/16/2001. WBC:L *Won* Jose Luis Castillo (134½) *Lost* Sung-Ho Yuh (133). KO 1/1:53 *S* Centro de Usos Multiples, Hermosillo, Mex. *R* Jay Nady *P* Promoc. Zanfer/Top Rank.

7/1/2001. WBA:L *Won* Julien Lorcy (134¼) *Lost* Taka. Hatakeyama (135). Unan 12 *S* Saitama Super Arena, Saitama, Japan *R* Julio C. Alvarado *P* Yokohama Hikari Promos.

10/8/2001. WBA:L *Won* Raul H. Balbi (134½) *Lost* Julien Lorcy (134½). Maj 12 *S* Palais des Sports, Paris, France *R* Rafael Ramos *P* A.B. Stars.

1/5/2002. WBO:L *Won* Artur Grigorian (135) *Lost* Rocky Martinez (135). TKO 8/2:15 *S* Boerderlandhalle, Magdeburg, Germany *R* Paul Thomas *P* Universum Box Promotion.

1/5/2002. WBA:L *Won* Leonard Dorin (134) *Lost* Raul H. Balbi

(134½). Split 12 *S* Freeman Coliseum, San Antonio, Texas *R* Rafael Ramos *P* Main Events, Inc.

3/9/2002. IBF:L *Won* Paul Spadafora (135) *Lost* Angel Manfredy (134½). Unan 12 *S* A.J. Palumbo Center, Pittsburgh, Pa. *R* Ernie Sharif *P* Acri Boxing Promotions.

4/20/2002. WBC:L *Won* Floyd Mayweather, Jr. (134) *Lost* Jose Luis Castillo (134½). Unan 12 *S* MGM Grand Garden, Las Vegas, Nev. *R* Vic Drakulich *P* Top Rank, Inc.

5/31/2002. WBA:L *Won* Leonard Dorin (134¾) *Lost* Raul H. Balbi (134). Unan 12 *S* Polivalenta Hall, Bucharest, Roumania *R* John Coyle *P* Interbox, Inc./Argirom.

9/14/2002. WBO:L *Won* Artur Grigorian (135) *Lost* Stefano Zoff (134¼). Unan 12 *S* Volkswagenhalle, Braunschweig, Germany *R* Joachim Jacobsen *P* Universum Box Promotion.

11/9/2002. IBF:L *Won* Paul Spadafora (135) *Lost* Dennis Holbaek (134½). Unan 12 *S* Mountaineer Race Track, Chester, W. Va. *R* Cranston Johnson *P* Michael Acri/DiBella Ent.

12/7/2002. WBC:L *Won* Floyd Mayweather, Jr. (134) *Lost* Jose Luis Castillo (135). Unan 12 *S* Mandalay Bay Resort, Las Vegas, Nev. *R* Joe Cortez *P* Top Rank, Inc.

1/18/2003. WBO:L *Won* Artur Grigorian (135) *Lost* Matt Zegan (134½). Maj 12 *S* The Grugahalle, Essen, Germany *R* Mark Nelson *P* Universum Box Promotion.

4/19/2003. WBC:L *Won* Floyd Mayweather, Jr. (134) *Lost* Victoriano Sosa (134). Unan 12 *S* Selland Arena, Fresno, California *R* Raul Caiz, Sr. *P* Top Rank/Am. Champ.

5/17/2003. BABF:L *Won* Leonard Dorin (135) *Lost* Paul Spadafora (134½). Draw 12 *S* Peterson Events Center, Pittsburgh, Pa. *R* Rudy Battle *P* Acri Promos./DiBella Ent.

11/1/2003. WBC:L *Won* Floyd Mayweather, Jr. (135) *Lost* Phillip N'Dou (134½). TKO 7/1:08 *S* Van Andel Arena, Grand Rapids, Mich. *R* Frank Garza *P* Top Rank, Inc.

11/22/2003. IBF:L *Won* Javier Jauregui (135) *Lost* Leavander Johnson (135). TKO 11/0:06 *S* Olympic Auditorium, Los Angeles, Ca. *R* Raul Caiz, Jr. *P* Golden Boy Promotions.

1/3/2004. WBO:L *Won* Acelino Freitas (135) *Lost* Artur Grigorian (134). Unan 12 *S* Foxwoods Resort, Mashantucket, Conn. *R* Ed Cotton *P* Banner Promotions.

4/10/2004. WBA:L *Won* Lakva Sim (133½) *Lost* Miguel Callist (135). TKO 5/2:20 *S* Mandalay Bay Resort, Las Vegas, Nev. *R* Toby Gibson *P* Don King Productions.

5/13/2004. IBF:L *Won* Julio Diaz (134¾) *Lost* Javier Jauregui (134¼). Maj 12 *S* Sports Arena, San Diego, Calif. *R* Raul Caiz, Sr. *P* Golden Boy/Ringside.

6/5/2004. WBC:L *Won* Jose Luis Castillo (134½) *Lost* Juan Lazcano (135). Unan 12 *S* MGM Grand Garden, Las Vegas, Nev. *R* Tony Weeks *P* Top Rank/Golden Boy.

7/17/2004. WBA:L *Won* Juan Diaz (134¾) *Lost* Lakva Sim (135). Unan 12 *S* Reliant Arena, Houston, Texas *R* Laurence Cole *P* Main Events/Goossen Tutor.

8/7/2004. WBO:L *Won* Diego Corrales (135) *Lost* Acelino Freitas (134½). TKO 10/1:24 *S* Foxwoods Resort, Mashantucket. Conn. *R* Michael Ortega *P* Banner Promos./Gary Shaw.

11/4/2004. WBA:L *Won* Juan Diaz (135) *Lost* Julien Lorcy (133¾). Unan 12 *S* SBC Center, San Antonio, Texas *R* Rafael Ramos *P* Main Events/Don King.

12/4/2004. WBC:L *Won* Jose Luis Castillo (134½) *Lost* Joel Casamayor (135). Split 12 *S* Mandalay Bay Resort, Las Vegas, Nev. *R* Vic Drakulich *P* Top Rank/C. Kushner.

1/21/2005. WBA:L *Won* Juan Diaz (134½) *Lost* Billy Irwin (133½). TKO 9/1:27 *S* Reliant Ctr., Houston *R* Earl Morton *P* Main Events/Goossen Tutor.

3/5/2005. WBC:L *Won* Jose Luis Castillo (135) *Lost* Julio Diaz (134½). TKO 10/2:23 *S* Mandalay Bay Resort, Las Vegas, Nev. *R* Richard Steele *P* Top Rank/Gary Shaw.

5/7/2005. BCBO:L *Won* Diego Corrales (135) *Lost* Jose Luis Castillo (135). TKO 10/2:06 *S* Mandalay Bay Resort, Las Vegas, Nev. *R* Tony Weeks *P* Top Rank/Gary Shaw.

6/17/2005. IBF:L *Won* Leavander Johnson (134¼) *Lost* Stefano Zoff (134¼). TKO 7/1:15 *S* Sports Palace, Milan, Italy *R* Sam Williams *P* OPI 2000/DiBella Ent.

9/17/2005. IBF:L *Won* Jesus Chavez (135) *Lost* Leavander Johnson (135). TKO 11/0:38 *S* MGM Grand Garden, Las Vegas, Nev. *R* Tony Weeks *P* Golden Boy Promotions.

4/8/2006. WBA:L *Won* Juan Diaz (135) *Lost* Jose M. Cotto (134). Unan 12 *S* Thomas & Mack Center, Las Vegas, Nev. *R* Kenny Bayless *P* Main Events/Top Rank.

4/29/2006. WBO:L *Won* Acelino Freitas (135) *Lost* Zahir Raheem (135). Split 12 *S* Foxwoods Resort, Mashantucket, Conn. *R* Steve Smoger *P* Banner Promotions.

7/15/2006. WBA:L *Won* Juan Diaz (135) *Lost* Randy Suico (135). TKO 9/2:06 *S* MGM Grand Garden, Las Vegas, Nev. *R* Joe Cortez *P* Golden Boy/Main Events.

10/7/2006. WBC:L *Won* Joel Casamayor (135) *Lost* Diego Corrales (139). Split 12 *S* Mandalay Bay Resort, Las Vegas, Nev. *R* Kenny Bayless *P* Gary Shaw Productions.

2/3/2007. IBF:L *Won* Julio Diaz (135) *Lost* Jesus Chavez (134¾). KO 3/0:22 *S* Silver Spurs Arena, Kissimmee, Fla. *R* Frank Santore, Jr. *P* Don King/Gary Shaw.

4/28/2007. BABO:L *Won* Juan Diaz (135) *Lost* Acelino Freitas (135). TKO 9/* *S* Foxwoods Resort, Mashantucket, Conn. *R* Michael Ortega *P* Don King/Banner Promos.

8/4/2007. WBC:L *Won* David Diaz (133¾) *Lost* Erik Morales (135). Unan 12 *S* All-State Arena, Rosemont, Ill. *R* Benji Estevez *P* Top Rank, Inc.

10/13/2007. BAFO:L *Won* Juan Diaz (135) *Lost* Julio Diaz (135). TKO 9/0:01 *S* Sears Centre, Hoffman Estates, Ill. *R* Genaro Rodriguez *P* Don King/Sycuan Ringside.

3/8/2008. BAFO:L *Won* Nate Campbell (134½) *Lost* Juan Diaz (134). Split 12 *S* Plaza de Toros, Cancun, Q.R., Mex. *R* J. Salcedo Lopez *P* Don King Productions.

6/28/2008. WBC:L *Won* Manny Pacquiao (134½) *Lost* David Diaz (135). KO 9/2:24 *S* Mandalay Bay Resort, Las Vegas, Nev. *R* Vic Drakulich *P* Top Rank, Inc.

2/14/2009. BAFO:L *Won* Nate Campbell (137½) *Lost* Ali Funeka (133½). Maj 12 *S* BankAtlantic Center, Sunrise, Fla. *R* Tommy Kimmons *P* Don King/Gary Shaw.

2/28/2009. BABO:L *Won* Juan M. Marquez (134¼) *Lost* Juan Diaz (134½). KO 9/2:40 *S* Toyota Center, Houston, Texas *R* Rafael Ramos *P* Golden Boy Promotions.

4/4/2009. WBC:L *Won* Edwin Valero (134½) *Lost* Antonio Pitalua (135). TKO 2/0:49 *S* Frank Erwin Center, Austin, Texas *R* Laurence Cole *P* Golden Boy Promotions.

11/28/2009. IBF:L *Won* Ali Funeka (134) *Lost* Joan Guzman (134½). Draw 12 *S* Pepsi Coliseum, Quebec City, Canada *R* Jean-Guy Brousseau *P* Interbox/Golden Boy.

12/19/2009. WBC:L *Won* Edwin Valero (134¾) *Lost* Hector Velazquez (134¼). TKO 7/* *S* Polideportivo Vargas, La Guaira, Vez. *R* Hector Afu *P* Chimana Communications.

2/6/2010. WBC:L *Won* Edwin Valero (135) *Lost* Antonio DeMarco (135). TKO 10/0:10 *S* Monterrey Arena, Monterrey, N.L., Mex. *R* Hector Afu *P* Don King/Cancun Boxing.

3/13/2010. WBC:L *Won* Humberto Soto (134¼) *Lost* David Diaz (134). Unan 12 *S* Cowboys Stadium, Arlington, Texas *R* Laurence Cole *P* Top Rank, Inc.

3/27/2010. IBF:L *Won* Ali Funeka (135) *Lost* Joan Guzman (144). Split 12 *S* Hard Rock Hotel, Las Vegas, Nev. *R* Robert Byrd *P* Golden Boy Promotions.

Junior Lightweight

11/18/1921. JL *Won* Johnny Dundee (128¼) *Lost* Geo. (K.O.) Chaney (130). Foul 5/1:07 *S* Madison Sq. Garden, New York, N.Y. *R* Kid McPartland *P* George (Tex) Rickard.

7/6/1922. JL *Won* Johnny Dundee (129) *Lost* Jack Sharkey (127). Unan 15 *S* Ebbets Field, Brooklyn, N.Y. *R* Kid McPartland.

8/28/1922. JL *Won* Johnny Dundee (124¾) *Lost* Pepper Martin (130). Unan 15 *S* Velodrome, Bronx, N.Y. *R* Patsy Haley.

2/2/1923. JL *Won* Johnny Dundee (129¾) *Lost* Elino Flores (129½). Unan 15 *S* Madison Sq. Garden, New York, N.Y. *R* Patsy Haley *P* George (Tex) Rickard.

5/30/1923. JL *Won* Jack Bernstein (128) *Lost* Johnny Dundee (128½). Unan 15 *S* Velodrome, Bronx, N.Y. *R* Patsy Haley.

12/17/1923. JL *Won* Johnny Dundee (127½) *Lost* Jack Bernstein (129). Unan 15 *S* Madison Sq. Garden, New York, N.Y. *R* Jack O'Sullivan *P* George (Tex) Rickard.

6/20/1924. JL *Won* Kid Sullivan (129½) *Lost* Johnny Dundee (129). Unan 10 *S* Henderson's Bowl, Brooklyn, N.Y. *R* Jack O'Sullivan *P* National Sports Alliance.

8/18/1924. JL *Won* Kid Sullivan (129) *Lost* Pepper Martin (130). Unan 15 *S* Queensboro Stadium, Long Is. City, N.Y. *R* Tommy Sheridan.

10/15/1924. JL *Won* Kid Sullivan (129½) *Lost* Mike Ballerino (129). KO 5/0:38 *S* Madison Sq. Garden, New York, N.Y. *R* Tommy Sheridan *P* George (Tex) Rickard.

4/1/1925. JL *Won* Mike Ballerino (129½) *Lost* Kid Sullivan (129½). Unan 10 *S* Armory, Philadelphia, Pa. *R* Pop O'Brien.

7/6/1925. JL *Won* Mike Ballerino (129¼) *Lost* Pepper Martin (129¾). Unan 15 *S* Queensboro Stadium, Long Is. City, N.Y. *R* Johnny McAvoy.

12/2/1925. JL *Won* Tod Morgan (128) *Lost* Mike Ballerino (129¾). TKO 10 *S* Olympic Auditorium, Los Angeles, Calif. *R* Benny Whitman.

6/3/1926. JL *Won* Tod Morgan (127½) *Lost* Kid Sullivan (128½). TKO 6/2:05 *S* Ebbets Field, Brooklyn, N.Y. *R* Jim Crowley.

9/30/1926. JL *Won* Tod Morgan (128½) *Lost* Joe Glick (129½). Unan 15 *S* Madison Sq. Garden, New York, N.Y. *R* Patsy Haley *P* Madison Sq. Garden Corp.

10/19/1926. JL *Won* Tod Morgan (128½) *Lost* Johnny Dundee (126¼). Ref 10 *S* Recreation Park, San Francisco, Calif. *R* Harry Ertle.

11/19/1926. JL *Won* Tod Morgan (127½) *Lost* Carl Duane (129). Unan 15 *S* Madison Sq. Garden, New York, N.Y. *R* Lou Magnolia *P* Madison Sq. Garden Corp.

5/28/1927. JL *Won* Tod Morgan (129¾) *Lost* Vic Foley (125½). Ref 12 *S* The Arena, Vancouver, B.C., Canada *R* Joe Waterman.

12/16/1927. JL *Won* Tod Morgan (128¾) *Lost* Joe Glick (129½). Foul 14/2:09 *S* Madison Sq. Garden, New York, N.Y. *R* Eddie Forbes *P* Madison Sq. Garden Corp.

5/24/1928. JL *Won* Tod Morgan (129¾) *Lost* Eddie Martin (130). Unan 15 *S* Madison Sq. Garden, New York, N.Y. *R* Lou Magnolia *P* Madison Sq. Garden Corp.

7/18/1928. JL *Won* Tod Morgan (128) *Lost* Eddie Martin (128). Unan 15 *S* Ebbets Field, Brooklyn, N.Y. *R* Eddie Forbes.

12/3/1928. JL *Won* Tod Morgan (130) *Lost* Santiago Zorrilla (127¼). Draw 10 *S* State Armory, San Francisco, Calif. *R* Toby Irwin.

4/5/1929. JL *Won* Tod Morgan (128) *Lost* Santiago Zorrilla (129). Ref 10 *S* Olympic Auditorium, Los Angeles, Ca. *R* Jack Kennedy.

5/20/1929. JL *Won* Tod Morgan (129) *Lost* Baby Sal Sorio (128¾). Ref 10 *S* Wrigley Field, Los Angeles, Calif. *R* Benny Whitman.

12/20/1929. JL *Won* Benny Bass (127) *Lost* Tod Morgan (128). KO 2/0:51 *S* Madison Sq. Garden, New York, N.Y. *R* Jim Crowley *P* Madison Sq. Garden Corp.

1/5/1931. JL *Won* Benny Bass (127½) *Lost* Lew Massey (128). Unan 10 *S* The Arena, Philadelphia, Pa. *R* Leo Houck.

7/15/1931. JL *Won* Kid Chocolate (125½) *Lost* Benny Bass (128½). TKO 7/2:58 *S* Baker Bowl, Philadelphia, Pa. *R* Leo Houck *P* Taylor and Gunnis, Inc.

4/10/1932. JL *Won* Kid Chocolate (128½) *Lost* Davey Abad (129¾). Unan 15 *S* Polar Stadium, Havana, Cuba *R* Fernando Rios.

8/4/1932. JL *Won* Kid Chocolate (127½) *Lost* Eddie Shea (128). Unan 10 *S* Chicago Stadium, Chicago, Ill. *R* Phil Collins *P* Chicago Stadium Corp.

5/1/1933. JL *Won* Kid Chocolate (124) *Lost* Johnny Farr (130). Unan 10 *S* The Arena, Philadelphia, Pa. *R* Joe McGuigan.

12/4/1933. JL *Won* Kid Chocolate (130) *Lost* Frankie Wallace (130). Unan 10 *S* Public Hall, Cleveland, Ohio *R* Tommy Mulgrew.

12/25/1933. JL *Won* Frankie Klick (127¾) *Lost* Kid Chocolate (130). TKO 7/2:58 *S* The Arena, Philadelphia, Pa. *R* Spud Murphy.

12/6/1949. NBA:JL *Won* Sandy Saddler (127½) *Lost* Orlando Zulueta (129½). Split 10 *S* The Arena, Cleveland, Ohio *R* Vito Mazzeo.

4/18/1950. NBA:JL *Won* Sandy Saddler (130) *Lost* Lauro Salas (130). TKO 9/2:51 *S* The Arena, Cleveland, Ohio *R* Jackie Davis.

7/20/1959. NBA:JL *Won* Harold Gomes (127½) *Lost* Paul Jorgensen (129½). Unan 15 *S* Pierce Field, Providence, R.I. *R* Sharkey Buonanno.

3/16/1960. NBA:JL *Won* Flash Elorde (130) *Lost* Harold Gomes (128½). KO 7/1:50 *S* Araneta Coliseum, Quezon City, Phil. *R* Barney Ross *P* Lope Sarreal.

8/17/1960. NBA:JL *Won* Flash Elorde (130) *Lost* Harold Gomes (130). KO 1/1:20 *S* Cow Palace, San Francisco, Calif. *R* Matt Zidich.

3/19/1961. NBA:JL *Won* Flash Elorde (130) *Lost* Joey Lopes (130). Unan 15 *S* Rizal Memorial Coliseum, Manila, Phil. *R* Felipe Hernandez *P* Lope Sarreal.

12/16/1961. NBA:JL *Won* Flash Elorde (130) *Lost* Sergio Caprari (129½). TKO 1/2:22 *S* Rizal Memorial Coliseum, Manila, Phil. *R* Felipe Hernandez *P* Lope Sarreal.

6/23/1962. NBA:JL *Won* Flash Elorde (130) *Lost* Auburn Copeland (129½). Maj 15 *S* Rizal Memorial Coliseum, Manila, Phil. *R* Felipe Hernandez *P* Lope Sarreal.

2/16/1963. JL *Won* Flash Elorde (130) *Lost* Johnny Bizzarro (129½). Unan 15 *S* Rizal Memorial Coliseum, Manila, Phil. *R* Irineo Gallego *P* Lope Sarreal.

11/16/1963. JL *Won* Flash Elorde (130) *Lost* Love Allotey (128). DQ 11/0:36 *S* Araneta Coliseum, Quezon City, Phil. *R* Jamie Valencia *P* Lope Sarreal.

7/27/1964. JL *Won* Flash Elorde (130) *Lost* Teruo Kosaka (129½). TKO 12/1:45 *S* Kuramae Arena, Tokyo, Japan *R* Pempe Padilla *P* Teiken Promotions.

6/5/1965. JL *Won* Flash Elorde (130) *Lost* Teruo Kosaka (127½). KO 15/2:14 *S* Araneta Coliseum, Quezon City, Phil. *R* Totoy Reyes *P* Lope Sarreal.

12/4/1965. JL *Won* Flash Elorde (130) *Lost* Kang-Il Suh (129¾). Unan 15 *S* Araneta Coliseum, Quezon City, Phil. *R* Alex Villacampa *P* Lope Sarreal.

10/22/1966. JL *Won* Flash Elorde (130) *Lost* Vicente Derado (128). Maj 15 *S* Araneta Coliseum, Quezon City, Phil. *R* Toti Cayetano *P* Lope Sarreal.

5/25/1967. CSAC:JL *Won* Raul Rojas (130) *Lost* Vicente Derado (130). TKO 15/2:48 *S* Olympic Auditorium, Los Angeles, Ca. *R* George Latka *P* Olympic Boxing Club.

6/15/1967. JL *Won* Yoshiaki Numata (129½) *Lost* Flash Elorde (130). Maj 15 *S* Kuramae Arena, Tokyo, Japan *R* Alex Villacampa *P* Kyokuto Promotions.

9/14/1967. CSAC:JL *Won* Raul Rojas (130) *Lost* Kang-Il Soo (130). Unan 15 *S* Olympic Auditorium, Los Angeles, Ca. *R* John Thomas *P* Olympic Boxing Club.

12/14/1967. JL *Won* Hiroshi Kobayashi (129) *Lost* Yoshiaki Numata (129½). KO 12/1:56 *S* Kuramae Arena, Tokyo, Japan *R* Ko Toyama *P* Kyokuto Promotions.

3/30/1968. JL *Won* Hiroshi Kobayashi (129) *Lost* Rene Barrientos (130). Draw 15 *S* Martial Arts Hall, Tokyo, Japan *R* Ko Toyama *P* Nakamura Promotions.

10/6/1968. JL *Won* Hiroshi Kobayashi (129) *Lost* Jaime Valladares (129½). Unan 15 *S* Martial Arts Hall, Tokyo, Japan *R* Nick Pope *P* Nakamura Promotions.

2/15/1969. WBC:JL *Won* Rene Barrientos (129½) *Lost* Ruben Navarro (129½). Unan 15 *S* Araneta Coliseum, Quezon City, Phil. *P* Oriental Promotions.

4/6/1969. WBA:JL *Won* Hiroshi Kobayashi (128¾) *Lost* Antonio Amaya (127½). Split 15 *S* Kuramae Arena, Tokyo, Japan *R* Ko Toyama *P* Nakamura Promotions.

11/9/1969. WBA:JL *Won* Hiroshi Kobayashi (128¼) *Lost* Carlos Canete

(129). Unan 15 *S* Nihon Univ. Auditorium, Tokyo, Japan *R* Nick Pope *P* Nakamura Promotions.

4/5/1970. WBC:JL *Won* Yoshiaki Numata (130) *Lost* Rene Barrientos (129). Split 15 *S* Municipal Auditorium, Tokyo, Japan *R* Dick Young *P* Kyokuto Promotions.

8/23/1970. WBA:JL *Won* Hiroshi Kobayashi (128¾) *Lost* Antonio Amaya (129½). Unan 15 *S* Korakuen Hall, Tokyo, Japan *R* Nick Pope *P* Nakamura Promotions.

9/27/1970. WBC:JL *Won* Yoshiaki Numata (130) *Lost* Raul Rojas (130). KO 5/2:47 *S* Nihon Univ. Auditorium, Tokyo, Japan *R* Hiroyuki Tezaki *P* Kyokuto Promotions.

1/3/1971. WBC:JL *Won* Yoshiaki Numata (130) *Lost* Rene Barrientos (130). Split 15 *S* Sumpu Kaikan, Shizuoka, Japan *R* John Crowder *P* Kyokuto Promotions.

3/3/1971. WBA:JL *Won* Hiroshi Kobayashi (129¼) *Lost* Ricardo Arredondo (128½). Unan 15 *S* Nihon Univ. Auditorium, Tokyo, Japan *R* Yusaku Yoshida *P* Nakamura Promotions.

5/30/1971. WBC:JL *Won* Yoshiaki Numata (129¾) *Lost* Lionel Rose (130). Unan 15 *S* Prefectural Gymnasium, Hiroshima, Japan *R* Hiroyuki Tezaki *P* Kyokuto Promotions.

7/29/1971. WBA:JL *Won* Alfredo Marcano (128¾) *Lost* Hiroshi Kobayashi (129¼). KO 10/1:25 *S* Prefectural Gymnasium, Aomori, Japan *R* Yusaku Yoshida *P* Nakamura Promotions.

10/10/1971. WBC:JL *Won* Ricardo Arredondo (130) *Lost* Yoshiaki Numata (130). KO 10/2:17 *S* Miyagi Center, Sendai, Japan *R* Hiroyuki Tezaki *P* Kyokuto Promotions.

11/7/1971. WBA:JL *Won* Alfredo Marcano (128¼) *Lost* Kenji Iwata (129¾). TKO 4/1:50 *S* Nuevo Circo, Caracas, Venezuela *R* Luis Sulbaran.

1/29/1972. WBC:JL *Won* Ricardo Arredondo (129) *Lost* Jose Isaac Marin (128½). Unan 15 *S* Zapote Plaza de Toros, San Jose, C.R. *R* Jay Edson.

4/22/1972. WBC:JL *Won* Ricardo Arredondo (129) *Lost* William Martinez (129). KO 5/2:35 *S* Arena Mexico, Mexico City, Mex. *R* Ramon Berumen.

4/25/1972. WBA:JL *Won* Ben Villaflor (128¾) *Lost* Alfredo Marcano (128). Unan 15 *S* Blaisdell Center, Honolulu, Hawaii *R* James Scaramozi *P* Boxing Enterprises, Ltd.

9/5/1972. WBA:JL *Won* Ben Villaflor (128¾) *Lost* Victor Echegaray (130). Draw 15 *S* Blaisdell Center, Honolulu, Hawaii *R* Wilbert Minn *P* Boxing Enterprises, Ltd.

9/15/1972. WBC:JL *Won* Ricardo Arredondo (129¾) *Lost* Susumu Okabe (129¾). KO 12/1:39 *S* Nihon Univ. Auditorium, Tokyo, Japan *R* John Crowder *P* Kyokuto Promotions.

3/6/1973. WBC:JL *Won* Ricardo Arredondo (129¼) *Lost* Apollo Yoshio (129¼). Unan 15 *S* Kyuden Gymnasium, Fukuoka City, Japan *R* Jimmy Rondeau *P* Kyokuto Promotions.

3/12/1973. WBA:JL *Won* Kuniaki Shubata (130) *Lost* Ben Villaflor (130). Unan 15 *S* Blaisdell Center, Honolulu, Hawaii *R* Walter Cho *P* Boxing Enterprises, Ltd.

6/19/1973. WBA:JL *Won* Kuniaki Shibata (129¾) *Lost* Victor Echegaray (128½). Unan 15 *S* Nihon Univ. Auditorium, Tokyo, Japan *R* Yusaku Yoshida *P* Yonekura Promotions.

9/1/1973. WBC:JL *Won* Ricardo Arredondo (129¼) *Lost* Morito Kashiwaba (129¾). KO 6/1:26 *S* Martial Arts Hall, Tokyo, Japan *R* Jimmy Rondeau *P* Noguchi Promotions.

10/17/1973. WBA:JL *Won* Ben Villaflor (129½) *Lost* Kuniaki Shibata (130). KO 1/1:56 *S* Blaisdell Center, Honolulu, Hawaii *R* Wilbert Minn *P* Boxing Enterprises, Ltd.

2/28/1974. WBC:JL *Won* Kuniaki Shibata (129½) *Lost* Ricardo Arredondo (129½). Unan 15 *S* Nihon Univ. Auditorium, Tokyo, Japan *R* Ray Solis *P* Yonekura Promotions.

3/14/1974. WBA:JL *Won* Ben Villaflor (127¾) *Lost* Apollo Yoshio (130). Draw 15 *S* City Gymnasium, Toyama, Japan *R* Shoichi Kato *P* Kyokuto Promotions.

6/27/1974. WBC:JL *Won* Kuniaki Shibata (129¾) *Lost* Antonio Amaya (128¾). Maj 15 *S* Nihon Univ. Auditorium, Tokyo, Japan *R* Yusaku Yoshida *P* Yonekura Promotions.

8/3/1974. WBC:JL *Won* Kuniaki Shibata (130) *Lost* Ramiro Bolanos (128½). TKO 15/2:29 *S* Nihon Univ. Auditorium, Tokyo, Japan *R* Anselmo Escobedo *P* Yonekura Promotions.

8/24/1974. WBA:JL *Won* Ben Villaflor (129¾) *Lost* Yasutsune Uehara (129½). TKO 2/1:17 *S* Blaisdell Center, Honolulu, Hawaii *R* Walter Cho *P* Boxing Enterprises, Ltd.

3/13/1975. WBA:JL *Won* Ben Villaflor (129¾) *Lost* Hyun-Chi Kim (128½). Split 15 *S* Araneta Coliseum, Quezon City, Phil. *R* Herbert Minn.

3/27/1975. WBC:JL *Won* Kuniaki Shibata (129½) *Lost* Ould Makloufi (129). Unan 15 *S* Kyuden Gymnasium, Fukuoka City, Japan *R* Yusaku Yoshida *P* Yonekura Promotions.

7/5/1975. WBC:JL *Won* Alfredo Escalera (128¾) *Lost* Kuniaki Shibata (129¾). KO 2/2:56 *S* Kasamatsu Gymnasium, Mito, Japan *R* Ken Morita *P* Yonekura Promotions.

9/20/1975. WBC:JL *Won* Alfredo Escalera (129) *Lost* Leonel Hernandez (130). Draw 15 *S* Nuevo Circo, Caracas, Venezuela *R* Ray Solis.

12/12/1975. WBC:JL *Won* Alfredo Escalera (128) *Lost* Sven-Erik Paulsen (129). TKO 9 *S* The Forum, Oslo, Norway *R* Harry Gibbs.

1/12/1976. WBA:JL *Won* Ben Villaflor (128) *Lost* Morito Kashiwaba (130). TKO 13/1:29 *S* Korakuen Hall, Tokyo, Japan *R* Carlos Padilla *P* Noguchi Promotions.

2/20/1976. WBC:JL *Won* Alfredo Escalera (130) *Lost* Jose Fernandez (130). TKO 13/2:13 *S* R. Clemente Coliseum, Hato Rey, P.R. *R* Waldemar Schmidt.

4/1/1976. WBC:JL *Won* Alfredo Escalera (128½) *Lost* Buzzsaw Yamabe (130). TKO 6/2:39 *S* Kashiwara Gymnasium, Nara, Japan *R* I. Quinones Falu *P* Ikeda Promotions.

4/13/1976. WBA:JL *Won* Ben Villaflor (129) *Lost* Samuel Serrano (130). Draw 15 *S* Blaisdell Center, Honolulu, Hawaii *R* Wilbert Minn *P* Boxing Enterprises, Ltd.

7/1/1976. WBC:JL *Won* Alfredo Escalera (130) *Lost* Buzzsaw Yamabe (130). Unan 15 *S* Kashiwara Gymnasium, Nara, Japan *R* Rudy Ortega *P* Ikeda Promotions.

9/18/1976. WBC:JL *Won* Alfredo Escalera (130) *Lost* Ray Lunny III (130). TKO 13 *S* R. Clemente Coliseum, Hato Rey, P.R. *R* Waldemar Schmidt.

10/16/1976. WBA:JL *Won* Samuel Serrano (130) *Lost* Ben Villaflor (129½). Unan 15 *S* Hiram Bithorn Stadium, San Juan, P.R. *R* Stan Christodoulou.

11/30/1976. WBC:JL *Won* Alfredo Escalera (130) *Lost* Tyrone Everett (130). Split 15 *S* The Spectrum, Philadelphia, Pa. *R* Ray Solis.

1/15/1977. WBA:JL *Won* Samuel Serrano (129½) *Lost* Alberto Herrera (128½). TKO 11/2:17 *S* Plaza de Toros, Guayaquil, Ecuador *R* Martin Denkin.

3/17/1977. WBC:JL *Won* Alfredo Escalera (130) *Lost* Ronnie McGarvey (127). TKO 6/2:30 *S* R. Clemente Coliseum, Hato Rey, P.R. *R* Abraham Echavarria.

5/16/1977. WBC:JL *Won* Alfredo Escalera (128½) *Lost* Carlos Becerril (127¾). KO 8/0:38 *S* Capital Centre, Landover, Md. *R* Larry Barnett.

6/26/1977. WBA:JL *Won* Samuel Serrano (129) *Lost* Leonel Hernandez (128). Unan 15 *S* Luis Ramos Gym., Puerto la Cruz, Vez. *R* Larry Rozadilla.

8/27/1977. WBA:JL *Won* Samuel Serrano (129) *Lost* Apollo Yoshio (129¼). Unan 15 *S* R. Clemente Coliseum, Hato Rey, P.R. *R* Waldemar Schmidt.

9/10/1977. WBC:JL *Won* Alfredo Escalera (127) *Lost* Sigfredo Rodriguez (125). Unan 15 *S* R. Clemente Coliseum, Hato Rey, P.R. *R* Arthur Mercante.

11/19/1977. WBA:JL *Won* Samuel Serrano (130) *Lost* Tae-Ho Kim (130). TKO 10/1:50 *S* R. Clemente Coliseum, Hato Rey, P.R. *R* Larry Rozadilla.

1/28/1978. WBC:JL *Won* Alexis Arguello (129½) *Lost* Alfredo Escalera (130). TKO 13/2:24 *S* Loubriel Stadium, Bayamon, P.R. *R* Arthur Mercante.

2/18/1978. WBA:JL *Won* Samuel Serrano (129½) *Lost* Mario Martinez (130). Unan 15 *S* R. Clemente Coliseum, Hato Rey, P.R. *R* Roberto Ramirez.

4/29/1978. WBC:JL *Won* Alexis Arguello (129½) *Lost* Rey Tam (129¾). TKO 5/1:54 *S* Great Western Forum, Inglewood, Ca. *R* Rudy Jordan.

6/3/1978. WBC:JL *Won* Alexis Arguello (129) *Lost* Diego Alcala (130). KO 1/1:55 *S* R. Clemente Coliseum, Hato Rey, P.R. *R* Roberto Ramirez.

7/8/1978. WBA:JL *Won* Samuel Serrano (130) *Lost* Young-Ho Oh (129¼). TKO 9/* *S* R. Clemente Coliseum, Hato Rey, P.R. *R* Luis Sulbaran.

11/10/1978. WBC:JL *Won* Alexis Arguello (130) *Lost* Arturo Leon (128¼). Unan 15 *S* Caesars Palace, Las Vegas, Nev. *R* David Pearl *P* Don King Productions.

11/29/1978. WBA:JL *Won* Samuel Serrano (129) *Lost* Takao Maruki (129¼). Unan 15 *S* Aichi Gymnasium, Nagoya, Japan *R* Larry Rozadilla *P* Saida Promotions.

2/4/1979. WBC:JL *Won* Alexis Arguello (129) *Lost* Alfredo Escalera (129¾). KO 13/1:24 *S* Sports Palace, Rimini, Italy *R* Angelo Poletti *P* Rodolfo Sabbatini.

2/18/1979. WBA:JL *Won* Samuel Serrano (129½) *Lost* Julio Valdez (130). Unan 15 *S* Hiram Bithorn Stadium, San Juan, P.R. *R* Larry Rozadilla.

4/14/1979. WBA:JL *Won* Samuel Serrano (128½) *Lost* Nkosana Mgxaji (127¾). TKO 8/1:34 *S* Good Hope Centre, Cape Town, S.A. *R* Larry Rozadilla.

7/8/1979. WBC:JL *Won* Alexis Arguello (130) *Lost* Rafael Limon (129). TKO 11/1:40 *S* Felt Forum, New York, N.Y. *R* Tony Perez.

11/16/1979. WBC:JL *Won* Alexis Arguello (129¾) *Lost* Bobby Chacon (129½). TKO 8/* *S* Great Western Forum, Inglewood, Ca. *R* John Thomas *P* Don Fraser Promotions.

1/12/1980. WBC:JL *Won* Alexis Arguello (130) *Lost* Ruben Castillo (129½). TKO 11/2:03 *S* Community Ctr., Tucson, Ariz. *R* Octavio Meyran.

4/3/1980. WBA:JL *Won* Samuel Serrano (129½) *Lost* Kiyoshi Kazama (129¾). TKO 13/0:45 *S* Central Gymnasium, Nara, Japan *R* Stan Christodoulou *P* Nara Boxing Gymnasium.

4/27/1980. WBC:JL *Won* Alexis Arguello (130) *Lost* Rolando Navarrete (130). TKO 5/* *S* Hiram Bithorn Stadium, San Juan, P.R. *R* Roberto Ramirez *P* Don King Productions.

8/2/1980. WBA:JL *Won* Yasutsune Uehara (129¾) *Lost* Samuel Serrano (130). KO 6/2:59 *S* Joe Louis Arena, Detroit, Mich. *R* Luis Sulbaran *P* Muhammad Ali Pro. Sports.

11/20/1980. WBA:JL *Won* Yasutsune Uehara (129¾) *Lost* Leonel Hernandez (129¼). Split 15 *S* Kuramae Arena, Tokyo, Japan *R* Chin-Kook Kim *P* Kyoei Promotions.

12/11/1980. WBC:JL *Won* Rafael Limon (129¼) *Lost* Ildefonso Bethelmy (129¼). TKO 15/1:21 *S* Olympic Auditorium, Los Angeles, Ca. *R* Larry Rozadilla *P* Olympic Boxing Club.

3/8/1981. WBC:JL *Won* Corn. Boza-Edwards (129) *Lost* Rafael Limon (129). Unan 15 *S* Memorial Civic Auditorium, Stockton, Ca. *R* Dick Young *P* Azteca Promotions.

4/9/1981. WBA:JL *Won* Samuel Serrano (130) *Lost* Yasutsune Uehara (129½). Unan 15 *S* Prefectural Gymnasium, Wakayama, Japan *R* Stan Christodoulou *P* Kyoei/Kuratoki Promos.

5/30/1981. WBC:JL *Won* Corn. Boza-Edwards (129½) *Lost* Bobby Chacon (130). TKO 14/* *S* Showboat Hotel, Las Vegas, Nev. *R* Carlos Padilla *P* Azteca Promotions.

6/29/1981. WBA:JL *Won* Samuel Serrano (129¾) *Lost* Leonel Hernandez (128½). Unan 15 *S* El Poliedro, Caracas, Venezuela *R* Stanley Berg *P* Rafito Cedeno Enterprises.

8/29/1981. WBC:JL *Won* Rolando Navarrete (129¾) *Lost* Corn. Boza-Edwards (129½). KO 5/1:41 *S* Stadio des Pini, Via Reggio, Italy *R* Arthur Mercante *P* Mickey Duff.

12/10/1981. WBA:JL *Won* Samuel Serrano (129) *Lost* Hikaru Tomonari (130). TKO 12/1:40 *S* R. Clemente Coliseum, Hato Rey, P.R. *R* Larry Rozadilla *P* Salinas Sports Promotions.

1/16/1982. WBC:JL *Won* Rolando Navarrete (130) *Lost* Chung-Il Choi (130). KO 11/1:35 *S* Rizal Memorial Coliseum, Manila, Phil. *R* Chuck Hassett *P* VOR/Azteca Promotions.

5/29/1982. WBC:JL *Won* Rafael Limon (128¼) *Lost* Rolando Navarrete (129¾). KO 12/3:08 *S* Aladdin Hotel, Las Vegas, Nev. *R* Joey Curtis *P* Azteca Promos/Don Chargin.

6/5/1982. WBA:JL *Won* Samuel Serrano (129½) *Lost* Benedicto Villablanca (129¾). NC 11 *S* Teatro Caupolican, Santiago, Chile *R* Jesus Celis *P* Ricardo Liano.

9/18/1982. WBC:JL *Won* Rafael Limon (129) *Lost* Chung-Il Choi (130). TKO 7/2:33 *S* Olympic Auditorium, Los Angeles, Ca. *R* Richard Steele *P* Azteca Promotions.

12/11/1982. WBC:JL *Won* Rafael Limon (129¾) *Lost* Bobby Chacon (130). Unan 15 *S* Memorial Civic Auditorium, Stockton, Ca. *R* Isaac Herrera *P* Don King Productions.

4/20/1983. WBA:JL *Won* Roger Mayweather (130) *Lost* Jorge Alvarado (129¾). TKO 8/2:28 *S* Civic Auditorium, San Jose, Calif. *R* Ernesto Magana *P* Don King Productions.

5/15/1983. WBC:JL *Won* Bobby Chacon (129¾) *Lost* Corn. Boza-Edwards (129¾). Unan 12 *S* Caesars Palace, Las Vegas, Nev. *R* Richard Steele *P* Don Chargin Productions.

8/7/1983. WBC:JL *Won* Hector Camacho (130) *Lost* Rafael Limon (129½). TKO 5/2:52 *S* Hiram Bithorn Stadium, San Juan, P.R. *R* Richard Steele *P* Don King Productions.

8/17/1983. WBA:JL *Won* Roger Mayweather (129½) *Lost* Benedicto Villablanca (129¼). KO 1/3:00 *S* Showboat Hotel, Las Vegas, Nev. *R* Roberto Ramirez *P* Don King Productions.

11/18/1983. WBC:JL *Won* Hector Camacho (129½) *Lost* Rafael Solis (129). KO 5/2:02 *S* R. Clemente Coliseum, Hato Rey, P.R. *R* Octavio Meyran *P* Don King Productions.

2/26/1984. WBA:JL *Won* Rocky Lockridge (128¼) *Lost* Roger Mayweather (130). KO 1/1:59 *S* Civic Center, Beaumont, Texas *R* Larry Rozadilla *P* Don King Productions.

4/22/1984. IBF:JL *Won* Hwan-Kil Yuh (129¾) *Lost* Rod Sequenan (129). Split 15 *S* Munhwa Gymnasium, Seoul, Korea *R* Yasujiro Fujimoto.

6/12/1984. WBA:JL *Won* Rocky Lockridge (127½) *Lost* Tae-Jin Moon (129). TKO 11/0:31 *S* Sullivan Arena, Anchorage, Alaska *R* Ernesto Magana *P* Main Events/Parallel Productions.

9/13/1984. WBC:JL *Won* Julio Cesar Chavez (130) *Lost* Mario Martinez (129½). TKO 8/2:59 *S* Olympic Auditorium, Los Angeles, Ca. *R* John Thomas *P* Don Fraser Promos./Don King.

9/16/1984. IBF:JL *Won* Hwan-Kil Yuh (129¾) *Lost* Sak Galexi (130). KO 6/2:20 *S* Pohang Gymnasium, Pohang, Korea *R* Kiyushu Kazama.

1/27/1985. WBA:JL *Won* Rocky Lockridge (129) *Lost* Kamel Bou Ali (129¾). TKO 6/0:59 *S* Palazzo dei Congressi, Riva del Garda, Italy *R* Tony Perez *P* OP1-82 [Umberto Branchini].

2/15/1985. IBF:JL *Won* Lester Ellis (127¾) *Lost* Hwan-Kil Yuh (129¾). Split 15 *S* Festival Hall, Melbourne, Vic., Australia *R* Pat McMurtry *P* Super Star Promotions.

2/16/1985. WBC:JL *Won* Bill Costello (138½) *Lost* Leroy Haley (139). Unan 12 *S* Midtown Neighborhood Center, Kingston, N.Y. *R* Arthur Mercante *P* Don King Productions.

4/19/1985. WBC:JL *Won* Julio Cesar Chavez (129½) *Lost* Ruben Castillo (130). KO 6/2:56 *S* Great Western Forum, Inglewood, Ca. *R* Carlos Padilla *P* Don King Productions.

4/26/1985. IBF:JL *Won* Lester Ellis (129) *Lost* Rod Sequenan (129). KO 13/3:07 *S* Festival Hall, Melbourne, Vic., Australia *R* Lucien Joubert *P* Super Star Promotions.

5/19/1985. WBA:JL *Won* Wilfredo Gomez (129) *Lost* Rocky Lockridge (128½). Maj 15 *S* R. Clemente Coliseum, Hato Rey, P.R. *R* Isidro Rodriguez *P* Video Sport Promotions.

7/7/1985. WBC:JL *Won* Julio Cesar Chavez (129¾) *Lost* Roger Mayweather (130). TKO 2/2:30 *S* Riviera Hotel, Las Vegas, Nev. *R* Richard Steele *P* Don King/Ash Resnick.

7/12/1985. IBF:JL *Won* Barry Michael (129¾) *Lost* Lester Ellis (130). Unan 15 *S* Festival Hall, Melbourne, Vic., Australia *R* Gus Mercurio *P* Super Star Promotions.

9/21/1985. WBC:JL *Won* Julio Cesar Chavez (130) *Lost* Dwight Pratchett (128¼). Unan 12 *S* Riviera Hotel, Las Vegas, Nev. *R* David Pearl *P* Dynamic Duo, Inc.

10/19/1985. IBF:JL *Won* Barry Michael (130) *Lost* Jin-Shik Choi (129).

TKO 4/2:40 *S* Richardson Park Oval, Darwin, N.T., Aus. *R* Pat McMurtry *P* I. Crawford/Diamond Bch. Hotel.

5/15/1986. WBC:JL *Won* Julio Cesar Chavez (129¾) *Lost* Faustino Barrios (129¼). TKO 5/2:02 *S* Pierre de Coubertin Stadium, Paris, France *R* Jean Deswerts *P* Sports Leaders Agency.

5/23/1986. IBF:JL *Won* Barry Michael (130) *Lost* Mark Fernandez (129½). TKO 4/2:27 *S* Festival Hall, Melbourne, Vic., Australia *R* Billy Males *P* J+L Promotions.

5/24/1986. WBA:JL *Won* Alfredo Layne (130) *Lost* Wilfredo Gomez (130). TKO 9/0:32 *S* R. Clemente Coliseum, Hato Rey, P.R. *R* Stan Christodoulou *P* Video Desportes.

6/13/1986. WBC:JL *Won* Julio Cesar Chavez (130) *Lost* Refugio Rojas (129½). TKO 7/2:33 *S* Madison Sq. Garden, New York, N.Y. *R* Tony Perez *P* Don King Productions.

8/3/1986. WBC:JL *Won* Julio Cesar Chavez (130) *Lost* Rocky Lockridge (129). Maj 12 *S* Louis II Stadium, Monte Carlo, Monaco *R* Tony Perez *P* Sports Leaders/Don King.

8/23/1986. IBF:JL *Won* Barry Michael (129¾) *Lost* Najib Daho (130). Unan 12 *S* Granada Stage One, Manchester, Eng. *R* Rudy Battle *P* Frank Warren/Jack Trickett.

9/27/1986. WBA:JL *Won* Brian Mitchell (130) *Lost* Alfredo Layne (129¾). TKO 10/2:07 *S* Super Bowl, Sun City, Bophuthatswana *R* Hubert Earle *P* Sun Int. Promos./Brilliant Signs.

12/12/1986. WBC:JL *Won* Julio Cesar Chavez (129) *Lost* Juan LaPorte (128¾). Unan 12 *S* Madison Sq. Garden, New York, N.Y. *R* Richard Steele *P* Don King Productions.

3/27/1987. WBA:JL *Won* Brian Mitchell (129½) *Lost* Jose Rivera (129). Draw 15 *S* R. Clemente Colis., Hato Rey, P.R. *R* Wm. Yoham *P* Jose Santiago.

4/18/1987. WBC:JL *Won* Julio Cesar Chavez (130) *Lost* F. Tomas Cruz (130). TKO 3/2:31 *S* Plaza de Toros, Nimes, France *R* Rudy Ortega *P* Julien Fernandez.

7/31/1987. WBA:JL *Won* Brian Mitchell (129½) *Lost* Francisco Fernandez (129). TKO 14/1:06 *S* Nuevo Panama Gym., Panama City, Pan. *R* Eddie Eckert *P* Empresa Panaprom, S.A.

8/9/1987. IBF:JL *Won* Rocky Lockridge (128¼) *Lost* Barry Michael (130). TKO 9/* *S* Blazer's Night Club, Windsor, Eng. *R* Joe Santarpia *P* Frank Warren Promotions.

8/21/1987. WBC:JL *Won* Julio Cesar Chavez (129) *Lost* Danilo Cabrera (129). Unan 12 *S* Caliente Racetrack, Tijuana, B.C.N., Mex. *R* James Jen-Kin *P* Promociones Predemex.

10/3/1987. WBA:JL *Won* Brian Mitchell (129) *Lost* Daniel Londas (128½). Unan 15 *S* L'espace International, Gravelines, France *R* John Coyle *P* Bernard Morsch.

10/25/1987. IBF:JL *Won* Rocky Lockridge (130) *Lost* Johnny de la Rosa (130). TKO 10/2:43 *S* Community Center, Tucson, Ariz. *R* Al Munoz *P* Gilbert Mariscal, Jr.

12/19/1987. WBA:JL *Won* Brian Mitchell (128¾) *Lost* Salvatore Curcetti (128½). TKO 9/* *S* Sports Palace, Capo D'Orlando, Sicily *R* Enzo Montero *P* Roberto Sabbatini.

2/29/1988. WBC:JL *Won* Azumah Nelson (129½) *Lost* Mario Martinez (129). Split 12 *S* Great Western Forum, Inglewood, Ca. *R* Rudy Jordan *P* Forum Boxing, Inc.

4/2/1988. IBF:JL *Won* Rocky Lockridge (129) *Lost* Harold Knight (128). Unan 15 *S* Sands Hotel, Atlantic City, N.J. *R* Paul Venti *P* R.L. Promotions (Duva).

4/26/1988. WBA:JL *Won* Brian Mitchell (128¾) *Lost* Jose Rivera (129¼). Unan 12 *S* Scalia Melia Castilla, Madrid, Spain *R* Uriel Aguilera *P* Enrique Soria.

6/25/1988. WBC:JL *Won* Azumah Nelson (129¼) *Lost* Lupe Suarez (130). TKO 9/0:27 *S* Trump Plaza Hotel, Atlantic City, N.J. *R* Tony Perez *P* Don King Productions.

7/23/1988. IBF:JL *Won* Tony Lopez (129¾) *Lost* Rocky Lockridge (128). Unan 12 *S* ARCO Arena, Sacramento, Calif. *R* Robert Byrd *P* Don Chargin/Main Events.

10/27/1988. IBF:JL *Won* Tony Lopez (129¾) *Lost* Juan Molina (129½). Unan 12 *S* ARCO Arena, Sacramento, Calif. *R* Henry Elesperu *P* Don Chargin/Main Events, Inc.

11/2/1988. WBA:JL *Won* Brian Mitchell (130) *Lost* Jim McDonnell (130). Unan 12 *S* Elephant & Castle Centre, London, Eng. *R* Isidro Rodriguez *P* Mickey Duff Promotions.

12/10/1988. WBC:JL *Won* Azumah Nelson (128) *Lost* Sidnei Dal Rovere (129½). KO 3/2:04 *S* Sports Stadium, Accra, Ghana *R* Rudy Ortega *P* Ringcraft Promotions.

2/11/1989. WBA:JL *Won* Brian Mitchell (129½) *Lost* Salvatore Bottiglieri (128¾). TKO 8/1:55 *S* Valencia Sports Palace, Capo D'Orlando, Sicily *R* Julio Alvarado *P* Total Sports (R. Sabbatini).

2/25/1989. WBC:JL *Won* Azumah Nelson (129) *Lost* Mario Martinez (129). TKO 12/1:18 *S* Las Vegas Hilton, Las Vegas, Nev. *R* Carlos Padilla *P* Don King Productions.

3/5/1989. IBF:JL *Won* Tony Lopez (130) *Lost* Rocky Lockridge (129¾). Unan 12 *S* ARCO Arena, Sacramento, Calif. *R* Robert Byrd *P* Don Chargin/Main Events, Inc.

4/29/1989. WBO:JL *Won* Juan Molina (130) *Lost* Juan LaPorte (130). Unan 12 *S* R. Clemente Coliseum, Hato Rey, P.R. *R* Wiso Fernandez *P* Video Deportes.

6/18/1989. IBF:JL *Won* Tony Lopez (130) *Lost* Tyrone Jackson (129½). TKO 8/2:46 *S* Caesars Tahoe, Lake Tahoe, Nev. *R* Carlos Padilla *P* Main Events, Inc.

7/2/1989. WBA:JL *Won* Brian Mitchell (130) *Lost* Jackie Beard (130). TWu 9/1:30 *S* Ezio Scida Soccer Stadium, Crotone, Italy *R* Isidro Rodriguez *P* Renzo Spagnoli/C. Kushner.

9/28/1989. WBA:JL *Won* Brian Mitchell (130) *Lost* Irving Mitchell (129¼). TKO 7/2:54 *S* Central Maine Youth Center, Lewiston, Maine *R* Nicasio L. Drake *P* Cedric Kushner/Joe Gamache, Sr.

10/7/1989. IBF:JL *Won* Juan Molina (129½) *Lost* Tony Lopez (130). TKO 10/2:40 *S* ARCO Arena, Sacramento, Calif. *R* James Jen-Kin *P* D. Chargin/Main Events-Monitor.

11/5/1989. WBC:JL *Won* Azumah Nelson (128) *Lost* Jim McDonnell (129¾). TKO 12/1:40 *S* Royal Albert Hall, London, Eng. *R* Joe Cortez *P* Matchroom Boxing, Ltd.

12/9/1989. WBO:JL *Won* Kamel Bou Ali (130) *Lost* Antonio Rivera (130). TKO 8 *S* Sports Palace, Teramo, Italy.

1/28/1990. IBF:JL *Won* Juan Molina (130) *Lost* Lupe Suarez (130). TKO 6/2:43 *S* Trump Plaza Hotel, Atlantic City, N.J. *R* Steve Smoger *P* Main Events, Inc.

3/14/1990. WBA:JL *Won* Brian Mitchell (130) *Lost* Jackie Beard (130). Unan 12 *S* Sports Palace, Grosseto, Italy *R* Franco Priami *P* Rosanna Conti.

5/20/1990. IBF:JL *Won* Tony Lopez (129¾) *Lost* Juan Molina (129½). Split 12 *S* Lawlor Events Center, Reno, Nev. *R* Richard Steele *P* Main Events-Monitor/Chargin.

9/22/1990. IBF:JL *Won* Tony Lopez (129¾) *Lost* Jorge Paez (130). Unan 12 *S* ARCO Arena, Sacramento, Calif. *R* Robert Byrd *P* Chargin/Main Events/Forum.

9/29/1990. WBA:JL *Won* Brian Mitchell (129½) *Lost* Frankie Mitchell (129½). Unan 12 *S* Pallazzo del Ghiacchio, Aosta, Italy *R* Gerlando Lucia *P* Cedric Kushner/R. Sabbatini.

10/13/1990. WBC:JL *Won* Azumah Nelson (129¼) *Lost* Juan LaPorte (130). Unan 12 *S* Entertainment Center, Sydney, N.S.W., Aus. *R* Malcolm Bulner *P* Classic Promotions.

10/20/1990. WBO:JL *Won* Kamel Bou Ali (129¾) *Lost* Pedro Villegas (127½). NC 2 *S* Sports Palace, Cesena, Italy *R* Bob Watson *P* Umberto Branchini.

3/15/1991. BABF:JL *Won* Brian Mitchell (129) *Lost* Tony Lopez (129). Draw 12 *S* ARCO Arena, Sacramento, Calif. *R* Lou Filippo *P* Main Events/Don Chargin.

6/1/1991. WBO:JL *Won* Kamel Bou Ali (129¼) *Lost* Joey Jacobs (129¼). TKO 3/2:30 *S* Sports Palace, Ragusa, Italy *R* Michael Fischer *P* Int. Prod. (Lorenzo Spagnoli).

6/28/1991. WBC:JL *Won* Azumah Nelson (130) *Lost* Jeff Fenech (128½). Draw 12 *S* The Mirage, Las Vegas, Nev. *R* Joe Cortez *P* Don King Productions.

6/28/1991. WBA:JL *Won* Joey Gamache (129¾) *Lost* Jerry N'Gobeni (130). TKO 10/2:23 *S* Lewiston Raceway, Lewiston, Maine *R* Waldemar Schmidt *P* Johnny Bos-Joe Gamache, Sr.

7/12/1991. IBF:JL *Won* Tony Lopez (130) *Lost* Lupe Gutierrez (130). TKO 6/2:42 *S* Caesars Tahoe, Lake Tahoe, Nev. *R* Mills Lane *P* Main Events, Inc./Don Chargin.

9/13/1991. IBF:JL *Won* Brian Mitchell (129) *Lost* Tony Lopez (130½). Unan 12 *S* ARCO Arena, Sacramento, Calif. *R* Pat Russell *P* Main Events, Inc./Don Chargin.

11/22/1991. WBA:JL *Won* Genaro Hernandez (128½) *Lost* Daniel Londas (129¾). TKO 9/1:07 *S* Complex Sportif le COMEP, Epernay, France *R* Waldemar Schmidt *P* RMO Boxing.

2/22/1992. IBF:JL *Won* Juan Molina (129½) *Lost* Jackie Gunguluza (129½). TKO 4/2:56 *S* Superdome, Sun City, Bophuthatswana *R* Sam Williams *P* Cedric Kushner Promotions.

2/24/1992. WBA:JL *Won* Genaro Hernandez (126½) *Lost* Omar Catari (129½). Unan 12 *S* Great Western Forum, Inglewood, Ca. *R* Larry Rozadilla *P* Forum Boxing, Inc.

3/1/1992. WBC:JL *Won* Azumah Nelson (129) *Lost* Jeff Fenech (129). TKO 8/2:20 *S* Princes Park, Melbourne, Vic., Australia *R* Arthur Mercante *P* Classic Promos./Don King.

3/21/1992. WBO:JL *Won* Daniel Londas (129¼) *Lost* Kamel Bou Ali (129¾). Split 12 *S* San Rufo Stadium, San Rufo, Italy *R* Tony Orlando *P* Lorenzo Spagnoli.

7/15/1992. WBA:JL *Won* Genaro Hernandez (129¼) *Lost* Masuaki Takeda (129½). Unan 12 *S* International Center, Fukuoka, Japan *R* Roberto Ramirez *P* Teiken Promotions.

8/22/1992. IBF:JL *Won* Juan Molina (130) *Lost* Fernando Caicedo (129). TKO 4/0:38 *S* R. Rodriguez Coliseum, Bayamon, P.R. *R* Waldemar Schmidt *P* Main Events, Inc.

9/4/1992. WBO:JL *Won* Jimmy Bredahl (130) *Lost* Daniel Londas (130). Maj 12 *S* The Parken, Copenhagen, Denmark *R* Dave Parris *P* Mogens Palle.

11/7/1992. WBC:JL *Won* Azumah Nelson (129) *Lost* Calvin Grove (129). Unan 12 *S* Caesars Tahoe, Lake Tahoe, Nev. *R* Richard Steele *P* Don King Productions.

11/20/1992. WBA:JL *Won* Genaro Hernandez (130) *Lost* Yuji Watanabe (129½). TKO 6/0:59 *S* Metropolitan Gymnasium, Tokyo, Japan *R* Enzo Montero *P* Misako Promotions.

2/13/1993. IBF:JL *Won* Juan Molina (129¾) *Lost* Francisco Segura (128). TKO 8/2:24 *S* R. Rodriguez Coliseum, Bayamon, P.R. *R* Roberto Ramirez *P* Main Events, Inc.

2/20/1993. WBC:JL *Won* Azumah Nelson (128) *Lost* Gabriel Ruelas (129). Maj 12 *S* Azteca Stadium, Mexico City, Mex. *R* Guadalupe Garcia *P* Don King Productions.

4/26/1993. WBA:JL *Won* Genaro Hernandez (130) *Lost* Raul Perez (129¾). TD 1/0:28 *S* Great Western Forum, Inglewood, Ca. *R* Lou Moret *P* Forum Boxing, Inc.

6/26/1993. IBF:JL *Won* Juan Molina (129½) *Lost* Manuel Medina (130). Unan 12 *S* Convention Hall, Atlantic City, N.J. *R* Robert Palmer *P* Main Events, Inc.

6/28/1993. WBA:JL *Won* Genaro Hernandez (130) *Lost* Raul Perez (130). KO 8/2:11 *S* Great Western Forum, Inglewood, Ca. *R* Lou Moret *P* Forum Boxing, Inc.

9/10/1993. WBC:JL *Won* Azumah Nelson (128½) *Lost* James Leija (129). Draw 12 *S* The Alamodome, San Antonio, Texas *R* Jerry McKenzie *P* Don King/Main Events-Monitor.

9/17/1993. WBO:JL *Won* Jimmy Bredahl (129) *Lost* Renato Cornett (129). Unan 12 *S* Cirkus Benneweis Arena, Copenhagen, Den. *R* Steve Smoger *P* Mogens Palle.

10/9/1993. IBF:JL *Won* Juan Molina (130) *Lost* Bernard Taylor (129½). TKO 8/1:00 *S* Convention Center, Condado, P.R. *R* Roberto Ramirez *P* Main Events, Inc.

10/11/1993. WBA:JL *Won* Genaro Hernandez (130) *Lost* Harold Warren (130). Unan 12 *S* Great Western Forum, Inglewood, Ca. *R* Larry Rozadilla *P* Forum Boxing, Inc.

1/22/1994. IBF:JL *Won* Juan Molina (128) *Lost* Floyd Havard (130). TKO 7/* *S* Welsh Institute of Sport, Cardiff, Wales *R* Brian Garry *P* Panix-Main Events/Dragon.

1/31/1994. WBA:JL *Won* Genaro Hernandez (130) *Lost* Jorge Ramirez (130). TKO 8/2:35 *S* Great Western Forum, Inglewood, Ca. *R* Larry Rozadilla *P* Forum Boxing, Inc.

3/5/1994. WBO:JL *Won* Oscar de la Hoya (128¾) *Lost* Jimmy Bredahl (130). TKO 11/* *S* Olympic Aud., Los Angeles *R* Lou Moret *P* Top Rank.

4/22/1994. IBF:JL *Won* Juan Molina (129½) *Lost* Gregorio Vargas (130). Unan 12 *S* Caesars Palace, Las Vegas, Nev. *R* Joe Cortez *P* Main Events, Inc.

5/7/1994. WBC:JL *Won* James Leija (130) *Lost* Azumah Nelson (129½). Unan 12 *S* MGM Grand Garden, Las Vegas, Nev. *R* Mitch Halpern *P* Don King Productions.

5/27/1994. WBO:JL *Won* Oscar de la Hoya (130) *Lost* Giorgio Campanella (130). TKO 3/0:38 *S* MGM Grand Garden, Las Vegas, Nev. *R* Joe Cortez *P* Top Rank, Inc.

9/17/1994. WBC:JL *Won* Gabriel Ruelas (130) *Lost* James Leija (130). Unan 12 *S* MGM Grand Garden, Las Vegas, Nev. *R* Joe Cortez *P* Don King Productions.

9/24/1994. WBO:JL *Won* Regilio Tuur (129¾) *Lost* Eugene Speed (129). Unan 12 *S* Ahoy Sports Palace, Rotterdam, Neth. *R* Frank Santore *P* Top Rank, Inc.

11/12/1994. WBA:JL *Won* Genaro Hernandez (130) *Lost* Jimmy Garcia (130). Unan 12 *S* Plaza Monumental, Mexico City, Mex. *R* Roberto Ramirez *P* Don King Productions.

11/26/1994. IBF:JL *Won* Juan Molina (130) *Lost* Wilson Rodriguez (129). KO 10/1:41 *S* R. Rodriguez Coliseum, Bayamon, P.R. *R* Luis Pabon *P* Main Events, Inc.

1/28/1995. WBC:JL *Won* Gabriel Ruelas (129½) *Lost* Fred Liberatore (129½). TKO 3/* *S* MGM Grand Garden, Las Vegas, Nev. *R* Mitch Halpern *P* Top Rank, Inc.

3/9/1995. WBO:JL *Won* Regilio Tuur (129½) *Lost* Tony Pep (129¾). Unan 12 *S* Martinihal, Groningen, Neth. *R* Joe O'Neill *P* Top Rank.

4/22/1995. IBF:JL *Won* Eddie Hopson (128) *Lost* Moises Pedroza (130). KO 7/2:07 *S* Bally's Park Place Hotel, Atlantic City, N.J. *R* Ed Cotton *P* Main Events, Inc.

5/6/1995. WBC:JL *Won* Gabriel Ruelas (130) *Lost* Jimmy Garcia (129½). TKO 11/0:25 *S* Caesars Palace, Las Vegas, Nev. *R* Mitch Halpern *P* Top Rank, Inc.

6/17/1995. WBO:JL *Won* Regilio Tuur (130) *Lost* Pete Taliaferro (130). TKO 5/2:43 *S* Performing Arts Theatre, New Orleans, La. *R* Johnny Femia *P* Top Rank, Inc.

7/9/1995. IBF:JL *Won* Tracy Patterson (129) *Lost* Eddie Hopson (129). TKO 2/1:37 *S* Sparks Convention Ctr., Reno *R* Mills Lane *P* Main Events.

9/16/1995. WBO:JL *Won* Regilio Tuur (130) *Lost* Luis Mendoza (129½). TKO 11/* *S* Valkenhuizen Sports Complex, Arnhem, Neth. *R* Dave Parris *P* Top Rank/Stanlu, Inc.

10/21/1995. WBA:JL *Won* Yong-Soo Choi (130) *Lost* Victor Hugo Paz (128½). TKO 10/0:47 *S* Salta City Stadium, Salta, Argentina *R* Uriel Aguilera *P* Osvaldo Rivero Promotions.

12/1/1995. WBC:JL *Won* Azumah Nelson (130) *Lost* Gabriel Ruelas (130). TKO 5/1:20 *S* Fantasy Springs Resort, Indio, Calif. *R* Martin Denkin *P* Top Rank, Inc.

12/15/1995. IBF:JL *Won* Arturo Gatti (130) *Lost* Tracy Patterson (129¾). Unan 12 *S* Madison Sq. Garden, New York, N.Y. *R* Wayne Kelly *P* Top Rank/M.S.G. Boxing.

12/23/1995. WBO:JL *Won* Regilio Tuur (128¾) *Lost* Giorgio Campanella (129½). Unan 12 *S* Top Sport Stadium, Amsterdam, Neth. *R* Paul Thomas *P* Top Rank/Stanlu, Inc.

1/27/1996. WBA:JL *Won* Yong-Soo Choi (130) *Lost* Yamato Mitani (129¼). Unan 12 *S* Waseda University Auditorium, Tokyo, Japan *R* Silvestre Abainza *P* Misako Promotions.

3/23/1996. IBF:JL *Won* Arturo Gatti (130) *Lost* Wilson Rodriguez (128). KO 6/2:16 *S* M.S.G. Theater, New York, N.Y. *R* Wayne Kelly *P* Main Events/M.S.G. Boxing.

4/1/1996. WBO:JL *Won* Regilio Tuur (129½) *Lost* Narciso Valenzuela (129¾). Unan 12 *S* Sportcentrum Maaspoort, Hertogenbosch, Den. *R* Paul Thomas *P* Top Rank, Inc.

5/11/1996. WBA:JL *Won* Yong-Soo Choi (130) *Lost* Orlando Soto

(129¾). TKO 8/2:27 *S* Lotte Champion Dept. Store, Chejudo, Korea *R* Stan Christodoulou *P* Kukdong Promotions.

6/1/1996. WBC:JL *Won* Azumah Nelson (130) *Lost* James Leija (130). TKO 6/1:58 *S* Boulder Station Casino, Las Vegas, Nev. *R* Richard Steele *P* Top Rank, Inc.

9/6/1996. WBO:JL *Won* Regilio Tuur (130) *Lost* Jose Vida Ramos (130). KO 1/1:47 *S* Bally's Park Place Hotel, Atlantic City, N.J. *R* Benji Esteves *P* Top Rank, Inc.

10/13/1996. WBA:JL *Won* Yong-Soo Choi (130) *Lost* Yamato Miitani (130). Unan 12 *S* Metropolitan Gymnasium, Tokyo, Japan *R* Stan Christodoulou *P* Misako Promotions.

2/1/1997. WBA:JL *Won* Yong-Soo Choi (129½) *Lost* Lakva Sim (129½). Unan 12 *S* Songnam Gymnasium, Songnam, Korea *R* Tony Weeks *P* Kukdong Promotions.

2/22/1997. IBF:JL *Won* Arturo Gatti (130) *Lost* Tracy Patterson (130). Unan 12 *S* Conv. Hall, Atlantic City. *R* Rudy Battle *P* Main Events, Inc.

3/1/1997. WBO:JL *Won* Julien Lorcy (129¼) *Lost* Chico Castillo (129). Draw 12 *S* Halle Carpentier, Paris, France *R* Samuel Viruet *P* A.B. Stars.

3/22/1997. WBC:JL *Won* Genaro Hernandez (129¾) *Lost* Azumah Nelson (129). Split 12 *S* Memorial Coliseum, Corpus Christi, Tx. *R* Laurence Cole *P* Top Rank, Inc.

5/24/1997. WBA:JL *Won* Yong-Soo Choi (130) *Lost* Koji Matsumoto (130). Unan 12 *S* Suwon Gymnasium, Suwon, Korea *R* Pinij Prayadsub *P* Kukdong Promotions.

6/14/1997. WBC:JL *Won* Genaro Hernandez (129¾) *Lost* Anatoly Alexandrov (129¾). Split 12 *S* The Alamodome, San Antonio, Texas *R* Jerry McKenzie *P* Top Rank, Inc.

10/4/1997. IBF:JL *Won* Arturo Gatti (130) *Lost* Gabriel Ruelas (130). TKO 5/2:22 *S* Convention Hall, Atlantic City, N.J. *R* Benji Esteves *P* Main Events, Inc.

10/4/1997. WBO:JL *Won* Julien Lorcy (129) *Lost* Chico Castillo (130). Draw 12 *S* Le Grande Dome, Paris, France *R* Roberto Ramirez *P* A.B. Stars, Inc.

10/5/1997. WBA:JL *Won* Yong-Soo Choi (129½) *Lost* Takanori Hatakeyama (130). Draw 12 *S* Ryogoku Sumo Arena, Tokyo, Japan *R* Mitch Halpern *P* Kyoei Promotions.

11/20/1997. WBC:JL *Won* Genaro Hernandez (128½) *Lost* Carlos Hernandez (129½). Unan 12 *S* Olympic Auditorium, Los Angeles, Ca. *R* Dave Nelson *P* Top Rank, Inc.

12/19/1997. WBO:JL *Won* Barry Jones (128) *Lost* Wilson Palacio (127¾). Unan 12 *S* London Arena, Millwall, London, Eng. *R* Roy Francis *P* Sports Network, Ltd.

3/13/1998. IBF:JL *Won* Roberto Garcia (130) *Lost* Harold Warren (130). Unan 12 *S* Miccosukee Gaming Center, Miami, Fla. *R* Jorge Alonso *P* Main Events/Team Freedom.

4/18/1998. WBA:JL *Won* Yong-Soo Choi (130) *Lost* Gilberto Serrano (130). TKO 9/1:10 *S* Seoul Hilton Hotel, Seoul, Korea *R* Rafael Ramos *P* Kukdong Promotions.

5/16/1998. WBO:JL *Won* Anatoly Alexandrov (129) *Lost* Julien Lorcy (129). Maj 12 *S* Palais des Omnisports, Paris, France *R* Joe Cortez *P* A.B. Stars, Inc.

5/16/1998. WBC:JL *Won* Genaro Hernandez (129¼) *Lost* Carlos Gerena (129). Unan 12 *S* Fantasy Springs Casino, Indio, Calif. *R* James Jen-Kin *P* Top Rank, Inc.

9/5/1998. WBA:JL *Won* Takanori Hatakeyama (130) *Lost* Yong-Soo Choi (130). Maj 12 *S* Ryogoku Sumo Arena, Tokyo, Japan *R* Mitch Halpern *P* Kyoei Promotions.

10/3/1998. WBC:JL *Won* Floyd Mayweather, Jr. (130) *Lost* Genaro Hernandez (130). TKO 9/* *S* Las Vegas Hilton, Las Vegas, Nev. *R* Jay Nady *P* Top Rank, Inc.

10/24/1998. IBF:JL *Won* Roberto Garcia (128½) *Lost* Ramon Ledon (130). TKO 5/0:58 *S* Trump Taj Mahal, Atlantic City, N.J. *R* Ed Cotton *P* America Presents/Main Events.

12/19/1998. WBC:JL *Won* Floyd Mayweather, Jr. (130) *Lost* Angel Manfredy (130). TKO 2/2:47 *S* Miccosukee Gaming Center, Miami, Fla. *R* Frank Santore *P* Top Rank/Cedric Kushner.

1/16/1999. IBF:JL *Won* Roberto Garcia (129½) *Lost* Juan Molina (130). Unan 12 *S* MGM Grand Garden, Las Vegas, Nev. *R* Mitch Halpern *P* America Presents, Inc.

1/25/1999. WBO:JL *Won* Anatoly Alexandrov (129½) *Lost* Chico Castillo (129½). TKO 8/1:34 *S* Palais des Sports, Versailles, France *R* Genaro Rodriguez *P* A.B. Stars/Cedric Kushner.

2/13/1999. WBA:JL *Won* Takanori Hatakeyama (130) *Lost* Saul Duran (129½). Draw 12 *S* Ariake Coliseum, Tokyo, Japan *R* Derek Milham *P* Kyoei Promotions.

2/17/1999. WBC:JL *Won* Floyd Mayweather, Jr. (130) *Lost* Carlos Rios (129). Unan 12 *S* Van Andel Arena, Grand Rapids, Mich. *R* Dale Grable *P* Top Rank, Inc.

5/22/1999. WBC:JL *Won* Floyd Mayweather, Jr. (130) *Lost* Justin Juuko (130). KO 9/1:20 *S* Mandalay Bay Resort, Las Vegas, Nev. *R* Mitch Halpern *P* Top Rank, Inc.

6/27/1999. WBA:JL *Won* Lakva Sim (130) *Lost* Takanori Hatakeyama (130). TKO 5/1:46 *S* Ariake Coliseum, Tokyo, Japan *R* Stan Christodoulou *P* Hikari Promos./Kyoei Promos.

8/7/1999. WBO:JL *Won* Acelino Freitas (129¼) *Lost* Anatoly Alexandrov (129¼). KO 1/1:41 *S* La Palestre, Le Cannet, France *R* Michael Ortega *P* A.B. Stars, Inc.

9/11/1999. WBC:JL *Won* Floyd Mayweather, Jr. (130) *Lost* Carlos Gerena (130). TKO 8/* *S* Mandalay Bay Resort, Las Vegas, Nev. *R* Richard Steele *P* Top Rank, Inc.

10/23/1999. IBF:JL *Won* Diego Corrales (129½) *Lost* Roberto Garcia (129). TKO 7/0:48 *S* MGM Grand Garden, Las Vegas, Nev. *R* Joe Cortez *P* America Presents, Inc.

10/26/1999. WBO:JL *Won* Acelino Freitas (130) *Lost* Anthony Martinez (130). TKO 2/1:20 *S* Fonte Nova Stadium, Salvador, Brazil *R* Bill Connors *P* Forum Boxing/Rui Pontes.

10/31/1999. WBA:JL *Won* Jong-Kwon Baek (130) *Lost* Lakva Sim (130). Split 12 *S* Kudok Gymnasium, Pusan, Korea *R* Stan Christodoulou *P* Sungmin Promotions.

12/4/1999. IBF:JL *Won* Diego Corrales (130) *Lost* John Brown (128¾). Unan 12 *S* Chinook Winds Casino, Lincoln City, Ore. *R* Mark Nelson *P* Top Rank/Main Events.

1/15/2000. WBO:JL *Won* Acelino Freitas (130) *Lost* Barry Jones (128½). TKO 8/2:50 *S* Doncaster Dome, Doncaster, Eng. *R* Samuel Viruet *P* Sports Network, Ltd.

1/30/2000. WBA:JL *Won* Jong-Kwon Baek (130) *Lost* Kyu-Chul Choi (129½). Draw 12 *S* Pohang Gymnasium, Pohang, Korea *R* Fernando Estrella *P* Soongmin Promotions.

3/18/2000. IBF:JL *Won* Diego Corrales (130) *Lost* Derrick Gainer (130). TKO 3/1:50 *S* MGM Grand Garden, Las Vegas, Nev. *R* Jay Nady *P* Top Rank/Am. Presents/M+M.

3/18/2000. WBO:JL *Won* Acelino Freitas (130) *Lost* Javier Jauregui (129¾). KO 1/1:25 *S* Creditcard Hall, Sao Paulo, Brazil *R* Roberto Ramirez *P* Maldonado/Sports Network.

3/18/2000. WBC:JL *Won* Floyd Mayweather, Jr. (130) *Lost* Gregorio Vargas (130). Unan 12 *S* MGM Grand Garden, Las Vegas, Nev. *R* Richard Steele *P* Top Rank/Am. Presents/M+M.

5/21/2000. WBA:JL *Won* Joel Casamayor (130) *Lost* Jong-Kwon Baek (129½). TKO 5/2:18 *S* Harrah's Hotel, Kansas City, Mo. *R* Mitch Halpern *P* Holden Prods./Am. Presents.

6/10/2000. WBO:JL *Won* Acelino Freitas (130) *Lost* Lemuel Nelson (130). TKO 2/2:59 *S* Fox Theater, Detroit *R* Dale Grable *P* Banner Promos.

9/2/2000. IBF:JL *Won* Diego Corrales (129¾) *Lost* Angel Manfredy (130). TKO 3/2:38 *S* Don Haskins Center, El Paso, Texas *R* Jerry McKenzie *P* Top Rank, Inc.

9/16/2000. WBA:JL *Won* Joel Casamayor (130) *Lost* Radford Beasley (129½). TKO 5/0:52 *S* MGM Grand Garden, Las Vegas, Nev. *R* Vic Drakulich *P* Don King Productions.

9/23/2000. WBO:JL *Won* Acelino Freitas (130) *Lost* Carlos Rios (129½). TKO 9/1:18 *S* Casino Rama, Rama, Ont., Canada *R* Dale Grable *P* Banner/Sports Network.

12/3/2000. IBF:JL *Won* Steve Forbes (130) *Lost* John Brown (130). TKO 8/2:22 *S* Miccosukee Gaming Center, Miami, Fla. *R* Jorge Alonso *P* America Presents, Inc.

1/6/2001. WBA:JL *Won* Joel Casamayor (130) *Lost* Roberto Garcia (129½). TKO 9/1:14 *S* Texas Station Gambling Hall, Las Vegas, Nev. *R* Kenny Bayless *P* America Presents, Inc.

1/20/2001. WBC:JL *Won* Floyd Mayweather, Jr. (130) *Lost* Diego Corrales (130). TKO 10/2:19 *S* MGM Grand Garden, Las Vegas, Nev. *R* Richard Steele *P* Top Rank, Inc.

1/27/2001. WBO:JL *Won* Acelino Freitas (130) *Lost* Orlando Soto (129¾). KO 1/2:13 *S* Nilson Nelson Gymnasium, Brasilia, Brazil *R* Raul Caiz *P* Maldonado Boxing Promos.

5/5/2001. WBA:JL *Won* Joel Casamayor (129) *Lost* Edwin Santana (128). Unan 12 *S* Silver Star Casino, Philadelphia, Pa. *R* Armando Garcia *P* America Presents/Banner.

5/26/2001. WBC:JL *Won* Floyd Mayweather, Jr. (130) *Lost* Carlos Hernandez (128½). Unan 12 *S* Van Andel Arena, Grand Rapids, Mich. *R* Dale Grable *P* Top Rank, Inc.

9/29/2001. IBF:JL *Won* Steve Forbes (130) *Lost* John Brown (130). Unan 12 *S* Miccosukee Gaming Center, Miami, Fla. *R* Frank Santore *P* Am. Pres./Team Freedom.

9/29/2001. WBA:JL *Won* Joel Casamayor (130) *Lost* Joe Morales (129½). TKO 8/2:04 *S* Miccosukee Gaming Center, Miami, Fla. *R* Armando Garcia *P* Am. Pres./Team Freedom.

11/10/2001. WBC:JL *Won* Floyd Mayweather, Jr. (129½) *Lost* Jesus Chavez (129½). TKO 10/* *S* Graham Civic Auditorium, San Francisco, Ca. *R* Jon Schorle *P* Top Rank, Inc.

1/12/2002. BABO:JL *Won* Acelino Freitas (129½) *Lost* Joel Casamayor (129½). Unan 12 *S* Cox Pavilion, Las Vegas, Nev. *R* Joe Cortez *P* Banner/Team Freedom.

8/3/2002. BABO:JL *Won* Acelino Freitas (130) *Lost* Daniel Attah (130). Unan 12 *S* Dodge Theatre, Phoenix *R* Robert Ferrara *P* Banner Promos.

8/18/2002. IBF:JL *Won* Steve Forbes (132¾) *Lost* David Santos (129½). Split 12 *S* Pechanga Resort & Casino, Temecula, Ca. *R* Lou Moret *P* Goossen-Tutor Promotions.

8/24/2002. WBC:JL *Won* Siri. Singmanassak (130) *Lost* Kengo Nagashima (130). KO 2/2:22 *S* Ryogoku Kokugikan Arena, Tokyo, Japan *R* Richie Davies *P* Teiken Promotions.

1/13/2003. WBC:JL *Won* Siri. Singmanassak (130) *Lost* Yong-Soo Choi (130). Unan 12 *S* Korakuen Hall, Tokyo, Japan *R* Frank Cappuccino *P* Teiken Promotions.

2/1/2003. IBF:JL *Won* Carlos Hernandez (129½) *Lost* David Santos (128½). TWu 8/2:52 *S* Mandalay Bay Resort, Las Vegas, Nev. *R* Tony Weeks *P* Top Rank/Goossen Tutor.

3/15/2003. BABO:JL *Won* Acelino Freitas (130) *Lost* Juan C. Ramirez (130). TKO 4/0:19 *S* The U.I.C. Pavilion, Chicago, Ill. *R* Genaro Rodriguez *P* Banner Promotions.

8/9/2003. BABO:JL *Won* Acelino Freitas (130) *Lost* Jorge Barrios (129). TKO 12/0:50 *S* Miami Arena, Miami *R* Jorge Alonso *P* Banner Promos.

8/15/2003. WBC:JL *Won* Jesus Chavez (130) *Lost* Siri. Singmanassak (130). Unan 12 *S* Convention Center, Austin, Texas *R* Laurence Cole *P* Top Rank, Inc.

10/4/2003. IBF:JL *Won* Carlos Hernandez (128½) *Lost* Steve Forbes (129¼). TWu 10 *S* Staples Center, Los Angeles, Calif. *R* Pat Russell *P* Top Rank, Inc.

2/8/2004. WBA:JL *Won* Yod. Sor Nanthachai (130) *Lost* Ryuhei Sugita (129½). TKO 7/2:49 *S* Memorial Center, Gifu, Japan *R* Derek Milham *P* Hatanaka Promotions.

2/28/2004. WBC:JL *Won* Erik Morales (130) *Lost* Jesus Chavez (130). Unan 12 *S* MGM Grand Garden, Las Vegas, Nev. *R* Vic Drakulich *P* Top Rank, Inc.

3/6/2004. WBO:JL *Won* Diego Corrales (130) *Lost* Joel Casamayor (130). Split 12 *S* Foxwoods Resort, Mashantucket, Conn. *R* Steve Smoger *P* Cedric Kushner Promos.

7/15/2004. WBO:JL *Won* Mike Anchondo (130) *Lost* Julio Pablo Chacon (130). Unan 12 *S* American Airlines Arena, Dallas, Texas *R* Laurence Cole *P* Golden Boy Promotions.

7/31/2004. BCBF:JL *Won* Erik Morales (130) *Lost* Carlos Hernandez (130). Unan 12 *S* MGM Grand Garden, Las Vegas, Nev. *R* Vic Drakulich *P* Top Rank, Inc.

8/7/2004. WBA:JL *Won* Yod. Sor Nanthachai (130) *Lost* Steve Forbes (130). Unan 12 *S* Foxwoods Resort, Mashantucket, Conn. *R* Steve Smoger *P* Banner/Goossen-Tutor.

11/27/2004. WBC:JL *Won* Marco A. Barrera (129½) *Lost* Erik Morales (130). Maj 12 *S* MGM Grand Garden, Las Vegas, Nev. *R* Kenny Bayless *P* Top Rank, Inc.

2/23/2005. IBF:JL *Won* Robbie Peden (130) *Lost* Nate Campbell (129½). TKO 8/2:53 *S* Vodafone Arena, Melbourne, Vic., Australia *R* John Wright *P* Blue Corner/Goossen-Tutor.

4/8/2005. WBO:JL *Won* Jorge Barrios (128¾) *Lost* Mike Anchondo (134½). TKO 4/2:00 *S* Miccosukee Gaming Center, Miami, Fla. *R* Tommy Kimmons *P* Cedric Kushner Promos.

4/9/2005. WBC:JL *Won* Marco A. Barrera (130) *Lost* Mzonke Fana (128¾). KO 2/1:48 *S* Don Haskins Center, El Paso, Texas *R* Laurence Cole *P* Golden Boy Promotions.

4/30/2005. WBA:JL *Won* Vicente Mosquera (129) *Lost* Yod. Sor Nanthachai (129½). Unan 12 *S* Madison Sq. Garden, New York, N.Y. *R* Arthur Mercante, Jr. *P* Don King Productions.

8/12/2005. WBO:JL *Won* Jorge Barrios (129¾) *Lost* Victor Santiago (129¾). TKO 2/2:34 *S* Superdomo Orfeo, Cordoba, Argentina *R* Raul Caiz *P* Arano Box.

9/17/2005. BCBF:JL *Won* Marco A. Barrera (130) *Lost* Robbie Peden (130). Unan 12 *S* MGM Grand Garden, Las Vegas, Nev. *R* Richard Steele *P* Golden Boy Promotions.

5/12/2006. WBA:JL *Won* Vicente Mosquera (130) *Lost* Jose Pablo Estrella (128¾). Split 12 *S* Orfeo Superdome Stadium, Cordoba, Arg. *R* Stan Christodoulou *P* World Boxing Association.

5/20/2006. WBO:JL *Won* Jorge Barrios (129) *Lost* Janos Nagy (129¾). KO 1/0:49 *S* Staples Center, Los Angeles, Calif. *R* Raul Caiz, Jr. *P* Golden Boy Promotions.

5/20/2006. WBC:JL *Won* Marco A. Barrera (129) *Lost* Ricardo Juarez (129¼). Split 12 *S* Staples Center, Los Angeles, Calif. *R* Raul Caiz *P* Golden Boy Promotions.

5/31/2006. IBF:JL *Won* Cassius Baloyi (130) *Lost* Manuel Medina (130). TKO 11/2:19 *S* Northern Quest Casino, Airway Heights, Wash. *R* Earl Brown *P* Banner/Golden Gloves.

7/29/2006. IBF:JL *Won* Gairy St. Clair (129½) *Lost* Cassius Baloyi (129¼). Unan 12 *S* Emperors Palace Casino, Kempton Park, S.A. *R* Ernest Sharif *P* Golden Gloves, Ltd.

8/5/2006. WBA:JL *Won* Edwin Valero (129¾) *Lost* Vicente Mosquera (130). TKO 10/2:00 *S* Figali Convention Center, Panama City, Pan. *R* Luis Pabon *P* Rogelio Espino.

9/16/2006. WBO:JL *Won* Joan Guzman (129) *Lost* Jorge Barrios (131½). Split 12 *S* MGM Grand Garden, Las Vegas, Nev. *R* Vic Drakulich *P* Golden Boy Promotions.

9/16/2006. WBC:JL *Won* Marco A. Barrera (130) *Lost* Ricardo Juarez (129). Unan 12 *S* MGM Grand Garden, Las Vegas, Nev. *R* Joe Cortez *P* Golden Boy/Main Events.

12/18/2006. WBO:JL *Won* Joan Guzman (130) *Lost* Antonio Davis (130). Unan 12 *S* V. Travieso Soto Palace, S. Domingo, D.R. *R* Joe Cortez *P* Jay-SEDEFIR/Golden Boy.

1/3/2007. WBA:JL *Won* Edwin Valero (130) *Lost* Michael Lozada (129½). TKO 1/1:12 *S* Ariake Coliseum, Tokyo, Japan *R* Rafael Ramos *P* Ohashi Promotions.

3/17/2007. WBC:JL *Won* Juan M. Marquez (129) *Lost* Marco A. Barrera (130). Unan 12 *S* MGM Grand Garden, Las Vegas, Nev. *R* Jay Nady *P* Golden Boy Promotions.

4/20/2007. IBF:JL *Won* Mzonke Fana (129½) *Lost* Malcolm Klassen (129¾). Split 12 *S* Tambo Sports Centre, Khayelitsha, S.A. *R* Lindsey Paige *P* Branco Sports Productions.

5/3/2007. WBA:JL *Won* Edwin Valero (130) *Lost* Nobuhito Honmo (129½). TKO 8/1:54 *S* Ariake Coliseum, Tokyo, Japan *R* Pinij Prayadsab *P* Teiken Promotions.

8/31/2007. IBF:JL *Won* Mzonke Fana (128¼) *Lost* Javier Alvarez (129). KO 9/1:05 *S* Civic Centre, Klerksdorp, Transvaal, S.A. *R* Deon Dwarte *P* Branco Sports Productions.

11/3/2007. WBC:JL *Won* Juan M. Marquez (128) *Lost* Rocky Juarez

(129). Unan 12 *S* Desert Diamond Casino, Tucson, Ariz. *R* Robert Ferrara *P* Golden Boy Promotions.

11/17/2007. WBO:JL *Won* Joan Guzman (129¾) *Lost* Humberto Soto (130). Unan 12 *S* Borgata Hotel Casino, Atlantic City, N.J. *R* Harvey Dock *P* Golden Boy Promotions.

12/15/2007. WBA:JL *Won* Edwin Valero (130) *Lost* Zaid Zavaleta (130). TKO 3/1:18 *S* Plaza de Toros, Cancun, Q.R., Mexico *R* Luis Pabon *P* Teiken Promos./Jose Gomez.

3/15/2008. WBC:JL *Won* Manny Pacquiao (129) *Lost* Juan M. Marquez (130). Split 12 *S* Mandalay Bay Resort, Las Vegas, Nev. *R* Kenny Bayless *P* Golden Boy/Top Rank, Inc.

4/12/2008. IBF:JL *Won* Cassius Baloyi (129) *Lost* Mzonke Fana (128¾). Maj 12 *S* University Sports Complex, Mafikeng, S.A. *R* Luis Pabon *P* Branco Sports Productions.

6/12/2008. WBA:JL *Won* Edwin Valero (129¾) *Lost* Takehiro Shimada (129¾). TKO 7/1:55 *S* Martial Arts Hall, Tokyo, Japan *R* G. Perez Pineda *P* Teiken Promotions.

9/6/2008. WBO:JL *Won* Nicky Cook (129½) *Lost* Alex Arthur (130). Unan 12 *S* MEN Arena, Manchester, Eng. *R* Mickey Vann *P* Sports Network, Ltd.

9/13/2008. IBF:JL *Won* Cassius Baloyi (129) *Lost* Javier Osvaldo Alvarez (129¾). TKO 3/0:28 *S* Emperors Palace, Kempton Park, S.A. *R* Sparkle Lee *P* Golden Gloves, Ltd.

11/28/2008. WBA:JL *Won* Jorge Linares (129) *Lost* Whyber Garcia (129½). TKO 5/1:08 *S* ATLAPA Convention Center, Panama City, Pan. *R* Steve Smoger *P* Rogelio Espino.

12/20/2008. WBC:JL *Won* Humberto Soto (130) *Lost* Francisco Lorenzo (129). Unan 12 *S* Andres Quintana Roo Park, Cozumel, Mex. *R* Jay Nady *P* Zanfer/Jose Gomez.

3/14/2009. WBO:JL *Won* Roman Martinez (129) *Lost* Nicky Cook (130). TKO 4/2:20 *S* MEN Arena, Manchester, Eng. *R* Dave Parris *P* Sports Network, Ltd.

3/28/2009. WBC:JL *Won* Humberto Soto (130) *Lost* Antonio Davis (130). TKO 4/2:38 *S* Plaza de Toros, Tijuana, B.C.N., Mex. *R* Roberto Ramirez, Jr. *P* Zanfer Promos./Top Rank.

4/18/2009. IBF:JL *Won* Malcolm Klassen (128¾) *Lost* Cassius Baloyi (129¼). TKO 7/2:26 *S* North-West University Arena, Mafikeng, S.A. *R* Sam Williams *P* Branco Sports Productions.

5/2/2009. WBC:JL *Won* Humberto Soto (130) *Lost* Benoit Gaudet (129). TKO 9/2:25 *S* MGM Grand Garden, Las Vegas, Nev. *R* Jay Nady *P* Top Rank/Golden Boy.

6/27/2009. WBA:JL *Won* Jorge Linares (130) *Lost* Josaphat Perez (130). TKO 8/1:40 *S* Longoria Plaza de Toros, Nuevo Laredo, Mex. *R* Luis Pabon *P* K.O. Ent./Rochmar Gyms.

8/22/2009. IBF:JL *Won* Robert Guerrero (130) *Lost* Malcolm Klassen (129½). Unan 12 *S* Toyota Center, Houston, Texas *R* Jon Schorle *P* Golden Boy Promotions.

9/12/2009. WBO:JL *Won* Roman Martinez (129½) *Lost* Feider Viloria (129¼). TKO 9/2:59 *S* Jose M. Agrelot Coliseum, Hato Rey, P.R. *R* Roberto Ramirez, Jr. *P* P.R. Best Boxing.

9/15/2009. WBC:JL *Won* Humberto Soto (130) *Lost* Aristedes Perez (129¾). TKO 2/1:21 *S* Plaza de Toros, Cancun, Q.R., Mex. *R* Florentino Lopez *P* Zanfer/Cancun Boxing.

10/10/2009. WBA:JL *Won* Juan C. Salgado (130) *Lost* Jorge Linares (129¾). TKO 1/1:13 *S* Yoyogi Gymnasium, Tokyo, Japan *R* Luis Pabon *P* Teiken Promotions.

1/11/2010. WBA:JL *Won* Takashi Uchiyama (130) *Lost* Juan C. Salgado (130). TKO 12/2:48 *S* Tokyo Big Site, Tokyo, Japan *R* Raul Caiz, Sr. *P* Teiken/Watanabe/Ohashi.

Featherweight

1/23/1888. F *Won* Ike Weir *Lost* Tommy Miller (123). KO 7 *S* Twin City Gymnasium, Minneapolis, Mn.

3/31/1889. F *Won* Ike Weir *Lost* Frank Murphy. Draw 80 *S* O'Brien's Hall, Kouts, Indiana.

1/13/1890. F *Won* Billy Murphy *Lost* Ike Weir. KO 14 *S* California A.C., San Francisco, Calif. *R* Hiram Cook *P* California Athletic Club.

3/14/1890. F *Won* Billy Murphy (116½) *Lost* Tommy Warren (118). KO 4 *S* Occidental Club, San Francisco, Calif. *R* Danny Needham.

9/2/1890. F *Won* Young Griffo *Lost* Billy Murphy. TKO 16 *S* Amateur Gymnastic Club, Sydney, N.S.W. *R* Sid Bloomfield.

11/14/1890. F *Won* Young Griffo (123) *Lost* Paddy Moran (125¼). KO 13 *S* Amateur Gymnastic Club, Sydney, N.S.W. *R* Sid Bloomfield.

3/12/1891. F *Won* Young Griffo *Lost* George Powell. DQ 20 *S* Amateur Gymnastic Club, Sydney, N.S.W. *R* Sid Bloomfield.

7/22/1891. F *Won* Young Griffo (123) *Lost* Billy Murphy (116). DQ 24 *S* Amateur Gymnastic Club, Sydney, N.S.W. *R* Sid Bloomfield.

3/22/1892. F *Won* Young Griffo (125¼) *Lost* Mick McCarthy (125¾). KO 4 *S* Amateur Gymnastic Club, Sydney, N.S.W. *R* Sid Bloomfield.

8/7/1893. F *Won* George Dixon (116) *Lost* Eddie Pierce (120). KO 3/2:05 *S* Coney Island A.C., Coney Is., N.Y. *R* Johnny Eckhardt.

9/25/1893. F *Won* George Dixon *Lost* Solly Smith. KO 7 *S* Coney Island A.C., Coney Is., N.Y. *R* Johnny Eckhardt.

11/27/1896. F *Won* Frank Erne *Lost* George Dixon. Ref 20 *S* Broadway Athletic Club, New York, N.Y. *R* Sam Austin *P* Broadway Athletic Club.

3/24/1897. F *Won* George Dixon *Lost* Frank Erne (130½). Ref 25 *S* Broadway Athletic Club, New York, N.Y. *R* Dick Roche *P* Broadway Athletic Club.

10/4/1897. F *Won* Solly Smith *Lost* George Dixon. Ref 20 *S* Woodward's Pavilion, San Francisco, Ca. *R* George Green.

7/7/1898. F *Won* Solly Smith *Lost* Billy O'Donnell. DQ 7 *S* Olympic Athletic Club, Buffalo, N.Y. *R* W.C. Kelly.

8/1/1898. F *Won* Solly Smith *Lost* Tommy White. Draw 25 *S* Greater New York A.C., Coney Is., N.Y. *R* Alec Brown.

9/26/1898. F *Won* Dave Sullivan *Lost* Solly Smith. TKO 6/* *S* Greater New York A.C., Coney Is., N.Y. *R* Alec Brown.

11/11/1898. F *Won* George Dixon (119) *Lost* Dave Sullivan (122). DQ 10 *S* Lenox Athletic Club, New York, N.Y. *R* Jimmy Colville *P* Lenox Athletic Club.

11/29/1898. F *Won* George Dixon (122) *Lost* Oscar Gardner (122). Ref 25 *S* Lenox Athletic Club, New York, N.Y. *R* Dick Roche *P* Lenox Athletic Club.

1/16/1899. F *Won* George Dixon *Lost* Young Pluto. KO 10/1:30 *S* Lenox Athletic Club, New York, N.Y. *R* Charley White *P* Lenox Athletic Club.

11/2/1899. F *Won* George Dixon *Lost* Will Curley. Ref 25 *S* Broadway Athletic Club, New York, N.Y. *R* Johnny White *P* Broadway Athletic Club.

11/21/1899. F *Won* George Dixon *Lost* Eddie Lenny. Ref 25 *S* Broadway Athletic Club, New York, N.Y. *R* Johnny White *P* Broadway Athletic Club.

1/9/1900. F *Won* Terry McGovern *Lost* George Dixon. TKO 9/* *S* Broadway Athletic Club, New York, N.Y *R* Johnny White *P* Broadway Athletic Club.

3/9/1900. F *Won* Terry McGovern *Lost* Oscar Gardner. KO 3/0:19 *S* Broadway Athletic Club, New York, N.Y. *R* Johnny White *P* Broadway Athletic Club.

11/2/1900. F *Won* Terry McGovern *Lost* Joe Bernstein. KO 7 *S* Horse Shoe Building, Louisville, Ky. *R* George Siler.

4/30/1901. F *Won* Terry McGovern (123) *Lost* Oscar Gardner (123½). KO 4 *S* Mechanics Pavilion, San Francisco, Ca. *R* Harry Corbett.

5/29/1901. F *Won* Terry McGovern *Lost* Aurelio Herrera. KO 5 *S* Mechanics Pavilion, San Francisco, Ca. *R* Phil Wand.

11/28/1901. F *Won* Young Corbett *Lost* Terry McGovern. KO 2/1:44 *S* Coliseum, Hartford, Conn. *R* Charley White.

5/23/1902. F *Won* Young Corbett *Lost* Kid Broad. Ref 10 *S* Coliseum Amphitheatre, Denver, Colo. *R* George English *P* Coliseum Athletic Club.

10/16/1902. F *Won* Young Corbett *Lost* Joe Bernstein (124½). TKO 8/* *S* Germania Maennerchor Hall, Baltimore, Md. *R* Joe Pollock.

1/14/1903. F *Won* Young Corbett *Lost* Austin Rice. TKO 18 *S* Whittington Park, Hot Springs, Ark. *R* Pat Early.

2/26/1903. F *Won* Young Corbett *Lost* Eddie Hanlon. Draw 20 *S* Mechanics Pavilion, San Francisco, Ca. *R* Ed Grady.

3/31/1903. F *Won* Young Corbett *Lost* Terry McGovern. KO 11 *S* Mechanics Pavilion, San Francisco, Cal *R* Ed Graney.

Featherweight

9/3/1903. F *Won* Abe Attell *Lost* Johnny Reagan. Ref 20 *S* West End Coliseum, St. Louis, Mo. *R* Harry Sharpe *P* West End Athletic Club.

1/4/1904. F *Won* Abe Attell *Lost* Harry Forbes. Draw 10 *S* Hippodrome, Indianapolis, Ind. *R* James Ryan *P* Indianapolis Athletic Assn.

2/1/1904. F *Won* Abe Attell *Lost* Harry Forbes. KO 5 *S* West End Coliseum, St. Louis, Mo. *R* Harry Sharpe *P* West End Athletic Club.

6/23/1904. F *Won* Abe Attell *Lost* Johnny Reagan. Ref 15 *S* West End Coliseum, St. Louis, Mo. *R* Harry Sharpe *P* West End Athletic Club.

12/8/1904. F *Won* Abe Attell *Lost* Tommy Feltz. Ref 15 *S* West End Coliseum, St. Louis, Mo. *R* Harry Sharpe *P* West End Athletic Club.

2/3/1905. F *Won* Abe Attell *Lost* Tommy Feltz. Ref 15 *S* Germania Maennerchor Hall, Baltimore, Md. *R* Joe Sweigert *P* Eureka Athletic Club.

5/10/1905. F *Won* Abe Attell *Lost* Harry Forbes. Ref 10 *S* Light Guard Armory, Detroit, Mich. *R* Eddie Ryan.

2/22/1906. F *Won* Abe Attell (120) *Lost* Jimmy Walsh (120). Ref 15 *S* Pythian Rink, Chelsea, Mass. *R* Jack Sheehan.

7/4/1906. F *Won* Abe Attell (120) *Lost* Frankie Neil (118). Ref 20 *S* Naud Junction Pavilion, Los Angeles, Ca. *R* Charles Eyton *P* Tom McCarey.

10/30/1906. F *Won* Abe Attell *Lost* Harry Baker (122½). Ref 20 *S* Naud Junction Pavilion, Los Angeles, Ca. *R* Eddie Robinson *P* Tom McCarey.

11/16/1906. F *Won* Abe Attell *Lost* Billy DeCoursey. Ref 15 *S* National Athletic Club, San Diego, Calif. *R* Eddie Robinson.

12/7/1906. F *Won* Abe Attell *Lost* Jimmy Walsh. KO 8 *S* Naud Junction Pavilion, Los Angeles, Ca. *R* Tommy Burns *P* Tom McCarey.

1/18/1907. F *Won* Abe Attell (121¾) *Lost* Harry Baker (122). TKO 9/* *S* Naud Junction Pavilion, Los Angeles, Ca. *R* James J. Jeffries *P* Tom McCarey.

5/24/1907. F *Won* Abe Attell *Lost* Kid Solomon. Ref 20 *S* Naud Junction Pavilion, Los Angeles, Ca. *R* Charles Eyton *P* Tom McCarey.

9/12/1907. F *Won* Abe Attell (122) *Lost* Jimmy Walsh (116). Ref 10 *S* Auditorium, Indianapolis, Ind. *R* Jim Ryan *P* Indianapolis A.C.

10/29/1907. F *Won* Abe Attell *Lost* Freddie Weeks. KO 4 *S* Naud Junction Pavilion, Los Angeles, Ca. *R* Charles Eyton *P* Tom McCarey.

1/1/1908. F *Won* Abe Attell (119) *Lost* Owen Moran (120¼). Draw 25 *S* Mission Street Arena, Colma, Calif. *R* James J. Jeffries *P* James W. Coffroth.

1/31/1908. F *Won* Abe Attell *Lost* Frankie Neil. TKO 14/* *S* Dreamland Arena, San Francisco, Calif. *R* Jack Welch.

2/28/1908. F *Won* Abe Attell *Lost* Eddie Kelly. TKO 7 *S* Dreamland Arena, San Francisco, Calif. *R* Jack Welch.

4/30/1908. F *Won* Abe Attell *Lost* Tommy Sullivan. TKO 4 *S* Coliseum Rink, San Francisco, Calif. *R* Alvin King.

9/7/1908. F *Won* Abe Attell *Lost* Owen Moran. Draw 23 *S* Mission Street Arena, Colma, Calif. *R* Jack Welch *P* James W. Coffroth.

12/29/1908. F *Won* Abe Attell *Lost* Biz Mackey. KO 8 *S* Westside Athletic Club, McDonoghville, La. *R* Dave Barry *P* Westside Athletic Club.

1/14/1909. F *Won* Abe Attell *Lost* Freddie Weeks. KO 10 *S* Casino Athletic Club, Goldfield, Nev. *R* Ed Graney.

2/4/1909. F *Won* Abe Attell *Lost* Eddie Kelly. TKO 8/* *S* Southern Athletic Club, McDonoghville, La. *R* Dave Barry *P* Southern Athletic Club.

3/26/1909. F *Won* Abe Attell *Lost* Frankie White. KO 8 *S* Westwood Field, Dayton, Ohio.

9/14/1909. F *Won* Abe Attell *Lost* Tommy O'Toole. Ref 12 *S* Boston Armory, Boston, Mass. *R* Charley White *P* Armory Athletic Assn.

10/24/1910. F *Won* Abe Attell *Lost* Johnny Kilbane. Ref 10 *S* Hippodrome, Kansas City, Mo.

2/22/1912. F *Won* Johnny Kilbane *Lost* Abe Attell. Ref 20 *S* Arena, Vernon, Calif. *R* Charles Eyton *P* Jack Doyle.

6/6/1912. IBU:F *Won* Jim Driscoll *Lost* Jean Poesy. KO 12 *S* National Sporting Club, London, Eng. *R* C.H. Douglas *P* National Sporting Club.

1/27/1913. IBU:F *Won* Jim Driscoll *Lost* Owen Moran. Draw 20 *S* National Sporting Club, London, Eng. *R* C.H. Douglas *P* National Sporting Club.

4/29/1913. F *Won* Johnny Kilbane *Lost* Johnny Dundee. Draw 20 *S* Arena, Vernon, Calif. *R* Charles Eyton *P* Jack Doyle.

9/4/1916. F *Won* Johnny Kilbane *Lost* Geo. (K.O.) Chaney. KO 3/2:27 *S* Amphitheatre, Cedar Point, Ohio *R* Matt Hinkel.

8/15/1922. NYAC:F *Won* Johnny Dundee (124½) *Lost* Danny Frush (125). KO 9/0:50 *S* Ebbets Field, Brooklyn, N.Y. *R* Patsy Haley.

6/2/1923. F *Won* Eugene Criqui (123½) *Lost* Johnny Kilbane (125). KO 6/1:54 *S* Polo Grounds, New York, N.Y. *R* Jack Appell.

7/26/1923. F *Won* Johnny Dundee (124¼) *Lost* Eugene Criqui (124¼). Unan 15 *S* Polo Grounds, New York, N.Y. *R* Jack O'Sullivan.

1/2/1925. F *Won* Kid Kaplan (126) *Lost* Danny Kramer (124). TKO 9/1:11 *S* Madison Sq. Garden, New York, N.Y. *R* Tommy Sheridan *P* George (Tex) Rickard.

6/28/1925. F *Won* Kid Kaplan *Lost* Bobby Garcia. TKO 10 *S* Velodrome, Hartford, Conn. *R* Young McAuliffe.

8/27/1925. F *Won* Kid Kaplan (126) *Lost* Babe Herman (125). Draw 15 *S* Brassco Park, Waterbury, Conn. *R* Jack Sheehan *P* George Mulligan.

12/18/1925. F *Won* Kid Kaplan (125) *Lost* Babe Herman (125¼). Unan 15 *S* Madison Sq. Garden, New York, N.Y. *R* Patsy Haley *P* Madison Sq. Garden Corp.

11/15/1926. Mass:F *Won* Dick Finnegan (125¾) *Lost* Chick Suggs (124). Result not available 10 *S* The Arena, Boston, Mass. *R* Jimmy Walsh.

9/12/1927. NBA:F *Won* Benny Bass (126) *Lost* Red Chapman (125½). Unan 10 *S* Municipal Stadium, Philadelphia, Pa. *R* Frank McCracken.

10/24/1927. F *Won* Tony Canzoneri (125½) *Lost* Johnny Dundee (124). Unan 15 *S* Madison Sq. Garden, New York, N.Y. *R* Kid McPartland *P* Madison Sq. Garden Corp.

2/10/1928. F *Won* Tony Canzoneri (125½) *Lost* Benny Bass (126). Unan 15 *S* Madison Sq. Garden, New York, N.Y. *R* Arthur Donovan *P* Madison Sq. Garden Corp.

9/28/1928. F *Won* Andre Routis (125½) *Lost* Tony Canzoneri (125). Unan 15 *S* Madison Sq. Garden, New York, N.Y. *R* Eddie Forbes *P* Madison Sq. Garden Corp.

5/27/1929. F *Won* Andre Routis (125½) *Lost* Buster Brown (125). TKO 3 *S* Carlin's Arena, Baltimore, Md. *R* Harry Ertle.

9/23/1929. F *Won* Bat Battalino (124½) *Lost* Andre Routis (125½). Ref 15 *S* Hurley Stadium, Hartford, Conn. *R* Bill Conway *P* Ed Hurley.

7/15/1930. F *Won* Bat Battalino (125½) *Lost* Ignacio Fernandez (126). KO 5/2:50 *S* Hurley Stadium, Hartford, Conn. *R* Bill Conway *P* Ed Hurley.

12/12/1930. F *Won* Bat Battalino (124½) *Lost* Kid Chocolate (125). Unan 15 *S* Madison Sq. Garden, New York, N.Y. *R* Arthur Donovan *P* Madison Sq. Garden Corp.

5/22/1931. F *Won* Bat Battalino (126) *Lost* Fidel LaBarba (125½). Unan 15 *S* Madison Sq. Garden, New York, N.Y. *R* Kid McPartland *P* Madison Sq. Garden Corp.

7/23/1931. F *Won* Bat Battalino (125½) *Lost* Freddie Miller (124). Unan 10 *S* Redland Field, Cincinnati, Ohio *R* Lou Bauman.

11/4/1931. F *Won* Bat Battalino (125½) *Lost* Earl Mastro (124¼). Maj 10 *S* Chicago Stadium, Chicago, Ill. *R* Dave Barry *P* Chicago Stadium Corp.

1/27/1932. F *Won* Bat Battalino (129) *Lost* Freddie Miller (122½). NC 3 *S* Music Hall Sports Arena, Cincinnati, Ohio *R* Lou Bauman.

5/26/1932. NBA:F *Won* Tommy Paul (125) *Lost* Johnny Pena (124½). Ref 15 *S* Olympia Stadium, Detroit, Mich. *R* Elmer McClelland.

10/13/1932. NYAC:F *Won* Kid Chocolate (125) *Lost* Lew Feldman (125½). TKO 12/2:45 *S* Madison Sq. Garden, New York, N.Y. *R* Patsy Haley *P* Madison Sq. Garden Corp.

12/9/1932. NYAC:F *Won* Kid Chocolate (125½) *Lost* Fidel LaBarba (124). Maj 15 *S* Madison Sq. Garden, New York, N.Y. *R* Willie Lewis *P* Madison Sq. Garden Corp.

12/29/1932. NBA:F *Won* Tommy Paul *Lost* Fidel LaBarba. Maj 10 *S* Chicago Stadium, Chicago, Ill. *R* Joe McNamara *P* Chicago Stadium Corp.

1/13/1933. NBA:F *Won* Freddie Miller (125) *Lost* Tommy Paul (124). Split 10 *S* Chicago Stadium, Chicago, Ill. *R* Tommy Thomas *P* Chicago Stadium Corp.

2/28/1933. NBA:F *Won* Freddie Miller (125) *Lost* Baby Arizmendi (125¼). Ref 10 *S* Olympic Auditorium, Los Angeles, Ca. *R* Harry Lee.

3/21/1933. NBA:F *Won* Freddie Miller (125¼) *Lost* Speedy Dado (120½). Ref 10 *S* Olympic Auditorium, Los Angeles, Ca. *R* Abe Roth.

5/19/1933. NYAC:F *Won* Kid Chocolate (123½) *Lost* Seaman Watson (125½). Unan 15 *S* Madison Sq. Garden, New York, N.Y. *R* Pete Hartley *P* Madison Sq. Garden Corp.

7/11/1933. NBA:F *Won* Freddie Miller *Lost* Abie Israel. KO 4 *S* Civic Arena, Seattle, Wash. *R* Tommy McCarty *P* Nate Druxman.

1/1/1934. NBA:F *Won* Freddie Miller (124½) *Lost* Jackie Sharkey (125½). Unan 10 *S* Music Hall Sports Arena, Cincinnati, Ohio *R* Lou Bauman.

5/4/1934. NBA:F *Won* Freddie Miller (124¼) *Lost* Paul Dazzo (124¾). KO 6/1:20 *S* Jefferson County Armory, Louisville, Ky. *R* Tot Wilkerson *P* Jimmy Dell.

7/13/1934. NBA:F *Won* Freddie Miller *Lost* Gene Espinosa. KO 8 *S* Civic Auditorium, Watsonville, Calif. *R* Jimmy Irvine *P* John Donaldson.

9/20/1934. NBA:F *Won* Freddie Miller (125½) *Lost* Nel Tarleton (126). Ref 15 *S* Anfield Park Stadium, Liverpool, Eng. *R* C.H. Douglas.

1/1/1935. Mex.:F *Won* Baby Arizmendi *Lost* Henry Armstrong. Result not available 12 *S* El Toreo, Mexico City, Mexico *R* Fernando Alvarez.

2/17/1935. NBA:F *Won* Freddie Miller (122) *Lost* Jose Girones (125). KO 1/2:17 *S* Plaza de Toros, Barcelona, Spain *R* Juan Casanovas.

6/12/1935. NBA:F *Won* Freddie Miller *Lost* Nel Tarleton. Ref 15 *S* Stanley Grayhound Track, Liverpool, Eng. *R* Jack Smith.

10/22/1935. NBA:F *Won* Freddie Miller (124½) *Lost* Vernon Cormier (125½). Unan 15 *S* Boston Garden, Boston, Mass. *R* Joe O'Connor.

2/18/1936. NBA:F *Won* Freddie Miller *Lost* Johnny Pena. Unan 12 *S* Crystal Pool, Seattle, Wash. *R* Tommy McCarty.

3/2/1936. NBA:F *Won* Freddie Miller (125) *Lost* Petey Sarron (125). Ref 15 *S* Coliseum, Coral Gables, Fla. *R* Leo Shea.

5/11/1936. NBA:F *Won* Petey Sarron (125½) *Lost* Freddie Miller (126). Maj 15 *S* Griffith Stadium, Washington, D.C. *R* Eddie Lafond.

7/22/1936. NBA:F *Won* Petey Sarron (125¼) *Lost* Baby Manuel (124). Unan 15 *S* Sportatorium, Dallas, Texas *R* Bennie Bickers.

8/4/1936. CaMx:F *Won* Henry Armstrong (125½) *Lost* Baby Arizmendi (126). Ref 10 *S* Wrigley Field, Los Angeles, Calif. *R* George Blake.

9/3/1936. NYAC:F *Won* Mike Belloise (124½) *Lost* Dave Crowley (126). KO 9/2:52 *S* Madison Sq. Garden, New York, N.Y. *R* Arthur Donovan *P* Madison Sq. Garden Corp.

10/27/1936. CaMx:F *Won* Henry Armstrong (125) *Lost* Mike Belloise (125). Ref 10 *S* Olympic Auditorium, Los Angeles, Ca. *R* Abe Roth.

1/1/1937. CaMx:F *Won* Henry Armstrong (125½) *Lost* Baby Casanova (125). KO 3 *S* National Stadium, Mexico City, Mex.

9/4/1937. NBA:F *Won* Petey Sarron (125¼) *Lost* Freddie Miller (124¾). Maj 12 *S* Wanderers Arena, Johannesburg, S.A. *R* Tiny Dean.

10/29/1937. F *Won* Henry Armstrong (124) *Lost* Petey Sarron (126). KO 6/2:36 *S* Madison Sq. Garden, New York, N.Y. *R* Arthur Donovan *P* Twentieth Century S.C.

6/17/1938. Md.:F *Won* Leo Rodak (126) *Lost* Jackie Wilson (124¾). Unan 15 *S* Carlin's Park, Baltimore, Md. *R* Jack Dempsey.

10/17/1938. NBA:F *Won* Joey Archibald (124¾) *Lost* Mike Belloise (125¼). Maj 15 *S* St. Nicholas Arena, New York, N.Y. *R* Arthur Donovan.

10/24/1938. Md.:F *Won* Leo Rodak (124) *Lost* Freddie Miller (124¾). Result not available 15 *S* Turner's Arena, Washington, D.C. *R* Harry Volkman.

4/18/1939. F *Won* Joey Archibald (123¾) *Lost* Leo Rodak (125). Ref 15 *S* R.I. Auditorium, Providence, R.I. *R* Tim Ferrick.

9/28/1939. F *Won* Joey Archibald (124¾) *Lost* Harry Jeffra (124¼). Split 15 *S* Griffith Stadium, Washington, D.C. *R* Benny Leonard.

5/8/1940. La.:F *Won* Jimmy Perrin (126) *Lost* Bobby Ruffin (126). Unan 15 *S* Municipal Auditorium, New Orleans, La. *R* Red Do-lan.

5/20/1940. F *Won* Harry Jeffra (123¼) *Lost* Joey Archibald (122). Unan 15 *S* Coliseum, Baltimore, Md. *R* Arthur Donovan.

7/10/1940. NBA:F *Won* Petey Scalzo (125½) *Lost* Bobby (Poison) Ivy (125½). TKO 15/* *S* Buckley Stadium, Hartford, Conn. *R* Billy Taylor.

7/29/1940. F *Won* Harry Jeffra (124½) *Lost* Spider Armstrong (125). Unan 15 *S* Carlin's Park, Baltimore, Md. *R* Nat Fleischer.

5/12/1941. F *Won* Joey Archibald (123) *Lost* Harry Jeffra (123¾). Split 15 *S* Griffith Stadium, Washington, D.C. *R* Eddie Lafond.

5/19/1941. NBA:F *Won* Petey Scalzo (125) *Lost* Phil Zwick (124½). Draw 15 *S* Auditorium, Milwaukee, Wisc. *R* Barney Ross.

7/1/1941. NBA:F *Won* Richie Lemos (125¼) *Lost* Petey Scalzo (126). KO 5/2:02 *S* Olympic Auditorium, Los Angeles, Ca. *R* Benny Whitman.

9/11/1941. F *Won* Chalky Wright (124) *Lost* Joey Archibald (124). KO 11/0:54 *S* Griffith Stadium, Washington, D.C. *R* Harry Volkman.

11/18/1941. NBA:F *Won* Jakie Wilson (125½) *Lost* Richie Lemos (125¾). Unan 12 *S* Olympic Auditorium, Los Angeles, Ca. *R* Benny Whitman.

12/16/1941. NBA:F *Won* Jackie Wilson (126) *Lost* Richie Lemos (126). Unan 12 *S* Olympic Auditorium, Los Angeles, Ca. *R* Abe Roth.

6/19/1942. F *Won* Chalky Wright (124) *Lost* Harry Jeffra (124½). TKO 10/1:50 *S* Oriole Park, Baltimore, Md. *R* Eddie Brockman.

9/25/1942. F *Won* Chalky Wright (125¼) *Lost* Lulu Costantino (125). Split 15 *S* Madison Sq. Garden, New York, N.Y. *R* Billy Cavanagh *P* Twentieth Century S.C.

11/20/1942. F *Won* Willie Pep (125½) *Lost* Chalky Wright (125¾). Unan 15 *S* Madison Sq. Garden, New York, N.Y. *R* Arthur Donovan *P* Twentieth Century S.C.

1/18/1943. NBA:F *Won* Jackie Callura (125½) *Lost* Jackie Wilson (125¼). Unan 15 *S* R.I. Auditorium, Providence, R.I. *R* Tim Ferrick.

3/18/1943. NBA:F *Won* Jackie Callura (125¼) *Lost* Jackie Wilson (125½). Split 15 *S* Mechanics Building, Boston, Mass. *R* Johnny Madden.

6/8/1943. F *Won* Willie Pep (126) *Lost* Sal Bartolo (125½). Unan 15 *S* Braves Field, Boston, Mass. *R* Johnny Martin.

8/16/1943. NBA:F *Won* Phil Terranova (124) *Lost* Jackie Callura (124¼). KO 8 *S* Pelican Stadium, New Orleans, La. *R* Red Dolan.

12/27/1943. NBA:F *Won* Phil Terranova (123½) *Lost* Jackie Callura (126). TKO 6 *S* Coliseum Arena, New Orleans, La. *R* Eddie Coulon.

3/10/1944. NBA:F *Won* Sal Bartolo (126) *Lost* Phil Terranova (125¼). Unan 15 *S* Boston Garden, Boston, Mass. *R* Johnny Martin.

5/5/1944. NBA:F *Won* Sal Bartolo (126) *Lost* Phil Terranova (125½). Split 15 *S* Boston Garden, Boston, Mass. *R* Johnny Rawson.

9/9/1944. F *Won* Willie Pep (125¼) *Lost* Chalky Wright (125½). Unan 15 *S* Madison Sq. Garden, New York, N.Y. *R* Frank Fullam *P* Twentieth Century S.C.

12/15/1944. NBA:F *Won* Sal Bartolo (126) *Lost* Willie Roache (125). Unan 15 *S* Boston Garden, Boston, Mass. *R* Tommy Rawson.

2/19/1945. F *Won* Willie Pep (124¾) *Lost* Phil Terranova (125). Unan 15 *S* Madison Sq. Garden, New York, N.Y. *R* Arthur Donovan *P* Twentieth Century S.C.

5/3/1946. NBA:F *Won* Sal Bartolo (126) *Lost* Spider Armstrong (125½). KO 6/2:15 *S* Boston Garden, Boston, Mass. *R* Tommy Rawson *P* Goodwin A.C.

6/7/1946. F *Won* Willie Pep (126) *Lost* Sal Bartolo (125¼). KO 12/2:41 *S* Madison Sq. Garden, New York, N.Y. *R* Frank Fullam *P* Twentieth Century S.C.

8/22/1947. F *Won* Willie Pep (125¾) *Lost* Jock Leslie (125). TKO 12/0:45 *S* Atwood Stadium, Flint, Mich. *R* Clarence Rosen.

2/24/1948. F *Won* Willie Pep (125½) *Lost* Humberto Sierra (126). TKO 10/0:22 *S* Orange Bowl, Miami, Fla. *R* Jack Dempsey *P* Clarence Kantrowitz.

10/29/1948. F *Won* Sandy Saddler (124) *Lost* Willie Pep (125½). KO 4/2:36 *S* Madison Sq. Garden, New York, N.Y. *R* Ruby Goldstein *P* Twentieth Century S.C.

2/11/1949. F *Won* Willie Pep (126) *Lost* Sandy Saddler (124). Unan 15 *S* Madison Sq. Garden, New York, N.Y. *R* Eddie Joseph *P* Twentieth Century S.C.

9/20/1949. F *Won* Willie Pep (126) *Lost* Eddie Compo (124½). TKO 7/0:41 *S* Municipal Stadium, Waterbury, Conn. *R* Bill Conway.

1/16/1950. F *Won* Willie Pep (123½) *Lost* Clarence Riley (125½). KO 5/1:05 *S* Kiel Auditorium, St. Louis, Mo. *R* Harry Kessler.

3/17/1950. F *Won* Willie Pep (124¾) *Lost* Ray Famechon (125). Unan

15 *S* Madison Sq. Garden, New York, N.Y. *R* Ruby Goldstein *P* International Boxing Club.

9/8/1950. F *Won* Sandy Saddler (124¾) *Lost* Willie Pep (124¾). TKO 8/* *S* Yankee Stadium, Bronx, N.Y. *R* Ruby Goldstein *P* International Boxing Club.

9/26/1951. F *Won* Sandy Saddler (125½) *Lost* Willie Pep (125). TKO 10/* *S* Polo Grounds, New York, N.Y. *R* Ray Miller *P* International Boxing Club.

2/25/1955. F *Won* Sandy Saddler (124½) *Lost* Teddy Davis (126). Unan 15 *S* Madison Sq. Garden, New York, N.Y. *R* Harry Kessler *P* International Boxing Club.

1/18/1956. F *Won* Sandy Saddler (126) *Lost* Flash Elorde (125). TKO 13/0:59 *S* Cow Palace, San Francisco, Calif. *R* Ray Flores *P* International Boxing Club.

6/24/1957. F *Won* Hogan Bassey (124¼) *Lost* Cherif Hamia (125¾). TKO 10/2:32 *S* Palais des Sports, Paris, France *R* Rene Schemann.

4/1/1958. F *Won* Hogan Bassey (124) *Lost* Ricardo Moreno (124¾). KO 3/2:56 *S* Wrigley Field, Los Angeles, Calif. *R* Tommy Hart *P* Olympic Boxing Club.

3/18/1959. F *Won* Davey Moore (125½) *Lost* Hogan Bassey (125). TKO 14/* *S* Olympic Auditorium, Los Angeles, Ca. *R* Tommy Hart *P* Olympic Boxing Club.

8/19/1959. F *Won* Davey Moore (126) *Lost* Hogan Bassey (125). TKO 11/* *S* Olympic Auditorium, Los Angeles, Ca. *R* Frankie Van *P* Olympic Boxing Club.

8/29/1960. F *Won* Davey Moore (126) *Lost* Kazuo Takayama (125). Unan 15 *S* Korakuen Stadium, Tokyo, Japan *R* Jimmy Wilson *P* Teiken Promotions.

4/8/1961. F *Won* Davey Moore (124¾) *Lost* Danny Valdez (125½). TKO 1/2:48 *S* Olympic Auditorium, Los Angeles, Ca. *R* George Latka *P* Olympic Boxing Club.

11/13/1961. F *Won* Davey Moore (126) *Lost* Kazuo Takayama (125½). Unan 15 *S* Kuramae Arena, Tokyo, Japan *R* Jimmy Wilson *P* Teiken Promotions.

8/17/1962. F *Won* Davey Moore (126) *Lost* Olli Maeki (125½). TKO 2/2:31 *S* Olympic Stadium, Helsinki, Finland *R* Barney Ross.

3/21/1963. F *Won* Sugar Ramos (125¼) *Lost* Davey Moore (125¼). TKO 11/* *S* Dodger Stadium, Chavez Ravine, Ca. *R* George Latka *P* Olympic Boxing Club.

7/13/1963. F *Won* Sugar Ramos (125¾) *Lost* Rafiu King (124¾). Unan 15 *S* El Torio, Mexico City, Mexico *R* Ramon Berumen.

2/28/1964. F *Won* Sugar Ramos (126) *Lost* Mitsunori Seki (125½). TKO 6/1:38 *S* Kuramae Arena, Tokyo, Japan *R* Nicholas Pope *P* Shinwa Promotions.

5/9/1964. F *Won* Sugar Ramos (125¼) *Lost* Floyd Robertson (124¼). Split 15 *S* Sports Stadium, Accra, Ghana *R* Jack Hart *P* Jack Solomons, Ltd.

9/26/1964. F *Won* Vicente Saldivar (125) *Lost* Sugar Ramos (124). TKO 12/* *S* Toreo de Cuatro Caminos, Mex. City, Mex. *R* Ramon Berumen.

5/7/1965. F *Won* Vicente Saldivar (124¾) *Lost* Raul Rojas (125½). TKO 15/2:50 *S* Memorial Coliseum, Los Angeles, Calif. *R* Tommy Hart *P* Olympic Boxing Club.

9/7/1965. F *Won* Vicente Saldivar (125¾) *Lost* Howard Winstone (125). Ref 15 *S* Earls Court, London, Eng. *R* Bill Williams.

2/12/1966. F *Won* Vicente Saldivar (123¾) *Lost* Floyd Robertson (124¼). KO 2/2:29 *S* Plaza Mexico, Mexico City, Mex. *R* Ramon Berumen.

8/7/1966. F *Won* Vicente Saldivar (124½) *Lost* Mitsunori Seki (124). Unan 15 *S* Plaza Mexico, Mexico City, Mex. *R* Ramon Berumen.

1/29/1967. F *Won* Vicente Saldivar (124¾) *Lost* Mitsunori Seki (125). TKO 7/1:53 *S* Plaza Mexico, Mexico City, Mex. *R* Ramon Berumen.

6/15/1967. F *Won* Vicente Saldivar (125¼) *Lost* Howard Winstone (125). Ref 15 *S* Ninian Park Stadium, Cardiff, Wales *R* Wally Thom *P* Harry Levene.

10/14/1967. F *Won* Vicente Saldivar (125½) *Lost* Howard Winstone (125¼). TKO 12/2:12 *S* Aztec Stadium, Mexico City, Mex. *R* Ramon Berumen.

12/14/1967. CSAC:F *Won* Raul Rojas (126) *Lost* Antonio Herrera (125). Unan 15 *S* Olympic Auditorium, Los Angeles, Ca. *R* George Latka *P* Olympic Boxing Club.

1/23/1968. WBC:F *Won* Howard Winstone (125¾) *Lost* Mitsunori Seki (125¼). TKO 9/1:44 *S* Royal Albert Hall, London, Eng. *R* Roland Dakin.

3/28/1968. WBA:F *Won* Raul Rojas (126) *Lost* Enrique Higgins (125½). Unan 15 *S* Olympic Auditorium, Los Angeles, Ca. *R* Dick Young *P* Olympic Boxing Club.

5/20/1968. Aus.:F *Won* Johnny Famechon (125½) *Lost* Bobby Valdez (125¾). DQ 13/1:13 *S* Sydney Stadium, Sydney, N.S.W., Aus. *R* Vic Patrick.

7/24/1968. WBC:F *Won* Jose Legra (125½) *Lost* Howard Winstone (125¼). TKO 5/2:02 *S* Coney Beach Arena, Porthcawl, Wales *R* Harry Gibbs *P* Jack Solomons, Ltd.

9/13/1968. Aus.:F *Won* Johnny Famechon (125¼) *Lost* Billy McGrandle (122½). TKO 12 *S* Festival Hall, Melbourne, Vic., Australia *R* Terry Reilly.

9/28/1968. WBA:F *Won* Shozo Saijyo (125) *Lost* Raul Rojas (126). Unan 15 *S* Memorial Coliseum, Los Angeles, Calif. *R* John Thomas.

1/21/1969. WBC:F *Won* Johnny Famechon (125½) *Lost* Jose Legra (124½). Ref 15 *S* Royal Albert Hall, London, Eng. *R* George Smith.

2/9/1969. WBA:F *Won* Shozo Saijyo (125½) *Lost* Pedro Gomez (123¼). Unan 15 *S* Martial Arts Hall, Tokyo, Japan *R* Ko Toyama *P* Kyoei Promotions.

7/28/1969. WBC:F *Won* Johnny Famechon (124½) *Lost* Fighting Harada (125¾). Ref 15 *S* Sydney Stadium, Sydney, N.S.W., Aus. *R* Willie Pep.

9/7/1969. WBA:F *Won* Shozo Saijyo (126) *Lost* Jose Luis Pimentel (125½). KO 2/1:29 *S* Makomanai Arena, Sapporo, Japan *R* Ken Morita *P* Kyoei Promotions.

1/6/1970. WBC:F *Won* Johnny Famechon (124¾) *Lost* Fighting Harada (126). TKO 14/1:09 *S* Municipal Gymnasium, Tokyo, Japan *R* Nicholas Pope *P* Sasazaki Promotions.

2/8/1970. WBA:F *Won* Shozo Saijyo (125½) *Lost* Godfrey Stevens (124¾). Unan 15 *S* Martial Arts Hall, Tokyo, Japan *R* Ken Morita *P* Kyoei Promotions.

5/9/1970. WBC:F *Won* Vicente Saldivar (126) *Lost* Johnny Famechon (124¼). Unan 15 *S* Sports Palace, Rome, Italy *R* Harry Gibbs.

7/5/1970. WBA:F *Won* Shozo Saijyo (125½) *Lost* Franki Crawford (125¾). Maj 15 *S* Miyagi Prefectural Gym., Sendai, Japan *R* Yusaku Yoshida *P* Kyoei Promotions.

12/11/1970. WBC:F *Won* Kuniaki Shibata (126) *Lost* Vicente Saldivar (125). TKO 14/* *S* Plaza Tijuana, Tijuana, Mexico *R* Ray Solis.

2/28/1971. WBC:F *Won* Shozo Saijyo (126) *Lost* Franki Crawford (126). Unan 15 *S* Utsunomiya Gym., Utsunomiya, Japan *R* Takeo Ugo *P* Kyoei Promotions.

6/3/1971. WBC:F *Won* Kuniaki Shibata (126) *Lost* Raul Cruz (125¾). KO 1/2:04 *S* Municipal Gymnasium, Tokyo, Japan *R* Ken Morita *P* Yonekura Promotions.

9/2/1971. WBA:F *Won* Antonio Gomez (125) *Lost* Shozo Saijyo (126). KO 5/2:07 *S* Municipal Gymnasium, Tokyo, Japan *R* Alfredo Garzo *P* Kyoei Promotions.

11/11/1971. WBC:F *Won* Kuniaki Shibata (125¼) *Lost* Ernesto Marcel (125¾). Draw 15 *S* Ehime Playground, Matsuyama, Japan *R* Yung-Soo Chung *P* Yonekura Promotions.

2/5/1972. WBA:F *Won* Antonio Gomez (125¼) *Lost* Raul Martinez Mora (124¼). KO 7/1:34 *S* Maestranza Cesar Giron, Maracay, Vez. *R* Luis Sulbaran.

5/19/1972. WBC:F *Won* Clemente Sanchez (125¼) *Lost* Kuniaki Shibata (125¼). KO 3/2:26 *S* Nihon Univ. Auditorium, Tokyo, Japan *R* Hiroyuki Tezaki *P* Yonekura Promotions.

8/19/1972. WBA:F *Won* Ernesto Marcel (126) *Lost* Antonio Gomez (125). Maj 15 *S* Maestranza Cesar Giron, Maracay, Vez. *R* Luis Sulbaran.

12/2/1972. WBA:F *Won* Ernesto Marcel (126) *Lost* Enrique Garcia (124½). TKO 6 *S* Nuevo Panama Gym., Panama City, Pan. *R* Servio Tulio Ley.

12/16/1972. WBC:F *Won* Jose Legra (123¼) *Lost* Clemente Sanchez (129). TKO 10 *S* Plaza Monumental, Monterrey, Mexico *R* Octavio Meyran.

5/5/1973. WBC:F *Won* Eder Jofre (125) *Lost* Jose Legra (125½). Maj 15 *S* Pres. Medici Gymnasium, Brasilia, Brazil *R* Jay Edson.

7/14/1973. WBA:F *Won* Ernesto Marcel (126) *Lost* Antonio Gomez (125½). TKO 12/* *S* Nuevo Panama Gym., Panama City, Pan. *R* Isaac Herrera.

9/8/1973. WBA:F *Won* Ernesto Marcel (126) *Lost* Spider Nemoto (125¾). KO 9/3:05 *S* Nuevo Panama Gym., Panama City, Pan. *R* Roberto Lopez.

10/21/1973. WBC:F *Won* Eder Jofre (124¼) *Lost* Vicente Saldivar (125¾). KO 4/1:40 *S* Antonio Balbino Stadium, Salvador, Brazil *R* Moyses Sister.

2/16/1974. WBA:F *Won* Ernesto Marcel (125¾) *Lost* Alexis Arguello (122¾). Unan 15 *S* Nuevo Panama Gym., Panama City, Pan. *R* Servio Tulio Ley.

7/9/1974. WBA:F *Won* Ruben Olivares (125½) *Lost* Zensuke Utagawa (126). KO 7 *S* Great Western Forum, Inglewood, Calif. *R* George Latka.

9/7/1974. WBC:F *Won* Bobby Chacon (125½) *Lost* Alfredo Marcano (125½). KO 9/2:18 *S* Olympic Auditorium, Los Angeles, Calif. *R* Ray Solis *P* Olympic Boxing Club.

11/23/1974. WBA:F *Won* Alexis Arguello (124½) *Lost* Ruben Olivares (125½). KO 13/1:20 *S* Great Western Forum, Inglewood, Calif. *R* Dick Young.

3/1/1975. WBC:F *Won* Bobby Chacon (126) *Lost* Papalero Estrada (125½). KO 2/2:38 *S* Olympic Auditorium, Los Angeles, Calif. *R* John Thomas *P* Olympic Boxing Club.

3/15/1975. WBA:F *Won* Alexis Arguello (126) *Lost* Leonel Hernandez (125½). TKO 8 *S* El Poliedro, Caracas, Venezuela *R* Fernie Carpentier.

5/31/1975. WBA:F *Won* Alexis Arguello *Lost* Rigoberto Riasco. TKO 2/2:26 *S* National Stadium, Managua, Nicaragua *R* Fernie Carpentier.

6/20/1975. WBC:F *Won* Ruben Olivares (125¼) *Lost* Bobby Chacon (124½). TKO 2/2:29 *S* Great Western Forum, Inglewood, Ca. *R* Larry Rozadilla.

9/20/1975. WBC:F *Won* David Kotey (126) *Lost* Ruben Olivares (126). Split 15 *S* Great Western Forum, Inglewood, Ca. *R* Rudy Jordan *P* Forum Promotions.

10/12/1975. WBA:F *Won* Alexis Arguello (125½) *Lost* Royal Kobayashi (125¾). KO 5/2:47 *S* Kuramae Arena, Tokyo, Japan *R* Carlos Padilla *P* Kokusai Promotions.

3/6/1976. WBC:F *Won* David Kotey (126) *Lost* Flipper Uehara (124½). TKO 12 *S* Sports Stadium, Accra, Ghana *R* Harry Gibbs.

6/19/1976. WBA:F *Won* Alexis Arguello (125¾) *Lost* Salvador Torres (125½). KO 3/1:25 *S* Great Western Forum, Inglewood, Ca. *R* Larry Rozadilla.

7/16/1976. WBC:F *Won* David Kotey (126) *Lost* Shig Fukuyama (125¾). TKO 3/0:21 *S* Korakuen Hall, Tokyo, Japan *R* Harry Gibbs *P* Kyoei Promotions.

11/13/1976. WBC:F *Won* Danny Lopez (126) *Lost* David Kotey (125½). Unan 15 *S* Sports Stadium, Accra, Ghana *R* Harry Gibbs.

1/15/1977. WBA:F *Won* Rafael Ortega (125½) *Lost* Francisco Coronado (126). Unan 15 *S* New Panama Gym., Panama City, Pan. *R* Jesus Celis.

5/29/1977. WBA:F *Won* Rafael Ortega (125½) *Lost* Flipper Uehara (125). Unan 15 *S* Onoyama Gymnasium, Okinawa, Japan *R* Jesus Gonzalez *P* Kyoei Promotions.

9/13/1977. WBC:F *Won* Danny Lopez (125) *Lost* Jose Torres (126). TKO 8/* *S* Olympic Auditorium, Los Angeles, Ca. *R* Larry Rozadilla *P* Olympic Boxing Club.

12/17/1977. WBA:F *Won* Cecilio Lastra (126) *Lost* Rafael Ortega (125¾). Unan 15 *S* Plaza de Toros, Torrelavega, Spain *R* Jesus Celis.

2/15/1978. WBC:F *Won* Danny Lopez (126) *Lost* David Kotey (125). TKO 6/1:18 *S* Las Vegas Hilton, Las Vegas *R* Ray Solis *P* Top Rank, Inc.

4/15/1978. WBA:F *Won* Eusebio Pedroza (126) *Lost* Cecilio Lastra (126). TKO 13/2:25 *S* Nuevo Panama Gym., Panama City, Pan. *R* Larry Rozadilla.

4/23/1978. WBC:F *Won* Danny Lopez (126) *Lost* Jose F. DePaula (125). TKO 6/1:30 *S* Olympic Auditorium, Los Angeles, Ca. *R* Dick Young *P* Olympic Boxing Club.

7/2/1978. WBA:F *Won* Eusebio Pedroza (126) *Lost* Ernesto Herrera (125¾). TKO 12/2:58 *S* Nuevo Panama Gym., Panama City, Pan. *R* Carlos Berrocal.

9/15/1978. WBC:F *Won* Danny Lopez (125½) *Lost* Juan Malvarez (125½). KO 2/0:45 *S* Superdome, New Orleans, La. *R* Marcello Bertini *P* Top Rank/Louisiana Sports.

10/21/1978. WBC:F *Won* Danny Lopez (125½) *Lost* Fel Clemente (125¾). DQ 4/2:15 *S* Sports Palace, Pesaro, Italy *R* Gujelmo Ajon *P* Top Rank/R. Sabbatini.

11/27/1978. WBA:F *Won* Eusebio Pedroza (126) *Lost* Enrique Solis (125½). Unan 15 *S* R. Clemente Coliseum, Hato Rey, P.R. *R* Isidro Rodriguez.

1/9/1979. WBA:F *Won* Eusebio Pedroza (126) *Lost* Royal Kobayashi (126). TKO 14/* *S* Korakuen Hall, Tokyo, Japan *R* Isidro Rodriguez *P* Kokusai Promotions.

3/10/1979. WBC:F *Won* Danny Lopez (125¾) *Lost* Roberto Castanon (125¾). KO 2/2:57 *S* Salt Palace, Salt Lake City, Utah *R* Carlos Padilla *P* Top Rank/Gagliardi.

4/8/1979. WBA:F *Won* Eusebio Pedroza (126) *Lost* Hector Carrasquilla (126). TKO 11/2:38 *S* Nuevo Panama Gym., Panama City, Pan. *R* Jesus Celis.

6/17/1979. WBC:F *Won* Danny Lopez (125) *Lost* Mike Ayala (125½). TKO 15/1:09 *S* Auditorium, San Antonio, Texas *R* Carlos Padilla *P* Top Rank, Inc.

7/21/1979. WBA:F *Won* Eusebio Pedroza (126) *Lost* Ruben Olivares (125½). TKO 12/1:42 *S* Houston Coliseum, Houston, Texas *R* David Pearl.

9/25/1979. WBC:F *Won* Danny Lopez (125½) *Lost* Jose Caba (126). TKO 3/1:41 *S* Olympic Auditorium, Los Angeles, Ca. *R* Martin Denkin *P* Pimentel Promotions.

11/17/1979. WBA:F *Won* Eusebio Pedroza (126) *Lost* Johnny Aba (125). TKO 11/2:00 *S* Murray Stadium, Port Moresby, P.N.G. *R* Stan Christodoulou *P* Norman Salta.

1/22/1980. WBA:F *Won* Eusebio Pedroza (126) *Lost* Spider Nemoto (125½). Unan 15 *S* Korakuen Hall, Tokyo, Japan *R* Nate Morgan *P* Soka Arisawa Promos.

2/2/1980. WBC:F *Won* Salvador Sanchez (125¼) *Lost* Danny Lopez (125¾). TKO 13/0:51 *S* Memorial Coliseum, Phoenix, Ariz. *R* Waldemar Schmidt.

3/29/1980. WBA:F *Won* Eusebio Pedroza (125½) *Lost* Juan Malvares (126). KO 9/1:10 *S* Nuevo Panama Gym., Panama City, Pan. *R* Vincent Rainone.

4/12/1980. WBC:F *Won* Salvador Sanchez (126) *Lost* Ruben Castillo (125½). Unan 15 *S* Civic Auditorium, Tucson, Ariz. *R* Marcelo Bertini.

6/21/1980. WBC:F *Won* Salvador Sanchez (126) *Lost* Danny Lopez (126). TKO 14/1:42 *S* Caesars Palace, Las Vegas, Nev. *R* Mills Lane *P* Five Star Promotions.

7/20/1980. WBA:F *Won* Eusebio Pedroza (126) *Lost* Sa-Wang Kim (125½). KO 8/2:52 *S* Changchung Gymnasium, Seoul, Korea *R* Jesus Celis.

9/13/1980. WBC:F *Won* Salvador Sanchez (126) *Lost* Patrick Ford (126). Maj 15 *S* Freeman Coliseum, San Antonio, Texas *R* Lou Filippo.

10/4/1980. WBA:F *Won* Eusebio Pedroza (126) *Lost* Rocky Lockridge (126). Split 15 *S* Great Gorge Playboy Hotel, McAfee, N.J. *R* Stan Christodoulou *P* Top Rank/Main Events.

12/13/1980. WBC:F *Won* Salvador Sanchez (126) *Lost* Juan LaPorte (124½). Unan 15 *S* County Coliseum, El Paso, Texas *R* David Pearl.

2/14/1981. WBA:F *Won* Eusebio Pedroza (125¾) *Lost* Patrick Ford (125¾). KO 13/3:08 *S* Nuevo Panama Gym., Panama City, Pan. *R* Larry Rozadilla *P* Panaprom S.A.

3/22/1981. WBC:F *Won* Salvador Sanchez (126) *Lost* Roberto Castanon (126). TKO 10/1:09 *S* Caesars Palace, Las Vegas, Nev. *R* David Pearl *P* Five Star Promotions.

8/1/1981. WBA:F *Won* Eusebio Pedroza (126) *Lost* Bernardo Pinango (125¼). KO 7/1:38 *S* El Poliedro, Caracas, Venezuela *R* Spider Bynum *P* Rafito Cedeno Enterprises.

8/21/1981. WBC:F *Won* Salvador Sanchez (126) *Lost* Wilfredo Gomez (126). TKO 8/2:09 *S* Caesars Palace, Las Vegas, Nev. *R* Carlos Padilla *P* Don King Productions.

12/5/1981. WBA:F *Won* Eusebio Pedroza (126) *Lost* Bashew Sibaca (124). KO 5/1:46 *S* Nuevo Panama Gym., Panama City, Pan. *R* Ernesto Magana *P* Top Rank/Panaprom S.A.

12/12/1981. WBC:F *Won* Salvador Sanchez (126) *Lost* Pat Cowdell (125½). Split 15 *S* Houston Astrodome, Houston, Texas *R* Steve Crosson *P* King/Houston Sports Assn.

1/24/1982. WBA:F *Won* Eusebio Pedroza (125¼) *Lost* Juan LaPorte (126). Unan 15 *S* Sands Hotel, Atlantic City, N.J. *R* Guy Jutras *P* Top Rank/M.S.G. Boxing.

5/8/1982. WBC:F *Won* Salvador Sanchez (126) *Lost* Rocky Garcia (125¾). Unan 15 *S* Reunion Arena, Dallas, Texas *R* Steve Crosson *P* Don King Productions.

7/21/1982. WBC:F *Won* Salvador Sanchez (126) *Lost* Azumah Nelson (124). TKO 15/1:49 *S* Madison Sq. Garden, New York, N.Y. *R* Tony Perez *P* Don King Productions.

9/15/1982. WBC:F *Won* Juan LaPorte (126) *Lost* Mario Miranda (125½). TKO 11/* *S* Madison Sq. Garden, New York, N.Y. *R* Octavio Meyran *P* Don King Productions.

10/16/1982. WBA:F *Won* Eusebio Pedroza (126) *Lost* Bernard Taylor (125½). Draw 15 *S* Charlotte Coliseum, Charlotte, N.C. *R* Stan Christodoulou *P* Top Rank/H. Wheeler.

2/20/1983. WBC:F *Won* Juan LaPorte (125¼) *Lost* Ruben Castillo (126). Unan 12 *S* R. Clemente Coliseum, Hato Rey, P.R. *R* David Pearl *P* Don King Productions.

4/24/1983. WBA:F *Won* Eusebio Pedroza (126) *Lost* Rocky Lockridge (122½). Unan 15 *S* Circus Pavilion, San Remo, Italy *R* Ove Ovesen *P* Top Rank/R. Sabbatini.

6/25/1983. WBC:F *Won* Juan LaPorte (126) *Lost* Johnny de la Rosa (126). Split 12 *S* R. Clemente Coliseum, Hato Rey, P.R. *R* Arthur Mercante *P* Don King Productions.

10/22/1983. WBA:F *Won* Eusebio Pedroza (126) *Lost* Jose Caba (125¾). Unan 15 *S* Sports Palace, Saint Vincent, Italy *R* Stan Christodoulou *P* Top Rank/R. Sabbatini.

3/4/1984. IBF:F *Won* Min-Keun Oh (125¾) *Lost* Jokar Arter (124½). KO 2/1:55 *S* Munhwa Gym., Seoul *R* Tomas Evaristo *P* Hyun-Chi Kim.

3/31/1984. WBC:F *Won* Wilfredo Gomez (125) *Lost* Juan LaPorte (125½). Unan 12 *S* R. Clemente Coliseum, Hato Rey, P.R. *R* Octavio Meyran *P* Murad Muhammad, Inc.

5/27/1984. WBA:F *Won* Eusebio Pedroza (126) *Lost* Angel Levy Mayor (125¼). Unan 15 *S* Hotel del Lago, Maracaibo, Vez. *R* Bernard Soto *P* Cedeno Int. Promotions.

6/10/1984. IBF:F *Won* Min-Keun Oh (126) *Lost* Kelvin Lampkins (125¼). Unan 15 *S* Munhwa Gymnasium, Seoul, Korea.

12/8/1984. WBC:F *Won* Azumah Nelson (125½) *Lost* Wilfredo Gomez (125½). KO 11/2:59 *S* Hiram Bithorn Stadium, San Juan, P.R. *R* Octavio Meyran *P* Don King/E. Ramirez Moll.

2/2/1985. WBA:F *Won* Eusebio Pedroza (126) *Lost* Jorge Lujan (126). Unan 15 *S* Nuevo Panama Gym., Panama City, Pan. *R* Rudy Jordan *P* Panaprom S.A.

4/7/1985. IBF:F *Won* Min-Keun Oh (125¾) *Lost* Irving Mitchell (125¼). Unan 15 *S* Kudok Gymnasium, Pusan, Korea *R* Yasujiro Fujimoto *P* Hanjin Promotions.

6/8/1985. WBA:F *Won* Barry McGuigan (125¾) *Lost* Eusebio Pedroza (126). Unan 15 *S* Queen's Park Stadium, London, Eng. *R* Stan Christodoulou *P* S. Eastwood/Mickey Duff.

9/6/1985. WBC:F *Won* Azumah Nelson (126) *Lost* Juvenal Ordenes (126). KO 5/2:45 *S* Tamiani Fairgrounds Aud., Miami, Fla. *R* Steve Crosson *P* Don King/Mr. Chi-Chi B.E.

9/28/1985. WBA:F *Won* Barry McGuigan (125¼) *Lost* Bernard Taylor (125½). TKO 9/* *S* King's Hall, Belfast, No. Ireland *R* Isidro Rodriguez *P* Stephen Eastwood.

10/12/1985. WBC:F *Won* Azumah Nelson (125¾) *Lost* Pat Cowdell (125). KO 1/2:24 *S* National Exh. Centre, Birmingham, Eng. *R* Octavio Meyran *P* Frank Warren Promotions.

11/29/1985. IBF:F *Won* Ki-Yung Chung (125½) *Lost* Min-Keun Oh (125½). TKO 15/2:15 *S* Chonju Gymnasium, Chonju, Korea *R* Abraham Pacheco *P* World Promotions.

2/15/1986. WBA:F *Won* Barry McGuigan (125¾) *Lost* Danilo Cabrera (125¼). TKO 14/1:40 *S* Simonscourt Pavilion, Dublin, Ire. *R* Eddie Eckert *P* Irish Perm. Building Society.

2/16/1986. IBF:F *Won* Ki-Yung Chung (125¾) *Lost* Tyrone Jackson (126). TKO 7/* *S* Ulsan General Gymnasium, Ulsan, Korea *R* Bruce McTavish *P* World Promotions.

2/25/1986. WBC:F *Won* Azumah Nelson (125½) *Lost* Marcos Villasana (125½). Maj 12 *S* Great Western Forum, Inglewood, Ca. *R* John Thomas *P* Azteca Promotions.

5/18/1986. IBF:F *Won* Ki-Yung Chung (126) *Lost* Richard Savage (125½). Unan 15 *S* Citizens' Indoor Stadium, Taegu, Korea *R* Al Rothenberg *P* World Promotions.

6/22/1986. WBC:F *Won* Azumah Nelson (125½) *Lost* Danilo Cabrera (125). TKO 10/2:31 *S* Hiram Bithorn Stadium, San Juan, P.R. *R* Jesus Arias Torres *P* Don King/Hector Rivera.

6/23/1986. WBA:F *Won* Steve Cruz (126) *Lost* Barry McGuigan (126). Unan 15 *S* Caesars, Las Vegas, Nev. *R* Richard Steele *P* Top Rank, Inc.

8/30/1986. IBF:F *Won* Antonio Rivera (126) *Lost* Ki-Yung Chung (125¾). TKO 10/1:36 *S* Hwasong Citizens' Hall, Osan, Korea *R* Bruce McTavish *P* World Promotions.

3/6/1987. WBA:F *Won* Antonio Esparragoza (125¾) *Lost* Steve Cruz (126). TKO 12/2:28 *S* Will Rogers Coliseum, Fort Worth, Tx. *R* Wiso Fernandez *P* Houston Boxing Assn.

3/7/1987. WBC:F *Won* Azumah Nelson (124½) *Lost* Mauro Gutierrez (126). KO 6/0:33 *S* Las Vegas Hilton, Las Vegas, Nev. *R* David Pearl *P* Dynamic Duo, Inc.

7/26/1987. WBA:F *Won* Antonio Esparragoza (125½) *Lost* Pascual Aranda (125¾). KO 10/2:36 *S* Las Americas Arena, Houston, Tx. *R* Lou Moret *P* Martinique Boxing Promos.

8/29/1987. WBC:F *Won* Azumah Nelson (125½) *Lost* Marcos Villasana (126). Unan 12 *S* Olympic Auditorium, Los Angeles, Ca. *R* John Thomas *P* Azteca Promotions.

1/23/1988. IBF:F *Won* Calvin Grove (125¾) *Lost* Antonio Rivera (126). TKO 4/2:12 *S* Sports Palace, Gamaches, France *R* Rudy Battle *P* Sports Loisirs Art./M.S.G.

3/7/1988. WBC:F *Won* Jeff Fenech (126) *Lost* Victor Callejas (126). TKO 10/1:21 *S* Entertainment Center, Sydney, N.S.W. *R* Richard Steele *P* Classic Promotions.

5/17/1988. IBF:F *Won* Calvin Grove (125¾) *Lost* Myron Taylor (124¾). Unan 15 *S* Sands Hotel, Atlantic City, N.J. *R* Randy Neumann *P* Houston B.A./Frank Gelb.

6/23/1988. WBA:F *Won* Antonio Esparragoza (126) *Lost* Marcos Villasana (126). Draw 12 *S* L.A. Sports Arena, Los Angeles, Calif. *R* Larry Rozadilla *P* Azteca Promotions.

8/4/1988. IBF:F *Won* Jorge Paez (125¾) *Lost* Calvin Grove (125½). Maj 15 *S* Plaza de Toros de Calafia, Mexicali, Mex. *R* Al Rothenberg *P* Ignacio Huizar.

8/12/1988. WBC:F *Won* Jeff Fenech (125¾) *Lost* Tyrone Downes (123). TKO 5/1:07 *S* National Tennis Center, Melbourne, Vic. *R* Steve Crosson *P* Classic Promotions.

11/5/1988. WBA:F *Won* Antonio Esparragoza (125¾) *Lost* Jose Marmolejos (126). KO 8/1:24 *S* Sports Palace, Marsala, Sicily, Italy *R* Bernard Soto *P* Lorenzo Spagnoli.

11/30/1988. WBC:F *Won* Jeff Fenech (125½) *Lost* George Navarro (126). TKO 5/1:41 *S* National Tennis Center, Melbourne, Vic. *R* Arthur Mercante *P* Classic Promotions.

1/28/1989. WBO:F *Won* Maurizio Stecca *Lost* Pedro Nolasco. TKO 6 *S* Sports Palace, Milan, Italy.

3/26/1989. WBA:F *Won* Antonio Esparragoza (125¾) *Lost* Mitsuru Sugiya (125¾). TKO 10/2:07 *S* Municipal Gymnasium, Kawasaki, Japan *R* Eddie Eckert *P* Bell Kyoei/World Sport.

3/30/1989. IBF:F *Won* Jorge Paez (126) *Lost* Calvin Grove (126). KO 11/1:02 *S* Plaza de Toros de Calafia, Mexicali, Mex. *R* Robert Ferrera *P* Ignacio Huizar.

4/8/1989. WBC:F *Won* Jeff Fenech (125½) *Lost* Marcos Villasana (125½). Unan 12 *S* National Tennis Stadium, Melbourne, Vic. *R* Joe Cortez *P* Classic Promotions.

5/21/1989. IBF:F *Won* Jorge Paez (126) *Lost* Louie Espinoza (126). Draw 12 *S* Veterans Memorial Coliseum, Phoenix, Ariz. *R* Robert Ferrara *P* Top Rank, Inc.

6/2/1989. WBA:F *Won* Antonio Esparragoza (125½) *Lost* Jean-Marc Renard (126). KO 6/2:25 *S* Exposition Palace, Namur, Belgium *R* Lou Moret *P* L. de Vries-V. Chapelle.

6/16/1989. WBO:F *Won* Maurizio Stecca *Lost* Angel Mayor. TKO 9 *S* Sports Palace, Milan, Italy.

8/6/1989. IBF:F *Won* Jorge Paez (126) *Lost* Steve Cruz (125½). Unan 12 *S* County Coliseum, El Paso, Texas *R* Robert Gonzales *P* Forum Boxing, Inc.

9/16/1989. IBF:F *Won* Jorge Paez (126) *Lost* Jose M. Lopez (125¾). KO 2/1:27 *S* Plaza de Toros, Mexico City, Mex. *R* Jesus Arias *P* Prince Promotions.

9/22/1989. WBA:F *Won* Antonio Esparragoza (126) *Lost* Eduardo Montoya (125¾). TKO 5/1:30 *S* Plaza de Toros de Calafia, Mexicali, Mex. *R* Larry Rozadilla *P* JAB Promotions.

11/11/1989. WBO:F *Won* Louie Espinoza *Lost* Maurizio Stecca. TKO 7 *S* Sports Palace, Rimini, Italy *R* Stan Christodoulou.

12/9/1989. IBF:F *Won* Jorge Paez (126) *Lost* Lupe Gutierrez (125¾). TKO 6/2:01 *S* Lawlor Events Center, Reno, Nev. *R* Mills Lane *P* Forum Boxing/J. & J.

2/4/1990. IBF:F *Won* Jorge Paez (126) *Lost* Troy Dorsey (126). Split 12 *S* Las Vegas Hilton, Las Vegas, Nev. *R* Carlos Padilla *P* Forum Boxing, Inc.

4/7/1990. BFBO:F *Won* Jorge Paez (126) *Lost* Louie Espinoza (126). Split 12 *S* Las Vegas Hilton, Las Vegas, Nev. *R* Richard Steele *P* Forum Boxing, Inc.

5/12/1990. WBA:F *Won* Antonio Esparragoza (125½) *Lost* Chan-Mok Park (125¾). Unan 12 *S* Hilton Hotel, Seoul, Korea *R* Rudy Battle *P* Hyundai Promotions.

6/2/1990. WBC:F *Won* Marcos Villasana (125) *Lost* Paul Hodkinson (125½). TKO 8/2:58 *S* G-Mex Centre, Manchester, Eng. *R* Arthur Mercante *P* Eastwood Promotions.

7/8/1990. IBF:F *Won* Jorge Paez (126) *Lost* Troy Dorsey (125¾). Draw 12 *S* Las Vegas Hilton, Las Vegas, Nev. *R* Richard Steele *P* Forum Boxing, Inc.

9/30/1990. WBC:F *Won* Marcos Villasana (126) *Lost* Javier Marquez (126). TKO 8/1:56 *S* Plaza de Toros de Calafia, Mexicali, Mex. *R* Richard Steele *P* Nicolas Rodriguez.

1/26/1991. WBO:F *Won* Maurizio Stecca (125½) *Lost* Armando Reyes (125). TKO 5/2:30 *S* Sports Palace, Sassari, Sardinia, Italy *R* Wiso Fernandez *P* Umberto Branchini.

3/30/1991. WBA:F *Won* Yong-Kyun Park (125¼) *Lost* Antonio Esparragoza (126). Unan 12 *S* Mudeungsan Hotel, Kwangju, Korea *R* Stan Christodoulou *P* Hyundai Promotions.

4/11/1991. WBC:F *Won* Marcos Villasana (126) *Lost* Rafael Zuniga (125¼). TKO 6/2:08 *S* Arena Coliseo, Mexico City, Mex. *R* Vince Delgado *P* Azteca Promotions.

6/3/1991. IBF:F *Won* Troy Dorsey (126) *Lost* Alfred Rangel (125). KO 1/2:37 *S* Caesars Palace, Las Vegas, Nev. *R* Vic Drakulich *P* Forum Boxing, Inc.

6/15/1991. WBO:F *Won* Maurizio Stecca (125¼) *Lost* Fernando Ramos (124). Unan 12 *S* Sports Palace, Montechiari, Italy *R* Frank Santore *P* International Productions.

6/15/1991. WBA:F *Won* Yong-Kyun Park (125½) *Lost* Masuaki Takeda (124¾). TKO 6/1:26 *S* Taegu Gymnasium, Taegu, Korea *R* Bernard Soto *P* Hyundai Promotions.

8/12/1991. IBF:F *Won* Troy Dorsey (125¾) *Lost* Manuel Medina (125¾). Unan 12 *S* Great Western Forum, Inglewood, Ca. *R* Robert Byrd *P* Forum Boxing, Inc.

8/15/1991. WBC:F *Won* Marcos Villasana (126) *Lost* Ricardo Cepeda (126). Unan 12 *S* Plaza de Toros Puerto Banus, Marbella, Spain *R* Lou Filippo *P* K.O. Internacionale.

9/14/1991. WBA:F *Won* Yong-Kyun Park (125½) *Lost* Eloy Rojas (124½). Unan 12 *S* Mokpo K.B.S. Hall, Mokpo, Korea *R* Larry Rozadilla *P* Hyundai Promotions.

11/9/1991. WBO:F *Won* Maurizio Stecca (125¾) *Lost* Tim Driscoll (126). TKO 10/* *S* Casino di Campione, Campione, Italy *R* Joe O'Neil *P* International Productions.

11/13/1991. WBC:F *Won* Paul Hodkinson (125¾) *Lost* Marcos Villasana (126). Unan 12 *S* Maysfield Leisure Centre, Belfast, No. Ire. *R* Vince Delgado *P* Eastwood Promotions.

11/18/1991. IBF:F *Won* Manuel Medina (125¾) *Lost* Tom Johnson (125½). TWu 9/1:35 *S* Great Western Forum, Inglewood, Ca. *R* Lou Moret *P* Forum Boxing, Inc.

1/25/1992. WBA:F *Won* Yong-Kyun Park (125¾) *Lost* Seiji Asakawa (125¾). KO 9/1:43 *S* Inchon Gymnasium, Inchon, Korea *R* Larry Rozadilla *P* Hyundai Promotions.

3/14/1992. IBF:F *Won* Manuel Medina (126) *Lost* Fabrice Benichou (126). Split 12 *S* Espace Piscine, Antibes, France *R* Randy Neumann *P* R.M.O. Promotions.

4/25/1992. WBC:F *Won* Paul Hodkinson (125¾) *Lost* Steve Cruz (126). TKO 3/1:05 *S* Maysfield Leisure Centre, Belfast, No. Ire. *R* R. Barrovecchio *P* Eastwood Promotions.

4/25/1992. WBA:F *Won* Yong-Kyun Park (125½) *Lost* Koji Matsumoto (126). TKO 11/0:45 *S* Olympic Memorial Arena, Ansan, Korea *R* Julio Alvarado *P* Hyundai Promotions.

5/16/1992. WBO:F *Won* Colin McMillan (125) *Lost* Maurizio Stecca (125½). Unan 12 *S* Alexandra Palace, London, Eng. *R* Sam Williams *P* Frank Warren Promotions.

7/22/1992. IBF:F *Won* Manuel Medina (125) *Lost* Fabrizio Cappai (124). TKO 11/* *S* Sports Palace, Capo d'Orlando, Italy *R* Sam Williams *P* Total Sports (R. Sabbatini).

8/29/1992. WBA:F *Won* Yong-Kyun Park (125½) *Lost* Giovanni Nieves (124¾). Unan 12 *S* Hyundai Hotel, Kwangju, Korea *R* Waldemar Schmidt *P* Hyundai Promotions.

9/12/1992. WBC:F *Won* Paul Hodkinson (125¾) *Lost* Fabrice Benichou (126). TKO 10/1:35 *S* Patinoire de Toulouse, Blagnac, France *R* Franz Marti *P* R.M.O. Productions.

9/26/1992. WBO:F *Won* Ruben D. Palacios (124) *Lost* Colin McMillan (126). TKO 8/1:52 *S* Olympia National Hall, London, Eng. *R* Jess Andreasen *P* Frank Warren Promotions.

10/23/1992. IBF:F *Won* Manuel Medina (125½) *Lost* Moussa Sangare (125¾). Maj 12 *S* La Salle du Sportica, Gravelines, France *R* Robert Ferrara *P* Boxing Club des Antibes.

12/19/1992. WBA:F *Won* Yong-Kyun Park (125½) *Lost* Ever Beleno (124¾). Unan 12 *S* K.B.S. Hall, Changwon, Korea *R* Kazumasa Kuwata *P* Hyundai Promotions.

2/3/1993. WBC:F *Won* Paul Hodkinson (125¾) *Lost* Ricardo Cepeda (125¾). TKO 4/0:37 *S* Olympia National Hall, London, Eng. *R* Franz Marti *P* Frank Warren/Eastwood.

2/26/1993. IBF:F *Won* Tom Johnson (125¾) *Lost* Manuel Medina (125¼). Split 12 *S* Salle des Fetes, Melun, France *R* Rudy Battle *P* Universal (Roger Ferrer).

3/20/1993. WBA:F *Won* Yong-Kyun Park (125¼) *Lost* T. Kiatkriangkrai (125¾). TKO 4/2:58 *S* Hanra Gymnasium, Chejudo, Korea *R* Ken Morita *P* Hyundai Promotions.

4/17/1993. WBO:F *Won* Steve Robinson (125½) *Lost* John Davison (124¾). Split 12 *S* Northumbia Centre, Washington, Eng. *R* Bill Connors *P* St. Andrews Sporting Club.

4/28/1993. WBC:F *Won* Gregorio Vargas (126) *Lost* Paul Hodkinson (125¼). TKO 7/2:27 *S* National Boxing Stadium, Dublin, Ire. *R* Arthur Mercante *P* Eastwood Promotions.

7/10/1993. WBO:F *Won* Steve Robinson (126) *Lost* Sean Murphy (125¾). KO 9/1:54 *S* National Ice Rink, Cardiff, Wales *R* Roy Francis *P* Matchroom Boxing, Ltd.

9/4/1993. WBA:F *Won* Yong-Kyun Park (125) *Lost* Tae-Shik Chun (125¾). Unan 12 *S* Provincial Arena, Damyong, Korea *R* Wan-Soo Yuh *P* Hyundai Promotions.

9/11/1993. IBF:F *Won* Tom Johnson (125½) *Lost* Beibis Rojas (129¾). Unan 12 *S* Jai Alai Fronton, Miami, Fla. *R* Brian Garry *P* Main Events/Tiburon Promos.

10/23/1993. WBO:F *Won* Steve Robinson (125½) *Lost* Colin McMillan

(125¼). Unan 12 *S* National Ice Rink, Cardiff, Wales *R* Paul Thomas *P* Frank Warren/Eastwood.

11/30/1993. IBF:F *Won* Tom Johnson (125¾) *Lost* Stephane Haccoun (125). TKO 9/1:16 *S* Sports Palace, Marseilles, France *R* Pete Podgorski *P* J.C. Courreges Promos.

12/4/1993. WBC:F *Won* Kevin Kelley (125) *Lost* Gregorio Vargas (126). Unan 12 *S* Sparks Convention Center, Reno, Nev. *R* Richard Steele *P* Garden State Boxing, Inc.

12/4/1993. WBA:F *Won* Eloy Rojas (125¾) *Lost* Yong-Kyun Park (125¼). Split 12 *S* Kwangmyung Gym., Kwangmyung, Korea *R* Larry Rozadilla *P* Hyundai Promotions.

2/12/1994. IBF:F *Won* Tom Johnson (126) *Lost* Cesar Soto (126). Unan 12 *S* Cervantes Conv., St. Louis *R* Robert Ferrara *P* Garden State Boxing

3/12/1994. WBO:F *Won* Steve Robinson (125) *Lost* Paul Hodkinson (126). TKO 12/1:40 *S* National Ice Rink, Cardiff, Wales *R* Dave Parris *P* Frank Warren/Eastwood.

3/19/1994. WBA:F *Won* Eloy Rojas (124¾) *Lost* Seiji Asakawa (126). TKO 5/0:48 *S* World Memorial Hall, Kobe, Japan *R* Pinij Prayadsub *P* Teiken Promotions.

5/6/1994. WBC:F *Won* Kevin Kelley (126) *Lost* Jesse Benavides (126). Unan 12 *S* Convention Hall, Atlantic City, N.J. *R* Tony Perez *P* Main Events/Garden State.

6/4/1994. WBO:F *Won* Steve Robinson (125¾) *Lost* Freddy Cruz (125¼). Unan 12 *S* National Ink Rink, Cardiff, Wales *R* Toby Gibson *P* Matchroom Boxing, Ltd.

6/11/1994. IBF:F *Won* Tom Johnson (126) *Lost* Bennie Amparo (126). TKO 12/1:59 *S* Bally's Park Place Hotel, Atlantic City, N.J. *R* Tony Orlando *P* Garden State Boxing, Inc.

9/11/1994. WBA:F *Won* Eloy Rojas (125½) *Lost* Samart Payakaroon (126). KO 8/0:52 *S* Clarion M.P. Resort Hotel, Trang, Thai. *R* Larry Rozadilla *P* Songchai Boxing Promos.

9/24/1994. WBC:F *Won* Kevin Kelley (126) *Lost* Jose Vida Ramos (125). TKO 2/1:58 *S* Bally's Park Place Hotel, Atlantic City, N.J. *R* Tony Perez *P* Garden State Boxing, Inc.

10/1/1994. WBO:F *Won* Steve Robinson (125½) *Lost* Duke McKenzie (125¾). KO 9/2:50 *S* National Ice Rink, Cardiff, Wales *R* Roy Francis *P* Frank Warren Promotions.

10/22/1994. IBF:F *Won* Tom Johnson (126) *Lost* Francisco Segura (125½). Unan 12 *S* Bally's Park Place Hotel, Atlantic City, N.J. *R* Tony Orlando *P* Garden State Boxing, Inc.

12/3/1994. WBA:F *Won* Eloy Rojas (126) *Lost* Luis Mendoza (125¾). Unan 12 *S* Coliseo El Campin, Bogota, Colombia *R* Carlos Berrocal *P* Empresa Cuadrilatero.

1/7/1995. WBC:F *Won* Alejandro Gonzalez (126) *Lost* Kevin Kelley (126). TKO 10/* *S* Freeman Coliseum, San Antonio, Texas *R* Laurence Cole *P* C. Kushner/Garden State.

1/28/1995. IBF:F *Won* Tom Johnson (125¾) *Lost* Manuel Medina (125). Unan 12 *S* Bally's Park Place Hotel, Atlantic City, N.J. *R* Rudy Battle *P* Garden State Boxing, Inc.

2/4/1995. WBO:F *Won* Steve Robinson (125½) *Lost* Domingo Damigella (125½). Unan 12 *S* National Ice Rink, Cardiff, Wales *R* Ismael Fernandez *P* Sports Network, Ltd.

3/31/1995. WBC:F *Won* Alejandro Gonzalez (126) *Lost* Louie Espinoza (126). Unan 12 *S* Arrowhead Pond, Anaheim, Calif. *R* James Jen-Kin *P* Forum Boxing, Inc.

5/27/1995. WBA:F *Won* Eloy Rojas (125¾) *Lost* Yong-Kyun Park (126). Split 12 *S* Shinyang Park Hotel, Kwangju, Korea *R* John Coyle *P* Hyundai Promotions.

5/28/1995. IBF:F *Won* Tom Johnson (125½) *Lost* Eddie Croft (125). Unan 12 *S* Convention Center, S. Padre Is., Texas *R* Rafael Ramos *P* Garden State Boxing, Inc.

6/2/1995. WBC:F *Won* Alejandro Gonzalez (126) *Lost* Tony Green (124¼). TKO 9/0:31 *S* Foxwoods Resort, Mashantucket, Conn. *R* Luis C. Guzman *P* Azteca Promotions.

7/7/1995. WBO:F *Won* Steve Robinson (125½) *Lost* Pedro Ferradas (125½). TKO 9/0:45 *S* National Ice Rink, Cardiff, Wales *R* Ismael Fernandez *P* Sports Network, Ltd.

8/13/1995. WBA:F *Won* Eloy Rojas (125¼) *Lost* Nobutoshi Hiranaka (125¾). Unan 12 *S* Municipal Gymnasium, Tagawa City, Japan *R* Larry Rozadilla *P* Teiken/Chikuho Promos.

9/23/1995. WBC:F *Won* Manuel Medina (126) *Lost* Alejandro Gonzalez (126). Split 12 *S* Convention Center, Sacramento, Calif. *R* James Jen-Kin *P* Azteca Promotions.

9/30/1995. WBO:F *Won* Naseem Hamed (125¼) *Lost* Steve Robinson (125¼). TKO 8/1:40 *S* Cardiff Rugby Club, Cardiff, Wales *R* Ismael Fernandez *P* Sports Network, Ltd.

12/9/1995. IBF:F *Won* Tom Johnson (125¾) *Lost* Jose Badillo (125½). Maj 12 *S* Hans-Martin Schleyer Hall, Stuttgart, Ger. *R* Robert Ferrara *P* Don King/Cedric Kushner.

12/11/1995. WBC:F *Won* Luisito Espinosa (125) *Lost* Manuel Medina (126). Unan 12 *S* Korakuen Hall, Tokyo *R* James Jen-Kin *P* Joe Koizumi.

1/27/1996. WBA:F *Won* Eloy Rojas (125½) *Lost* Miguel Arrozal (124¼). Unan 12 *S* Veterans Mem. Col., Phoenix *R* Tony Weeks *P* Don King.

3/1/1996. WBC:F *Won* Luisito Espinosa (126) *Lost* Alejandro Gonzalez (126). KO 4/1:21 *S* Arena Coliseo Occidente, Guadalajara, Mex. *R* Arthur Mercante *P* Azteca Promotions.

3/2/1996. IBF:F *Won* Tom Johnson (126) *Lost* Ever Beleno (125¾). TKO 12/2:34 *S* International Arena, Newcastle, Eng. *R* Blair Talmadge *P* Don King/Sports Network.

3/16/1996. WBO:F *Won* Naseem Hamed (125¾) *Lost* Said Lawal (125). KO 1/0:35 *S* Scottish Exhibition Centre, Glasgow, Scot. *R* Ismael Fernandez *P* Sports Network, Ltd.

4/27/1996. IBF:F *Won* Tom Johnson (126) *Lost* Claudio Martinet (126). KO 7/0:38 *S* Espace Piscine, Antibes, France *R* Max Parker, Jr. *P* Don King/U.B.P. Ferrer.

5/18/1996. WBA:F *Won* Wilfredo Vazquez (126) *Lost* Eloy Rojas (125½). TKO 11/1:21 *S* Mirage Hotel & Casino, Las Vegas, Nev. *R* Mitch Halpern *P* Don King Productions.

6/8/1996. WBO:F *Won* Naseem Hamed (125¾) *Lost* Daniel Alicea (125¾). TKO 2/2:46 *S* Newcastle Arena, Newcastle, Eng. *R* Raul Caiz *P* Don King/Sports Network.

7/6/1996. WBC:F *Won* Luisito Espinosa (125) *Lost* Cesar Soto (125¼). Unan 12 *S* Luneta Park, Manila, Philippines *R* Arthur Mercante *P* Network Wire Asia.

8/31/1996. WBO:F *Won* Naseem Hamed (126) *Lost* Manuel Medina (125¾). TKO 12/* *S* The Point Theatre, Dublin, Ireland *R* Genaro Rodriguez *P* Don King/Sports Network.

8/31/1996. IBF:F *Won* Tom Johnson (126) *Lost* Ramon Guzman (125¼). Unan 12 *S* The Point Theatre, Dublin, Ireland *R* Sam Williams *P* Don King/Sports Network.

11/2/1996. WBC:F *Won* Luisito Espinosa (125½) *Lost* Nobutoshi Hiranaka (125¾). TKO 8/0:32 *S* Marine-Messe, Fukuoka, Japan *R* Guadalupe Garcia *P* Teiken/Chikuho Promos.

11/9/1996. WBO:F *Won* Naseem Hamed (125¾) *Lost* Remigio Molina (125¼). TKO 2/2:32 *S* NYNEX Arena, Manchester, Eng. *R* Roberto Ramirez *P* Sports Network, Ltd.

12/7/1996. WBA:F *Won* Wilfredo Vazquez (126) *Lost* Bernardo Mendoza (123). TKO 5/2:37 *S* Fantasy Springs Resort, Indio, Calif. *R* Lou Moret *P* Don King Productions.

2/8/1997. BFBO:F *Won* Naseem Hamed (126) *Lost* Tom Johnson (125½). TKO 8/2:27 *S* London Arena, Millwall, London, Eng. *R* Rudy Battle *P* Don King/Sports Network.

3/30/1997. WBA:F *Won* Wilfredo Vazquez (126) *Lost* Yuji Watanabe (125¼). KO 5/0:31 *S* Ryogoku Sumo Arena, Tokyo, Japan *R* John Coyle *P* Misako Promotions.

5/3/1997. BFBO:F *Won* Naseem Hamed (125¾) *Lost* Billy Hardy (126). TKO 1/1:33 *S* NYNEX Arena, Manchester, Eng. *R* Paul Thomas *P* Sports Network, Ltd.

5/17/1997. WBC:F *Won* Luisito Espinosa (125¾) *Lost* Manuel Medina (126). TWu 8/1:22 *S* Luneta Park, Manila, Philippines *R* Jay Nady *P* Joe Koizumi.

7/19/1997. WBO:F *Won* Naseem Hamed (125¾) *Lost* Juan G. Cabrera (125). TKO 2/2:17 *S* Wembley Arena, Wembley, Eng. *R* Lou Moret *P* Sports Network, Ltd.

8/23/1997. WBA:F *Won* Wilfredo Vazquez (126) *Lost* Roque Cassiani (125½). Unan 12 *S* Madison Sq. Garden, New York, N.Y. *R* Carl Schroeder *P* Don King/M.S.G. Boxing.
10/11/1997. WBO:F *Won* Naseem Hamed (126) *Lost* Jose Badillo (125). TKO 7/1:37 *S* Sheffield Arena, Sheffield, Eng. *R* Michael Benitez *P* Sports Network, Ltd.
11/8/1997. WBA:F *Won* Wilfredo Vazquez (126) *Lost* Genaro Rios (126). Unan 12 *S* Thomas & Mack Center, Las Vegas, Nev. *R* Joe Cortez *P* Don King/Main Events.
12/6/1997. WBC:F *Won* Luisito Espinosa (125½) *Lost* Carlos Rios (125½). TKO 6/1:29 *S* South Cotabato Stadium, Koronadal, Phil. *R* Jay Nady *P* Koizumi/Nazario-Mondejar.
12/13/1997. IBF:F *Won* Hector Lizarraga (124½) *Lost* Welcome Ncita (126). TKO 11/* *S* Amphitheatre, Pompano Beach, Fla. *R* Armando Garcia *P* Don King Productions.
12/19/1997. WBO:F *Won* Naseem Hamed (126) *Lost* Kevin Kelley (125½). KO 4/2:27 *S* Madison Sq. Garden, New York, N.Y. *R* Benji Esteves *P* Sports Network/M.S.G.
4/3/1998. WBA:F *Won* Freddie Norwood (126) *Lost* Antonio Cermeno (126). Unan 12 *S* R. Rodriguez Coliseum, Bayamon, P.R. *R* Roberto Ramirez *P* Don King Productions.
4/18/1998. WBO:F *Won* Naseem Hamed (125¾) *Lost* Wilfredo Vazquez (126). TKO 7/2:29 *S* NYNEX Arena, Manchester, Eng. *R* Genaro Rodriguez *P* Sports Network, Ltd.
4/24/1998. IBF:F *Won* Manuel Medina (126) *Lost* Hector Lizarraga (125¾). Unan 12 *S* San Jose Arena, San Jose, Calif. *R* Pat Russell *P* Kushner/Garden City.
6/13/1998. WBA:F *Won* Freddie Norwood (126) *Lost* Genaro Rios (125). TKO 8/1:05 *S* Trump Taj Mahal, Atlantic City, N.J. *R* Joe Cortez *P* Top Rank, Inc.
7/10/1998. WBA:F *Won* Freddie Norwood (125½) *Lost* Luis Mendoza (126). Unan 12 *S* Miccosukee Gaming Center, Miami, Fla. *R* Brian Garry *P* Top Rank, Inc.
8/15/1998. WBC:F *Won* Luisito Espinosa (125½) *Lost* Juan C. Ramirez (125). TWs 11/2:22 *S* County Coliseum, El Paso, Texas *R* Laurence Cole *P* America Presents.
9/22/1998. WBA:F *Won* Freddie Norwood (127¾) *Lost* Koji Matsumoto (126). TKO 10/0:25 *S* Yoyogi No. 2 Gymnasium, Tokyo, Japan *R* Stan Christodoulou *P* Yonekura/Teiken Promos.
10/3/1998. WBA:F *Won* Antonio Cermeno (126) *Lost* Genaro Rios (126). KO 4/2:57 *S* Jose Beracasa Gymnasium, Caracas, Vez. *R* Guillermo Perez *P* World Boxing Association.
10/31/1998. WBO:F *Won* Naseem Hamed (125) *Lost* Wayne McCullough (124). Unan 12 *S* Convention Hall, Atlantic City, N.J. *R* Joe Cortez *P* Kushner/America Presents.
11/28/1998. WBC:F *Won* Luisito Espinosa (125) *Lost* Kennedy McKinney (126). TKO 2/0:47 *S* Fantasy Springs Casino, Indio, Calif. *R* Martin Denkin *P* Amer. Pres./M+M/Main Events.
2/5/1999. WBA:F *Won* Antonio Cermeno (126) *Lost* Eddy Saenz (126). KO 2/2:55 *S* Jai-Alai Fronton, Miami, Fla. *R* Max Parker, Jr. *P* Don King Productions.
4/10/1999. WBO:F *Won* Naseem Hamed (126) *Lost* Paul Ingle (125½). TKO 11/0:45 *S* Evening News Arena, Manchester, Eng. *R* Joe Cortez *P* Matchroom/Prince Promos.
4/16/1999. IBF:F *Won* Manuel Medina (126) *Lost* Victor Polo (126). TWs 9/2:59 *S* Orleans Hotel & Casino, Las Vegas, Nev. *R* Joe Cortez *P* Las Vegas Sports Promos.
5/15/1999. WBC:F *Won* Cesar Soto (126) *Lost* Luisito Espinosa (126). Unan 12 *S* Equestrian Arena, El Paso, Texas *R* Laurence Cole *P* Top Rank/America Presents.
5/29/1999. WBA:F *Won* Freddie Norwood (125½) *Lost* Antonio Cermeno (125½). Split 12 *S* R. Clemente Coliseum, Hato Rey, P.R. *R* Luis Pabon *P* Don King Productions.
9/11/1999. WBA:F *Won* Freddie Norwood (126) *Lost* Juan M. Marquez (125). Unan 12 *S* Mandalay Bay Resort, Las Vegas, Nev. *R* Joe Cortez *P* Top Rank, Inc.
10/22/1999. BCBO:F *Won* Naseem Hamed (126) *Lost* Cesar Soto (126). Unan 12 *S* Joe Louis Arena, Detroit, Mich. *R* Dale Grable *P* Kushner/Prince/Top Rank.
11/13/1999. IBF:F *Won* Paul Ingle (126) *Lost* Manuel Medina (125¾). Unan 12 *S* Hull Ice Arena, Hull, Yorks., Eng. *R* Eddie Johnson *P* Panix Promos.
1/30/2000. WBA:F *Won* Freddie Norwood (125½) *Lost* Takashi Koshimoto (125¾). KO 9/1:59 *S* International Center, Fukuoka, Japan *R* Julio C. Alvarado *P* Fukuma Sports/Teiken.
3/11/2000. WBO:F *Won* Naseem Hamed (126) *Lost* Vuyani Bungu (125½). KO 4/1:38 *S* Olympia Grand Hall, London, Eng. *R* Joe Cortez *P* Hearn-Prince/C. Kushner.
4/14/2000. WBC:F *Won* Guty Espadas, Jr. (125¾) *Lost* Luisito Espinosa (126). TWu 11/2:40 *S* Poliforum Zamna, Merida, Yuc., Mex. *R* Richard Steele *P* Top Rank/Zanfer Promos.
4/29/2000. IBF:F *Won* Paul Ingle (125½) *Lost* Junior Jones (125¼). TKO 11/1:16 *S* Madison Sq. Garden, New York, N.Y. *R* Steve Smoger *P* Main Events/Panix/M.S.G.
5/25/2000. WBA:F *Won* Freddie Norwood (126) *Lost* Julio P. Chacon (125¾). Unan 12 *S* Mun. Malvinas Stadium, Mendoza, Arg. *R* Stan Christodoulou *P* Osvaldo Rivero Promos.
6/23/2000. WBC:F *Won* Guty Espadas, Jr. (126) *Lost* W. Sakmuangklang (126). Unan 12 *S* Poliforum Zamna, Merida, Yuc., Mex. *R* Jay Nady *P* Top Rank/Zanfer Promos.
8/19/2000. WBO:F *Won* Naseem Hamed (126) *Lost* Augie Sanchez (126). KO 4/2:34 *S* Foxwoods Resort, Mashantucket, Conn. *R* Michael Ortega *P* Prince Promos./Banner.
9/9/2000. WBA:F *Won* Derrick Gainer (125¾) *Lost* Freddie Norwood (127¾). TKO 11/1:56 *S* New Orleans Arena, New Orleans, La. *R* Paul Sita *P* M+M Sports/Square Ring.
12/16/2000. IBF:F *Won* Mbulelo Botile (124½) *Lost* Paul Ingle (125¼). KO 12/0:20 *S* Sheffield Arena, Sheffield, Eng. *R* Dave Parris *P* Sports Network, Ltd.
1/27/2001. WBO:F *Won* Istvan Kovacs (126) *Lost* Antonio Diaz (125½). TKO 12/1:58 *S* Rudi-Sedlmayer Halle, Munich, Ger. *R* Samuel Viruet *P* Universum Box Promotion.
2/17/2001. WBC:F *Won* Erik Morales (125) *Lost* Guty Espadas, Jr. (124½). Unan 12 *S* MGM Grand Garden, Las Vegas, Nev. *R* Jay Nady *P* Top Rank, Inc.
2/24/2001. WBA:F *Won* Derrick Gainer (125½) *Lost* Victor Polo (125¾). Split 12 *S* Ice Palace, Tampa. *R* Brian Garry *P* Square Ring, Inc.
4/6/2001. IBF:F *Won* Frankie Toledo (126) *Lost* Mbulelo Botile (125¾). Unan 12 *S* Tx. Station Gambling Hall, Las Vegas, Nev. *R* Kenny Bayless *P* Cedric Kushner Promos.
4/7/2001. IBO:F *Won* Marco A. Barrera (125½) *Lost* Naseem Hamed (126). Unan 12 *S* MGM Grand Garden, Las Vegas, Nev. *R* Joe Cortez *P* Let's Get It On/Prince.
6/16/2001. WBO:F *Won* Julio P. Chacon (125) *Lost* Istvan Kovacs (126). TKO 6/0:15 *S* Kisstadion, Budapest, Hungary *R* Lou Moret *P* Universum Box Promotion.
7/28/2001. WBC:F *Won* Erik Morales (126) *Lost* In-Jin Chi (125½). Unan 12 *S* Staples Center, Los Angeles, Calif. *R* Jose Cobian *P* Top Rank, Inc.
8/11/2001. WBO:F *Won* Julio P. Chacon (126) *Lost* Eduardo Barrios (126). TKO 5/2:50 *S* Mun. Malvinas Stadium, Mendoza, Arg. *R* Luis Pabon *P* Osvaldo Rivero Promos.
11/16/2001. IBF:F *Won* Manuel Medina (126) *Lost* Frankie Toledo (126). TKO 6/0:05 *S* Orleans Hotel, New Orleans, La. *R* Kenny Bayless *P* Cedric Kushner Promos.
1/19/2002. WBO:F *Won* Julio P. Chacon (125½) *Lost* Victor Polo (125). Split 12 *S* York Hall, Bethnal Green, London, Eng. *R* Roberto Ramirez *P* Sports Network Ltd.
4/27/2002. IBF:F *Won* Johnny Tapia (125¾) *Lost* Manuel Medina (126). Maj 12 *S* M.S.G. Theater, New York, N.Y. *R* Steve Smoger *P* Cedric Kushner Promos.
6/22/2002. WBC:F *Won* Marco A. Barrera (126) *Lost* Erik Morales (126). Unan 12 *S* MGM Grand Garden, Las Vegas, Nev. *R* Jay Nady *P* Top Rank/Forum Boxing.
8/24/2002. WBA:F *Won* Derrick Gainer (126) *Lost* Daniel Seda (126).

TD 2/2:13 *S* R.W. Clemente Stadium, Carolina, P.R. *R* Jose H. Rivera *P* Don King/Carolina Sports.

10/19/2002. WBO:F *Won* Scott Harrison (126) *Lost* Julio P. Chacon (125¾). Unan 12 *S* Braehead Arena, Renfrew, Scotland *R* Samuel Viruet *P* Sports Network Ltd.

11/2/2002. HBO:F *Won* Marco A. Barrera (126) *Lost* Johnny Tapia (126). Unan 12 *S* MGM Grand Garden, Las Vegas, Nev. *R* Jay Nady *P* Forum Boxing/Guilty Boxing.

11/16/2002. WBC:F *Won* Erik Morales (126) *Lost* Paulie Ayala (126). Unan 12 *S* Mandalay Bay Resort, Las Vegas *R* Kenny Bayless *P* Top Rank.

2/1/2003. IBF:F *Won* Juan M. Marquez (125½) *Lost* Manuel Medina (125). TKO 7/1:18 *S* Mandalay Bay Resort, Las Vegas, Nev. *R* Robert Byrd *P* Top Rank/Goossen Tutor.

2/22/2003. WBC:F *Won* Erik Morales (126) *Lost* Eddie Croft (126). TKO 3/2:16 *S* Plaza de Toros, Mexico City, Mex. *R* Laurentino Ramirez *P* WBC/Fernando Beltran.

3/22/2003. WBO:F *Won* Scott Harrison (125¾) *Lost* Wayne McCullough (125). Unan 12 *S* Braehead Arena, Renfrew, Scotland *R* John Coyle *P* Sports Network, Ltd.

4/12/2003. WBA:F *Won* Derrick Gainer (126) *Lost* Oscar Leon (126). Split 12 *S* MGM Grand Garden, Las Vegas, Nev. *R* Kenny Bayless *P* Forum Boxing/DiBella Ent.

4/12/2003. HBO:F *Won* Marco A. Barrera (126) *Lost* Kevin Kelley (126). TKO 4/1:32 *S* MGM Grand Garden, Las Vegas, Nev. *R* Robert Byrd *P* Forum Boxing/Don King.

5/3/2003. WBC:F *Won* Erik Morales (126) *Lost* Fernando Velardez (126). TKO 5/1:02 *S* Mandalay Bay Resort, Las Vegas, Nev. *R* Kenny Bayless *P* Top Rank, Inc.

7/12/2003. WBO:F *Won* Manuel Medina (125¾) *Lost* Scott Harrison (125¾). Split 12 *S* Braehead Arena, Renfrew, Glasgow, Scot. *R* Mickey Vann *P* Sports Network, Ltd.

10/18/2003. WBC:F *Won* In-Jin Chi (125¾) *Lost* Michael Brodie (126). Draw 12 *S* Manchester News Arena, Manchester, Eng. *R* Daniel van de Wiele *P* Ringside Promotions.

11/1/2003. BABF:F *Won* Juan M. Marquez (125¾) *Lost* Derrick Gainer (126). TWu 7/2:37 *S* Van Andel Arena, Grand Rapids, Mich. *R* Luis Pabon *P* Top Rank, Inc.

11/15/2003. HBO:F *Won* Manny Pacquiao (125) *Lost* Marco A. Barrera (126). TKO 11/2:56 *S* The Alamodome, San Antonio, Texas *R* Laurence Cole *P* Golden Boy Promotions.

11/29/2003. WBO:F *Won* Scott Harrison (125¾) *Lost* Manuel Medina (125½). TKO 11/0:31 *S* Braehead Arena, Renfrew, Scotland *R* Manuel Maritxalar *P* Sports Network, Ltd.

3/6/2004. WBO:F *Won* Scott Harrison (125½) *Lost* Walter Estrada (125¼). TKO 5/1:03 *S* Braehead Arena, Renfrew, Scotland *R* Genaro Rodriguez *P* Sports Network, Ltd.

4/10/2004. WBC:F *Won* In-Jin Chi (125¾) *Lost* Michael Brodie (126). KO 7/2:48 *S* MEN Arena, Manchester, Eng. *R* M. Barrovecchio *P* Matchroom Boxing, Ltd.

5/8/2004. BABF:F *Won* Juan M. Marquez (125) *Lost* Manny Pacquiao (125). Draw 12 *S* MGM Grand Garden, Las Vegas, Nev. *R* Joe Cortez *P* Top Rank/M&M Promos.

6/19/2004. WBO:F *Won* Scott Harrison (125) *Lost* William Abelyan (125¾). TKO 3/1:45 *S* Braehead Arena, Renfrew, Scot. *R* Samuel Viruet *P* Sports Network, Ltd.

7/24/2004. WBC:F *Won* In-Jin Chi (126) *Lost* Eiichi Sugama (126). TKO 10/1:03 *S* Central City Millennium Hall, Seoul, Korea *R* Malcolm Bulner *P* Poongsan Promotions.

9/18/2004. BABF:F *Won* Juan M. Marquez (126) *Lost* Orlando Salido (126). Unan 12 *S* MGM Grand Garden, Las Vegas, Nev. *R* Tony Weeks *P* Top Rank, Inc.

10/29/2004. WBO:F *Won* Scott Harrison (125¾) *Lost* Samuel Kebede (124). KO 1/0:59 *S* Braehead Arena, Renfrew, Scotland *R* Mickey Vann *P* Sports Network, Ltd.

12/11/2004. HBO:F *Won* Manny Pacquiao (125) *Lost* Fahsan Thawatchai (124). TKO 4/1:26 *S* Forbes Town Center, Taguig, Philippines *R* Ferdinand Estrella *P* Gerardo Garcia.

1/28/2005. WBO:F *Won* Scott Harrison (125¾) *Lost* Victor Polo (125¾). Draw 12 *S* Braehead Arena, Renfrew, Scotland *R* Samuel Viruet *P* Sports Network, Ltd.

1/30/2005. WBC:F *Won* In-Jin Chi (126) *Lost* Tommy Browne (125¾). Unan 12 *S* Grand Hilton Convention Hall, Seoul, Korea *R* Jose Cobian *P* Poong San Promotions.

5/7/2005. BABF:F *Won* Juan M. Marquez (125) *Lost* Victor Polo (126). Unan 12 *S* Mandalay Bay Resort, Las Vegas, Nev. *R* Richard Steele *P* Top Rank/Gary Shaw.

6/3/2005. WBO:F *Won* Scott Harrison (126) *Lost* Michael Brodie (126). TKO 4/0:46 *S* MEN Arena, Manchester, Eng. *R* Mickey Vann *P* Sports Network, Ltd.

11/5/2005. WBO:F *Won* Scott Harrison (126) *Lost* Nedal Hussein (125½). Unan 12 *S* Braehead Arena, Renfrew, Scotland *R* Paul Thomas *P* Sports Network, Ltd.

1/20/2006. IBF:F *Won* Valdemir Pereira (125) *Lost* Fahprakorb Sithkwenim (125½). Unan 12 *S* Foxwoods Casino, Mashantucket, Conn. *R* Ed Cotton *P* Banner Promotions.

1/29/2006. WBC:F *Won* In-Jin Chi (126) *Lost* Takashi Koshimoto (126). Split 12 *S* Kyuden Gymnasium, Fukuoka City, Japan *R* Malcolm Bulner *P* Fukuoka Promotions.

3/4/2006. WBA:F *Won* Chris John (125) *Lost* Juan M. Marquez (125). Unan 12 *S* Golden Gate Arena, Tenggarong City, Borneo *R* G. Perez Pineda *P* MTM Arsyad Promotions.

5/13/2006. IBF:F *Won* Eric Aiken (125) *Lost* Valdemir Pereira (126). DQ 8/1:37 *S* TD Banknorth Garden, Boston, Mass. *R* Charles Dwyer *P* Banner Promotions.

7/30/2006. WBC:F *Won* Rodolfo Lopez (126) *Lost* Takashi Koshimoto (126). TKO 7/2:49 *S* Marine Mese, Fukuoka, Japan *R* Ian John Lewis *P* Fukuoka/Teiken Promos.

9/2/2006. IBF:F *Won* Robert Guerrero (124½) *Lost* Eric Aiken (125). TKO 9/* *S* Staples Center, Los Angeles, Calif. *R* Tony Krebs *P* Goossen-Tutor Pr.

9/9/2006. WBA:F *Won* Chris John (124¼) *Lost* Renan Acosta (125). Unan 12 *S* Soemantri Brodjonegoro Hall, Djakarta, Indo. *R* Derek Milham *P* Kalea Boxing Promotions.

11/4/2006. IBF:F *Won* Orlando Salido (126) *Lost* Robert Guerrero (126). Unan 12 *S* Mandalay Bay Resort, Las Vegas, Nev. *R* Robert Byrd *P* Goossen-Tutor/Sycuan.

12/17/2006. WBC:F *Won* In-Jin Chi (126) *Lost* Rodolfo Lopez (125¾). Unan 12 *S* Chungmu Arts Hall, Seoul, Korea *R* Curtis Thrasher *P* Poong San Promotions.

2/23/2007. IBF:F *Won* Robert Guerrero (126) *Lost* Spend Abazi (126). TKO 9/* *S* Falconer Centret, Copenhagen, Denmark *R* Mark Nelson *P* Team Palle (Bettina Palle).

3/3/2007. WBA:F *Won* Chris John (126) *Lost* Jose (Cheo) Rojas (125½). Unan 12 *S* Bung Karno Tennis Stadium, Djakarta, Indo. *R* Derek Milham *P* AWM Promotions.

7/14/2007. WBO:F *Won* Steven Luevano (125¾) *Lost* Nicky Cook (125¾). TKO 11/0:29 *S* Millennium Dome, Greenwich, London, Eng. *R* Dave Parris *P* Sports Network, Ltd.

8/19/2007. WBA:F *Won* Chris John (125¾) *Lost* Zaiki Takemoto (126). TKO 10/* *S* Fashion Mart Arena, Rokko Is., Kobe, Japan *R* Steve Smoger *P* Senrima Kobe Promos.

10/6/2007. WBO:F *Won* Steven Luevano (126) *Lost* Antonio Davis (126). Unan 12 *S* Mandalay Bay Resort, Las Vegas, Nev. *R* Toby Gibson *P* Top Rank, Inc.

11/3/2007. IBF:F *Won* Robert Guerrero (126) *Lost* Martin Honorio (126). TKO 1/0:56 *S* Desert Diamond Casino, Tucson, Ariz. *R* Tony Weeks *P* Golden Boy/Goossen-Tutor.

12/15/2007. WBC:F *Won* Jorge Linares (126) *Lost* Gamaliel Diaz (126). KO 8/2:12 *S* Plaza de Toros, Cancun, Q.R., Mex. *R* Laurence Cole *P* Teiken/Jose Gomez.

1/26/2008. WBA:F *Won* Chris John (126) *Lost* Roinet Caballero (125½). TKO 8/* *S* Istora Gelora Bung Karno, Djakarta, Indo. *R* Raul Caiz, Jr. *P* MTM Promotions.

2/29/2008. IBF:F *Won* Robert Guerrero (126) *Lost* Jason Litzau (125).

KO 8/2:25 *S* Tachi Palace Hotel, Lemoore, Calif. *R* David Mendoza *P* Goossen-Tutor Promos.

3/15/2008. WBO:F *Won* Steven Luevano (126) *Lost* Terdsak Jandaeng (126). Unan 12 *S* Mandalay Bay Resort, Las Vegas, Nev. *R* Robert Byrd *P* Golden Boy/Top Rank.

5/31/2008. WBC:F *Won* Oscar Larios (126) *Lost* Feider Viloria (126). TKO 5/0:29 *S* Int. Convention Center, Chetumal, Mex. *R* Curtis Thrasher *P* Jose Gomez/Teiken.

6/28/2008. WBO:F *Won* Steven Luevano (126) *Lost* Mario Santiago (125). Draw 12 *S* Mandalay Bay Resort, Las Vegas, Nev. *R* Tony Weeks *P* Top Rank, Inc.

8/2/2008. WBC:F *Won* Oscar Larios (126) *Lost* Marlon Aguilar (126). TKO 7/2:30 *S* Benito Juarez Auditorium, Zapopan, Mex. *R* Ed Cotton *P* Galan Boxing Promos.

10/16/2008. WBC:F *Won* Oscar Larios (126) *Lost* Takahiro Aoh (126). Split 12 *S* Yoyogi Gym., Tokyo *R* Vic Drakulich *P* Teiken Promotions.

10/23/2008. IBF:F *Won* Cristobal Cruz (126) *Lost* Orlando Salido (126). Split 12 *S* No. Quest Casino, Airway Heights, Wash. *R* Jack Reiss *P* Banner Promotions.

10/24/2008. WBA:F *Won* Chris John (125½) *Lost* Hiroyuki Enoki (126). Unan 12 *S* Korakuen Hall, Tokyo, Japan *R* Silvestre Abainza *P* Kadoebi Jewel Promos.

2/14/2009. IBF:F *Won* Cristobal Cruz (125) *Lost* Cyril Thomas (125). Unan 12 *S* Sports Palace, Saint-Quentin, France *R* Roberto Ramirez *P* Europrom/Banner/G.G.

2/28/2009. WBA:F *Won* Chris John (125¼) *Lost* Rocky Juarez (125½). Draw 12 *S* Toyota Center, Houston, Texas *R* Laurence Cole *P* Golden Boy Promotions.

3/12/2009. WBC:F *Won* Takahiro Aoh (126) *Lost* Oscar Larios (126). Unan 12 *S* Korakuen Hall, Tokyo *R* Kenny Bayless *P* Teiken Promotions.

7/11/2009. IBF:F *Won* Cristobal Cruz (125¼) *Lost* Jorge Solis (125¾). Unan 12 *S* Palenque de la Feria, Tuxtla Gut., Mex. *R* Joseph Cooper *P* Zanfer Promotions.

7/14/2009. WBC:F *Won* Elio Rojas (124½) *Lost* Takahiro Aoh (126). Unan 12 *S* Korakuen Hall, Tokyo *R* Laurence Cole *P* Teiken Promos.

8/15/2009. WBO:F *Won* Steven Luevano (125½) *Lost* Bernabe Concepcion (125½). DQ 7 *S* Hard Rock Hotel, Las Vegas, Nev. *R* Jay Nady *P* Top Rank, Inc.

9/19/2009. WBA:F *Won* Chris John (126) *Lost* Rocky Juarez (126). Unan 12 *S* MGM Grand Garden, Las Vegas, Nev. *R* Joe Cortez *P* Golden Boy/Mayweather.

12/19/2009. IBF:F *Won* Cristobal Cruz (126) *Lost* Ricardo Castillo (126). TD 3/1:15 *S* El Palenque de La Feria, T. Gut., Mex. *R* Robert Gonzalez *P* Boxeo de Gala/Banner.

1/23/2010. WBO:F *Won* Juan M. Lopez (125½) *Lost* Steven Luevano (126). TKO 7/2:16 *S* M.S.G. Theatre, New York, N.Y. *R* Benji Esteves *P* Top Rank/P.R. Best.

Junior Featherweight

9/21/1922. JF *Won* Jack (Kid) Wolfe (122) *Lost* Joe Lynch (118). Unan 15 *S* Madison Sq. Garden, New York, N.Y. *R* Patsy Haley *P* George (Tex) Rickard.

4/3/1976. WBC:JF *Won* Rigoberto Riasco (121¾) *Lost* Waruinge Nakayama (121¼). TKO 10/* *S* Nuevo Panama Gym., Panama City, Pan. *R* Carlos Berrocal.

6/12/1976. WBC:JF *Won* Rigoberto Riasco (122) *Lost* Livio Nolasco (121). TKO 10/1:44 *S* Nuevo Panama Gym., Panama City, Pan. *R* Isaac Herrera.

8/1/1976. WBC:JF *Won* Rigoberto Riasco (120) *Lost* Dong-Kyun Yum (121½). Split 15 *S* Pusan Stadium, Pusan, Korea *R* Larry Rozadilla.

10/10/1976. WBC:JF *Won* Royal Kobayashi (122) *Lost* Rigoberto Riasco (122). TKO 8/0:48 *S* Kuramae Arena, Tokyo, Japan *R* Jay Edson *P* Kokusai Promotions.

11/24/1976. WBC:JF *Won* Dong-Kyun Yum (121¼) *Lost* Royal Kobayashi (122). Maj 15 *S* Changchung Gymnasium, Seoul, Korea *R* Yusaku Yoshida.

2/13/1977. WBC:JF *Won* Dong-Kyun Yum (121¼) *Lost* Jose Cervantes (120). Unan 15 *S* Changchung Gymnasium, Seoul, Korea *R* Jay Edson.

5/21/1977. WBC:JF *Won* Wilfredo Gomez (120) *Lost* Dong-Kyun Yum (121). KO 12/2:40 *S* R. Clemente Coliseum, Hato Rey, P.R. *R* Dick Young.

7/11/1977. WBC:JF *Won* Wilfredo Gomez (120) *Lost* Raul Tirado (120). KO 5/0:42 *S* R. Clemente Coliseum, Hato Rey, P.R. *R* Chuck Hassett.

11/26/1977. WBA:JF *Won* Soo-Hwan Hong (121¾) *Lost* Hector Carrasquilla (121). KO 3/1:04 *S* Nuevo Panama Gym., Panama City, Pan. *R* Jay Edson.

1/19/1978. WBC:JF *Won* Wilfredo Gomez (121½) *Lost* Royal Kobayashi (121). KO 3/1:25 *S* Municipal Gymnasium, Kitakyushu, Japan *R* Harry Gibbs *P* Kokusai Promotions.

2/1/1978. WBA:JF *Won* Soo-Hwan Hong (121) *Lost* Yu Kasahara (121¼). Unan 15 *S* Kuramae Arena, Tokyo, Japan *R* Martin Denkin *P* Nitto Promotions.

4/8/1978. WBC:JF *Won* Wilfredo Gomez (122) *Lost* Juan A. Lopez (122). TKO 7/2:51 *S* Loubriel Stadium, Bayamon, P.R. *R* Zack Clayton *P* Don King Productions.

5/6/1978. WBA:JF *Won* Ricardo Cardona (120) *Lost* Soo-Hwan Hong (121). TKO 12/1:23 *S* Changchung Gymnasium, Seoul, Korea *R* Tony Perez.

6/2/1978. WBC:JF *Won* Wilfredo Gomez (121½) *Lost* Sakad Porntavee (122). TKO 3/2:32 *S* Main Stadium, Korat, Thailand *R* Ray Solis *P* Sombhop Srisomvongse.

9/2/1978. WBA:JF *Won* Ricardo Cardona (121½) *Lost* Ruben Valdez (122). Unan 15 *S* Plaza de Toros de Indias, Cartagena, Col. *R* Isidro Rodriguez.

9/9/1978. WBC:JF *Won* Wilfredo Gomez (122) *Lost* Leonardo Cruz (121¼). TKO 13/0:21 *S* Hiram Bithorn Stadium, San Juan, P.R. *R* Anselmo Escobedo *P* Don King Productions.

10/28/1978. WBC:JF *Won* Wilfredo Gomez (122) *Lost* Carlos Zarate (122). TKO 5/0:44 *S* R. Clemente Coliseum, Hato Rey, P.R. *R* Harry Gibbs.

11/12/1978. WBA:JF *Won* Ricardo Cardona (121¼) *Lost* Soon-Hyun Chung (122). Split 15 *S* Changchung Gymnasium, Seoul, Korea *R* Luis Sulbaran.

3/9/1979. WBC:JF *Won* Wilfredo Gomez (122) *Lost* Nestor Jimenez (121¾). KO 5/2:51 *S* Madison Sq. Garden, New York, N.Y. *R* Tony Perez *P* M.S.G. Boxing/Don King.

6/16/1979. WBC:JF *Won* Wilfredo Gomez (122) *Lost* Jesus Hernandez (122). TKO 5/2:15 *S* R. Clemente Coliseum, Hato Rey, P.R. *R* Henry Elesperu *P* Don King Productions.

6/23/1979. WBA:JF *Won* Ricardo Cardona (120½) *Lost* Soon-Hyun Chung (121¾). Unan 15 *S* Changchung Gymnasium, Seoul, Korea *R* Stan Christodoulou.

9/6/1979. WBA:JF *Won* Ricardo Cardona (121½) *Lost* Yukio Segawa (121¾). Unan 15 *S* City Gymnasium, Hachinohe, Japan *R* Larry Rozadilla *P* Teiken Promotions.

9/28/1979. WBC:JF *Won* Wilfredo Gomez (122) *Lost* Carlos Mendoza (120½). TKO 10/2:29 *S* Caesars Palace, Las Vegas, Nev. *R* Richard Greene *P* Don King Productions.

10/26/1979. WBC:JF *Won* Wilfredo Gomez (122) *Lost* Nicky Perez (120). TKO 5/3:00 *S* Madison Sq. Garden, New York, N.Y. *R* Arthur Mercante *P* M.S.G. Boxing/Don King.

12/15/1979. WBA:JF *Won* Ricardo Cardona (122) *Lost* Sergio Palma (122). Unan 15 *S* Plaza de Toros, Barranquilla, Colombia *R* Waldemar Schmidt.

2/3/1980. WBC:JF *Won* Wilfredo Gomez (122) *Lost* Ruben Valdez (121¾). TKO 7/* *S* Caesars Palace, Las Vegas, Nev. *R* Ferd Hernandez *P* Don King Productions.

5/4/1980. WBA:JF *Won* Leo Randolph (121¾) *Lost* Ricardo Cardona (121½). TKO 15/1:31 *S* Center Arena, Seattle, Wash. *R* Larry Rozadilla.

8/9/1980. WBA:JF *Won* Sergio Palma (121½) *Lost* Leo Randolph (122). TKO 5/1:12 *S* Coliseum, Spokane, Wash. *R* Stan Christodoulou.

8/22/1980. WBC:JF *Won* Wilfredo Gomez (121¾) *Lost* Derrick

Holmes (120¼). TKO 5/2:29 *S* Caesars Palace, Las Vegas, Nev. *R* Joey Curtis *P* Don King Productions.

11/8/1980. WBA:JF *Won* Sergio Palma (121¾) *Lost* Ulises Morales (119¾). TKO 9/1:20 *S* Luna Park Stadium, Buenos Aires, Arg. *R* Luis Sulbaran *P* Luna Park Stadium.

12/13/1980. WBC:JF *Won* Wilfredo Gomez (122) *Lost* Jose Cervantes (120½). KO 3/1:50 *S* Jai-Alai Fronton, Miami, Fla. *R* I. Quinones Falu *P* Muhammad Ali Pro. Sports.

4/4/1981. WBA:JF *Won* Sergio Palma (121) *Lost* Leonardo Cruz (122). Unan 15 *S* Luna Park Stadium, Buenos Aires, Arg. *R* Nate Morgan *P* Luna Park Stadium.

8/15/1981. WBA:JF *Won* Sergio Palma (121¼) *Lost* Ricardo Cardona (121¾). TKO 12/1:44 *S* Luna Park Stadium, Buenos Aires, Arg. *R* Zack Clayton *P* Luna Park Stadium.

10/3/1981. WBA:JF *Won* Sergio Palma (122) *Lost* Vichit Muangroi-et (122). Unan 15 *S* Luna Park Stadium, Buenos Aires, Arg. *R* Carlos Berrocal *P* Luna Park Stadium.

1/15/1982. WBA:JF *Won* Sergio Palma (121¼) *Lost* Jorge Lujan (122). Unan 15 *S* Chateaur Carreras Stadium, Cordoba, Arg. *R* Roberto Ramirez *P* Juan Carlos Lectoure.

3/27/1982. WBC:JF *Won* Wilfredo Gomez (121¼) *Lost* Juan (Kid) Meza (120¾). TKO 6/2:28 *S* Playboy Hotel, Atlantic City, N.J. *R* Harold Valan *P* Don King Productions.

6/11/1982. WBC:JF *Won* Wilfredo Gomez (121¾) *Lost* Juan A. Lopez (121). KO 10/1:02 *S* Caesars Palace, Las Vegas, Nev. *R* David Pearl *P* Don King/Tiffany Promos.

6/12/1982. WBA:JF *Won* Leonardo Cruz (121) *Lost* Sergio Palma (121¾). Unan 15 *S* Convention Hall, Miami Beach, Fla. *R* Stan Christodoulou *P* Top Rank, Inc.

8/18/1982. WBC:JF *Won* Wilfredo Gomez (122) *Lost* Roberto Rubaldino (122). TKO 8/* *S* Hiram Bithorn Stadium, San Juan, P.R. *R* Isidro Rodriguez *P* Don King Productions.

11/13/1982. WBA:JF *Won* Leonardo Cruz (121½) *Lost* Benito Badilla (122). KO 8/1:46 *S* Hiram Bithorn Stadium, San Juan, P.R. *R* Larry Rozadilla *P* Jose Pedro Torres.

12/3/1982. WBC:JF *Won* Wilfredo Gomez (121½) *Lost* Lupe Pintor (121½). TKO 14/2:44 *S* Superdome, New Orleans, La. *R* Arthur Mercante *P* Don King/Sports Promos.

3/16/1983. WBA:JF *Won* Leonardo Cruz (122) *Lost* Soon-Hyun Chung (122). Unan 15 *S* R. Clemente Coliseum, Hato Rey, P.R. *R* Larry Rozadilla *P* Don King Productions.

6/15/1983. WBC:JF *Won* Jaime Garza (122) *Lost* Bobby Berna (120). TKO 2/1:53 *S* Olympic Auditorium, Los Angeles, Ca. *R* Isaac Herrera *P* Don King/Round One Prod.

8/26/1983. WBA:JF *Won* Leonardo Cruz (121) *Lost* Cleo Garcia (121). Unan 15 *S* Quisqueya Stadium, Santo Domingo, D.R. *R* Ismael Fernandez *P* Salinas Promos./C. Castro.

12/4/1983. IBF:JF *Won* Bobby Berna (121¼) *Lost* Seung-In Suh (121¾). TKO 10/* *S* Munhwa Gymnasium, Seoul, Korea *R* Joe Cortez.

2/22/1984. WBA:JF *Won* Loris Stecca (121¾) *Lost* Leonardo Cruz (121½). TKO 12/2:22 *S* Sports Palace, Milan, Italy *R* Martin Denkin *P* Umberto Branchini.

4/15/1984. IBF:JF *Won* Seung-In Suh (121½) *Lost* Bobby Berna (121¼). TKO 10/0:28 *S* Munhwa Gymnasium, Seoul, Korea.

5/26/1984. WBC:JF *Won* Jaime Garza (121¾) *Lost* Felipe Orozco (122). KO 3/1:08 *S* Carlisle Stadium, Miami Beach, Fla. *R* Tony Perez *P* Royale/King/Round One.

5/26/1984. WBA:JF *Won* Victor Callejas (121½) *Lost* Loris Stecca (122). KO 8/2:58 *S* Mets Pavilion, Guaynabo, P.R. *R* Larry Rozadilla *P* Salinas Promotions.

7/8/1984. IBF:JF *Won* Seung-In Suh (122) *Lost* Cleo Garcia (121¾). KO 4/3:02 *S* Munhwa Gymnasium, Seoul, Korea *R* Tomas Evaresto.

11/3/1984. WBC:JF *Won* Juan (Kid) Meza (121½) *Lost* Jaime Garza (121½). KO 1/2:54 *S* Midtown Neighborhood Center, Kingston, N.Y. *R* John LoBianco *P* Don King Productions.

1/3/1985. IBF:JF *Won* Ji-Won Kim (122) *Lost* Seung-In Suh (122). KO 10/1:01 *S* Munhwa Gym., Seoul *R* Kang-Soo Kim *P* Dong-A Promos.

2/2/1985. WBA:JF *Won* Victor Callejas (121½) *Lost* Seung-Hoon Lee (121½). Unan 15 *S* R. Clemente Coliseum, Hato Rey, P.R. *R* Larry Rozadilla *P* Salinas/E. Ramirez Moll.

3/30/1985. IBF:JF *Won* Ji-Won Kim (122) *Lost* Dario Palacios (120½). Unan 15 *S* Suwon Gymnasium, Suwon, Korea *R* Waldemar Schmidt *P* Seiki Promotions.

4/19/1985. WBC:JF *Won* Juan (Kid) Meza (121½) *Lost* Mike Ayala (121¾). TKO 6/1:31 *S* Great Western Forum, Inglewood, Ca. *R* John Thomas *P* Don King Productions.

6/28/1985. IBF:JF *Won* Ji-Won Kim (122) *Lost* Bobby Berna (122). KO 4/1:09 *S* Kudok Gymnasium, Pusan, Korea *R* Abraham Pacheco *P* Kudok Promotions.

8/18/1985. WBC:JF *Won* Lupe Pintor (122) *Lost* Juan (Kid) Meza (122). Unan 12 *S* Sports Palace, Mexico City, Mex. *R* Octavio Meyran *P* Don King/Promociones Int.

10/9/1985. IBF:JF *Won* Ji-Won Kim (122) *Lost* Seung-In Suh (121). KO 1/1:06 *S* Munhwa Gymnasium, Seoul, Korea *R* Kiyoshi Kazama *P* Saeki Promotions.

11/8/1985. WBA:JF *Won* Victor Callejas (121¼) *Lost* Loris Stecca (121). TKO 7/* *S* Sports Palace, Rimini, Italy *R* Stan Christodoulou *P* Umberto Branchini.

1/18/1986. WBC:JF *Won* Samart Payakaroon (122) *Lost* Lupe Pintor (125). KO 5/1:31 *S* Hua Mark Stadium, Bangkok, Thai. *R* Arthur Mercante *P* Sombhop Srisomvongse.

6/1/1986. IBF:JF *Won* Ji-Won Kim (122) *Lost* Rudy Casicas (120¾). KO 2/1:45 *S* Inchon Gymnasium, Inchon, Korea *R* Wan-Suh Yuh *P* Dong-A Promotions.

12/10/1986. WBC:JF *Won* Samart Payakaroon (122) *Lost* Juan (Kid) Meza (122). TKO 12/2:55 *S* Hua Mark Stadium, Bangkok, Thai. *R* Roland Dakin *P* Sombhop Srisomvongse.

1/16/1987. WBA:JF *Won* Louie Espinoza (121) *Lost* Tommy Valoy (120¾). TKO 4/1:52 *S* Veterans Memorial Coliseum, Phoenix, Ariz. *R* Enzo Montero *P* Sports Management, Inc.

1/18/1987. IBF:JF *Won* Seung-Hoon Lee (121¾) *Lost* Prayurasak Muangsurin (121½). KO 9/2:25 *S* Pohang Gymnasium, Pohang, Korea *R* Bruce McTavish *P* Saeki Promotions.

4/5/1987. IBF:JF *Won* Seung-Hoon Lee (121¾) *Lost* Jorge Diaz (121½). KO 10/3:04 *S* Pal-Pal Gymnasium, Seoul, Korea *R* Ted Pick *P* Kuk-Dong Promotions.

5/8/1987. WBC:JF *Won* Jeff Fenech (122) *Lost* Samart Payakaroon (121¾). KO 4/2:42 *S* Entertainment Centre, Sydney, N.S.W., Aus. *R* Arthur Mercante *P* Classic Promotions.

7/10/1987. WBC:JF *Won* Jeff Fenech (122) *Lost* Greg Richardson (115¾). TKO 5/1:29 *S* Entertainment Centre, Sydney, N.S.W., Aus. *R* Hilario Nadayag *P* Classic Promotions.

7/15/1987. WBA:JF *Won* Louie Espinoza (122) *Lost* Manuel Vilchez (120). TKO 15/1:56 *S* Veterans Memorial Coliseum, Phoenix, Ariz. *R* Julio C. Alvarado *P* Champ, Inc./Lenny Wexler.

7/19/1987. IBF:JF *Won* Seung-Hoon Lee (121¾) *Lost* Leon Collins (121¼). KO 5/1:23 *S* Pohang Gymnasium, Pohang, Korea *R* Herbert Minn *P* Kuk-Dong Promotions.

8/15/1987. WBA:JF *Won* Louie Espinoza (121¼) *Lost* Mike Ayala (122). KO 9/0:37 *S* Freeman Coliseum, San Antonio, Texas *R* Robert Ferrara *P* K.O. Productions/R. Landers.

10/16/1987. WBC:JF *Won* Jeff Fenech (122) *Lost* Carlos Zarate (122). TWu 4 *S* Hordern Pavilion, Sydney, N.S.W., Aus. *R* Henry Elesperu *P* Classic Promotions.

11/28/1987. WBA:JF *Won* Julio Gervacio (121¾) *Lost* Louie Espinoza (122). Unan 12 *S* R. Clemente Coliseum, Hato Rey, P.R. *R* Ernesto Magana *P* Video Deportes.

12/27/1987. IBF:JF *Won* Seung-Hoon Lee (121¼) *Lost* Jose Sanabria (121½). Split 15 *S* Pohang Gymnasium, Pohang, Korea *R* John Wheeler *P* Kuk-Dong Promotions.

2/27/1988. WBA:JF *Won* Bernardo Pinango (122) *Lost* Julio Gervacio (122). Split 12 *S* R. Clemente Coliseum, Hato Rey, P.R. *R* Rudy Battle *P* Video Deportes.

2/29/1988. WBC:JF *Won* Daniel Zaragoza (121¾) *Lost* Carlos Zarate

(121½). TKO 10/2:54 *S* Great Western Forum, Inglewood, Ca. *R* Vince Delgado *P* Forum Boxing, Inc.

5/20/1988. IBF:JF *Won* Jose Sanabria (122) *Lost* Moises Fuentes (122). TKO 6/* *S* Romero Coliseum, Bucaramanga, Col. *R* Sam Williams *P* Boxing of Americas.

5/28/1988. WBA:JF *Won* Juan Jose Estrada (122) *Lost* Bernardo Pinango (122). Split 12 *S* Plaza de Toros, Tijuana, B.C.N., Mex. *R* Larry Rozadilla *P* Ignacio Huizar.

5/29/1988. WBC:JF *Won* Daniel Zaragoza (121¼) *Lost* Seung-Hoon Lee (121¼). Split 12 *S* Hong Kuk Gymnasium, Yochun, Korea *R* Henry Elesperu *P* Kuk-Dong Promotions.

8/21/1988. IBF:JF *Won* Jose Sanabria (120¾) *Lost* Vincenzo Belcastro (119). Split 12 *S* Capo D'Orlando, Sicily *R* Joey Curtis *P* Elio Cotena.

9/26/1988. IBF:JF *Won* Jose Sanabria (119¼) *Lost* Fabrizio Benichou (121¼). TKO 10/2:50 *S* Palais des Sports, Nogent-sur-Marne, France *R* Dale Grable *P* Sports Loisirs Artistiques.

10/16/1988. WBA:JF *Won* Juan Jose Estrada (122) *Lost* Takuya Muguruma (122). TKO 11/2:07 *S* Municipal Gymnasium, Moriguchi, Japan *R* Roberto Ramirez *P* Osaka Teiken Promotions.

11/11/1988. IBF:JF *Won* Jose Sanabria (121¾) *Lost* Thierry Jacob (120¾). TKO 6/1:00 *S* Sportica, Gravelines, France *R* Denny Nelson *P* Sports Loisirs Artistiques.

11/26/1988. WBC:JF *Won* Daniel Zaragoza (121¾) *Lost* Valerio Nati (121¾). KO 5/1:06 *S* Sports Palace, Forli, Italy *R* Larry O'Connell *P* U. Branchini/G. Ragni.

3/10/1989. IBF:JF *Won* Fabrice Benichou (121½) *Lost* Jose Sanabria (121¾). Split 12 *S* Palais des Sports, Limoges, France *R* Harry Papa. *P* CCBC/Sports Loisirs.

4/4/1989. WBA:JF *Won* Juan Jose Estrada (122) *Lost* Jesus Poll (121¾). KO 10/1:38 *S* Great Western Forum, Inglewood, Ca. *R* Lou Moret *P* Forum Boxing, Inc.

4/29/1989. WBO:JF *Won* Kenny Mitchell (122) *Lost* Julio Gervacio (122). Unan 12 *S* R. Clemente Coliseum, Hato Rey, P.R. *R* Roberto Ramirez *P* Video Deportes.

6/10/1989. IBF:JF *Won* Fabrice Benichou (121¼) *Lost* Fransie Badenhorst (121¼). TKO 5/0:40 *S* Sports Palace, Frosinone, Italy *R* Frank Cappuccino *P* Cedric Kushner Promos.

6/22/1989. WBC:JF *Won* Daniel Zaragoza (122) *Lost* Paul Banke (121½). Split 12 *S* Great Western Forum, Inglewood, Ca. *R* Rudy Jordan *P* Forum Boxing, Inc.

7/10/1989. WBA:JF *Won* Juan Jose Estrada (122) *Lost* Luis Mendoza (121). Unan 12 *S* Auditorium, Tijuana, B.C.N., Mex. *R* Eddie Eckert *P* Ignacio Huizar.

8/31/1989. WBC:JF *Won* Daniel Zaragoza (121) *Lost* Frankie Duarte (121¼). TKO 10/1:54 *S* Great Western Forum, Inglewood, Ca. *R* James Jen-Kin *P* Forum Boxing, Inc.

9/9/1989. WBO:JF *Won* Kenny Mitchell *Lost* Simon Skosana. Unan 12 *S* R. Clemente Coliseum, Hato Rey, P.R. *P* Video Deportes.

10/7/1989. IBF:JF *Won* Fabrice Benichou (121¼) *Lost* Ramon Cruz (122). Unan 12 *S* Palais des Sports, Bordeaux, France *R* Max Parker *P* Sports Loisirs Artistiques.

12/3/1989. WBC:JF *Won* Daniel Zaragoza (121¾) *Lost* Chan-Yong Park (122). Split 12 *S* Sunin Univ. Gymnasium, Inchon, Korea *R* Larry O'Connell *P* Dong-A Promotions.

12/9/1989. WBO:JF *Won* Valerio Natti *Lost* Kenny Mitchell. DQ 4 *S* Sports Palace, Teramo, Italy.

12/11/1989. WBA:JF *Won* Jesus Salud (121¾) *Lost* Juan Jose Estrada (122). DQ 9/0:48 *S* Great Western Forum, Inglewood, Ca. *R* Larry Rozadilla *P* Forum Boxing, Inc.

3/10/1990. IBF:JF *Won* Welcome Ncita (121) *Lost* Fabrice Benichou (121½). Unan 12 *S* Hilton Hotel, Tel Aviv, Israel *R* Al Rothenburg *P* Acaries/Kushner/Bergman.

4/23/1990. WBC:JF *Won* Paul Banke (122) *Lost* Daniel Zaragoza (122). TKO 9/2:51 *S* Great Western Forum, Inglewood, Ca. *R* John Thomas *P* Forum Boxing, Inc.

5/12/1990. WBO:JF *Won* Orlando Fernandez (121¼) *Lost* Valerio Nati (122). TKO 10/1:10 *S* Sassari Arena, Sassari, Sardinia, Italy *R* Denny Nelson *P* GONG (Giovanna Rossi).

5/25/1990. WBA:JF *Won* Luis Mendoza (122) *Lost* Dario Palacios (122). Draw 12 *S* Plaza de Toros de Indias, Cartagena, Col. *R* Bernard Soto *P* Chams/Boxing of Amer.

6/2/1990. IBF:JF *Won* Welcome Ncita (122) *Lost* Ramon Cruz (121½). TKO 7/2:04 *S* Circcolo Cannottieri, Rome, Italy *R* Frank Cappuccino *P* C. Kushner/R. Sabbatini.

6/7/1990. IBC:JF *Won* Jesus Salud (122) *Lost* Martin Ortegon (121¼). TKO 11/2:59 *S* Blaisdell Center Arena, Honolulu, Hawaii *R* Abraham Pacheco *P* Pro Box Promos. of Hawaii.

8/18/1990. WBC:JF *Won* Paul Banke (122) *Lost* Ki-Joon Lee (121¾). TKO 12/1:55 *S* Civil Gymnasium, Ichon, Korea *R* Jose G. Garcia *P* Camel Promotions.

9/11/1990. WBA:JF *Won* Luis Mendoza (120¼) *Lost* Dario Palacios (120¼). TKO 3/0:51 *S* Jai-Alai Fronton, Miami, Fla. *R* Eddie Eckert *P* Kushner/Tiburon Promos.

9/29/1990. IBF:JF *Won* Welcome Ncita (121) *Lost* Gerardo Lopez (121). KO 8/2:14 *S* Ghiacchio Palace, Aosta, Italy *R* Sam Williams *P* C. Kushner/R. Sabbatini.

10/18/1990. WBA:JF *Won* Luis Mendoza (122) *Lost* Fabrice Benichou (121¾). Split 12 *S* Palais Omnisports de Bercy, Paris, France *R* Enzo Montero *P* Sports Loisirs Artistiques.

11/5/1990. WBC:JF *Won* Pedro Decima (121½) *Lost* Paul Banke (122). TKO 4/2:35 *S* Great Western Forum, Inglewood, Ca. *R* James Jen-Kin *P* Forum Boxing, Inc.

1/20/1991. WBA:JF *Won* Luis Mendoza (121) *Lost* Kongdee Meekunaparp (122). TKO 8/2:10 *S* Panthit Plaza, Bangkok, Thai. *R* Bernard Soto *P* Samrong Boxing Co.

2/3/1991. WBC:JF *Won* Kiyoshi Hatanaka (122) *Lost* Pedro Decima (121¾). TKO 8/3:00 *S* International Pavilion, Nagoya, Japan *R* Guadalupe Garcia *P* Matsuda Promotions.

2/27/1991. IBF:JF *Won* Welcome Ncita (122) *Lost* Bebis Rojas (121). Split 12 *S* Grand Casino, Saint Vincent, Italy *R* Steve Smoger *P* Cedric Kushner Promos.

4/20/1991. WBA:JF *Won* Luis Mendoza (121) *Lost* Carlos Uribe (120¾). Unan 12 *S* Plaza de Toros de Indias, Cartagena, Col. *R* Julio C. Alvarado *P* Cuadrilatero (Wm. Chams).

5/24/1991. WBO:JF *Won* Jesse Benavides (121¾) *Lost* Orlando Fernandez (120¼). Unan 12 *S* Memorial Coliseum, Corpus Christi, Tx. *R* Robert Gonzalez *P* Shoreline Promotions.

5/30/1991. WBA:JF *Won* Luis Mendoza (121) *Lost* Joao Cardosa (121). KO 7/2:28 *S* Sports Palace, Madrid *R* John Coyle *P* Diego Areman.

6/14/1991. WBC:JF *Won* Daniel Zaragoza (121¾) *Lost* Kiyoshi Hatanaka (121¾). Split 12 *S* Municipal Gymnasium, Nagoya, Japan *R* Malcolm Bulner *P* Matsuda Promotions.

6/15/1991. IBF:JF *Won* Welcome Ncita (121¾) *Lost* Hurley Snead (119¼). Unan 12 *S* Hemis Fair Arena, San Antonio, Texas *R* Robert Gonzalez *P* Cedric Kushner Promos.

8/24/1991. WBC:JF *Won* Daniel Zaragoza (122) *Lost* Chun Huh (122). Unan 12 *S* Daehan Building, Seoul, Korea *R* Carlos Padilla *P* Kuk-Dong Promotions.

8/30/1991. WBO:JF *Won* Jesse Benavides (122) *Lost* Fernando Ramos (121). TKO 5/2:06 *S* Memorial Coliseum, Corpus Christi, Tx. *R* Robert Gonzalez *P* Shoreline/M.S.G.

9/28/1991. IBF:JF *Won* Welcome Ncita (122) *Lost* Bebis Rojas (122). Split 12 *S* Superbowl, Sun City, Bophuthatswana *R* Rudy Battle *P* Cedric Kushner Promos.

10/7/1991. WBA:JF *Won* Raul Perez (121¾) *Lost* Luis Mendoza (121½). Split 12 *S* Great Western Forum, Inglewood, Ca. *R* Lou Moret *P* Forum Boxing, Inc.

12/9/1991. WBC:JF *Won* Daniel Zaragoza (122) *Lost* Paul Banke (122). Unan 12 *S* Great Western Forum, Inglewood, Ca. *R* Rudy Jordan *P* Forum Boxing, Inc.

3/20/1992. WBC:JF *Won* Thierry Jacob (121½) *Lost* Daniel Zaragoza (122). Unan 12 *S* Chapiteau-Vieux Fort Niculay, Calais, France *R* Tony Perez *P* Julien Fernandez.

3/27/1992. WBA:JF *Won* Wilfredo Vazquez (121) *Lost* Raul Perez (120). TKO 3/2:27 *S* Sports Palace, Mexico City, Mex. *R* Bernard Soto *P* Ignacio Huizar.

4/18/1992. IBF:JF *Won* Welcome Ncita (122) *Lost* Jesus Salud (121½). Unan 12 *S* Sports Palace, Treviolo, Italy *R* Joey Curtis *P* C. Kushner/R. Sabbatini.

6/23/1992. WBC:JF *Won* Tracy Patterson (122) *Lost* Thierry Jacob (120½). TKO 2/0:50 *S* Knickerbocker Arena, Albany, N.Y. *R* Arthur Mercante, Jr. *P* M.S.G. Boxing, Inc.

6/27/1992. WBA:JF *Won* Wilfredo Vazquez (122) *Lost* Freddy Cruz (120¾). Maj 12 *S* Sports Palace, Gorie, Italy *R* Andres LaPuente *P* Total Sports (Sabbatini).

10/15/1992. WBO:JF *Won* Duke McKenzie (120¼) *Lost* Jesse Benavides (121¾). Unan 12 *S* Lewisham Theatre, London, Eng. *R* Mariano Soto *P* National Promotions.

12/2/1992. IBF:JF *Won* Kennedy McKinney (121½) *Lost* Welcome Ncita (122). KO 11/2:48 *S* Teatro Tenda, Tortoli, Sardinia, Italy *R* Steve Smoger *P* Cedric Kushner Promos.

12/5/1992. WBC:JF *Won* Tracy Patterson (121½) *Lost* Daniel Zaragoza (122). Draw 12 *S* Palais des Sports, Berck-sur-Mer, France *R* Franz Marti *P* A.B. Stars, Inc.

12/5/1992. WBA:JF *Won* Wilfredo Vazquez (122) *Lost* Thierry Jacob (121¼). TKO 8/0:52 *S* Palais des Sports, Berck-sur-Mer, France *R* Uriel Aguilera *P* A.B. Stars, Inc.

3/6/1993. WBA:JF *Won* Wilfredo Vazquez (121¾) *Lost* Luis Mendoza (121½). Unan 12 *S* Salle Marcel Cerdan, Levallois-Perret, France *R* Franco Priami *P* A.B. Stars, Inc.

3/13/1993. WBC:JF *Won* Tracy Patterson (122) *Lost* Jesse Benavides (122). Unan 12 *S* McCann Recreation Center, Poughkeepsie, N.Y. *R* Arthur Mercante, Jr. *P* M.S.G. Boxing, Inc.

4/17/1993. IBF:JF *Won* Kennedy McKinney (122) *Lost* Richard Duran (122). Unan 12 *S* ARCO Arena, Sacramento, Calif. *R* Pat Russell *P* Don Chargin/Cedric Kushner.

6/9/1993. WBO:JF *Won* Daniel Jimenez (121) *Lost* Duke McKenzie (121). Maj 12 *S* Lewisham Theatre, London, Eng. *R* Rudy Battle *P* National Promotions.

6/24/1993. WBA:JF *Won* Wilfredo Vazquez (122) *Lost* Thierry Jacob (120¾). KO 10/1:30 *S* Velodrome du Lac, Bordeaux, France *R* Enzo Montero *P* A.B. Stars, Inc.

7/17/1993. IBF:JF *Won* Kennedy McKinney (121) *Lost* Rudy Zavala (122). TKO 3/2:08 *S* The Pyramid, Memphis, Tenn. *R* Chris Wollesen *P* Cedric Kushner Promos.

9/25/1993. WBC:JF *Won* Tracy Patterson (122) *Lost* Daniel Zaragoza (122). TKO 7/2:07 *S* Mid-Hudson Civic Center, Poughkeepsie, N.Y. *R* Wayne Kelly *P* Garden State/Main Events.

10/16/1993. IBF:JF *Won* Kennedy McKinney (122) *Lost* Jesus Salud (122). Unan 12 *S* Caesars Tahoe, Lake Tahoe, Nev. *R* Vic Drakulich *P* C. Kushner/Don Chargin.

10/30/1993. WBO:JF *Won* Daniel Jimenez (122) *Lost* Felix Garcia Lozada (122). TKO 5 *S* Pabelleon de Zaragoza, Zaragoza, Spain *R* Joe O'Neill *P* Jose Martin.

11/18/1993. WBA:JF *Won* Wilfredo Vazquez (122) *Lost* Hiroaki Yokota (121). Unan 12 *S* Korakuen Hall, Tokyo, Japan *R* Stan Christodoulou *P* Ohkawa Promotions.

1/7/1994. WBO:JF *Won* Daniel Jimenez (122) *Lost* Felix G. Losada (122). Unan 12 *S* Casino de Mallorca, Palma de Mallorca, Spain *R* Ismael Fernandez *P* Jose (Buffalo) Martin.

2/19/1994. IBF:JF *Won* Kennedy McKinney (121½) *Lost* Jose Rincones (121). KO 5/2:40 *S* Carousel Casino, Temba, Bophuthatswana *R* Stan Christodoulou *P* Cedric Kushner Promos.

3/2/1994. WBA:JF *Won* Wilfredo Vazquez (122) *Lost* Yuichi Kasai (122). TKO 1/2:05 *S* Metropolitan Gymnasium, Tokyo, Japan *R* Enzo Montero *P* Teiken Promotions.

4/9/1994. WBC:JF *Won* Tracy Patterson (122) *Lost* Richard Duran (121). Unan 12 *S* Reno Hilton Hotel, Las Vegas, Nev. *R* Mills Lane *P* Garden State Boxing.

4/16/1994. IBF:JF *Won* Kennedy McKinney (122) *Lost* Welcome Ncita (122). Maj 122 *S* Convention Center, S. Padre Is., Texas *R* Rafael Ramos *P* Cedric Kushner Promos.

6/25/1994. WBO:JF *Won* Daniel Jimenez (122) *Lost* Cristobal Pascual (122). Unan 12 *S* Plaza de Toros, Utrera, Spain *R* Jose Luis Sousa *P* Promociones Atocha.

7/2/1994. WBA:JF *Won* Wilfredo Vazquez (121½) *Lost* Jae-Won Choi (122). TKO 2/1:46 *S* The Mirage, Las Vegas, Nev. *R* Mitch Halpern *P* Don King Productions.

8/20/1994. IBF:JF *Won* Vuyani Bungu (121¾) *Lost* Kennedy McKinney (121¾). Unan 12 *S* Carousel Casino, Temba, Bophuthatswana *R* Stan Christodoulou *P* Cedric Kushner Promos.

8/26/1994. WBC:JF *Won* Hector Acero (122) *Lost* Tracy Patterson (122). Split 12 *S* Bally's Park Place Hotel, Atlantic City, N.J. *R* Ron Lipton *P* Garden State Boxing.

9/3/1994. WBO:JF *Won* Daniel Jimenez (121¼) *Lost* Harold Geier (121¼). KO 1/0:19 *S* Amphitheatre, Wiener Neustadt, Austria *R* Raul Caiz *P* Universum Box Promotion.

10/13/1994. WBA:JF *Won* Wilfredo Vazquez (119) *Lost* Juan Polo Perez (117½). Unan 12 *S* Salle Marcel Cerdan, Levallois-Perret, France *R* Armand Krief *P* A.B. Stars, Inc.

11/19/1994. IBF:JF *Won* Vuyani Bungu (121¾) *Lost* Felix Camacho (122). Unan 12 *S* Carousel Casino, Hammanskraal, S.A. *R* Eric Martins *P* Cedric Kushner Promos.

1/7/1995. WBA:JF *Won* Wilfredo Vazquez (122) *Lost* Orlando Canizales (121½). Split 12 *S* Freeman Coliseum, San Antonio, Texas *R* Rafael Ramos *P* Cedric Kushner Promos.

3/4/1995. IBF:JF *Won* Vuyani Bungu (121½) *Lost* Mohammed Nurhuda (121¾). Unan 12 *S* Carousel Casino, Hammanskraal, S.A. *R* Clement Martins *P* Cedric Kushner Promos.

3/11/1995. WBC:JF *Won* Hector Acero (122) *Lost* Julio Gervacio (122). Unan 12 *S* Bally's Park Place Hotel, Atlantic City, N.J. *R* Tony Perez *P* Garden State Boxing.

3/31/1995. WBO:JF *Won* Marco A. Barrera (120½) *Lost* Daniel Jimenez (120½). Unan 12 *S* Arrowhead Pond, Anaheim, Calif. *R* Raul Caiz *P* Forum Boxing, Inc.

4/29/1995. IBF:JF *Won* Vuyani Bungu (122) *Lost* Victor Llerena (121½). Unan 12 *S* F.N.B. Stadium, Johannesburg, S.A. *R* Clement Martins *P* Rodney Berman.

5/13/1995. WBA:JF *Won* Antonio Cermeno (122) *Lost* Wilfredo Vazquez (122). Unan 12 *S* R. Rodriguez Coliseum, Bayamon, P.R. *R* Luis Rivera *P* A.B. Stars, Inc.

6/2/1995. WBO:JF *Won* Marco A. Barrera (122) *Lost* Frankie Toledo (121¾). TKO 2/1:55 *S* Foxwoods Resort, Mashantucket, Conn. *R* Ismael Fernandez *P* Azteca Promotions.

6/2/1995. WBC:JF *Won* Hector Acero (121½) *Lost* Daniel Zaragoza (122). Draw 12 *S* Foxwoods Resort, Mashantucket, Conn. *R* Arthur Mercante *P* Azteca Promotions.

7/15/1995. WBO:JF *Won* Marco A. Barrera (121½) *Lost* Maui Diaz (122). KO 1/2:50 *S* Great Western Forum, Inglewood, Ca. *R* Lou Moret *P* Forum Boxing, Inc.

8/22/1995. WBO:JF *Won* Marco A. Barrera (121½) *Lost* Agapito Sanchez (122). Unan 12 *S* Civic Center, South Padre Is., Texas *R* David Avalos *P* Valle Sports Promotions.

9/26/1995. IBF:JF *Won* Vuyani Bungu (122) *Lost* Laureano Ramirez (121). Unan 12 *S* Carousel Casino, Hammanskraal, S.A. *R* Clement Martins *P* C. Kushner/Golden Gloves.

11/4/1995. WBO:JF *Won* Marco A. Barrera (122) *Lost* Eddie Croft (121½). TKO 7/0:38 *S* Caesars, Las Vegas *R* Jay Nady *P* Spencer/Forum Boxing.

11/6/1995. WBC:JF *Won* Daniel Zaragoza (122) *Lost* Hector Acero (122). Split 12 *S* Great Western Forum, Inglewood, Ca. *R* Vince Delgado *P* Garden State/Forum Boxing.

11/26/1995. WBA:JF *Won* Antonio Cermeno (120½) *Lost* Jesus Salud (121¼). Unan 12 *S* El Limon Coliseum, Maracay, Vez. *R* Uriel Aguilera *P* World Boxing Associationo.

1/23/1996. IBF:JF *Won* Vuyani Bungu (122) *Lost* Johnny Lewus (122). Unan 12 *S* Grand Casino, Biloxi, Miss. *R* Fred Steinwinder *P* Cedric Kushner Promos.

2/3/1996. WBO:JF *Won* Marco A. Barrera (121) *Lost* Kennedy McKinney (122). KO 12/2:05 *S* Great Western Forum, Inglewood, Ca. *R* Pat Russell *P* Forum Boxing/Top Rank.

3/3/1996. WBC:JF *Won* Daniel Zaragoza (122) *Lost* Joichiro Tatsuyoshi (122). TKO 11/2:47 *S* Yokohama Arena, Yokohama, Japan *R* Tony Perez *P* Teiken Promotions.

3/23/1996. WBA:JF *Won* Antonio Cermeno (121) *Lost* Yober Ortega (120¾). Unan 12 *S* Miami Arena, Miami, Fla. *R* Armando Garcia *P* Don King Productions.

4/15/1996. IBF:JF *Won* Vuyani Bungu (121¾) *Lost* Pablo Ozuna (121½). KO 2/0:39 *S* Carousel Casino, Hammanskraal, S.A. *R* Stan Christodoulou *P* Kushner/Golden Gloves.

5/4/1996. WBO:JF *Won* Marco A. Barrera (122) *Lost* Jesse Benavides (122). KO 3/1:15 *S* Arrowhead Pond Arena, Anaheim, Calif. *R* Lou Moret *P* Forum Boxing, Inc.

7/14/1996. WBO:JF *Won* Marco A. Barrera (121½) *Lost* Orlando Fernandez (122). TKO 7/1:03 *S* Mammoth Gardens Arena, Denver, Colo. *R* Vince Delgado *P* Azteca Promotions.

7/20/1996. WBC:JF *Won* Daniel Zaragoza (122) *Lost* Tsuyoshi Harada (121¼). TKO 7/2:17 *S* Prefectural Gymnasium, Osaka, Japan *R* Richard Steele *P* Jitsuo Harada Promos.

8/20/1996. IBF:JF *Won* Vuyani Bungu (121½) *Lost* Jesus Salud (121). Unan 12 *S* Carousel Casino, Hammanskraal, S.A. *R* Stan Christodoulou *P* Golden Gloves/Kushner.

9/14/1996. WBO:JF *Won* Marco A. Barrera (122) *Lost* Jesse Magana (122). TKO 10/1:56 *S* Great Western Forum, Inglewood, Ca. *R* Robert Byrd *P* Forum Boxing, Inc.

11/9/1996. WBA:JF *Won* Antonio Cermeno (121) *Lost* Eddy Saenz (122). TKO 6/* *S* MGM Grand Garden, Las Vegas, Nev. *R* Joe Cortez *P* Don King Productions.

11/22/1996. WBO:JF *Won* Junior Jones (122) *Lost* Marco A. Barrera (122). DQ 5/2:59 *S* The Ice Palace, Tampa, Fla. *R* Max Parker *P* Sq. Ring/Yerrid Prod.

12/21/1996. WBA:JF *Won* Antonio Cermeno (121) *Lost* Yuichi Kasai (121½). Unan 12 *S* Aladdin Hotel and Casino, Las Vegas, Nev. *R* Mitch Halpern *P* Aladdin Hotel and Casino.

1/11/1997. WBC:JF *Won* Daniel Zaragoza (121½) *Lost* Wayne McCullough (120). Split 12 *S* Hynes Auditorium, Boston, Mass. *R* Tony Perez *P* Am. Presents/Mohegan Sun.

4/5/1997. IBF:JF *Won* Vuyani Bungu (122) *Lost* Kennedy McKinney (121¾). Split 12 *S* Carousel Casino, Hammanskraal, S.A. *R* Stan Christodoulou *P* Golden Gloves/Kushner.

4/14/1997. WBC:JF *Won* Daniel Zaragoza (121¾) *Lost* Joichiro Tatsuyoshi (121½). Unan 12 *S* Prefectural Gymnasium, Osaka, Japan *R* Arthur Mercante *P* Osaka Teiken Promos.

4/18/1997. WBO:JF *Won* Junior Jones (121) *Lost* Marco A. Barrera (122). Unan 12 *S* Las Vegas Hilton, Las Vegas, Nev. *R* Mills Lane *P* Main Events/A.B. Stars.

5/10/1997. WBA:JF *Won* Antonio Cermeno (121½) *Lost* Angel Chacon (122). Unan 12 *S* Convention Center, Coconut Grove, Fla. *R* Armando Garcia *P* Don King Productions.

7/26/1997. WBA:JF *Won* Antonio Cermeno (122) *Lost* Yuichi Kasai (122). KO 12/2:35 *S* Yokohama Arena, Yokohama, Japan *R* Rafael Ramos *P* Teiken Promotions.

8/16/1997. IBF:JF *Won* Vuyani Bungu (121¾) *Lost* Enrique Jupiter (121). Unan 12 *S* Carousel Casino, Hammanskraal, S.A. *R* Stan Christodoulou *P* Kushner/Golden Gloves.

9/6/1997. WBC:JF *Won* Erik Morales (121¼) *Lost* Daniel Zaragoza (122). KO 11/2:59 *S* County Coliseum, El Paso, Texas *R* Laurence Cole *P* Top Rank, Inc.

9/27/1997. WBA:JF *Won* Antonio Cermeno (122) *Lost* Jose Rojas (122). Unan 12 *S* Jose Beracasa Gymnasium, Caracas, Vez. *R* Isidro Rodriguez *P* WBA/Don King Prod.

11/15/1997. IBF:JF *Won* Vuyani Bungu (122) *Lost* Arnel Barotillo (121¼). Unan 12 *S* Carousel Casino, Hammanskraal, S.A. *R* Stan Christodoulou *P* Kushner/Golden Gloves.

12/12/1997. WBC:JF *Won* Erik Morales (120½) *Lost* John Lowey (119). TKO 8/* *S* Tijuana Auditorium, Tijuana, B.C.N., Mex. *R* Laurence Cole *P* Top Rank, Inc.

12/19/1997. WBO:JF *Won* Kennedy McKinney (122) *Lost* Junior Jones (122). TKO 4/2:39 *S* Madison Sq. Garden, New York, N.Y. *R* Wayne Kelly *P* Sports Network Ltd.

2/8/1998. WBA:JF *Won* Enrique Sanchez (122) *Lost* Rafael del Valle (122). Unan 12 *S* Isle of Capri Casino, Lake Charles, La. *R* John Femia *P* Top Rank, Inc.

4/4/1998. WBC:JF *Won* Erik Morales (122) *Lost* Remigio Molina (122). TKO 6/2:24 *S* Municipal Auditorium, Tijuana, B.C.N., Mex. *R* Guillermo Ayon *P* Zanfer Promotions.

5/16/1998. IBF:JF *Won* Vuyani Bungu (121¾) *Lost* Ernesto Grey (122). Split 12 *S* Carousel Casino, Hammanskraal, S.A. *R* Stan Christodoulou *P* Golden Gloves/Kushner.

5/16/1998. WBC:JF *Won* Erik Morales (121¾) *Lost* Jose Luis Bueno (121¾). TKO 2/1:19 *S* Fantasy Springs Casino, Indio, Calif. *R* Marty Sammon *P* Top Rank, Inc.

9/12/1998. WBC:JF *Won* Erik Morales (121¾) *Lost* Junior Jones (122). TKO 4/2:55 *S* Toreo de Tijuana, Tijuana, B.C.N., Mex. *R* Larry O'Connell *P* Top Rank, Inc.

10/31/1998. IBF:JF *Won* Vuyani Bungu (122) *Lost* Danny Romero (122). Maj 12 *S* Convention Center, Atlantic City, N.J. *R* Rudy Battle *P* Kushner/America Presents.

10/31/1998. WBO:JF *Won* Marco A. Barrera (122) *Lost* Richie Wenton (121). TKO 4/* *S* Convention Center, Atlantic City, N.J. *R* Ed Johnson *P* Kushner/America Presents.

12/12/1998. WBA:JF *Won* Nestor Garza (122) *Lost* Enrique Sanchez (122). Unan 12 *S* Fantasy Springs Casino, Indio, Calif. *R* Lou Filippo *P* Top Rank, Inc.

2/6/1999. IBF:JF *Won* Vuyani Bungu (121½) *Lost* Victor Llerena (121¾). TKO 8/* *S* Carousal Casino, Hammanskraal, S.A. *R* Stan Christodoulou *P* Golden Gloves/Kushner.

2/13/1999. WBC:JF *Won* Erik Morales (121½) *Lost* Angel Chacon (122). KO 2/1:50 *S* Thomas & Mack Center, Las Vegas, Nev. *R* Richard Steele *P* Top Rank, Inc.

4/3/1999. WBO:JF *Won* Marco A. Barrera (121) *Lost* Paul Lloyd (122). TKO 2/* *S* Royal Albert Hall, London, Eng. *R* Samuel Viruet *P* Sports Network Ltd.

5/8/1999. WBC:JF *Won* Erik Morales (121½) *Lost* Juan C. Ramirez (122). TKO 10/* *S* Las Vegas Hilton, Las Vegas *R* Jay Nady *P* Top Rank.

5/8/1999. WBA:JF *Won* Nestor Garza (121) *Lost* Carlos Barreto (121). TKO 8/2:00 *S* Las Vegas Hilton, Las Vegas, Nev. *R* Mitch Halpern *P* Top Rank, Inc.

5/29/1999. IBF:JF *Won* Lehlo. Ledwaba (121½) *Lost* John M. Johnson (120¾). Unan 12 *S* Carousel Casino, Hammanskraal, S.A. *R* Lulama Mtya *P* Golden Gloves Promos.

7/31/1999. WBC:JF *Won* Erik Morales (122) *Lost* Reynante Jamili (121½). TKO 6/3:02 *S* Toreo de Tijuana, Tijuana, B.C.N., Mex. *R* Martin Denkin *P* Top Rank/Zanfer.

8/7/1999. WBO:JF *Won* Marco A. Barrera (122) *Lost* Pastor Maurin (122). Unan 12 *S* Trump Taj Mahal, Atlantic City, N.J. *R* Benji Esteves *P* Sports Network/Dillon.

9/25/1999. IBF:JF *Won* Lehlo. Ledwaba (121¾) *Lost* Edison Valencia (120¾). TKO 5/2:31 *S* Pachenga Ent. Center, Temecula, Ca. *R* Gwen Farrell Adair *P* Cedric Kushner Promos.

10/22/1999. WBC:JF *Won* Erik Morales (121¾) *Lost* Wayne McCullough (121¼). Unan 12 *S* Joe Louis Arena, Detroit, Mich. *R* Frank Garza *P* Kushner/Prince Promos.

11/21/1999. WBA:JF *Won* Nestor Garza (122) *Lost* Kozo Ishii (121½). TKO 12/2:30 *S* Rainbow Hall, Nagoya, Japan *R* Enzo Montero *P* Maruki/Teiken Promos.

2/19/2000. BCBO:JF *Won* Erik Morales (121) *Lost* Marco A. Barrera (121½). Split 12 *S* Mandalay Bay Resort, Las Vegas, Nev. *R* Mitch Halpern *P* Top Rank, Inc.

3/4/2000. WBA:JF *Won* Clarence Adams (122) *Lost* Nestor Garza (122). Unan 12 *S* Mandalay Bay Resort, Las Vegas, Nev. *R* Joe Cortez *P* Top Rank, Inc.

4/7/2000. IBF:JF *Won* Lehlo. Ledwaba (122) *Lost* Ernesto Grey (122). TKO 8/1:20 *S* Whitechurch Leisure Centre, Bristol, Eng. *R* Sam Williams *P* Golden Gloves Promos.

6/17/2000. WBO:JF *Won* Marco A. Barrera (122) *Lost* Luiz Carlos Freitas (122). KO 1/1:27 *S* Arena Mexico, Mexico City, Mex. *R* Genaro Rodriguez *P* Maldonado Promotions.

8/5/2000. WBA:JF *Won* Clarence Adams (122) *Lost* Andres Fernandez (121¾). TKO 6/2:23 *S* Alliant Energy Center, Madison, Wisc. *R* Monte Oswald *P* Top Rank, Inc.

9/9/2000. WBO:JF *Won* Marco A. Barrera (120½) *Lost* Jose Luis Valbuena (120½). Unan 12 *S* New Orleans Arena, New Orleans, La. *R* Elmo Adolph *P* M+M Sports Promotions.

9/9/2000. WBC:JF *Won* Willie Jorrin (121¾) *Lost* Michael Brodie (122). Maj 12 *S* Bowlers Leisure Center, Manchester, Eng. *R* Richie Davies *P* Ringside Promotions.

10/6/2000. IBF:JF *Won* Lehlo. Ledwaba (121½) *Lost* Eduardo Alvarez (121¼). KO 8/2:48 *S* Leisure Centre, Maidstone, Kent, Eng. *R* Roy Francis *P* Golden Fists Promos.

12/1/2000. WBO:JF *Won* Marco A. Barrera (122) *Lost* Jesus Salud (122). TKO 7/* *S* Venetian Casino Hotel, Las Vegas, Nev. *R* Joe Cortez *P* Banner/Maldonado Promos.

1/19/2001. WBC:JF *Won* Willie Jorrin (122) *Lost* Oscar Larios (122). Unan 12 *S* ARCO Arena, Sacramento, Calif. *R* Chuck Hassett *P* Chargin Boxing Productions.

2/17/2001. IBF:JF *Won* Lehlo. Ledwaba (120¾) *Lost* Arnel Barotillo (121¾). TKO 9/1:49 *S* Carnival City, Brakpan, Trans., S.A. *R* Rudy Battle *P* Golden Gloves Promos.

3/23/2001. WBA:JF *Won* Clarence Adams (122) *Lost* Ivan Alvarez (122). Unan 12 *S* Sports Ctr., Owensboro, Ky. *R* Steve Smoger *P* Top Rank.

4/22/2001. IBF:JF *Won* Lehlo. Ledwaba (121¾) *Lost* Carlos Contreras (121). Unan 12 *S* Carnival City, Brakpan, Trans., S.A. *R* Sam Smyth *P* G.G./Main Events/Kushner.

6/23/2001. IBF:JF *Won* Manny Pacquiao (121) *Lost* Lehlo. Ledwaba (122). TKO 6/0:59 *S* MGM Grand Garden, Las Vegas, Nev. *R* Joe Cortez *P* M+M/Univision/Kushner.

6/23/2001. WBO:JF *Won* Agapito Sanchez (121) *Lost* Jorge Monsalvo (122). KO 7/1:28 *S* MGM Grand Garden, Las Vegas, Nev. *R* Kenny Bayless *P* M+M/Univision/Forum.

11/10/2001. BFBO:JF *Won* Manny Pacquiao (120¼) *Lost* Agapito Sanchez (120½). TDs 6/1:12 *S* Graham Civic Auditorium, San Francisco, Ca. *R* Martin Denkin *P* Top Rank/Howes Ent.

11/17/2001. WBA:JF *Won* Yober Ortega (120½) *Lost* Jose Rojas (122). KO 4/0:36 *S* Mandalay Bay Resort, Las Vegas, Nev. *R* Tony Weeks *P* King/Lion/Main Events.

2/5/2002. WBC:JF *Won* Willie Jorrin (122) *Lost* Osamu Sato (122). Draw 12 *S* Ariake Col., Tokyo *R* Terry O'Connor *P* Kyoei Promos.

2/21/2002. WBA:JF *Won* Y. Sithyodthong (122) *Lost* Yober Ortega (122). Unan 12 *S* Banrai Temple, Dankoonthod, Thailand *R* Armando Garcia *P* Songchai Ratanasuban.

5/18/2002. WBA:JF *Won* Osamu Sato (121¼) *Lost* Y. Sithyodthong (122). KO 8/1:58 *S* Saitama Super Arena, Saitama, Japan *R* Guillermo Pineda *P* Kyoei Promotions.

6/8/2002. IBF:JF *Won* Manny Pacquiao (120½) *Lost* Jorge E. Julio (122). TKO 2/1:09 *S* The Pyramid, Memphis, Tenn. *R* Bill Clancy *P* Lion/Main Events/Fight Night.

8/17/2002. WBO:JF *Won* Joan Guzman (122) *Lost* Fabio Oliva (122). KO 3/1:10 *S* Cardiff Castle, Cardiff, Wales *R* Jose H. Rivera *P* Sports Network Ltd.

10/9/2002. WBA:JF *Won* Salim Medjkoune (122) *Lost* Osamu Sato (122). Unan 12 *S* National Yoyoki Stadium, Tokyo, Japan *R* Guillermo Perez *P* Kyoei Promotions.

10/26/2002. IBF:JF *Won* Manny Pacquiao (122) *Lost* Fahproakob Sithkwenim (121). TKO 1/2:46 *S* Rizal College Gym., Davao City, Phil. *R* Bruce McTavish *P* Rodrigo Duterte/Manny Pinol.

11/1/2002. WBC:JF *Won* Oscar Larios (122) *Lost* Willie Jorrin (122). TKO 1/1:28 *S* ARCO Arena, Sacramento *R* James Jen-Kin *P* Don Chargin Pr.

4/4/2003. WBA:JF *Won* Salim Medjkoune (122) *Lost* Vincenzo Gigliotti (122). Unan 12 *S* Maison des Sports, Clermont-Ferrand, France *R* Luis Pabon *P* A.B. Stars, Inc.

4/26/2003. WBC:JF *Won* Oscar Larios (122) *Lost* Shigeru Nakazato (122). Unan 12 *S* Ryogoku Sumo Arena, Tokyo, Japan *R* Toby Gibson *P* Teiken Promotions.

7/4/2003. WBA:JF *Won* Mahyar Monshipour (119) *Lost* Salim Medjkoune (120½). KO 12/1:27 *S* Futuroscope, Poitiers, France *R* Daniel Talon *P* A.B. Stars, Inc.

7/26/2003. IBF:JF *Won* Manny Pacquiao (120) *Lost* Emmanuel Lucero (121¼). TKO 3/0:48 *S* Olympic Auditorium, Los Angeles, Ca. *R* Jose Cobian *P* Main Events, Inc.

9/7/2003. WBC:JF *Won* Oscar Larios (121¾) *Lost* Kozo Ishii (122). TKO 2/2:02 *S* Rainbow Hall, Nagoya, Japan *R* Richie Davies *P* Tenryu Maruki Promotions.

11/22/2003. WBC:JF *Won* Oscar Larios (122) *Lost* N. Kiattisakchokchai (122). TKO 10/2:26 *S* Olympic Auditorium, Los Angeles, Ca. *R* Marcos Rosales *P* Golden Boy Promotions.

12/16/2003. WBA:JF *Won* Mahyar Monshipour (119¾) *Lost* Jairo Tagliaferro (122). TKO 8/* *S* Cerdan Palais des Sports, Paris, France *R* Armando Garcia *P* A.B. Stars, Inc.

2/26/2004. WBO:JF *Won* Joan Guzman (121¾) *Lost* Agapito Sanchez (121¾). TKO 7/1:05 *S* Sports Arena, San Diego, Calif. *R* David Mendoza *P* Golden Boy Enterprises.

3/6/2004. WBC:JF *Won* Oscar Larios (122) *Lost* Shigeru Nakazato (121½). Unan 12 *S* Saitama Super Arena, Saitama *R* Richie Davies *P* Teiken Pro.

3/25/2004. IBF:JF *Won* Israel Vazquez (122) *Lost* Jose Luis Valbuena (121). TKO 12/0:34 *S* Olympic Auditorium, Los Angeles, Ca. *R* James Jen-Kin *P* Golden Boy Promotions.

5/27/2004. WBA:JF *Won* Mahyar Monshipour (121½) *Lost* Salim Medjkoune (121¼). TKO 8/2:20 *S* Zenith d'Auvergne, Clermont-Ferrand, France *R* Daniel Talon *P* A.B. Stars, Inc.

11/8/2004. WBA:JF *Won* Mahyar Monshipour (121¼) *Lost* Yod. Sithyodthong (121¾). TKO 6/1:07 *S* Palais Omnisports, Bercy, France *R* Guillermo Perez *P* A.B. Stars, Inc.

11/27/2004. WBC:JF *Won* Oscar Larios (121) *Lost* Nedal Hussein (122). Unan 12 *S* MGM Grand Garden, Las Vegas, Nev. *R* Richard Steele *P* Top Rank, Inc.

12/28/2004. IBF:JF *Won* Israel Vazquez (121) *Lost* Artyom Simonyan (121½). TKO 5/0:59 *S* Sycuan Indian Resort, El Cajon, Calif. *R* James Jen-Kin *P* Sycuan Ringside/Banner.

2/10/2005. WBC:JF *Won* Oscar Larios (121¾) *Lost* Wayne McCullough (121). Unan 12 *S* Palace Indian Gaming Center, Lemoore, Ca. *R* Jon Schorle *P* Goossen Tutor Promotions.

4/22/2005. WBO:JF *Won* Joan Guzman (121) *Lost* Fernando Beltran, Jr. (121). Unan 12 *S* Dodge Arena, Hidalgo, Texas *R* Laurence Cole *P* Sycuan Ringside Promos.

4/29/2005. WBA:JF *Won* Mahyar Monshipour (121) *Lost* Shigeru Nakazato (121). TKO 6/2:47 *S* Palais des Sports, Marseilles, France *R* Raul Caiz *P* AMI Productions.

5/31/2005. IBF:JF *Won* Israel Vazquez (121½) *Lost* Armando Guerrero (122). Unan 12 *S* Ho-Chunk Expo Center, Lynwood, Ill. *R* John O'Brien *P* Sycuan Ringside/Northeast.

6/25/2005. WBA:JF *Won* Mahyar Monshipour (121¼) *Lost* Julio Zarate (121¼). TKO 9/* *S* Futuroscope, Poitiers, France *R* Guillermo Perez *P* AMI Productions.

7/16/2005. WBC:JF *Won* Oscar Larios (122) *Lost* Wayne McCullough (120). TKO 11/* *S* MGM Grand Garden, Las Vegas, Nev. *R* Richard Steele *P* Golden Boy/Goossen Tutor.

10/29/2005. WBO:JF *Won* Daniel Ponce de Leon (121) *Lost* Sod Looknongyangtoy (121½). Unan 12 *S* Desert Diamond Casino, Tucson, Ariz. *R* Louis Moret *P* Golden Boy Promotions.

12/3/2005. BCBF:JF *Won* Israel Vazquez (121) *Lost* Oscar Larios (120½). TKO 3/2:52 *S* Mandalay Bay Resort, Las Vegas, Nev. *R* Tony Weeks *P* DiBella Ent./Golden Boy.

3/18/2006. WBA:JF *Won* Somsak Sithchatchawal (122) *Lost* Mahyar Monshipour (121¼). TKO 10/2:42 *S* Sports Palace, Levallois-Perret, France *R* John Coyle *P* AMI Productions (Acaries).

5/27/2006. WBO:JF *Won* Daniel Ponce de Leon (121½) *Lost* Gerson Guerrero (119¼). KO 2/1:50 *S* Home Depot Center, Carson, Calif. *R* Pat Russell *P* Golden Boy Promotions.

6/10/2006. WBC:JF *Won* Israel Vazquez (122) *Lost* Ivan Hernandez (122). TKO 5/* *S* Convention Center, Atlantic City, N.J. *R* Earl Morton *P* Star Boxing/Golden Boy.

7/15/2006. WBO:JF *Won* Daniel Ponce de Leon (122) *Lost* Sod Looknongyangtoy (122). KO 1/0:52 *S* MGM Grand Garden, Las Vegas, Nev. *R* Jay Nady *P* Golden Boy Promotions.

9/16/2006. WBC:JF *Won* Israel Vazquez (122) *Lost* Jhonny Gonzalez (121). TKO 10/2:09 *S* MGM Grand Garden, Las Vegas, Nev. *R* Kenny Bayless *P* Golden Boy Promotions.

10/4/2006. WBA:JF *Won* Celestino Caballero (121) *Lost* Somsak Sithchatchawal (122). KO 3/1:48 *S* Banrai Temple, Wat Banrai, N.R., Thai. *R* John Coyle *P* Kokiet Group Promotions.

10/21/2006. WBO:JF *Won* Daniel Ponce de Leon (122) *Lost* Al Seeger (122). TKO 8/1:43 *S* Don Haskins Center, El Paso, Texas *R* Laurence Cole *P* Golden Boy Promotions.

11/10/2006. IBF:JF *Won* Steve Molitor (121½) *Lost* Michael Hunter (121¾). KO 5/1:32 *S* Borough Hall, Hartlepool, Durham, Eng. *R* Phil Edwards *P* Matchroom Sports, Ltd.

3/3/2007. WBC:JF *Won* Rafael Marquez (121½) *Lost* Israel Vazquez (121¾). TKO 8/* *S* Home Depot Center, Carson, Calif. *R* Raul Caiz, Jr. *P* Golden Boy Promotions.

3/16/2007. WBA:JF *Won* Celestino Caballero (122) *Lost* Ricardo Castillo (121¾). TKO 9/2:02 *S* Seminole Arena, Hollywood, Fla. *R* Telis Assimenios *P* Warriors/Sycuan Ringside.

3/17/2007. WBO:JF *Won* Daniel Ponce de Leon (122) *Lost* Gerry Penalosa (122). Unan 12 *S* MGM Grand Garden, Las Vegas, Nev. *R* Robert Byrd *P* Golden Boy Promotions.

7/14/2007. IBF:JF *Won* Steve Molitor (120¾) *Lost* Takalani Ndlovu (121). TKO 9/1:42 *S* Casino Rama, Orillia, Ontario, Canada *R* Hubert Earle *P* Orion Sports Management.

8/4/2007. WBC:JF *Won* Israel Vazquez (121) *Lost* Rafael Marquez (121). TKO 6/1:16 *S* Dodge Arena, Hidalgo, Texas *R* Guadalupe Garcia *P* Gary Shaw Productions.

8/4/2007. WBA:JF *Won* Celestino Caballero (121) *Lost* Jorge Lacierva (121½). Unan 12 *S* Dodge Arena, Hidalgo, Texas *R* Laurence Cole *P* Gary Shaw Productions.

8/11/2007. WBO:JF *Won* Daniel Ponce de Leon (121¾) *Lost* Rey Bautista (121½). TKO 1/2:30 *S* ARCO Arena, Sacramento, Calif. *R* Jon Schorle *P* Golden Boy/A.L.A. Boxing.

10/27/2007. IBF:JF *Won* Steve Molitor (122) *Lost* Fahsan 3K-Battery (121½). Unan 12 *S* Casino Rama, Orillia, Ontario, Canada *R* Rocky Zolnierczyk *P* Orion Sports Management.

12/1/2007. WBA:JF *Won* Celestino Caballero (122) *Lost* Mauricio Pastrana (121). TKO 8/0:53 *S* Roberto Duran Gym, Panama City, Pan. *R* Roberto Ramirez *P* Eventos del Istmo/Warriors.

1/19/2008. IBF:JF *Won* Steve Molitor (121½) *Lost* Ricardo Castillo (122). Unan 12 *S* Casino Rama, Orillia, Ontario, Canada *R* Sam Williams *P* Orion Sports Management.

3/1/2008. WBC:JF *Won* Israel Vazquez (122) *Lost* Rafael Marquez (121½). Split 12 *S* Home Depot Center, Carson, Calif. *R* Pat Russell *P* Gary Shaw/Golden Boy.

4/5/2008. IBF:JF *Won* Steve Molitor (121¾) *Lost* Fernando Beltran, Jr. (121¼). Unan 12 *S* Casino Rama, Orillia, Ontario, Canada *R* Mark Nelson *P* Orion Sports Management.

6/7/2008. WBO:JF *Won* Juan Manuel Lopez (121) *Lost* Daniel Ponce de Leon (121). TKO 1/2:25 *S* Convention Hall, Atlantic City, N.J. *R* Michael Ortega *P* Top Rank, Inc.

6/7/2008. WBA:JF *Won* Celestino Caballero (121) *Lost* Lorenzo Parra (121). TKO 12/* *S* Olympic Dome, San Juan, Guarico, Vez. *R* Luis Pabon *P* BOXTRACK (K.O. Drogas).

8/29/2008. IBF:JF *Won* Steve Molitor (121½) *Lost* Ceferino Labarda (121¼). TKO 10/2:34 *S* Casino Rama, Orillia, Ontario, Canada *R* Charlie Fitch *P* Orion Sports Management.

9/15/2008. WBC:JF *Won* Toshiaki Nishioka (121¾) *Lost* Nap. Kiatisakchokchai (122). Unan 12 *S* Yokohama Pacifico, Yokohama, Japan *R* Kenny Bayless *P* Teiken Promotions.

9/18/2008. WBA:JF *Won* Celestino Caballero (122) *Lost* Elvis Mejia (122). TKO 1/2:51 *S* Figali Convention Center, Panama City, Pan. *R* Luis Pabon *P* Istmo Promos. & Events.

10/4/2008. WBO:JF *Won* Juan Manuel Lopez (121) *Lost* Cesar Figueroa (121½). KO 1/0:47 *S* Jose M. Agrelot Coliseum, Hato Rey, P.R. *R* Roberto Ramirez *P* P.R. Best Boxing.

11/21/2008. BABF:JF *Won* Celestino Caballero (121¾) *Lost* Steve Molitor (121¾). TKO 4/0:52 *S* Casino Rama, Orillia, Ontario, Canada *R* Luis Pabon *P* Orion Sports Management.

1/3/2009. WBC:JF *Won* Toshiaki Nishioka (121½) *Lost* Genaro Garcia (122). TKO 12/0:57 *S* Yokohama Pacifico, Yokohama, Japan *R* Bruce McTavish *P* Teiken Promotions.

4/25/2009. WBO:JF *Won* Juan Manuel Lopez (121¾) *Lost* Gerry Penalosa (121½). TKO 10/* *S* Ruben Rodriguez Coliseum, Bayamon, P.R. *R* Jose H. Rivera *P* Top Rank/P.R. Best.

4/30/2009. BABF:JF *Won* Celestino Caballero (121¼) *Lost* Jeffrey Mathebula (120). Split 12 *S* Roberto Duran Arena, Panama City, Pan. *R* Ernie Sharif *P* Seminole/Istmo Promos.

5/23/2009. WBC:JF *Won* Toshiaki Nishioka (122) *Lost* Jhonny Gonzalez (122). TKO 3/1:20 *S* Arena Monterrey, Monterrey, Mex. *R* Kenny Bayless *P* Pueblo Promotions.

6/27/2009. WBO:JF *Won* Juan Manuel Lopez (121½) *Lost* Olivier Lontchi (120). TKO 10/* *S* Convention Hall, Atlantic City, N.J. *R* Allan Huggins *P* Top Rank, Inc.

8/29/2009. BABF:JF *Won* Celestino Caballero (121½) *Lost* Francisco Leal (121½). TKO 8/* *S* Plaza de Toros Calafia, Mexicali, Mex. *R* Rafael Ramos *P* K.O. Entertainment.

10/10/2009. WBO:JF *Won* Juan Manuel Lopez (121) *Lost* Rogers Mtagwa (121). Unan 12 *S* WaMu Theatre, New York, N.Y. *R* Ed Cotton *P* Top Rank/P.R. Best.

10/10/2009. WBC:JF *Won* Toshiaki Nishioka (121¾) *Lost* Ivan Hernandez (122). TKO 4/* *S* Yoyogi Gymnasium, Tokyo, Japan *R* Michael Griffin *P* Teiken Promotions.

2/27/2010. WBO:JF *Won* Wilfredo Vazquez, Jr. (122) *Lost* Marvin Sonsona (121½). KO 4/2:01 *S* Ruben Rodriguez Coliseum, Bayamon, P.R. *R* Luis Pabon *P* P.R. Best/All-Star Boxing.

3/27/2010. IBF:JF *Won* Steve Molitor (121¾) *Lost* Takalani Ndlovu (121¼). Unan 12 *S* Casino Rama, Orillia, Ontario, Canada *R* David Fields *P* Orion Sports Management.

4/30/2010. WBC:JF *Won* Toshiaki Nishioka (122) *Lost* Balweg Bangoyan (122). TKO 5/1:14 *S* Nihon Budokan, Tokyo, Japan *R* Gelasio Perez *P* Teiken/Shinsei Promos.

BANTAMWEIGHT

6/27/1890. B *Won* George Dixon (113) *Lost* Nunc Wallace (112). TKO 18 *S* Pelican Club, Soho, London, Eng. *R* George H. Vize *P* Pelican Club.

10/23/1890. B *Won* George Dixon (113½) *Lost* Johnny Murphy (113½). TKO 40 *S* Gladstone A.C., Providence, R.I. *R* Dan H. Coakley *P* Gladstone Athletic Club.

3/31/1891. B *Won* George Dixon (111½) *Lost* Cal McCarthy (114½). TKO 23/* *S* Bicycle Club Rink, Troy, N.Y. *R* Jere Dunn *P* Troy Bicycle Club.

7/28/1891. B *Won* George Dixon (114½) *Lost* Abe Willis (115). KO 5 *S* California A.C., San Francisco, Calif. *R* Hiram Cook *P* California Athletic Club.

6/27/1892. B *Won* George Dixon (115½) *Lost* Fred Johnson (116). KO 14 *S* Coney Island A.C., Coney Is., N.Y. *R* Al Smith *P* Coney Island A.C.

9/6/1892. B *Won* George Dixon (115) *Lost* Jack Skelly (116½). KO 8 *S* Olympic Club, New Orleans, La. *R* John Duffy *P* Bohemian Athletic Club.

9/24/1894. B *Won* Billy Plimmer (114½) *Lost* Johnny Murphy (114¼). Draw 25 *S* Olympic Club, New Orleans *R* John Eckert *P* Olympic Club.

11/26/1894. B *Won* Billy Plimmer (110) *Lost* Charley Kelly (113). TKO 3/1:35 *S* Seaside A.C. Arena, Coney Is., N.Y. *R* Tim Hurst *P* Seaside Athletic Club.

Bantamweight

11/25/1895. B *Won* Pedlar Palmer (112) *Lost* Billy Plimmer (111). DQ 14/1:10 *S* National Sporting Club, London, Eng. *R* B.J. Angle *P* National Sporting Club.

10/12/1896. B *Won* Pedlar Palmer (114½) *Lost* Johnny Murphy (115). Ref 20 *S* National Sporting Club, London, Eng. *R* B.J. Angle *P* National Sporting Club.

1/25/1897. B *Won* Pedlar Palmer (115½) *Lost* Eddie Stanton (116). TKO 14/1:30 *S* National Sporting Club, London, Eng. *R* B.J. Angle *P* National Sporting Club.

10/18/1897. B *Won* Pedlar Palmer (115½) *Lost* Dave Sullivan (118). Ref 20 *S* National Sporting Club, London, Eng. *R* B.J. Angle *P* National Sporting Club.

12/12/1898. B *Won* Pedlar Palmer (116) *Lost* Billy Plimmer (115). TKO 17/2:10 *S* National Sporting Club, London, Eng. *R* B.J. Angle *P* National Sporting Club.

4/17/1899. B *Won* Pedlar Palmer (115¼) *Lost* Billy Rotchford (115). TKO 3/2:30 *S* National Sporting Club, London, Eng. *R* B.J. Angle *P* National Sporting Club.

9/12/1899. B *Won* Terry McGovern (115½) *Lost* Pedlar Palmer (113½). KO 1/2:32 *S* Amphitheater, Tuckahoe, N.Y. *R* George Siler.

12/22/1899. B *Won* Terry McGovern (116½) *Lost* Harry Forbes (116½). KO 2/1:33 *S* Broadway Athletic Club, New York, N.Y. *R* Johnny White *P* Broadway Athletic Club.

3/18/1901. B *Won* Harry Harris *Lost* Pedlar Palmer. Ref 15 *S* National Sporting Club, London, Eng. *R* J.H. Douglas *P* National Sporting Club.

11/11/1901. B *Won* Harry Forbes *Lost* Danny Dougherty. KO 2 *S* West End Coliseum, St. Louis, Mo. *R* Joe Stewart.

1/23/1902. B *Won* Harry Forbes *Lost* Danny Dougherty. KO 4 *S* West End Coliseum, St. Louis, Mo. *R* Joe Stewart.

2/27/1902. B *Won* Harry Forbes *Lost* Tommy Feltz. Ref 15 *S* West End Coliseum, St. Louis, Mo. *R* Red Sheridan.

5/1/1902. B *Won* Harry Forbes *Lost* Johnny Reagan. Draw 20 *S* West End Coliseum, St. Louis, Mo. *R* George Siler.

6/13/1902. B *Won* Harry Forbes *Lost* Young Devaney. Ref 10 *S* Elyria Athletic Club, Denver, Colo. *P* Elyria Athletic Club.

12/23/1902. B *Won* Harry Forbes *Lost* Frankie Neil. TKO 7/2:52 *S* Reliance Club, Oakland, Calif. *R* Eddie Smith.

2/27/1903. B *Won* Harry Forbes *Lost* Andrew Tokell. Ref 10 *S* Light Guard Armory, Detroit, Mich. *R* George Siler.

5/26/1903. B *Won* Harry Forbes *Lost* Maurice Rausch. Ref 15 *S* Vineyard Hall, Kansas City, Mo. *P* Missouri Athletic Club.

8/13/1903. B *Won* Frankie Neil *Lost* Harry Forbes. KO 2 *S* Mechanics Pavilion, San Francisco, Ca. *R* Ed Graney.

10/16/1903. B *Won* Frankie Neil *Lost* Johnny Reagan. Draw 20 *S* Naud Junction Pavilion, Los Angeles, Ca. *R* Charles Eyton *P* Pacific Athletic Club.

10/17/1904. B *Won* Joe Bowker (116) *Lost* Frankie Neil (116½). Ref 20 *S* National Sporting Club, London, Eng. *R* Tom Scott *P* National Sporting Club.

5/29/1905. B *Won* Joe Bowker (116) *Lost* Pinky Evans (115). Ref 20 *S* National Sporting Club, London, Eng. *R* J.H. Douglas *P* National Sporting Club.

4/22/1907. B *Won* Owen Moran (115¾) *Lost* Al Delmont (114½). Ref 20 *S* National Sporting Club, London, Eng. *R* J.H. Douglas *P* National Sporting Club.

8/22/1907. B *Won* Owen Moran (116) *Lost* Young Pierce (120). KO 18 *S* Gymnastic Club, Liverpool, Eng. *R* J.T. Hulls.

6/19/1909. B *Won* Monte Attell *Lost* Frankie Neil. TKO 18 *S* Mission Street Arena, Colma, Calif. *R* Billy Roche *P* James W. Coffroth.

8/20/1909. B *Won* Monte Attell *Lost* Percy Cove. TKO 10 *S* Coliseum, San Francisco, Calif. *R* Eddie Smith *P* Mission Athletic Club.

12/17/1909. B *Won* Monte Attell *Lost* Danny Webster. Draw 20 *S* Dreamland Rink, San Francisco, Ca. *R* Jack Welch.

2/22/1910. B *Won* Frankie Conley *Lost* Monte Attell. TKO 42 *S* Arena, Vernon, Calif. *R* Charles Eyton *P* Jack Doyle.

2/26/1911. B *Won* Johnny Coulon *Lost* Frankie Conley. Ref 20 *S* Westside A.C., McDonoghville, La. *R* Tommy Walsh.

2/3/1912. B *Won* Johnny Coulon (112) *Lost* Frankie Conley (116). Ref 20 *S* Arena, Vernon, Calif. *R* Charles Eyton *P* Jack Doyle.

4/22/1912. IBU:B *Won* Digger Stanley (115½) *Lost* Charles Ledoux (116½). Ref 20 *S* National Sporting Club, London, Eng. *R* J.H. Douglas *P* National Sporting Club.

6/23/1912. IBU:B *Won* Charles Ledoux *Lost* Digger Stanley. KO 7 *S* Magasin Generaux, Dieppe, France *R* Jean Moues.

6/24/1913. IBU:B *Won* Eddie Campi *Lost* Charles Ledoux. Ref 20 *S* Arena, Vernon, Calif. *R* Charles Eyton *P* Jack Doyle.

1/31/1914. IBU:B *Won* Kid Williams *Lost* Eddie Campi. KO 12 *S* Arena, Vernon, Calif. *R* Charles Eyton *P* Jack Doyle.

6/9/1914. B *Won* Kid Williams (116) *Lost* Johnny Coulon (112). KO 3 *S* Arena, Vernon, Calif. *R* Charles Eyton *P* Jack Doyle.

12/6/1915. B *Won* Kid Williams *Lost* Frankie Burns. Draw 20 *S* Louisiana Aud., New Orleans, La. *R* Ed Smith *P* Dominick Tortorich.

2/7/1916. B *Won* Kid Williams *Lost* Pete Herman. Draw 20 *S* Louisiana Auditorium, New Orleans, La. *R* Billy Rocap *P* Dominick Tortorich.

1/9/1917. B *Won* Pete Herman *Lost* Kid Williams. Ref 20 *S* Louisiana Auditorium, New Orleans, La. *R* Billy Rocap *P* Dominick Tortorich.

11/5/1917. B *Won* Pete Herman *Lost* Frankie Burns. Ref 20 *S* Louisiana Auditorium, New Orleans, La. *R* Sam Goldman *P* Dominick Tortorich.

12/22/1920. B *Won* Joe Lynch (116) *Lost* Pete Herman (116). Unan 15 *S* Madison Sq. Garden, New York, N.Y. *R* Patsy Haley *P* George (Tex) Rickard.

7/25/1921. B *Won* Pete Herman (116¾) *Lost* Joe Lynch (116¾). Unan 15 *S* Ebbets Field, Brooklyn, N.Y. *R* Patsy Haley *P* International Sporting Club.

9/23/1921. B *Won* Johnny Buff (113½) *Lost* Pete Herman (117¾). Unan 15 *S* Madison Sq. Garden, New York, N.Y. *R* Patsy Haley *P* George (Tex) Rickard.

11/10/1921. B *Won* Johnny Buff (114½) *Lost* Jackie Sharkey (116½). Unan 15 *S* Madison Sq. Garden, New York, N.Y. *R* Patsy Haley *P* George (Tex) Rickard.

7/10/1922. B *Won* Joe Lynch (117¼) *Lost* Johnny Buff (113½). TKO 14/0:06 *S* Velodrome, Bronx, New York *R* Patsy Haley *P* George (Tex) Rickard.

8/21/1922. B *Won* Joe Lynch *Lost* Frankie Murray. KO 6 *S* Southern Athletic Club, Shreveport, La. *R* Willie Best *P* Southern Athletic Club.

12/22/1922. B *Won* Joe Lynch (116¾) *Lost* Midget Smith (118). Unan 15 *S* Madison Sq. Garden, New York, N.Y. *R* Kid McPartland *P* George (Tex) Rickard.

3/21/1924. B *Won* Abe Goldstein (117) *Lost* Joe Lynch (117½). Unan 15 *S* Madison Sq. Garden, New York, N.Y. *R* Jack O'Sullivan *P* George (Tex) Rickard.

7/16/1924. B *Won* Abe Goldstein (116) *Lost* Charles Ledoux (117¾). Unan 15 *S* Velodrome, Bronx, New York *R* Ed Purdy.

9/8/1924. B *Won* Abe Goldstein (116¾) *Lost* Tommy Ryan (117). Unan 15 *S* Queensboro Stadium, Long Is. City, N.Y. *R* Patsy Haley.

12/19/1924. B *Won* Eddie Martin (118) *Lost* Abe Goldstein (117). Unan 15 *S* Madison Sq. Garden, New York, N.Y. *R* Tom Sheridan *P* George (Tex) Rickard.

3/20/1925. B *Won* Phil Rosenberg (116) *Lost* Eddie Martin (117). Unan 15 *S* Madison Sq. Garden, New York, N.Y. *R* Patsy Haley *P* George (Tex) Rickard.

7/23/1925. B *Won* Phil Rosenberg (117¾) *Lost* Eddie Shea (118). KO 4/0:37 *S* Velodrome, Bronx, New York *R* Patsy Haley *P* Lew Raymond.

2/4/1927. B *Won* Phil Rosenberg (122½) *Lost* Bushy Graham (117½). Unan 15 *S* Madison Sq. Garden, New York, N.Y. *R* Lou Magnolia *P* Madison Sq. Garden Corp.

3/26/1927. NBA:B *Won* Bud Taylor (118) *Lost* Tony Canzoneri (117). Draw 10 *S* Coliseum, Chicago, Ill. *R* Joe Choynski *P* James C. Mullen.

5/5/1927. BBBC:B *Won* Teddy Baldock (117¾) *Lost* Archie Bell (117½). Ref 15 *S* Royal Albert Hall, London, Eng. *R* Sam Russell.

6/24/1927. NBA:B *Won* Bud Taylor (117½) *Lost* Tony Canzoneri (117½). Maj 10 *S* Wrigley Field, Chicago *R* Joe Choynski *P* James C. Mullen.

10/6/1927. BBBC:B *Won* Willie Smith (118) *Lost* Teddy Baldock (120). Ref 15 *S* Royal Albert Hall, London, Eng. *R* Eugene Corri.

5/23/1928. NYAC:B *Won* Bushy Graham (118) *Lost* Izzy Schwartz (111¼). Unan 15 *S* Ebbets Field, Brooklyn, N.Y. *R* Lou Magnolia.

6/18/1929. B *Won* Panama Al Brown (117½) *Lost* Vidal Gregorio (116¾). Unan 15 *S* Queensboro Stadium, Long Is. City, N.Y. *R* Lou Magnolia.

2/8/1930. B *Won* Panama Al Brown (116½) *Lost* Johnny Erickson (117). Foul 4/2:40 *S* Olympia Athletic Club, New York, N.Y. *R* Jack Dor-man.

10/4/1930. B *Won* Panama Al Brown *Lost* Eugene Huat. Unan 15 *S* Velodrome d'Hiver, Paris, France *R* Moss Deyong.

8/25/1931. B *Won* Panama Al Brown (117) *Lost* Pete Sanstol (117). Maj 15 *S* Forum, Montreal, Quebec, Canada *R* John W. Clinnin *P* Armand Vincent.

10/27/1931. B *Won* Panama Al Brown (117) *Lost* Eugene Huat (116¾). Unan 15 *S* Forum, Montreal, Quebec, Canada *R* Eugene Rivest *P* Armand Vincent.

7/10/1932. B *Won* Panama Al Brown *Lost* Kid Francis. Split 15 *S* Circo de Toros, Marseilles, France *R* Carlo Lomazzi.

9/19/1932. B *Won* Panama Al Brown (117½) *Lost* Spider Pladner (118). KO 1/2:21 *S* Coliseum, Toronto, Ontario, Canada *R* Lou Marsh.

3/18/1933. B *Won* Panama Al Brown (117½) *Lost* Dominic Bernasconi (117½). Unan 12 *S* Sports Palace, Milan, Italy *R* Jack Hart.

7/3/1933. B *Won* Panama Al Brown *Lost* Johnny King. Ref 15 *S* Belle Vue Stadium, Manchester, Eng. *R* Jack Dare.

10/24/1933. CSAC:B *Won* Speedy Dado *Lost* Young Tommy. Ref 10 *S* Olympic Auditorium, Los Angeles, Ca. *R* George Blake *P* Olympic Boxing Club.

12/5/1933. CSAC:B *Won* Baby Casanova (118) *Lost* Speedy Dado (117¾). Ref 10 *S* Olympic Auditorium, Los Angeles, Ca. *R* George Blake *P* Olympic Boxing Club.

2/19/1934. B *Won* Panama Al Brown *Lost* Young Perez. Unan 15 *S* Palais des Sports, Paris, France *R* M. Mario.

6/26/1934. NBA:B *Won* Sixto Escobar (117) *Lost* Baby Casanova (117½). KO 9 *S* Forum, Montreal, Quebec, Canada *R* Mickey McGowan.

8/8/1934. NBA:B *Won* Sixto Escobar (117) *Lost* Eugene Huat (117½). Unan 15 *S* Forum, Montreal, Quebec, Canada *R* Mickey McGowan.

6/1/1935. B *Won* Baltasar Sangchili *Lost* Panama Al Brown. Unan 15 *S* Plaza de Toros, Valencia, Spain *R* Rene Scheman.

8/26/1935. NBA:B *Won* Lou Salica (117¼) *Lost* Sixto Escobar (117¼). Unan 15 *S* Dyckman Oval, Bronx, N.Y. *R* Arthur Donovan.

11/15/1935. NBA:B *Won* Sixto Escobar (117¾) *Lost* Lou Salica (117). Unan 15 *S* Madison Sq. Garden, New York, N.Y. *R* Billy Cavanagh *P* Madison Sq. Garden Corp.

6/29/1936. B *Won* Tony Marino (115½) *Lost* Baltasar Sangchili (117½). KO 14/1:43 *S* Dyckman Oval, Bronx, N.Y. *R* Artie McGovern.

8/31/1936. B *Won* Sixto Escobar (117½) *Lost* Tony Marino (115¾). TKO 14/* *S* Dyckman Oval, Bronx, N.Y. *R* Billy Cavanagh.

10/13/1936. B *Won* Sixto Escobar (118) *Lost* Indian Quintana (117½). KO 1/1:49 *S* Madison Sq. Garden, New York, N.Y. *R* Arthur Donovan *P* Madison Sq. Garden Corp.

2/21/1937. B *Won* Sixto Escobar (117½) *Lost* Lou Salica (116¾). Unan 15 *S* Escambron Beach Park, San Juan, P.R. *R* Jack Dempsey.

9/23/1937. B *Won* Harry Jeffra (116½) *Lost* Sixto Escobar (117¼). Unan 15 *S* Polo Grounds, New York, N.Y. *R* Frank Fullam *P* Twentieth Century S.C.

2/20/1938. B *Won* Sixto Escobar (117¼) *Lost* Harry Jeffra (117¼). Unan 15 *S* Escambron Beach Park, San Juan, P.R. *R* Johnny McAvoy.

3/4/1938. IBU:B *Won* Panama Al Brown *Lost* Baltasar Sangchili. Unan 15 *S* Palais des Sports, Paris, France *P* Jeff Dickson.

4/13/1938. IBU:B *Won* Panama Al Brown *Lost* Valentin Angelmann. TKO 8 *S* Palais des Sports, Paris, France *P* Jeff Dickson.

4/2/1939. B *Won* Sixto Escobar (118) *Lost* K.O. Morgan (117¾). Unan 15 *S* Escambron Beach Park, San Juan, P.R. *R* Pablo Albanese.

11/17/1939. CSAC:B *Won* Lou Salica (117¼) *Lost* Tony Olivera (115½). Ref 10 *S* Legion Stadium, Hollywood, Calif. *R* Abe Roth.

12/14/1939. CSAC:B *Won* Tony Olivera *Lost* Lou Salica. Ref 10 *S* Civic Auditorium, San Francisco, Calif. *R* Toby Irwin.

2/28/1940. CSAC:B *Won* Tony Olivera *Lost* Little Dado. Draw 10 *S* Oakland Auditorium, Oakland, Calif.

3/4/1940. B *Won* Lou Salica (117¼) *Lost* Georgie Pace (117¼). Draw 15 *S* Maple Leaf Garden, Toronto, Ont., Can. *R* Billy Burke *P* Jack Corcoran.

4/24/1940. CSAC:B *Won* Little Dado (115½) *Lost* Tony Olivera (117). Ref 10 *S* Oakland Auditorium, Oakland, Calif. *R* Jimmy Duffy *P* Tommy Simpson.

9/24/1940. B *Won* Lou Salica (117½) *Lost* Georgie Pace (117½). Unan 15 *S* Coliseum, Bronx, N.Y. *R* Eddie Joseph.

12/2/1940. B *Won* Lou Salica (118) *Lost* Small Montana (114). TKO 3 *S* Maple Leaf Garden, Toronto, Ont., Can. *R* Billy Burke *P* Jack Corcoran.

1/13/1941. B *Won* Lou Salica (117½) *Lost* Tommy Forte (117½). Maj 15 *S* The Arena, Philadelphia, Pa. *R* Irving Kutcher *P* Herman Taylor.

4/25/1941. B *Won* Lou Salica (117¼) *Lost* Lou Transparenti (117¾). Unan 15 *S* Coliseum, Baltimore, Md. *R* Charley Baum.

6/16/1941. B *Won* Lou Salica (117¾) *Lost* Tommy Forte (117¼). Unan 15 *S* Shibe Park, Philadelphia, Pa. *R* Irving Kutcher *P* Herman Taylor.

8/7/1942. B *Won* Manuel Ortiz (116¼) *Lost* Lou Salica (117). Unan 12 *S* Hollywood Bowl, Hollywood, Calif. *R* Abe Roth *P* Service Sports, Inc.

1/1/1943. B *Won* Manuel Ortiz (117½) *Lost* Kenny Lindsay (117½). Unan 10 *S* Civic Auditorium, Portland, Ore. *R* Ralph Gruman.

1/27/1943. B *Won* Manuel Ortiz (117½) *Lost* George Freitas (117¾). TKO 11/* *S* Oakland Auditorium, Oakland, Calif. *R* Billy Burke.

2/28/1943. HTBC:B *Won* Kui Kong Young *Lost* Rush Dalma. Draw 15 *S* Honolulu Stadium, Honolulu, Hawaii *R* Allan Dodd.

3/10/1943. B *Won* Manuel Ortiz (117½) *Lost* Lou Salica (118). TKO 11 *S* Oakland Auditorium, Oakland, Calif. *R* Billy Burke.

4/28/1943. B *Won* Manuel Ortiz (118) *Lost* Lupe Cardoza (117). KO 6/1:07 *S* Will Rogers Coliseum, Fort Worth, Tx. *R* Sully Montgomery.

5/2/1943. HTBC:B *Won* Kui Kong Young (116¾) *Lost* Dado Marino (116). KO 8/1:13 *S* Honolulu Stadium, Honolulu, Hawaii *R* Walter Cho *P* Leo Leavitt.

5/26/1943. B *Won* Manuel Ortiz (118) *Lost* Joe Robleto (117). Unan 15 *S* Municipal Auditorium, Long Beach, Ca. *R* Benny Whitman.

7/4/1943. HTBC:B *Won* Kui Kong Young (118) *Lost* Little Dado (116½). TKO 8/2:32 *S* Honolulu Stadium, Honolulu, Hawaii *R* Willie Whittle.

7/12/1943. B *Won* Manuel Ortiz (117½) *Lost* Joe Robleto (117). TKO 7/1:45 *S* Civic Auditorium, Seattle, Wash. *R* Eddie Pinkman.

10/1/1943. B *Won* Manuel Ortiz (117¾) *Lost* Leonardo Lopez (116). KO 4/2:40 *S* Legion Stadium, Hollywood, Calif. *R* Abe Roth.

10/10/1943. HTBC:B *Won* Rush Dalma (117½) *Lost* Kui Kong Young (116½). Unan 12 *S* Civic Auditorium, Honolulu, Hawaii *R* Al Schaaf.

11/23/1943. B *Won* Manuel Ortiz (117½) *Lost* Benny Goldberg (116½). Unan 15 *S* Olympic Auditorium, Los Angeles, Ca. *R* Mushy Callahan *P* Olympic Boxing Club.

3/14/1944. B *Won* Manuel Ortiz (118) *Lost* Ernesto Aguilar (116½). Unan 15 *S* Olympic Auditorium, Los Angeles, Ca. *R* Charley Randolph *P* Olympic Boxing Club.

4/4/1944. B *Won* Manuel Ortiz (117) *Lost* Tony Olivera (117½). Unan 15 *S* Olympic Auditorium, Los Angeles, Ca. *R* Reg Gilmore *P* Olympic Boxing Club.

6/11/1944. HTBC:B *Won* Rush Dalma *Lost* Kui Kong Young. Maj 12 *S* Honolulu Stadium, Honolulu *R* Allan Dodd *P* Maurice Lipton.

9/12/1944. B *Won* Manuel Ortiz (118) *Lost* Luis Castillo (118). TKO 4 *S* Olympic Auditorium, Los Angeles, Ca. *R* Mushy Callahan *P* Olympic Boxing Club.

11/14/1944. B *Won* Manuel Ortiz (117½) *Lost* Luis Castillo (117). KO 9 *S* Olympic Auditorium, Los Angeles, Ca. *R* Benny Whitman *P* Olympic Boxing Club.

2/25/1946. B *Won* Manuel Ortiz (117½) *Lost* Luis Castillo (117¼). KO 13/1:31 *S* Civic Auditorium, San Francisco, Ca. *R* Jack Downey.

5/18/1946. B *Won* Manuel Ortiz (118) *Lost* Kenny Lindsay (117). TKO 5/0:42 *S* Legion Stadium, Hollywood, Calif. *R* Abe Roth.

6/10/1946. B *Won* Manuel Ortiz (117½) *Lost* Jackie Jurich (117¼). KO 11/2:58 *S* Civic Auditorium, San Francisco, Ca. *R* Toby Irwin.

1/6/1947. B *Won* Harold Dade (117¾) *Lost* Manuel Ortiz (118). Unan 15 *S* Civic Auditorium, San Francisco, Ca. *R* Billy Burke.

Bantamweight

3/11/1947. B *Won* Manuel Ortiz (117½) *Lost* Harold Dade (117½). Unan 15 S Olympic Auditorium, Los Angeles, Ca. R Frankie Van P Olympic Boxing Club.

5/30/1947. B *Won* Manuel Ortiz (118) *Lost* Kui Kong Young (116¾). Split 15 S Honolulu Stadium, Honolulu, Hawaii R Willie Whittle.

12/20/1947. B *Won* Manuel Ortiz (118½) *Lost* Tirso Del Rosario (117¾). Ref 15 S Rizal Memorial Stadium, Manila, Phil. R Willie Whittle.

7/4/1948. B *Won* Manuel Ortiz (117¾) *Lost* Memo Valero (116¾). TKO 8/1:32 S Plaza de Toros de Calafia, Mexicali, Mex.

3/1/1949. B *Won* Manuel Ortiz (118) *Lost* Dado Marino (116½). Unan 15 S Honolulu Stadium, Honolulu, Hawaii R Walter Cho.

5/31/1950. B *Won* Vic Toweel (116¾) *Lost* Manuel Ortiz (117). Unan 15 S Wembley Stadium, Johannesburg, S.A. R Willie Corner P White City Sporting Club.

12/2/1950. B *Won* Vic Toweel (116½) *Lost* Danny O'Sullivan (117). TKO 11/* S Wembley Stadium, Johannesburg, S.A. R Ted Benjamin P White City Sporting Club.

11/17/1951. B *Won* Vic Toweel (116½) *Lost* Luis Romero (117½). Unan 15 S Rand Stadium, Johannesburg, S.A. R Willie Smith P White City Sporting Club.

1/26/1952. B *Won* Vic Toweel (116¾) *Lost* Peter Keenan (117½). Unan 15 S Rand Stadium, Johannesburg, S.A. R Cyril Baynes P Tv. N.S.C./J. Solomons.

11/15/1952. B *Won* Jimmy Carruthers (116) *Lost* Vic Toweel (117¼). KO 1/2:19 S Rand Stadium, Johannesburg, S.A. R Willie Smith P Transvaal National S.C.

3/21/1953. B *Won* Jimmy Carruthers (118) *Lost* Vic Toweel (117½). KO 10/0:31 S Rand Stadium, Johannesburg, S.A. R Willie Smith P Transvaal National S.C.

11/13/1953. B *Won* Jimmy Carruthers (117½) *Lost* Pappy Gault (117¾). Unan 15 S Sports Grounds, Sydney, N.S.W., Aus. R Harry Mack P Police Fed./C.B.C.

5/2/1954. B *Won* Jimmy Carruthers (117¼) *Lost* Chamrern Songkitrat (117¼). Ref 12 S National Stadium, Bangkok, Thailand R Bill Henneberry.

9/19/1954. B *Won* Robert Cohen (117¼) *Lost* Chamrern Songkitrat (117). Split 15 S Rajadamnern Stadium, Bangkok, Thai. R Teddy Waltham.

3/9/1955. NBA:B *Won* Raton Macias (117¼) *Lost* Chamrern Songkitrat (117¼). TKO 11/2:38 S Cow Palace, San Francisco, Calif. R Fred Apostoli.

9/3/1955. B *Won* Robert Cohen (117½) *Lost* Willie Toweel (117½). Draw 15 S Rand Stadium, Johannesburg, S.A. R Wilf Lubbe P White City Sporting Club.

3/25/1956. NBA:B *Won* Raton Macias (117¾) *Lost* Leo Espinosa (115¾). KO 10/2:57 S Plaza Mexico, Mexico City, Mex. R Cesar Arroyo P Sarreal/Lutteroth-Colima.

6/29/1956. B *Won* Mario D'Agata (117¾) *Lost* Robert Cohen (116¼). TKO 7/* S Foro Italico Stadium, Rome, Italy R Teddy Waltham.

4/1/1957. B *Won* Alphonse Halimi (116¼) *Lost* Mario D'Agata (117½). Ref 15 S Palais des Sports, Paris, France R Philippe de Becker.

6/15/1957. NBA:B *Won* Raton Macias (118) *Lost* Dommy Ursua (116½). TKO 11/2:02 S Cow Palace, San Francisco, Calif. R Jack Downey.

11/6/1957. B *Won* Alphonse Halimi (117¼) *Lost* Raton Macias (118). Split 15 S Wrigley Field, Los Angeles, Calif. R Mushy Callahan.

7/8/1959. B *Won* Jose Becerra (117½) *Lost* Alphonse Halimi (117). KO 8/2:02 S Memorial Sports Arena, Los Angeles, Ca. R Tommy Hart.

2/4/1960. B *Won* Jose Becerra (118) *Lost* Alphonse Halimi (117½). KO 9/0:48 S Memorial Coliseum, Los Angeles, Calif. R Tommy Hart.

5/23/1960. B *Won* Jose Becerra (117½) *Lost* Kenji Yonekura (117½). Split 15 S Korakuen Stadium, Tokyo, Japan R Ramon Berumen P Koshin Promotions.

10/25/1960. EBU:B *Won* Alphonse Halimi (117½) *Lost* Freddie Gilroy (116). Ref 15 S Empire Pool, Wembley, England R Philippe de Becker.

11/18/1960. NBA:B *Won* Eder Jofre (118) *Lost* Eloy Sanchez (118). KO 6/1:30 S Olympic Auditorium, Los Angeles, Ca. R Mushy Callahan P Olympic Boxing Club.

3/25/1961. NBA:B *Won* Eder Jofre (117½) *Lost* Piero Rollo (116½). TKO 10/* S Botofogo Stadium, Rio de Janeiro, Bz. R Jaime Ferreira.

5/30/1961. EBU:B *Won* Johnny Caldwell (116½) *Lost* Alphonse Halimi (117½). Ref 15 S Empire Pool, Wembley, England R Ben Bril.

8/19/1961. NBA:B *Won* Eder Jofre (118) *Lost* Ramon Arias (115¼). TKO 7/2:00 S University Stadium, Caracas, Vez. R Barney Ross.

10/31/1961. EBU:B *Won* Johnny Caldwell (117) *Lost* Alphonse Halimi (117½). Ref 15 S Empire Pool, Wembley, England R Porfirio Sanz Marin.

1/18/1962. B *Won* Eder Jofre (117½) *Lost* Johnny Caldwell (118). TKO 10/2:45 S Ibirapuera Stadium, Sao Paulo, Brazil R Willie Pep.

5/4/1962. B *Won* Eder Jofre (117¾) *Lost* Herman Marquez (118). KO 10/2:15 S Cow Palace, San Francisco, Calif. R Fred Apostoli P Lou Thomas–G. Parnassus.

9/11/1962. B *Won* Eder Jofre (117½) *Lost* Jose Medel (117). KO 6/1:30 S Ibirapuera Stadium, Sao Paulo, Brazil. R Joaquim Arvas.

4/4/1963. B *Won* Eder Jofre (118) *Lost* Katsutoshi Aoki (117¾). KO 3/2:12 S Kuramae Arena, Tokyo, Japan R Antonio Ziravello P Kyokuto Promotions.

5/18/1963. B *Won* Eder Jofre (117¾) *Lost* Johnny Jamito (117½). TKO 12/* S Araneta Coliseum, Quezon City, Phil. R Antonio Ziravello.

11/27/1964. B *Won* Eder Jofre (117¾) *Lost* Bernardo Caraballo (117¾). KO 7/2:50 S El Campin Coliseum, Bogota, Colombia R Barney Ross.

5/17/1965. B *Won* Fighting Harada (117¾) *Lost* Eder Jofre (118). Split 15 S Aiichi Prefectural Gym., Nagoya, Japan R Barney Ross P Tokai TV Promotions.

11/30/1965. B *Won* Fighting Harada (117½) *Lost* Alan Rudkin (117¼). Unan 15 S Martial Arts Hall, Tokyo, Japan R Ko Toyama P Sasazaki Boxing Club.

6/1/1966. B *Won* Fighting Harada (118) *Lost* Eder Jofre (116). Unan 15 S Martial Arts Hall, Tokyo, Japan R Nicholas Pope P Sasazaki Boxing Club.

1/3/1967. B *Won* Fighting Harada (117¾) *Lost* Jose Medel (117¼). Unan 15 S Aiichi Prefectural Gym., Nagoya, Japan R Masao Kato P Tokai TV Promotions.

7/4/1967. B *Won* Fighting Harada (118) *Lost* Bernardo Caraballo (118). Unan 15 S Martial Arts Hall, Tokyo, Japan R Ko Toyama P Sasazaki Boxing Club.

2/26/1968. B *Won* Lionel Rose (117¾) *Lost* Fighting Harada (117¾). Unan 15 S Martial Arts Hall, Tokyo, Japan R Ko Toyama P Sasazaki Boxing Club.

7/2/1968. B *Won* Lionel Rose (118) *Lost* Takao Sakurai (117½). Maj 15 S Martial Arts Hall, Tokyo, Japan R Nicholas Pope P Misako Promotions.

12/6/1968. B *Won* Lionel Rose (118) *Lost* Chucho Castillo (117). Split 15 S Great Western Forum, Inglewood, Ca. R Dick Young P Forum Boxing, Inc.

3/8/1969. B *Won* Lionel Rose (118) *Lost* Alan Rudkin (118). Split 15 S Kooyong Tennis Courts, Melbourne, Aus. R Vic Patrick P Ansett Industries, Ltd.

8/22/1969. B *Won* Ruben Olivares (118) *Lost* Lionel Rose (118). KO 5/2:24 S Great Western Forum, Inglewood, Ca. R Larry Rozadilla P Forum Boxing, Inc.

12/12/1969. B *Won* Ruben Olivares (117½) *Lost* Alan Rudkin (118). KO 2/2:30 S Great Western Forum, Inglewood, Ca. R John Thomas P Forum Boxing, Inc.

4/18/1970. B *Won* Ruben Olivares (117½) *Lost* Chucho Castillo (117½). Unan 15 S Great Western Forum, Inglewood, Ca. R George Latka P Forum Boxing, Inc.

10/16/1970. B *Won* Chucho Castillo (118) *Lost* Ruben Olivares (118). TKO 14/2:27 S Great Western Forum, Inglewood, Ca. R Dick Young P Forum Boxing, Inc.

4/3/1971. B *Won* Ruben Olivares (117) *Lost* Chucho Castillo (117). Unan 15 S Great Western Forum, Inglewood, Ca. R John Thomas P Forum Boxing, Inc.

10/25/1971. B *Won* Ruben Olivares (117¾) *Lost* Kazuyoshi Kanazawa (118). TKO 14 S Aiichi Prefectural Gym., Nagoya, Japan R Jay Edson P Tokai/Abe Promotions.

12/14/1971. B *Won* Ruben Olivares (118) *Lost* Jesus Pimentel (116½).

TKO 11/* S Great Western Forum, Inglewood, Ca. R John Thomas P Forum Boxing, Inc.

3/19/1972. B *Won* Rafael Herrera (118) *Lost* Ruben Olivares (118). KO 8/1:20 S El Toro, Mexico City, Mexico R Ray Solis.

7/30/1972. B *Won* Enrique Pinder (118) *Lost* Rafael Herrera (117¾). Unan 15 S New Panama Gym., Panama City, Pan. R Waldemar Schmidt.

1/20/1973. WBA:B *Won* Romeo Anaya (118) *Lost* Enrique Pinder (118). TKO 3 S New Panama Gym., Panama City, Pan. R Roberto Lopez.

4/15/1973. WBC:B *Won* Rafael Herrera *Lost* Rodolfo Martinez. TKO 12 S Plaza Monumental, Monterrey, Mex. R Octavio Meyran.

4/28/1973. WBA:B *Won* Romeo Anaya (118) *Lost* Rogelio Lara (117½). Split 15 S Great Western Forum, Inglewood, Ca. R John Thomas P Forum Boxing, Inc.

8/18/1973. WBA:B *Won* Romeo Anaya (118) *Lost* Enrique Pinder (117½). KO 3/3:08 S Great Western Forum, Inglewood, Ca. R George Latka P Forum Boxing, Inc.

10/13/1973. WBC:B *Won* Rafael Herrera (118) *Lost* Venice Borkorsor (117¾). Split 15 S Great Western Forum, Inglewood, Ca. R Larry Rozadilla P Forum Boxing, Inc.

11/3/1973. WBA:B *Won* Arnold Taylor (114) *Lost* Romeo Anaya (117¼). KO 14 S Rand Stadium, Johannesburg, S.A. R Stan Christodoulou P Dave Levin Promos.

5/25/1974. WBC:B *Won* Rafael Herrera (117) *Lost* Romeo Anaya (117). TKO 6/2:29 S El Toro, Mexico City, Mexico R Ramon Berumen.

7/3/1974. WBA:B *Won* Soo-Hwan Hong (118) *Lost* Arnold Taylor (117). Unan 15 S West Ridge Park Stadium, Durban, S.A. R Jack Bryant P Port Natal Promotions.

12/7/1974. WBC:B *Won* Rodolfo Martinez *Lost* Rafael Herrera. TKO 4/1:54 S Carte Clara Park, Merida, Yuc., Mex. R Octavio Meyran.

12/28/1974. WBA:B *Won* Soo-Hwan Hong (117) *Lost* Fernando Cabanela (117). Split 15 S Changchung Gymnasium, Seoul, Korea R Yusaku Yoshida.

3/14/1975. WBA:B *Won* Alfonso Zamora (118) *Lost* Soo-Hwan Hong (118). KO 4/2:37 S Great Western Forum, Inglewood, Ca. R George Latka P Forum Promotions.

5/31/1975. WBC:B *Won* Rodolfo Martinez *Lost* Nestor (Baba) Jiminez. TKO 8/* S El Campin Coliseum, Bogota, Colombia R Jay Edson.

8/30/1975. WBA:B *Won* Alfonso Zamora (117¾) *Lost* Thanomjit Sukhothai (117½). TKO 4/2:11 S Convention Center, Anaheim, Calif. R Dick Young P Forum Promotions.

10/8/1975. WBC:B *Won* Rodolfo Martinez (117¾) *Lost* Hisami Numata (117¾). Unan 15 S Miyagi Prefectural Gym., Sendai, Japan R Jimmy Rondeau P Kyokuto Promotions.

12/6/1975. WBA:B *Won* Alfonso Zamora (118) *Lost* Socrates Batoto (117). KO 2/2:55 S Plaza Mexico, Mexico City, Mexico R Ernesto Magana P Pronessa (Jaime DeHaro).

1/30/1976. WBC:B *Won* Rodolfo Martinez (117½) *Lost* Venice Borkorsor (117¼). Split 15 S Hua Mark Stadium, Bangkok, Thailand R Jay Edson.

4/3/1976. WBA:B *Won* Alfonso Zamora (117½) *Lost* Eusebio Pedroza (117¾). KO 2/1:03 S Plaza de Toros de Calafia, Mexicali, Mex. R Octavio Meyran P Pronessa (Jaime DeHaro).

5/8/1976. WBC:B *Won* Carlos Zarate (116¼) *Lost* Rodolfo Martinez (115¾). KO 9/1:51 S Great Western Forum, Inglewood, Ca. R Larry Rozadilla P Magnaverde Promotions.

7/10/1976. WBA:B *Won* Alfonso Zamora (117½) *Lost* Gilberto Illueca (118). KO 3/2:00 S Plaza Monumental, Cd. Juarez, Mex. R Larry Rozadilla.

8/28/1976. WBC:B *Won* Carlos Zarate (117) *Lost* Paul Ferreri (117½). TKO 12/2:44 S Great Western Forum, Inglewood, Ca. R Richard Steele P Forum Promotions.

10/16/1976. WBA:B *Won* Alfonso Zamora (117¾) *Lost* Soo-Hwan Hong (117¼). TKO 12/2:50 S Sun-In Gymnasium, Inchon, Korea R Octavio Meyran.

11/13/1976. WBC:B *Won* Carlos Zarate (117½) *Lost* Waruinge Nakayama (117¼). KO 4 S Gen. A. Flores Stadium, Culiacan, Mex. R Anselmo Escobedo P Pronessa (Jaime DeHaro).

2/5/1977. WBC:B *Won* Carlos Zarate (118) *Lost* Fernando Cabanela. TKO 3/1:30 S Toreo de Cuatro Caminos, Mexico City, Mex. R George Latka P Pronessa (Jaime DeHaro).

10/29/1977. WBC:B *Won* Carlos Zarate (116½) *Lost* Danilo Batista (116¼). TKO 6/1:28 S Memorial Sports Arena, Los Angeles, Ca. R Rudy Jordan P Azteca Promotions.

11/19/1977. WBA:B *Won* Jorge Lujan (117¾) *Lost* Alfonso Zamora (118). KO 10 S Memorial Sports Arena, Los Angeles, Ca. R John Thomas.

12/2/1977. WBC:B *Won* Carlos Zarate (117¾) *Lost* Juan F. Rodriguez (117). TKO 5/1:40 S Sports Palace, Madrid, Spain R Rudy Ortega.

2/25/1978. WBC:B *Won* Carlos Zarate (118) *Lost* Albert Davila (117½). TKO 8/2:16 S Great Western Forum, Inglewood, Ca. R Henry Elespuro P Don King Productions.

3/18/1978. WBA:B *Won* Jorge Lujan (117½) *Lost* Roberto Rubaldino (118). TKO 11/1:01 S Hemisfair Arena, San Antonio, Texas R Sergio Tulio Ley.

4/22/1978. WBC:B *Won* Carlos Zarate (118) *Lost* Andres Hernadez (116½). TKO 13/1:34 S R. Clemente Coliseum, Haty Rey, P.R. R Richard Steele P Don King Productions.

6/9/1978. WBC:B *Won* Carlos Zarate (118) *Lost* Emilio Hernandez (116½). KO 4/2:10 S Caesars Palace, Las Vegas, Nev. R Ferd Hernandez P Don King Productions.

9/15/1978. WBA:B *Won* Jorge Lujan (117¾) *Lost* Albert Davila (117¼). Unan 15 S Superdome, New Orleans, La. R Carlos Berrocal P Top Rank/Louisiana Sports.

3/10/1979. WBC:B *Won* Carlos Zarate (118) *Lost* Mensah Kpalongo (116¼). KO 3/2:47 S Great Western Forum, Inglewood, Ca. R Terry Smith P Forum Promotions.

4/8/1979. WBA:B *Won* Jorge Lujan (117½) *Lost* Cleo Garcia (118). KO 15/2:29 S Caesars Palace, Las Vegas, Nev. R David Pearl P Don King Productions.

6/3/1979. WBC:B *Won* Lupe Pintor (118) *Lost* Carlos Zarate (117½). Split 15 S Caesars Palace, Las Vegas R Mills Lane P Azteca Promotions.

10/6/1979. WBA:B *Won* Jorge Lujan (117¾) *Lost* Roberto Rubaldino (118). KO 15/2:47 S Villa Real Convention Center, McAllen, Tx. R Carlos Berrocal P Jose F. Guerra.

2/9/1980. WBC:B *Won* Lupe Pintor (116) *Lost* Alberto Sandoval (117½). TKO 12/1:19 S Olympic Auditorium, Los Angeles, Ca. R Carlos Padilla P Olympic/Azteca Promos.

4/2/1980. WBA:B *Won* Jorge Lujan (118) *Lost* Shuichi Isogami (117¾). TKO 9/2:45 S Kuramae Arena, Tokyo, Japan R Larry Rozadilla P Shinto Promotions.

6/11/1980. WBC:B *Won* Lupe Pintor (118) *Lost* Eijiro Murata (118). Draw 15 S Martial Arts Hall, Tokyo, Japan R Martin Denkin P Kaneko Promotions.

8/29/1980. WBA:B *Won* Julian Solis (117¾) *Lost* Jorge Lujan (118). Split 15 S Convention Hall, Miami Beach, Fla. R Jimmy Rondeau P Muhammad Ali Pro. Sports.

9/19/1980. WBC:B *Won* Lupe Pintor (118) *Lost* Johnny Owen (117½). KO 12/2:35 S Olympic Auditorium, Los Angeles, Ca. R Martin Denkin P Azteca Promotions.

11/14/1980. WBA:B *Won* Jeff Chandler (118) *Lost* Julian Solis (117½). TKO 14/1:05 S Jai-Alai Fronton, Miami, Fla. R Carlos Berrocal P Muhammad Ali Pro. Sports.

12/19/1980. WBC:B *Won* Lupe Pintor (118) *Lost* Albert Davila (117½). Maj 15 S Caesars Palace, Las Vegas, Nev. R Carlos Padilla P Azteca Promotions.

1/31/1981. WBA:B *Won* Jeff Chandler (113½) *Lost* Jorge Lujan (118). Unan 15 S Franklin Plaza Hotel, Philadelphia, Pa. R Roberto Ramirez P Peltz Boxing Promotions.

2/22/1981. WBC:B *Won* Lupe Pintor (118) *Lost* Jose Uziga (117½). Unan 15 S Sam Houston Coliseum, Houston, Tx. R Chris Jordan P Azteca Promotions.

4/5/1981. WBA:B *Won* Jeff Chandler (115¼) *Lost* Eijiro Murata (118). Draw 15 S Kuramae Arena, Tokyo, Japan R Ernesto Magana P Kaneko Promotions.

7/25/1981. WBA:B *Won* Jeff Chandler (115¾) *Lost* Julian Solis (117¼).

KO 7/2:58 *S* Resorts Int. Hotel, Atlantic City, N.J. *R* Tony Perez *P* Peltz Boxing Promotions.

7/26/1981. WBC:B *Won* Lupe Pintor (118) *Lost* Jovito Rengifo (117). TKO 8/1:21 *S* Showboat Hotel, Las Vegas, Nev. *R* Joey Curtis *P* Azteca Promotions.

9/22/1981. WBC:B *Won* Lupe Pintor (118) *Lost* Hurricane Teru (118). KO 15/2:02 *S* Aichi Prefectural Gym., Nagoya, Japan *R* Isidro Rodriguez *P* S. Ishikawa/Kyodo Promos.

12/10/1981. WBA:B *Won* Jeff Chandler (117¼) *Lost* Eijiro Murata (117¾). TKO 13/1:52 *S* Sands Hotel, Atlantic City, N.J. *R* Vincent Rainone *P* Peltz Boxing Promotions.

3/27/1982. WBA:B *Won* Jeff Chandler (117¾) *Lost* Johnny Carter (117). TKO 6/2:28 *S* Civic Center, Philadelphia, Pa. *R* Frank Cappuccino *P* Peltz Boxing Promotions.

6/3/1982. WBC:B *Won* Lupe Pintor (118) *Lost* Seung-Hoon Lee (117¼). TKO 11/0:43 *S* Olympic Auditorium, Los Angeles, Ca. *R* Rudy Jordan *P* Azteca Promotions.

10/27/1982. WBA:B *Won* Jeff Chandler (117¾) *Lost* Miguel Iriarte (117½). TKO 9/2:20 *S* Resorts Int. Hotel, Atlantic City, N.J. *R* Joe Cortez *P* Peltz Promos./Main Events.

3/13/1983. WBA:B *Won* Jeff Chandler (118) *Lost* Gaby Canizales (117). Unan 15 *S* Resorts Int. Hotel, Atlantic City, N.J. *R* Tony Perez *P* Peltz Boxing Promotions.

9/1/1983. WBC:B *Won* Albert Davila (117½) *Lost* Kiko Bejines (118). KO 12/0:33 *S* Olympic Auditorium, Los Angeles, Ca. *R* Waldemar Schmidt *P* Don King/Rogelio Robles.

9/11/1983. WBA:B *Won* Jeff Chandler (118) *Lost* Eijiro Murata (118). TKO 10/1:54 *S* Korakuen Hall, Tokyo, Japan *R* Isidro Rodriguez *P* Kaneko Promotions.

12/17/1983. WBA:B *Won* Jeff Chandler (116¾) *Lost* Oscar Muniz (117¼). TKO 7/0:23 *S* Sands Hotel, Atlantic City, N.J. *R* Vincent Rainone *P* Peltz Boxing Promotions.

4/7/1984. WBA:B *Won* Richie Sandoval (118) *Lost* Jeff Chandler (118). TKO 15/1:20 *S* Sands Hotel, Atlantic City, N.J. *R* Arthur Mercante *P* Peltz Boxing Promotions.

4/16/1984. IBF:B *Won* Satoshi Shingaki (117½) *Lost* Elmer Magallano (117½). TKO 8/2:28 *S* Kashiwara Gymnasium, Nara, Japan.

5/26/1984. WBC:B *Won* Albert Davila (118) *Lost* Enrique Sanchez (117¾). TKO 11/0:31 *S* Carlisle Stadium, Miami Beach, Fla. *R* Carlos Padilla *P* Royale/King/Round One.

8/4/1984. IBF:B *Won* Satoshi Shingaki (117¾) *Lost* Joves de la Paz (117½). Split 15 *S* Onoyama Gymnasium, Naha City, Japan.

9/4/1984. IBF:B *Won* Satoshi Shingaki (118) *Lost* Flash Emanuel. KO 11 *S* Onoyama Gymnasium, Naha City, Japan.

9/22/1984. WBA:B *Won* Richie Sandoval (118) *Lost* Edgar Roman (117½). Unan 15 *S* Circus Pavilion, Monte Carlo, Monaco *R* Angelo Priami *P* Top Rank, Inc.

12/15/1984. WBA:B *Won* Richie Sandoval (118) *Lost* Cardenio Ulloa (118). TKO 8/2:31 *S* Convention Center, Miami Beach, Fla. *R* Ernesto Magana *P* Felix Zabala-Jorge Godoy.

4/26/1985. IBF:B *Won* Jeff Fenech (117) *Lost* Satoshi Shingaki (117). TKO 9/2:43 *S* Hordren Pavilion, Moore Park, N.S.W. *R* Brian McTavish *P* Classic Promotions.

5/4/1985. WBC:B *Won* Daniel Zaragoza (117¾) *Lost* Freddie Jackson (118). DQ 7/1:30 *S* Concord Hotel, Oranjestad, Aruba *R* Waldemar Schmidt *P* Don King Productions.

8/9/1985. WBC:B *Won* Miguel Lora (118) *Lost* Daniel Zaragoza (118). Unan 12 *S* Tamiani Auditorium, Miami, Fla. *R* Tony Perez *P* Mr. Chi-Chi Boxing Ent.

8/23/1985. IBF:B *Won* Jeff Fenech (117½) *Lost* Satoshi Shingaki (117). TKO 4/* *S* Homebush Complex, Sydney, N.S.W. *R* Jay Edson *P* Classic Promotions.

12/2/1985. IBF:B *Won* Jeff Fenech (117) *Lost* Jerome Coffee (118). Unan 15 *S* Entertainment Ctr., Sydney, N.S.W. *R* Rudy Battle *P* Classic Promos.

2/8/1986. WBC:B *Won* Miguel Lora (118) *Lost* Wilfredo Vasquez (117¾). Unan 12 *S* Convention Center, Miami Beach, Fla. *R* Simon DeLima *P* Mr. Chi-Chi Boxing Ent.

3/10/1986. WBA:B *Won* Gaby Canizales (116½) *Lost* Richie Sandoval (117¾). TKO 7/2:47 *S* Caesars Palace, Las Vegas, Nev. *R* Carlos Padilla *P* Top Rank, Inc.

6/4/1986. WBA:B *Won* Bernardo Pinango (118) *Lost* Gaby Canizales (118). Unan 15 *S* Brendan Byrne Arena, E. Rutherford, N.J. *R* Joe Cortez *P* Top Rank, Inc.

7/18/1986. IBF:B *Won* Jeff Fenech (118) *Lost* Steve McCrory (117). TKO 14/1:41 *S* Entertainment Center, Sydney, N.S.W. *R* Paul Moore *P* Classic Promotions.

8/23/1986. IBF:B *Won* Miguel Lora (118) *Lost* Enrique Sanchez (118). TKO 6/2:38 *S* Convention Hall, Miami Beach, Fla. *R* David Pearl *P* Ivette Promos./Zavala/King.

10/4/1986. WBA:B *Won* Bernardo Pinango (117¾) *Lost* Ciro de Leva (117¾). TKO 10/2:59 *S* Sports Palace, Turin, Piedmont, Italy *R* Stan Christodoulou *P* Elio Cotena.

11/15/1986. WBC:B *Won* Miguel Lora (118) *Lost* Albert Davila (118). Unan 12 *S* Metropolitan Stadium, Barranquilla, Col. *R* Luis C. Guzman *P* Julio Guerrero.

11/22/1986. WBA:B *Won* Bernardo Pinango (118) *Lost* Simon Skosana (114¾). TKO 15/2:18 *S* Rand Stadium, Johannesburg, S.A. *R* Uriel Aguilera *P* Golden Gloves/Sq. Ring Ent.

2/3/1987. WBA:B *Won* Bernardo Pinango (118) *Lost* Frankie Duarte (117¾). Unan 15 *S* Great Western Forum, Inglewood, Ca. *R* Hubert Earle *P* Forum Boxing/Ten Goose.

3/29/1987. WBA:B *Won* Takuya Muguruma (118) *Lost* Azael Moran (118). KO 5/2:50 *S* Municipal Gymnasium, Moriguchi, Japan *R* Larry Rozadilla *P* Osaka Teiken Promos.

5/15/1987. IBF:B *Won* Kelvin Seabrooks (116) *Lost* Miguel Maturana (116). KO 5/1:47 *S* Plaza de Toros de Indias, Cartagena, Col. *R* Al Rothenburg *P* Boxing of the Americas.

5/24/1987. WBA:B *Won* Chan-Yong Park (118) *Lost* Takuya Muguruma (118). TKO 11/1:26 *S* Municipal Gymnasium, Moriguchi, Japan *R* Larry Rozadilla *P* Osaka Teiken Promos.

7/4/1987. IBF:B *Won* Kelvin Seabrooks (118) *Lost* Thierry Jacob (118). TKO 10/* *S* Circus Pavilion, Calais, France *R* Paul Venti *P* Bernard Morsch.

7/25/1987. WBC:B *Won* Miguel Lora (118) *Lost* Antonio Avelar (118). TKO 4/2:09 *S* Marine Stadium, Key Biscayne, Fla. *R* Simon DeLima *P* Ivette Promotions.

10/4/1987. WBA:B *Won* Wilfredo Vasquez (117¼) *Lost* Chan-Yong Park (117½). TKO 10/0:43 *S* Hilton Hotel, Seoul, Korea *R* Lou Moret *P* Dong-A Promotions.

11/18/1987. IBF:B *Won* Kelvin Seabrooks (117¼) *Lost* Ernie Cataluna (117). TKO 4/2:52 *S* Circus Pavilion, San Cataldo, Sicily *R* Al Rothenberg *P* Elles Promotions.

11/27/1987. WBC:B *Won* Miguel Lora (118) *Lost* Ray Minus, Jr. (118). Unan 12 *S* Convention Hall, Miami Beach, Fla. *R* Richard Steele *P* Ivette Promotions.

1/17/1988. WBA:B *Won* Wilfredo Vasquez (117¾) *Lost* Takuya Muguruma (118). Draw 12 *S* Prefectural Gymnasium, Osaka, Japan *R* Larry Rozadilla *P* Osaka Teiken Promos.

2/6/1988. IBF:B *Won* Kelvin Seabrooks (118) *Lost* Fernando Beltran (118). TKO 2/2:35 *S* Pierre de Coubertin Stadium, Paris, France *R* Vincent Rainone *P* Sports Loisirs Artistique.

4/30/1988. WBC:B *Won* Miguel Lora (118) *Lost* Lucio Lopez (117¾). Unan 12 *S* Plaza de Toros de Indias, Cartagena, Col. *R* Ismael Quinones *P* Julio Guerrero.

5/9/1988. WBA:B *Won* Khaokor Galaxy (118) *Lost* Wilfredo Vasquez (117½). Split 12 *S* Hua Mare Stadium, Bangkok, Thai. *R* Nate Morgan *P* Nivatt Laosuvanvatt.

7/9/1988. IBF:B *Won* Orlando Canizales (118) *Lost* Kelvin Seabrooks (118). TKO 15/1:03 *S* Sands Hotel, Atlantic City, N.J. *R* Rudy Battle *P* Top Rank, Inc.

8/1/1988. WBC:B *Won* Miguel Lora (118) *Lost* Albert Davila (118). Unan 12 *S* Great Western Forum, Inglewood, Ca. *R* John Thomas *P* Don King Productions.

8/14/1988. WBA:B *Won* Sung-Kil Moon (118) *Lost* Khaokor Galaxy

(118). TWu 6/0:39 S Ramada Renaissance Hotel, Seoul, Korea R Ken Morita P Pal-Pal Promotions.

10/29/1988. WBC:B *Won* Raul Perez (118) *Lost* Miguel Lora (117½). Unan 12 S Las Vegas Hilton, Las Vegas, Nev. R Mills Lane P Don King Productions.

11/27/1988. WBA:B *Won* Sung-Kil Moon (117¼) *Lost* Edgar Monserrat (117½). TKO 7/0:44 S Chansil Gymnasium, Seoul, Korea R Larry Rozadilla P Pal-Pal Promotions.

11/29/1988. IBF:B *Won* Orlando Canizales (118) *Lost* Jimmy Navarro (117½). KO 1/2:39 S Freeman Coliseum, San Antonio, Texas R Barry Yeats P Houston Boxing Assn.

2/3/1989. WBO:B *Won* Israel Contreras *Lost* Maurizio Lupino. KO 1/0:37 S El Poliedro, Caracas, Vez.

2/19/1989. WBA:B *Won* Sung-Kil Moon (117½) *Lost* Chiaki Kobayashi (117¼). TKO 5/2:28 S Chungmu Gymnasium, Taejon, Korea R Larry Rozadilla P Pal-Pal Promotions.

3/9/1989. WBC:B *Won* Raul Perez (117½) *Lost* Lucio Lopez (116¾). Unan 12 S Sports Arena, Los Angeles, Ca. R Chuck Hassett P JAB Promos.

6/24/1989. IBF:B *Won* Orlando Canizales (118) *Lost* Kelvin Seabrooks (116½). TKO 11/0:47 S Harrah's Marina Hotel, Atlantic City, N.J. R Steve Smoger P Top Rank, Inc.

7/9/1989. WBA:B *Won* Khaokor Galaxy (118) *Lost* Sung-Kil Moon (116¾). Unan 12 S Rajadamnern Stadium, Bangkok, Thai. R Masakazu Uchida P Galaxy Boxing Promos.

8/26/1989. WBC:B *Won* Raul Perez (116¾) *Lost* Cardenio Ulloa (117¾). TKO 9/* S La Tortuga Gymnasium, Talcahueno, Chile R Simon DeLima P Gabriel Alvarez.

10/18/1989. WBA:B *Won* Luisito Espinosa (118) *Lost* Khaokor Galaxy (117½). KO 1/2:20 S Rajadamnern Stadium, Bangkok, Thai. R Enzo Montero P Galaxy Boxing Promos.

10/23/1989. WBC:B *Won* Raul Perez (117¾) *Lost* Diego Avila (118). Unan 12 S Great Western Forum, Inglewood, Ca. R John Thomas P Forum Boxing, Inc.

1/22/1990. WBC:B *Won* Raul Perez (117½) *Lost* Gaby Canizales (116¼). Unan 12 S Great Western Forum, Inglewood, Ca. R Vince Delgado P Forum Boxing, Inc.

1/24/1990. IBF:B *Won* Orlando Canizales (118) *Lost* Billy Hardy (117). Split 12 S Crowtree Leisure Centre, Sunderland, Eng. R Rudy Battle P National Promotions.

5/7/1990. WBC:B *Won* Raul Perez (117½) *Lost* Gerardo Martinez (118). TKO 9/2:59 S Great Western Forum, Inglewood, Ca. R Henry Elesperu P Forum Boxing, Inc.

5/30/1990. WBA:B *Won* Luisito Espinosa (118) *Lost* Hurley Snead (118). TKO 9/* S Rajadamnern Stadium, Bangkok, Thai. R Carlos Berrocal P Galaxy Boxing Promos.

6/10/1990. IBF:B *Won* Orlando Canizales (118) *Lost* Paul Gonzales (117). TKO 2/0:30 S County Coliseum, El Paso, Texas R Barry Yeats P Houston Boxing Assn.

8/14/1990. IBF:B *Won* Orlando Canizales (118) *Lost* Eddie Rangel (118). KO 5/0:32 S City Center, Saratoga Springs, N.Y. R Joe Santarpia P Houston Boxing Assn.

9/2/1990. WBO:B *Won* Israel Contreras (118) *Lost* Ray Minus (118). TKO 9/2:41 S Sports Pal., Nassau, Bahamas R Frank Santore P Everett Jackson.

9/14/1990. WBC:B *Won* Raul Perez (117¼) *Lost* Jose (Pepillo) Valdez (117¼). Draw 12 S Plaza de la Sinaloense, Culiacan, Mex. R Carlos Padilla P Juan Pablo Urias.

11/29/1990. WBA:B *Won* Luisito Espinosa (118) *Lost* Thalerngsak Sithbaobey (118). Unan 12 S Rajadamnern Stadium, Bangkok, Thai. R Richard Steele P Galaxy Boxing Promos.

12/17/1990. WBC:B *Won* Raul Perez (118) *Lost* Candelario Carmona (118). KO 8/2:17 S Municipal Auditorium, Tijuana, Mex. R Guillermo Ayon P Forum Boxing, Inc.

2/25/1991. WBC:B *Won* Greg Richardson (116½) *Lost* Raul Perez (118). Unan 12 S Great Western Forum, Inglewood, Ca. R Vince Delgado P Forum Boxing, Inc.

3/12/1991. WBO:B *Won* Gaby Canizales (118) *Lost* Miguel Lora (118). KO 2/1:57 S Palace, Auburn Hills, Mich. R Dale Grable P Ringside Prods.

5/4/1991. IBF:B *Won* Orlando Canizales (118) *Lost* Billy Hardy (118). TKO 8/1:08 S Civic Center, Laredo, Texas R Bobby Gonzales P Cedric Kushner Promos.

5/20/1991. WBC:B *Won* Greg Richardson (118) *Lost* Victor Rabanales (117). Split 12 S Great Western Forum, Inglewood, Ca. R Lou Filippo P Forum Boxing, Inc.

6/30/1991. WBO:B *Won* Duke McKenzie (117¾) *Lost* Gaby Canizales (117¾). Unan 12 S Elephant & Castle Centre, Southwark, Eng. R Steve Smoger P National Promotions.

9/12/1991. WBO:B *Won* Duke McKenzie (118) *Lost* Cesar Soto (117¼). Unan 12 S Latchmere Leisure Centre, Battersea, Eng. R Bill Connors P National Promotions.

9/19/1991. WBC:B *Won* Joichiro Tatsuyoshi (117¼) *Lost* Greg Richardson (116). TKO 11/* S City Gymnasium, Moriguchi, Japan R Tony Perez P Teiken Boxing Promos.

9/21/1991. IBF:B *Won* Orlando Canizales (118) *Lost* Fernie Morales (118). Unan 12 S Desert Expo Center, Indio, Calif. R Robert Byrd P Kushner/LBNT Pro-Sports.

10/19/1991. WBA:B *Won* Israel Contreras (117½) *Lost* Luisito Espinosa (118). KO 5/2:16 S Araneta Coliseum, Quezon City, Phil. R Roberto Ramirez P Uniprom, Inc.

12/21/1991. IBF:B *Won* Orlando Canizales (118) *Lost* Ray Minus (117). TKO 11/1:45 S Civic Center, Laredo, Texas R Barry Yeats P Cedric Kushner Promos.

3/15/1992. WBA:B *Won* Eddie Cook (118) *Lost* Israel Contreras (117½). KO 5/1:37 S Bally's Casino, Las Vegas R Richard Steele P Top Rank, Inc.

3/25/1992. WBO:B *Won* Duke McKenzie (117¼) *Lost* Wilfredo Vargas (118). TKO 8/0:58 S Royal Albert Hall, London, Eng. R Joe O'Neill P World Promotions.

3/30/1992. WBC:B *Won* Victor Rabanales (118) *Lost* Yong-Hoon Lee (118). TWm 9/1:21 S Great Western Forum, Inglewood, Ca. R Henry Elesperu P Forum Boxing, Inc.

4/23/1992. IBF:B *Won* Orlando Canizales (118) *Lost* Francisco Alvarez (118). Unan 12 S Cirque d'Hiver, Paris, France R Al Rothenberg P Cedric Kushner Promos.

5/13/1992. WBO:B *Won* Rafael Del Valle (117½) *Lost* Duke McKenzie (117). TKO 1/1:56 S Royal Albert Hall, London, Eng. R Michael Fischer P World Promotions.

5/16/1992. WBC:B *Won* Victor Rabanales (118) *Lost* Luis Ocampo (117¼). TKO 4/2:41 S Plaza de Toros, Tuxtla Gutierrez, Mex. R Simon DeLima P Tury Promotions.

7/27/1992. WBC:B *Won* Victor Rabanales (117½) *Lost* Chang-Kyun Oh (118). Unan 12 S Great Western Forum, Inglewood, Ca. R Rudy Ortega P Forum Boxing, Inc.

9/17/1992. WBC:B *Won* Victor Rabanales (117½) *Lost* Joichiro Tatsuyoshi (117¼). TKO 9/1:19 S Castle Hall, Osaka, Japan R Richard Steele P Teiken Boxing Promos.

9/18/1992. IBF:B *Won* Orlando Canizales (117½) *Lost* Samuel Duran (117¾). Unan 12 S Brick Breedan Fieldhouse, Bozeman, Mt. R Denny Nelson P Cedric Kushner Promos.

10/9/1992. WBA:B *Won* Jorge E. Julio (117¼) *Lost* Eddie Cook (117¾). Unan 12 S Plaza de Toros de Indias, Cartagena, Col. R Isidro Rodriguez P Miguel Espinosa.

1/25/1993. WBC:B *Won* Victor Rabanales (118) *Lost* Dio Andujar (118). Unan 12 S Great Western Forum, Inglewood, Ca. R Rudy Ortega P Forum Boxing, Inc.

3/24/1993. WBO:B *Won* Rafael Del Valle (117½) *Lost* Wilfredo Vargas (118). TKO 5/1:59 S Hotel Caribe Hilton, Condado, P.R. R Ismael Fernandez P Top of the World Sports.

3/27/1993. IBF:B *Won* Orlando Canizales (118) *Lost* Clarence Adams (117¼). TKO 11/1:32 S Casino Royale, Evian les Bains, France R Robert Palmer P C. Kushner/A.B. Stars.

3/28/1993. WBC:B *Won* Jung-Il Byun (117¾) *Lost* Victor Rabanales (116¾). Unan 12 S Hyundai Hotel, Kyongju, Korea R Lou Filippo P Hwarang Promotions.

Bantamweight

4/3/1993. WBA:B *Won* Jorge E. Julio (117) *Lost* Francisco Alvarez (117½). TKO 9/* *S* Plaza de Toros de Indias, Cartagena, Col. *R* Manuel Rodriguez *P* Boxing of the Americas.

5/28/1993. WBC:B *Won* Jung-Il Byun (117¾) *Lost* Josefino Suarez (116¾). Unan 12 *S* Intercontinental Hotel, Seoul, Korea *R* Richard Steele *P* Hwarang Promotions.

6/19/1993. WBO:B *Won* Rafael Del Valle (117½) *Lost* Miguel Lora (117½). Unan 12 *S* R. Clemente Coliseum, Hato Rey, P.R. *R* Ismael Fernandez *P* Top of the World Sports.

6/19/1993. IBF:B *Won* Orlando Canizales (118) *Lost* Derrick Whiteboy (115¾). NC 3/1:23 *S* The Summit, Houston, Texas *R* Robert Gonzalez *P* C. Kushner/Roy Foreman.

7/8/1993. WBA:B *Won* Jorge E. Julio (118) *Lost* Ricardo Vargas (116½). Maj 12 *S* Toreo de Tijuana, Tijuana, B.C.N., Mex. *R* Bernard Soto *P* Ignacio Huizar.

10/23/1993. WBA:B *Won* Junior Jones (118) *Lost* Jorge E. Julio (118). Unan 12 *S* Sands Hotel, Atlantic City, N.J. *R* Rudy Battle *P* Garden State Boxing, Inc.

11/20/1993. IBF:B *Won* Orlando Canizales (118) *Lost* Juvenal Berrio (118). Unan 12 *S* Carousel Casino, Temba, Bophu. *R* Barry Yeats *P* Cedric Kushner Promos.

12/23/1993. WBC:B *Won* Yasuei Yakushiji (117½) *Lost* Jung-Il Byun (118). Split 12 *S* Aichi Prefectural Gym., Nagoya, Japan *R* Tony Perez *P* Teiken Promos./Matsuda.

1/8/1994. WBA:B *Won* Junior Jones (118) *Lost* Elvis Alvarez (118). Unan 12 *S* Friar Tuck Inn, Catskill, N.Y. *R* Wayne Kelly *P* Garden State Boxing, Inc.

2/26/1994. IBF:B *Won* Orlando Canizales (118) *Lost* Gerardo Martinez (118). TKO 4/2:22 *S* Univ. Events Center, San Jose, Calif. *R* Lou Moret *P* Cedric Kushner Promos.

4/16/1994. WBC:B *Won* Yasuei Yakushiji (117¾) *Lost* Josefino Suarez (116¾). KO 10/2:21 *S* Inae Sports Center, Nagoya, Japan *R* Carlos Padilla *P* Teiken Promos./Matsuda.

4/22/1994. WBA:B *Won* John M. Johnson (118) *Lost* Junior Jones (118). TKO 11/1:21 *S* Caesars Palace, Las Vegas, Nev. *R* Richard Steele *P* Garden State/Main Events.

6/7/1994. IBF:B *Won* Orlando Canizales (118) *Lost* Rolando Bohol (117½). TKO 5/0:27 *S* Convention Center, S. Padre Is., Tx. *R* Lawrence Cole *P* Cedric Kushner Promos.

7/17/1994. WBA:B *Won* Daorung Chuvatana (117½) *Lost* John M. Johnson (117). TKO 2/* *S* Municipal Stadium, Uttaradit, Thai. *R* Carlos Berrocal *P* Songchai Boxing Promos.

7/30/1994. WBO:B *Won* Alfred Kotey (115¾) *Lost* Rafael Del Valle (118). Unan 12 *S* York Hall, Bethnal Green, London, Eng. *R* Dave Parris *P* K.O. Pro. Promotions.

7/31/1994. WBC:B *Won* Yasuei Yakushiji (117½) *Lost* Jung-Il Byun (118). TKO 11/0:52 *S* Aichi Prefectural Gym., Nagoya, Japan *R* Lou Filippo *P* Teiken Promos./Matsuda.

10/15/1994. IBF:B *Won* Orlando Canizales (118) *Lost* Sergio Reyes (117¾). Unan 12 *S* West Martin Field, Laredo, Texas *R* Barry Yeats *P* Cedric Kushner Promos.

10/25/1994. WBO:B *Won* Alfred Kotey (117½) *Lost* Armando Castro (117¾). Unan 12 *S* Town Hall, Middlesbrough, Eng. *R* Bill Connors *P* K.O. Pro. Promotions.

11/20/1994. WBA:B *Won* Daorung Chuvatana (118) *Lost* In-Sik Koh (118). TWu 5/1:39 *S* Ha Chiang Plaza, Chiang Rai, Thai. *R* Ken Morita *P* Songchai Ratanasuban.

12/4/1994. WBC:B *Won* Yasuei Yakushiji (117¾) *Lost* Joichiro Tatsuyoshi (117¼). Maj 12 *S* Rainbow Hall, Nagoya, Japan *R* Richard Steele *P* Matsuda Promotions.

1/21/1995. IBF:B *Won* Harold Mestre (118) *Lost* Juvenal Berrio (118). TKO 8/2:43 *S* B. Caraballo Coliseum, Cartagena, Col. *R* Uriel Aguilera *P* C. Kushner/Cuadrilatero.

2/17/1995. WBO:B *Won* Alfred Kotey (117½) *Lost* Drew Docherty (118). TKO 4/0:50 *S* Tryst Sports Centre, Cumbernauld, Scot. *R* Ismael Fernandez *P* K.O. Pro. Promotions.

4/2/1995. WBC:B *Won* Yasuei Yakushiji (117¾) *Lost* Cuauhtemoc Gomez (117½). Maj 12 *S* Municipal Gymnasium, Nagoya, Japan *R* Frank Cappuccino *P* Matsuda Promotions.

4/29/1995. IBF:B *Won* Mbulelo Botile (117¼) *Lost* Harold Mestre (117¾). TKO 2/1:24 *S* FNB Stadium, Johannesburg, S.A. *R* Stan Christodoulou *P* Rodney Berman.

5/27/1995. WBA:B *Won* Daorung Chuvatana (118) *Lost* Lakhin Vasansit (118). Draw 12 *S* Prefectural Gym., N. Si Thammarat, Thai. *R* Enzo Montero *P* Songchai Boxing Promos.

7/4/1995. IBF:B *Won* Mbulelo Botile (117½) *Lost* Sammy Stewart (116½). Unan 12 *S* Carousel Casino, Hammanskraal, S.A. *R* Stan Christodoulou *P* Kushner/Golden Gloves.

7/30/1995. WBC:B *Won* Wayne McCullough (117¾) *Lost* Yasuei Yakushiji (118). Split 12 *S* Aichi Prefectural Gym., Nagoya, Japan *R* Joe Cortez *P* Matsuda Promotions.

9/17/1995. WBA:B *Won* Veer. Sahaprom (118) *Lost* Daorung Chuvatana (118). Split 12 *S* Rajadamnern Stadium, Bangkok, Thai. *R* Ken Morita *P* Suchat Pisitwutinam.

10/21/1995. WBO:B *Won* Daniel Jimenez (117¾) *Lost* Alfred Kotey (117½). Unan 12 *S* York Hall, Bethnal Green, London, Eng. *R* Dave Parris *P* Sports Network, Ltd.

11/25/1995. IBF:B *Won* Mbulelo Botile (117½) *Lost* Reynaldo Hurtado (117¾). TKO 2/2:58 *S* Basil Kenyon Stadium, E. London, S.A. *R* Lulama Mtya *P* Kushner/Golden Gloves.

12/2/1995. WBC:B *Won* Wayne McCullough (117½) *Lost* Johnny Bredahl (117½). TKO 8/1:55 *S* Kings Hall, Belfast, No. Ireland *R* Lupe Garcia *P* Matchroom/Int. Events.

1/20/1996. WBO:B *Won* Daniel Jimenez (118) *Lost* Drew Docherty (117½). Unan 12 *S* Leisure Centre, Mansfield, Eng. *R* A. van Grootenbruel *P* Sports Network, Ltd.

1/28/1996. WBA:B *Won* Nana Yaw Konadu (117) *Lost* Veer. Sahaprom (118). TKO 2/2:50 *S* Kanchan. Stadium, Kanchanaburi, Thai. *R* Mitch Halpern *P* Songchai Boxing Promos.

3/30/1996. WBC:B *Won* Wayne McCullough (117½) *Lost* Jose Luis Bueno (117½). Split 12 *S* The Point, Dublin *R* Lou Filippo *P* International Events.

4/2/1996. IBF:B *Won* Mbulelo Botile (118) *Lost* Ancee Gedeon (117¼). KO 11/0:35 *S* Civic Center, Providence, R.I. *R* Harold Gromes *P* Cedric Kushner Promos.

4/26/1996. WBO:B *Won* Robbie Regan (117¾) *Lost* Daniel Jimenez (117½). Unan 12 *S* Sophia Gardens, Cardiff, Wales *R* Genaro Rodriguez *P* Sports Network, Ltd.

6/29/1996. IBF:B *Won* Mbulelo Botile (117½) *Lost* Marlon (Bong) Arlos (115). TKO 9/* *S* Fort Hare Univ. Auditorium, E. London, S.A. *R* Robert Ferrara *P* Kushner/Eyethu Promos.

8/10/1996. WBC:B *Won* Siri. Singmanassak (118) *Lost* Jose Luis Bueno (117½). TKO 5/0:59 *S* Phitsa. Soccer Stadium, Phitsanulok, Thai. *R* Martin Denkin *P* BBTV Channel 7.

10/26/1996. WBA:B *Won* Daorung Chuvatana (118) *Lost* Nana Yaw Konadu (118). TWu 10 *S* Amphitheatre, Uttaradit, Thai. *R* Waldemar Schmidt *P* Songchai Ratanasuban.

11/26/1996. IBF:B *Won* Mbulelo Botile (117½) *Lost* Aristead Clayton (118). Unan 12 *S* Argosy Festival Atrium, Baton Rouge, La. *R* Elmo Adolph *P* C. Kushner/Les Bonano.

2/15/1997. WBC:B *Won* Siri. Singmanassak (118) *Lost* Jesus Sarabia (118). Unan 12 *S* Provincial Stadium, Nakhon Phanom, Thai. *R* Malcolm Bulner *P* BBTV Channel 7.

3/15/1997. WBA:B *Won* Daorung Chuvatana (118) *Lost* Felix Machado (118). Split 12 *S* Provincial Stadium, Satul, Thai. *R* Carlos Berrocal *P* Songchai Ratanasuban.

4/26/1997. WBC:B *Won* Siri. Singmanassak (118) *Lost* Javier Campanario (118). TKO 4/1:56 *S* Patong Soccer Grounds, Phutek, Thai. *R* Carlos Padilla *P* BBTV Channel 7.

6/21/1997. WBA:B *Won* Nana Yaw Konadu (117¼) *Lost* Daorung Chuvatana (116¾). TKO 7/2:20 *S* Sun Dome, Tampa, Fla. *R* Frank Santore *P* Don King/Alessi Promos.

7/4/1997. WBC:B *Won* Siri. Singmanassak (118) *Lost* Victor Rabanales (117½). Unan 12 *S* Amphitheatre, Pattani, Thai. *R* Martin Denkin *P* Sombhop Srisomvongse.

7/19/1997. IBF:B *Won* Tim Austin (118) *Lost* Mbulelo Botile (118). TKO 8/2:20 *S* Nashville Arena, Nashville, Tenn. *R* Mark Nelson *P* Don King Productions.

7/28/1997. WBO:B *Won* Jorge E. Julio (118) *Lost* Oscar Maldonado (118). Split 12 *S* Great Western Forum, Inglewood *R* Raul Caiz *P* Forum Boxing.

11/22/1997. WBC:B *Won* Joichiro Tatsuyoshi (118) *Lost* Siri. Singmanassak (118). TKO 7/1:54 *S* Osaka Castle Hall, Osaka, Japan *R* Richard Steele *P* Teiken Promotions.

2/21/1998. WBA:B *Won* Nana Yaw Konadu (118) *Lost* Abraham Torres (117½). KO 2/2:50 *S* Pan-American Stadium, Mar del Plata, Arg. *R* Oscar Coronel *P* Knockout International.

3/8/1998. WBC:B *Won* Joichiro Tatsuyoshi (118) *Lost* Jose Rafael Sosa (116¾). Unan 12 *S* Yokohama Arena, Yokohama, Japan *R* Tony Perez *P* Teiken Promotions.

3/28/1998. IBF:B *Won* Tim Austin (117½) *Lost* Paul Lloyd (118). TKO 2/2:16 *S* Hull Ice Arena, Hull, England *R* Dave Parris *P* Panix/S. Pollard/D. King.

4/3/1998. WBO:B *Won* Jorge E. Julio (117) *Lost* Daniel Jimenez (117½). TKO 9/2:47 *S* R. Rodriguez Coliseum, Bayamon, P.R. *R* Jose Rivera *P* Don King Productions.

5/30/1998. IBF:B *Won* Tim Austin (118) *Lost* Adrian Kaspari (117). TKO 3/1:57 *S* Las Vegas Hilton, Las Vegas, Nev. *R* Mills Lane *P* Don King Productions.

8/23/1998. WBC:B *Won* Joichiro Tatsuyoshi (118) *Lost* Paulie Ayala (118). TWu 6 *S* Yokohama Arena, Yokohama, Japan *R* Guadalupe Garcia *P* Teiken/Top Rank, Inc.

9/19/1998. WBO:B *Won* Jorge E. Julio (117½) *Lost* Adonis Cruz (117½). Unan 12 *S* The Georgia Dome, Atlanta, Ga. *R* Luis Pabon *P* Don King/Butch Lewis.

12/5/1998. WBA:B *Won* Johnny Tapia (118) *Lost* Nana Yaw Konadu (117½). Maj 12 *S* Convention Center, Atlantic City, N.J. *R* Frank Cappuccino *P* Don King Productions.

12/29/1998. WBC:B *Won* Veer. Sahaprom (118) *Lost* Joichiro Tatsuyoshi (118). TKO 6/2:52 *S* Central Gymnasium, Osaka, Japan *R* Chuck Hassett *P* Teiken Promotions.

3/27/1999. WBO:B *Won* Jorge E. Julio (117¼) *Lost* Julio Gamboa (117¾). Split 12 *S* Jai Alai Fronton, Miami, Fla. *R* Bill Connors *P* Don King Productions.

3/27/1999. IBF:B *Won* Tim Austin (118) *Lost* Sergio Aguila (117½). KO 9/1:10 *S* Jai Alai Fronton, Miami, Fla. *R* Jorge Alonso *P* Don King Productions.

5/21/1999. WBC:B *Won* Veer. Sahaprom (118) *Lost* Mauro Blanc (117½). TKO 5/2:47 *S* National Stadium, Saraburi, Thai. *R* Malcolm Bulner *P* BBTV Channel 7.

6/26/1999. WBA:B *Won* Paulie Ayala (118) *Lost* Johnny Tapia (118). Unan 12 *S* Mandalay Bay Resort, Las Vegas, Nev. *R* Joe Cortez *P* Top Rank, Inc.

8/29/1999. WBC:B *Won* Veer. Sahaprom (118) *Lost* Joichiro Tatsuyoshi (118). TKO 7/0:44 *S* Osaka Dome, Osaka, Japan *R* Richard Steele *P* Teiken Promotions.

10/23/1999. WBA:B *Won* Paulie Ayala (118) *Lost* Saohin Sorthaniku (117). Unan 12 *S* Will Rogers Coliseum, Fort Worth, Tx. *R* Rafael Ramos *P* Top Rank/BMI Promos.

12/18/1999. IBF:B *Won* Tim Austin (118) *Lost* Bernardo Mendoza (117). TKO 1/1:49 *S* Grand Casino, Tunica, Miss. *R* Elmo Adolph *P* Don King Productions.

1/8/2000. WBO:B *Won* Johnny Tapia (117¾) *Lost* Jorge E. Julio (117¾). Unan 12 *S* The Pit, Albuquerque, N.M. *R* Michael Ortega *P* Sports Network, Ltd.

3/4/2000. WBA:B *Won* Paulie Ayala (117½) *Lost* Johnny Bredahl (118). Maj 12 *S* Mandalay Bay Resort, Las Vegas, Nev. *R* Richard Steele *P* Top Rank, Inc.

3/11/2000. WBC:B *Won* Veer. Sahaprom (117¼) *Lost* Adan Vargas (116½). Unan 12 *S* Municipal Stadium, Aranyaprathet, Thai. *R* Malcolm Bulner *P* BBTV Channel 7.

5/6/2000. WBO:B *Won* Johnny Tapia (118) *Lost* Pedro J. Torres (118). Unan 12 *S* Pan American Center, Las Cruces, N.M. *R* Rocky Burke *P* Sports Network, Inc.

6/25/2000. WBC:B *Won* Veer. Sahaprom (117¾) *Lost* Toshiaki Nishioka (118). Unan 12 *S* Municipal Gymnasium, Takasago, Japan *R* Laurence Cole *P* Teiken Promotions.

8/11/2000. IBF:B *Won* Tim Austin (117¾) *Lost* Arthur Johnson (117). Unan 12 *S* Paris Hotel, Las Vegas, Nev. *R* Joe Cortez *P* Don King Productions.

9/4/2000. WBO:B *Won* Mauricio Martinez (117¼) *Lost* Lester Fuentes (116¾). TKO 5/3:00 *S* Wythenshawe Forum, Manchester, Eng. *R* Mickey Vann *P* Sports Network, Ltd.

12/5/2000. WBC:B *Won* Veer. Sahaprom (118) *Lost* Oscar Arciniega (116¾). TKO 5/1:55 *S* Royal Prominade, Bangkok, Thai. *R* David Chung *P* BBTV Channel 7.

12/16/2000. WBO:B *Won* Mauricio Martinez (117½) *Lost* Esham Pickering (117¾). TKO 1/1:12 *S* Sheffield Arena, Sheffield, Eng. *R* Rudy Battle *P* Sports Network, Ltd.

3/3/2001. IBF:B *Won* Tim Austin (117) *Lost* Jesus Perez (117). TKO 6/2:02 *S* Mandalay Bay Resort, Las Vegas, Nev. *R* Kenny Bayless *P* Don King Productions.

3/30/2001. WBA:B *Won* Paulie Ayala (118) *Lost* Hugo Dianzo (118). Unan 12 *S* Convention Center, Fort Worth, Texas *R* Laurence Cole *P* Top Rank, Inc.

5/14/2001. WBC:B *Won* Veer. Sahaprom (117½) *Lost* Ricardo Barajas (117¾). KO 3/2:59 *S* Palais des Sports, Paris, France *R* Daniel Talon *P* A.B. Stars, Inc.

6/16/2001. IBF:B *Won* Tim Austin (118) *Lost* Steve Dotse (118). KO 6/2:09 *S* Cintas Ctr., Cincinnati *R* Kamal Hasan *P* Don King Prods.

9/1/2001. WBC:B *Won* Veer. Sahaprom (118) *Lost* Toshiaki Nishioka (118). Draw 12 *S* Yokohama Arena, Yokohama, Japan *R* Tony Perez *P* Teiken Promotions.

10/14/2001. WBA:B *Won* Eidy Moya (117) *Lost* Adan Vargas (118). KO 11/1:21 *S* La Villa Events Center, McAllen, Texas *R* Laurence Cole *P* America Presents.

12/15/2001. IBF:B *Won* Tim Austin (118) *Lost* Ratanachai Voraphin (118). Unan 12 *S* Foxwoods Resort, Mashantucket, Conn. *R* Michael Ortega *P* Don King Productions.

1/11/2002. WBC:B *Won* Veerapol Sahaprom (118) *Lost* Sergio Perez (117). Unan 12 *S* Future Park, Thanyaburi, Patum Thani, Thai. *R* Malcolm Bulner *P* Suchat Pisitwuttinun.

3/15/2002. WBO:B *Won* Cruz Carbajal (117¼) *Lost* Mauricio Martinez (117¼). KO 9/1:35 *S* Beto Avila Stadium, Vera Cruz, Mex. *R* Jose H. Rivera *P* Empresas Valentin Muela.

4/19/2002. WBA:B *Won* Johnny Bredahl (117½) *Lost* Eidy Moya (118). KO 9/2:40 *S* Falkoner Center, Copenhagen, Den. *R* Armando Garcia *P* B.P. Productions.

5/1/2002. WBC:B *Won* Veerapol Sahaprom (118) *Lost* Julio Coronell (117). Unan 12 *S* Rama V Bridge Arena, Nonthaburi, Thai. *R* David Chung *P* Suchart Pisitwuttinan.

7/27/2002. IBF:B *Won* Tim Austin (118) *Lost* Adan Vargas (117). TKO 10/1:03 *S* Mandalay Bay Resort, Las Vegas, Nev. *R* Tony Weeks *P* Don King/Duva Boxing.

9/27/2002. WBO:B *Won* Cruz Carbajal (117¾) *Lost* Danny Romero (118). TKO 5/* *S* Isleta Resort, Albuquerque, N.M. *R* Russell Mora *P* Fresquez Productions.

11/8/2002. WBA:B *Won* Johnny Bredahl (117) *Lost* Rafael (Leo) Gamez (116¼). Unan 12 *S* Falkoner Center, Copenhagen, Den. *R* Steve Smoger *P* B.P. Productions.

2/15/2003. IBF:B *Won* Rafael Marquez (118) *Lost* Tim Austin (118). TKO 8/2:20 *S* Caesars Palace, Las Vegas, Nev. *R* Vic Drakulich *P* Don King Productions.

5/1/2003. WBC:B *Won* Veerapol Sahaprom (118) *Lost* Hugo Dianzo (118). Unan 12 *S* Bangkhae Mall, Bangkok, Thailand *R* Nobuaki Urathani *P* Virat Vachiraratanawongse.

10/4/2003. WBC:B *Won* Veerapol Sahaprom (118) *Lost* Toshiaki Nishioka (117½). Draw 12 *S* Ryogoku Sumo Arena, Tokyo, Japan *R* Guadalupe Garcia *P* Teiken Promotions.

Bantamweight

10/4/2003. WBO:B *Won* Cruz Carbajal (118) *Lost* Gerardo Espinoza (118). TKO 8/1:07 *S* Mandalay Bay Resort, Las Vegas, Nev. *R* Robert Byrd *P* Goossen-Tutor Promos.

10/4/2003. IBF:B *Won* Rafael Marquez (117) *Lost* Mauricio Pastrana (116½). Unan 12 *S* Staples Center, Los Angeles, Calif. *R* Jon Schorle *P* Top Rank, Inc.

10/24/2003. WBA:B *Won* Johnny Bredahl (118) *Lost* David Guerault (117¾). Unan 12 *S* K.B. Hallen, Copenhagen, Denmark *R* Michael Ortega *P* Bettina Palle.

1/31/2004. IBF:B *Won* Rafael Marquez (117¾) *Lost* Pete Frissina (118). TKO 2/0:22 *S* Dodge Theater, Phoenix, Ariz. *R* Raul Caiz, Jr. *P* Top Rank/Don King.

3/6/2004. WBC:B *Won* Veerapol Sahaprom (118) *Lost* Toshiaki Nishioka (118). Unan 12 *S* Saitama Super Arena, Saitama, Japan *R* Laurence Cole *P* Teiken Promotions.

3/13/2004. WBA:B *Won* Johnny Bredahl (118) *Lost* Nobuaki Naka (118). Unan 12 *S* Brondby Hallen, Copenhagen, Den. *R* Mark Nelson *P* Palle Boxing Promos.

5/1/2004. WBC:B *Won* Veerapol Sahaprom (118) *Lost* Julio C. Avila (117½). TKO 12/* *S* Amphitheater, Nong Khai, Thai. *R* David Chung *P* Suchart Pisitwuttinan.

5/7/2004. WBO:B *Won* Ratan. Sow Voraphin (117½) *Lost* Cruz Carbajal (117). Unan 12 *S* Phor Koon Stadium, Nakhon Ratch., Thai. *R* Roberto Ramirez *P* Konkiet Group Promotions.

7/31/2004. IBF:B *Won* Rafael Marquez (118) *Lost* Heriberto Ruiz (118). KO 3/2:11 *S* MGM Grand Garden, Las Vegas, Nev. *R* Tony Weeks *P* Top Rank, Inc.

9/11/2004. WBC:B *Won* Veerapol Sahaprom (118) *Lost* Cecilio Santos (117¼). Unan 12 *S* Chaophraya Dam's Arena, Chainart, Thai. *R* Kodai Kumazaki *P* Nakhonluang Promotions.

11/27/2004. IBF:B *Won* Rafael Marquez (118) *Lost* Mauricio Pastrana (117). TKO 9/* *S* MGM Grand Garden, Las Vegas, Nev. *R* Robert Byrd *P* Top Rank, Inc.

2/26/2005. WBA:B *Won* Wladimir Sidorenko (117¼) *Lost* Julio Zarate (118). Unan 12 *S* Color Line Arena, Hamburg, Germany *R* Luis Pabon *P* Universum Box Promotion.

4/16/2005. WBC:B *Won* Hozumi Hasegawa (118) *Lost* Veerapol Sahaprom (118). Unan 12 *S* Martial Arts Hall, Tokyo, Japan *R* Guadalupe Garcia *P* Teiken Promotions.

5/28/2005. IBF:B *Won* Rafael Marquez (116½) *Lost* Ricardo Vargas (118). Unan 12 *S* Staples Center, Los Angeles, Calif. *R* Pat Russell *P* Top Rank, Inc.

8/5/2005. WBO:B *Won* Ratan. Sow Voraphin (118) *Lost* Mauricio Martinez (118). Maj 12 *S* Patong Beach, Phuket, Thai. *R* Samuel Viruet *P* Konkiet Group Promotions.

9/25/2005. WBC:B *Won* Hozumi Hasegawa (117¼) *Lost* Gerardo Martinez (117½). TKO 7/2:18 *S* Yokohama Arena, Yokohama, Japan *R* Laurence Cole *P* Teiken Promotions.

10/29/2005. WBO:B *Won* Jhonny Gonzalez (116¾) *Lost* Ratan. Sow Voraphin (118). TKO 7/0:22 *S* Desert Diamond Casino, Tucson, Ariz. *R* Robert Byrd *P* Golden Boy Promotions.

11/5/2005. IBF:B *Won* Rafael Marquez (118) *Lost* Silence Mabuza (118). TKO 4/2:08 *S* Caesars Tahoe, Stateline, Nev. *R* Norm Budden *P* Gary Shaw Productions.

11/26/2005. WBA:B *Won* Wladimir Sidorenko (117¾) *Lost* Jose de Jesus Lopez (117¼). Unan 12 *S* Wilhelm-Dopatka Halle, Leverkusen, Ger. *R* Steve Smoger *P* Universum Box Promotion.

3/11/2006. WBA:B *Won* Wladimir Sidorenko (118) *Lost* Ricardo Cordoba (118). Draw 12 *S* Color Line Arena, Hamburg, Germany *R* Luis Pabon *P* Universum Box Promotion.

3/25/2006. WBC:B *Won* Hozumi Hasegawa (118) *Lost* Veerapol Sahaprom (117¾). TKO 9/0:19 *S* World Memorial Hall, Kobe, Japan *R* Guadalupe Garcia *P* Senrima Kobe/Teiken Promos.

5/27/2006. WBO:B *Won* Jhonny Gonzalez (117¾) *Lost* Fernando Montiel (117). Split 12 *S* Home Depot Center, Carson, Calif. *R* Jon Schorle *P* Golden Boy Promotions.

5/27/2006. WBO:B *Won* Jhonny Gonzalez (117¾) *Lost* Fernando Montiel (117). Split 12 *S* Home Depot Center, Carson, Calif. *R* Jon Schorle *P* Golden Boy Promotions.

7/15/2006. WBA:B *Won* Wladimir Sidorenko (117¾) *Lost* Poon. Kratingdaeng (118). Unan 12 *S* Color Line Arena, Hamburg, Germany *R* Rafael Ramos *P* Universum Box Promotion.

8/5/2006. IBF:B *Won* Rafael Marquez (118) *Lost* Silence Mabuza (117½). TKO 10/* *S* Montbleu Resort Casino, Stateline, Nev. *R* Tony Weeks *P* Gary Shaw Productions.

11/13/2006. WBC:B *Won* Hozumi Hasegawa (117¾) *Lost* Genaro Garcia (117¾). Unan 12 *S* Martial Arts Hall, Tokyo, Japan *R* Vic Drakulich *P* Teiken Promotions.

3/17/2007. WBA:B *Won* Wladimir Sidorenko (118) *Lost* Ricardo Cordoba (117¼). Draw 12 *S* Hans Martin Schleyer Hall, Stuttgart, Ger. *R* Mark Nelson *P* Universum Box Promotion.

3/30/2007. WBO:B *Won* Jhonny Gonzalez (117½) *Lost* Irene Pacheco (118). TKO 9/1:04 *S* Desert Diamond Casino, Tucson, Ariz. *R* Robert Ferrara *P* Golden Boy Promotions.

5/3/2007. WBC:B *Won* Hozumi Hasegawa (118) *Lost* Simpiwe Vetyeka (117¾). Unan 12 *S* Ariake Coliseum, Tokyo, Japan *R* Guadalupe Garcia *P* Teiken Promotions.

6/29/2007. WBA:B *Won* Wladimir Sidorenko (117¾) *Lost* Jerome Arnould (117½). KO 7/1:38 *S* Palais des Sports, Marseilles, France *R* Julio C. Alvarado *P* A.M.I. Productions.

7/7/2007. IBF:B *Won* Luis Alberto Perez (118) *Lost* Genaro Garcia (118). TKO 7/1:39 *S* Harbor Yard Arena, Bridgeport, Conn. *R* Charles Dwyer *P* Don King Productions.

8/11/2007. WBO:B *Won* Gerry Penalosa (118) *Lost* Jhonny Gonzalez (117). KO 7/2:45 *S* ARCO Arena, Sacramento, Calif. *R* Pat Russell *P* Golden Boy/A.L.A. Boxing.

9/29/2007. IBF:B *Won* Joseph Agbeko (116¾) *Lost* Luis A. Perez (118). TKO 8/* *S* ARCO Arena, Sacramento *R* Dan Stell *P* Don King Prods.

1/10/2008. WBA:B *Won* Wladimir Sidorenko (117¾) *Lost* Nobuto Ikehara (118). Unan 12 *S* Prefectural Gymnasium, Osaka, Japan *R* Rafael Ramos *P* Teiken/Shinsei/Osaka Teiken.

1/10/2008. WBC:B *Won* Hozumi Hasegawa (117¾) *Lost* Simone Maludrottu (117½). Unan 12 *S* Prefectural Gymnasium, Osaka, Japan *R* Kenny Bayless *P* Teiken/Shinsei/Osaka Teiken.

4/6/2008. WBO:B *Won* Gerry Penalosa (118) *Lost* Ratan. Sow Voraphin (118). TKO 8/2:31 *S* Araneta Coliseum, Quezon City, Phil. *R* Genaro Rodriguez *P* Golden Boy Promotions.

5/31/2008. WBA:B *Won* Anselmo Moreno (117¾) *Lost* Wladimir Sidorenko (118). Unan 12 *S* Burg-Waechter Castello, Dusseldorf, Ger. *R* Luis Pabon *P* Universum Box Promotion.

6/12/2008. WBC:B *Won* Hozumi Hasegawa (117½) *Lost* Cristian Faccio (117¾). TKO 2/2:18 *S* Martial Arts Hall, Tokyo, Japan *R* Toby Gibson *P* Teiken Promotions.

10/16/2008. WBC:B *Won* Hozumi Hasegawa (118) *Lost* Alejandro Valdez (117½). TKO 2/2:41 *S* Yoyogi Gymnasium, Tokyo, Japan *R* Mike Griffin *P* Teiken Promotions.

10/30/2008. WBA:B *Won* Anselmo Moreno (117¾) *Lost* Rolly Lunas (117¾). Unan 12 *S* Figali Convention Center, Pan. City, Pan. *R* Manuel Rodriguez *P* Premium Boxing Promos.

12/11/2008. IBF:B *Won* Joseph Agbeko (118) *Lost* William Gonzalez (117). Maj 12 *S* Prudential Center, Newark, N.J. *R* Earl Brown *P* Main Events/Don King.

3/12/2009. WBC:B *Won* Hozumi Hasegawa (117¾) *Lost* Vusi Malinga (115½). TKO 1/2:37 *S* World Memorial Hall, Kobe, Japan *R* Laurence Cole *P* Shinsei Promotions.

3/28/2009. WBO:B *Won* Fernando Montiel (118) *Lost* Diego Silva (117). KO 3/2:44 *S* Plaza de Toros, Tijuana, B.C.N., Mex. *R* Raul Caiz, Sr. *P* Zanfer Promos./Top Rank.

5/2/2009. WBA:B *Won* Anselmo Moreno (117½) *Lost* Wladimir Sidorenko (117¾). Split 12 *S* Messe-Halle 7, Bremen, Germany *R* Benji Esteves, Jr. *P* Universum Box Promotion.

7/4/2009. WBA:B *Won* Anselmo Moreno (117¾) *Lost* Mahyar Monshipour (118). Split 12 *S* Exposition Park, Poitiers, France *R* Raul Caiz, Jr. *P* EURL Events.

7/11/2009. IBF:B *Won* Joseph Agbeko (116½) *Lost* Vic Darchinyan (117½). Unan 12 *S* BankAtlantic Center, Sunrise, Fla. *R* Tommy Kimmons *P* Don King Productions.

7/14/2009. WBC:B *Won* Hozumi Hasegawa (117½) *Lost* Nestor Rocha (117½). TKO 1/2:28 *S* World Memorial Hall, Kobe, Japan *R* Gary Ritter *P* Shinsei Promos./Teiken.

10/31/2009. IBF:B *Won* Yonnhy Perez (118) *Lost* Joseph Agbeko (118). Unan 12 *S* Treasure Is. Casino, Las Vegas, Nev. *R* Robert Byrd *P* Don King/Gary Shaw.

12/4/2009. WBA:B *Won* Anselmo Moreno (117¼) *Lost* Frederic Patrac (116½). TKO 11/2:56 *S* Palais des Sports, Agde, France *R* Mark Nelson *P* EuroProm (G. Teysseron).

12/18/2009. WBC:B *Won* Hozumi Hasegawa (117¾) *Lost* Alvaro Perez (117). TKO 4/2:38 *S* World Memorial Hall, Kobe, Japan *R* Bruce McTavish *P* Shinsei/Teiken Promos.

2/13/2010. WBO:B *Won* Fernando Montiel (118) *Lost* Ciso Morales (118). TKO 1/2:06 *S* Las Vegas Hilton, Las Vegas, Nev. *R* Robert Byrd *P* Top Rank/Golden Boy.

3/27/2010. WBA:B *Won* Anselmo Moreno (118) *Lost* Nehomar Cermeno (118). Split 12 *S* Polideportivo Vargas, La Guaira, Vez. *R* Luis Pabon *P* BoxTrack (Jose Machek).

4/30/2010. WBC:B *Won* Fernando Montiel (118) *Lost* Hozumi Hasegawa (117¾). TKO 4/2:59 *S* Nihon Budokan, Tokyo, Japan *R* Laurence Cole *P* Teiken/Shinsei Promos.

Junior Bantamweight

2/1/1980. WBC:JB *Won* Rafael Orono (113½) *Lost* Seung-Hoon Lee (114¾). Split 15 *S* Nuevo Circo, Caracas, Venezuela *R* Alfredo Fernandez *P* Rafito Cedeno Enterprises.

4/14/1980. WBC:JB *Won* Rafael Orono (114½) *Lost* Ramon Soria (115). Unan 15 *S* Nuevo Circo, Caracas, Venezuela *R* Al. Diaz Mendez *P* Rafito Cedeno Enterprises.

7/28/1980. WBC:JB *Won* Rafael Orono (114½) *Lost* Willie Jensen (115). Draw 15 *S* Nuevo Circo, Caracas, Venezuela *R* Carlos Guzman *P* Rafito Cedeno Enterprises.

9/15/1980. WBC:JB *Won* Rafael Orono (114¾) *Lost* Jovito Rengifo (113½). TKO 3/2:56 *S* Plaza de Toros, Barquisimeto, Vez. *R* Zack Clayton *P* Rafito Cedeno Enterprises.

1/24/1981. WBC:JB *Won* Chul-Ho Kim (114¾) *Lost* Rafael Orono (114½). KO 9/2:16 *S* Plaza de Toros, San Cristobal, Vez. *R* Zack Clayton *P* Rafito Cedeno Enterprises.

4/22/1981. WBC:JB *Won* Chul-Ho Kim (114¼) *Lost* Jiro Watanabe (114½). Unan 15 *S* Changchung Gymnasium, Seoul, Korea *R* Ray Solis *P* Kuk-Dong Promotions.

7/29/1981. WBC:JB *Won* Chul-Ho Kim (114½) *Lost* Willie Jensen (114). KO 13/1:18 *S* Kudok Gym., Pusan, Korea *R* Ray Solis *P* Han-Jin Promos.

9/12/1981. WBA:JB *Won* Gustavo Ballas (113¼) *Lost* Sok-Chul Bae (114½). TKO 8/2:38 *S* Luna Park Stadium, Buenos Aires, Arg. *R* Jesus Celis *P* Luna Park Stadium.

11/18/1981. WBC:JB *Won* Chul-Ho Kim (114¾) *Lost* Ryoetsu Maruyama (114¾). TKO 9/1:12 *S* Kudok Gymnasium, Pusan, Korea *R* Ray Solis *P* Han-Jin Promotions.

12/5/1981. WBA:JB *Won* Rafael Pedroza (115) *Lost* Gustavo Ballas (115). Split 15 *S* Nuevo Panama Gym., Panama City, Pan. *R* Larry Rozadilla *P* Top Rank/Panaprom S.A.

2/10/1982. WBC:JB *Won* Chul-Ho Kim (114½) *Lost* Koki Ishii (114¾). KO 8/0:47 *S* Kyongbuk Gymnasium, Taegu, Korea *R* Ray Solis *P* Kuk-Dong Promotions.

4/8/1982. WBA:JB *Won* Jiro Watanabe (114¼) *Lost* Rafael Pedroza (115). Unan 15 *S* Prefectural Gymnasium, Osaka, Japan *R* Larry Rozadilla *P* Osaka Teiken Promotions.

7/4/1982. WBC:JB *Won* Chul-Ho Kim (114) *Lost* Raul Valdez (115). Draw 15 *S* Chungmu Gymnasium, Daejon, Korea *R* Harry Gibbs *P* Kuk-Dong Promotions.

7/29/1982. WBA:JB *Won* Jiro Watanabe (115) *Lost* Gustavo Ballas (114¾). TKO 10/* *S* Prefectural Gymnasium, Osaka, Japan *R* Rudy Jordan *P* Osaka Teiken Promotions.

11/11/1982. WBA:JB *Won* Jiro Watanabe (114¾) *Lost* Shoji Oguma (115). TKO 12/1:46 *S* City Gymnasium, Hamamatsu, Japan *R* Martin Denkin *P* Seien Promotions/Teiken.

11/28/1982. WBC:JB *Won* Rafael Orono (114) *Lost* Chul-Ho Kim (114½). TKO 6/0:38 *S* Changchung Gymnasium, Seoul, Korea *R* Rudy Ortega *P* Kuk-Dong Promotions.

1/31/1983. WBC:JB *Won* Rafael Orono (114¾) *Lost* Pedro Romero (115). KO 4/1:27 *S* El Poliedro, Caracas, Venezuela *R* Jesus Arias *P* Rafito Cedeno Enterprises.

2/24/1983. WBA:JB *Won* Jiro Watanabe (114½) *Lost* Luis Ibanez (114¼). KO 8/1:22 *S* Municipal Gymnasium, Tsu City, Japan *R* Waldemar Schmidt *P* Mitsuyama/Osaka Teiken.

5/9/1983. WBC:JB *Won* Rafael Orono (115) *Lost* Raul Valdez (114¾). Unan 12 *S* Caracas Hilton, Caracas, Venezuela *R* Steve Crosson *P* Rafito Cedeno Enterprises.

6/23/1983. WBA:JB *Won* Jiro Watanabe (114¾) *Lost* Roberto Ramirez (114). Maj 15 *S* Miyagi Prefectural Gym., Sendai, Japan *R* Martin Denkin *P* Chiba Sendai Enterprises.

10/6/1983. WBA:JB *Won* Jiro Watanabe (115) *Lost* Soon-Chun Kwon (114). TWu 11 *S* Prefectural Gymnasium, Osaka, Japan *R* Vincent Rainone *P* Osaka Teiken Promotions.

10/29/1983. WBC:JB *Won* Rafael Orono (115) *Lost* Orlando Maldonado (115). TKO 5/0:41 *S* U.N. Park Coliseum, Caracas, Vez. *R* Alfredo Fernandez *P* Rafito Cedeno Enterprises.

11/27/1983. WBC:JB *Won* Payao Poontarat (114½) *Lost* Rafael Orono (114). Split 12 *S* Grand Palace Hotel, Pattaya, Thai. *R* Zack Clayton *P* Sombhop Srisomvonse.

12/10/1983. IBF:JB *Won* Joo-Do Chun *Lost* Ken Kasugai. TKO 5 *S* Int. Castle Sports Hall, Osaka, Japan.

1/28/1984. IBF:JB *Won* Joo-Do Chun (115) *Lost* Prayurasak Muangsurin (114½). TKO 12/1:09 *S* Munhwa Gymnasium, Seoul, Korea.

3/15/1984. WBA:JB *Won* Jiro Watanabe (115) *Lost* Celso Chavez (112¾). TKO 15/1:10 *S* Int. Castle Sports Hall, Osaka, Japan *R* Fritz Werner *P* Osaka Teiken Promotions.

3/17/1984. IBF:JB *Won* Joo-Do Chun (115) *Lost* Diego de Villa (113¾). KO 1/2:35 *S* Kwangju Gymnasium, Kwangju, Korea.

3/28/1984. WBC:JB *Won* Payao Poontarat (115) *Lost* Guty Espadas (115). TKO 10/2:25 *S* Rajadamnern Stadium, Bangkok, Thai. *R* Steve Crosson *P* Sombhop Srisomvongse.

5/26/1984. IBF:JB *Won* Joo-Do Chun (114¾) *Lost* Felix Marquez (114½). TKO 6/0:02 *S* Wonju Gymnasium, Wonju, Korea.

7/5/1984. WBC:JB *Won* Jiro Watanabe (114¾) *Lost* Payao Poontarat (114¾). Split 12 *S* Int. Castle Sports Hall, Osaka, Japan *R* Richard Steele *P* Osaka Teiken Promotions.

7/20/1984. IBF:JB *Won* Joo-Do Chun (115) *Lost* William Develos (114¼). TKO 7/1:42 *S* Kudok Gymnasium, Pusan, Korea.

11/21/1984. WBA:JB *Won* Khaosai Galaxy (114½) *Lost* Eusebio Espinal (114). KO 6/2:16 *S* Rajadamnern Stadium, Bangkok, Thai. *R* Stan Christodoulou *P* Nivatt Laosuvanvatt.

11/29/1984. WBC:JB *Won* Jiro Watanabe (114¾) *Lost* Payao Poontarat (115). TKO 11/1:54 *S* Prefectural Gymnasium, Kumamoto, Japan *R* Joey Curtis *P* Osaka Teiken Promotions.

1/6/1985. IBF:JB *Won* Joo-Do Chun (114¾) *Lost* Kwang-Gu Park (114¾). KO 15/0:53 *S* Ulsan Gymnasium, Ulsan, Korea *R* Yasujiro Fujimoto *P* Hanjin Promotions.

3/6/1985. WBA:JB *Won* Khaosai Galaxy (115) *Lost* Dong-Chun Lee (114). KO 7/2:12 *S* Rajadamnern Stadium, Bangkok, Thai. *R* Larry Rozadilla *P* Nivatt Laosuvanvatt.

5/3/1985. IBF:JB *Won* Ellyas Pical (115) *Lost* Joo-Do Chun (114¾). TKO 8 *S* P.I. Col., Djakarta, Indonesia *R* Joe Cortez *P* Forum Enterprises.

5/9/1985. WBC:JB *Won* Jiro Watanabe (115) *Lost* Julio Soto Solano (115). Unan 12 *S* Korakuen Hall, Tokyo, Japan *R* David Pearl *P* Osaka Teiken Promotions.

7/17/1985. WBA:JB *Won* Khaosai Galaxy (115) *Lost* Rafael Orono (114). TKO 5/2:59 *S* Rajadamnern Stadium, Bangkok, Thai. *R* Wiso Fernandez *P* Nivatt Laosuvanvatt.

8/25/1985. IBF:JB *Won* Ellyas Pical (114) *Lost* Wayne Mulholland (115). TKO 3/2:10 *S* P.I. Coliseum, Djakarta, Indonesia *R* Waldemar Schmidt *P* Forum Enterprises.

9/17/1985. WBC:JB *Won* Jiro Watanabe (114¾) *Lost* Kazuo Katsuma (114¾). TKO 7/1:26 *S* Int. Castle Sports Hall, Osaka, Japan *R* James Jen-Kin *P* Osaka Teiken/Kambayashi.

12/13/1985. WBC:JB *Won* Jiro Watanabe (114¾) *Lost* Sok-Hwan Yun (114¾). KO 5/2:34 *S* Municipal Stadium, Taegu, Korea *R* Tony Perez *P* Pal-Pal Promotions.

12/23/1985. WBA:JB *Won* Khaosai Galaxy (115) *Lost* Edgar Monserrat (115). TKO 2/2:42 *S* Rajadamnern Stadium, Bangkok, Thai. *R* Larry Rozadilla *P* Nivatt Laosuvanvatt.

2/15/1986. IBF:JB *Won* Cesar Polanco (114) *Lost* Ellyas Pical (115). Split 15 *S* P.I. Coliseum, Djakarta, Indonesia *R* Denny Nelson *P* Boy Bolang.

3/30/1986. WBC:JB *Won* Gilberto Roman (114¾) *Lost* Jiro Watanabe (115). Unan 12 *S* Sports Center, Itami City, Japan *R* Steve Crosson *P* Osaka Teiken Promotions.

5/15/1986. WBC:JB *Won* Gilberto Roman (114½) *Lost* Edgar Monserrat (114½). Split 12 *S* Pierre de Coubertin Stadium, Paris, France *R* Rol. Barrovecchio *P* Sports Leaders Agency.

7/5/1986. IBF:JB *Won* Ellyas Pical (115) *Lost* Cesar Polanco (114¾). KO 3/2:40 *S* Istora Senayan Arena, Djakarta, Indonesia *R* Abraham Pacheco *P* Anton Sihotang.

7/18/1986. WBC:JB *Won* Gilberto Roman (115) *Lost* Ruben Condori (114½). Unan 12 *S* Polideportivo Ciudad,. Salta, Argentina *R* Isaac Herrera *P* Miguel Herrera.

8/30/1986. WBC:JB *Won* Gilberto Roman (114½) *Lost* Santos Laciar (114¼). Draw 12 *S* Pabellon Verde, Cordoba, Argentina *R* I. Quinones Falu *P* Francisco Giordano.

11/1/1986. WBA:JB *Won* Khaosai Galaxy (114¼) *Lost* Israel Contreras (114¾). KO 5/0:53 *S* National Theatre, Willemstad, Curacao *R* Carlos Berrocal *P* Gustavo Castillo.

12/3/1986. IBF:JB *Won* Ellyas Pical (114) *Lost* Dong-Chun Lee (114½). KO 10/2:30 *S* Istora Senayan Arena, Djakarta, Indonesia *R* Abraham Pacheco *P* Anton Sihotang.

12/19/1986. WBC:JB *Won* Gilberto Roman (114½) *Lost* Kong. Payakaroon (115). Unan 12 *S* Hua Mark Stadium, Bangkok, Thai. *R* Martin Denkin *P* Songchai Ratanasuban.

1/30/1987. WBC:JB *Won* Gilberto Roman (114¾) *Lost* Antoine Montero (115). TKO 9/0:34 *S* Zenith de Montpellier, Montpellier, France *R* Angelo Poletti *P* RMO (Roger Aguilana).

2/28/1987. WBA:JB *Won* Khaosai Galaxy (114½) *Lost* Ellyas Pical (114½). KO 14/2:45 *S* Istora Senayan Arena, Djakarta, Indonesia *R* Ken Morita *P* Kurnia Kartamuhari.

3/20/1987. WBC:JB *Won* Gilberto Roman (115) *Lost* Frank Cedeno (115). Unan 12 *S* Plaza de Toros Calafia, Mexicali, Mex. *R* Martin Denkin *P* Ignacio Huizar.

5/16/1987. WBC:JB *Won* Santos Laciar (115) *Lost* Gilberto Roman (114¼). TKO 11/1:10 *S* Rene Thys Stadium, Rheims, France *R* Angelo Poletti *P* Julien Fernandez.

5/17/1987. IBF:JB *Won* Tae-Il Chang (114½) *Lost* Soon-Chun Kwon (114½). Split 15 *S* Kudok Gymnasium, Pusan, Korea *R* John Wheeler *P* Pal-Pal Promotions.

8/8/1987. WBC:JB *Won* Beibis Rojas (115) *Lost* Santos Laciar (114½). Unan 12 *S* Tamiani Fairgrounds, Miami, Fla. *R* Abraham Bernal *P* Antillana Champ. Group.

10/12/1987. WBA:JB *Won* Khaosai Galaxy (115) *Lost* Byung-Kwan Chung (114½). TKO 3/2:58 *S* Rajadamnern Stadium, Bangkok, Thai. *R* Ken Morita *P* Niwatt Laosuvanvatt.

10/17/1987. IBF:JB *Won* Ellyas Pical (115) *Lost* Tae-Il Chang (115). Split 15 *S* Istora Senayan Arena, Djakarta, Indonesia *R* Jim Reilly *P* Anton Sihotang/Pal-Pal.

10/24/1987. WBC:JB *Won* Beibis Rojas (114½) *Lost* Gustavo Ballas (115). TKO 4/2:39 *S* Tamiani Fairgrounds Arena, Miami, Fla. *R* Jesus Arias *P* Ariel Promos./R. Mendoza.

1/26/1988. WBA:JB *Won* Khaosai Galaxy (115) *Lost* Kong. Payakaroon (114½). Unan 12 *S* Lumpini Stadium, Bangkok, Thai. *R* Ken Morita *P* Songchai Ratanasuban.

2/20/1988. IBF:JB *Won* Ellyas Pical (113¼) *Lost* Raul Diaz (114¾). Unan 15 *S* Pangsuma Stadium, Pontianak, Indo. *R* Herbert Minn *P* Anton Sihotang.

4/8/1988. WBC:JB *Won* Gilberto Roman (115) *Lost* Beibis Rojas (115). Unan 12 *S* Convention Hall, Miami Beach, Fla. *R* John Thomas *P* Antillas Promos./R. Alaino.

7/9/1988. WBC:JB *Won* Gilberto Roman (115) *Lost* Yoshiyuki Uchida (114¾). TKO 5/0:39 *S* City Gymnasium, Kawagoe, Japan *R* Richard Steele *P* Toshiyuko Matsumoto.

9/4/1988. IBF:JB *Won* Ellyas Pical (115) *Lost* Ki-Chang Kim (115). Unan 12 *S* Gelona Stad., Surabaya, Indo. *R* John Wright *P* Anton Sihotang.

9/4/1988. WBC:JB *Won* Gilberto Roman (114¼) *Lost* Kiyoshi Hatanaka (114¾). Unan 12 *S* City Rainbow Hall, Nagoya, Japan *R* James Jen-Kin *P* Matsuda/Teiken Promos.

10/9/1988. WBA:JB *Won* Khaosai Galaxy (115) *Lost* Chang-Ho Choi (115). TKO 8/0:56 *S* Sheraton Walker Hill Hotel, Seoul, Korea *R* Larry Rozadilla *P* Kuk-Dong Promotions.

11/7/1988. WBC:JB *Won* Gilberto Roman (115) *Lost* Beibis Rojas (114). Unan 12 *S* Caesars Palace, Las Vegas, Nev. *R* Carlos Padilla *P* Victory Promotions.

1/15/1989. WBA:JB *Won* Khaosai Galaxy (115) *Lost* Tae-Il Chang (114½). KO 2/2:00 *S* Crocodile Farm, Samut Prakarn, Thai. *R* Kazunobu Asao *P* Galaxy Boxing Promos.

2/25/1989. IBF:JB *Won* Ellyas Pical (115) *Lost* Mike Phelps (115). Split 12 *S* National Stadium, Podium Block, Sing. *R* Lucien Joubert *P* Dunoo Promotions.

4/8/1989. WBA:JB *Won* Khaosai Galaxy (114) *Lost* Kenji Matsumura (115). Unan 12 *S* Cultural Gymnasium, Yokohama, Japan *R* Carlos Berrocal *P* K.T.T. Promotions.

4/29/1989. WBO:JB *Won* Jose Ruiz (115) *Lost* Beibis Rojas (115). Unan 12 *S* R. Clemente Coliseum, Hato Rey, P.R. *R* Stan Christodoulou *P* Video Deportes.

6/5/1989. WBC:JB *Won* Gilberto Roman (115) *Lost* Juan Carazo (114½). Unan 12 *S* Great Western Forum, Inglewood, Ca. *R* Lou Filippo *P* Forum Boxing, Inc.

7/29/1989. WBA:JB *Won* Khaosai Galaxy (115) *Lost* Alberto Casstro (114½). TKO 10/1:46 *S* Srinarong Stadium, Surin, Thai. *R* Bernard Soto *P* Galaxy Boxing Promos.

9/9/1989. WBO:JB *Won* Jose Ruiz *Lost* Juan Carazo. TKO 1/2:37 *S* R. Clemente Coliseum, Hato Rey, P.R. *R* Roberto Ramirez *P* Video Deportes.

9/12/1989. WBC:JB *Won* Gilberto Roman (114½) *Lost* Santos Laciar (114½). Unan 12 *S* Great Western Forum, Inglewood, Ca. *R* Rudy Ortega *P* Forum Boxing, Inc.

10/14/1989. IBF:JB *Won* Ellyas Pical (115) *Lost* Juan Polo Perez (114¼). Unan 12 *S* Valley Sports Arena, Roanoke, Va. *R* Al Rothenburg *P* Cedric Kushner Promos.

10/21/1989. WBO:JB *Won* Jose Ruiz *Lost* Angel Rosario. TKO 10/2:49 *S* Convention Ctr., San Juan, P.R. *R* Ismael Fernandez *P* Video Deportes.

10/31/1989. WBA:JB *Won* Khaosai Galaxy (115) *Lost* Kenji Matsumura (114½). TKO 12/2:56 *S* World Memorial Hall, Kobe, Japan *R* Rudy Battle *P* K.T.T. Promotions.

11/7/1989. WBC:JB *Won* Nana Yaw Konadu (114½) *Lost* Gilberto Roman (115). Unan 12 *S* Arena Mexico, Mexico City, Mex. *R* Steve Crosson *P* Magic Promotions.

1/20/1990. WBC:JB *Won* Sung-Kil Moon (115) *Lost* Nana Yaw Konadu (114½). TWu 9 *S* World Trade Center, Seoul, Korea *R* Tony Perez *P* Pal-Pal Promotions.

3/29/1990. WBA:JB *Won* Khaosai Galaxy (115) *Lost* Cobra Bianca (115). KO 5/0:34 *S* Rajadamnern Stadium, Bangkok, Thai. *R* Lou Moret *P* Galaxy Boxing Promos.

4/21/1990. IBF:JB *Won* Robert Quiroga (114¼) *Lost* Juan Polo Perez (114¾). Unan 12 *S* Crowtree Leisure Centre, Sunderland, Eng. *R* Dale Grable *P* J. Spenseley/C. Kushner.

6/9/1990. WBC:JB *Won* Sung-Kil Moon (115) *Lost* Gilberto Roman (114½). TKO 9/* S Pal-Pal Gymnasium, Seoul, Korea R Richard Steele P Camel Promotions.

6/30/1990. WBA:JB *Won* Khaosai Galaxy (115) *Lost* Shunichi Nakajima (115). TKO 8/2:24 S Municipality Gymnasium, Chiang Mai, Thai. R Eddie Eckert P Niwat Laosuwanwatt.

8/18/1990. WBO:JB *Won* Jose Ruiz (115) *Lost* Wilfredo Vargas (115). TKO 8/2:34 S Pachin Vicens Coliseum, Ponce, P.R. R I. Quinones Falu P Video Deportes.

9/29/1990. WBA:JB *Won* Khaosai Galaxy (115) *Lost* Yong-Kang Kim (113½). KO 6/0:58 S Provincial Gym., Suphan Buri, Thai. R John Coyle P Niwat Laosuwanwatt.

10/6/1990. IBF:JB *Won* Robert Quiroga (114) *Lost* Vuyani Nene (114). TKO 4/* S Town Square, Benevento, Italy R Steve Smoger P Cedric Kushner Promos.

10/20/1990. WBC:JB *Won* Sung-Kil Moon (115) *Lost* Kenji Matsumura (115). TWu 5 S Hanyang Univ. Gymnasium, Seoul, Korea R Jesus Torres P Camel Promotions.

11/3/1990. WBO:JB *Won* Jose Ruiz (115) *Lost* Armando Velasco (115). Unan 12 S Int. Center, Acapulco, Guerrero, Mex. R Denny Nelson P Linea 26.

12/9/1990. WBA:JB *Won* Khaosai Galaxy (115) *Lost* Ernesto Ford (114). TKO 6/2:30 S Provincial Stadium, Petchaboon, Thai. R Waldemar Schmidt P Galaxy Boxing Promos.

1/26/1991. IBF:JB *Won* Robert Quiroga (113¾) *Lost* Vincenzo Belcastro (114¾). Split 12 S Sports Palace, Capo D'Orlando, Italy R Al Rothenburg P Cedric Kushner Promos.

3/16/1991. WBC:JB *Won* Sung-Kil Moon (115) *Lost* Nana Yaw Konadu (114¾). TKO 4/2:55 S Polideportivo Princ. Felipe, Zaragoza, Spain R Joe Cortez P Benito Escriche.

4/7/1991. WBA:JB *Won* Khaosai Galaxy (115) *Lost* Jae-Suk Park (113). TKO 5/2:30 S Amphitheatre, Samut Songkram, Thai. R Kazunobu Asao P Galaxy Boxing Promos.

6/15/1991. IBF:JB *Won* Robert Quiroga (115) *Lost* Akeem Anifowoshe (115). Unan 12 S Hemis Fair Arena, San Antonio, Texas R Barry Yeats P Cedric Kushner Promos.

7/20/1991. WBA:JB *Won* Khaosai Galaxy (115) *Lost* David Griman (114). TKO 5/1:28 S Crocodile Farm, Samut Prakarn, Thai. R Carlos Berrocal P Galaxy Boxing Promos.

7/20/1991. WBC:JB *Won* Sung-Kil Moon (115) *Lost* Ernesto Ford (114¾). KO 5/2:35 S Ramada Renaissance Hotel, Seoul, Korea R Malcolm Bulner P Camel Promotions.

12/22/1991. WBA:JB *Won* Khaosai Galaxy (115) *Lost* Armando Castro (115). Unan 12 S Thepsapin Stadium, Bangkok, Thai. R Eddie Eckert P Galaxy Boxing Promos.

12/22/1991. WBC:JB *Won* Sung-Kil Moon (115) *Lost* Torsak Pongsupa (114). TKO 6/1:48 S Inchon Gymnasium, Inchon, Korea R Jose Medina P Camel Promotions.

2/15/1992. IBF:JB *Won* Robert Quiroga (115) *Lost* Carlos Mercado (115). Unan 12 S Sports Palace, Salerno, Italy R Bill Connors P Cedric Kushner Promos.

2/22/1992. WBO:JB *Won* Jose Quirino (115) *Lost* Jose Ruiz (115). Unan 12 S Aladdin Hotel, Las Vegas, Nev. R Toby Gibson P Alex Fried Boxing Promos.

4/10/1992. WBA:JB *Won* Katsuya Onizuka (115) *Lost* Thalerngsak Sithbaobey (115). Unan 12 S Metropolitan Gymnasium, Tokyo, Japan R Steve Smoger P Kyoei Promotions.

7/4/1992. WBC:JB *Won* Sung-Kil Moon (115) *Lost* Armando Salazar (114¼). TKO 8/2:59 S Ichon Goomin Hall, Ichon, Korea R Vince Delgado P Camel Promotions.

7/11/1992. IBF:JB *Won* Robert Quiroga (115) *Lost* John Ruiz (115). Maj 12 S Aladdin Hotel, Las Vegas, Nev. R Richard Steele P Cedric Kushner Promos.

9/4/1992. WBO:JB *Won* Johnny Bredahl (115) *Lost* Jose Quirino (115). Unan 12 S Parken, Copenhagen, Denmark R Paul Thomas P Mogens Palle.

9/11/1992. WBA:JB *Won* Katsuya Onizuka (115) *Lost* Kenichi Matsumura (115). TKO 5/1:26 S Martial Arts Hall, Tokyo, Japan R Ken Morita P Kyoei Promotions.

10/31/1992. WBC:JB *Won* Sung-Kil Moon (115) *Lost* Greg Richardson (114¾). Maj 12 S Olympic Fencing Stadium, Seoul, Korea R Guadalupe Garcia P Camel Promotions.

12/11/1992. WBA:JB *Won* Katsuya Onizuka (115) *Lost* Armando Castro (115). Unan 12 S Ariake Col., Tokyo R Steve Smoger P Kyoei Promos.

1/16/1993. IBF:JB *Won* Julio C. Borboa (115) *Lost* Robert Quiroga (115). TKO 12/2:30 S Freeman Coliseum, San Antonio, Texas R Robert Gonzalez P Cedric Kushner Promos.

2/27/1993. WBC:JB *Won* Sung-Kil Moon (114½) *Lost* Hilario Zapata (114¾). TKO 1/2:54 S Olympic Gymnasium, Seoul, Korea R Toby Gibson P Camel Promotions.

3/26/1993. WBO:JB *Won* Johnny Bredahl (115) *Lost* Rafael Caban (114¾). Unan 12 S The Circus, Copenhagen, Denmark R Frank Cappuccino P Mogens Palle.

5/21/1993. WBA:JB *Won* Katsuya Onizuka (115) *Lost* Jae-Shin Lim (114¾). Split 12 S Martial Arts Hall, Tokyo, Japan R Kenjiro Makizumi P Kyoei Promotions.

5/22/1993. IBF:JB *Won* Julio Borboa (114½) *Lost* Joel Luna Zarate (114½). Unan 12 S Cuatro Caminos, Naucalpan, Mex. R Jesus Arias P A. Bernal/C. Kushner.

7/3/1993. WBC:JB *Won* Sung-Kil Moon (115) *Lost* Carlos Salazar (114½). Split 12 S Education Culture Center, Seoul, Korea R Toby Gibson P Moris Promos. (Alan Kim).

8/21/1993. IBF:JB *Won* Julio C. Borboa (115) *Lost* Carlos Mercado (114½). KO 3/1:58 S Raceway Park, Kalispell, Mont. R Kevin McCarl P Cedric Kushner Promos.

10/29/1993. WBO:JB *Won* Johnny Bredahl (114¾) *Lost* Eduardo Nazario (114½). DQ 4/2:54 S Storebaelthallen Complex, Korsor, Den. R Heinrich Muhlmert P Mogens Palle.

11/5/1993. WBA:JB *Won* Katsuya Onizuka (115) *Lost* Thalerngsak Sithbaobey (115). Unan 12 S Ariake Coliseum, Tokyo, Japan R Rudy Battle P Kyoei Promotions.

11/13/1993. WBC:JB *Won* Jose Luis Bueno (115) *Lost* Sung-Kil Moon (115). Split 12 S Pohang Gymnasium, Pohang, Korea R Rudy Ortega P Moris Promotions.

11/26/1993. IBF:JB *Won* Julio Cesar Borboa (115) *Lost* Rolando Pascua (115). TKO 5/2:58 S El Cum Coliseum, Hermosillo, Mex. R Jose Medina P Cedric Kushner Promos.

3/25/1994. WBO:JB *Won* Johnny Bredahl (114¾) *Lost* Eduardo Nazario (114¾). Unan 12 S Sports Complex, Aakirkeby, Denmark R Cornelio Stucchi P Mogens Palle.

4/3/1994. WBA:JB *Won* Katsuya Onizuka (115) *Lost* Seung-Koo Lee (115). Unan 12 S Ryogoku Sumo Arena, Tokyo, Japan R Rudy Battle P Kyoei Promotions.

4/25/1994. IBF:JB *Won* Julio Cesar Borboa (113) *Lost* Jorge Roman (114). TKO 4/2:30 S Great Western Forum, Inglewood, Ca. R James Jen-Kin P Forum Boxing, Inc.

5/4/1994. WBC:JB *Won* Hiroshi Kawashima (115) *Lost* Jose Luis Bueno (114¾). Unan 12 S Cultural Gymnasium, Yokohama, Japan R Martin Denkin P Kyokuto/Yonekura Promos.

5/21/1994. IBF:JB *Won* Julio Cesar Borboa (114) *Lost* Jaji Sibali (115). TKO 9/2:35 S Carousel Casino, Temba, Bophu. R Stan Christodoulou P Cedric Kushner Promos.

8/7/1994. WBC:JB *Won* Hiroshi Kawashima (115) *Lost* Carlos Salazar (115). Unan 12 S Ariake Coliseum, Tokyo, Japan R Vince Delgado P Kawaragi Promotions.

8/29/1994. IBF:JB *Won* Harold Grey (115) *Lost* Julio Cesar Borboa (115). Split 12 S Great Western Forum, Inglewood, Ca. R Robert Byrd P Forum Boxing, Inc.

9/18/1994. WBA:JB *Won* Hyung-Chul Lee (115) *Lost* Katsuya Onizuka (115). TKO 9/2:55 S Yoyogi Gymnasium, Tokyo, Japan R John Coyle P Kyoei Promotions.

10/12/1994. WBO:JB *Won* Johnny Tapia (114½) *Lost* Henry Martinez (115). TKO 11/1:23 S University Arena, Albuquerque, N.M. R Denny Nelson P Top Rank, Inc.

12/17/1994. IBF:JB *Won* Harold Grey (115) *Lost* Vincenzo Belcastro (115). Split 12 *S* Sports Palace, Cagliari, Italy *R* Ron Lipton *P* Cedric Kushner Promos.

1/18/1995. WBC:JB *Won* Hiroshi Kawashima (114½) *Lost* Jose Luis Bueno (115). Unan 12 *S* Cultural Gymnasium, Yokohama, Japan *R* Arthur Mercante *P* Kyokuto/Yonekura Promos.

2/10/1995. WBO:JB *Won* Johnny Tapia (114¾) *Lost* Jose Rafael Sosa (114½). Unan 12 *S* University Arena, Albuquerque, N.M. *R* Ismael Fernandez *P* Top Rank, Inc.

2/25/1995. WBA:JB *Won* Hyung-Chul Lee (115) *Lost* Tomonori Tamura (114¾). TKO 12/2:32 *S* Sajik Gymnasium, Pusan, Korea *R* Pinij Prayadsub *P* Dae-Yong Promotions.

3/18/1995. IBF:JB *Won* Harold Grey (115) *Lost* Orlando Tobon (115). Maj 12 *S* Bernardo Caraballo Coliseum, Cartagena, Col. *R* Gabriel Sanchez *P* Cedric Kushner Promos.

5/6/1995. WBO:JB *Won* Johnny Tapia (115) *Lost* Ricardo Vargas (114). TDm 8 *S* Caesars Palace, Las Vegas, Nev. *R* Mills Lane *P* Top Rank, Inc.

5/24/1995. WBC:JB *Won* Hiroshi Kawashima (115) *Lost* Seung-Koo Lee (114¾). Unan 12 *S* Cultural Gymnasium, Yokohama, Japan *R* Guadalupe Garcia *P* Kyokuto Promotions.

6/24/1995. IBF:JB *Won* Harold Grey (115) *Lost* Julio Cesar Borboa (114½). Split 12 *S* Bernardo Caraballo Coliseum, Cartagena, Col. *R* Bill Connors *P* Cedric Kushner Promos.

7/2/1995. WBO:JB *Won* Johnny Tapia (114¼) *Lost* Arthur Johnson (114¾). Maj 12 *S* Johnson Center, U.N.M., Albuquerque, N.M. *R* Ismael Fernandez *P* Top Rank, Inc.

7/22/1995. WBA:JB *Won* Alimi Goitia (115) *Lost* Hyung-Chul Lee (114½). KO 4/3:06 *S* Changchung Gymnasium, Seoul, Korea *R* Armand Krief *P* Dae-Yong Promotions.

10/6/1995. IBF:JB *Won* Carlos Salazar (113¾) *Lost* Harold Grey (115). Split 12 *S* State Superdome, Mar del Plata, Arg. *R* Waldemar Schmidt *P* C. Kushner/Cuadrilatero.

11/8/1995. WBC:JB *Won* Hiroshi Kawashima (115) *Lost* Boy Aruan (114½). TKO 3/1:57 *S* Ryogoku Sumo Arena, Tokyo, Japan *R* Carlos Padilla *P* Kyokuto/Yonekura Promos.

11/25/1995. WBA:JB *Won* Alimi Goitia (114¾) *Lost* Aquiles Guzman (114¼). TKO 5/2:48 *S* Marina Bay Hotel, Isla Margarita, Vez. *R* John Coyle *P* Ramacor (R. Machado).

12/1/1995. WBO:JB *Won* Johnny Tapia (115) *Lost* Willy Salazar (114). TKO 10/* *S* Fantasy Springs Resort, Indio, Calif. *R* Raul Caiz *P* Top Rank, Inc.

2/3/1996. WBO:JB *Won* Johnny Tapia (115) *Lost* Giovanni Andrade (115). TKO 2/2:26 *S* Great Western Forum, Inglewood, Ca. *R* Raul Caiz *P* Forum Boxing/Top Rank.

2/10/1996. IBF:JB *Won* Carlos Salazar (114¾) *Lost* Antonello Melis (114½). TKO 6/2:50 *S* Sports Palace, Rome, Italy *R* Denny Nelson *P* Cedric Kushner Promos.

2/24/1996. WBA:JB *Won* Alimi Goitia (115) *Lost* Hyung-Chul Lee (115). TKO 12/2:43 *S* Kwangyang Gym., Kwangyang, Korea *R* Mitch Halpern *P* Kyu-Chul Kim.

4/27/1996. IBF:JB *Won* Harold Grey (115) *Lost* Carlos Salazar (115). Unan 12 *S* Bern. Caraballo Coliseum, Cartagena, Col. *R* Al Munoz *P* Cedric Kushner Promos.

4/27/1996. WBC:JB *Won* Hiroshi Kawashima (115) *Lost* Cecilio Espino (115). Unan 12 *S* Ryogoku Sports Arena, Tokyo, Japan *R* Guadalupe Garcia *P* Kyokuto Promotions.

4/29/1996. WBA:JB *Won* Alimi Goitia (114¾) *Lost* Satoshi Iida (114¾). TKO 5/0:25 *S* Rainbow Hall, Nagoya, Japan *R* John Coyle *P* Teiken/Midori Promos.

6/7/1996. WBO:JB *Won* Johnny Tapia (115) *Lost* Ivan Alvarez (114). TKO 8/1:31 *S* Caesars Palace, Las Vegas, Nev. *R* Richard Steele *P* Top Rank, Inc.

8/17/1996. WBO:JB *Won* Johnny Tapia (114½) *Lost* Hugo Soto (114). Unan 12 *S* Sports Stadium, Albuquerque, N.M. *R* Tony Rosales *P* Top Rank/Fresquez.

8/24/1996. IBF:JB *Won* Danny Romero (114¾) *Lost* Harold Grey (115). KO 2/1:25 *S* University Arena, Albuquerque, N.M. *R* Larry Chavez *P* Cedric Kushner Promos.

8/24/1996. WBA:JB *Won* Yokthai Sith-Oar (115) *Lost* Alimi Goitia (115). TKO 8/2:39 *S* Provincial Gym., Kamphaeng Phet, Thai. *R* Julio C. Alvarado *P* Songchai Boxing Promos.

10/11/1996. WBO:JB *Won* Johnny Tapia (115) *Lost* Sammy Stewart (113½). TKO 7/1:44 *S* Texas Station Gaming Hall, Las Vegas, Nev. *R* Jay Nady *P* Top Rank, Inc.

10/12/1996. WBC:JB *Won* Hiroshi Kawashima (115) *Lost* Domingo Sosa (115). TKO 2/2:15 *S* Ryogoku Sumo Arena, Tokyo, Japan *R* Laurence Cole *P* Kyokuto Promotions.

11/1/1996. IBF:JB *Won* Danny Romero (115) *Lost* Hipolito Saucedo (115). TKO 12/1:01 *S* Fantasy Springs Casino, Indio, Calif. *R* Robert Byrd *P* Cedric Kushner Promos.

11/10/1996. WBA:JB *Won* Yokthai Sith-Oar (115) *Lost* Jack Siahaya (115). KO 2/1:12 *S* Amphitheatre, Phichit, Thailand *R* Ken Morita *P* Songchai Ratanasuban.

11/30/1996. WBO:JB *Won* Johnny Tapia (114) *Lost* Adonis Cruz (114½). Unan 12 *S* Tingley Coliseum, Albuquerque, N.M. *R* Al Martinez *P* Top Rank/Fresquez.

2/20/1997. WBC:JB *Won* Gerry Penalosa (114½) *Lost* Hiroshi Kawashima (115). Split 12 *S* Ryogoku Sumo Arena, Tokyo, Japan *R* Richard Steele *P* Yonekura Promotions.

3/1/1997. WBA:JB *Won* Yokthai Sith-Oar (115) *Lost* Aquiles Guzman (115). Unan 12 *S* Provincial Stadium, Chachoensao, Thai. *R* Stan Christodoulou *P* Songchai Ratanasuban.

3/8/1997. IBF:JB *Won* Danny Romero (114¼) *Lost* Jaji Sibali (114¼). TKO 6/2:25 *S* Convention Center, Albuquerque, N.M. *R* Larry Chavez *P* Top Rank/C. Kushner.

3/8/1997. WBO:JB *Won* Johnny Tapia (115) *Lost* Jorge Barrera (115). TKO 3/1:58 *S* Convention Center, Albuquerque, N.M. *R* Tony Rosales *P* Top Rank/C. Kushner.

4/29/1997. WBA:JB *Won* Yokthai Sith-Oar (114½) *Lost* Satoshi Iida (115). Draw 12 *S* Aichi Prefectural Gymnasium, Nagoya, Japan *R* Armando Garcia *P* Teiken/Midori Promos.

6/14/1997. WBC:JB *Won* Gerry Penalosa (115) *Lost* Seung-Koo Lee (115). KO 9/0:56 *S* Mactan Air Base, Lapu-Lapu, Cebu, Phil. *R* Guadalupe Garcia *P* Rex Salud.

7/18/1997. BFBO:JB *Won* Johnny Tapia (114) *Lost* Danny Romero (114). Unan 12 *S* Thomas & Mack Center, Las Vegas, Nev. *R* Mitch Halpern *P* Top Rank/C. Kushner.

8/8/1997. WBA:JB *Won* Yokthai Sith-Oar (115) *Lost* Jesus Rojas (114). Unan 12 *S* Emerald Hotel, Bangkok, Thai. *R* Rafael Ramos *P* Songchai Promotions.

11/23/1997. WBC:JB *Won* Gerry Penalosa (114¾) *Lost* Young-Joo Cho (115). KO 10/1:15 *S* Songnam Gymnasium, Songnam, Korea *R* Luis C. Guzman *P* Hwang Ki/Kukdong Promos.

12/13/1997. BFBO:JB *Won* Johnny Tapia (115) *Lost* Andy Agosto (115). Unan 12 *S* Amphitheater, Pompano Beach, Fla. *R* Frank Santore *P* Don King Productions.

12/23/1997. WBA:JB *Won* Satoshi Iida (115) *Lost* Yokthai Sith-Oar (114¾). Unan 12 *S* Aichi Prefectural Gymnasium, Nagoya, Japan *R* Enzo Montero *P* Midori Promotions.

2/13/1998. BFBO:JB *Won* Johnny Tapia (115) *Lost* Rodolfo Blanco (115). Unan 12 *S* Univ. of N.M. Arena, Albuquerque, N.M. *R* Tony Rosales *P* Don King Productions.

4/25/1998. WBC:JB *Won* Gerry Penalosa (115) *Lost* Joel Luna Zarate (113½). TD 2/2:56 *S* Cuneta Astrodome, Pasay City, Philippines *R* Richard Steele *P* Rex Wakee Salud.

4/29/1998. WBA:JB *Won* Satoshi Iida (115) *Lost* Hiroki Ioka (115). Maj 12 *S* Aichi Prefectural Gym., Nagoya, Japan *R* Ken Morita *P* Midori/Teiken Promos.

7/26/1998. WBA:JB *Won* Satoshi Iida (115) *Lost* Julio Gamboa (115). Unan 12 *S* Rainbow Hall, Nagoya, Japan *R* Rafael Ramos *P* Midori/Teiken.

8/29/1998. WBC:JB *Won* In-Joo Choi (115) *Lost* Gerry Penalosa (115). Split 12 *S* Ritz Carlton Hotel, Seoul, Korea *R* Nobuaki Uratani *P* Poong Sang Promotions.

11/7/1998. WBO:JB *Won* Victor Godoi (115) *Lost* Pedro Morquecho (114¼). Split 12 *S* Socios Fundadores Gym., Como. Rivadavia, Arg. *R* Roberto Ramirez *P* Silvio Moron Promos.

12/23/1998. WBA:JB *Won* Jesus Rojas (114¾) *Lost* Satoshi Iida (114¾). Unan 12 *S* Aichi Prefectural Gymnasium, Nagoya, Japan *R* Armando Garcia *P* Midori/Teiken Promos.

1/10/1999. WBC:JB *Won* In-Joo Cho (115) *Lost* Joel Luna Zarate (114½). Maj 12 *S* Ritz Carlton Hotel, Seoul, Korea *R* Tony Perez *P* Poong Sang Promotions.

3/28/1999. WBA:JB *Won* Jesus Rojas (115) *Lost* Hideki Todaka (115). TD 4/2:18 *S* Prefectural Gymnasium, Miyazaki, Japan *R* Julio C. Alvarado *P* Midori/Teiken Promos.

4/24/1999. IBF:JB *Won* Mark Johnson (115) *Lost* Ratan. Sow Voraphin (114). Unan 12 *S* M.C.I. Center, Washington, D.C. *R* Marshall Cunningham *P* Don King Productions.

6/7/1999. WBO:JB *Won* Diego Morales (112¾) *Lost* Victor Godoi (115). TKO 11/* *S* Municipal Auditorium, Tijuana, B.C.N., Mex. *R* Robert Gonzalez *P* Zanfer Promotions.

6/13/1999. WBC:JB *Won* In-Joo Cho (115) *Lost* Pone Saengmorakot (114¾). KO 8/2:44 *S* Sheraton Walker Hill Hotel, Seoul, Korea *R* James Jen-Kin *P* Poong Sang Promotions.

7/31/1999. WBA:JB *Won* Hideki Todaka (115) *Lost* Jesus Rojas (115). Unan 12 *S* Rainbow Hall, Nagoya, Japan *R* Rafael Ramos *P* Midori/Teiken Promos.

7/31/1999. WBO:JB *Won* Diego Morales (115) *Lost* Ysaias Zamudio (115). TKO 8/3:15 *S* Toreo de Tijuana, Tijuana, B.C.N., Mex. *R* Vince Delgado *P* Top Rank/Zanfer Promos.

8/13/1999. IBF:JB *Won* Mark Johnson (115) *Lost* Jorge Lacierva (114½). TWu 9/2:07 *S* Foxwoods Casino, Mashantucket, Conn. *R* Steve Smoger *P* Cedric Kushner Promos.

9/5/1999. WBC:JB *Won* In-Joo Cho (115) *Lost* Keiji Yamaguchi (115). Unan 12 *S* Ryogoku Kokugikan Arena, Tokyo, Japan *R* Laurence Cole *P* Taikoh Kobayashi Promos.

11/7/1999. WBA:JB *Won* Hideki Todaka (115) *Lost* Akihiko Nago (115). Unan 12 *S* Ryogoku Kokugikan Arena, Tokyo, Japan *R* Armando Garcia *P* Midori/Teiken Promos.

11/19/1999. IBF:JB *Won* Mark Johnson (115) *Lost* Raul Juarez (114). NC 4/2:14 *S* D.C. Armory, Washington, D.C. *R* Joe Cooper *P* Cedric Kushner Promos.

11/20/1999. WBO:JB *Won* Adonis Rivas (114) *Lost* Diego Morales (114½). Unan 12 *S* Hard Rock Casino-Hotel, Las Vegas, Nev. *R* Jay Nady *P* Forum Boxing/Top Rank.

1/2/2000. WBC:JB *Won* In-Joo Choi (114) *Lost* Gerry Penalosa (114¾). Split 12 *S* Sheraton Walker Hill Hotel, Seoul, Korea *R* Martin Denkin *P* Poong Sang Promotions.

3/25/2000. WBO:JB *Won* Adonis Rivas (114½) *Lost* Pedro Morquecho (115). TWu 11 *S* National Stadium, Managua, Nicaragua *R* Luis Pabon *P* Maldonado Promotions.

4/23/2000. WBA:JB *Won* Hideki Todaka (114¾) *Lost* Yokthai Sith-Oar (115). TKO 11/0:38 *S* Rainbowl Hall, Nagoya, Japan *R* Stan Christodoulou *P* Midori Promotions.

5/14/2000. WBC:JB *Won* In-Joo Cho (115) *Lost* Julio C. Avila (114¾). Unan 12 *S* Sheraton Walker Hill Hotel, Seoul, Korea *R* Richie Davies *P* Poong Sang Promotions.

5/20/2000. IBF:JB *Won* Felix Machado (113½) *Lost* Julio Gamboa (113). Draw 12 *S* Grand Casino, Tunica, Miss. *R* Elmo Adolph *P* Don King Productions.

7/22/2000. IBF:JB *Won* Felix Machado (115) *Lost* Julio Gamboa (115). Unan 12 *S* American Airlines Arena, Miami, Fla. *R* Armando Garcia *P* Don King Productions.

8/27/2000. WBC:JB *Won* Masamori Tokuyama (114¾) *Lost* In-Joo Choi (115). Unan 12 *S* Prefectural Gymnasium, Osaka, Japan *R* Guadalupe Garcia *P* Kanazawa Promotions.

9/2/2000. WBO:JB *Won* Adonis Rivas (115) *Lost* Joel Luna Zarate (114). Unan 12 *S* National Stadium, Managua, Nicaragua *R* Roberto Ramirez *P* Maldonado Promotions.

10/9/2000. WBA:JB *Won* Rafael (Leo) Gamez (114¾) *Lost* Hideki Todaka (115). KO 7/2:13 *S* Aichi Prefectural Gym., Nagoya, Japan *R* Stan Christodoulou *P* Midori Promotions.

12/12/2000. WBC:JB *Won* Masamori Tokuyama (115) *Lost* Akihiko Nago (114¾). Unan 12 *S* Maisu Arena, Osaka, Japan *R* Frank Cappuccino *P* Kanazawa Promotions.

12/16/2000. IBF:JB *Won* Felix Machado (115) *Lost* William de Sousa (113½). TKO 3/2:23 *S* Aragua Bicentennial Univ., Maracay, Vez. *R* Luis Pabon *P* World Boxing Association.

3/11/2001. WBA:JB *Won* Celes Kobayashi (115) *Lost* Rafael (Leo) Gamez (113¾). TKO 10/2:09 *S* Yokohama Arena, Yokohama, Japan *R* Armando Garcia *P* Teiken Promotions.

5/20/2001. WBC:JB *Won* Masamori Tokuyama (114¾) *Lost* In-Joo Cho (115). KO 5/0:45 *S* Sheraton Walker Hill Hotel, Seoul, Korea *R* Tony Perez *P* Poong Sang Promotions.

6/16/2001. IBF:JB *Won* Felix Machado (115) *Lost* Mauricio Pastrana (113¾). Unan 12 *S* Cintas Center, Xavier Univ., Cincinnati, Ohio *R* James Villers *P* Don King Productions.

6/16/2001. WBO:JB *Won* Pedro Alcazar (114¾) *Lost* Adonis Rivas (114¼). Split 12 *S* Roberto Duran Gym., Panama City, Pan. *R* Luis Pabon *P* Istmo Promotions.

9/1/2001. WBA:JB *Won* Celes Kobayashi (115) *Lost* Jesus Rojas (114½). Split 12 *S* Yokohama Arena, Yokohama, Japan *R* Luis Pabon *P* Teiken Promotions.

9/24/2001. WBC:JB *Won* Masamori Tokuyama (115) *Lost* Gerry Penalosa (115). Unan 12 *S* Yokohama Arena, Yokohama, Japan *R* Larry O'Connell *P* Kanazawa Promotions.

10/5/2001. WBO:JB *Won* Pedro Alcazar (115) *Lost* Jorge Otero (115). Unan 12 *S* Roberto Duran Gym., Panama City, Pan. *R* Roberto Ramirez *P* Istmo Promotions.

3/9/2002. WBA:JB *Won* Alexander Munoz (115) *Lost* Celes Kobayashi (115). TKO 8/1:31 *S* Martial Arts Hall, Tokyo, Japan *R* Stan Christodoulou *P* Teiken Promotions.

3/23/2002. WBC:JB *Won* Masamori Tokuyama (115) *Lost* Kazuhiro Ryuko (115). TKO 9/2:42 *S* Yokohama Arena, Yokohama, Japan *R* Kazumasa Kuwata *P* Watanabe Promotions.

3/30/2002. IBF:JB *Won* Felix Machado (114½) *Lost* Martin Castillo (115). TWu 6 *S* Sovereign Center, Reading, Pa. *R* Blair Talmadge *P* Don King Productions.

6/22/2002. WBO:JB *Won* Fernando Montiel (115) *Lost* Pedro Alcazar (115). TKO 6/1:16 *S* MGM Grand Garden, Las Vegas, Nev. *R* Kenny Bayless *P* Top Rank/Forum Boxing.

7/31/2002. WBA:JB *Won* Alexander Munoz (114¾) *Lost* Eiji Kojima (115). KO 2/2:18 *S* Prefectural Gymnasium, Osaka, Japan *R* Julio C. Alvarado *P* Kanazawa Promotions.

8/26/2002. WBC:JB *Won* Masamori Tokuyama (114¾) *Lost* Erik Lopez (115). TKO 7/* *S* Saitama Super Arena, Saitama, Japan *R* Frank Cappuccino *P* Kanazawa Promotions.

12/20/2002. WBC:JB *Won* Masamori Tokuyama (115) *Lost* Gerry Penalosa (114¾). Split 12 *S* Int. Castle Sports Hall, Osaka, Japan *R* Ed Cotton *P* Kanazawa Promotions.

1/4/2003. IBF:JB *Won* Luis A. Perez (114) *Lost* Felix Machado (114). Split 12 *S* D.C. Armory, Washington, D.C. *R* Ken Chevalier *P* Don King Prods.

1/18/2003. WBO:JB *Won* Fernando Montiel (115) *Lost* Roy Doliguez (114½). KO 2/2:31 *S* Baseball Auditorium, Los Mochis, Sin., Mex. *R* Lou Moret *P* Maldonado Promotions.

6/23/2003. WBC:JB *Won* Masamori Tokuyama (115) *Lost* Kat. Kawashima (115). Unan 12 *S* Yokohama Arena, Yokohama, Japan *R* Nobuaki Uratani *P* Ohashi Promotions.

8/16/2003. WBO:JB *Won* Mark Johnson (115) *Lost* Fernando Montiel (115). Maj 12 *S* Mohegan Sun Casino, Uncasville, Conn. *R* Michael Ortega *P* DiBella Entertainment.

10/4/2003. WBA:JB *Won* Alexander Munoz (115) *Lost* Hidenobu Honda (115). Unan 12 *S* Ryogoku Sumo Arena, Tokyo, Japan *R* John Coyle *P* Teiken Promotions.

12/13/2003. IBF:JB *Won* Luis A. Perez (114) *Lost* Felix Machado (115). Unan 12 *S* Convention Hall, Atlantic City, N.J. *R* Wayne Hedgepeth *P* Don King Productions.

1/3/2004. WBA:JB *Won* Alexander Munoz (114¾) *Lost* Eiji Kojima (115). KO 10/3:03 *S* Central Gymnasium, Osaka, Japan *R* Roberto Ramirez *P* Kanazawa Promotions.

1/3/2004. WBC:JB *Won* Masamori Tokuyama (115) *Lost* Dimitri Kirilov (114½). Unan 12 *S* Central Gymnasium, Osaka, Japan *R* Vic Drakulich *P* Kanazawa Promotions.

3/6/2004. WBO:JB *Won* Mark Johnson (115) *Lost* Luis Bolano (115). TKO 4/2:40 *S* Foxwoods Resort, Mashantucket, Conn. *R* Arthur Mercante, Jr. *P* Cedric Kushner Promos.

6/28/2004. WBC:JB *Won* Kat. Kawashima (115) *Lost* Masamori Tokuyama (115). TKO 1/1:47 *S* Yokohama Arena, Yokohama, Japan *R* Jay Nady *P* Ohashi Promotions.

9/20/2004. WBC:JB *Won* Kat. Kawashima (115) *Lost* Raul Juarez (114¼). Unan 12 *S* Bunka Gymnasium, Yokohama, Japan *R* Bill Clancy *P* Ohashi Promotions.

9/25/2004. WBO:JB *Won* Ivan Hernandez (115) *Lost* Mark Johnson (115). KO 8/2:42 *S* FedEx Forum, Memphis, Tenn. *R* Armando Garcia *P* Square Ring/Goossen-Tutor.

12/3/2004. WBA:JB *Won* Martin Castillo (115) *Lost* Alexander Munoz (115). Unan 12 *S* Entertainment Center, Laredo, Texas *R* Laurence Cole *P* Top Rank, Inc.

1/3/2005. WBC:JB *Won* Kat. Kawashima (115) *Lost* Jose Navarro (114½). Split 12 *S* Ariake Coliseum, Tokyo, Japan *R* Mark Green *P* Ohashi/Teiken Promos.

3/19/2005. WBA:JB *Won* Martin Castillo (115) *Lost* Eric Morel (115). Unan 12 *S* MGM Grand Garden, Las Vegas, Nev. *R* Robert Byrd *P* Top Rank, Inc.

4/9/2005. WBO:JB *Won* Fernando Montiel (115) *Lost* Ivan Hernandez (113½). TKO 7/1:48 *S* Don Haskins Center, El Paso, Texas *R* Rafael Ramos *P* Golden Boy Promotions.

4/30/2005. IBF:JB *Won* Luis A. Perez (115) *Lost* Luis Bolano (113¼). TKO 6/2:46 *S* Madison Sq. Garden, New York, N.Y. *R* Pete Santiago *P* Don King Productions.

6/26/2005. WBA:JB *Won* Martin Castillo (114½) *Lost* Hideyasu Ishihara (115). Unan 12 *S* Aichi Prefectural Gym., Nagoya, Japan *R* Stan Christodoulou *P* Matsuda/Teiken Promos.

7/16/2005. WBO:JB *Won* Fernando Montiel (115) *Lost* Evert Briceno (115). Unan 12 *S* MGM Grand Garden, Las Vegas, Nev. *R* Tony Weeks *P* Golden Boy/DiBella Ent.

7/18/2005. WBC:JB *Won* Masamori Tokuyama (115) *Lost* Kat. Kawashima (114¾). Unan 12 *S* Central Gymnasium, Osaka, Japan *R* Ian John-Lewis *P* Kanazawa Promotions.

10/29/2005. WBO:JB *Won* Fernando Montiel (115) *Lost* Pram. Phosuwan (115). Unan 12 *S* Desert Diamond Casino, Tucson, Ariz. *R* Raul Caiz *P* Golden Boy Promotions.

1/21/2006. WBA:JB *Won* Martin Castillo (114½) *Lost* Alexander Munoz (115). Split 12 *S* Thomas & Mack Center, Las Vegas, Nev. *R* Richard Steele *P* Top Rank/Gary Shaw.

2/27/2006. WBC:JB *Won* Masamori Tokuyama (115) *Lost* Jose Navarro (114¾). Unan 12 *S* Central Gymnasium, Osaka, Japan *R* Mark Green *P* Kanazawa Promotions.

5/6/2006. IBF:JB *Won* Luis A. Perez (114½) *Lost* Dimitri Kirilov (114½). Split 12 *S* DCU Center, Worcester, Mass. *R* John Zablocki *P* Don King Productions.

7/22/2006. WBA:JB *Won* Nobuo Nashiro (115) *Lost* Martin Castillo (115). TKO 10/1:02 *S* Higashi Arena, Higashi, Osaka, Japan *R* G. Perez Pineda *P* Mutoh/Teiken Promos.

12/2/2006. WBA:JB *Won* Nobuo Nashiro (114¾) *Lost* Eduardo Garcia (114¾). Unan 12 *S* Prefectural Gymnasium, Osaka, Japan *R* Mark Nelson *P* Mutoh/Teiken Promos.

1/3/2007. WBC:JB *Won* Cristian Mijares (115) *Lost* Kats. Kawashima (115). TKO 10/1:05 *S* Ariake Coliseum, Tokyo, Japan *R* Michael Ortega *P* Ohashi Promotions.

2/24/2007. WBO:JB *Won* Fernando Montiel (115) *Lost* Zcy Gorres (115). Split 12 *S* Sports Complex, Cebu City, Philippines *R* Samuel Viruet *P* SGG Sports/Golden Boy.

4/14/2007. WBC:JB *Won* Cristian Mijares (115) *Lost* Jorge Arce (115). Unan 12 *S* The Alamodome, San Antonio, Texas *R* Mike Griffin *P* Top Rank, Inc.

5/3/2007. WBA:JB *Won* Alexander Munoz (114¾) *Lost* Nobuo Nashiro (115). Unan 12 *S* Ariake Coliseum, Tokyo, Japan *R* Rafael Ramos *P* Teiken Promotions.

7/13/2007. WBC:JB *Won* Cristian Mijares (115) *Lost* Teppei Kikui (115). TKO 10/2:28 *S* Centennial Auditorium, Gomez Pal., Mex. *R* Frank Garza *P* K.O. Entertainment.

7/14/2007. WBO:JB *Won* Fernando Montiel (115) *Lost* Cecilio Santos (112¾). TKO 10/2:15 *S* Explanada Tecate, Cd. Obregon, Mex. *R* Alejandro Gonzalez *P* Promobox (Rangel Lopez).

9/24/2007. WBA:JB *Won* Alexander Munoz (115) *Lost* Kuniyuki Aizawa (114¾). Unan 12 *S* Korakuen Hall, Tokyo, Japan *R* Luis Pabon *P* Misako Promotions.

10/4/2007. WBO:JB *Won* Fernando Montiel (115) *Lost* Luis Melendez (114½). TKO 12/1:58 *S* Hard Rock Hotel, Las Vegas, Nev. *R* Kenny Bayless *P* Top Rank, Inc.

10/13/2007. IBF:JB *Won* Dimitri Kirilov (114¾) *Lost* Jose Navarro (114). Unan 12 *S* Khodynka Ice Palace, Moscow, Russia *R* Samuel Viruet *P* Sem. War./DiBella/Federov.

10/20/2007. WBC:JB *Won* Cristian Mijares (115) *Lost* Franck Gorjux (113¼). TKO 1/2:45 *S* Autodromo de Go Karts, Cancun, Mex. *R* Gelasio Perez *P* K.O. Ent./Jose Gomez.

1/14/2008. WBA:JB *Won* Alexander Munoz (115) *Lost* Katsushige Kawashima (115). Unan 12 *S* Cultural Gymnasium, Yokohama, Japan *R* Steve Smoger *P* Ohashi/Teiken Promos.

2/16/2008. WBC:JB *Won* Cristian Mijares (115) *Lost* Jose Navarro (115). Split 12 *S* MGM Grand Garden, Las Vegas, Nev. *R* Russell Mora *P* Top Rank/DiBella Ent.

2/16/2008. WBO:JB *Won* Fernando Montiel (115) *Lost* Martin Castillo (115). KO 4/1:56 *S* MGM Grand Garden, Las Vegas, Nev. *R* Joe Cortez *P* Top Rank/DiBella Ent.

2/28/2008. IBF:JB *Won* Dimitri Kirilov (113½) *Lost* Cecilio Santos (115). Draw 12 *S* Roseland Ball., New York *R* Steve Willis *P* Gotham/Bash.

5/17/2008. BABC:JB *Won* Cristian Mijares (114¾) *Lost* Alexander Munoz (114¾). Split 12 *S* Centennial Auditorium, Gomez Pal., Mex. *R* Jon Schorle *P* K.O. Entertainment.

5/31/2008. WBO:JB *Won* Fernando Montiel (115) *Lost* Luis Maldonado (115). TKO 3/2:58 *S* El Paseo Plaza de Toros, San Luis Po., Mex. *R* Raul Caiz, Jr. *P* Men's Fashion/Zanfer.

8/2/2008. IBF:JB *Won* Vic Darchinyan (114) *Lost* Dimitri Kirilov (114½). KO 5/1:05 *S* Emerald Queen Casino, Tacoma, Wash. *R* Earl Brown *P* Brian Halquist/Gary Shaw.

8/30/2008. BABC:JB *Won* Cristian Mijares (115) *Lost* Chatchai Sasakul (115). TKO 3/1:05 *S* Arena Monterrey, Monterrey, Mex. *R* Toby Gibson *P* K.O. Entertainment.

11/1/2008. BACF:JB *Won* Vic Darchinyan (115) *Lost* Cristian Mijares (115). KO 9/3:00 *S* Home Depot Center, Carson, Calif. *R* Lou Moret *P* Gary Shaw/DiBella Ent.

2/7/2009. BACF:JB *Won* Vic Darchinyan (115) *Lost* Jorge Arce (115). TKO 12/* *S* The Pond, Anaheim, California *R* Lou Moret *P* Gary Shaw/Top Rank.

3/28/2009. WBO:JB *Won* Jose (Carita) Lopez (115) *Lost* Pramuansak Phosuwan (114¼). Unan 12 *S* R. Rodriguez Coliseum, Bayamon, P.R. *R* Luis Pabon *P* P.R. Best Boxing.

9/4/2009. WBO:JB *Won* Marvin Sonsona (115) *Lost* Jose (Carita) Lopez (114¼). Unan 12 *S* Casino Rama, Orillia, Ontario, Canada *R* Rocky Zolnierczyk *P* Orion Sports Management.

9/15/2009. IBF:JB *Won* Simphiwe Nongqayi (114½) *Lost* Jorge Arce (115). Unan 12 *S* Plaza de Toros, Cancun, Q.R., Mex. *R* Jack Reiss *P* Zanfer/Cancun Boxing.

11/21/2009. WBO:JB *Won* Marvin Sonsona (117¾) *Lost* Alejandro Hernandez (115). Draw 12 *S* Casino Rama, Orillia, Ontario, Canada *R* Rocky Zolnierczyk *P* Orion Sports Management.

12/12/2009. BABC:JB *Won* Vic Darchinyan (114½) *Lost* Tomas Rojas (113½). KO 2/2:54 *S* Agua Caliente Resort, Rancho Mirage, Ca. *R* Raul Caiz, Jr. *P* Shaw/Thompson Promos.

1/30/2010. WBO:JB *Won* Jorge Arce (115) *Lost* Angky Angkota (115). TWu 7/1:28 *S* Plaza de Toros Arroyo, Mexico City, Mex. *R* Samuel Viruet *P* Top Rank/Zanfer Promos.

3/6/2010. BABC:JB *Won* Vic Darchinyan (115) *Lost* Rodrigo Guerrero (114). Unan 12 *S* Agua Caliente Casino, Rancho Mirage, Ca. *R* Ramon Corona *P* Gary Shaw Productions.

4/9/2010. IBF:JB *Won* Simphiwe Nongqayi (115) *Lost* Malik Bouziane (114¾). Maj 12 *S* Centre Omnisports, Massy, France *R* Pete Podgorski *P* Europrom (G. Teysseron).

FLYWEIGHT

5/9/1892. FL *Won* Billy Plimmer (108) *Lost* Tommy Kelly (108½). KO 10 *S* West End Casino, Coney Island, N.Y. *R* Al Smith *P* Coney Is. Athletic Club.

12/27/1892. FL *Won* Billy Plimmer (110) *Lost* Joe McGrath (110). TKO 8 *S* West End Casino, Coney Island, N.Y. *R* P.J. Donahue *P* Coney Is. Athletic Club.

5/28/1895. FL *Won* Billy Plimmer (110) *Lost* George Corfield (108). KO 7/1:25 *S* National Sporting Club, London, Eng. *R* B.J. Angle *P* National Sporting Club.

12/6/1897. FL *Won* Jimmy Barry (106) *Lost* Walter Croot (106). KO 20/2:25 *S* National Sporting Club, London, Eng. *R* B.J. Angle *P* National Sporting Club.

5/30/1898. FL *Won* Jimmy Barry *Lost* Casper Leon. Draw 20 *S* Lenox Athletic Club, New York, N.Y. *R* Charley White *P* Lenox Athletic Club.

12/29/1898. FL *Won* Jimmy Barry *Lost* Casper Leon. Draw 20 *S* Claus Groth Hall, Davenport, Ia. *R* Malachi Hogan *P* City Athletic Club.

10/4/1899. FL *Won* Steve Flanagan *Lost* Casper Leon. Draw 20 *S* West End Coliseum, St. Louis, Mo. *R* Joe Stewart *P* West End Athletic Club.

10/27/1899. FL *Won* Steve Flanagan *Lost* Casper Leon. Ref 25 *S* West End Coliseum, St. Louis, Mo. *R* Joe Stewart *P* West End Athletic Club.

3/12/1900. FL *Won* Danny Dougherty *Lost* Steve Flanagan. KO 10/2:24 *S* Hercules Athletic Club, Brooklyn, N.Y.

5/26/1900. FL *Won* Danny Dougherty (110) *Lost* Tommy Feltz (105). Ref 20 *S* Greenwood Athletic Club, Brooklyn, N.Y. *R* Johnny White.

8/4/1900. FL *Won* Danny Dougherty (108) *Lost* Tommy Feltz. Ref 25 *S* Greenwood Athletic Club, Brooklyn, N.Y.

12/27/1901. FL *Won* Tommy Feltz *Lost* Kid Henning. TKO 1 *S* Savannah Athletic Club, Savannah, Ga. *R* Shorty Jenkins *P* Al McMurray.

4/18/1904. FL *Won* Digger Stanley *Lost* Jimmy Walsh. Ref 20 *S* National Sporting Club, London, Eng. *R* J.H. Douglas *P* National Sporting Club.

6/6/1904. FL *Won* Digger Stanley *Lost* Jimmy Walsh. Draw 20 *S* National Sporting Club, London, Eng. *R* —— Garland *P* National Sporting Club.

7/11/1904. FL *Won* Digger Stanley (107) *Lost* Harry McDermott (107). KO 6 *S* Ginnett's Circus, Newcastle, Eng. *R* William Bell.

10/17/1904. FL *Won* Digger Stanley (108) *Lost* Harry McDermott (107). KO 19 *S* Ginnett's Circus, Newcastle, Eng. *R* J.R. Smoult.

1/20/1906. FL *Won* Digger Stanley *Lost* Ike Bradley. Ref 20 *S* Gymnastic Club, Liverpool, Eng. *R* J.R. Smoult.

5/21/1906. FL *Won* Digger Stanley *Lost* Harry Slough. TKO 18 *S* Ginnett's Circus, Newcastle, Eng. *R* J.T. Hulls.

3/1/1907. FL *Won* Kid Murphy (106) *Lost* Johnny Coulon (102). Ref 10 *S* Terminal Building, Milwaukee, Wis. *R* Al Bright.

7/3/1907. FL *Won* Kid Murphy *Lost* Young Britt. Draw 15 *S* Monumental Theatre, Baltimore, Md. *R* Edward Hurdle *P* Belair Athletic Club.

1/8/1908. FL *Won* Johnny Coulon *Lost* Kid Murphy. Ref 10 *S* Weast Pavilion, Peoria, Ill. *R* —— Ryan *P* Peoria Athletic Club.

1/29/1908. FL *Won* Johnny Coulon *Lost* Kid Murphy. Ref 10 *S* Weast Pavilion, Peoria, Ill. *R* —— Ryan *P* Peoria Athletic Club.

2/20/1908. FL *Won* Johnny Coulon *Lost* Cooney Kelly. KO 9 *S* Weast Pavilion, Peoria, Ill. *R* —— Ryan *P* Peoria Athletic Club.

5/28/1909. FL *Won* Johnny Coulon *Lost* Tibby Watson. KO 10 *S* Dayton Gymnastic Club, Dayton, Ohio.

1/29/1910. FL *Won* Johnny Coulon *Lost* Earl Denning. KO 9 *S* Royal Athletic Club, New Orleans, La. *R* Wallace Wood *P* Royal Athletic Club.

2/19/1910. FL *Won* Johnny Coulon *Lost* Jim Kenrick. Ref 10 *S* Royal Athletic Club, New Orleans, La. *R* Wallace Wood *P* Royal Athletic Club.

12/4/1911. FL *Won* Sid Smith *Lost* Joe Wilson. Ref 20 *S* National Sporting Club, London, Eng. *R* J.H. Douglas *P* National Sporting Club.

9/14/1912. FL *Won* Sid Smith *Lost* Curly Walker. Ref 20 *S* The Ring, London, England *R* Dick Burge *P* Dick Burge.

2/24/1913. FL *Won* Sid Smith *Lost* Sam Kellar. Ref 20 *S* The Ring, London, England *R* Dick Burge *P* Dick Burge.

4/11/1913. IBU:FL *Won* Sid Smith *Lost* Eugene Criqui. Ref 20 *S* Cirque de Paris, Paris, France *R* Georges Carpentier.

6/2/1913. IBU:FL *Won* Bill Ladbury *Lost* Sid Smith. TKO 11 *S* The Ring, London, England *R* E.A. Humphreys *P* Dick Burge.

1/26/1914. IBU:FL *Won* Percy Jones (112) *Lost* Bill Ladbury (111¼). Ref 20 *S* National Sporting Club, London, Eng. *R* B.J. Angle *P* National Sporting Club.

3/26/1914. IBU:FL *Won* Percy Jones (112) *Lost* Eugene Criqui (112). Ref 20 *S* Liverpool Stadium, Liverpool, Eng. *R* George Dunning.

5/15/1914. FL *Won* Joe Symonds (111¾) *Lost* Percy Jones (114½). TKO 18 *S* Cosmopolitan Gymnasium, Plymouth, Eng. *R* J.T. Hulls.

11/16/1914. FL *Won* Jimmy Wilde *Lost* Joe Symonds. Ref 15 *S* The Ring, London, England *R* J.H. Douglas *P* Dick Burge.

12/3/1914. FL *Won* Jimmy Wilde *Lost* Sid Smith. KO 9 *S* Liverpool Stadium, Liverpool, Eng. *R* J. Frank Bradley.

1/25/1915. IBU:FL *Won* Tancy Lee *Lost* Jimmy Wilde. TKO 17 *S* National Sporting Club, London, Eng. *R* J.H. Douglas *P* National Sporting Club.

10/18/1915. IBU:FL *Won* Joe Symonds (111¼) *Lost* Tancy Lee (111¾). TKO 16 *S* National Sporting Club, London, Eng. *R* J.H. Douglas *P* National Sporting Club.

2/14/1916. IBU:FL *Won* Jimmy Wilde *Lost* Joe Symonds. TKO 12 *S* National Sporting Club, London, Eng. *R* J.H. Douglas *P* National Sporting Club.

4/24/1916. IBU:FL *Won* Jimmy Wilde *Lost* Johnny Rosner. TKO 11 *S* Liverpool Stadium, Liverpool, Eng. *R* Eugene Corri.

6/26/1916. IBU:FL *Won* Jimmy Wilde *Lost* Tancy Lee. TKO 11 *S* National Sporting Club, London, Eng. *R* J.H. Douglas *P* National Sporting Club.

7/31/1916. IBU:FL *Won* Jimmy Wilde *Lost* Johnny Hughes. KO 10 *S* Kensal Rise Athletic Ground, London, Eng. *R* J.H. Douglas.

12/18/1916. FL *Won* Jimmy Wilde *Lost* Young Zulu Kid. KO 11 *S* Holborn Stadium, London, Eng. *R* J.T. Hulls.

3/11/1917. FL *Won* Jimmy Wilde *Lost* George Clark. TKO 4 *S* National Sporting Club, London, Eng. *R* J.H. Douglas *P* National Sporting Club.

4/29/1918. FL *Won* Jimmy Wilde (100½) *Lost* Dick Heasman (102). TKO 2 *S* National Sporting Club, London, Eng. *R* J.H. Douglas *P* National Sporting Club.

6/18/1923. FL *Won* Pancho Villa (110) *Lost* Jimmy Wilde (109½). KO 7/1:46 *S* Polo Grounds, New York, N.Y. *R* Patsy Haley *P* Republic Athletic Club.

10/12/1923. FL *Won* Pancho Villa *Lost* Benny Schwartz. Ref 15 *S* Fifth Regiment Armory, Baltimore, Md. *R* Harry Ertle.

5/30/1924. FL *Won* Pancho Villa (112) *Lost* Frankie Ash (110½). Unan 15 *S* Henderson's Bowl, Coney Is., N.Y. *R* Jack Purdy.

5/2/1925. FL *Won* Pancho Villa (110) *Lost* Clever Sencio (111½). Unan 15 *S* Wallace Field, Manila, Philippines *P* Vicente Mendoza.

1/21/1927. FL *Won* Fidel LaBarba (111½) *Lost* Elky Clark (111½). Unan 12 *S* Madison Sq. Garden, New York, N.Y. *R* Patsy Haley *P* Madison Sq. Garden Corp.

10/22/1927. NBA:FL *Won* Pinky Silverberg *Lost* Ruby Bradley. WF 7 *S* State Armory, Bridgeport, Conn. *R* Jigger McCarthy.

10/28/1927. CSAC:FL *Won* Johnny McCoy *Lost* Tommy Hughes. Ref 10 *S* Legion Stadium, Hollywood, Calif. *R* Fred Gilmore.

12/16/1927. NYAC:FL *Won* Izzy Schwartz (108¾) *Lost* Newsboy Brown (111½). Unan 15 *S* Madison Sq. Garden, New York, N.Y. *R* Eddie Forbes *P* Madison Sq. Garden Corp.

12/19/1927. NBA:FL *Won* Frenchy Belanger (110) *Lost* Ernie Jarvis (111½). Unan 12 *S* Coliseum, Toronto, Ontario, Canada *R* Lou Marsh.

1/3/1928. CSAC:FL *Won* Newsboy Brown (111¼) *Lost* Johnny McCoy (112). Ref 10 *S* Olympic Auditorium, Los Angeles, Ca. *R* Jack Kennedy *P* Olympic Boxing Club.

2/6/1928. NBA:FL *Won* Frankie Genaro *Lost* Frenchy Belanger. Unan 10 *S* Coliseum, Toronto, Ontario, Canada *R* Lou Marsh.

4/9/1928. NYAC:FL *Won* Izzy Schwartz (111) *Lost* Routier Parra (108). Unan 15 *S* St. Nicholas Arena, New York, N.Y. *R* Patsy Haley.

4/24/1928. CSAC:FL *Won* Newsboy Brown *Lost* Speedy Dado. TKO 7/* *S* Olympic Auditorium, Los Angeles, Ca. *R* Benny Whitman *P* Olympic Boxing Club.

7/20/1928. NYAC:FL *Won* Izzy Schwartz (110¼) *Lost* Frisco Grande (111). Foul 4/2:59 *S* Playland Stadium, Rockaway, N.Y. *R* Danny Ridge.

7/23/1928. NBA:FL *Won* Frankie Genaro *Lost* Steve Rocco. Draw 10 *S* Coliseum, Toronto, Ontario, Canada *R* Elwood Hughes.

8/3/1928. NYAC:FL *Won* Izzy Schwartz (111) *Lost* Little Jeff Smith (109½). KO 4/0:46 *S* Playland Stadium, Rockaway, N.Y. *R* Jack Dorman.

8/29/1928. CSAC:FL *Won* Johnny Hill *Lost* Newsboy Brown. Ref 15 *S* Clapton Stadium, London, Eng. *R* Sam Russell.

8/31/1928. NYAC:FL *Won* Izzy Schwartz (109¾) *Lost* Frisco Grande (110½). KO 8 *S* Ocean View Arena, Long Branch, N.J. *P* A. Lustbaum–D. Maher.

10/15/1928. NBA:FL *Won* Frankie Genaro *Lost* Frenchy Belanger. Unan 10 *S* Coliseum, Toronto, Ontario, Canada *R* Elwood Hughes.

12/14/1928. NBA:FL *Won* Frankie Genaro *Lost* Steve Rocco. Foul 2 *S* Olympia Stadium, Detroit, Mich. *R* Elmer McClelland.

3/2/1929. BABU:FL *Won* Emile Pladner (111¾) *Lost* Frankie Genaro (110¾). KO 1/0:58 *S* Velodrome d'Hiver, Paris *R* Henri Bernstein.

3/12/1929. NYAC:FL *Won* Izzy Schwartz (108½) *Lost* Frenchy Belanger (111½). Unan 12 *S* Coliseum, Toronto, Ontario, Canada *R* Lou Marsh.

4/18/1929. BABU:FL *Won* Frankie Genaro (110½) *Lost* Emile Pladner (111). Foul 5 *S* Velodrome d'Hiver, Paris, France *R* Henri Bernstein.

8/22/1929. NYAC:FL *Won* Willie LaMorte *Lost* Izzy Schwartz. Ref 15 *S* Dreamland Park, Newark, N.J. *R* Gene Romain.

10/17/1929. BABU:FL *Won* Frankie Genaro (111½) *Lost* Ernie Jarvis (111¾). Ref 15 *S* Royal Albert Hall, London, Eng. *R* Matt Wells *P* Jeff Dickson.

11/21/1929. NYAC:FL *Won* Willie LaMorte (111½) *Lost* Frisco Grande (112). TKO 7 *S* Armory, Paterson, N.J. *R* Gene Romain.

1/18/1930. BABU:FL *Won* Frankie Genaro *Lost* Yvon Trevidic. TKO 12 *S* Velodrome d'Hiver, Paris, France *R* Curt Guttmann.

3/21/1930. NYAC:FL *Won* Midget Wolgast (110) *Lost* Black Bill (109½). Unan 15 *S* Madison Sq. Garden, New York, N.Y. *R* Jack Dorman *P* Madison Sq. Garden Corp.

5/16/1930. NYAC:FL *Won* Midget Wolgast (110½) *Lost* Willie LaMorte (112). TKO 6 *S* Madison Sq. Garden, New York, N.Y. *R* Jim Crowley *P* Madison Sq. Garden Corp.

6/10/1930. BABU:FL *Won* Frankie Genaro (111) *Lost* Frenchy Belanger (111½). Unan 10 *S* Coliseum, Toronto, Ontario, Canada *R* Lou Marsh.

12/26/1930. FL *Won* Frankie Genaro (111) *Lost* Midget Wolgast (111¾). Draw 15 *S* Madison Sq. Garden, New York, N.Y. *R* Patsy Haley *P* Madison Sq. Garden Corp.

3/25/1931. BABU:FL *Won* Frankie Genaro *Lost* Victor Ferrand. Draw 15 *S* Plaza de Toros, Madrid, Spain *R* Rene Scheman.

7/13/1931. NYAC:FL *Won* Midget Wolgast (111½) *Lost* Ruby Bradley (110½). Unan 15 *S* Coney Island Stadium, Coney Is., N.Y. *R* Danny Ridge.

7/16/1931. BABU:FL *Won* Frankie Genaro *Lost* Routier Parra. KO 4 *S* Meadowbrook Arena, No. Adams, Mass *R* Jack Dekkers.

7/30/1931. BABU:FL *Won* Frankie Genaro (111) *Lost* Jackie Harmon (110). KO 6/1:30 *S* Lakewood Arena, Waterbury Conn. *R* Bill Con-way.

10/3/1931. BABU:FL *Won* Frankie Genaro *Lost* Valentin Angelmann. Unan 15 *S* Palais des Sports, Paris, France *R* Curt Gutmann.

10/27/1931. BABU:FL *Won* Young Perez *Lost* Frankie Genaro. KO 2 *S* Palais des Sports, Paris, France.

10/31/1932. BABU:FL *Won* Jackie Brown *Lost* Young Perez. TKO 13 *S* Belle Vue Stadium, Manchester, Eng. *R* Marcel Faloney.

6/12/1933. BABU:FL *Won* Jackie Brown *Lost* Valentin Angelmann. Ref 15 *S* Olympia Exhibition Centre, London, Eng. *R* Antonio Villa.

12/11/1933. BABU:FL *Won* Jackie Brown *Lost* Ginger Foran. Ref 15 *S* Belle Vue Stadium, Manchester, Eng. *R* P.J. Moss.

6/18/1934. BABU:FL *Won* Jackie Brown *Lost* Valentin Angelmann. Draw 15 *S* Belle Vue Stadium, Manchester, Eng. *R* Mario del Sante.

9/9/1935. BABU:FL *Won* Benny Lynch *Lost* Jackie Brown. TKO 2/1:42 *S* Belle Vue Stadium, Manchester, Eng. *R* Moss Deyong.

9/16/1935. NYCa:FL *Won* Small Montana (109½) *Lost* Midget Wolgast (111¾). Ref 10 *S* Oakland Auditorium, Oakland, Calif. *R* Eddie Burns.

9/16/1936. BABU:FL *Won* Benny Lynch *Lost* Pat Palmer. KO 8 *S* Shawfield Park, Glasgow, Scotland *R* Jack Smith.

1/19/1937. FL *Won* Benny Lynch (111½) *Lost* Small Montana (107½). Ref 15 *S* Empire Pool, Wembley, England *R* C.B. Thomas.

10/13/1937. FL *Won* Benny Lynch (111¼) *Lost* Peter Kane (110¾). KO 13 *S* Shawfield Park, Glasgow, Scotland *R* W.H.B. Dalby.

6/29/1938. FL *Won* Benny Lynch (118½) *Lost* Jackie Jurich (110½). KO 12 *S* St. Mirren Football Grounds, Paisley, Scot. *R* Moss Deyong.

9/22/1938. FL *Won* Peter Kane *Lost* Jackie Jurich. Ref 15 *S* Anfield Football Grounds, Liverpool, Eng. *R* Eugene Henderson.

11/30/1938. CSAC:FL *Won* Little Dado (111) *Lost* Small Montana (109). Ref 10 *S* Oakland Auditorium, Oakland, Calif. *R* Jimmy Duffy.

6/17/1940. NBA:FL *Won* Little Dado (111) *Lost* Little Pancho (111½). Draw 10 *S* Civic Auditorium, San Francisco, Calif. *R* Jack Downey *P* Benny Ford–Jack Beynon.

2/21/1941. NBA:FL *Won* Little Dado (111½) *Lost* Jackie Jurich (110¾). Unan 10 *S* Civic Auditorium, Honolulu, Hawaii *R* Dick Chang *P* Jimmy Murray.

6/19/1943. FL *Won* Jackie Paterson (111¾) *Lost* Peter Kane (112). KO 1/1:01 *S* Hampden Park, Glasgow, Scotland *R* Moss Deyong *P* George Grant.

7/10/1946. FL *Won* Jackie Paterson (112) *Lost* Joe Curran (111). Ref 15 *S* Hampden Park, Glasgow, Scotland *R* Moss Deyong *P* George Grant.

10/20/1947. NBA:FL *Won* Rinty Monaghan (112) *Lost* Dado Marino (111). Ref 15 *S* Harringay Arena, London, England *R* Teddy Waltham *P* Jack Solomons, Ltd.

3/23/1948. FL *Won* Rinty Monaghan (110¾) *Lost* Jackie Paterson (111¾). KO 7 *S* Kings Hall, Balmoral, Belfast, No. Ire. *R* Tommy Little.

4/5/1949. FL *Won* Rinty Monaghan (110¼) *Lost* Maurice Sandeyron (111). Ref 15 *S* Kings Hall, Balmoral, Belfast, No. Ire. *R* C.B. Thomas.

9/30/1949. FL *Won* Rinty Monaghan (111¼) *Lost* Terry Allen (111¾). Draw 15 *S* Kings Hall, Balmoral, Belfast, No. Ire. *R* Sam Russell.

4/25/1950. FL *Won* Terry Allen *Lost* Honore Pratesi. Ref 15 *S* Harringay Arena, London, England *R* Moss Deyong *P* Jack Solomons, Ltd.

8/1/1950. FL *Won* Dado Marino *Lost* Terry Allen. Unan 15 *S* Honolulu Stadium, Honolulu, Hawaii *R* Walter Cho *P* Augie Curtis.

11/1/1951. FL *Won* Dado Marino (112) *Lost* Terry Allen (111¼). Unan 15 *S* Honolulu Stadium, Honolulu, Hawaii *R* Walter Cho *P* Ralph Yempuku.

5/19/1952. FL *Won* Yoshio Shirai (111¾) *Lost* Dado Marino (112). Unan 15 *S* Korakuen Stadium, Tokyo, Japan *R* Kuniharu Hayashi *P* International Enterprises.

11/15/1952. FL *Won* Yoshio Shirai (111) *Lost* Dado Marino (112). Unan 15 *S* Korakuen Stadium, Tokyo, Japan *R* Isamu Ito *P* International Enterprises.

5/18/1953. FL *Won* Yoshio Shirai (112) *Lost* Tanny Campo (111¾). Unan 15 *S* Korakuen Stadium, Tokyo, Japan *R* Kuniharu Hayashi *P* International Enterprises.

10/27/1953. FL *Won* Yoshio Shirai (110½) *Lost* Terry Allen (112). Unan 15 *S* Korakuen Stadium, Tokyo, Japan *R* Isamu Ito *P* International Enterprises.

5/24/1954. FL *Won* Yoshio Shirai (110¾) *Lost* Leo Espinosa (111). Split 15 *S* Korakuen Stadium, Tokyo, Japan *R* Isamu Ito *P* International Enterprises.

11/26/1954. FL *Won* Pascual Perez (109¼) *Lost* Yoshio Shirai (112). Unan 15 *S* Korakuen Stadium, Tokyo, Japan *R* Jack Sullivan *P* International Enterprises.

5/30/1955. FL *Won* Pascual Perez (108¼) *Lost* Yoshio Shirai (111½). KO 5/2:59 *S* Korakuen Stadium, Tokyo, Japan *R* Haruo Ishiwatarido *P* International Enterprises.

1/11/1956. FL *Won* Pascual Perez (107¾) *Lost* Leo Espinosa (111½). Unan 15 *S* Luna Park Stadium, Buenos Aires, Arg. *R* Iran P. Nunez.

6/30/1956. FL *Won* Pascual Perez (108) *Lost* Oscar Suarez (111). TKO 11 *S* Penarol Stadium, Montevideo, Uruguay *R* Juan C. Galindo.

3/30/1957. FL *Won* Pascual Perez (107) *Lost* Dai Dower (111¼). KO 1/2:48 *S* San Lorenzo Stadium, Buenos Aires, Arg. *R* Alfonso Araujo *P* Jack Solomons, Ltd.

12/7/1957. FL *Won* Pascual Perez (108¼) *Lost* Young Martin (112). KO 3/2:05 *S* Boca Juniors Stadium, Buenos Aires, Arg. *R* Hiram Nu-nez.

4/19/1958. FL *Won* Pascual Perez (107½) *Lost* Ramon Arias (111). Unan 15 *S* Nuevo Circo, Caracas, Venezuela *R* Ben McCullan.

12/15/1958. FL *Won* Pascual Perez (109¾) *Lost* Dommy Ursua (112). Unan 15 *S* Manila Football Stadium, Manila, Phil. *R* Frank Carter.

8/10/1959. FL *Won* Pascual Perez (107½) *Lost* Kenji Yonekura (111¾). Unan 15 *S* Tokyo Gymnasium, Tokyo, Japan *R* Joaquin Arvas *P* Ao Promotions.

11/5/1959. FL *Won* Pascual Perez (107) *Lost* Sadao Yaoita (112). KO 13/0:55 *S* Ogimachi Pool, Osaka, Japan *R* Juan Notali *P* Ao Promotions.

4/16/1960. FL *Won* Pone Kingpetch (110¾) *Lost* Pascual Perez (112). Split 15 *S* Lumpinee Stadium, Bangkok, Thai. *R* Lorenzo Torrealba.

9/22/1960. FL *Won* Pone Kingpetch (111½) *Lost* Pascual Perez (110½). TKO 8/2:32 *S* Olympic Auditorium, Los Angeles, Ca. *R* Mushy Callahan *P* Olympic Boxing Club.

6/27/1961. FL *Won* Pone Kingpetch (111¾) *Lost* Mitsunori Seki (112). Split 15 *S* Kuramae Arena, Tokyo, Japan *R* Cheaur Chaksuraks *P* Shinwa Promotions.

5/30/1962. FL *Won* Pone Kingpetch (112) *Lost* Kyo Noguchi (110½). Unan 15 *S* Kuramae Arena, Tokyo, Japan *R* Sang. Hiranyalekha *P* Noguchi Promotions.

10/10/1962. FL *Won* Fighting Harada (111¾) *Lost* Pone Kingpetch (112). KO 11/2:59 *S* Kuramae Arena, Tokyo, Japan *R* Sang. Hiranyalekha *P* Sasazaki Promotions.

1/12/1963. FL *Won* Pone Kingpetch (111½) *Lost* Fighting Harada (111). Maj 15 *S* National Stadium, Bangkok, Thai. *R* Sang. Hiranyalekha.

9/18/1963. FL *Won* Hiroyuki Ebihara (112) *Lost* Pone Kingpetch (110¾). KO 1/2:07 *S* Tokyo Gymnasium, Tokyo, Japan *R* Sang. Hiranyalekha *P* Kanehira Promotions.

1/23/1964. FL *Won* Pone Kingpetch (112) *Lost* Hiroyuki Ebihara (112). Split 15 *S* Rajadamnern Stadium, Bangkok, Thai. *R* Saard Kinsrisock.

4/23/1965. FL *Won* Salvatore Burruni (111¾) *Lost* Pone Kingpetch (111¼). Unan 15 *S* Sports Palace, Rome, Italy *R* Ramon Berumen.

12/2/1965. WBC:FL *Won* Salvatore Burruni (112) *Lost* Rocky Gattellari (111¾). KO 13/2:25 *S* Sydney Showgrounds, Sydney, N.S.W. *R* Harold Valan *P* N.S.W. Leagues Club.

3/1/1966. WBA:FL *Won* Horacio Accavallo (110¾) *Lost* Katsuyoshi Takayama (111¾). Split 15 *S* Martial Arts Hall, Tokyo, Japan *R* Nick Pope *P* Kimura Promotions.

6/14/1966. WBC:FL *Won* Walter McGowan (111¾) *Lost* Salvatore Burruni (110). Ref 15 *S* Empire Pool, Wembley, England *R* Harry Gibbs *P* Jack Solomons, Ltd.

7/15/1966. WBA:FL *Won* Horacio Accavallo (111¼) *Lost* Hiroyuki Ebihara (111¾). Unan 15 *S* Luna Park Stadium, Buenos Aires, Arg. *R* Ramon Berumen.

12/10/1966. WBA:FL *Won* Horacio Accavallo (111½) *Lost* Efren Torres (111¾). Unan 15 *S* Luna Park Stadium, Buenos Aires, Arg. *R* Juan Barbe.

12/30/1966. WBC:FL *Won* Chartchai Chionoi (111) *Lost* Walter McGowan (110). TKO 9/0:50 *S* Kittikachorn Stadium, Bangkok, Thai. *R* Sang. Hiranyalekha.

7/26/1967. WBC:FL *Won* Chartchai Chionoi (111) *Lost* Puntip Keosuriya (111). KO 3/2:35 *S* Kittikachorn Stadium, Bangkok, Thai. *R* Cheaur Chaksuraks.

8/12/1967. WBA:FL *Won* Horacio Accavallo (111¾) *Lost* Hiroyuki Ebihara (112). Split 15 *S* Luna Park Stadium, Buenos Aires, Arg. *R* Alberto Balparda.

9/19/1967. WBC:FL *Won* Chartchai Chionoi (110¼) *Lost* Walter McGowan (111¼). TKO 7/1:04 *S* Empire Pool, Wembley, England *R* Ike Powell *P* Jack Solomons, Ltd.

1/28/1968. WBC:FL *Won* Chartchai Chionoi (109¾) *Lost* Efren Torres (111½). TKO 13/1:23 *S* El Toreo, Mexico City, Mexico *R* Arthur Mercante.

11/10/1968. WBC:FL *Won* Chartchai Chionoi (111¾) *Lost* Bernabe Villacampo (112). Unan 15 *S* Charusathiars Stadium, Bangkok, Thai. *R* Veer. Hiranyalekha.

2/23/1969. WBC:FL *Won* Efren Torres *Lost* Chartchai Chionoi. TKO 9/* *S* El Toreo, Mexico City, Mexico *R* Arthur Mercante.

3/30/1969. WBA:FL *Won* Hiroyuki Ebihara (111¼) *Lost* Jose Severino (111). Unan 15 *S* Nakajima Sports Center, Sapporo, Japan *R* Ken Morita *P* Kyoei Promotions.

10/19/1969. WBA:FL *Won* Bernabe Villacampo (112) *Lost* Hiroyuki Ebihara (111½). Unan 15 *S* Prefectural Gymnasium, Osaka, Japan *R* Ken Morita *P* Kyoei/Osaka Teiken.

11/28/1969. WBC:FL *Won* Efren Torres (112) *Lost* Susumu Hanagata (112). Unan 15 *S* Plaza de Toros, Guadalajara, Jal., Mex. *R* Ray So-lis.

3/20/1970. WBC:FL *Won* Chartchai Chionoi (112) *Lost* Efren Torres (112). Unan 15 *S* National Stadium, Bangkok, Thai. *R* Arthur Mercante.

4/6/1970. WBA:FL *Won* Berk. Chartvanchai *Lost* Bernabe Villacampo. Split 15 *S* National Stadium, Bangkok, Thai. *R* Sochio Kato.

10/22/1970. WBA:FL *Won* Masao Ohba (112) *Lost* Berkrerk Chartvanchai (112). KO 13/2:16 *S* Nihon University Auditorium, Tokyo, Japan *R* Enrique Jimenez *P* Teiken Promotions.

12/7/1970. WBC:FL *Won* Erbito Salavarria (111¼) *Lost* Chartchai Chionoi (111¼). TKO 2/1:48 *S* Army Sports Stadium, Bangkok, Thai. *R* Chung-Young Soo.

4/1/1971. WBA:FL *Won* Masao Ohba (111¾) *Lost* Betulio Gonzalez (112). Unan 15 *S* Nihon University Auditorium, Tokyo, Japan *R* Enrique Jimenez *P* Teiken Promotions.

4/30/1971. WBC:FL *Won* Erbito Salavarria (110½) *Lost* Susumu Hanagata (112). Unan 15 *S* Araneta Coliseum, Quezon City, Phil. *R* Pedro Flores.

10/23/1971. WBA:FL *Won* Masao Ohba (112) *Lost* Fernando Cabanella (112). Unan 15 *S* Nihon University Auditorium, Tokyo, Japan *R* Enrique Jimenez *P* Teiken Promotions.

11/20/1971. WBC:FL *Won* Erbito Salavarria *Lost* Betulio Gonzalez. Draw 15 *S* Luis Aparicio Stadium, Maracaibo, Vez. *R* Mills Lane.

3/4/1972. WBA:FL *Won* Masao Ohba (111½) *Lost* Susumu Hanagata (111½). Unan 15 *S* Nihon University Auditorium, Tokyo, Japan *R* Hiroyuki Tezaki *P* Teiken Promotions.

6/3/1972. WBC:FL *Won* Betulio Gonzalez (111½) *Lost* Socrates Batoto (109¼). KO 4/2:29 *S* Nuevo Circo, Caracas, Venezuela *R* Isidro Rodriguez.

6/20/1972. WBA:FL *Won* Masao Ohba (112) *Lost* Orlando Amores (111¼). KO 5/2:00 *S* Nihon University Auditorium, Tokyo, Japan *R* Yusaku Yoshida *P* Teiken Promotions.

9/29/1972. WBC:FL *Won* Venice Borkorsor *Lost* Betulio Gonzalez. TKO 10/2:10 *S* National Stadium, Bangkok, Thailand *R* Zack Clayton.

1/2/1973. WBA:FL *Won* Masao Ohba (111½) *Lost* Chartchai Chionoi (109¼). KO 12/3:00 *S* Nihon University Auditorium, Tokyo, Japan *R* Yusaku Yoshida *P* Teiken Promotions.

2/9/1973. WBC:FL *Won* Venice Borkorsor (111) *Lost* Erbito Salavarria (110). Unan 15 *S* Kittikachorn Stadium, Bangkok, Thailand *R* Sutee Promchairak.

5/17/1973. WBA:FL *Won* Chartchai Chionoi (108¾) *Lost* Fritz Chervet (108¼). TKO 5 *S* National Stadium, Bangkok, Thailand *R* Col. Jack Sullivan.

8/4/1973. WBC:FL *Won* Betulio Gonzalez (112) *Lost* Miguel Canto (111). Maj 15 *S* Luis Aparicio Stadium, Maracaibo, Vez. *R* Moyses Sister.

10/27/1973. WBA:FL *Won* Chartchai Chionoi (112) *Lost* Susumu Hanagata (110). Unan 15 *S* Hua Mark Stadium, Bangkok, Thailand *R* Enrique Jimenez.

11/18/1973. WBC:FL *Won* Betulio Gonzalez (110¾) *Lost* Alberto

Morales (111). TKO 11/1:40 *S* Nuevo Circo, Caracas, Venezuela *R* Horacio Castilla.

4/27/1974. WBA:FL *Won* Chartchai Chionoi *Lost* Fritz Chervet. Split 15 *S* Hallenstadian, Zurich, Switzerland *R* Walter Cho.

7/20/1974. WBC:FL *Won* Betulio Gonzalez (109) *Lost* Franco Udella (111). TKO 10 *S* Estadio Darsena, Lignano Sabbiadoro, Italy *R* Jay Edson.

10/1/1974. WBC:FL *Won* Shoji Oguma (112) *Lost* Betulio Gonzalez (109½). Unan 15 *S* Nihon University Auditorium, Tokyo, Japan *R* Ray Solis *P* Kimura Promotions.

10/18/1974. WBA:FL *Won* Susumu Hanagata (112) *Lost* Chartchai Chionoi (115¾). TKO 6/1:27 *S* Yokohama Gymnasium, Yokohama, Japan *R* Enrique Jimenez *P* Kawai Promotions.

1/8/1975. WBC:FL *Won* Miguel Canto (111) *Lost* Shoji Oguma (111¾). Maj 15 *S* Miyagi Sports Center, Sendai, Japan *R* Jay Edson *P* Kimura Promotions.

4/1/1975. WBA:FL *Won* Erbito Salavarria (110¾) *Lost* Susumu Hanagata (112). Split 15 *S* Prefectural Gymnasium, Toyama, Japan *R* Herbert Minn *P* Kawai Promotions.

5/24/1975. WBC:FL *Won* Miguel Canto (111) *Lost* Betulio Gonzalez (112). Split 15 *S* National Stadium, Monterrey, Mexico *R* Jay Edson.

8/23/1975. WBC:FL *Won* Miguel Canto (111) *Lost* Jiro Takada (110). KO 11 *S* Carte Clara Stadium, Merida, Yuc., Mex. *R* Juan Miranda.

10/7/1975. WBA:FL *Won* Erbito Salavarria (111) *Lost* Susumu Hanagata (111½). Split 15 *S* Yokohama Gymnasium, Yokohama, Japan *R* Waldemar Schmidt *P* Kawai Promotions.

12/12/1975. WBC:FL *Won* Miguel Canto (112) *Lost* Ignacio Espinal (112). Unan 15 *S* Carte Clara Stadium, Merida, Yuc., Mex. *R* Jay Edson.

2/27/1976. WBA:FL *Won* Alfonso Lopez *Lost* Erbito Salavarria. TKO 15/0:33 *S* Araneta Coliseum, Quezon City, Phil. *R* Carlos Padilla.

4/21/1976. WBA:FL *Won* Alfonso Lopez (110¼) *Lost* Shoji Oguma (112). Maj 15 *S* Nihon University Auditorium, Tokyo, Japan *R* Larry Rozadilla *P* Kimura Promotions.

5/15/1976. WBC:FL *Won* Miguel Canto (111) *Lost* Susumu Hanagata (112). Unan 15 *S* Carte Clara Stadium, Merida, Yuc., Mex. *R* Ray Solis.

10/2/1976. WBA:FL *Won* Guty Espadas (110) *Lost* Alfonso Lopez (109½). TKO 13/2:28 *S* Sports Arena, Los Angeles, Calif. *R* Rudy Jordan.

10/3/1976. WBC:FL *Won* Miguel Canto (112) *Lost* Betulio Gonzalez (111½). Split 15 *S* Nuevo Circo, Caracas, Venezuela *R* Harry Gibbs.

11/20/1976. WBC:FL *Won* Miguel Canto (112) *Lost* Orlando Javierto (112). Unan 15 *S* Sports Arena, Los Angeles, Calif. *R* Larry Rozadilla.

1/1/1977. WBA:FL *Won* Guty Espadas (111¼) *Lost* Jiro Takada (112). TKO 7/1:46 *S* Nihon University Auditorium, Tokyo, Japan *R* Servio Tulio Ley *P* Kyokuto Promotions.

4/24/1977. WBC:FL *Won* Miguel Canto (111½) *Lost* Reyes Arnal (111¼). Split 15 *S* Nuevo Circo, Caracas, Venezuela *R* Jay Edson.

4/30/1977. WBA:FL *Won* Guty Espadas (111) *Lost* Alfonso Lopez (111). TKO 13/1:59 *S* Carte Clara Stadium, Merida, Yuc., Mex. *R* Rudy Jordan.

6/15/1977. WBC:FL *Won* Miguel Canto (112) *Lost* Kimio Furesawa (112). Unan 15 *S* Kuramae Arena, Tokyo, Japan *R* Harry Gibbs *P* Kyokuto Promotions.

9/17/1977. WBC:FL *Won* Miguel Canto (112) *Lost* Martin Vargas (111). Unan 15 *S* Carte Clara Stadium, Merida, Yuc., Mex. *R* Jay Edson.

11/19/1977. WBA:FL *Won* Guty Espadas (110½) *Lost* Alex Santana (112). KO 8/1:39 *S* Sports Arena, Los Angeles, Calif. *R* Rudy Jordan.

11/30/1977. WBC:FL *Won* Miguel Canto (112) *Lost* Martin Vargas (112). Unan 15 *S* National Soccer Stadium, Santiago, Chile *R* Harry Gibbs.

1/2/1978. WBA:FL *Won* Guty Espadas (110) *Lost* Kimio Furesawa (111½). TKO 7/1:27 *S* Shinagawa Sports Center, Tokyo, Japan *R* Rudy Jordan *P* Kyokuto Promotions.

1/4/1978. WBC:FL *Won* Miguel Canto (111¾) *Lost* Shoji Oguma (111¾). Split 15 *S* City Gymnasium, Koriyama, Japan *R* Jay Edson *P* Kimura Promotions.

4/18/1978. WBC:FL *Won* Miguel Canto (112) *Lost* Shoji Oguma (112). Unan 15 *S* Kuramae Arena, Tokyo, Japan *R* Harry Gibbs *P* Kimura Promotions.

8/12/1978. WBA:FL *Won* Betulio Gonzalez (110½) *Lost* Guty Espadas (111¼). Maj 15 *S* Maestranza Cesar Giron, Maracay, Vez. *R* Tony Perez.

11/4/1978. WBA:FL *Won* Betulio Gonzalez (111¾) *Lost* Martin Vargas (111¼). KO 12/2:05 *S* Maestranza Cesar Giron, Maracay, Vez. *R* Stan Christodoulou.

11/20/1978. WBC:FL *Won* Miguel Canto (111¾) *Lost* Tacomron Vibonchai (111¼). Split 15 *S* Houston Coliseum, Houston, Texas *R* Zack Clayton.

1/29/1979. WBA:FL *Won* Betulio Gonzalez (111¼) *Lost* Shoji Oguma (112). Draw 15 *S* Hamamatsu Gymnasium, Hamamatsu, Japan *R* Martin Denkin *P* Kimura Promotions.

2/10/1979. WBC:FL *Won* Miguel Canto (111½) *Lost* Antonio Avelar (112). Unan 15 *S* Carte Clara Stadium, Merida, Yuc., Mex. *R* Ray Solis.

3/18/1979. WBC:FL *Won* Chan-Hee Park (112) *Lost* Miguel Canto (111). Unan 15 *S* Kudok Stadium, Pusan, Korea *R* Rudy Ortega.

5/20/1979. WBC:FL *Won* Chan-Hee Park (111½) *Lost* Riki Igarishi (111¼). Unan 15 *S* Changchung Gymnasium, Seoul, Korea *R* Dick Young.

7/6/1979. WBA:FL *Won* Betulio Gonzalez (111¾) *Lost* Shoji Oguma (112). KO 12/1:22 *S* Prefectural Gymnasium, Utsunomiya, Japan *R* Ernesto Magana *P* Kimura Promotions.

11/17/1979. WBA:FL *Won* Luis Ibarra (110½) *Lost* Betulio Gonzalez (110). Unan 15 *S* Maestranza Cesar Giron, Maracay, Vez. *R* Ernesto Magana.

12/16/1979. WBC:FL *Won* Chan-Hee Park *Lost* Guty Espadas. KO 2/2:28 *S* Kudok Stadium, Pusan, Korea *R* Rudy Ortega.

2/10/1980. WBC:FL *Won* Chan-Hee Park (111¾) *Lost* Arnel Arrozal (111¼). Unan 15 *S* Changchung Gymnasium, Seoul, Korea *R* Ken Morita.

2/16/1980. WBA:FL *Won* Tae-Shik Kim (111¾) *Lost* Luis Ibarra (110¾). KO 2/1:50 *S* Changchung Gymnasium, Seoul, Korea *R* Servio Tulio Ley.

4/13/1980. WBC:FL *Won* Chan-Hee Park (112) *Lost* Alberto Morales (112). Unan 15 *S* Taegu Gymnasium, Taegu, Korea *R* Takeshi Shimakawa.

5/18/1980. WBC:FL *Won* Shoji Oguma (111¾) *Lost* Chan-Hee Park (111¾). KO 9/0:53 *S* Changchung Gymnasium, Seoul, Korea *R* Harold Nadaya.

6/29/1980. WBA:FL *Won* Tae-Shik Kim (112) *Lost* Arnel Arrozal (112). Unan 15 *S* Changchung Gymnasium, Seoul, Korea *R* Ken Morita.

7/28/1980. WBC:FL *Won* Shoji Oguma (112) *Lost* Sung-Jun Kim (112). Split 15 *S* Kuramae Arena, Tokyo, Japan *R* Paul Field *P* Kimura Promotions.

10/18/1980. WBC:FL *Won* Shoji Oguma (111¾) *Lost* Chan-Hee Park (111½). Split 15 *S* Miyagi Sports Center, Sendai, Japan *R* Harry Gibbs *P* Kimura Promotions.

12/13/1980. WBA:FL *Won* Peter Mathebula (112) *Lost* Tae-Shik Kim (111). Split 15 *S* Olympic Auditorium, Los Angeles, Ca. *R* Terry Smith *P* Olympic Boxing Club.

2/3/1981. WBC:FL *Won* Shoji Oguma (112) *Lost* Chan-Hee Park (112). Maj 15 *S* Korakuen Hall, Tokyo, Japan *R* Rudy Ortega *P* Shin-Nippon Kimura/Misako.

3/28/1981. WBA:FL *Won* Santos Laciar (111¾) *Lost* Peter Mathebula (111½). TKO 7/2:02 *S* Orlando Stadium, Orlando, Soweto, S.A. *R* Stanley Berg *P* Korn Food Corp. Unlimited.

5/12/1981. WBC:FL *Won* Antonio Avelar (111¼) *Lost* Shoji Oguma (112). KO 7/0:56 *S* Mito City Gymnasium, Mito City, Japan *R* David Pearl *P* Shin-Nippon Kimura Promos.

6/6/1981. WBA:FL *Won* Luis Ibarra (111¾) *Lost* Santos Laciar (112). Unan 15 *S* Luna Park Stadium, Buenos Aires, Arg. *R* Richard Steele *P* Luna Park Stadium.

8/30/1981. WBC:FL *Won* Antonio Avelar (111½) *Lost* Tae-Shik Kim (111¼). KO 2/2:46 *S* Changchung Gymnasium, Seoul, Korea *R* Mills Lane *P* Won-Jin Promotions.

9/26/1981. WBA:FL *Won* Juan Herrera (111¾) *Lost* Luis Ibarra (112). KO 11/2:28 *S* Carte Clara Stadium, Merida, Yuc., Mex. *R* Arthur Mercante *P* Pronesa/William Abraham.

12/19/1981. WBA:FL *Won* Juan Herrera (112) *Lost* Betulio Gonzalez (112). TKO 7/1:20 *S* Carte Clara Stadium, Merida, Yuc., Mex. *R* Carlos Berrocal *P* Pronesa/William Abraham.

3/20/1982. WBC:FL *Won* Prudencio Cardona (110¾) *Lost* Antonio

Avelar (112). KO 1/2:04 S Tamaulipas Stadium, Tampico, Mex. R Jimmy Rondeau P Pronesa/Paolino Lomas.

5/1/1982. WBA:FL *Won* Santos Laciar (111) *Lost* Juan Herrera (111¼). TKO 13/2:35 S Carte Clara Stadium, Merida, Yuc., Mex. R Carlos Berrocal P Pronesa/William Abraham.

7/24/1982. WBC:FL *Won* Freddie Castillo (111¼) *Lost* Prudencio Cardona (111). Unan 15 S Carte Clara Stadium, Merida, Yuc., Mex. R Waldemar Schmidt P Pronesa/William Abraham.

8/14/1982. WBA:FL *Won* Santos Laciar (111½) *Lost* Betulio Gonzalez (111½). Split 15 S Hotel del Lago Casino, Maracaibo, Vez. R Joe Cortez P Ramacor (Ramiro Machado).

11/5/1982. WBA:FL *Won* Santos Laciar (111¾) *Lost* Stephen Muchoki (111¼). TKO 13/2:40 S K.B. Halle, Copenhagen, Denmark R Richard Steele P Mogens Palle.

11/6/1982. WBC:FL *Won* Eleoncio Mercedes (111¼) *Lost* Freddie Castillo (111). Split 15 S Olympic Auditorium, Los Angeles, Ca. R Larry Rozadilla P Azteca Promos./Don Chargin.

3/4/1983. WBA:FL *Won* Santos Laciar (112) *Lost* Ramon Nery (110). KO 9/1:25 S Chateau Carreras Stadium, Cordoba, Arg. R Nate Morgan P Organizacion Deportiva Arg.

3/15/1983. WBC:FL *Won* Charlie Magri (111½) *Lost* Eleoncio Mercedes (111½). TKO 7/1:14 S Wembley Arena, Wembley, England R Ray Solis P Harry Levine Promos./Pronesa.

5/5/1983. WBA:FL *Won* Santos Laciar (112) *Lost* Shuichi Hozumi (111¾). TKO 2/2:52 S Sangyokan Gymnasium, Shizuoka, Japan R Chuck Hassett P Third Enterprise/Teiken/Kimura.

7/17/1983. WBA:FL *Won* Santos Laciar (111¾) *Lost* Hi-Sup Shin (111¼). TKO 1/1:19 S Halla Gym., Cheju-do, Korea R Zack Clayton P Keuk-Dong Promotions.

9/27/1983. WBC:FL *Won* Frank Cedeno (110½) *Lost* Charlie Magri (111¼). TKO 6/2:33 S Wembley Arena, Wembley, England R Angelo Poletti P H. Levine-M. Duff/Mike Barrett.

12/24/1983. IBF:FL *Won* Soon-Chun Kwon (112) *Lost* Rene Busayong (111¾). KO 5/2:48 S Jamsil Gymnasium, Seoul, Korea P Ho-Yun Chun.

1/18/1984. WBC:FL *Won* Koji Kobayashi (112) *Lost* Frank Cedeno (112). TKO 2/1:48 S Korakuen Hall, Tokyo, Japan R Lou Filippo P Shin-Nippon Kimura/Kyodo.

1/28/1984. WBA:FL *Won* Santos Laciar (112) *Lost* Juan Herrera (111½). Split 15 S Sports Palace, Marsala, Sicily, Italy R Larry Hazzard P Rodolfo Sabbatini.

2/25/1984. IBF:FL *Won* Soon-Chun Kwon (111¾) *Lost* Roger Castillo (110¾). TWu 12/2:29 S Munhwa Gymnasium, Seoul, Korea P Korea Promotions.

4/9/1984. WBC:FL *Won* Gabriel Bernal (111) *Lost* Koji Kobayashi (112). KO 2/2:37 S Korakuen Hall, Tokyo, Japan R Tony Perez P Shin-Nippon Kimura Promos.

5/19/1984. IBF:FL *Won* Soon-Chun Kwon (111½) *Lost* Ian Clyde (111). Unan 15 S Chungmu Gymnasium, Daejon, Korea R Yasujiro Fujimoto P Kukdong Promotions.

6/1/1984. WBC:FL *Won* Gabriel Bernal (111) *Lost* Antoine Montero (112). TKO 11 S Old Roman Coliseum, Nimes, France R Arthur Mercante P Mike Barrett/Jarvis Astaire.

9/7/1984. IBF:FL *Won* Soon-Chun Kwon (112) *Lost* Joaquin Caraballo (112). TKO 12/2:56 S Chongju Gymnasium, Chongju, Korea.

9/15/1984. WBA:FL *Won* Santos Laciar (112) *Lost* Prudencio Cardona (112). KO 10/1:59 S Salon Verde de la Feria Int., Cordoba, Arg. R Bobby Ferrara P Falucho Producciones S.A.

10/8/1984. WBC:FL *Won* Sot Chitalada (111½) *Lost* Gabriel Bernal (111½). Split 12 S National Stadium, Bangkok, Thailand R Zack Clayton P Sombhop Srisomvongse.

12/8/1984. WBA:FL *Won* Santos Laciar (111¾) *Lost* Hilario Zapata (111¾). Unan 15 S Luna Park Stadium, Buenos Aires, Arg. R Luis Sulbaran P Juan C. (Tito) Lectoure.

1/25/1985. IBF:FL *Won* Soon-Chun Kwon (112) *Lost* Chong-Kwan Chung (111¼). Draw 15 S Chungmu Gymnasium, Daejon, Korea R Nelly Nelson P World Promotions.

2/20/1985. WBC:FL *Won* Sot Chitalada (111¾) *Lost* Charlie Magri (111¾). TKO 5/* S Alexandra Pavilion, London, Eng. R Martin Denkin P Frank Warren Promotions.

4/14/1985. IBF:FL *Won* Soon-Chun Kwon (112) *Lost* Shinobu Kawashima (112). KO 3/0:40 S Pohang Gymnasium, Pohang, Korea R Abraham Pacheco P World Promotions.

5/6/1985. WBA:FL *Won* Santos Laciar (111½) *Lost* Antoine Montero (111½). Unan 15 S Palais des Sports, Grenoble, France R Stan Christodoulou P RMO/Marc Braillon.

6/22/1985. WBC:FL *Won* Sot Chitalada (111¾) *Lost* Gabriel Bernal (112). Draw 12 S National Stadium, Bangkok, Thailand R Steve Crosson P Sombhop Srisomvongse.

7/17/1985. IBF:FL *Won* Soon-Chun Kwon (112) *Lost* Chong-Kwan Chung (112). Draw 15 S Masan Gymnasium, Masan, Korea R Joey Curtis P World Promotions.

10/5/1985. WBA:FL *Won* Hilario Zapata (112) *Lost* Alonzo Gonzalez (111¼). Unan 15 S Nuevo Panama Gym., Panama City, Pan. R Luis Sulbaron P Empresa Panaprom S.A.

12/20/1985. IBF:FL *Won* Chong-Kwan Chung (111½) *Lost* Soon-Chun Kwon (111½). TKO 4/1:15 S Kudok Gymnasium, Pusan, Korea R Yasujiro Fujimoto P World Promotions.

1/31/1986. WBA:FL *Won* Hilario Zapata (111¾) *Lost* Javier Lucas (112). Unan 15 S Nuevo Panama Gym., Panama City, Pan. R Jesus Celis P Empresa Panaprom S.A.

2/22/1986. WBC:FL *Won* Sot Chitalada (112) *Lost* Freddie Castillo (112). Unan 12 S Al Salem Stadium, El Kuwait, Kuwait R Roland Dakin P Edward Thangarajah.

4/7/1986. WBC:FL *Won* Hilario Zapata (112) *Lost* Shuichi Hozumi (111¾). Unan 15 S Municipal Gymnasium, Nirasaki, Japan R Enzo Montero P Teiken Promotions.

4/27/1986. IBF:FL *Won* Bi-Won Chung (111¾) *Lost* Chong-Kwan Chung (112). Maj 15 S Kudok Gymnasium, Pusan, Korea R Steve Smoger P World Promotions.

7/5/1986. WBA:FL *Won* Hilario Zapata (111½) *Lost* Dodie Penalosa (111). Unan 15 S Univ. of Life Stadium, Manila, Phil. R Stan Christodoulou P Elorde Enterprises.

8/2/1986. IBF:FL *Won* Hi-Sup Shin (112) *Lost* Bi-Won Chung (112). TKO 15/1:20 S Inchon Gym., Inchon R John Wheeler P World Promos.

9/13/1986. WBA:FL *Won* Hilario Zapata (112) *Lost* Alberto Castro (112). Split 15 S Nuevo Panama Gym., Panama City, Pan. R Enzo Montero P Empresa Panaprom S.A.

11/22/1986. IBF:FL *Won* Hi-Sup Shin (112) *Lost* Henry Brent (111¾). TKO 13/1:37 S City Gymnasium, Chunchon, Korea R Waldemar Schmidt P World Promotions.

12/7/1986. WBA:FL *Won* Hilario Zapata (111¾) *Lost* Claudemir Dias (112). Unan 15 S Hotel Quatro Rodas, Salvador, Brazil R Bernard Soto P Ramon Escobet.

12/10/1986. WBC:FL *Won* Sot Chitalada (112) *Lost* Gabriel Bernal (112). Unan 12 S Hua Mark Stadium, Bangkok, Thailand R Lou Filippo P Sombhop Srisomvongse.

2/13/1987. WBA:FL *Won* Fidel Bassa (111½) *Lost* Hilario Zapata (112). Unan 15 S Country Club, Barranquilla, Colombia R Ernesto Magana P Promocion Deportiva.

2/22/1987. IBF:FL *Won* Dodie Penalosa (111½) *Lost* Hi-Sup Shin (110¾). TKO 5/2:10 S Inchon Gymnasium, Inchon, Korea R Abraham Pacheco P Kuk-Dong Promotions.

4/25/1987. WBA:FL *Won* Fidel Bassa (109¾) *Lost* Dave McAuley (111¾). KO 13/1:45 S Kings Hall, Balmoral, Belfast, No. Ire. R Nate Morgan P Barney Eastwood.

8/15/1987. WBA:FL *Won* Fidel Bassa (111½) *Lost* Hilario Zapata (111½). Draw 15 S New Panama Gym., Panama City, Pan. R Wiso Fernandez P Empresa Panaprom, S.A.

9/5/1987. WBC:FL *Won* Sot Chitalada (111) *Lost* Rae-Ki Ahn (110). KO 4/2:50 S Hua Mark Stadium, Bangkok, Thailand R Carlos Padilla P Sombhop Srisomvongse.

9/5/1987. IBF:FL *Won* Chang-Ho Choi (111½) *Lost* Dodie Penalosa (111). KO 11/2:07 S Araneta Coliseum, Quezon City, Phil. R Bruce McTavish P Uniprom, Inc.

12/18/1987. WBA:FL *Won* Fidel Bassa (111) *Lost* Felix Marti (111). Unan 12 *S* Plaza de Toros de Indias, Cartagena, Col. *R* Bernard Soto *P* Rafael Mendoza.

1/16/1988. IBF:FL *Won* Rolando Bohol (111½) *Lost* Chang-Ho Choi (111½). Split 15 *S* Rizal Memorial Coliseum, Manila, Phil. *R* Abraham Pacheco *P* Elorde Enterprises.

1/31/1988. WBC:FL *Won* Sot Chitalada (111¾) *Lost* Hideaki Kamishiro (111½). TKO 8/* *S* Osaka Castle Hall, Osaka, Japan *R* Steve Crosson *P* Green Tsuda Promotions.

3/26/1988. WBA:FL *Won* Fidel Bassa (111¾) *Lost* Dave McAuley (112). Unan 12 *S* Kings Hall, Balmoral, Belfast, No. Ire. *R* Tony Perez *P* Barney Eastwood.

5/6/1988. IBF:FL *Won* Rolando Bohol (112) *Lost* Cho-Woon Park (111½). Unan 15 *S* Araneta Coliseum, Quezon City, Phil. *R* Hideo Arai *P* Elorde Enterprises.

7/24/1988. WBC:FL *Won* Yong-Kang Kim (112) *Lost* Sot Chitalada (112). Unan 12 *S* Pohang Public Arena, Pohang, Korea *R* Joe Cortez *P* Pal-Pal Promotions.

10/2/1988. WBA:FL *Won* Fidel Bassa (111) *Lost* Raymond Medel (112). Unan 12 *S* Freeman Col., San Antonio *R* Enzo Montero *P* Richard Lander.

10/5/1988. IBF:FL *Won* Duke McKenzie (112) *Lost* Rolando Bohol (112). TKO 11/2:25 *S* Wembley Grand Hall, Wembley, Eng. *R* Bruce McTavish *P* Duff-Lawless Promos.

11/12/1988. WBC:FL *Won* Yong-Kang Kim (111¼) *Lost* Emil Romano (112). Unan 12 *S* Chungju Gymnasium, Chungju, Korea *R* Sid Rubenstein *P* Pal-Pal Promotions.

3/3/1989. WBO:FL *Won* Elvis Alvarez (112) *Lost* Miguel Mercedes. Unan 12 *S* Ivan de Bedout Coliseum, Medellin, Col. *R* Isaac Herrera *P* Boxeo de las Americas.

3/5/1989. WBC:FL *Won* Yong-Kang Kim (111¾) *Lost* Leopard Tamakuma (111¼). Unan 12 *S* Prefectural Gymnasium, Aomori, Japan *R* Richard Steele *P* Teiken/Kokusai Promos.

3/8/1989. IBF:FL *Won* Duke McKenzie (112) *Lost* Tony DeLuca (111¾). TKO 4/2:03 *S* Royal Albert Hall, London, England *R* Bill Connors *P* Mickey Duff Promotions.

4/15/1989. WBA:FL *Won* Fidel Bassa (112) *Lost* Julio Gudino (112). TKO 6/0:46 *S* Country Club, Barranquilla, Colombia *R* Isidro Rodriguez *P* Promocion Deportiva.

6/3/1989. WBC:FL *Won* Sot Chitalada (112) *Lost* Yong-Kang Kim (112). Split 12 *S* Municipal Stadium, Trang, Thailand *R* Steve Crosson *P* Sombhop Srisomvongse.

6/7/1989. IBF:FL *Won* Dave McAuley (112) *Lost* Duke McKenzie (112). Unan 12 *S* Wembley Arena, Wembley, England *R* Randy Neumann *P* Duff-Lawless Promos.

9/30/1989. WBA:FL *Won* Jesus Rojas (110¾) *Lost* Fidel Bassa (111½). Split 12 *S* Cubierto Coliseum, Barranquilla, Col. *R* Ernest Magana *P* Empresas Cuadrilatero.

11/8/1989. IBF:FL *Won* Dave McAuley (112) *Lost* Dodie Penalosa (111½). Split 12 *S* Wembley Grand Hall, Wembley, Eng. *R* Denny Nelson *P* Duff-Lawless Promos.

1/30/1990. WBC:FL *Won* Sot Chitalada (112) *Lost* Ric Siodoro (112). Unan 12 *S* Lumpinee Stadium, Bangkok, Thailand *R* Lupe Garcia *P* Sombhop Srisomvongse.

3/10/1990. WBA:FL *Won* Yul-Woo Lee (111¾) *Lost* Jesus Rojas (111¾). Split 12 *S* Chungmu Gymnasium, Taejon, Korea *R* Eddie Eckert *P* Kuk-Dong Promotions.

3/17/1990. IBF:FL *Won* Dave McAuley (112) *Lost* Louis Curtis (112). Unan 12 *S* Kings Hall, Balmoral, Belfast, No. Ire. *R* Randy Neumann *P* Eastwood Promotions.

5/1/1990. WBC:FL *Won* Sot Chitalada (112) *Lost* Carlos Salazar (111½). Unan 12 *S* Army Stadium, Bangkok, Thailand *R* Dae-Eun Kim *P* Sombhop Srisomvongse.

7/29/1990. WBA:FL *Won* Leopard Tamakuma (112) *Lost* Yul-Woo Lee (111¾). TKO 10/2:21 *S* City Gymnasium, Mito City, Japan *R* Enzo Montero *P* Teiken Boxing Promotions.

8/18/1990. WBO:FL *Won* Isidro Perez (112) *Lost* Angel Rosario (112). TKO 12/0:50 *S* Pachin Vicens Coliseum, Ponce, P.R. *R* Ismael Fernandez *P* Video Deportes.

9/7/1990. WBC:FL *Won* Sot Chitalada (112) *Lost* Richard Clarke (110½). KO 11/0:44 *S* National Stadium, Kingston, Jamaica *R* Tony Perez *P* Prestige Enterprises.

9/15/1990. IBF:FL *Won* Dave McAuley (112) *Lost* Rodolfo Blanco (111½). Unan 12 *S* Kings Hall, Balmoral, Belfast, No. Ire. *R* Waldemar Schmidt *P* Eastwood Promotions.

11/3/1990. WBO:FL *Won* Isidro Perez (111½) *Lost* Alli Galvez (111½). Unan 12 *S* Centro Internacional, Acapulco *R* Octavio Meyran *P* Linea 26.

11/24/1990. WBC:FL *Won* Sot Chitalada (112) *Lost* Jung-Koo Chang (111¾). Maj 12 *S* Olympic Gymnastics Hall, Seoul, Korea *R* Carlos Padilla *P* Kuk-Dong Promotions.

12/6/1990. WBA:FL *Won* Leopard Tamakuma (111½) *Lost* Jesus Rojas (111½). Draw 12 *S* Prefectural Gymnasium, Aomori, Japan *R* Larry Rozadilla *P* Teiken Boxing Promotions.

2/15/1991. WBC:FL *Won* Muang. Kittikasem (112) *Lost* Sot Chitalada (112). TKO 6/1:10 *S* Central Stadium, Ayuthaya, Thailand *R* Chuck Hassett *P* Somchai Virojsaeng Aroon.

3/14/1991. WBA:FL *Won* Elvis Alvarez (110¾) *Lost* Leopard Tamakuma (111¾). Unan 12 *S* Martial Arts Hall, Tokyo, Japan *R* Richard Steele *P* Teiken Boxing Promotions.

5/11/1991. IBF:FL *Won* Dave McAuley (112) *Lost* Pedro Feliciano (112). Unan 12 *S* Maysfield Leisure Centre, Belfast, No. Ire. *R* Brian Garry *P* Eastwood Promotions.

5/18/1991. WBC:FL *Won* Muang. Kittikasem (111½) *Lost* Jung-Koo Chang (111¾). TKO 12/2:38 *S* Olympic Gymnastics Hall, Seoul, Korea *R* Tony Perez *P* Kuk-Dong Promotions.

6/1/1991. WBA:FL *Won* Yong-Kang Kim (112) *Lost* Elvis Alvarez (111¼). Unan 12 *S* Seoul Hilton Hotel, Seoul, Korea *R* Ernesto Magana *P* Camel Promotions.

8/10/1991. WBO:FL *Won* Isidro Perez (111) *Lost* Alli Galvez (111). Split 12 *S* Arena Nacional, Santiago, Chile *R* I. Quinones Falu *P* Best Talent Promotions.

9/7/1991. IBF:FL *Won* Dave McAuley (111) *Lost* Jake Matlala (109¾). KO 10/2:23 *S* Maysfield Leisure Centre, Belfast, No. Ire. *R* Randy Neumann *P* Eastwood Promotions.

10/5/1991. WBA:FL *Won* Yong-Kang Kim (111¾) *Lost* Rafael (Leo) Gamez (110¾). Unan 12 *S* Inchon Gymnasium, Inchon, Korea *R* Julio C. Alvarado *P* Camel Promotions.

10/25/1991. WBC:FL *Won* Muang. Kittikasem (112) *Lost* Alberto Jimenez (112). Maj 12 *S* Lumpinee Stadium, Bangkok, Thai. *R* Lou Filippo *P* Songchai Ratanasuban.

2/28/1992. WBC:FL *Won* Muang. Kittikasem (112) *Lost* Sot Chitalada (111½). TKO 9/1:30 *S* Crocodile Farm, Samut Prakan, Thai. *R* Martin Denkin *P* Songchai Ratanasuban.

3/18/1992. WBO:FL *Won* Pat Clinton (112) *Lost* Isidro Perez (112). Split 12 *S* Kelvin Hall, Glasgow, Scotland *R* Wiso Fernandez *P* St. Andrews Sporting Club.

3/24/1992. WBA:FL *Won* Yong-Kang Kim (111¾) *Lost* Jon Penalosa (111). KO 6/2:46 *S* Inchon Gymnasium, Inchon, Korea *R* Ernesto Magana *P* Pal-Pal Promotions.

6/11/1992. IBF:FL *Won* Rodolfo Blanco (112) *Lost* Dave McAuley (112). Unan 12 *S* Bilbao Sports Pavilion, Bilbao, Spain *R* Steve Smoger *P* C. Kushner/Madrid B.C.

6/23/1992. WBC:FL *Won* Yuri Arbachakov (111¾) *Lost* Muang. Kittikasem (112). KO 8/2:59 *S* Ryugoku Sumo Arena, Tokyo, Japan *R* Jose Medina *P* Kyoei Boxing Promotions.

9/19/1992. WBO:FL *Won* Pat Clinton (112) *Lost* Danny Porter (111¾). Unan 12 *S* Scottish Exh. Centre, Glasgow, Scot. *R* Dave Parris *P* Matchroom Boxing, Ltd.

9/26/1992. WBA:FL *Won* Aquiles Guzman (111½) *Lost* Yong-Kang Kim (111¼). Unan 12 *S* Pohang Gymnasium, Pohang, Korea *R* Julio C. Alvarado *P* Camel Promotions.

10/20/1992. WBC:FL *Won* Yuri Arbachakov (112) *Lost* Yun-Un Chin (112). Unan 12 *S* Korakuen Hall, Tokyo, Japan *R* Carlos Padilla *P* Kyoei Boxing Promotions.

11/29/1992. IBF:FL *Won* P. Sithbangprachan (111½) *Lost* Rodolfo Blanco (112). KO 3/2:02 *S* Imperial Center, Samut Prakam, Thai. *R* Billy Males *P* Songchai Ratanasuban.

12/15/1992. WBA:FL *Won* David Griman (111½) *Lost* Aquiles Guzman (111½). Unan 12 *S* Parque Naciones Unidas, Caracas, Vez. *R* Larry Rozadilla *P* Vega Box.

3/6/1993. IBF:FL *Won* P. Sithbangprachan (112) *Lost* Antonio Perez (111). TKO 4/2:50 *S* Uttaradit Stadium, Uttaradit, Thailand *R* Abraham Pacheco *P* Songchai Ratanasuban.

3/20/1993. WBC:FL *Won* Yuri Arbachakov (112) *Lost* Muang. Kittikasem (111½). TKO 9/1:44 *S* Community Park, Lopburi, Thailand *R* Richard Steele *P* Channel 7 Television.

5/15/1993. WBO:FL *Won* Jacob Matlala (110¾) *Lost* Pat Clinton (111¾). TKO 8/1:57 *S* Scottish Exh. Centre, Glasgow, Scot. *R* Joe O'Neill *P* Matchroom/St. Andrews S.C.

6/21/1993. WBA:FL *Won* David Griman (112) *Lost* Hiroki Ioka (112). TKO 8/2:38 *S* Prefectural Gymnasium, Osaka, Japan *R* Manuel Rodriguez *P* Green Tsuda Promotions.

7/11/1993. IBF:FL *Won* P. Sithbangprachan (112) *Lost* Kyung-Yun Lee (111¾). TKO 1/1:02 *S* Provincial Stadium, Nakhon Sawan, Thai. *R* Billy Males *P* Songchai Ratanasuban.

7/16/1993. WBC:FL *Won* Yuri Arbachakov (111¾) *Lost* Ysaias Zamudio (111½). Unan 12 *S* World Memorial Hall, Kobe City, Japan *R* Lupe Garcia *P* Kyoei Boxing Promotions.

10/3/1993. IBF:FL *Won* P. Sithbangprachan (112) *Lost* Miguel Martinez (112). TKO 9/1:54 *S* Provincial Arena, Chaiyaphum, Thailand *R* Billy Males *P* Songchai Ratanasuban.

10/4/1993. WBA:FL *Won* David Griman (112) *Lost* Alvaro Mercado (111¼). Unan 12 *S* Luis Ramos Gym., Puerto la Cruz, Vez. *R* Carlos Berrocal *P* Vez./Teiken Boxing Promos.

12/4/1993. WBO:FL *Won* Jacob Matlala (110¾) *Lost* Luigi Camputaro (111¼). TKO 8/* *S* Superbowl, Sun City, Bophuthatswana *R* Rudy Battle *P* St. Andrews S.C./Mike Segal.

12/13/1993. WBC:FL *Won* Yuri Arbachakov (111¾) *Lost* Nam-Hoon Cha (112). Unan 12 *S* Municipal Gymnasium, Kyoto, Japan *R* Carlos Padilla *P* Kyoei Boxing Promotions.

1/23/1994. IBF:FL *Won* P. Sithbangprachan (112) *Lost* Arthur Johnson (112). Unan 12 *S* Provincial Stadium, Surat Thani, Thai. *R* Al Rothenburg *P* Songchai Ratanasuban.

2/13/1994. WBA:FL *Won* Saen Sow Ploenchit (112) *Lost* David Griman (112). Unan 12 *S* Provincial Gym., Chachoengsao, Thai. *R* Masakazu Uchida *P* Ploenchit Promotions.

4/10/1994. WBA:FL *Won* Saen Sow Ploenchit (112) *Lost* Jesus Rojas (112). Unan 12 *S* Anusorn Stadium, Samut Prakan, Thai. *R* Stan Christodoulou *P* Songchai Ratanasuban.

5/8/1994. IBF:FL *Won* P. Sithbangprachan (112) *Lost* Jose Luis Zepeda (110). Split 12 *S* Army Stadium, Ratchaburi, Thailand *R* Abraham Pacheco *P* Songchai Ratanasuban.

6/11/1994. WBO:FL *Won* Jacob Matlala (110) *Lost* Francis Ampofo (111¾). TKO 10/* *S* York Hall, Bethnal Green, London, Eng. *R* Raul Caiz *P* Matchroom Boxing, Ltd.

6/12/1994. WBA:FL *Won* Saen Sow Ploenchit (112) *Lost* Aquiles Guzman (112). Maj 12 *S* Provincial Stadium, Sakaew, Thai. *R* Rafael Ramos *P* Songchai Ratanasuban.

8/1/1994. WBC:FL *Won* Yuri Arbachakov (112) *Lost* Hugo Soto (112). KO 8/3:06 *S* Ariake Col., Tokyo *R* Alfred Asaro *P* Kyoei Boxing Promos.

9/25/1994. WBA:FL *Won* Saen Sow Ploenchit (112) *Lost* Yong-Kang Kim (112). Unan 12 *S* Municipal Stadium, Kanchanaburi, Thai. *R* Sylvestre Abainza *P* Songchai Ratanasuban.

10/15/1994. WBO:FL *Won* Jacob Matlala (110½) *Lost* Domingo Lucas (109¼). Unan 12 *S* Superbowl, Sun City, Bophuthatswana *R* Gino Rodriguez *P* Matchroom Boxing, Ltd.

12/25/1994. WBA:FL *Won* Saen Sow Ploenchit (112) *Lost* Danny Nunez (112). TKO 11/0:45 *S* Provincial Stadium, Rayong, Thailand *R* Sylvestre Abainza *P* Songchai Ratanasuban.

1/30/1995. WBC:FL *Won* Yuri Arbachakov (111¼) *Lost* Oscar Arciniega (110½). Unan 12 *S* Tsukisappu Green Dome, Sapporo, Japan *R* James Jen-Kin *P* Kyoei Boxing Promotions.

2/11/1995. WBO:FL *Won* Alberto Jimenez (110¼) *Lost* Jacob Matlala (110½). TKO 8/2:35 *S* Carousel Hotel, Hammanskraal, S.A. *R* Lou Moret *P* Mike Segal Productions.

2/18/1995. IBF:FL *Won* Francisco Tejedor (111½) *Lost* Jose Luis Zepeda (111½). TKO 7/* *S* B. Caraballo Coliseum, Cartagena, Col. *R* Francisco Hernandez *P* Cedric Kushner Promotions.

4/22/1995. IBF:FL *Won* Danny Romero (112) *Lost* Francisco Tejedor (111). Unan 12 *S* MGM Grand Garden, Las Vegas, Nev. *R* Richard Steele *P* Top Rank/Cedric Kushner.

5/7/1995. WBA:FL *Won* Saen Sow Ploenchit (111½) *Lost* Evangelio Perez (111½). Unan 12 *S* Ank-Seng Samakee Stadium, Hat Yai, Thai. *R* Rudy Battle *P* Songchai Ratanasuban.

6/17/1995. WBO:FL *Won* Alberto Jimenez (111½) *Lost* Robbie Regan (111¾). TKO 10/* *S* Cardiff Ice Palace, Cardiff, Wales *R* Ismael Quinones *P* Sports Network, Ltd.

7/29/1995. IBF:FL *Won* Danny Romero (110¾) *Lost* Miguel Martinez (111). KO 6/1:15 *S* Freeman Coliseum, San Antonio, Texas *R* Jerry McKenzie *P* Top Rank, Inc.

9/25/1995. WBC:FL *Won* Yuri Arbachakov (112) *Lost* Chatchai Sasakul (112). Unan 12 *S* Martial Arts Hall, Tokyo, Japan *R* Richard Steele *P* Kyoei Boxing Promotions.

10/9/1995. WBO:FL *Won* Alberto Jimenez (111½) *Lost* Zolile Mbitye (111¾). TKO 2/1:43 *S* Auditorium, Tijuana, B.C.N., Mexico *R* Ismael Quinones *P* Azteca/Mayen Promotions.

10/17/1995. WBA:FL *Won* Saen Sow Ploenchit (111½) *Lost* Hiroki Ioka (112). TKO 10/2:42 *S* Prefectural Gymnasium, Osaka, Japan *R* Mitch Halpern *P* Green Tsuda Promotions.

1/14/1996. WBA:FL *Won* Saen Sow Ploenchit (112) *Lost* Yong-Soon Chang (112). Unan 12 *S* City Hall, Nonsaburi, Thailand *R* Carlos Berrocal *P* Songchai Ratanasuban.

2/5/1996. WBC:FL *Won* Yuri Arbachakov (112) *Lost* Raul Juarez (111½). Unan 12 *S* Osaka Castle Hall, Osaka, Japan *R* Luis Carlos Guzman *P* Kyoei Boxing Promotions.

3/23/1996. WBO:FL *Won* Alberto Jimenez (111) *Lost* Miguel Martinez (112). TKO 5/2:15 *S* Caesars Palace, Las Vegas, Nev. *R* Joe Cortez *P* Forum Boxing, Inc.

3/24/1996. WBA:FL *Won* Saen Sow Ploenchit (112) *Lost* Rafael (Leo) Gamez (111¼). Split 12 *S* Zeer Shopping Center, Rangsit, Thai. *R* Rafael Ramos *P* Songchai Ratanasuban.

5/4/1996. IBF:FL *Won* Mark Johnson (111½) *Lost* Francisco Tejedor (112). KO 1/1:35 *S* Arrowhead Pond Arena, Anaheim, Ca. *R* Pat Russell *P* Forum Boxing, Inc.

6/1/1996. WBO:FL *Won* Alberto Jimenez (112) *Lost* Jose Lopez (111½). Unan 12 *S* Caesars Tahoe, Lake Tahoe *R* Mills Lane *P* Forum Boxing, Inc.

8/5/1996. IBF:FL *Won* Mark Johnson (111) *Lost* Raul Juarez (111¾). TKO 8/1:57 *S* Great Western Forum, Inglewood, Ca. *R* Pat Russell *P* Forum.

8/26/1996. WBC:FL *Won* Yuri Arbachakov (112) *Lost* Takato Toguchi (112). TKO 9/1:29 *S* Ryogoku Sumo Arena, Tokyo, Japan *R* Nobuaki Uratani *P* Kyoei Boxing Promotions.

9/6/1996. WBO:FL *Won* Alberto Jimenez (111¼) *Lost* Carlos Salazar (112). Draw 12 *S* Villa Ballester, Buenos Aires, Argentina *R* Raul Caiz *P* Osvaldo Rivero.

9/8/1996. WBA:FL *Won* Saen Sow Ploenchit (112) *Lost* Alexandre Makhmoutov (112). Unan 12 *S* Provincial Stadium, Nakhon Phanom, Thai. *R* Enzo Montero *P* Songchai Ratanasuban.

11/24/1996. WBA:FL *Won* Jose Bonilla (112) *Lost* Saen Sow Ploenchit (112). Unan 12 *S* Regional Stadium, Ubon Ratchathani, Thai. *R* Rafael Ramos *P* Songchai Ratanasuban.

12/13/1996. WBO:FL *Won* Carlos Salazar (111½) *Lost* Alberto Jimenez (112). TKO 10/2:50 *S* Polideportivo Club, Lanus, B.A., Arg. *R* Roberto Ramirez *P* Osvaldo Rivero.

2/10/1997. IBF:FL *Won* Mark Johnson (112) *Lost* Alejandro Montiel (112). Unan 12 *S* Great Western Forum, Inglewood, Ca. *R* Robert Byrd *P* Forum Boxing, Inc.

Flyweight

2/25/1997. WBA:FL *Won* Jose Bonilla (111½) *Lost* Hiroki Ioka (112). TKO 7/2:49 *S* Central Gymnasium, Osaka, Japan *R* Rafael Ramos *P* Green Tsuda Promotions.

3/8/1997. WBO:FL *Won* Carlos Salazar (112) *Lost* Antonio Ruiz (112). Draw 12 *S* El Ferrocarel, Mexicali, B.C.N., Mex. *R* Larry Rozadilla *P* Luis Gutierrez Dueno.

5/23/1997. WBO:FL *Won* Carlos Salazar (112) *Lost* Antonio Ruiz (112). Unan 12 *S* Club Deportivo Accion, Chaco, Arg. *R* Luis Pabon *P* Osvaldo Rivero.

6/1/1997. IBF:FL *Won* Mark Johnson (112) *Lost* Cecilio Espino (112). KO 2/3:00 *S* Mohegan Sun Casino, Uncasville, Conn. *R* John Lawson *P* Cedric Kushner Promotions.

7/19/1997. WBO:FL *Won* Carlos Salazar (111¾) *Lost* Salvatore Fanni (110¾). Unan 12 *S* Amphitheatre, Porto Rotonde, Sardinia *R* Jose Rivera *P* Universum Box Promotion.

8/23/1997. WBA:FL *Won* Jose Bonilla (111½) *Lost* Evangelio Perez (111½). Unan 12 *S* Felix Velazquez Stadium, Cumana, Vez. *R* Mitch Halpern *P* Vega Box.

9/16/1997. IBF:FL *Won* Mark Johnson (112) *Lost* Angel Almena (112). Unan 12 *S* Municipal Auditorium, Nashville, Tenn. *R* Larry Doggett *P* Cedric Kushner Promotions.

10/10/1997. WBO:FL *Won* Carlos Salazar (112) *Lost* Everardo Morales (111¾). Unan 12 *S* Club Regatas, Resistencia, Chaco, Arg. *R* Luis Pabon *P* Osvaldo Rivero.

11/12/1997. WBC:FL *Won* Chatchai Sasakul (112) *Lost* Yuri Arbachakov (112). Unan 12 *S* Tsukisamu Green Dome, Sapporo, Japan *R* Carlos Padilla *P* Kyoei Boxing Promotions.

11/22/1997. WBA:FL *Won* Jose Bonilla (112) *Lost* Keiji Yamaguchi (112). TKO 6/2:20 *S* Osaka Castle Hall, Osaka, Japan *R* Julio C. Alvarado *P* Teiken Promotions.

2/22/1998. IBF:FL *Won* Mark Johnson (112) *Lost* Arthur Johnson (111). KO 1/1:11 *S* Starplex Armory, Washington, D.C. *R* Joseph Cooper *P* Cedric Kushner Promotions.

2/27/1998. WBC:FL *Won* Chatchai Sasakul (111½) *Lost* Yong-Jin Kim (111½). Unan 12 *S* Koh Samui, Surat Thani, Thailand *R* Jose Medina *P* Sombhop Srisomvongse.

3/21/1998. WBO:FL *Won* Carlos Salazar (112) *Lost* Jose Lopez (111¼). Split 12 *S* Club Accion, Roque Saenz Pena, Arg. *R* Larry Rozadilla *P* Osvaldo Rivero.

5/1/1998. WBC:FL *Won* Chatchai Sasakul (112) *Lost* Yong-Soon Chang (112). KO 5/2:54 *S* Kanchanaburi Stadium, Kanchanaburi, Thai. *R* Malcolm Bulner *P* Sombhop Srisomvongse.

5/29/1998. WBA:FL *Won* Hugo Soto (111½) *Lost* Jose Bonilla (112). Split 12 *S* Las Vegas Hilton, Las Vegas, Nev. *R* Richard Steele *P* Don King Productions.

7/26/1998. IBF:FL *Won* Mark Johnson (112) *Lost* Luis Rolon (112). Unan 12 *S* Turning Stone Casino, Verona, N.Y. *R* Wayne Kelly *P* C. Kushner/D. Rappaport.

8/14/1998. WBO:FL *Won* R. Sanchez Leon (112) *Lost* Carlos Salazar (112). TWu 8/2:47 *S* Auditorium, Mexicali, B.C.N., Mex. *R* Lou Moret *P* Diablo Promotions.

9/4/1998. IBF:FL *Won* Mark Johnson (112) *Lost* Jose Laureano (111). TKO 7/* *S* Trump Taj Mahal, Atlantic City, N.J. *R* Michael Ortega *P* Cedric Kushner Promotions.

12/4/1998. WBC:FL *Won* Manny Pacquiao (112) *Lost* Chatchai Sasakul (112). KO 8/2:54 *S* Tonsuk Groun, Phuttamonthon, Thai. *R* Malcolm Bulner *P* Sombhop Srisomvongse.

12/18/1998. WBO:FL *Won* R. Sanchez Leon (112) *Lost* Salvatore Fanni (111¼). Unan 12 *S* Sports Palace, Cagliari, Sardinia, Italy *R* Raul Caiz *P* Boxing-Cotena Group.

3/13/1999. WBA:FL *Won* Rafael (Leo) Gamez (111) *Lost* Hugo Soto (111). KO 3/0:33 *S* Madison Sq. Garden, New York, N.Y. *R* Carl Schroeder *P* Don King/Main Events, Inc.

4/10/1999. IBF:FL *Won* Irene Pacheco (111½) *Lost* Luis Cox (110¾). KO 9/1:25 *S* El Salon Country Club, Barranquilla, Col. *R* Gabriel Sanchez *P* C. Kushner/Cuadrilatero.

4/23/1999. WBO:FL *Won* Jose Lopez Bueno (111½) *Lost* Ruben Sanchez Leon (112). TKO 3/1:10 *S* Pabellon Principe Felipe, Zaragoza, Spain *R* Roberto Ramirez *P* Buffalo Promotions.

4/24/1999. WBC:FL *Won* Manny Pacquiao (111¾) *Lost* Gabriel Mira (110½). TKO 4/2:45 *S* Araneta Coliseum, Quezon City, Phil. *R* Richard Steele *P* Uniprom.

6/4/1999. WBO:FL *Won* Jose Lopez Bueno (111¾) *Lost* Igor Gerassimov (112). TKO 7/2:10 *S* Polideportivo Ciudad Jardin, Malaga, Spain *R* Bill Connors *P* Buffalo Promotions.

9/3/1999. WBA:FL *Won* Sorn. Pisnurachan (112) *Lost* Rafael (Leo) Gamez (112). KO 8/2:52 *S* Grand Hotel Arena, Mukdahan, Thai. *R* Rafael Ramos *P* Galaxy Boxing Promotions.

9/17/1999. WBC:FL *Won* M. Lukchaopormasak (112) *Lost* Manny Pacquiao (113). KO 3/1:32 *S* Pakpanag Stadium, Nakhon Si Thammarat, Thai. *R* Lupe Garcia *P* Sombhop Srisomvongse.

10/16/1999. IBF:FL *Won* Irene Pacheco (112) *Lost* Ferid ben Jeddou (112). KO 4/1:47 *S* El Salon Country Club, Barranquilla, Col. *R* Max Parker, Jr. *P* C. Kushner/Cuadrilatero.

12/18/1999. WBO:FL *Won* Isidro Garcia (112) *Lost* Jose Lopez (112). Unan 12 *S* Fantasy Springs Casino, Indio, Calif. *R* Lou Moret *P* Ricardo Salazar.

1/14/2000. IBF:FL *Won* Irene Pacheco (111¾) *Lost* Pedro Pena (112). KO 11/2:32 *S* Don Haskins Ctr., El Paso *R* Robert Gonzales *P* Cedric Kushner Pr.

2/25/2000. WBC:FL *Won* M. Lukchaopormasak (111) *Lost* Masaki Kawabata (112). Unan 12 *S* Mahachai Arena, Samut Sakorn, Thai. *R* Richie Davis *P* Diamond Promotions.

4/8/2000. WBA:FL *Won* Sorn. Pisnurachan (112) *Lost* Gilberto Gonzalez (112). TKO 5/1:49 *S* Municipal Stadium, Kalasin, Thailand *R* Armando Garcia *P* Galaxy Boxing Promotions.

5/19/2000. WBC:FL *Won* Malcolm Tunacao (111) *Lost* M. Lukchaopormasak (112). TKO 7/1:53 *S* Srimnang Arena, Udon Thani, Thai. *R* Brian McMahon *P* Diamond Promotions.

8/5/2000. WBA:FL *Won* Eric Morel (111) *Lost* Sorn. Pisnurachan (111¾). Unan 12 *S* Alliant Energy Center, Madison, Wisc. *R* Dick Bartman *P* Top Rank, Inc.

8/19/2000. WBO:FL *Won* Isidro Garcia (111¾) *Lost* Jose Rafael Sosa (111¾). TKO 6/1:13 *S* Polideportivo Municipal Cerutti, Cordoba, Arg. *R* Jose H. Rivera *P* Osvaldo Rivero.

8/20/2000. WBC:FL *Won* Malcolm Tunacao (111½) *Lost* Celes Kobayashi (111½). Draw 12 *S* Ryogoku Sumo Arena, Tokyo, Japan *R* Jay Nady *P* Teiken Promotions.

10/7/2000. WBA:FL *Won* Eric Morel (112) *Lost* Alberto Ontiveros (112). Unan 12 *S* MGM Grand Garden, Las Vegas, Nev. *R* Kenny Bayless *P* Top Rank, Inc.

11/10/2000. IBF:FL *Won* Irene Pacheco (111) *Lost* Masibulele Makepula (111). Maj 12 *S* Mandalay Bay Resort, Las Vegas, Nev. *R* Richard Steele *P* Main Events, Inc.

12/15/2000. WBO:FL *Won* Fernando Montiel (112) *Lost* Isidro Garcia (111¾). TKO 7/2:15 *S* Centro de Espectaculo, Cd. Obregon, Mex. *R* Bill Connors *P* Maldonado Promotions.

12/15/2000. WBA:FL *Won* Eric Morel (112) *Lost* Gilberto Keb-Baas (112). Unan 12 *S* Alliant Energy Center, Madison, Wisc. *R* Dick Bartman *P* Top Rank, Inc.

3/2/2001. WBC:FL *Won* Pong. Sithkanongsak (112) *Lost* Malcolm Tunacao (112). TKO 1/2:42 *S* Amphitheatre, Pichit Province, Thailand *R* Jae-Bong Kim *P* Diamond Promotions.

3/24/2001. WBO:FL *Won* Fernando Montiel (111½) *Lost* Zoltan Lunka (111½). TKO 7/2:03 *S* Rudi Sedlmayer Halle, Munich, Germany *R* Ismael Quinones *P* Universum Box Promotion.

5/25/2001. WBO:FL *Won* Fernando Montiel (112) *Lost* Juan D. Cordoba (112). KO 1/2:15 *S* El Alebrije Discoteque, Acapulco, Mex. *R* Roberto Ramirez *P* Maldonado Promotions.

6/8/2001. WBA:FL *Won* Eric Morel (112) *Lost* Jose DeJesus Lopez (111). TKO 9/* *S* Ho-Chunk Casino and Hotel, Baraboo, Wisc. *R* Dick Bartman *P* Top Rank, Inc.

7/15/2001. WBC:FL *Won* Pong. Sithkanongsak (112) *Lost* Hayato Asai (112). TKO 5/0:47 *S* Aichi Martial Arts Hall, Nagoya, Japan *R* Bruce McTavish *P* Midori Promotions.

9/8/2001. WBO:FL *Won* Fernando Montiel (112) *Lost* Jose (Carita) Lopez (111½). Unan 12 *S* Lawlor Events Center, Reno, Nev. *R* Norm Budden *P* Forum Boxing/Panix Promos.

10/26/2001. WBC:FL *Won* Pong. Sithkanongsak (112) *Lost* Alex Baba (112). TWu 8/2:35 *S* Hat Yai Gymnasium, Hat Yai, Thai. *R* Richie Davies *P* Diamond Promotions.

11/9/2001. IBF:FL *Won* Irene Pacheco (111½) *Lost* Mike Trejo (111½). TKO 4/1:45 *S* Sunset Station, San Antonio, Texas *R* Robert Gonzales *P* C. Kushner/Team Freedom.

12/6/2001. WBC:FL *Won* Pong. Sithkanongsak (112) *Lost* Luis Lazarte (108½). TKO 2/2:43 *S* Jomtien Hotel, Pattaya, Thailand *R* David Chung *P* Diamond Promotions.

4/19/2002. WBC:FL *Won* Pong. Sithkanongsak (112) *Lost* Daisuke Naito (112). KO 1/0:34 *S* Provincial Stadium, Khon Kaen, Thai. *R* Guillermo Ayon *P* Petchyindee Boxing Promos.

5/4/2002. WBO:FL *Won* Adonis Rivas (111¾) *Lost* Jair Jimenez (112). Maj 12 *S* Denis Martinez Stadium, Managua, Nic. *R* Samuel Viruet *P* A. Fiallo/R. Maldonado, Jr.

7/13/2002. WBO:FL *Won* Omar Narvaez (111½) *Lost* Adonis Rivas (111½). Unan 12 *S* Luna Park Stadium, Buenos Aires, Arg. *R* Joe Cortez *P* Osvaldo Rivero.

9/6/2002. WBC:FL *Won* Pong. Sithkanongsak (112) *Lost* Jesus Martinez (112). Unan 12 *S* Future Park Plaza, Rangsit, Thailand *R* Tony Perez *P* Virat Vachiraratanawongse.

9/13/2002. WBO:FL *Won* Omar Narvaez (112) *Lost* Luis A. Lazarte (109½). DQ 10/2:23 *S* Municipal Gymnasium, Trelew, Chubut, Arg. *R* Carlos Roldan *P* O. Rivero-M. Margosian.

10/12/2002. WBA:FL *Won* Eric Morel (112) *Lost* Denkaosaen Kaovichit (111½). TKO 11/1:40 *S* Arrowhead Pond, Anaheim, Calif. *R* Raul Caiz *P* Top Rank, Inc.

11/26/2002. WBC:FL *Won* Pong. Sithkanongsak (111½) *Lost* Hidenobu Honda (111¾). Unan 12 *S* Osaka Dome, Osaka, Japan *R* Bruce McTavish *P* Green Tsuda Promotions.

11/29/2002. IBF:FL *Won* Irene Pacheco (111) *Lost* Alejandro Montiel (112). Unan 12 *S* Convention Center, El Paso, Texas *R* Robert Gonzalez *P* Top Rank, Inc.

12/14/2002. WBO:FL *Won* Omar Narvaez (111¼) *Lost* Andrea Sarritzu (111¾). Split 12 *S* Sports Palace, Quartu Sant'Elena, Sardinia *R* Joe Cortez *P* Salvatore Cherchi.

6/6/2003. WBC:FL *Won* Pong. Sithkanongsak (112) *Lost* Randy Mangubat (112). Unan 12 *S* Amphitheater, Songkhla, Thailand *R* Brian McMahon *P* Petchyindee Promotions.

6/7/2003. WBO:FL *Won* Omar Narvaez (112) *Lost* Everardo Morales (111½). TKO 5/2:35 *S* Luna Park Stadium, Buenos Aires, Arg. *R* Bill Connors *P* Rivero Promotions.

6/28/2003. WBA:FL *Won* Eric Morel (112) *Lost* Isidro Garcia (111). Unan 12 *S* Hiram Bithorn Stadium, San Juan, P.R. *R* Roberto Ramirez *P* Top Rank/Best Boxing.

8/9/2003. WBO:FL *Won* Omar Narvaez (110¼) *Lost* Andrea Sarritzu (109¼). Draw 12 *S* Municipal Amphitheater, Villasimius, Italy *R* Luis Pabon *P* Salvatore Cherchi.

9/27/2003. IBF:FL *Won* Irene Pacheco (111¾) *Lost* Damaen Kelly (111¾). TKO 7/* *S* Country Club Auditorium, Barranquilla, Col. *R* Manuel Rodriguez *P* Deportivas Cuadrilatero.

11/14/2003. WBO:FL *Won* Omar Narvaez (112) *Lost* Alexandre Mahmutov (111½). TKO 11/* *S* Cerdan Palais des Sports, Paris, France *R* Samuel Viruet *P* A.B. Stars, Inc.

11/14/2003. WBC:FL *Won* Pong. Sithkanongsak (112) *Lost* Hussein Hussein (111½). Unan 12 *S* Lumpini Stadium, Bangkok, Thailand *R* David Chung *P* Petchyindee Promotions.

12/6/2003. WBA:FL *Won* Lorenzo Parra (111¾) *Lost* Eric Morel (112). Unan 12 *S* Ruben Rodriguez Coliseum, Bayamon, P.R. *R* Luis Pabon *P* Top Rank/Peter Rivera.

1/3/2004. WBC:FL *Won* Pong. Sithkanongsak (112) *Lost* Masaki Nakanuma (112). Unan 12 *S* Pacifico Yokohama, Yokohama, Japan *R* Bruce McTavish *P* Kokusai Promotions.

3/6/2004. WBO:FL *Won* Omar Narvaez (111½) *Lost* Reginaldo Martins (109). TKO 3/1:28 *S* Luna Park Sports Palace, Buenos Aires, Arg. *R* Roberto Ramirez *P* Osvaldo Rivero.

6/4/2004. WBA:FL *Won* Lorenzo Parra (112) *Lost* Takefumi Sakata (112). Maj 12 *S* Ariake Col., Tokyo *R* John Coyle *P* Kyoei Promotions.

7/15/2004. WBC:FL *Won* Pong. Sithkanongsak (112) *Lost* Luis Angel Martinez (112). TKO 5/1:49 *S* Central Sports Center, Khonkaen, Thai. *R* David Chung *P* Diamond Promotions.

9/9/2004. WBA:FL *Won* Lorenzo Parra (112) *Lost* Yo-Sam Choi (112). Unan 12 *S* Changchung Gymnasium, Seoul, Korea *R* Raul Caiz *P* Dragon Promotions.

12/16/2004. IBF:FL *Won* Vic Darchinyan (111½) *Lost* Irene Pacheco (112). TKO 11/0:4 *S* Seminole Paradise, Hollywood, Fla. *R* Jorge Alonso *P* Warriors' Promotions.

1/3/2005. WBA:FL *Won* Lorenzo Parra (111¼) *Lost* Masaki Nakanuma (111½). Unan 12 *S* Ariake Coliseum, Tokyo, Japan *R* Armando Garcia *P* Ohashi/Teiken Promos.

1/29/2005. WBC:FL *Won* Pong. Sithkanongsak (112) *Lost* Noriyuki Komatsu (112). TKO 5/1:42 *S* Prefectural Gymnasium, Osaka, Japan *R* Malcolm Bulner *P* Kanazawa/E. Townsend.

3/27/2005. IBF:FL *Won* Vic Darchinyan (112) *Lost* Mzukisi Sikali (111¾). TKO 8/2:28 *S* State Sports Centre, Homebush Bay, N.S.W. *R* Pete Podgorski *P* Boxing United, LLC.

8/24/2005. IBF:FL *Won* Vic Darchinyan (112) *Lost* Jair Jimenez (111½). TKO 5/2:23 *S* Entertainment Centre, Sydney, N.S.W., Aus. *R* John Wright *P* Rush Promotions.

9/19/2005. WBA:FL *Won* Lorenzo Parra (112) *Lost* Takefumi Sakata (112). Maj 12 *S* Korakuen Hall, Tokyo, Japan *R* Raul Caiz, Jr. *P* Kyoei/Teiken Promotions.

10/10/2005. WBC:FL *Won* Pong. Sithkanongsak (112) *Lost* Daisuke Naito (112). TWu 7/2:38 *S* Korakuen Hall, Tokyo, Japan *R* Guadalupe Garcia *P* Miyata Promotions.

12/5/2005. WBO:FL *Won* Omar Narvaez (111½) *Lost* Bernard Inom (110¾). TKO 11/1:43 *S* Palais Omnisports Bercy, Paris, France *R* Lou Moret *P* AMI Productions.

12/5/2005. WBA:FL *Won* Lorenzo Parra (111½) *Lost* Brahim Asloum (112). Unan 12 *S* Palais Omnisports Bercy, Paris *R* Mark Nelson *P* AMI Prods.

2/16/2006. WBC:FL *Won* Pong. Sithkanongsak (112) *Lost* Gilberto Keb-Baas (112). Unan 12 *S* Amphitheater, Chainart, Thailand *R* Bruce McTavish *P* Petechyindee Promotions.

3/3/2006. IBF:FL *Won* Vic Darchinyan (112) *Lost* Diosdado Gabi (111). TKO 8/2:42 *S* Chumash Casino Resort, Santa Ynez, Ca. *R* David Mendoza *P* Gary Shaw Productions.

5/1/2006. WBC:FL *Won* Pong. Sithkanongsak (112) *Lost* Daigo Nakahiro (112). Unan 12 *S* King's Guard Armory, Bangkok, Thai. *R* Michael Griffin *P* V. Vachiraratanawongse.

6/3/2006. IBF:FL *Won* Vic Darchinyan (112) *Lost* Luis Maldonado (112). TKO 8/1:38 *S* Thomas & Mack Center, Las Vegas, Nev. *R* Joe Cortez *P* Top Rank/Gary Shaw.

6/30/2006. WBC:FL *Won* Pong. Sithkanongsak (112) *Lost* Everardo Morales (111¾). TKO 4/0:55 *S* Siam Paragon Hall, Bangkok, Thai. *R* William Clancy *P* Petchyindee Promotions.

8/5/2006. WBO:FL *Won* Omar Narvaez (111½) *Lost* Rexon Flores (110). Unan 12 *S* Orfeo Superdome, Cd. Cordoba, Argentina *R* Samuel Viruet *P* Carlos Andres Tello.

10/7/2006. IBF:FL *Won* Vic Darchinyan (112) *Lost* Glenn Donair (111). TWu 6/1:27 *S* Mandalay Bay Resort, Las Vegas, Nev. *R* Tony Weeks *P* Gary Shaw Productions.

10/14/2006. WBO:FL *Won* Omar Narvaez (112) *Lost* Walberto Ramos (111¾). Unan 12 *S* Luna Park Stadium, Buenos Aires, Arg. *R* Roberto Ramirez *P* Osvaldo Rivero/Luna Park.

11/17/2006. WBC:FL *Won* Pong. Sithkanongsak (112) *Lost* Monelisi Myekeni (111¾). Unan 12 *S* Suranaree Stadium, Korat, Thailand *R* Bruce McTavish *P* Petchyindee Promotions.

3/3/2007. IBF:FL *Won* Vic Darchinyan (111½) *Lost* Victor Burgos (111¼). TKO 12/1:27 *S* Home Depot Center, Carson, Calif. *R* Jon Schorle *P* Golden Boy Promotions.

3/10/2007. WBO:FL *Won* Omar Narvaez (112) *Lost* Brahim Asloum

(111¼). Unan 12 *S* La Palestre, Le Cannet, France *R* Roberto Ramirez *P* AMI Productions.
3/19/2007. WBA:FL *Won* Takefumi Sakata (112) *Lost* Lorenzo Parra (116¾). TKO 3/0:14 *S* Korakuen Hall, Tokyo, Japan *R* G. Pineda Perez *P* Kyoei Promotions.
4/6/2007. WBC:FL *Won* Pong. Sithkanongsak (112) *Lost* Tomonobu Shimizu (111¾). TKO 8/* *S* Tabkwang Stadium, Saraburi, Thai. *R* Brad Vocale *P* Petchyindee Promotions.
7/1/2007. WBA:FL *Won* Takefumi Sakata (111¾) *Lost* Roberto Vasquez (112). Unan 12 *S* Ariake Col., Tokyo *R* Stan Christodoulou *P* Kyoei.
7/7/2007. IBF:FL *Won* Nonito Donaire (112) *Lost* Vic Darchinyan (112). TKO 5/1:38 *S* Harbor Yard Arena, Bridgeport, Conn. *R* Eddie Claudio *P* Don King/Gary Shaw.
7/18/2007. WBC:FL *Won* Daisuke Naito (112) *Lost* Pong. Sithkanongsak (112). Unan 12 *S* Korakuen Hall, Tokyo, Japan *R* Toby Gibson *P* Miyata Promotions.
9/14/2007. WBO:FL *Won* Omar Narvaez (112) *Lost* Marlon Marquez (112). TKO 4/2:47 *S* Municipal Gymnasium, Trelew, Arg. *R* Roberto Ramirez *P* Osvaldo Rivero Promos.
10/11/2007. WBC:FL *Won* Daisuke Naito (112) *Lost* Daiki Kameda (112). Unan 12 *S* Ariake Coliseum, Tokyo, Japan *R* Vic Drakulich *P* Kyoei Promotions.
11/4/2007. WBA:FL *Won* Takefumi Sakata (112) *Lost* Denkaosaen Kaovichit (111½). Draw 12 *S* Saitama Super Arena, Saitama, Japan *R* Mark Nelson *P* Kyoei Promotions.
12/1/2007. IBF:FL *Won* Nonito Donaire (111) *Lost* Luis Maldonado (111). TKO 8/1:16 *S* Foxwoods Resort, Mashantucket, Conn. *R* Charles Dwyer *P* Gary Shaw Productions.
1/25/2008. WBO:FL *Won* Omar Narvaez (111½) *Lost* Carlos Tamara (112). Unan 12 *S* Nuevo Palacio Aurinegro, P. Madryn, Arg. *R* Joe Cortez *P* O.R./All-Star Boxing.
3/8/2008. WBC:FL *Won* Daisuke Naito (112) *Lost* Pong. Sithkanongsak (112). Draw 12 *S* Ryogoku Sumo Arena, Tokyo, Japan *R* Hector Afu *P* Miyata Promotions.
3/29/2008. WBA:FL *Won* Takefumi Sakata (112) *Lost* Shingo Yamaguchi (111¾). Unan 12 *S* Makuhari Messe, Chiba City, Japan *R* Takeshi Shimakawa *P* Kyoei Promotions.
5/9/2008. WBO:FL *Won* Omar Narvaez (111½) *Lost* Ivan Pozo (111½). TKO 8/* *S* Pabellon Central, Vigo, Spain *R* Samuel Viruet *P* Vincit Sports, SL.
7/30/2008. WBC:FL *Won* Daisuke Naito (112) *Lost* Tomonobu Shimizu (112). KO 10/0:57 *S* Korakuen Hall, Tokyo, Japan *R* Frank Garza *P* Miyata/Kyoei Promos.
7/30/2008. WBA:FL *Won* Takefumi Sakata (112) *Lost* Hiroyuki Hisataka (111¾). Unan 12 *S* Korakuen Hall, Tokyo, Japan *R* Kazunobu Asao *P* Miyata/Kyoei Promos.
11/1/2008. IBF:FL *Won* Nonito Donaire (111) *Lost* Moruti Mthalane (111). TKO 6/1:31 *S* Mandalay Bay Resort, Las Vegas, Nev. *R* Joe Cortez *P* Top Rank, Inc.
12/23/2008. WBC:FL *Won* Daisuke Naito (112) *Lost* Shingo Yamaguchi (111¾). TKO 11/1:11 *S* Kokugikan Arena, Tokyo, Japan *R* Yuji Fukuchi *P* Miyata Promotions.
12/31/2008. WBA:FL *Won* Denkaosaen Kaovichit (111¾) *Lost* Takefumi Sakata (112). KO 2/2:55 *S* Sun Plaza Hall, Hiroshima, Japan *R* Roberto Ramirez *P* Kyoei Promotions.
2/7/2009. WBO:FL *Won* Omar Narvaez (111½) *Lost* Rayonta Whitfield (111¾). TKO 10/0:53 *S* Nuevo Palacio Aurinegro, P. Madryn, Arg. *R* Samuel Viruet *P* Osvaldo Rivero Promos.
4/19/2009. IBF:FL *Won* Nonito Donaire (111½) *Lost* Raul Martinez (112). TKO 4/2:42 *S* Araneta Coliseum, Quezon City, Phil. *R* Pete Podgorski *P* Top Rank/Solar/Zanfer.
5/26/2009. WBC:FL *Won* Daisuke Naito (112) *Lost* Xiong Zhao Zhong (112). Unan 12 *S* Differ Ariake, Tokyo, Japan *R* Bruce McTavish *P* Miyata Pros./Zovi Promos.
5/26/2009. WBA:FL *Won* Denkaosaen Kaovichit (112) *Lost* Hiroyuki Hisataka (112). Split 12 *S* Central Sport Stadium, Uttaradit, Thai. *R* Lahcen Oumghar *P* Galaxy Boxing Promos.

6/26/2009. WBO:FL *Won* Omar Narvaez (112) *Lost* Omar Soto (111). TKO 11/1:58 *S* Luna Park Stadium, Buenos Aires, Arg. *R* Roberto Ramirez, Jr. *P* Osvaldo Rivero/Luna Park.
10/6/2009. WBA:FL *Won* Denkaosaen Kaovichit (111¾) *Lost* Daiki Kameda (112). Maj 12 *S* Central Gymnasium, Osaka, Japan *R* Rafael Ramos *P* Kameda Promotions.
11/20/2009. IBF:FL *Won* Moruti Mthalane (112) *Lost* Julio C. Miranda (111¾). Unan 12 *S* Wembley Arena, Johannesburg, S.A. *R* Robert Byrd *P* Branco Sports Productions.
11/29/2009. WBC:FL *Won* Koki Kameda (112) *Lost* Daisuke Naito (112). Unan 12 *S* Saitama Arena, Saitama, Japan *R* Hector Afu *P* Miyata.
2/7/2010. WBA:FL *Won* Daiki Kameda (112) *Lost* Denkaosaen Kaovichit (110¾). Unan 12 *S* World Memorial Hall, Kobe, Japan *R* Lahcen Oumghar *P* Kameda Promotions.
3/27/2010. WBC:FL *Won* Pong. Sithkanongsak (111½) *Lost* Koki Kameda (112). Maj 12 *S* Ariake Coliseum, Tokyo, Japan *R* Guadalupe Garcia *P* MG Boxing Promotions.

Junior Flyweight

4/4/1975. WBC:JFL *Won* Franco Udella (107) *Lost* Valentin Martinez (106½). Foul 12/2:56 *S* San Siro Stadium, Milan, Italy *R* Raymond Baldeyrou.
8/23/1975. WBA:JFL *Won* Jaime Rios (107¾) *Lost* Rigoberto Marcano (107½). Unan 15 *S* Nuevo Panama Gym., Panama City, Pan. *R* Servio Tulio Ley.
9/13/1975. WBC:JFL *Won* Luis Estaba (107) *Lost* Rafael Lovera (107¼). KO 4 *S* Nuevo Circo, Caracas, Venezuela *R* Anselmo Escobedo.
12/17/1975. WBC:JFL *Won* Luis Estaba (107½) *Lost* Takenobu Shimabukuro (108). TKO 10/1:25 *S* Onoyama Gymnasium, Okinawa, Japan *R* Anselmo Escobedo *P* Toyo Promotions.
1/3/1976. WBA:JFL *Won* Jaime Rios (107¼) *Lost* Kazunori Tenryu (106). Split 15 *S* Prefectural Gym., Kagoshima, Japan *R* Anselmo Escobedo *P* Toyo Promotions.
2/14/1976. WBC:JFL *Won* Luis Estaba (107¾) *Lost* Leo Palacios (106). Unan 15 *S* Nuevo Circo, Caracas, Venezuela *R* Isidro Rodriguez.
5/2/1976. WBC:JFL *Won* Luis Estaba (108) *Lost* Juan Alvarez (108). Unan 15 *S* El Poliedro, Caracas, Venezuela *R* Rafael Toro Lugo.
7/1/1976. WBA:JFL *Won* Juan Guzman (108) *Lost* Jaime Rios (108). Split 15 *S* Quisqueya Stadium, Santo Domingo, D.R. *R* Isidro Rodriguez.
7/18/1976. WBC:JFL *Won* Luis Estaba (108) *Lost* Franco Udella (108). KO 3/1:11 *S* El Poliedro, Caracas, Venezuela *R* Jay Edson.
9/26/1976. WBC:JFL *Won* Luis Estaba (107¼) *Lost* Rodolfo Rodriguez (106). TKO 11/* *S* Nuevo Circo, Caracas, Venezuela *R* Rafael Toro Lugo.
10/10/1976. WBA:JFL *Won* Yoko Gushiken (107¼) *Lost* Juan Guzman (107). KO 7/0:32 *S* Yamanashi Univ. Gym., Kofu, Japan *R* Rudy Ortega *P* Kyoei Promotions.
11/21/1976. WBC:JFL *Won* Luis Estaba (107½) *Lost* Valentin Martinez (108). TKO 11 *S* Nuevo Circo, Caracas, Venezuela *R* Isidro Rodriguez.
1/30/1977. WBA:JFL *Won* Yoko Gushiken (107) *Lost* Jaime Rios (106¼). Split 15 *S* Martial Arts Hall, Tokyo, Japan *R* Rudy Ortega *P* Kyoei Promotions.
5/15/1977. WBC:JFL *Won* Luis Estaba (107) *Lost* Rafael Pedroza (107). Unan 15 *S* Nuevo Circo, Caracas, Venezuela *R* I. Quinones Falu.
5/22/1977. WBA:JFL *Won* Yoko Gushiken (107) *Lost* Rigoberto Marcano (106). Split 15 *S* Makomanai Ice Arena, Sapporo, Japan *R* Martin Denkin *P* Kyoei Promotions.
7/17/1977. WBC:JFL *Won* Luis Estaba (107¼) *Lost* Ricardo Estupian (108). Unan 15 *S* Luis Ramos Gym., Puerto la Cruz, Vez. *R* Jay Edson.
8/21/1977. WBC:JFL *Won* Luis Estaba (107¼) *Lost* Juan Alvarez (107½). TKO 11 *S* Luis Ramos Gym., Puerto la Cruz, Vez. *R* I. Quinones Falu.
9/18/1977. WBC:JFL *Won* Luis Estaba (107½) *Lost* Orlando Hernandez (108). TKO 15 *S* Nuevo Circo, Caracas, Venezuela *R* Moises Sister.
10/9/1977. WBA:JFL *Won* Yoko Gushiken (107) *Lost* Montsayarm Mahachai (107). TKO 4/2:17 *S* Beppu City Spa, Oita, Japan *R* Yusaku Yoshida *P* Kyoei Promotions.
10/30/1977. WBC:JFL *Won* Luis Estaba (108) *Lost* Netrnoi Sor Vo-

rasingh (107½). Unan 15 *S* Nuevo Circo, Caracas, Venezuela *R* Anselmo Escobedo.

1/29/1978. WBA:JFL *Won* Yoko Gushiken (107¼) *Lost* Anaceto Vargas (106½). TKO 14/0:27 *S* Aichi Prefectural Gym., Nagoya, Japan *R* Masao Kato *P* Kyoei Promotions.

2/19/1978. WBC:JFL *Won* Freddie Castillo (106½) *Lost* Luis Estaba (107). TKO 14/2:30 *S* Nuevo Circo, Caracas, Venezuela *R* Jay Edson.

5/6/1978. WBC:JFL *Won* Netrnoi Sor Vorasingh (107¼) *Lost* Freddie Castillo (108). Split 15 *S* Thai Army Camp, Bangkok, Thailand *R* Rudy Jordan.

5/7/1978. WBA:JFL *Won* Yoko Gushiken (108) *Lost* Jaime Rios (107¼). TKO 13/2:59 *S* Prefectural Gym., Hiroshima, Japan *R* Ernesto Magana *P* Kyoei Promotions.

7/29/1978. WBC:JFL *Won* Netrnoi Sor Vorasingh (106) *Lost* Luis Estaba (107). TKO 5/1:10 *S* Nuevo Circo, Caracas, Venezuela *R* Jay Edson.

9/30/1978. WBC:JFL *Won* Sung-Jun Kim (107½) *Lost* Netrnoi Sor Vorasingh (107). KO 3/2:29 *S* Munhwa Stadium, Seoul, Korea *R* Pedro Flores.

10/15/1978. WBA:JFL *Won* Yoko Gushiken (107½) *Lost* Sang-Il Chung (107½). KO 5/0:22 *S* Kuramae Arena, Tokyo, Japan *R* Ken Morita *P* Kyoei Promotions.

1/7/1979. WBA:JFL *Won* Yoko Gushiken (107¾) *Lost* Rigoberto Marcano (107). KO 7/0:36 *S* Municipal Gym., Kawasaki, Japan *R* Tony Perez *P* Kyoei Promotions.

3/31/1979. WBC:JFL *Won* Sung-Jun Kim (108) *Lost* Rey Melendez (107). Draw 15 *S* Munhwa Stadium, Seoul, Korea *R* Jay Edson.

4/8/1979. WBA:JFL *Won* Yoko Gushiken (108) *Lost* Alfonso Lopez (108). TKO 7/2:47 *S* Kuramae Arena, Tokyo, Japan *R* Ken Morita *P* Kyoei Promotions.

7/28/1979. WBC:JFL *Won* Sung-Jun Kim (108) *Lost* Siony Carupo (108). Split 15 *S* Changchung Gymnasium, Seoul, Korea *R* Takeshi Shimakawa.

7/29/1979. WBA:JFL *Won* Yoko Gushiken (107¼) *Lost* Rafael Pedroza (107½). Unan 15 *S* Municipal Gymnasium, Kitakyushu, Jp. *R* Vincent Rainone *P* Kyoei Promotions.

10/21/1979. WBC:JFL *Won* Sung-Jun Kim (107½) *Lost* Rey Melendez (105½). Unan 15 *S* Munhwa Stadium, Seoul, Korea *R* H. Beltini.

10/28/1979. WBA:JFL *Won* Yoko Gushiken (108) *Lost* Tito Abella (107½). KO 7/0:53 *S* Kuramae Arena, Tokyo, Japan *R* Tomoyuki Tezaki *P* Kyoei Promotions.

1/3/1980. WBC:JFL *Won* Shigeo Nakajima (107¾) *Lost* Sung-Jun Kim (107¾). Unan 15 *S* Korakuen Hall, Tokyo, Japan *R* Dick Young *P* Yonekura Promos.

1/27/1980. WBA:JFL *Won* Yoko Gushiken (107½) *Lost* Yong-Hyun Kim (107½). Unan 15 *S* Prefectural Gymnasium, Osaka, Japan *R* Paul Field *P* Kyoei Promotions.

3/24/1980. WBC:JFL *Won* Hilario Zapata (108) *Lost* Shigeo Nakajima (108). Unan 15 *S* Kuramae Arena, Tokyo, Japan *R* Henry Elesperu *P* Yonekura Promos.

6/1/1980. WBA:JFL *Won* Yoko Gushiken (107¾) *Lost* Martin Vargas (107¾). TKO 8/1:43 *S* Prefectural Gymnasium, Kochi, Japan *R* Larry Hazzard *P* Kyoei Promotions.

6/7/1980. WBC:JFL *Won* Hilario Zapata (107½) *Lost* Chi-Bok Kim (107). Unan 15 *S* Muhnwa Stadium, Seoul, Korea *R* Richard Steele.

8/4/1980. WBC:JFL *Won* Hilario Zapata (108) *Lost* Rey Melendez (107¾). Unan 15 *S* Nuevo Circo, Caracas, Venezuela *R* Rudy Jordan.

9/17/1980. WBC:JFL *Won* Hilario Zapata (107¾) *Lost* Shigeo Nakajima (107¾). TKO 11/2:56 *S* Civic Center, Gifu, Japan *R* Rudy Jordan *P* Yonekura Promos.

10/12/1980. WBA:JFL *Won* Yoko Gushiken (107½) *Lost* Pedro Flores (107¾). Unan 15 *S* Jissen Arena, Kanazawa, Japan *R* Vincent Rainone *P* Kyoei Promotions.

12/1/1980. WBC:JFL *Won* Hilario Zapata (108) *Lost* Reinaldo Becerra (107). Split 15 *S* Nuevo Circo, Caracas, Venezuela *R* Richard Steele.

2/8/1981. WBC:JFL *Won* Hilario Zapata (107¾) *Lost* Joey Olivo (106½). TKO 13/* *S* Nuevo Panama Gym., Pan. City, Pan. *R* Lorenzo Fortunato *P* Panaprom S.A.

3/8/1981. WBA:JFL *Won* Pedro Flores (107¾) *Lost* Yoko Gushiken (107¾). TKO 12/1:45 *S* City Gymnasium, Gushikawa, Japan *R* Steve Crosson *P* Kyoei Promotions.

4/24/1981. WBC:JFL *Won* Hilario Zapata (107¾) *Lost* Rudy Crawford (107¼). Unan 15 *S* Cow Palace, San Francisco, Calif. *R* Rudy Jordan *P* Gagliardi/Garden City.

7/19/1981. WBA:JFL *Won* Hwan-Jin Kim (107¼) *Lost* Pedro Flores (105¼). TKO 13/1:51 *S* Kyongbuk Gymnasium, Taegu, Korea *R* Chuck Hassett *P* Kuk-Dong Promotions.

8/15/1981. WBC:JFL *Won* Hilario Zapata (108) *Lost* German Torres (107½). Unan 15 *S* Nuevo Panama Gym., Panama City, Pan. *R* Tony Perez *P* Panaprom S.A.

10/11/1981. WBA:JFL *Won* Hwan-Jin Kim (107½) *Lost* Alfonso Lopez (107¼). Maj 15 *S* Chungmu Gymnasium, Daejon, Korea *R* Waldemar Schmidt *P* Kuk-Dong Promotions.

11/6/1981. WBC:JFL *Won* Hilario Zapata (107¾) *Lost* Netrnoi Sor Vorasingh (107½). TKO 10/2:50 *S* Suranaree Army Stadium, Korat, Thai. *R* Rudy Jordan *P* Boonthung Polpanit.

12/16/1981. WBA:JFL *Won* Katsuo Tokashiki (107¾) *Lost* Hwan-Jin Kim (107½). Unan 15 *S* Miyagi-Gen Sports Center, Sendai, Japan *R* Waldemar Schmidt *P* Kyoei Promotions.

2/6/1982. WBC:JFL *Won* Amado Ursua (107) *Lost* Hilario Zapata (108). KO 2/2:47 *S* Nuevo Panama Gym., Panama City, Pan. *R* I. Quinones Falu *P* Panaprom S.A.

4/4/1982. WBA:JFL *Won* Katsuo Tokashiki (107¾) *Lost* Lupe Madera (107¾). Split 15 *S* Miyagi Prefectural Sports Center, Sendai, Jp. *R* Stan Christodoulou *P* Kyoei Promos./Chiba Ent.

4/13/1982. WBC:JFL *Won* Tadashi Tomori (108) *Lost* Amado Ursua (108). Maj 15 *S* Korakuen Hall, Tokyo, Japan *R* Rudy Ortega *P* Misako Promotions.

7/7/1982. WBA:JFL *Won* Katsuo Tokashiki (108) *Lost* Masaharu Inami (108). KO 8/2:35 *S* Kuramae Arena, Tokyo, Japan *R* Paul Field *P* Kyoei Promos.

7/20/1982. WBC:JFL *Won* Hilario Zapata (108) *Lost* Tadashi Tomori (108). Split 15 *S* Ishikawa Prefectural Arena, Kanazawa, Jp. *R* Steve Crosson *P* Misako Promotions.

9/18/1982. WBC:JFL *Won* Hilario Zapata (108) *Lost* Jung-Koo Chang (108). Split 15 *S* Chonju Gymnasium, Chonju, Korea *R* David Pearl *P* Kuk-Dong Promotions.

10/10/1982. WBA:JFL *Won* Katsuo Tokashiki (108) *Lost* Sung-Nam Kim (107¾). Unan 15 *S* Korakuen Hall, Tokyo, Japan *R* Nate Morgan *P* Kyoei Promotions.

11/30/1982. WBC:JFL *Won* Hilario Zapata (108) *Lost* Tadashi Tomori (108). TKO 6/1:59 *S* Kuramae Arena, Tokyo *R* Ray Solis *P* Misako Promos.

1/9/1983. WBA:JFL *Won* Katsuo Tokashiki (108) *Lost* Hwan-Jin Kim (107¾). Unan 15 *S* Prefectural Gymnasium, Kyoto, Japan *R* Carlos Berrocal *P* Kyoei/Taiho Promos.

3/26/1983. WBC:JFL *Won* Jung-Koo Chang (107½) *Lost* Hilario Zapata (108). TKO 3/2:46 *S* Chungmu Gymnasium, Daejon, Korea *R* Rudy Ortega *P* Keuk-Dong Promotions.

4/10/1983. WBA:JFL *Won* Katsuo Tokashiki (108) *Lost* Lupe Madera (108). Draw 15 *S* Korakuen Hall, Tokyo, Japan *R* Larry Rozadilla *P* Kyoei Promotions.

6/11/1983. WBC:JFL *Won* Jung-Koo Chang (108) *Lost* Masaharu Iha (107¾). TKO 2/0:58 *S* Kyungbok Gymnasium, Taegu, Korea *R* Martin Denkin *P* Dongkyun/Keuk-Dong.

7/10/1983. WBA:JFL *Won* Lupe Madera (108) *Lost* Katsuo Tokashiki (108). TWu 4/1:50 *S* Korakuen Hall, Tokyo, Japan *R* Carlos Berrocal *P* Kyoei Promotions.

9/10/1983. WBC:JFL *Won* Jung-Koo Chang (107½) *Lost* German Torres (108). Unan 12 *S* Chungmu Gymnasium, Daejon, Korea *R* David Pearl *P* Dongkyun/Keuk-Dong.

10/23/1983. WBA:JFL *Won* Lupe Madera (108) *Lost* Katsuo Tokashiki (108). Unan 15 *S* Nakajima Sports Center, Sapporo, Japan *R* Larry Hazzard *P* Kyoei Promotions.

12/10/1983. IBF:JFL *Won* Dodie Penalosa (108) *Lost* Satoshi Shingaki (107). TKO 12 *S* Int. Culture Sports Hall, Osaka, Japan *R* Kwang-Soo Kim.

3/31/1984. WBC:JFL *Won* Jung-Koo Chang (108) *Lost* Sot Chitalada (108). Unan 12 *S* Kudok Gymnasium, Pusan, Korea *R* Rudy Ortega *P* Hanjin/Kuk-Dong Promos.

5/13/1984. IBF:JFL *Won* Dodie Penalosa (107¾) *Lost* Jae-Hong Kim (108). TKO 9/2:31 *S* Munhwa Gymnasium, Seoul, Korea.

5/19/1984. WBA:JFL *Won* Francisco Quiroz (107½) *Lost* Lupe Madera (108). KO 9/2:17 *S* Hotel del Lago, Maracaibo, Vez. *R* Larry Hazzard *P* Rafito Cedeno Enterprises.

8/18/1984. WBC:JFL *Won* Jung-Koo Chang (107½) *Lost* Katsuo Tokashiki (107¾). TKO 9/1:47 *S* Pohang Gymnasium, Pohang, Korea *R* Steve Crosson *P* Kuk-Dong Promotions.

8/18/1984. WBA:JFL *Won* Francisco Quiroz (106¾) *Lost* Victor Sierra (108). TKO 2/2:58 *S* Nuevo Panama Gym., Panama City, Pan. *R* Eddie Eckert *P* Promociones Panai, S.A.

11/16/1984. IBF:JFL *Won* Dodie Penalosa (108) *Lost* Chum-Hwan Choi (106). Unan 15 *S* Araneta Coliseum, Quezon City, Phil. *R* Jay Edson.

12/15/1984. WBC:JFL *Won* Jung-Koo Chang (107¾) *Lost* Tadashi Kuramochi (107¾). Unan 12 *S* Pusan Gymnasium, Pusan, Korea *R* Hilario Nadayag *P* World Promotions.

3/29/1985. WBA:JFL *Won* Joey Olivo (107½) *Lost* Francisco Quiroz (107½). Unan 15 *S* Convention Hall, Miami Beach, Fla. *R* Carlos Berrocal *P* Felix Zabala/Jorge Godoy.

4/27/1985. WBC:JFL *Won* Jung-Koo Chang (108) *Lost* German Torres (108). Maj 12 *S* Hyundai Gymnasium, Ulsan, Korea *R* Arthur Mercante *P* World Promos./Hanjin.

7/28/1985. WBA:JFL *Won* Joey Olivo (107¾) *Lost* Moon-Jin Choi (107½). Unan 15 *S* Munhwa Gymnasium, Seoul, Korea *R* Luis Sulbaran *P* Dong-A Promotions.

8/4/1985. WBC:JFL *Won* Jung-Koo Chang (107¾) *Lost* Francisco Montiel (106½). Unan 12 *S* Munhwa Gymnasium, Seoul, Korea *R* Chuck Hassett *P* World Promotions.

10/12/1985. IBF:JFL *Won* Dodie Penalosa (105) *Lost* Yani Dokolamo (104). TKO 3/2:00 *S* P.I. Coliseum, Djakarta, Indonesia *R* Lucien Joubert *P* Forum Enterprises.

11/10/1985. WBC:JFL *Won* Jung-Koo Chang (108) *Lost* Jorge Cano (108). Unan 12 *S* Chungmu Gymnasium, Daejon, Korea *R* Rudy Ortega *P* World Promotions.

12/8/1985. WBA:JFL *Won* Myung-Woo Yuh (107¼) *Lost* Joey Olivo (107). Split 15 *S* Municipal Stadium, Taegu, Korea *R* Isidro Rodriguez *P* World Promos./Dong-A.

3/9/1986. WBA:JFL *Won* Myung-Woo Yuh (107½) *Lost* Jose DeJesus (105¼). Unan 15 *S* Suwon Gymnasium, Suwon, Korea *R* Uriel Aguilera *P* Dong-A Promotions.

4/13/1986. WBC:JFL *Won* Jung-Koo Chang (107½) *Lost* German Torres (107¼). Unan 12 *S* Kwangju Arena, Kwangju, Korea *R* Tony Perez *P* World Promotions.

6/14/1986. WBA:JFL *Won* Myung-Woo Yuh (107) *Lost* Tomohiro Kiyuna (106¾). KO 12/1:53 *S* Sum-In Gymnasium, Inchon, Korea *R* Isidro Rodriguez *P* Dong-A Promotions.

9/13/1986. WBC:JFL *Won* Jung-Koo Chang (107½) *Lost* Francisco Montiel (107¾). Unan 12 *S* Chungmu Gymnasium, Daejon, Korea *R* Richard Steele *P* World Promotions.

11/30/1986. WBA:JFL *Won* Myung-Woo Yuh (107¼) *Lost* Mario DeMarco (107¾). Unan 15 *S* Hilton Int. Convention Center, Seoul, Korea *R* Stan Christodoulou *P* Dong-A Promotions.

12/7/1986. IBF:JFL *Won* Jum-Hwan Choi (106½) *Lost* Cho-Woon Park (108). Unan 15 *S* Kudok Gymnasium, Pusan, Korea *R* Sam Williams *P* Saeki Promotions.

12/14/1986. WBC:JFL *Won* Jung-Koo Chang (107¾) *Lost* Hideyuki Ohashi (107¾). TKO 5/1:55 *S* Sum-In Gymnasium, Inchon, Korea *R* Henry Elesperu *P* World Promotions.

3/1/1987. WBA:JFL *Won* Myung-Woo Yuh (107¼) *Lost* Eduardo Tunon (107¾). TKO 1/2:46 *S* Chamsil Students' Gymnasium, Seoul, Korea *R* Stan Christodoulou *P* Dong-A Promotions.

3/29/1987. IBF:JFL *Won* Jum-Hwan Choi (106) *Lost* Tacy Macalos (107). Split 15 *S* Suwon Gymnasium, Suwon, Korea *R* James Cassidy *P* Saeki Promotions.

4/19/1987. WBC:JFL *Won* Jung-Koo Chang (108) *Lost* Efren Pinto (108). TKO 6/0:59 *S* Sunin University Gymnasium, Inchon, Korea *R* James Jen-Kin *P* World Promotions.

6/7/1987. WBA:JFL *Won* Myung-Woo Yuh (107¾) *Lost* Benedicto Murillo (107¼). TKO 15/1:29 *S* Sajik Gymnasium, Pusan, Korea *R* Rudy Battle *P* Dong-A Promotions.

6/28/1987. WBC:JFL *Won* Jung-Koo Chang (107¾) *Lost* Agustin Garcia (107¼). TKO 10/1:14 *S* Sunin University Gymnasium, Inchon, Korea *R* Carlos Padilla *P* Kuk-Dong Promotions.

7/5/1987. IBF:JFL *Won* Jum-Hwan Choi (108) *Lost* Toshihiko Matsuda (107½). TKO 4/1:01 *S* Pal-Pal Gymnasium, Seoul, Korea *R* Chung-Woon Chung *P* Saeki Promotions.

8/9/1987. IBF:JFL *Won* Jum-Hwan Choi (107) *Lost* Azadin Anhar (108). TKO 3/1:03 *S* Istora Senayan Arena, Djakarta, Indonesia *R* Dale Grable *P* Kurnia Kartamuhari.

9/20/1987. WBA:JFL *Won* Myung-Woo Yuh (107¼) *Lost* Rodolfo Blanco (106¼). KO 8/2:18 *S* Sunin University Gymnasium, Inchon, Korea *R* Enzo Montero *P* Dong-A Promotions.

12/13/1987. WBC:JFL *Won* Jung-Koo Chang (107½) *Lost* Isidro Perez (107½). Unan 12 *S* Chungmu Gymnasium, Taejon, Korea *R* Carlos Padilla *P* Kuk-Dong Promotions.

2/7/1988. WBA:JFL *Won* Myung-Woo Yuh (107½) *Lost* Wilibaldo Salazar (106¾). Unan 12 *S* Munhwa Gymnasium, Seoul, Korea *R* Eddie Eckert *P* Dong-A Promotions.

6/12/1988. WBA:JFL *Won* Myung-Woo Yuh (108) *Lost* Jose DeJesus (106½). Split 12 *S* Chungmu Gymnasium, Daejon, Korea *R* Hubert Earle *P* Dong-A Promotions.

6/27/1988. WBC:JFL *Won* Jung-Koo Chang (108) *Lost* Hideyuki Ohashi (108). TKO 8/1:47 *S* Korakuen Hall, Tokyo, Japan *R* Carlos Padilla *P* Kawaragi-Yonekura.

8/28/1988. WBA:JFL *Won* Myung-Woo Yuh (108) *Lost* Putt Ohyuthanakorn (108). TKO 6/2:58 *S* Sajik Gymnasium, Pusan, Korea *R* Eddie Eckert *P* Dong-A Promotions.

11/5/1988. IBF:JFL *Won* Tacy Macalos (107½) *Lost* Jum-Hwan Choi (107½). Unan 12 *S* Araneta Coliseum, Quezon City, Phil. *R* Abraham Pacheco *P* Elorde Promotions.

11/6/1988. WBA:JFL *Won* Myung-Woo Yuh (108) *Lost* Bahar Udin (106½). TKO 7/2:40 *S* Swiss Grand Hotel, Seoul, Korea *R* Kenjiro Makizumi *P* Dong-A Promotions.

12/11/1988. WBC:JFL *Won* German Torres (107) *Lost* Soon-Jung Kang (108). Unan 12 *S* Cultural Gymnasium, Kimhae, Korea *R* James Jen-Kin *P* Kuk-Dong Promotions.

2/12/1989. WBA:JFL *Won* Myung-Woo Yuh (108) *Lost* Katsumi Komiyama (106¾). TKO 10/1:18 *S* Chungbok Gymnasium, Chongju, Korea *R* Pinij Prayadsup *P* Dong-A Promotions.

3/19/1989. WBC:JFL *Won* Yul-Woo Lee (107¾) *Lost* German Torres (107½). TKO 9/2:14 *S* Chungmu Gymnasium, Taejon, Korea *R* Martin Denkin *P* Kuk-Dong Promotions.

5/2/1989. IBF:JFL *Won* Muang. Kittikasem (107) *Lost* Tacy Macalos (108). Split 12 *S* Lumpinee Stadium, Bangkok, Thai. *R* John Wheeler *P* Songchai Ratanasuban.

5/19/1989. WBO:JFL *Won* Jose DeJesus (108) *Lost* Fernando Martinez (108). TKO 9/2:48 *S* El Hotel San Juan, San Juan, P.R. *R* Waldemar Schmidt *P* T.R./Gelb/Video Deportes.

6/11/1989. WBA:JFL *Won* Myung-Woo Yuh (107½) *Lost* Mario DeMarco (107½). Unan 12 *S* Dankook Univ. Gymnasium, Chunan, Korea *R* Rudy Battle *P* Dong-A Promotions.

6/25/1989. WBC:JFL *Won* Humberto Gonzalez (106½) *Lost* Yul-Woo Lee (107½). Unan 12 *S* Chungbok Gymnasium, Chongju, Korea *R* Richard Steele *P* Kuk-Dong Promotions.

9/24/1989. WBA:JFL *Won* Myung-Woo Yuh (108) *Lost* Kenbun Taiho (107¾). KO 11/0:48 *S* Waikiki Hotel, Suanbo, Korea *R* Pinij Prayadsup *P* Dong-A Promotions.

10/6/1989. IBF:JFL *Won* Muang. Kittikasem (108) *Lost* Tacy Macalos (108). TKO 7/1:56 *S* Lumpinee Stadium, Bangkok, Thai. *R* Billy Males *P* Songchai Ratanasuban.

10/21/1989. WBO:JFL *Won* Jose DeJesus *Lost* Isidro Perez. Unan 12

S Convention Center, San Juan, P.R. *R* Stan Christodoulou *P* Video Deportes.

12/9/1989. WBC:JFL *Won* Humberto Gonzalez (107¾) *Lost* Jung-Koo Chang (108). Unan 12 *S* Taegu Gymnasium, Taegu, Korea *R* Carlos Padilla *P* Dong-A Promotions.

1/14/1990. WBA:JFL *Won* Myung-Woo Yuh (108) *Lost* Hisashi Tokushima (108). KO 7/1:30 *S* Sunin Univ. Gymnasium, Inchon, Korea *R* Rudy Battle *P* Dong-A Promotions.

1/19/1990. IBF:JFL *Won* Muang. Kittikasem (108) *Lost* Chong-Jae Lee (108). TKO 3/0:52 *S* Lumpinee Stadium, Bangkok, Thai. *R* Trevor Christian *P* Songchai Ratanasuban.

3/24/1990. WBC:JFL *Won* Humberto Gonzalez (107¾) *Lost* Francisco Tejedor (105¾). KO 3/0:31 *S* Arena Mexico, Mexico City, Mex. *R* Carlos Padilla *P* Magic Circus Promotions.

4/10/1990. IBF:JFL *Won* Muang. Kittikasem (108) *Lost* Abdi Pohan (105½). Unan 12 *S* Lumpinee Stadium, Bangkok, Thai. *R* Billy Males *P* Songchai Boxing Promos.

4/29/1990. WBA:JFL *Won* Myung-Woo Yuh (108) *Lost* Rafael (Leo) Gamez (107½). Split 12 *S* Intercontinental Hotel, Seoul, Korea *R* Larry Rozadilla *P* Dong-A Promotions.

5/5/1990. WBO:JFL *Won* Jose DeJesus (108) *Lost* Alli Galvez (108). TKO 5 *S* Sports Palace, Talcahuano, Chile *R* Isaac Herrera *P* Pedro Robinson Pino Avila.

6/4/1990. WBC:JFL *Won* Humberto Gonzalez (107¾) *Lost* Luis Monzote (107). TKO 3/0:54 *S* Great Western Forum, Inglewood, Ca. *R* James Jen-Kin *P* Forum Boxing, Inc.

7/23/1990. WBC:JFL *Won* Humberto Gonzalez (107¼) *Lost* Jung-Keun Lim (107½). TKO 5/0:34 *S* Great Western Forum, Inglewood, Ca. *R* Rudy Ortega *P* Forum Boxing, Inc.

7/29/1990. IBF:JFL *Won* Michael Carbajal (108) *Lost* Muang. Kittikasem (108). TKO 7/0:14 *S* Veterans Memorial Coliseum, Phoenix, Ariz. *R* Robert Ferrara *P* Top Rank, Inc.

8/25/1990. WBC:JFL *Won* Humberto Gonzalez (108) *Lost* Jorge Rivera (108). TKO 9/1:37 *S* Plaza de Toros, Cancun, Mex. *R* Jose Medina Solar *P* C. Garza/F. Rodriguez.

11/10/1990. WBO:JFL *Won* Jose DeJesus (108) *Lost* Abdi Pohan (108). TKO 7 *S* Istora Senayan Arena, Djakarta, Indonesia *R* Rudy Ortega *P* Torino Tidar.

11/10/1990. WBA:JFL *Won* Myung-Woo Yuh (107½) *Lost* Rafael (Leo) Gamez (107¾). Unan 12 *S* Pohang Gymnasium, Pohang, Korea *R* Julio C. Alvarado *P* Dong-A Promotions.

12/8/1990. IBF:JFL *Won* Michael Carbajal (108) *Lost* Leon Salazar (108). KO 4/0:45 *S* Rawhide Park, Scottsdale *R* Al Munoz *P* Top Rank, Inc.

12/19/1990. WBC:JFL *Won* Rolando Pascua (108) *Lost* Humberto Gonzalez (107¾). KO 6/2:24 *S* Great Western Forum, Inglewood, Ca. *R* Marty Sammon *P* Forum Boxing, Inc.

2/17/1991. IBF:JFL *Won* Michael Carbajal (108) *Lost* Macario Santos (107). KO 2/1:09 *S* Caesars Palace, Las Vegas, Nev. *R* Richard Steele *P* Top Rank, Inc.

3/17/1991. IBF:JFL *Won* Michael Carbajal (107) *Lost* Javier Varguez (107). Unan 12 *S* Bally's Casino Resort, Las Vegas, Nev. *R* Richard Steele *P* Top Rank, Inc.

3/25/1991. WBC:JFL *Won* Melchor Cob Castro (107¾) *Lost* Rolando Pascua (107¾). TKO 10/1:59 *S* Great Western Forum, Inglewood, Ca. *R* Rudy Jordan *P* Forum Boxing, Inc.

4/28/1991. WBA:JFL *Won* Myung-Woo Yuh (108) *Lost* Kajkong Danphoothai (108). TKO 10/2:06 *S* Masan Gymnasium, Masan, Korea *R* Ken Morita *P* Dong-A Promotions.

5/10/1991. IBF:JFL *Won* Michael Carbajal (106½) *Lost* Hector Patri (107). Unan 12 *S* John O'Donnell Stad., Davenport, Ia. *R* James Reilly *P* Top Rank.

6/3/1991. WBC:JFL *Won* Humberto Gonzalez (108) *Lost* Melchor Cob Castro (108). Unan 12 *S* Caesars Palace, Las Vegas, Nev. *R* Richard Steele *P* Forum Boxing, Inc.

12/17/1991. WBA:JFL *Won* Hiroki Ioka (108) *Lost* Myung-Woo Yuh (108). Split 12 *S* Prefectural Gymnasium, Osaka, Japan *R* Enzo Montero *P* Green Tsuda Promos.

1/27/1992. WBC:JFL *Won* Humberto Gonzalez (107¾) *Lost* Domingo Sosa (107). Unan 12 *S* Great Western Forum, Inglewood, Ca. *R* Davey Nelson *P* Forum Boxing, Inc.

2/15/1992. IBF:JFL *Won* Michael Carbajal (107½) *Lost* Marcos Pacheco (108). Unan 12 *S* Civic Plaza, Phoenix *R* Robert Ferrara *P* Top Rank, Inc.

3/31/1992. WBA:JFL *Won* Hiroki Ioka (108) *Lost* Noel Tunacao (106½). Unan 12 *S* Sogo Gymnasium, Kitakyushu City, Japan *R* Rafael Ramos *P* Green Tsuda/Takahashi.

6/7/1992. WBC:JFL *Won* Humberto Gonzalez (108) *Lost* Kwang-Sun Kim (108). TKO 12/0:55 *S* Olympic Fencing Gymnasium, Seoul, Korea *R* Toby Gibson *P* Hwarang Promotions.

6/15/1992. WBA:JFL *Won* Hiroki Ioka (107½) *Lost* Bong-Jun Kim (107¾). Unan 12 *S* Prefectural Gymnasium, Osaka, Japan *R* Waldemar Schmidt *P* Green Tsuda Promotions.

7/31/1992. WBO:JFL *Won* Josue Camacho (107) *Lost* Eduardo Vallejo (106). KO 6/2:20 *S* Caribe Hilton, San Juan, P.R. *R* Ismael Fernandez *P* Hot Boxing (Howard Class).

9/14/1992. WBC:JFL *Won* Humberto Gonzalez (108) *Lost* Napa Kiatwanchai (108). KO 2/2:48 *S* Great Western Forum, Inglewood, Ca. *R* Vince Delgado *P* Forum Boxing, Inc.

11/18/1992. WBA:JFL *Won* Myung-Woo Yuh (108) *Lost* Hiroki Ioka (108). Maj 12 *S* Municipal Gymnasium, Osaka, Japan *R* Sylvestre Abainza *P* Green Tsuda Promotions.

12/7/1992. WBC:JFL *Won* Humberto Gonzalez (108) *Lost* Melchor Cob Castro (108). Unan 12 *S* Great Western Forum, Inglewood, Ca. *R* Rudy Jordan *P* Forum Boxing, Inc.

12/12/1992. IBF:JFL *Won* Michael Carbajal (108) *Lost* Robinson Cuesta (107). TKO 8/2:04 *S* America West Arena, Phoenix, Ariz. *R* Al Munoz *P* Top Rank, Inc.

3/13/1993. BCBF:JFL *Won* Michael Carbajal (107) *Lost* Humberto Gonzalez (107½). KO 7/2:59 *S* Las Vegas Hilton, Las Vegas, Nev. *R* Mills Lane *P* Top Rank, Inc.

7/17/1993. BCBF:JFL *Won* Michael Carbajal (108) *Lost* Kwang-Sun Kim (108). TKO 7/2:23 *S* Caesars Palace, Las Vegas, Nev. *R* Richard Steele *P* Top Rank, Inc.

7/25/1993. WBA:JFL *Won* Myung-Woo Yuh (108) *Lost* Yuichi Hosono (107¾). Unan 12 *S* Hyundai Hotel, Kyongju, Korea *R* Larry Rozadilla *P* Dong-A Promotions.

9/10/1993. WBC:JFL *Won* Humberto Gonzalez (108) *Lost* Juan D. Cordoba (107). TKO 8/* *S* Caesars Tahoe, Lake Tahoe, Nev. *R* Mills Lane *P* Forum Boxing, Inc.

10/21/1993. WBA:JFL *Won* Rafael (Leo) Gamez (108) *Lost* Shiro Yahiro (108). TKO 9/2:20 *S* Korakuen Hall, Tokyo, Japan *R* Rafael Ramos *P* Teiken Promotions.

10/30/1993. BCBF:JFL *Won* Michael Carbajal (108) *Lost* Domingo Sosa (108). TKO 5/0:48 *S* America West Arena, Phoenix, Ariz. *R* Robert Ferrara *P* Top Rank, Inc.

2/2/1994. WBO:JFL *Won* Josue Camacho (108) *Lost* Paul Weir (107½). Unan 12 *S* Kelvin Hall, Glasgow, Scot. *R* Knud Jensen *P* St. Andrews S.C./Matchroom.

2/5/1994. WBA:JFL *Won* Rafael (Leo) Gamez (108) *Lost* Juan Antonio Torres (108). TKO 7/1:18 *S* Nuevo Panama Gym., Panama City, Pan. *R* Sylvestre Abainza *P* Panaprom.

2/19/1994. BCBF:JFL *Won* Humberto Gonzalez (108) *Lost* Michael Carbajal (108). Split 12 *S* Great Western Forum, Inglewood, Ca. *R* Lou Filippo *P* Top Rank/Forum Boxing.

6/27/1994. WBA:JFL *Won* Rafael (Leo) Gamez (108) *Lost* Kaaj Chartbandit (108). Draw 12 *S* Rajadamnern Stadium, Bangkok, Thai. *R* Sylvestre Abainza *P* Niwat Laosuwanwatt.

7/15/1994. WBO:JFL *Won* Michael Carbajal (108) *Lost* Josue Camacho (106½). Unan 12 *S* America West Arena, Phoenix, Ariz. *R* Toby Gibson *P* Top Rank, Inc.

10/9/1994. WBA:JFL *Won* Rafael (Leo) Gamez (107½) *Lost* Pnoi. Sithbangprachan (107½). TKO 6/2:00 *S* Ramkhamhaeng Stadium, Bangkok, Thai. *R* Mitch Halpern *P* Songchai Promotions.

11/12/1994. BCBF:JFL *Won* Humberto Gonzalez (107½) *Lost* Michael Carbajal (108). Maj 12 *S* Monumental Plaza, Mexico City, Mex. *R* Larry O'Connell *P* Don King Productions.

11/23/1994. WBO:JFL *Won* Paul Weir (108) *Lost* Paul Oulden (108). Unan 12 *S* Magnum Centre, Irvine, Scot. *R* Michael Fisher *P* St. Andrews Sporting Club.

2/4/1995. WBA:JFL *Won* Hi-Yong Choi (107$\frac{3}{4}$) *Lost* Rafael (Leo) Gamez (107$\frac{1}{4}$). Unan 12 *S* Industrial Gymnasium, Ulsan, Korea *R* Silvestre Abainza *P* Hyundai Promotions.

3/31/1995. BCBF:JFL *Won* Humberto Gonzalez (108) *Lost* Jesus Zuniga (107). KO 5/1:26 *S* Arrowhead Pond, Anaheim, Calif. *R* Robert Byrd *P* Forum Boxing, Inc.

4/5/1995. WBO:JFL *Won* Paul Weir (108) *Lost* Ric Magramo (108). Unan 12 *S* Magnum Leisure Centre, Irvine, Scot. *R* Ismael Fernandez *P* St. Andrews S.C./Matchroom.

7/15/1995. BCBF:JFL *Won* Saman Sor Jaturong (107$\frac{1}{2}$) *Lost* Humberto Gonzalez (107$\frac{1}{2}$). KO 7/0:58 *S* Great Western Forum, Inglewood, Ca. *R* Lou Filippo *P* Forum Boxing, Inc.

9/5/1995. WBA:JFL *Won* Hi-Yong Choi (107$\frac{1}{2}$) *Lost* Keiji Yamaguchi (108). Split 12 *S* Prefectural Gymnasium, Osaka, Japan *R* Julio C. Alvarado *P* Green Tsuda Promotions.

11/12/1995. WBC:JFL *Won* Saman Sor Jaturong (106$\frac{1}{2}$) *Lost* Yuichi Hosono (107$\frac{1}{4}$). KO 4/1:20 *S* Ratchaburi Main Stadium, Ratchaburi, Thai. *R* Tony Perez *P* Suchart Kedmek.

11/18/1995. WBO:JFL *Won* Jake Matlala (105) *Lost* Paul Weir (107$\frac{3}{4}$). TWu 5/2:36 *S* Kelvin Hall, Glasgow, Scot. *R* Ismael Fernandez *P* Matchroom Boxing Ltd.

1/13/1996. WBA:JFL *Won* Carlos Murillo (107) *Lost* Hi-Yong Choi (107$\frac{1}{2}$). Unan 12 *S* Miami Jai Alai Fronton, Miami, Fla. *R* Armando Garcia *P* Don King Productions.

2/24/1996. WBC:JFL *Won* Saman Sor Jaturong (107) *Lost* Antonio Perez (108). TKO 4/2:55 *S* Municipal Stadium, Chachoengsao, Thai. *R* Malcolm Bulner *P* Sombhop Srisomvongse.

3/15/1996. WBA:JFL *Won* Carlos Murillo (107$\frac{3}{4}$) *Lost* Jose Garcia (107$\frac{1}{2}$). TKO 10/2:39 *S* Nuevo Panama Gym., Panama City, Pan. *R* Enzo Montero *P* Panaprom (Luis Spada).

3/16/1996. IBF:JFL *Won* Michael Carbajal (107) *Lost* Melchor Cob Castro (107). Unan 12 *S* MGM Grand Garden, Las Vegas, Nev. *R* Jay Nady *P* Don King Productions.

4/13/1996. WBO:JFL *Won* Jake Matlala (106$\frac{3}{4}$) *Lost* Paul Weir (107$\frac{1}{4}$). TKO 10/1:55 *S* Everton Park Sports Centre, Liverpool, Eng. *R* Paul Thomas *P* Matchroom Boxing Ltd.

4/27/1996. WBC:JFL *Won* Saman Sor Jaturong (108) *Lost* Joma Gamboa (108). TKO 7/0:26 *S* Regional Stadium, Maha Sarakham, Thai. *R* Vince Delgado *P* Sombhop Srisomvongse.

5/21/1996. WBA:JFL *Won* Keiji Yamaguchi (108) *Lost* Carlos Murillo (107$\frac{1}{2}$). Split 12 *S* Prefectural Gymnasium, Osaka, Japan *R* Armand Krief *P* Green Tsuda Promotions.

8/10/1996. WBC:JFL *Won* Saman Sor Jaturong (107$\frac{1}{2}$) *Lost* Shiro Yahiro (107$\frac{3}{4}$). TKO 9/1:39 *S* Soccer Stadium, Phitsanulok, Thai. *R* Guadalupe Garcia *P* BBTV Channel 7.

8/13/1996. WBA:JFL *Won* Keiji Yamaguchi (108) *Lost* Carlos Murillo (107$\frac{3}{4}$). Unan 12 *S* Central Gymnasium, Osaka, Japan *R* Mitch Halpern *P* Green Tsuda Promotions.

9/13/1996. IBF:JFL *Won* Michael Carbajal (107$\frac{1}{2}$) *Lost* Julio Coronell (108). TKO 8/0:52 *S* Knapp Center, Des Moines, Ia. *R* Sean Curtin *P* Top Rank/Capital Promos.

10/12/1996. IBF:JFL *Won* Michael Carbajal (108) *Lost* Tomas Rivera (108). TKO 5/1:26 *S* Arrowhead Pond Arena, Anaheim, Calif. *R* Pat Russell *P* Top Rank, Inc.

10/19/1996. WBC:JFL *Won* Saman Sor Jaturong (106$\frac{3}{4}$) *Lost* Alli Galvez (107$\frac{1}{2}$). KO 2/1:58 *S* Bangplee Stadium, Samut Prakam, Thai. *R* Carlos Padilla *P* Sombhop Srisomvongse.

12/3/1996. WBA:JFL *Won* Pnoi. Sithbangprachan (106$\frac{3}{4}$) *Lost* Keiji Yamaguchi (107$\frac{3}{4}$). KO 2/2:45 *S* Prefectural Gymnasium, Osaka, Japan *R* Renato Caddeo *P* Green Tsuda Promotions.

12/15/1996. WBC:JFL *Won* Saman Sor Jaturong (108) *Lost* Manuel Herrera (107$\frac{1}{4}$). Unan 12 *S* Provincial Stadium, Chiangrai, Thai. *R* James Jen-Kin *P* Koedmek/Srisomvongse.

1/18/1997. IBF:JFL *Won* Mauricio Pastrana (106$\frac{1}{2}$) *Lost* Michael Carbajal (108). Split 12 *S* Thomas & Mack Center, Las Vegas, Nev. *R* Richard Steele *P* Top Rank, Inc.

2/8/1997. WBO:JFL *Won* Jake Matlala (108) *Lost* Mickey Cantwell (107). Split 12 *S* London Arena, London, Eng. *R* Michael Benitez *P* Sports Network/Don King.

4/13/1997. WBC:JFL *Won* Saman Sor Jaturong (106) *Lost* Julio Coronell (108). TKO 7/0:40 *S* Provincial Stadium, Chaiyaphum, Thai. *R* Frank Cappuccino *P* BBTV Channel 7.

5/31/1997. WBO:JFL *Won* Jesus Chong (107$\frac{1}{2}$) *Lost* Eric Griffin (108). TKO 2/2:13 *S* Caesars Palace, Las Vegas *R* Jay Nady *P* Forum Boxing, Inc.

5/31/1997. WBC:JFL *Won* Saman Sor Jaturong (107$\frac{1}{2}$) *Lost* Mzukisi Marali (107$\frac{1}{2}$). TKO 4/1:14 *S* Provincial Stadium, Petchaboon, Thai. *R* Jose Medina *P* Asian Promotions.

6/29/1997. WBA:JFL *Won* Pnoi. Sithbangprachan (108) *Lost* Sang-Chul Lee (108). Unan 12 *S* Ratchaburi Stadium, Ratchaburi, Thai. *R* Tony Weeks *P* Songchai Promotions.

8/25/1997. WBO:JFL *Won* Jesus Chong (107$\frac{1}{2}$) *Lost* Melchor Cob Castro (108). Unan 12 *S* Great Western Forum, Inglewood, Ca. *R* Jose Cobian *P* Forum Boxing, Inc.

8/30/1997. IBF:JFL *Won* Anis Roga (107) *Lost* Manuel Herrera (107). TDu 9/1:50 *S* Kertajaj Stadium, Surabaya, Indonesia *R* Ray Wheatley *P* Herry Sugiarto.

12/13/1997. IBF:JFL *Won* Mauricio Pastrana (108) *Lost* Manuel Herrera (108). TKO 3/1:57 *S* Amphitheater, Pompano Beach, Fla. *R* Bill Connors *P* Don King Productions.

1/17/1998. WBO:JFL *Won* Juan D. Cordoba (108) *Lost* Melchor Cob Castro (107$\frac{3}{4}$). Unan 12 *S* Ciclista Olympic Club, Santiago del Estero, Arg. *R* Roberto Ramirez *P* Osvaldo Rivero.

3/1/1998. WBA:JFL *Won* Pnoi. Sithbangprachan (108) *Lost* Kaaj Chartbandit (108). Unan 12 *S* Grand China Princess Hotel, Bangkok, Thai. *R* Mitch Halpern *P* Galaxy Boxing Promos.

3/8/1998. WBC:JFL *Won* Saman Sor Jaturong (106$\frac{3}{4}$) *Lost* Shiro Yahiro (107$\frac{1}{4}$). TKO 4/2:20 *S* Yokohama Arena, Yokohama, Japan *R* Lou Filippo *P* Teiken Promotions.

4/30/1998. IBF:JFL *Won* Mauricio Pastrana (108) *Lost* Anis Roga (106$\frac{1}{2}$). KO 4/1:20 *S* The Chili Pepper, Ft. Lauderdale, Fla. *R* Telis Assimenios *P* Don King Productions.

5/9/1998. WBO:JFL *Won* Juan D. Cordoba (107$\frac{3}{4}$) *Lost* Sandro Oviedo (107$\frac{1}{4}$). Unan 12 *S* Club Juventud, Santiago del Estero, Arg. *R* Carlos Roldan *P* Osvaldo Rivero.

8/29/1998. IBF:JFL *Won* Mauricio Pastrana (108$\frac{3}{4}$) *Lost* Carlos Murillo (107). TKO 9/2:50 *S* Las Vegas Hilton, Las Vegas, Nev. *R* Richard Steele *P* Don King Productions.

10/17/1998. WBA:JFL *Won* Pnoi. Sithbangprachan (108) *Lost* Tae-Kil Lee (108). TKO 8/* *S* Central Plaza Hotel, Bangkok, Thai. *R* Armando Garcia *P* Songchai Boxing Promos.

11/26/1998. WBC:JFL *Won* Saman Sor Jaturong (107) *Lost* Ladislao Vazquez (107). Unan 12 *S* Muang Thong Complex, Pathum Thani, Thai. *R* David Chung *P* Teiken/S. Srisomvongse.

12/5/1998. WBO:JFL *Won* Jorge Arce (108) *Lost* Juan D. Cordoba (108). Unan 12 *S* Municipal Auditorium, Tijuana, B.C.N., Mex. *R* Michael Ortega *P* Zanfer Promotions.

12/18/1998. IBF:JFL *Won* Will Grigsby (107$\frac{1}{4}$) *Lost* Ratan. Sow Voraphin (107$\frac{3}{4}$). Unan 12 *S* War Memorial Auditorium, Ft. Lauderdale, Fla. *R* Bill Connors *P* Don King Productions.

2/20/1999. WBA:JFL *Won* Pnoi. Sithbangprachan (108) *Lost* Joma Gamboa (108). Unan 12 *S* Chaweng Beach Arena, Koh Samui, Thai. *R* Waldemar Schmidt *P* Songchai Int. Promos.

3/6/1999. IBF:JFL *Won* Will Grigsby (106$\frac{1}{2}$) *Lost* Carmelo Caceres (105). Unan 12 *S* U.M. Sports Pavilion, Minneapolis, Minn. *R* Denny Nelson *P* Don King Productions.

4/17/1999. WBO:JFL *Won* Jorge Arce (107$\frac{1}{2}$) *Lost* Salvatore Fanni (107$\frac{1}{2}$). TKO 6/1:17 *S* Sports Palace, Sassari, Italy *R* Manuel Maritxalar *P* Promo Sports (Cotena Group).

7/31/1999. WBO:JFL *Won* Michael Carbajal (108) *Lost* Jorge Arce (108). TKO 11/1:53 *S* Toreo de Tijuana, Tijuana, B.C.N., Mex. *R* Raul Caiz *P* Top Rank/Zanfer Promos.

10/2/1999. IBF:JFL *Won* Ricardo Lopez (108) *Lost* Will Grigsby (107). Unan 12 *S* Las Vegas Hilton, Las Vegas *R* Joe Cortez *P* Don King Prods.

10/17/1999. WBC:JFL *Won* Yo-Sam Choi (108) *Lost* Saman Sor Jaturong (108). Unan 12 *S* Olympic Gymnasium, Seoul, Korea *R* Jose Medina *P* Sungmin Promotions.

2/5/2000. WBA:JFL *Won* Pnoi. Sithbangprachan (108) *Lost* Sang-Ik Yang (108). Unan 12 *S* Mail Department Store, Bangkok, Thai. *R* Derek Milham *P* Songchai Promotions.

2/19/2000. WBO:JFL *Won* Masibulele Makepula (107¾) *Lost* Jake Matlala (107¼). Unan 12 *S* Carnival City, Brakpan, Trans., S.A. *R* Stan Christodoulou *P* Golden Gloves Promos.

6/17/2000. WBC:JFL *Won* Yo-Sam Choi (108) *Lost* Chart Kiatpetch (107¾). KO 5/2:50 *S* Olympic Gymnasium, Seoul, Korea *R* Malcolm Bulner *P* Soongmin Promotions.

7/22/2000. WBO:JFL *Won* Will Grigsby (107½) *Lost* Nelson Dieppa (108). Unan 12 *S* American Airlines Arena, Miami, Fla. *R* Telis Assimenios *P* Don King Productions.

8/12/2000. WBA:JFL *Won* Beibis Mendoza (107½) *Lost* Rosendo Alvarez (108). DQ 7/1:02 *S* Paris Hotel, Las Vegas, Nev. *R* Mitch Halpern *P* Don King Productions.

12/2/2000. IBF:JFL *Won* Ricardo Lopez (107½) *Lost* Ratan. Sow Voraphin (107½). TKO 3/2:11 *S* Mandalay Bay Resort, Las Vegas, Nev. *R* Richard Steele *P* Don King Productions.

1/30/2001. WBC:JFL *Won* Yo-Sam Choi (107¾) *Lost* Saman Sor Jaturong (106¼). KO 7/1:17 *S* Central City Millennium Hall, Seoul, Korea *R* Guadalupe Garcia *P* Viva Promotions.

2/3/2001. WBO:JFL *Won* Andy Tabanas (108) *Lost* Fahlan Sakkriren (107½). Draw 12 *S* Mandalay Bay Resort, Las Vegas, Nev. *R* Tony Weeks *P* Don King/Millennium Events.

3/3/2001. WBA:JFL *Won* Rosendo Alvarez (108) *Lost* Bebis Mendoza (107). Split 12 *S* Mandalay Bay Resort, Las Vegas, Nev. *R* Tony Weeks *P* Don King Productions.

4/14/2001. WBO:JFL *Won* Nelson Dieppa (107) *Lost* Andy Tabanas (107½). KO 11/2:24 *S* M.S.G. Theater, New York, N.Y. *R* Arthur Mercante, Jr. *P* Don King/M.S.G. Boxing.

9/29/2001. WBO:JFL *Won* Nelson Dieppa (108) *Lost* Fahlan Sakkriren (107). Unan 12 *S* Madison Sq. Garden, New York, N.Y. *R* Joe Cortez *P* Don King Productions.

9/29/2001. IBF:JFL *Won* Ricardo Lopez (107) *Lost* Zolani Petelo (107¾). KO 8/1:32 *S* Madison Sq. Garden, New York, N.Y. *R* Arthur Mercante *P* Don King Productions.

1/19/2002. WBA:JFL *Won* Rosendo Alvarez (108) *Lost* Pnoi. Sithbangprachan (108). TKO 12/2:10 *S* Miami Jai Alai Fronton, Miami, Fla. *R* Armando Garcia *P* Don King Productions.

2/23/2002. WBC:JFL *Won* Yo-Sam Choi (108) *Lost* Shingo Yamaguchi (106). TKO 10/2:18 *S* Tokyo Bay N.K. Hall, Chiba, Japan *R* Bruce McTavish *P* Tokashiki Promotions.

7/6/2002. WBC:JFL *Won* Jorge Arce (107½) *Lost* Yo-Sam Choi (108). TKO 6/1:21 *S* Olympic Stadium, Seoul, Korea *R* Larry O'Connell *P* S. & S. Promotions.

8/24/2002. WBO:JFL *Won* Nelson Dieppa (108) *Lost* Jhon Molina (108). TD 2/0:22 *S* R.W. Clemente Stadium, Carolina, P.R. *R* Roberto Ramirez *P* Don King/Carolina Sports.

11/16/2002. WBC:JFL *Won* Jorge Arce (108) *Lost* Agustin Luna (107). TKO 3/2:13 *S* Mandalay Bay Resort, Las Vegas, Nev. *R* Vic Drakulich *P* Top Rank, Inc.

2/15/2003. IBF:JFL *Won* Jose Victor Burgos (107) *Lost* Alex Sanchez (107). TKO 12/1:50 *S* Caesars Palace, Las Vegas *R* Joe Cortez *P* Don King Prod.

2/22/2003. WBC:JFL *Won* Jorge Arce (107¾) *Lost* Ernesto Castro (107¾). KO 1/1:40 *S* Plaza de Toros, Mexico City, Mex. *R* Gelasio Perez *P* WBC/Fernando Beltran.

3/31/2003. WBA:JFL *Won* Rosendo Alvarez (108) *Lost* Bebis Mendoza (107½). Maj 12 *S* Statehouse Center, Little Rock, Ark. *R* Elmo Adolph *P* DiBella Entertainment.

5/3/2003. WBC:JFL *Won* Jorge Arce (107) *Lost* Melchor Cob Castro (108). TWu 6 *S* Mandalay Bay Resort, Las Vegas, Nev. *R* Joe Cortez *P* Top Rank, Inc.

12/13/2003. BABF:JFL *Won* Rosendo Alvarez (108) *Lost* Jose Victor Burgos (108). Draw 12 *S* Convention Hall, Atlantic City, N.J. *R* Benji Estevez *P* Don King Productions.

1/10/2004. WBC:JFL *Won* Jorge Arce (107) *Lost* Joma Gamboa (108). KO 2/1:38 *S* Expo. Center Banamex, Mexico City, Mex. *R* Jay Nady *P* R & R Productions.

3/20/2004. WBO:JFL *Won* Nelson Dieppa (108) *Lost* Kermin Guardia (108). KO 1/1:59 *S* Quijote Morales Coliseum, Guaynabo, P.R *R* Joe Cortez *P* P.R. Best Boxing Promos.

4/24/2004. WBC:JFL *Won* Jorge Arce (107) *Lost* Melchor Cob Castro (107). KO 5/1:57 *S* El Palenque, Tuxtla Gutierrez, Mex. *R* Guadalupe Garcia *P* Zanfer/Prestige Promos.

5/15/2004. IBF:JFL *Won* Jose V. Burgos (108) *Lost* Fahlan Sakkriren (107). TKO 6/1:43 *S* Mandalay Bay Resort, Las Vegas, Nev. *R* Kenny Bayless *P* Don King Productions.

7/30/2004. WBO:JFL *Won* Nelson Dieppa (108) *Lost* Ulises Solis (107¾). Unan 12 *S* Freedom Hall, Louisville, Ky. *R* William Clancy *P* Straight Out Promotions.

9/4/2004. WBC:JFL *Won* Jorge Arce (107¾) *Lost* Juanito Rubillar (107). Unan 12 *S* El Toreo, Tijuana, B.C.N., Mexico *R* Toby Gibson *P* Zanfer/Sycuan Ringside.

10/2/2004. WBA:JFL *Won* Rosendo Alvarez (111½) *Lost* Bebis Mendoza (107½). Split 12 *S* Madison Sq. Garden, New York, N.Y. *R* Pete Santiago *P* Don King Productions.

12/18/2004. WBC:JFL *Won* Jorge Arce (108) *Lost* Juan Centeno (108). TKO 3/2:48 *S* Universidad Autonoma, Culiacan, Mex. *R* Guillermo Ayon *P* Zanfer Promotions.

1/29/2005. WBO:JFL *Won* Nelson Dieppa (108) *Lost* Alex Sanchez (108). KO 11/2:50 *S* Ruben Rodriguez Coliseum, Bayamon, P.R. *R* Jose Rivera *P* P.R. Best/Top Rank.

3/11/2005. WBC:JFL *Won* Eric Ortiz (106¼) *Lost* Jose A. Aguirre (105¾). TKO 7/2:47 *S* Plaza de Toros Arroyo, Mexico City, Mex. *R* Gelasio Perez *P* Zanfer/R+R Promotions.

4/29/2005. WBA:JFL *Won* Roberto Vasquez (108) *Lost* Beibis Mendoza (108). TKO 10/2:03 *S* Figali Convention Center, Panama City, Pan. *R* Luis Pabon *P* Teiken/All-Star Boxing.

4/30/2005. WBO:JFL *Won* Hugo Cazares (107¾) *Lost* Nelson Dieppa (108). TWu 10/2:15 *S* Jose M. Agrelot Coliseum, San Juan, P.R. *R* Luis Pabon *P* Top Rank/P.R. Best.

5/14/2005. IBF:JFL *Won* Will Grigsby (106) *Lost* Jose V. Burgos (107). Unan 12 *S* MGM Grand Garden, Las Vegas, Nev. *R* Kenny Bayless *P* Don King Productions.

8/20/2005. WBO:JFL *Won* Hugo Cazares (108) *Lost* Alex Sanchez (108). TKO 8/* *S* Juan Vicens Auditorium, Ponce, P.R. *R* Roberto Ramirez *P* P.R. Best Boxing.

8/20/2005. WBA:JFL *Won* Roberto Vasquez (108) *Lost* Jose A. Aguirre (107½). TKO 4/1:16 *S* Figali Convention Center, Panama City, Pan. *R* Joe Cortez *P* Teiken Promotions.

9/10/2005. WBC:JFL *Won* Brian Viloria (108) *Lost* Erik Ortiz (108). KO 1/2:59 *S* Staples Center, Los Angeles, Ca. *R* Raul Caiz, Jr. *P* Top Rank, Inc.

10/29/2005. WBO:JFL *Won* Hugo Cazares (108) *Lost* Kaichon Sor Voraphin (107½). KO 6/2:14 *S* Desert Diamond Casino, Tucson, Ariz. *R* Robert Ferrara *P* Golden Boy Promotions.

11/19/2005. WBA:JFL *Won* Roberto Vasquez (108) *Lost* Nerys Espinoza (108). Unan 12 *S* Figali Convention Center, Panama City, Pan. *R* Rafael Ramos *P* Ring Promotions.

1/7/2006. IBF:JFL *Won* Ulises Solis (108) *Lost* Will Grigsby (107). Unan 12 *S* Madison Sq. Garden, New York, N.Y. *R* Gary Rosato *P* Don King Productions.

2/18/2006. WBC:JFL *Won* Brian Viloria (107) *Lost* Jose A. Aguirre (107½). Unan 12 *S* Aladdin Hotel & Casino, Las Vegas, Nev. *R* Tony Weeks *P* Top Rank, Inc.

3/25/2006. IBF:JFL *Won* Ulises Solis (108) *Lost* Erik Ortiz (108). TKO 9/2:40 *S* Centro de Espectaculos, Guadalajara, Mex. *R* J. Salcedo Lopez *P* Zanfer Promotions.

5/20/2006. WBA:JFL *Won* Roberto Vasquez (107¾) *Lost* Noel Aram-

bulet (107½). Unan 12 *S* ATLAPA Convention Center, Pan. City, Pan. *R* Steve Smoger *P* Ring Promotions.

6/30/2006. WBO:JFL *Won* Hugo Cazares (108) *Lost* Domingo Guillen (108). TKO 1/1:53 *S* Desert Diamond Casino, Tucson, Ariz. *R* Robert Ferrara *P* Golden Boy Promotions.

8/2/2006. WBA:JFL *Won* Koki Kameda (108) *Lost* Juan Jose Landaeta (107¾). Split 12 *S* Yokohama Arena, Yokohama, Japan *R* Stan Christodoulou *P* Kyoei/Teiken Promos.

8/4/2006. IBF:JFL *Won* Ulises Solis (108) *Lost* Omar Salado (108). Draw 12 *S* Palenque Hippodrome, Tijuana *R* Pat Russell *P* Zanfer Promos.

8/10/2006. WBC:JFL *Won* Omar Nino (108) *Lost* Brian Viloria (108). Unan 12 *S* Orleans Hotel & Casino, Las Vegas, Nev. *R* Kenny Bayless *P* Top Rank, Inc.

9/30/2006. WBO:JFL *Won* Hugo Cazares (108) *Lost* Nelson Dieppa (108). TKO 10/2:17 *S* H. Sola Bezares Coliseum, Caguas, P.R. *R* Roberto Ramirez *P* Top Rank/P.R. Best.

11/18/2006. WBC:JFL *Won* Omar Nino (107) *Lost* Brian Viloria (108). Draw 12 *S* Thomas & Mack Ctr., Las Vegas, Nev. *R* Joe Cortez *P* Top Rank, Inc.

12/20/2006. WBA:JFL *Won* Koki Kameda (107¾) *Lost* Juan Jose Landaeta (108). Unan 12 *S* Ariake Coliseum, Tokyo, Japan *R* Luis Pabon *P* Kyoei Promotions.

1/25/2007. IBF:JFL *Won* Ulises Solis (107) *Lost* Will Grigsby (108). TKO 9/* *S* Orleans Arena, Las Vegas, Nev. *R* Jay Nady *P* Top Rank, Inc.

4/14/2007. WBC:JFL *Won* Edgar Sosa (108) *Lost* Brian Viloria (108). Maj 12 *S* The Alamodome, San Antonio, Texas *R* Benji Esteves *P* Top Rank, Inc.

5/4/2007. WBO:JFL *Won* Hugo Cazares (108) *Lost* Wilfrido Valdez (108). TKO 2/0:25 *S* MGM Grand Garden, Las Vegas, Nev. *R* Joe Cortez *P* Golden Boy Promotions.

5/19/2007. IBF:JFL *Won* Ulises Solis (108) *Lost* Jose A. Aguirre (108). TKO 9/0:30 *S* B. Juarez Auditorium, Zapopan, Mex. *R* J. Salcedo Lopez *P* Zanfer Promotions.

6/22/2007. WBA:JFL *Won* Juan C. Reveco (107¾) *Lost* Nethra Sasiprapa (107¾). KO 8/2:38 *S* V. Polimeni Stadium, Las Heras, Arg. *R* Gustavo Padilla *P* O. Rivero/J. Pandolfino.

7/28/2007. WBC:JFL *Won* Edgar Sosa (107) *Lost* Luis A. Lazarte (105). DQ 10/2:49 *S* La Sindicato de Taxistas, Cancun, Mex. *R* Hector Afu *P* Golden Boy/Pepe Gomez.

8/4/2007. IBF:JFL *Won* Ulises Solis (108) *Lost* Rodel Mayol (108). TKO 8/1:13 *S* All-State Arena, Rosemont, Ill. *R* John O'Brien *P* Top Rank, Inc.

8/25/2007. WBO:JFL *Won* Ivan Calderon (107) *Lost* Hugo Cazares (107¾). Split 12 *S* R. Rodriguez Coliseum, Bayamon, P.R. *R* Jose H. Rivera *P* P.R. Best Boxing Promos.

9/16/2007. WBC:JFL *Won* Edgar Sosa (107) *Lost* Lorenzo Trejo (108). TKO 9/2:02 *S* Hard Rock Hotel, Las Vegas, Nev. *R* Tony Weeks *P* Top Rank, Inc.

10/13/2007. WBA:JFL *Won* Juan C. Reveco (107¾) *Lost* Humberto Pool (107½). KO 5/0:57 *S* Luna Park Stadium, Buenos Aires, Arg. *R* Hector Afu *P* Luna Park/Osvaldo Rivero.

11/24/2007. WBC:JFL *Won* Edgar Sosa (108) *Lost* Roberto Leyva (108). TKO 4/2:32 *S* Beto Avila Stadium, Vera Cruz, Mex. *R* Toby Gibson *P* Zanfer Promotions.

12/1/2007. WBO:JFL *Won* Ivan Calderon (107) *Lost* Juan Esquer (108). Unan 12 *S* Tingley Coliseum, Albuquerque, N.M. *R* Russell Mora *P* Top Rank, Inc.

12/8/2007. WBA:JFL *Won* Brahim Asloum (107½) *Lost* Juan C. Reveco (107½). Unan 12 *S* La Palestre, Le Cannet, France *R* Russell Mora *P* AMI Productions.

12/15/2007. IBF:JFL *Won* Ulises Solis (107½) *Lost* Bert Batawang (106½). TKO 9/2:33 *S* B. Juarez Auditorium, Zapopan, Mex. *R* Pat Russell *P* Zanfer Promotions.

2/9/2008. WBC:JFL *Won* Edgar Sosa (107) *Lost* Jesus Iribe (106¾). Unan 12 *S* Domo de la Feria, Leon, Guan., Mex. *R* Laurentino Ramirez *P* Top Rank/Zanfer Promos.

4/5/2008. WBO:JFL *Won* Ivan Calderon (107¾) *Lost* Nelson Dieppa (108). Unan 12 *S* R. Clemente Coliseum, Hato Rey, P.R. *R* Jose H. Rivera *P* P.R. Best Boxing Promos.

6/14/2008. WBC:JFL *Won* Edgar Sosa (108) *Lost* Takashi Kunishige (107¼). TKO 8/1:39 *S* Sports Palace, Mexico City, Mex. *R* Hector Afu *P* Prestige Boxing Promos.

7/12/2008. IBF:JFL *Won* Ulises Solis (107¾) *Lost* Glenn Donaire (107¾). Unan 12 *S* Palenque de la Expo, Hermosillo, Mex. *R* Pat Russell *P* Zanfer Promos./Top Rank.

8/30/2008. WBO:JFL *Won* Ivan Calderon (107½) *Lost* Hugo Cazares (108). TWu 7/1:58 *S* R. Rodriguez Coliseum, Bayamon, P.R. *R* Luis Pabon *P* P.R. Best/T.R./Golden Boy.

9/27/2008. WBC:JFL *Won* Edgar Sosa (107) *Lost* Sonny Boy Jaro (108). Unan 12 *S* Arena Mexico, Mexico City, Mex. *R* Hector Afu *P* Prestige Boxing Promos.

11/2/2008. IBF:JFL *Won* Ulises Solis (108) *Lost* Nerys Espinoza (108). Unan 12 *S* Palenque de S. Marcos, Aguas., Mex. *R* Robert Byrd *P* Zanfer Promotions.

11/29/2008. WBC:JFL *Won* Edgar Sosa (108) *Lost* Juanito Rubillar (106). TKO 7/2:54 *S* Arena Mexico, Mexico City, Mex. *R* Harold Laurens *P* Prestige Boxing Promos.

4/4/2009. WBC:JFL *Won* Edgar Sosa (108) *Lost* Porn. Porpramook (107¾). TKO 4/2:32 *S* Plaza Juarez, Cd. Victoria, Mex. *R* Hector Afu *P* Boxeo de Gala Promos.

4/19/2009. IBF:JFL *Won* Brian Viloria (108) *Lost* Ulises Solis (107). KO 11/2:56 *S* Araneta Coliseum, Quezon City, Phil. *R* Bruce McTavish *P* Top Rank/Solar/Zanfer.

6/13/2009. WBO:JFL *Won* Ivan Calderon (106¼) *Lost* Rodel Mayol (106). TDs 6/1:50 *S* Madison Sq. Garden, New York, N.Y. *R* Benji Esteves *P* Top Rank, Inc.

6/20/2009. WBC:JFL *Won* Edgar Sosa (108) *Lost* Carlos Melo (107¾). TKO 5/2:47 *S* Arena Mexico, Mexico City, Mex. *R* Frank Garza *P* Boxeo de Gala Promos.

7/25/2009. WBA:JFL *Won* Giovanni Segura (108) *Lost* Juanito Rubillar (108). TKO 6/2:04 *S* El Palenque de la Feria, N. Vallarta, Mex. *R* Luis Pabon *P* Top Rank/Zanfer Promos.

8/29/2009. IBF:JFL *Won* Brian Viloria (107½) *Lost* Jesus Iribe (108). Unan 12 *S* Blaisdell Center Arena, Honolulu, Hi. *R* Allan Huggins *P* Tom Moffatt/Zanfer.

9/12/2009. WBO:JFL *Won* Ivan Calderon (107½) *Lost* Rodel Mayol (107½). TWs 7 *S* Jose M. Agrelot Coliseum, Hato Rey, P.R. *R* Luis Pabon *P* P.R. Best Boxing.

9/15/2009. WBC:JFL *Won* Edgar Sosa (107½) *Lost* Omar Soto (106½). KO 6/2:30 *S* Siglo XXI Auditorium, Cd. Puebla, Mex. *R* Vic Drakulich *P* Boxeo de Gala Promos.

11/21/2009. WBC:JFL *Won* Rodel Mayol (108) *Lost* Edgar Sosa (108). TKO 2/1:52 *S* Palenque de Gallos, Tuxtla Gut., Mex. *R* Roberto Ramirez, Jr. *P* Boxeo de Gala Promos.

11/21/2009. WBA:JFL *Won* Giovanni Segura (108) *Lost* Sonny Boy Jaro (108). KO 1/1:05 *S* Feria de Yucatan Xmatkuil, Merida, Mex. *R* Alfredo Rios *P* Zanfer/Max Boxing.

1/23/2010. IBF:JFL *Won* Carlos Tamara (108) *Lost* Brian Viloria (108). TKO 12/1:45 *S* Cuneta Astrodome, Pasay City, Phil. *R* Bruce McTavish *P* Solar Sports.

2/27/2010. WBC:JFL *Won* Rodel Mayol (108) *Lost* Omar Nino (108). TDm 3/2:27 *S* Olympic Coliseum, Guadalajara, Mex. *R* Vic Drakulich *P* Boxeo de Gala.

Mini Flyweight

6/14/1987. IBF:MF *Won* Kyung-Yun Lee (105) *Lost* Masaharu Kawakami (104¾). KO 2/0:31 *S* Hawaii Hotel Arena, Bujok, Korea *R* Tomas Evaristo *P* Pal-Pal Promotions.

10/18/1987. WBC:MF *Won* Hiroki Ioka (104¾) *Lost* Mai Thonburifarm (105). Unan 12 *S* Kinki Univ. Auditorium, Osaka, Japan *R* Martin Denkin *P* Green Tsuda Promos.

1/10/1988. WBA:MF *Won* Rafael (Leo) Gamez (104½) *Lost* Bong-Jun Kim (104¼). Unan 12 *S* Kudok Gymnasium, Pusan, Korea *R* Lou Moret *P* Pal-Pal Promotions.

1/31/1988. WBC:MF *Won* Hiroki Ioka (105) *Lost* Kyung-Yun Lee (105). TKO 12/1:36 *S* Int. Castle Sports Hall, Osaka, Japan *R* Martin Denkin *P* Green Tsuda Promos.

3/24/1988. IBF:MF *Won* Samuth Sithnaruepol (105) *Lost* Domingo Lucas (104). TKO 11/2:11 *S* Rajadamnern Stadium, Bangkok, Thai. *R* Billy Males *P* Blue Corner Promotions.

4/24/1988. WBA:MF *Won* Rafael (Leo) Gamez (105) *Lost* Kenji Yokozawa (104½). TKO 3/1:25 *S* Korakuen Hall, Tokyo, Japan *R* Bernard Soto *P* Misako Promotions.

6/5/1988. WBC:MF *Won* Hiroki Ioka (104¾) *Lost* Napa Kiatwanchai (104¼). Maj 12 *S* Kinki Univ. Memorial Hall, Osaka, Japan *R* Robert Logist *P* Green Tsuda Promos.

8/29/1988. IBF:MF *Won* Samuth Sithnaruepol (105) *Lost* In-Kyu Hwang (103½). Unan 15 *S* Rajadamnern Stadium, Bangkok, Thai. *R* John Wheeler *P* Blue Corner Promotions.

11/13/1988. WBC:MF *Won* Napa Kiatwanchai (104¾) *Lost* Hiroki Ioka (105). Maj 12 *S* Prefectural Gymnasium, Osaka, Japan *R* Martin Denkin *P* Green Tsuda Promos.

2/11/1989. WBC:MF *Won* Napa Kiatwanchai (103½) *Lost* John Arief (103). Unan 12 *S* Provincial Stadium, Korat, Thai. *R* Malcolm Bulner *P* Sombhop Srisomvongse.

3/23/1989. IBF:MF *Won* Samuth Sithnaruepol (105) *Lost* Nico Thomas (104½). Draw 12 *S* Istora Senayan Arena, Djakarta, Indonesia *R* John Reilly *P* Ferry Moniaga.

4/16/1989. WBA:MF *Won* Bong-Jun Kim (104½) *Lost* Agustin Garcia (104¼). TKO 7/0:45 *S* Pohang Gymnasium, Pohang, Korea *R* Ernesto Magana *P* Pal-Pal Promotions.

6/10/1989. WBC:MF *Won* Napa Kiatwanchai (103) *Lost* Hiroki Ioka (105). TKO 11/1:12 *S* Municipal Sports Arena, Osaka, Japan *R* Martin Denkin *P* Green Tsuda Promos.

6/17/1989. IBF:MF *Won* Nico Thomas (105) *Lost* Samuth Sithnaruepol (105). Unan 12 *S* Istora Senayan Arena, Djakarta, Indo. *R* Abraham Pacheco *P* Martin Walenwangko.

8/6/1989. WBA:MF *Won* Bong-Jun Kim (104¾) *Lost* Sam-Joong Lee (104¾). Maj 12 *S* Students' Gymnasium, Samchongpo, Korea *R* Pinij Prayadsup *P* Pal-Pal Promotions.

8/30/1989. WBO:MF *Won* Rafael Torres *Lost* Yamil Caraballo. Unan 12 *S* Quisqueya Stadium, Santo Domingo, D.R.

9/21/1989. IBF:MF *Won* Eric Chavez (105) *Lost* Nico Thomas (105). KO 5/2:14 *S* Lokasari Basket Hall, Djakarta, Indonesia *R* Herbert Minn *P* Yusuf Hamka.

10/22/1989. WBA:MF *Won* Bong-Jun Kim (105) *Lost* John Arief (104). TKO 9/2:15 *S* Pohang Gymnasium, Pohang, Korea *R* Kazumasa Kuwata *P* Pal-Pal Promotions.

11/12/1989. WBC:MF *Won* Jum-Hwan Choi (104¾) *Lost* Napa Kiatwanchai (104¾). TKO 12/1:18 *S* World Trade Center, Seoul, Korea *R* Henry Elesperu *P* Saburo Arashida.

2/7/1990. WBC:MF *Won* Hideyuki Ohashi (105) *Lost* Jum-Hwan Choi (105). KO 9/2:11 *S* Korakuen Hall, Tokyo *R* Lou Filippo *P* Yonekura Promo.

2/10/1990. WBA:MF *Won* Bong-Jun Kim (104¾) *Lost* Petchai Chuvatana (104). KO 4/1:15 *S* Sungnam Gymnasium, Kyongkido, Korea *R* Steve Smoger *P* Pal-Pal Promotions.

2/22/1990. IBF:MF *Won* Phalan Lukmingkwan (105) *Lost* Eric Chavez (105). TKO 7/1:40 *S* Rajadamnern Stadium, Bangkok, Thai. *R* Niphon Larnula *P* Blue Corner Promotions.

5/13/1990. WBA:MF *Won* Bong-Jun Kim (104¾) *Lost* Silverio Barcenas (104½). TWs 5/1:17 *S* Kunsan Univ. Gymnasium, Kunsan, Korea *R* Kazumasa Kuwata *P* Camel Promotions.

6/8/1990. WBC:MF *Won* Hideyuki Ohashi (105) *Lost* Napa Kiatwanchai (104¼). Unan 12 *S* Korakuen Hall, Tokyo, Japan *R* Mickey Vann *P* Yonekura Promotions.

6/14/1990. IBF:MF *Won* Phalan Lukmingkwan (105) *Lost* Joe Constantino (105). Unan 12 *S* Rajadamnern Stadium, Bangkok, Thai. *R* Niphon Larnlua *P* Blue Corner Promotions.

7/31/1990. WBO:MF *Won* Rafael Torres (104¼) *Lost* Husni Ray (104¼). Split 12 *S* Istora Senayan Arena, Djakarta, Indonesia *R* Mariano Soto *P* Tourino Tidar.

8/15/1990. IBF:MF *Won* Phalan Lukmingkwan (104) *Lost* Eric Chavez (104). Unan 12 *S* Rajadamnern Stadium, Bangkok, Thai. *R* Billy Males *P* Blue Corner Promotions.

10/25/1990. WBC:MF *Won* Ricardo Lopez (104) *Lost* Hideyuki Ohashi (105). TKO 5/2:00 *S* Korakuen Hall, Tokyo, Japan *R* Tony Perez *P* Yonekura Promotions.

11/3/1990. WBA:MF *Won* Bong-Jun Kim (105) *Lost* Silverio Barcenas (104¾). Maj 12 *S* Taegu Gymnasium, Taegu, Korea *R* Lou Moret *P* Camel Promotions.

12/20/1990. IBF:MF *Won* Phalan Lukmingkwan (105) *Lost* Domingo Lucas (104). Draw 12 *S* Rajadamnern Stadium, Bangkok, Thai. *R* Billy Males *P* Blue Corner Promotions.

2/2/1991. WBA:MF *Won* Hi-Yong Choi (104½) *Lost* Bong-Jun Kim (105). Unan 12 *S* Sajik Gymnasium, Pusan, Korea *R* Steve Smoger *P* Hyundai Promotions.

5/19/1991. WBC:MF *Won* Ricardo Lopez (103½) *Lost* Kimio Hirano (105). TKO 8/1:42 *S* Kusanagi Gymnasium, Shizuoka, Japan *R* Rudy Ortega *P* Hiraishi Promotions.

6/15/1991. WBA:MF *Won* Hi-Yong Choi (104¾) *Lost* Sugar Rey Mike (104½). Unan 12 *S* Taegu Gymnasium, Taegu, Korea *R* Bernard Soto *P* Hyundai Promotions.

7/2/1991. IBF:MF *Won* Phalan Lukmingkwan (105) *Lost* Abdi Pohan (103½). Unan 12 *S* Lumpini Stadium, Bangkok, Thai. *R* Abraham Pacheco *P* Blue Corner Promotions.

10/21/1991. IBF:MF *Won* Phalan Lukmingkwan (105) *Lost* Andy Tabanas (103). Unan 12 *S* Rajadamnern Stadium, Bangkok, Thai. *R* Billy Males *P* Blue Corner Promotions.

10/26/1991. WBA:MF *Won* Hi-Yong Choi (104¾) *Lost* Bong-Jun Kim (104½). Unan 12 *S* Seoul Hilton Hotel, Seoul, Korea *R* Stan Christodoulou *P* Hyundai Promotions.

12/22/1991. WBC:MF *Won* Ricardo Lopez (103½) *Lost* Kyung-Yun Lee (105). Unan 12 *S* Inchon Gymnasium, Inchon, Korea *R* Malcolm Bulner *P* Camel Promotions.

2/22/1992. WBA:MF *Won* Hi-Yong Choi (105) *Lost* Yuichi Hosono (104¼). TKO 10/1:33 *S* Seoul Hilton Hotel, Seoul, Korea *R* John Coyle *P* Hyundai Promotions.

2/23/1992. IBF:MF *Won* Phalan Lukmingkwan (104) *Lost* Felix Naranjo (102½). KO 2/1:49 *S* Sunarunchan Stadium, Nakhon Pathom, Thai. *R* Abraham Pacheco *P* Blue Corner Promotions.

3/16/1992. WBC:MF *Won* Ricardo Lopez (103¾) *Lost* Domingo Lucas (103½). Unan 12 *S* Fronton Mexico, Mexico City, Mex. *R* Joe Cortez *P* Promo. des Expectaculos.

6/13/1992. WBA:MF *Won* Hi-Yong Choi (105) *Lost* Rommel Lawas (102½). TKO 3/2:59 *S* Inchon Gymnasium, Inchon, Korea *R* Ken Morita *P* Hyundai Promotions.

6/14/1992. IBF:MF *Won* Phalan Lukmingkwan (105) *Lost* Said Iskandar (103). TKO 9/* *S* Rajadamnern Stadium, Bangkok, Thai. *R* Abraham Pacheco *P* Blue Corner Promotions.

8/22/1992. WBC:MF *Won* Ricardo Lopez (105) *Lost* Sing. Kittikasem (104¾). KO 5/1:05 *S* Madero Auditorium, Cd. Madero, Mex. *R* Chuck Hassett *P* Comite' de Naci. del P.R.I.

9/6/1992. IBF:MF *Won* Manny Melchor (104) *Lost* Phalan Lukmingkwan (105). Split 12 *S* Crocodile Farm, Samut Prakam, Thai. *R* John Wheeler *P* Blue Corner Promotions.

10/11/1992. WBC:MF *Won* Ricardo Lopez (104¼) *Lost* Rocky Lim (104¾). KO 2/1:46 *S* Korakuen Hall, Tokyo, Japan *R* Martin Denkin *P* Teiken Promotions.

10/14/1992. WBA:MF *Won* Hideyuki Ohashi (104¾) *Lost* Hi-Yong Choi (104¾). Unan 12 *S* Kokugikan Hall, Tokyo, Japan *R* Stan Christodoulou *P* Kyokuto/Yonekura Promos.

12/10/1992. IBF:MF *Won* Ratan. Sow Voraphin (104½) *Lost* Manny Melchor (105). Split 12 *S* National Stadium, Bangkok, Thai. *R* Abraham Pacheco *P* Blue Corner Promotions.

1/31/1993. WBC:MF *Won* Ricardo Lopez (104) *Lost* Kwang-Soo Oh (105). TKO 9/2:38 *S* Pohang Gymnasium, Pohang, Korea *R* Chuck Hassett *P* Poongsan Promotions.

2/10/1993. WBA:MF *Won* Chana Porpaoin (105) *Lost* Hideyuki

Ohashi (105). Maj 12 *S* Metropolitan Gymnasium, Tokyo, Japan *R* Stan Christodoulou *P* Kyokuto Promotions.

3/14/1993. IBF:MF *Won* Ratan. Sow Voraphin (105) *Lost* Nico Thomas (102¼). KO 7/0:31 *S* Suranaree Camp Stadium, Korat, Thai. *R* Billy Males *P* Blue Corner Promotions.

5/9/1993. WBA:MF *Won* Chana Porpaoin (105) *Lost* Carlos Murillo (104¾). Unan 12 *S* Phys. Education Center, Ang Thong, Thai. *R* Waldemar Schmidt *P* Galaxy Promotions.

5/15/1993. WBO:MF *Won* Paul Weir (104¾) *Lost* Fernando Martinez (105). TKO 7/1:28 *S* Scottish Exhibition Centre, Glasgow, Scot. *R* Ismael Fernandez *P* Matchroom/St. Andrews S.C.

6/27/1993. IBF:MF *Won* Ratan. Sow Voraphin (104) *Lost* Ala Villamor (101). TKO 7/2:01 *S* National Stadium, Bangkok, Thai. *R* Pinij Prayadsub *P* Blue Corner Promotions.

7/3/1993. WBC:MF *Won* Ricardo Lopez (104) *Lost* Saman Sorjaturong (105). TKO 2/2:45 *S* Parc La Junta, Nuevo Laredo, Mex. *R* Vince Delgado *P* Gerardo Berlanga.

8/22/1993. WBA:MF *Won* Chana Porpaoin (105) *Lost* Ronnie Magramo (105). Unan 12 *S* Provincial Stadium, Saraburi, Thai. *R* Masakazu Uchida *P* Galaxy Promotions.

9/19/1993. WBC:MF *Won* Ricardo Lopez (103½) *Lost* Toto Por Pongsawang (102). TKO 11/2:30 *S* Capital City Discotheque, Bangkok, Thai. *R* Arthur Mercante *P* Songpol Pongsawang.

9/26/1993. IBF:MF *Won* Ratan. Sow Voraphin (104) *Lost* Dominggus Siwalete (103½). TKO 4/2:22 *S* Hua Mark Stadium, Bangkok, Thai. *R* Abraham Pacheco *P* Blue Corner Promotions.

10/25/1993. WBO:MF *Won* Paul Weir (104½) *Lost* Lindi Memani (105). Unan 12 *S* St. Andrews Sporting Club, Glasgow, Scot. *R* Joe O'Neill *P* Matchroom/St. Andrews S.C.

11/28/1993. WBA:MF *Won* Chana Porpaoin (105) *Lost* Rafael Torres (105). KO 4/1:42 *S* Provincial Stadium, Phichit, Thai. *R* Ken Morita *P* Galaxy Boxing Promos.

12/10/1993. IBF:MF *Won* Ratan. Sow Voraphin (104½) *Lost* Felix Naranjo (103½). TKO 2/0:34 *S* Provincial Stadium, Supan Buri, Thai. *R* Pinij Prayadsub *P* Blue Corner Promotions.

12/18/1993. WBC:MF *Won* Ricardo Lopez (104¾) *Lost* Manny Melchor (105). KO 11/2:00 *S* Caesars Tahoe, Lake Tahoe, Nev. *R* Joe Cortez *P* Cedric Kushner Promos.

12/22/1993. WBO:MF *Won* Alex Sanchez (104) *Lost* Orlando Malone (102). TKO 1/2:49 *S* Hotel Caribe Hilton, Condado, P.R. *R* Ismael Fernandez *P* Top of the World Promos.

1/7/1994. WBO:MF *Won* Alex Sanchez (105) *Lost* Arturo Garcia-Mayen (105). TKO 1/1:30 *S* Casino de Mallorca, Palma de Mallorca, Spain *R* Ismael Fernandez *P* Jose (Buffalo) Martin.

2/27/1994. IBF:MF *Won* Ratan. Sow Voraphin (105) *Lost* Ronnie Magramo (103½). Unan 12 *S* Provincial Army Stadium, Bangmulnak, Thai. *R* Billy Males *P* Blue Corner Promotions.

3/26/1994. WBA:MF *Won* Chana Porpaoin (105) *Lost* Carlos Murillo (105). Maj 12 *S* Physical Education College, Chonburi, Thai. *R* John Coyle *P* Niwat Laosuwanwatt.

5/7/1994. WBC:MF *Won* Ricardo Lopez (105) *Lost* Kermin Guardia (104). Unan 12 *S* MGM Grand Garden, Las Vegas, Nev. *R* Toby Gibson *P* Don King Productions.

5/14/1994. IBF:MF *Won* Ratan. Sow Voraphin (105) *Lost* Roger Espanola (104). TKO 6/1:05 *S* Provincial Stadium, Saraburi, Thai. *R* Billy Males *P* Blue Corner Promotions.

8/13/1994. WBO:MF *Won* Alex Sanchez (105) *Lost* Carlos Rodriguez (105). KO 1/2:12 *S* R. Rodriguez Coliseum, Bayamon, P.R. *R* Raul Caiz *P* Top of the World Promos.

8/20/1994. IBF:MF *Won* Ratan. Sow Voraphin (105) *Lost* Marcelino Bolivar (105). TKO 4/2:57 *S* Provincial Stadium, Burium, Thai. *R* Abraham Pacheco *P* Blue Corner Promotions.

9/3/1994. WBA:MF *Won* Chana Porpaoin (105) *Lost* Keum-Young Kang (104¾). Unan 12 *S* City Sports Arena, Phatthalung, Thai. *R* Masakazu Uchida *P* Niwat Laosuwanwatt.

9/10/1994. WBO:MF *Won* Alex Sanchez (105) *Lost* Oscar Andrade (105). TKO 4/2:27 *S* Sporthalle, Hamburg *R* Raul Caiz *P* Universum Box Promo.

9/17/1994. WBC:MF *Won* Ricardo Lopez (105) *Lost* Yodsingh Saengmorokot (105). TKO 1/1:53 *S* MGM Grand Garden, Las Vegas, Nev. *R* Kenny Bayless *P* Don King Productions.

11/5/1994. WBA:MF *Won* Chana Porpaoin (105) *Lost* Manuel Herrera (103¾). Split 12 *S* Municipal School, Hat Yai, Thai. *R* Hiroyuki Tezaki *P* Galaxy Promotions.

11/12/1994. WBC:MF *Won* Ricardo Lopez (105) *Lost* Javier Varguez (104¾). TKO 8/1:33 *S* Monumental Plaza, Mexico City, Mex. *R* Guadalupe Garcia *P* Don King Productions.

11/12/1994. IBF:MF *Won* Ratan. Sow Voraphin (105) *Lost* Carlos Rodriguez (105). TKO 3/1:08 *S* University Stadium, Khon Kaen, Thai. *R* Abraham Pacheco *P* Songchai Promotions.

12/10/1994. WBC:MF *Won* Ricardo Lopez (104) *Lost* Yamil Caraballo (104). TKO 1/1:10 *S* Baseball Stadium, Monterrey, Mex. *R* Jose Medina *P* Don King Productions.

1/28/1995. WBO:MF *Won* Alex Sanchez (105) *Lost* Rafael Orozco (104). Unan 12 *S* MGM Grand Garden, Las Vegas, Nev. *R* Joe Cortez *P* Top Rank, Inc.

1/28/1995. WBA:MF *Won* Chana Porpaoin (105) *Lost* Jin-Ho Kim (105). Unan 12 *S* National Stadium, Bangkok, Thai. *R* Larry Rozadilla *P* Galaxy Boxing Promos.

2/25/1995. IBF:MF *Won* Ratan. Sow Voraphin (103¾) *Lost* Jerry Pahayahay (103¾). TKO 3/0:22 *S* Rangsit Shopping Center, Bangkok, Thai. *R* Billy Males *P* Blue Corner Promotions.

4/1/1995. WBC:MF *Won* Ricardo Lopez (104) *Lost* Andy Tabanas (105). TKO 12/2:45 *S* Buffalo Bill's Casino Hotel, Stateline, Nev. *R* Mitch Halpern *P* Don King Productions.

5/20/1995. IBF:MF *Won* Ratan. Sow Voraphin (104½) *Lost* Oscar Flores (105). TKO 2/2:12 *S* Municipal Stadium, Chiang Mai, Thai. R Jacob Limahelu P Blue Corner Promotions.

7/29/1995. WBO:MF *Won* Alex Sanchez (104) *Lost* Tomas Rivera (104). Unan 12 *S* Freeman Coliseum, San Antonio, Texas *R* Laurence Cole *P* Top Rank, Inc.

8/6/1995. WBA:MF *Won* Chana Porpaoin (105) *Lost* Ernesto Rubillar, Jr. (105). KO 6/1:26 *S* Rajadamnern Stadium, Bangkok, Thai. *R* Kazumasa Kuwata *P* Niwat Laosuwanwatt.

10/29/1995. IBF:MF *Won* Ratan. Sow Voraphin (105) *Lost* Jack Russell (104¾). KO 2/1:20 *S* Provincial Stadium, Suphan Buri, Thai. *R* Jacob Limahelu *P* Blue Corner Promotions.

12/2/1995. WBA:MF *Won* Rosendo Alvarez (105) *Lost* Chana Porpaoin (105). Split 12 *S* Provincial Gymnasium, Sakaew, Thai. *R* Waldemar Schmidt *P* Niwat Laosuwanwatt.

12/30/1995. IBF:MF *Won* Ratan. Sow Voraphin (104½) *Lost* Osvaldo Guerrero (104¾). TKO 6/1:26 *S* Army Soccer Stadium, Chiang Mai, Thai. *R* Billy Males *P* Blue Corner Promotions.

3/16/1996. WBC:MF *Won* Ricardo Lopez (104½) *Lost* Ala Villamor (105). KO 8/0:40 *S* MGM Grand Garden, Las Vegas, Nev. *R* Joe Cortez *P* Don King Productions.

3/30/1996. WBA:MF *Won* Rosendo Alvarez (105) *Lost* Kermin Guardia (105). KO 3/1:23 *S* Lopez National Stadium, Managua, Nic. *R* Gustavo Padilla *P* Fire Promotions.

5/18/1996. IBF:MF *Won* Ratan. Sow Voraphin (104) *Lost* Jun Arlos (101¾). Unan 12 *S* Provincial Stadium, Yala, Thailand *R* Montol Suriyachand *P* Blue Corner Promotions.

6/15/1996. WBA:MF *Won* Rosendo Alvarez (105) *Lost* Eric Chavez (104¼). Maj 12 *S* Prefectural Gymnasium, Sendai, Japan *R* Tony Weeks *P* Misako Promotions.

6/29/1996. WBC:MF *Won* Ricardo Lopez (105) *Lost* Kittichai Preecha (104). KO 3/1:46 *S* Fantasy Springs Casino, Indio, Calif. *R* James Jen-Kin *P* Don King Productions.

7/13/1996. IBF:MF *Won* Ratan. Sow Voraphin (104½) *Lost* Jun Orhaliza (104). KO 3/0:35 *S* Provincial Coliseum, Chiangmai, Thai. *R* Boon. Thakamfoo *P* Blue Corner Promotions.

9/28/1996. IBF:MF *Won* Ratan. Sow Voraphin (104½) *Lost* Oscar Andrade (104½). KO 5/0:15 *S* Provincial Stadium, Prajuabkirikhan, Thai. *R* Montol Suriyachand *P* Blue Corner/Kerdmek.

10/1/1996. WBA:MF *Won* Rosendo Alvarez (105) *Lost* Takashi Shio-

hama (104¼). KO 8/1:26 *S* Kitakyushu Gymnasium, Kitakyushu, Japan *R* Rafael Ramos *P* Green Tsuda Promotions.

11/9/1996. WBC:MF *Won* Ricardo Lopez (105) *Lost* Morgan Ndumo (105). TKO 6/0:55 *S* MGM Grand Garden, Las Vegas, Nev. *R* Jay Nady *P* Don King Productions.

11/24/1996. IBF:MF *Won* Ratan. Sow Voraphin (104) *Lost* Gustavo Vera (104). KO 2/2:35 *S* Udonthani Stadium, Udonthani, Thai. *R* Bun. Thakamfoo *P* Blue Corner Promotions.

12/7/1996. WBC:MF *Won* Ricardo Lopez (103¾) *Lost* Myung-Sup Park (103). TKO 1/2:22 *S* Fantasy Springs Casino, Indio, Calif. *R* Chuck Hassett *P* Don King Productions.

1/11/1997. WBA:MF *Won* Rosendo Alvarez (105) *Lost* Songkram Porpaoin (105). TKO 11/2:14 *S* Provincial Gymnasium, Sa Kaew, Thai. *R* Mitch Halpern *P* Galaxy Boxing Promos.

3/22/1997. IBF:MF *Won* Ratan. Sow Voraphin (104) *Lost* Luis Doria (103½). TKO 4/2:04 *S* Provincial Stadium, Saraburi, Thai. *R* Montol Suriyachand *P* Blue Corner Promotions.

3/29/1997. WBO:MF *Won* Alex Sanchez (105) *Lost* Victor Burgos (105). Unan 12 *S* Las Vegas Hilton, Las Vegas *R* Joe Cortez *P* Don King Prods.

3/29/1997. WBC:MF *Won* Ricardo Lopez (105) *Lost* Mongkol Chareon (105). Unan 12 *S* Las Vegas Hilton, Las Vegas, Nev. *R* Jay Nady *P* Don King Productions.

6/14/1997. IBF:MF *Won* Ratan. Sow Voraphin (105) *Lost* Juan Herrera (105). Unan 12 *S* Provincial Stadium, Nakhon Ratchaseema, Thai. *R* Billy Males *P* Blue Corner Promotions.

8/23/1997. BCBO:MF *Won* Ricardo Lopez (105) *Lost* Alex Sanchez (105). TKO 5/1:58 *S* Madison Sq. Garden, New York, N.Y. *R* Arthur Mercante, Jr. *P* Don King Productions.

8/30/1997. IBF:MF *Won* Ratan. Sow Voraphin (105) *Lost* Wellington Vicente (105). TKO 2/2:55 *S* Provincial Stadium, Nong Khai, Thai. *R* Abraham Pacheco *P* Blue Corner Promotions.

12/19/1997. WBO:MF *Won* Eric Jamili (104) *Lost* Mickey Cantwell (104¼). TKO 8/1:26 *S* London Arena, Millwall, London, Eng. *R* Mark Nelson *P* Sports Network Ltd.

12/27/1997. IBF:MF *Won* Zolani Petelo (105) *Lost* Ratan. Sow Voraphin (105). TKO 4/2:00 *S* Provincial Army Stadium, Songkhla, Thai. *R* Billy Males *P* Blue Corner Promotions.

3/7/1998. BABC:MF *Won* Ricardo Lopez (105) *Lost* Rosendo Alvarez (105). TDs 7 *S* Plaza de Mexico, Mexico City, Mex. *R* Arthur Mercante *P* Don King Productions.

3/21/1998. IBF:MF *Won* Zolani Petelo (105) *Lost* Faisol Akbar (104). Split 12 *S* Carousel Casino, Hammanskraal, S.A. *R* Stan Christodoulou *P* Golden Gloves/Kushner.

5/30/1998. WBO:MF *Won* Kermin Guardia (105) *Lost* Eric Jamili (105). TKO 6/* *S* Las Vegas Hilton, Las Vegas, Nev. *R* Jay Nady *P* Don King Productions.

7/4/1998. IBF:MF *Won* Zolani Petelo (104¾) *Lost* Carmelo Caceres (104¼). TKO 7/1:46 *S* Carousel Casino, Hammanskraal, S.A. *R* Lulama Mtya *P* Golden Gloves/Kushner.

8/23/1998. WBC:MF *Won* W. Chor Chareon (103¾) *Lost* Rocky Lin (104¾). Maj 12 *S* Yokohama Arena, Yokohama, Japan *R* Laurence Cole *P* Teiken Promotions.

11/13/1998. WBA:MF *Won* Ricardo Lopez (103½) *Lost* Rosendo Alvarez (108¼). Split 12 *S* Las Vegas Hilton, Las Vegas, Nev. *R* Richard Steele *P* Don King Productions.

3/27/1999. WBO:MF *Won* Kermin Guardia (104) *Lost* Eric Jamili (103¾). Unan 12 *S* Miami Jai Alai Fronton, Miami, Fla. *R* Frank Santore *P* Don King Productions.

5/4/1999. WBC:MF *Won* W. Chor Chareon (104¾) *Lost* Yasuo Tokimitsu (104¾). TKO 12/2:51 *S* Mizushima Fukuda Park Gym., Kurashiki, Japan *R* Lou Filippo *P* K. Moriyasu/Teiken Promos.

5/29/1999. IBF:MF *Won* Zolani Petelo (105) *Lost* Eric Jamili (104). KO 1/1:21 *S* Carousel Casino, Hammanskraal, S.A. *R* Clement Martin *P* Golden Gloves Promos.

10/9/1999. WBA:MF *Won* Noel Arambulet (104¼) *Lost* Joma Gamboa (104¾). Unan 12 *S* United Nations Park, Caracas, Vez. *R* Gustavo Padilla *P* World Boxing Association.

10/30/1999. WBO:MF *Won* Kermin Guardia (105) *Lost* Luis A. Lazarte (105). Split 12 *S* Polideportivo Stadium, Mar del Plata, Arg. *R* Genaro Rodriguez *P* Antonio Faraminan.

12/3/1999. IBF:MF *Won* Zolani Petelo (104½) *Lost* Juanito Rubillar (104¼). Unan 12 *S* Bushfield Sports Centre, Peterborough, Eng. *R* Dave Parris *P* Golden Fists Promos.

2/11/2000. WBC:MF *Won* Jose A. Aguirre (104½) *Lost* W. Chor Chareon (103½). Maj 12 *S* Mahachai Villa Arena, Samut Sakorn, Thai. *R* David Chung *P* Sombhop Srisomvongse.

3/4/2000. WBA:MF *Won* Noel Arambulet (105) *Lost* Jose Garcia (105). Unan 12 *S* Jose D. Ugarte Stadium, Coro, Falcon, Vez. *R* Julio C. Alvarado *P* Teiken/Rafael Moron.

6/2/2000. IBF:MF *Won* Zolani Petelo (105) *Lost* Mickey Cantwell (105). TKO 8/0:59 *S* Stour Leisure Centre, Ashford, Kent, Eng. *R* Dave Parris *P* C. Kushner/Golden Fists.

7/7/2000. WBC:MF *Won* Jose A. Aguirre (103½) *Lost* Jose Luis Zepeda (103¾). KO 5/2:50 *S* Palenque de Gallos, Villahermosa, Mex. *R* Jose Medina *P* Top Rank, Inc.

8/20/2000. WBA:MF *Won* Joma Gamboa (105) *Lost* Noel Arambulet (106½). Split 12 *S* Ryogoku Kokugikanena, Tokyo, Japan *R* Kazunobu Asao *P* Teiken Promotions.

10/21/2000. WBC:MF *Won* Jose A. Aguirre (104) *Lost* Erdene Chuluun (105). KO 4/2:42 *S* Salon 21, Mexico City, Mex. *R* Tony Perez *P* World Boxing Council.

12/6/2000. WBA:MF *Won* Keitaro Hoshino (105) *Lost* Joma Gamboa (104¾). Unan 12 *S* Pacifico Convention Hall, Yokohama, Japan *R* Enzo Montero *P* Hanagata/Teiken Promos.

2/2/2001. WBC:MF *Won* Jose A. Aguirre (105) *Lost* Manny Melchor (105). Unan 12 *S* Tijuana Jai Alai Fronton, Tijuana, B.C.N., Mex. *R* Guillermo Ayon *P* Top Rank/Zanfer.

4/6/2001. WBO:MF *Won* Kermin Guardia (105) *Lost* Juan A. Keb-Baas (105). Unan 12 *S* Poliforum Zamna, Merida, Yucitan, Mex. *R* Lou Moret *P* Top Rank/Zanfer.

4/16/2001. WBA:MF *Won* Chana Porpaoin (105) *Lost* Keitaro Hoshino (105). Split 12 *S* Pacifico Convention Hall, Yokohama, Japan *R* Silvestre Abainza *P* Hanagata/Teiken Promos.

4/29/2001. IBF:MF *Won* Roberto Leyva (104¼) *Lost* Daniel Reyes (104¼). Unan 12 *S* Amazura Ballroom, Jamaica, Queens, N.Y. *R* Wayne Kelly *P* Top Rank/C. Kushner.

8/25/2001. WBA:MF *Won* Yutaka Niida (103½) *Lost* Chana Porpaoin (105). Unan 12 *S* Pacifico Convention Hall, Yokohama, Japan *R* Steve Smoger *P* Yokohama Hikari/Teiken.

9/29/2001. IBF:MF *Won* Roberto Leyva (104½) *Lost* Miguel Barrera (104½). TD 3 *S* Oscar Garcia Gymnasium, Ensenada, Mex. *R* Juan Morales *P* Zanfer/Top Rank.

11/11/2001. WBC:MF *Won* Jose A. Aguirre (105) *Lost* Yasuo Tokimitsu (104½). TKO 3/1:43 *S* Martial Arts Hall, Okayama, Japan *R* Laurence Cole *P* Kurashiki Moriyasu Promos.

1/29/2002. WBA:MF *Won* Keitaro Hoshino (105) *Lost* Joma Gamboa (104¾). Unan 12 *S* Pacifico Convention Hall, Yokohama, Japan *R* Pinij Prayadsab *P* Hanagata/Teiken Promos.

6/29/2002. WBO:MF *Won* Jorge Mata (104¼) *Lost* Reynaldo Frutos (104¼). TKO 9/2:53 *S* Pabellon son Moix, Palma de Mallorca, Spain *R* Manuel O. Palomo *P* Tundra Promotions.

7/29/2002. WBA:MF *Won* Noel Arambulet (105) *Lost* Keitaro Hoshino (105). Maj 12 *S* Pacifico Convention Hall, Yokohama, Japan *R* Stan Christodoulou *P* Hanagata/Teiken Promos.

8/9/2002. IBF:MF *Won* Miguel Barrera (104½) *Lost* Roberto Leyva (104½). Unan 12 *S* Orleans Hotel & Casino, Las Vegas, Nev. *R* Kenny Bayless *P* Top Rank, Inc.

10/19/2002. WBC:MF *Won* Jose A. Aguirre (103½) *Lost* Juan Palacios (105). Split 12 *S* El Palenque, Villahermosa, Tabasco, Mex. *R* Jose Medina *P* Zanfer Promotions.

11/22/2002. WBO:MF *Won* Jorge Mata (105) *Lost* Jairo Arango (105). Unan 12 *S* Sports Palace, Leon, Spain *R* Manuel Maritxalar *P* Tundra Promotions.

12/20/2002. WBA:MF *Won* Noel Arambulet (104¾) *Lost* Keitaro

Hoshino (104¼). Maj 12 *S* Int. Castle Sports Hall, Osaka, Japan *R* Joe Cortez *P* Kanazawa Promotions.

2/22/2003. WBC:MF *Won* Jose A. Aguirre (105) *Lost* Juan Alfonso Keb (104). TKO 7/2:17 *S* Plaza de Toros, Mexico City, Mex. *R* Guadalupe Garcia *P* WBC/Fernando Beltran.

3/22/2003. IBF:MF *Won* Miguel Barrera (104½) *Lost* Roberto Leyva (105). KO 3/1:23 *S* Mandalay Bay Resort, Las Vegas, Nev. *R* Tony Weeks *P* Top Rank, Inc.

3/28/2003. WBO:MF *Won* Eduardo Marquez (104½) *Lost* Jorge Mata (104½). TKO 11/2:11 *S* Pabellon Raimundo Saporta, Madrid, Spain *R* Roberto Ramirez *P* Tunda Promotions.

5/3/2003. WBO:MF *Won* Ivan Calderon (104) *Lost* Eduardo Marquez (105). TWu 9/0:43 *S* Mandalay Bay Resort, Las Vegas, Nev. *R* Tony Weeks *P* Top Rank, Inc.

5/31/2003. IBF:MF *Won* Edgar Cardenas (105) *Lost* Miguel Barrera (103¾). KO 10/0:47 *S* Gutierrez Muni. Auditorium, Tijuana, Mex. *R* Jose Cobian *P* Zanfer Promotions.

6/23/2003. WBC:MF *Won* Jose A. Aguirre (105) *Lost* Keitaro Hoshino (105). TKO 12/2:15 *S* Yokohama Arena, Yokohama, Japan *R* Bruce McTavish *P* Ohashi Promotions.

7/12/2003. WBA:MF *Won* Noel Arambulet (105) *Lost* Yutaka Niida (104½). Split 12 *S* Yokohama Arena, Yokohama, Japan *R* Armando Garcia *P* Yokohama Hikari Promos.

9/5/2003. WBO:MF *Won* Ivan Calderon (105) *Lost* Lorenzo Trejo (104½). Unan 12 *S* Hector Sola Bezares Coliseum, Caguas, P.R. *R* Ismael Quinones *P* Top Rank/P.R. Best Boxing.

10/4/2003. IBF:MF *Won* Daniel Reyes (104½) *Lost* Edgar Cardenas (105). TKO 6/2:40 *S* Staples Center, Los Angeles, Calif. *R* Jack Reiss *P* Top Rank, Inc.

12/6/2003. WBO:MF *Won* Ivan Calderon (105) *Lost* Alex Sanchez (105). Unan 12 *S* R. Rodriguez Coliseum, Bayamon, P.R. *R* Roberto Ramirez *P* Top Rank/Peter Rivera.

1/10/2004. WBC:MF *Won* Eagle Akakura (105) *Lost* Jose A. Aguirre (105). Unan 12 *S* Korakuen Hall, Tokyo, Japan *R* Laurence Cole *P* Teiken Promotions.

4/10/2004. IBF:MF *Won* Daniel Reyes (105) *Lost* Roberto Leyva (105). TKO 3/2:23 *S* Bocagrande Hilton, Cartagena, Col. *R* Manuel Rodriguez *P* Cuadrilatero Promotions.

6/28/2004. WBC:MF *Won* Eagle Akakura (104¾) *Lost* Satoshi Kogumazaka (104¾). TWu 8/2:24 *S* Yokohama Arena, Yokohama, Japan *R* Nobuaki Uratani *P* Ohashi Promotions.

7/3/2004. WBA:MF *Won* Yutaka Niida (104¾) *Lost* Noel Arambulet (105¾). Unan 12 *S* Korakuen Hall, Tokyo, Japan *R* Mark Nelson *P* Yokohama Hikari Promos.

7/31/2004. WBO:MF *Won* Ivan Calderon (104½) *Lost* Roberto Leyva (105). Unan 12 *S* MGM Grand Garden, Las Vegas, Nev. *R* Robert Byrd *P* Top Rank, Inc.

9/14/2004. IBF:MF *Won* Muhammad Rachman (105) *Lost* Daniel Reyes (105). Split 12 *S* Kalapa Gading Sports Mall, Djakarta, Indo. *R* John Wright *P* Harry Sugiarto.

10/30/2004. WBA:MF *Won* Yutaka Niida (104¾) *Lost* Juan Landaeta (104¾). Split 12 *S* Ryogoku Sumo Arena, Tokyo, Japan *R* Rafael Ramos *P* Teiken Promotions.

11/27/2004. WBO:MF *Won* Ivan Calderon (104½) *Lost* Carlos Fajardo (105). Unan 12 *S* MGM Grand Garden, Las Vegas, Nev. *R* Tony Weeks *P* Top Rank, Inc.

12/18/2004. WBC:MF *Won* Isaac Bustos (104¾) *Lost* Eagle Akakura (105). TKO 4/0:19 *S* Korakuen Hall, Tokyo, Japan *R* Toby Gibson *P* Kadoebi Jewel Promos.

4/4/2005. WBC:MF *Won* Katsunari Takayama (105) *Lost* Isaac Bustos (105). Unan 12 *S* Central Gymnasium, Osaka, Japan *R* Vic Drakulich *P* Green Tsuda Promotions.

4/5/2005. IBF:MF *Won* Muhammad Rachman (103½) *Lost* Fahlan Sakkriren (105). TD 3/1:00 *S* Hasanab Park, Merauke City, Indo. *R* John Wright *P* N. Sugiarto–T. Tidar.

4/16/2005. WBA:MF *Won* Yutaka Niida (105) *Lost* Jae-Won Kim (105). Unan 12 *S* Martial Arts Hall, Tokyo *R* Mark Nelson *P* Teiken Promos.

4/30/2005. WBO:MF *Won* Ivan Calderon (105) *Lost* Noel Tunacao (105). TKO 8/2:25 *S* Jose M. Agrelot Coliseum, San Juan, P.R. *R* Roberto Ramirez *P* Top Rank/P.R. Best.

6/25/2005. WBO:MF *Won* Ivan Calderon (104) *Lost* Gerardo Verde (103). Unan 12 *S* Convention Hall, Atlantic City, N.J. *R* Randy Neumann *P* Main Events/Top Rank.

8/6/2005. WBC:MF *Won* Eagle Akakura (104¾) *Lost* Katsunari Takayama (105). Unan 12 *S* Korakuen Hall, Tokyo, Japan *R* Yuji Fukuchi *P* Green Tsuda/Kadoebi.

9/25/2005. WBA:MF *Won* Yutaka Niida (104¼) *Lost* Eriberto Gejon (104½). TWs 10/2:01 *S* Yokohama Arena, Yokohama, Japan *R* Luis Pabon *P* Teiken Promotions.

12/10/2005. WBO:MF *Won* Ivan Calderon (104) *Lost* Daniel Reyes (104½). Unan 12 *S* R. Clemente Coliseum, Hato Rey, P.R. *R* Roberto Ramirez *P* P.R. Best Boxing.

1/9/2006. WBC:MF *Won* Eagle Akakura (105) *Lost* Ken Nakajima (105). TKO 7/1:01 *S* Pacifico Yokohama, Yokohama, Japan *R* Nobuaki Uratani *P* Green Tsuda Promotions.

2/18/2006. WBO:MF *Won* Ivan Calderon (104) *Lost* Isaac Bustos (105). Unan 12 *S* Aladdin Hotel & Casino, Las Vegas, Nev. *R* Robert Byrd *P* Top Rank, Inc.

3/4/2006. WBA:MF *Won* Yutaka Niida (103¾) *Lost* Ronald Barrera (105). Unan 12 *S* Korakuen Hall, Tokyo, Japan *R* Derek Milham *P* Hikari/Teiken Promotions.

4/29/2006. WBO:MF *Won* Ivan Calderon (105) *Lost* Miguel Tellez (105). TKO 9/1:04 *S* Mario Morales Coliseum, Guaynabo, P.R. *R* Jose Rivera *P* P.R. Best/Top Rank.

5/6/2006. WBC:MF *Won* Eagle Akakura (105) *Lost* Rodel Mayol (104¼). Unan 12 *S* Korakuen Hall, Tokyo, Japan *R* Vic Drakulich *P* Kadoebi Jewel Promos.

5/6/2006. IBF:MF *Won* Muhammad Rachman (105) *Lost* Omar Soto (104¼). KO 6/1:04 *S* Senayan Stadium, Djakarta, Indo. *R* John Wright *P* Muhammad Arsyad.

10/21/2006. WBO:MF *Won* Ivan Calderon (104½) *Lost* Jose Luis Varela (104¾). Unan 12 *S* E. Chegwin Coliseum, Barranquilla, Col. *R* Manuel Rodriguez *P* P.R. Best/Willy Chams.

11/13/2006. WBC:MF *Won* Eagle Akakura (105) *Lost* Lorenzo Trejo (105). Unan 12 *S* Martial Arts Hall, Tokyo, Japan *R* Mike Griffin *P* Teiken Promotions.

12/23/2006. IBF:MF *Won* Muhammad Rachman (105) *Lost* Benjie Sorolla (104¾). TKO 7/2:10 *S* Bung Kamo Stadium, Djakarta, Indo. *R* John Wright *P* Soeryo Goeritno Promos.

4/7/2007. WBA:MF *Won* Yutaka Niida (105) *Lost* Katsunari Takayama (104¾). Split 12 *S* Korakuen Hall, Tokyo, Japan *R* Takeshi Shimakawa *P* Teiken/Yokohama Hikari.

7/7/2007. IBF:MF *Won* Florante Condes (104) *Lost* Muhammad Rachman (104½). Split 12 *S* RCTI TV Studio, Djakarta, Indonesia *R* Wayne Hedgepeth *P* Seminole Warriors Boxing.

9/1/2007. WBA:MF *Won* Yutaka Niida (104¾) *Lost* Eriberto Gejon (105). Unan 12 *S* Korakuen Hall, Tokyo, Japan *R* Derek Milham *P* Teiken/Yokohama Hikari.

9/30/2007. WBO:MF *Won* Donnie Nietes (105) *Lost* Porn. Kratingdaenggym (105). Unan 12 *S* Waterfront Hotel, Cebu City, Phil. *R* Raul Caiz, Jr. *P* SGG Promotions.

11/29/2007. WBC:MF *Won* Oley. Sithsamerchai (105) *Lost* Eagle Akakura (104¾). Unan 12 *S* Bangkhen Arena, Bangkok, Thai. *R* Laurentino Ramirez *P* Diamond/Petchyindee.

3/1/2008. WBA:MF *Won* Yutaka Niida (105) *Lost* Jose Luis Varela (104¾). KO 6/2:16 *S* Korakuen Hall, Tokyo, Japan *R* Raul Caiz *P* Teiken/Yokohama Hikari.

6/14/2008. IBF:MF *Won* Raul Garcia (103½) *Lost* Florante Condes (103½). Split 12 *S* Arturo C. Nahl Stadium, La Paz, Mex. *R* Wayne Hedgepeth *P* Promo. ECO Servicios.

6/18/2008. WBC:MF *Won* Oley. Sithsamerchai (105) *Lost* Junichi Ebisuoka (105). TKO 9/1:14 *S* Saphanhin Arena, Saphanhin, Thai. *R* Malcolm Bulner *P* Petchyindee Promotions.

8/30/2008. WBO:MF *Won* Donnie Nietes (105) *Lost* Eddy Castro

(103½). KO 2/2:49 *S* Waterfront Hotel, Cebu City, Phil. *R* Raul Caiz, Jr. *P* ALA Boxing Promotions.

9/13/2008. IBF:MF *Won* Raul Garcia (105) *Lost* Jose Luis Varela (104). Unan 12 *S* Arturo C. Nahl Stadium, La Paz, Mex. *R* Jack Reiss *P* Eco Servicios Promos.

9/15/2008. WBA:MF *Won* Roman Gonzalez (104½) *Lost* Yutaka Niida (104¼). TKO 4/1:59 *S* Yokohama Pacifico, Yokohama, Japan *R* Mark Nelson *P* Teiken Promotions.

11/27/2008. WBC:MF *Won* Oley. Sithsamerchai (105) *Lost* Porn. Porpramook (105). Unan 12 *S* City Hall Arena, Phitsanulok, Thai. *R* Jae-Bong Kim *P* Petchyindee Promotions.

12/13/2008. IBF:MF *Won* Raul Garcia (105) *Lost* Jose Luis Varela (105). Unan 12 *S* Medrano Meza Gym., Loreto, Mex. *R* Wayne Hedgepeth *P* Eco Servicios Promos.

2/28/2009. WBO:MF *Won* Donnie Nietes (104½) *Lost* Erik Ramirez (105). Unan 12 *S* Guelaguetza Auditorium, Oaxaca, Mex. *R* Luis Pabon *P* K.O. Entertainment.

2/28/2009. WBA:MF *Won* Roman Gonzalez (104½) *Lost* Francisco Rosas (105). Maj 12 *S* Guelaguetza Auditorium, Oaxaca, Mex. *R* Russell Mora *P* K.O. Entertainment.

4/11/2009. IBF:MF *Won* Raul Garcia (105) *Lost* Ronald Barrera (104¾). TKO 6/2:33 *S* Arturo C. Nahl Stadium, La Paz, Mex. *R* Rafael Ramos *P* Eco Servicios/Zanfer.

5/29/2009. WBC:MF *Won* Oley. Sithsamerchai (105) *Lost* Muhammad Rachman (105). TW 11/2:10 *S* Bangla Stadium, Patong, Phuket, Thai. *R* Malcolm Bulner *P* Petchyindee Promotions.

7/14/2009. WBA:MF *Won* Roman Gonzalez (104¼) *Lost* Katsunari Takayama (105). Unan 12 *S* World Memorial Hall, Kobe, Japan *R* Silvestre Abainza *P* Shinsei Promos./Teiken.

8/22/2009. IBF:MF *Won* Raul Garcia (105) *Lost* Sammy Gutierrez (105). Maj 12 *S* Municipal Arena, Los Cabos, Mex. *R* Earl Morton *P* Zanfer Promotions.

9/12/2009. WBO:MF *Won* Donnie Nietes (105) *Lost* Manuel Vargas (105). Split 12 *S* El Palenque de la Feria, Tepic, Mex. *R* Jose H. Rivera *P* Top Rank/Zanfer.

11/27/2009. WBC:MF *Won* Oley. Sithsamerchai (105) *Lost* Juan Palacios (105). Maj 12 *S* Future Park Plaza, Rangsit, Thailand *R* Yuji Fukuchi *P* Petchyindee Promotions.

1/30/2010. WBA:MF *Won* Roman Gonzalez (105) *Lost* Ivan Meneses (105). KO 4/3:02 *S* Siglo XXI Auditorium, Cd. Puebla, Mex. *R* Robert Hoyle *P* K.O. Entertainment.

3/26/2010. IBF:MF *Won* Nkosinathi Joyi (104½) *Lost* Raul Garcia (105). Unan 12 *S* Int. Convention Center, East London, S.A. *R* Earl Morton *P* Branco Sports Productions.

3/27/2010. WBC:MF *Won* Oleydong Sithsamerchai (103¾) *Lost* Yasutaka Kuroki (105). Unan 12 *S* Ariake Coliseum, Tokyo, Japan *R* Bruce McTavish *P* MG Boxing Promotions.

PART IV

Records and Champions

All-Time Professional Leaders

Abraham Hollandersky (1888–1966), a part-time boxer, part-time wrestler known as "Abe the Newsboy," claimed to have had 1,039 [later corrupted to 1,309 through a typographical error] total professional boxing contests from 1905 to 1918. The claim was reiterated in his self-published autobiography, *The Story of Abe the Newsboy*, which contained a bout-by-bout record containing "only" 586 fights. No dates were supplied, and the log contained few recognizable names.

It is now believed that Hollandersky had fewer than one hundred professional bouts, the remainder of his ring activities consisting of scores of exhibitions held on U.S. naval ships that could not possibly survive scrutiny as professional contests. Hollandersky apparently picked the figure 1,039 out of the air, no records being kept of shipboard exhibitions.

British lightweight Len Wickwar holds the true record for most professional fights with 472 documented bouts. Wickwar also heads the lists of boxers with most total wins and wins on points.

The lists of all-time leaders follow. The figures given, in virtually all cases, represent only the fights that have been documented. Jack Britton, for example, claimed to have had a total of 382 professional bouts in a career starting in 1902. He may have had that many, but 348 bouts, beginning in 1904, are all that have been found, and those are the figures shown. (There is also doubt as to whether any pre-1904 Britton bouts were of professional status.) Similarly, Wildcat Monte, a lightweight and welterweight who campaigned mostly in the states of Texas, Louisiana, and Arkansas, may have had slightly over 400 total contests. The stats below, however, are based only on the 365 bouts documented at this time. Herbert G. (Baby) Stribling (1907–1967), younger brother of Wm. L. (Young) Stribling, reportedly had 268 professional bouts from 1921 to 1934, but fewer than 100 have been traced at present. (He has, however, been included with the all-time leaders.) Tiger Jack Fox supposedly started boxing professionally in 1925, and may have had about 260 total bouts with more than 140 knockouts; but 109 kayoes (in 198 total bouts), beginning in 1928, are all that have been found, and that is all the list of all-time knockout leaders gives him.

Years Active (Calendar Years with One or More Bouts)

1.	Kid Azteca	Mex.	1929–1961	33
2.	Roberto Duran	Pan.	1968–2001	32
3.	Saoul Mamby	U.S.	1969–2008	30
4.	Sam Minto	U.K.	1909–1937	28
4.	Archie Moore	U.S.	1936–1963	28
4.	Joe Brown	U.S.	1941–1970	28
4.	Ruben Condori	Arg.	1977–2008	28
4.	Hector Camacho	P.R.	1980–2010	28
9.	Jack Johnson	U.S.	1897–1931	27
9.	Jack Britton	U.S.	1904–1930	27
9.	Mike Weaver	U.S.	1972–2000	27
9.	Jerry Strickland	U.S.	1974–2000	27
13.	Bobby Dobbs	U.S.	1888–1914	26
13.	Lee Cargle	U.S.	1982–2007	26
13.	Juan Polo Perez	Col.	1982–2007	26
16.	Torpedo Billy Murphy	N.Z.	1882–1907	25
16.	Bob Fitzsimmons	Aus.	1882–1914	25
16.	Fireman Jim Flynn	U.S.	1901–1925	25
16.	Sam Langford	U.S.	1902–1926	25
16.	Billy Bird	U.K.	1920–1948	25
16.	Phil Zwick	U.S.	1923–1951	25
16.	Larry Holmes	U.S.	1973–2002	25
16.	Thomas Hearns	U.S.	1977–2005	25
16.	Julio Cesar Chavez	Mex.	1980–2005	25
16.	Evander Holyfield	U.S.	1984–2010	25
26.	Jack (Twin) Sullivan	U.S.	1899–1922	24
26.	Harry Stone	U.S.	1906–1929	24
26.	Tiger Jack Fox	U.S.	1925–1950	24*
26.	Sugar Ray Robinson	U.S.	1940–1965	24
26.	Angel R. Garcia	Cuba	1955–1978	24
26.	Tim Witherspoon	U.S.	1979–2003	24
26.	Manuel Medina	Mex.	1985–2008	24
26.	Cesar Soto	Mex.	1986–2010	24
26.	Karl Taylor	U.K.	1987–2010	24
35.	Jack Goldswain	U.K.	1895–1919	23
35.	Jack McGurk	U.K.	1900–1926	23
35.	Harry Gent	U.K.	1917–1941	23
35.	Tod Morgan	U.S.	1920–1942	23
35.	Ernie (Red) Pullen	U.K.	1924–1946	23
35.	Alabama Kid	U.S.	1928–1950	23
35.	Bobo Olson	U.S.	1944–1966	23
35.	Baby Vasquez	Mex.	1950–1972	23
35.	Harold Johnson	U.S.	1946–1971	23
35.	Simmie Black	U.S.	1971–1996	23
35.	Trevor Berbick	Can.	1976–2000	23
35.	Tim Witherspoon	U.S.	1979–2002	23
35.	Gianfranco Rosi	Italy	1979–2006	23
35.	Frankie Hines	U.S.	1980–2002	23
35.	Oliver McCall	U.S.	1985–2009	23
35.	Luis Ramon Campas	Mex.	1987–2009	23
35.	Silvio Branco	Italy	1988–2010	23
52.	Bill Beynon	U.K.	1910–1931	22
52.	Italian Joe Gans	U.S.	1910–1936	22

52. George Cook	Aus.	1916–1938	22	
52. Young Corbett III	U.S.	1919–1940	22	
52. Billy Tansey	U.K.	1926–1949	22	
52. Jim McCann	U.K.	1930–1952	22	
52. Alex Buxton	U.K.	1941–1963	22	
52. Willie Pep	U.S.	1940–1966	22	
52. Arthur Persley	U.S.	1948–1969	22	
52. Marvin Ladson	U.S.	1977–2000	22	
52. Tony Tubbs	U.S.	1980–2006	22	
52. Oscar Benavides	Chile	1983–2005	22	
52. Frankie Randall	U.S.	1983–2005	22	
52. Virgil Hill	U.S.	1984–2007	22	
52. Julio C. Vasquez	Arg.	1986–2008	22	
52. Bernard Hopkins	U.S.	1988–2010	22	
52. Juan C. Rodriguez	Mex.	1988–2009	22	
52. Javier Castillejo	Spain	1988–2009	22	
52. Javier Jauregui	Mex.	1988–2010	22	
52. Roy Jones, Jr.	U.S.	1989–2010	22	
72. George Dixon	U.S.	1886–1906	21	
72. Rufe Turner	U.S.	1898–1921	21	
72. Leo Houck	U.S.	1904–1926	21	
72. Barney Tooley	U.K.	1909–1932	21	
72. Ted (Kid) Lewis	U.K.	1909–1929	21	
72. Johnny Dundee	U.S.	1910–1932	21	
72. Pat McAllister	U.K.	1910–1935	21	
72. Len Harvey	U.K.	1920–1942	21	
72. Jack (Kid) Berg	U.K.	1924–1945	21	
72. Nel Tarleton	U.K.	1925–1945	21	
72. Johnny King	U.K.	1926–1947	21	
72. Phil Milligan	U.K.	1927–1947	21	
72. Chalky Wright	U.S.	1928–1948	21	
72. George Pook	U.K.	1928–1950	21	
72. Ginger Sadd	U.K.	1929–1951	21	
72. Kid Dussart	Bel.	1938–1958	21	
72. Alex Buxton	U.K.	1942–1963	21	
72. George Benton	U.S.	1949–1970	21	
72. Bennie Briscoe	U.S.	1962–1982	21	
72. Victor Rabanales	Mex.	1983–2003	21	
72. Bob Mirovic	Aus.	1987–2010	21	
72. Jorge Castro	Arg.	1987–2007	21	
72. James Toney	U.S.	1988–2009	21	
72. Ricardo Medina	Mex.	1988–2010	21	
72. Oscar Arciniega	Mex.	1988–2008	21	
72. Marco A. Barrera	Mex.	1989–2009	21	
98. Johnny Hughes	U.K.	1901–1923	20	
98. Jim Falcus	U.K.	1910–1934	20	
98. Harry Wills	U.S.	1911–1932	20	
98. Frankie Ash	U.K.	1914–1933	20	
98. Frank Moody	U.K.	1914–1936	20	
98. Bill Handley	U.K.	1918–1937	20	
98. Ceferino Garcia	Phil.	1923–1945	20	
98. Larry Gains	Can.	1923–1942	20	
98. George Williams	U.K.	1924–1944	20	
98. Valentin Angelmann	France	1927–1946	20	
98. Spider Jim Kelly	U.K.	1928–1948	20	
98. Ernie Roderick	U.K.	1931–1950	20	
98. Luis Castillo	Mex.	1939–1959	20	
98. Eddie Cotton	U.S.	1947–1967	20	
98. Holley Mims	U.S.	1948–1967	20	
98. Joey Giardello	U.S.	1948–1967	20	
98. Bobby Garza	U.S.	1951–1972	20	
98. Flash Elorde	Phil.	1951–1971	20	
98. Floyd Patterson	U.S.	1952–1972	20	
98. Eddie Perkins	U.S.	1956–1975	20	
98. Emile Griffith	V.I.	1958–1977	20	
98. Antonio Cervantes	Col.	1964–1983	20	
98. Alexis Arguello	Nic.	1968–1995	20	
98. Rafael Limon	Mex.	1972–1994	20	
98. Juan LaPorte	P.R.	1977–1999	20	
98. Juan C. Cortes	Arg.	1978–1997	20	
98. Faustino Barrios	Arg.	1978–1997	20	
98. Azumah Nelson	Ghana	1979–1998	20	
98. Jesus Salud	U.S.	1983–2002	20	
98. Shawn Simmons	U.S.	1984–2008	20	
98. Johnny Nelson	U.K.	1986–2005	20	
98. Verno Phillips	U.S.	1988–2008	20	
98. Carl Daniels	U.S.	1988–2009	20	
98. Jaffa Ballogou	Togo	1988–2010	20	
98. Ricardo Vargas	Mex.	1989–2008	20	
98. Pete Buckley	U.K.	1989–2008	20	
98. Massimo Bertozzi	Italy	1989–2008	20	
98. Arthur Williams	U.S.	1989–2010	20	

*First three years undocumented.

Total Bouts

1. Len Wickwar	U.K.	1928–1947	472
2. George Marsden	U.K.	1927–1946	372
3. Wildcat Monte	U.S.	1923–1937	365
4. Reggie Strickland	U.S.	1987–2005	363
5. Billy Bird	U.K.	1920–1948	356
6. Jack Britton	U.S.	1904–1930	348
7. Johnny Dundee	U.S.	1910–1932	337
7. Tiger Bert Ison	U.K.	1928–1941	337
9. Arnold Sheppard	U.K.	1925–1939	330
10. Sam Minto	U.K.	1909–1937	320
11. Kid Beebe	U.S.	1900–1921	314
12. Sandy McEwan	U.K.	1926–1938	310
13. Ernie (Red) Pullen	U.K.	1924–1946	308
14. Sam Langford	U.S.	1902–1926	303
15. Ted (Kid) Lewis	U.K.	1909–1929	300
15. Pete Buckley	U.K.	1989–2008	300
17. Harry Greb	U.S.	1913–1926	299
17. Maxie Rosenbloom	U.S.	1923–1939	299
19. Battling Levinsky	U.S.	1909–1930	293
20. Bill Handley	U.K.	1918–1937	291
21. Johnny Alberts	U.S.	1908–1925	290
22. Young Stribling	U.S.	1921–1933	289
23. Eddie Anderson	U.S.	1920–1936	279
24. Harry Stone	U.S.	1906–1929	274
25. Young Erne	U.S.	1900–1917	270
26. Baby Stribling	U.S.	1921–1934	268
27. Duke Tramel	U.S.	1922–1935	267
28. Billy Reynolds	U.K.	1929–1942	266
29. Dutch Brandt	U.S.	1910–1924	262
30. Jim Learoyd	U.K.	1922–1934	261
30. Charlie Parkin	U.K.	1928–1946	261
30. Alabama Kid	U.S.	1928–1950	261
33. Jackie Clark	U.S.	1911–1928	255
34. George Rose	U.K.	1926–1937	253
35. Auguste Gyde	France	1922–1942	252
35. Ginger Sadd	U.K.	1929–1951	252
37. Jack Dillon	U.S.	1908–1923	251
37. Nobby Baker	U.K.	1923–1939	251
39. Kid Kelly	U.K.	1918–1937	250
39. Freddie Miller	U.S.	1927–1940	250
41. Memphis Pal Moore	U.S.	1913–1930	249
42. Wild Bill McDowell	U.S.	1933–1948	247
43. Frankie Mason	U.S.	1907–1925	246
43. Jimmy Taylor	U.K.	1926–1939	246
45. Joe Glick	U.S.	1921–1934	245
45. Harry Brooks	U.K.	1922–1940	245

45. Cocoa Kid	U.S.	1930–1948	245	
48. Willie Jones	U.S.	1905–1921	244	
49. Dave Shade	U.S.	1918–1935	242	
49. Cuthbert Taylor	U.K.	1928–1947	242	
51. Tommy Freeman	U.S.	1920–1938	241	
51. Benny Bass	U.S.	1921–1940	241	
51. Willie Pep	U.S.	1940–1965	241	
54. Benny Valger	U.S.	1916–1932	239	
54. Phineas John	U.K.	1926–1940	239	
56. Young Farrell	U.S.	1917–1928	237	
56. Jack Lewis	U.K.	1929–1947	237	
58. Alf Paolozzi	U.K.	1925–1940	235	
59. Peter Jackson	U.K.	1910–1929	234	
60. Fritzie Zivic	U.S.	1931–1949	233	
61. Sonny Bird	U.K.	1918–1935	230	
61. Len (Tiger) Smith	U.K.	1925–1945	230	
63. Soldier Bartfield	U.S.	1911–1932	227	
63. Chuck Wiggins	U.S.	1914–1932	227	
63. Johnny King	U.K.	1926–1947	227	
63. Angel R. Garcia	Cuba	1955–1978	227	
67. Harry Pullen	U.K.	1918–1928	226	
67. Harry Corbett	U.K.	1921–1936	226	
67. Jack Casey	U.K.	1926–1943	226	
70. Harold Ratchford	U.S.	1920–1944	225	
71. Archie Sexton	U.K.	1925–1936	224	
71. Chalky Wright	U.S.	1928–1948	224	
73. Young Griffo	Aus.	1887–1911	222	
73. Fred Green	U.K.	1923–1933	222	
73. Bert Taylor	U.K.	1925–1937	222	
73. Archie Moore	U.S.	1935–1963	222	
77. Tod Morgan	U.S.	1920–1942	221	
77. Al Kenny	U.K.	1924–1934	221	
77. Bobby Pacho	U.S.	1928–1941	221	
80. Billy Graham	U.K.	1927–1945	220	
80. Mick Gibbons	U.K.	1929–1948	220	
82. Jack Kirby	U.K.	1922–1938	219	
82. Andres Selpa	Arg.	1951–1968	219	
84. Jack McCarron	U.S.	1908–1924	218	
84. Ernie Bicknell	U.K.	1920–1937	218	
84. Sonny Lee	U.K.	1928–1938	218	
87. Jack McKnight	U.K.	1929–1949	217	
88. Tom Howard	U.K.	1923–1938	216	
89. Pete Hartley	U.S.	1914–1930	214	
89. Harry Mason	U.K.	1920–1937	214	
89. George Odwell	U.K.	1930–1945	214	
92. Pat McAllister	U.K.	1910–1935	213	
92. Walter Mohr	U.S.	1912–1924	213	
94. Benny Leonard	U.S.	1911–1932	212	
94. Midget Wolgast	U.S.	1925–1940	212	
94. Tom Cartwright	U.K.	1926–1935	212	
97. Bill Hood	U.K.	1927–1943	211	
98. Matty Baldwin	U.S.	1902–1915	210	
98. Fred Housego	U.K.	1910–1930	210	
100. Johnny McArdle	U.K.	1902–1919	208	
100. Frankie Mason	U.S.	1907–1924	208	
100. Young Papke	U.S.	1918–1926	208	
100. Kid Socks	U.K.	1922–1934	208	
100. Pablo Dano	Phil.	1924–1941	208	
105. Rene DeVos	Belg.	1917–1934	207	
105. Hector Alderman	U.K.	1918–1935	207	
105. Kid Azteca	Mex.	1930–1961	207	
108. Stan Jehu	U.K.	1924–1939	206	
109. Danny Edwards	U.S.	1915–1926	205	
109. Len Beynon	U.K.	1929–1942	205	
109. Eddie Letourneau	U.S.	1937–1948	205	
112. Otto Wallace	U.S.	1910–1931	204	
112. Italian Joe Gans	U.S.	1910–1936	204	
112. Al Shubert	U.S.	1912–1925	204	
115. Charley Belanger	Can.	1925–1939	203	
116. Patsy Brannigan	U.S.	1904–1923	202	
116. Phil Bloom	U.S.	1911–1923	202	
116. Charlie McDonald	U.K.	1925–1936	202	
116. Terence Morgan	U.K.	1925–1937	202	
120. Earl Puryear	U.S.	1909–1924	201	
120. Mel Coogan	U.S.	1911–1928	201	
120. Eddie Halligan	U.S.	1934–1952	201	
120. Buck Smith	U.S.	1987–2009	201	
124. Kid Williams	U.S.	1910–1929	200	
124. Frank Moody	U.K.	1914–1936	200	
124. Charley Salas	U.S.	1945–1957	200	
124. Sugar Ray Robinson	U.S.	1940–1965	200	

Note: Tiger Jack Fox (U.S.) may have had more than 250 total bouts, but has only 198 documented bouts at present.

Wins

1. Len Wickwar	U.K.	1928–1947	346
2. Wildcat Monte	U.S.	1923–1937	274
3. Billy Bird	U.K.	1920–1948	259
4. Harry Greb	U.S.	1913–1926	258
5. Young Stribling	U.S.	1921–1933	257
6. Ted (Kid) Lewis	U.K.	1909–1929	232
7. Jack Britton	U.S.	1904–1930	229
7. Willie Pep	U.S.	1940–1965	229
9. Johnny Dundee	U.S.	1910–1932	224
9. Maxie Rosenbloom	U.S.	1923–1939	224
11. George Marsden	U.K.	1927–1946	217
12. Freddie Miller	U.S.	1927–1940	214
13. George Rose	U.K.	1926–1937	210
14. Tommy Freeman	U.S.	1920–1938	200
15. Sam Langford	U.S.	1902–1926	197
16. Battling Levinsky	U.S.	1909–1930	193
17. Benny Bass	U.S.	1921–1940	190
18. Ginger Sadd	U.K.	1932–1951	189
19. Archie Moore	U.S.	1935–1963	187
20. Jim Learoyd	U.K.	1922–1934	185
21. Duke Tramel	U.S.	1922–1935	181
21. Cocoa Kid	U.S.	1930–1948	181
23. Jack Dillon	U.S.	1908–1923	179
23. Benny Leonard	U.S.	1911–1932	179
23. Alabama Kid	U.S.	1928–1950	179
23. Buck Smith	U.S.	1987–2009	179
27. Benny Valger	U.S.	1916–1932	177
28. Sugar Ray Robinson	U.S.	1940–1965	173
29. Archie Sexton	U.K.	1925–1936	172
30. Chalky Wright	U.S.	1928–1948	163
31. Johnny King	U.K.	1926–1947	161
31. George Odwell	U.K.	1930–1945	161
33. Jack (Kid) Berg	U.K.	1924–1945	160
33. Midget Wolgast	U.S.	1925–1940	160
33. Tiger Jack Fox	U.S.	1928–1950	160
36. Young Erne	U.S.	1900–1917	159
36. Memphis Pal Moore	U.S.	1913–1930	159
36. Kid Azteca	Mex.	1929–1961	159
39. Kid Williams	U.S.	1910–1929	158
39. Len Beynon	U.K.	1929–1942	158
39. Wesley Ramey	U.S.	1930–1941	158
39. Fritzie Zivic	U.S.	1931–1949	158
43. Rene DeVos	Belg.	1917–1934	157
44. Harry Stone	U.S.	1906–1929	156
44. Sonny Lee	U.K.	1928–1938	156
44. Paul Junior	U.S.	1928–1940	156

47. Fred Galiana	Spain	1950–1965	155	
48. Henry Armstrong	U.S.	1931–1945	153	
49. Joe Gans	U.S.	1893–1909	151	
50. Dave Shade	U.S.	1918–1935	150	
50. Luis Romero	Spain	1941–1958	150	
52. Jeff Smith	U.S.	1910–1927	149	
52. Jack Casey	U.K.	1926–1943	149	
52. Cuthbert Taylor	U.K.	1928–1947	149	
52. Federico Thompson	Arg.	1948–1963	149	

Losses

1. Reggie Strickland	U.S.	1987–2005	276
2. Pete Buckley	U.K.	1989–2008	256
3. Ernie (Red) Pullen	U.K.	1924–1946	187
4. Sandy McEwan	U.K.	1926–1938	182
5. Tiger Bert Ison	U.K.	1928–1941	176
6. Arnold Sheppard	U.K.	1925–1939	175
7. Don Penelton	U.S.	1990–2009	167
8. Simmie Black	U.S.	1971–1996	162
9. Tom Howard	U.K.	1923–1938	142
9. Ernie Smith	U.K.	1998–2009	142
11. Brian Coleman	U.K.	1991–2005	141
12. Sam Minto	U.K.	1909–1937	140
13. Karl Taylor	U.K.	1987–2010	136
14. Peter Jackson	U.K.	1910–1929	134
15. Billy Reynolds	U.K.	1929–1942	129
15. Shamus Casey	U.K.	1984–1999	129
15. Ernie Smith	U.K.	1998–2008	129
18. Alf Paolozzi	U.K.	1925–1940	128
19. Billy Mounders	U.K.	1924–1933	123
20. Joe Grim	U.S.	1900–1913	119
20. Frankie Hines	U.S.	1980–2002	119
22. Jerry Strickland	U.S.	1974–2000	117
22. Lee Cargle	U.S.	1982–2007	117
24. Bill Handley	U.K.	1918–1937	115
25. Billy Haley	U.K.	1933–1946	113
26. Harry Pullen	U.K.	1918–1928	111
27. Jack McKnight	U.K.	1929–1949	110
28. George Marsden	U.K.	1927–1946	109
29. Lew Perez	U.S.	1942–1950	107
30. Kid Lawton	U.K.	1925–1936	106
30. Bouadjemi Mokhfi	Alg.	1945–1956	106
30. Dean Bramhald	U.K.	1984–1998	106
33. Tony Booth	U.K.	1990–2008	105
33. Peter Dunn	U.K.	1997–2008	105
33. Paul Bonson	U.K.	1996–2008	105
36. Benji Singleton	U.S.	1993–2006	104
37. Kid Rich	U.K.	1925–1935	103
38. Arthur Lloyd	U.K.	1919–1932	102
38. Freddie Jacks	U.K.	1910–1928	102
38. Walter Cowans	U.S.	1982–1999	102
41. Danny Wofford	U.S.	1987–2005	101
41. Daniel Thorpe	U.K.	2001–2010	101
43. Charlie Parkin	U.K.	1928–1946	100
44. Bill Beynon	U.K.	1910–1931	99
44. Al Kenny	U.K.	1924–1934	99
46. Auguste Gyde	France	1922–1942	98
46. Winston Burnett	U.K.	1980–1994	98
48. Wild Bill McDowell	U.S.	1933–1948	97
48. Anthony Hanna	U.K.	1992–2010	97
50. Johnny McArdle	U.K.	1902–1919	96
50. Bert Cannons	U.K.	1920–1936	96
52. Eddie Anderson	U.S.	1920–1936	94
53. Bill Hood	U.K.	1927–1943	93
53. Jose Pagan Rivera	U.S.	1970–1985	93

55. Ted Ferry	U.K.	1922–1937	92
55. Arlie Hollingsworth	U.K.	1925–1939	92
55. Ken Bentley	U.S.	1975–2002	92
58. Keith Jones	U.K.	1994–2005	91
59. Patsy Butler	U.K.	1921–1934	90
59. Harry Brooks	U.K.	1922–1940	90
59. Tom Cartwright	U.K.	1926–1935	90
59. Ted Barter	U.K.	1932–1949	90

Draws

1. Kid Beebe	U.S.	1900–1921	88
2. Young Farrell	U.S.	1917–1928	83
3. Austin Rice	U.S.	1894–1912	69
4. Joe Gorman	U.S.	1914–1932	67
5. Young Papke	U.S.	1918–1926	66
6. Matty Baldwin	U.S.	1902–1915	62
7. Dave Shade	U.S.	1918–1935	59
8. Jack Britton	U.S.	1904–1930	55
9. Bert Keyes	U.S.	1904–1914	54
10. Tommy Feltz	U.S.	1899–1908	53
10. Earl Puryear	U.S.	1909–1924	53
12. Kid Goodman	U.S.	1899–1914	51
12. Sandy McEwan	U.K.	1926–1938	51
14. Sam Langford	U.S.	1902–1926	50
14. Al Delmont	U.S.	1902–1919	50
14. Patsy Brannigan	U.S.	1904–1923	50
14. Dutch Brandt	U.S.	1910–1924	50
18. Young Erne	U.S.	1900–1917	49
19. Frankie Mason	U.S.	1907–1925	48
20. Eddie Lenny	U.S.	1896–1907	47
20. Arthur Cote	U.S.	1899–1913	47
20. Kid Locke	U.S.	1902–1917	47
20. Bert Taylor	U.K.	1925–1937	47
24. George Dixon	U.S.	1886–1906	46
24. Charley Goldman	U.S.	1905–1919	46
24. Harry Stone	U.S.	1906–1929	46
24. Willie Meehan	U.S.	1909–1926	46
28. Johnny Dohan	U.S.	1904–1922	45
28. Ernie (Red) Pullen	U.K.	1924–1946	45
28. Arnold Sheppard	U.K.	1926–1939	45
31. Willie Jones	U.S.	1905–1921	44
31. Johnny Alberts	U.S.	1908–1925	44
31. Jimmy Dundee	U.S.	1915–1925	44
31. Young Carmen	U.S.	1917–1930	44
35. Tim Callahan	U.S.	1896–1908	43
35. Pat McAllister	U.K.	1910–1935	43
35. Jackie Clark	U.S.	1911–1928	43
35. George Marsden	U.K.	1927–1946	43
35. Eddie Halligan	U.S.	1934–1952	43
40. Sam Minto	U.K.	1909–1937	42
40. Len Wickwar	U.K.	1928–1947	42
42. Frankie Madden	U.S.	1905–1916	41
42. Joe Eagan	U.S.	1910–1925	41
42. Johnny Dundee	U.S.	1910–1932	41
42. Pete Hartley	U.S.	1914–1930	41
42. Ernie Bicknell	U.K.	1920–1937	41
42. Tiger Bert Ison	U.K.	1928–1939	41
48. Jimmy Briggs	U.S.	1898–1908	40
48. Jack (Twin) Sullivan	U.S.	1899–1922	40
48. Tommy Carey	U.S.	1905–1919	40
48. Memphis Pal Moore	U.S.	1913–1930	40
48. Silvino Jamito	Phil.	1913–1928	40
48. Danny Edwards	U.S.	1915–1926	40

No Contests

1. Torpedo Billy Murphy — N.Z. — 1882–1907 — 7
2. George Corfield — U.K. — 1890–1909 — 6
3. Billy McCarthy — Aus. — 1886–1899 — 5
3. Young Griffo — Aus. — 1887–1911 — 5
3. Tommy White — U.S. — 1888–1904 — 5
3. George Godfrey — U.S. — 1919–1937 — 5
7. George Dixon — U.S. — 1886–1907 — 4
7. Tommy Ryan — U.S. — 1887–1907 — 4
7. Dan Creedon — Aus. — 1889–1906 — 4
7. Charles (Kid) McCoy — U.S. — 1891–1912 — 4
7. Jack Bonner — U.S. — 1893–1910 — 4
7. George Cole — U.S. — 1894–1916 — 4
7. Willie Jones — U.S. — 1905–1921 — 4
7. Jackie Clark — U.S. — 1911–1928 — 4
7. Berm. Billy Wells — U.S. — 1911–1932 — 4
7. Walter Mohr — U.S. — 1912–1924 — 4
7. Frank Moody — U.K. — 1914–1936 — 4
7. Alabama Kid — U.S. — 1928–1950 — 4

Note: Ramon Arellano, Jr., won his first twelve bouts by knockout in 1997. All were changed to "no contest" by the Tennessee Boxing Commission, as Arellano was under age at the time. This book does not consider those bouts as "no contests."

Wins by KO/TKO

1. Billy Bird — U.K. — 1920–1948 — 139
2. Archie Moore — U.S. — 1935–1963 — 135
3. Young Stribling — U.S. — 1921–1933 — 128
4. Sam Langford — U.S. — 1902–1926 — 121
5. Buck Smith — U.S. — 1987–2009 — 120
6. George Odwell — U.K. — 1930–1945 — 110
7. Tiger Jack Fox — U.S. — 1928–1950 — 109
8. Sugar Ray Robinson — U.S. — 1940–1965 — 108
9. Alabama Kid — U.S. — 1928–1950 — 104
10. Sandy Saddler — U.S. — 1944–1956 — 103
11. Henry Armstrong — U.S. — 1931–1945 — 101
12. Jimmy Wilde — U.K. — 1911–1923 — 100
13. Len Wickwar — U.K. — 1928–1947 — 95
14. Tommy Freeman — U.S. — 1920–1938 — 94
15. Duke Tramel — U.S. — 1922–1935 — 91
16. Jock McAvoy — U.K. — 1927–1945 — 89
16. Fred Galiana — Spain — 1950–1965 — 89
16. Jorge Castro — Arg. — 1987–2007 — 89
19. Kid Azteca — Mex. — 1930–1961 — 88
19. Piston Horiguchi — Japan — 1933–1950 — 88
19. Julio Cesar Chavez — Mex. — 1980–2005 — 88
22. Joe Gans — U.S. — 1894–1909 — 86
23. Archie Sexton — U.K. — 1925–1936 — 85
23. Johnny Romero — U.S. — 1927–1943 — 85
25. Jack Casey — U.K. — 1926–1943 — 83
26. Jose Luis Ramirez — Mex. — 1973–1990 — 82
27. Fritzie Zivic — U.S. — 1931–1949 — 81
28. Charles Ledoux — France — 1909–1926 — 80
29. Ted (Kid) Lewis — U.K. — 1909–1929 — 79
29. Sonny Bird — U.K. — 1918–1935 — 79
29. Auguste Gyde — France — 1922–1942 — 79
29. Chalky Wright — U.S. — 1928–1948 — 79
29. Andres Selpa — Arg. — 1951–1968 — 79
29. Jorge Fernandez — Arg. — 1953–1973 — 79
35. Geo. (K.O.) Chaney — U.S. — 1910–1925 — 78
35. Elmer (Violent) Ray — U.S. — 1926–1949 — 78
35. Ruben Olivares — Mex. — 1965–1988 — 78
38. George Godfrey — U.S. — 1919–1937 — 77
39. Torpedo Billy Murphy — N.Z. — 1882–1907 — 76
39. Fernando Gagnon — Can. — 1942–1955 — 76
41. Tommy Ryan — U.S. — 1887–1907 — 74
41. Johnny King — U.K. — 1926–1947 — 74
41. Luis Romero — Spain — 1941–1958 — 74
41. Luis Ramon Campas — Mex. — 1987–2009 — 74
45. George Rose — U.K. — 1926–1937 — 73
45. Federico Thompson — Arg. — 1948–1963 — 73
47. Bobby Dobbs — U.S. — 1888–1914 — 72
47. Joe Jeannette — U.S. — 1904–1922 — 72
47. Ceferino Garcia — Phil. — 1923–1945 — 72
47. Bobby Pacho — U.S. — 1928–1941 — 72
47. Boy Boon — U.K. — 1933–1949 — 72
52. Fred Fulton — U.S. — 1913–1933 — 71
52. Benny Bass — U.S. — 1921–1940 — 71
52. Charlie McDonald — U.K. — 1925–1936 — 71
52. Primo Carnera — Italy — 1928–1946 — 71
56. Roberto Duran — Pan. — 1968–2001 — 70
56. Sean O'Grady — U.S. — 1975–1983 — 70

Wins on Points

1. Len Wickwar — U.K. — 1928–1947 — 239
2. Harry Greb — U.S. — 1913–1926 — 208
3. Wildcat Monte — U.S. — 1923–1937 — 203
4. Johnny Dundee — U.S. — 1910–1932 — 201
5. Maxie Rosenbloom — U.S. — 1923–1939 — 200
6. Jack Britton — U.S. — 1904–1930 — 196
7. Freddie Miller — U.S. — 1927–1940 — 165
8. Willie Pep — U.S. — 1940–1965 — 164
9. Battling Levinsky — U.S. — 1909–1930 — 157
10. Benny Valger — U.S. — 1916–1932 — 153
11. Ted (Kid) Lewis — U.K. — 1909–1929 — 150
12. Memphis Pal Moore — U.S. — 1913–1930 — 149
13. Wesley Ramey — U.S. — 1929–1941 — 148
14. Midget Wolgast — U.S. — 1925–1940 — 142
15. Young Erne — U.S. — 1900–1917 — 140
15. George Marsden — U.K. — 1927–1946 — 140
17. Harry Stone — U.S. — 1906–1929 — 135
17. Jim Learoyd — U.K. — 1922–1934 — 135
17. Sonny Lee — U.K. — 1928–1938 — 135
17. Cocoa Kid — U.S. — 1930–1948 — 135
21. Cuthbert Taylor — U.K. — 1928–1947 — 134
21. Ginger Sadd — U.K. — 1932–1951 — 134
23. Dave Shade — U.S. — 1918–1935 — 133
24. George Rose — U.K. — 1926–1937 — 130
25. Gino Bondavalli — Italy — 1934–1950 — 127
26. Young Stribling — U.S. — 1921–1933 — 126
27. Young Ahearn — U.S. — 1909–1924 — 120
28. Everett Rightmire — U.S. — 1931–1945 — 119
29. Benny Bass — U.S. — 1921–1940 — 116
29. Phineas John — U.K. — 1926–1940 — 116
31. Willie Davies — U.S. — 1924–1933 — 115
32. Frankie Burns — U.S. — 1908–1921 — 114
32. Jack Dillon — U.S. — 1908–1923 — 114
32. Kid Kelly — U.K. — 1918–1937 — 114
35. Leo Houck — U.S. — 1904–1926 — 113
35. Billy Bird — U.K. — 1920–1948 — 113
35. Sammy Mandell — U.S. — 1920–1934 — 113
35. Ken Overlin — U.S. — 1931–1944 — 113
39. Kid Beebe — U.S. — 1900–1921 — 111
39. Benny Leonard — U.S. — 1911–1932 — 111
39. Harry Mason — U.K. — 1920–1937 — 111
39. Phineas John — U.K. — 1926–1940 — 111
43. Joe Glick — U.S. — 1921–1934 — 110
43. Holman Williams — U.S. — 1931–1948 — 110

45.	Tommy Loughran	U.S.	1919–1937	109	23.	Jack Casey	U.K.	1926–1943	8
46.	Dutch Brandt	U.S.	1910–1924	108	23.	George Marsden	U.K.	1927–1946	8
46.	Lew Feldman	U.S.	1927–1941	108	23.	Jack Lord	U.K.	1928–1946	8
48.	Willie Jones	U.S.	1905–1921	107	23.	George Reynolds	U.K.	1929–1943	8
49.	Lew Tendler	U.S.	1913–1928	106	23.	Ginger Sadd	U.K.	1932–1951	8
49.	Jimmy Goodrich	U.S.	1918–1930	106	23.	Joe Curran	U.K.	1932–1948	8
49.	Tod Morgan	U.S.	1920–1942	106	23.	Dave McCleave	U.K.	1934–1945	8
49.	Eddie Anderson	U.S.	1920–1936	106	23.	Harry Lazar	U.K.	1938–1950	8
49.	Harold Ratchford	U.K.	1920–1944	106					
49.	Tommy Freeman	U.S.	1920–1938	106					
55.	Jackie Clark	U.S.	1911–1928	105					
56.	Patsy Brannigan	U.S.	1904–1923	103					
56.	Walter Mohr	U.S.	1912–1924	103					
56.	Al Shubert	U.S.	1912–1925	103					
56.	Jimmy Taylor	U.K.	1926–1939	103					
56.	Nicolino Locche	Arg.	1958–1976	103					
61.	Kid Williams	U.S.	1910–1929	102					
61.	Mel Coogan	U.S.	1911–1928	102					
61.	George Daly	U.K.	1929–1951	102					
64.	Paul Junior	U.S.	1928–1940	100					
64.	Lefty LaChance	U.S.	1936–1950	100					

Losses by KO/TKO

1.	Simmie Black	U.S.	1971–1996	95
2.	Frankie Hines	U.S.	1980–2002	78
2.	Jerry Strickland	U.S.	1974–2000	78
4.	Charlie Parkin	U.K.	1930–1946	55
4.	James Holly	U.S.	1983–2000	55
6.	Stefan Stanko	Slova.	1996–2008	51
7.	Alf Paolozzi	U.K.	1925–1940	50
8.	Tiger Bert Ison	U.K.	1928–1939	48
9.	Marvin Ladson	U.S.	1977–2000	43
9.	Roy Bedwell	U.S.	1986–2003	43
11.	Marris Virgil	U.S.	1985–2004	42
11.	Robert Lee Woods	U.S.	1986–1995	42
11.	Billy Outley	U.S.	1989–2009	42
14.	Lorenzo Boyd	U.S.	1983–2003	41
15.	Sonny Doke	U.K.	1921–1934	40
15.	Kid Lawton	U.K.	1925–1936	40
15.	Jean Locatelli	U.K.	1927–1939	40
15.	Tommy Allen	U.K.	1931–1948	40
19.	Dai Beynon	U.K.	1927–1936	39
19.	Jose Pagan Rivera	U.S.	1970–1985	39
19.	James Mullins	U.S.	1987–2008	39
22.	Jack McGurk	U.K.	1900–1926	38
22.	Tony Booth	U.K.	1990–2008	38
22.	Guadalupe Arce	Mex.	2001–2009	38
25.	Patsy Zoccano	U.S.	1941–1948	37
25.	Wayne Grant	U.S.	1980–1992	37
25.	Stan Johnson	U.S.	1981–2002	37
25.	K.C. Truesdale	U.S.	1990–2005	37
29.	Harry Jones	U.K.	1922–1935	36
29.	Len Wickwar	U.K.	1928–1947	36
29.	Ted Barter	U.K.	1932–1949	36
29.	Keheven Johnson	U.S.	1983–1997	36
29.	Rick Dinkins	U.S.	1993–2010	36
34.	Billy Reynolds	U.K.	1929–1942	35
34.	Billy Marsh	U.S.	1961–1973	35
34.	George Harris	U.S.	1991–1999	35
34.	Nelson Hernandez	U.S.	1992–2004	35
38.	Bill Handley	U.K.	1918–1937	34
38.	Harold Smithson	U.K.	1921–1931	34
38.	Dick Levers	U.K.	1937–1952	34
38.	Karl Taylor	U.K.	1987–2010	34
38.	Tyrone Bledsoe	U.S.	1993–2000	34
43.	Sid Whatley	U.K.	1915–1928	33
43.	Kid Haycox	U.K.	1926–1939	33
43.	Salvatore Ruggirello	Italy	1926–1940	33
43.	Maurice LaChance	U.S.	1936–1950	33
43.	Ernie Wicher	U.S.	1969–1979	33
43.	Anthony Campbell	U.S.	1980–1996	33
43.	Shamus Casey	U.K.	1984–1999	33
43.	Don Penelton	U.S.	1990–2009	33
51.	Bill Beynon	U.K.	1910–1931	32
51.	Bobby Lyons	U.K.	1928–1940	32
51.	Paddy Roche	U.K.	1936–1948	32
51.	Joey Blair	U.S.	1962–1978	32
51.	Bruce Strauss	U.S.	1976–1992	32

Wins by Disqualification

1.	Sol Severns	U.K.	1929–1937	17
2.	Jack (Kid) Berg	U.K.	1924–1945	14
3.	Sonny Lee	U.K.	1928–1938	12
3.	Len Wickwar	U.K.	1928–1947	12
3.	Tiger Bert Ison	U.K.	1928–1939	12
3.	George Bunter	U.K.	1931–1944	12
7.	Gustave Humery	France	1924–1942	11
7.	Jimmy Taylor	U.K.	1926–1939	11
9.	Harry Mason	U.K.	1920–1937	10
9.	Auguste Gyde	France	1922–1942	10
9.	Bob Rimmer	U.K.	1922–1944	10
9.	Dave Crowley	U.K.	1928–1946	10
13.	Joe Symonds	U.K.	1911–1924	9
13.	George Kilts	U.K.	1911–1934	9
13.	Jim Blake	U.K.	1922–1930	9
13.	Bert Kirby	U.K.	1924–1938	9
13.	Kid Haycox	U.K.	1926–1939	9
13.	Eric Jones	U.K.	1928–1944	9
13.	Fred Lowbridge	U.K.	1928–1944	9
13.	Tommy Hyams	U.K.	1930–1943	9
13.	Dave McCleave	U.K.	1934–1945	9
13.	Ben Duffy	U.K.	1936–1950	9
23.	Phila. Jack O'Brien	U.S.	1896–1912	8
23.	Louis Ruddick	U.K.	1909–1927	8
23.	Billy Marchant	U.K.	1909–1932	8
23.	Joe Fox	U.K.	1910–1925	8
23.	Arthur Tracey	U.K.	1911–1925	8
23.	Silvino Jamito	Phil.	1913–1928	8
23.	Bugler Harry Lake	U.K.	1917–1933	8
23.	Jimmy Fruzzetti	U.S.	1918–1928	8
23.	Alf Simmons	U.K.	1919–1933	8
23.	Jimmy Cox	U.K.	1919–1934	8
23.	Flutey Green	U.K.	1919–1939	8
23.	Leone Jacovacci	Italy	1919–1936	8
23.	Victor Ferrand	Spain	1920–1934	8
23.	Ted Ferry	U.K.	1922–1937	8
23.	Fred Oldfield	U.K.	1923–1936	8
23.	George Courtney	U.S.	1924–1934	8
23.	Andy DiVodi	U.S.	1925–1935	8
23.	Alf Paolozzi	U.K.	1925–1940	8
23.	Bert Kirby	U.K.	1926–1938	8
23.	Jack Moody	U.K.	1926–1942	8

51. Andre Crowder	U.S.	1984–1999	32
51. Tommy Jeans	U.S.	1986–1995	32
51. Harold T. Johnson	U.S.	1993–2009	32
59. Sam Minto	U.K.	1909–1937	31
59. Ted Coveney	U.K.	1919–1933	31
59. Douglas Parker	U.K.	1927–1935	31
59. Tommy Rose	U.K.	1927–1938	31
59. Pete Galiano	U.S.	1933–1944	31
59. Lew Perez	U.S.	1942–1950	31
59. Ken Bentley	U.S.	1975–2002	31
59. Walter Cowans	U.S.	1982–1999	31
59. Terrence Wright	U.S.	1983–1999	31
59. Karl Taylor	U.K.	1987–2009	31
59. Calvin Moody	U.S.	1988–2002	31
59. Eric Crumble	U.S.	1990–2003	31
59. David McCluskey	U.S.	1984–2005	31
72. Fred Housego	U.K.	1910–1930	30
72. George Rose	U.K.	1926–1937	30
72. Sonny Smith	U.K.	1931–1940	30
72. Carlton Brown	U.S.	1980–1996	30
72. Bobby Crabtree	U.S.	1982–1998	30
72. Jerome Hill	U.S.	1985–2002	30
72. Jose Luis Montes	Mex.	1988–2004	30
72. Ron Krull	U.S.	1994–2008	30

Losses on Points

1. Reggie Strickland	U.S.	1987–2004	245
1. Pete Buckley	U.K.	1989–2008	245
3. Ernie (Red) Pullen	U.K.	1924–1946	157
3. Sandy McEwan	U.K.	1926–1938	157
5. Arnold Sheppard	U.K.	1925–1939	140
6. Don Penelton	U.S.	1990–2009	134
7. Ernie Smith	U.K.	1998–2009	123
8. Tiger Bert Ison	U.K.	1928–1941	121
9. Brian Coleman	U.K.	1991–2005	113
10. Joe Grim	U.S.	1900–1913	110
11. Peter Jackson	U.K.	1910–1929	105
11. Tom Howard	U.K.	1923–1938	105
13. Harry Pullen	U.K.	1918–1928	104
13. Billy Haley	U.K.	1933–1946	104
15. Karl Taylor	U.K.	1987–2010	102
16. Sam Minto	U.K.	1909–1937	99
17. Billy Mounders	U.K.	1924–1933	98
18. Bouadjemi Mokhfi	Alg.	1945–1956	97
19. Shamus Casey	U.K.	1984–1999	96
20. Freddie Jacks	U.K.	1910–1928	93
20. Peter Dunn	U.K.	1997–2008	93
22. Anthony Hanna	U.K.	1992–2010	92
23. Jack McKnight	U.K.	1929–1949	89
24. Billy Reynolds	U.K.	1929–1942	87
25. Lee Cargle	U.S.	1982–2007	86
25. Benji Singleton	U.S.	1993–2006	86
27. Winston Burnett	U.K.	1980–1994	84
28. Bert Cannons	U.K.	1920–1936	83
28. Patsy Butler	U.K.	1921–1934	83
28. George Marsden	U.K.	1927–1946	83
31. Kid Beebe	U.S.	1900–1921	82
31. Johnny McArdle	U.K.	1902–1919	82
33. Eddie Anderson	U.S.	1920–1936	81
33. Kid Rich	U.K.	1925–1935	81
35. Dean Bramhald	U.K.	1984–1998	79
36. Keith Jones	U.K.	1994–2005	78
37. Dutch Brandt	U.S.	1910–1924	77
38. Bill Handley	U.K.	1918–1937	76
38. Arthur Lloyd	U.K.	1919–1932	76
38. Stan Jehu	U.K.	1924–1939	76
38. Lew Perez	U.S.	1942–1950	76
38. Miguel Matthews	U.K.	1988–1999	76
38. Jim Kaczmarek	U.S.	1988–2005	76
44. Tommy Dexter	U.K.	1925–1938	75
44. Des Gargano	U.K.	1985–1999	75
44. Delroy Spencer	U.K.	1998–2009	75

Losses by Disqualification

1. Arnold Sheppard	U.K.	1925–1939	18
2. Freddie Webb	U.K.	1923–1935	15
3. Sam Sullivan	U.K.	1933–1953	14
3. Walter Mohr	U.S.	1912–1924	13
3. Sonny Bird	U.K.	1918–1935	13
3. Albert Johnson	U.K.	1920–1935	13
7. Len (Tiger) Smith	U.K.	1925–1945	12
7. Lud Abella	U.K.	1927–1936	12
7. Abdel Bejaoui	Tun.	1986–1997	12
7. Calvin Moody	U.S.	1988–2002	12
11. Sam Minto	U.K.	1909–1937	11
11. Peter Jackson	U.K.	1910–1929	11
11. Benny Bass	U.S.	1921–1940	11
11. Sonny Lee	U.K.	1928–1938	11
11. Moe Moss	U.K.	1928–1939	11
11. Tommy Hyams	U.K.	1930–1943	11
17. Mys. Billy Smith	U.S.	1891–1911	10
17. Geo. (K.O.) Chaney	U.S.	1910–1925	10
17. Hal Cartwright	U.K.	1928–1945	10
17. Jack Lord	U.K.	1928–1946	10
17. Joe Warriner	U.K.	1929–1939	10
17. Charlie Knock	U.K.	1932–1947	10
17. Ginger Roberts	U.K.	1933–1951	10
24. Chuck Wiggins	U.S.	1914–1932	9
24. Joe Bloomfield	U.K.	1919–1930	9
24. Leone Jacovacci	Italy	1919–1936	9
24. Albert Ryall	U.K.	1923–1935	9
24. Tom Howard	U.K.	1923–1938	9
24. Al Kenny	U.K.	1924–1934	9
24. Ernie (Red) Pullen	U.K.	1924–1946	9
24. Willie Sharkey	U.K.	1926–1935	9
24. Ted Abbott	U.K.	1926–1946	9
24. Pat Gorman	U.K.	1927–1947	9
24. Len Beynon	U.K.	1929–1942	9
24. Jim Berry	U.K.	1932–1944	9
36. Torpedo Billy Murphy	N.Z.	1882–1907	8
36. Ike Bradley	U.K.	1902–1916	8
36. Tom Jackson	U.K.	1902–1914	8
36. Waldemar Holberg	Den.	1908–1921	8
36. Young Saylor	U.S.	1908–1921	8
36. Bill Beynon	U.K.	1910–1931	8
36. George Godfrey	U.S.	1919–1937	8
36. Bert Cannons	U.K.	1920–1936	8
36. Joe Glick	U.S.	1921–1934	8
36. Kid Rich	U.K.	1925–1935	8
36. Tommy Maloney	U.K.	1926–1934	8
36. Tom Cartwright	U.K.	1926–1935	8
36. Jack Moody	U.K.	1926–1942	8
36. Matty Hinds	U.K.	1927–1934	8
36. Dai Beynon	U.K.	1927–1936	8
36. Reggie Meen	U.K.	1927–1938	8
36. Tiger Bert Ison	U.K.	1928–1941	8
36. Kid Davies	U.K.	1930–1937	8
36. Tut Whalley	U.K.	1930–1941	8
36. Fred Henneberry	Aus.	1930–1941	8
36. Jim Teasdale	U.K.	1931–1947	8

36. Butcher Gascoigne	U.K.	1934–1945	8	
36. Andres Selpa	Arg.	1951–1968	8	

Wins by First Round KO/TKO

1. Lamar Clark	U.S.	1955–1961	30
2. Shannon Briggs	U.S.	1992–2010	29
3. Buddy Baer	U.S.	1934–1942	28
4. Young Otto	U.S.	1905–1923	27
5. Jack Dempsey	U.S.	1914–1927	25
5. Tiger Jack Fox	U.S.	1928–1950	25
7. Sean O'Grady	U.S.	1975–1983	24
7. Pete McNeeley	U.S.	1991–2001	24
7. Tye Fields	U.S.	1999–2008	24
10. Elmer Ray	U.S.	1926–1949	23
10. Bobby Crabtree	U.S.	1982–1998	23
10. Dario Azuaga	Para.	1993–2003	23
10. David Rodriguez	U.S.	1998–2009	23
14. Peter Maher	U.S.	1890–1911	22
14. Mike Tyson	U.S.	1985–2005	22
14. Craig Cummings	U.S.	1989–2004	22
17. Packey O'Gatty	U.S.	1915–1928	21
17. Harry Ebbets	U.S.	1924–1936	21
17. Sugar Ray Robinson	U.S.	1940–1965	21
17. Roberto Duran	Pan.	1968–2001	21
17. Earnie Shavers	U.S.	1969–1995	21
17. Greg Page	U.S.	1979–2001	21
17. Marcus Rhode	U.S.	1995–2008	21
24. Gerald McClellan	U.S.	1988–1995	20
24. Carlos Gonzalez	Mex.	1988–2003	20
24. Buck Smith	U.S.	1992–2003	20
27. Harry Thomas	U.S.	1931–1939	19
27. Cleveland Williams	U.S.	1951–1972	19
27. Chad Broussard	U.S.	1989–2007	19
27. Randall Bailey	U.S.	1996–2010	19
27. Edwin Valero	Vez.	2002–2010	19
27. Tyrone Brunson	U.S.	2005–2009	19

Losses by First Round KO/TKO

1. Jim Holly	U.S.	1983–2000	28
2. Jerry Strickland	U.S.	1974–2000	25
3. Roy Bedwell	U.S.	1986–2003	24
4. Stanley Johnson	U.S.	1969–1996	23
5. Frankie Hines	U.S.	1980–2002	22
6. Eric Crumble	U.S.	1990–2003	21
6. Doug Davis	U.S.	1991–2004	21
6. Harold T. Johnson	U.S.	1993–2004	21
9. Jesse Clark	U.S.	1973–1983	17
10. Hubert Adams	U.S.	1979–1993	16
10. Leon Shavers	U.S.	1987–1999	16
12. George Harris	U.S.	1991–1999	15
13. Simmie Black	U.S.	1971–1996	14
14. Reuben Ruiz	U.S.	1989–2003	13
14. Ignatio Orsola	Hun.	1992–2001	13
14. Steve Ussery	U.S.	1998–2003	13
17. Obie Garnett	U.S.	1978–1986†	12
17. Gerald Moore	U.S.	1981–2003	12
17. Max Key	U.S.	1989–1999	12
17. Kevin Poindexter	U.S.	1989–1995	12
17. Tyrone Bledsoe	U.S.	1993–2000	12
17. Travis Clybourn	U.S.	1995–2004	12
17. Curtis Render	U.S.	1998–2004	12
24. Paulino Falcone	U.S.	1984–2000	11
24. Pablo Garcia	Mex.	1990–2003	11
24. David Lee	U.S.	1989–1998	11
24. Derrick Becker	U.S.	1992–2001	11
24. Lonzie Pembleton	U.S.	1997–2002	11
29. Dave Slaughter	U.S.	1982–1999	10
29. Keheven Johnson	U.S.	1983–1997	10
29. Robert Strickland	U.S.	1986–1997	10
29. Billy Outley	U.S.	1989–2003	10
29. Tony Ray Kern	U.S.	1992–2003	10
29. Josef Balog	Czech	1993–2001	10
29. Lorenzo Poole	U.S.	1992–1998	10
29. Alvin Miller	U.K.	1994–2003	10
29. Nelson Browning	U.S.	1999–2003	10

Consecutive Bouts Without a Loss

1. Young Griffo	Aus.	1887–1894*	174
2. Buck Smith	U.S.	1989–1992	107
3. Jimmy Wilde	U.K.	1911–1914*	101
4. Pedro Carrasco	Spain	1964–1971	93
5. Sugar Ray Robinson	U.S.	1943–1951	91
6. Julio Cesar Chavez	Mex.	1980–1993*	90
7. Bob Cunningham	U.S.	1885–1892*	89
8. Packey McFarland	U.S.	1906–1915	84
9. Carlos Monzon	Arg.	1964–1977	80
10. Jack Dillon	U.S.	1912–1915	73
10. Willie Pep	U.S.	1943–1948	73
10. Jaime Gine	Arg.	1954–1960	73
13. Duilio Loi	Italy	1952–1960	72
14. Harry Greb	U.S.	1918–1920	68
14. Gustav Scholz	Ger.	1948–1958*	68
16. Phila. Jack O'Brien	U.S.	1900–1903	67
17. Nino Benvenuti	Italy	1961–1966*	65
18. Pedro Montanez	P.R.	1931–1937	64
19. Non. Jack Dempsey		1883–1889*	62
19. Willie Pep	U.S.	1940–1943*	62
19. Salvatore Burruni	Italy	1960–1965	62
22. Ruben Olivares	Mex.	1965–1970*	61
22. Bruno Arcari	Italy	1966–1978	61
24. Teddy Yarosz	U.S.	1929–1932*	59
25. Freddie Miller	U.S.	1928–1930	58
25. Billy Graham	U.S.	1941–1945*	58
27. Tommy Gibbons	U.S.	1911–1920*	57
27. Nicolino Locche	Arg.	1964–1972	57
27. Nino LaRocca	Italy	1978–1984*	57
27. Marty Jakubowski	U.S.	1993–1995	57
31. Young Stribling	U.S.	1927–1929	56
31. Freddie Steele	U.S.	1932–1937	56
31. Lulu Costantino	U.S.	1939–1942*	56
31. Luis Ramon Campas	Mex.	1987–1994*	56
35. Piston Horiguchi	Japan	1933–1937*	55
35. Maxie Docusen	U.S.	1945–1949	55
35. Lorenzo Garcia	Arg.	1978–1983	55
35. Nicolino Locche	Arg.	1959–1964	55
35. Pong. Sithkanongsak	Thai.	1996–2007	55
40. Jimmy Barry	U.S.	1892–1899†	54
40. Tom Bogs	Den.	1964–1970*	54
40. Jose Legra	Spain	1965–1969	54
40. Gustavo Ballas	Arg.	1976–1981*	54
44. Eddie Martin	U.S.	1922–1925	53
44. Tommy Yarosz	U.S.	1941–1947	53
44. Elmer Ray	U.S.	1943–1948	53
47. Kid Chocolate	Cuba	1928–1930*	52
47. Little Dado	Phil.	1937–1941	52
47. Harry Matthews	U.S.	1946–1952	52
47. Del Flanagan	U.S.	1947–1951*	52
51. Freddie Russo	U.S.	1942–1945*	51

51. Pascual Perez	Arg.	1952–1958*	51	
51. Ricardo Lopez	Mex.	1985–2001†	51	
54. Eder Jofre	Bra.	1957–1964*	50	

*From start of career. †Entire career.

Consecutive Bouts Without a Win

1. Pete Buckley	U.K.	2003–2008	82	
2. Joe Grim	U.S.	1905–1913	66	
3. Karl Taylor	U.K.	2003–2009	61	
4. Frankie Hines	U.S.	1993–2001	55	
4. Ernie Smith	U.K.	2005–2009	55	
6. Carl Allen	U.K.	2003–2009	52	
7. Carlos Rocha	Spain	1993–2000†	49	
8. Jerome Hill	U.S.	1987–2001	48	
9. Arvil Mittoo	U.K.	2000–2004	47	
10. Bouadjemi Mokhfi	Alg.	1953–1956	46	
10. Peter Dunn	U.K.	2006–2008	46	
12. Delroy Spencer	U.K.	2006–2009	45	
13. Anton Glofak	Austria	1996–2001*	43	
14. Roy Bedwell	U.S.	1991–1999	42	
15. Simmie Black	U.S.	1981–1989	40	
15. Ken Bentley	U.S.	1992–1998	40	
15. John B. Jackson	U.S.	1994–2004	40	
18. Bobby Jones	U.S.	1982–1999	39	
18. Andre Crowder	U.S.	1987–1997	39	
20. Keheven Johnson	U.S.	1993–1997	36	
20. Adam Cale	U.K.	1999–2002	36	
22. Billy Outley	U.S.	1989–1997	35	
22. Don Penelton	U.S.	1996–1998	35	
22. Imrich Parlagi	Slova.	1999–2003	35	
22. Anthony Hanna	U.K.	1999–2004	35	
26. George Harris	U.S.	1991–1999	34	
26. Paul Denton	U.K.	1996–2004	34	
28. Terrence Wright	U.S.	1985–1993	33	
28. Lester Yarbrough	U.S.	1990–2004	33	
28. Jerry Lynn Smith	U.S.	1997–2004	33	
28. Brian Coleman	U.K.	2001–2003	33	
32. Eric Crumble	U.S.	1990–2003†	32	
32. Don Penelton	U.S.	1992–1996	32	
32. Calvin Moody	U.S.	1997–1999	32	
35. Julian Eavis	U.K.	1989–1991	31	
35. Lourival Da Silva	Bra.	1993–2003	31	
35. Jose C. Amaral	Bra.	1993–2004*	31	
35. Martin Jolley	U.K.	1995–1999	31	
35. Angelo Simpson	U.S.	1997–2004	31	
35. Karl Taylor	U.K.	1999–2004	31	
35. Keith Jones	U.K.	2000–2002	31	
35. Harry Butler	U.S.	2001–2004	31	
43. Simmie Black	U.S.	1979–1981	30	
43. Csaba Olah	Hun.	1991–1997*	30	
43. Rick Dinkins	U.S.	1998–2004	30	

*From start of career. †Entire career.

Consecutive Wins

1. Jimmy Wilde	U.K.	1911–1914	96	
2. Julio Cesar Chavez	Mex.	1980–1993*	87	
3. Pedro Carrasco	Spain	1964–1970	83	
4. Nino Benvenuti	Italy	1961–1966*	65	
5. Willie Pep	U.S.	1940–1943*	62	
5. Salvatore Burruni	Italy	1960–1965	62	
7. Bruno Arcari	Italy	1966–1975	57	
7. Nino LaRocca	Italy	1978–1984*	57	
9. Luis Ramon Campas	Mex.	1987–1994*	56	

10. Teddy Yarosz	U.S.	1929–1932*	55	
10. Pong. Sithkanongsak	Thai.	1996–2007	55	
12. Jose Legra	Spain	1965–1968	54	
13. Tommy Yarosz	U.S.	1941–1947	53	
13. Buck Smith	U.S.	1991–1992	53	
15. Tom Bogs	Den.	1964–1969*	52	
16. Freddie Miller	U.S.	1928–1930	50	
16. Elmer Ray	U.S.	1943–1947	50	
18. Young Stribling	U.S.	1927–1929	49	
18. Rocky Marciano	U.S.	1947–1955†	49	
18. Brian Nielsen	Den.	1992–1999*	49	
21. Lee Sala	U.S.	1946–1948*	48	
21. Larry Holmes	U.S.	1973–1985*	48	
21. Patrizio Oliva	Italy	1980–1987*	48	
24. Harry Matthews	U.S.	1947–1952	47	
24. Carlos Zarate	Mex.	1970–1978*	47	
26. Peter Kane	U.K.	1934–1937	46	
26. Henry Armstrong	U.S.	1937–1939	46	
26. Ricardo Lopez	Mex.	1985–1997*	46	
26. Joe Calzaghe	U.K.	1993–2008†	46	

*From start of career. †Entire career.

Consecutive Losses

1. Ernie Smith	U.K.	2005–2009	55	
2. Pete Buckley	U.K.	2005–2008	44	
2. Delroy Spencer	U.K.	2006–2009	44	
4. Simmie Black	U.S.	1981–1989	40	
4. Roy Bedwell	U.S.	1991–1999	40	
4. John B. Jackson	U.S.	1994–2004	40	
7. Frankie Hines	U.S.	1993–1999	37	
8. George Harris	U.S.	1991–1999	34	
8. Jerome Hill	U.S.	1997–2001	34	
10. Billy Outley	U.S.	1989–1995	33	
10. Lester Yarbrough	U.S.	1990–2004	33	
10. Brian Coleman	U.K.	2001–2003	33	
13. Marnix Heytens	Belg.	1983–1990	32	
13. Ken Bentley	U.S.	1992–1998	32	
13. Don Penelton	U.S.	1992–1996	32	
13. Brian Yates	U.S.	1997–1999	32	
17. Lourival Da Silva	Bra.	1993–2003	31	
17. Paul Denton	U.K.	1998–2004	31	
17. Arvil Mittoo	U.K.	2001–2004	31	
17. Jason Nesbitt	U.K.	2002–2004	31	
21. Anton Glofak	Slova.	1997–2001	30	
21. Adam Cale	U.K.	1999–2002	30	
23. Jose C. Amaral	Bra.	1993–2002*	29	
23. Peter Dunn	U.K.	2006–2008	29	
25. Simmie Black	U.S.	1979–1981	28	
25. Jerry Strickland	U.S.	1987–1996	28	
25. Robert Lee Woods	U.S.	1991–1995	28	
25. Eric Crumble	U.S.	1994–2003	28	
25. Carlos Rocha	Spain	1996–2000	28	
30. Lee Cargle	U.S.	1993–1996	27	
30. Bradley Rone	U.S.	2000–2003	27	
32. James Wilder	U.S.	1984–1991	26	
32. Andre Crowder	U.S.	1989–1996	26	
32. Tommy Jeans	U.S.	1990–1995	26	
32. Csaba Olah	Hun.	1992–1997	26	
32. Franck Wuestenberghs	Belg.	1996–2000	26	
32. Keith Jones	U.K.	2000–2002	26	
32. Harry Butler	U.K.	2001–2004	26	
32. Don Penelton	U.S.	2002–2004	26	
40. Jesse Clark	U.S.	1973–1983†	25	
40. James Holly	U.S.	1989–1996	25	
40. Nelson Hernandez	U.S.	1997–2000	25	

40. Danny Wofford	U.S.	1998–2003		25
40. John Simmons	U.S.	1989–1994		25
40. Doug Davis	U.S.	1991–2004†		25
40. Lance Verallo	U.K.	2005–2008†		25

*From start of career. †Entire career.

Consecutive Wins by KO/TKO

1. Lamar Clark	U.S.	1958–1960		44
2. Don Steele	U.S.	1994–1997*		42
3. Billy Fox	U.S.	1943–1946*		36
4. Wilfredo Gomez	P.R.	1974–1981		32
5. Bob Allotey	Ghana	1958–1963		30
5. Jose Ibar Urtain	Spain	1968–1970*		30
7. Alfonso Zamora	Mex.	1973–1977*		29
7. Acelino Freitas	Bra.	1995–2001*		29
9. Jesus Pimentel	Mex.	1961–1964		28
9. Carlos Zarate	Mex.	1974–1978		28
11. Henry Armstrong	U.S.	1937–1938		27
11. Earnie Shavers	U.S.	1970–1972		27
11. Miguel Julio	Col.	1990–1995		27
11. Dario Azuaga	Para.	1994–1996		27
11. Vitali Klitschko	Ger.	1996–1999*		27
11. Edwin Valero	Vez.	2002–2010†		27
17. Aaron Pryor	U.S.	1977–1983		26
17. In-Chul Baek	Korea	1980–1983*		26
17. Michael Moorer	U.S.	1988–1991*		26
17. Victor Oganov	Russia	1998–2007*		26
21. John Mugabi	Den.	1980–1985*		25
22. Mac Foster	U.S.	1966–1970*		24
22. George Foreman	U.S.	1970–1974		24
22. Earl Hargrove	U.S.	1979–1983*		24
22. Alex Stewart	U.S.	1986–1989*		24
26. Ruben Olivares	Mex.	1965–1967*		23
26. Carlos Zarate	Mex.	1970–1973*		23
26. Jaime Garza	U.S.	1980–1984		23
26. Scott Daley	U.S.	1986–1992†		23
26. Alexander Munoz	Vez.	1998–2002*		23
31. Jose Bruno	Arg.	1951–1952		22
31. John Collins	U.S.	1980–1982*		22
31. Kenny Klingman	U.S.	1977–1982†		22
31. Julian Jackson	V.I.	1982–1986		22
31. Nigel Benn	U.K.	1987–1989*		22
31. Eduardo Cruz	Mex.	1987–1991*		22
31. Phil Jackson	U.S.	1989–1992		22
31. Herbie Hide	U.K.	1989–1993*		22
39. Ricardo Moreno	Mex.	1964–1965		21
39. Ruben Olivares	Mex.	1968–1970		21
39. Danny Lopez	U.S.	1971–1973*		21
39. Frank Bruno	U.K.	1982–1984*		21
39. Eloy Rojas	Vez.	1987–1991		21
39. Jorge Monsalvo	Col.	1993–1997		21
39. Randall Bailey	U.S.	1996–2000*		21
39. Edison Miranda	Col.	2001–2005*		21
39. Daniel DeLeon	Mex.	2001–2004*		21
48. Tom Sharkey	U.S.	1893–1896*		20
48. Rodolfo Martinez	Mex.	1965–1968*		20
48. Fausto Rodriguez	D.R.	1971–1973*		20
48. David LeMieux	Can.	2007–2009*		20

*From start of career. †Entire career.

Consecutive Losses by KO/TKO

1. Eric Crumble	U.S.	1994–2003		28
2. James Holly	U.S.	1989–1996		25
2. John Simmons	U.S.	1989–1994		25
2. Doug Davis	U.S.	1991–2004†		25
5. Pablo Garcia	Mex.	1993–2004		22
6. Leon Shavers	U.S.	1987–1999†		21
7. George Harris	U.S.	1994–1999		20
8. Ponce Ortiz	U.S.	1975–1989†		19
9. Gerald Moore	U.S.	1981–2003*		18
10. Paulino Falcone	U.S.	1986–2000		17
10. Kevin Poindexter	U.S.	1989–1995		17
10. Robert Lee Woods	U.S.	1992–1993		17
13. Elio Hernandez	Mex.	1974–1980*		16
13. Lorenzo Boyd	U.S.	1987–1997		16
13. Jerry Strickland	U.S.	1989–1994		16
13. Max Key	U.S.	1992–1996		16
17. Sherman Dixon	U.S.	1986–1990		15
17. Shane Hykes	U.S.	1994–2004		15
19. Jesse Clark	U.S.	1979–1983		14
19. Robert Strickland	U.S.	1986–1997†		14
19. Derrick Becker	U.S.	1993–2001		14
22. Ken Lomax	U.S.	1979–1982†		13
22. David Lee	U.S.	1991–1997		13
24. Obie Garnett	U.S.	1978–1986†		12
24. Hubert Adams	U.S.	1981–1993		12
24. Stan Johnson	U.S.	1981–1985*		12
24. Joe Presswood	U.S.	1981–1987†		12
24. Jimmy Garrett	U.S.	1988–1992		12
24. Tommy Jeans	U.S.	1991–1995		12
24. Don Hudson	U.S.	1993–1997*		12
24. Lorenzo Poole	U.S.	1992–1998†		12
24. DeKoven Hurt	U.S.	1997–2003*		12
24. Tyrone Bledsoe	U.S.	1998–2000		12
24. Mike Lavender	U.S.	2003–2005*		12

*From start of career. †Entire career.

Consecutive Wins by First Round KO/TKO

1. Tyrone Brunson	U.S.	2005–2008*		19
2. Edwin Valero	Vez.	2002–2006*		18
3. Tye Fields	U.S.	1999–2000*		14
4. David Rodriguez	U.S.	2002–2005		13
5. Mitchell Sammons	U.S.	1989–1991*		11
6. Steve Martinez	U.S.	1987–1989*		10
7. Greg Page	U.S.	1996–1997		9
7. Duncan Dokiwari	Nig.	1997–1998		9
7. Christopher Brown	U.S.	1999–1999*		9
7. Hugo Ruiz	Mex.	2006–2007*		9
11. Engels Pedroza	Vez.	1987–1987		8
11. Arthur Saribekian	U.S.	1992–1993*		8
11. Richie Melito	U.S.	1994–1995		8
14. Charles Ledoux	France	1909–1909*		7
14. Artie Diamond	U.S.	1949–1950		7
14. Donald (Biff) Cline	U.S.	1975–1976		7
14. Reggie Miller	U.S.	1982–1983*		7
14. Earl Boger	U.S.	1983–1985		7
14. Jesus Gallardo	Mex.	1985–1986		7
14. Melton Bowen	U.S.	1987–1988*		7
14. Courage Tshabalala	S.A.	1993–1994		7
14. Crawford Grimsley	U.S.	1994–1994*		7
14. Eugenio Gomez	Japan	1999–2000		7
14. Mario Stein	Ger.	2000–2001		7
14. Jeremy Bates	U.S.	2001–2001		7
14. Kelson C. Pinto	Bra.	2001–2001*		7
27. Eddie Anderson	U.S.	1920–1920*		6
27. Jack Linkhorn	U.S.	1928–1929		6
27. Russell Davis	U.S.	1954–1954		6
27. Roberto Duran	Pan.	1968–1968		6

27. Gordon Racette	Can.	1980–1980	6
27. Donny Poole	Can.	1980–1981*	6
27. Paul (Sonny) Barch	U.S.	1981–1981*	6
27. Irving Mitchell	U.S.	1981–1981*	6
27. Juan Jose Estrada	Mex.	1983–1983*	6
27. Freddie Delgado	P.R.	1984–1986	6
27. Mike Tyson	U.S.	1985–1985	6
27. Richard Duran	U.S.	1988–1989*	6
27. Marcellus Brown	U.S.	1989–1990	6
27. Shazzon Bradley	U.S.	1993–1994*	6
27. Asluddin Umarov	U.S.	1994–1994	6
27. Nestor Garza	Mex.	1994–1994*	6
27. Randall Bailey	U.S.	1996–1996*	6
27. Ray Sanchez	U.S.	2001–2002*	6
27. Americo Santos	U.S.	2002–2003	6
27. Jose Luis Herrera	Col.	2002–2003	6
27. Adrian Navarrete	Mex.	2003–2004*	6
27. Carlos Oliveira	Bra.	2003–2004*	6
27. Paul Jennette	U.S.	2004–2005	6
27. Brandon Baue	U.S.	2006–2007*	6
27. Oscar Arenas	Mex.	2007–2007*	6
27. Antonio Lozada	Mex.	2007–2007	6
27. Noah Nabil Zuhdi	U.S.	2007–2009*	6

From start of career.

Consecutive Losses by First Round KO/TKO

1. Obie Garnett	U.S.	1978–1986†	12
1. Jesse Clark	U.S.	1980–1982	12
1. Doug Davis	U.S.	1997–2001	12
4. David Lee	U.S.	1991–1997	11
4. Keith Ross	U.S.	1996–2005†	11

6. Joe Presswood	U.S.	1982–1987	10
6. Laverne Ware	U.S.	1997–2003*	10
8. Hubert Adams	U.S.	1981–1986	8
8. Jerome Mullins	U.S.	1997–1999	8
10. Gary Stallworth	U.S.	1980–1982*	7
10. Greg Masters	U.S.	1983–1988†	7
10. Derrick Becker	U.S.	1993–1998	7
10. Lorenzo Poole	U.S.	1993–1998	7
10. Calvin Gardner	U.S.	1998–2002*	7
10. Eugenio Gomez	Japan	1999–2000	7
10. Eric Crumble	U.S.	2001–2003	7
10. Ronnie Collins	U.S.	2003–2006*	7
18. Leon Shavers	U.S.	1991–1994	6
18. A. Craig Evans	U.S.	1997–2003†	6
18. John Allen Tarmon	U.S.	2000–2001†	6
18. Nelson Browning	U.S.	2001–2003	6

From start of career. †Entire career.

Undefeated Throughout Career*
(25 or more bouts)

			TB	W-L-D-NC
Young Mitchell	U.S.	1884–1893	40	34-0-3-3
Jack McAuliffe	U.S.	1885–1897	36	31-0-3-2
Jimmy Barry	U.S.	1892–1899	54	45-0-9-0
Rocky Marciano	U.S.	1947–1955	49	49-0-0-0
Laszlo Papp	Hun.	1957–1964	29	27-0-2-0
Terry Marsh	U.K.	1981–1987	27	26-0-1-0
Ricardo Lopez	Mex.	1985–2001	51	50-0-1-0
Michael Loewe	Ger.	1991–1998	28	28-0-0-0
Samson Lukchaopormasak	Thai.	1992–2002	43	43-0-0-0
Joe Calzaghe	U.K.	1993–2008	46	46-0-0-0
Sven Ottke	Ger.	1997–2004	34	34-0-0-0
Edwin Valero	Vez.	2002–2010	27	27-0-0-0

Does not include boxers active as of December 31, 2011.

MISCELLANEOUS QUEENSBERRY RECORDS

General

Longest Bout

110 rounds — Andy Bowen vs. Jack Burke, April 6, 1893, Olympic Club, New Orleans, La. ("Finish Bout"; referee declared a "draw" after round 110)

Shortest Bout

7 seconds — Al Carr vs. Lew Massey, April 3, 1936, The Arena, New Haven, Conn.

Last Scheduled Twenty-Five Round Bout

Aug. 27, 1941 — Bill Poland vs. Eddie Blunt, Washington, D.C.

Last Scheduled Twenty-Round Bout

March 11, 1958 — Roque Maravilla vs. Bill Lanza, Boise, Idaho

Last Scheduled Fifteen-Round Bout

June 7, 1997 — Jose A. Flores vs. Eric Holland, Ruidoso, N.M.

Most Knockdowns, Bout

Winner	Times Down	Loser	Times Down	Date	City	Rds.	Total KD
1. Battling Nelson	7	Christy Williams	42	Dec. 26, 1902	Hot Springs, Ark.	17	49
2. Tommy Warren	0	Jack Havlin	42	Sept. 25, 1888	San Francisco, Ca.	29	42
3. Joe Jeannette	27	Sam McVey	11	Apr. 17, 1909	Paris, France	50	38
4. Vittorio Campolo	0	Miguel Ferrara	36	Feb. 5, 1927	Buenos Aires, Arg.	4	36
5. Dick Hyland	0	Leach Cross	32	June 26, 1909	Colma, Calif.	41	32
6. Mex. Joe Rivers	0	Danny Webster	27	Jan. 14, 1911	Vernon, Calif.	13	27
7. Harry Blitman	0	Hal Murray	23	Dec. 28, 1931	Atlantic City, N.J.	5	23
7. Maxie Doyle	3	Jim Merritt	20	Nov. 24, 1941	Little Rock, Ark.	10*	23
9. Joe Hedmark	5	Battling Nelson	17	Sept. 14, 1900	Chicago, Ill.	6*	22
10. Olle Tandberg	0	Jock Porter	21	Jan. 8, 1946	Stockholm, Sweden	7	21
10. Jimmy Jennette	0	Jose DeMedina	21	Nov. 18, 1946	New Britain, Conn.	10*	21
12. Larry Bolvin	11	Jackie Harris	9	Oct. 16, 1941	New York, N.Y.	6	20
13. Jim Barry	0	Joe Grim	19	Sept. 25, 1947	New York, N.Y.	6*	19
14. Eugene Huat	0	Emile Pladner	18	June 20, 1929	Paris, France	15	18
15. Joe Gans	0	Charley Sieger	17	Nov. 14, 1902	Baltimore, Md.	14	17
15. Bob Fitzsimmons	0	Joe Gans	17	Oct. 14, 1903	Philadelphia, Pa.	6*	17
17. Frankie Saia	0	Roy Vachon	16	Dec. 22, 1946	Sarasota, Fla.	8	16
18. Jack Johnson	0	Joe Grim	15	July 4, 1905	Philadelphia, Pa.	6*	15
18. Jack Herman	2	Johnny Grosso	13	Apr. 15, 1926	New York, N.Y.	7	15
18. Howard King	1	Hans Friedrich	14	May 29, 1955	Reno, Nev.	10*	15
18. Yama Bahama	0	Don Corrona	15	Jan. 9, 1962	Nassau, Bahamas	7	15
22. Jack Slavin	3	Billy Smith	11	June 30, 1891	San Francisco, Ca.	49	14
22. Vic Toweel	0	Danny O'Sullivan	14	Dec. 2, 1950	Johannesburg, S.A.	10	14
22. Jackie Hughes	0	Mick Endley	14	Nov. 14, 1955	London, Eng.	5	14
22. Paddy Kelly	0	Paddy O'Callaghan	14	Sept. 20, 1958	Belfast, Ire.	4	14

*Bout went scheduled distance.
Note: Jeannette-McVey a "finish" bout; McVey unable to answer bell for round fifty.

Highest Paid Live Attendances

Main Event	Date	Site	Promoter(s)	Paid Att.
1. J.C. Chavez–G. Haugen	Feb. 20, 1993	Azteca Stadium, Mexico City, Mex.	Don King Productions	132,247
2. J. Dempsey–G. Tunney	Sept. 23, 1926	Sesqui. Stadium, Philadelphia, Pa.	Geo. (Tex) Rickard	120,757
3. G. Tunney–J. Dempsey	Sept. 22, 1927	Soldier Field, Chicago, Ill.	Geo. (Tex) Rickard	104,943
4. Danny Lopez–D. Kotey	Nov. 5, 1976	Sports Stadium, Accra, Ghana		100,000
5. Schmeling–W. Neusel	Aug. 26, 1934	Auto Stadium, Hamburg, Germany	Walter Rothenburg	90,000
6. J. Dempsey–Luis Fipo	Sept. 14, 1923	Polo Grounds, New York, N.Y.	Geo. (Tex) Rickard	88,228
7. Joe Louis–Max Baer	Sept. 24, 1935	Yankee Stadium, Bronx, N.Y.	20th Century S.C.	88,150
8. Len Harvey–J. McAvoy	July 10, 1939	White City Stadium, London, Eng.		82,000
9. Dempsey–G. Carpentier	July 2, 1921	Rickard's Arena, Jersey City, N.J.	Geo. (Tex) Rickard	80,183
10. H. Wills–Luis Firpo	Sept. 11, 1924	Rickard's Arena, Jersey City, N.J.	Geo. (Tex) Rickard	80,000
11. Schmeling–J. Sharkey	June 12, 1930	Yankee Stadium, Bronx, N.Y.	M.S.G. Corp.	79,222
12. Luis Firpo–J. Willard	July 12, 1923	Rickard's Arena, Jersey City, N.J.	Geo. (Tex) Rickard	75,712
13. J. Dempsey–J. Sharkey	July 21, 1927	Yankee Stadium, Bronx, N.Y.	Geo. (Tex) Rickard	72,283
14. Joe Louis–Schmeling	June 22, 1938	Yankee Stadium, Bronx, N.Y.	20th Century S.C.	70,043
15. R. Cohen–Songkitrat	Sept. 19, 1954	Rajadamnern Stadium, Bangkok, Thai.		69,962
16. P. Carnera–P. Uzcudun	Nov. 30, 1930	Montjuich Stadium, Barcelona, Spain	Jeff Dickson	65,000
17. M. Ali–Leon Spinks	Sept. 15, 1978	Superdome, New Orleans, La.	La. Sports, Inc.	63,350
18. Joe Louis–P. Carnera	June 25, 1935	Yankee Stadium, Bronx, N.Y.	20th Century S.C.	62,000
19. J. Sharkey–Schmeling	June 21, 1932	M.S.G. Bowl, Long Is. City, N.Y.	M.S.G. Corp.	61,863
20. R. Marciano–A. Moore	Sept. 21, 1955	Yankee Stadium, Bronx, N.Y.	Int. Boxing Club	61,574
21. R. Robinson–R. Turpin	Sept. 12, 1951	Polo Grounds, New York, N.Y.	Int. Boxing Club	61,370
22. Joe Louis–Billy Conn	June 18, 1941	Polo Grounds, New York, N.Y.	20th Century S.C.	60,071
23. Carruthers–Songkitrat	May 2, 1954	National Stadium, Bangkok, Thai.		59,760
24. G. Carpenter–Siki	Sept. 24, 1922	Buffalo Stadium, Paris, France		59,000
25. B. Leonard–L. Tendler	July 23, 1923	Yankee Stadium, Bronx, N.Y.	Cromwell A.C.	58,519
26. G. Foreman–M. Ali	Oct. 30, 1974	20th of May Stadium, Kinshasa, Zaire		58,000
27. P. Carnera–P. Uzcudun	Oct. 22, 1933	Piazza de Sienna, Rome, Italy		57,000
28. P. Whitaker–Chavez	Sept. 10, 1993	Alamodome, San Antonio, Texas	Don King/Main Events	56,959
29. Joe Louis–Lou Nova	Sept. 29, 1941	Polo Grounds, New York, N.Y.	20th Century S.C.	56,941
30. Max Baer–M. Schmeling	June 8, 1933	Yankee Stadium, Bronx, N.Y.	M.S.G. Corp.	56,300
31. Schmeling–A. Heuser	July 2, 1939	Hitler Stadium, Stuttgart, Germany		56,000

Main Event	Date	Site	Promoter(s)	Paid Att.
32. J. Willard–F. Johnson	May 12, 1923	Yankee Stadium, Bronx, N.Y.	Geo. (Tex) Rickard	55,500
33. Johansson–Richardson	June 17, 1962	Ullevi Stadium, Gothenburg, Sweden	Edwin Ahlquist	55,000
34. B. Leonard–L. Tendler	July 27, 1922	Rickard's Arena, Jersey City, N.J.	Geo. (Tex) Rickard	54,685
35. R. Turpin–C. Humez	June 8, 1953	White City Stadium, London, Eng.	Jack Solomons	54,000
36. Johansson–E. Machen	Sept. 14, 1958	Ullevi Stadium, Gothenburg, Sweden	Edwin Ahlquist	53,000
37. P. Carnera–Max Baer	June 14, 1934	M.S.G. Bowl, Long Is. City, N.Y.	M.S.G. Corp.	52,268
38. Berlenbach–Slattery	June 10, 1926	Yankee Stadium, Bronx, N.Y.	Geo. (Tex) Rickard	52,000
39. Woodcock–Lee Savold	June 6, 1950	White City Stadium, London, Eng.	Jack Solomons	50,000

Highest Live Gross Gates

Main Event	Date	Site	Promoter(s)	Gross Gate
1. L. Lewis–Mike Tyson	June 8, 2002	The Pyramid, Memphis, Tenn.	Lion/M.E./Fight Night	$23,026,042.00*
2. Mayweather–de la Hoya	May 5, 2007	MGM Grand Garden, Las Vegas, Nev.	Golden Boy/Don Chargin	18,419,200.00
3. L. Lewis–Holyfield	Nov. 13, 1999	Thomas & Mack Center, Las Vegas, Nev.	King/Main Events-Panix	16,860,300.00
4. Pacquiao–de la Hoya	Dec. 6, 2008	MGM Grand Garden, Las Vegas, Nev.	Golden Boy/Top Rank	14,380,300.00
5. Holyfield–Mike Tyson	June 28, 1997	MGM Grand Garden, Las Vegas, Nev.	Don King Productions	14,277,200.00
6. Holyfield–Mike Tyson	Nov. 9, 1996	MGM Grand Garden, Las Vegas, Nev.	Don King Productions	14,150,700.00
7. Mike Tyson–P. McNeeley	Aug. 19, 1995	MGM Grand Garden, Las Vegas, Nev.	Don King Productions	13,965,600.00
8. de la Hoya–Trinidad	Sept. 18, 1999	Mandalay Bay Resort, Las Vegas, Nev.	Top Rank, Inc.	12,949,500.00
9. Hopkins–de la Hoya	Sept. 18, 2004	MGM Grand Garden, Las Vegas, Nev.	Top Rank, Inc.	12,782,650.00
10. Joe Calzaghe–Hopkins	Apr. 19, 2008	Thomas & Mack Center, Las Vegas, Nev.	Golden Boy/Don Chargin	11,636,400.00
11. L. Lewis–Holyfield	Mar. 13, 1999	Madison Sq. Garden, New York, N.Y.	Don King Productions	10,830,800.00
12. Mike Tyson–F. Bruno	Mar. 16, 1996	MGM Grand Garden, Las Vegas, Nev.	Don King Productions	10,673,700.00
13. Mayweather–R. Hatton	Dec. 8, 2007	MGM Grand Garden, Las Vegas, Nev.	Golden Boy Promotions	10,393,950.00
14. de la Hoya–S. Mosley	Sept. 13, 2003	MGM Grand Garden, Las Vegas, Nev.	Top Rank/Gary Shaw	9,840,000.00
15. de la Hoya–F. Vargas	Sept. 14, 2002	Mandalay Bay Resort, Las Vegas, Nev.	Top Rank/Main Events	8,871,300.00
16. Pacquiao–M.A. Cotto	Nov. 14, 2009	MGM Grand Garden, Las Vegas, Nev.	Golden Boy/Top Rank	8,847,550.00
17. de la Hoya–R. Mayorga	May 6, 2006	MGM Grand Garden, Las Vegas, Nev.	Golden Boy/King/Chargin	7,636,000.00
18. J. Chavez–de la Hoya	June 7, 1996	Caesars Palace, Las Vegas, Nev.	Top Rank, Inc.	7,579,100.00
19. H. Rahman–L. Lewis	Nov. 17, 2001	Mandalay Bay Resort, Las Vegas, Nev.	King/Lion/Main Events	7,537,400.00
20. F. Trinidad–Vargas	Dec. 2, 2000	Mandalay Bay Resort, Las Vegas, Nev.	Don King/Main Events	7,486,400.00
21. D. Reid–F. Trinidad	Mar. 3, 2000	Caesars Palace, Las Vegas, Nev.	King/America Presents	7,329,500.00
22. Mike Tyson–F. Botha	Jan. 16, 1999	MGM Grand Garden, Las Vegas, Nev.	America Presents	7,055,800.00
23. Holyfield–J. Douglas	Oct. 25, 1990	Mirage Casino-Hotel, Las Vegas, Nev.	Mirage Casino-Hotel	6,546,441.00
24. John Ruiz–Roy Jones	Mar. 1, 2003	Thomas & Mack Center, Las Vegas, Nev.	King/Sq. Ring/M & M	6,526,350.00
25. L. Lewis–David Tua	Nov. 11, 2000	Mandalay Bay Resort, Las Vegas, Nev.	M.E.-Panix/Am. Presents	6,508,500.00
26. Ray Leonard–T. Hearns	June 12, 1989	Caesars Palace, Las Vegas, Nev.	Top Rank/Caesars Palace	6,468,600.00
27. Ray Leonard–R. Duran	Dec. 7, 1989	Mirage Casino-Hotel, Las Vegas, Nev.	Top Rank/Victory Promos.	6,448.700.00
28. R. Wright–F. Trinidad	May 14, 2005	MGM Grand Garden, Las Vegas, Nev.	Don King/G. Shaw/Guilty	6,433,500.00
29. Pacquiao–J. Clottey	Mar. 13, 2010	Cowboys Stadium, Arlington, Texas	Top Rank, Inc.	6,359.985.00
30. B. Seldon–M. Tyson	Sept. 7, 1996	MGM Grand Garden, Las Vegas, Nev.	Don King Productions	6,305,900.00
31. L. Holmes–G. Cooney	June 11, 1982	Caesars Palace, Las Vegas, Nev.	King/Tiffany/Caesars	6,239,050.00
32. Ray Leonard–M. Hagler	Apr. 6, 1987	Caesars Palace, Las Vegas, Nev.	Top Rank/Caesars Palace	6,215,400.00
33. Mike Tyson–D. Ruddock	June 28, 1991	Mirage Casino-Hotel, Las Vegas, Nev.	Don King Productions	6,200,276.50
34. E. Holyfield–R. Bowe	Nov. 6, 1993	Caesars Palace, Las Vegas, Nev.	Spencer-M.E./Caesars	5,792,838.50
35. Larry Holmes–M. Ali	Oct. 2, 1980	Caesars Palace, Las Vegas, Nev.	Don King Productions	5,766,125.00
36. Holyfield–M. Moorer	Nov. 8, 1997	Thomas & Mack Center, Las Vegas, Nev.	Don King/Main Events	5,566,700.00
37. Mike Tyson–D. Ruddock	Mar. 18, 1991	The Mirage, Las Vegas, Nev.	Don King/3M Productions	5,454,918.50

*Sell-out live gate was guaranteed.

Prominent Boxing Fathers and Sons

Camacho (*Hector, Hector Jr.)
Cerdan (*Marcel, Marcel Jr.)
Douglas (*Bill, *Buster)
Espadas (*Guty, *Guty Jr.)
Fitzsimmons (*Bob, Young Bob)
Famechon (Andre, Johnny)
Frazier (*Joe, Marvis)
Gibbons (Mike, Jack)
Jofre (Aristides, Eder)
Johnson (Phil, *Harold)
McNeeley (Tom Jr., Peter)
Mathis (*Buster, Buster Jr.)
Mayweather (Floyd, *Floyd Jr.)
London (Jack, Brian)
Papke (Billy, Billy Jr.)
Spinks (*Leon, *Cory)
Trinidad (Felix, *Felix Jr.)

*World champion or title claimant

Prominent Boxing Brothers

Ali (*Muhammad, Rahaman)
Anderson (Bud, Fred)

Andrews (Roy, Dave, Eddie)
Archer (Jimmy, Joey)
Arredondo (*Ricardo, *Rene)
Attell (*Abe, *Monte, Caesar)
Baer (*Max, Buddy)
Barnes (George, Don)
Basilio (*Carmen, Joey)
Beecher (Willie, Charlie)
Belloise (Steve, *Mike)
Benitez (Gregorio, Frank, *Wilfred)
Bloom (Phil, Spider)
Bobick (Duane, Rodney)
Bolanos (Enrique, Roberto)
Braddock (*Jim, Joe, Al)
Bredahl (*Jimmy, *Johnny)
Brock (Phil, Matt)
Breese (Bus, Baby)
Camacho (*Hector, Felix)
Campolo (Victorio, Valentin)
Canizales (*Gaby, *Orlando)
Cardona (*Ricardo, *Prudencio)
Cattouse (Ray, Trevor)
Cavalier (Paul, Joe)
Cervantes (*Antonio, Jose)
Chavez (Alfredo, Carlos)
Chavez (Eddie, Tony, Chencho)
Chip (*George, Joe)
Conn (*Billy, Jackie)
Constantino (Lulu, Bozo)
Cooper (Henry, Jim)†
Corbett (Dick, Harry)
Cotto (Jose M., Miguel A.)
Coulon (*Johnny, George)
Cross (Leach, Monte, Phil, Davey, Harry)
Curry (*Bruce, *Donald)
Curvis (Cliff, Brian)
Darcy (Johnny, Alex, Jimmy)
DeJohn (Joey, Ralph, Carmen, Mike)
Delannoit (Cyrille, Etienne, Edgart)
Docusen (Bernard, Max, Regino)
Downey (*Bryan, Anthony)
Dundee (*Vince, *Joe)
Dupas (*Ralph, Tony)
Durelle (Yvon, Eloi, Placide, Aubin, Ernie)
Ertle (*Johnny, Mike)
Espana (*Ernesto, *Crisanto)
Espinosa (Bonnie, Leo)
Everett (Tyrone, Mike)
Famechon (Andre, Emile, Ray)
Feeney (George, John)
Finazzo (Eddie, Johnny, Sam, Joe, Victor, Jack, Tom)
Finnegan (Chris, Kevin)
Flanagan (Art, Del, Glen, Jerry)
Flores (Francisco, Elino, Macario, Ireno)
Fontana (Larry, Joey, Tommy)
Foran (Ginger, Gus)
Forbes (*Harry, Clarence)
Fosmire (Bob, Gene)

Frazier (Marvis, Rodney)
Fuentes (Ramon, Jesse, Richard)
Fullmer (*Gene, Jay, Don)
Galaxy (*Khaosai, *Khaokor)†
Gardner (*George, *Jimmy, Billy)
Gardner (Oscar, Eddie)
Gatti (Joe, Arturo)
Gibbons (Mike, Tommy)
Glover (*Mike, Billy, Frank)
Goddard (Joe, Harry)
Gomez (Famoso, Famosito)
Graham (*Bushy, Frankie)
Harris (*Harry, Sammy)†
Herman (Babe, Joe)
Herrera (Aurelio, Mauro)
Heuser (Hans, *Adolf)
Hilton (Alex, *Matthew, *David)
Hogue (Shorty, Big Boy)†
Holmes (*Larry, Mark)
Houck (Tommy, Willie)
Jeffries (*James J., Jack)
Jordan (*Don, Bobby)
Joyce (Willie, Jimmy, Gene)
Kahut (Joe, Tony, Eddie)
Kenny (Wild Burt, Bill, Frank, Roy)
Kessler (Ruby, Milton)
King (Alex, Eric)†
Klitschko (*Vitali, *Wladimir)
Laing (Kirkland, Tony)
LaMotta (*Jake, Joey)
Latzo (Steve, *Pete)
Lavigne (*Kid, Billy)
Lee (Glen, Don)
Lenny (Harry, Eddie)
Leon (Casper, Young)
Leonard (*Benny, Charley, Joe)
Leonard (*Sugar Ray, Roger)
Lopez (Ernie, *Danny)
Loughran (*Tommy, Charley)
Loughrey (Frank, Young)
Lunny (Ray, Jack)
McCarty (Luther, Tom)
McCormack (John, Pat)
McGovern (*Terry, Hughey, Phil)
McKenzie (Clinton, Duke)
Machen (Eddie, Paul)
Mansfield (Harry, Alf)
Marchant (Jack, Billy, Teddy, Albert, Mark, Matty)
Mayweather (Floyd, *Roger, Jeff)
Mitchell (Richie, *Pinkey)
Moha (Eddie, Bob)
Moody (Frank, Glen, Jack)
Moore (Pal, Frank, Reddy, Willie, Tommy)
Morales (*Erik, *Diego)
Moran (Pal, Vic)
Moyer (*Denny, Phil)
Mueller (Peter, Addy)
Muscato (Phil, Joe, Sammy)

Norris (*Orlin, *Terry)
O'Brien (Philadelphia Jack, Young Jack)
O'Dowd (Midget Mike, Phil, Eddie)
O'Gatty (Packey, Jimmy)
O'Leary (Young, Artie)
O'Sullivan (Danny, Dickie, Mickey)
Ortega (Gaspar, Felix, Aurelio, Jesus, Fausto, Rodolfo)
Ortiz (*Manuel, Trini)
Pacquiao (*Manny, Bobby)
Patterson (*Floyd, Ray)
Paul (Frankie, Jimmy, *Tommy)
Pedroza (*Eusebio, *Rafael)
Penalosa (*Dodie, *Gerry)
Peralta (Gregorio, Avenamar, Antonio)
Pescatore (Alberto, Alfredo)
Petrolle (Billy, Pete, Frank)
Picato (Babe, Charlie, Frank)
Plimmer (*Billy, Jack)
Poreda (Stanley, Frank)
Porpaoin (*Chana, Songkram)†
Pratesi (Honore, Hilaire)
Priest (Al Red, Johnny, Billy)
Quarry (Jerry, Mike)
Reagan (Johnny, Jimmy)
Rocchigiani (*Ralf, *Graciano)
Roper (Capt. Bob, Tom, Jack)
Ruelas (*Gabriel, *Rafael)
Sands (Dave, Clem, George, Alfie, Russell)
Savage (Jim, Danny)
Shade (George, Billy, *Dave)
Shugrue (Joe, Johnny)
Silvers (Joey, Pal, Marty)
Sithbangprachan (*Phichit, *Phichitnoi)
Slavin (Frank, Paddy, Jack)
Spinks (*Leon, *Mike)
Stone (Harry, Jack)
Stribling (Young, Baby)
Sullivan (Spike, *Dave)
Sullivan (*Jack Twin, *Mike Twin)†
Sullivan (Montana Jack, Dan)
Tate (*Frank, Thomas)
Terranova (*Phil, Nat, Frank)
Terris (Sid, Danny)
Tiozzo (*Christophe, *Fabrice)
Toweel (Jimmy, *Vic, Willie)
Townsend (Billy, Jack)
Turpin (*Randy, Dick, Jackie)
Venturi (Enrico, Vittorio)
Viruet (Edwin, Adolfo)
Virgets (Phil, Nick, Harry)
Walcott (*Joe, Belfield)
Weir (Ike O'Neil, Hughey)
White (Charley, Jack)
Yanger (Benny, Phil)
Yarosz (*Teddy, Tommy)
Ziegler (Owen, Gus)
Zivic (Jack, Pete, Joe, Eddie, *Fritzie)

*World champion or title claimant   †Twins

Individual

Youngest Boxer to Engage in Professional Bout

Len Harvey, 12 years, 175 days, January 2, 1920, U.K.

Oldest Boxer to Engage in Professional Bout

Jem Mace, 66 years, 148 days, September 3, 1897, U.K.

World Championship Records: General, All Divisions

Last Scheduled Fifteen-Round Title Bout

Samuth Sithnaruepol vs. In-Kyu Hwang, August 29, 1988, Rajadamnern Stadium, Bangkok, Thai. (IBF mini flyweight title)

First Scheduled Twelve-Round Title Bout (since 1955)

Rafael Orono vs. Pedro Romero, January 31, 1983, El Poliedro, Caracas, Vez. (WBC super flyweight title)

World Championship Records: Individual, All Divisions

Youngest Champion

17 years, 173 days, 1976 — Wilfred Benitez

Oldest Champion

48 years, 316 days, 1997 — George Foreman

Longest Held Title

11 years, 8 months, 9 days — Joe Louis

Most Title Bouts

37 — Julio Cesar Chavez

Most Title Bouts Won

31 — Julio Cesar Chavez

Most Title Bouts Won by KO/TKO

22 — Joe Louis

Most Title Bouts Won on Points

17 — Sven Ottke (12 IBF, 5 WBA-IBF)

Most Title Defenses

29 — Julio Cesar Chavez

Most Successful Title Defenses

27 — Julio Cesar Chavez

Most Successful Title Defenses by KO/TKO

21 — Joe Louis

Most Successful Title Defenses on Points

16 — Sven Ottke (11 IBF, 5 WBA-IBF)

Note: Samson Lukchaopormasak won World Boxing Federation junior bantamweight (115-lb.) title by TKO, September 17, 1994, and successfully defended 38 times through April 19, 2002, winning all bouts, 33 by KO/TKO (two in the first round). [WBF not recognized as major world sanctioning body.]

Most Title Challenges

10 — Ray Robinson
10 — Manuel Medina
9 — Emile Griffith
9 — Betulio Gonzalez

Most Unsuccessful Title Challenges

5 — Jersey Joe Walcott
5 — Mitsunori Seki
5 — Yaqui Lopez
5 — Leonel Hernandez
4 — Joao Henrique
4 — Armando Muniz
4 — Mario Martinez
4 — Ruben Castillo

Note: The Mario Martinez who fought Samuel Serrano for the junior lightweight title was Mario Martinez of Nicaragua, not the Mario Martinez of Mexico listed above.

Heavyweight

Longest Held Title

11 years, 8 months, 9 days — Joe Louis, 1937–1949

Most Title Bouts

27 — Joe Louis: 1937–1950

Most Title Bouts Won

26 — Joe Louis: 1937–1948

Most Title Bouts Won by KO/TKO

22 — Joe Louis: 1937–1948

Most Title Defenses

25 — Joe Louis: 1937–1948

Most Successful Title Defenses

25 — Joe Louis: 1937–1948

Most Successful Title Defenses by KO/TKO
21 — Joe Louis: 1938–1948

Cruiserweights

Longest Held Title
4 years, 10 months — Anaclet Wamba (WBC)

Most Title Bouts
16 — Carlos DeLeon (WBC)

Most Title Bouts Won
11 — Carlos DeLeon (WBC)
11 — Juan Carlos Gomez (WBC)

Most Title Bouts Won by KO/TKO
9 — Juan Carlos Gomez (WBC)

Most Title Defenses
12 — Carlos DeLeon (WBC)

Most Successful Title Defenses
10 — Juan Carlos Gomez (WBC)

Most Successful Title Defenses by KO/TKO
9 — Juan Carlos Gomez (WBC)

Light Heavyweights

Longest Held Title
9 years, 1 month, 23 days — Archie Moore: 1952–1962

Most Title Bouts
15 — Bob Foster (linear title)
26 — Dariusz Michalczewski (WBO)

Most Title Bouts Won
14 — Bob Foster (linear title)
25 — Dariusz Michalczewski (WBO)

Most Title Bouts Won by KO/TKO
11 — Bob Foster (linear title)
19 — Dariusz Michalczewski (WBO)

Most Title Defenses
14 — Bob Foster (linear title)
25 — Dariusz Michalczewski (WBO)

Most Successful Title Defenses
14 — Bob Foster (linear title)
24 — Dariusz Michalczewski (WBO)

Most Successful Title Defenses by KO/TKO
13 — Bob Foster (linear title)
19 — Dariusz Michalczewski (WBO)

Super Middleweights

Longest Held Title
5 years, 4 months — Sven Ottke (WBO)
4 years, 10 months — Frankie Liles (WBA)

Most Title Bouts
22 — Sven Ottke (17 IBF; 5 WBA-IBF)

Most Title Bouts Won
22 — Sven Ottke (17 IBF; 5 WBA-IBF)

Most Title Bouts Won by KO/TKO
9 — Joe Calzaghe (WBO)

Most Title Defenses
21 — Sven Ottke (16 IBF; 5 WBA-IBF)

Most Successful Title Defenses
21 — Sven Ottke (16 IBF; 5 WBA-IBF)

Most Successful Title Defenses by KO/TKO
9 — Joe Calzaghe (WBO)

Middleweights

Longest Held Title
6 years, 9 months, 22 days — Carlos Monzon (linear title)
10 years, 2 months, 17 days — Bernard Hopkins (IBF title)

Most Title Bouts
15 — Ray Robinson (linear title)
15 — Carlos Monzon (linear title)
15 — Marvin Hagler (linear title)
25 — Bernard Hopkins (15 IBF)

Most Title Bouts Won
15 — Carlos Monzon (linear title)
20 — Bernard Hopkins (12 IBF)

Most Title Bouts Won by KO/TKO
10 — Carlos Monzon (linear title)
13 — Bernard Hopkins (9 IBF)

Most Title Defenses
14 — Carlos Monzon (linear title)
21 — Bernard Hopkins (12 IBF)

Most Successful Title Defenses

14 — Carlos Monzon (linear title)
20 — Bernard Hopkins (12 IBF)

Most Successful Title Defenses by KO/TKO

9 — Carlos Monzon (linear title)
12 — Bernard Hopkins (8 IBF)

Junior Middleweights

Longest Held Title

5 years, 2 months, 2 days — Gianfranco Rosi (IBF)

Most Title Bouts

25 — Terry Norris (WBC)

Most Title Bouts Won

19 — Terry Norris (WBC)

Most Title Bouts Won by KO/TKO

14 — Terry Norris (WBC)

Most Title Defenses

19 — Terry Norris (WBC)

Most Successful Title Defenses

16 — Terry Norris (WBC)

Most Successful Title Defenses by KO/TKO

12 — Terry Norris (WBC)

Welterweights

Longest Held Title

6 years, 1 month, 17 days — Jose Napoles [two reigns]

Most Title Bouts

22 — Henry Armstrong

Most Title Bouts Won

20 — Henry Armstrong

Most Title Bouts Won by KO/TKO

15 — Henry Armstrong

Most Title Defenses

20 — Henry Armstrong

Most Successful Title Defenses

19 — Henry Armstrong

Most Successful Title Defenses by KO/TKO

15 — Henry Armstrong

Junior Welterweights

Longest Held Title

4 years, 8 months, 16 days — Julio Cesar Chavez (WBC)

Most Title Bouts

22 — Julio Cesar Chavez (WBC)

Most Title Bouts Won

18 — Antonio Cervantes (WBA)
18 — Julio Cesar Chavez (WBC)

Most Title Bouts Won by KO/TKO

13 — Julio Cesar Chavez (WBC)

Most Title Defenses

18 — Julio Cesar Chavez (WBC)

Most Successful Title Defenses

16 — Antonio Cervantes (WBA)
16 — Julio Cesar Chavez (WBC)

Most Successful Title Defenses by KO/TKO

12 — Julio Cesar Chavez (WBC)

Lightweights

Longest Held Title

7 years, 7 months, 18 days — Benny Leonard

Most Title Bouts

13 — Joe Brown
13 — Carlos Ortiz
13 — Roberto Duran

Most Title Bouts Won

13 — Roberto Duran

Most Title Bouts Won by KO/TKO

12 — Roberto Duran

Most Title Defenses

12 — Joe Brown
12 — Roberto Duran

Most Successful Title Defenses
12 — Roberto Duran

Most Successful Title Defenses by KO/TKO
11 — Roberto Duran

Junior Lightweights

Longest Held Title
7 years, 2 months, 30 days — Flash Elorde

Most Title Bouts
18 — Samuel Serrano

Most Title Bouts Won
15 — Samuel Serrano

Most Title Bouts Won by KO/TKO
8 — Alexis Arguello (WBC)

Most Title Defenses
15 — Samuel Serrano

Most Successful Title Defenses
13 — Samuel Serrano

Most Successful Title Defenses by KO/TKO
7 — Alexis Arguello (WBC)

Featherweights

Longest Held Title
11 years, 3 months, 11 days — Johnny Kilbane

Most Title Bouts
21 — Eusebio Pedroza (WBA)

Most Title Bouts Won
19 — Eusebio Pedroza (WBA)

Most Title Bouts Won by KO/TKO
11 — Eusebio Pedroza (WBA)

Most Title Defenses
20 — Eusebio Pedroza (WBA)

Most Successful Title Defenses
19 — Eusebio Pedroza (WBA)

Most Successful Title Defenses by KO/TKO
10 — Eusebio Pedroza (WBA)

Junior Featherweights/Super Bantamweights

Longest Held Title
5 years, 11 months, 1 day — Wilfredo Gomez (WBC)

Most Title Bouts
20 — Daniel Zaragoza (WBC)

Most Title Bouts Won
18 — Wilfredo Gomez (WBC)

Most Title Bouts Won by KO/TKO
18 — Wilfredo Gomez (WBC)

Most Title Defenses
17 — Wilfredo Gomez (WBC)

Most Successful Title Defenses
17 — Wilfredo Gomez (WBC)

Most Successful Title Defenses by KO/TKO
17 — Wilfredo Gomez (WBC)

Bantamweights

Longest Held Title
7 years, 7 months, 20 days — Manuel Ortiz [two reigns]

Most Title Bouts
23 — Manuel Ortiz

Most Title Bouts Won
21 — Manuel Ortiz

Most Title Bouts Won by KO/TKO
11 — Manuel Ortiz

Most Title Defenses
21 — Manuel Ortiz

Most Successful Title Defenses
19 — Manuel Ortiz

Most Successful Title Defenses by KO/TKO
11 — Manuel Ortiz

Junior Bantamweights/Super Flyweights

Longest Held Title
7 years, 1 month, 1 day — Khaosai Galaxy (WBA)

Most Title Bouts
20 — Khaosai Galaxy (WBA)

Most Title Bouts Won
20 — Khaosai Galaxy (WBA)

Most Title Bouts Won by KO/TKO
17 — Khaosai Galaxy (WBA)

Most Title Defenses
19 — Khaosai Galaxy (WBA)

Most Successful Title Defenses
19 — Khaosai Galaxy (WBA)

Most Successful Title Defenses by KO/TKO
16 — Khaosai Galaxy (WBA)

Flyweights

Longest Held Title
7 years, 4 months, 4 days — Jimmy Wilde

Most Title Bouts
18 — Miguel Canto (WBC)

Most Title Bouts Won
15 — Miguel Canto (WBC)

Most Title Bouts Won by KO/TKO
7 — Santos Laciar (WBA)

Most Title Defenses
15 — Miguel Canto (WBC)

Most Successful Title Defenses
14 — Miguel Canto (WBC)

Most Successful Title Defenses by KO/TKO
5 — Santos Laciar (WBA)

Junior Flyweights/Light Flyweights

Longest Held Title
6 years, 9 days — Myung-Woo Yuh (WBA)

Most Title Bouts
21 — Myung-Woo Yuh (WBA)

Most Title Bouts Won
20 — Myung Woo Yuh (WBA)

Most Title Bouts Won by KO/TKO
10 — Myung-Woo Yuh (WBA)

Most Title Defenses
19 — Myung-Woo Yuh (WBA)

Most Successful Title Defenses
18 — Myung-Woo Yuh (WBA)

Most Successful Title Defenses by KO/TKO
10 — Myung-Woo Yuh (WBA)

Mini Flyweights/Strawweights

Longest Held Title
8 years, 11 months, 7 days — Ricardo Lopez

Most Title Bouts
23 — Ricardo Lopez (22 WBC)

Most Title Bouts Won
22 — Ricardo Lopez (21 WBC)

Most Title Bouts Won by KO/TKO
17 — Ricardo Lopez (WBC)

Most Title Defenses
21 — Ricardo Lopez (WBC)

Most Successful Title Defenses
21 — Ricardo Lopez (WBC)

Most Successful Title Defenses by KO/TKO
16 — Ricardo Lopez (WBC)

Professional Champions

There are many titles, or championships, in professional boxing, ranging from the "world" titles in each division sanctioned by one or more of the world sanctioning bodies (WBC, WBA, IBF, WBO, and a handful of minor so-called world organizations) to the championships of continents (Europe, Africa, North America, South America, etc.) to the championships of nations and states.

The following sections provide lists of world, regional, national, and in some cases state professional champions throughout the history of Queensberry boxing. Some of these lists are fragmentary, and it is hoped that additional research, plus increased cooperation from boxing organizations, commissions, and aficionados in various parts of the world, will yield more definitive lists in the future.

An asterisk (*) indicates that the boxer either relinquished the title, announced his retirement, or forfeited the title, as opposed to losing it in the ring to his successor.

Note: World sanctioning bodies active in the 1989–2008 period not included here: The International Boxing Union (no connection to the 1912–40 body), National Boxing Association (no connection to the 1921–62 body), World Boxing Board, and Universal Boxing Association.

World Champions

Queensberry Rules

The following boxers are recognized as legitimate world champions in their respective divisions, owing to linear descent ("the man who beat the man who beat the man," etc.) and/or having won general acclaim as champion through victories over leading rivals at a time when the title had been vacant. They are presented without reference to recognition from commissions or world sanctioning bodies.

Heavyweights

1892–1897	James J. Corbett (U.S.)
1897–1899	Bob Fitzsimmons (Aus.)
1899–1905	James J. Jeffries* (U.S.)
1905–1906	Marvin Hart (U.S.)
1906–1908	Tommy Burns (U.S.)
1908–1915	Jack Johnson (U.S.)
1915–1919	Jess Willard (U.S.)
1919–1926	Jack Dempsey (U.S.)
1926–1928	Gene Tunney* (U.S.)
1930–1932	Max Schmeling (Ger.)
1932–1933	Jack Sharkey (U.S.)
1933–1935	Max Baer (U.S.)
1935–1937	Jim Braddock (U.S.)
1937–1949	Joe Louis* (U.S.)
1950–1951	Ezzard Charles (U.S.)
1951–1952	Jersey Joe Walcott (U.S.)
1952–1956	Rocky Marciano* (U.S.)
1956–1959	Floyd Patterson (U.S.)
1959–1960	Ingemar Johansson (Sweden)
1960–1962	Floyd Patterson (U.S.)
1962–1964	Sonny Liston (U.S.)
1964–1970	Muhammad Ali* (U.S.)
1970–1973	Joe Frazier (U.S.)
1973–1974	George Foreman (U.S.)
1974–1978	Muhammad Ali (U.S.)
1978	Leon Spinks (U.S.)
1978–1979	Muhammad Ali* (U.S.)
1980–1986	Larry Holmes (U.S.)
1986–1988	Michael Spinks (U.S.)
1988–1990	Mike Tyson (U.S.)
1990	Buster Douglas (U.S.)
1990–1992	Evander Holyfield (U.S.)
1992–1993	Riddick Bowe (U.S.)
1993–1994	Evander Holyfield (U.S.)
1994	Michael Moorer (U.S.)
1994–1997	George Foreman (U.S.)
1997–1998	Shannon Briggs (U.S.)
1998–2001	Lennox Lewis (U.K.)
2001	Hasim Rahman (U.S.)
2001–2004	Lennox Lewis* (U.K.)

Cruiserweights

1988	Evander Holyfield* (U.S.)

Light Heavyweights

1899–1900	Joe Choynski (U.S.)
1900–1903	Kid McCoy (U.S.)
1903	Jack Root (U.S.)
1903	George Gardner (U.S.)
1903–1905	Bob Fitzsimmons (Aus.)
1905–1911	Phila. Jack O'Brien (U.S.)
1911–1913	Sam Langford* (U.S.)
1914–1916	Jack Dillon (U.S.)
1916–1920	Battling Levinsky (U.S.)
1920–1922	Georges Carpentier (France)
1922–1923	Battling Siki (Senegal)
1923–1925	Mike McTigue (U.S.)
1925–1926	Paul Berlenbach (U.S.)
1926–1927	Jack Delaney* (U.S.)
1927–1929	Tommy Loughran* (U.S.)
1930	Jimmy Slattery (U.S.)
1930–1934	Maxie Rosenbloom (U.S.)
1934–1935	Bob Olin (U.S.)
1935–1939	John Henry Lewis* (U.S.)
1939–1941	Billy Conn* (U.S.)
1941–1948	Gus Lesnevich (U.S.)
1948–1950	Freddie Mills (U.K.)
1950–1952	Joey Maxim (U.S.)
1952–1962	Archie Moore* (U.S.)
1962–1963	Harold Johnson (U.S.)
1963–1965	Willie Pastrano (U.S.)
1965–1966	Jose Torres (P.R.)
1966–1968	Dick Tiger (Nigeria)
1968–1974	Bob Foster* (U.S.)
1974–1983	Vacant
1983–1984	Michael Spinks* (U.S.)

Middleweights

1878–1880	Denny Harrington (U.K.)
1880–1883	William Sherriff* (U.K.)
1883–1886	Vacant
1886–1891	Jack Dempsey (U.S.)
1891–1896	Bob Fitzsimmons* (Aus.)
1897–1898	Kid McCoy* (U.S.)
1898–1905	Tommy Ryan* (U.S.)
1905–1908	Vacant
1908	Stanley Ketchel (U.S.)
1908	Billy Papke (U.S.)
1908–1910	Stanley Ketchel* (U.S.)
1910–1913	Vacant
1913	Frank Klaus (U.S.)
1913–1914	George Chip (U.S.)
1914–1917	Al McCoy (U.S.)
1917–1920	Mike O'Dowd (U.S.)
1920–1923	Johnny Wilson (U.S.)
1923–1926	Harry Greb (U.S.)
1926	Tiger Flowers (U.S.)
1926–1931	Mickey Walker* (U.S.)
1932	Gorilla Jones (U.S.)
1932–1937	Marcel Thil (France)
1937–1939	Fred Apostoli (U.S.)
1939–1940	Ceferino Garcia (Phil.)
1940–1941	Ken Overlin (U.S.)
1941	Billy Soose* (U.S.)
1941–1947	Tony Zale (U.S.)
1947–1948	Rocky Graziano (U.S.)
1948	Tony Zale (U.S.)
1948–1949	Marcel Cerdan (France)
1949–1951	Jake LaMotta (U.S.)
1951	Ray Robinson (U.S.)
1951	Randy Turpin (U.K.)
1951–1952	Ray Robinson* (U.S.)

1953–1955	Bobo Olson (U.S.)	1919–1922	Jack Britton (U.S.)	1933–1935	Barney Ross* (U.S.)
1955–1957	Ray Robinson (U.S.)	1922–1926	Mickey Walker (U.S.)	1935–1939	*Vacant*
1957	Gene Fullmer (U.S.)	1926–1927	Pete Latzo (U.S.)	1939–1940	Maxie Berger* (Canada)
1956	Ray Robinson (U.S.)	1927–1929	Joe Dundee (U.S.)	1940–1942	Harry Weekly* (U.S.)
1957–1958	Carmen Basilio (U.S.)	1929–1930	Jackie Fields (U.S.)	1942–1946	*Vacant*
1958–1960	Ray Robinson (U.S.)	1930	Yg. Jack Thompson (U.S.)	1946–1947	Tippy Larkin* (U.S.)
1960–1961	Paul Pender (U.S.)	1930–1931	Tommy Freeman (U.S.)	1947–1959	*Vacant*
1961–1962	Terry Downes (U.K.)	1930	Yg. Jack Thompson (U.S.)	1959–1960	Carlos Ortiz (P.R.)
1962–1963	Paul Pender* (U.S.)	1931–1932	Lou Brouillard (Canada)	1960–1962	Duilio Loi (Italy)
1963	Dick Tiger (Nigeria)	1932–1933	Jackie Fields (U.S.)	1962	Eddie Perkins (U.S.)
1963–1965	Joey Giardello (U.S.)	1933	Young Corbett III (U.S.)	1962–1963	Duilio Loi* (Italy)
1965–1966	Dick Tiger (Nigeria)	1933–1934	Jimmy McLarnin (U.S.)	1963–1965	Eddie Perkins (U.S.)
1966–1967	Emile Griffith (U.S.)	1934	Barney Ross (U.S.)	1965–1966	Carlos Hernandez (Vez.)
1967	Nino Benvenuti (Italy)	1934–1935	Jimmy McLarnin (U.S.)	1966–1967	Sandro Lopopolo (Italy)
1967–1968	Emile Griffith (U.S.)	1935–1938	Barney Ross (U.S.)	1967–1968	Paul Fujii (U.S.)
1968–1970	Nino Benvenuti (Italy)	1938–1940	Henry Armstrong (U.S.)	1968–1972	Nicolino Locche (Arg.)
1970–1977	Carlos Monzon* (Arg.)	1940–1941	Fritzie Zivic (U.S.)	1972	Alfonso Frazer (Panama)
1977–1978	Rodrigo Valdez (Col.)	1941–1946	Freddie Cochrane (U.S.)	1972–1976	Antonio Cervantes (Col.)
1978–1979	Hugo Corro (Argentina)	1946	Marty Servo* (U.S.)	1976–1978	Wilfred Benitez* (P.R.)
1979–1980	Vito Antuofermo (Italy)	1946–1951	Ray Robinson* (U.S.)	1978–2001	*Vacant*
1980	Alan Minter (U.K.)	1951–1954	Kid Gavilan (Cuba)	2001–2005	Kostya Tszyu (Australia)
1980–1987	Marvin Hagler (U.S.)	1954–1955	Johnny Saxton (U.S.)	2005–2006	Ricky Hatton* (U.K.)
1987	Ray Leonard* (U.S.)	1955–1955	Tony DeMarco (U.S.)		
1989–1991	Michael Nunn (U.S.)	1955–1956	Carmen Basilio (U.S.)	**LIGHTWEIGHTS**	
1991–1993	James Toney* (U.S.)	1956	Johnny Saxton (U.S.)	1887–1894	Jack McAuliffe* (U.S.)
1993–2001	*Vacant*	1956–1957	Carmen Basilio* (U.S.)	1896–1899	Kid Lavigne (U.S.)
2001–2005	Bernard Hopkins (U.S.)	1958	Virgil Akins (U.S.)	1899–1902	Frank Erne (U.S.)
2005–2007	Jermain Taylor (U.S.)	1958–1960	Don Jordan (U.S.)	1902–1904	Joe Gans* (U.S.)
2007–2010	Kelly Pavlik (U.S.)	1960–1961	Benny Paret (Cuba)	1904–1905	Jimmy Britt (U.S.)
2010	Sergio Martinez (Arg.)	1961	Emile Griffith (V.I.)	1905–1906	Battling Nelson (U.S.)
		1961–1962	Benny Paret (Cuba)	1906–1908	Joe Gans (U.S.)
JUNIOR MIDDLEWEIGHTS		1962–1963	Emile Griffith (V.I.)	1908–1910	Battling Nelson (U.S.)
1962–1963	Denny Moyer (U.S.)	1963	Luis Rodriguez (Cuba)	1910–1912	Ad Wolgast (U.S.)
1963	Ralph Dupas (U.S.)	1963–1966	Emile Griffith* (V.I.)	1912–1914	Willie Ritchie (U.S.)
1963–1965	Sandro Mazzinghi (Italy)	1967–1969	Curtis Cokes (U.S.)	1914–1917	Freddie Welsh (U.K.)
1965–1966	Nino Benvenuti (Italy)	1969–1970	Jose Napoles (Mexico)	1917–1925	Benny Leonard* (U.S.)
1966–1968	Ki-Soo Kim (S. Korea)	1970–1971	Billy Backus (U.S.)	1925–1926	Rocky Kansas (U.S.)
1968	Sandro Mazzinghi (Italy)	1971–1975	Jose Napoles (Mexico)	1926–1930	Sammy Mandell (U.S.)
1968–1970	Freddie Little (U.S.)	1975–1976	John H. Stracey (U.K.)	1930	Al Singer (U.S.)
1970–1971	Carmelo Bossi (Italy)	1976–1979	Carlos Palomino (Mexico)	1930–1933	Tony Canzoneri (U.S.)
1971–1974	Koichi Wajima (Japan)	1979	Wilfred Benitez (P.R.)	1933–1935	Barney Ross* (U.S.)
1974–1975	Oscar Albarado (U.S.)	1979–1980	Ray Leonard (U.S.)	1935–1936	Tony Canzoneri (U.S.)
1975	Koichi Wajima (Japan)	1980	Roberto Duran (Panama)	1936–1938	Lou Ambers (U.S.)
1975–1976	Jae-Do Yuh (S. Korea)	1980–1982	Ray Leonard* (U.S.)	1938–1939	Henry Armstrong (U.S.)
1976	Koichi Wajima (Japan)	1982–1985	*Vacant*	1939–1940	Lou Ambers (U.S.)
1976	Jose M. Duran (Spain)	1985–1986	Donald Curry (U.S.)	1940–1941	Lew Jenkins (U.S.)
1976–1977	Miguel Castellini (Arg.)	1986–1987	Lloyd Honeyghan (U.K.)	1941–1942	Sammy Angott* (U.S.)
1977–1978	Eddie Gazo (Nicaragua)	1987–1988	Jorge Vaca (Mexico)	1942–1947	*Vacant*
1978–1979	Masashi Kudo (Japan)	1988–1989	Lloyd Honeyghan (U.K.)	1947–1951	Ike Williams (U.S.)
1979–1981	Ayub Kalule (Uganda)	1989–1990	Marlon Starling (U.S.)	1951–1952	Jimmy Carter (U.S.)
1981	Ray Leonard* (U.S.)	1990–1991	Maurice Blocker (U.S.)	1952	Lauro Salas (Mexico)
1981–2004	*Vacant*	1991	Simon Brown (Jamaica)	1952–1954	Jimmy Carter (U.S.)
2004–2005	Ronald Wright* (U.S.)	1991–1993	Buddy McGirt (U.S.)	1954	Paddy DeMarco (U.S.)
		1993–1997	Pernell Whitaker (U.S.)	1954–1955	Jimmy Carter (U.S.)
WELTERWEIGHTS		1997–1999	Oscar de la Hoya (U.S.)	1955–1956	Bud Smith (U.S.)
1887	Johnny Reagan* (U.S.)	1999–2000	Felix Trinidad* (P.R.)	1956–1962	Joe Brown (U.S.)
1889–1890	Paddy Duffy* (U.S.)	2000–2003	*Vacant*	1962–1965	Carlos Ortiz (P.R.)
1891–1898	Tommy Ryan* (U.S.)	2003–2005	Cory Spinks (U.S.)	1965	Ismael Laguna (Pan.)
1898–1900	Mys. Billy Smith (U.S.)	2005–2006	Zabdiel Judah (U.S.)	1965–1968	Carlos Ortiz (P.R.)
1900	Eddie Connolly (Canada)	2006	Carlos Baldomir (Arg.)	1968–1969	Carlos Teo Cruz (D.R.)
1900	James (Rube) Ferns (U.S.)	2006–2008	F. Mayweather, Jr.* (U.S.)	1969–1970	Mando Ramos (U.S.)
1900–1901	Matty Matthews (U.S.)			1970	Ismael Laguna (Panama)
1901	James (Rube) Ferns (U.S.)	**JUNIOR WELTERWEIGHTS**		1970–1972	Ken Buchanan (U.K.)
1901–1904	Joe Walcott (Barbados)	1922–1926	Pinkey Mitchell (U.S.)	1972–1979	Roberto Duran* (Panama)
1904	Dixie Kid* (U.S.)	1926–1930	Mushy Callahan (U.S.)	1982–1983	Alexis Arguello* (Nic.)
1904–1917	*Vacant*	1930–1932	Jack (Kid) Berg (U.K.)	1983–1988	*Vacant*
1917–1919	Ted (Kid) Lewis (U.K.)	1932–1933	Sammy Fuller (U.S.)	1988–1989	Julio C. Chavez* (Mexico)

1990–1992	Pernell Whitaker* (U.S.)	1941–1942	Chalky Wright (U.S.)	1980	Julian Solis (P.R.)
		1942–1948	Willie Pep (U.S.)	1980–1984	Jeff Chandler (U.S.)

Junior Lightweights

1921–1923	Johnny Dundee (U.S.)
1923	Jack Bernstein (U.S.)
1923–1924	Johnny Dundee (U.S.)
1924–1925	Steve (Kid) Sullivan (U.S.)
1925	Mike Ballerino (U.S.)
1925–1929	Tod Morgan (U.S.)
1929–1931	Benny Bass (U.S.)
1931–1933	Kid Chocolate (Cuba)
1933–1934	Frankie Klick* (U.S.)
1934–1949	Vacant
1949–1951	Sandy Saddler (U.S.)
1951–1959	Vacant
1959–1960	Harold Gomes (U.S.)
1960–1967	Flash Elorde (Phil.)
1967	Yoshiaki Numata (Japan)
1967–1971	Hiroshi Kobayashi (Japan)
1971–1972	Alfredo Marcano (Vez.)
1972–1973	Ben Villaflor (Phil.)
1973	Kuniaki Shibata (Japan)
1973–1976	Ben Villaflor (Phil.)
1976–1980	Samuel Serrano (P.R.)
1980–1981	Yasutsune Uehara (Japan)
1981–1983	Samuel Serrano (P.R.)
1983–1984	Roger Mayweather (U.S.)
1984–1985	Rocky Lockridge (U.S.)
1985–1986	Wilfredo Gomez (P.R.)
1986	Alfredo Layne (Panama)
1986–1992	Brian Mitchell* (S.A.)

Featherweights

1888–1890	Ike O'Neil Weir (Ire.)
1890	Torpedo Billy Murphy (N.Z.)
1890–1893	Young Griffo* (Australia)
1893–1896	George Dixon (Canada)
1896–1897	Frank Erne (U.S.)
1897	George Dixon (Canada)
1897–1898	Solly Smith (U.S.)
1898	Dave Sullivan (Ire.)
1898–1900	George Dixon (Canada)
1900–1901	Terry McGovern (U.S.)
1901–1903	Young Corbett II* (U.S.)
1903–1912	Abe Attell (U.S.)
1912–1923	Johnny Kilbane (U.S.)
1923	Eugene Criqui (France)
1923–1924	Johnny Dundee* (U.S.)
1925–1926	Louis (Kid) Kaplan* (U.S.)
1928	Tony Canzoneri (U.S.)
1928–1929	Andre Routis (France)
1929–1932	Battling Battalino* (U.S.)
1934–1936	Freddie Miller (U.S.)
1936–1937	Petey Sarron (U.S.)
1937–1938	Henry Armstrong* (U.S.)
1939–1940	Joey Archibald (U.S.)
1940–1941	Harry Jeffra (U.S.)
1941	Joey Archibald (U.S.)
1941–1942	Chalky Wright (U.S.)
1942–1948	Willie Pep (U.S.)
1948–1949	Sandy Saddler (U.S.)
1949–1950	Willie Pep (U.S.)
1950–1957	Sandy Saddler* (U.S.)
1957–1959	Hogan (Kid) Bassey (Nig.)
1959–1963	Davey Moore (U.S.)
1963–1964	Sugar Ramos (Mexico)
1964–1967	Vicente Saldivar* (Mex.)

Bantamweights

1890–1893	George Dixon* (Canada)
1894–1895	Billy Plimmer (U.K.)
1895–1899	Pedlar Palmer (U.K.)
1899–1900	Terry McGovern* (U.S.)
1901	Harry Harris* (U.S.)
1901–1903	Harry Forbes (U.S.)
1903–1904	Frankie Neil (U.S.)
1904–1905	Joe Bowker* (U.K.)
1905–1914	Vacant
1914–1917	Kid Williams (U.S.)
1917–1920	Pete Herman (U.S.)
1920–1921	Joe Lynch (U.S.)
1921	Pete Herman (U.S.)
1921–1922	Johnny Buff (U.S.)
1922–1924	Joe Lynch (U.S.)
1924	Abe Goldstein (U.S.)
1924–1925	Eddie Martin (U.S.)
1925–1927	Phil Rosenberg* (U.S.)
1929–1935	Panama Al Brown (Panama)
1935–1936	Baltasar Sangchili (Spain)
1936	Tony Marino (U.S.)
1936–1937	Sixto Escobar (P.R.)
1937–1938	Harry Jeffra (U.S.)
1938–1940	Sixto Escobar* (P.R.)
1940–1942	Lou Salica (U.S.)
1942–1947	Manuel Ortiz (U.S.)
1947	Harold Dade (U.S.)
1947–1950	Manuel Ortiz (U.S.)
1950–1952	Vic Toweel (S.A.)
1952–1954	Jimmy Carruthers* (Aus.)
1954–1956	Robert Cohen (France)
1956–1957	Mario D'Agata (Italy)
1957–1959	Alphonse Halimi (Alg.)
1959–1960	Jose Becerra* (Mexico)
1962–1965	Eder Jofre (Brazil)
1965–1968	Fighting Harada (Japan)
1968–1969	Lionel Rose (Australia)
1969–1970	Ruben Olivares (Mexico)
1970–1971	Chucho Castillo (Mexico)
1971–1972	Ruben Olivares (Mexico)
1972	Rafael Herrera (Mexico)
1972–1973	Enrique Pinder (Panama)
1973	Romeo Anaya (Mexico)
1973–1974	Arnold Taylor (S.A.)
1974–1975	Soo-Hwan Hong (So. Korea)
1975–1977	Alfonso Zamora (Mexico)
1977–1980	Jorge Lujan (Panama)
1980	Julian Solis (P.R.)
1980–1984	Jeff Chandler (U.S.)
1984–1986	Richie Sandoval (U.S.)
1986	Gaby Canizales (U.S.)
1986–1987	Bernardo Pinango* (Vez.)

Paperweights (1892–1909)/Flyweights

1892–1894	Billy Plimmer* (U.K.)
1894–1897	Vacant
1897–1899	Jimmy Barry* (U.S.)
1899–1900	Steve Flanagan (U.S.)
1900–1901	Danny Dougherty* (U.S.)
1901–1902	Tommy Feltz* (U.S.)
1903–1906	Digger Stanley* (U.K.)
1907–1908	Kid Murphy (U.S.)
1908–1910	Johnny Coulon* (U.S.)
1911–1913	Sid Smith (U.K.)
1913–1914	Bill Ladbury (U.K.)
1914	Percy Jones (U.K.)
1914	Joe Symonds (U.K.)
1914–1915	Jimmy Wilde (U.K.)
1915	Tancy Lee (U.K.)
1915–1916	Joe Symonds (U.K.)
1916–1923	Jimmy Wilde (U.K.)
1923–1925	Pancho Villa* (Phil.)
1927	Fidel LaBarba* (U.S.)
1927–1937	Vacant
1937–1938	Benny Lynch* (U.K.)
1938–1943	Peter Kane (U.K.)
1943–1948	Jackie Paterson (U.K.)
1948–1950	Rinty Monaghan* (U.K.)
1950	Terry Allen (U.K.)
1950–1952	Dado Marino (Hawaii)
1952–1954	Yoshio Shirai (Japan)
1954–1960	Pascual Perez (Arg.)
1960–1962	Pone Kingpetch (Thai.)
1962–1963	Fighting Harada (Japan)
1963	Pone Kingpetch (Thai.)
1963–1964	Hiroyuki Ebihara (Japan)
1964–1965	Pone Kingpetch (Thai.)
1965–1966	Salvatore Burruni (Italy)
1966	Walter McGowan (U.K.)
1966–1969	Chartchai Chionoi (Thai.)
1969–1970	Efren Torres (Mexico)
1970	Chartchai Chionoi (Thai.)
1970–1973	Erbito Salavarria (Phil.)
1973	Venice Borkorsor* (Thai.)

Junior Flyweights

1993–1994	Michael Carbajal (U.S.)
1994–1995	Humberto Gonzalez (Mexico)
1995–1999	Saman Sor Jaturong (Thai.)
1999–2002	Yo-Sam Choi (So. Korea)
2002–2005	Jorge Arce* (Mexico)

Mini Flyweights

1998–1999	Ricardo Lopez* (Mexico)

World Boxing Association (WBA)

Following are lists of the world champions in all weight divisions as recognized by modern world sanctioning bodies. The World Boxing Association was formed as the (U.S.) National Boxing Association in January 1921. Despite accepting the British Boxing Board of Control and other national commissions as "affiliates," the NBA remained a U.S. organization due primarily

to its voting structure — each foreign affiliate was entitled to one vote, the same as every individual state commission in the U.S. (Hence, the British Boxing Board of Control had only as much voting power as Rhode Island.) The NBA changed its name to the World Boxing Association in 1962, but its voting policy remained in place until 1973, when countries like Mexico and Argentina successfully demanded that each of its state commissions likewise be entitled to one vote.

WBA Presidents
(National Boxing Association, 1921–1962)

1921–1922	Walter H. Liginger	Milwaukee, Wisc.
1922–1924	Richard T. Burke	New Orleans, La.
1924–1926	Latrobe Cogswell	Baltimore, Md.
1926–1927	Allan W. Baehr	Cleveland, Ohio
1927–1928	Thomas E. Donahue	Hartford, Conn.
1928–1929	Paul Prehn	Chicago, Ill.
1929–1930	Stanley M. Isaacs	Cleveland, Ohio
1930–1932	John V. Clinnin	Chicago, Ill.
1932–1933	James M. Brown	Detroit, Mich.
1933–1935	Edward C. Foster	Providence, R.I.
1935–1936	John J. Ahern	Minneapolis, Minn.
1936–1937	Joseph F. Maloney	Trenton, N.J.
1937–1938	Frank Hogan	Toronto, Ont.
1938–1939	Charles F. Reynolds	Providence, R.I.
1939–1940	Harvey L. Miller	Washington, D.C.
1940–1941	Joseph Triner	Chicago, Ill.
1941–1948	Abe J. Greene	Paterson, N.J.
1948–1949	Flamen Adae	Miami Beach, Fla.
1949–1950	Fred J. Saddy	Milwaukee, Wisc.
1950–1951	Arch Hindman	Indianapolis, Ind.
1951–1952	David Rochon	Toronto, Ont.
1952–1953	George A. Barton	St. Paul, Minn.
1953–1954	Andrew G. Putka	Cleveland, Ohio
1954–1955	Anthony Petronella	Providence, R.I.
1955–1956	Louis R. Radzienda	Chicago, Ill.
1956–1957	Floyd Stevens	Detroit, Mich.
1957–1958	Gilbert H. Jackson	Milwaukee, Wisc.
1958–1959	Dr. Ward Wylie	Richmond, Va.
1959–1960	Anthony Maceroni	Providence, R.I.
1960–1961	David Ott	Cleveland, Ohio
1961–1963	Dr. Charles P. Larson	Seattle, Wash.
1963–1964	Edward Lassman	Miami Beach, Fla.
1964–1965	Merv McKenzie	Toronto, Ont.
1965–1966	James Deskin	Las Vegas, Nev.
1966–1968	M. Robert Evans	Louisville, Ky.
1968–1971	Emile Bruneau	New Orleans, La.
1971–1972	Donald (Bill) Brennan	Richmond, Va.
1972–1973	Robert M. Lee	Honolulu, Hawaii
1973–1977	Dr. Elias M. Cordova	Panama City, Pan.
1977–1979	F. Mandry Galindez	Caracas, Venezuela
1979–1982	Rodrigo Sanchez	Panama City, Pan.
1982–	Gilberto Mendoza	Maracay, Venezuela

WBA Champions

Heavyweights

1962–1964	Sonny Liston (U.S.)
1964–1965	Cassius Clay* (U.S.)
1965–1966	Ernest Terrell (U.S.)
1966–1967	Muhammad Ali* (U.S.)
1968–1970	Jimmy Ellis (U.S.)
1970–1973	Joe Frazier (U.S.)
1973–1974	George Foreman (U.S.)
1974–1978	Muhammad Ali (U.S.)
1978	Leon Spinks (U.S.)
1978–1979	Muhammad Ali* (U.S.)
1979–1980	John Tate (U.S.)
1980–1982	Mike Weaver (U.S.)
1982–1983	Michael Dokes (U.S.)
1983–1984	Gerrie Coetzee (S.A.)
1984–1985	Greg Page (U.S.)
1985–1986	Tony Tubbs (U.S.)
1986	Tim Witherspoon
1986–1987	James Smith (U.S.)
1987–1990	Mike Tyson (U.S.)
1990	Buster Douglas (U.S.)
1990–1992	Evander Holyfield (U.S.)
1992–1993	Riddick Bowe (U.S.)
1993–1994	Evander Holyfield (U.S.)
1994	Michael Moorer (U.S.)
1994–1995	George Foreman* (U.S.)
1995–1996	Bruce Seldon (U.S.)
1996	Mike Tyson (U.S.)
1996–1999	Evander Holyfield (U.S.)
1999–2000	Lennox Lewis* (U.K.)
2000–2001	Evander Holyfield (U.S.)
2001–2003	John Ruiz (U.S.)
2003–2004	Roy Jones, Jr.* (U.S.)
2004–2005	John Ruiz (U.S.)
2005	James Toney* (U.S.)
2005	John Ruiz (U.S.)
2005–2007	Nikolai Valuev (Russia)
2007–2009	Ruslan Chagaev* (Uzbek.)
2009	Nikolai Valuev (Russia)
2009–	David Haye (U.K.)

Cruiserweights

1982–1984	Osvaldo Ocasio (P.R.)
1984–1985	Piet Crous (S.A.)
1985–1986	Dwight Qawi (U.S.)
1986–1988	Evander Holyfield* (U.S.)
1989	Taoufik Belbouli (France)
1989–1991	Robert Daniels (U.S.)
1991–1993	Bobby Czyz (U.S.)
1993–1995	Orlin Norris (U.S.)
1995–1997	Nate Miller (U.S.)
1997–2000	Fabrice Tiozzo (France)
2000–2002	Virgil Hill (U.S.)
2002–2006	Jean-Marc Mormeck (Fr.)
2006–	O'Neil Bell (U.S.)
2007	Jean-Marc Mormeck (Fr.)
2007–2008	David Haye* (U.K.)
2008	Firat Arslan (Germany)
2008–	Guillermo Jones (Pan.)

Light Heavyweights

1962–1963	Harold Johnson (U.S.)
1963–1965	Willie Pastrano (U.S.)
1965–1966	Jose Torres (P.R.)
1966–1968	Dick Tiger (Nigeria)
1968–1970	Bob Foster* (U.S.)
1971–1972	Vicente Rondon (Vez.)
1972–1974	Bob Foster* (U.S.)
1974–1978	Victor Galindez (Arg.)
1978–1979	Mike Rossman (U.S.)
1979	Victor Galindez (Arg.)
1979–1980	Marvin Johnson (U.S.)
1980–1981	Eddie Gregory (U.S.)
1981–1985	Michael Spinks* (U.S.)
1986–1987	Marvin Johnson (U.S.)
1987	Leslie Stewart (Td.)
1987–1991	Virgil Hill (U.S.)
1991–1992	Thomas Hearns (U.S.)
1992	Iran Barkley (U.S.)
1992–1997	Virgil Hill (U.S.)
1997	D. Michalczewski* (Ger.)
1997–1998	Louis Del Valle (P.R.)
1998–2003	Roy Jones, Jr.* (U.S.)
2003	Mehdi Sahnoune (France)
2003–2004	Silvio Branco (Italy)
2004–2006	Fabrice Tiozzo* (France)
2006–2007	Silvio Branco (Italy)
2007	Stipe Drews (Croatia)
2007–2008	Danny Green* (Australia)
2008–2009	Hugo Garay (Argentina)
2009–	Gabriel Campillo (Spain)

Super Middleweights

1987–1988	Chong-Pal Park (Korea)
1988–1989	Fulgencio Obelmejias (Vez.)
1989–1990	In-Chul Baek (Korea)
1990–1991	Christophe Tiozzo (France)
1991–1992	Victor Cordoba (Panama)
1992–1994	Michael Nunn (U.S.)
1994	Steve Little (U.S.)

1994–1999	Frankie Liles (U.S.)	1991	Gilbert Dele (France)	1977–1980	Antonio Cervantes (Colombia)
1999–2000	Byron Mitchell (U.S.)	1991–1992	Vinny Pazienza (U.S.)	1980–1984	Aaron Pryor* (U.S.)
2000–2001	Bruno Girard (France)	1992–1995	Julio Cesar Vasquez (Arg.)	1984	Johnny Bumphus (U.S.)
2001–2003	Byron Mitchell (U.S.)	1995	Pernell Whitaker* (U.S.)	1984–1985	Gene Hatcher (U.S.)
2003–2003	Sven Ottke* (Germany)	1995	Carl Daniels (U.S.)	1985–1986	Ubaldo Sacco (Argentina)
2003–2004	Anthony Mundine (Aus.)	1995–1996	Julio Cesar Vasquez (Arg.)	1986–1987	Patrizio Oliva (Italy)
2004	Manny Siaca (P.R.)	1996–1999	Laurent Boudouani (France)	1987–1990	Juan M. Coggi (Argentina)
2004–2007	Mikkel Kessler (Den.)	1999–2000	David Reid (U.S.)	1990–1991	Loreto Garza (U.S.)
2007–2008	Joe Calzaghe* (U.K.)	2000–2001	Felix Trinidad* (P.R.)	1991–1992	Edwin Rosario (P.R.)
2008–2009	Mikkel Kessler (Den.)	2001–2002	Fernando Vargas (U.S.)	1992	Akinobu Hiranaka (Japan)
2009–	Andre Ward (U.S.)	2002–2003	Oscar de la Hoya (U.S.)	1992–1993	Morris East (Philippines)

Middleweights

		2003–2004	Shane Mosley (U.S.)	1993–1994	Juan M. Coggi (Argentina)
1962–1963	Dick Tiger (Nigeria)	2004–2005	Ronald Wright* (U.S.)	1994–1996	Frankie Randall (U.S.)
1963–1965	Joey Giardello (U.S.)	2005	Travis Simms* (U.S.)	1996	Juan M. Coggi (Argentina)
1965–1966	Dick Tiger (Nigeria)	2005–2006	Alejandro Garcia (Mex.)	1996–1997	Frankie Randall (U.S.)
1966–1967	Emile Griffith (V.I.)	2006–2007	Jose A. Rivera (U.S.)	1997–1998	Khalid Rahilou (France)
1967	Nino Benvenuti (Italy)	2007	Travis Simms (U.S.)	1998–2001	Sharmba Mitchell (U.S.)
1967–1968	Emile Griffith (V.I.)	2007–2008	Joachim Alcine (Haiti)	2001–2004	Kostya Tszyu* (Australia)
1968–1970	Nino Benvenuti (Italy)	2008–2009	Daniel Santos (P.R.)	2004–2005	Vivian Harris (U.S.)
1970–1977	Carlos Monzon* (Arg.)	2009–	Yuri Foreman (U.S.)	2005	Carlos Maussa (Colombia)
1977–1978	Rodrigo Valdez (Col.)			2005–2006	Ricky Hatton* (U.K.)

Welterweights

1978–1979	Hugo Corro (Argentina)			2006–2007	Souleymane M'baye (France)
1979–1980	Vito Antuofermo (Italy)	1962–1963	Emile Griffith (Virgin Is.)	2007–2008	Gavin Rees (U.K.)
1980	Alan Minter (U.K.)	1963	Luis Rodriguez (Cuba)	2008–2009	Andreas Kotelnik (Ukraine)
1980–1987	Marvin Hagler* (U.S.)	1963–1966	Emile Griffith* (Virgin Is.)	2009–	Amir Khan (U.K.)

Lightweights

1987–1989	Sumbu Kalambay* (Zaire)	1966–1969	Curtis Cokes (U.S.)		
1989–1991	Mike McCallum* (U.S.)	1969–1970	Jose Napoles (Mexico)	1962–1965	Carlos Ortiz (P.R.)
1992–1993	Reggie Johnson (U.S.)	1970–1971	Billy Backus (U.S.)	1965	Ismael Laguna (Panama)
1993–1994	John David Jackson (U.S.)	1971–1975	Jose Napoles* (Mexico)	1965–1968	Carlos Ortiz (P.R.)
1994	Jorge Castro (Argentina)	1975–1976	Angel Espada (P.R.)	1968–1969	Carlos Teo. Cruz (D.R.)
1995–1996	Shinji Takehara (Japan)	1976–1980	Pipino Cuevas (Mexico)	1969–1970	Mando Ramos (U.S.)
1996–1997	William Joppy (U.S.)	1980–1981	Thomas Hearns (U.S.)	1970	Ismael Laguna (Panama)
1997–1998	Julio Cesar Green (D.R.)	1981–1982	Sugar Ray Leonard* (U.S.)	1970–1972	Ken Buchanan (U.K.)
1998–2001	William Joppy (U.S.)	1983–1986	Donald Curry (U.S.)	1972–1979	Roberto Duran* (Panama)
2001	Felix Trinidad (P.R.)	1986–1987	Lloyd Honeyghan (U.K.)	1979–1980	Ernesto Espana (Venezuela)
2001–2005	Bernard Hopkins (U.S.)	1987	Mark Breland (U.S.)	1980–1981	Hilmer Kenty (U.S.)
2005–2006	Jermain Taylor* (U.S.)	1987–1988	Marlon Starling (U.S.)	1981	Sean O'Grady* (U.S.)
2006	Felix Sturm (Germany)	1988–1989	Tomas Molinares (Colombia)	1981	Claude Noel (Trinidad)
2006–2007	Javier Castillejo (Spain)	1989–1990	Mark Breland (U.S.)	1981–1982	Arturo Frias (U.S.)
2007–	Felix Sturm (Germany)	1990–1991	Aaron Davis (U.S.)	1982–1984	Ray Mancini (U.S.)

Super Welterweights

		1991–1992	Meldrick Taylor (U.S.)	1984–1986	Livingstone Bramble (U.S.)
		1992–1994	Crisanto Espana (Vez.)	1986–1987	Edwin Rosario (P.R.)
1962–1963	Dennis Moyer (U.S.)	1994–1998	Ike Quartey* (Ghana)	1987–1989	Julio Cesar Chavez* (Mex.)
1963	Ralph Dupas (U.S.)	1998–2001	James Page (U.S.)	1989–1990	Edwin Rosario (P.R.)
1963–1965	Sandro Mazzinghi (Italy)	2001–2002	Andrew Lewis (U.S.)	1990	Juan Nazario (P.R.)
1965–1966	Nino Benvenuti (Italy)	2002–2003	Ricardo Mayorga (Nic.)	1990–1992	Pernell Whitaker* (U.S.)
1966–1968	Ki-Soo Kim (South Korea)	2003–2005	Cory Spinks (U.S.)	1992	Joey Gamache (U.S.)
1968–1969	Sandro Mazzinghi* (Italy)	2005–2006	Zabdiel Judah* (U.S.)	1992–1993	Tony Lopez (U.S.)
1969–1970	Freddie Little (U.S.)	2006	Luis Collazo (U.S.)	1993	Dingaan Thobela (S.A.)
1970–1971	Carmelo Bossi (Italy)	2006	Ricky Hatton* (U.K.)	1993–1998	Orzubek Nazarov (Russia)
1971–1974	Koichi Wajima (Japan)	2006–2008	Miguel A. Cotto (P.R.)	1998–1999	Jean-Baptiste Mendy (France)
1974–1975	Oscar Albarado (U.S.)	2008–2009	Antonio Margarito (Mex.)	1999	Julien Lorcy (France)
1975	Koichi Wajima (Japan)	2009–	Shane Mosley (U.S.)	1999	Stefano Zoff (Italy)

Super Lightweights

1975–1976	Jae-Do Yuh (South Korea)			1999–2000	Gilberto Serrano (Venezuela)
1976	Koichi Wajima (Japan)			2000–2001	Takanori Hatakeyama (Japan)
1976	Jose Duran (Spain)	1962	Duilio Loi (Italy)	2001	Julien Lorcy (France)
1976–1977	Miguel Castellini (Arg.)	1962	Eddie Perkins (U.S.)	2001–2002	Raul H. Balbi (Argentina)
1977–1978	Eddie Gazo (Nicaragua)	1962–1963	Duilio Loi* (Italy)	2002–2003	Leonard Dorin* (Roumania)
1978–1979	Masashi Kudo (Japan)	1963	Roberto Cruz (Phil.)	2004	Lakva Sim (Mongolia)
1979–1981	Ayub Kalule (Uganda)	1963–1965	Eddie Perkins (U.S.)	2004–2008	Juan Diaz (U.S.)
1981	Sugar Ray Leonard* (U.S.)	1965–1966	Carlos Hernandez (Vez.)	2008–2009	Nate Campbell* (U.S.)
1981–1982	Tadashi Mihara (Japan)	1966–1967	Sandro Lopopolo (Italy)	2009–	Juan M. Marquez (Mexico)
1982–1983	Davey Moore (U.S.)	1967–1968	Paul Fujii (U.S.)		

Super Featherweights

1983–1984	Roberto Duran* (Panama)	1968–1972	Nicolino Locche (Arg.)		
1984–1987	Mike McCallum (Jamaica)	1972	Alfonso Frazer (Panama)		
		1972–1976	Antonio Cervantes (Colombia)	1962–1967	Gabriel (Flash) Elorde (Phil.)
1987–1990	Julian Jackson* (Virgin Is.)	1976–1977	Wilfred Benitez* (P.R.)	1967	Yoshiaki Numata (Japan)

1967–1971	Hiroshi Kobayashi (Japan)
1971–1972	Alfredo Marcano (Venezuela)
1972–1973	Ben Villaflor (Philippines)
1973	Kuniaki Shibata (Japan)
1973–1976	Ben Villaflor (Philippines)
1976–1980	Samuel Serrano (P.R.)
1980–1981	Yasutsune Uehara (Japan)
1981–1983	Samuel Serrano (P.R.)
1983–1984	Roger Mayweather (U.S.)
1984–1985	Rocky Lockridge (U.S.)
1985–1986	Wilfredo Gomez (P.R.)
1986	Alfredo Layne (Panama)
1986–1991	Brian Mitchell* (S.A.)
1991	Joey Gamache (U.S.)
1991–1995	Genaro Hernandez (U.S.)
1995–1998	Yong-Soo Choi (S. Korea)
1998–1999	Takanori Hatakeyama (Japan)
1999	Lakva Sim (Mongolia)
1999–2000	Jong-Kwon Baek (S. Korea)
2000–2002	Joel Casamayor (Cuba/U.S.)
2002–2004	Acelino Freitas* (Brazil)
2004–2005	Yod. Sor Nanthachai (Thai.)
2005–2006	Vicente Mosquera (Panama)
2006–2008	Edwin Valero* (Venezuela)
2008–2009	Jorge Linares (Venezuela)
2009–	Juan C. Salgado (Mexico)

Featherweights

1962–1963	Davey Moore (U.S.)
1963–1964	Sugar Ramos (Cuba)
1964–1967	Vicente Saldivar* (Mex.)
1968	Raul Rojas (U.S.)
1968–1971	Shozo Saijyo (Japan)
1971–1972	Antonio Gomez (Vez.)
1972–1974	Ernesto Marcel* (Pan.)
1974	Ruben Olivares (Mexico)
1974–1977	Alexis Arguello* (Nic.)
1977	Rafael Ortega (Panama)
1977–1978	Cecilio Lastra (Spain)
1978–1985	Eusebio Pedroza (Panama)
1985–1986	Barry McGuigan (Ireland)
1986–1987	Steve Cruz (U.S.)
1987–1991	Antonio Esparragoza (Vez.)
1991–1993	Kyun-Yung Park (S. Korea)
1993–1996	Eloy Rojas (Venezuela)
1996–1998	Wilfredo Vasquez (P.R.)
1998	Freddie Norwood* (U.S.)
1998–1999	Antonio Cermeno (Vez.)
1999–2000	Freddie Norwood (U.S.)
2000–2003	Derrick Gainer (U.S.)
2003–2006	Juan M. Marquez* (Mex.)
2006–	Chris John (Indonesia)

Super Bantamweights

1977–1978	Soo-Hwan Hong (S. Korea)
1978–1980	Ricardo Cardona (Col.)
1980	Leo Randolph (U.S.)
1980–1982	Sergio Palma (Arg.)
1982–1984	Leonardo Cruz (D.R.)
1984	Loris Stecca (Italy)
1984–1986	Victor Callejas* (P.R.)
1987	Louie Espinoza (U.S.)
1987–1988	Julio Gervacio (D.R.)
1988	Bernardo Pinango (Vez.)
1988–1989	Juan Jose Estrada (Mex.)
1989–1990	Jesus Salud* (U.S.)
1990–1992	Raul Perez (Mexico)
1992–1995	Wilfredo Vasquez (P.R.)
1995–1997	Antonio Cermeno* (Vez.)
1998	Enrique Sanchez (Mex.)
1998–2000	Nestor Garza (Mexico)
2000–2001	Clarence Adams (U.S.)
2001–2002	Yober Ortega (Venezuela)
2002	Yod. Sithyodthong (Thai.)
2002	Osamu Sato (Japan)
2002–2003	Salim Medjkoune (France)
2003–2006	Mahyar Monshipour (France)
2006	Som. Sithchatchawal (Thai.)
2006–	Celestino Caballero (Pan.)

Bantamweights

1962–1965	Eder Jofre (Brazil)
1965–1968	Fighting Harada (Japan)
1968–1969	Lionel Rose (Australia)
1969–1970	Ruben Olivares (Mexico)
1970–1971	Chucho Castillo (Mexico)
1971–1972	Ruben Olivares (Mexico)
1972	Rafael Herrera (Mexico)
1972–1973	Enrique Pinder (Panama)
1973	Romeo Anaya (Mexico)
1973–1974	Arnold Taylor (S.A.)
1974–1975	Soo-Hwan Hong (S. Korea)
1975–1977	Alfonso Zamora (Mexico)
1977–1980	Jorge Lujan (Panama)
1980	Julian Solis (P.R.)
1980–1984	Jeff Chandler (U.S.)
1984–1986	Richard Sandoval (U.S.)
1986	Gaby Canizales (U.S.)
1986–1987	Bernardo Pinango* (Vez.)
1987	Takuya Muguruma (Japan)
1987	Chan-Yung Park (S. Korea)
1987–1988	Wilfredo Vasquez (P.R.)
1988	Khaokor Galaxy (Thai.)
1988–1989	Sung-Il Moon (S. Korea)
1989	Khaokor Galaxy (Thai.)
1989–1991	Luisito Espinosa (Phil.)
1991–1992	Israel Contreras (Vez.)
1992	Eddie Cook (U.S.)
1992–1993	Jorge Eliecer Julio (Col.)
1993–1994	Junior Jones (U.S.)
1994	John Henry Johnson (U.S.)
1994–1995	Daorung Chuvatana (Thai.)
1995–1996	Veerapol Sahaprom (Thai.)
1996	"Nana" Yaw Konadu (Ghana)
1996–1997	Daorung Chuvatana (Thai.)
1997–1998	"Nana" Yaw Konadu (Ghana)
1998–1999	Johnny Tapia (U.S.)
1999–2001	Paul Ayala (U.S.)
2001–2002	Eidy Moya (Venezuela)
2002–2004	Johnny Bredahl* (Den.)
2004–2005	Julio Zarate (Mexico)
2005–2008	Wladimir Sidorenko (Uk.)
2008–	Anselmo Moreno (Panama)

Super Flyweights

1981	Gustavo Ballas (Arg.)
1981–1982	Rafael Pedroza (Panama)
1982–1984	Jiro Watanabe (Japan)
1984–1992	Khaosai Galaxy* (Thai.)
1992–1994	Katsuya Onizuka (Japan)
1994–1995	Hyung-Chul Lee (S. Korea)
1995–1996	Alimi Goitia (Venezuela)
1996–1997	Yokthai Sith-Oar (Thai.)
1997–1998	Satoshi Iida (Japan)
1998–1999	Jesus (Kiki) Rojas (Vez.)
1999–2000	Hideki Todaka (Japan)
2000–2001	Rafael (Leo) Gamez (Vez.)
2001–2002	Celes Kobayashi (Japan)
2002–2004	Alexander Munoz (Vez.)
2004–2006	Martin Castillo (Mex.)
2006–2007	Nobuo Nashiro (Japan)
2007–2008	Alexander Munoz (Vez.)
2008	Cristian Mijares (Mex.)
2008–	Vic Darchinyan (Aus.)

Flyweights

1966–1968	Horacio Accavallo* (Arg.)
1969	Hiroyuki Ebihara (Japan)
1969–1970	Bernabe Villacampo (Phil.)
1970	Berk. Chartvanchai (Thai.)
1970–1973	Masao Ohba* (Japan)
1973–1974	Chartchai Chionoi (Thai.)
1974–1975	Susumu Hanagata (Japan)
1975–1976	Erbito Salavarria (Phil.)
1976	Alfonso Lopez (Panama)
1976–1978	Guty Espadas (Mexico)
1978–1979	Betulio Gonzalez (Vez.)
1979–1980	Luis Ibarra (Panama)
1980	Tae-Shik Kim (Korea)
1980–1981	Peter Mathebula (S.A.)
1981	Santos Laciar (Argentina)
1981	Luis Ibarra (Panama)
1981–1982	Juan Herrera (Mexico)
1982–1985	Santos Laciar (Argentina)
1985–1987	Hilario Zapata (Panama)
1987–1989	Fidel Bassa (Colombia)
1989–1990	Jesus (Kiki) Rojas (Vez.)
1990	Yul-Woo Lee (South Korea)
1990–1991	Leopard Tamakuma (Japan)
1991	Elvis Alvarez (Colombia)
1991–1992	Yong-Kang Kim (Korea)
1992	Aquiles Guzman (Venezuela)
1992–1994	David Griman (Venezuela)
1994–1996	Saen Sor Ploenchit (Thai.)
1996–1998	Jose Bonilla (Venezuela)
1998	Mauricio Pastrana* (Col.)
1998–1999	Hugo Soto (Argentina)
1999	Rafael (Leo) Gamez (Vez.)
1999–2000	Sorn. Pisnurachan (Thai.)
2000–2003	Eric Morel (U.S.)
2003–2007	Lorenzo Parra (Vez.)
2007–2008	Takefumi Sakata (Japan)
2008–	Denkaosan Kaovichit (Thai.)

Light Flyweights

1975–1976	Jaime Rios (Panama)
1976	Juan Guzman (Dom. Rep.)
1976–1981	Yoko Gushiken (Japan)
1981	Pedro Flores (Mexico)
1981	Hwan-Jin Kim (Korea)
1981–1983	Katsuo Tokashiki (Jp.)
1983–1984	Lupe Madera (Mexico)
1984–1985	Francisco Quiroz (D.R.)
1985	Joey Olivo (U.S.)
1985–1991	Myung-Woo Yuh (Korea)
1991–1992	Hiroki Ioka (Japan)
1992–1993	Myung-Woo Yuh* (Korea)
1993–1995	R. (Leo) Gamez (Vez.)
1995–1996	Hi-Yong Choi (Korea)
1996	Carlos Murillo (Panama)
1996	Keiji Yamaguchi (Japan)

1996–2000	P. Sithbangprachan (Thai.)	
2000–2001	Beibis Mendoza (Colombia)	
2001–2004	Rosendo Alvarez* (Nic.)	
2005–2006	Roberto Vasquez* (Pan.)	
2006–2007	Koki Kameda* (Japan)	
2007	Juan C. Reveco (Arg.)	
2007–2009	Brahim Asloum* (France)	
2009–	Giovanni Segura (U.S.)	

MINIMUMWEIGHTS

1988–1989	R. (Leo) Gamez (Vez.)
1989–1991	Bong-Jun Kim (Korea)
1991–1992	Hi-Yong Choi (Korea)
1992–1993	Hideyuki Ohashi (Japan)
1993–1995	Chana Porpaoin (Thai.)
1995–1998	Rosendo Alvarez (Nic.)
1998–1999	Ricardo Lopez* (Mex.)
1999–2000	Noel Arambulet (Vez.)
2000	Joma Gamboa (Phil.)
2000–2001	Keitaro Hoshino (Japan)
2001	Chana Porpaoin (Thai.)
2001	Yutaka Niida* (Japan)
2002	Keitaro Hoshino (Japan)
2002–2004	Noel Arambulet (Vez.)
2004–2008	Yutaka Niida (Japan)
2008–	Roman Gonzalez (Nic.)

World Boxing Council (WBC)

Established in 1963 in Mexico City, the World Boxing Council found its "sea legs" when Jose Sulaiman was elected its fifth president in December 1975. Sulaiman reformed the WBC's voting structure, vesting power in six "continental federations"—the North American Boxing Federation (a WBC affiliate, est. 1969), the Central American & Caribbean Boxing Federation (FECARBOX, est. 1976), the South American Boxing Federation, the European Boxing Union (est. 1946), the African Boxing Union (est. 1973), and the Orient & Pacific Boxing Federation (est. as the Oriental Boxing Federation, 1954; renamed the OPBF with the addition of Australia, 1977).

The World Boxing Council attracted major attention in the U.S. when it withdrew titular recognition from world heavyweight champion Leon Spinks in 1978 and awarded its world title to Ken Norton. The WBC faced its first major crisis in 2002, losing a $31 million judgment to Graciano Rocchigiani, and came close to filing for total liquidation in 2004 before an eleventh hour settlement allowed it to remain in business.

WBC Presidents

1963	J. Oswald Fane	London, Eng.
1963	Luis Spota	Mexico City, Mex.
1963–1971	Justiniano Montano	Manila, Philippines
1971–1975	Ramon Velazquez	Mexico City, Mex.
1975–	Jose Sulaiman	Mexico City, Mex.

WBC World Champions

HEAVYWEIGHTS

1963–1964	Sonny Liston (U.S.)
1964–1967	Muhammad Ali* (U.S.)
1967–1970	Vacant
1970–1973	Joe Frazier (U.S.)
1973–1974	George Foreman (U.S.)
1974–1978	Muhammad Ali (U.S.)
1978	Leon Spinks* (U.S.)
1978	Ken Norton (U.S.)
1978–1983	Larry Holmes* (U.S.)
1984	Tim Witherspoon (U.S.)
1984–1986	Pinklon Thomas (U.S.)
1986	Trevor Berbick (Canada)
1986–1990	Mike Tyson (U.S.)
1990	Buster Douglas (U.S.)
1990–1992	Evander Holyfield (U.S.)
1992	Riddick Bowe* (U.S.)
1993–1994	Lennox Lewis (U.K.)
1994–1995	Oliver McCall (U.S.)
1995–1996	Frank Bruno (U.K.)
1996	Mike Tyson* (U.S.)
1997–2001	Lennox Lewis (U.K.)
2001	Hassim Rahman (U.S.)
2001–2004	Lennox Lewis* (U.K.)
2004–2005	Vitali Klitschko* (Uk.)
2005–2006	Hasim Rahman (U.S.)
2006–2008	Oleg Maskaev (Kazak.)
2008	Samuel Peter (Nigeria)
2008–	Vitali Klitschko (Uk.)

CRUISERWEIGHTS

1979–1980	Marvin Camel (U.S.)
1980–1982	Carlos DeLeon (P.R.)
1982–1983	S.T. Gordon (U.S.)
1983–1985	Carlos DeLeon (P.R.)
1985	Alfonzo Ratliff (U.S.)
1985–1986	Bernard Benton (U.S.)
1986–1988	Carlos DeLeon (P.R.)
1988	Evander Holyfield (U.S.)
1989–1990	Carlos DeLeon (P.R.)
1990–1991	Massimiliano Duran (It.)
1991–1995	Anaclet Wamba* (France)
1995–1998	Marcelo Dominguez (Arg.)
1998–2002	Juan C. Gomez* (Cuba)
2002–2005	Wayne Braithwaite (Guy.)
2005–2006	Jean-Marc Mormeck (Fr.)
2006–2007	O'Neil Bell (U.S.)
2007–2008	David Haye* (U.K.)
2008–2009	Giacobbe Fragomeni (It.)
2009–	Zsolt Erdei (Germany)

LIGHT HEAVYWEIGHTS

1963	Harold Johnson (U.S.)
1963–1965	Willie Pastrano (U.S.)
1965–1966	Jose Torres (P.R.)
1966–1968	Dick Tiger (Nigeria)
1968–1974	Bob Foster* (U.S.)
1974–1977	John Conteh* (U.K.)
1977–1978	Miguel A. Cuello (Arg.)
1978	Mate Parlov (Yugoslavia)
1978–1979	Marvin Johnson (U.S.)
1979–1981	Matthew Saad Muhammad (U.S.)
1981–1983	Dwight Muhammad Qawi (U.S.)
1983–1985	Michael Spinks* (U.S.)
1985–1986	J.B. Williamson (U.S.)
1986–1987	Dennis Andries (U.K.)
1987	Thomas Hearns* (U.S.)
1987–1988	Don Lalonde (Canada)
1988	Sugar Ray Leonard* (U.S.)
1989	Dennis Andries (U.K.)
1989–1990	Jeff Harding (Australia)
1990–1991	Dennis Andries (U.K.)
1991–1994	Jeff Harding (Australia)
1994–1995	Mike McCallum (Jamaica)
1995–1997	Fabrice Tiozzo (France)
1997–2003	Roy Jones, Jr.* (U.S.)
2003	Antonio Tarver (U.S.)
2003–2004	Roy Jones, Jr. (U.S.)
2004	Antonio Tarver* (U.S.)
2005–2007	Tomasz Adamek (Poland)
2007–2008	Chad Dawson* (U.S.)
2008–2009	Adrian Diaconu (Rou.)
2009–	Jean Pascal (Canada)

SUPER MIDDLEWEIGHTS

1988–1990	Sugar Ray Leonard* (U.S.)
1990–1992	Mauro Galvano (Italy)
1992–1996	Nigel Benn (U.K.)
1996	Thulani Malinga (S.A.)
1996	Vincenzo Nardiello (Italy)
1996–1997	Robin Reid (U.K.)
1997–1998	Thulani Malinga (S.A.)
1998–1999	Richie Woodhall (U.K.)
1999–2000	Markus Beyer (Germany)
2000	Glenn Catley (U.K.)
2000	Dingaan Thobela (S.A.)
2000–2001	David Hilton, Jr. (Can.)
2001–2003	Eric Lucas (Canada)

2003–2004	Markus Beyer (Germany)	1997–1999	Keith Mullings (U.S.)	1987	Rene Arredondo (Mex.)
2004	Cristian Sanavia (Italy)	1999–2001	Javier Castillejo (Sp.)	1987–1989	Roger Mayweather (U.S.)
2004–2006	Markus Beyer (Germany)	2001–2003	Oscar de la Hoya (U.S.)	1989–1994	Julio C. Chavez (Mex.)
2006–2007	Mikkel Kessler (Den.)	2003–2004	Shane Mosley (U.S.)	1994	Frankie Randall (U.S.)
2007–2008	Joe Calzaghe* (U.K.)	2004–2005	Ronald Wright* (U.S.)	1994–1996	Julio C. Chavez (Mex.)
2008–2010	Carl Froch (U.K.)	2005	Javier Castillejo* (Sp.)	1996–1997	Oscar de la Hoya* (U.S.)
2010	Mikkel Kessler (Den.)	2005–2006	Ricardo Mayorga (Nic.)	1997–1999	*Vacant*
		2006–2007	Oscar de la Hoya (U.S.)	1999–2003	Kostya Tszyu* (Aus.)

Middleweights

		2007	F. Mayweather, Jr.* (U.S.)	2004–2005	Arturo Gatti (Canada)
1963	Dick Tiger (Nigeria)	2007–2008	Vernon Forrest (U.S.)	2005–2006	F. Mayweather, Jr.* (U.S.)
1963–1965	Joey Giardello (U.S.)	2008	Sergio Mora (Mexio)	2006–2008	Junior Witter (U.K.)
1965–1966	Dick Tiger (Nigeria)	2008–2009	Vernon Forrest* (U.S.)	2008–2009	Timothy Bradley* (U.S.)
1966–1967	Emile Griffith (V.I.)	2009–	Sergio Martinez (Arg.)	2009–	Devon Alexander (U.S.)
1967	Nino Benvenuti (Italy)				
1967–1968	Emile Griffith (V.I.)	## Welterweights		## Lightweights	
1968–1970	Nino Benvenuti (Italy)	1963	Luis Rodriguez (Cuba)	1963–1965	Carlos Ortiz (P.R.)
1970–1974	Carlos Monzon* (Argentina)	1963–1966	Emile Griffith* (V.I.)	1965	Ismael Laguna (Panama)
1974–1976	Rodrigo Valdez (Colombia)	1966–1969	Curtis Cokes (U.S.)	1965–1966	Carlos Ortiz* (P.R.)
1974–1977	Carlos Monzon* (Argentina)	1969–1970	Jose Napoles (Cuba)	1966–1967	*Vacant*
1977–1978	Rodrigo Valdez (Colombia)	1970–1971	Billy Backus (U.S.)	1967–1968	Carlos Ortiz (P.R.)
1978–1979	Hugo Corro (Argentina)	1971–1975	Jose Napoles (Cuba)	1968–1969	Carlos Teo Cruz (D.R.)
1979–1980	Vito Antuofermo (Italy)	1975–1976	John H. Stracey (U.K.)	1969–1970	Mando Ramos (U.S.)
1980–1987	Marvin Hagler (U.S.)	1976–1979	Carlos Palomino (Mexico)	1970	Ismael Laguna* (Pan.)
1987	Sugar Ray Leonard* (U.S.)	1979	Wilfred Benitez (P.R.)	1970–1971	*Vacant*
1987–1988	Thomas Hearns (U.S.)	1979–1980	Sugar Ray Leonard (U.S.)	1971	Ken Buchanan* (U.K.)
1988–1989	Iran Barkley (U.S.)	1980	Roberto Duran (Panama)	1971–1972	Pedro Carrasco (Spain)
1989–1990	Roberto Duran* (Panama)	1980–1982	Sugar Ray Leonard* (U.S.)	1972	Mando Ramos (U.S.)
1990–1993	Julian Jackson (V.I.)	1983–1985	Milton McCrory (U.S.)	1972	Chango Carmona (Mexico)
1993–1995	Gerald McClellan* (U.S.)	1985–1986	Donald Curry (U.S.)	1972–1974	Rodolfo Gonzalez (Mex.)
1995	Julian Jackson (V.I.)	1986–1987	Lloyd Honeyghan (U.K.)	1974–1976	Gattu Ishimatsu (Japan)
1995–1996	Quincy Taylor (U.S.)	1987–1988	Jorge Vaca (Mexico)	1976–1978	Esteban DeJesus (P.R.)
1996–1998	Keith Holmes (U.S.)	1988–1989	Lloyd Honeyghan (U.K.)	1978–1979	Roberto Duran* (Panama)
1998–1999	Hacine Cherifi (France)	1989–1990	Marlon Starling (U.S.)	1979–1981	Jim Watt (U.K.)
1999–2001	Keith Holmes (U.S.)	1990–1991	Maurice Blocker (U.S.)	1981–1983	Alexis Arguello* (Nic.)
2001–2005	Bernard Hopkins (U.S.)	1991	Simon Brown (Jamaica)	1983–1984	Edwin Rosario (P.R.)
2005–2007	Jermain Taylor (U.S.)	1991–1993	J. (Buddy) McGirt (U.S.)	1984–1985	Jose L. Ramirez (Mex.)
2007–	Kelly Pavlik (U.S.)	1993–1997	Pernell Whitaker (U.S.)	1985–1987	Hector Camacho* (P.R.)
		1997–1999	Oscar de la Hoya (U.S.)	1987–1988	Jose L. Ramirez (Mex.)

Super Welterweights

		1999–2000	Felix Trinidad* (P.R.)	1988–1989	Julio C. Chavez* (Mex.)
1963	Dennis Moyer (U.S.)	2000–2002	Shane Mosley (U.S.)	1989–1992	Pernell Whitaker* (U.S.)
1963	Ralph Dupas (U.S.)	2002–2003	Vernon Forrest (U.S.)	1992–1996	Miguel A. Gonzalez* (Mex.)
1963–1965	Sandro Mazzinghi (It.)	2003	Ricardo Mayorga (Nic.)	1996–1997	Jean Baptiste Mendy (Fr.)
1965–1966	Nino Benvenuti (Italy)	2003–2005	Cory Spinks (U.S.)	1997–1998	Steve Johnston (U.S.)
1966–1968	Ki-Soo Kim (Korea)	2005–2006	Zabdiel Judah (U.S.)	1998–1999	Cesar Bazan (Mexico)
1968–1969	Sandro Mazzinghi (It.)	2006	Carlos Baldomir (Arg.)	1999–2000	Steve Johnston (U.S.)
1969–1970	Fred Little (U.S.)	2006–2008	F. Mayweather, Jr.* (U.S.)	2000–2002	Jose Luis Castillo (Mex.)
1970–1971	Carmelo Bossi (Italy)	2008–	Andre Berto (U.S.)	2002–2004	F. Mayweather, Jr.* (U.S.)
1971–1974	Koichi Wajima (Japan)			2004–2005	Jose Luis Castillo (Mex.)
1974–1975	Oscar Albarado* (U.S.)	## Super Lightweights		2005–2006	Diego Corrales (U.S.)
1975	Miguel de Oliveira (Bz.)	1963–1965	Eddie Perkins (U.S.)	2006–2007	Joel Casamayor* (Cuba)
1975–1976	Elisha Obed (Bahamas)	1965–1966	Carlos Hernandez (Vez.)	2007–2008	David Diaz (U.S.)
1976–1977	Eckhard Dagge (Ger.)	1966–1967	Sandro Lopopolo (Italy)	2008–2009	Manny Pacquiao* (Phil.)
1977–1979	Rocky Mattioli (Italy)	1967–1968	Paul Fujii* (U.S.)	2009–2010	Edwin Valero* (Vez.)
1979–1981	Maurice Hope (U.K.)	1968–1970	Pedro Adigue (Phil.)		
1981–1982	Wilfred Benitez (P.R.)	1970–1974	Bruno Arcari* (Italy)	## Super Featherweights	
1982–1986	Thomas Hearns* (U.S.)	1974–1975	Perico Fernandez (Spain)	1963–1967	Flash Elorde (Phil.)
1986–1987	Duane Thomas (U.S.)	1975–1976	Saensak Muangsurin (Thai.)	1967	Yoshiaki Numata (Japan)
1987	Lupe Aquino (Mexico)	1976	Miguel Velasquez (Spain)	1967–1968	Hiroshi Kobayashi* (Jp.)
1987–1988	Gianfranco Rosi (It.)	1976–1978	Saensak Muangsurin (Thai.)	1969–1970	Rene Barrientos (Phil.)
1988–1989	Donald Curry (U.S.)	1978–1980	Sang-Hyun Kim (S. Korea)	1970–1971	Yoshiaki Numata (Japan)
1989	Rene Jacqot (France)	1980–1982	Saoul Mamby (U.S.)	1971–1974	Ricardo Arredondo (Mex.)
1989–1990	John Mugabi (Uganda)	1982–1983	Leroy Haley (U.S.)	1974–1975	Kuniaki Shibata (Japan)
1990–1993	Terry Norris (U.S.)	1983–1984	Bruce Curry (U.S.)	1975–1978	Alfredo Escalera (P.R.)
1993–1994	Simon Brown (U.S.)	1984–1985	Bill Costello (U.S.)	1978–1980	Alexis Arguello* (Nic.)
1994	Terry Norris (U.S.)	1985–1986	Lonnie Smith (U.S.)	1980–1981	R. (Bazooka) Limon (Mex.)
1994–1995	Luis Santana (D.R.)	1986	Rene Arredondo (Mex.)	1981	Corn. Boza-Edwards (U.K.)
1995–1997	Terry Norris (U.S.)	1986–1987	Tsuyoshi Hamada (Jp.)	1981–1982	Rolando Navarrete (Phil.)

1982	R. (Bazooka) Limon (Mex.)		1985–1986	Lupe Pintor (Mexico)		2005–2006	Masamori Tokuyama* (Jp.)
1982–1983	Bobby Chacon (U.S.)		1986–1987	Samart Payakaroon (Thai.)		2006–2008	Cristian Mijares (Mex.)
1983–1984	Hector Camacho* (P.R.)		1987–1988	Jeff Fenech* (Australia)		2008–	Vic Darchinyan (Aus.)
1984–1987	Julio C. Chavez* (Mex.)		1988–1990	Daniel Zaragoza (Mexico)			
1988–1994	Azumah Nelson* (Ghana)		1990	Paul Banke (U.S.)			

FLYWEIGHTS (header placement)

1994	Jesse James Leija (U.S.)		1990–1991	Pedro Decima (Argentina)		1963	Pone Kingpetch (Thailand)
1994–1995	Gabriel Ruelas (U.S.)		1991	Kiyoshi Hatanaka (Japan)		1963–1964	Hiroyuki Ebihara (Japan)
1995–1997	Azumah Nelson (Ghana)		1991–1992	Daniel Zaragoza (Mexico)		1964–1965	Pone Kingpetch (Thailand)
1997–1998	Genaro Hernandez (U.S.)		1992	Thierry Jacob (France)		1965–1966	Salvatore Burruni (Italy)
1998–2002	F. Mayweather, Jr.* (U.S.)		1992–1994	Tracy H. Patterson (U.S.)		1966	Walter McGowan (U.K.)
2002–2003	Siri. Singmanassak (Thai.)		1994–1995	H. Acero Sanchez (D.R.)		1966–1969	Chartchai Chionoi (Thai.)
2003–2004	Jesus Chavez (U.S.)		1995–1997	Daniel Zaragoza (Mex.)		1969–1970	Efren Torres (Mexico)
2004	Erik Morales (Mexico)		1997–2000	Erik Morales* (Mexico)		1970	Chartchai Chionoi (Thai.)
2004–2007	Marco A. Barrera (Mex.)		2000–2002	Willie Jorrin (U.S.)		1970–1971	Erbito Salavarria (Phil.)
2007–2008	Juan M. Marquez (Mex.)		2002–2005	Oscar Larios (Mexico)		1971–1972	Betulio Gonzalez (Vez.)
2008	Manny Pacquiao* (Phil.)		2005–2007	Israel Vazquez (Mexico)		1972–1973	Venice Borkorsor* (Thai.)
2008–	Humberto Soto (Mexico)		2007	Rafael Marquez (Mexico)		1973–1974	Betulio Gonzalez (Vez.)
			2007–2009	Israel Vazquez* (Mexico)		1974–1975	Shoji Oguma (Japan)
			2009–	Toshiaki Nishioka (Jp.)		1975–1979	Miguel Canto (Mexico)

FEATHERWEIGHTS

1963	Davey Moore (U.S.)					1979–1980	Chan-Hee Park (Korea)
1963–1964	Sugar Ramos (Cuba)					1980–1981	Shoji Oguma (Japan)

BANTAMWEIGHTS

1963–1967	Vicente Saldivar* (Mex.)		1963–1965	Eder Jofre (Brazil)		1981–1982	Antonio Avelar (Mexico)
1968	Howard Winstone (U.K.)		1965–1968	Fighting Harada (Japan)		1982	Prudencio Carmona (Col.)
1968–1969	Jose Legra (Cuba/Spain)		1968–1969	Lionel Rose (Australia)		1982	Freddie Castillo (Mex.)
1969–1970	Johnny Famechon (Aus.)		1969–1970	Ruben Olivares (Mexico)		1982–1983	Eleoncio Mercedes (D.R.)
1970	Vicente Saldivar (Mex.)		1970–1971	Chucho Castillo (Mexico)		1983	Charlie Magri (U.K.)
1970–1972	Kuniaki Shibata (Japan)		1971–1972	Ruben Olivares (Mexico)		1983–1984	Frank Cedeno (Phil.)
1972	Clemente Sanchez (Mex.)		1972	Rafael Herrera (Mexico)		1984	Koji Kobayashi (Japan)
1972–1973	Jose Legra (Cuba)		1972–1973	Enrique Pinder* (Panama)		1984	Gabriel Bernal (Mexico)
1973–1974	Eder Jofre (Brazil)		1973–1974	Rafael Herrera (Mexico)		1984–1988	Sot Chitalada (Thai.)
1974–1975	Bobby Chacon (U.S.)		1974–1976	Rodolfo Martinez (Mexico)		1988–1989	Yong-Kang Kim (S. Korea)
1975	Ruben Olivares (Mex.)		1976–1979	Carlos Zarate (Mexico)		1989–1991	Sot Chitalada (Thai.)
1975–1976	David Kotey (Ghana)		1979–1983	Lupe Pintor* (Mexico)		1991–1992	Muang. Kittikasem (Thai.)
1976–1980	Danny Lopez (U.S.)		1983–1985	Albert Davila* (U.S.)		1992–1997	Yuri Arbachakov (Russia)
1980–1982	Salvador Sanchez* (Mex.)		1985	Daniel Zaragoza (Mexico)		1997–1998	Chatchai Sasakul (Thai.)
1982–1984	Juan LaPorte (P.R.)		1985–1988	Miguel Lora (Colombia)		1998–1999	Manny Pacquiao (Phil.)
1984	Wilfredo Gomez (P.R.)		1988–1991	Raul Perez (Mexico)		1999–2000	M. Lukchaopormasak (Thai.)
1984–1988	Azumah Nelson* (Ghana)		1991	Greg Richardson (U.S.)		2000–2001	Malcolm Tunacao (Phil.)
1988–1989	Jeff Fenech* (Aus.)		1991–1992	Joichiro Tatsuyushi* (Jp.)		2001–2007	P. Sithkanongsak (Thai.)
1990–1991	Marcos Villasana (Mex.)		1992–1993	Victor Rabanales (Mexico)		2007–2009	Daisuke Naito (Japan)
1991–1993	Paul Hodkinson (U.K.)		1993	Il-Jung Byun (Korea)		2009–	Koki Kameda (Japan)
1993	Gregorio Vargas (Mex.)		1993–1995	Yasuei Yakushiji (Japan)			
1993–1995	Kevin Kelley (U.S.)		1995–1997	Wayne McCullough (Ire.)			

LIGHT FLYWEIGHTS

1995	Alejandro Gonzalez (Mex.)		1997	Siri. Singmanassak (Thai.)		1975	Franco Udella (Italy)
1995	Manuel Medina (Mexico)		1997–1998	Joichiro Tatsuyoshi (Jp.)		1975–1978	Luis Estaba (Venezuela)
1995–1999	Luisito Espinosa (Phil.)		1998–2005	Veerapol Sahaprom (Thai.)		1978	Freddie Castillo (Mex.)
1999–2000	Cesar Soto* (Mexico)		2005–2010	Hozumi Hasegawa (Japan)		1978	N. Sor Vorasingh (Thai.)
2000–2001	Guty Espadas, Jr. (Mex.)		2010	Fernando Montiel (Mexico)		1978–1980	Sung-Jun Kim (So. Korea)
2001–2002	Erik Morales (Mexico)					1980	Shigeo Nakajima (Japan)

SUPER FLYWEIGHTS

2002	Marco A. Barrera* (Mex.)		1980–1981	Rafael Orono (Venezuela)		1980–1982	Hilario Zapata (Panama)
2002–2003	Erik Morales* (Mexico)		1981–1982	Chul-Ho Kim (Korea)		1982	Amado Ursua (Mexico)
2004–2006	In-Jin Chi (Korea)		1982–1983	Rafael Orono (Venezuela)		1982	Tadashi Tomori (Japan)
2006	Takashi Koshimoto (Jp.)		1983–1984	Payao Poontarat (Thai.)		1982–1983	Hilario Zapata (Panama)
2006	Rodolfo Lopez (Mexico)		1984–1986	Jiro Watanabe (Japan)		1983–1988	Jung-Koo Chang* (Korea)
2006–2007	In-Jin Chi* (Korea)		1986–1987	Gilberto Roman (Mexico)		1988–1989	German Torres (Mexico)
2007–2008	Jorge Linares* (Vez.)		1987	Santos Laciar (Argentina)		1989	Yul-Woo Lee (Korea)
2007–2009	Oscar Larios (Mexico)		1987–1988	Jesus (Bebis) Rojas (Col.)		1989–1990	Humberto Gonzalez (Mex.)
2009	Takahiro Aoh (Japan)		1988–1989	Gilberto Roman (Mexico)		1990–1991	Rolando Pascua (Phil.)
2009–	Elio Rojas (Dom. Rep.)		1989–1990	"Nana" Yaw Konadu (Ghana)		1991	Melchor Cob Castro (Mex.)
			1990–1993	Sung-Kil Moon (Korea)		1991–1993	Humberto Gonzalez (Mex.)

SUPER BANTAMWEIGHTS

			1993–1994	Jose Luis Bueno (Mexico)		1993–1994	Michael Carbajal (U.S.)
1976	Rigoberto Riasco (Pan.)		1994–1997	Hiroshi Kawashima (Jp.)		1994–1995	Humberto Gonzalez (Mex.)
1976	Royal Kobayashi (Japan)		1997–1998	Gerry Penalosa (Phil.)		1995–1999	S. Sor Jaturong (Thai.)
1976–1977	Dong-Kyun Yum (Korea)		1998–2000	In-Joo Cho (So. Korea)		1999–2002	Yo-Sam Choi (Korea)
1977–1983	Wilfredo Gomez* (P.R.)		2000–2004	Masamori Tokuyama (Japan)		2002–2005	Jorge Arce* (Mexico)
1983–1984	Jaime Garza (U.S.)		2004–2005	Katsushige Kawashima (Jp.)		2005	Erick Ortiz (Mexico)
1984–1985	Juan (Kid) Meza (Mexico)					2005–2006	Brian Viloria (U.S.)

PART IV. RECORDS AND CHAMPIONS　　　　1509　　　　Professional

2006–2007	Omar Nino* (Mexico)	1988–1989	Napa Kiatwanchai (Thai.)	2004–2005	Isaac Bustos (Mexico)
2007–2009	Edgar Sosa (Mexico)	1989–1990	Jum-Hwan Choi (Korea)	2005	Katsunari Takayama (Jp.)
2009–	Rodel Mayol (Phil.)	1990–1999	Ricardo Lopez* (Mexico)	2005–2007	Eagle Akakura (Japan)
		1999–2000	W. Chor Chareon (Thai.)	2007–	O. Sithsamerchai (Thai.)

STRAWWEIGHTS

1987–1988	Hiroki Ioka (Japan)
	2000–2004 Jose A. Aguirre (Mexico)
	2004 Eagle Akakura (Japan)

International Boxing Federation (IBF)

Formed in 1983 as the USBA-International after World Boxing Association vice president and USBA president Robert W. Lee failed in a bid for the WBA presidency, and renamed the International Boxing Federation shortly thereafter. IBF rules state that the president must be domiciled in the United States. Robert W. Lee served as president until 2000, when he and several others were indicted for fraud.

IBF Presidents

1983–2000	Robert W. Lee	West Orange, N.J.
2000–2001	Hiawatha G. Knight	Detroit, Mich.
2001–	Marian Muhammad	East Orange, N.J.

IBF World Champions

HEAVYWEIGHTS

1983–1985	Larry Holmes (U.S.)
1985–1987	Michael Spinks* (U.S.)
1987	Tony Tucker (U.S.)
1987–1990	Mike Tyson (U.S.)
1990	Buster Douglas (U.S.)
1990–1992	Evander Holyfield (U.S.)
1992–1993	Riddick Bowe (U.S.)
1993–1994	Evander Holyfield (U.S.)
1994	Michael Moorer (U.S.)
1994–1995	George Foreman* (U.S.)
1995–1996	Frans Botha (S.A.)
1996–1997	Michael Moorer (U.S.)
1997–1999	Evander Holyfield (U.S.)
1999–2002	Lennox Lewis* (U.K.)
2002–2006	Chris Byrd (U.S.)
2006–	Wladimir Klitschko (Uk.)

CRUISERWEIGHTS

1983–1984	Marvin Camel (U.S.)
1984–1986	Lee Roy Murphy (U.S.)
1986–1987	Ricky Parkey (U.S.)
1987–1988	Evander Holyfield* (U.S.)
1989–1990	Glenn McCrory (U.K.)
1990–1991	Jeff Lampkin* (U.S.)
1991–1992	James Warring (U.S.)
1992–1996	Al. (Ice) Cole* (U.S.)
1996–1997	Ad. Washington (U.S.)
1997	Uriah Grant (Jamaica)
1997–1998	Imamu Mayfield (U.S.)
1998–1999	Arthur Williams (U.S.)
1999–2003	Vassiliy Jirov (Kazak.)
2003	James Toney* (U.S.)
2004–2005	Kelvin Davis* (U.S.)
2005–2006	O'Neil Bell* (U.S.)
2006–2007	Kryz. Wlodarczyk (Pol.)
2007–2008	Steve Cunningham (U.S.)
2008–	Tomasz Adamek (Poland)

LIGHT HEAVYWEIGHTS

1985–1986	Slobodan Kacar (Serbia)
1986–1987	Bobby Czyz (U.S.)
1987–1993	Charles Williams (U.S.)
1993–1996	Henry Maske (Germany)
1996–1997	Virgil Hill (U.S.)
1997	Dariusz Michalczewski* (Ger.)
1997–1998	William Guthrie (U.S.)
1998–1999	Reggie Johnson (U.S.)
1999–2003	Roy Jones, Jr.* (U.S.)
2003	Antonio Tarver* (U.S.)
2004	Glengoffe Johnson* (Jam.)
2005–2008	Clinton Woods (U.K.)
2008	Antonio Tarver (U.S.)
2008–2009	Chad Dawson* (U.S.)
2009–	Tavoris Cloud (U.S.)

SUPER MIDDLEWEIGHTS

1984	Murray Sutherland (U.S.)
1984–1987	Chong-Pal Park* (Korea)
1988–1989	Grac. Rocchigiani* (Ger.)
1990–1991	Lindell Holmes (U.S.)
1991–1992	Darrin Van Horn (U.S.)
1992–1993	Iran Barkley (U.S.)
1993–1994	James Toney (U.S.)
1994–1997	Roy Jones, Jr.* (U.S.)
1997–1998	Charles Brewer (U.S.)
1998–2004	Sven Ottke* (Germany)
2004–2006	Jeff Lacy (U.S.)
2006–2006	Joe Calzaghe* (U.K.)
2007	Alejandro Berrio (Col.)
2007–	Lucien Bute (Roumania)

MIDDLEWEIGHTS

1983–1987	Marvin Hagler* (U.S.)
1987–1988	Frank Tate (U.S.)
1988–1991	Michael Nunn (U.S.)
1991–1993	James Toney* (U.S.)
1993–1994	Roy Jones, Jr.* (U.S.)
1995–1998	Bernard Hopkins* (U.S.)
1998–1999	Robert Allen (U.S.)
1999–2005	Bernard Hopkins (U.S.)
2005	Jermain Taylor* (U.S.)
2005–2009	Arthur Abraham* (Ger.)
2009–	Sebastian Sylvester (Ger.)

JUNIOR MIDDLEWEIGHTS

1984	Mark Medal (U.S.)
1984–1986	Carlos Santos (P.R.)
1986–1987	Buster Drayton (U.S.)
1987–1988	Matthew Hilton (Canada)
1988–1989	Robert Hines (U.S.)
1989	Darrin Van Horn (U.S.)
1989–1994	Gianfranco Rosi (Italy)
1994–1995	Vincent Pettway (U.S.)
1995	Paul Vaden (U.S.)
1995–1997	Terry Norris (U.S.)
1997	Raul Marquez (U.S.)
1997–1998	L. Ramon Campas (Mexico)
1998–2000	Fernando Vargas (U.S.)
2000–2001	Felix Trinidad* (P.R.)
2001–2004	Ronald Wright* (U.S.)
2004	Verno Phillips (U.S.)
2004–2005	Kassim Ouma (Uganda)
2005–2006	Roman Karmazin (Russia)
2006–2008	Cory Spinks (U.S.)
2008	Verno Phillips* (U.S.)
2009–	Cory Spinks (U.S.)

WELTERWEIGHTS

1984–1986	Donald Curry (U.S.)
1986–1987	Lloyd Honeyghan* (U.K.)
1988–1991	Simon Brown* (Jamaica)
1991–1993	Maurice Blocker (U.S.)
1993–2000	Felix Trinidad* (P.R.)
2001	Vernon Forrest* (U.S.)
2002–2003	Michele Piccirillo (It.)
2003–2005	Cory Spinks (U.S.)
2005–2006	Zabdiel Judah (U.S.)
2006	F. Mayweather, Jr.* (U.S.)
2006–2008	Kermit Cintron (P.R.)
2008	Antonio Margarito* (Mex.)
2008–2009	Joshua Clottey* (Ghana)
2009	Isaac Hlatshwayo (S.A.)
2009–	Jan Zaveck (Germany)

JUNIOR WELTERWEIGHTS

1984–1985	Aaron Pryor* (U.S.)
1986	Gary Hinton (U.S.)

1986–1987	Joe Louis Manley (U.S.)	2008–2009	Cassius Baloyi (S.A.)	1993–1994	Julio C. Borboa (Mex.)
1987	Terry Marsh* (U.K.)	2009	Malcolm Klassen (S.A.)	1994–1995	Harold Grey (Colombia)
1988	J. (Buddy) McGirt (U.S.)	2009–	Robert Guerrero (U.S.)	1995–1996	Carlos Salazar (Arg.)
1988–1990	Meldrick Taylor (U.S.)			1996	Harold Grey (Colombia)

FEATHERWEIGHTS (continuation in middle column)

1990–1991	Julio C. Chavez* (Mex.)
1991–1992	Rafael Pineda (Colombia)
1992–1993	Pernell Whitaker* (U.S.)
1993–1994	Charles Murray (U.S.)
1994–1995	Jake Rodriguez (U.S.)
1995–1997	Kostya Tszyu (Aus.)
1997–1999	Vincent Phillips (U.S.)
1999	Terronn Millett* (U.S.)
2000–2001	Zabdiel Judah (U.S.)
2001–2005	Kostya Tszyu (Aus.)
2005–2006	Ricky Hatton* (U.K.)
2006–2007	Juan Urango (Colombia)
2007	Ricky Hatton* (U.K.)
2007	Lovemore Ndou (S.A.)
2007–2008	Paul Malignaggi* (U.S.)
2009–	Juan Urango (Colombia)

LIGHTWEIGHTS

1984	Choo-Choo Brown (U.S.)
1984–1985	Harry Arroyo (U.S.)
1985–1986	Jimmy Paul (U.S.)
1986–1987	Greg Haugen (U.S.)
1987–1988	Vinny Pazienza (U.S.)
1988–1989	Greg Haugen (U.S.)
1989–1992	Pernell Whitaker* (U.S.)
1993–1994	Fred Pendleton (U.S.)
1994–1995	Rafael Ruelas (U.S.)
1995	Oscar de la Hoya* (U.S.)
1995–1997	Phillip Holiday (S.A.)
1997–1999	Shane Mosley* (U.S.)
1999–2003	Paul Spadafora* (U.S.)
2003–2004	Javier Jauregui (Mex.)
2004–2005	Julio Diaz* (U.S.)
2005	Leavander Johnson (U.S.)
2005–2007	Jesus Chavez (Mexico)
2007	Julio Diaz (U.S.)
2007–2008	Juan Diaz (U.S.)
2008–2009	Nate Campbell* (U.S.)

JUNIOR LIGHTWEIGHTS

1985–1985	Hwan-Kil Yuh (S. Korea)
1985	Lester Ellis (Australia)
1985–1987	Barry Michael (Australia)
1987–1988	Rocky Lockridge (U.S.)
1988–1989	Tony Lopez (U.S.)
1989–1990	Juan Molina (P.R.)
1990–1991	Tony Lopez (U.S.)
1991–1992	Brian Mitchell (S.A.)
1992–1995	Juan Molina (P.R.)
1995	Eddie Hopson (U.S.)
1995	Tracy Harris (U.S.)
1995–1997	Arturo Gatti (U.S.)
1998–1999	Roberto Garcia (U.S.)
1999–2000	Diego Corrales* (U.S.)
2000–2002	Steve Forbes* (U.S.)
2003–2004	Carlos Hernandez (U.S.)
2004	Erik Morales* (Mexico)
2005	Robbie Peden (Australia)
2005–2006	Marco A. Barrera* (Mex.)
2006	Cassius Baloyi (S.A.)
2006	Gairy St. Clair (Guy.)
2006–2007	Malcolm Klassen (S.A.)
2007–2008	Mzonke Fana (S.A.)

FEATHERWEIGHTS

1984–1985	Min-Keun Oh (S. Korea)
1985–1986	Ki-Yung Chung (S. Korea)
1986–1988	Antonio Rivera (P.R.)
1988	Calvin Grove (U.S.)
1988–1990	Jorge Paez* (Mexico)
1991	Troy Dorsey (U.S.)
1991–1993	Manuel Medina (Mexico)
1993–1997	Tom Johnson (U.S.)
1997	Naseem Hamed* (U.K.)
1997–1998	Hector Lizarraga (Mex.)
1998–1999	Manuel Medina (Mexico)
1999–2000	Paul Ingle (U.K.)
2000–2001	Mbulelo Botile (S.A.)
2001	Frankie Toledo (U.S.)
2001–2002	Manuel Medina (Mexico)
2002	Johnny Tapia* (U.S.)
2003–2005	Juan M. Marquez* (Mex.)
2006	Valdemir Pereira (Bz.)
2006	Eric Aiken (U.S.)
2006	Robert Guerrero (U.S.)
2006	Orlando Salido* (Mex.)
2007–2008	Robert Guerrero* (U.S.)
2008–	Cristobal Cruz (Mexico)

JUNIOR FEATHERWEIGHTS

1983–1984	Bobby Berna (Phil.)
1984–1985	Seung-In Suh (Korea)
1985–1986	Ji-Won Kim* (Korea)
1987–1988	Seung-Hoon Lee (Korea)
1988–1989	Jose Sanabria (Venezuela)
1989–1990	Fabrice Benichou (France)
1990–1992	Welcome Ncita (S.A.)
1992–1994	Kennedy McKinney (U.S.)
1994–1999	Vuyani Bungu* (S.A.)
1999–2001	Lehlohonola Ledwaba (S.A.)
2001–2004	Manny Pacquiao* (Phil.)
2004–2006	Israel Vazquez* (Mexico)
2006–2008	Steve Molitor (Canada)
2008–	Celestino Caballero (Pan.)

BANTAMWEIGHTS

1984–1985	Satoshi Shingaki (Japan)
1985–1987	Jeff Fenech (Australia)
1987–1988	Kelvin Seabrooks (U.S.)
1988–1994	Orlando Canizales* (U.S.)
1995	Harold Mestre (Colombia)
1995–1997	Mbulelo Botile (S.A.)
1997–2003	Tim Austin (U.S.)
2003–2007	Rafael Marquez* (Mex.)
2007	Luis A. Perez (Nic.)
2007–2009	Joseph Agbeko (Ghana)
2009–	Yonnhy Perez (U.S.)

JUNIOR BANTAMWEIGHTS

1983–1985	Joo-Do Chun (S. Korea)
1985–1986	Ellyas Pical (Indonesia)
1986	Cesar Polanco (Dom. Rep.)
1986–1987	Ellyas Pical (Indonesia)
1987	Tae-Il Chung (S. Korea)
1987–1989	Ellyas Pical (Indonesia)
1989–1990	Juan Polo Perez (Col.)
1990–1993	Robert Quiroga (U.S.)

1996–1997	Danny Romero (U.S.)
1997–1998	Johnny Tapia* (U.S.)
1999–2000	Mark Johnson (U.S.)
2000–2003	Felix Machado (Vez.)
2003–2006	Luis A. Perez* (Nic.)
2007–2008	Dimitri Kirilov (Russia)
2008–2009	Vic Darchinyan* (Canada)
2009–	Simphiwe Nongqayi (S.A.)

FLYWEIGHTS

1983–1985	Soon-Chon Kwan (Korea)
1985–1986	Chong-Kwan Chung (Ko.)
1986	Bi-Won Chung (Korea)
1986–1987	Hi-Sup Shin (Korea)
1987	Dodie Penalosa (Phil.)
1987–1988	Chang-Ho Choi (Korea)
1988	Rolando Bohol (Phil.)
1988–1989	Duke McKenzie (U.K.)
1989–1992	Dave McAuley (Ireland)
1992	Rodolfo Blanco (Colombia)
1992–1994	P. Sithbangprachan* (Thai.)
1995	Francisco Tejedor (Col.)
1995–1996	Danny Romero (U.S.)
1996–1998	Mark Johnson* (U.S.)
1999–2004	Irene Pacheco (Col.)
2004–2007	Vic Darchinyan (Aus.)
2007–2009	Nonito Donaire* (Phil.)
2009–	Moruti Mthalane (S.A.)

JUNIOR FLYWEIGHTS

1983–1986	Dodie Penalosa (Phil.)
1986–1988	Jun-Hwan Choi (Korea)
1988–1989	Tacy Macalos (Phil.)
1989–1990	Muang. Kittikasem (Thai.)
1990–1994	Michael Carbajal (U.S.)
1994–1995	Humberto Gonzalez (Mex.)
1995	Saman Sor Jaturong* (Thai.)
1996–1997	Michael Carbajal (U.S.)
1997–1998	Mauricio Pastrana* (Col.)
1998–1999	Will Grigsby (U.S.)
1999–2002	Ricardo Lopez* (U.S.)
2003–2005	Victor Burgos (Mexico)
2005–2006	Will Grigsby (U.S.)
2006–2009	Ulises Solis (Mexico)
2009–	Brian Viloria (U.S.)

MINI FLYWEIGHTS

1987	Kyung-Yun Lee* (Korea)
1988–1989	Samuth Sithnaruepol (Thai.)
1989	Nico Thomas (Indonesia)
1989–1990	Eric Chavez (Philippines)
1990–1992	Fahlan Lukmingkwan (Thai.)
1992	Manny Melchor (Philippines)
1992–1997	Ratanapol Voraphin (Thai.)
1997–2000	Zolani Petelo* (S.A.)
2001–2002	Roberto Levya (Mexico)
2002–2003	Miguel Barrera (Col.)
2003	Edgar Cardenas (Mexico)
2003–2004	Daniel Reyes (Colombia)
2004–2007	Muhammad Rachman (Indo.)
2007–2008	Florante Condes (Phil.)
2008–	Raul Garcia (Mexico)

World Boxing Organization (WBO)

Formed in 1988, another breakaway group from the WBA. Fourth and final sanctioning world body composed of national commissions.

WBO Presidents

1988–1990	Luis Batista Salas	San Juan, P.R.
1990–1992	Ramon Pina Acevedo	S. Domingo, D.R.
1992–1994	Jose Luis Torres	San Juan, P.R.
1994–	Francisco Valcarcel	San Juan, P.R.

WBO World Champions

HEAVYWEIGHTS

1989–1991	Francesco Damiani (Italy)
1991–1992	Ray Mercer* (U.S.)
1992–1993	Michael Moorer (U.S.)
1993	Tommy Morrison (U.S.)
1993–1994	Michael Bentt (U.K.)
1994–1995	Herbie Hide (U.K.)
1995–1996	Riddick Bowe* (U.S.)
1996–1997	Henry Akinwande* (U.K.)
1997–1999	Herbie Hide (U.K.)
1999–2000	Vitali Klitschko (Uk.)
2000	Chris Byrd (U.S.)
2000–2003	Wladimir Klitschko (Uk.)
2003–2004	Corrie Sanders* (S.A.)
2004–2006	Lamon Brewster (U.S.)
2006	S. Lyakhovich (Belarus)
2006–2007	Shannon Briggs (U.S.)
2007–2008	Sultan Ibragimov (Russia)
2008–	Wladimir Klitschko (Uk.)

CRUISERWEIGHTS

1989–1990	Boone Pultz (U.S.)
1990–1992	Magne Havnaa (Norway)
1992–1993	Tyrone Booze (U.S.)
1993	Marcus Bott (Germany)
1993–1994	Nestor Giovannini (Arg.)
1994–1995	Dariusz Michalczewski* (Ger.)
1995–1997	Ralf Rocchigiani (Germany)
1997–1999	Carl Thompson (U.K.)
1999–2006	Johnny Nelson* (U.K.)
2006–2008	Enzo Maccarinelli (U.K.)
2008	David Haye* (U.K.)
2009	Victor Ramirez (Arg.)

LIGHT HEAVYWEIGHTS

1988–1991	Michael Moorer* (U.S.)
1991–1994	Leeonzer Barber (U.S.)
1994–2003	Dariusz Michalczewski (Ger.)
2003–2004	Julio C. Gonzalez (Mexico)
2004–	Zsolt Erdei (Hungary)

SUPER MIDDLEWEIGHTS

1988–1991	Thomas Hearns* (U.S.)
1991–1995	Chris Eubank (U.K.)
1995–1997	Steve Collins (Ire.)
1997–2008	Joe Calzaghe* (U.K.)
2008–2009	Denis Inkin (Russia)
2009–	Karoly Balzsay (Hun.)

MIDDLEWEIGHTS

1989–1990	Doug DeWitt (U.S.)
1990	Nigel Benn (U.K.)
1990–1991	Chris Eubank (U.K.)
1991–1993	Gerald McClellan (U.S.)
1993–1994	Chris Pyatt (U.K.)
1994–1995	Steve Collins* (Ire.)
1995–1998	Lonnie Bradley* (U.S.)
1998	Otis Grant* (Jamaica)
1999	Bert Schenk* (Germany)
1999	Jason Matthews (U.K.)
1999–2002	Armand Krajnc (Germany)
2002–2003	Harry Simon* (Namibia)
2003–2004	Felix Sturm (Germany)
2004	Oscar de la Hoya (U.S.)
2004–2005	Bernard Hopkins (U.S.)
2005–2007	Jermain Taylor (U.S.)
2007–	Kelly Pavlik (U.S.)

JUNIOR MIDDLEWEIGHTS

1988–1993	John David Jackson (U.S.)
1993–1995	Verno Phillips (U.S.)
1995	Gianfranco Rosi (Italy)
1995	Verno Phillips (U.S.)
1995–1996	Paul Jones* (U.K.)
1996	Bronco McKart (U.S.)
1996–1998	Ronald Wright (U.S.)
1998–2001	Harry Simon* (S.A.)
2002–2005	Daniel Santos (P.R.)
2005–	Sergei Dzindziruk (Uk.)

WELTERWEIGHTS

1989	Genaro Leon (Mexico)
1989–1993	Manning Galloway (U.S.)
1993	Gert Bo Jacobsen (Den.)
1993–1996	Eamonn Loughran (Ire.)
1996–1997	Jose Luis Lopez (Mexico)
1997–1998	Michael Loewe (Roumania)
1998–2000	Ahmed Katejev (Russia)
2000–2002	Daniel Santos* (P.R.)
2002–2007	Antonio Margarito (Mex.)
2007–2008	Paul Williams (U.S.)
2008	Carlos Quintana (P.R.)
2008	Paul Williams* (U.S.)
2009–	Miguel A. Cotto (P.R.)

JUNIOR WELTERWEIGHTS

1989–1991	Hector Camacho (P.R.)
1991	Greg Haugen (U.S.)
1991–1992	Hector Camacho (P.R.)
1992–1993	Carlos Gonzalez (Mex.)
1993–1994	Zack Padilla (U.S.)
1995–1996	Sammy Fuentes (P.R.)
1996–1998	Giovanni Parisi (Italy)
1998–1999	Carlos Gonzalez (Mex.)
1999–2000	Randall Bailey (U.S.)
2000–2001	Ener Julio* (Colombia)
2001–2003	DeMarcus Corley (U.S.)
2003–2004	Zabdiel Judah* (U.S.)
2004–2006	Miguel A. Cotto* (P.R.)
2006–2008	Ricardo Torres (Col.)
2008–2009	Kendall Holt (U.S.)
2009–	Tim Bradley (U.S.)

LIGHTWEIGHTS

1989–1990	Mauricio Aceves (Mex.)
1990–1992	Dingaan Thobela (S.A.)
1992–1994	Giovanni Parisi (Italy)
1994–1996	Oscar de la Hoya* (U.S.)
1996–2004	Artur Grigorian (Uzbek.)
2004	Acelino Freitas (Brazil)
2004–2006	Diego Corrales* (U.S.)
2006–2007	Acelino Freitas (Brazil)
2007–2008	Juan Diaz (U.S.)
2008–2009	Nate Campbell* (U.S.)
2009–	Juan M. Marquez (Mexico)

JUNIOR LIGHTWEIGHTS

1989	Juan Molina (Puerto Rico)
1989–1992	Kamel Bou Ali (Tunisia)
1992	Daniel Londas (France)
1992–1994	Jimmy Bredahl (Denmark)
1994	Oscar de la Hoya* (U.S.)
1994–1997	Regilio Tuur* (Neth.)
1997–1998	Barry Jones (U.K.)
1998–1999	Anatoly Alexandrov (Kazak.)
1999–2004	Acelino Freitas* (Brazil)
2004	Diego Corrales* (U.S.)
2004–2005	Mike Anchondo (U.S.)
2005–2006	Jorge Barrios (Argentina)
2006–2008	Joan Guzman* (Dom. Rep.)
2008	Alex Arthur (U.K.)
2008–2009	Nicky Cook (U.K.)
2009–	Roman Martinez (P.R.)

FEATHERWEIGHTS

1989	Maurizio Stecca (Italy)
1989–1990	Louie Espinoza (U.S.)
1990–1991	Jorge Paez (Mexico)
1991–1992	Maurizio Stecca (Italy)
1992	Colin McMillan (U.K.)
1992–1993	Ruben Dario Palacio (Col.)
1993–1995	Steve Robinson (U.K.)
1995–2000	Naseem Hamed* (U.K.)
2001	Istvan Kovacs (Hungary)
2001–2002	Julio Pablo Chacon (Arg.)
2002–2006	Scott Harrison* (U.K.)
2006–2007	Juan M. Marquez* (Mex.)
2007–	Steve Luevano (U.S.)

JUNIOR FEATHERWEIGHTS

1989	Kenny Mitchell (U.S.)
1989–1990	Valerio Nati (Italy)
1990–1991	Orlando Fernandez (P.R.)
1991–1992	Jesse Benavides (U.S.)
1992–1993	Duke McKenzie (U.K.)
1993–1995	Daniel Jimenez (P.R.)
1995–1996	Marco A. Barrera (Mex.)
1996–1997	Junior Jones (U.S.)
1997–1998	Kennedy McKinney (U.S.)
1998–2000	Marco A. Barrera (Mex.)

2000	Erik Morales (Mexico)	1994–1998	Johnny Tapia (U.S.)	1994	Michael Carbajal (U.S.)
2000–2001	Marco A. Barrera* (Mex.)	1998–1999	Victor Godoi (Argentina)	1994–1995	Paul Weir (U.K.)
2001–2002	Agapito Sanchez* (D.R.)	1999	Diego Morales (Mexico)	1995–1997	Jacob Matlala (S.A.)
2002–2005	Joan Guzman* (Dom. Rep.)	1999–2001	Adonis Rivas (Nicaragua)	1997	Jesus Chong (Mexico)
2005–2008	Dan. Ponce de Leon (Mex.)	2001–2002	Pedro Alcazar (Panama)	1997–1998	Melchor Cob Castro (Mex.)
2008–	Jose Manuel Lopez (P.R.)	2002–2003	Fernando Montiel (Mex.)	1998	Juan Cordoba (Argentina)
		2003–2004	Mark Johnson (U.S.)	1998–1999	Jorge Arce (Mexico)

Bantamweights

1989–1991	Israel Contreras (Vez.)
1991	Gaby Canizales (U.S.)
1991–1992	Duke McKenzie (U.K.)
1992–1994	Rafael del Valle (P.R.)
1994–1995	Alfred Kotey (Ghana)
1995–1996	Daniel Jimenez (P.R.)
1996–1998	Robbie Regan (U.K.)
1998–2000	Jorge E. Julio (Col.)
2000	Johnny Tapia* (U.S.)
2000–2002	Mauricio Martinez (Pan.)
2002–2004	Cruz Carbajal (Mexico)
2004–2005	Rata. Sor Voraphin (Thai.)
2005–2007	Jhonny Gonzalez (Mex.)
2007–2009	Gerry Penalosa* (Phil.)
2009–	Fernano Montiel (Mex.)

Flyweights (continued)
2004–2005	Ivan Hernandez (Mexico)
2005–2009	Fernando Montiel* (Mex.)
2009–	Jose (Carita) Lopez (P.R.)

Flyweights

1989	Elvis Alvarez* (Col.)
1990–1992	Isidro Perez (Mexico)
1992–1993	Pat Clinton (U.K.)
1993–1995	Jacob Matlala (S.A.)
1995–1996	Alberto Jimenez (Mexico)
1996–1998	Carlos Salazar (Arg.)
1998–1999	Ruben Sanchez Leon (Mex.)
1999	Jose Lopez Bueno (Spain)
1999–2000	Isidro Garcia (Mexico)
2000–2002	Fernando Montiel* (Mex.)
2002	Adonis Rivas (Nicaragua)
2002–	Omar Narvaez (Argentina)

Junior Bantamweights
1989–1992	Jose Ruiz (Puerto Rico)
1992	Jose Quirino (Mexico)
1992–1994	Johnny Bredahl (Den.)

Junior Flyweights

1989–1992	Jose DeJesus (P.R.)
1992–1994	Josue Camacho (P.R.)

Junior Flyweights (continued)
1999–2000	Michael Carbajal* (U.S.)
2000	Masibuleke Makepula* (S.A.)
2000	Will Grigsby* (U.S.)
2001–2005	Nelson Dieppa (P.R.)
2005–2007	Hugo Cazares (Mexico)
2007–	Ivan Calderon (P.R.)

Mini Flyweights

1989–1992	Rafael Torres* (D.R.)
1993–1994	Paul Weir (U.K.)
1994–1997	Alex Sanchez (P.R.)
1997–1998	Ricardo Lopez* (Mex.)
1998	Eric Jamili (Phil.)
1998–2002	Kermin Guardia* (Col.)
2002–2003	Jorge Mata (Spain)
2003	Eduardo Marquez (Nic.)
2003–2007	Ivan Calderon* (P.R.)
2007–	Donnie Nietes (Phil.)

International Boxing Council (IBC)

Formed as the Intercontinental Boxing Council by Marty Cohen when the WBA withdrew recognition from 122-pound champion Jesus Salud in 1990. Name changed to International Boxing Council following Cohen's death in 1995. This was the first international sanctioning body *not* composed of governmental boxing bodies from around the world.

IBC Presidents

1990–1995	Marty Cohen
1995–2000	Blackie Gennaro
2000–	David Gennaro

IBC World Champions

Heavyweights
1992	Razor Ruddock* (Can.)
1994–1995	Tim Puller* (U.S.)
1995	Tommy Morrison (U.S.)
1995–1996	Lennox Lewis* (U.K.)
1996	Jerry Ballard* (U.S.)
1996–1997	John Kiser* (U.S.)
1997–1999	Michael Grant* (U.S.)
1999–2002	Brian Nielsen* (Den.)
2002–2005	Vacant
2005–2007	Tomasz Bonin* (Poland)
2009–	Hector Ferreyro (U.S.)

Super Cruiserweights
2000–2002	Tue Bjorn Thomsen* (Den.)

Cruiserweights
1990–1991	Phil Jackson* (U.S.)
1991–1992	Arthur Weathers* (U.S.)
1993–1994	Vincent Boulware* (U.S.)
1994–1995	Sean McClain* (U.S.)
1995–1997	Kenny Keene (U.S.)
1997	Robert Daniels* (U.S.)
1998–2000	Virgil Hill* (U.S.)
2001–2002	Etianne Whitaker* (U.S.)
2002–2004	Virgil Hill* (U.S.)
2006–2007	Krzys. Wlodarczyk* (Pol.)
2009–	Pawel Kolodziej (Poland)

Light Heavyweights
1990–1991	Aundrey Nelson* (U.S.)
1991–1994	Vacant
1994–1995	Ole Klemetsen* (Norway)
1996	Rocky Gannon* (U.S.)
1996–1997	Drake Thadzi* (Malawi)
1998–1999	Sal. DiSalvatore (Italy)
2000–2001	Montell Griffin* (U.S.)
2001–2006	Vacant
2006–2007	Rachid Kanfouah* (France)
2007–2008	Roy Jones, Jr.* (U.S.)
2010	Dawid Kostecki (Poland)

Super Middleweights
1991–1992	Dave Tiberi* (U.S.)
1992–1995	Vacant
1995	Vinny Pazienza* (U.S.)
1996–1997	Steve Little* (U.S.)

Middleweights
1990–1991	James Toney* (U.S.)
1992	Daniel Garcia* (P.R.)
1992–1996	Vacant
1996	Hector Camacho* (P.R.)
1997	Aaron Davis* (U.S.)
1997–1998	Tony Marshall* (U.S.)
1999–2000	Aaron Mitchell* (U.S.)
2000–2001	Bernard Hopkins* (U.S.)
2001–2005	Vacant
2005–2006	Jose L. Zertuche* (Mex.)
2007	Cleveland Corder* (U.S.)

Super Welterweights
1990–1991	Tyrone Trice* (U.S.)
1993	Anthony Stephens* (U.S.)

1994–1995	Darrin Morris* (U.S.)
1996–1997	Buddy McGirt* (U.S.)
1997–1998	Robert Frazier* (U.S.)
1998–2000	Hector Camacho* (P.R.)
2001–2002	Virgil Kalakoda* (S.A.)
2003	Mikael Rask* (Denmark)
2003–2007	*Vacant*
2007–2008	Zabdiel Judah* (U.S.)
2009	Damian Jonak* (Poland)
2009–2010	Grady Brewer* (U.S.)

WELTERWEIGHTS

1990–1991	Kevin Pompey (U.S.)
1991	Santos Cardona* (P.R.)
1991–1995	*Vacant*
1995–1996	Hector Camacho* (P.R.)
1996	John Bizzarro (U.S.)
1996–1997	Mike Griffith* (U.S.)
1997–1998	Ken Sigurani* (U.S.)
1998	Soren Sondergaard* (Den.)
1998–1999	Frank Olsen* (Denmark)
1999–2000	Carlos Baldomir* (Arg.)
2000–2003	Thomas Damgaard* (Den.)
2005	J. Osei Bonsu* (Belgium)
2006–2007	Rafal Jackiewicz* (Pol.)
2007–	Robert Belge (Switz.)

SUPER LIGHTWEIGHTS

1990	Donald Stokes* (U.S.)
1990–1991	Tim Burgess* (U.S.)
1992–1993	Carl Griffith* (U.S.)
1994–1995	Corey Johnson* (U.S.)
1995–1996	Vernon Forrest* (U.S.)
1997–1998	Soren Sondergaard* (Den.)
1998	Mike Griffith* (U.S.)
1998–2001	Julian Wheeler* (U.S.)
2001–2002	Stephen Smith* (U.K.)
2002–2006	*Vacant*
2006–	Andrzej Sark (Slovakia)

LIGHTWEIGHTS

1990	Manuel Medina* (Mexico)
1990–1991	Keeley Thompson* (U.S.)
1991–1992	Jaime Balboa* (Mexico)
1994–1995	Gene Reed* (U.S.)
1995	Michael Clark* (U.S.)
1995–1996	Juan Molina* (P.R.)
1996–1997	Michael Clark* (U.S.)
1997–1998	Dennis Holbaek* (Den.)
1998–1999	Paul Spadafora* (U.S.)
2001–2002	Dennis Holbaek (Den.)
2002–2003	Paul Spadafora* (U.S.)
2004–2006	Laszlo Bognar* (Hun.)
2007–2009	Verquan Kimbrough* (U.S.)

SUPER FEATHERWEIGHTS

1990–1991	Richard Savage* (U.S.)
1991–1992	Eugene Speed* (U.S.)
1992	Rodolfo Gomez (Mexico)
1992–1993	Francisco Segura* (U.S.)
1995	Saul Duran* (Mexico)
1996–1997	C.A. Hernandez* (U.S.)
1998–2000	Dennis Holbaek (Denmark)
2000	Boris Sinitsin* (Russia)
2000–2001	Dennis Holbaek* (Denmark)
2001–2004	*Vacant*
2004–2006	Janos Nagy* (Hungary)

Featherweights

1990	Edward Parker* (U.S.)
1991	John Chavez* (U.S.)
1991–1992	Richard Savage* (U.S.)
1992–1995	*Vacant*
1995–1997	November Ntshingila* (S.A.)
1997–2002	*Vacant*
2002–2004	Spend Abazi* (Albania)
2006–	Hector Velazquez (Mex.)

SUPER BANTAMWEIGHTS

1990–1991	Jesus Salud* (U.S.)
1991–1994	*Vacant*
1994–1995	Johnny Vasquez* (U.S.)
1995–1996	Orlando Canizales* (U.S.)
1996	Junior Jones* (U.S.)
1996–1997	Max Gomez* (U.S.)
1998–1999	Bernard Harris* (U.S.)
1999–2003	*Vacant*
2003–2004	Victorio Abadia* (Pan.)
2005–2006	Bernard Dunne* (Ire.)
2007–2009	Alex. Vladimirov* (Bul.)

BANTAMWEIGHTS

1997–2003	Johnny Bredahl* (Den.)

SUPER FLYWEIGHTS

1991	Nana Yaw Konadu* (Ghana)
1991–1992	Miguel Mercedes (D.R.)
1992–1993	Eduardo Ramirez* (Mex.)
1993–1998	*Vacant*
1998–2002	Jesper Jensen* (Den.)

FLYWEIGHTS

1997–1998	Jesper Jensen* (Den.)
1998–2002	*Vacant*
2002–2004	Steffen Norskov (Den.)

LIGHT FLYWEIGHTS

1990–1991	Jesus Chong* (Mex.)
1992–1993	Raul Rios* (Mexico)

Note: IBC also recognizes Continental (i.e., Intercontinental) and Americas champions. They are not included in this book.

World Boxing Federation (WBF)

Reputedly est. 1989; did not sanction title bouts until late 1990. Name changed to World Boxing Foundation Ltd., 2004.

WBF Presidents

1989–2004	Ronald L. Scalf

WBF World Champions

HEAVYWEIGHTS

1992–1993	Pinklon Thomas (U.S.)
1993	Lawrence Carter* (U.S.)
1993–1995	Johnny Nelson (U.K.)
1995–1996	Adilson Rodrigues* (Brazil)
1997	Lionel Butler* (U.S.)
1997–1998	Bert Cooper* (U.S.)
1998–1999	Joe Bugner* (Australia)
1999	Joe Hipp* (U.S.)
2000–2001	Mike Barnardo* (S.A.)
2002	Alexander Jacob* (Uzb./Ger.)
2002	Russell Chasteen* (U.S.)
2003–2004	Richel Hersisia (Neth./Cur.)
2004	Audley Harrison* (U.K.)
2004–2006	Rob Calloway* (U.S.)
2006–2008	Albert Sosnowski* (Pol.)
2009–2010	Francois Botha (S.A.)
2010	Evander Holyfield (U.S.)

SUPER CRUISERWEIGHT

2001–2002	Robert Daniels* (U.S.)

CRUISERWEIGHTS

1990–1992	Ricky Parkey* (U.S.)
1992	Dan Murphy (U.S.)
1992–1993	Dave Russell (Aus.)
1993	Johnny Nelson (U.K.)
1993–1994	Franco Wanyama* (Uganda)
1994–1995	Kenny Keene (U.S.)
1995	Bobby Crabtree* (U.S.)
1995–1996	Holsey Ellingburg* (U.S.)
1996–1997	Vinnie Curto* (U.S.)
1997–1998	Yosuke Nishijima* (Japan)
1999–2000	Terry Ray* (U.S.)
2000–2001	Bashiru Ali* (Nigeria)
2002–2003	John Keeton* (U.K.)
2004–2006	Krzys. Wlodarczyk* (Pol.)
2006–2007	Gyorgy Hidvegi* (Hun.)
2008	Jozsef Nagy* (Hungary)

LIGHT HEAVYWEIGHTS

1992–1993	Randall Yonker* (U.S.)
1993–1994	Ken Atkin* (U.S.)
1994–1995	Ali Saidi* (Germany)
1996–1997	Esteban Cervantes* (U.S.)
1997–1998	Guy Waters* (Australia)
1998–1999	Chris Johnson* (Canada)
2000	Mark Baker* (U.K.)
2001–2003	Roy Jones, Jr.* (U.S.)

2003–2004	Manuel Lee Ossie* (Lib.)
2004	Antonio Tarver* (U.S.)
2005–2006	Dawid Kostecki* (Poland)
2007	Prince Badi Ajamu* (U.S.)
2009–2010	Tamas Kovacs* (Slovakia)

Super Middleweights

1993–1995	Luciano Torres* (Brazil)
1995–1996	Reginaldo Andrade* (Brazil)
1997	Earl Butler* (U.S.)
1997	Reginaldo Andrade* (Brazil)
1997–1998	Fredrik Alvarez (Swe./Den.)
1998–1999	Thulane Malinga (S.A.)
1999–2000	Mads Larsen* (Denmark)
2000–2003	Robin Reid* (U.K.)
2004	Damon Hague* (U.K.)
2005–2006	Stjepan Bozic* (Croatia)
2006–2007	Jamie Pittman* (Aus.)
2007	Lansana Diallo* (Bel.)
2008–2009	William Gare* (S.A.)
2009–	Les Sherrington (Aus.)

Middleweights

1991–1992	Darrin Morris* (U.S.)
1992–1994	Vacant
1994	Roberto Coelho* (Brazil)
1995	Carl Daniels* (U.S.)
1996–1997	Joaquin Velazquez* (D.R.)
1997–1999	Vacant
1999–2000	Cornelius Carr* (U.K.)
2000	Delroy Leslie (Jamaica)
2000–2001	Lester Jacobs* (U.K.)
2003	Wayne Pinder (U.K.)
2003–2004	Damon Hague* (U.K.)
2004–2006	Arsen Khachatrian* (Fr.)
2008–2009	Kreshnik Qato* (U.K.)
2009–	Sam Soliman (Australia)

Junior Middleweights

1991–1993	Tommy Small (U.S.)
1993	Craig Trotter* (Aus.)
1993	Matthew Charleston* (U.S.)
1993	Patrick Vungo (Zaire/Bel.)
1993–1995	Godfrey Nyakana* (Uganda)
1995–1997	Nico Toriri* (Indonesia)
1997–1998	Floyd Weaver* (U.S.)
1999–2000	Fitz Vanderpool* (Td.)
2000–2002	Steve Roberts (U.K.)
2002–2003	Andrei Pestriaev (Russia)
2003	Richard Williams* (U.K.)
2003–2005	Mihaly Kotai* (Hungary)
2005–2006	Jozsef Matolcsi (Hungary)
2006	Brice Faradji* (France)
2006–2007	Jozsef Matolcsi (Hungary)
2007–2008	Marcus Portman* (U.K.)
2008–2009	Kiat. Singwancha* (Thai.)
2009–	Bongani Mwelase (S.A.)

Welterweights

1991–1992	Roger Turner* (U.S.)
1993	Lester Ellis* (Aus.)
1994–1995	Jeff Malcolm (Aus.)
1995	William Magahin (Phil.)
1995	Suwito Lagola* (Indo.)
1996	James Lerma (U.S.)
1996	Suwito Lagola* (Indo.)
1996–1997	Ken Sigurani* (U.S.)
1998	Paul Nave (U.S.)
1998–1999	Greg Haugen* (U.S.)
2000	Bruce Corby (U.S.)
2000–2002	Charles Baou* (New Cal.)
2002–2003	Joshua Okane* (Ghana)
2003	James Hare (U.K.)
2003–2004	Cosme Rivera* (Mex.)
2004–2005	Chad Bennett* (Aus.)
2005–2006	Stephane Jacob* (Fr.)
2006–2007	Dondon Sultan (Phil.)
2007–2008	Hamza Issa* (Cameroon)
2008–2009	Bongani Mwelase* (S.A.)

Junior Welterweights

1992	J. Abu-Lashin* (Israel)
1992–1993	Homer Gibbins* (U.S.)
1993–1996	Vacant
1996	Ajib Albarado* (Indo.)
1996	Moses James* (Nigeria)
1996–1997	Craig Thomas* (U.S.)
1997–1998	Ajib Albarado* (Indo.)
1998	Ricky Quiles* (P.R.)
1999–2000	Junior Witter* (U.K.)
2001	Johnny Bizzarro* (U.S.)
2001	Manard Reed* (U.S.)
2001–2002	Wayne Rigby (U.K.)
2002–2003	Gary Ryder (U.K.)
2003	Pablo Sarmiento* (Arg.)
2003	Ted Bami (Zaire/U.K.)
2003–2004	Samuel Malinga* (S.A.)
2004–2005	Dindo Castanares* (Phil.)
2006–2007	John Cotterill* (Aus.)
2007–2008	Guillermo Mosquera* (N.Z.)
2009–	Lance Gostelow (Australia)

Lightweights

1993–1994	J. Abu-Lashin* (Israel)
1994–1995	Andre Nicola* (Brazil)
1995–1996	F. Tomas Da Cruz* (Bz.)
1997–1998	Juan E. Lazcano* (U.S.)
2001–2002	Chad Brisson* (Canada)
2002	Colin Dunne* (U.K.)
2002–2004	Levent Cukur* (Turkey)
2004–2005	Mat Zegan* (Poland)
2005–2006	Jon. Thaxton* (U.K.)
2006–2007	Allan Luxford* (Aus.)
2007–	Mlungisi Dlamini (S.A.)

Junior Lightweights

1993–1994	Ditau Molefyane (S.A.)
1994–1995	Aaron Zarate* (Mexico)
1997–1998	K. Meekhunnapaarp* (Thai.)
2000	Joselito Rivera* (Phil.)
2003–2004	Carl Greaves (U.K.)
2004–2005	Carl Johanneson* (U.K.)
2005–2006	Leva Kirakosyan* (Russia)
2007	Cyril Thomas* (France)
2007–2008	Zolani Marali* (S.A.)

Featherweights

1991–1992	Barrington Francis (Can.)
1992–1994	Pete Taliaferro* (U.S.)
1995–1996	Cedric Mingo (U.S.)
1996–1998	Ric Siodora (Phil.)
1998–1999	Kong. Sorkitti (Thai.)
1999–2000	Nadel Hussein* (Aus.)
2000–2001	Orlando Villaflor* (Phil.)
2002–2003	Michael Brodie* (U.S.)
2003–2006	Vacant
2006–2008	Choi Tseveenpurev* (U.K.)
2008–2009	Ludumo Galada* (S.A.)
2009	Takalani Ndlovu* (S.A.)

Junior Featherweights

1992	Felix Camacho (P.R.)
1992–1994	Orlando Fernandez* (P.R.)
1995–1996	Tony Wehbee (Australia)
1996–1997	Torsak Pongsupa* (Thai.)
1997–1998	Juan M. Chavez* (Mexico)
1998–2002	S. Sithchatchawal* (Thai.)
2002–2004	Michael Hunter* (U.K.)
2006–2007	Zolani Marali* (S.A.)
2007–2008	Oscar Chauke* (S.A.)

Bantamweights

1994–1998	Fah. Sithkwenim* (Thai.)
1999–2000	F. Por Tawatchai* (Thai.)
2001–2003	Joseph Agbeko* (Ghana)
2003–2006	Vacant
2006–2008	Frederic Patrac* (France)
2008–	Lubabalo Msuthu (S.A.)

Junior Bantamweights

1994–2002	S. Lukchaopormasak* (Thai.)
2002–2004	Peter Culshaw* (U.K.)
2004–2006	Gerry Penalosa* (Phil.)
2006–2009	Simpiwe Nongqayi* (S.A.)

Flyweights

1994–1999	Phalan Lukmingkwan* (Thai.)
1999–2002	Vacant
2002–2003	Damaen Kelly* (U.K.)
2003–2007	Vacant
2007–2009	Zolani Tete* (S.A.)

Junior Flyweights

1994–1995	Sairung Suwanaslip (Thai.)
1995	Jesus Chong (Mexico)
1995–1996	Jakkrit LG Gym* (Thai.)
1996–1997	Mongkol Chareon* (Thai.)
1998	Rolando Tuyugon (Phil.)
1998–2000	Linrom Thawatchai* (Thai.)
2000–2007	Vacant
2007–2008	Muvhuso Nedzanani* (S.A.)

Mini Flyweights

1994–1995	Ronnie Magramo (Philippines)
1995	Fah Sang Pongsawang (Thai.)
1995–1996	Ronnie Magramo (Philippines)
1996–1998	Fah Sang Pongsawang (Thai.)
1999–2000	Wele Maqolo* (South Africa)

International Boxing Organization (IBO)

Est. 1992

IBO Presidents (Office est. 1996)

1996–   Ed. Levine

IBO World Champions

HEAVYWEIGHTS
1993–1994	Lionel Butler* (U.S.)
1994	Danell Nicholson* (U.S.)
1994–1995	Jimmy Thunder* (Samoa)
1996–1999	Brian Nielsen* (Denmark)
2000–2001	Lennox Lewis (U.K.)
2001	Hasim Rahman (U.S.)
2001–2004	Lennox Lewis* (U.K.)
2006–	Wladimir Klitschko (Uk.)

CRUISERWEIGHTS
1993–1994	David Izegwire (Nigeria)
1994–1995	Adolpho Washington* (U.S.)
1995–1996	Ted Cofie (U.S.)
1997–1998	James Toney* (U.S.)
1998–1999	Robert Daniels (U.S.)
1999–2000	Thomas Hearns (U.S.)
2000–2001	Uriah Grant (U.S.)
2001	Carl Thompson (U.K.)
2001–2002	Ezra Sellers* (U.S.)
2002–2004	Sebastiaan Rothmann (S.A.)
2004–2006	Carl Thompson* (U.S.)
2007	Tomasz Adamek* (Poland)
2008–2009	Johnathon Banks* (U.S.)
2009–	Danny Green (Australia)

LIGHT HEAVYWEIGHTS
1993–1995	Lenny LaPaglia* (U.S.)
1998	Drake Thadzi* (Malawi)
2000–2004	Roy Jones, Jr. (U.S.)
2004	Antonio Tarver (U.S.)
2004–2005	Glengoffe Johnson (U.S.)
2005–2006	Antonio Tarver (U.S.)
2006–2007	Bernard Hopkins* (U.S.)
2007–2008	Antonio Tarver (U.S.)
2008–	Chad Dawson (U.S.)

SUPER MIDDLEWEIGHTS
1992	Willie Ball (U.S.)
1992–1993	Todd Nadon* (Canada)
1993–1994	Vinny Pazienza* (U.S.)
1995	Rick Thornberry* (Aus.)
1996–1997	Ed White (U.S.)
1997–1999	Mads Larsen* (Denmark)
1999–2000	Dana Rosenblatt* (U.S.)
2001	Adrian Dodson (U.K.)
2001	Ramon Britez (Arg.)
2001–2004	Brian Magee (U.K.)
2004–2005	Robin Reid (U.K.)
2005–2006	Jeff Lacy (U.S.)
2006	Joe Calzaghe* (U.K.)
2007–2008	Fulgencio Zuniga* (Col.)
2008–	Sakio Bika (Australia)

MIDDLEWEIGHTS
1995–1996	Glenwood Brown* (U.S.)
1997–1998	Freemon Barr* (Bahamas)
1998–2000	Mpush Makembi (S.A.)
2000–2005	Raymond Joval* (Neth.)
2007–2009	Daniel Geale (Australia)
2009	Anthony Mundine* (Aus.)

LIGHT MIDDLEWEIGHTS
1993–1994	Lonnie Beasley* (U.S.)
1996	Pat Goossen* (U.S.)
1996–1997	Manny Sobral* (Spain)
1998–2000	Vacant
2000–2001	Adrian Stone* (U.K.)
2001–2003	Richard Williams (U.K.)
2003–2005	Sergio Martinez* (Arg.)
2005–2006	Mihaly Kotai (Hungary)
2006	Steve Conway (U.K.)
2006–2008	Attila Kovacs* (Hun.)

WELTERWEIGHTS
1993–1995	Kenny Gould* (U.S.)
1996	Kevin Lueshing* (U.K.)
1996–1997	Adrian Stone* (U.K.)
1997	Jose A. Rivera* (U.S.)
1998–1999	Johar Abu-Lashin* (Israel)
1999–2000	Peter Malinga* (S.A.)
2000–2001	Willy Wise (U.S.)
2001–2005	Jawaid Khaliq* (U.K.)
2006–2007	F. Mayweather, Jr.* (U.S.)
2007–2009	Isaac Hlatshwayo* (S.A.)
2009–	Lovemore N'dou (S.A.)

LIGHT WELTERWEIGHTS
1992	Mike Evgen (U.S.)
1992–1993	Carl Griffith* (U.S.)
1993–1994	Mike Johnson* (U.S.)
1994	Roger Mayweather* (U.S.)
1995–1996	Mario Martinez* (Mexico)
1997	Israel Cardona* (U.S.)
1997–1998	Johar Abu-Lashin* (Israel)
1998–1999	Ener Julio* (Colombia)
2000–2001	Newton Villarreal (Col.)
2001	Billy Schwer (U.K.)
2001–2004	Pablo Sarmiento (Arg.)
2004–2005	Colin Lynes* (U.K.)
2006	Stevie Johnston* (U.S.)
2007–2009	Ricky Hatton (U.K.)
2009	Manny Pacquiao* (Phil.)

LIGHTWEIGHTS
1994	John Avila* (U.S.)
1995	Billy Irwin* (Canada)
1995–1996	Leavander Johnson* (U.S.)
1996–1997	Tony Pep* (Canada)
1999–2002	Michael Ayers* (U.K.)
2003–2004	Jason Cook (U.K.)
2004–2005	Aldo Rios* (Argentina)
2005–2008	Isaac Hlatshwayo* (S.A.)
2008–2009	Juan Diaz* (U.S.)
2009–2010	Mlungisi Dlamini* (S.A.)
2010	Leonardo Zappavigna (Aus.)

SUPER FEATHERWEIGHTS
1993–1994	John Roby (U.S.)
1994–1995	Jeff Mayweather (U.S.)
1995–1996	Israel Cardona* (U.S.)
1996	Jimmy Bredahl (Den.)
1996–1997	Troy Dorsey* (U.S.)
1999–2000	Charles Shepherd (U.K.)
2000–2002	Affif Djelti* (Algeria)
2002–2006	Cassius Baloyi (S.A.)
2006	Gairy St. Clair* (Guy.)
2007–2008	Cassius Baloyi* (S.A.)
2008–2009	Billy Dib* (Australia)
2009	Zolani Marali (S.A.)
2009–	Ji-Hoon Kim (Korea)

FEATHERWEIGHTS
1993–1994	Derrick Gainer* (U.S.)
1996–1998	Radford Beasley* (U.S.)
1999–2000	Junior Jones (U.S.)
2000	Paul Ingle (U.K.)
2000–2001	Mbuelo Botile* (S.A.)
2001–2002	Marco A. Barrera* (Mex.)
2002–2003	Naseem Hamed* (U.K.)
2003	Michael Brodie* (U.K.)
2004–2005	Vuyani Bungu (S.A.)
2005–2008	Thomas Mashaba (S.A.)
2008	Cristobal Cruz* (Mex.)
2008–2009	Fernando Beltran* (Mex.)
2009–	Jackson Asiku (Aus.)

SUPER BANTAMWEIGHTS
1995	John Lowey* (Ireland)
1996–1997	Serge Devakov* (Russia)
1998	Patrick Mullings (U.K.)
1998–2000	Simon Ramoni* (S.A.)
2001–2003	Paulie Ayala (U.S.)
2003–2004	Zolani Marali (S.A.)
2004–2005	Thomas Mashaba* (S.A.)
2005–2007	Takalani Ndlovu (S.A.)
2007	Steve Molitor* (Canada)
2007–2008	Mike Oliver* (U.S.)

BANTAMWEIGHTS
1996–1998	Johnny Bredahl* (Den.)
2000–2001	Noel Wilders* (U.K.)
2001–2002	Jose Sanjuanelo (Col.)
2002–2005	Silence Mabuza (S.A.)
2005–2007	Rafael Marquez* (Mex.)
2007–2009	Silence Mabuza (S.A.)
2009–	Simpiwe Vetyeka (S.A.)

SUPER FLYWEIGHTS
1995–1996	Angel Almena* (P.R.)
1998–1999	Ilido Julio (Colombia)
1999	Edicson Torres (Vez.)
1999–2002	Mauricio Pastrana* (Col.)
2002–2003	Lunga Ntontela (S.A.)
2003–2004	Jason Booth (U.K.)
2004–2006	Damaen Kelly* (U.K.)
2006–2007	Mbwana Matumla* (Tanz.)
2007–2008	Vic Darchinyan* (Armenia)
2008–2009	Zolile Mbityi* (S.A.)

Flyweights

1994–1998   Scotty Olson* (Canada)
1999–2000   Zohle Mbityi (S.A.)
2000–2001   Damaen Kelly* (U.K.)
2002   Masibulele Makepula (S.A.)
2002–2005   Mzukisi Sikali (S.A.)
2005–2007   Vic Darchinyan (Armenia)
2007–2009   Nonito Donaire* (U.S.)
2009–   Cesar Seda (P.R.)

Junior Flyweights

1998–2000   Jose Sanjuanelo (Colombia)
2000–2002   Jose G. Garcia (Colombia)

2002–2004   Mhikiza Myekeni* (S.A.)
2004–2010   Vacant
2010   Hekkie Budler (S.A.)

Strawweights

2003–2005   Noel Tunacao* (Phil.)
2006–2009   Nkosinathi Joyi* (S.A.)

World Boxing Union

WBU Presidents

1995–2004   Jon W. Robinson
2004–   Jennifer Robinson

WBU World Champions

Heavyweights

1995–1997   George Foreman* (U.S.)
1997–2000   Corrie Sanders (S.A.)
2000–2001   Hasim Rahman* (U.S.)
2001–2002   Johnny Nelson* (U.K.)
2002–2005   Georgi Kandelaki* (Ga.)
2005   Matt Skelton* (U.K.)

Super Cruiserweights

1995–1996   Bobby Czyz* (U.S.)
1997   John McClain (U.S.)
1997–1998   Ezra Sellers* (U.S.)
1998   John McClain (U.S.)
1998–2000   Vincenzo Cantatore* (It.)

Cruiserweights

1995   Thomas Hearns* (U.S.)
1997   James Toney* (U.S.)
1997–1998   Don Diego Poeder* (Neth.)
1998–1999   Jacob Mofokeng (S.A.)
1999   Robert Norton (U.K.)
1999–2002   Sebastian Rothmann* (S.A.)
2003–2006   Enzo Maccarinelli* (U.K.)
2006   Mark Hobson* (U.K.)

Light Heavyweights

1995–1996   James Toney* (U.S.)
1996–1997   Montell Griffin* (U.S.)
1997–1998   Frank Tate* (U.S.)
2000–2001   Dario Matteoni* (Arg.)
2002–2003   Tony Oakey (U.K.)
2003–2004   Matthew Barney* (U.K.)

Super Middleweights

1995–1996   Thomas Tate* (U.S.)
1996–1997   Vinny Pazienza* (U.S.)
1998–1999   Norbert Nieroba (Ger.)
1999   Nordin ben Salah* (Mor.)
2000   Silvio Branco* (Italy)
2000–2004   Vacant
2004–2005   Erik Teymour* (U.K.)

Middleweights

1996   Dana Rosenblatt* (U.S.)

1996–1998   Silvio Branco (Italy)
1998–1999   Agostino Cardamone (It.)
1999   Raymond Joval (Neth.)
1999–2001   Antonio Perugino* (It.)
2002   Ruben Groenewald (S.A.)
2002–2003   Anthony Farnell (U.K.)
2003   Wayne Elcock (U.K.)
2003–2004   Lawrence Murphy (U.K.)
2004   Anthony Farnell (U.K.)
2004–2006   Eugenio Monteiro* (Port.)
2006–2007   Gary Lockett* (U.K.)

Light Middleweights

1995–1997   Emmett Linton* (U.S.)
1997–1998   Verno Phillips* (U.S.)
1998–2001   Rashid Matumla* (Tanz.)
2001–2004   Mehrdud Takaloo (U.K.)
2004–2006   Wayne Alexander* (U.K.)

Welterweights

1995–1996   Gary Murray (S.A.)
1996–1997   Alessandro Duran (Italy)
1997   Peter Malinga (S.A.)
1997–1998   Alessandro Duran (Italy)
1998–2001   Michele Piccirillo* (It.)
2001–2003   Jan Piet Bergman* (S.A.)
2003–2006   Eamonn Magee (U.K.)
2006–2007   Mehrdud Takaloo (U.K.)
2007   Michael Jennings* (U.K.)

Light Welterweights

1995   Jake Rodriguez* (P.R.)
1996   Joey Gamache* (U.S.)
1996–2000   Shea Neary* (U.K.)
2000–2001   Jason Rowland* (U.K.)
2001–2005   Ricky Hatton* (U.K.)
2005–2008   Vacant
2008–2009   Lee McAllister* (U.K.)

Lightweights

1995–1997   George Scott* (Liberia)
1997–2002   Colin Dunne (U.K.)
2002–2003   David Burke* (U.K.)
2004–2006   Tontcho Tontchev* (Bul.)
2006–2007   Graham Earl* (U.K.)
2007–2008   Lee McAllister* (U.K.)
2009–   Willie Limond (U.K.)

Super Featherweights

1995–1998   Angel Manfredy* (U.S.)
1999–2001   Jorge Barrios* (Arg.)
2001–2002   Phillip Ndou* (S.A.)
2002–2004   Kevin Lear* (U.K.)
2004–2005   Michael Gomez (U.K.)
2005   Javier Alvarez* (Arg.)

Featherweights

1996–1997   Kevin Kelley* (U.S.)
1998–2001   Cassius Baloyi* (S.A.)
2002–2004   Lehlohonolo Ledwaba* (S.A.)
2005–2006   Stephen Foster, Jr. (U.K.)
2006–2008   Derry Matthews (U.K.)
2008–2009   C. Tseveenpurev* (Mongolia)

Super Bantamweights

1995–1996   Kennedy McKinney* (U.S.)
1996   Max Gomez (U.S.)
1996   Frankie Toledo (U.S.)
1996–1998   Cassius Baloyi* (S.A.)
1998–1999   Carlos Navarro (U.S.)
1999–2001   Carlos Contreras* (Mex.)
2001–2002   Nedal Hussein* (Aus.)

Bantamweights

1995   Efrain Pintor* (Mexico)
1995–1996   Siri. Singmanassak* (Thai.)
1996–1997   Lehlohonolo Ledwaba* (S.A.)
1997–1998   Patrick Quka (S.A.)
1998   Johnny Bredahl* (Den.)
2000–2003   Johnny Armour (U.K.)
2003–2004   Nathan Sting* (Aus.)

Super Flyweights

1995   Siri. Singmanassak* (Thai.)
1996   Chaosing Chalermsri (Thai.)
1996   Sakhumzi Magxwalisa* (S.A.)
1996–1997   Suwatchai Chalermsri* (Thai.)
1997–1998   Luigi Castiglione (Italy)
1998–1999   Mzukisi Sikali (S.A.)
1999–2000   Luigi Castiglione (Italy)
2000–2001   Ferid ben Jeddou (Tunisia)
2001–2002   Magoma Shabani (Tanzania)
2002–2004   Gabula Vabaza* (S.A.)

Flyweights

1995–1996	Yod. Sorthongym (Thai.)
1996	Angel Almena (Puerto Rico)
1996–1998	Sorn. Pisnurachan* (Thai.)
1998–2002	Peter Culshaw* (U.K.)

Light Flyweights

1995–1996	Nung. Sakjaraporn (Thai.)
1996–1997	Mzukisi Skali (S.A.)
1997–1998	Pong. Sithkanongsak* (Thai.)
1998–2000	Masibulele Makepula* (S.A.)
2001–2002	Jacob Matlala* (S.A.)

Paperweights

1995–1997	Sur. Saengmorokot (Thai.)
1997–1998	Rolando Tuyugon* (Phil.)
1998–2000	Lindi Memani* (S.A.)

International Boxing Association (IBA)

Est. 1995 by former major league baseball pitcher Dean Chance

IBA Presidents

1995–	W. Dean Chance

IBA World Champions

Heavyweights

1996–1997	Marcus McIntyre* (U.S.)
1998–1999	Lou Savarese* (U.S.)
2002–2003	Charles Shufford* (U.S.)
2004–2006	James Toney (U.S.)
2006–2007	Samuel Peter* (U.S.)
2008–2009	James Toney* (U.S.)

Super Cruiserweights

1998–2001	Orlin Norris* (U.S.)
2001–2002	James Toney* (U.S.)

Cruiserweights

1997–1998	Saul Montana* (Mexico)
1998–1999	Kenny Keene* (U.S.)
2000–2003	Carlos Cruzat* (Chile)
2003–2006	*Vacant*
2006–2007	Bobby Gunn* (U.S.)

Light Heavyweights

1996	Rocky Gannon (U.S.)
1996–1997	Dominick Carter (U.S.)
1997	Rocky Gannon (U.S.)
1997–1998	Jose Luis Rivera* (U.S.)
2000	Ole Klemetsen* (Nor./Den.)
2001–2004	Roy Jones, Jr.* (U.S.)
2006	Glengoffe Johnson* (U.S.)
2008	Reggie Johnson* (U.S.)
2009–	Beibut Shumenov (Kazak.)

Super Middleweights

1996–1997	Rick Camlin* (U.S.)
2002–2003	Mikkel Kessler* (Denmark)
2003–2004	Anthony Sonsante* (U.S.)

Middleweights

1998–1999	Dana Rosenblatt* (U.S.)
2001–2003	Evans Ashira* (Den.)
2004–2005	David Lopez (Mexico)
2005	Fulgencio Zuniga* (Col.)
2006–2008	John Duddy* (U.S.)

Junior Middleweights

1997	Tim Shocks* (U.S.)
1997–1999	Bronco McKart* (U.S.)
2000–2001	Santos Cardona* (P.R.)
2001–2003	Fernando Vargas* (U.S.)
2004	L. Ramon Campas* (Mex.)
2005–2006	Grady Brewer* (U.S.)
2007–2008	Evans Ashira* (Den.)
2009–2010	Orlando Lora* (Mex.)

Welterweights

1997	Roger Mayweather* (U.S.)
1997–2000	*Vacant*
2000	Oscar de la Hoya (U.S.)
2000	Shane Mosley* (U.S.)
2000–2006	*Vacant*
2006	Carlos Baldomir (Arg.)
2006–2007	F. Mayweather, Jr. (U.S.)
2008–2009	Freddy Hernandez* (Mex.)

Junior Welterweights

1996–1997	Antonio Pitalua* (Col.)
1997	Ahmed Santos (Mexico)
1997–2000	Antonio Diaz* (Mexico)
2002	Diobelys Hurtado* (U.S.)
2003–2004	Alex Trujillo (P.R.)
2004	Emanuel Burton (U.S.)
2004–2005	Tomas Barrientes (U.S.)
2005–2006	Rogelio Castaneda* (Mex.)
2007	Adrian Mora (U.S.)
2007–2008	Javier Jauregui* (Mex.)

Lightweights

1998–1999	Jesse James Leija* (U.S.)
2000–2001	Alejandro Gonzalez* (Mex.)
2001–2004	Juan E. Lazcano* (U.S.)
2005–2006	David Diaz* (U.S.)
2007	Stevie Johnston (U.S.)
2007	Rolando Reyes* (U.S.)
2008–2009	Rustam Nugaev* (Russia)

Junior Lightweights

1998–1999	Gregorio Vargas* (Mex.)
1999–2000	Junior Jones* (U.S.)
2000–2001	Diego Corrales* (U.S.)
2001–2004	Joel Casamayor (U.S.)
2004	Diego Corrales* (U.S.)
2005	Erik Morales* (Mex.)
2005–2006	Monty Meza-Clay* (U.S.)
2006–2007	Marlon Aguilar* (Nic.)
2008–2009	Martin Honorio* (Mex.)

Featherweights

1996–1999	Orlando Canizales* (U.S.)
2000	Johnny Tapia* (U.S.)
2001–2002	John M. Johnson (U.S.)
2002	Oscar Leon* (Colombia)
2002–2003	Angel Chacon* (P.R.)
2005–2006	Jose A. Gonzalez (Mex.)
2006–2007	Daniel Maldonado* (U.S.)
2008	Orlando Cruz* (P.R.)
2008	Tomas Villa* (U.S.)

Junior Featherweights

1999	Jorge Lacierva* (Mex.)
2000–2001	Clarence Adams (U.S.)
2001	John M. Johnson* (U.S.)
2003–2004	Danny Romero* (U.S.)
2005–2006	Al Seeger* (U.S.)
2006–2008	D. Ponce de Leon* (Mex.)

Bantamweights

2000–2001	Jorge Lacierva* (Mex.)
2001–2002	Eidy Moya* (Venezuela)
2002–2006	*Vacant*
2006–2007	Cecilio Santos* (Mex.)
2008–2009	Victor Fonseca* (P.R.)

Junior Bantamweights

1998–2000	Eric Morel* (P.R.)
2000–2003	Mauricio Pastrana* (Col.)
2003–2005	Jose Navarro* (U.S.)
2005–2006	Marat Mazimbaev* (Kazak.)
2006–2007	Kah. Arzykulov* (Russia)
2008–2009	Raul Martinez* (U.S.)

Flyweights

1998–2000	M. Cob Castro* (Mex.)
	Alej. Montiel (Mex.)
2002–2003	Tomas Rojas* (Mexico)
2006	Giovanni Segura* (U.S.)
2007–2008	Isidro Garcia* (U.S.)

Light Flyweights

1997	Michael Carbajal (U.S.)
1997–1999	Jacob Matlala* (S.A.)

Note: IBA also recognizes Continental (i.e., Intercontinental) and Americas champions. They are not included in this book.

International and Intercontinental Champions

The following are lists of "International" or "Intercontinental" champions in each of the major world sanctioning bodies. Originally intended for boxers of third world countries whose opportunities for televised bouts against "name" boxers were limited, the International/Intercontinental titles were soon thrown open to boxers of all countries. Holders of these "minor league" world championships are given preferential spots in each respective sanctioning body's world rankings, often leading to shots at actual world titles.

WBC International Champions

HEAVYWEIGHTS

1987–1989	Francesco Damiani* (It.)
1990	Jimmy Thunder* (N.Z.)
1992–1994	Herbie Hide* (U.K.)
1994–1995	James Oyebola* (Nigeria)
1995–1996	John Ruiz (U.S.)
1996–1997	David Tua (Samoa/U.S.)
1997	Ike Ibeabuchi* (Nigeria)
1998	Wladimir Klitschko (Uk.)
1998–1999	Ross Puritty* (U.S.)
2000	Wladimir Klitschko* (Uk.)
2001–2004	Dmitry Bakhtov (Kazak.)
2004–2005	Sinan Samil Sam (Ger.)
2005–2006	Oleg Maskaev* (Kazak.)
2006–2007	Sinan Samil Sam (Ger.)
2007	Oliver McCall (U.S.)
2007–2008	Juan C. Gomez* (Ger.)
2008–	Odlanier Solis (U.S.)

CRUISERWEIGHTS

1987–1988	Bashiru Ali (Nigeria)
1988–1989	Angelo Rottoli* (Italy)
1990–1991	Bashiru Ali* (Nigeria)
1991–1993	Andrei Rudenko* (Russia)
1993–1994	Carl Thompson* (U.K.)
1994–1995	Przemyslaw Saleta* (Pol.)
1995–1996	Alexei Ilin* (Russia)
1996–1998	Juan Carlos Gomez* (Ger.)
1998–1999	Vassiliy Jirov* (Kazak.)
1999–2000	Wayne Braithwaite* (Guyana)
2000–2002	Vincenzo Cantatore* (Italy)
2002	Jorge Kahwagi* (Mexico)
2003	Alexandre Petkovic* (Ger.)
2004–2006	Giacobbe Fragomeni* (Italy)
2006	Grigory Drozd* (Russia)
2006–2007	Rudolf Kraj* (Germany)
2007–2009	Herbie Hide* (U.K.)
2010	Silvio Branco (Italy)

LIGHT HEAVYWEIGHTS

1987–1988	Noe Cruciani (Italy)
1988–1990	Nestor Giovannini* (Arg.)
1990–1992	Lotte Mwale (Zambia)
1992	Virgil Hill* (U.S.)
1992–1994	Jimmy Joseph (Trinidad)
1994–1995	Ramzi Hassan (Jordan)
1995–1996	Jose Gomes* (Brazil)
1996	Ole Klemetsen (Norway)
1996–1998	Mohamed Siluvangi* (France)
1998	Asmir Vojnovic (Croatia)
1998	Sven Ottke* (Germany)
1999–2000	Yawe Davis* (Italy)
2001	Clinton Woods* (U.K.)
2001–2002	Jabrail Jabrailov* (Russia)
2002–2003	Sasha Mitrevski* (Macedonia)
2003–2004	Thomas Ulrich* (Germany)
2004–2005	Pietro Aurino* (Italy)
2005–2007	Adrian Diaconu* (Canada)
2007–2008	Silvio Branco* (Italy)
2008–2009	Doudou Ngumbu (France)
2009–	Isaac Chilemba (S.A.)

SUPER MIDDLEWEIGHTS

1990–1991	Godwin Anyamene* (Nigeria)
1992–1993	Hunter Clay (Nigeria)
1993–1994	Lou Gent (U.K.)
1994	Hunter Clay (Nigeria)
1994–1997	Jaffa Ballogou* (Togo)
1997–1998	Herol Graham* (U.K.)
1998–1999	Eric Lucas (Canada)
1999–2000	Glenn Catley* (U.K.)
2000–2001	Paul Jones* (U.K.)
2001–2002	Markus Beyer* (Germany)
2002–2003	Juergen Braehmer* (Ger.)
2003–2004	Mikkel Kessler* (Den.)
2004–2005	Otis Grant* (Canada)
2006	Juergen Braehmer (Ger.)
2006	Mario Veit (Germany)
2006–2008	Denis Inkin* (Russia)
2008–2009	Robert Stieglitz* (Ger.)
2009–	Adonis Stevenson (Canada)

MIDDLEWEIGHTS

1987–1988	Jorge Amparo (Dom. Rep.)
1988–1989	Juan C. Gimenez* (Paraguay)
1989–1990	Hugo A. Corti (Argentina)
1990	Chris Eubank* (U.K.)
1991	Kid Milo* (U.K.)
1991–1992	Ruben Dario Cabral* (Arg.)
1992–1993	Chris Pyatt* (U.K.)
1993–1994	Miguel A. Arroyo (Arg.)
1994–1995	Silvio Branco* (Italy)
1995–1996	Robert Allen* (U.S.)
1997	Glenn Catley (U.K.)
1997	Andras Galfi (Hungary)
1997–1998	Mourade Hakkar* (France)
1998–1999	Ali Ennebati (Algeria/France)
1999	Erlan Betare* (C.A.R./France)
1999–2000	Antonio Perugino* (Italy)
2000	William Gare* (South Africa)
2000–2001	Jerry Elliott (Nigeria)
2001	Cristian Sanavia* (Italy)
2002	Jerry Elliott (Nigeria)
2002–2003	Aslanbek Kodzoev* (Russia)
2003–2004	Sergei Tatevosyan* (Russia)
2004–2006	James O. Toney* (Ghana)
2006–2007	Domenico Spada (Italy)
2007	Mahir Oral* (Germany)
2007–2009	Domenico Spada* (Italy)
2009–2010	Dmitry Pirog* (Russia)

SUPER WELTERWEIGHTS

1987	Ramon Abeldano (Argentina)
1987–1989	Giovanni DeMarco* (Italy)
1990	Gary Stretch* (U.K.)
1990–1991	Tony Collins* (U.K.)
1991–1992	Andy Till* (U.K.)
1992–1993	Curtis Summit* (U.S.)
1994	Alain Bonnamie (Canada)
1994–1996	Bronco McKart* (U.S.)
1996	Ahmet Dottuev* (Kab.)
1997	Kirino Garcia (Mexico)
1997	Rene Herrera (U.S.)
1997–1999	Kirino Garcia (Mexico)
1999–2000	Alfred Ankamah (Ghana)
2000–2001	Kirino Garcia* (Mexico)
2002–2003	Mihaly Kotai* (Hungary)
2003–2004	Marco A. Rubio (Mexico)
2004–2005	Kofi Jantuah* (Ghana)
2005–2006	Joachim Alcine* (Canada)
2006–2007	Z. Baysangurov* (Russia)
2007–2008	Vincent Vuma (S.A.)
2008–2009	Ryan Rhodes* (U.K.)
2009–2010	Sherzod Husanov* (Uk.)

WELTERWEIGHTS

1987	Orlando Orozco (Vez.)
1987–1988	Efisio Galici* (Italy)
1988–1989	Gary Jacobs* (U.K.)
1990–1991	Luis Gabriel Garcia* (Vez.)
1991–1992	Crisanto Espana* (Vez.)
1992–1996	Grahame Cheney (Australia)
1996	Viktor Baranov* (Russia)
1996–1998	Maxim Nesterenko* (Russia)
1998	Stephane Cazeaux* (France)
1999–2002	Carlos M. Baldomir* (Arg.)
2002–2003	Paolo A. Roberto* (Sweden)
2003–2004	Alpaslan Aguzum (Germany)
2004–2005	Carlos M. Baldomir* (Arg.)
2005–2006	Joseph Makaringe (S.A.)
2006–2007	Alpaslan Aguzum (Germany)
2007	Lucky Lewele (S.A.)
2007–2008	Bongani Mwelase* (S.A.)
2008–2010	Selcuk Aydin* (Germany)
2010	Erik Morales (Mexico)

SUPER LIGHTWEIGHTS

1987–1988	Tony Jones (Australia)
1988–1989	Luis Carlos Dorea (Brazil)
1989–1990	Salvatore Nardino* (Italy)
1990–1992	Guillermo Mosquera* (Col.)
1992–1993	Ike Quartey* (Ghana)
1993–1996	Jan Piet Bergman* (S.A.)

1996–1997	Viatcheslav Barinov* (Russia)						

1996–1997 Viatcheslav Barinov* (Russia)
1998–2000 Oktay Urkal* (Turkey/Ger.)
2001–2002 Mikhail Krivolapov* (Russia)
2003–2004 Miguel Angel Cotto* (P.R.)
2004–2005 Paul Malignaggi* (U.S.)
2005–2007 Herman Ngoudjo* (Canada)
2007 Ricky Hatton* (U.K.)
2007–2008 Giuseppe Lauri* (Italy)
2008–2009 Sergei Sorokin* (Russia)
2009– Prawet Singwancha (Thai.)

LIGHTWEIGHTS

1987–1988 Gert Bo Jacobsen* (Den.)
1989 Steve Boyle* (U.K.)
1990–1992 Ramon Marchena (Mexico)
1992 Miguel A. Gonzalez* (Mex.)
1992–1993 Michael Ayers* (U.K.)
1993–1995 Faustino Barrios* (Arg.)
1995 Ljubisa Simic (Serbia)
1995 Silvano Usini* (Italy)
1996–1998 Marco Rudolph* (Germany)
1999–2000 Bruno Wartelle (France)
2000–2001 Themb. Mtyenene* (S.A.)
2001–2003 Sayan Sanchat (Russia)
2003–2004 M. Delli Paoli* (Italy)
2004–2005 S. Kiatyongyuth* (Thai.)
2005–2006 Zahir Raheem* (U.S.)
2006–2008 Ali Funeka* (S.A.)
2008–2009 Enrique Colin* (Mexico)
2009– Alisher Rahimov (Uzbek.)

SUPER FEATHERWEIGHTS

1987 Ray Pulu (Indonesia)
1987–1988 Chor Haphalang (Thai.)
1988 Hengky Gun (Indonesia)
1988 Robert Dickie (U.K.)
1988–1989 Kamel Bou-Ali* (Tunisia)
1990–1992 Pedro Gutierrez (Arg.)
1992–1993 Harold Warren* (U.S.)
1994–1996 A. Alexandrov* (Kazak.)
1996 P.J. Gallagher* (U.K.)
1996–1997 Moussa Sangare* (Mali)
1997–1999 Justin Juuko* (Uganda)
1999 Andrew Mathabola (S.A.)
1999–2000 Dean Pithie* (U.K.)
2000 Tontcho Tontchev* (Bul.)
2000–2001 Phillip N'dou* (S.A.)
2001–2002 Mzonke Fana* (S.A.)
2002 Phillip N'dou* (S.A.)
2002–2005 Mzonke Fana* (S.A.)
2005–2008 Manny Pacquiao (Phil.)
2008 Yuriorkis Gamboa* (U.S.)
2009– Roy Mukhlis (Indonesia)

FEATHERWEIGHTS

1987–1989 Sal. Bottiglieri* (Italy)
1989 Miguel A. Francia (Arg.)
1989–1990 Srikoon Narachawat (Thai.)
1990–1991 John Davison* (U.K.)
1992–1995 Alejandro Gonzalez* (Mex.)
1995 Agapito Sanchez* (D.R.)
1995–1996 Said Lawal* (Nigeria)
1996–1999 Dramane Nabaloum (Iv. Coast)
1999–2000 Istvan Kovacs* (Hungary)
2001–2002 Anthony Tshehla* (S.A.)
2002–2003 Juan G. Cabrera* (Arg.)
2004–2005 Osumanu Akaba (Ghana)

2005–2008 Jeff Mathebula* (S.A.)
2009 Bernabe Concepcion* (Phil.)
2009 R. Sor Pleonchit* (Thai.)
2009–2010 Reynaldo Bautista* (Phil.)
2010 Alex. Miskirtchian (Bel.)

SUPER BANTAMWEIGHTS

1987–1988 Joe Hiyas (Philippines)
1988–1989 Mohammed Nurhuda* (Indo.)
1989–1990 Paquito Openo* (Phil.)
1991 Sakda Sorpakdee (Thai.)
1991–1993 John Davison* (U.K.)
1993–1994 Sergio R. Liendo* (Arg.)
1994–1995 Naseem Hamed* (U.K.)
1995–1997 Alfred Kotey* (Ghana)
1997–1998 Patrick Mullings* (U.K.)
1998–1999 Ahmad Fandi* (Indonesia)
1999–2001 Manny Pacquiao* (Phil.)
2001–2006 N. Kiatisakchokech* (Thai.)
2007–2008 Sande Otieno (Kenya)
2008–2010 Balweg Bangoyan* (Phil.)

BANTAMWEIGHTS

1986–1987 Raul Valdez (Mexico)
1987–1988 Juan Jose Estrada* (Mex.)
1988–1989 Wongso Indrajit* (Indo.)
1989–1990 Saming Kaitpetch (Thai.)
1990 Samuel Duran (Phil.)
1990–1992 Donnie Hood* (U.K.)
1992–1993 Conc. Velazquez* (Mex.)
1993–1994 Armando Castro* (Mexico)
1994–1997 Willy Perdomo* (D.R.)
1997–1999 Samir Laala* (France)
1999–2001 Jovy Chan (Philippines)
2001 Ricky Gayamo (Phil.)
2001–2002 Abner Cordero* (Phil.)
2003 Roger Galicia* (Phil.)
2003–2004 Vusi Malinga* (S.A.)
2004–2005 Khulile Makeba* (S.A.)
2005–2008 Vusi Malinga* (S.A.)
2008–2009 Nick Otieno* (Kenya)
2009 Vincent Palicte (Phil.)
2009– Carmelo Ballone (Bel.)

SUPER FLYWEIGHTS

1987–1989 Cesar Polanco (Dom. Rep.)
1989 Nana Yaw Konadu* (Ghana)
1989–1994 Torsak Osodsopha* (Thai.)
1994–1995 Veerapol Sahaprom* (Thai.)
1996–1998 Gabriel Mira* (Mexico)
1998–1999 Yani Malehendo* (Indonesia)
1999–2000 Damaen Kelly* (U.K.)
2000–2001 Gerry Penalosa* (Phil.)
2001–2002 Joel Avila (Philippines)
2002–2003 Gerry Penalosa* (Phil.)
2003–2004 Malcolm Tunacao* (Phil.)
2005–2006 Masibulele Makepula* (S.A.)
2006–2008 Evans Mbamba* (S.A.)
2009 Tomas Rojas* (Mexico)
2009– Sylvester Lopez (Phil.)

FLYWEIGHTS

1987–1988 Richard Clarke* (Jamaica)
1989–1992 Jonathan Penalosa* (Phil.)
1992–1993 Chatchai Sasakul* (Thai.)
1994–1996 Chaosing Chalermsri* (Thai.)
1996–2000 Alex (Ali) Baba* (Ghana)

2000–2003 Randy Mangubat (Phil.)
2003–2004 Diosdado Gabi* (Phil.)
2004–2005 Nkqubela Gwazela* (S.A.)
2005–2006 Mhkiya Myekeni* (S.A.)
2007–2008 Moruti Mthalane* (S.A.)
2009– Saen. Sor Kingstar (Thai.)

LIGHT FLYWEIGHTS

1987 Little Baguio (Phil.)
1987–1988 Ebo Danquah (Ghana)
1988–1989 Giampiero Pinna* (Italy)
1989–1992 Jose H. Lagos* (Argentina)
1992–1993 Gerardo Garcia* (Mexico)
1993–1994 Pablo Tiznado (Mexico)
1994–1995 Juan D. Cordoba (Arg.)
1995–1996 Mzukisi Sikali* (S.A.)
1997–2000 Sang-Ik Yang* (S. Korea)
2000–2003 Juanito Rubillar* (Phil.)
2004–2006 W. Chor Chareon* (Thai.)
2006 Muvhuso Nedzanani* (S.A.)
2007 Phumzile Matyhila* (S.A.)
2008 Adrian Hernandez* (Mex.)
2009– R. Garcia Hirales (Mex.)

STRAWWEIGHTS

1988 Napa Kiatwanchai* (Thai.)
1988–1989 John Arief* (Indonesia)
1989–1992 Asawin Sordusit* (Thai.)
1994–1995 Osvaldo Guerrero* (Mex.)
1995–1997 Morgan Ndumo* (S.A.)
1998–1999 Rocky Palma (Phil.)
1999 Juanito Rubillar* (Phil.)
1999–2000 Manny Melchor (Phil.)
2000–2001 Zarlit Rodrigo (Phil.)
2001–2003 Ernesto Rubillar (Phil.)
2003–2005 Arman de la Cruz* (Phil.)
2005–2006 Tshepo Lefele (S.A.)
2006 Gabriel Pumar (Phil.)
2006–2008 Zukisani Kwayiba* (S.A.)
2009– Denver Cuello* (Phil.)

WBA International Champions

HEAVYWEIGHTS

1989–1990 Michael Dokes (U.S.)
1990–1991 Razor Ruddock* (Canada)
1991–1999 *Vacant*
1999–2000 Wladimir Klitschko* (Uk.)
2001–2003 Vitali Klitschko* (Uk.)
2003–2004 Wladimir Klitschko* (Uk.)
2004–2005 Nikolai Valuev* (Russia)
2006 Ruslan Chagaev* (Uzbek.)
2006–2008 Taras Bidenko* (Ukraine)
2009 Denis Boytsov* (Germany)
2009–2010 Alex. Ustinov* (Belarus)
2010 Juan C. Gomez (Germany)

CRUISERWEIGHTS

2000–2001 Alexandre Gurov* (Ukraine)
2003 Pavel Melkomian* (Russia)
2003–2004 Lubos Suda (Czech Rep.)
2004 Pavel Melkomian* (Russia)
2005 Alexandre Gurov* (Ukraine)
2006–2007 Firat Arslan* (Germany)
2007–2008 Johnny Jensen* (Denmark)
2009 Steve Herelius (France)

Light Heavyweights
1993–1994	Nicky Piper* (U.K.)
1994–1999	Vacant
2000	Juan Nelongo Perez* (Spain)
2000–2001	Jean Marc Mormeck* (France)
2001–2002	Thomas Hansvoll* (Norway)
2002–2003	Elvis Michailenko (U.K.)
2003–2004	Peter Oboh* (Nigeria)
2004–2005	Lolenga Mock* (Kenya)
2005–2006	Yuri Barashyan* (Ukraine)
2007–	Vyacheslav Uzelkov (Uk.)

Super Middleweights
1999–2000	Andrej Schkalikov* (Russia)
2001–2002	Sidney Mxolisi Msuthu (S.A.)
2002–2003	Nordin ben Salah (Morocco)
2003	Francisco A. Mora (Arg.)
2003	Nordin ben Salah* (Morocco)
2004–2005	Vitali Tsypko* (Ukraine)
2005–2006	Danilo Haussler (Germany)
2007–2009	Stjepan Bozic* (Croatia)
2009	Paul Smith* (U.K.)

Middleweights
1989–1990	Reggie Johnson* (U.S.)
1990–2001	Vacant
2001–2004	Evans Oure Ashira* (Den.)
2004–2005	Arthur Abraham* (Armenia)
2006–2007	Sebastian Sylvester* (Ger.)
2008–2010	Avtandil Khurtsidze (Uk.)
2010	Mahir Oral (Germany)

Junior Middleweights
1990	Ron Amundsen* (U.S.)
1992–1994	Shaun Cummins* (U.K.)
1994–1999	Vacant
1999–2001	Mikael Rask (Denmark)
2001–2002	Mamadou Thiam* (France)
2002	Simone Rotolo (Italy)
2002–2003	Malik Cherchari* (France)
2003–2004	Simone Rotolo (Italy)
2004–2005	Hamlet Petrosian (France)
2005–2007	Reda Zam-Zam* (Denmark)
2007–2008	Roman Karmazin (Russia)
2008	Alex Gunema* (U.S.)
2008–2009	Shane Mosley* (U.S.)
2009–	Z. Baysangurov (Russia)

Welterweights
1989–1990	Glenwood Brown* (U.S.)
1990–2000	Vacant
2000–2002	Thomas Damgaard* (Den.)
2002–2003	Luca Messi (Italy)
2003–2004	Mustapha Bouzid* (France)
2004–2006	Sven Paris* (Italy)
2006–2007	Yuri Nuznienko& (Ukraine)
2007–2009	Vyach. Senchenko* (Uk.)
2009–2010	Stefano Castelluci* (It.)
2010	Leonard Bundu (Italy)

Junior Welterweights
1989–1990	Tim Burgess* (U.S.)
1990–2001	Vacant
2001–2002	Khalid Rahilou (France)
2002	Souleymane M'baye* (Fr.)
2003–2004	Andreas Kotelnik (Ger.)
2004–2005	Souleymane M'baye* (Fr.)
2005–2007	Andreas Kotelnik* (Ger.)
2007–2008	Giorgio Marinelli* (It.)
2008–	Brunet Zamora (Italy)

Lightweights
1989–1990	Hector Lopez* (U.S.)
1990–1999	Vacant
1999–2000	Wilson Rodriguez* (D.R.)
2001–2002	Sandro Casamonica* (It.)
2002–2003	Julien Lorcy* (France)
2003–2004	Pedro Miranda* (Spain)
2004–2006	Andrei Kudriavstev* (Uk.)
2006–2008	Paulus Moses* (Namibia)
2008–2009	Amir Khan* (U.K.)
2010	Javier Castro (Mexico)

Junior Lightweights
1989–1990	Manuel Medina* (Mexico)
1990–1999	Vacant
1999–2001	Tontcho Tontchev* (Bul.)
2001–2002	Silvano Usini* (Italy)
2003	Alex Arthur* (U.K.)
2004–2005	Jano Nagy* (Hungary)
2005–2006	Antonio J. Bento* (Por.)
2007	Jorge R. Barrios* (Arg.)
2007–2008	Devis Boschiero* (Italy)

Featherweights
1999–2001	Phillip N'dou* (S.A.)
2002–2005	Spend Abazi* (Denmark)
2005–2008	Vacant
2008–2009	Vyach. Gusev* (Russia)

Junior Featherweights
1989–1990	Ray Minus* (Bahamas)
1993–1994	Harald Geier* (Austria)
1994–2001	Vacant
2001	Vincenzo Gigliotti (It.)
2001–2002	Turcay Kaya* (Turkey)
2002–2005	Vacant
2005–2006	Gabula Vabaza* (S.A.)

Bantamweights
1990–1991	Beibis Rojas* (Colombia)
1991–2000	Vacant
2000–2001	Johnny Bredahl* (Denmark)
2001–2004	Vacant
2004–2005	Wladimir Sidorenko* (Uk.)
2006–2007	Johnny Bredahl* (Denmark)
2008–	Tshifhiwa Munyai (S.A.)

Junior Bantamweights
1999–2000	Kimani Wanene (Kenya)
2000–2002	Mbwana Matumla* (Tanz.)
2002–2004	Cyril Bellanger* (France)
2004–2009	Vacant
2009	Timur Shailezov (Kyrg.)
2009–	Drian Francisco (Phil.)

Flyweights
2000–2001	Mzukisi Sikali* (S.A.)
2002–2003	Steffen Norskov (Den.)
2003–2008	Brahim Asloum* (France)
2008–2009	Koki Kameda* (Japan)

Junior Flyweights
2008–2009	Milan Melindo* (Phil.)

IBF Intercontinental Champions

Heavyweights
1990	Ray Mercer* (U.S.)
1990–1991	Marcelo Figueroa* (Arg.)
1991	Mike Evans* (U.S.)
1992–1994	Bruce Seldon* (U.S.)
1995–1997	Obed Sullivan (U.S.)
1997–1998	Hasim Rahman (U.S.)
1998–2001	David Tua* (Samoa/U.S.)
2002–2003	Timo Hoffmann (Germany)
2003–2004	Henry Akinwande* (U.K.)
2004–2005	Wladimir Virchis* (Uk.)
2005	Alex. Dimitrenko* (Uk.)
2005–2006	Henry Akinwande (U.K.)
2006–2009	Oleg Platov* (Belgium)
2009	Tomasz Adamek* (Poland)

Cruiserweights
1990–1991	Siza Makhathini (S.A.)
1991–1992	James Pritchard* (U.S.)
1995–1996	Jacob Mofokeng* (S.A.)
1997	Eduardo Rodriguez* (Pan.)
1997–1999	Stefan Anghern* (Switz.)
1999–2001	Torsten May (Germany)
2001	Alexandre Gurov* (Ukraine)
2001–2003	Krzy. Wlodarczyk* (Pol.)
2003–2005	Vadim Tokarev* (Russia)
2005	Vincenzo Rossitto* (Italy)
2006–2007	Lubos Suda* (Czech Rep.)
2008	Marco Huck* (Germany)
2008–2009	Enad Licina (Germany)
2009–	Yoan Hernandez (Ger.)

Light Heavyweights
1990–1991	Uriah Grant (U.S.)
1991–1992	Frank Tate* (U.S.)
1993–1994	Dariusz Michalczewski* (Ger.)
1994–1995	Mauro Galvano* (Italy)
1995	Montell Griffin* (U.S.)
1997–1998	Mark Prince* (U.K.)
1999	Billy Lewis* (U.S.)
1999–2000	Konstantin Shvets* (Uk.)
2000–2001	Glenn Kelly* (Australia)
2002	Silvio Branco* (Italy)
2002–2003	Stipe Drvis* (Croatia)
2003	Vadim Safonov* (Ukraine)
2003	Tomasz Adamek* (Poland)
2004	Vadim Safonov* (Ukraine)
2004–2006	Antonio Brancalion* (Italy)
2006–2007	Ladislav Kutil* (Czech Rep.)
2007–2008	Drago Janjusevia (Serbia)
2008	Sergei Demchenko* (Ukraine)
2008–2009	Daniel Judah* (U.S.)

Super Middleweights
1990–1992	John Jarvis* (U.S.)
1992–1996	Sal. DiSalvatore* (Italy)
1997–1998	Giuseppe Ferrazzo (Italy)
1998	Giovanni Nardiello* (It.)
1998–1999	Glenn Catley* (U.K.)
1999	Markus Beyer* (Germany)
1999–2000	Branco Sobot* (Croatia)
2000–2001	Glencoffe Johnson* (U.S.)
2001–2002	Jerry Elliott* (Nigeria)

2002	Malik Dziarra (Russia)
2002–2003	Mario Veit* (Germany)
2003–2004	Denis Inkin* (Russia)
2004–2006	Robert Stieglitz* (Ger.)
2006	Jozsef Nagy* (Hungary)
2007	Robert Roselia* (France)
2007–2008	Michael Henratin* (Bel.)
2008	Luca Tassi* (Italy)
2008–2009	Jean Paul Mendy* (Fr.)
2010	Medhi Bouadla (France)

MIDDLEWEIGHTS

1989–1991	Miodrag Perunovic* (Serbia)
1991–1992	Percy Harris* (U.S.)
1992–1993	Juan Ramon Medina* (D.R.)
1993–1994	Segundo Mercado* (Ecuador)
1994	Joseph Zoltan Nagy* (Hun.)
1995	Alexandre Zaitsev (Russia)
1995–1996	Silvio Branco* (Italy)
1996–1997	Branco Sobot* (Croatia)
1998–2000	Lansana Diallo* (Liberia)
2000	Sergei Tatevosyan (Russia)
2000–2003	Lansana Diallo* (Liberia)
2003–2004	Ottavio Barone (Italy)
2004	Robert Roselia (France)
2004–2005	Sebastian Sylvester* (Ger.)
2005–2006	Khoren Gevor* (Germany)
2006–2008	Sebastian Demers* (Canada)
2009	Sebastian Sylvester* (Ger.)
2010	Benjamin Simon (Germany)

JUNIOR MIDDLEWEIGHTS

1990–1991	Quincy Taylor* (U.S.)
1991–1994	*Vacant*
1994–1995	Paul Vaden* (U.S.)
1995	Bahri Ahmeti (Serbia)
1995–1996	Steve Foster* (U.K.)
1997	Ryan Rhodes* (U.K.)
1997–1998	Ahmet Dottuev* (Russia)
1998–1999	Hassan Al* (U.S.)
1999	Evans Oure Ashira* (Den.)
1999	Paul Samuels* (U.K.)
2000	Evans Oure Ashira* (Den.)
2000–2001	M. Takaloobighashi* (Iran)
2001–2003	Mikael Rask* (Denmark)
2004–2006	G. Tobia Loriga* (Italy)
2006	Lukas Konecny* (Czech Rep.)
2006–2008	Marco Schulze* (Germany)
2008–2009	Hamlet Petrosyan (Switz.)
2009	Vincent Vuma* (S.A.)
2009–	Nikola Stevanovic (Serbia)

WELTERWEIGHTS

1989–1991	Engels Pedroza* (Vez.)
1991–1993	Angel Hernandez (Spain)
1993	Itoro Mkpanam* (Nigeria)
1993–1994	Reiner Gies* (Germany)
1994–1995	Edwin Murillo (Panama)
1995–1996	Maxim Nesterenko (Russia)
1996	Edwin Murillo (Panama)
1996	Gary Jacobs* (U.K.)
1996–1997	Mahenge Zulu* (Zaire)
1999–2000	Frank Olsen* (Denmark)
2000–2001	Christian Bladt (Denmark)
2001	Jyri Kjall* (Finland)
2001–2002	Michele Orlando* (Italy)
2002	Sergei Styopkin* (Russia)
2002–2003	Christian Bladt* (Denmark)
2003–2004	Sergei Styopkin* (Russia)
2004–2006	Michele Orlando* (Italy)
2006–2008	Giam. Grassellini* (It.)
2008	Jan Zaveck* (Slovenia)
2010	Daniele Petrucci (Italy)

JUNIOR WELTERWEIGHTS

1988–1989	Pedro Padilla* (Col.)
1990	Harold Brazier* (U.S.)
1990–1991	Julio C. Barria* (Chile)
1992	Harold Brazier (U.S.)
1992	Vincent Phillips* (U.S.)
1992–1993	Pedro Padilla* (Col.)
1993–1994	Ray Oliveira* (U.S.)
1994	Manuel Hernandez (Mex.)
1994–1996	Michele Piccirillo* (It.)
1997–1998	Jonathan Thaxton (U.K.)
1998–1999	Emanuel Burton* (U.S.)
1999–2004	Allan Vester* (Denmark)
2004–2005	Giuseppe Lauri* (Italy)
2006–2007	Stephane Benito* (Italy)
2007–2008	Fedele Bellusci (Italy)
2008	Peter Semo (Uganda)
2008–2009	Sergei Fedchenko (Uk.)
2009–	Kaizer Mabuza (S.A.)

LIGHTWEIGHTS

1989–1991	Tracy Spann* (U.S.)
1993–1994	Otilio Villarreal* (Ecu.)
1994	Hichem Dahmani (Tunisia)
1994–1995	Antonio Renzo* (Italy)
1995	Giuseppe Sauli* (Italy)
1996–1998	Ljubisa Simic (Serbia)
1998	Oscar Palomino* (Spain)
1998	Luis Leija (U.S.)
1998–1999	Ben Tackie* (Ghana)
1999	Stephen Smith* (U.K.)
2000–2001	Steve Murray* (U.K.)
2001–2002	Michele Delli Paoli (It.)
2002–2004	Laszlo Herczeg* (Hungary)
2004	Damian Fuller* (U.S.)
2004–2006	Andrei Kudriavstev* (Uk.)
2006–2007	Emanuele De Prophetus (It.)
2007	Aram Ramazyan* (France)

JUNIOR LIGHTWEIGHTS

1990–1991	Joey Gamache* (U.S.)
1991–1994	Wilson Rodriguez* (D.R.)
1994–1995	Boris Sinitsin* (Russia)
1996–1997	Peter Judson (U.K.)
1997–1998	Barry Jones* (U.K.)
1999	Pedro Miranda* (Spain)
2000	Dennis Holbaek* (Den.)
2000–2002	Dariusz Snarski (Pol.)
2002	Alex Arthur* (U.K.)
2003	Antonio Bento* (Port.)
2004–2005	Alex Arthur* (U.K.)
2005–2007	Kevin Mitchell* (U.K.)
2008	Antonio De Vitis* (It.)
2009–	Eddie Hyland (Ireland)

FEATHERWEIGHTS

1990–1992	Cedric Mingo (U.S.)
1992–1994	Bebis Rojas* (Colombia)
1994–1995	Hector Lizarraga* (U.S.)
1996	Laureano Ramirez (D.R.)
1996–1997	Stefano Zoff (Italy)
1997–1998	V. Matkinski* (Russia)
1998–1999	Paul Ingle* (U.K.)
1999	Michael Gomez* (U.K.)
1999–2001	David Toledo (U.S.)
2001–2002	Victor Polo* (Colombia)
2004–2005	Alberto Servidei* (It.)
2007	Andrey Isaev* (Belarus)
2007–2009	Cyril Thomas* (France)
2009–	Patrick Hyland (Ire.)

JUNIOR FEATHERWEIGHTS

1989	Carlos Mercado* (Col.)
1990–1996	Mohammed Nurhuda (Indo.)
1996–1998	Arnel Barotillo* (Phil.)
1999–2001	Fah. Thawatchai* (Thai.)
2001–2009	*Vacant*
2009	Arsen Martirosyan (Fr.)
2009–	Daniel K. Sassou (France)

BANTAMWEIGHTS

1989–1990	Wilfredo Vazquez* (P.R.)
1990–1991	Juvenal Berrio* (Colo.)
1991–1992	Francisco Arroyo (Pan.)
1992–1993	Junai Ramayana (Indo.)
1993–1994	Laureano Ramirez* (D.R.)
1995–1996	Alex Yagupov* (Russia)
1996–1998	Andrian Kaspari* (Russia)
2000–2002	F. Pow Thawatchai* (Thai.)
2002–2007	*Vacant*
2007–2009	Eduardo Garcia* (Mexico)

JUNIOR BANTAMWEIGHTS

1990	Sitoshi Shingaki* (Japan)
1990–1993	*Vacant*
1993–1994	Pirus Boy (Indonesia)
1994	Ferid ben Jedou* (Tun.)
1995	Rata. Sow Voraphin (Thai.)
1995–1996	Ricky Matulesi (Indo.)
1996–1998	Som. Singchajwal* (Thai.)
1998–2003	*Vacant*
2003–2004	Mercurio Ciaramitaro (It.)
2004	Marcos R. Obregon* (Arg.)
2004–2007	*Vacant*
2007–2008	Zcy Gorres* (Phil.)
2009–2010	Jorge Arce* (Mexico)

FLYWEIGHTS

1990–1991	Joe Kelly* (U.K.)
1991–1993	Livaniel Alvarez (Col.)
1993–1994	Francisco Tejedor* (Col.)
1994	Rata. Sow Voraphin (Thai.)
1994–1995	Abdi Pohan (Indonesia)
1995–1996	Vuyani Nene* (S.A.)
1997–2000	Ferid ben Jedou* (Tun.)
2001	Oleg Kiryukin* (Ukraine)
2001–2002	Andrea Sarritzu* (Italy)
2004–2005	Franck Gorjux* (France)
2006–2007	Sergio Santillan* (Arg.)
2007–2008	Giuseppe Lagana* (Italy)

JUNIOR FLYWEIGHTS

1990–1991	Gerry Penalosa* (Phil.)
1993–1994	Azadin Anhar* (Indonesia)
1995	Yani Malhendo (Indonesia)
1995–1996	E. Singchachawan (Thai.)
1996–2005	Anis Roga* (Indonesia)
2006–2007	Giuseppe Lagana* (Italy)

Mini Flyweights

1988–1990	Hi-Yong Choi* (S. Korea)
1990	Joe Constantino* (Phil.)
1990–1991	Asdrubal Velasquez* (Col.)
1991–1992	Husni Ray (Indonesia)
1992	Rata. Sow Voraphin* (Thai.)
1993–1994	E. Sinchatchawal* (Thai.)
1995–1996	Roger Espanola* (Phil.)
1996–1997	Wande Chor Charoen (Thai.)
1997–2001	Faisol Akbar* (Indonesia)

WBO Intercontinental Champions

Heavyweights

1996–1997	Scott Welch* (U.K.)
1997	Willi Fischer* (Ger.)
1997–1998	Pele Reid* (U.K.)
1998	Vitali Klitschko* (Uk.)
1998–2000	Danny Williams* (U.K.)
2001–2002	Julius Francis* (U.K.)
2002–2003	Lou Savarese (U.S.)
2003	Kirk Johnson* (Canada)
2003–2004	Timo Hoffmann* (Germany)
2004–2005	Taras Bidenko (Ukraine)
2005–2006	Vladimir Virchis (Uk.)
2006	Ruslan Chagaev* (Uzbek.)
2006–2009	Alex. Dimitrenko* (Uk.)

Cruiserweights

1995	Gary Delaney* (U.K.)
1996–1997	Chris Okoh* (U.K.)
1997–1998	Kelly Oliver* (U.K.)
1999–2000	John Keeton* (U.K.)
2000–2002	Jesper Kristiansen (Den.)
2002–2003	Mohamed ben Guesmia* (Alg.)
2003–2004	Thomas Hansvoll* (Norway)
2005–2006	Firat Arslan* (Germany)
2007–2009	Alex. Alexeev* (Germany)
2009–	Denis Lebedev (Russia)

Light Heavyweights

1995	Garry Delaney* (U.K.)
1995–1996	Nicky Piper* (U.K.)
1996–1998	Mark Prince* (U.K.)
1998–1999	Muslin Bianslanov* (Russia)
2000–2001	Thomas Ulrich (Germany)
2001–2002	Glencoffe Johnson* (U.S.)
2002–2004	Zsolt Erdei* (Hun./Ger.)
2004–2005	Tomasz Adamek* (Poland)
2005–2006	Stipe Drews* (Croatia)
2006–2007	Rachid Kanfouah (France)
2007	Thomas Ulrich* (Germany)
2007–2009	Aleksy Kuziemski* (Pol.)
2009	Mariano Plotinsky* (Arg.)
2009–	Karo Murat (Germany)

Super Middleweights

1995–1996	Mark Delaney* (U.K.)
1996–1998	Dean Francis* (U.K.)
1998–1999	Glenn Catley* (U.K.)
1999–2000	Mario Veit* (Germany)
2002–2003	Andile Tshongolo* (S.A.)
2003–2004	Rudy Markussen* (Den.)
2005–2006	Lolenga Mock (Denmark)
2006–2007	Lucian Bute* (Canada)
2007	Jurgen Braehmer* (Ger.)
2007–2008	Karoly Balzsay* (Hun.)
2009	Jean Pascal* (Canada)
2009–	Eduard Gutknecht (Ger.)

Middleweights

1995–1996	Willie Quinn* (U.K.)
1997–1998	Jason Matthews (U.K.)
1998	Lorant Szabo (Hungary)
1998–1999	Ryan Rhodes* (U.K.)
2000–2001	Andras Galfi* (Hungary)
2002	Hussain Osman* (U.K.)
2002–2003	Andras Galfi* (Hungary)
2003	Felix Sturm* (Germany)
2004	Mariano Carrera* (Arg.)
2004–2005	Felix Sturm* (Germany)
2005–2006	Khoren Gevor* (Germany)
2007–2009	Sebastian Zbik* (Germany)
2009–2010	Gennady Golovkin* (Ger.)

Junior Middleweights

1995	Paul Jones* (U.K.)
1995–1997	Adrian Dodson* (U.K.)
1997	Ryan Rhodes* (U.K.)
1997	Geoffrey McCreesh* (U.K.)
1998	Kevin Lueshing* (U.K.)
1999	Ensley Bingham* (U.K.)
1999–2001	Anthony Farnell* (U.K.)
2002	Gary Lockett (U.K.)
2002	Yuri Tsarenko* (Russia)
2003–2004	Sergei Dzinziruk* (Uk.)
2004	Marco A. Rubio* (Mexico)
2005	G. Hinteregger* (Austria)
2005–2007	Lukas Konecny* (Czech Rep.)
2008	Alfredo Angulo* (Mexico)
2009–	Joachim Alcine (Canada)

Welterweights

1995–1996	Michael Loewe* (Ger.)
1997	Larry Barnes* (U.S.)
1998	Ahmed Kotiev (Russia)
1998–2001	Michel Trabant* (Ger.)
2001–2002	Christian Bladt* (Den.)
2002	Hasan Al* (Denmark)
2003	Poalo Roberto (Sweden)
2003–2004	Sebastian Lujan* (Arg.)
2004–2005	Zabdiel Judah* (U.S.)
2005–2006	Jan Zaveck* (Slovenia)
2006–2007	Luciano Abis* (Italy)
2007–2008	Antonio Margarito* (Mex.)
2008	Christian Bladt* (Den.)
2009–2010	Krzysztof Bienias* (Pol.)
2010	Kell Brook (U.K.)

Junior Welterweights

1995–1996	Paul Ryan* (U.K.)
1996–1998	Jonathan Thaxton (U.K.)
1998–1999	Emanuel Burton* (U.S.)
1999–2001	Richie Hatton (U.K.)
2001	Ebo Elder* (U.S.)
2002	Giuseppi Lauri* (Italy)
2003–2005	Muhammad Abdullaev* (Uz.)
2005	Kendall Holt* (U.S.)
2006	Arturo Morua* (Mexico)
2006–2008	Willy Blain* (Germany)
2009–	R. Provodnikov (Russia)

Lightweights

1995–1996	Artur Grigorian* (Uz.)
1996–1997	Justin Rowsell* (Aus.)
1997	Marco Rudolph* (S.A.)
1997	David Armstrong* (U.S.)
1997–1999	Thomas Seiler* (Germany)
1999	Harold Warren* (U.S.)
1999–2000	Sandro Casamonica* (It.)
2001	Bradley Pryce* (U.K.)
2002	Steve Murray (U.K.)
2002–2003	Yuri Romanov* (Russia)
2003–2004	Maciej Zegan* (Poland)
2004–2005	Miguel A. Huerta* (Mex.)
2005–2008	Martin Kristjansen (Den.)
2008	Amir Khan (U.K.)
2008–2009	Breidis Prescott* (Col.)
2009	Amir Khan* (U.K.)
2009–	Kevin Mitchell (U.K.)

Junior Lightweights

1995–1996	David Toledo* (U.S.)
1996–1997	Arnulfo Castillo* (U.S.)
1997–1998	Dean Pithie (U.K.)
1998–1999	Gary Thornhill (U.K.)
1999–2001	Michael Gomez (U.K.)
2001	Laszlo Bognar (Hungary)
2001–2002	Michael Gomez* (U.K.)
2002	Alex Arthur* (U.K.)
2003–2004	Janos Nagy* (Hungary)
2005	Jose M. Cotto* (P.R.)
2005–2006	Julio P. Chacon* (Arg.)
2006	Antonio Bento* (Port.)
2007–2008	Roman Martinez* (P.R.)
2008–2009	Kevin Mitchell* (U.K.)

Featherweights

1995–1997	John Jo Irwin*(U.K.)
1997–2000	Steve Robinson (U.K.)
2000	Juan C. Ramirez* (Mex.)
2001–2002	Gavin Rees* (U.K.)
2003–2004	Priest Smalls* (U.S.)
2004–2005	Gairy St. Clair* (Guy.)
2006	Andras Meszaros (Hun.)
2006–2007	Stan. Merdov (Ukraine)
2007–2008	Oleg Yefimovych* (Uk.)
2008–2009	Vyach. Gusev* (Russia)
2010	Andreas Evensen (Nor.)

Junior Featherweights

1995–1997	Richie Wenton* (U.K.)
1997	Jesse Magana (U.S.)
1997	Marius Frias* (Mexico)
1998–1999	Agapito Sanchez* (D.R.)
2001–2002	Joan Guzman* (D.R.)
2004–2005	Yersin Jailauov (Kazak.)
2005–2006	Franklin Teran* (Col.)
2007–2008	Rey Bautista* (Phil.)
2008–2009	Ramie Laput (Phil.)
2009–	Zsolt Bedak (Hungary)

Bantamweights

1996	Michael Gallati* (U.S.)
1997–1999	Don Concepcion* (Phil.)
1999–2002	Vacant
2002	Carlos Madrigal* (U.S.)
2002–2004	Robert Isaszegi* (Hun.)
2004–2005	Cesar Morales* (Mex.)

2006	Johnny Bredahl* (Den.)		2000–2002	Eliecer Castillo* (Cuba)		1996–1997	Adrian Stone* (U.K.)
2006	Irene Pacheco* (Col.)		2002–2006	Vacant		1997–1998	Paul Nave* (U.S.)
2007	S. Gauthier* (Canada)		2006–2008	Roman Greenberg* (U.K.)		1998	Georgie Smith (U.K.)
2007–2008	Lante Addy* (Ghana)					1998–1999	Charlie Kane (U.K.)
2008–2009	Eric Morel* (P.R.)					1999–2000	Darren Bruce* (U.K.)

Junior Bantamweights

1998–1999	Pedro Alcazar* (Pan.)
2000–2001	Vernie Torres* (U.S.)
2002–2004	Karim Quibir* (Spain)
2005–2006	Marat Mazimbaev (Kazak.)
2006–2007	Kahramon Arzykulov* (Uz.)

Cruiserweights

1998–1999	Darren Corbett (Ireland)
1999	Stephane Allouane* (Fr.)
1999–2003	Vacant
2003–2004	Ismael Abdul* (Belgium)
2004–2005	Grigory Drozd* (Russia)
2007–2008	Gyorgy Hidvegi* (Hun.)
2008–	Vitaliy Rusal (Ukraine)

Flyweights

1997	Rit. Kiatprapat (Thai.)
1997–1999	Melvin Magramo* (Phil.)
1999–2002	Vacant
2002	Andrea Sarritzu* (Italy)
2002–2003	Giuseppi Lagana* (Italy)
2003–2005	Brahim Asloum* (France)
2007–2008	Yo-Sam Choi* (S. Korea)
2008–2009	Ivan Pozo (Spain)

Light Heavyweights

1999–2000	Darren Corbett* (Ire.)
2000–2004	Vacant
2004–2005	Alejandro Berrio* (Col.)
2007	Dean Francis* (U.K.)

Super Middleweights

1998	Danny Ryan* (U.K.)
1998–1999	Undra White* (U.S.)
1999–2000	David Starie* (U.K.)
2001	Brian Magee* (U.K.)
2002	Hussain Osman (U.K.)
2002–2003	Matthew Barney* (U.K.)
2003–2006	Vacant
2006–2007	Peter Mashamaite* (S.A.)

Middleweights

1998–1999	Raymond Joval* (Neth.)
2000–2001	James Lowther* (U.K.)
2001–2002	Scott Dann* (U.K.)
2002–2004	Steven Bendall* (U.K.)
2006–2007	Aaron Mitchell* (U.S.)
2007	Daniel Geale* (Aus.)

Junior Middleweights

1997	Tony Badea* (Canada)
1998	Derek Roche* (U.K.)
1999–2001	Joe Townsley* (U.K.)
2001–2004	Vacant
2004–2005	Charles Whittaker* (C.I.)
2006–2008	Ian MacKillop* (Canada)
2009	Robert Medley* (Aus.)

Junior Flyweights

1997–1998	Mzukisi Marali* (S.A.)
1998–1999	Eric Jamili* (Phil.)
2001–2002	Victor Burgos* (Mexico)
2005–2006	Giuseppe Lagana* (Italy)
2006–2008	Rexon Flores* (Phil.)

Mini Flyweights

1997–1998	Eric Jamili* (Phil.)
2000	Sizwe Sinyabi* (S.A.)
2000–2001	Jorge Mata* (Spain)
2001–2006	Vacant
2006	Benjie Sorolla* (Phil.)
2007–2008	Ryan Bito* (Phil.)

IBO Intercontinental Champions

Heavyweights

1996–1997	Mario Cawley* (U.S.)
1997–1998	Lyle McDowell (U.S.)
1998–1999	Linwood Jones* (U.S.)
1999	Przemyslaw Saleta (Pol.)
1999–2000	Fred Westgeest* (Neth.)

Welterweights

1995–1996	Verdell Smith* (U.S.)
1996–1997	Adrian Stone* (U.K.)
1997–1998	Paul Nave* (U.S.)
1998	Georgie Smith (U.K.)
1998–1999	Charlie Kane (U.K.)
1999–2000	Darren Bruce* (U.K.)
2001	Jacek Bielski* (Pol.)
2001–2003	Roman Dzuman* (Uk.)
2005–2006	Chad Bennett* (Aus.)
2007–2008	Robert Medley* (Aus.)
2009–	R. Seliverstov (Russia)

Junior Welterweights

1997–1998	Scott DePompe* (U.S.)
1999–2001	Chris Barnett* (U.K.)
2002–2003	Colin Lynes (U.K.)
2003–2004	Samuel Malinga* (S.A.)
2004–2009	Vacant
2009–	Denis Shafikov (Russia)

Lightweights

2000–2001	Wayne Rigby* (U.K.)
2001–2008	Vacant
2008–2009	Willie Limond* (U.K.)

Junior Lightweights

1998–2000	Ian McLeod* (U.K.)
2000	Charles Shepherd* (U.K.)
2000–2005	Vacant
2005	Nedal Hussein* (Aus.)
2006	Tommy Browne* (Aus.)
2007	Fernando Trejo* (Mex.)

Featherweights

1998–1999	Richard Evatt (U.K.)
1999	Smith Odoom (Poland)
1999–2001	Scott Harrison* (U.K.)
2001–2006	Vacant
2006–2007	Alek. Bajawa* (Indo.)

Junior Featherweights

2000–2001	Patrick Mullings* (U.K.)
2003	Jeffrey Mathebula* (S.A.)

Bantamweights

1999	Francis Ampofo* (U.K.)

Junior Flyweights

	Ayanda Ramncwana* (S.A.)

WBC Continental Americas Champions

This championships of the Americas (i.e., Pan America) is now sanctioned and supervised by the WBC Continental Americas Championships Committee.

Heavyweights

1977–1984	Bernardo Mercado* (Col.)		1987	Leon Spinks* (U.S.)		1991–1992	Riddick Bowe* (U.S.)
1985	Michael Dokes* (U.S.)		1987–1988	Michael Greer* (U.S.)		1992–1993	Alex Garcia (U.S.)
1985–1986	Leon Spinks* (U.S.)		1988–1989	Michael Dokes (U.S.)		1993	Mike Dixon* (U.S.)
1986–1987	Adilson Rodrigues* (Bz.)		1989–1990	Evander Holyfield* (U.S.)		1993–1994	Jeremy Williams (U.S.)
			1990	Michael Dokes* (U.S.)		1994	Larry Donald (U.S.)

1994–1995	Riddick Bowe* (U.S.)	1992–1993	Roy Jones, Jr.* (U.S.)	1983–1984	Danny Ferris (U.S.)
1995–1996	Jimmy Thunder* (U.S.)	1994	Carl Jones* (U.S.)	1984–1985	David Hilton, Jr.* (Can.)
1996–1997	Ahmad Abdin (U.S.)	1995	Mauricio Amaral* (Brazil)	1986–1987	Gene Hatcher* (U.S.)
1997–1998	Larry Donald* (U.S.)	1996–1997	Pedro Montiel* (Mexico)	1987–1988	Efisio Galici* (Italy)
1999	Monte Barrett (U.S.)	1998–1999	Eric Lucas* (Canada)	1988	Derrick Kelly* (U.S.)
1999–2001	Lance Whitaker (U.S.)	1999–2000	Glengoffe Johnson* (Jam.)	1989	Aaron Davis* (U.S.)
2001–2002	Jameel McCline* (U.S.)	2002	Ross Thompson (U.S.)	1989–1992	Genaro Leon* (Mexico)
2002–2003	Lamon Brewster* (U.S.)	2002–2004	Jeff Lacy* (U.S.)	1993–1994	Jesus Cardenas (Mexico)
2003–2004	Saul Montana* (Mexico)	2005	Eric Lucas* (Canada)	1994	Rene Herrera* (U.S.)
2004	James Toney* (U.S.)	2005–2007	Lucian Bute* (Canada)	1995–1996	Juan C. Sanchez (Mexico)
2004–2005	Michael Moorer* (U.S.)	2007–2008	Ricardo Mayorga* (Nic.)	1996	Luis Vazquez (Mexico)
2005	DaVarryl Williamson* (U.S.)	2008–2009	Adonis Stevenson* (Can.)	1996–1997	Edgar Ruiz* (Mexico)
2005–2006	Donnell Holmes* (U.S.)			1997–1998	Juan C. Sanchez (Mexico)
2006–2007	Tony Thompson* (U.S.)			1998–2001	Jorge Vaca* (Mexico)
2007–2009	Chris Arreola* (U.S.)			2001–2003	Miguel Rodriguez* (Mex.)
2010	Chauncy Welliver (U.S.)			2004	Ishe Oluwa Smith* (U.S.)

MIDDLEWEIGHTS

1980–1981	Milton Owens (U.S.)
1981–1983	Manuel Melon* (U.S.)
1984–1985	Alex Hilton* (Canada)
1985	Jose Quinones (P.R.)
1985–1986	Iran Barkley* (U.S.)
1987	Michael Olajide* (Can.)
1987–1988	Ricky Stackhouse* (U.S.)
1988	Anthony Logan (U.S.)
1988–1990	David Noel* (Trinidad)
1990–1991	Anthony Logan* (U.S.)
1991	Lamar Parks* (U.S.)
1992–1993	Thomas Tate* (U.S.)
1993–1994	Lamar Parks* (U.S.)
1994–1996	Dana Rosenblatt* (U.S.)
1996	Stephane Ouellet* (Can.)
1997	Lee Fortune* (U.S.)
1997–1999	Eduardo Gutierrez* (Mex.)
2000–2002	Hector Velazco* (Arg.)
2002–2003	Julio D. Garcia* (Cuba)
2003–2005	Jermain Taylor* (U.S.)
2006–2007	John Duddy* (U.S.)
2008–	Renan St. Juste (Canada)

CRUISERWEIGHTS

1985	Leslie Stewart* (Jam.)
1985	Ricky Parkey* (U.S.)
1985–1986	Dorcey Gaymon* (U.S.)
1987–1988	Michael Greer* (U.S.)
1989–1992	Dwight Braxton* (U.S.)
1993–1994	Marc Randazzo* (U.S.)
1995–1996	John McClain* (U.S.)
1996–1997	Rick Roufus* (U.S.)
1997–1998	Eliecer Castillo* (Cuba)
1999	Vassiliy Jirov* (U.S.)
2001–2002	Jason Robinson* (U.S.)
2004	Ramon Garbey* (Cuba/U.S.)
2004	Chad Van Sickle (U.S.)
2004–2005	Gary Gomez (U.S.)
2005–2006	Charles Davis (U.S.)
2006	Dan Batchelder (U.S.)
2006–2007	Matt Godfrey* (U.S.)
2007–2009	Rob Calloway* (U.S.)
2010	James Cermak (Canada)

LIGHT HEAVYWEIGHTS

1980–1981	Oscar Rivadeneyra* (Peru)
1981–1985	*Vacant*
1985–1986	J.B. Williamson* (U.S.)
1986	Marvin Mack* (U.S.)
1986–1987	Virgil Hill* (U.S.)
1987	Don Lalonde* (Canada)
1988–1989	Michael Moorer* (U.S.)
1990	Dennis Andries* (Guyana)
1991	Leeonzer Barber* (U.S.)
1991–1992	Bomani Parker* (U.S.)
1992	David Vedder* (U.S.)
1993–1994	Ernest Mateen (U.S.)
1994	Charles Williams* (U.S.)
1994–1995	Eric Lucas* (Canada)
1995–1997	Lincoln Carter* (U.S.)
1998–1999	Napoleon Tagoe (U.S.)
1999	Ray Berry (U.S.)
1999–2002	Derrick Harmon (U.S.)
2002–2003	Montell Griffin* (U.S.)
2003–2004	Donnell Wiggins (U.S.)
2004	Robert Anderson* (U.S.)
2004–2006	Prince Badi Ajamu* (U.S.)
2008–2009	Cedric Agnew* (U.S.)
2009–	Brian Cohen (U.S.)

SUPER WELTERWEIGHTS

1981–1982	Carlos Herrera* (Arg.)
1982–1983	Hugo Rengifo* (Vez.)
1984–1987	Julian Jackson* (V.I.)
1988–1989	Franc. DeJesus* (Brazil)
1990–1991	Bill Bridges (U.S.)
1991–1992	Oscar Pena (U.S.)
1992	Wayne Powell* (U.S.)
1992–1993	Louis Howard* (U.S.)
1993	Alain Bonnamie* (Canada)
1994	Augustine Renteria (U.S.)
1994–1995	Emmett Linton* (U.S.)
1995–1996	Stephane Ouellet* (Can.)
1996–1997	Craig Cummings* (U.S.)
1997–1998	James Coker (U.S.)
1998–1999	David Reid* (U.S.)
2001–2002	Elvis Guerrero* (Pan.)
2002–2003	Sam J. Garr* (U.S.)
2003	Michael Lerma* (U.S.)
2003–2005	Alex Bunema (U.S.)
2005–2006	Robert Kamya* (U.S.)
2006	Jose Varela* (U.S.)
2007	Jimmy Lange* (U.S.)
2008	J.C. Chavez, Jr.* (Mex.)
2009	Carson Jones* (U.S.)
2009–	Austin Trout (U.S.)

SUPER MIDDLEWEIGHTS

1990	Dario Matteoni* (Arg.)
1991–1992	Otis Grant* (Canada)

WELTERWEIGHTS

1979–1981	Segundo Murillo* (Ecuador)
1982–1983	Hector Hernandez* (Chile)

2004–2005	Mauro Lucero (Mexico)
2005–2006	Vincent Phillips (U.S.)
2006–2008	Jesus Soto-Karass* (Mex.)
2008–2009	Orlando Lora* (Mexico)
2009–	Alfonso Gomez (Mexico)

SUPER LIGHTWEIGHTS

1979–1981	Jose Salazar* (Panama)
1981–1983	Guillermo Fernandez* (Vez.)
1983–1984	Alfredo Escalera* (P.R.)
1984–1985	Kel Robin (U.S.)
1985	Darryl Fuller (U.S.)
1985	Gary Hinton* (U.S.)
1985–1987	Buddy McGirt* (U.S.)
1987–1988	Johnny Montes* (U.S.)
1988	Harry Arroyo (U.S.)
1988	Loreto Garza* (U.S.)
1989–1990	Sammy Fuentes* (P.R.)
1991–1992	Guillermo Cruz* (D.R.)
1994	George Scott* (U.S.)
1994	Rene Herrera* (Mexico)
1995	Francisco Cuesta (Mex.)
1995–1996	Scott Walker* (U.S.)
1996	Sharmba Mitchell* (U.S.)
1997–1998	Antonio Pitalua* (Col.)
1998–1999	Jesus Rodriguez* (Mex.)
1999–2000	Leonard Dorin* (Canada)
2001–2002	Guy Lawrence* (St. Lucia)
2002–2003	Cosme Rivera* (Mexico)
2003	Ricky Quiles* (P.R.)
2003–2004	Francisco Bojado* (Mex.)
2005–2006	Donald Camarena (U.S.)
2006	Paul Malignaggi* (U.S.)
2006–2007	Emanuel A. Burton* (U.S.)
2007–2008	Michel Rosales* (Mexico)
2008–	Dan Ionut Ion (Canada)

LIGHTWEIGHTS

1979–1980	Leonidas Asprilla (Col.)
1980–1981	Orlando Romero* (Peru)
1982–1983	Pedro Laza* (U.S.)
1983–1984	Geronimo Luquez (Arg.)
1984–1985	Nelson Bolanos* (Ecuador)
1985–1986	Santos Cardona* (P.R.)
1986–1987	Roger Mayweather* (U.S.)
1987	John Duplessis* (U.S.)
1988–1989	Michael Benjamin (Guyana)
1989	Steve Larrimore* (Bahamas)
1990	Pedro Sanchez* (D.R.)
1990–1991	Anthony Jones* (U.S.)
1991–1992	Mauro Gutierrez* (Mexico)

1992	Miguel A. Gonzalez* (Mex.)
1993–1994	Rodolfo Gomez (U.S.)
1994–1995	Jesus Rodriguez (Mexico)
1995–1996	Billy Irwin* (Canada)
1997–1998	Danny Rios* (U.S.)
1998	Ruben Nevarez* (U.S.)
1999	Gregorio Vargas* (Mexico)
2001	Leavander Johnson (U.S.)
2001–2002	Michael Clark* (U.S.)
2002–2004	Eleazar Contreras* (U.S.)
2004–2005	Ernesto Zepeda* (Mexico)
2005	Jose Izquierdo* (Mexico)
2006–2008	Jose Manuel Lopez* (U.S.)
2008–	Reyes Sanchez (Mexico)

Super Featherweights

1980–1981	Luis Bendezu (Peru)
1981–1982	Pedro Miranda* (Chile)
1982–1983	Oscar Arnal* (Vez.)
1984–1985	Ezequiel Mosquera* (Pan.)
1985	Rocky Alonso* (Mexico)
1985–1986	Tony Pep* (Canada)
1986–1987	Johnny de la Rosa* (U.S.)
1987–1988	Tyrone Jackson* (U.S.)
1989–1990	Jorge Ramirez* (Mexico)
1992–1993	Frankie Avelar* (El Sal.)
1993–1994	James Lonaker* (U.S.)
1995	Edson Nascimento* (Brazil)
1996	Jorge Paez (Mexico)
1996–1997	Julian Wheeler (U.S.)
1997	Jorge Paez* (Mexico)
1997–1998	Javier Jauregui* (Mex.)
1998–1999	Carlos Gerena (P.R.)
1999–2000	Daniel Alicea* (U.S.)
2001	Genaro Trazancos* (Mex.)
2003–2004	Daniel Dominguez* (Mex.)
2004–2005	Carlos Navarro (U.S.)
2005–2006	Bobby Pacquiao (U.S.)
2006–2007	Hector Velazquez* (Mex.)
2007–2008	Manuel Perez* (U.S.)
2008–2009	Raymundo Beltran* (Mex.)
2009–2010	Joksan Hernandez* (Mex.)

Featherweights

1979–1980	Salvador Sanchez* (Mex.)
1980–1981	Denis Moran* (Nicaragua)
1981–1983	Mario Miranda* (Colombia)
1983	Dagoberto Agosto* (P.R.)
1984	Fernando Chumpitaz (Peru)
1984–1985	Juvenal Ordenes* (Chile)
1985–1986	Antonio Rivera (P.R.)
1988	Steve Cruz* (U.S.)
1989	Myron Taylor* (U.S.)
1989	Fernando Caicedo* (Col.)
1990–1991	Ricardo Cepeda* (U.S.)
1991–1992	Kevin Kelley* (U.S.)
1993–1994	Pete Taliaferro* (U.S.)
1994	Rudy Zavala* (U.S.)
1995	Shane Gannon (U.S.)
1995	Eduardo Montes* (Mex.)
1996	Jesus Chavez* (Mexico)
1996–1997	Derrick Gainer* (U.S.)
1997	Juan Torres (Mexico)
1997	Manuel Chavez (Mexico)
1997	Hector Marquez (Mexico)
1997–1998	G. Espadas, Jr.* (Mex.)
1998–2001	Edgar Barcenas (Mexico)
2001–2002	Orlando Soto* (Panama)
2002–2003	G. Espadas, Jr.* (Mex.)
2003	Cristian Favela* (Mex.)
2003–2005	Rocky Juarez* (U.S.)
2005	Steve Luevano* (U.S.)
2005–2006	Alejandro Barrera* (Mex.)
2006–2008	F. de los Santos* (Mex.)
2008–2009	Adalberto Borquez* (Mex.)
2009–	Alberto Garza (Mexico)

Super Bantamweights

1979–1980	Ruben Valdez (Colombia)
1980–1982	Jose Cervantes* (Col.)
1982–1983	Julian Solis* (P.R.)
1984–1985	Tommy Valoy* (D.R.)
1985–1986	Harold Petty* (U.S.)
1987–1988	Steve McCrory* (U.S.)
1989–1991	Jemal Hinton* (U.S.)
1992	Franc. Arreola* (Mex.)
1992–1993	Cesar Soto* (Mexico)
1993	Eddie Croft (U.S.)
1993–1994	Gerardo Martinez* (Mex.)
1996	Jorge Barrera* (Mexico)
1996–1998	Sergio Aguila* (Mexico)
1998	Angel Chacon* (P.R.)
1999	Jose M. Navarro (Mexico)
1999–2000	Gregorio Medina (Mexico)
2000–2001	Alejandro Estrada* (Mex.)
2001–2003	Emmanuel Lucero* (Mexico)
2003–2004	Edel Ruiz* (Mexico)
2004–2005	Jason Adams* (Canada)
2005	Cuauhtemoc Vargas (Mex.)
2005–2006	Tomas A. Villa* (U.S.)
2007–2008	Ricardo Espinoza* (Mex.)
2008	Rodolfo Hernandez (Mex.)
2008–	Andres Romero (Mexico)

Bantamweights

1979–1981	Cleo Garcia* (Nicaragua)
1982–1983	Cardenio Ulloa* (Chile)
1983–1984	Miguel Lora* (Colombia)
1984–1985	Edgar Monserrat* (Pan.)
1985	Freddie Jackson* (U.S.)
1985–1986	Sam David (U.S.)
1986–1987	Diego Rosario* (U.S.)
1988	Ray Minus (Bahamas)
1988–1989	Jose Valdez* (Mexico)
1990–1991	Jorge Martinez (U.S.)
1990–1991	Johnny Vasquez* (U.S.)
1992	Clarence Adams* (U.S.)
1992–1993	Cesar Soto* (Mexico)
1993	Junior Jones* (U.S.)
1994	Armando Salazar (Mexico)
1994	Alejandro Landeros (Mex.)
1994–1995	Noe Santillana* (Mexico)
1996	Jose Sarabia (Mexico)
1996	Sergio Millan (Mexico)
1997–2000	Hugo Dianzo (Mexico)
2000	Evangelio Perez (Panama)
2000–2001	Genaro Garcia* (Mexico)
2001–2002	Julio Zarate* (Mexico)
2002–2005	Jhonny Gonzalez* (Mex.)
2007–2008	Yonnhy Perez* (Colombia)
2008–2009	Rodrigo Guerrero* (Mex.)
2009–2010	Leon Moore* (Guyana)

Super Flyweights

1980–1981	Javier Brown (Colombia)
1981–1982	Carlos Gutierrez* (Vez.)
1983	Alfonso Lopez (Panama)
1983–1984	Bebis Rojas* (Colombia)
1984–1989	*Vacant*
1989	Robert Quiroga* (U.S.)
1989–1990	Torsak Osodsopha* (Thai.)
1990–1991	Armando Salazar (Mex.)
1991–1992	Jose Luis Bueno (Mex.)
1992–1995	Josefino Suarez (Mex.)
1995	Willy Salazar (Mexico)
1995	Armando Salazar* (Mex.)
1995–1996	Basilio Morales (Mex.)
1996	Jorge Barrera* (Mexico)
1996–1997	Basilio Morales (Mex.)
1997	Willy Salazar (Mexico)
1997–1998	Genaro Garcia* (Mex.)
1998	Jorge Lacierva* (Mex.)
2000	Jose A. Beranza (Mex.)
2000–2001	Raul Juarez (Mexico)
2001	Eric Lopez* (Mexico)
2001–2003	Jose A. Beranza* (Mex.)
2003–2005	Jose Navarro* (U.S.)
2005–2007	Valerio Sanchez* (Mex.)
2007–2008	Jesus Vazquez* (Mexico)
2008–2010	Juan Jose Montes* (Mex.)

Flyweights

1979–1980	Martin Vargas* (Chile)
1980–1981	Luis Tapias* (Colombia)
1982–1983	Martin Vargas* (Chile)
1983–1984	Ian Clyde* (Canada)
1985	Cesar Polanco* (D.R.)
1986–1987	Richard Clarke* (Jamaica)
1989–1990	Javier Diaz* (Mexico)
1990–1991	John Henry Johnson* (U.S.)
1991–1992	Jesus Chong (Mexico)
1992–1993	Javier Juarez (Mexico)
1993–1994	Hugo Torres* (Mexico)
1994–1996	Alejandro Montiel* (Mex.)
1996–1997	Antonio Ruiz* (Mexico)
1997	Ladislao Vazquez* (Mex.)
1997–2001	Alejandro Montiel* (Mex.)
2001–2003	Evaristo Primero* (Mex.)
2003–2004	Jair Jimenez* (Colombia)
2004–2005	Everardo Morales (Mex.)
2005	Valerio Sanchez* (Mex.)
2006–2007	Everardo Morales (Mex.)
2007–2008	Francisco Marquez* (Mex.)
2008	Manuel Roman* (Mexico)
2009–	Oscar Blanquet (Mexico)

Light Flyweights

1979–1980	Nestor Obregon (Nic.)
1980–1981	Luis Beltran (Chile)
1981–1982	Reinaldo Becerra* (Vez.)
1983–1984	Jose DeJesus* (P.R.)
1984–1987	*Vacant*
1987–1988	Luis (Kid) Monzote* (Cuba)
1990–1991	Melchor Cob Castro* (Mex.)
1991	Santiago Mendez (Mexico)
1991	Javier Juarez (Mexico)
1991–1994	Javier Varguez* (Mexico)
1996–1997	Ramon Euroza (Mexico)
1997	Gabriel Munoz* (Mexico)
1998	Alfredo Virgen (Mexico)
1998–1999	Edgar Cardenas (Mexico)
1999	Osvaldo Guerrero (Mexico)

1999–2001	Melchor Cob Castro* (Mex.)
2001	Antonio Torres (Mexico)
2001	Jesus Martinez (Mexico)
2001	Ernesto Castro (Nicaragua)
2001–2002	Rodrigo Garcia (Mexico)
2002–2004	Manuel Vargas* (Mexico)
2004–2005	Valentin Leon* (Mexico)
2005–2006	Gilberto Keb-Baas* (Mex.)
2006	Francisco Soto* (Mexico)
2007–2008	Adrian Hernandez* (Mex.)
2009	Jose G. Martinez (Mex.)
2009–	J. Rubillar (Phil./Mex.)

STRAWWEIGHTS

1989–1990	Ricardo Lopez* (Mexico)
1990–1991	Macario Santos (Mexico)
1991–1992	Jose Luis Zepeda* (Mex.)
1992–1996	*Vacant*
1996	Tomas Rivera* (Mexico)
1998–1999	Fernando Luna* (Mexico)
2001–2002	Valentin Leon* (Mexico)
2002–2004	Omar Soto* (Mexico)
2005	Oscar Martinez* (Mex.)
2007–2008	Lorenzo Trejo* (Mexico)
2009	Raul Castaneda (Mexico)
2009–	Mario Rodriguez (Mexico)

Latin American Champions

The Latin American Boxing Federation, a WBA affiliate, was in charge of these titles until 1994, when it merged with the WBC's South American Boxing Federation (FESUBOX) and was replaced by the WBA Fedelatin Championships Committee. Boxers from non–Latin American countries have since been permitted to box for these titles.

HEAVYWEIGHTS

1980–1983	Luis Acosta* (Argentina)
1984–1987	Luis Lozano* (Panama)
1988–1989	Jorge A. Dascola* (Arg.)
1990–1991	Walter Masseroni* (Arg.)
1992–1994	Juan Antonio Diaz (Arg.)
1994–1995	Larry Donald* (U.S.)
1995–1996	Crawford Grimsley* (U.S.)
1996–1998	Adilson Rodrigues (Brazil)
1998–1999	Pedro Daniel Franco (Arg.)
1999–2000	Fabio E. Moli* (Argentina)
2000–2002	George Arias (Brazil)
2002–2003	Fres Oquendo* (U.S.)
2003–2005	Owen Beck* (Jamaica)
2006	Taras Bidenko* (Ger.)
2006–2008	Mike Mello (U.S.)
2008	Andrew Golota* (U.S.)

CRUISERWEIGHTS

1989–1991	Jose Flores Burlon* (Uru.)
1993–1995	Jose C. Da Silva (Brazil)
1995	Reinaldo Gimenez* (Arg.)
1996–1998	Ezequiel Paixao* (Brazil)
1999–2000	John Lennox Lewis* (Td.)
2000–2003	Andres Luis Pineda* (Pan.)
2004–2005	Guillermo Jones* (Panama)
2005–2006	Luis A. Pineda* (Panama)
2007–2008	Yoan Hernandez (Cuba)
2008	Wayne Braithwaite* (Guy.)
2008–2009	Francisco Palacios* (P.R.)

LIGHT HEAVYWEIGHTS

1981–1983	Miguel Cea (Chile)
1983	Carlos Flores (Uruguay)
1983–1984	Leslie Stewart* (Trinidad)
1984–1986	Tomas Polo (Colombia)
1986	Fulgencio Obelmejias (Vez.)
1986–1987	Leslie Stewart* (Trinidad)
1987–1990	*Vacant*
1990–1992	Sergio D. Merani* (Arg.)
1994–1995	Jose Gomes* (Brazil)
1995–1998	*Vacant*
1998	Marco A. Duarte (Brazil)
1998–2000	Rogerio Lobo* (Brazil)
2002–2003	Rocky Torres* (Cuba)
2003–2004	Lino Barros (Brazil)
2004	Dan Batchelder* (U.S.)
2005	Jorge F. Castro* (Arg.)
2005–2006	Manuel A. Siaca* (P.R.)
2006–	Hugo H. Garay (Arg.)

SUPER MIDDLEWEIGHTS

1989–1990	D. Walter Matteoni* (Arg.)
1992–1995	Mauricio Amaral* (Brazil)
1996	Anthony Andrews* (Guyana)
1997	Roberto Coelho* (Brazil)
1997–1998	Rogerio Lobo (Brazil)
1998	Jorge Castro* (Argentina)
1999–2001	Manuel A. Siaca* (P.R.)
2002	Rick Thornberry (Aus.)
2002–2003	Anthony Mundine* (Aus.)
2005–2006	Henry Porras* (C.R.)
2006–2009	Gusmyl Perdomo* (Vez.)
2009–	Kirt Sinnette (Trinidad)

MIDDLEWEIGHTS

1980–1983	Jacinto Fernandez* (Arg.)
1983–1985	Nestor Flores (Panama)
1985–1986	Victor Cordoba* (Panama)
1986–1988	Felipe Nuno* (Panama)
1991	Carlos Grados* (Peru)
1992–1993	Wayne Harris (Guyana)
1993–1994	Segundo Mercado* (Ecuador)
1995–1996	Ricardo Nunez* (Argentina)
1996	Fabian Chancalay* (Arg.)
1997	Darren Obah* (Australia)
1997–1998	Anthony Andrews* (Guyana)
1998–2000	Ramon P. Moyano* (Arg.)
2002–2003	Marcos S. Diaz (Argentina)
2003	Jorge A. Sclarandi (Arg.)
2003–2004	Marcos S. Diaz (Argentina)
2004–2005	Francisco A. Mora* (Arg.)
2005–2006	Mariano N. Carrera* (Arg.)
2006–2007	Noe Gonzalez Alcoba* (Uru.)
2007–2008	Mariano N. Carrera* (Arg.)
2008–	Daniel Edouard (Haiti)

JUNIOR MIDDLEWEIGHTS

1979–1981	Nicanor Camacho* (Colombia)
1981	Emiliano Villa* (Colombia)
1981–1984	Patricio Diaz* (Argentina)
1986–1988	Norberto Bueno* (Mexico)
1992–1994	Aquilino Asprilla (Panama)
1994	Peter Venancio* (Brazil)
1995–1996	L. Ramon Campas* (Mexico)
1996–1997	Guillermo Jones (Panama)
1997	David Noel (Trinidad)
1997–1998	Guillermo Jones* (Panama)
1999	Javier Castillo (Panama)
1999–2000	Marco A. Avendano (Vez.)
2000–2001	Ricardo Mayorga* (Nic.)
2001–2003	Santiago Samaniego* (Pan.)
2004	Joachim Alcine* (Haiti)
2004–2005	A. Lee Montoya* (U.S.)
2005–2006	Javier A. Mamani* (Arg.)
2007	Alfonso Mosquera* (Pan.)
2008–2009	Nilson J. Tapia (Panama)
2009–	Austin Trout (U.S.)

WELTERWEIGHTS

1979–1981	Wellington Wheatley (Ecua.)
1981–1985	Fernando R. Castro* (Peru)
1988	Armando Rodriguez* (Vez.)
1992–1994	Moises Rivera (Puerto Rico)
1994–1995	Andrew Murray* (Guyana)
1995–1996	Guillermo Jones* (Panama)
1998	James Page* (U.S.)
1998–1999	Sergio E. Acuna* (Arg.)
2000–2001	Jose J. Rosa* (D.R.)
2002–2003	Cory Spinks* (U.S.)
2003–2004	Walter Crucce* (Arg.)
2005	Freddy Hernandez* (Mex.)
2005–2006	Marco Avendano* (Vez.)
2006	Nelson Linares* (Vez.)
2006–2007	Sebastian Lujan* (Arg.)
2008	Rodolfo E. Martinez* (Arg.)
2008	Charlie J. Navarro* (Vez.)
2008–	Hector D. Saldivia (Arg.)

JUNIOR WELTERWEIGHTS

1979–1980	Zenon Silgado* (Colombia)
1981–1983	Mercedes Espinoza* (Peru)
1983–1984	Aquilino Asprilla (Panama)
1984–1986	Juan B. Rondon* (Venezuela)
1987–1988	Aquilino Asprilla (Panama)
1988–1989	Rafael Williams* (Panama)
1990	Angel R. Sanchez* (Cuba)

	Eder Gonzalez (Colombia)
1992–1993	Edwin Murillo (Panama)
1993	Eder Gonzalez* (Colombia)
1994–1995	Hugo Pineda* (Colombia)
1995–1996	Leonardo Mas (P.R.)
1996–1997	Jose R. Barboza* (Vez.)
1997–1998	Sharmba Mitchell* (U.S.)
1998–1999	Elio Ortiz (Venezuela)
1999	Roger Flores* (Nicaragua)
1999–2001	Demetrio Ceballos* (Pan.)
2002	Angel Aldama* (Mexico)
2004	Jorge Luis Noriega* (Col.)
2005	Raul H. Balbi* (Argentina)
2006	Miguel Callist (Panama)
2006–2008	Marcos Rene Maidana* (Arg.)
2009–	Alberto Mosquera (Panama)

Lightweights

1978	Pedro Acosta (Colombia)
1978–1981	Claude Noel* (Trinidad)
1981–1982	Orlando Romero* (Peru)
1983–1984	Rafael Williams* (Panama)
1984–1987	Vacant
1987–1990	Alberto Cortes* (Arg.)
1990–1991	Ricardo Toledo* (Chile)
1992	Julio Pastor Ruiz (Panama)
1992–1994	F. Hector Tejeda* (Arg.)
1995–1996	Raul H. Balbi* (Argentina)
1996–1998	Alberto Sicurella* (Arg.)
1998–1999	Aldo Nazareno Rios* (Arg.)
1999–2002	Miguel Callist* (Panama)
2002–2003	Javier Jauregui* (Mexico)
2003	Juan Jesus Gomez* (P.R.)
2003–2005	Jorge Luis Noriega* (Col.)
2005–2006	Fernando Angulo* (Ecuador)
2006–2008	Ameth Diaz (Panama)
2008–2009	Joan Guzman* (Dom. Rep.)
2009	Oscar J. Pereyra* (Arg.)
2009–	Darley Perez (Colombia)

Junior Lightweights

1979–1981	Romualdo Garces* (Colombia)
1981–1982	Ben. Villablanca* (Chile)
1982–1984	Jose Vidal Concepcion (D.R.)
1984–1985	Juan Nazario* (Puerto Rico)
1985–1986	F. Tomas Da Cruz* (Brazil)
1986–1988	Aristedes Acevedo* (P.R.)
1989–1990	Ricardo Toledo (Chile)
1990–1991	Alberto Quilla (Bolivia)
1991	Fernando Fuentes* (Bolivia)
1991–1995	Victor Hugo Paz* (Arg.)
1995	Orlando Soto* (Panama)
1996–1997	Carlos Gerena* (P.R.)
1997	Raul M. Franco (Mexico)
1997–1998	Miguel Casillas* (Mexico)
1998	Antonio Hernandez* (Mex.)
1998–2002	Vacant
2002–2003	Antonio Cermeno* (Vez.)
2004–2005	Vicente Mosquera* (Pan.)
2005–2006	Whyber Garcia (Panama)
2006	Edwin Valero* (Vez.)
2006–2007	Santos Benavides* (Nic.)
2007–2008	Israel H. Perez* (Arg.)
2008–2009	Argenis Mendez* (D.R.)
2009–	Angel Granados (Vez.)

Featherweights

1979–1980	Raul Silva (Costa Rica)
1980–1981	Walter Gonzalez (Peru)
1981–1983	Victor Torres* (Peru)
1983–1984	Francisco Fernandez (Pan.)
1984–1986	Jose Marmolejo* (Panama)
1986	Felipe Orozco* (Colombia)
1986–1989	Ernesto Quintana (Peru)
1989–1990	Eloy Rojas* (Venezuela)
1990–1993	Carlos A. Uribe (Chile)
1993	Eloy Rojas* (Venezuela)
1993–1994	Luis Mendoza* (Colombia)
1994–1995	Orlando Soto (Panama)
1995	Miguel C. Arrozal* (Phil.)
1995–1996	Wilfredo Vazquez* (P.R.)
1996	Claudio Martinet* (Arg.)
1996–1997	Roque Cassiani* (Colombia)
1998–2000	Julio P. Chacon* (Arg.)
2000–2002	Daniel L. Seda* (P.R.)
2003–2004	Jose P. Estrella (Arg.)
2004–2005	Whyber Garcia (Panama)
2005	Valdemir Pereira* (Bz.)
2006	Martin Honorio* (Mex.)
2007	Rocky Juarez* (U.S.)
2008	Bryan Vazquez* (C.R.)
2009	Feider Viloria* (Col.)
2009–2010	Nicholas Walters* (Jam.)

Junior Featherweights

1979	Luis Avila (Panama)
1980	Julian Solis* (P.R.)
1980–1981	Augustin Martinez*
1981–1982	Esteban Bustos* (Arg.)
1982–1984	Cleo Garcia* (Nicaragua)
1984–1985	Marcelo Beckford* (Pan.)
1986–1987	Manuel A. Vilchez* (Vez.)
1988–1989	Ruben Dario Palacio* (Col.)
1990–1991	Arcelio Diaz (Colombia)
1991–1993	Juan B. Rodriguez* (Col.)
1993–1995	Antonio Cermeno* (Vez.)
1995–1996	Yober Ortega* (Vez.)
1996	Rafael Del Valle* (P.R.)
1997	Angel Rosario (P.R.)
1997–1998	Carlos Barreto* (Vez.)
1998–1999	Richard Carrillo* (Vez.)
1999–2000	Jose Luis Valbuena* (Vez.)
2001	Moises Castro* (Nicaragua)
2002–2003	Celestino Caballero (Pan.)
2003	Jose (Cheo) Rojas* (Vez.)
2004	Jorge Linares* (Venezuela)
2005	Sergio M. Medina* (Arg.)
2005–2007	Jose Arboleda* (Panama)
2007–2008	Ricardo Cordoba* (Pan.)
2008–2009	Sergio M. Medina* (Arg.)
2010	Ramon Maas (Mexico)

Bantamweights

1980	Julian Solis* (P.R.)
1981–1986	Benito Badilla* (Chile)
1986–1988	Cardenio Ulloa* (Chile)
1988–1989	Oscar Bolivar* (Colombia)
1989	Robinson Quiroz* (Col.)
1990–1995	Habran Torres (Venezuela)
1995–1996	Nana Yaw Konadu* (Ghana)
1997–1999	Cuauhtemoc Gomez* (Mex.)
2000–2001	Rafael Marquez* (Mexico)
2002–2003	Moises Castro (Nicaragua)
2003–2004	P. Kratingdaenggym* (Thai.)
2004–2005	Jose DeJesus Lopez* (Vez.)
2005	Pablo D. Sepulveda* (Arg.)
2005–2006	Ricardo Cordoba* (Panama)
2006–2009	Nehomar Cermeno* (Panama)

Junior Bantamweights

1980–1981	Miguel Lora* (Colombia)
1981–1983	Julio Soto Solano* (D.R.)
1984–1985	Olivar Bolivar* (Colombia)
1987–1988	Elvis Alvarez* (Colombia)
1992–1993	David Merchant (Venezuela)
1993–1994	Ernesto Briceno (Venezuela)
1994–1995	Alimi Goitia* (Venezuela)
1995–1996	Julio Gamboa (Nicaragua)
1996	Evangelio Perez* (Panama)
1996–1997	Felix Machado* (Venezuela)
1997–1998	Julio Gamboa* (Nicaragua)
1998	Evangelio Perez (Panama)
1998	Jesus (Kiki) Rojas* (Vez.)
1999	Evangelio Perez (Panama)
1999	Jose DeJesus Lopez (Vez.)
1999	Jose Bonilla* (Venezuela)
1999–2000	Pedro Alcazar* (Panama)
2000–2001	Jorge Otero* (Colombia)
2002–2003	Luis A. Perez* (Nic.)
2003–2005	Vacant
2005	Alexander Munoz* (Vez.)
2005	Cristian Mijares* (Mex.)
2006	Caril Herrera* (Uruguay)
2007	Julio Roque Ler* (Arg.)
2007–	Roberto D. Sosa (Arg.)

Flyweights

1981–1982	Gabriel Sepulveda (Chile)
1982–1983	Sugar Baby Rojas* (Col.)
1984–1985	Alberto Castro* (Colombia)
1985	Fidel Bassa* (Colombia)
1986–1988	Lincoln Salcedo (Ecuador)
1988–1989	Elvis Alvarez* (Colombia)
1992	Aquiles Guzman* (Vez.)
1992–1993	Julio Gudino (Panama)
1993	Jose Bonilla (Venezuela)
1993–1994	Jesus (Kiki) Rojas* (Vez.)
1995–1996	Rafael (Leo) Gamez* (Vez.)
1996	Gilberto Gonzalez* (Vez.)
1996–1997	Aquiles Guzman* (Vez.)
1997–1998	Gilberto Gonzalez (Vez.)
1998–1999	Rafael (Leo) Gamez* (Vez.)
2000–2001	Jose DeJesus Lopez (Vez.)
2001–2003	Lorenzo Parra* (Venezuela)
2004–2005	Julio Roque Ler* (Arg.)
2007–2008	Rafael Concepcion* (Pan.)
2008	Juan J. Landaeta* (Vez.)
2008–2009	Luis Concepcion* (Pan.)
2009–	Alberto Rossel (Peru)

Light Flyweights

1978–1982	Alfonso Lopez* (Panama)
1982–1983	Jose Badilla (Chile)
1983–1984	Victor Sierra* (Panama)
1985–1986	Virgilio Chifundo* (Pan.)
1990–1993	Juan A. Torres* (Panama)
1993–1994	Carlos A. Rodriguez* (Vez.)
1994–1995	Carlos E. Murillo* (Panama)
1995–1996	Manuel Jesus Herrera* (D.R.)
1997–1998	Joma Gamboa* (Philippines)
1998–1999	Noel Arambulet* (Venezuela)
1999–2000	Jose Laureano* (Puerto Rico)

2001–2002 Edgar Velazquez* (Venezuela)
2003–2005 Roberto Vasquez* (Panama)
2005–2006 Freddy Beleno (Venezuela)
2006–2007 Juan C. Reveco* (Argentina)
2007 Daniel Reyes* (Colombia)
2007–2008 Nerys Espinoza* (Nicaragua)
2008–2009 Juan C. Reveco* (Argentina)

MINI FLYWEIGHTS
1989–1991 Yamil Caraballo (Colombia)
1991–1994 Carlos E. Murillo* (Pan.)
1994–1995 Rosendo Alvarez* (Nic.)
1996 Javier Medina (Nicaragua)
1996–1999 Jose Garcia Bernal* (Col.)

2000–2001 Juan Landaeta* (Vez.)
2001–2002 Jairo Arango* (Panama)
2002 Noel Arambulet* (Vez.)
2004–2005 Eriberto Gejon* (Phil.)
2005–2006 Carlos Melo* (Panama)
2007–2008 Roman Gonzalez* (Nic.)
2009– Luis A. Rios (Panama)

WBA Central American Federation (Fedecentro) Champions

The WBA's version of the WBC Central American & Caribbean championships. Boxers from Central America, the Caribbean, Mexico, Colombia, Venezuela, Guyana, and parts of the U.S. bordering the Caribbean are eligible for these titles.

HEAVYWEIGHTS
2001–2002 Fernely Feliz* (D.R.)
2002–2003 Richel Hersisia* (Cur.)
2004–2005 David Defiagbon* (U.S.)
2006–2007 Vincent Maddalone* (U.S.)
2007– Brian Minto (U.S.)

CRUISERWEIGHTS
2009– Carlos H. Rodriguez (C.R.)

LIGHT HEAVYWEIGHTS
2000–2001 Eduardo Ayala* (Mex.)
2001–2009 Vacant
2009– Tommy Karpency (U.S.)

SUPER MIDDLEWEIGHTS
1999–2000 Henry Porras* (C.R.)
2003–2004 Jose Alonzo* (U.S.)
2004–2005 Eduardo Ayala* (Mex.)
2006 Esteban Camou* (Mex.)
2008 Julio Sanchez* (C.R.)

MIDDLEWEIGHTS
1998 Lionel Ortiz* (P.R.)
2000 Tito Mendoza* (Panama)
2003–2004 Daniel Edouard* (U.S.)
2005 Epifanio Mendoza* (Col.)
2006 Cleiton Conceicao* (Mex.)
2007–2008 Marco A. Rubio* (Mexico)

SUPER WELTERWEIGHTS
1996–1997 Engels Pedroza (Vez.)
1997–2000 Pedro Ortega (Mexico)
2000 Tito Mendoza* (Panama)
2000–2001 Alfonso Mosquera* (Pan.)
2002–2003 Christopher Henry* (Bar.)
2004 Nurhan Suleymanoglu* (U.S.)
2005–2006 Joachim Alcine* (Haiti)
2006 Victor Lupo* (Canada)
2006–2007 Daniel Edouard* (Haiti)
2008 Larry Sharpe (Canada)
2008 Oney Valdez* (Colombia)

WELTERWEIGHTS
1997 Juan Soberanes (Mex.)
1997 Jose Rivera* (P.R.)
1997–1998 Edwin Rosario* (P.R.)

1998–1999 Humberto Aranda* (C.R.)
2001–2002 Carlos Quintana* (P.R.)
2002–2003 Sebastian Valdez* (U.S.)
2003 Rico Tan* (Canada)
2004–2005 Carlos Gonzalez (Mexico)
2005–2006 Gilberto Reyes (U.S.)
2006 Cosme Rivera (Mexico)
2006–2007 Joel Julio* (Colombia)
2008–2009 Saul Alvarez* (Mexico)

SUPER LIGHTWEIGHTS
1997 Juan Soberanes (Mexico)
1997–1998 Wilfredo Negron* (P.R.)
1999–2002 Gilbert Quiros (C.R.)
2002–2003 Juan Mosquera* (Panama)
2004 Arturo Morua (Mexico)
2004–2005 Wilfredo Negron (P.R.)
2005–2006 Juan C. Rodriguez* (P.R.)
2006–2009 William Gonzalez* (Pan.)
2010 Jhoan Perez (Venezuela)

LIGHTWEIGHTS
1997 Wilfredo Negron* (P.R.)
1998–1999 Hector Arroyo* (P.R.)
1999–2000 Richard Sierra* (P.R.)
2002–2003 Miguel Acosta* (Vez.)
2003–2005 Fernando Angulo* (Ecua.)
2005–2006 Ameth Diaz* (Panama)
2006–2008 Miguel Acosta* (Vez.)
2008 Carlos Urias* (Mexico)
2009– Carlos Claudio (P.R.)

SUPER FEATHERWEIGHTS
2001–2002 Daniel Jimenez* (P.R.)
2003–2004 Vicente Mosquera* (Pan.)
2004–2005 Aldo Valtierra* (Mexico)
2006–2007 Cristobal Cruz* (Mexico)
2009– Santos Benavides (Nic.)

FEATHERWEIGHTS
1997–1998 Manuel Medina* (Mexico)
1999–2000 Jose Luis Tula* (Mex.)
2000 Keylang Umana* (Nic.)
2001 Daniel Jimenez (P.R.)
2001 Jose Quintana* (P.R.)
2003 Whyber Garcia (Panama)
2003–2004 Jorge Solis* (Mexico)

2004–2005 Edel Ruiz* (Mexico)
2005 Jorge Linares* (Vez.)
2006–2007 Orlando Cruz* (P.R.)
2009– Gabriel Dorado (Pan.)

SUPER BANTAMWEIGHTS
1997–1998 Eddie Saenz* (Nic.)
1998–2001 Vacant
2001 Angel Chacon (P.R.)
2001–2002 Oscar Larios* (Mexico)
2002 Jose (Cheo) Rojas* (Vez.)
2002–2003 Gerardo Espinoza* (Mex.)
2003 Mauricio Martinez* (Pan.)
2004–2005 Rodolfo Martinez* (Mex.)
2006–2007 Alvaro Perez* (Nicaragua)
2007–2008 Feider Viloria* (Colombia)
2009–2010 Wilf. Vazquez, Jr.* (P.R.)

BANTAMWEIGHTS
1999–2001 Cuauhtemoc Gomez* (Mex.)
2001–2002 Rafael Marquez* (Mexico)
2002 Leopoldo Arrocha* (Nic.)
2003–2004 Mauricio Martinez* (Pan.)
2005 Cecilio Santos* (Mexico)
2005–2006 Jesus A. Rios* (Mexico)
2006–2007 Anselmo Moreno* (Panama)

SUPER FLYWEIGHTS
1999 William De Sousa* (Panama)
1999–2000 Julio Cesar Avila* (Mexico)
2000–2002 Luis Alberto Perez* (Nic.)
2003–2004 Reynaldo Lopez Brun* (Col.)
2005 Anselmo Moreno* (Panama)
2005–2006 Alberto Mitre* (Panama)
2006–2007 Jovanny Soto* (Mexico)

FLYWEIGHTS
1997–1998 Ruben Sanchez Leon* (Mex.)
2001–2002 Ivan Hernandez* (Mexico)
2002–2003 Evert Briceno* (Nicaragua)
2003–2004 Jose Luis Araiza* (Mexico)
2004–2005 Luis A. Martinez (Mexico)
2005 Jose A. Lopez* (P.R.)

LIGHT FLYWEIGHTS
1996–1997 Royers Vasquez* (Pan.)
1997 Jorge Arce (Mexico)

1997–1998	Jose V. Burgos* (Mex.)
1998–2003	*Vacant*
2003–2004	Ulises Solis* (Mex.)
2005–2006	Jose Jimenez* (Vez.)
2006–2007	Roman Gonzalez* (Nic.)
2008–2009	Carlos Tamara* (Col.)

STRAWWEIGHTS

1999	Juan Palacios (Nic.)
1999–2000	Ernesto Castro (Nic.)
2000–2002	Jairo Arango* (Panama)
2002–2003	Nery Espinoza* (Nic.)
2004–2005	Carlos Melo* (Panama)
2007–2008	Omar Soto* (P. Rico)

Mundo-Hispanic (ABMH) Champions

A WBC organization est. 1992. Boxers from Spain, Portugal, the Philippines, and Latin American countries are eligible for Mundo-Hispanic titles.

HEAVYWEIGHTS

1995–1997	Aurelio Perez (Cuba/Brazil)
1997–1998	Pedro D. Franco* (Argentina)
1999	Marcos Rodrigues (Brazil)
1999–2001	Walter A. Masseroni* (Arg.)
2001–2004	*Vacant*
2004–2005	Fabio E. Moli* (Argentina)
2005–2006	Manuel A. Puchetta (Arg.)
2006	Edegar Da Silva (Brazil)
2006–	Gonzalo Basile (Argentina)

CRUISERWEIGHTS

1994–1995	Saul Montana* (Mexico)
1995	Ezequiel Paixao (Brazil)
1995–1996	Miguel A. Robledo (Argentina)
1996–1997	Jose Arimatea Da Silva* (Bz.)
1998–1999	Jose Barreira* (Portugal)
1999–2000	Luis O. Ricail* (Argentina)
2000	Aaron Soria (Argentina)
2000	Jose Flores Burlon* (Uru.)
2000–2001	Aaron Soria* (Argentina)
2001–2002	Saul Montana* (Mexico)
2002–2003	Aaron Soria* (Argentina)
2003	Hector A. Avila* (Arg.)
2005–2006	Laudelino J. Barros* (Bz.)
2006–2007	Orlando A. Farias* (Arg.)
2008–2009	Edson C. Antonio* (Brazil)

LIGHT HEAVYWEIGHTS

1993–2002	Roberto Dominguez* (Spain)
2002–2010	*Vacant*
2010	Luis Rodriguez (Spain)

SUPER MIDDLEWEIGHTS

1993–1994	Nestor Maciel (Mexico)
1994	Bruno R. Godoy* (Argentina)
1995	Jose Barruetabena* (Spain)
1995–1996	Juan C. Gimenez* (Paraguay)
1996–1998	Mauricio Amaral* (Brazil)
1999	Ramon Britez* (Argentina)
2000–2001	Jose M. Guerrero* (Spain)
2001–2002	Jose A. Clavero* (Arg.)
2002–2004	Raul E. Barreto* (Arg.)
2004–2008	*Vacant*
2008	Nestor Casanova* (Arg.)
2008–2009	Roberto Santos* (Spain)
2009–	Matias E. Franco (Arg.)

MIDDLEWEIGHTS

1993–1994	Fabian Chancalay* (Arg.)
1996	Rogerio Cacciatore (Bz.)
1996	Enrique Areco (Argentina)
1996–1997	Rogerio Cacciatore* (Bz.)
1998–2000	Jorge Sendra Garcia* (Sp.)
2000	Ramon P. Moyano* (Arg.)
2001	Jorge Sendra Garcia* (Sp.)
2001–2002	Francisco Mora* (Arg.)
2003–2004	Jose Luis Loyola (Arg.)
2004–2005	Ruben E. Acosta* (Arg.)
2005–2006	Luis Ramon Campas* (Mex.)
2008–2009	Ricardo M. Genero* (Arg.)
2009–	Billy Godoy (Argentina)

SUPER WELTERWEIGHTS

1992–1994	Javier Castillejo* (Spain)
1994	Jose Luis Navarro* (Spain)
1995–1996	Juan Ramon Medina (D.R.)
1996–1997	Javier Castillejo* (Spain)
1998–2000	Jorge Vaca* (Mexico)
2000–2001	Jaime Pons* (Spain)
2002–2004	Marcelo Rodriguez* (Arg.)
2004	Aladino Alanis* (Arg.)
2004–2005	Javier Mamani* (Arg.)
2006	Roberto Reuque* (Arg.)
2006–2007	Mike Miranda* (Brazil)
2008–2009	Franc. Villanueva* (Mex.)

WELTERWEIGHTS

1993	Marcelo DiCroce (Arg.)
1993–1994	Javier Martinez* (Spain)
1995	Jose R. Escriche* (Sp.)
1995–1996	Jose Molinillo* (Spain)
1996–1997	Jose Luis Navarro* (Sp.)
1997	Ailton Pessoa* (Brazil)
1997–1998	Jose Pico-Pita* (Spain)
2000–2001	Walter J. Crucce* (Arg.)
2001–2002	Victor Mendoza* (Mexico)
2002–2003	Miguel A. Lopez* (Mexico)
2004	Ivan J. Cabrera* (Mexico)
2004–2005	Mario A. Lopez (Paraguay)
2005	Aladino Alanis* (Arg.)
2005–2007	Hector D. Saldivia* (Arg.)
2008	Michel Rosales* (Mexico)
2009–	Rodolfo E. Martinez (Arg.)

SUPER LIGHTWEIGHTS

1993–1994	Jorge A. Melian* (Arg.)
1994–1995	Sergio Rey Revilla* (Spain)
1995–1997	Luis Gustavo Sosa* (Arg.)
1997–1998	Alberto Cortes* (Argentina)
1999	Oscar Delgado (Mexico)
1999–2000	Juan Rodriguez (Mexico)
2000	C. Wilfredo Vilches* (Arg.)
2003–2004	Walter D. Diaz* (Argentina)
2004–2005	Ivan Cabrera* (Mexico)
2005–2006	Juan C. Alderete* (Chile)
2006–2009	Rodolfo E. Martinez (Arg.)
2009–	Euclides Espitia (Spain)

LIGHTWEIGHTS

1993–1995	Oscar Palomino* (Spain)
1996–1997	Acelino Freitas* (Brazil)
1997–1998	Eduardo Morales* (Argentina)
1999	Wilson E. Galli* (Uruguay)
1999–2000	Vicente Silva (Mexico)
2000	Fernando Mena* (Mexico)
2000–2004	*Vacant*
2004–2005	Diego Alzugaray* (Argentina)
2005–2006	Ulises Pena* (Mexico/U.S.)
2006–2007	Gaston S. Isasmendi* (Arg.)
2007–2008	Azael Villegas* (Mexico)
2008–	Diego J. Ponce (Argentina)

SUPER FEATHERWEIGHTS

1993–1998	Pedro Ferradas-Couso* (Spain)
1999–2000	J. Evangelista Martinez* (Arg.)
2000–2001	Juan C. Diaz-Melero* (Spain)
2001–2004	*Vacant*
2004	Ricardo Chamorro* (Argentina)
2004–2007	Angel H. Ramirez* (Argentina)
2007–2008	Carlos R. Rodriguez* (Arg.)
2008	Saul Carreon* (Mexico)
2008–2009	Roberto D. Arrieta* (Arg.)
2009–	Alexis Salinas (Mexico)

FEATHERWEIGHTS

1993	Luisito Espinosa* (Phil.)
1995–1996	Luis A. Navarro* (Spain)
1997–1998	Julio Pablo Chacon* (Arg.)
1998–1999	Oscar Galindo* (Mexico)
2000	Ivan DeJesus Valle (Mex.)
2000–2001	Humberto Soto* (Mexico)
2001–2002	Ivan Castillo* (Mexico)
2003–2004	Samuel Ventura* (Mexico)
2004	Miguel Munguia* (Mexico)
2005–2006	Angel Rivero* (Vez./Mex.)
2006–2007	Moises Perez (Mexico)
2007	Guty Espadas, Jr. (Mex.)

2007–2008	Victor Martinez* (Mex.)
2008–2009	Felipe C. Felix* (Mex.)
2009–	Uriel Barrera (Mexico)

Super Bantamweights

1993–1994	Jose Valdez (Mexico)
1994–1995	Erik Morales* (Mexico)
1996	Jorge Munoz* (Mexico)
1996–1997	Samuel Ventura* (Mex.)
1998	Oscar Larios* (Mexico)
2000	Angel Mata* (Mexico)
2002–2003	Sergio Medina* (Arg.)
2003–2004	Samuel Ventura* (Mex.)
2004	Miguel Munguia (Mex.)
2004–2005	Hugo Dianzo* (Mexico)
2006	Ramon Leyte* (Mexico)
2006–2007	Saul Briseno* (Mexico)
2007	Carlos R. Rodriguez* (Arg.)

Bantamweights

1993	Alberto Castro* (Colombia)
1994	P. Javier Torres* (Arg.)
1994	Roberto Moran* (Argentina)
1995–1997	Dario Azuaga* (Paraguay)
1997–1998	Javier Campanario* (Spain)
1999	Hector Mancina* (Mexico)
2001–2002	Victor Rabanales* (Mex.)
2003–2004	Julio Zarate* (Mexico)
2005–2006	Nestor Paniagua* (Arg.)
2006–2007	Eduardo Garcia* (Mex.)

Super Flyweights

1993	Alejandro Montiel (Mex.)
1993–1994	Miguel Espinoza (Mexico)
1994–1995	Cuauhtemoc Gomez* (Mex.)
1995–1996	Arturo Estrada (Mexico)
1996	Basilio Morales* (Mex.)
1996–1998	Ricardo Vargas* (Mexico)
2000–2002	Martin Armenta (Mexico)
2002–2003	Francisco Garcia* (Mex.)
2003–2004	Juan Ivan Pozo* (Spain)
2006	Mario O. Narvaez* (Arg.)
2008–2009	Everardo Morales* (Mex.)

Flyweights

1993–1994	Enrique Orozco* (Mexico)
1995	Pablo Tiznado* (Mexico)
1995–1996	Ignacio Aguilar (Mexico)
1996–1998	Juan D. Cordoba* (Arg.)
1999–2000	Marcos R. Obregon* (Arg.)
2000–2004	*Vacant*
2004–2005	Raul E. Medina* (Arg.)
2006	Alej. Hernandez* (Mex.)
2006–2008	Wilbert Uicab* (Mexico)
2008	Jose A. Cuadros* (Mex.)
2008–2009	Pedro Cardenas* (Chile)
2010	Luis A. Lazarte (Arg.)

Light Flyweights

1992–1994	Domingo Lucas* (Phil.)
1995–1996	Sandro Oviedo* (Arg.)
1998–1999	Alfredo Virgen* (Mex.)
2000–2001	Valentin Romero* (Mex.)
2002	Francisco Soto* (Mex.)

Strawweights

1993–1994	Hector Luis Patri (Arg.)
1994–1995	Carlos M. Eluaiza* (Arg.)
1997–1998	Jose A. Lopez* (Spain)
1998–1999	Hugo Romero* (Mexico)
2000–2005	Luis Valdez* (Mexico)
2007	Raul Garcia* (Mexico)

European Champions

International Boxing Union (IBU), the sport's first professional governing body, est. 1912, Paris, France, by Victor Breyer, editor of *Annuaire du Ring*. IBU dissolved upon Nazi invasion of France, 1940. European Boxing Union (EBU) est. 1946.

Heavyweights

1913–1922	G. Carpentier (France)
1922–1923	Battling Siki* (France)
1923–1926	Erminio Spalla (Italy)
1926–1928	Paolino Uzcudun* (Spain)
1929–1931	Pierre Charles (Belgium)
1931–1932	Hein Mueller (Germany)
1932–1933	Pierre Charles (Belgium)
1933	Paolino Uzcudun (Spain)
1933–1935	Primo Carnera (Italy)
1935–1937	Pierre Charles (Belgium)
1937–1938	Arno Kolblin (Germany)
1938–1939	Hein Lazek (Austria)
1939	Adolf Heuser (Germany)
1939–1941	Max Schmeling* (Germany)
1943	Olle Tandberg (Sweden)
1943–1946	Karel Sys* (Belgium)
1946–1949	Bruce Woodcock* (U.K.)
1950–1951	Jo Weidin (Austria)
1951	Jack Gardner (U.K.)
1951–1952	Hein ten Hoff (Germany)
1952	Karel Sys (Belgium)
1952–1955	Heinz Neuhaus (Germany)
1955–1956	Franco Cavicchi (Italy)
1956–1959	Ingemar Johansson* (Swe.)
1960–1962	Dick Richardson (U.K.)
1962–1963	Ingemar Johansson* (Swe.)
1964	Henry Cooper* (U.K.)
1964–1968	Karl Mildenberger (Ger.)
1968–1969	Henry Cooper* (U.K.)
1969–1970	Peter Weiland (Germany)
1970	Jose Ibar Urtain (Spain)
1970–1971	Henry Cooper (U.K.)
1971	Joe Bugner (U.K.)
1971	Jack Bodell (U.K.)
1971–1972	Jose Ibar Urtain (Spain)
1972	Jurgen Blin (Germany)
1972–1975	Joe Bugner* (U.K.)
1976	Richard Dunn (U.K.)
1976–1977	Joe Bugner* (U.K.)
1977	Jean-Pierre Coopman (Bel.)
1977	Lucien Rodriguez (France)
1977–1979	Alfredo Evangelista (Spain)
1979–1980	Lorenzo Zanon* (Spain)
1980–1981	John L. Gardner* (U.K.)
1981–1984	Lucien Rodriguez (France)
1984–1985	Steffen Tangstad (Norway)
1985	Anders Eklund (Sweden)
1985–1986	Frank Bruno* (U.K.)
1986	Steffen Tangstad* (Nor.)
1987	Alfredo Evangelista (Sp.)
1987	Anders Eklund (Sweden)
1987–1989	Francesco Damiani* (It.)
1989–1990	Derek Williams (U.K.)
1990	Jean Chanet (France)
1990–1992	Lennox Lewis* (U.K.)
1993–1995	Henry Akinwande* (U.K.)
1995–1998	Zeljko Mavrovic* (Croa.)
1998–1999	Vitali Klitschko* (Uk.)
1999–2000	Wladimir Klitschko* (Uk.)
2000–2001	Vitali Klitschko* (Uk.)
2002	Luan Krasniki (Germany)
2002	Przemyslaw Saleta (Pol.)
2002–2004	Sinan Samil Sam (Turkey)
2004–2005	Luan Krasniqi* (Germany)
2005–2006	Paolo Vidoz (Italy)
2006–2007	Vlad. Virchis* (Ukraine)
2008	Sinan S. Sam* (Turkey)
2008–2009	Matt Skelton* (U.K.)
2009–2010	Albert Sosnowski* (Pol.)
2010	Audley Harrison (U.K.)

Cruiserweights

1987–1988	Sam Reeson* (U.K.)
1989	Angelo Rottoli (Italy)
1989–1990	Anaclet Wamba* (France)
1990–1992	Johnny Nelson* (U.K.)
1992–1993	Akim Tafer* (France)
1993–1994	Massimiliano Duran (Italy)
1994	Carl Thompson* (U.K.)
1995	Alexandre Gurov (Ukraine)
1995	Patrice Aouissi (France)
1995–1996	Alexandre Gurov* (Ukraine)
1996–1997	Akim Tafer* (France)
1997–1998	Johnny Nelson* (U.K.)
1998–	Terry Dunstan* (U.K.)
1999	Alexei Iliin (Russia)
1999–2000	Torsten May* (Germany)
2000–2001	Carl Thompson* (U.K.)
2001–2002	Alex. Gurov* (Ukraine)
2002–2003	Pietro Aurino* (Italy)
2004	Vinc. Cantatore* (It.)
2004–2005	Alex. Gurov (Ukraine)
2005–2007	David Haye* (U.K.)
2007	Vinc. Cantatore (It.)

2007–2008	Johny Jensen (Denmark)	1998–1999	Crawford Ashley (U.K.)	1949–1950	Tiberio Mitri* (Italy)
2008	Jean-Marc Monrose (Fr.)	1999–2000	Clinton Woods* (U.K.)	1951–1954	Randy Turpin (U.K.)
2008–2009	Marco Huck* (Germany)		Yawe Davis (Italy)	1954	Tiberio Mitri (Italy)
2010	Enzo Maccarinelli (U.K.)	2002–2003	Thomas Ulrich* (Germany)	1954–1958	Charles Humez (France)
		2003–2004	Stipe Drvis* (Croatia)	1958–1961	Gustav Scholz* (Germany)

Light Heavyweights

1913–1922	G. Carpentier (France)	2004–2005	Thomas Ulrich* (Germany)	1961–1962	Cowboy McCormack (Scot.)
1922–1923	Battling Siki (France)	2006	Stipe Drews* (Croatia)	1962	Chris Christensen (Denmark)
1923	Emile Morelle (France)	2007–2008	Thomas Ulrich (Germany)	1962–1965	Laszlo Papp* (Hungary)
1923–1924	Raymond Bonnel (France)	2008	Yuri Barashian* (Ukraine)	1965–1967	Nino Benvenuti* (Italy)
1924–1926	Louis Clement (Switz.)	2009	Juergen Braehmer* (Ger.)	1967–1969	Juan Carlos Duran (Italy)
1926	Herman van t'Hof (Neth.)	2010	Nathan Cleverly (U.K.)	1969–1970	Tom Bogs (Denmark)
1926–1927	Fernand Delarge (Belgium)			1970–1971	Juan Carlos Duran (Italy)

Super Middleweights

1927–1928	Max Schmeling* (Germany)			1971–1972	Jean-Claude Bouttier* (France)
1929–1930	Michele Bonaglia* (Italy)	1990–1991	Mauro Galvano* (Italy)	1973	Tom Bogs* (Denmark)
1931–1932	Ernst Pistulla* (Germany)	1991–1992	James Cook (U.K.)	1973–1974	Elio Calcabrini (Italy)
1932	Adolf Heuser (Germany)	1992	Franck Nicotra* (France)	1974	Jean-Claude Bouttier (France)
1933	John Andersson* (Sweden)	1992–1993	Vincenzo Nardiello (It.)	1974–1975	Kevin Finnegan (U.K.)
1934	Martinez de Alfara (Sp.)	1993	Ray Close* (No. Ire.)	1975	Gratien Tonna* (France)
1934–1935	Marcel Thil (France)	1993–1994	Vincenzo Nardiello (It.)	1976	Bunny Sterling (U.K.)
1935	Merlo Preciso (Italy)	1994–1995	Frederic Seillier* (Fr.)	1976	Angelo Jacopucci (Italy)
1935–1936	Hein Lazek (Austria)	1995–1996	Henry Wharton* (U.K.)	1976–1977	Germano Valsecchi (Italy)
1936–1938	Gustave Roth (Belgium)	1996	Frederic Seillier* (Fr.)	1977	Alan Minter (U.K.)
1938–1939	Adolf Heuser* (Germany)	1997	Andrei Shkalikov* (Russia)	1977–1978	Gratien Tonna* (France)
1939–1942	*Vacant*	1997–1998	Dean Francis* (U.K.)	1978–1979	Alan Minter* (U.K.)
1942–1943	Luigi Musina* (Italy)	1999	Bruno Girard* (France)	1980	Kevin Finnegan
1943–1947	*Vacant*	2000–2001	Andrei Shkalikov (Russia)	1980	Matteo Salvemini (Italy)
1947–1950	Freddie Mills* (U.K.)	2001–2003	Danilo Haeussler (Ger.)	1980–1982	Tony Sibson* (U.K.)
1950–1951	Albert Yvel (France)	2003–2004	Mads Larsen* (Denmark)	1982–1984	Louis Acaries (France)
1951–1952	Don Cockell* (U.K.)	2004–2005	Rudy Markussen* (Denmark)	1984–1985	Tony Sibson* (U.K.)
1952	Conny Rux* (Germany)	2005	Vitali Tsypko (Ukraine)	1985–1986	Ayub Kalule (Denmark)
1953–1954	Jacques Hairabedian (France)	2005–2006	Jackson Chanet (France)	1986–1987	Herol Graham (U.K.)
1954–1955	Gerhard Hecht (Germany)	2006	Mger Mkrtchian (Armenia)	1987	Sumbu Kalambay* (Italy)
1955	Willi Hoepner (Germany)	2006–2007	David Gogoya (Georgia)	1987–1988	Pierre Joly (France)
1955–1957	Gerhard Hecht (Germany)	2007–2008	Cristian Sanavia (Italy)	1988–1989	Christophe Tiozzo* (France)
1957–1958	Artemio Calzavara (It.)	2008–2009	Karo Murat* (Germany)	1989–1990	Francesco dell'Aquila (It.)
1958	Willi Hoepner (Germany)	2010	Brian Magee (U.K.)	1999–1993	Sumbu Kalambay* (Italy)
1958–1962	Erich Schoeppner (Ger.)			1993–1994	Agostino Cardamone* (Italy)

Middleweights

1962–1964	Giulio Rinaldi (Italy)			1995–1996	Richie Woodhall* (U.K.)
1964–1965	Gustav Scholz* (Germany)	1912–1918	G. Carpentier* (France)	1996	Alexandre Zaitsev (Russia)
1965–1966	Giulio Rinaldi (Italy)	1920–1921	Ercole Balzac (France)	1996–1998	Hassine Cherifi* (France)
1966–1967	Piero del Papa (Italy)	1921	Gus Platts (U.K.)	1998	Agostino Cardamone* (Italy)
1967–1968	Lothar Stengel (Germany)	1921	Johnny Basham (U.K.)	1999–2000	Erland Betare* (France)
1968–1969	Tom Bogs* (Denmark)	1921–1923	Ted (Kid) Lewis (U.K.)	2001	Howard Eastman* (U.K.)
1969–1970	Yvan Prebeg (Yugoslavia)	1923–1924	Roland Todd (U.K.)	2001–2002	Christian Sanavia (Italy)
1970–1971	Piero del Papa (Italy)	1924–1925	Bruno Frattini (Italy)	2002	Morrade Hakkar* (France)
1971–1972	Conny Velensek (Germany)	1925	Tommy Milligan* (U.K.)	2003–2004	Howard Eastman* (U.K.)
1972	Chris Finnegan (U.K.)	1926–1927	Rene Devos (Belgium)	2005	Morrade Hakkar (France)
1972–1973	Rudiger Schmidtke (Ger.)	1928	Mario Bosisio (Italy)	2005–2006	Sebastian Sylvester (Ger.)
1973–1974	John Conteh* (U.K.)	1928–1929	Leone Jacovacci (Italy)	2006–2007	Amin Asikainen (Finland)
1974–1976	Domenico Adinolfi (Italy)	1929–1930	Marcel Thil (France)	2007–2008	Sebastian Sylvester* (Ger.)
1976–1977	Mate Parlov* (Yugoslavia)	1930–1931	Mario Bosisio (Italy)	2008–2009	Khoren Gevor* (Armenia)
1977–1979	Aldo Traversaro (Italy)	1931	Poldi Steinbach (Austria)	2009–2010	Matthew Macklin* (U.K.)
1979–1984	Rudi Koopmans (Neth.)	1931–1932	Hein Domgoergen* (Ger.)		
1984	Richard Caramonolis (Fr.)	1932–1933	Ignacio Ara* (Spain)		

Light Middleweights

1984–1987	Alex Blanchard (Neth.)	1933–1934	Gustave Roth (Belgium)	1964–1966	Bruno Visintin (Italy)
1987–1988	Tom Collins (U.K.)	1934–1938	Marcel Thil* (France)	1966	Bo Hogberg (Sweden)
1988	Pedro van Raamsdonk (Neth.)	1938	Edouard Tenet (France)	1966	Yolande Leveque (France)
1988–1989	Jan Lefeber (Netherlands)	1938	Bep van Klaveren (Neth.)	1966–1968	Sandro Mazzinghi* (Italy)
1989–1990	Eric Nicoletta (France)	1938–1939	Anton Christoforidis (Greece)	1968–1969	Remo Golfarini (Italy)
1990–1991	Tom Collins (U.K.)	1939	Edouard Tenet* (France)	1969–1970	Gerhard Piaskowy (Ger.)
1991–1992	Grac. Rocchigiani* (Ger.)	1939–1942	*Vacant*	1970–1972	Jose Hernandez (Spain)
1993–1994	Eddy Smulders (Neth.)	1942–1943	Josef Besselmann* (Ger.)	1972–1973	Juan Carlos Duran (Italy)
1994–1995	Fabrice Tiozzo* (France)	1943–1947	*Vacant*	1973–1974	Jacques Kechichian (Fr.)
1995–1996	Eddy Smulders* (Neth.)	1947–1948	Marcel Cerdan (France)	1974–1975	Jose Duran (Spain)
1997	Crawford Ashley (U.K.)	1948	Cyrille Delannoit (Belgium)	1975–1976	Eckhard Dagge (Germany)
1997–1998	Ole Klemetsen* (Norway)	1948	Marcel Cerdan* (France)	1976	Vito Antuofermo (Italy)
		1948–1949	Cyrille Delannoit (Belgium)	1976–1978	Maurice Hope* (U.K.)

1978–1979	Gilbert Cohen (France)	1964–1965	Fortunato Manca* (Italy)	1975	Jose R. Gomez-Fouz (Sp.)
1979–1981	Marijan Benes (Yugo.)	1966–1967	Jean Josselin (France)	1975–1976	Cemal Kamaci* (Turkey)
1981	Louis Acaries (France)	1967–1968	Carmelo Bossi (Italy)	1976–1977	Dave Green* (U.K.)
1981–1983	Luigi Minchillo* (Italy)	1968–1969	Fighting Mack (Neth.)	1977	Primo Bandini (Italy)
1983–1984	Herol Graham* (U.K.)	1969	Silvano Bertini (Italy)	1977–1978	Jean-B. Piedvache (Fr.)
1984	Jimmy Cable (U.K.)	1969	Jean Josselin (France)	1978	Colin Power (U.K.)
1984–1985	Georg Steinherr (Ger.)	1969–1970	Johann Orsolics (Austria)	1978–1979	Fernando Sanchez (Sp.)
1985–1986	Said Skouma* (France)	1970–1971	Ralph Charles (U.K.)	1979	Jose Luis Heredia (Sp.)
1986–1987	Chris Pyatt (U.K.)	1971–1974	Roger Menetrey (France)	1979–1980	Jo Kimpuani (France)
1987	Gianfranco Rosi* (Italy)	1974–1975	John H. Stracey* (U.K.)	1980	Giuseppe Martinese (It.)
1988–1989	Rene Jacquot* (France)	1976–1977	Marco Scano (Italy)	1980–1981	Antonio Guinaldo (Spain)
1989	Edip Secovic (Austria)	1977	Jorgen Hansen (Den.)	1981–1982	Clinton McKenzie (U.K.)
1989	Giuseppe Leto (Italy)	1977	Jorg Eipel (Germany)	1982–1983	Robert Gambini (France)
1989–1990	Gilbert Dele* (France)	1977–1978	Alain Marion (France)	1983–1985	Patrizio Oliva* (Italy)
1991	Said Skouma (France)	1978	Jorgen Hansen (Den.)	1985–1986	Terry Marsh* (U.K.)
1991	Mourad Louati (Neth.)	1978	Josef Pachler (Austria)	1987–1989	Tusik. Nkalankete (Fr.)
1991–1992	Jean-Claude Fontana (Fr.)	1978–1979	Henry Rhiney (U.K.)	1989–1990	Efren Calamati (Italy)
1992–1993	Laurent Boudouani (Fr.)	1979	Dave Green (U.K.)	1990–1992	Pat Barrett (U.K.)
1993–1994	Bernard Razzano (France)	1979–1981	Jorgen Hansen* (Den.)	1992–1993	Valery Kayumba (Italy)
1994–1995	Javier Castillejos (Sp.)	1982	Hans-Henrik Palm (Den.)	1992–1994	Christian Merle (France)
1995–1996	Laurent Boudouani* (Fr.)	1982–1983	Colin Jones* (U.K.)	1994	Valery Kayumba (Italy)
1996	Faouzi Hattab (France)	1983–1984	Gilles Elbilia (France)	1994–1996	Khalid Rahilou* (France)
1996–1997	Davide Ciarlante* (Italy)	1984–1985	Gianfranco Rosi (Italy)	1996–1998	Soren Sondergaard* (Den.)
1998	Javier Castillejos* (Spain)	1985–1986	Lloyd Honeyghan* (U.K.)	1998–2000	Thomas Damgaard* (Den.)
1998–2000	Mamadou Thiam* (France)	1986–1987	Jose Varela (Germany)	2000–2001	Oktay Urkal* (Germany)
2000	Roman Karmazin* (Russia)	1987	Alfonso Redondo (Spain)	2001–2002	Gianluca Branco* (Italy)
2001	Mamadou Thiam* (France)	1987–1988	Mauro Martelli* (Switz.)	2002–2003	Oktay Urkal* (Germany)
2002	Wayne Alexander* (U.K.)	1989	Nino LaRocca (Italy)	2004–2006	Junior Witter* (U.K.)
2003–2004	Roman Karmazin* (Russia)	1989–1990	Antoine Fernandez (Fr.)	2006–2007	Ted Bami* (U.K.)
2004–2005	Sergei Dzindziruk* (Ukraine)	1990	Kirkland Laing (U.K.)	2007–2008	Colin Lynes (U.K.)
2006–2007	Michele Piccirillo* (Italy)	1990–1992	Patrizio Oliva* (Italy)	2008–2009	Gianluca Branco* (It.)
2007–2008	Zaurbek Baysangurov* (Russia)	1992–1993	Ludovic Proto (France)	2009	Souley. M'baye* (Fr.)
2009	Jamie Moore (U.K.)	1993–1994	Gary Jacobs* (U.K.)	2009–	Paul McCloskey (U.K.)
2009–	Ryan Rhodes (U.K.)	1994–1995	Jose Luis Navarro (Spain)		

WELTERWEIGHTS

		1995	Valery Kayumba (France)	**LIGHTWEIGHTS**	
1910–1911	Young Joseph (U.K.)	1995–1996	Patrick Charpentier* (Fr.)	1909–1911	Freddie Welsh (U.K.)
1911–1912	Georges Carpentier* (Fr.)	1997	Andrei Pestriaev* (Russia)	1911–1912	Matt Wells (U.K.)
1912–1915	Vacant	1997–1998	Michele Piccirillo* (Italy)	1912–1914	Freddie Welsh* (U.K.)
1915–1919	Albert Badoud* (France)	1998–1999	Maxim Nesterenko (Russia)	1914–1920	Vacant
1919–1920	Johnny Basham (U.K.)	1999	Alessandro Duran (Italy)	1920–1921	Georges Papin (France)
1920–1921	Ted (Kid) Lewis* (U.K.)	1999–2000	Andrei Pestriaev (Russia)	1921–1922	Ernie Rice (U.K.)
1921–1925	Piet Hobin* (Belgium)	2000	Alessandro Duran (Italy)	1922–1923	Seaman Hall (U.K.)
1925–1928	Mario Bosisio* (Italy)	2000–2001	Thomas Damgaard (Denmark)	1923–1924	Harry Mason* (U.K.)
1928	Leo Darton (Belgium)	2001–2002	Alessandro Duran (Italy)	1924	Fred Bretonnel (France)
1928–1929	Alf Genon (Belgium)	2002	Christian Bladt (Denmark)	1924–1927	Lucien Vinez (France)
1929–1932	Gustave Roth (Belgium)	2002–2003	Michel Trabant* (Germany)	1927–1928	Luis Rayo* (Spain)
1932–1933	Adrien Aneet (Belgium)	2003–2005	Frederic Klose (France)	1928–1929	Aime Raphael (France)
1933	Jack Hood* (U.K.)	2005	Oktay Urkal* (Turkey)	1929–1930	Francois Sybille (Bel.)
1934–1936	Gustav Eder (Germany)	2006	Frederic Klose* (France)	1930	Alf Howard (U.K.)
1936–1938	Felix Wouters (Belgium)	2007–2008	Jackson Osei Bonsu (Bel.)	1930–1931	Francois Sybille (Bel.)
1938–1939	Saverio Turiello (Italy)	2008–2009	Rafel Jackiewicz* (Pol.)	1931–1932	Bep van Klaveren (Neth.)
1939–1942	Marcel Cerdan* (France)	2009–2010	Selcuk Aydin* (Turkey)	1932	Cleto Locatelli (Italy)
1942–1946	Vacant	2010	Matthew Hatton (U.K.)	1932–1933	Francois Sybille (Bel.)
1946–1947	Ernie Roderick (U.K.)			1933	Cleto Locatelli* (Italy)
1947–1948	Robert Villemain* (Fr.)	**LIGHT WELTERWEIGHTS**		1934	Francois Sybille (Bel.)
1949–1950	Livio Minelli (Italy)	1964–1965	Olli Maki (Finland)	1934–1935	Carlo Orlandi* (Italy)
1950–1951	Michele Palermo (Italy)	1965	Juan Sombrita (Spain)	1935–1936	Enrico Venturi* (Italy)
1951	Eddie Thomas (U.K.)	1965–1966	Willi Quatuor* (Germany)	1936–1937	Vittorio Tamagnini (It.)
1951–1952	Charles Humez* (France)	1967	Conny Rudhof (Germany)	1937	Maurice Arnault (France)
1953–1954	Gilbert Lavoine (France)	1967–1968	Johann Orsolics (Austria)	1937–1938	Gustave Humery (France)
1954–1955	Wally Thom (U.K.)	1968–1970	Bruno Arcari* (Italy)	1938–1939	Aldo Spoldi* (Italy)
1955–1956	Idrissa Dione (France)	1970–1971	Rene Roque (France)	1940–1941	Karl Blaho (Austria)
1956–1958	Emilio Marconi (Italy)	1971–1972	Pedro Carrasco* (Spain)	1941	Bruno Bisterzo (Italy)
1958	Peter Waterman* (U.K.)	1972	Roger Zami (France)	1941	Ascenzo Botta (Italy)
1958–1959	Emilio Marconi (Italy)	1972–1973	Cemal Kamaci (Turkey)	1941–1942	Bruno Bisterzo (Italy)
1959–1963	Duilio Loi* (Italy)	1973–1974	Toni Ortiz (Spain)	1942	Ascenzo Botta (Italy)
		1974	Perico Fernandez* (Sp.)	1942–1943	Roberto Proietti (It.)

1943–1946	Bruno Bisterzo (Italy)	1984–1985	Pat Cowdell* (U.K.)	1982–1983	Pat Cowdell* (U.K.)
1946	Roberto Proietti* (It.)	1986–1987	Jean-Marc Renard* (Bel.)	1983	Loris Stecca* (Italy)
1946–1947	Emile Dicristo (France)	1987–1988	Salvatore Curcetti (It.)	1983–1985	Barry McGuigan* (N. Ire.)
1947	Kid Dussart (Belgium)	1988	Piero Morello (Italy)	1985–1987	Jim McDonnell* (U.K.)
1947–1948	Roberto Proietti (It.)	1988	Lars Lund Jensen (Den.)	1987	Valerio Nati* (Italy)
1948–1949	Billy Thompson (U.K.)	1988–1989	Racheed Lawal (Denmark)	1988–1989	Jean-Marc Renard* (Bel.)
1949	Kid Dussart (Belgium)	1989–1991	Daniel Londas* (France)	1989–1991	Paul Hodkinson* (U.K.)
1949–1950	Roberto Proietti* (It.)	1992	Jimmy Bredahl* (Den.)	1991–1992	Fabrice Benichou (France)
1951	Pierre Montane (France)	1992–1993	Regilio Tuur (Neth.)	1992–1993	Maurizio Stecca (Italy)
1951–1952	Elis Ask (Finland)	1993–1995	Jacobin Yoma (France)	1993	Herve Jacob (France)
1952–1954	Jorgen Johansen (Den.)	1995–1996	Anatoly Alexandrov* (Kaz.)	1993	Maurizio Stecca (Italy)
1954–1959	Duilio Loi* (Italy)	1996	Julien Lorcy* (France)	1993–1994	Stephane Haccoun (France)
1959–1960	Mario Vecchiatto (It.)	1997–1998	Djamel Lifa (France)	1994	Stefano Zoff (Italy)
1960–1963	Dave Charnley (U.K.)	1998	Anatoly Alexandrov* (Kaz.)	1994–1995	Medhi Labdouni (France)
1963–1964	Conny Rudhof* (Ger.)	1999–2000	D. Holbaek Pedersen (Den.)	1995–1998	Billy Hardy (U.K.)
1964–1965	Willi Quatuor* (Ger.)	2000	Boris Sinitsin (Russia)	1998–1999	Paul Ingle* (U.K.)
1965	Franco Brondi (Italy)	2000	D. Holbaek Pedersen* (Den.)	1999–2000	Steve Robinson (U.K.)
1965–1966	Maurice Tavant (France)	2001	Tontcho Tontchev* (Bul.)	2000–2001	Istvan Kovacs* (Hungary)
1966–1967	Borge Krogh (Denmark)	2001–2002	Boris Sinitsin (Russia)	2001–2002	Manuel Calvo* (Spain)
1967–1969	Pedro Carrasco* (Spain)	2002	Pedro O. Miranda (Spain)	2002–2004	Cyril Thomas (France)
1970–1971	Miguel Velazquez (Sp.)	2002–2003	Affif Djelti (France)	2004–2006	Nicky Cook* (U.K.)
1971–1974	Antonio Puddu (Italy)	2003–2005	Boris Sinitsin (Russia)	2006–2007	Cyril Thomas* (France)
1974–1975	Ken Buchanan* (U.K.)	2005–2006	Alex Arthur* (U.K.)	2007–2008	Alberto Servidei* (Italy)
1976	Fernand Roelandts (Bel.)	2007	Leva Kirakosyan (Armenia)	2008–	Oleg Yefimovych (Ukraine)
1976–1977	Perico Fernandez* (Sp.)	2007–2009	S. Gulyakevich* (Belarus)		
1977–1979	Jim Watt* (U.K.)	2010	Leva Kirakosyan (Armenia)	**Super Bantamweights**	
1979–1980	Charlie Nash* (N. Ire.)	**Featherweights**		1995–1996	Vincenzo Belcastro (It.)
1980	Francisco Leon (Spain)			1996	Salim Medjkoune (France)
1980–1981	Charlie Nash (N. Ire.)	1912–1913	Jim Driscoll* (U.K.)	1996–1997	Martin Krastev (Bulgaria)
1981–1983	Joey Gibilisco (Italy)	1913–1914	Ted (Kid) Lewis* (U.K.)	1997–1998	Spencer Oliver (U.K.)
1983–1984	Lucio Cusma (Italy)	1914–1919	*Vacant*	1998–1999	Sergei Devakov (Ukraine)
1984–1986	Rene Weller (Germany)	1919–1920	Louis de Ponthieu* (Fr.)	1999–2000	Michael Brodie* (U.K.)
1986–1988	Gert Bo Jacobsen (Den.)	1920–1922	Arthur Wyns (Belgium)	2000–2001	Vladislav Antonov (Russia)
1988	Rene Weller* (Germany)	1922–1923	Eugene Criqui* (France)	2001–2002	Salim Medjkoune* (France)
1988–1990	Policarpo Diaz* (Spain)	1924	Charles Ledoux (France)	2002–2003	Mahyar Monshipour* (Fr.)
1991–1992	Antonio Renzo (Italy)	1924–1925	Henri Hebrans (Belgium)	2004–2005	Esham Pickering (U.K.)
1992–1994	Jean-B. Mendy* (France)	1925–1928	Antonio Ruiz (Spain)	2005–2006	Michael Hunter* (U.K.)
1994	Racheed Lawal (Denmark)	1928–1929	Luigi Quadrini (Italy)	2006–2007	Bernard Dunne (Ireland)
1994–1995	Jean-B. Mendy* (France)	1929	Knud Larsen (Denmark)	2007–2008	Kiko Martinez (Spain)
1995–1997	Angel Mona (France)	1929–1934	Jose Girones* (Spain)	2008–	Rendall Munroe (U.K.)
1997	Manuel Fernandes (Fr.)	1935–1938	Maurice Holtzer* (France)	**Bantamweights**	
1997	Oscar Garcia Cano (Sp.)	1938–1939	Phil Dolhem (Belgium)		
1997–1999	Billy Schwer* (U.K.)	1939–1941	Lucien Popescu (Rou.)	1910	Joe Bowker (U.K.)
1999–2000	Oscar Garcia Cano (Sp.)	1941	Ernst Weiss (Austria)	1910–1912	Digger Stanley (U.K.)
2000–2001	Julien Lorcy* (France)	1941–1945	Gino Bondavilli (Italy)	1912–1921	Charles Ledoux (France)
2001–2002	Stefano Zoff* (Italy)	1945–1946	Ermanno Bonetti* (Italy)	1921–1922	Tommy Harrison (U.K.)
2002–2003	Jason Cook* (U.K.)	1947	Tiger Al Phillips (U.K.)	1923–1923	Charles Ledoux (France)
2003–2005	Stefano Zoff (Italy)	1947–1948	Ronnie Clayton (U.K.)	1923	Bugler Harry Lake (U.K.)
2005–2006	Juan Diaz Melero (Sp.)	1948–1953	Ray Famechon (France)	1923–1924	Johnny Brown* (U.K.)
2006–2008	Yuri Romanov* (Belarus)	1953–1954	Jean Sneyers (Belgium)	1925–1928	Henri Scillie* (Belgium)
2008–2009	Jonathan Thaxton (U.K.)	1954–1955	Ray Famechon (France)	1929	Domenico Bernasconi (It.)
2009–	Anthony Mezaache (France)	1955–1956	Fred Galiana* (Spain)	1929–1931	Carlos Flix (Spain)
Super Featherweights		1957–1958	Cherif Hamia (France)	1931–1932	Lucien Popescu (Roumania)
		1958–1959	Sergio Caprari (Italy)	1932	Domenico Bernasconi* (It.)
1971–1972	Tommaso Galli (Italy)	1959–1962	Gracieux Lamperti (Fr.)	1932–1935	Nic. Petit-Biquet (Bel.)
1972	Domenico Chiloiro (It.)	1962–1963	Alberto Serti (Italy)	1935–1936	Maurice Dubois (Switz.)
1972–1974	Lothar Abend (Germany)	1963–1967	Howard Winstone* (U.K.)	1936	Joseph Decico (France)
1974–1976	Sven-Erik Paulsen* (Nor.)	1967–1968	Jose Legra* (Spain)	1936–1937	Aurel Toma* (Roumania)
1976	Roland Cazeaux (France)	1968–1969	Manuel Calvo (Spain)	1937–1938	Nic. Petit-Biquet* (Bel.)
1976–1979	Natale Vezzoli (Italy)	1969–1970	Tommaso Galli (Italy)	1938–1939	Aurel Toma (Roumania)
1979	Carlos Hernandez (Spain)	1970–1972	Jose Legra* (Spain)	1939	Ernst Weiss (Austria)
1979	Rodolfo Sanchez (Spain)	1973–1975	Gitano Jiminez (Spain)	1939–1941	Gino Cattaneo (Italy)
1979–1982	Carlos Hernandez (Spain)	1975–1976	Elio Cotena (Italy)	1941–1943	Gino Bondavilli* (Italy)
1982	C. Boza-Edwards* (U.K.)	1976–1977	Nino Jimenez (Spain)	1943–1946	*Vacant*
1982–1983	Roberto Castanon (Spain)	1977	Manuel Masso (Spain)	1946	Jackie Paterson (U.K.)
1983–1984	Alfredo Raininger (Italy)	1977–1981	Roberto Castanon* (Sp.)	1946–1947	Theo Medina (France)
1984	Jean-Marc Renard (Bel.)	1981–1982	Salvatore Melluzzo (It.)	1947–1948	Peter Kane (U.K.)

1948–1949	Guido Ferracin (Italy)	
1949–1951	Luis Romero (Spain)	
1951–1952	Peter Keenan (U.K.)	
1952–1953	Jean Sneyers* (Bel.)	
1953	Peter Keenan (U.K.)	
1953–1954	John Kelly (N. Ire.)	
1954–1955	Robert Cohen* (France)	
1955–1958	Mario D'Agata (Italy)	
1958–1959	Piero Rollo (Italy)	
1959–1960	Freddie Gilroy* (N. Ire.)	
1961–1962	Pierre Cossemyns (Bel.)	
1962	Piero Rollo (Italy)	
1962	Alphonse Halimi (France)	
1962–1963	Piero Rollo (Italy)	
1963	Mimoun ben Ali (Spain)	
1963–1964	Risto Luukkonen* (Fin.)	
1965	Mimoun ben Ali (Spain)	
1965–1966	Tommaso Galli (Italy)	
1966–1968	Mimoun ben Ali (Spain)	
1968–1969	Salvatore Burruni* (It.)	
1969–1971	Franco Zurlo (Italy)	
1971	Alan Rudkin (U.K.)	
1971–1973	Agustin Senin* (Spain)	
1973–1974	Johnny Clark* (U.K.)	
1974–1975	Bob Allotey (Spain)	
1975–1976	Daniel Trioulaire (Fr.)	
1976–1977	Salvatore Fabrizio (It.)	
1977–1978	Franco Zurlo (Italy)	
1978–1980	Juan F. Rodriguez (Sp.)	
1980	Johnny Owen* (U.K.)	
1980–1982	Valerio Nati (Italy)	
1982–1983	Giuseppe Fossati (Italy)	
1983–1984	Walter Giorgetti (Italy)	
1984–1986	Ciro de Leva* (Italy)	
1986–1987	Antoine Montero (France)	
1987–1988	Louis Gomis* (France)	
1988	Fabrice Benichou (France)	
1988–1990	Vincenzo Belcastro* (It.)	
1990–1992	Thierry Jacob* (France)	
1992	Johnny Bredahl* (Denmark)	
1993–1994	Vincenzo Belcastro (Italy)	
1994–1995	Naseem Hamed* (U.K.)	
1995–1996	John Armour* (U.K.)	
1996–1998	Johnny Bredahl (Denmark)	
1998–1999	Paul Lloyd* (U.K.)	
1999–2000	Johnny Bredahl* (Denmark)	
2000–2001	Luigi Castiglione (Italy)	
2001	Fabien Guillerme (France)	
2001	Alex Yagupov (Russia)	
2001–2002	Spend Abazi* (Sweden)	
2003	Noel Wilders (U.K.)	
2003–2004	David Guerault (France)	
2004	Frederic Patrac (France)	
2004–2007	Simone Maludrotto* (Italy)	
2007–2008	Carmelo Ballone (Belgium)	
2008–2009	Ian Napa (U.K.)	
2009–2010	Malik Bouziane* (Fr.)	
2010	Jamie McDonnell (U.K.)	

FLYWEIGHTS

1913	Sid Smith (U.K.)	
1913–1914	Bill Ladbury (U.K.)	
1914	Percy Jones* (U.K.)	
1915–1916	Tancy Lee (U.K.)	
1916–1923	Jimmy Wilde* (U.K.)	
1923–1925	Michel Montreuil (Bel.)	
1925–1927	Elky Clark* (U.K.)	
1927	Victor Ferrand* (Spain)	
1928	Emile Pladner (France)	
1928–1929	Johnny Hill (U.K.)	
1929	Emile Pladner (France)	
1929	Eugene Huat* (France)	
1929–1930	Emile Degand (Belgium)	
1930	Kid Oliva (France)	
1930–1931	Lucien Popescu (Rou.)	
1931–1932	Jackie Brown* (U.K.)	
1932–1935	Praxile Gyde (France)	
1935–1936	Kid David* (Belgium)	
1936	Ernst Weiss (Austria)	
1936–1938	Val. Angelmann* (France)	
1938–1943	Enrico Urbinati* (Italy)	
1943–1946	Vacant	
1946–1947	Raoul Degryse (Belgium)	
1947–1949	Maurice Sandeyron (Fr.)	
1949–1950	Rinty Monaghan* (N. Ire.)	
1950	Terry Allen (U.K.)	
1950–1951	Jean Sneyers* (Belgium)	
1952	Teddy Gardner* (U.K.)	
1953–1954	Louis Skena* (France)	
1954–1955	Nazzareno Giannelli (It.)	
1955	Dai Dower (U.K.)	
1955–1959	Young Martin (Spain)	
1959–1961	Risto Luukkonen (Fin.)	
1961–1965	Salvatore Burruni* (It.)	
1965–1966	Rene Libeer* (France)	
1967–1972	Fernando Atzori (Italy)	
1972–1973	Fritz Chervet (Switz.)	
1973	Fernando Atzori (Italy)	
1973–1974	Fritz Chervet* (Switz.)	
1974–1979	Franco Udella (Italy)	
1979–1983	Charlie Magri* (U.K.)	
1983–1984	Antoine Montero (France)	
1984–1985	Charlie Magri* (U.K.)	
1985	Franco Cherchi (Italy)	
1985–1986	Charlie Magri (U.K.)	
1986–1988	Duke McKenzie* (U.K)	
1989–1990	Eyup Can* (Tunisia)	
1990–1991	Pat Clinton* (U.K.)	
1991–1992	Salvatore Fanni (Italy)	
1992–1993	Robbie Regan* (U.K.)	
1993–1994	Luigi Camputaro (Italy)	
1994–1995	Robbie Regan* (U.K.)	
1995–1996	Luigi Camputaro* (Italy)	
1996–1997	Jesper Jensen (Denmark)	
1997–1999	David Guerault* (France)	
1999–2000	Alex. Mahmutov (Russia)	
2000	Damaen Kelly* (N. Ire.)	
2000–2002	Alex. Mahmutov (Russia)	
2002–2003	Mimoun Chent (France)	
2003	Alex. Mahmutov* (Russia)	
2003–2005	Brahim Asloum* (France)	
2005–2006	Juan Ivan Pozo (Spain)	
2006–2008	Andrea Sarritzu (Italy)	
2008	Bernard Inom* (France)	
2009	Ivan Pozo* (Spain)	
2009–	Andrea Sarritzu (Italy)	

North American Champions

(Pre-1969)

JUNIOR MIDDLEWEIGHTS

1968–1970	Ricardo Medrano* (Texas)

JUNIOR LIGHTWEIGHTS

1963–1964	Johnny Bizzarro* (Pa.)

BANTAMWEIGHTS

1952–1953	Pappy Gault (S.C.)
1953–1954	Billy Peacock (Calif.)
1954	Nate Brooks (Ohio)
1954–1955	Raton Macias* (D.F.)
1955–1958	Vacant
1958–1959	Toluco Lopez (B.C.S.)
1959–1963	Vacant
1963–1967	Manny Elias* (Ariz.)

FLYWEIGHTS

1955	Keeny Teran (Calif.)
1955–1956	Memo Diez* (D.F.)
1956–1962	Vacant
1962–1963	Ray Perez* (Calif.)
1964	Ronnie DeCost (Mass.)
1964–1965	Billy Smith (Ohio)
1965–1966	Carmen Iacobucci* (Ohio)

North American Boxing Federation Champions

A WBC affiliate, the NABF (est. 1969) was the first body created to sanction North American title bouts.

HEAVYWEIGHTS

1969–1970	Leotis Martin* (Pa.)
1971–1973	Muhammad Ali (Ky.)
1973	Ken Norton (Calif.)
1973–1974	Muhammad Ali* (Ky.)
1975–1978	Ken Norton* (Calif.)
1978–1980	Leroy Jones* (Colo.)
1981–1982	Lynn Ball (Louisiana)
1982	Michael Dokes* (Ohio)
1983–1984	Tim Witherspoon* (Pa.)
1984–1985	James Broad (N.J.)
1985–1986	Tim Witherspoon* (Pa.)
1987	Larry Alexander (Tenn.)
1987–1989	Orlin Norris (Texas)
1989	Tony Tubbs* (Ohio)
1990	Bert Cooper (Pa.)
1990–1991	Ray Mercer* (Fla.)
1991	Orlin Norris* (Texas)
1991–1992	Tony Tucker* (Mich.)
1993–1994	Alex Garcia (Calif.)
1994–1995	Joe Hipp* (Wash.)
1995–1996	Alexandre Zolkin* (Ohio)
1996	Tony Tucker* (Mich.)
1997–1998	John Ruiz* (Mass.)
1999–2000	Michael Grant* (Ill.)

2000	Robert Davis* (Ohio)
2001	Obed Sullivan (Miss.)
2001–2002	Fres Oquendo (Ill.)
2002–2003	David Tua* (N.J.)
2003	Joe Mesi* (New York)
2003–2004	Eliecer Castillo (Fla.)
2004	DaVarryl Williamson* (Co.)
2004–2005	Samuel Okon Peter (Nev.)
2005–2006	Wladmir Klitschko* (Ca.)
2006–2007	Samuel Okon Peter (Nev.)
2007–2008	Hasim Rahman* (Md.)
2008	Travis Walker (Fla.)
2008–2009	Cristobal Arreola* (Ca.)
2010	Johnathon Banks (Mich.)

Cruiserweights

1979–1980	Marvin Camel* (Mont.)
1980–1982	S.T. Gordon* (Nev.)
1982–1984	Leon Spinks* (Mo.)
1984–1985	Anthony Davis (Nev.)
1985–1986	Bashiru Ali (Calif.)
1986	Henry Tillman (Calif.)
1986–1989	Bert Cooper (Pa.)
1989–1990	Nate Miller (Pa.)
1990–1991	James Warring* (Fla.)
1991–1993	Orlin Norris* (Texas)
1994	Thomas Hearns* (Mich.)
1994	Adolpho Washington* (Ill.)
1995	James Heath* (N.J.)
1995–1997	Brian LaSpada (N.Y.)
1997–1999	Dale Brown* (Alberta)
2001–2004	O'Neil Bell* (Georgia)
2004	Dale Brown* (Alberta)
2005	Greg Jones (Illinois)
2005	Arthur Williams (Nev.)
2005–2006	Felix Cora, Jr. (Texas)
2006–2007	Vadim Tokarev* (Calif.)
2007–2010	Matt Godfrey* (R.I.)
2010	Jason Robinson (Ill.)

Light Heavyweights

1970–1971	Jimmy Dupree (New York)
1971–1974	Mike Quarry* (Calif.)
1974–1977	Lonnie Bennett* (Calif.)
1977–1979	Matthew Franklin* (Pa.)
1979–1982	Jerry Martin* (Pa.)
1982	Willie Edwards (Mich.)
1982–1983	Pete McIntyre (Calif.)
1983–1987	Willie Edwards (Mich.)
1987–1989	Anthony Willis* (Ill.)
1990–1992	Andrew Maynard (Md.)
1992	Frank Tate* (Mich.)
1992–1994	Egerton Marcus* (Va.)
1995–1996	Merqui Sosa* (New York)
1996–1997	Montell Griffin* (Ill.)
1997	Michael Nunn* (Iowa)
1997–1998	Merqui Sosa (New York)
1998	Kenny Bowman (Ill.)
1998–1999	Derrick Harmon* (Ill.)
1999–2000	Greg Wright (New York)
2000–2001	Chris Johnson (Ont.)
2001–2002	Reggie Johnson (Texas)
2002	Antonio Tarver* (Fla.)
2003–2004	Donnell Wiggins (Tenn.)
2004	Rico Hoye, Jr.* (Mich.)
2005	Lucian Bute* (Quebec)
2005–2006	Eric Harding (Pa.)
2006–2007	Chad Dawson* (Conn.)
2007–2009	Chris Henry (Texas)
2009	Yusaf Mack* (Pa.)
2010	Ismayl Sillakh (Calif.)

Super Middleweights

1988	James Kinchen (Calif.)
1988–1989	Thomas Hearns* (Mich.)
1989	Don Lee (Indiana)
1989–1990	Paul Whittaker (La.)
1990–1991	Randall Yonker (Ala.)
1991–1992	Michael Nunn* (Iowa)
1992–1993	Frankie Liles* (N.Y.)
1993–1994	Warren Williams (Texas)
1994–1995	Cecil McKenzie* (Calif.)
1995–1996	Bryant Brannon* (N.J.)
1996–1997	Joseph Kiwanuka (Nev.)
1997–1999	Thomas Tate* (Texas)
2000–2001	Scott Pemberton* (Mass.)
2001	Thomas Tate* (Texas)
2001–2002	Charles Brewer* (Pa.)
2002–2003	Antwun Echols* (Iowa)
2003–2005	Scott Pemberton* (Mass.)
2005–2007	Lucian Bute* (Quebec)
2007–2008	Jean Pascal* (Quebec)
2009	Andre Ward* (Calif.)
2009–	Sebastien Demers (Que.)

Middleweights

1970	Dennis Moyer (Ore.)
1970	Nate Williams (Ariz.)
1970–1971	Art Hernandez (Neb.)
1971–1972	Denny Moyer (Ore.)
1972–1973	Art Hernandez (Neb.)
1973	Bennie Briscoe (Pa.)
1973–1974	Rodrigo Valdez* (N.Y.)
1975–1976	George Cooper (Calif.)
1976–1977	Ray Seales (Wash.)
1977–1980	Ronnie Harris (Ohio)
1980–1981	Sammy NeSmith (Ind.)
1981–1982	Ray Seales (Wash.)
1982–1986	James Shuler (Pa.)
1986–1987	Thomas Hearns* (Mich.)
1987–1988	Michael Nunn* (Iowa)
1988–1989	Ron Essett* (Fla.)
1989–1990	Kevin Watts (N.J.)
1990–1991	Fabian Williams (Mich.)
1991	Ismael Negron* (N.J.)
1991–1992	Lamar Parks* (S.C.)
1992–1994	Otis Grant (Quebec)
1994–1995	Quincy Taylor* (Texas)
1995–1997	Otis Grant* (Quebec)
1997–2000	Antwun Echols* (Ia.)
2000–2001	Tito Mendoza* (Ca.)
2001–2002	Robert Allen* (La.)
2002–2003	Carl Daniels* (Mo.)
2003–2005	Kingsley Ikeke* (Ont.)
2005–2007	Kelly Pavlik* (Ohio)
2007	Bronco McKart (Mich.)
2007–2008	Enrique Ornelas* (Ca.)
2008–2009	Roman Karmazin* (Ca.)
2010	P. Manfredo, Jr. (R.I.)

Super Welterweights

1977–1978	Ralph Palladin (D.C.)
1978–1979	Edgar Ross* (Florida)
1979–1980	Nick Ortiz (P.R.)
1980	Steve Delgado (Calif.)
1980–1981	Rocky Mosley, Jr. (Nev.)
1981–1982	Rocky Fratto* (N.Y.)
1983–1986	David Braxton* (Mich.)
1987–1988	Milton McCrory* (Mich.)
1988	Lupe Aquino* (Calif.)
1988–1990	Terry Norris* (Texas)
1990–1991	Brett Lally* (Mich.)
1991–1992	Gilbert Baptist* (N.J.)
1992–1993	Wayne Powell (Mich.)
1993–1994	Julio C. Green* (N.Y.)
1995–1996	Ronald Wright* (Fla.)
1997	Steve Martinez (Texas)
1997–1998	Tony Marshall* (N.Y.)
1999–2000	Anthony Jones (Mich.)
2000	Jason Papillion (Mich.)
2000	Bronco McKart (Mich.)
2000–2001	Ronald Wright* (D.C.)
2002	Angel Hernandez (Ill.)
2002–2004	J.C. Candelo* (Colo.)
2004–2006	Rodney Jones* (Calif.)
2006–2007	Andrey Tsurkan (N.Y.)
2007–2009	Yuri Foreman* (N.Y.)
2009	Willie Lee (Miss.)
2009–	Vanes Martirosyan (Ca.)

Welterweights

1971–1973	Armando Muniz (Ca.)
1973–1975	Eddie Perkins* (Ill.)
1975–1976	Adolfo Viruet (N.Y.)
1976–1979	Pete Ranzany (Calif.)
1979	Ray Leonard* (Md.)
1980	Greg Stephens (Ca.)
1980–1981	Pepe Dominguez (Ca.)
1981–1982	Bruce Finch (Wisc.)
1982–1983	Donald Curry* (Texas)
1983–1984	Marlon Starling (Conn.)
1984–1985	Pedro Vilella (N.Y.)
1985–1986	Maurice Blocker* (D.C.)
1986–1987	Luis Santana (D.R.)
1987	Tommy Ayers* (Ohio)
1988–1989	Luis Santana (D.R.)
1989	Derrick Kelly (Calif.)
1989	Russell Mitchell (Ca.)
1989–1990	Aaron Davis* (N.Y.)
1990–1991	Lonnie Smith* (Colo.)
1991	David Gonzales* (Ca.)
1992	Roger Turner (Mich.)
1992–1993	L. Ramon Campas* (Son.)
1993–1994	Larry Barnes* (N.Y.)
1994	Anthony Jones* (Mich.)
1994–1995	Derrell Coley (Ind.)
1995–1996	Oba Carr* (Mich.)
1996	Derrell Coley* (Ind.)
1996–1997	Kip Diggs (Mass.)
1997	Tony Martin* (Mo.)
1997–1998	Derrell Coley* (Ind.)
1998–2000	Vernon Forrest* (Ga.)
2000–2001	Danny Perez* (Calif.)
2001–2002	Golden Johnson* (Tx.)
2002–2004	Teddy Reid (D.C.)
2004–2005	Kermit Cintron* (Pa.)
2005–2006	Steve Martinez* (Tx.)
2006	Oscar Diaz (Texas)
2006–2007	Golden Johnson* (Tx.)
2007–2008	Andre Berto* (Fla.)
2009–	Saul Alvarez (Jal.)

Super Lightweights

1975–1976	Adolfo Viruet* (N.Y.)
1976–1977	Tony Petronelli* (Mass.)
1977–1978	Monroe Brooks (Calif.)
1978–1980	Bruce Curry* (Texas)
1981–1982	Leroy Haley* (Nevada)
1982–1983	Bruce Curry* (Texas)
1983–1986	Ronnie Shields* (Tx.)
1986–1989	Harold Brazier (Ind.)
1989–1990	Livings. Bramble (N.J.)
1990	Santos Cardona (P.R.)
1990–1991	John W. Meekins (N.Y.)
1991	Terrence Alli* (N.J.)
1991–1992	Tim Burgess* (N.Y.)
1992	Greg Haugen* (Wash.)
1992–1993	Hector Lopez* (D.F.)
1993	David Santos (Colo.)
1993	Hector Lopez* (D.F.)
1993	David Santos* (Colo.)
1994	Joey Gamache* (Maine)
1994	Darryl Tyson* (D.C.)
1994–1995	Jaime Balboa (N. Leon)
1995	Reggie Green (Md.)
1995–1997	Charles Murray (N.Y.)
1997	Ray Oliveira (Mass.)
1997–1999	Reggie Green* (Md.)
1999–2000	Ahmed Santos* (Sin.)
2000	Teddy Reid* (D.C.)
2000–2001	Ray Oliveira (Mass.)
2001–2002	Ben Tackie* (Calif.)
2002–2004	Terrance Cauthen* (Pa.)
2005–2007	Herman Ngoudjo (Que.)
2007	Jose L. Castillo* (Son.)
2007–2008	Franc. Figueroa* (Fla.)
2008–2009	Lamont Peterson* (D.C.)
2009–	Ali Chebah (Quebec)

Lightweights

1971–1972	Jimmy Robertson (Ca.)
1972	Chango Carmona* (D.F.)
1973–1974	Esteban DeJesus* (P.R.)
1974–1976	Ray Lampkin* (Oregon)
1976–1978	V. Saldivar Mijares (Dur.)
1978–1980	Andrew Ganigan* (Hawaii)
1980–1981	Jorge Morales (Calif.)
1981–1982	Ray Mancini* (Ohio)
1982–1984	Jose L. Ramirez* (Son.)
1985	Hector Camacho* (N.Y.)
1986	Greg Haugen* (Wash.)
1987	Pernell Whitaker* (Va.)
1987–1989	Primo Ramos* (Durango)
1990–1991	Darryl Tyson* (D.C.)
1991–1992	Frank Mitchell* (Ohio)
1992–1993	Rafael Ruelas* (Jalisco)
1993–1994	Sharmba Mitchell (Md.)
1994	Leavander Johnson* (N.J.)
1995–1996	Steve Johnston* (Colo.)
1997–1998	James Leija* (Texas)
1998	Golden Johnson (Texas)
1998–1999	Israel Cardona* (Conn.)
2000–2003	Juan Lazcano* (Texas)
2003–2004	Michael Clark* (Ohio)
2004–2005	Eleazar Contreras (Ca.)
2005	Fernando Trejo* (Hid.)
2006	Jose Santa Cruz* (Ca.)
2006	Edner Cherry* (Fla.)
2006–2007	Almaz. Raiymkulov* (Nev.)
2007–2008	Miguel A. Huerta (Calif.)
2008	Javier Jauregrui* (Jal.)
2008–2009	Anthony Peterson* (Tenn.)
2009	Jason Litzau* (Minn.)
2009	Martin Honorio* (D.F.)
2010	Brandon Rios (Calif.)

Super Featherweights

1975	Ray Lunny III (Calif.)
1975–1977	Tyrone Everett* (Pa.)
1978–1980	Rafael Limon* (Tlaxcala)
1981	Johnny Sato (Calif.)
1981	Rolando Navarrete* (Hi.)
1981	Blaine Dickson (Calif.)
1981–1983	Hector Camacho* (N.Y.)
1984	Guy Villegas (Oregon)
1984–1985	Dennis Cruz (New York)
1985–1987	Dwight Pratchett (Ind.)
1987	Mario Miranda* (Fla.)
1987–1988	Nicky Perez (Arizona)
1988–1990	Juan LaPorte* (New York)
1991–1992	Gabriel Ruelas* (Jalisco)
1992–1993	Narciso Valenzuela (B.C.N.)
1993	Frankie Avelar* (Nev.)
1994–1995	Eddie Hopson* (Missouri)
1995–1996	Roberto Garcia* (Calif.)
1997–2001	Jesus Chavez* (Mexico)
2002–2003	Nate Campbell* (Fla.)
2005	Alejandro Medina* (Sin.)
2006	Fernando Trejo (Hidalgo)
2006–2007	Agnaldo Nunes* (N.J.)
2008	Yuriokis Gamboa* (Fla.)
2008–2009	Urbano Antillon* (Calif.)
2009	Alejandro Sanabria* (D.F.)
2009–	Jason Litzau (Minn.)

Featherweights

1970–1971	Antonio Gomez* (Ca.)
1973–1975	Ruben Olivares* (D.F.)
1976	Tyrone Everett* (Pa.)
1977–1978	Ron McGarvey (Md.)
1978–1980	Mike Ayala* (Texas)
1980–1982	Nicky Perez (Ariz.)
1982–1985	Jackie Beard* (Mich.)
1985–1986	Joe Ruelas (Calif.)
1986–1988	Bernard Taylor* (Tn.)
1989	Harold Rhodes (N.J.)
1989–1991	Troy Dorsey* (Texas)
1991	Rafael Ruelas* (Ca.)
1991–1992	Jose L. Martinez* (Ca.)
1992–1993	James Leija* (Texas)
1993–1994	Jesse Benavides* (Tx.)
1994	Mario Gongora* (Texas)
1994	Manuel Medina* (Naya.)
1995	Harold Warren (Texas)
1995–1996	Derrick Gainer* (Fla.)
1996	Jesus Chavez* (Texas)
1996–1997	Jose Noyala (Jalisco)
1997–1998	Lewis Wood* (Texas)
1998–1999	Radford Beasley* (Mo.)
2000–2002	Robbie Peden (Calif.)
2002	Juan M. Marquez* (D.F.)
2003–2004	Juan C. Ramirez (Chih.)
2004	Jorge Martinez (Calif.)
2004	Cesar Figueroa (D.F.)
2004–2005	Robert Guerrero (Ca.)
2005–2006	Gamaliel Diaz (D.F.)
2006–2007	Robert Guerrero* (Ca.)
2007–2008	Rogers Mtagwa* (Pa.)
2009	Ric. Castillo* (B.C.N.)
2009	D. Ponce de Leon* (Ca.)
2009–	Matt Remillard (Conn.)

Super Bantamweights

1977	Mike Ayala (Texas)
1977	Rodolfo Martinez* (D.F.)
1978	Earl Large (New Mexico)
1978	Javier Flores (Utah)
1978–1980	Nicky Perez (Ariz.)
1980–1986	Mike Ayala (Texas)
1986–1988	Daniel Zaragoza* (D.F.)
1988	Louie Espinoza (Ariz.)
1988–1989	Jesus Poll* (Ariz.)
1989–1990	Jesus Salud* (Hawaii)
1990–1991	Tracy Patterson* (N.Y.)
1991	Daryl Pinckney (Fla.)
1991–1992	Jesus Salud* (Hawaii)
1992	Rudy Zavala (B.C.N.)
1992–1993	Jesus Salud* (Hawaii)
1993–1994	Jesse Benavides* (Tx.)
1994–1995	Jesus Salud* (Hawaii)
1995–1996	Erik Morales* (B.C.N.)
1997–1998	Enrique Sanchez* (D.F.)
1998–1999	Aristead Clayton (La.)
1999–2000	Willie Jorrin* (Calif.)
2001	Israel Vazquez* (D.F.)
2002	Ricardo Medina (Sin.)
2002–2004	David Donis* (Texas)
2005	Adam Carrera* (Calif.)
2006–2007	Julio Zarate* (D.F.)
2007–2008	Bern. Concepcion* (Nev.)
2009	Al Seeger (Georgia)
2009–	Victor Fonsecua (P.R.)

Bantamweights

1970	Chucho Castillo* (Guan.)
1971–1972	Rafael Herrera* (Mic.)
1972–1974	Rodolfo Martinez* (D.F.)
1975	Joe Guevara (Calif.)
1975	Carlos Zarate* (D.F.)
1975–1979	Roberto Rubaldino* (Tam.)
1980	Jeff Chandler* (Pa.)
1981–1982	Oscar Muniz* (Calif.)
1982–1984	Harold Petty (Texas)
1984–1986	Greg Richardson* (Ohio)
1986–1988	Frankie Duarte* (Calif.)
1988	Albert Davila* (Calif.)
1988–1990	Gerardo Martinez* (Ca.)
1991	Fernie Morales* (Chi.)
1992	Cecilio Espino (B.C.N.)
1992–1993	Jesus Sarabia (Sinaloa)
1993	Elvis Alvarez* (Fla.)
1994–1995	Wayne McCullough* (Nev.)
1995–1998	Paul Ayala* (Texas)
1998–1999	Adan Vargas* (Hidalgo)
1999–2000	Francisco Mateos (D.F.)
2000	Hugo Dianzo* (D.F.)
2000–2001	Adan Vargas* (Hidalgo)
2001–2002	Jhonny Gonzalez (Hid.)
2002–2004	Ricardo Vargas* (B.C.N.)
2006–2007	Alejandro Valdez* (Son.)
2008–2009	Yonnhy Perez* (Calif.)
2009–	Mario Macias (D.F.)

Super Flyweights

1990–1991	Akeem Anifowoshe* (Nev.)
1992–1993	Armando Castro* (D.F.)
1993–1994	Marco A. Barrera* (D.F.)
1994	Johnny Tapia* (N.M.)
1994–1995	Danny Romero* (N.M.)
1995–1996	Miguel Martinez* (Ca.)
1996–1997	Hipolito Saucedo* (Tx.)
1997–1998	Rodolfo Blanco* (Fla.)
1998–1999	Miguel Martinez (Calif.)
1999–2000	Trinidad Mendoza* (Son.)
2001–2002	Oscar Andrade (Calif.)
2002	Gerry Penalosa* (Hawaii)
2003	Neddy Garcia* (Texas)
2004–2005	Gerson Guerrero* (D.F.)
2006–2007	Nonito Donaire* (Calif.)
2007–2008	Everardo Morales* (D.F.)
2008–2009	Raul Martinez* (Texas)
2009	Gerson Guerrero* (D.F.)
2009–	Jose Cabrera (Tamaulipas)

Flyweights

1973–1980	Alberto Morales
1980–1981	Antonio Avelar* (Jalisco)
1981–1982	Freddie Castillo* (Yuc.)
1983	Mario Savala (Calif.)
1983–1984	Candido Tellez (D.F.)
1984–1986	Alonso Gonzalez (Calif.)
1986–1987	Paul Gonzales* (Calif.)
1987–1988	Orlando Canizales* (Tx.)
1988	Joey Olivo (Calif.)
1988–1989	Javier Lucas* (Guerrero)
1990–1992	Ysaias Zamudio* (B.C.N.)
1992–1994	Miguel Martinez* (Calif.)
1994	Danny Romero* (N.M.)
1995–1996	Enrique Orozco (Yuc.)
1996	Miguel Martinez* (Calif.)
1996–1998	Arthur Johnson* (Minn.)
1998	Miguel A. Granados* (D.F.)
1998–2001	Mike Trejo* (Texas)
2001–2002	Gerson Guerrero* (D.F.)
2002–2005	Brian Viloria* (Hawaii)
2005–2006	Juan Alberto Rosas* (Son.)
2006–2008	Gilberto Keb-Baas (Yuc.)
2008	Adrian Hernandez* (Mex.)
2008	Faustino Capul* (Q.R.)
2008–2009	Jose A. Cuadros (Morelos)
2009–	Wilberth Uicab (Q.R.)

Light Flyweights

1978	Juan Alvarez (D.F.)
1978–1979	Lupe Madera (Yucatan)
1979–1985	Joey Olivo* (Calif.)
1987–1989	Willy Salazar (Jal.)
1989–1990	Tony DeLuca (Mass.)
1990	Michael Carbajal* (Az.)
1991–1993	Jesus Chong* (Durango)
1993–1994	Marcos Pacheco (Sonora)
1994–1995	Eric Griffin* (La.)
1995	Edgar Cardenas* (D.F.)
1995–1996	Eric Griffin (La.)
1996–1997	Jesus Chong* (Durango)
1997–1999	Oscar Andrade (Durango)
1999–2002	M. Cob Castro* (Cam.)
2003–2005	Jesus Martinez (D.F.)
2005–2006	Ulises Solis* (Jalisco)
2006	Umberto Pool* (Yucatan)
2006–2007	Giovanni Segura* (Ca.)
2008–	Adrian Hernandez (Mex.)

Strawweights

1998–2000	Jose A. Aguirre* (D.F.)
2000–2004	Isaac Bustos* (D.F.)
2004–2005	Lorenzo Trejo* (Sonora)
2006–	Juanito Hernandez (D.F.)

North American Boxing Organization Champions

The NABO is a WBO affiliate.

Heavyweights

1996	Larry Donald* (Ohio)
1996–1997	Jerry Ballard* (D.C.)
1997	Jeremy Williams* (Ca.)
1998–1999	Ed Mahone* (Calif.)
2000–2001	Larry Donald* (Ohio)
2001	Andre Purlette* (Fla.)
2002–2004	Lamon Brewster* (Calif.)
2004–2005	Lance Whitaker* (Calif.)
2005	DaVarryl Williamson* (D.C.)
2006	Shannon Briggs* (New York)
2006–2007	Jameel McCline* (New York)
2007	Josue Blocus* (Quebec)
2007	Kali Meehan* (New York)
2008	Derric Rossy* (New York)
2008–2009	James Toney* (Mich.)
2009–	Brian Minto (Pa.)

Cruiserweights

1995–1996	Yosuke Nishijima* (Ca.)
1997	Brian LaSpada* (Nev.)
1998–1999	Sione Asipeli* (Ariz.)
1999–2000	Terry McGroom* (Mich.)
2000–2001	Ezra Sellers (Fla.)
2001	Ramon Garbey* (Fla.)
2002–2003	Ravea Springs (Ohio)
2003	Vassiliy Jirov (Ariz.)
2003–2004	Jermal Barnes (N.Y.)
2004–2005	Dale Brown* (Alb.)
2005	Dan Harvison* (Pa.)
2006	Eliseo Castillo (Fla.)
2006–2008	Johnathon Banks* (Mich.)
2008	Ola Afolabi* (Calif.)
2009–	B.J. Flores (Missouri)

Light Heavyweights

1995–1996	Asluddin Umarov* (Calif.)
1996–1997	Leonardo Aguilar* (B.C.N.)
1998	Ka-dy King* (Mich.)
1999	Darrell Spinks* (Mo.)
2000–2001	Julian Letterlough (Pa.)
2001	Julio Gonzalez* (Calif.)
2002–2003	Demetrius Jenkins* (Mich.)
2003–2004	Rico Hoye, Jr.* (Mich.)
2005	Darrin Humphrey* (Okla.)
2006	Prince Badi Ajamu (N.J.)
2006–2007	Roy Jones, Jr.* (Fla.)
2007	Otis Griffin* (Calif.)
2007–2008	DeAndrey Abron* (Ohio)
2008	Tavoris Cloud* (Fla.)
2009–	Roy Jones, Jr.* (Fla.)

Super Middleweights

1995–1996	Michael Nunn* (Iowa)
1997	Tarick Salmaci* (Mich.)
1998–2000	Vacant
2000–2001	Freemon Barr* (Fla.)
2002	Scott Pemberton* (Mass.)
2003–2004	Kabery Salem* (N.Y.)
2004–2005	Librado Andrade* (Ca.)
2005–2006	Chad Dawson* (Conn.)
2006–2008	Jean Pascal* (Quebec)
2008	Andre Ward* (Calif.)
2008	Andre Dirrell* (Mich.)
2009	Andre Ward* (Calif.)
2009–	Allan Green (Okla.)

Middleweights

1994–1995	David Mendez* (B.C.N.)
1995–1996	Randy Smith* (Calif.)
1996–1997	Rito Ruvalcaba* (B.C.N.)
1998	Freemon Barr* (Fla.)
1999–2000	Brian Barbosa* (N.J.)
2000–2003	Vacant
2003	Kenny Ellis (Wash.)
2003–2004	Kingsley Ikeke* (Ont.)
2004–	Randy Griffin (Pa.)
2006–2007	Joey Gilbert* (Ill.)
2008	Joe Greene* (New York)
2008–2009	Aaron Mitchell* (Pa.)
2009–	Daniel Jacobs (N.Y.)

Junior Middleweights

1995	Ramon Campas* (Sonora)
1995	Rene Arredondo* (Micho.)
1996–1999	Rodney Jones* (Calif.)
1999	Tito Mendoza (Calif.)
1999	Alfred Ankamah* (Calif.)
2000–2001	Fathi Missaoui* (Ont.)
2001–2003	Alej. Garcia* (B.C.N.)
2004	Peter Manfredo* (N.J.)
2004	Marco A. Rubio* (Coah.)
2004–2005	Ian Gardner* (N.B.)
2005	Joe Wyatt* (Pa.)
2006–2007	Kassim Ouma* (Fla.)
2007–2008	Charles Whittaker* (Fla.)
2008	James Kirkland* (Texas)
2008–2009	Carlos Molina* (Ill.)
2009–	Vanes Martirosyan (Ca.)

Welterweights

1994	Tony Gannarelli (Ariz.)
1995–1996	Ramon Campas* (Sonora)
1996	Santiago Samaniego* (Pan.)
1998	Santos Cardona* (P.R.)
1998–1999	Edgar Ruiz (Sinaloa)
1999–2000	David Kamau* (Calif.)
2000–2001	Corey Sanders* (Mo.)
2002–2003	Jose Celaya* (Calif.)
2004	Ishe Smith* (Nev.)
2004–2005	Kermit Cintron* (Tx.)
2005	Mark Suarez* (Calif.)
2006–2007	Paul Williams* (Ga.)
2007–2008	Shamone Alvarez* (N.J.)
2008–2009	Antonin Decarie* (Que.)

Junior Welterweights

1995–1996	Ameth Aranda (B.C.N.)
1996	Hector Quiroz (Sonora)
1996	Johnny Avila (Nev.)
1996–1998	Hector Lopez* (D.F.)

1998–1999	Tony Lopez (Calif.)	
1999	Hector Quiroz (Sonora)	
1999	Cosme Rivera (Sinaloa)	
1999–2000	Ricky Quiles* (Ohio)	
2000–2001	Felix Flores* (P.R.)	
2001–2002	Henry Bruseles* (P.R.)	
2003	Kelso Pinto (Calif.)	
2003–2004	Miguel Cotto* (P.R.)	
2004–2006	Mike Arnaoutis* (N.J.)	
2006	Kendall Holt* (N.J.)	
2007	Henry Bruseles* (P.R.)	
2007–2008	Lamont Peterson* (D.C.)	
2008–2009	Victor Ortiz* (Calif.)	
2009	Juan Diaz (Texas)	
2009–	Paul Malignaggi (N.Y.)	

LIGHTWEIGHTS

1995	Carmelo Gomez (B.C.N.)
1995–1996	Narc. Valenzuela* (B.C.N.)
1996–1997	Ruben Castillo* (Calif.)
1997	Demetrio Ceballos* (Ca.)
1998–1999	Antonio Pitalua* (D.F.)
2000–2001	Juan Gomez (P.R.)
2001–2003	Wilmer Gomez* (Panama)
2003–2004	Courtney Burton (Mich.)
2004–2005	Ebo Elder* (Georgia)
2005–2006	Rolando Reyes* (Calif.)
2006–2007	Anthony Peterson* (D.C.)
2008	Jorge Luis Teron* (N.Y.)
2009	Antonio DeMarco* (B.C.N.)
2009–	Martin Honorio (D.F.)

JUNIOR LIGHTWEIGHTS

1994–1995	Narciso Valenzuela (B.C.N.)
1995	Jose Manjarrez* (B.C.N.)
1995–1996	Jose Vida Ramos* (N.Y.)
1996	Saul Duran* (Chihuahua)
1997–1998	Tiger Ari* (Philippines)
1998	Daniel Alicea* (P.R.)
1999	Acelino Freitas* (Calif.)
1999	Antonio Ramirez* (N.Y.)
2000–2001	Daniel Attah* (Pa.)
2001–2002	Arnulfo Castillo* (Chih.)
2002–2003	Yoni Vargas* (Calif.)
2003–2004	Koba Gogoladze* (Pa.)
2005–2006	Antonio Davis (Ga.)
2006	Koba Gogoladze* (Pa.)
2006–2007	Daniel Jimenez (P.R.)
2007–2008	Roman Martinez* (P.R.)
2009–	Eloy Perez (Calif.)

FEATHERWEIGHTS

1994	Cesar Soto* (Chihuahua)
1995–1996	Jose L. Noyola* (Jal.)
1997–2000	Juan M. Marquez* (D.F.)
2000–2001	Daniel Seda* (P.R.)
2001–2002	Victor Santiago* (P.R.)
2002–2004	William Abelyan* (Ca.)
2004–2005	Priest Smalls (Calif.)
2005–2006	Marcos Ramirez* (Ia.)
2006	Steve Luevano* (Calif.)
2006–2007	Marcos Ramirez* (Ks.)
2007	Antonio Davis* (Ga.)
2007	Eduardo Escobedo* (Tx.)
2008	Rafael Valenzuela* (Tx.)
2008–2009	Yuriorkis Gamboa* (Fla.)
2009–	Cornelius Lock (Mich.)

JUNIOR FEATHERWEIGHTS

1995–1996	Jesse Magana* (Calif.)
1997	Miguel Escamilla (Guan.)
1997	Jose Sarabia* (D.F.)
1997	Nestor Garza* (Tamau.)
1998	Miguel Escamilla* (B.C.N.)
1999–2000	Marcos Licona* (Calif.)
2000–2001	Danny Romero* (N.M.)
2001–2002	Joan Guzman* (D.R.)
2002–2003	Gerardo Espinoza (B.C.N.)
2003–2004	Jorge Lacierva* (Calif.)
2004–2005	D. Ponce de Leon* (Chih.)
2005–2006	Juan Ruiz (Calif.)
2006–2007	Antonio Escalante (Tx.)
2007	Mauricio Pastrana* (Fla.)
2007–2008	Olivier Lontchi* (Que.)
2008–2009	Antonio Escalante* (Chi.)
2009–	Victor Fonseca (P.R.)

BANTAMWEIGHTS

1995–1996	Sergio Milan (D.F.)
1996–1997	Elicier Julio* (Calif.)
1997	Oscar Maldonado* (B.C.N.)
1998–2000	Mauricio Martinez* (N.Y.)
2001	Gerardo Espinoza* (B.C.N.)
2001–2002	Peter Frissina (Fla.)
2002–2004	Roger Gonzalez* (Calif.)
2004–2005	Jhonny Gonzalez* (D.F.)
2007–2008	Abner Mares* (Calif.)

JUNIOR BANTAMWEIGHTS

1996	Ricardo Medina (Sinaloa)
1996–1998	Pedro Morquecho* (B.C.N.)
1998–2000	Sergio Perez* (B.C.N.)
2000–2001	Luis Rolon* (P.R.)
2001	Ricardo Vargas (B.C.N.)
2001–2002	Martin Castillo* (D.F.)
2003–2004	Jose Navarro* (Calif.)
2004–2005	Eric A. Morel* (P.R.)
2005–2006	Kahren Harutyunyan* (Ca.)

FLYWEIGHTS

1994–1996	Roberto B. Alvarez* (Az.)
1997–1998	Sammy Stewart* (Calif.)
1998–1999	Isidro Garcia* (Calif.)
2001–2002	Everardo Morales* (Guer.)
2003	Ulises Cadena* (B.C.S.)
2003–2006	Vacant
2006	Glenn Donaire* (Calif.)
2007	Rayonta Whitfield (Ga.)

JUNIOR FLYWEIGHTS

1995	Tomas Cordova* (B.C.N.)
1996	Edgar Cardenas* (D.F.)
1998	Jorge Arce* (Sinaloa)
1998–1999	Vacant
1999–2000	Jorge Arce* (Sinaloa)
2000	Victor Burgos (Puebla)
2000–2001	Roberto Leyva* (Sonora)
2002–2004	Hugo Cazares* (Sinaloa)

MINI FLYWEIGHTS

2002–2003	Ivan Calderon* (P.R.)

Note: Other North American title sanctioning bodies include the World Boxing Union's National Boxing Union and the World Boxing Association's North American Boxing Association. (The WBA now recognizes WBA North American titles as opposed to those of the NABA.)

Central American and Caribbean Boxing Federation Champions

Prior to the establishment of the Central American & Caribbean Boxing Federation (known as FECARBOX, an abbreviation of its name in Spanish), Central American title bouts were staged on an irregular basis by various promoters. Among the numerous champions at one time or another were Federico Plummer of Panama (featherweight, 1952), Jose Isaac Marin of Costa Rica (junior lightweight, 1972–73), and Eddie Gazo of Nicaragua (welterweight, 1974–75).

FECARBOX is a WBC affiliate created during president Jose Sulaiman's successful attempt to reorganize the World Boxing Council into continental federations shortly after his accession in December 1975. Boxers from Central America, the Caribbean islands, and northern South America (Colombia, Venezuela, and Guyana) are eligible for FECARBOX titles. Boxers from other countries — Mexico and the U.S. (both of which border the Caribbean), the United Kingdom and Uzbekistan (!) — have been permitted to challenge for FECARBOX titles since the 1990s.

Heavyweights

1977–1984	Bernardo Mercado* (Col.)
1984–1994	*Vacant*
1994–1997	Crawford Grimsley* (U.S.)
2000–2002	Henry Akinwande* (U.K.)
2004–2006	Timur Ibragimov (Uzbek.)
2006	Calvin Brock* (U.S.)
2006–2007	Oliver McCall* (U.S.)
2007	Carl Davis* (C.R.)
2009–	Derric Rossy (U.S.)

Cruiserweights

1995–1996	Reynaldo Gimenez (U.S.)
1996–1997	Uriah Grant* (Jamaica)
1997–1998	Eliecer Castillo* (Cuba)

Light Heavyweights

1978–1981	Leonardo Rogers* (D.R.)
1997–1998	Ganguina Larme* (Mart.)
1999–2000	Rocky Torres* (U.S.)
2000–2001	Julio Gonzalez* (Mex.)
2001–2006	*Vacant*
2006–2007	Francisco Sierra* (Mex.)
2007–2010	*Vacant*
2010	Richard Hall (U.S.)

Super Middleweights

1991–1993	Ray Albert* (Guyana)
1995–1996	Camilo Alarcon (Col.)
1996	Steve Little (U.S.)
2000–2001	Henry Porras* (C.R.)
2001–2004	*Vacant*
2004–2005	Eduardo Ayala* (Mexico)
2006–2007	Epifanio Mendoza* (Col.)
2008	Evert Bravo* (Colombia)
2009–2010	Rigoberto Alvarez* (Mex.)

Middleweights

1977–1978	Bonifacio Avila* (Col.)
1979–1982	Fulg. Obelmejias* (Vez.)
1983–1985	Nestor Flores* (Panama)
1985–1990	*Vacant*
1990–1991	Wayne Harris (Guyana)
1991–1992	David Noel* (Trinidad)
1992–1993	Wayne Harris (Guyana)
1993–1995	Anthony Andrews* (Guy.)
1995–1996	Raimundo Torres (Mex.)
1996	Rolando Torres* (Mex.)
1998–1999	David Mendez* (Mexico)
1999–2000	Lionel Ortiz* (P.R.)
2001–2003	Alejandro Berrio* (Col.)
2004–2005	Ruben Padilla* (Mexico)

Super Welterweights

1976–1978	Eddie Gazo (Nicaragua)
1978–1979	Jesus Castro (D.R.)
1979–1980	Sandy Torres (P.R.)
1980–1981	Nicanor Camacho* (Col.)
1982–1984	Hugo Rengifo* (Vez.)
1986–1987	Elio Diaz* (Venezuela)
1987–1993	*Vacant*
1993–1995	Felix Rojas (Venezuela)
1995–1996	Jorge Luis Vado* (Nic.)
1998–1999	Humberto Aranda* (C.R.)
2000	Ricardo Mayorga* (Nic.)
2000–2001	Carlos Bojorquez* (Mex.)
2002–2003	Joseph Brady (U.S.)
2003–2004	Andres Pacheco* (U.S.)
2006–2007	Miguel A. Gonzalez* (Mex.)
2008	Ivan Alvarez* (B.C.N.)

Welterweights

1977	Johnny Gonzalez (Col.)
1977–1978	Adalberto Vanegas (Col.)
1978–1979	Pedro Rojas (Venezuela)
1979–1981	Mao de la Rosa (D.R.)
1981–1982	Rafael Piamonte (Col.)
1982	Mao de la Rosa* (D.R.)
1982–1983	Carlos Trujillo (Panama)
1983–1986	Eduardo Rodriguez* (Pan.)
1986–1988	Tomas Molinares* (Col.)
1989	Edison Benitez (Col.)
1989–1992	Santos Cardona (P.R.)
1992–1993	Jose Duran Martinez (P.R.)
1993–1994	Andrew Murray* (Guyana)
1994–1995	Guillermo Jones* (Panama)
1995–1996	Cirilio Nino* (Mexico)
1997–1998	Benjamin Martinez* (Mex.)
1998	Tito Mendoza* (Panama)
1998	Francisco Mendez (Mex.)
1998–1999	Fitz Vanderpool* (Td.)
1999–2001	Jose Luis Cruz* (Mex.)
2001	Edwin Cassiani* (Col.)
2001–2002	Ernesto Carmona* (Mex.)
2004	Carlos Gonzalez* (Mex.)
2005	Xavier Toliver (U.S.)
2005–2007	Walter Matthysse* (Arg.)
2008–	Javier Prieto (Mexico)

Super Lightweights

1977–1979	Luis Rodriguez (Panama)
1979–1981	Fitzroy Giuseppe* (Td.)
1983–1984	Antonio Cervantes* (Col.)
1984–1990	Saul Julio (Colombia)
1990–1993	Amancio Castro (Col.)
1993–1994	Nicolas Cervera* (Col.)
1994–1995	Leonardo Mas (P.R.)
1995–1996	Raul Hernandez (Mexico)
1996–1997	Leonardo Mas* (P.R.)
1997–1999	Diobelys Hurtado* (Cuba)
2000–2001	Juan Paz* (Mexico)
2001	Antonio Pitalua* (Col.)
2001–2002	Juan Mosquera* (Panama)
2002–2003	Dagoberto Najera* (U.S.)
2003	Luis A. Arceo* (Mexico)
2003–2005	Antonio Pitalua* (Col.)
2005–2006	Antonio Izquierdo* (Mex.)
2006–2007	Breidis Prescott* (Col.)
2007–2008	Javier Castro* (Mexico)
2008–2009	Miguel Vazquez* (Mexico)
2009–2010	Alej. Valladares* (Mex.)

Lightweights

1976–1978	Alvaro Rojas (C.R.)
1978	Alfonso Perez (Col.)
1978–1981	Edwin Viruet (P.R.)
1981–1982	Luis Godoy (Colombia)
1982	Amancio Castro (Col.)
1982–1984	Eduardo Valdez (Col.)
1984–1985	Junel Rodriguez (Vez.)
1985–1987	Ernesto Espana (Vez.)
1987–1989	Arnovis Castro (Col.)
1989–1990	Francisco Alvarez (D.R.)
1990–1994	Julio Pastor Ruiz (Pan.)
1994–1995	Nicolas Cervera* (Col.)
1995–1996	Sammy Mejias (P.R.)
1996	Wilson Palacio* (Col.)
1996–1997	Armando Reyes* (D.R.)
1998	Wilfrido Ruiz* (Col.)
1998–2000	Victoriano Sosa* (D.R.)
2000–2001	Antonio Pitalua* (Col.)
2001	Jaime Rangel* (Col.)
2002	Omar Bernal* (Mexico)
2002–2003	Humberto Soto* (Mex.)
2003–2004	Carlos Mairena* (Mex.)
2004–2005	Francisco Olvera* (Mex.)
2005–2006	Cesar Soriano* (Mexico)
2006–2007	Erick Garduno (Mexico)
2007	Ernesto Gonzalez (Mex.)
2007–2008	Rafael Guzman* (Mex.)
2009	Jose E. Perea* (Mex.)
2009	Cesar Soriano* (Mex.)
2010	Carlos Urias (Mexico)

Super Featherweights

1976	Hern Curios (El Salvador)
1976–1977	Alexis Arguello* (Nic.)
1977–1980	Idelfonso Bethelmy (Vez.)
1980–1981	Reinaldo Hidalgo (Panama)
1981	Rafael Solis (Puerto Rico)
1982	Aquilino Asprilla (Panama)
1982–1983	Rafael Solis* (Puerto Rico)
1983–1984	Aquilino Asprilla* (Panama)
1984	Alfonso Chamorro (Colombia)
1984–1987	Ruben Guzman (Colombia)
1987–1991	J. Vidal Concepcion* (D.R.)
1991–1992	Wilson Palacio (Colombia)
1992–1993	Jacobin Yoma (Fr. Guiana)
1993–1994	Joseph Murray (Guyana)
1994	Fernando Caicedo* (Col.)
1994–1995	Rafael Meran* (Dom. Rep.)
1995–1996	Ulrich Johnson (Trinidad)
1996–1997	Jorge Noriega* (Colombia)
1997–1998	Jose A. Rodriguez* (Nic.)
1998	Antonio Ramirez (D.R.)
1998–1999	Roberto Villareal* (Mex.)
1999–2000	Marco Angel Perez* (Mex.)
2001–2002	Miguel Casillas* (Mexico)
2003–2004	Oscar Tinajero (Mexico)
2004–2005	Julio C. Garcia* (Mexico)
2005	Angel Rivero* (Venezuela)
2005–2006	Lupe Hernandez* (Mexico)
2006–2007	Oscar Tinajero* (Mexico)
2008	Abraham Rodriguez (Mex.)
2008	Alej. Sanarabia* (Mex.)
2009–2010	Rafael Guzman (Mexico)
2010	Carlos Cardenas (Vez.)

Featherweights

1976–1978	Franc. Coronado (Nic.)
1978–1979	Enrique Solis (P.R.)
1979–1981	Patrick Ford (Guyana)
1981–1982	Jose L. Santana (Pan.)
1982–1984	Franc. Fernandez* (Pan.)
1986–1990	R. Bonilla Rivera (P.R.)
1990–1993	Jorge Romero* (Mexico)
1994	Orlando Fernandez* (P.R.)
1994–1995	Victor Polo* (Colombia)
1995	Manuel Medina* (Mexico)
1996–1997	Damian C. Brazoban (D.R.)
1997–1998	Luis Corombo Sosa (D.R.)

1998–1999	Victorio Abadia* (Panama)
1999–2000	Humberto A. Soto* (Mex.)
	Francisco Dianzo* (Mex.)
2002–2003	Raymundo Beltran* (Mex.)
2003–2004	Ismael Gonzalez (Mexico)
2004–2005	Gamaliel Diaz* (Mexico)
2006–2007	Lizardo Moreno* (Mexico)
2008–	Victor Terrazas (Mexico)

Super Bantamweights

1976–1977	N. (Baba) Jimenez (Col.)
1977–1978	Oscar Arnal* (Venezuela)
1979–1980	Julio Hernandez (Nic.)
1980–1981	Augustin Martinez* (Nic.)
1982	Jairo Anton* (Nicaragua)
1983–1984	Bernardo Checa* (Panama)
1986–1987	Tommy Valoy* (Dom. Rep.)
1987–1993	Vacant
1993–1994	Edgar Monserrat (Panama)
1994–1995	Freddy Cruz* (Dom. Rep.)
1995–1996	Javier Calderon* (Mex.)
1996–1997	Angel Chacon* (P. Rico)
1998	Gerardo Martinez (Mex.)
2000–2001	Agapito Sanchez* (D.R.)
2001	Genaro Garcia* (Mexico)
2001–2002	Oscar Larios* (Mexico)
2003	Saul Briceno* (Mexico)
2004	Andres Cabrera (Mexixo)
2004	Antonio Meza* (Mexico)
2004–2005	Adam L. Carrera* (U.S.)
2006	Andres Cabrera (Mexico)
2006–2007	Luis Perez* (Mexico)
2009–	Giovanni Caro (Mexico)

Bantamweights

1976–1978	Julio Martinez (Nic.)
1978	Cleo Garcia* (Nic.)
1978–1980	Julian Solis* (P.R.)
1980–1981	Enrique Sanchez* (D.R.)
1983–1984	Daniel Blanco* (Col.)
1984–1989	Vacant
1989–1991	William Ramos* (P.R.)
1993	Jose Quirino* (Mexico)
1994	Julio Gamboa (Nicaragua)

1994–1995	Eddy Saenz* (Nicaragua)
1995–1996	Angel Rosario (P. Rico)
1996–1997	Cuauhtemoc Gomez* (Mex.)
1997–1998	Peter Frissina (U.S.)
1998	Tsog. Erdenetsog (U.S.)
1998	Wilfrido Ruiz* (Col.)
1999–2000	Edel Ruiz* (Mexico)
2000	Cuauhtemoc Gomez* (Mex.)
2000–2001	Julio Zarate* (Mexico)
2002	Francisco Tejedor (Col.)
2002	Hugo Dianzo* (Mexico)
2003–2005	Genaro Garcia* (Mexico)
2007	Nehomar Cermeno* (Vez.)
2008	Felipe Orucuta* (Mexico)
2009	Flavio Hernandez* (Mex.)

Super Flyweights

1980	Julio Soto Solano (D.R.)
1980–1981	Miguel Lora* (Colombia)
1982–1984	Pedro Romero (Venezuela)
1984–1985	Raul Diaz (Colombia)
1992–1993	Hilario Zapata* (Panama)
1993	Rene Dimas (El Salvador)
1993–1995	Noel Cogollo* (Colombia)
1995	Angel Rosario* (P. Rico)
1995–1997	Adonis Cruz* (Nicaragua)
1998–1999	Sergio Gonzalez (Nic.)
1999–2000	Roberto Bonilla* (Nic.)
2001–2002	Ricardo Cordoba* (Pan.)
2002–2003	Cecilio Santos (Mexico)
2003	Luis Bolano* (Colombia)
2004	Cecilio Santos* (Mexico)
2006–2007	Rafael Concepcion* (Pan.)
2009	Marco A. Hernandez* (Mex.)
2009–	Jose A. Tirado (Mexico)

Flyweights

1976–1977	Betulio Gonzalez* (Vez.)
1977–1979	Alex Santan Guido (Nic.)
1979–1980	Mario Mendez (El Salv.)
1980–1981	Prudencio Cardona* (Col.)
1983–1985	Pedro Romero (Panama)
1985–1986	Fidel Bassa (Colombia)
1986–1988	Miguel Mercedes* (D.R.)

1990–1992	Domingo Sosa (Dom. Rep.)
1992–1993	David Cordero (Panama)
1993–1994	Porfirio Nunez* (D.R.)
1995–1996	Jorge Riviera (Mexico)
1996–1997	Nelson Dieppa* (P.R.)
1998	Teofilo Manzueta* (D.R.)
1999	Gerson Guerrero (Mexico)
1999–2000	Raul Juarez (Mexico)
2000	Everardo Morales* (Mex.)
2000–2001	Oscar Arciniega* (Mex.)
2003–2005	Luis A. Martinez (Mex.)
2005	Jose A. Lopez* (P.R.)
2007	Marlon Pineda* (Nic.)
2008	Francisco Rosas* (Mex.)

Light Flyweights

1976–1977	Orlando Hernandez (C.R.)
1977–1978	Ricardo Estupinan (Col.)
1978	Luis Estaba* (Venezuela)
1979–1980	Ignacio Espinal (D.R.)
1980–1981	Rudy Crawford* (Nic.)
1981–1982	Reinaldo Becerra* (Vez.)
1983–1985	Hermogenes Murillo* (Pan.)
1986–1987	Francisco Tejedor* (Col.)
1987–1993	Vacant
1993–1995	Manuel J. Herrera* (D.R.)
1997–1998	Jose Laureano* (P. Rico)
1999–2004	Eric Ortiz* (Mexico)
2004–2006	Edgar A. Sosa* (Mexico)
2007	Branni Guerrero* (Mex.)

Strawweights

1994–1995	Yamile Carraballo* (Col.)
1995	Gustavo Vera (Venezuela)
1995–1996	Lee Sandoval* (Nicaragua)
1996–1998	Domingo Guillen* (D.R.)
1998–1999	Miguel Cabrera (Dom. Rep.)
1999	Aneure Cuevas* (Dom. Rep.)
2000–2001	Juan Palacios* (Nicaragua)
2002	Ricardo San Martin* (Mex.)
2002–2008	Vacant
2008–2009	Ivan Meneses* (Mexico)

Caribbean Boxing Federation

The Caribbean Boxing Federation, or CABOFE, was formed at the WBC's first Congress of Latin American Boxing, July 11–15, 2003, Panama City, Pan. CABOFE is composed of the following countries, formerly members of the Central American & Caribbean Boxing Federation: Aruba, Curacao, Bonaire, the Dominican Republic, Grenada, St. Lucia, Dutch St. Maarten, French Sint. Maarten, Puerto Rico, Trinidad and Tobaco, Jamaica, Barbados, and Guyana. The Federation voted to accept Venezuela, Colombia, and Mexico as members, if those countries so desired, at its meeting of June 5–8, 2003.

Caribbean Boxing Federation Champions

Heavyweights

| 2005–2007 | Sherman Williams* (U.S.) |
| 2007– | Manuel Quezada (U.S.) |

Cruiserweights

| 2008 | Shawn Cox* (Barbados) |

Light Heavyweights

2005–2006	Prince Badi Ajamu* (U.S.)
2006–2007	Marcos Thomas* (Barbados)
2008–2009	Sean Corbin* (Trinidad)

Super Middleweights

| 2003–2006 | Marcos Thomas (Barbados) |
| 2006– | Jermain Mackey (Bahamas) |

Middleweights

| 2003–2005 | Lenord Pierre* (Haiti) |

| 2006–2007 | Emilio Cayetano* (D.R.) |
| 2007 | Miguel A. Espino (U.S.) |

Super Welterweights

2002–2003	Fitz Vanderpool* (Trin.)
2004	Denny Dalton* (Guyana)
2005	Christopher Henry* (Barb.)
2005–2007	Charles Whittaker* (Cay.)
2008–	Kevin Placide (Trinidad)

Welterweights

2003–2004	Christopher Henry (Barb.)
2004	Ruben Fuchu (Puerto Rico)
2004–2006	Edwin Vazquez* (P. Rico)
2006–2007	Yori Estrella* (Dom. Rep.)
2008	Ed Paredes* (U.S.)
2009–	Alex Perez (U.S.)

Super Lightweights

2001	Christopher Henry* (Barb.)
2001–2002	Benjamin Modest* (Barb.)
2002–2003	Richard Howard* (Guyana)
2003–2004	Eduardo Gomez (Mexico)
2004	Noel Cortez* (Mexico)
2004–2007	Vacant
2007–2008	Victor M. Cayo* (D.R.)
2008–	Miguel Antoine* (Barb.)

Lightweights

2004–2006	Edner Cherry* (Bahamas)
2006–2007	Alexander DeJesus* (P.R.)
2007–2008	Juan C. Batista* (D.R.)
2009–	Daniel Estrada (Mexico)

Super Featherweights

2003–2004	Francisco Lorenzo* (D.R.)
2004–2005	Hugo Lewis* (Guyana)
2005–2008	Francisco Lorenzo* (D.R.)
2009–2010	Jorge Perez (Mexico)
2010	Gamaliel Diaz (Mexico)

Featherweights

2003–2004	Victor Santiago* (P.R.)
2004–2005	Hector Marquez* (Mexico)
2006–2008	Mario Santiago* (P. Rico)
2008	Delvin Placencia* (D.R.)
2009–	Juan C. Burgos (Mexico)

Super Bantamweights

2005–2006	Hugo Vargas* (Mexico)
2006–2007	Hector J. Avila* (D.R.)

Bantamweights

2004–2005	Leon Moore* (Guyana)
2006–2007	Moises Zamudio* (Mex.)
2007–2009	Leon Moore* (Guyana)

Super Flyweights

2003–2004	Julio Zarate* (Mexico)
2004–2007	Vacant
2007–2008	Marco A. Hernandez* (Mex.)
2008–2009	Jose Salgado* (Mexico)
2010	Daniel Rosas (Mexico)

Flyweights

2003–2005	Edgar Sosa* (Mexico)
2005–2008	Vacant
2008–2009	Alej. Hernandez* (Mex.)
2009–2010	Oscar Blanquet* (Mex.)

Light Flyweights

2006–2008	Ronald Ramos* (Colombia)
2009–	Ganigan Lopez (Mexico)

Strawweights

2002–2005	Miguel del Valle (P.R.)
2005–2007	Omar Soto* (Puerto Rico)
2009–2010	Osvaldo Razon (Mexico)
2010	Armando Torres (Mexico)

South American Champions

Heavyweights

1910–1915	Willie Gould* (Arg.)
1915–1918	Vacant
1918	Heriberto Rojas* (Chile)
1919–1920	David Mills (Chile)
1920–1924	Luis A. Firpo* (Arg.)
1924–1925	Q. Romero Rojas* (Chile)
1925–1927	A. Eugenio Porzio* (Arg.)
1927–1938	Vacant
1938–1939	Alberto Lovell (Arg.)
1939	Arturo Godoy (Chile)
1939	Eduardo Primo (Arg.)
1939–1943	Alberto Lovell (Arg.)
1943–1953	Arturo Godoy* (Chile)
1953–1960	Vacant
1960–1963	P. Alexis Miteff* (Arg.)
1963–1966	Gregorio Peralta* (Arg.)
1966–1967	Roberto Davila (Peru)
1967–1969	Luiz F. Pires (Brazil)
1969–1972	Eduardo Corletti* (Arg.)
1973–1976	Luiz F. Pires* (Brazil)
1976–1978	Raul R. Gorosito* (Arg.)
1978	Luiz F. Pires (Brazil)
1978–1984	Domingo D'Elia* (Arg.)
1984–1995	Adilson Rodrigues* (Bz.)
1997	Mario Oscar Melo (Arg.)
1997–2000	Fabio E. Moli* (Argentina)
2001–2002	Pedro D. Franco (Argentina)
2002–2007	Marcelo F. Dominguez* (Arg.)
2007–2008	Cesar G. Acevedo (Argentina)
2008–	George H. Arias (Brazil)

Super Cruiserweights

2003–2004	Miguel A. Aguirre* (Arg.)

Cruiserweights

1978–1980	Waldemar de Oliveira (Bz.)
1980–1981	Juan Carlos Sosa (Arg.)
1981–1985	H. Ruben Zamaro (Arg.)
1985–1986	Hector P. Rohr (Arg.)
1986–1987	Jose M. Flores* (Urug.)
1987–1992	Daniel E. Netto (Arg.)
1992–1995	Jose Da Silva (Brazil)
1995–1996	Jose de Arimatea* (Bz.)
1998–1999	George H. Arias (Brazil)
1999–2000	Oscar Angel Gomez (Arg.)
2000–2001	Jorge F. Castro* (Arg.)
2002–2003	Miguel A. Aguirre (Arg.)
2003–2006	Jorge F. Castro* (Arg.)
2008–2009	Victor Ramirez* (Arg.)

Light Heavyweights

1917–1925	Angel Rodriguez* (Uruguay)
1925–1928	Alexis (Apollo) Rely* (Peru)
1928–1954	Vacant
1954–1959	D. Martinez Casal (Urug.)
1959	Luis Ignacio (Brazil)
1959	D. Martinez Casal* (Urug.)
1960–1966	Mauro Mina* (Peru)
1966–1967	Andres Selpa (Argentina)
1967–1969	Miguel Angel Paez* (Arg.)
1969–1972	R. Avenamar Peralta (Arg.)
1972–1974	Victor E. Galindez* (Arg.)
1976–1978	Valdemar de Oliveira* (Bz.)
1978–1979	Juan A. Espinola (Paraguay)
1979–1980	Abel C. Bailone (Argentina)
1980–1981	Carlos F. Burlon (Uruguay)
1981–1982	Abel Bailone* (Argentina)
1982–1983	Jose M. Burlon (Uruguay)
1983–1984	Juan C. Giminez (Paraguay)
1984	Victor Robledo (Argentina)
1984–1986	Jose M. Flores* (Uruguay)
1986–1988	Jorge Salgado (Argentina)
1988–1990	Rodrigo Benech (Uruguay)
1990	Miguel Mosna* (Argentina)
1991–1993	Clarismundo Silva (Brazil)
1993–1994	H. Perez Ramos (Paraguay)
1994	Sergio Merani (Argentina)
1994–1996	Jose Gomes* (Brazil)
1996–2001	Vacant
2001–2004	Sergio M. Beaz (Argentina)
2004–2005	Hugo H. Garay* (Argentina)
2005–2008	Vacant
2008–	Julio C. Dominguez (Arg.)

Super Middleweights

1990–1991	Dario W. Matteoni* (Arg.)
1991	Mauricio A. Costa* (Bz.)
1991–1993	Luciano Torres* (Brazil)
1994–1997	Reginaldo Andrade* (Bz.)
1997–1998	Bruno Godoy (Argentina)
1998–2005	Omar Gonzalez* (Arg.)
2005–2006	Nestor Casanova (Arg.)
2006–	Ruben E. Acosta (Arg.)

Middleweights

1927–1928	Humberto Quinones (Uruguay)
1928–1938	Manuel (K.O.) Brissett (Peru)
1938–1943	Vacant
1943–1949	Raul Rodriguez (Argentina)
1949–1956	Vacant
1956	Eduardo (K.O.) Lausse (Arg.)
1956–1958	Andres Selpa* (Argentina)
1958–1964	Vacant
1964–1966	Fernando Barreto (Brazil)
1966–1967	Jorge J. Fernandez (Arg.)
1967–1970	Carlos Monzon* (Argentina)
1970–1972	Vacant
1972–1973	Antonio O. Aguilar (Arg.)
1973–1976	Luiz Carlos Fabre (Brazil)
1976–1977	Marcelo E. Quinones (Peru)
1977–1978	Hugo P. Corro (Argentina)
1978–1979	Jose M. Flores (Uruguay)

1979–1981	Ruben H. Pardo (Argentina)	
1981–1982	Jose M. Flores (Uruguay)	
1982–1984	Juan D. Roldan* (Argentina)	
1985	Roberto J. Ruiz* (Argentina)	
1985–1988	Juan C. Gimenez* (Paraguay)	
1988–1990	Jose Da Silva* (Brazil)	
1991–1993	Ruben D. Cabral (Argentina)	
1993–1994	Ricardo Nunez* (Argentina)	
1994–1997	Ruben D. Cabral (Argentina)	
1997–1999	Juan Italo Meza (Argentina)	
1999–2004	Jorge Sclarandi (Argentina)	
2004–2006	Mariano Carrera* (Argentina)	
2008–	Oscar D. Veliz (Argentina)	

LIGHT MIDDLEWEIGHTS

1969–1970	Jose R. Chirino (Argentina)
1969–1971	Ramon E. Pereyra (Argentina)
1971	Jorge R. Peralta* (Uruguay)
1971–1974	Hector R. Palleres* (Arg.)
1974–1975	Miguel A. Castellini* (Arg.)
1975–1976	Jorge R. Peralta (Uruguay)
1976–1977	Esteban A. Osuna (Argentina)
1977–1978	Joao Mendonca Lima (Brazil)
1978–1980	Manuel R. Gonzalez* (Arg.)
1980–1982	Walter D. Gomez (Argentina)
1982–1986	Francisco DeJesus (Brazil)
1986–1987	F. Ramon Ramos* (Argentina)
1988–1990	Hugo Marinangeli (Argentina)
1990–1992	Jose F. Castro* (Argentina)
1992–1994	N. Moray Martinez (Paraguay)
1994–1995	Carlos A. Perez* (Argentina)
1996–1997	Ernesto R. Sena* (Argentina)
2000–2005	Francisco A. Mora* (Argentina)
2007–2009	Javier A. Mamani (Argentina)
2009–	Ulises D. Lopez (Argentina)

WELTERWEIGHTS

1926–1937	Manuel (K.O.) Brisset* (Peru)
1937–1956	Vacant
1956–1959	Martiniano Pereyra (Arg.)
1959–1960	Luis Cirilo Gil* (Argentina)
1960–1964	L. Federico Thompson* (Arg.)
1964–1965	Ramon LaCruz (Argentina)
1965–1967	Juarez de Lima (Brazil)
1967	Domingo R. Baeza (Chile)
1967–1973	Ramon LaCruz* (Argentina)
1973–1974	Abel Cachazu* (Argentina)
1974–1977	Vacant
1977–1978	Miguel Curbelo Boffa (Urug.)
1978–1979	Miguel A. Campanino* (Arg.)
1980–1981	Eduardo (Tito) Yanni* (Arg.)
1981–1985	Alfredo R. Lucero* (Argentina)
1985–1986	Ramon G. Abeldano (Argentina)
1986–1990	Miguel A. Arroyo (Argentina)
1990–1991	Francisco Bobadilla (Paraguay)
1991	Hector H. Vilte* (Argentina)
1991–1992	Luis D. Barrera (Argentina)
1992–1994	Hector H. Vilte (Argentina)
1994	Marcelo D. DiCroce (Arg.)
1994–1995	Hugo R. Caceres (Argentina)
1995–1997	Jorge D. Alvez (Argentina)
1997–1998	Carlos Malaga (Argentina)
1998–1999	Walter Daneff* (Argentina)
2002–2003	Paulo A. Sanchez (Argentina)
2003–2006	Raul E. Bejarano* (Argentina)
2007	Anderson Clayton* (Brazil)
2008–	Luis C. Abregu (Argentina)

LIGHT WELTERWEIGHTS

1966–1968	Nicolino Locche* (Arg.)
1969–1976	Joao Henrique* (Brazil)
1976–1977	Carlos M. Gimenez* (Arg.)
1977–1978	Ariel Maciel (Uruguay)
1978	Wellington Wheatley (Ecua.)
1978–1979	Diogenes Pacheco Silva (Bz.)
1979–1980	Hugo A. Luero (Argentina)
1980–1982	Roberto Alfaro (Argentina)
1982–1984	Ubaldo N. Sacco* (Argentina)
1985–1988	Hugo Hernandez* (Argentina)
1989–1991	Eduardo R. Benevent* (Arg.)
1991–1992	Hugo Hernandez (Argentina)
1992–1994	Jorge A. Melian (Argentina)
1994–1998	Juan C. Villarreal* (Arg.)
2000–2008	Carlos Vilches (Argentina)
2008–2009	Martin A. Coggi (Argentina)
2009–	Carlos M. Ahumada (Arg.)

LIGHTWEIGHTS

1912–1913	Armando Usher* (Uruguay)
1913–1922	Manuel Sanchez (Chile)
1922–1925	Luis Vicentini* (Chile)
1925–1926	Julio Fernandez (Uruguay)
1926	Juan C. Casala* (Uruguay)
1926–1956	Vacant
1956	Alfredo E. Prada* (Arg.)
1958	Sergio Salvia (Chile)
1958–1959	Pedro Galasso (Brazil)
1959	Sergio Salvia* (Chile)
1959–1962	Jaime G. Gine (Arg.)
1962–1963	Sebastiao Nascimento (Brazil)
1963–1966	Nicolino Locche* (Argentina)
1966–1968	Hector Rambaldi (Argentina)
1968–1971	Carlos A. Aro (Argentina)
1971–1974	Raul Venerdini (Argentina)
1974	Luis Ramiro Bolanos* (Ecua.)
1974–1976	Vacant
1976–1978	Jose Silva Rodrigues (Brazil)
1978–1980	Sebastian Mosquiera (Paraguay)
1980–1982	Jesus E. Romero (Argentina)
1982–1984	Lorenzo L. Garcia* (Argentina)
1984–1989	Jesus E. Romero* (Argentina)
1989	Alberto Cortes (Argentina)
1989–1990	Oscar Benavidez Munoz (Arg.)
1990–1994	Fabian H. Tejeda* (Argentina)
1995–1996	Ricardo D. Silva (Argentina)
1996–1997	Walter Javier Crucce* (Arg.)
1997	Victor Hugo Paz (Argentina)
1997	Pablo Sarmiento* (Argentina)
1997–1999	Wilson E. Galli* (Argentina)
1999–2000	Pablo Sarmiento* (Argentina)
2000–2001	Raul H. Balbi* (Argentina)
2001–2002	Ricardo D. Silva (Argentina)
2002–2003	Fabian H. Tejeda (Argentina)
2003–	Aldo Nazareno Rios (Arg.)

JUNIOR LIGHTWEIGHTS

1967–1970	Carlos Canete* (Argentina)
1971	Juan D. Corradi* (Argentina)
1971–1981	Victor F. Echegaray (Arg.)
1981–1984	Juan Manriquez* (Chile)
1985–1986	F. Tomas da Cruz* (Brazil)
1986–1990	Faustino M. Barrios (Arg.)
1990–1991	Julio C. Miranda (Argentina)
1991–1996	Victor Hugo Paz (Argentina)
1996–1997	Gustavo F. Cuello (Argentina)

1997–1998	Walter Rodriguez* (Argentina)
1998–1999	Jorge R. Barrios* (Argentina)
2000–2001	Javier O. Alvarez (Argentina)
2001–2003	Claudio Martinet (Argentina)
2003–2005	Julio P. Chacon* (Argentina)
2006–	Roberto D. Arrieta (Arg.)

FEATHERWEIGHTS

1926–1928	Carlos Uzabeaga (Chile)
1928–1929	Meliton Aragon* (Peru)
1929–1957	Vacant
1957–1962	Osvaldo R. Gonzalez (Arg.)
1964–1966	Carlos Canete* (Argentina)
1967–1969	Godfrey J. Stevens* (Chile)
1970–1973	Jose Smecca (Argentina)
1973–1976	Kid Pascualito (Paraguay)
1976–1977	Raul Astorga (Chile)
1977–1978	Eduardo Prieto* (Chile)
1978–1979	Jose F. DePaula (Brazil)
1979–1983	Juan D. Malvares* (Arg.)
1984–1986	R. Fernando Sosa* (Arg.)
1988–1990	Sidney Dal Rovere* (Brazil)
1990–1992	Miguel Francia (Argentina)
1992–1999	Claudio Martinet* (Arg.)
2000–2002	Carlos Alberto Rios* (Arg.)
2003	Jose Pablo Estrella (Arg.)
2003–2007	Juan Gerardo Cabrera* (Arg.)
2007–2009	Fernando D. Saucedo* (Arg.)

JUNIOR FEATHERWEIGHTS

1977–1980	Sergio V. Palma* (Argentina)
1980–1981	Cesar A. Villarruel (Arg.)
1981–1982	Luis P. Alvarez (Argentina)
1982–1987	Ramon A. Dominguez* (Arg.)
1987–1988	Pedro R. Decima* (Arg.)
1988–1991	Carlos A. Uribe* (Chile)
1991	Arao Arlindo Macedo (Brazil)
1991–1994	Sergio R. Liendo (Argentina)
1994–1995	Armando C. Martinez* (Arg.)
1996–1998	Pastor H. Maurin* (Arg.)
1999–2001	Eduardo E. Alvarez (Arg.)
2001–2003	Fabio D. Oliva (Argentina)
2003–2006	Pastor H. Maurin (Argentina)
2006–2007	Carlos de Oliveira* (Brazil)
2009–	Sergio A. Estrela (Argentina)

BANTAMWEIGHTS

1956–1957	Arturo Rojas Zuniga (Chile)
1957–1958	Jose R. Castro (Argentina)
1958–1960	Ernesto Miranda (Argentina)
1960	Eder Jofre* (Brazil)
1960–1963	Vacant
1963–1967	Valdemiro Pinto (Brazil)
1967–1968	Angel Sanchez (Ecuador)
1968–1973	Kid Pascualito* (Paraguay)
1973–1978	Vacant
1978–1979	Julio Cesar Saba (Argentina)
1979–1981	Jose Felix Uziga (Argentina)
1981–1985	Jose Rufino Narvaez* (Arg.)
1985–1989	Lucio O. Lopez* (Argentina)
1990	Raul A. Loblein (Paraguay)
1990–1993	Luis A. Ocampo (Argentina)
1993	Nestor L. Paniagua (Arg.)
1993–1995	Roberto Moran* (Argentina)
1996–1997	Dario Azuaga* (Paraguay)
1998	Hugo Rafael Soto* (Arg.)
1998–1999	Marcos O. Garro* (Arg.)

2001–2004	Julio Cesar Medina* (Arg.)	
2004–2005	Damian D. Marchiano (Arg.)	
2005–2007	Pablo D. Sepulveda* (Arg.)	
2007–2009	Diego O. Silva* (Argentina)	
2009–	Sebastian D. Rodriguez (Arg.)	

Junior Bantamweights

1986–1988	Gustavo Ballas* (Arg.)
1989–1991	Ramon N. Retamoso (Arg.)
1991–1994	Luiz Ferreira* (Brazil)
1994–1996	Pedro J. Torres (Arg.)
1996–1997	Jose Rafael Sosa* (Arg.)
1997–2002	Vacant
2002–2008	Sergio C. Santillan* (Arg.)
2009–	Roberto D. Sosa (Argentina)

Flyweights

1923–1933	Humberto Guzman* (Chile)
1933–1961	Vacant
1961–1966	Horacio Accavallo* (Arg.)
1966–1968	Nelson H. Alarcon (Arg.)
1968–1969	Jose Severino* (Brazil)
1970–1972	Servilio de Oliveira* (Bz.)
1973	Juan Jose Brizuela (Arg.)
1973–1975	Gonzalo Cruz (Ecuador)
1975–1978	Martin Vargas* (Chile)
1978–1980	Ramon B. Soria* (Argentina)
1980	Jaime Miranda Delgado (Chile)
1980–1981	Santos Laciar* (Argentina)
1982–1984	Ruben O. Condori* (Argentina)
1984–1990	Adrian D. Roman (Argentina)
1990–1992	Carlos G. Salazar* (Arg.)
1992–1994	Hugo Rafael Soto* (Argentina)
1994–1998	Jose H. Lagos (Argentina)
1998–1999	Sandro O. Oviedo* (Argentina)
2000–2003	Horacio F. Chicagual (Arg.)
2003	Marcos R. Obregon (Argentina)
2003–2006	Raul Eliseo Medina (Argentina)
2006–2009	Santiago I. Acosta* (Argentina)

Junior Flyweights

1978–1979	Lindoarte P. Nunes* (Brazil)
1979–1984	Rodolfo G. Rodriguez (Arg.)
1984–1987	Mario A. DeMarco* (Argentina)
1987–1988	Hector L. Patri* (Argentina)
1989	Jose Humberto Lagos* (Arg.)
1991–1994	Alexis Alli Galvez (Chile)
1994–1996	Juan D. Cordoba* (Argentina)
1996–2005	Vacant
2005–	Luis Alberto Lazarte (Arg.)

Mini Flyweights

1989–1994	Hector L. Patri* (Argentina)
1994–1999	Carlos M. Eluaiza (Argentina)
1999–2002	Luis Alberto Lazarte* (Arg.)

African Champions

African Boxing Union (ABU) est. 1972 to govern African championships. Pan-African titles had been practically non-existant prior to that date, though West African title bouts had been staged in Ghana and Nigeria since the end of World War II.

Heavyweights

1979–1981	Ngozika Ekwelum* (Nigeria)
1982	Adama Mensah (Ghana)
1982–1987	Proud Kilimanjaro (Zimb.)
1987–1988	Michael Simuwelu (Zambia)
1988–1990	Proud Kilimanjaro* (Zimb.)
1990–1996	Vacant
1996–1998	Augustine Ngou* (Iv. Coast)
1998–2000	Joseph Akhasamba* (Kenya)
2000–2001	Augustine Ngou* (Iv. Coast)
2001–2005	Johannes Nortje* (S.A.)
2005–2006	Manuel Lee Ossie* (Liberia)
2006–2007	Frank Frimpong* (Ghana)
2008–	Joseph Chingangu (Zambia)

Cruiserweights

1990	Lotte Mwale* (Zambia)
1990–1997	Vacant
1997–1998	Onebo Maxime* (Iv. Coast)
2000–2002	Aloryi Mensah* (Ghana)
2003–2005	Georges Akono (Cameroon)
2005–2007	Henry Mobio* (Ivory Coast)
2009–	Faisal I. Arrami (Tunisia)

Light Heavyweights

1972–1979	Bakayovo Sounkalo (Mali)
1979–1986	Lotte Mwale (Zambia)
1986–1989	Joe Lasisi* (Nigeria)
1992–1994	Ali Saidi* (Tunisia)
1995–1996	Chipundu Chipayeni* (Zambia)
1996–1997	Joe Lasisi* (Nigeria)
1997–1998	Ghanovo Onebo*
1999–2003	Georges Akono* (Cameroon)
2003–2005	Bertrand Tetsia (Cameroon)
2005–2007	Braimah Kamoko* (Ghana)
2009	Charles Chisamba (Zambia)
2009	Doudou Ngumbu (Zambia)
2009–	Isaac Chilemba (S.A.)

Super Middleweights

1994–1996	Thulane Malinga* (S.A.)
1996–1998	Bert. Tchanjeu* (Cameroon)
1998–2000	Bawa Adime* (Ghana)
2000–2001	Mohamed Dridi* (Tunisia)
2002–2004	Charles Adamu* (Ghana)
2004–2006	Sabou Ballogou* (Togo)
2008	Phil. Sodjinou* (Benin)
2008–2009	Isaac Chilema* (S.A.)
2009–	Flash Issaka (Ghana)

Middleweights

1974–1975	Shako Mamba* (Congo)
1976	Idrissa Konate (Senegal)
1976–1977	Shako Mamba (Congo)
1977–1979	Richard Ofosu (Nigeria)
1979–1981	Jean-Marie Emebe* (Cameroon)
1983	Olton Beltchika* (Congo)
1984–1987	Abdul Umaru Sanda (Ghana)
1987	Peter Assandoh*
1988	Abdul Umaru Sanda (Ghana)
1988–1991	Hunter Clay* (Nigeria)
1991–1995	Vacant
1995	Tejumola Duntoye (Nigeria)
1995–1997	Georges Bocco* (Benin)
1998–1999	Joseph Marwa* (Tanzania)
2000–2003	Anthony Van Niekerk* (S.A.)
2004–2006	Osumanu Adama* (Ghana)
2008–2009	Mohammed Akrong (Ghana)
2009–	Osumanu Adama (Ghana)

Super Welterweights

1976–1977	Loucif Hamani* (Algeria)
1977–1979	Jean-Marie Emebe* (Cam.)
1980–1982	Mimoun Mohatar* (Morocco)
1983–1987	Olton Beltchika* (Zaire)
1987–1990	Vacant
1990–1993	Jaffa Ballogou* (Togo)
1993–1997	Vacant
1997	Rashid Matumla* (Tanzania)
1999–2000	Cyprian Emeti (Nigeria)
2000–2002	Ruben Groenewald* (S.A.)
2002–2004	Adam Katumwa* (Uganda)
2004–	Badru Lusambya (Uganda)

Welterweights

1979	Momo Hahatan (Tunisia)
1980–1982	Joseph Bessala* (Cameroon)
1984–1986	Judas Clottey (Ghana)
1987–1990	Charles Nwokolo (Nigeria)
1990–1996	Tubor Briggs (Nigeria)
1996–1999	Ike Obi (Nigeria)
1999–2000	Napoleon Joealar* (Ghana)
2001–2003	Joshua Clottey* (Ghana)
2004–2005	Fatai Onikeke* (Nigeria)
2007–2008	Hassan Saku (Uganda)
2008–	Chris Van Heerden (S.A.)

Super Lightweights

1975–1979	Jo Kimpuani* (Zaire)
1979–1983	Obisia Nwankpa (Nigeria)
1983–1986	Billy Famous* (Nigeria)
1986–1989	Vacant
1989	Valery Kayumba* (Zaire)
1989–1992	Ike Quartey* (Ghana)
1993–1994	Habib Madhjoub* (Tun.)
1994–1995	Abdou Mongi* (Tunisia)
1995–1996	Karim ben Sultan*
1996–2000	Vacant

2000–2003	Stephanus Carr* (S.A.)	2009–	George Ashie (Ghana)	1989–1994	*Vacant*
2004–2005	Ajose Olusegun* (Nigeria)			1994–1997	Ernest Koffi* (Iv. Coast)
2007–2008	Emmanuel Lartey* (Ghana)			1997	Rufus Adebayo* (Nigeria)
2008–	Albert Mensah (Ghana)			1997–1999	Steve Dotse* (Ghana)

Featherweights

1974–1978	David Kotey (Ghana)
1978–1980	Eddie Ndukwu* (Nigeria)
1980–1984	Azumah Nelson* (Ghana)
1984–1989	*Vacant*
1989–1990	Percy O. Commey (Ghana)
1990–1991	Modest Napunyi* (Kenya)
1991–1993	Aristide Sagbo (Benin)
1993–1994	Joe Orewa (Nigeria)
1994–1996	Dramane Nabaloum* (B. Faso)
1997	Augustin Sia (Ivory Coast)
1997–1998	James Armah* (Ghana)
2000–2001	Anthony Tshehla* (S.A.)
2003–2005	Malik Jabir* (Ghana)
2005–2006	Jackson Asiku* (Uganda)
2006–2007	Moebi Sarouna* (Togo)
2008–2009	Theodore Lokossou* (Benin)

Lightweights

1973–1977	Abdel Ould Makloufi* (Alg.)
1978–1981	Boussou Azizan* (Togo)
1982	Tapsoba Tiga (Ivory Coast)
1983	Davidson Andeh* (Nigeria)
1984–1986	Sam Ago Kotey* (Ghana)
1986–1987	Sam Akromah* (Ghana)
1987	John Sichula* (Zambia)
1988–1990	Akwei Addo* (Ghana)
1990–1992	*Vacant*
1992	Chris. Ossai* (Nigeria)
1993–1996	David Tetteh* (Ghana)
1997–1998	Isaac Niamkey*
1998–2001	Charles Owiso* (Kenya)
2001–2002	Irvin Buhlalu* (S.A.)
2003–2004	Abdullai Amidu* (Ghana)
2004–2005	Peter Ssemo*
2005–2007	Joshua Allotey* (Ghana)
2007–	Sam Rukundo (Uganda)

Super Bantamweights

1983–1986	Modest Napunyi* (Kenya)
1987	Pare Mamadou*
1987–1996	*Vacant*
1996–1997	Augustin Sia* (Iv. Coast)
1997–1999	Ablorh Sowah* (Ghana)
1999–2000	Rogers Mtagwa* (Tanzania)
2000	Abie Mnisi* (So. Africa)
2000–2003	Vuyani Phulo* (So. Africa)
2004–2006	Abdu Tebazalwa* (Uganda)
2006	Sande Kizito (Uganda)
2006–2007	Sande Otieno* (Kenya)

Bantamweights

1974–1977	Sulley Shittu* (Ghana)
1978–1981	Mensah Kpalongo* (Togo)
1982–1983	Stix Macloud (Zimbabwe)
1983–1986	Francis Musankabala (Zam.)
1988	Ernest Koffi* (Iv. Coast)
1988–1989	Nana Yaw Konadu* (Ghana)

Super Featherweights

1982–1983	Safiu Okebadan (Nigeria)
1983–1986	John Sichula (Zambia)
1986–1987	Sam Akromah (Ghana)
1987–1989	John Sichula* (Zambia)
1989–1991	*Vacant*
1991–1993	Simon McIntosh* (Nigeria)
1993–1994	Hichem Dahmani* (Tunisia)
1994–1999	Aristide Sagbo* (Benin)
1999–2000	Francis Kiwanuka* (Uganda)
2002–2003	Michael Kizza (Uganda)
2003	Joshua Allotey* (Ghana)
2004	Georges Bekono* (Cameroon)
2004–2006	Anges Adjaho* (Benin)
2006–2008	Yakubu Amidu* (Ghana)
2008–2009	Jasper Seroka* (S.A.)

2000–2001	Josef Agbeko* (Ghana)
2003–2006	Friday Felix (Nigeria)
2006–2008	Ibrahim Adewale (Nigeria)
2008–2009	Nick Otieno* (Kenya)
2009–	Kennedy Kanyanta (Zaire)

Super Flyweights

1995	Vuyani Nene* (So. Africa)
1995–2000	*Vacant*
2000–2001	Abie Mnisi* (So. Africa)
2001–2003	Simphiwe Khandisa* (S.A.)
2003–2008	*Vacant*
2008	Francis Miyeyusho* (Tanz.)
2008–	Lesley Sekotswe (Botswana)

Flyweights

1979–1980	Ray Amoo (Nigeria)
1980–1981	Steve Muchoki* (Kenya)
1981–1983	Kid Sumalia* (Ghana)
1983–1986	Steve Muchoki (Kenya)
1986–1987	Nana Yaw Konadu* (Ghana)
1988–1989	Ebo Danquah* (Ghana)
1989–1994	*Vacant*
1994–1996	Alex (Ali) Baba* (Ghana)
1996–1999	*Vacant*
1999–2001	Bashiru Thompson* (Nigeria)

Light Flyweights

1985–1987	James Njoroge (Kenya)
1987–1989	M. Ebo Danquah* (Ghana)
1989–2001	*Vacant*
2001–2002	Mzingisi Lindi* (S.A.)
2002–	Sithembile Kibiti (S.A.)

Strawweights

1995	Mthuthuzel Nene* (S.A.)

Oriental Champions

(Pre-World War II)

Light Heavyweights

1930–1931	Young Uzcudun*
1931–1936	*Vacant*
1936	Young Schmeling*
1936–1940	*Vacant*
1940–1941	Luis Logan*

Middleweights

1912	Bill Lewis*
1912–1917	*Vacant*
1917–1918	Stanley Jones
1918	Frankie Haynie*
1918–1921	*Vacant*
1921	Pinky Crosby*
1921–1934	*Vacant*
1934–1939	Young Frisco
1939	Nai Som Pong
1939–1940	Young Frisco*

Welterweights

1913–1914	Louis Albert*
1915–1916	Bud Walters
1916–1917	Battling Sweeney*
1917	Samy Good*
1917–1924	*Vacant*
1924–1925	Irineo Flores
1925–1926	Mariano Adriano*
1926–1927	Luis Logan
1927	Pete Horton*
1927–1928	Luis Logan
1928	Ceferino Garcia
1928–1929	Kid Moro*
1929	Irineo Flores
1929–1930	Jimmy Hill*
1931	Ceferino Garcia*
1932	Ignacio Fernandez
1932–1933	Kid Moro
1933	Ignacio Fernandez
1933–1935	Young Frisco*
1935–1938	*Vacant*
1938	Andre Shelaeff
1938	Kid Vicente
1938	Andre Shelaeff*
1939–1940	Flashy Sebastian

Junior Welterweights

1932	Kid Arca
1932	Kid Moro*

Lightweights

1913	Louis Albert*
1913–1914	Billy Duncan
1914	Fred McCoy*
1914–1917	Iron Bux
1917–1918	Rufe Turner
1918	Iron Bux
1918	Francisco Flores
1918–1919	Dencio Cabanela*
1919–1920	Llewellyn Edwards*

1921	Elino Flores		1925–1926	Johnny Hill*		1934	Tsuneo Horiguchi*
1921–1922	Macario Villon		1926–1927	Kid Johnson		1934	Star Frisco
1922	Jerry Monahan		1927	Young Nationalista*		1934–1936	Little Pancho
1922–1923	Macario Villon		1927–1928	Kid Johnson*		1936–1937	Cris Pineda*
1923	Silvino Jamito		1928–1929	Lou Pacion		1937	Little Pancho*
1923	Irineo Flores		1929	Kid Johnson		1937	Buenaventura de Guzman*
1923	Silvino Jamito		1929–1930	Young Nationalista*		1938	Young Dumaguilas
1923–1924	Elino Flores		1930–1931	Varias Milling*		1938–1939	Star Frisco
1924	Jerry Monahan*		1932–1933	Cris Pineda*		1939–1940	Speed Cabanela*
1924–1925	Mariano Adriano*		1933	Cunning Nene*		1941	Star Misamis*

Junior Bantamweights

1936	Little Dado*

1925	Johnny Hill*		1934	Young Tarley*			
1926–1927	Irineo Flores		1935	Joe Eagle			
1927	Kid Moro		1935–1936	Buenaventura de Guzman*			
1927–1928	Pedro Campo		1936	Ventura Marquez*			
1928	Kid Johnson		1937–1939	Cris Pineda			
1928–1929	Kid Moro*		1939–1941	Tsuneo Horiguchi*			

Flyweights

1922	Joe Suzara
1922	Joe Domingo
1922–1923	Joe Suzara
1923	Frisco Concepcion
1923	Joe Suzara
1923–1924	Frisco Concepcion
1924–1925	Clever Sencio
1925	Pancho Villa*
1925	Tommy Palacio
1925–1926	Pablo Dano
1926–1927	Little Moro
1927	Speedy Dado*
1927–1928	Little Moro
1928–1929	Pablo Dano*
1929–1930	Little Moro
1930–1931	Young Tommy
1931–1932	Little Pancho*
1933–1934	Little Abayan
1934	Little Santos*
1935	Speed Cabanela
1935–1936	Little Dado
1936–1938	Vacant
1938–1939	Little Pabee
1939–1941	Speed Cabanela*

1929–1930	Teddy Fox*				
1931–1932	Ignacio Fernandez		### Junior Featherweights		
1932	Kid Moro*		1935	Lew Farber	
1932–1936	Inactive		1935	Star Frisco*	
1935	Baby Johnson*		1935	Little Pancho	
1935–1937	Inactive		1935–1936	Buenaventura de Guzman*	
1937–1938	Clever Henry*		1936–1937	Little Pancho*	

Junior Lightweights

Bantamweights

1930	Young Nationalista*		1916	Young Dal Hawkins*	
1930	Varias Milling*		1917–1918	Vacant	
1931–1933	Kid Vicente*		1918–1921	Dencio Cabanela*	
1933–1935	Vacant		1921	Mike Ballerino	
1935	Baby Johnson		1921–1922	Pancho Villa*	
1935	Joe Eagle*		1922–1923	Pete Sarmiento*	
1935–1936	Baby Johnson*		1923–1924	Billy Tingle*	
			1924–1925	Clever Sencio	

Featherweights

1925	Johnny Hill*
1926	Rosendo Dumaguilas
1926	Kid Nanoy
1926	Ignacio Fernandez*
1927–1930	Little Moro
1930–1931	Young Tommy*
1932	Newsboy Brown*
1932	Pablo Dano
1932	Cris Pineda*
1932–1933	Young Dumaguilas*
1934	Young Tommy*

Note: All pre–World War II Oriental champions were based in the Philippines.

1913–1915	Iron Bux*
1916–1917	Young Dal Hawkins
1917	Kid Dempsey
1917–1918	Young Cohen*
1918	Francisco Flores
1918–1921	Dencio Cabanela*
1921–1923	Macario Villon*
1923–1924	Terio Pandong
1924–1925	Tenebro Santos
1925	Ansel Bell

Oriental and Pacific Boxing Federation (OPBF)

Oriental Boxing Federation est. October 27, 1954 at a meeting of boxing commissioners from Japan, the Philippines, and Thailand, in Tokyo. Name changed to Oriental & Pacific Boxing Federation at 21st Annual Convention, held in the Philippines, November 1977, Australia having joined the Federation.

OBF-OPBF Champions

Heavyweights

1982–1984	Maile Haumona (Australia)
1984–1985	Steve Aczel* (Australia)
1986–1987	Dean Waters* (Australia)
1987	Kevin Barry (Australia)
1987–1988	August Tanuvasa*
1989–1991	Jimmy Thunder* (N.Z.)
1992–1994	Justin Fortune* (Aus.)
1996	Vince Cervi* (Australia)
1997–1998	James Grima* (Australia)
1998–2000	Toakipa Tasefa* (N.Z.)
2000–2001	Colin Wilson* (Australia)
2001–2007	Peter Okello* (Japan)
2007–2008	Alex Leapai (Australia)
2008	Colin Wilson (Australia)
2008–2009	Nathan Briggs (Australia)
2009	Michael Kirby (Australia)
2009–	Solomon Haumono (N.Z.)

Cruiserweights

1984–1987	Kevin Wagstaff (Australia)
1987–1988	Dave Russell (Australia)
1988–1992	Apollo Sweet* (Australia)
1992–1994	Gary Wills* (Australia)
1994–1996	Phil Gregory* (Australia)
1996–1998	Yosukezan Nishijima* (Jp.)
1998–1999	Mosese Sorovi (Australia)
1999–2000	Adam Watt* (Australia)

2000–2002	Roman Kovalchuk* (Aus.)
2003–2005	Glen Kelly* (Australia)
2005–2006	Nermin Sabanovic (Aus.)
2006–2007	Ryosuke Takahashi (Japan)
2007–2009	Dominic Vea* (Australia)

Light Heavyweights

1982–1983	Soo-Hang Lee (S. Korea)
1983–1987	Gary Hubble (Australia)
1987	Guy Waters* (Australia)
1988–1988	Doug Sam (Australia)
1988–1989	Jeff Harding* (Australia)
1989–1991	Byung-Yong Min (S. Korea)
1991–1995	Wang-Sup Lee* (S. Korea)
1996–2001	Hisashi Teraji* (Japan)
2002–2004	Paul Briggs* (Australia)
2004–2006	Dale Westerman* (Aus.)
2006–2007	Yoshinori Nishizawa (Jp.)
2007	Heath Stenton (Australia)
2007	Toshiharu Kaneyama* (Jp.)
2008–	Tim Bell (Australia)

Super Middleweights

1988–1993	Rod Carr* (Australia)
1993–1995	Byung-In Kang (S. Korea)
1995–1996	Darren Obah* (Australia)
1996–1999	Yong-Suk Choi (S. Korea)
1999–2000	Yoshinori Nishizawa (Jp.)
2000	Guy Waters* (Australia)
2001–2003	Yoshinori Nishizawa* (Jp.)
2003–2004	Danny Green* (Australia)
2004	Yoshinori Nishizawa* (Jp.)
2004–2005	Nader Hamden* (Australia)
2005–2006	Peter Mitrevski* (Aus.)
2006–2007	Dale Westerman* (Aus.)
2007–2008	Wayne Parker, Jr. (Aus.)
2008–	Yuzo Kiyota (Japan)

Middleweights

1954–1955	Hachiro Tatsumi (Japan)
1955	Somdej Yontrakit* (Thai.)
1955–1956	Hachiro Tatsumi (Japan)
1956	Teruo Ohnuki (Japan)
1956–1957	Hachiro Tatsumi (Japan)
1957–1959	Down. Singahapaplop (Th.)
1959–1961	Fumio Kaizu (Japan)
1961	Samart Sorndaeng (Thai.)
1961–1964	Fumio Kaizu (Japan)
1964	Masao Gondo (Japan)
1964–1965	Fumio Kaizu (Japan)
1965–1968	Ki-Soo Kim (S. Korea)
1968–1969	Hisao Minami (Japan)
1969	Ki-Soo Kim* (S. Korea)
1969–1970	Sung-Kap Choi (S. Korea)
1970–1971	Keun-Taek Lee (S. Korea)
1971	Cassius Naito (Japan)
1971–1979	Jae-Do Yuh* (S. Korea)
1979–1983	Chong-Pal Park (S. Korea)
1983	Kyung-Min Nah (S. Korea)
1983–1984	Chong-Pal Park* (S. Korea)
1984–1985	Kyung-Min Nah (S. Korea)
1985–1986	Polly Pasireron (Thai.)
1986	Bok-Yul Kim (S. Korea)
1986–1987	Suwarno (Indonesia)
1987–1988	Polly Pasireron* (Thai.)
1988–1989	In-Chul Baek* (S. Korea)
1989	Yoshiaki Tajima* (Japan)

1990–1991	Byung-In Kang* (S. Korea)
1991–1992	Ki-Yun Song* (S. Korea)
1993–1996	Shinji Takehara* (Japan)
1996	Jong-Mo Kim (S. Korea)
1996–1999	Kevin Palmer* (Japan)
2000–2001	Seiji Takechi (Japan)
2001	Kevin Palmer (Japan)
2001–2002	Naotaka Hozumi* (Japan)
2003	Tokutaro Toyozumi (Jp.)
2003–2004	Sam Soliman* (Australia)
2004–2006	Sakio Bika* (Australia)
2006–2007	Pradeep Singh* (Aus.)
2007–2009	Koji Sato* (Japan)
2009	Tetsuya Suzuki (Japan)
2009–	Koji Sato (Japan)

Super Welterweights

1960–1961	Sae-Chul Kang (S. Korea)
1961–1963	Keowang Yontrakit (Thai.)
1963–1965	Shigemasa Kawakami* (Jp.)
1966–1969	Ansano Lee (S. Korea)
1969	Muneo Mizoguchi* (Japan)
1969–1975	Hideo Kanazawa (Japan)
1975–1976	Jae-Keun Lim (S. Korea)
1976–1977	Tsutomu Hagusa (Japan)
1977–1978	Ho Joo* (S. Korea)
1978–1979	Jae-Keun Lim (S. Korea)
1979–1981	Tadashi Mihara* (Japan)
1981–1987	In-Chul Baek* (S. Korea)
1987–1988	Carlos Elliott (Japan)
1988	Francisco Lisboa (Phil.)
1988–1990	Carlos Elliott* (Japan)
1991–1993	Yung-Kil Chung (S. Korea)
1993–1994	Armand Pecar* (Indonesia)
1994–1995	Chang-Taek Kim (S. Korea)
1995–1997	Ernie Artango* (Australia)
1997	Chang-Taek Kim (S. Korea)
1997–2001	Kook-Yul Song (S. Korea)
2001	Nobuhiro Ishida (Japan)
2001	Seiji Takechi* (Japan)
2001–2003	Nader Hamden* (Australia)
2003–2007	Toshiharu Kaneyama* (Jp.)
2007–2009	Kazuhiko Hidaka (Japan)
2009	Yuki Nonaka (Japan)
2009–2010	Akio Shibata (Japan)
2010	Charlie Ohta (Japan)

Welterweights

1953–1957	Somdej Yontrakit (Thai.)
1957–1961	Kenji Fukuchi (Japan)
1961–1962	Filipino Ravalo (Phil.)
1962–1963	Kenji Fukuchi* (Japan)
1963–1964	Yoshinori Takahashi (Jp.)
1964–1965	Eliseo Aranda (Phil.)
1965–1966	Apidej Sithiran (Thai.)
1966–1969	Musashi Nakano* (Japan)
1969–1970	Hisao Minami (Japan)
1970	Byong-Mo Yim (S. Korea)
1970–1979	Ryu Sorimachi (Japan)
1979	Man-Duk Lee (S. Korea)
1979–1980	Dan de Guzman (Phil.)
1980–1982	Chung-Jae Hwang (S. Ko.)
1982–1987	Jun-Sok Hwang (S. Korea)
1987	Seung-Soon Lee (S. Korea)
1987–1988	Yung-Kil Chung* (S. Ko.)
1988–1989	Fujio Ozaki* (Japan)
1990	Yong-Bae Cho (S. Korea)

1990–1995	Jung-Oh Park* (S. Korea)
1995	Bong-Kwan Park (S. Korea)
1995–1996	Hiroyuki Yoshino (Japan)
1996–1998	Suk-Hyun Yun (S. Korea)
1998–2000	Shannan Taylor* (Aus.)
2000–2001	Suk-Hyun Yun (S. Korea)
2001–2002	Rev Santillan (Phil.)
2002–2004	Hiroshi Watanabe (Japan)
2004–2005	Rev Santillan (Phil.)
2005	Kazuhiko Hidaka (Japan)
2005–2006	Rev Santillan (Phil.)
2006	Hiroshi Yamaguchi (Jp.)
2006–2007	Taisei Marumoto (Japan)
2007–2008	Rev Santillan (Phil.)
2008–2009	Motoki Sasaki* (Japan)
2009–	Wale Omotoso (Australia)

Super Lightweights

1960–1964	Bert Somodio (Phil.)
1964–1966	Makoto Watanabe (Japan)
1966	Rocky Alarde (Phil.)
1966–1968	Paul Fujii* (Japan)
1968–1969	Larry Flaviano (Phil.)
1969	Shigeru Ogiwara (Japan)
1969–1970	Chun-Kyo Shin (S. Korea)
1970–1971	Lion Furuyama (Japan)
1971–1973	Chang-Kil Lee* (S. Korea)
1973	Pedro Adigue (Phil.)
1973–1975	Chang-Kil Lee (S. Korea)
1975–1977	Wongso Suseno (Japan)
1977–1978	Moises Cantoja (Phil.)
1978–1979	Sang-Hyun Kim* (S. Korea)
1979–1980	Sang-Mo Koo (S. Korea)
1980–1981	Thomas Americo* (Indo.)
1981–1983	Sang-Hyun Kim* (S. Korea)
1983–1985	Eung-Shik Kim (S. Korea)
1985–1986	Kyung-Duk Ahn (S. Korea)
1986–1988	Sang-Ho Lee* (S. Korea)
1988	Chul Kang (S. Korea)
1988–1989	Naoki Ito (Japan)
1989–1991	Mun-Sil Chi (S. Korea)
1991–1992	Pyung-Sup Kim (S. Korea)
1992	Morris East* (Philippines)
1992–1993	Kyung-Hyun Park (S. Korea)
1993–1995	Won Park* (South Korea)
1995–1998	Jong-Hoon Yuh* (S. Korea)
1998–1999	Jong-Kil Kim (S. Korea)
1999–2004	Masakazu Satake (Japan)
2004–2010	Jung-Beum Kim* (S. Korea)
2010	Randy Suico (Philippines)

Lightweights

1953–1954	Chamrern Songkitrat* (Th.)
1954	Masaji Akiyama (Japan)
1954–1955	Bonny Espinosa (Phil.)
1955	Omsap Nalphai (Thai.)
1955	Masaji Akiyama (Japan)
1955	Jiro Sawada (Japan)
1955–1957	Leo Alonzo* (Phil.)
1957	Flash Elorde (Phil.)
1957	Omsap Nalphai (Thai.)
1957–1958	Hiroshi Okawa (Japan)
1958–1962	Flash Elorde (Japan)
1962	Teruo Kosaka (Japan)
1962–1966	Flash Elorde (Phil.)
1966	Yoshiaki Numata* (Japan)
1966–1969	Pedro Adigue* (Phil.)

1969–1970	Jaguar Kakizawa (Japan)	2010	Koji Kawamura (Japan)	1999	Kozo Ishii* (Japan)	
1970	Yung-Chul Cho (S. Korea)			2000	Shin Yamato (Japan)	
1970–1972	Shinichi Kadota (Japan)			2000–2001	Yong-In Cho (S. Korea)	

FEATHERWEIGHTS (column 2 header)

1969–1970 Jaguar Kakizawa (Japan)
1970 Yung-Chul Cho (S. Korea)
1970–1972 Shinichi Kadota (Japan)
1972–1974 Gattu Ishimatsu* (Japan)
1974–1975 Fred Pastor (Philippines)
1975–1976 Morito Kashiwaba* (Japan)
1976–1981 Young-Ho Oh (S. Korea)
1981–1982 Kwang-Min Kim (S. Korea)
1982 Deuk-Koo Kim* (S. Korea)
1983 Rolando Aldemir (Phil.)
1983–1984 Juhari (Indonesia)
1984–1985 Jongjong Pacquing (Phil.)
1985–1986 Tsuyoshi Hamada* (Japan)
1986–1988 Sakad Petchyindee (Thai.)
1988–1989 Bong-Choon Park (S. Korea)
1989–1992 Iwao Otomo (Japan)
1992–1993 Orzubek Nazarov* (Japan)
1994–1996 Adrianus Taroreh* (Indo.)
1996–1997 Hiroyuki Sakamoto* (Japan)
1997–1999 Jong-Kwon Baek* (S. Korea)
2000 Yuji Watanabe (Japan)
2000–2001 Sung-Ho Yuh* (S. Korea)
2001–2005 Dennis Laurente (Aus.)
2005–2006 Chikashi Inada* (Japan)
2006–2008 Randy Suico (Philippines)
2008–2009 Ichitaro Ishii* (Japan)
2009–2010 Kengo Nagashima (Japan)
2010 Ryuji Migaki (Japan)

SUPER FEATHERWEIGHTS

1960–1961 Hiroshi Okawa (Japan)
1961 Kirisak Babos (Thai.)
1961–1962 Yukio Katsumata (Japan)
1962 Oscar Reyes (Phil.)
1962–1964 Yukio Katsumata (Japan)
1964–1965 Larry Flaviano (Phil.)
1965–1969 Yoshiaki Numata* (Japan)
1969–1970 Saleman Ittianuchit (Th.)
1970–1972 Rene Barrientos* (Phil.)
1972 Susumu Okabe* (Japan)
1972–1974 Hyun-Chi Kim* (S. Korea)
1975–1977 Apollo Yoshio (Japan)
1977–1978 Rey Tam (Philippines)
1978–1979 Moon-Suk Choi (S. Korea)
1979–1981 Ryu Fukida (Japan)
1981 Young-Sae Oh (S. Korea)
1981–1983 Tae-Jin Moon* (S. Korea)
1983–1985 Rod Sequenan* (Phil.)
1986 Sung-Yun Kim (S. Korea)
1986–1988 Geron Porras (Phil.)
1988–1990 Hengky Gun (Phil.)
1990–1991 Rudy Cabiles (Phil.)
1991 Man-Soo Kim* (S. Korea)
1992–1993 Tiger Ari (Philippines)
1993 Eun-Sik Lee (S. Korea)
1993–1995 Yong-Soo Choi* (S. Korea)
1995–1996 Yamato Mitani* (Japan)
1996–1997 Takanori Hatakeyama* (Jp.)
1997–1998 Yamato Mitani (Japan)
1998–1999 Kengo Nagashima* (Japan)
1999–2000 Tiger Ari* (Philippines)
2000–2001 Kazunori Fujita (Japan)
2001–2002 Tiger Ari* (Philippines)
2002–2006 Randy Suico* (Philippines)
2006–2007 Nobuhito Honomo* (Japan)
2007 Yusuke Kobori* (Japan)
2007–2009 Takashi Uchiyama* (Japan)
2010 Koji Kawamura (Japan)

FEATHERWEIGHTS

1952–1953 Larry Bataan (Philippines)
1953–1957 Shigeji Kaneko (Japan)
1957–1961 Hisao Kobayashi (Japan)
1961 Army Wonderboy Ramos (Phil.)
1961–1962 Veeranid Charemuang (Thai.)
1962–1968 Mitsunori Seki* (Japan)
1968 Katsuo Saito (Japan)
1968–1970 Herbert Kang (S. Korea)
1970–1971 Nobuo Chiba (Japan)
1971–1973 Hyun Kim (S. Korea)
1973–1975 Zensuke Utagawa (Japan)
1975–1976 Fel Clemente (Phil.)
1976–1978 Bok-Soo Hwang (S. Korea)
1978–1981 Royal Kobayashi (Japan)
1981 Jung-Han Hwang (S. Korea)
1981–1983 Hwan-Kil Yuh* (S. Korea)
1983 Divino Inocian (Phil.)
1983–1984 Min-Keun Oh* (S. Korea)
1984–1985 Ki-Young Chung* (S. Ko.)
1986–1987 Jae-Yong Hwang (S. Korea)
1987–1988 Byung-Soo Park (S. Korea)
1988–1989 Chan-Mok Park* (S. Korea)
1989–1990 Jojo Cayson (Philippines)
1990–1991 Yung-Kyun Park* (S. Ko.)
1991–1992 Cris Saguid (Philippines)
1992–1993 Seiji Asakawa* (Japan)
1993–1994 Cris Saguid (Philippines)
1994 Tsuyoshi Harada* (Japan)
1994–1995 Cris Saguid (Philippines)
1995–1996 Yuji Watanabe* (Japan)
1996 Samuel Duran (Phil.)
1996–1997 Koji Matsumoto* (Japan)
1997 Samuel Duran (Phil.)
1997–1999 Takeo Imaoka (Japan)
1999–2000 Tony Wehbee (Australia)
2000–2001 Panther Yanagida* (Japan)
2001–2005 Takashi Koshimoto* (Japan)
2006–2008 Hiroyuki Enoki* (Japan)
2008–2010 Satoshi Hosono* (Japan)
2010 Naoki Matsuda (Japan)

SUPER BANTAMWEIGHTS

1960–1963 Haruo Sakamoto (Japan)
1963–1964 Akio Maki (Japan)
1964 Plainoi Rorfortor (Thai.)
1964–1966 Rokuro Ishiyama (Japan)
1966–1967 Chun-Won Kang (S. Korea)
1967–1968 Kiyohide Yutsudo (Japan)
1968–1969 Sulfredo Basco (Phil.)
1969–1971 Koichi Okada (Japan)
1971–1974 Kyu-Chul Chang (S. Korea)
1974–1976 Dong-Kyun Yum* (S. Korea)
1977–1978 Ric Quijano (Philippines)
1978–1980 Soon-Hyun Chung (S. Korea)
1980–1982 Willie Lucas (Philippines)
1982–1983 Soon-Hyun Chung* (S. Korea)
1983–1985 Ji-Won Kim* (S. Korea)
1985–1986 Yun-Kap Choi (S. Korea)
1986–1987 Prayunsak Muangsurin (Th.)
1987–1990 Hi-Yun Chung (S. Korea)
1990–1994 Jae-Won Choi* (S. Korea)
1994–1995 Hi-Yun Kwon (S. Korea)
1995–1996 Yuichi Kasai* (Japan)
1996–1999 Reynante Jamili* (Phil.)

1999 Kozo Ishii* (Japan)
2000 Shin Yamato (Japan)
2000–2001 Yong-In Cho (S. Korea)
2001 Osamu Sato* (Japan)
2001–2002 Yong-In Cho (Korea)
2002–2003 Shigeru Nakazato* (Japan)
2003 Manabu Fukushima (Japan)
2003 Pedrito Laurente (Phil.)
2003–2004 Jimrex Jaca (Philippines)
2004–2005 Yasuo Kunimi (Japan)
2005 Masakazu Sugawara (Japan)
2005–2009 Wethya Sakmuangklang (Th.)
2009 Rolly Lunas (Phil./Japan)
2009–2010 Hiromasa Ohashi (Japan)
2010 Akifumi Shimoda (Japan)

BANTAMWEIGHTS

1952–1954 Flash Elorde* (Phil.)
1954–1955 Leo Espinosa* (Phil.)
1955–1956 Keiichi Komuro (Japan)
1956–1958 Leo Espinosa (Phil.)
1958 Kiyoshi Miura (Japan)
1958–1960 Leo Espinosa (Phil.)
1960–1962 Kenji Yonekura (Japan)
1962–1963 Katsutoshi Aoki (Japan)
1963–1964 Curly Aguirre (Phil.)
1964–1966 Katsutoshi Aoki (Japan)
1966–1969 Won-Suk Lee (S. Korea)
1969–1971 Takao Sakurai* (Japan)
1971–1972 Kazuyoshi Kanazawa* (Jp.)
1972–1974 Soo-Hwang Hong* (S. Ko.)
1974–1976 Venice Borkorsor (Thai.)
1976–1977 Soo-Hwang Hong* (S. Ko.)
1977–1978 Yung-Shik Kim (S. Korea)
1978–1983 Eijiro Murata* (Japan)
1984–1985 Neptali Alamag (Phil.)
1985–1987 Ki-Youl Kang (S. Korea)
1987 Ernie Cataluna (Phil.)
1987–1989 Chun Huh* (S. Korea)
1989 Yung-Chun Min (S. Korea)
1989–1991 Eun-Sik Lee* (S. Korea)
1991–1994 Daorung Chuvatana* (Thai.)
1994–1995 Visuth Chuvatana (Thai.)
1995 Lukhin CP Gym* (Thai.)
1995 In-Jin Chi* (S. Korea)
1995–1996 Chang-Kyun Oh (S. Korea)
1996–1997 Shosei Nitta (Japan)
1997 In-Sik Koh (S. Korea)
1997–1998 Masahiko Nakamura (Japan)
1998–2003 Jess Maca (Philippines)
2003–2005 Hozumi Hasegawa* (Japan)
2005–2007 Malcolm Tunacao (Phil.)
2007–2008 Rolly Lunas* (Phil./Jp.)
2008–2009 A. Sasha Bakhtine* (Jp.)
2010 Malcolm Tunacao (Phil.)

SUPER FLYWEIGHTS

1980 Yung-Sik Kim (S. Korea)
1980–1981 William Develos (Phil.)
1981–1984 Soon-Chun Kwon* (S. Korea)
1984–1985 Ellyas Pical* (Indonesia)
1985 Tae-Il Chang* (S. Korea)
1985–1986 Petchingam Chuvatana (Th.)
1986 Ki-Chang Kim (S. Korea)
1986–1988 Byung-Kwan Chung* (S. Ko.)
1988 Tae-Il Chang* (S. Korea)
1989 Rolando Bohol (Phil.)

1989–1990	Tatsuya Sugi* (Japan)	1983–1986	Hi-Sup Shin* (S. Korea)	1987–1988	Yong-Kang Kim* (S. Korea)
1990–1991	Marianus (Indonesia)	1986–1987	Thalerngsak Sithbaobey (Th.)	1988–1989	Sung-Yong Chung (S. Korea)
1991–1993	Lamhot Simamora* (Indo.)	1987–1989	Kenji Matsumura* (Japan)	1989	Den Chuvatana (Thailand)
1994	In-Sik Koh* (S. Korea)	1989–1990	Romy Navarrete (Phil.)	1989–1990	Jung-Keun Lim* (S. Korea)
1995–1996	Boy Aruan* (Indonesia)	1990–1991	Johannes Nanlohi (Japan)	1990–1993	Nam-Hoon Cha* (S. Korea)
1996	Jin-Hyung Yuh (S. Korea)	1991–1992	Udin Baharudin (Thai.)	1993–1994	Oh-Kon Kim (South Korea)
1996	Kazuhisa Machida (Japan)	1992–1993	Hisashi Tokushima* (Japan)	1994–1995	Yong-Soon Chang* (S. Korea)
1996–1999	Raffy Montalban* (Phil.)	1993	Seung-Koo Lee* (S. Korea)	1995–1996	Shiro Yahiro* (Japan)
1999–2000	Masamori Tokuyama* (Jp.)	1993	Chang-Jae Kwon (S. Korea)	1996	Takashi Shiohama* (Japan)
2000–2001	Kazuhiro Ryuko* (Japan)	1993–1997	Chokchai Chokwiwat (Thai.)	1996–1999	Yo-Sam Choi* (S. Korea)
2001–2002	Eiji Kojima* (Japan)	1997–1998	Manny Pacquiao* (Phil.)	2000–2001	Koki Tanaka (Japan)
2002–2003	Hideyasu Ishihara* (Jp.)	1999	Melvin Magramo (Phil.)	2001	Pil-Koo Kang (S. Korea)
2003–2004	Eiji Kojima (Japan)	1999–2002	Hiroshi Nakano* (Japan)	2001–2002	Tatsuo Hayashida* (Japan)
2004–2005	Waenpetch Chuvatana (Th.)	2002–2004	Noriyuki Komatsu (Japan)	2003–2005	Shingo Yamaguchi (Japan)
2005–2006	Masayuki Arinaga* (Japan)	2004	Masaki Nakanuma* (Japan)	2005	Takahisa Masuda (Japan)
2006	Zcy Gorres* (Philippines)	2005	Hussein Hussein* (Aus.)	2005–2006	Munetsugu Kayo* (Japan)
2006–2007	Kuniyuki Aizawa* (Japan)	2005	Wan. Singwancha* (Thai.)	2006–2008	Juanito Rubillar* (Phil.)
2007–2008	Kohei Kono* (Japan)	2005	Koki Kameda* (Japan)	2008	Sonny Boy Jaro* (Phil.)
2008–2009	Konosuke Tomiyama* (Jp.)	2005–2006	Noriyuki Komatsu (Japan)	2008–2009	Yukio Wadamine (Japan)
2009–	Kohei Kono (Japan)	2006–2007	Daisuke Naito* (Japan)	2009–	Katsuhiko Iezumi (Japan)
		2007	Jojo Bardon (Philippines)		
		2007–2008	Masaharu Naganawa* (Japan)		

FLYWEIGHTS

		2008–2010	Masafumi Okubo (Japan)	STRAWWEIGHTS	
1954–1955	Tanny Campo (Philippines)	2010	Rocky Fuentes (Phil.)	1986–1988	Samuth Sithnaruepol* (Th.)
1955	Hitoshi Misako (Japan)			1988–1991	Hi-Yong Choi* (S. Korea)
1955–1956	Danny Kid (Philippines)	LIGHT FLYWEIGHTS		1991–1992	Sung-Woo Lee* (S. Korea)
1956	Hitoshi Misako* (Japan)	1975–1976	Monsayarm Mahachai (Thai.)	1992–1995	Jin-Ho Kim* (S. Korea)
1957–1958	Pone Kingpetch* (Thai.)	1976–1978	Sang-Il Chung (S. Korea)	1995–1998	Nico Thomas (Indonesia)
1958–1962	Sadao Yaoita* (Japan)	1978	Sung-Jun Kim (S. Korea)	1998–1999	Yasuo Tokimitsu* (Japan)
1962–1963	Chartchai Chionoi (Thai.)	1978–1979	Sang-Il Chung (S. Korea)	1999–2002	Hiroshi Nakajima (Japan)
1963–1969	Takeshi Nakamura (Japan)	1979–1981	Yong-Hyun Kim (S. Korea)	2002–2003	Jae-Won Kim* (S. Korea)
1969–1973	Erbito Salavarria* (Phil.)	1981	Siony Carupo (Philippines)	2003	Genki Ohnaka (Japan)
1973–1974	Socrates Batoto* (Phil.)	1981–1982	Song-Nam Kim* (S. Korea)	2003–2006	Rodel Mayol* (Phil.)
1975–1977	Jiro Takada (Japan)	1983	Dodie Penalosa* (Phil.)	2006–2007	Akira Yaegashi* (Japan)
1977–1978	Hong-Soo Yang (S. Korea)	1984–1985	Myung-Woo Yuh* (S. Korea)	2007–2008	Toshikazu Waga (Japan)
1978–1979	Riki Igarashi (Japan)	1986–1987	Cho-Woon Park* (S. Korea)	2008–2010	Yasutaka Kuroki* (Japan)
1979–1983	Hong-Soo Yang (S. Korea)				

Pan Asian Boxing Association (PABA)

A WBA organization. Boxers from the Russias, Asia, and the Pacific are eligible for PABA titles.

PABA Champions

HEAVYWEIGHTS

		1998	Valery Vikhor* (Ukraine)	SUPER MIDDLEWEIGHTS	
	Oleg Maskaev* (Kazakhstan)	1998–1999	Alexandre Jakob* (Uzbek.)	1995–1997	Mike Makata* (N.Z.)
1996–1997	Joe Bugner* (Australia)	1999–2000	Tosca Petridis* (Aus.)	1998–1999	Paul Smallman (Aus.)
1997–1998	Justin Fortune* (Australia)	2000–2001	Ivan Koulkov* (Russia)	1999–2001	Mike Makata* (N.Z.)
1998–2000	Oleg Maskaev* (Kazakhstan)	2001–2004	Daniel Rowsell* (Aus.)	2001	Timo Masua (N.Z.)
2000–2003	Nicolai Valuev* (Russia)	2004–2008	Mohamed Azzaoui* (N.Z.)	2001–2003	Anthony Mundine* (Aus.)
2004–2005	Alex. Vasiliev* (Russia)	2008	Lawrence Tauasa* (Aus.)	2003–2004	Stuart Moller* (Aus.)
2005–2006	Rob Calloway* (U.S.)	2008–	Grigory Drozd (Russia)	2004–2008	Peter Kariuki (N.Z.)
2006	Kali Meehan* (Australia)			2008–2009	Victor Oganov* (Russia)
2006–2007	Dmitry Bakhtov (Kazak.)	LIGHT HEAVYWEIGHTS		2009–	Les Sherrington (Aus.)
2007	Juan C. Gomez* (Germany)	1995–1996	Anthony Bigeni (N.Z.)		
2007–2008	Friday Ahunanya* (U.S.)	1996–1997	Gavin Ryan* (Australia)	MIDDLEWEIGHTS	
2008–	Dmitry Bakhtov (Kazak.)	1997–1999	Anthony Bigeni* (N.Z.)	1995–1996	Teymuraz Kekelidze* (Ga.)
		1999–2000	Timo Masua* (N.Z.)	1996–1998	Darren Obah* (Australia)
CRUISERWEIGHTS		2000–2001	Anthony Bigeni (N.Z.)	1999	Richard Acaylar* (Phil.)
		2001–2007	Paul Murdoch (Aus.)	1999–2000	Nik Taumafai (Australia)
1995–1996	Peter Kinsella* (Aus.)	2007–2008	Danny Green* (Aus.)	2000	Nico Toriri (Indonesia)
1997	Valery Vikhor* (Ukraine)	2008	Daniel Lovett (Aus.)	2000–2001	Ian McLeod* (Australia)
1997–1998	Adam Watt* (Australia)	2008–	Tim Bell (Australia)	2001	Jason Rarere* (N.Z.)
				2001–2003	Maselino Masoe* (Samoa)

2004	Han-Chul Kim* (S. Korea)
2004–2005	Timo Masua (New Zealand)
2005–2006	Pradeep Singh* (India)
2007	Nonoy Gonzales (Phil.)
2007–2008	Jamie Pittman* (Aus.)
2008	Shannan Taylor* (Aus.)
2009	G. Martirosyan* (Russia)
2009	Dion McNabney (N.Z.)
2009–	Jarrod Fletcher (Aus.)

Super Welterweights

1996	Jason Rarere* (N.Z.)
1997	Roman Babaev* (Russia)
1997–1999	Kevin Kelly* (Australia)
	Nick Tetoris* (Australia)
2001	Jeff Malcolm* (Australia)
2001–2002	Harmen Ajadato (Indonesia)
2002–2003	Shannan Taylor* (Australia)
2004–2005	Daniel Dawson* (Australia)
2005	Zulfikar Joy Ali (Fiji)
2005–2006	Javier Mamani* (Argentina)
2006–2007	Peter Kazzi* (Australia)
2007–2009	Daniel Dawson* (Australia)
2010	King Davidson (Australia)

Welterweights

1995–1996	Jufrison Pontoh (Indonesia)
1996–1998	Jeff Malcolm* (Australia)
1999–2001	Fernando Sagrado (Phil.)
2001	David Kaswara (Indonesia)
2001	Farkhad Bakirov* (Uzbek.)
2001–2002	Muhammad Abdullaev* (Uzb.)
2002	Fernando Sagrado* (Phil.)
2002–2003	Sonny Rambing (Indonesia)
2003–2004	Hwan-Young Park (S. Korea)
2004–2005	Sintung Kietbusaba* (Thai.)
2005–2006	Parkpoom Jangphonak (Thai.)
2006	Anton Solopov (Siberia)
2006	Dondon Sultan* (Phil.)
2006–	Vitaliy Demyanenko (Kazak.)

Super Lightweights

1995–1996	Vadim Presachnuk (Kazak.)
1996	Bahitjan Amanbaev (Kazak.)
1996–1997	Viat. Ianovski* (Russia)
1997–1998	Guillermo Mosquera* (N.Z.)
1998–1999	Sam Aukuso* (New Zealand)
2000	Ajib Albarado (Indonesia)
2000–2001	Mikhail Boyarskikh* (Russia)
2002	Willpare Jamhur* (Indonesia)
2002–2003	Kiatchai Riantower* (Thai.)
2003–2007	Dauday Bahari* (Indonesia)
2007–2008	Siri. Singwancha* (Thai.)
2009–	Manfa Luksaikongdin (Thai.)

Lightweights

1995–1996	Lakva Sim* (Mongolia)
1996	Oleg Marchenko* (Russia)
1996–1997	Zorigoo Sosorbaram (Mon.)
1997–1998	Ceppy Holman (Indonesia)
1998	Sukhb. Nemekbayar* (Mon.)
1999	David Koswara* (Indonesia)
1999	Andono Joyotirta (Indonesia)
1999–2005	Prawet Singwangcha* (Thai.)
2005–2006	Somchai Nakbalee (Thai.)
2006–2008	Dennis Laurente* (Phil.)
2008–	Dmitry Ganiev (Russia)

Super Featherweights

1996–1997	Lakva Sim* (Mongolia)
1998–2002	Yodsenan Nantachai* (Thai.)
2002–2005	Pongsith Wiangwiset (Thai.)
2005	Xu Chong Liang* (China)
2005–2006	Suttisak Samaksaman (Thai.)
2006–2007	Jun Paderna* (Philippines)
2007–	Roy Mukhlis (Indonesia)

Featherweights

1995–1996	Ilham Lahia (Indonesia)
1996–1997	Tony Wehbee* (Australia)
1997–1999	Chamuak. Haphalung* (Thai.)
1999–2001	Soleh Sundava (Indonesia)
2001–2003	Chris John* (Indonesia)
2003–2006	Sao. Srithai-Condo* (Thai.)
2006–2008	Ji-Hoon Kim* (South Korea)
2008–2009	P. Kiatsakthanee (Thai.)
2009–	Mirz. Zhaksylykov (Kazak.)

Super Bantamweights

1995–1996	Alexandre Pak (Russia)
1996–2001	Bulan Bugiarso (Indonesia)
2001	Yod. Sithyodthong* (Thai.)
2002–2006	Som. Sithchatchawal* (Thai.)
2006–2009	Poons. Kratingdaeng* (Thai.)
2010	Leon Moore (Guyana)

Bantamweights

1996–1997	Lakhin Vasansit* (Thailand)
1998–1999	Saohin Sorthanikul* (Thai.)
1999–2000	Fairseng 3K-Battery (Thai.)
2000–2001	Joel Junio* (Philippines)
2001	Saohin Sorthanikul* (Thai.)
2001–2005	Poonsawat Kratindaeng* (Thai.)
2005–	Tabtimdaeng Narachawat (Thai.)

Super Flyweights

1995–1996	Yokthai Sithoar* (Thailand)
1996–1997	Nungubon Sithlertchai (Thai.)
1997–1998	Rey Llagas* (Philippines)
1998–1999	Sorn. Kratingdaeng* (Thai.)
1999–2002	Meiji CP Gym* (Thailand)
2003–2005	Komrit Lukkeongmuekol (Thai.)
2005	Anthony Mathias* (Tanzania)
2006–	Duang. Saengmorokot (Thai.)

Flyweights

1996	Alexandre Mahmutov* (Russia)
1996–2002	Denkaosaen Kaowichit* (Thai.)
2002	Archer Villamor (Philippines)
2002–2003	Roselito Campana (Philippines)
2003	Komrit Lukkeongmuekol* (Thai.)
2003–2004	Rolly Lunas* (Philippines)
2004–2007	Denkaosan Kaovichit* (Thai.)
2007–2008	Ratan. Sor Voraphin (Thai.)
2008–2009	Richard Garcia* (Phil.)
2009	Ratan. Sor Voraphin (Thai.)
2009	Rey Megrino (Philippines)
2009	Pai. Por Nobnum* (Thai.)
2009–	Rey Megrino (Philippines)

Light Flyweights

1995–1996	Pich. Sitbangprachan* (Thai.)
1997	Panieng Poontarat* (Thai.)
1998	Ling. Por Tawatchai* (Thai.)
1998–2000	Yura Dima* (Mongolia)
2000–2002	Deeden Kengkarun (Thai.)
2002–2004	Marvin Tampos (Phil.)
2004–2005	Vicky Tahumil* (Indo.)
2005–2007	Nethra Sasiprapa* (Thai.)
2007–	Wisanu Por Nobnum (Thai.)

Strawweights

1995	Kwanjai 3K-Battery (Thai.)
1995–1996	Eric Chavez* (Philippines)
1996–1997	Kwanjai 3K-Battery (Thai.)
1997	Randy Mangubat (Philippines)
1997–1998	Songkram Porpaoin* (Thai.)
1999–2000	Erdene Chuluun* (Mongolia)
2000–2001	Mongkol Charoen* (Thai.)
2001–2004	Porn. Porpramook* (Thai.)
2004–2005	Petch. Pinsinchai* (Thai.)
2005–2007	Porn. Porpramook* (Thai.)
2007–	K. Chor Nor Pattalung (Thai.)

IBF Pan-Pacific Champions

Est. 1998. Boxers from Australia, New Zealand, Samoa, Fiji, and other islands in the Pacific are eligible for these titles.

Heavyweights

2000–2002	Kali Meehan* (N.Z.)
2004–2005	John Tupou (Australia)
2005–2006	Roger Izonritei (Aus.)
2006–	Shane Cameron (N.Z.)

Cruiserweights

2000–2001	Paul Briggs* (Australia)
2003	Simon Paterson (Aus.)

2003–2004	Glen Kelly* (Australia)
2004–2007	Vacant
2007–	Mohamed Azzaoui (N.Z.)

LIGHT HEAVYWEIGHTS

1998–2000	Glen Kelly* (Australia)
2003	John Wyborn (Australia)
2003–2006	Jason DeLisle (Australia)
2006–2007	Danny Green* (Australia)
2008	Gareth Hogg* (Australia)

SUPER MIDDLEWEIGHTS

1998–1999	Sam Leuii* (Samoa)
1999–2000	Guy Waters* (Australia)
2001–2002	Anthony Mundine* (Aus.)
2002–2003	Danny Green* (Australia)
2004	Daniel Lovett (Australia)
2004–2005	Joel Burke (Australia)
2005–2007	Daniel Lovett (Australia)
2007	Nader Hamden* (Australia)
2008–2009	Sakio Bika* (Australia)
2009	Shannan Taylor* (Aus.)
2009–	Peter Mitrevski (Aus.)

MIDDLEWEIGHTS

1998–1999	Maselino Masoe* (Samoa)
2001–2002	Darren Obah* (Australia)
2002–2005	Sam Soliman* (Australia)
2006	Peter Mitrevski* (Aus.)
2007–	Daniel Geale (Australia)

JUNIOR MIDDLEWEIGHTS

1999–2003	Nader Hamden* (Aus.)
2003	Ian McLeod (Australia)
2003–2005	Shannan Taylor* (Aus.)
2005–2007	Daniel Geale* (Aus.)
2007–2008	Ryan Waters* (Aus.)
2008–2009	Daniel Dawson* (Aus.)

WELTERWEIGHTS

2003–2004	Naoufel ben Rabah* (Aus.)
2004–2006	Chad Bennett* (Australia)
2008–	Heath Ellis (Australia)

JUNIOR WELTERWEIGHTS

2002–2007	Lovemore N'Dou* (Aus.)
2007	Fatai Onikeke (Australia)
2007–2008	Somchai Nakbalee* (Thai.)
2008–2010	Leonardo Zappavigna* (Aus.)

LIGHTWEIGHTS

1998–1999	Renato Cornett* (Aus.)
2003–2004	Joey de Ricardo* (Indo.)
2004–2005	Michael Katsidis* (Aus.)
2007–2008	Ranee Ganoy* (Phil./Aus.)

JUNIOR LIGHTWEIGHTS

1998–1999	Robbie Peden* (Aus.)
2002–2003	Gairy St. Clair* (Aus.)
2004–2005	Fahprak. Rakkiat* (Thai.)
2005–2006	Tommy Browne* (Australia)
2006–2009	Vacant
2009–	Vacha. Senahan* (Thai.)

FEATHERWEIGHTS

1998–1999	Nedal Hussein* (Australia)
2003–2005	Fahprak. Rakkiat* (Thai.)
2006	Ahmed Elomar* (Australia)
2007–2009	Fahsai Sakkririn* (Thai.)

JUNIOR FEATHERWEIGHTS

1998–2001	Arnel Barotillo* (Phil.)
2003–2008	F. Pow Thawatchai* (Thai.)
2008–2010	Pat. Patompothong* (Thai.)

BANTAMWEIGHTS

| 2003–2007 | Teerapong Distar* (Thai.) |
| 2007– | Thang. Kiattaweesuk (Thai.) |

JUNIOR BANTAMWEIGHTS

2003–2004	Hengky Wuwungan* (Indo.)
2004–2007	Vacant
2007–2009	Mike Tawatchai* (Thai.)

FLYWEIGHTS

2002–2004	Vic Darchinyan* (Aus.)
2004–2008	Vacant
2008–2009	Angky Angkota* (Indo.)

JUNIOR FLYWEIGHTS

2002–2005	Fahlan Sakkririn* (Thai.)
2005	Angky Angkota* (Indo.)
2005–2006	Sonny Boy Jaro* (Phil.)
2008–	Arman de la Cruz* (Phil.)

MINI FLYWEIGHTS

| 2000–2002 | Muhammad Rachman* (Indo.) |

WBO Asia-Pacific Champions

HEAVYWEIGHTS

1997–2001	Colin Wilson (Australia)
2001–2002	Kali Meehan* (New Zealand)
2004–2006	Sultan Ibragimov* (Russia)
2006–2007	Ruslan Chagaev* (Uzbek.)
2007	Dmitry Bakhtov* (Russia)
2007	Shane Cameron (N.Z.)
2007–2008	Friday Ahunanya* (U.S.)
2008–2009	Shane Cameron (N.Z.)
2009–	David Tua (New Zealand)

CRUISERWEIGHTS

2006	Nicolay Popov* (Russia)
2007	Alexandre Gurov* (Ukraine)
2007–	Grigory Drozd (Russia)

LIGHT HEAVYWEIGHTS

2002–2004	Alexei Trofimov* (Ukraine)
2004–2008	Vacant
2008–2009	Beibut Shumenov* (Kazak.)
2009–	Soulan Pownceby (N.Z.)

SUPER MIDDLEWEIGHTS

1997–1999	Rick Thornberry (Aus.)
1999–2002	Vacant
2002–2004	Mger Mkrtchian* (Armenia)
2004–2005	Peter Mitrevski* (Aus.)
2006	Victor Oganov* (Russia)
2007–2008	Peter Kariuki (N.Z.)
2008	Victor Oganov* (Russia)
2008–2009	Maselino Masoe* (N.Z.)
2009–	Peter Kariuki (N.Z.)

MIDDLEWEIGHTS

1999	Brad Mayo* (Australia)
1999–2004	Vacant
2004–2005	Sergei Khomitsky* (Russia)
2007–2008	Jamie Pittman* (Australia)
2008	Dmitry Pirog (Russia)

JUNIOR MIDDLEWEIGHTS

2001–2003	Kuvanych Toygonbayev* (Uzb.)
2004–2005	Daniel Dawson* (Australia)
2006	Alisultan Nadirbegov* (Rus.)
2006–2008	Kuvanych Toygonbayev* (Uz.)
2008–2009	Sherzod Husanov* (Uzbek.)
2010	Ryan Waters (Australia)

WELTERWEIGHTS

2001–2002	Julian Holland (Australia)
2002–2004	Teddy Limoz* (Hawaii)
2005–2006	Andrei Yeskin* (Kazakhstan)
2006–	Vitaliy Demyanenko (Kazak.)

JUNIOR WELTERWEIGHTS

2001–2004	Nick Tetoros* (Australia)
2004–2005	Naoufel ben Rabah* (Aus.)
2005–2006	Andreas Kotelnik* (Ukraine)
2006–2008	Sergei Sorokin* (Russia)
2008–	Steven Wills (Australia)

LIGHTWEIGHTS

2002–2003	Shinji Nogami* (Japan)
2004–2006	Michael Katsidis* (Aus.)
2007–2008	Czar Amonsot* (Phil.)
2008	Bobby Pacquiao* (Phil.)
2009	Michael Katsidis* (Aus.)
2009–	Dmitry Ganiev (Russia)

JUNIOR LIGHTWEIGHTS

2003–2004	Yuri Voronin* (Ukraine)
2004–2005	Nedal Hussein* (Australia)
2005	Victor Mausal (Indonesia)
2005–	Czar Almonsot (Philippines)
2006–2007	Simson Butar (Indonesia)
2007–2008	Jimrex Jaca* (Philippines)
2009	Jesus Singwancha* (Thai.)
2009–	Rey Labao (Philippines)

FEATHERWEIGHTS

2001–2002	Tyson Sorjaturong* (Thai.)
2002–2003	Jackson Asiku* (Australia)
2004–2007	Terdsak Jandaeng* (Thai.)
2007–2009	Andrey Isaev* (Belarus)

JUNIOR FEATHERWEIGHTS

1998–1999	Jesus Salud* (Philippines)
1999–2001	Vacant
2001–	Sod Looknongyangtoy* (Thai.)

BANTAMWEIGHTS

2001–2002	K. Kulabdang* (Thailand)
2003–2004	R. Sor Voraphin* (Thai.)
2004–2006	Rey Bautista* (Phil.)
2006–2007	R. Sor Voraphin* (Thai.)
2007–2008	Robert Allanic* (Phil.)
2008–2009	Jason Singwancha (Phil.)
2009	Jundy Maraon* (Phil.)
2010	Nino Magboo (Phil.)

Junior Bantamweights

2002–2009 Pramuangsak Phosawan* (Thai.)
2009– Petch Sor Jongcharoen (Thai.)

Flyweights

2002 Nonito Donaire* (Philippines)
2002–2004 Glenn Donaire* (Philippines)
2004–2006 Rexon Flores* (Philippines)
2006–2008 Drian Francisco* (Phil.)
2008–2009 Jin-Man Jeon* (S. Korea)
2009– Wandee Singwancha (Thai.)

Junior Flyweights

2002 Celso Danggod* (Philippines)
2002–2004 Roy Doliguez* (Philippines)
2005–2007 Kaichon Sor Voraphin (Thai.)
2007–2008 Along Denoy* (Philippines)
2008–2009 Johnriel Casimero* (Phil.)
2009– Bert Batawang (Philippines)

Mini Flyweights

2002–2004 Naumchai Ratanachai* (Thai.)
2004–2006 Benjie Sorolla* (Philippines)
2006–2007 Donnie Nietes* (Philippines)
2007– Milan Melido (Philippines)

Commonwealth Champions

Commonwealth titles (originally known as Imperial British Empire championships) can be traced to August 30, 1887, when Chesterfield Goode of England defeated Tom Lees of Australia for the middleweight title at the Lambeth School of Arms, London, Eng. The National Sporting Club of London and Australian promoter Hugh D. McIntosh were the leading powers re: Empire titles in the 1910s and '20s. McIntosh presented Len Johnson with an Empire middleweight championship belt in 1926 after the N.S.C.–dominated British Boxing Board of Control refused to allow him to box for that title because of his race.

First Lonsdale British Empire Championship Belt awarded to Johnny King, 1933. British Commonwealth and Empire Board est. October 12, 1954, with representatives from the United Kingdom, Australia, Canada, South Africa, Trinidad, British Guyana, New Zealand, and Nigeria. Board reconstituted as British Commonwealth Championships Committee, November 22, 1972 ("British Empire" titles giving way to "British Commonwealth" titles; "British" tag dropped, 1989). Current membership: Australia, the Bahamas, Ghana, Guyana, Jamaica, Kenya, New Zealand, Nigeria, South Africa, Tanzania, Trinidad and Tobago, Zambia, and Zimbabwe.

Heavyweights

1889–1901 Peter Jackson* (Aus.)
1902–1905 Billy McColl (Aus.)
1905–1906 Tim Murphy (Australia)
1906–1909 Bill Squires (Aus.)
1909–1910 Bill Lang (Australia)
 Tommy Burns* (Canada)
1911 P.O. Curran (Ireland)
1911 Porky Dan Flynn (Ire.)
1911–1919 Bomb. Billy Wells (Eng.)
1919–1923 Joe Beckett* (England)
1923–1926 Vacant
1926–1931 Phil Scott (England)
1931–1934 Larry Gains (Canada)
1934 Len Harvey (England)
1934–1936 Jack Petersen (Wales)
1936–1937 Ben Foord (South Africa)
1937 Tommy Farr (Wales)
1937–1939 Vacant
1939–1942 Len Harvey* (England)
1942–1944 Vacant
1944–1945 Jack London (England)
1945–1950 Bruce Woodcock (England)
1950–1952 Jack Gardner (England)
1952–1953 Johnny Williams (Wales)
1953–1956 Don Cockell (England)
1956–1957 Joe Bygraves (Jamaica)
1957–1958 Joe Erskine (Wales)
1958–1959 Brian London (England)
1959–1971 Henry Cooper (England)
1971 Joe Bugner (England)
1971–1972 Jack Bodell (England)
1972–1975 Dan McAlinden (No. Ire.)
1975 Bunny Johnson (England)
1975–1976 Richard Dunn (England)
1976–1977 Joe Bugner* (England)
1978–1981 John L. Gardner* (Eng.)
1981–1986 Trevor Berbick (Canada)
1986–1988 Horace Notice* (England)
1988–1992 Derek Williams (England)
1992–1993 Lennox Lewis* (England)
1993–1995 Henry Akinwande (England)
1995–1997 Scott Welch (England)
1997–1999 Julius Francis* (England)
1999–2004 Danny Williams (England)
2004 Michael Sprott (England)
2004–2005 Matt Skelton* (England)
2005–2006 Danny Williams (England)
2006–2009 Matt Skelton (England)
2009 Martin Rogan (No. Ire.)
2009 Sam Sexton (England)

Cruiserweights

1984 Stewart Lithgo (England)
1984–1987 Chisanda Mutti (Zambia)
1987–1989 Glenn McCrory* (England)
1989 Apollo Sweet (Australia)
1989–1993 Derek Angol* (England)
1994–1995 Francis Wanyama (Uganda)
1995–1997 Chris Okoh (England)
1997–1998 Darren Corbett (No. Ire.)
1998–1999 Bruce Scott (England)
2000–2001 Adam Watt* (Australia)
2001–2003 Bruce Scott* (England)
2003–2006 Mark Hobson* (England)
2007–2008 Troy Ross* (Canada)
2009 Robert Norton (England)

Light Heavyweights

1911–1915 Dave Smith* (Australia)
1915–1923 Vacant
1923–1924 Jack Bloomfield* (Eng.)
1924–1927 Vacant
1927 Tom Berry (England)
1927 Gypsy Daniels* (Wales)
1927–1939 Vacant
1939–1942 Len Harvey (England)
1942–1950 Freddie Mills* (Eng.)
1952–1955 Randy Turpin* (Eng.)
1956–1957 Gordon Wallace (Canada)
1957–1959 Yvon Durelle* (Canada)
1960–1963 Chris Calderwood* (Scot.)
1963–1968 Vacant
1968–1970 Bob Dunlop* (Australia)
1970–1971 Eddie Avoth (Wales)
1971–1973 Chris Finnegan (Eng.)
1973–1974 John Conteh* (England)
1975 Steve Aczel (Australia)
1975–1978 Tony Mundine (Australia)
1978–1979 Gary Summerhays (Canada)
1979–1985 Lotte Mwale (Zambia)
1985–1987 Leslie Stewart* (Trinidad)
1987–1989 Willie Featherstone (Canada)
1989–1993 Guy Waters* (Australia)
1993–1994 Brent Kosolofski (Canada)
1994–1995 Garry Delaney (England)
1995 Noel Magee (Ireland)
1995–1997 Nicky Piper* (Wales)
1998–1999 Crawford Ashley (Eng.)
1999–2000 Clinton Woods* (Eng.)
2001 Neil Simpson (England)
2001–2002 Tony Oakey* (England)
2002–2006 Peter Oboh* (England)
2006–2007 Ovill McKenzie (Jamaica)
2007–2008 Dean Francis* (England)
2008– Nathan Cleverly (Wales)

Super Middleweights

1989–1990 Rod Carr (Australia)
1990–1991 Lou Cafaro (Australia)
1991–1997 Henry Wharton* (Eng.)
1997–1998 Clinton Woods (Eng.)

1998–2003	David Starie (Eng.)	1997–1998	Johnson Tshuma (S.A.)	1956–1958	George Barnes (Aus.)
2003	Andre Thysse* (S.A.)	1998–1999	Paul Jones (England)	1958	Jannie van Rensburg (S.A.)
2003–2004	Charles Adamu (Ghana)	1999	Jason Matthews* (Eng.)	1958–1960	George Barnes (Aus.)
2004–2007	Carl Froch* (England)	1999–2000	Alain Bonnamie* (Can.)	1960–1966	Brian Curvis* (Wales)
2008–	Jermaine Mackey (Bahamas)	2000	Sam Soliman (Australia)	1967–1968	Johnny Cooke (Eng.)
		2000–2004	Howard Eastman* (Eng.)	1968–1972	Ralph Charles* (Eng.)

Middleweights

1887–1890	Chesterfield Goode (Eng.)	2004–2006	James O. Toney* (Ghana)	1973–1979	Clyde Gray (Canada)
1890–1891	Toff Wall* (England)	2006–2007	Scott Dann* (England)	1979	Chris Clarke (Canada)
1892–1893	Jim Hall (Australia)	2007	Howard Eastman* (Guyana)	1979–1980	Clyde Gray* (Canada)
1894	Lackie Thompson (Scot.)	2007–	Darren Barker (England)	1981–1984	Colin Jones* (Wales)
1894–1896	Bill Heffernan (N.Z.)			1984–1985	Sylvester Mittee (Eng.)

Light Middleweights

1896–1897	Bill Doherty* (Aus.)	1972–1975	Charkey Ramon* (Aus.)	1985–1986	Lloyd Honeyghan* (Eng.)
1897–1898	Billy Edwards (Aus.)	1976–1979	Maurice Hope* (Eng.)	1987	Brian Janssen (Aus.)
1898–1901	Dido Plumb* (Eng.)	1979–1981	Kenny Bristol (Guy.)	1987–1988	Wilf Gentzen (Aus.)
1902–1904	Jack Palmer* (Eng.)	1981–1984	Herol Graham* (Eng.)	1988–1989	Gary Jacobs (Scot.)
1904–1905	Tom Dingey (Canada)	1984–1985	Ken Salisbury (Aus.)	1989–1992	Donovan Boucher (Can.)
1905	Jack Lalor (S.A.)	1985–1987	Nick Wilshire (Eng.)	1992–1993	Eamonn Loughran* (No. Ire.)
1905	Ted Nelson (Aus.)	1987	Lloyd Hibbert (Eng.)	1993–1997	Andrew Murray* (Guyana)
1905–1906	Tom Dingey* (Can.)	1987–1991	Troy Waters* (Aus.)	1997–2000	Kofi Jantuah* (Ghana)
1907–1908	Sam Langford* (Can.)	1991–1992	Chris Pyatt* (Eng.)	2000	Scott Dixon* (Scot.)
1908–1910	Ed Williams (Aus.)	1992–1993	Mickey Hughes (Eng.)	2000–2001	Jawaid Khaliq* (Eng.)
1910	Arthur Cripps (Aus.)	1993–1994	Lloyd Honeyghan (Eng.)	2001–2002	Julian Holland (Aus.)
1910–1911	Dave Smith* (Aus.)	1994–1995	Leo Young (Australia)	2002–2003	James Hare* (England)
1913	Jerry Jerome (Aus.)	1995	Kevin Kelly (Aus.)	2003–2004	Ossie Duran* (Ghana)
1913–1914	Arthur Evernden (Eng.)	1995–1996	Chris Pyatt (Eng.)	2004–2005	Fatai Onikeke (Nigeria)
1914–1915	Mick King (Australia)	1996–1997	Steve Foster (Eng.)	2005	Joshua Okine (Ghana)
1915–1917	Les Darcy* (Australia)	1997–1999	Kevin Kelly (Aus.)	2005–2007	Kevin Anderson (Scot.)
1917–1922	Vacant	1999–2001	Tony Badea (Canada)	2007	Ali Nuumbembe (Namibia)
1922–1923	Ted (Kid) Lewis (Eng.)	2001	Richard Williams* (Eng.)	2007–2009	Craig Watson (England)
1923–1926	Roland Todd* (England)	2002	Joshua Onyango (Kenya)	2009	John O'Donnell (England)

Light Welterweights

1926–1928	Tommy Milligan (Scot.)	2002–2003	Michael Jones (Eng.)		
1928–1929	Alex Ireland (Scot.)	2003–2004	Jamie Moore* (England)	1972–1973	Joe Tetteh (Ghana)
1929–1933	Len Harvey (England)	2004	Richard Williams* (Eng.)	1973–1977	Hector Thompson (Aus.)
1933–1939	Jock McAvoy* (Eng.)	2004	Jamie Moore (England)	1977–1978	Laurie Austin (Australia)
1940–1942	Ron Richards* (Aus.)	2004–2006	Ossie Duran (Ghana)	1978–1979	Jeff Malcolm (Australia)
1942–1948	Vacant	2006–2009	Bradley Pryce (Wales)	1979–1983	Obisia Nwankpa (Nigeria)
1948	Bos Murphy (N.Z.)	2009	Matthew Hall (England)	1983–1986	Billy Famous* (Nigeria)
1948–1949	Dick Turpin (Eng.)			1987–1988	Tony Laing (England)

Welterweights

1949–1952	Dave Sands* (Aus.)	1892–1895	Tom Williams (Aus.)	1988–1989	Lester Ellis (Australia)
1952–1954	Randy Turpin* (Eng.)	1895–1897	Dick Burge* (Eng.)	1989	Steve Larrimore (Bahamas)
1954–1955	Johnny Sullivan (Eng.)	1897–1903	Vacant	1989–1991	Tony Ekubia (England)
1955–1958	Pat McAteer (Eng.)	1903–1905	Eddie Connolly* (Can.)	1991–1994	Andy Holligan (England)
1958–1960	Dick Tiger (Nigeria)	1907–1909	Joe White* (Canada)	1994–1995	Ross Hale (England)
1960	Wilf Greaves (Canada)	1909–1912	Vacant	1995–1996	Paul Ryan (England)
1960–1962	Dick Tiger* (Nigeria)	1912–1914	Johnny Summers (Eng.)	1996–1997	Andy Holligan (Eng.)
1963–1964	Gomeo Brennan (Bahamas)	1914	Tom McCormick (Ire.)	1997	Bernard Paul (Eng.)
1964	Tuna Scanlon* (N.Z.)	1914–1919	Matt Wells (England)	1997	Paul Burke (England)
1964–1966	Gomeo Brennan (Bahamas)	1919–1920	Johnny Basham (Wales)	1997	Felix Bwalya* (Zambia)
1966–1967	Blair Richardson* (Can.)	1920–1924	Ted (Kid) Lewis (Eng.)	1998–1999	Paul Burke (England)
1967	Milo Calhoun (Jamaica)	1924–1925	Tommy Milligan* (Scot.)	1999–2002	Eamonn Magee* (No. Ire.)
1967–1969	Johnny Pritchett* (Eng.)	1925–1928	Vacant	2002–2006	Junior Witter* (England)
1969–1970	Les McAteer (England)	1928	Jack Carroll (Aus.)	2007–	Ajose Olusegun (Nigeria)
1970	Mark Rowe (England)	1928–1929	Charlie Purdie (Aus.)		

Lightweights

1970–1972	Bunny Sterling (Eng.)	1929–1930	Wally Hancock (Aus.)		
1972–1975	Tony Mundine* (Aus.)	1930	Tommy Fairhall* (Aus.)	1890	Jim Burge* (Australia)
1975–1978	Monty Betham (N.Z.)	1930–1934	Vacant	1890–1892	George Dawson* (Aus.)
1978	Al Korovou (Australia)	1934–1938	Jack Carroll* (Aus.)	1892–1894	Harry Nickless (Eng.)
1978–1980	Ayub Kalule (Uganda)	1938–1951	Vacant	1894–1895	Dick Burge* (England)
1980–1983	Tony Sibson* (Eng.)	1951	Eddie Thomas (Wales)	1896–1897	Eddie Connolly* (Can.)
1983	Roy Gumbs (England)	1951–1952	Wally Thom (England)	1897–1906	Vacant
1983–1984	Mark Kaylor (Eng.)	1952	Cliff Curvis (Wales)	1906–1908	Jack Goldswain* (Eng.)
1984–1988	Tony Sibson* (Eng.)	1952–1954	Gerald Dreyer (S.A.)	1909	Jack McGowan (Aus.)
1988–1989	Nigel Benn (England)	1954	Barry Brown (N.Z.)	1909–1910	Hughie Mehegan (Aus.)
1989–1991	Michael Watson* (Eng.)	1954–1956	George Barnes (Aus.)	1910	Johnny Summers* (Eng.)
1992–1995	Richie Woodhall (Eng.)	1956	Darby Brown (Aus.)	1911–1912	Hughie Mehegan (Aus.)
1995–1997	Robert McCracken (Eng.)			1912–1914	Freddie Welsh* (Wales)

1914–1928	*Vacant*
1928	Ernie Izzard (England)
1928–1930	Tommy Fairhall* (Aus.)
1930–1933	Al Foreman (England)
1933	Jimmy Kelso (Australia)
1933–1934	Al Foreman* (England)
1936–1937	Laurie Stevens* (S.A.)
1938	Dave Crowley (England)
1938–1944	Eric Boon (England)
1944–1947	Ronnie James* (Wales)
1948–1951	Arthur King* (Canada)
1953	Frank Johnson (Eng.)
1953–1954	Pat Ford (Australia)
1954	Ivor Germain (Barbados)
1954–1955	Pat Ford (Australia)
1955–1956	Jannie van Rensburg (S.A.)
1956–1959	Willie Toweel (So. Africa)
1959–1962	Dave Charnley (England)
1962–1967	Bunny Grant (Jamaica)
1967	Manny Santos* (N.Z.)
1967–1968	Love Allotey (Ghana)
1968–1975	Percy Hayles (Jamaica)
1975–1977	Jonathan Dele (Nigeria)
1977–1978	Lennox Blackmore (Guyana)
1978–1980	Hogan Jimoh (Nigeria)
1980–1981	Langton Tinago (Zimb.)
1981–1982	Barry Michael (Australia)
1982–1984	Claude Noel (Trinidad)
1984–1985	Graeme Brooke (Australia)
1985–1986	Barry Michael* (Australia)
1986–1987	Langton Tinago (Zimb.)
1987–1989	Mo Hussein (England)
1989	Pat Doherty (England)
1989–1990	Najib Daho (England)
1990–1992	Carl Crook (England)
1992–1993	Billy Schwer (England)
1993	Paul Burke (England)
1993–1995	Billy Schwer (England)
1995–1997	David Tetteh (Ghana)
1997	Billy Irwin (Canada)
1997–1999	David Tetteh (Ghana)
1999–2001	Bobby Vanzie (England)
2001–2002	James Armah* (Ghana)
2002	David Burke* (England)
2003	Michael Muya (Kenya)
2003–2005	Kevin Bennett (Eng.)
2005–2006	Graham Earl* (England)
2006–2007	Willie Limond (Scot.)
2007–2009	Amir Khan* (England)
2009–	Lee McAllister (Scot.)

SUPER FEATHERWEIGHTS

1975–1977	Billy Moeller (Aus.)
1977–1982	Johnny Aba* (P.N.G.)
1983–1984	Langton Tinago (Zimb.)
1984	John Sichula (Zambia)
1984–1985	Lester Ellis* (Aus.)
1985–1986	John Sichula (Zambia)
1986–1987	Sam Akromah (Ghana)
1987–1989	John Sichula (Zambia)
1989–1990	Mark Reefer* (England)
1990–1991	Thunder Aryeh (Ghana)
1991	Hugh Forde (England)
1991–1992	Paul Harvey (England)
1992–1995	Tony Pep (Canada)
1995–1998	Justin Juuko* (Uganda)
1999	Charles Shepherd* (Eng.)
1999–2000	Mick O'Malley (Aus.)
2000	Ian McLeod* (Scotland)
2000–2001	James Armah* (Ghana)
2001–2002	Alex Moon (England)
2002–2003	Dean Pithie (England)
2003–2004	Craig Docherty (Scot.)
2004–2006	Alex Arthur* (Scotland)
2006–2008	Kevin Mitchell* (Eng.)
2008–	Ricky Burns (Scotland)

FEATHERWEIGHTS

1908–1913	Jim Driscoll* (Wales)
1915–1916	Llew Edwards (Wales)
1916	Charlie Simpson* (Aus.)
1916–1919	*Vacant*
1919–1921	Tommy Noble (England)
1921–1922	Bert Spargo (Australia)
1922	Bert McCarthy (Australia)
1922–1923	Bert Spargo (Australia)
1923	Billy Grime (Australia)
1923	Ernie Baxter (Australia)
1923–1924	Bert Ristuccia (Australia)
1924	Billy Grime (Australia)
1926–1932	Leo (Kid) Roy* (Canada)
1932–1936	*Vacant*
1936–1938	Johnny McGrory* (Scotland)
1938–1939	Jim (Spider) Kelly (No. Ire.)
1939–1940	Johnny Cusick (England)
1940–1947	Nel Tarleton (England)
1947	Tiger Al Phillips (Eng.)
1947–1951	Ronnie Clayton (England)
1951–1954	Roy Ankrah (Ghana)
1954–1955	Billy (Spider) Kelly (No. Ire.)
1955–1957	Hogan (Kid) Bassey* (Nigeria)
1957–1960	Percy Lewis (Trinidad)
1960–1967	Floyd Robertson (Ghana)
1967	John O'Brien (Scotland)
1967–1969	Johnny Famechon* (Aus.)
1970–1972	Toro George (N.Z.)
1972–1974	Bobby Dunne (Australia)
1974	Evan Armstrong (Scot.)
1975–1975	David Kotey* (Ghana)
1977–1980	Eddie Ndukwu (Nigeria)
1980–1981	Pat Ford* (Guyana)
1981–1985	Azumah Nelson* (Ghana)
1986–1988	Tyrone Downes (Barbados)
1988–1989	Thunder Aryeh (Ghana)
1989–1990	Oblitey Commey (Ghana)
1990–1991	Modest Napunyi (Kenya)
1991	Barrington Francis* (Can.)
1992	Colin McMillan* (England)
1992–1996	Billy Hardy* (England)
1996–1997	Jonjo Irwin (England)
1997–1999	Paul Ingle* (England)
1999–2000	Patrick Mullings (Eng.)
2000–2002	Scott Harrison* (Scot.)
2003–2005	Nicky Cook* (England)
2005–2008	Jackson Asiku* (Uganda)
2008–2009	Paul Truscott (England)
2009	John Simpson (Scotland)

SUPER BANTAMWEIGHTS

1995–1997	Neil Swain (Wales)
1997–1999	Michael Brodie* (Eng.)
2000–2001	Nadel Hussein* (Aus.)
2001–2002	Brian Carr (Scotland)
2002	Michael Alldis* (Eng.)
2003–2005	Esham Pickering (Eng.)
2005–2006	Michael Hunter* (Eng.)
2007	Isaac Ward (England)
2007–2009	Anyetei Laryea* (Ghana)
2009	Rendall Munroe (Eng.)

BANTAMWEIGHTS

1904–1905	Digger Stanley (Eng.)
1905	Owen Moran* (England)
1905–1911	Ted Green (Australia)
1911–1912	Charlie Simpson* (Aus.)
1912–1920	*Vacant*
1920–1922	Jim Higgins (Scotland)
1922–1923	Tommy Harrison (England)
1923	Bugler Harry Lake (Eng.)
1923–1928	Johnny Brown (England)
1928–1930	Teddy Baldock* (England)
1930–1932	Dick Corbett (England)
1932–1934	Johnny King (England)
1934	Dick Corbett* (England)
1935–1937	Frankie Martin (Canada)
1937	Baby Yack (Canada)
1937–1939	Johnny Gaudes (Canada)
1939	Lefty Gwynn (Canada)
1939–1940	Baby Yack* (Canada)
1941–1945	Jim Brady (Scotland)
1945–1949	Jackie Paterson (Scot.)
1949	Stan Rowan (England)
1949–1952	Vic Toweel (So. Africa)
1952–1954	Jimmy Carruthers* (Aus.)
1955–1959	Peter Keenan (Scotland)
1959–1963	Freddie Gilroy* (No. Ire.)
1964–1965	Johnny Caldwell (No. Ire.)
1965–1966	Alan Rudkin (England)
1966–1968	Walter McGowan (Scot.)
1968–1969	Alan Rudkin (England)
1969	Lionel Rose* (Australia)
1970–1972	Alan Rudkin* (England)
1972–1977	Paul Ferreri (Australia)
1977–1978	Sulley Shittu (Ghana)
1978–1980	Johnny Owen* (Wales)
1981–1986	Paul Ferreri (Australia)
1986–1991	Ray Minus* (Bahamas)
1992–1996	John Armour* (England)
1996–2000	Paul Lloyd* (England)
2000	Ady Lewis (England)
2000	Tommy Waite (No. Ire.)
2000–2002	Nicky Booth (England)
2002–2004	Steve Molitor* (Canada)
2004–2006	Josef Agbeko* (Ghana)
2006–2007	Tshifhiwa Munyai (S.A.)
2007–	Jason Booth (England)

SUPER FLYWEIGHTS

2008–	Don Broadhurst (Eng.)

FLYWEIGHTS

1924–1927	Elky Clark* (Scotland)
1929–1930	Vic White (Australia)
1930–1931	Teddy Green* (Australia)
1931–1940	*Vacant*
1940–1948	Jackie Paterson (Scotland)
1948–1950	Rinty Monaghan* (No. Ire.)
1952	Teddy Gardner (England)
1952–1954	Jake Tuli (South Africa)
1954–1957	Dai Dower* (Wales)
1957	Frankie Jones (Scotland)

1957–1962	Dennis Adams* (S. Africa)	1983–1984	Keith Wallace* (England)	1997–1998	Ady Lewis* (England)
1962–1963	Jackie Brown (Scotland)	1986–1987	Richard Clarke (Jamaica)	1998	Alfonso Zvenyika (Zimb.)
1963–1969	Walter McGowan* (Scot.)	1987–1989	Nana Yaw Konadu* (Ghana)	1998–1999	Damaen Kelly (No. Ire.)
1970–1971	John McCluskey (Scot.)	1989–1993	Alfred Kotey* (Ghana)	1999	Keith Knox (Scotland)
1971–1974	Henry Nissen (Australia)	1993	Francis Ampofo* (Eng.)	1999–2003	Jason Booth* (England)
1975–1975	Big Jim West* (Australia)	1993–1994	Daren Fifield (Eng.)	2003–2004	Dale Robinson* (Eng.)
1976–1979	Patrick Mambwe* (Zambia)	1994–1995	Francis Ampofo (Eng.)	2006–2007	Lee Haskins* (England)
1980	Ray Amoo (Nigeria)	1995–1996	Danny Ward (So. Africa)	2009	Chris Edwards (England)
1980–1983	Steve Muchoki (Kenya)	1996–1997	Peter Culshaw (Eng.)		

Britain

Britain is the modern birthplace of boxing, as the sport was revived in England in the late seventeenth century. "Champion of England" meant "Champion of the World" until prize fighting was effectively outlawed in the U.K. in 1868. The following are the official champions of Britain under Marques of Queensberry Rules. Exact weight limits of the various divisions fluctuated prior to February 1909, when London's National Sporting Club of London standardized the eight weight classes of heavyweight (no limit, light heavyweight (175 lbs.), middleweight (160), welterweight (147), lightweight (135), featherweight (126), bantamweight (118), and flyweight (112).

The British Boxing Board of Control est. 1929 (reorganized in 1936) succeeded the National Sporting Club as Britain's ruling boxing body. Jack Solomons, the country's leading promoter in the post–World War II period, was eventually succeeded in that role by Mickey Duff, he in turn by Frank Warren. Lennox Lewis, Joe Calzaghe, and Ricky Hatton were among the last big superstars produced by British boxing.

British Champions

HEAVYWEIGHTS

1878–1882	Tom Allen*
1882–1894	Charlie Mitchell*
1895–1896	Jem Smith
1896–1901	Vacant
1901	George Chrisp*
1901–1902	Jack Scales*
1903–1906	Jack Palmer
1906–1909	Gunner Moir
1909–1910	Iron Hague
1910–1916	P.O. Curran
1916–1919	Bomb. Billy Wells
1919–1923	Joe Beckett*
1923–1926	Frank Goddard
1926–1931	Phil Scott*
1931–1932	Reggie Meen
1932–1933	Jack Petersen
1933–1934	Len Harvey
1934–1936	Jack Petersen
1936–1937	Ben Foord
1937–1938	Tommy Farr*
1938–1942	Len Harvey*
1944–1945	Jack London
1945–1950	Bruce Woodcock
1950–1952	Jack Gardner
1952–1953	Johnny Williams
1953–1956	Don Cockell*
1956–1958	Joe Erskine
1958–1959	Brian London
1959–1969	Henry Cooper*
1969–1970	Jack Bodell
1970–1971	Henry Cooper
1971	Joe Bugner
1971–1972	Jack Bodell
1972–1975	Dan McAlinden
1975	Bunny Johnson
1975–1976	Richard Dunn
1976–1977	Joe Bugner*
1978–1980	John L. Gardner*
1981	Gordon Ferris
1981–1983	Neville Meade
1983–1985	David Pearce*
1985–1986	Hughroy Currie
1986–1988	Horace Notice*
1989–1991	Gary Mason
1991–1993	Lennox Lewis*
1993–1994	Herbie Hide*
1994–1995	James Oyebola
1995–1996	Scott Welch*
1997–2000	Julius Francis
2000	Mike Holden*
2000–2004	Danny Williams
2004	Michael Sprott
2004–2006	Matt Skelton*
2006–2007	Scott Gammer
2007–	Danny Williams

CRUISERWEIGHTS

1985–1986	Sam Reeson*
1986–1987	Andy Straughn
1987	Roy Smith
1987–1988	Tee Jay
1988	Glenn McCrory*
1988–1989	Andy Straughn
1989–1991	Johnny Nelson*
1991–1992	Derek Angol*
1992–1994	Carl Thompson*
1995	Dennis Andries
1995–1996	Terry Dunstan*
1996–1998	Johnny Nelson*
1998–1999	Bruce Scott
1999–2000	Carl Thompson*
2000–2003	Bruce Scott*
2003–2006	Mark Hobson*
2006–2007	John Keeton
2007–2008	Mark Hobson*
2008–	Robert Norton

LIGHT HEAVYWEIGHTS

1913–1914	Dennis Haugh
1914–1916	Dick Smith
1916–1917	Harry Reeve*
1918–1919	Dick Smith*
1919–1921	Boy McCormick*
1922–1924	Jack Bloomfield*
1925–1927	Tom Berry
1927	Gypsy Daniels*
1927–1929	Frank Moody
1929–1932	Harry Crossley
1932	Jack Petersen*
1933–1934	Len Harvey*
1935–1937	Eddie Phillips
1937–1938	Jock McAvoy
1938–1942	Len Harvey
1942–1950	Freddie Mills*
1950–1952	Don Cockell
1952	Randy Turpin*
1953	Dennis Powell
1953–1955	Alex Buxton
1955	Randy turpin*
1956	Ron Barton*
1956–1958	Randy Turpin*
1960–1966	Chic Calderwood*
1967–1969	Yg. John McCormack
1969–1971	Eddie Avoth
1971–1973	Chris Finnegan*
1973–1974	John Conteh*
1975	Johnny Frankham
1975–1976	Chris Finnegan*
1976–1977	Tim Wood
1977–1981	Bunny Johnson*
1982–1984	Tom Collins
1984–1986	Dennis Andries*
1987	Tom Collins*
1987–1989	Tony Wilson
1989–1990	Tom Collins*
1990–1991	Steve McCarthy

1991–1992	Crawford Ashley*	
1992–1994	Maurice Core*	
1994–1999	Crawford Ashley	
1999–2000	Clinton Woods*	
2000–2002	Neil Simpson*	
2003–2007	Peter Oboh*	
2007–2008	Tony Oakey	
2008–2009	Dean Francis*	

Super Middleweights

1989–1990	Sammy Storey
1990–1991	James Cook*
1991–1992	Fidel Castro
1992–1993	Henry Wharton*
1993–1994	James Cook
1994	Cornelius Carr*
1995	Ali Forbes
1995	Sammy Storey*
1995–1997	Joe Calzaghe*
1997	David Starie
1997–1998	Dean Francis*
1998–2003	David Starie*
2003	Matthew Barney*
2003–2004	Tony Dodson*
2004–2008	Carl Froch*
2008–2009	Brian Magee*
2009–	Tony Quigley

Middleweights

1876–1880	Denny Harrington
1880–1883	William Sheriff*
1883–1887	Vacant
1887–1890	Bill Goode
1890	Toff Wall*
1890–1895	Ted Pritchard
1895–1896	Ted White*
1898	Anthony Diamond*
1898–1900	Dick Burge*
1902–1903	Jack Palmer*
1905–1906	Charlie Allum
1906	Pat O'Keefe
1906–1910	Tom Thomas
1910–1912	Jim Sullivan*
1912–1913	Jack Harrison*
1914–1916	Pat O'Keefe
1916–1918	Bandsman Blake
1918–1919	Pat O'Keefe*
1920–1921	Tom Gummer
1921	Gus Platts
1921	Johnny Basham
1921–1923	Ted (Kid) Lewis
1923–1925	Roland Todd*
1926–1928	Tommy Milligan*
1928–1929	Alex Ireland
1929–1933	Len Harvey
1933–1944	Jock McAvoy*
1945–1946	Ernie Roderick
1946–1948	Vince Hawkins
1948–1950	Dick Turpin
1950	Albert Finch
1950–1954	Randy Turpin*
1954–1955	Johnny Sullivan
1955–1958	Pat McAteer*
1958–1959	Terry Downes
1959	Cowboy McCormack
1959–1962	Terry Downes
1962–1963	George Aldridge
1963–1964	Mick Leahy
1964–1965	Wally Swift
1965–1969	Johnny Pritchett*
1969–1970	Les McAteer
1970	Mark Rowe
1970–1974	Bunny Sterling
1974	Kevin Finnegan*
1975	Bunny Sterling*
1975–1977	Alan Minter
1977	Kevin Finnegan
1977–1978	Alan Minter*
1979	Tony Sibson
1979–1980	Kevin Finnegan*
1981–1983	Roy Gumbs
1983–1984	Mark Kaylor
1984	Tony Sibson*
1985–1986	Herol Graham*
1986–1987	Brian Anderson
1987–1988	Tony Sibson*
1988–1992	Herol Graham
1992–1993	Frank Grant
1993–1998	Neville Brown
1998	Glenn Catley*
1998–2004	Howard Eastman*
2004–2006	Scott Dann*
2006–2007	Howard Eastman
2007–2009	Wayne Elcock
2009–	Matthew Macklin

Light Middleweights

1973–1974	Larry Paul
1974–1977	Maurice Hope*
1977–1979	Jimmy Batten
1979–1981	Pat Thomas
1981–1983	Herol Graham*
1983–1984	Prince Rodney*
1984–1985	Jimmy Cable
1985–1986	Prince Rodney
1986	Chris Pyatt*
1987	Lloyd Hibbert*
1988	Gary Cooper
1988–1990	Gary Stretch*
1991–1992	Wally Swift, Jr.
1992–1994	Andy Till
1994–1995	Robert McCracken*
1996	Ensley Bingham*
1996–1997	Ryan Rhodes*
1997–1999	Ensley Bingham*
2000–2003	Wayne Alexander*
2003–2004	Jamie Moore
2004–2005	Michael Jones
2005–2007	Jamie Moore*
2007–2008	Gary Woolcombe
2008–2009	Ryan Rhodes*

Welterweights

1903–1904	Charlie Allum
1904–1906	Charlie Knock
1906–1910	Curly Watson
1910–1911	Young Joseph
1911–1912	Arthur Evernden
1912–1914	Johnny Summers
1914	Tom McCormick
1914	Matt Wells
1914–1920	Johnny Basham
1920–1924	Ted (Kid) Lewis
1924–1925	Tommy Milligan*
1925	Hamilton Johnny Brown
1925–1926	Harry Mason
1926–1934	Jack Hood*
1934	Harry Mason
1934–1936	Pat Butler*
1936	Dave McCleave
1936–1939	Jake Kilrain
1939–1948	Ernie Roderick
1948–1949	Henry Hall
1949–1951	Eddie Thomas
1951–1952	Wally Thom
1952–1953	Cliff Curvis*
1953–1956	Wally Thom
1956–1958	Peter Waterman*
1958–1960	Tommy Molloy
1960	Wally Swift
1960–1966	Brian Curvis*
1967–1968	Johnny Cooke
1968–1972	Ralph Charles*
1972–1973	Bobby Arthur
1973–1975	John H. Stracey*
1975–1976	Pat Thomas
1976–1979	Henry Rhiney
1979–1980	Kirkland Laing
1980–1982	Colin Jones*
1983–1985	Lloyd Honeyghan*
1985	Kostas Petrou
1985	Sylvester Mittee
1985–1986	Lloyd Honeyghan*
1987–1991	Kirkland Laing
1991–1992	Delroy Bryan
1992–1993	Gary Jacobs*
1993–1995	Delroy Bryan
1995–1996	Chris Saunders
1996–1997	Kevin Lueshing
1997–1999	Geoff McCreesh*
1999–2000	Derek Roche
2000–2001	Harry Dhami
2001–2003	Neil Sinclair*
2003–2005	David Barnes*
2005–2006	Michael Jennings
2006	Young Muttley
2006–2007	Kevin Anderson
2007–2008	Kevin McIntyre*
2008	Kell Brook

Light Welterweights

1968–1969	Des Rea
1969–1970	Vic Andreetti*
1970–1973	Vacant
1973–1974	Des Morrison
1974	Pat McCormack
1974–1976	Joey Singleton
1976–1977	Dave Green*
1977–1978	Colin Power*
1978–1979	Clinton McKenzie
1979	Colin Power
1979–1984	Clinton McKenzie
1984–1986	Terry Marsh*
1986	Tony Laing*
1986–1987	Tony McKenzie
1987–1989	Lloyd Christie
1989	Clinton McKenzie*
1989–1990	Pat Barrett*
1990–1991	Tony Ekubia
1991–1994	Andy Holligan
1994–1995	Ross Hale

1995–1996	Paul Ryan
1996–1997	Andy Holligan*
1997–1998	Mark Winters
1998–2000	Jason Rowland*
2000–2001	Richard Hatton*
2002–2006	Junior Witter*
2006–2007	Lenny Daws
2007	Barry Morrison
2007–2008	Colin Lynes*
2008	David Barnes*
2008–2009	Paul McCloskey*
2009	Ajose Olusegun

LIGHTWEIGHTS

1891–1897	Dick Burge
1897	Tom Causer
1897–1901	Dick Burge*
1902–1906	Jabez White
1906–1908	Jack Goldswain
1908–1909	Johnny Summers
1909–1911	Freddie Welsh
1911–1912	Matt Wells
1912–1919	Freddie Welsh*
1919–1920	Bob Marriott*
1921–1922	Ernie Rice
1922–1923	Seaman Nobby Hall
1923–1924	Harry Mason
1924–1925	Ernie Izzard
1925–1928	Harry Mason*
1929–1930	Sam Steward
1930–1932	Al Foreman*
1932–1934	Johnny Cuthbert
1934	Harry Mizler
1934–1936	Jack (Kid) Berg
1936–1938	Jimmy Walsh
1938	Dave Crowley
1938–1944	Eric Boon
1944–1947	Ronnie James*
1947–1951	Billy Thompson
1951–1952	Tommy McGovern
1952–1953	Frank Johnson
1953–1955	Joe Lucy
1955–1956	Frank Johnson
1956–1957	Joe Lucy
1957–1965	Dave Charnley*
1965–1968	Maurice Cullen
1968–1971	Ken Buchanan*
1972	Willie Reilly*
1972–1973	Jim Watt
1973–1974	Ken Buchanan*
1975–1977	Jim Watt*
1978–1979	Charlie Nash*
1980–1982	Ray Cattouse
1982–1985	George Feeney*
1985–1987	Tony Willis
1987–1988	Alex Dickson
1988–1990	Steve Boyle
1990–1992	Carl Crook
1992–1993	Billy Schwer
1993	Paul Burke
1993–1995	Billy Schwer*
1995–1997	Michael Ayers*
1998	Wayne Rigby
1998–2003	Bobby Vanzie
2003–2006	Graham Earl*
2006	Lee Meager
2006–2008	Jonathan Thaxton*
2008–2009	John Murray*

SUPER FEATHERWEIGHTS

1968–1970	Jimmy Anderson*
1970–1986	*Class Abolished*
1986	John Doherty
1986	Pat Cowdell
1986–1987	Najib Daho
1987–1988	Pat Cowdell
1988–1989	Floyd Havard
1989–1990	John Doherty
1990	Joey Jacobs
1990	Hugh Forde
1990–1991	Kevin Pritchard
1991	Robert Dickie
1991	Sugar Gibiliru
1991–1992	John Doherty
1992	Michael Armstrong
1992–1994	Neil Haddock
1994–1995	Floyd Havard*
1996–1997	P.J. Gallagher
1997–1999	Charles Shepherd
1999–2002	Michael Gomez*
2002–2003	Alex Arthur
2003–2004	Michael Gomez*
2005–2006	Alex Arthur*
2006–2008	Carl Johanneson
2008–	Kevin Mitchell

FEATHERWEIGHTS

1884–1891	Bill Baxter
1891–1892	Billy Reader
1892–1895	Harry Spurden
1895–1897	Fred Johnson
1897–1900	Ben Jordan*
1901–1902	Jack Roberts
1902–1905	Ben Jordan*
1905	Joe Bowker*
1906	Johnny Summers
1906–1907	Spike Robson*
1907–1913	Jim Driscoll*
1913–1914	Ted (Kid) Lewis*
1915–1917	Llew Edwards*
1917	Charlie Hardcastle
1917–1919	Tancy Lee*
1920–1921	Mike Honeyman
1921–1922	Joe Fox*
1924–1925	George McKenzie
1925–1927	Johnny Curley
1927–1928	Johnny Cuthbert
1928–1929	Harry Corbett
1929–1931	Johnny Cuthbert
1931–1932	Nel Tarleton
1932–1934	Seaman Tommy Watson
1934–1936	Nel Tarleton
1936–1938	Johnny McGrory
1938–1939	Jim (Spider) Kelly
1939–1940	Johnny Cusick
1940–1947	Nel Tarleton*
1947–1954	Ronnie Clayton
1954–1955	Sammy McCarthy
1955–1956	Billy (Spider) Kelly
1956–1959	Charlie Hill
1959–1960	Bobby Neill
1960–1961	Terry Spinks
1961–1969	Howard Winstone*
1969–1971	Jimmy Revie
1971–1972	Evan Armstrong
1972–1973	Tommy Glencross
1973–1975	Evan Armstrong*
1975–1977	Vernon Sollas
1977–1978	Alan Richardson
1978–1979	Dave Needham
1979–1982	Pat Cowdell*
1982–1983	Steve Sims*
1983–1986	Barry McGuigan*
1986–1988	Robert Dickie
1988	Peter Harris
1988–1990	Paul Hodkinson*
1990–1991	Sean Murphy
1991	Gary de Roux
1991–1992	Colin McMillan*
1992–1993	John Davison*
1993	Sean Murphy
1993–1994	Duke McKenzie*
1994	Billy Hardy*
1995	Michael Deveney
1995–1996	Jonjo Irwin
1996–1997	Colin McMillan
1997–1998	Paul Ingle*
1998–1999	Jonjo Irwin*
2000	Gary Thornhill*
2001–2002	Scott Harrison*
2003	Jamie McKeever
2003	Roy Rutherford
2003–2005	Dazzo Williams
2005	Nicky Cook*
2005–2006	Andy Morris
2006–2008	John Simpson
2008–2009	Paul Appleby
2009	Martin Lindsay

SUPER BANTAMWEIGHTS

1994–1996	Richie Wenton*
1997–1999	Michael Brodie*
1999	Patrick Mullings
1999	Drew Docherty*
1999–2001	Michael Alldis
2001	Patrick Mullings*
2002	Michael Alldis*
2003–2004	Esham Pickering*
2004–2006	Michael Hunter*
2007–2008	Esham Pickering
2008–2009	Matthew Marsh*
2009–	Jason Booth

BANTAMWEIGHTS

1889–1891	Nunc Wallace*
1891–1895	Billy Plimmer
1895–1900	Pedlar Palmer
1900–1902	Harry Ware
1902	Andrew Tokell
1902	Harry Ware
1902–1910	Joe Bowker
1910–1913	Digger Stanley
1913	Bill Beynon
1913–1914	Digger Stanley
1914–1915	Curley Walker*
1915–1917	Joe Fox*
1918–1919	Tommy Noble
1919–1920	Walter Ross*
1920–1922	Joe Higgins
1922–1923	Tommy Harrison
1923	Bugler Harry Lake

1923–1928	Johnny Brown
1929–1931	Teddy Baldock*
1931–1932	Dick Corbett
1932–1934	Johnny King
1934	Dick Corbett*
1935–1947	Johnny King
1947–1949	Jackie Paterson
1949	Stan Rowan*
1949–1951	Danny O'Sullivan
1951–1953	Peter Keenan
1953–1954	John Kelly
1954–1959	Peter Keenan
1959–1963	Freddie Gilroy*
1964–1965	Johnny Caldwell
1965–1966	Alan Rudkin
1966–1968	Walter McGowan
1968–1972	Alan Rudkin*
1973–1974	Johnny Clark*
1974–1975	Dave Needham
1975–1977	Paddy Maguire
1977–1980	Johnny Owen*
1981–1983	John Feeney
1983	Hugh Russell
1983	Davy Larmour
1983–1985	John Feeney
1985–1987	Ray Gilbody
1987–1991	Billy Hardy*
1992	Joe Kelly
1992–1997	Drew Docherty
1997–1999	Paul Lloyd
1999–2000	Noel Wilders*
2000	Ady Lewis
2000	Tommy Waite
2000–2004	Nicky Booth*
2005–2007	Martin Power*
2007–2009	Ian Napa*
2009–	Gary Davies

Super Flyweights

2007–2008	Chris Edwards
2008	Andy Bell
2008–	Lee Haskins

Flyweights

1911–1913	Sid Smith
1913–1914	Bill Ladbury
1914	Percy Jones
1914–1915	Tancy Lee
1915–1916	Joe Symonds
1916–1923	Jimmy Wilde*
1924–1927	Elky Clark*
1927–1929	Johnny Hill*
1929–1930	Jackie Brown
1930–1931	Bert Kirby
1931–1935	Jackie Brown
1935–1938	Benny Lynch*
1939–1948	Jackie Paterson
1948–1950	Rinty Monaghan*
1951–1952	Terry Allen
1952	Teddy Gardner*
1952–1954	Terry Allen*
1955–1957	Dai Dower*
1957–1960	Frankie Jones
1960–1961	Johnny Caldwell*
1962–1963	Jackie Brown
1963–1966	Walter McGowan*
1966–1977	John McCluskey*
1977–1981	Charlie Magri*
1982–1984	Kelvin Smart
1984–1985	Hugh Russell*
1985–1986	Duke McKenzie*
1986–1988	Dave McAuley*
1988–1991	Pat Clinton*
1991	Robbie Regan
1991	Francis Ampofo
1991–1992	Robbie Regan*
1992–1996	Francis Ampofo
1996–1997	Mickey Cantwell*
1997–1998	Ady Lewis*
1999	Damaen Kelly
1999	Keith Knox
1999–2003	Jason Booth*
2003–2009	*Vacant*
2009	Chris Edwards

Wales

Many of the greatest names of British boxing have been Welshmen, including Jimmy Wilde (still considered the top flyweight of all-time by many), Jim Driscoll (one of the sport's all-time greatest featherweights), former world's lightweight champion Freddie Welsh and Tommy Farr, the first man to go fifteen rounds with Joe Louis. Other Welshmen to have held world titles include Howard Winstone (WBC featherweight champion, 1968), and Percy Jones (flyweight champion, 1914). Wales has been one of the "areas" governed by the British Boxing Board of Control since the Board's inception in 1929.

Welsh Champions

Heavyweights

1932–1934	Jack Petersen*
1935–1936	Jim Wilde
1936–1937	Tommy Farr*
1938–1949	George James
1949–1951	Dennis Powell
1951–1953	Tommy Farr*
1953–1965	*Vacant*
1965–1971	Carl Gizzi
1971–1975	Dennis Avoth*
1976–1983	Neville Meade
1983–1985	David Pearce*
1985–1995	Chris Jacobs*

Cruiserweights

1986–1990	Abner Blackstock*
1990–1999	*Vacant*
1999–2002	Darron Griffiths*

Light Heavyweights

1930–1932	Frank Moody*
1933	Randy Jones
1933–1936	Tommy Farr*
1936–1939	*Vacant*
1939–1946	Glen Moody*
1948–1949	Jack Farr
1949–1952	Dennis Powell*
1953	Ken Rowlands
1953–1955	Dave Williams*
1955–1956	Ken Rowlands
1956–1958	Noel Trigg
1958–1963	Redvers Sangoe*
1964–1968	Derek Richards*
1968–1978	*Vacant*
1978–1980	Chris Lawson
1980–1981	Ken Jones
1981–1983	Bonny McKenzie*
1983–1987	Nye Williams*
1987–2008	*Vacant*
2008	Shon Davies

Super Middleweights

| 1993–1999 | Darron Griffiths* |

Middleweights

1929	Billy Green
1929–1931	Jerry Daley
1931	Glen Moody*
1931–1932	Jerry Daley
1932–1933	Glen Moody*
1934–1935	Billy Thomas
1935	Danny Evans*
1935–1936	Billy Thomas
1936–1939	Dai Jones*
1939–1943	*Vacant*
1943–1951	Tommy Davies*
1952	Ron Cooper
1952	Jimmy Roberts
1952–1954	Roy Agland*
1954–1957	*Vacant*
1957	Freddie Cross
1957–1962	Phil Edwards*
1962–1968	*Vacant*
1968–1972	Carl Thomas*
1973–1974	Mike McCluskie*
1974–1983	*Vacant*
1983–1985	Doug James*
1987–1990	Denys Cronin*
1992–1994	Wayne Ellis*
1994–1998	Barry Thorogood*

Light Middleweights

| 1974–1977 | Dave Davies |

1977–1979	Pat Thomas*
1981–1983	Gary Pearce*
1984–1985	Rocky Feliciello*
1986–1988	Steve Davies*
1989–1990	Michael Harris*
1991–1996	Carlo Colarusso*
1998–2001	Paul Samuels*
2001–2009	Vacant
2009	Taz Jones

Welterweights

1930–1931	Billy Fry
1931–1932	Danny Evans
1932	Tiger Ellis
1932–1934	Danny Evans
1934–1937	Ivor Pickens
1937–1938	Jack Moody
1938–1939	Johnny Houlston*
1939	Taffy Williams*
1939–1945	Vacant
1945–1948	Gwyn Willilams
1948–1949	Eddie Thomas*
1950–1953	Alan Wilkins*
1953–1957	Rees Moore
1957–1961	Les Morgan*
1961–1965	Vacant
1965–1966	Terry Philips*
1966–1978	Vacant
1978–1981	Horace McKenzie*
1982–1984	Billy Waith*
1986–1987	Geoff Pegler*
1987–1990	Vacant
1990–1993	John Davies*
1993–1999	Vacant
1999–2001	Michael Smyth*
2002–2003	Keith Jones
2003–2004	Jason Williams*
2004–2006	Bradley Pryce*
2008–	Tony Doherty

Light Welterweights

1978–1981	Billy Vivian*
1982–1983	Ray Price*
1983–1984	Geoff Pegler*
1984–1987	Michael Harris*
1989–1990	Dave Griffiths*
1990–1999	Vacant
1999–2003	Jason Cook*
2003–2007	Vacant
2007–2008	Garry Buckland*

Lightweights

1929	Haydn Williams*
1930–1931	Gordon Cook*
1931–1932	Alby Kestrell
1932–1934	Billy Quinlan
1934–1937	Boyo Rees
1937–1938	George Reynolds
1938–1939	Boyo Rees*
1940–1944	Vacant
1944–1949	Warren Kendall
1949–1951	Reg Quinlan*
1951–1953	Selwyn Evans
1953–1954	Dai Davies*
1954–1955	Willie Lloyd
1955–1956	Emrys Jones*
1956–1957	Willie Lloyd*
1957–1963	Teddy Best*
1963–1968	Vacant
1968–1971	Bryn Lewis*
1971–1976	Vacant
1976–1977	Martyn Galleozzie
1977–1978	Johnny Wall
1978	Kevin Webber
1978–1980	Martyn Galleozzie*
1980–1983	Vacant
1983–1985	Ray Hood*
1986–1987	Andy Williams
1987–1990	Keith Parry*
1990–1993	Vacant
1993–1996	Mervyn Bennett*
1996–2007	Vacant
2007–	Damian Owen

Super Featherweights

1985–1986	Steve Sammy Sims*
1986–1988	Russell Jones*
1989–1990	James Hunter
1990–1992	Andy Deabreu*
1992	Neil Haddock*
1992–1993	Barrie Kelley
1993–1997	J.T. Williams*
1999–2001	Chris Williams*
2001–2006	Vacant
2006–2008	Dai Davies
2008–	Jamie Arthur

Featherweights

1929	Billy Evans
1929–1933	Ginger Jones*
1933–1934	Stan Jehu
1934–1935	George Morgan
1935–1936	Stan Jehu
1936–1939	Len Beynon*
1939–1944	Vacant
1944–1948	Syd Worgan*
1949–1951	Jackie Hughes*
1951–1952	Dai Davies*
1953	Haydn Jones*
1953–1959	Vacant
1959–1961	Terry Rees*
1961–1964	Vacant
1964–1966	Lennie Williams*
1966–1974	Vacant
1974–1975	Colin Miles*
1975–1979	Les Pickett*
1981–1984	Don George*
1986–1991	Peter Harris
1991–1993	Steve Robinson*
1994–1997	Peter Harris*
1999–2000	David Morris*
2000–2009	Vacant
2009	Dai Davies

Bantamweights

1929	Dan Dando
1929	Cuthbert Taylor
1929	Phineas John*
1930–1931	Stan Jehu
1931–1932	Terence Morgan
1932–1933	Len Beynon
1933–1934	George Williams
1934	Len Beynon
1934–1936	Mog Mason
1936–1937	Len Beynon*
1937–1938	Mog Mason*
1938–1939	Eddie Davies*
1939–1944	Vacant
1944–1949	Norman Lewis
1949–1951	Jackie Sutton*
1952–1955	Hughie Thomas*
1955–1965	Vacant
1965–1966	Terry Gale
1966–1968	Gerald Jones*
1969–1970	Steve Curtis*
1970–1972	Colin Miles*
1973–1976	Tony Davies*
1977–1979	Johnny Owen*
1979–1980	Glyn Davies
1980–1981	Pip Coleman*
1981–1997	Vacant
1997–2001	Ian Turner*

Flyweights

1929	Phineas John
1929–1930	Freddie Morgan
1930	Jerry O'Neil*
1931–1932	Freddie Morgan
1932	Bob Fielding*
1933	Billy Hughes
1933	Bob Morgan*
1934	Herbie Hill
1934–1935	Charlie Hazel*
1935–1936	Herbie Hill
1936–1937	Pat Warburton*
1938	Dudley Lewis*
1938–1939	Jackie Kiley
1939–1940	Ronnie Bishop
1940–1946	Jackie Kiley*
1947–1948	Billy Davies
1948–1949	George Sutton
1949	Norman Lewis*
1950–1951	Glyn David
1951–1952	George Sutton*
1952–1989	Vacant
	David Afan-Jones*
1991	Robbie Regan*

Scotland

Edinburgh and Glasgow were centers of boxing for much of the twentieth century. Scottish world champions include flyweights Benny Lynch, Peter Kane, and Walter McGowan, in addition to the lightweight Ken Buchanan. Scotland has been one of the "areas" governed by the British Boxing Board of Control since 1929.

Scottish Champions

Heavyweights

1914–1917	Pat Breslin*
1917–1929	Vacant
1929–1933	Bobby Shields*
1933–1938	Vacant
1938–1939	Alex Bell
1939–1940	Bob Scally*
1940–1945	Vacant
1945–1950	Ken Shaw*
1951–1954	George Stern*

Light Heavyweights

1932–1933	Steve McCall*
1933–1935	Jim Winters*
1936–1938	Tommy Henderson*
1939–1940	Jim Hall*
1940–1945	Vacant
1945–1949	Bert Gilroy*
1949–1958	Vacant
1958–1960	Chic Calderwood*

Super Middleweights

1998–2000	Willie Quinn*
2000–2002	Jason Barker*
2002–2005	Vacant
2005–	Tom Cannon

Middleweights

1928–1932	Steve McCall*
1934–1935	George Gordon
1935–1936	Jim Mount
1936–1937	Jackie McLeod
1937–1938	Tommy Smith
1938–1940	Bert Gilroy*
1940–1945	Vacant
1946–1950	Jake Kilrain*
1951–1958	Willie Armstrong*
1958–1959	Cowboy McCormack*
1959–1963	Vacant
1963–1967	Ian McKenzie*
1967–1971	Vacant
1971–1974	Don McMillan*
1974–1984	Vacant
1984–1985	Billy Lauder*
1985–1999	Vacant
1999–2002	John Docherty*
2002–2005	Vacant
2005–	Vince Baldassara

Light Middleweights

1975–1979	John Smith
1979–1985	Charlie Malarkey*
1985–1986	John McAllister*
1987–1989	Tommy McCallum*
1989–2004	Vacant
2004–2006	Barrie Lee
2006–2008	Colin McNeil*
2009	Ciaran Duffy

Welterweights

1923	Alex Ireland
1923–1924	Johnny Brown
1924–1925	Tommy Milligan*
1927–1929	Johnny Brown*
1929–1930	Jim Cater*
1931	Jim Winters*
1932–1933	Willie Hamilton*
1934–1935	Frank McCall
1935	J.P. Boyle
1935–1936	Jake Kilrain*
1937–1940	Frank Erne*
1941–1947	Ginger Stewart
1947–1950	Willie Whyte
1950–1951	Bill Rattray*
1952–1953	Willie Whyte
1953–1954	Danny Malloy*
1955–1955	Roy McGregor
1955–1959	Jimmy Croll*
1960	Jim McGinness*
1960–1964	Vacant
1964–1967	Andy Wyper*
1967–1973	Vacant
1973–1974	Alan Reid*
1974–1980	Vacant
1980–1984	Dave Douglas
1984	Jim Kelly
1984–1985	Tommy McCallum
1985–1986	Steve Watt*
1986–1987	Dave Douglas
1987–1988	Gary Jacobs*
1988–1990	Dave McCabe*
1992–1994	Willie Beattie*
1994–2000	Vacant
2000	Scott Dixon*
2002–2007	Kevin McIntyre*

Light Welterweights

1978–1979	Willie Booth
1979–1982	George Peacock*
1982–1987	Vacant
1987–1988	Dave Haggarty
1988–1992	Robert Harkin*
1995–1999	Steve McLevy*

Lightweights

1922–1923	Johnny Brown
1923	Seaman James Hall*
1923–1926	Vacant
1926	George McKenzie*
1926–1930	Vacant
1930–1933	Jim Hunter*
1933–1935	Tommy Spiers*
1936	Joe Connelly*
1937–1938	Johnny Finnerty*
1939–1941	Ginger Stewart*
1943–1944	Joe Kerr
1944–1946	Johnny McManus*
1947–1951	Harry Hughes
1951	Johnny Flannigan*
1952–1953	Jim Findlay
1953–1956	Don McTaggart*
1958	John McLaren
1958–1960	Johnny Kidd*
1960–1961	Jimmy Gibson
1961–1963	Johnny Kidd*
1963–1967	Vacant
1967–1973	Ken Buchanan*
1974–1975	Alan Buchanan*
1976–1977	Tommy Glencross
1977–1981	Willie Booth
1981	Peter Harrison*
1982–1985	Willie Booth*
1985–1988	Steve Boyle*
1989	Craig Windsor*
1989–1990	Jim Moffat
1990–1996	Kris McAdam*
1996–2003	Vacant
2003–2005	Martin Watson*
2006–2007	Lee McAllister*
2009	Charles Paul King

Super Featherweights

1986–1988	Dave Savage
1988–1990	Craig Windsor*
1991–1996	Mark Geraghty*

Featherweights

1919	Tom Evans*
1919–1923	Vacant
1923–1924	Mick McAdam*
1924	George McKenzie*
1925	Mick McAdam
1925–1928	Deaf Burke
1928–1930	Johnny McMillan*
1931–1933	Dan McGarry*
1933–1934	Jim Cowie*
1934–1936	Johnny McGrory*
1936–1938	Frank McCudden
1938–1947	Frank Kenny
1947	Jimmy Dunn
1947–1948	Frank Kenny*
1949–1951	Jim Kenny
1951–1952	George Stewart
1952–1953	Tommy Miller*
1954–1956	Charlie Hill*
1956–1957	Bobby Neill*
1958–1959	Chic Brogan
1959–1962	Dave Croll*
1962–1969	Vacant
1969–1970	Jimmy Bell
1970–1971	Evan Armstrong*
1971–1974	Vacant
1974–1975	Alan Buchanan*
1976–1979	Gerry Duffy*
1980	Gerry O'Neill*
1980–1988	Vacant
1988	Craig Windsor*
1990–1993	Jamie McBride*
1993–1996	Vacant
1996–2004	Brian Carr*
2004–2006	Vacant
2006–2007	Jimmy Gilhaney*
2008–	Furhan Rafiq

Bantamweights

1911–1916	Alex Lafferty*
1916–1923	Vacant
1923–1927	Elky Clark*
1929–1931	Johnny Smith*
1931–1933	Willie Vint
1933	Mickey Summers
1933–1934	Jim O'Neill
1934	Jimmy Knowles
1934	Jim Maharg
1934–1935	Mickey Summers
1935–1937	Jim McInally*
1937–1948	Teddy O'Neil
1948–1949	Charlie Kerr
1949–1954	Eddie Carson

1954–1955	Peter Keenan*
1956	Malcolm Grant
1956–1959	Chic Brogan*
1959–1962	John Morrissey*
1962–1964	Tommy Burgoyne
1964–1966	Jackie Brown
1966–1969	Evan Armstrong*
1970–1978	John Kellie*
1978–1980	Charlie Parvin*
1980–1984	Vacant
1984–1986	Danny Flynn*
1987–1993	Donnie Hood*
1994–1996	James Murray*
1997–2002	Shaun Anderson*

FLYWEIGHTS

1910–1912	Kid Cunningham*
1912–1914	Johnny Best*
1916–1917	Walter Ross
1917	Pat McKay*
1917–1921	Vacant
1921	Packey Connors
1921–1922	Johnny Muir*
1923	Willie Woods*
1923–1927	Vacant
1927–1928	Jim Campbell*
1928	Walter Lemmon
1928–1929	Jim Campbell*
1930	Walter Lemmon
1930–1932	Jim Maharg
1932–1934	Jim Campbell
1934–1937	Benny Lynch*
1938	Abe Tweedie
1938–1939	Freddie Tennant
1939–1940	Jackie Paterson*
1940–1941	Billy Clinton
1941–1945	Hugh Cameron*
1946–1948	Jackie Bryce
1948–1951	Norman Tennant
1951–1952	Vic Herman
1952–1953	Joe Cairney
1953–1956	Jimmy Quinn
1956	Dick Currie
1956–1957	Frankie Jones*
1957–1958	George McDade
1958–1959	Alex Ambrose
1959–1962	Jackie Brown*
1962–1965	Danny Lee*
1965–1987	Vacant
1987–1988	Pat Clinton*
1988–1994	Vacant
1994–1995	James Drummond*
1995–1999	Keith Knox*

Northern Irish Champions

HEAVYWEIGHTS

1946–1948	Alex Woods
1948–1960	Paddy Slavin*
1960–1966	Vacant
1966–1967	Barney Wilson*
1967–1975	Vacant
1975–1977	Sean McKenna
1977–1981	Dan McAlinden*

LIGHT HEAVYWEIGHTS

1944–1948	Alex Woods*
1948–1952	Vacant
1952–1955	Tom Meli*
1955–1969	Vacant
1969–1970	Terry McTigue*
1970–1976	Vacant
1976	Ian Glenn
1976–1979	Tony Monaghan*
1980–1981	Trevor Kerr
1981–1986	Liam Coleman*

MIDDLEWEIGHTS

1938–1939	Jack McKnight*
1939–1947	Vacant
1947–1949	Jackie Wilson
1949–1951	Freddie Webb
1951	Jackie Wilson
1951–1955	Tom Meli
1955–1959	George Lavery*
1959–1965	Vacant
1965–1968	Al Sharpe*

WELTERWEIGHTS

1938–1939	Jack Walsh
1939–1944	Tommy Armour
1944–1948	Patsy Quinn*
1949–1952	Tommy Armour*
1952–1954	Bunty Adamson*
1954–1958	Roy Baird*
1959–1962	Al Sharpe
1962–1965	Paddy Graham*
1965–1968	Des Rea*

LIGHT WELTERWEIGHTS

1977–1979	Jim Montague*
1980–1984	Davy Campbell*
1984–2007	Vacant
2007–	James Gorman

LIGHTWEIGHTS

1938–1941	Al Lyttle
1941–1944	Vacant
1944–1945	Mick Magee*
1945–1949	Vacant
1949–1952	Mickey O'Neill
1952–1953	Gerry Smyth
1953–1955	Ricky McCulloch
1955–1957	Gerry Smyth*
1957–1958	Al Sharpe
1958	Jimmy Brown
1958–1968	Spike McCormack*
1968–1975	Vacant
1975–1978	Charlie Nash*
1978–2003	Vacant
2003–2005	Dafydd Carlin*

SUPER FEATHERWEIGHTS

1970	Sammy Lockhart*

FEATHERWEIGHTS

1935–1939	Jim Spider Kelly*
1939–1942	Vacant
1942–1943	Jim McCann*
1944–1945	Harry McAuley
1945–1952	Jim McCann*
1953	John Griffen
1953–1954	Billy Spider Kelly*
1954–1955	Joe Quinn*
1955–1965	Vacant
1965–1967	Peter Lavery*
1969–1977	Jim McAuley
1977–1981	Damien McDermott*

BANTAMWEIGHTS

1938–1940	Jack Hussen
1940	Jim McCann*
1940–1945	Vacant
1945–1947	Tommy Madine
1947–1953	Bunty Doran
1953–1957	John Kelly*
1958–1960	Billy Skelly*
1960–1965	Vacant
1965–1967	Jim McCann*
1967–1970	Vacant
1970–1973	Sammy Lockhart
1973–1977	Vacant
1977–1978	Neil McLaughlin
1978–1982	Davy Larmour
1982–1983	Hugh Russell
1983–1984	Davy Larmour*

FLYWEIGHTS

1938–1940	Tommy Stewart*
1942–1945	Bunty Doran
1945–1948	Rinty Monaghan*
1948–1951	Jackie Briers*
1951–1952	Frank McCoy*
1952–1957	Vacant
1957–1960	Dave Moore*

South Africa

The British brought prizefighting to South Africa. Scotland's James R. Couper beca,e the country's first acknowledged (bare knuckle) champion in the 1880s, and (locally) important bare knuckle fights were held in South Africa after they had ceased in

the U.K. and the U.S. Kid McCoy was the first international boxing star to fight in South Africa, defending his claim to the world middleweight title by knocking out Billy Doherty in 1896. Professional boxing in South Africa was permanently legalized in 1923, and Vic Toweel became the country's first undisputed world champion by outpointing Manuel Ortiz for the bantamweight title in 1950.

South African Champions

Heavyweights

1895–1901	Joe Goddard*
1903–1905	Mike Williams
1905–1906	Tim Murphy
	Mike Williams
1908	Bill Smith*
1908–1917	Jack Lalor*
1917–1918	Fred Storbeck
1918	Nick Van den Bergh
1918–1920	Jack Lalor*
1920	George Pascall
1920–1922	Nick Van den Bergh
1922–1930	Johnny Squires
1930–1933	Don McCorkindale*
1934–1935	Ben Foord*
1937–1938	Robey Leibrandt*
1938–1945	Tommy Bensch
1945–1947	Nick Wolmarans
1947–1949	Johnny Ralph*
1950–1952	Piet Strydom*
1952–1953	Louw Strydom
1953–1957	Johnny Arthur*
1957–1962	Gawie de Klerk*
1962–1963	Daan Bekker
1963–1964	Stoffel Willemse
1964–1966	Billy Lotter
1966–1969	Gerrie de Bruyn
1969–1970	Japie Pretorius
1970–1972	Sarel Aucamp
1972–1973	Chris Roos
1973–1975	Jimmy Richards
1975–1976	Mike Schutte
1976–1983	Gerrie Coetzee*
1983–1984	Robbie Williams*
1984–1990	Pierre Coetzer*
1991–1998	Corrie Sanders*
1999	Jacob Mofokeng*
1999–2000	Anton Nel
2000–2001	Jacob Mofokeng*
2001–2005	Anton Nel
2005–	Osborne Machimana

Junior Heavyweights

1988–1990	Fred Rafferty
1990	Howard Mpepesi
1990–1991	Fred Rafferty
1991–1993	Leonard Friedman
1993–1994	Fred Rafferty
1994–1999	Jacob Mofokeng*
1999	Sebastian Rothman*
2000–2004	Earl Morais
2004–2005	Baldwin Hlongwane*
2006–2007	Danie Venter*
2008–	Thabiso Mchunu

Light Heavyweights

1933–1934	Eddie Pierce*
1934–1940	Vacant
1940–1945	Nick Wolmarans*
1945–1948	*Vacant*
1948–1949	Fred Vorster
1949–1951	George Hunter*
1952–1954	Tony Liversage
1954–1957	Stan Lotriet
1957–1964	Mike Holt
1964–1967	Gert Van Heerden
1967–1970	Happy Pieterse
1970–1971	Sarel Aucamp
1971	Kosie Smith
1971–1972	Sarel Aucamp
1972–1973	Pierre Fourie*
1974–1975	Dawie du Preez
1975–1977	Kosie Smith
1977	James Mathatho
1977–1979	Kosie Smith
1979–1980	Sydney Hoho
1980–1981	Doug Lumley
1981–1985	Piet Crous*
1985–1986	Sakkie Enslin
1986	Sakkie Horn
1986–1987	Thulani Malinga
1987–1990	Sakkie Horn
1990–1995	Thulani Malinga*
1995	Ginger Tshabalala*
1995–1999	*Vacant*
1999	Soon Botes*
1999–2001	Melusi Khoza
2001–2004	Jimmy Murray
2004–2006	Erasmus Magwaza
2006–2007	Soon Botes
2007–2009	Daniel Bruwer*

Super Middleweights

1995	Soon Botes
1995–1996	Thulani Malinga*
1996–2000	Soon Botes
2000	Dingaan Thobela*
2001–2006	Andre Thysse*
2006–2007	Peter Mashamaite
2007–2008	William Gare*
2008–2009	Kgotso Motau
2009–	Tshepang Mohale

Middleweights

1891–1895	Billy Kelly
1895–1896	Bill Heffernan
1896–1897	Bill Doherty*
1897–1898	Billy Edwards*
1898	Jack Valentine
1898–1899	Jim Holloway
1899	Dan Erasmus
1899–1903	Jim Holloway
1903–1905	Jewey Cook
1905–1906	Tom Dingey*
1908–1917	Jack Lalor*
1919–1920	George Anderson
1920–1922	Bob Storbeck
1922–1923	Jack Corrigan
1923–1924	Reg Hull*
1926	Roy Ingram*
1927–1929	Wally Baker*
1931–1934	Eddie Maguire
1934–1939	Barney Kieswetter*
1939–1946	Vacant
1946–1947	Tiger Burns
1947–1948	Bob Bradley*
1949–1952	George Angelo*
1953	Jimmy Elliott*
1954	Eddie Thomas
1954–1957	Mike Holt*
1957–1958	Chris Van Rooyen
1958–1959	Dickie Williams
1959–1960	Henry Speedie*
1960–1964	Gert Van Heerden*
1965	Johnny Wood
1965	Tony Clements
1965–1967	Johnny Wood
1967–1968	Willie Ludick
1968–1971	Pierre Fourie*
1973	Domenic Germishuys
1973–1976	Jan Kies
1976–1977	Elijah Makhathini
1977–1978	Doug Lumley
1978	Daniel Mapanya
1978–1980	Elijah Makhathini*
1981–1982	Bruce McIntyre*
1983–1986	Thulani Malinga*
1986–1988	Gregory Clark
1988–1991	Charles Oosthuizen
1991	Mbulelo Mxokiswa
1991–1993	Gerhard Botes
1993–1995	Mark Cameron
1995–1996	Simon Maseko
1996–1999	Giovanni Pretorius
1999–2000	Johnson Tshuma*
2000–2003	Anthony van Niekerk
2003–2006	Mpush Makembi*
2006–2008	Kgotso Motau*

Junior Middleweights

1975	Gert Craemer
1975–1980	Gert Steyn
1980–1981	Bushy Bester
1981–1982	Gert Steyn*
1982–1983	Coenie Bekker
1983–1986	Gregory Clark*
1986–1988	Charles Oosthuizen*
1988–1993	Gregory Clark
1993–1994	Johannes Malaza
1994–1999	Mpush Makembi*
1999	David Potsane
1999–2002	William Gare
2002–2003	Vincent Vuma
2003–2004	Tshepo Mashego
2004–2005	William Gare

2005–2009	Vincent Vuma	1993–1995	Jan Bergman*	2008–	Patrick Malinga
2009–	Tshepo Mashego	1996	Aaron Kabi		

Welterweights

Junior Lightweights

		1996–2002	Lawrence Ngobeni	1976	Tony Clarke
1900–1902	Jack Everhardt*	2002	Zimela Mpusula	1976	Andries Steyn*
1903–1905	Jack Lalor	2002–2004	Lucky Lewele*	1977	Manny da Paiva
1905–1906	Ted Nelson*	2005–2008	Samuel Malinga	1977–1979	Nkosana Mgxaji*
1906–1912	Vacant	2008–	Kaizer Mabuza	1980–1982	Evans Gwiji
1912–1913	Tom Tilling			1982–1983	Chris Whiteboy
1913–1915	Ronnie Dumar			1983–1986	Brian Mitchell*

Lightweights

1916–1918	Jack Lalor	1893–1995	Jimmy Murphy*	1987	Simon Bekker
1918	Fred Cato	1897–1900	Jim Holloway*	1987	Frank Khonkhobe
1918	Ronnie Dumar	1900–1904	Jimmy Walker*	1987–1988	Quinton Ryan
1918	Jack Lalor	1905–1906	Fred Buckland*	1988	Mpisekhaya Mbaduli
1918–1919	Ronnie Dumar	1907–1908	Jim Holloway*	1988–1989	Dingaan Thobela*
1919	Jack Lalor*	1910–1911	Barney Malone*	1989–1990	Ditau Molefyane
1919–1920	Fred Cato*	1911–1914	Vacant	1990–1993	Sidima Qhina
1921–1926	Reg Hull*	1914–1915	Fred Buckland*	1993–1997	Mthobeli Mhlophe
1927	Oscar Jacobsohn	1916–1919	Pat Clancy	1997–1998	Mkhuseli Kondile
1927–1930	Ernie Eustice*	1919–1920	Billy Fairclough	1998–1999	Sakhumzi Magxwalisa*
1930–1933	Vacant	1920–1922	Ronnie Dumar	1999–2003	Mzonke Fana*
1933–1937	Les Van Rooyen	1922–1923	Arthur Mangan	2004–2007	Ali Funeka*
1937–1939	Ted Braun	1923–1926	Billy Allen	2007–2008	Godfrey Nzimande
1939–1946	Laurie Stevens*	1926–1930	Ernie Eustice	2008–2009	Jasper Seroka
1948	George Angelo	1930–1931	Charley van Rooyen*	2009–	Sipho Taliwe
1948	Alf James	1931–1933	George Purchase		
1948–1949	Don Carr	1933–1939	Laurie Stevens*	## Featherweights	
1949–1950	Pat Patrick*	1939–1946	Vacant		
1951	Danie Van Graan	1946	Alf James*	1903	Ned Starkey
1951–1953	Pat Patrick	1947–1948	Dave Katzen*	1903–1904	Long Douglas*
1953–1954	Eddie Thomas*	1949–1950	Jimmy Toweel*	1905	Watty Austin
1955–1956	Bennie Nieuwenhuizen*	1950–1951	Gerald Dreyer*	1905–1909	Arthur Douglas*
1956–1957	Evie Vorster*	1952–1954	Tony Habib	1909–1920	Pat Clancy
1957–1959	Johnny Van Rensburg	1954–1956	Jannie van Rensburg	1920–1921	W.H. van Rooyen
1959–1960	Dickie Williams*	1956–1957	Willie Toweel*	1921–1923	Billy Allen*
1960	Willie Toweel	1958–1961	Jannie van Rensburg*	1923–1924	Joe Hunt
1960–1961	Jannie Botes*	1961–1962	Charlie Els	1924	Clarence Walker
1961–1963	Hansie DuPlessis	1962	Bill Dollery	1924–1926	Billy Allen*
1963–1968	Willie Ludick	1962	Charlie Els	1926–1929	Ernie Eustice*
1968–1969	Pat Toweel	1962–1963	Bill Dollery	1929–1932	Willie Smith
1969–1970	Dave Rose	1963–1964	Stoffel Steyn*	1932–1934	Len McLoughlin
1970–1971	Spider Kelly	1965	Bill Dollery	1934–1936	Willie Smith*
1971–1975	Gert Steyn*	1965–1966	Andries Steyn	1937	Babe Smith*
	Harold Volbrecht*	1966–1969	Herby Clarke	1938–1939	Alec Hannan
1990–1991	Linda Nondzaba	1969	Arnold Taylor	1939–1946	Charlie Catterall*
1991–1992	Sydney Msuthu	1969	Andries Steyn*	1946–1949	Vacant
1992–1993	Frederick Siswana	1970–1971	Kokkie Olivier	1949–1954	Vic Toweel*
1993–1994	David Potsane	1971–1976	Andries Steyn*	1954–1956	Willie Toweel*
1994–1996	Luvuyo Kakaza*	1977	Eddie Mileham	1957–1958	Graham van der Walt
1996–1999	Peter Malinga*	1977–1978	Peet Bothma*	1958–1959	Ernie Baronet
2000–2006	Joseph Makaringe*	1978	Norman Sekgapane	1959	Charlie Els
2006–2007	Lucky Lewele	1978–1979	Andries Steyn*	1959–1961	Ernie Baronet*
2007–2008	Bongani Mwelase*	1979–1982	Peet Bothma	1961–1965	Bernie Taylor
2008–	Chris Van Heerden	1982–1986	Aladin Stevens	1965–1968	Andries Steyn
		1986	Job Sisanga	1968–1976	Arnold Taylor*
## Junior Welterweights		1986–1987	Bushy Mosoeu	1977	Freddie Rust
		1987–1988	Nika Khumalo	1977–1978	Tsietsie Maretloane
1971–1972	Henry Brooks*	1988–1989	Aladin Stevens	1978–1982	Bashew Sibaca
1974–1977	Dirk van der Westhuizen	1989–1990	Abram Gumede	1982–1983	Thomas Sithebe*
1977–1980	Norman Sekgapane	1990–1992	Aladin Stevens	1984–1985	Israel Khonkhobe
1980–1983	Mzwandile Biyana*	1992–1995	Mbeko Dayile	1985–1986	Norman Bromfield
1983	Arthur Mayisela	1995–1998	Naas Scheepers*	1986	Gerald Isaacs
1983–1984	Nkosana Mgxaji*	1998–2000	Enoch Zitha	1986–1988	Mxhosana Jongilanga*
1984–1986	Arthur Mayisela	2000–2002	Martin Jacobs	1989	Jackie Gunguluza
1986	Brett Taylor	2002–2004	Isaac Hlatshwayo*	1989	Mtobeli Mhlophe
1986–1989	Phumzile Madikane	2005	Sikhulule Sidzumo	1989–1991	Jackie Gunguluza*
1989–1990	Nika Khumalo*	2005–2008	Irvin Buhlalu	1991–1995	Stanford Ngcebeshe
1990–1993	Aaron Kabi	2008	Amon Baloyi	1995–1998	Andrew Matabola

1998–1999	Jackie Gunguluza		1938	Alex Knight*		1932–1946	Vacant	
1999–2000	Phillip Ndou*		1938–1945	Vacant		1946–1949	Nick Swart*	
2001–2002	Anthony Tshehla		1945–1949	Jimmy Webster		1950–1951	Kalla Persson	
2002–2005	Takalani Ndlovu*		1949–1953	Vic Toweel*		1951–1954	Marcus Temple*	
2005–2006	Malcolm Klaasen*		1953–1955	Willie Toweel*		1954–1956	Jerry Jooste	
2007–2008	Ludumo Galada*		1956–1959	Graham van der Walt*		1956–1961	Dennis Adams*	
2008–2009	Manelisi Mbilase		1959–1960	Bernie Taylor*		1962–1963	Graham van der Walt*	
2009	Thando Vukuza		1960–1961	Dennis Adams*		1963–1978	Vacant	
2009–	Sabelo Jubatha		1961–1962	Trevor Simkiss		1978–1980	Peter Mathebula*	
			1962–1963	Brian Mitchell*		1982–1986	Johannes Miya	

Junior Featherweights

			1963–1964	Hennie Snyman		1986–1989	Welcome Ncita*	
1978–1979	Alex Venter		1964–1965	Ernie Baronet*		1989–1992	Jaji Sibali	
1979–1980	Sipho Mange		1966–1969	Dennis Adams		1992	Andrew Matyila	
1980–1981	Nkosomzi Moss		1969	Mike Buttle		1992	Daniel Ward	
1981–1983	Gaybon Yekiso		1969–1976	Arnold Taylor*		1992–1999	Zolile Mbityi*	
1983	Patrick Mboma		1976–1979	Vacant		1999–2002	Gabula Vabaza*	
1983	Zweli Ngcongolo		1979	Peter Mathebula		2002–2003	Ncedo Cecane	
1983–1985	Jeremiah Mbitse		1979–1982	Welile Nkosinkulu		2003–2005	Nkqubela Gwazela*	
1985	Gaybon Yekiso		1982–1983	Joseph Ngubane		2005	Xola Mayana	
1985–1987	Zweli Ngcongolo		1983–1984	Phindile Gaika		2005–2006	Akhoma Aliva	
1987–1988	Stanford Ngcebeshe		1984–1989	Simon Skosana*		2006–	Moruti Mthalane	
1988	Ephraim Lepota		1989–1990	Lybo Nkoko				
1988–1990	Fransie Badenhorst		1990–1994	Derrick Whiteboy		## Junior Flyweights		
1990–1994	Vuyani Bungu*		1994–1995	Mbulelo Botile*				
1995–1999	Lehlohonolo Ledwaba*		1995–1998	Patrick Quka*		1978–1979	Dexter Dhlamini	
1999–2000	Charles Mailula*		1998	Sandile Sobandla		1979–1981	Godfrey Nkate	
2000	Edward Mpofu		1998–1999	Patrick Quka*		1981–1982	Tamsanqa Sogcwe	
2000	Innocent Mthalane		1999–2000	Sandile Mentile*		1982–1983	Mveleli Luzipho	
2000–2001	Vuyani Phulo		2000–2001	Sandile Sobandla*		1983	Jacob Matlala	
2001	Innocent Mthalane		2001–2002	Johannes Maisa		1983–1986	Mveleli Luzipho	
2001–2002	Oupa Lubisi		2002	Cedric Conway		1986	Odwa Mdleleni	
2002–2003	Zolani Marali*		2002–2004	Vusi Malinga*		1986–1990	Vuyani Nene*	
2003–2004	Thomas Mashaba*		2004–2005	Khulile Makeba		1990–1994	Jacob Matlala*	
2004	Bonani Hlwatika		2005–2009	Simphiwe Vetyeka*		1994–1999	Mzukisi Sikali*	
2004–2006	Zolani Marali*		2009–	Klaas Mboyane		1999–2000	Ndoda Mayende	
2006–2007	Oscar Chauke*					2000–2001	Vuyisile Bebe	
2008–	Mcbute Sinyabi		## Junior Bantamweights			2001–2002	Mhikiza Myekeni*	
						2002–2003	Phat. Nemukongwe	
## Bantamweights			1992	Jaji Sibali		2003	Mbulelo Nyanda	
			1992–1993	Simphiwe Pamana		2003–2004	Vuyani Kheswa	
1898–1900	Ned Starkey*		1993–1998	Jaji Sibali		2004–2005	Sizwe Sinyabi	
1901–1903	Watty Austin*		1998	David Vinger		2005–2007	Muvhuso Nedzanani*	
1903–1905	Ginger Osborne		1998–2000	Nkosana Vaaltein		2007–	Mfundo Gwayana	
1905	Willie Greenfield*		2000	Xolani Ndleleni				
1907–1914	Charlie Price		2000–2001	Mzi Dintsi		## Mini Flyweights		
1914–1915	Fred Schroeder*		2001–2002	Lunga Ntontela*				
1915–1918	Charlie Price		2003–2004	Theo Modise		1992–1993	Thamsanga Sogcwe	
1918–1921	Jack Ellmore		2004–2006	Simon Ramoni		1993–1995	Paul Oulden	
1921–1922	Kid Lewis		2006–2008	Zolile Mbityi*		1995–1996	Phindile Ngingi	
1922–1923	Norman Mulligan		2008	Thembelani Maphuma		1996–1998	Lindi Memani*	
1923–1925	Scotty Frazer		2008–	Themba Joyi		1999	Stephen Msimanga	
1925–1926	Willie Smith*					1999–2003	Khulile Makeba	
1928–1929	Clarence Walker*		## Flyweights			2003–2004	Sithembele Kibiti*	
1929–1934	Vacant					2004–2007	Nkosinathi Joyi*	
1934–1935	Johnny Holt*		1909–1914	George Harris*		2007–2008	Jonas Kgasago	
1935–1938	Vacant		1914–1929	Vacant		2008	Gideon Buthelezi	
			1929–1932	Lou Olivier*		2008–	Tshepo Lefele	

Australia

The first Australian title fight was held under London Prize Ring Rules on February 20, 1824, Jack Kable beating Bill Clark in five rounds (total time: ten minutes) on Parramatta Road in Sydney, N.S.W. However, it was the 1877 visit of former world champion Jem Mace that really sparked the development of boxing in this island-nation-continent. Mace's pupil, Larry Foley of Sydney, and Mick Nathan of Melbourne became the country's leading fight promoters in the 1880s.

London Prize Ring (bare knuckle) fights were outlawed following the death of Aleck Agar versus James Lawson at Randwick on April 17, 1884, and the first Queensberry bout for the Australian heavyweight title, Bill Farnan knocking out Peter Jackson, was

held at Melbourne's Victoria Hall just a little over three months later (July 26). Jackson, Frank Slavin, and Young Griffo were the first international boxing stars to come out of Australia.

Boxing was outlawed in Sydney following two deaths in 1893, and did not revive until the dawn of the next century. Even then, boxers' contracts for regular shows at the Golden Gate and Gaiety athletic clubs often contained a clause detailing what would happen re: decisions in the case of police interference. Melbourne continued, in the meantime, as Australia's other leading boxing center, John Wren emerging as that city's most important promoter with Bill Squires versus Dick Kernick at Exhibition Hall on September 7, 1905.

Hugh D. McIntosh erected Sydney Stadium at Rushcutter's Bay for the Tommy Burns–Bill Squires world heavyweight title bout in 1908 and followed that with Burns' title losing defense against Jack Johnson on Boxing Day (December 26) of the same year. In 1912, Sydney Stadium was roofed and McIntosh sold his interests to Reginald L. (Snowy) Baker, who soon controlled the major venues in Australia's three largest cities — Sydney, Melbourne, and Brisbane — through his company, Stadiums, Ltd. Les Darcy was Australia's leading light during this era, defeating almost all the world's top ranked middleweights in a succession of twenty-round bouts. In 1915, John Wren bought Stadiums, Ltd., which continued to dominate Australian boxing until 1967, when the Australian Boxing Federation was established at a meeting in Newton, N.S.W. (A rival body, the Professional Boxing Association of Australia International, formed in 1983, lasted only a few years.)

Australian boxing thrived in the depression era of the 1930s, with many small venues helping Sydney average ten fight shows per week. Jack Carroll, Ron Richards, Fred Henneberry, and Ambrose Palmer were among the star performers of the period.

Boxing continued to prosper in the 1940s and early '50s, when Jimmy Carruthers won the world bantamweight title in South Africa. Other great Australian boxers of that era were George Barnes and Elley Bennett. Three weekly televised shows a week helped to revive the sport from its downturn in the early 1960s. Lionel Rose, Tony Mundine, Johnny Famechon, and Hector Thompson were the top Australian boxers of the '70s, while Lester Ellis and Barry Michael led the way in the following decade. Bill Mordey promoted successfully in the 1990s, and produced world champions in Jeff Fenech, Jeff Harding, and Kostya Tszyu. Their successes, however, did not halt boxing's declining popularity. There were 378 Australian boxing promotions in 1970, only 63 in 1999. Boxing in the early 21st century is a marginal sport in Australia, held in small venues and telecast on pay TV.

Weights: November 1, 1913 — Australia brought its official weight division limits into line with those established by London's National Sporting Club on Feb. 11, 1909 — flyweight-112, bantamweight-118, featherweight-126, lightweight-135, welterweight-147, middleweight-160, light heavyweight-175, and heavyweight (no limit).

Scoring Systems: The 1950s saw Australia use a five-point "split" system, 2 points going to each boxers in an even round, with winning rounds scored 3–2, 4–1, or 5–0, depending on the margin of victory. This was replaced by the five-point "must" system (although Australia continued to use half-points, meaning that a close round would be scored 5–4½) before the ten-point "must" system became almost universally accepted in the 1980s.

Australian Champions

HEAVYWEIGHTS

1884–1885	Bill Farnan
1885–1886	Tom Lees
1886–1888	Peter Jackson*
1888–1889	Frank Slavin*
1890–1894	Joe Goddard
1894	Harry Laing*
1894–1899	Mick Dooley
1899	Bill Doherty
1899–1900	Peter Felix
1900–1901	Bill Doherty
1901	Tut Ryan
1901–1902	Bill Doherty
1902–1905	Bill McCall
1905–1906	Tim Murphy
1906–1909	Bill Squires
1909–1910	Bill Lang
1910	Tommy Burns*
1911	Bill Lang
1911	Jack Lester
1911–1912	Sam McVey
1912–1913	Sam Langford*
1913–1915	Dave Smith*
1915–1916	Harold Hardwick
1916	Les Darcy*
1916–1917	Dave Smith
1917–1918	Jimmy Clabby
1918–1920	Albert Lloyd*
1921–1923	Colin Bell
1923	Jim Roland Dwyer
1923	Fonce Mexon
1923	Ern Sheppeard
1923–1924	Blackie Miller
1924–1926	Ern Waddy
1926	Ern Sheppeard
1926	George Thompson
1926	Tiger Payne
1926–1927	George Cook*
1927	George Thompson*
1927–1928	Tiger Payne*
1929–1930	George Thompson*
1930–1931	Vacant
1931–1932	Jack O'Malley
1932–1936	Ambrose Palmer*
1936–1938	Ron Richards
1938	Ambrose Palmer*
1940–1941	Ron Richards*
1941	Billy Britt
1941–1942	Ron Richards*
1942–1943	Billy Britt
1943–1945	Herb Narvo
1945–1948	Jack Johnson*
1950–1952	Dave Sands*
1953–1955	Ken Brady
1955–1959	Allen Williams
1959–1960	Steve Raduly*
1961–1964	Tony Vickers
1964	Ron Fritzsche
1964–1965	Peter Leaney
1965	Fred Casey*
1967–1968	Dave Cullen*
1968–1969	Fred Casey
1969	Bob Dunlop*
1970–1972	Foster Bibron
1972–1975	Tony Mundine*
1975–1976	Steve Aczel
1976–1977	Maile Haumona
1977–1984	Tony Mundine*
1984–1985	Steve Aczel
1985–1986	Dave Russell
1986–1991	Dean Waters*
1991–1992	Craig Petersen
1992–1994	Jimmy Thunder*
1995	Vince Cervi
1995–1997	Joe Bugner*
1997–1998	Colin Wilson
1998	Joe Bugner*
1998–1999	Bob Mirovic
1999–2000	Kali Meehan*
2001	Nathan Briggs
2001–2003	Bob Mirovic*
2003–	Colin Wilson

SUPER CRUISERWEIGHTS

2003–2005	Danny Buzza*

2006–2007	Nermin Sabanovic*	1977–1978	Al Korovou*	1928–1929	Ted Monson
2007	Costa Chondros	1979–1981	Wally Carr*	1929–1930	Jack Haines

CRUISERWEIGHTS

1981–1984	Tony Mundine*
1984–1987	Kevin Wagstaff
1987–1988	Dave Russell
1988–1991	Apollo Sweet*
1991–1992	Gary Wills*
1992	Dave Russell*
1993–1994	Ted Cofie
1994–1995	Phil Gregory
1995–1997	Peter Kinsella
1997	Sam Soliman
1997–1998	Adrian Bellin
1998–1999	Mosese Sorovi
1999–2000	Tosca Petridis
2000	Adam Watt*
2000–2001	Daniel Rowsell*
2002	Jamie Wallace
2002–2003	Simon Paterson*
2003	Lawrence Tauasa*
2004–2006	Tosca Petridis*
2006–	Daniel Ammann

LIGHT HEAVYWEIGHTS

1913–1915	Dave Smith*
1915–1928	Vacant
1928	George Thompson
1928–1936	Vacant
1936	Ambrose Palmer*
1937–1941	Ron Richards*
1941–1942	Cec Overall
1942–1943	Young Frisco
1943–1946	Jack Johnson
1946–1952	Dave Sands*
1952–1956	Vacant
1956–1958	Ricardo Marcos
1958	Billy McDonnell*
1958–1959	Ernie (Bull) Hughes
1959–1960	Steve Raduly
1960–1966	Clive Stewart*
1967–1969	Bob Dunlop*
1971–1972	Greg McNamara
1972–1973	Johnny Gorkom
1973–1974	Steve Cansdell
1974–1975	Steve Aczel
1975–1984	Tony Mundine*
1984–1986	Wally Carr
1986–1987	Garry Hubble
1987–1988	Guy Waters*
1989–1993	Ivan Rukavina*
1993–1994	Rick Thornberry*
1994–1997	Garth Cussion
1997–2000	Glen Kelly*
2000–2002	Paul Briggs*
2002	Peter Kariuki*
2002–2003	Jason de Lisle*
2003–2004	Marc Bargero*
2004	Jamie Guy
2004–2005	Justin Clements
2005–2006	Tim Bell
2006–2007	Heath Stenton*
2007	Marc Bargero
2007	Tim Bell

SUPER MIDDLEWEIGHTS

1976–1977	Joe Vella
1977–1978	Al Korovou*
1979–1981	Wally Carr*
1982	Graham Murray*
1982–1985	Vacant
1985	Tom West*
1985–1989	Doug Sam
1989	Lou Cafaro*
1989–1993	Rod Carr*
1993–1994	John Marceta*
1994–1995	Rick Thornberry*
1995–1997	Darren Obah*
1997–1999	John Mugabi*
1999–2000	Sam Soliman*
2000–2001	Marc Bargero
2001	Anthony Mundine*
2001–2003	Marc Bargero
2003	Shannan Taylor*
2004–2005	Juarne Dowling*
2005–2006	Les Sherrington
2006	Jamie Pittman*
2007	Les Sherrington

MIDDLEWEIGHTS

1885–1886	Eddie Seymour*
1886–1887	Billy McCarthy*
1887	Jim Fogarty*
1887–1889	Billy McCarthy*
1890–1891	Jim Hall
1891	Billy McCarthy*
1891–1892	Dan Creedon*
1894–1895	Tom Duggan*
1895–1896	Bill Jennings
1896	Bill Edwards*
1896–1899	Bill Jennings
1899–1900	Tim Murphy*
1900–1902	Bill Jennings
1902–1903	Soldier Jack Thompson
1903–1905	Arthur Cripps
1905–1906	Tim Murphy
1906–1907	Arthur Cripps
1907–1910	Ed Williams
1910	Arthur Cripps*
1910–1911	Dave Smith*
1911	Ted Whiting
1911	Arthur Cripps*
1912–1913	Jerry Jerome*
1913–1914	Tim Land
1914	Arthur Cripps*
1914–1915	Mick King
1915–1916	Les Darcy*
1916	Fritz Holland
1916	Mick King
1916–1917	Fred Kay
1917	Tommy Uren
1917	Jimmy Clabby
1917–1921	Tommy Uren
1921	Frank Burns*
1921–1922	Tommy Uren*
1922	Charlie Ring
1922–1924	Alf Stewart
1924–1925	Ted Monson
1925	Alf Stewart
1925–1926	Harry Collins*
1926–1927	Billy Edwards*
1927	Hughie Dwyer*
1928	Ted Monson
1928	Lachie McDonald
1928–1929	Ted Monson
1929–1930	Jack Haines
1930–1931	Ambrose Palmer
1931	Bob Thornton
1931–1932	Ambrose Palmer
1932–1933	Fred Henneberry
1933	Ron Richards
1933–1936	Fred Henneberry
1936–1941	Ron Richards*
1941	Al Basten*
1941–1942	Ron Richards*
1942–1943	Tommy Colteaux
1943–1944	Hockey Bennell*
1944	Tommy Colteaux
1944–1945	Cliff Bowen
1945	Hockey Bennell*
1945–1946	Allen Westbury
1946	Jack Kirkham
1946–1952	Dave Sands*
1952–1953	Al Bourke*
1954–1955	Pran Mikus
1955	Carlo Marchini
1955	Pran Mikus
1955–1956	Billy McDonnell
1956–1957	Luigi Coluzzi
1957–1958	Billy McDonnell
1958–1960	Clive Stewart
1960–1963	Peter Read*
1963–1965	Reg Hayes*
1966–1967	Dimitri Michael
1967	Tony Barber*
1968–1969	Dick Blair
1969–1970	Billy Choules
1970–1975	Tony Mundine*
1975–1977	Semi Bula*
1977–1978	Al Korovou
1978–1981	Wally Carr*
1981–1983	Steve Dennis
1983–1984	Ritchie Roberts
1984–1985	Emmanuel Otti
1985–1986	Lou Cafaro*
1986–1989	Mark Janssen*
1989	Lou Cafaro
1989–1990	Craig Trotter
1990–1991	Lou Carfaro
1991–1992	Vito Gaudiosi*
1992–1993	Craig Trotter
1993–1997	Ernie Artango*
1997–1999	Marc Bargero
1999	Sam Soliman*
1999–2000	Marc Bargero
2000	Josh Clenshaw
2000	Nader Hamdan*
2000	Ian McLeod*
2000–2001	Darren Obah*
2001	Wayne Parr
2001–2003	Ian McLeod*
2003–2004	Sakio Bika*
2004–2005	Daniel Dawson*
2005–2007	Adam Vella*
2007	Junior Talipeau

JUNIOR MIDDLEWEIGHTS

1939–1941	Ern Clingan*
1941–1963	Vacant
1963	Trevor Christian
1963–1964	Rod Kenny*

1965–1967	Tony Barber*	1941	Hockey Bennell	2001–2002	Steven Marks
1969–1970	Billy Choules	1941	Terry Reilly	2002–2003	Fred Kinuthia*
1970–1971	Johnny Galluzzo*	1941–1942	Ron McLaughlin	2004	Michael Katsidis*
1971–1972	Paul Lovi	1942–1946	Vic Patrick*	2005–2006	Mick Shaw*
1972–1975	Charkey Ramon*	1947–1949	Tommy Burns	2006–2007	Chris McCullem
1975–1976	Shane Patrick*	1949–1950	Kevin Delaney	2007	Dean Byrne
1976	Johnny Holt*	1950–1951	Mickey Tollis*		
1977	John Layton	1952–1953	Len Dittmar*		

LIGHTWEIGHTS

1977–1980	Wally Carr*	1953	George Kapeen*	1884–1885	George Powell
1980–1982	Alex Temelkov	1953–1956	George Barnes	1885	Jack Hall
1982–1986	Ken Salisbury*	1956	Darby Brown	1885–1886	Mick Nathan*
1986–1987	Steve Renwick	1956–1962	George Barnes	1887	Tom Meadows*
1987–1989	Steve Peel*	1962	Gary Cowburn	1887–1890	Ironbark Jim Burge
1989–1990	Ronald Doo	1962	Sid Prior*	1890–1891	George Dawson
1990–1994	Troy Waters*	1963	Gary Cowburn	1891	Tom Williams*
1994–1995	Leo Young*	1963–1964	Tommy Collins*	1891–1898	Jim Barron
1995–1998	Kevin Kelly*	1964	Bobby Kane*	1898–1899	Herb McKell*
1998	Lim Jeka	1964	Peter Cobblah*	1899–1900	Peter Murphy
1998–2000	Nader Hamdan*	1965–1969	Carmen Rotolo	1900	Jack McGowan
2000	Gavin Topp*	1969–1970	Alan Moore	1900–1901	Jim Hegarty*
2001–2002	Steve Douet	1970–1973	Jeff White	1901	Tom Mitchell*
2002–2003	Josh Clenshaw*	1973–1975	Rocky Mattioli*	1901–1902	Jack McGowan
2003–2004	Daniel Dawson*	1976–1977	Steve Dennis*	1902–1904	Bob Turner
2004–2005	Gary Comer*	1977–1978	Hector Thompson*	1904	Bob Rollo*
2005–2007	Rob Medley*	1978–1979	Neil Pattel	1904	Bob Turner
2007	Ryan Waters*	1979	Steve Dennis	1904–1905	Monty Andrews*
		1979–1980	Laurie Austin	1905	Bob Tuner

WELTERWEIGHTS

		1980–1984	Frank Ropis	1905	Hock Keys
1885–1887	Jack Molloy	1984–1985	Russell Sands	1905–1906	Monty Andrews*
1887–1890	Peter Boland*	1985–1987	Brian Janssen	1906–1908	Hock Keys
1890–1900	Vacant	1987–1991	Wilf Gentzen*	1908	Frank Thorn
1900	Snowy Sturgeon	1991	Attila Fogas	1908	Hock Keys
1900–1901	Otto Cribb	1991–1996	Grahame Cheney*	1908–1909	Lyn Truscott
1901	Mick Dunn*	1996–1997	Stefan Scriggins	1909	Bob Greenshields
1901–1905	George Johns*	1997–2001	Julian Holland*	1909	Jack McGowan
1905–1909	Vacant	2001–2001	Fred Kinuthia*	1909	Tommy Jones
1909	Rudy Unholz	2002–2005	Solomon Egberime*	1909–1915	Hughie Mehegan
1909–1910	Frank Thorn	2005–2006	Shannon McMahon*	1915	Herb McCoy
1910	Hughie Mehegan*	2006–	Eddie Delic	1915	Tommy Uren
1910–1911	Albert Scanlan*			1915–1916	Herb McCoy
1912	Hughie Mehegan			1916–1921	Llew Edwards

JUNIOR WELTERWEIGHTS

1912	Jimmy Clabby*	1934–1936	Billy Martin	1921	Harry Stone
1913	Les Gleeson*	1936	Terry Reilly	1921–1922	Sid Godfrey
1913–1914	Bob Whitelaw*	1936	Herb Bishop*	1922–1924	Hughie Dwyer
1915	Alf Morey	1937–1939	Hughie Mehegan*	1924	Billy Grime
1915	Fred Kay	1963–1964	Allan Carlill*	1924	Hughie Dwyer*
1915	Hughie Mehegan	1965–1966	Gary Cowburn	1924–1927	Billy Grime*
1915	Fernand Quendreux	1966–1970	Norm Langford	1927–1929	Bluey Jones
1915	Fred Kay	1970–1971	Billy Lewis*	1929–1930	Norm Gillespie*
1915–1916	Tommy Uren	1971	Leo Young	1930–1931	Bluey Jones
1916	Fritz Holland	1971–1977	Hector Thompson	1931	Billy Grime
1916–1919	Tommy Uren	1977	Laurie Austin	1931	Norm Gillespie
1919–1920	Fred Kay*	1977	Hector Thompson	1931–1933	Bobby Delaney
1920–1924	Tommy Uren	1977–1978	Laurie Austin	1933–1934	Jimmy Kelso
1924	Archie Bradley	1978–1981	Jeff Malcolm*	1934–1935	Herb Bishop
1924–1926	Harry Collins*	1981–1983	Peter Berrigan	1935–1937	Alf Blatch*
1926–1927	Eddie Butcher	1983–1984	Brian Janssen*	1938–1939	Tod Morgan
1927	Billy Grime*	1984–1988	Pat Leglise	1939	Paddy Boxall
1927	Eddie Butcher	1988–1989	Lester Ellis*	1939–1941	Tod Morgan
1927	Al Burke	1989–1990	Tony Jones	1941–1948	Vic Patrick*
1927	Hughie Dwyer*	1990–1991	Shane Riley	1949–1951	Jack Hassen
1928–1938	Jack Carroll*	1991	Paulo Pinto	1951–1953	Frank Flannery
1938	Jack McNamee	1991–1993	Shane Riley	1953–1954	Pat Ford
1938	Hockey Bennell*	1993–1995	Shannan Taylor*	1954	Ivor Germaine
1939	Allan Westbury	1995–1999	Justin Rowsell*	1954–1955	Pat Ford*
1939–1940	Jimmy Purcell	1999–2000	Steven Marks*	1955–1956	Col Clarke*
1940–1941	Allan Westbury*	2000–2001	Matthew Paulley	1956–1958	George Bracken

1958–1959	Max Carlos*	1905–1906	Ned Murphy	\multicolumn{2}{l}{**Junior Featherweights**}
1959–1962	George Bracken	1906	Tommy Jones	1979–1982	Brian Roberts*
1962–1963	Aldo Pravisani*	1906	Ned Murphy	1982–1983	Jim Bowen
1964–1966	Gilberto Biondi*	1906–1907	Frank Thorn	1983–1984	Craig Pevy
1967–1968	Arthur Bradley	1907–1909	Paddy King	1984–1986	Mark Cribb*
1968–1969	Giacomo Gulino	1909	Frank Thorn*	1986–1987	Marty Feighan*
1969–1970	Fred Wicks	1909–1910	Sid Sullivan	1988	Richard Reilly
1970–1973	Jeff White*	1910	Billy Elliott	1988–1989	Scott Brouwer*
1973–1974	Colin Cassidy*	1010–1912	Joe Russell	1989–1991	Al Whitten*
1974–1975	Andy Broome	1913–1917	Jimmy Hill*	1992–1994	Tony Wehbee*
1975	Blakeney Matthews	1917	Vince Blackburn	1994–1996	Nathan Sting*
1975–1976	Matt Ropis	1917–1920	Sid Godfrey	1996–1997	Arnel Barotillo*
1976–1977	Laurie Austin*	1920–1921	Jackie Green	1997–2001	Nedal Hussein*
1977–1978	Billy Mulholland	1921–1922	Bert Spargo	2001–2005	*Vacant*
1978–1985	Barry Michael*	1922	Bert McCarthy	2005–2006	Frank DeMilo*
1985–1987	Dale Artango	1922–1923	Bert Spargo	2006–	Davey Browne
1987–1990	Lester Ellis*	1923	Billy Grime	\multicolumn{2}{l}{**Bantamweights**}
1990–1992	Shane Knox*	1923	Ern Baxter	1890–1891	Abe Willis*
1992–1994	Scott Brouwer*	1923–1924	Bert Ristuccia	1891–1893	Jack McGowan*
1994–1995	Justin Rowsell*	1924–1927	Billy Grime*	1895–1899	Micko Walsh*
1996–2000	Tony Miller*	1927–1928	Tommy Barber	1900	Bert Weekes
2000–2001	Danny McGrail*	1928	Norm Gillespie*	1900–1902	Billy McKell
2001–2002	James Swan	1928–1929	Cocoa Jackson	1902	Paddy King*
2002	Michael Katsidis*	1929–1930	Tommy Crowle*	1903	Teddy Green
2002–2003	Naoufel ben Rabah*	1931–1934	Yg. Llew Edwards*	1903–1904	Peter Toohey
2003–2004	John Cotterill	1934	Jackie McDonald	1904–1905	Teddy Green
2004	Michael Mlacic	1934–1935	Joe Hall	1905	Tommy Jones*
2004–2006	Allen Luxford*	1935–1936	Merv Blandon*	1905–1906	Teddy Green
2006–	Lenny Zappavigna	1936	Spider Roach	1906	Ranji Moodie*
\multicolumn{2}{l}{**Junior Lightweights**}	1936–1941	Mickey Miller	1906–1911	Teddy Green
1939	Cec Rogers*	1941–1943	Kid Young*	1911–1912	Charlie Simpson*
1939–1940	George Elliott*	1943	Harry Cohen*	1912–1913	Teddy Green
1940–1941	Tommy Loder*	1944–1945	Tommy Chapman	1913–1914	Dodger Ryan
1941–1967	*Vacant*	1945–1949	Eddie Miller*	1914–1916	Jack Jannese
1967	Bobby Daldy	1949–1950	Bernie Grant*	1916–1917	Vince Blackburn
1967–1969	Terry Wilson*	1951	Ray Coleman	1917	Jack Jannese
1969–1970	Jeff White*	1951–1954	Elley Bennett*	1917–1920	Vince Blackburn
1971	Paul Bink	1954–1955	Russell Sands	1920	Jackie Green*
1971–1978	Billy Moeller*	1955–1958	Bobby Sinn*	1920–1921	Jerry Sullivan*
1979	Larry Valesini	1958	Max Murphy*	1921–1925	Jimmy Semmens
1979–1980	Big Jim West	1958–1959	George Flemming	1925	Stan Thurbon
1980–1982	Paul Ferreri*	1959–1964	Wally Taylor*	1925	Jimmy Kelly
1983	Dennis Talbot	1964–1969	Johnny Famechon*	1925–1926	Stan Thurbon
1983–1984	Brian Schofield*	1970–1971	Ken Bradley	1926	Les Jackson
1985–1988	Tony Miller	1971–1973	Lucky Gattellari*	1927	Archie Cowan
1988–1991	Renato Cornett	1973–1976	Tony Ryder	1927–1932	Billy McAlister
1991–1992	Craig Pevy	1976–1977	Merv Wockner*	1932–1933	Ern Evans
1992–1993	Renato Cornett*	1977–1981	Paul Ferreri	1933	Pat Craig
1993–1994	Glen Sutherland	1981	Gary Williams	1933–1934	Merv Blandon*
1994–1996	Cliff Sarmardin*	1981–1986	Paul Ferreri	1934–1935	Ron Leonard
1996–1998	Ricky Rayner*	1986–1987	Tony Miller	1935	Mickey Miller
1998	Quinton Donohue	1987–1988	Jeff Fenech*	1935–1936	Bobby Clements
1998–1999	Mick O'Malley*	1988–1991	Tony Miller*	1936–1940	Mickey Miller*
1999–2000	Colin Graham*	1991–1992	Eddie Younan*	1940–1941	Eddie Miller*
2000–2002	Karim Nashar*	1992–1993	Ricky Rayner*	1941–1942	George Smedley
2003–2004	Ben Cruz*	1993–1994	Lance Hobson*	1942	Harry Cohen*
2004–2005	Billy Dibb*	1994–1995	Tony Wehbee*	1942–1943	Les Feighan
2005–2007	Ahmed Elomar*	1995–1996	Gilbert Hooper*	1943–1945	Ken Stanford
2007	William Kickett	1996–1998	Selwyn Currie	1945–1948	Mickey Francis
\multicolumn{2}{l}{**Featherweights**}	1998	Mick O'Malley*	1948–1951	Elley Bennett
1889–1893	Young Griffo*	1999–2001	Tony Wehbee*	1951–1952	Jimmy Carruthers*
1893–1894	Nipper Peakes*	2001–2002	Jackson Asiku*	1953	Young Regan
1894–1900	Tim Hegarty*	2002–2003	Tommy Browne*	1953–1955	Bobby Sinn*
1901–1902	Bob Turner*	2004–2006	Jackson Asiku*	1955–1957	Kevin James
1902–1905	Micko Walsh	2007	Matt Powell	1957–1958	Dick White
				1958–1962	Johnny Jarrett*

1962	Eddie Ellston	1920–1924	George Mendies*	1973–1975	Big Jim West*
1962–1964	Billy Males*	1924	Al White	1975–1977	Charlie Brown
1964–1966	Noel Kunde	1924–1925	Les Jackson	1977–1979	Steve Bell*
1966–1969	Lionel Rose*	1925	Billy McAlister*	1979–1980	Pedro Solo
1969–1975	Paul Ferreri*	1925–1926	Al White	1980–1982	Steve Bell
1975–1976	Brian Roberts	1926	Patsy Kelly	1982–1988	Wayne Mulholland*
1976–1988	Paul Ferreri*	1926–1929	Teddy Green	1989–1990	Peter Mitrevski*
1988	Peter Mitrevski*	1929–1930	Vic Green	1990–1993	*Vacant*
1988–1990	Kevin Johnson	1930–1931	Teddy Green*	1993	Colin Nelson
1990	Robert Spencer*	1931	Vic White	1993	Jack Russell*
1990–1991	Brian Bullock*	1931–1932	Ron Leonard*	1994–1997	Martin Dodd*
1992	Colin Nelson	1933	Wally Walker*	1997–2001	Todd Makelin*
1992–1994	Nathan Sting*	1933	Norm Bible	2001–2002	Vic Darchinyan*
1994	Barry Sewell*	1933–1935	Wally Walker*		

Junior Flyweights

1994–1995	Gianni Rivera*	1935–1936	Bobby Clements	1978–1983	Junior Thompson
1995	Lucas Mathew*	1936–1937	Tiger Donnelly	1983–1985	Steve Bell*
1996–1997	Todd Makelin*	1937–1938	Rollo Hinton	1985–1986	Junior Thompson*
1998	Nedal Hussein*	1938	Tiger Donnelly	1986–1993	*Vacant*
1999	Todd Makelin*	1938	Snowy Means*	1993–1996	Jack Russell*
1999–2000	Johnny Binge	1939–1940	Eddie Roberts		
2000–2002	Nathan Sting*	1940–1941	Jackie Deakin		

Paperweights/Strawweights

2002–2005	*Vacant*	1941	Al Woods	1918	Dave Wall
2005	Shane Brock	1941–1943	Ken Stanford*	1918–1919	Charlie Lincoln*
2005–2006	Emmett Gazzard*	1943–1944	Teddy Lawler	1919	Bobby Gray*
2007	Fred Mundraby	1944–1945	Stumpy Butwell	1920	Dave Wall*
		1945–1949	Mickey Hill	1920–1921	George Boucher*

Junior Bantamweights

		1949–1950	Taffy Hancock	1921	Eddie Watson*
1984–1985	Jeff Fenech*	1950	Mickey Hill	1921–1922	Billy Yates*
1986–1989	Peter Mitrevski*	1950–1951	Stumpy Butwell	1922–1926	*Vacant*
1991–1992	John Carlo Dabbene	1951	Jimmy Laffin	1926–1927	Eddie Duffy*
1992–1993	Lucas Mathew*	1951–1954	Taffy Hancock	1927–1930	Vic White*
1993–1994	Barry Sewell	1954	Vince Blake	1930–1933	Teddy Lawler
1994	Jack Russell*	1954–1956	Frankie Bennett*	1933	Young Gandhi
1994	Gianni Rivera*	1956–1957	Bindi Jack	1933–1934	Bert Ryding
1994–1995	Colin Nelson	1957–1958	Warner Batchelor*	1934–1935	Young Gandhi*
1995–1998	Lucas Mathew*	1960	Alan Gibbards	1935–1993	*Vacant*
1998–2003	Tony Pappa*	1960–1961	Jackie Bruce	1993	Jack Russell*
		1961	Alan Gibbards	1993–1994	Lyall Appo

Flyweights

		1961–1962	Jackie Bruce	1994–2000	Ricky Budgen*
1917	Jackie Green	1962–1967	Rocky Gattellari*		
1917–1919	George Mendies*	1969–1970	Harry Hayes		
1920	Al White*	1970–1973	Henry Nissen		

New Zealand Champions

Torpedo Billy Murphy became New Zealand's first world champion when he knocked out Ike O'Neil Weir for the featherweight title in 1890. Tom Heeney was the first Kiwi to fight for the world heavyweight title, going into the eleventh round against defending champion Gene Tunney in 1928.

Heavyweights

		1921–1922	Tom Heeney*	1936–1940	*Vacant*
		1922–1923	Brian McCleary	1940–1942	Maurice Strickland
1909–1910	Jim Maloney*	1923	Tom Heeney	1942–1952	Don Mullett
1910	Ted Picton	1923	Jim Sullivan	1952	Chub Keith*
1910	Jim Mitchell	1923–1924	Tom Heeney*	1952–1954	Don Mullett
1910–1911	Bill Rudd*	1925	George Modrich	1954–1955	Chub Keith*
1911–1912	Charlie Herbert*	1925–1926	Eddie Parker*	1955–1957	*Vacant*
1912	Jim Mitchell	1926–1930	*Vacant*	1957–1958	Roy Stevens
1912	Bert Lowe	1930–1933	Alan Campbell	1958–1960	Sonny Pehi*
1912	Barney Ireland	1933–1934	Ray Nicol*	1960–1963	George Mahoni*
1912–1913	Bert Lowe	1934	Maurice Strickland	1963–1982	*Inactive*
1913	Fred Williams	1934–1935	Ray Nicol	1982–1983	Young Sekona
1913–1914	Bert Lowe	1935	Maurice Strickland*	1983–1984	George Stankovich*
1914–1921	Albert Pooley	1935–1936	Ray Nicol*	1984–1987	*Inactive*

1987–1988	August Tanuvasa	1913–1914	Dennis Murphy	1923–1924	Harry May
1988–1990	Lance Revill	1914	Barney Ireland	1924–1926	Clarrie Blackburn
1990–1997	Young Haumona*	1914–1917	Dennis Murphy	1926	Dick Loveridge
1998–1999	Kipa Tasefa*	1917–1918	Frank Griffin*	1926–1930	Artie Hay*
1999–2004	Vacant	1920–1924	Jack Heeney	1931–1934	Ted Morgan
2004–2005	Shane Cameron*	1924	Eddie Parker	1934–1935	Don Stirling
2005–2006	Amosa Zinck*	1924–1927	Lachie McDonald	1935	Neville Mudgway
2006–	Daniel Tai	1927–1929	Harry Casey*	1935–1937	Don Stirling

Cruiserweights

		1929–1930	Artie Hay*	1937–1938	Stan Jenkin*
1994–1999	Anthony Bigeni*	1931–1932	Fred Parker*	1938–1939	Neville Mudgway*
2000	Sam Leuii	1932–1933	George McEwan	1940–1946	Vic Caltaux
2000–2002	Lightning Lupe*	1933	Bert Lowe*	1946–1947	Bos Murphy*
2004–	Colin Hunia	1933–1934	Harry Lister*	1947–1949	Ian Cruickshank

Light Heavyweights

		1935–1937	Maurice O'Brien*	1949–1951	Clarrie Gordon*
1922–1923	Brian McCleary	1938	George Allen	1951–1953	Noel Fitzwater*
1923–1929	Eddie Parker*	1938	Cliff Hanham	1953–1954	Barry Brown*
1929–1930	Jim Broadfoot	1938–1940	Stan Jenkin*	1955–1956	Billy Beazley*
1930	Artie Hay*	1940–1945	Cliff Hanham*	1956–1957	Barney Shaw*
1931–1932	Jim Broadfoot	1946–1950	Roy Stevens*	1957–1958	Barry Brown*
1932–1936	Ray Nicol	1952	Jimmy Beal	1958–1959	Peter Graham*
1936–1937	Harold Reeve	1953–1955	Ross Sadler*	1959–1960	Heinie Forsyth
1937–1938	Ern Jacobs*	1955–1957	Charlie Beaton	1960	Joe McNally*
1939–1940	Stan Jenkin*	1957	Barry Brown*	1961–1962	Jimmy Williams
1940–1945	Cliff Hanham*	1957–1962	Tuna Scanlan*	1962	Heinie Forsyth
1945–1947	Roy Stevens	1964	Earl Nikora*	1962–1963	Johnny Lawrence
1947–1948	Doug Rollinson*	1966	Filo Manuao	1963–1964	Sam Leuii
1949	Tommy Downes	1966–1967	Johnny Henderson*	1964	Dennis Hagen*
1949	Barney Clarke	1968–1971	Fred Taupola	1964–1969	Vacant
1949–1950	Roy Stevens*	1971–1973	Kahu Mahanga	1969–1970	Graham Smith*
1950–1951	Russ Broughton*	1973–1975	Battling La'avasia*	1972–1973	Billy Fatu*
1951–1955	Chub Keith*	1975–1984	Vacant	1973–1982	Vacant
1956	Johnny Halafihi*	1984–1985	Craig Parsons	1982–1983	Musa Sione
1957–1959	Charlie Beaton*	1985–1986	Fred Taufua*	1984–1984	David Stowers*
1961–1962	Johnny Nomura	1987–1988	Piilua Taito*	1984–1989	Vacant
1962–1965	Earl Nikora	1988–1992	Vacant	1989–1990	Michael Sykes*
1965	Filo Manuao	1992–1993	Thomas Mika	1991–1992	Monty Bhana
1965	Mike Leuii*	1993–1995	Marty Sullivan*	1992–1993	Alberto Ma Chong*
1965–1971	Vacant	1995–1999	Vacant	1994–1999	Sean Sullivan*
1971–1974	Eddie Wulf*	1999–2001	Alan Gibson		
1974–1979	Vacant	2001–2002	Sean Sullivan*	### Light Welterweights	
1979–1980	Lance Revill	2002–2005	Norman Graham*		
1980–1981	Monty Betham*	2005–	Daniel McKinnon	1972–1973	Joey Santos*
1982–1983	Alex Sua*			1973–1983	Vacant
1983–1990	Vacant	### Light Middleweights		1983–1984	David Stowers*
1990–1993	Raeli Raeli*			1984–1994	Vacant
1994–1997	Allan McNamara*	1972–1974	Eddie Tavui*	1994–1996	Sam Aukuso*
1998–1999	Anthony Bigeni	1974–1982	Vacant	1996–2002	Vacant
1999–2001	Timo Masua*	1982–1985	Fred Taufua	2002–2003	Jamie Waru*
2002–	Sean Sullivan	1985–1986	Steve Renwick*	2004–	Guillermo Mosquera
		1986–1991	Vacant		
### Super Middleweights		1991–1992	Andy Sua	### Lightweights	
		1992	Andy Creery		
1991–1993	Rudi Filipovic*	1992–1994	Alberto Ma Chong	1905–1906	Hock Keys*
1994–1995	Gerard Zohns*	1994–1995	Sean Sullivan*	1907	Tim Tracy
1995	Jason Rarere*	1995–1996	Faaititi Seufale*	1907	Bob Rollo
1995–1998	Mike Makata	1996–1998	Jason Rarere*	1907–1911	Tim Tracy
1998–2000	Sam Leuii*	1999–2001	Sean Sullivan*	1911	Billy Hannan
2001–2002	Norm Graham	2001–2006	Vacant	1911	Tim Tracy
2002	Sean Sullivan*	2006–	Lee Oti	1911–1912	Alf Gault
2004–2006	Lee Oti*			1912	Peter Cook
2006–	Sosaia Vaka	### Welterweights		1912	Len Porter
				1912–1913	Jimmy Hagerty
### Middleweights		1910–1911	Tim Tracy	1913	Len Porter*
		1911–1912	Denny Murphy	1913–1914	Jimmy Hagerty*
1910	Gus Devitt*	1912	Lyn Truscott	1914–1915	Peter Cook*
1911–1912	Archie Leckie*	1912	Denny Murphy	1915–1920	Vacant
1913	Barney Ireland	1912–1913	Lyn Truscott*	1920	Gus Venn
		1913–1921	Denny Murphy*	1920–1921	Jack Keenan
		1921–1923	Jock Graham	1921	Frank O'Neil

1921–1926 Les Murray*	JUNIOR LIGHTWEIGHTS	1946–1947 Tom Baty*
1927–1928 Charlie Purdy*	1992–1994 Richard Pittman*	1947–1954 *Vacant*
1929–1931 Hector Leckie		1954–1957 Johnny Hanks
1931–1932 Harry Johns	FEATHERWEIGHTS	1957–1961 Billy Leckie
1932–1933 Archie Hughes	1907–1908 Jim Godfrey	1961–1963 Jimmy Cassidy*
1933–1934 Ted Oxley	1908–1909 Billy Elliott*	1965–1975 Toro George*
1934–1935 Joe Franklin*	1909–1912 *Vacant*	1981–1983 Jeff Smith*
1935–1938 Jack Jarvis	1912–1914 Jimmy Hagerty*	1983–1992 *Vacant*
1938–1939 Clarrie Rayner	1914–1915 Gus Venn*	1992–1994 Nick Fletcher*
1939–1945 Jack Jarvis*	1915–1919 *Vacant*	
1945–1946 Percy Kelly	1919–1922 Lin Robinson	BANTAMWEIGHTS
1946–1948 Young Jim Griffin*	1922 Duke Maddox	1915–1919 Jack Ladbury*
1948–1951 Percy Kelly*	1922–1923 Harry Gunn	1919–1920 Charlie Cann
1951–1953 Sid Stevens	1923–1924 Mike Flynn*	1920–1922 Harry Gunn
1953–1955 Frank Wilson	1924 George Curran	1922–1926 Charlie Cann*
1955–1956 Johnny Hanks	1924–1925 Bert Brown*	1926–1930 *Vacant*
1956–1959 Joe McNally*	1925–1927 Lin Robinson	1930–1932 Frank Taylor*
1959–1963 *Vacant*	1927 Duke Maddox	1932–1934 George Wright*
1963–1965 Dion Murphy*	1927–1930 Johnny Leckie	1934–1940 *Vacant*
1965–1966 Brian Maunsell	1930–1931 Tommy Donovan	1940–1948 Tot Hoggarth
1966–1967 Manuel Santos*	1931–1933 Johnny Leckie	1948–1954 Lin Philp*
1967–1970 *Vacant*	1933 Percy Hawes	1954–1965 *Vacant*
1970–1971 Rex Redden*	1933–1935 Clarrie Rayner*	1965–1966 Laurie Ny*
1971–1994 *Vacant*	1936 Billy Aitken*	
1994–1995 Lance Austin*	1936–1939 *Vacant*	
1996–1998 Clinton Simmons*	1939–1944 Lex Greaney	
2000 Peter Warren	1944–1946 Clarrie Rayner	
2000–2002 Santos Pakau*		

American Champions

(Pre–1979)

HEAVYWEIGHTS

1929–1932 Jack Sharkey* (Mass.)

LIGHT HEAVYWEIGHTS

1922 Gene Tunney (N.Y.)
1922–1923 Harry Greb (Pa.)
1923–1924 Gene Tunney* (N.Y.)
1924–1949 *Vacant*
1949–1950 Joey Maxim* (Ohio) [NBA]
1950–1978 *Vacant*
1978 Alvaro (Yaqui) Lopez* (Ca.)

MIDDLEWEIGHTS

1933 Wm. (Gorilla) Jones* (Ohio)
1933–1953 *Vacant*
1953 Carl (Bobo) Olson* (Calif.)
1953–1965 *Vacant*
1965–1966 Don Fullmer (Utah) [WBA]
1966 Jose Gonzalez* (N.Y.) [WBA]

JUNIOR MIDDLEWEIGHTS

1975–1976 Mike Baker (D.C.)
1976–1978 Alvin Anderson (Md.)
1978–1979 Rocky Mosley, Jr.* (Nev.)

LIGHTWEIGHTS

1894–1896 Geo. (Kid) Lavigne* (Mich.)

BANTAMWEIGHTS

1888–1891 Cal McCarthy* (N.J.)
1891–1898 *Vacant*

1898–1899 Terry McGovern* (N.Y.)
1899–1954 *Vacant*
1954–1955 Johnny O'Brien (Mass.)
1955–1957 Henry (Pappy) Gault* (S.C.)

FLYWEIGHTS

1916–1917 Pinkey Burns* (N.Y.)
1917 Young Zulu Kid (N.Y.)
1917–1919 Johnny Rosner (N.Y.)
1919 Young Montreal* (R.I.)
1920–1921 Frankie Mason (Ind.)
1921–1922 Johnny Buff (N.J.)
1922–1923 Pancho Villa (Calif.)
1923–1925 Frankie Genaro (N.Y.)
1925–1927 Fidel LaBarba* (Calif.)

United States Boxing Association Champions

HEAVYWEIGHTS

1979–1980 Mike Weaver* (Tx.)
1981–1984 Greg Page (Ky.)
1984–1985 David Bey (Pa.)
1985–1986 Trevor Berbick* (Fla.)
1986–1987 Tony Tucker* (Mich.)
1987–1991 Carl Williams (N.Y.)
1991–1992 Tim Witherspoon* (Pa.)
1993 Mike Hunter (S.C.)
1993–1996 Buster Mathis, Jr. (Mich.)
1996–1997 Lou Savarese* (Texas)
1997–1998 Hasim Rahman (Md.)
1998–2000 David Tua* (N.J.)

2001–2002 Chris Byrd* (Mich.)
2003–2004 Ty Fields* (Iowa)
2005 Samuel Peter* (Nev.)
2006 Shannon Briggs* (N.Y.)
2006–2007 Evander Holyfield* (Ala.)
2007–2008 Eddie Chambers* (Pa.)
2010 Fres Oquendo (Ill.)

CRUISERWEIGHTS

1980–1981 Bashiru Ali (Calif.)
1981–1983 Marvin Camel* (Mont.)
1984–1985 Bernard Benton (Mich.)
1985–1987 Boone Pultz* (N.J.)
1987 Sherman Griffin* (Tx.)
1988–1990 Jeff Lampkin* (Ohio)
1991–1992 Al (Ice) Cole* (N.Y.)
1992–1994 Arthur Williams* (Fla.)
1994–1995 Sergei Kobozev* (N.Y.)
1997–1998 Arthur Williams* (Fla.)
1999 Alex Gonzales* (P.R.)
2001 Imamu Mayfield* (N.J.)
2002 Kelvin Davis* (Miss.)
2002–2003 O'Neil Bell* (Ga.)
2003–2004 Kelvin Davis* (Miss.)
2004–2005 Felix Cora, Jr.* (Tx.)
2006–2007 Emmanuel Nwodo (Pa.)
2007 Darnell Wilson (Md.)
2008–2009 B.J. Flores* (Mo.)

LIGHT HEAVYWEIGHTS

1979–1980 Jerry Martin* (Pa.)
1980–1982 Murray Sutherland (Mich.)
1982–1985 Eddie Davis (N.Y.)

1985–1986	Marvin Johnson* (Ind.)	1989–1990	Art Serwano (Calif.)	1982	Ruben Munoz (Texas)
1986–1987	Charles Williams* (Mich.)	1990–1991	Ron Amundsen (Ill.)	1982–1983	Roger Mayweather* (Mich.)
1988	Vaughn Hooks* (Pa.)	1991	Vinny Pazienza* (R.I.)	1983–1985	Jimmy Paul* (Mich.)
1988–1989	Frankie Swindell* (Tn.)	1992–1994	Vincent Pettway (Md.)	1985–1986	Tyrone Crawley* (Pa.)
1989	Mike Sedillo* (Calif.)	1994–1995	Keith Holmes* (Md.)	1986–1987	Terrence Alli* (N.Y.)
1990	David Vedder* (Calif.)	1996–1997	Raul Marquez* (Tx.)	1987–1988	Pernell Whitaker* (Va.)
1990–1992	Booker T. Word (Mich.)	1997	Aaron Davis* (N.Y.)	1988–1992	Fred Pendleton* (Pa.)
1992–1993	Tim Hillie (D.C.)	1999–2000	Paul Vaden (Calif.)	1993	Carl Griffith (Ohio)
1993–1994	Ernie Magdaleno* (Ca.)	2000	Jose A. Flores* (Ca.)	1995	John Lark (Ind.)
1995	Anthony Hembrick (W. Va.)	2000–2001	Ronald Wright* (Fla.)	1995–1997	Ivan Robinson (Pa.)
1995	James Toney* (Mich.)	2001–2002	Bronco McKart* (Mich.)	1997–1999	Israel Cardona* (Conn.)
1995–1996	William Guthrie* (Mo.)	2002–2003	Kasim Ouma* (Fla.)	2001	Efren Hinojosa (D.F.)
1997–1999	Will Taylor (Pa.)	2004	Tokunbo Olajide* (N.Y.)	2001–2002	Julian Wheeler (Va.)
1999–2000	David Telesco* (N.Y.)	2005–2006	Raul Frank* (N.Y.)	2002–2003	Leavander Johnson* (N.J.)
2001–2002	Reggie Johnson (Texas)	2006–2007	Terrance Cauthen* (N.J.)	2003–2007	Vacant
2002–2003	Antonio Tarver* (Fla.)	2008–2009	Danny Perez* (Calif.)	2007–2008	Verquan Kimbrough* (Pa.)
2003–2004	Glengoffe Johnson* (Fla.)	2009–	Derek Ennis (Pa.)	2008–2009	Tyrone Harris* (Mich.)
2005	Eric Harding* (Pa.)				
2005	Khalid Jones* (N.J.)	**WELTERWEIGHTS**		**JUNIOR LIGHTWEIGHTS**	
2006–2007	Montell Griffin* (Ill.)	1980	Thomas Hearns* (Mich.)	1980–1981	Robert Mullins (S.C.)
2008–2009	Tavoris Cloud* (Fla.)	1981	Babs McCarthy* (Ca.)	1981–1983	John Verderosa* (N.Y.)
		1981–1982	Kevin Morgan (Nev.)	1983	Refugio Rojas* (Calif.)
SUPER MIDDLEWEIGHTS		1982	Marlon Starling (Conn.)	1984–1985	Kenny Baysmore (D.C.)
1984–1986	Murray Sutherland (Mich.)	1982–1983	Donald Curry* (Texas)	1985	Roger Mayweather* (Nev.)
1986–1989	Lindell Holmes* (Mich.)	1983–1986	Marlon Starling (Conn.)	1985–1986	Antonio Rivera* (P.R.)
1990–1992	Antoine Byrd (Calif.)	1986–1987	Johnny Bumphus* (N.J.)	1986–1987	Kenny Baysmore (D.C.)
1992–1994	Tim Littles* (Mich.)	1987–1988	Rollin Williams (Ariz.)	1987–1989	Harold Knight* (N.J.)
1995	Tony Thornton* (N.J.)	1988–1989	Manning Galloway* (Ohio)	1989–1990	Calvin Grove (Pa.)
1995–1996	Frank Rhodes (Ohio)	1990–1991	Glenwood Brown* (N.Y.)	1990–1994	Bernard Taylor* (Tn.)
1996–1997	Charles Brewer (Pa.)	1992–1994	Kevin Pompey (N.Y.)	1994–1995	Arturo Gatti* (N.J.)
1997–1998	Antoine Byrd* (Ca.)	1994	Harold Brazier (Ind.)	1996	John Brown (N.J.)
1999–2000	James Butler* (N.Y.)	1994	Anthony Stephens (Tx.)	1996–1999	Harold Warren (Texas)
2001–2002	Thomas Tate* (Texas)	1994–1995	James Hughes (Ala.)	1999	Derrick Gainer* (Fla.)
2003–2004	Jeff Lacy* (N.Y.)	1995–1996	Sal Lopez* (P.R.)	2000	Steve Forbes* (Nev.)
2004–2006	Yusaf Mack (Pa.)	1996–1997	Tony Martin* (Mo.)	2001	Lamont Pearson* (Md.)
2006–2007	Alejandro Berrio* (Fla.)	1997–1998	Raul Frank* (Fla.)	2002–2003	David Santos* (Fla.)
2007–2009	Librado Andrade* (Ca.)	1998–2001	Vacant	2003–2005	Robbie Peden* (Calif.)
		2001–2002	Corey Spinks* (Mo.)	2005–2006	Lamont Pearson* (Md.)
MIDDLEWEIGHTS		2003–2004	Ishe Smith* (Nev.)		
1980–1981	Curtis Parker* (Pa.)	2004–2005	David Estrada* (Ill.)	**FEATHERWEIGHTS**	
1981–1983	Frank Fletcher (Pa.)	2006–2007	Delvin Rodriguez (Conn.)	1980–1981	Rocky Lockridge (N.J.)
1983–1984	Wilford Scypion* (Tx.)	2007–2008	Jesse Feliciano* (Calif.)	1981–1982	Juan LaPorte* (N.Y.)
1984	Alex Ramos (New York)	2008–	Delvin Rodriguez (Conn.)	1982–1984	Refugio Rojas (Ca.)
1984–1985	James Kinchen* (Ca.)			1984–1985	Irving Mitchell (Ca.)
1985–1986	John Collins (Ill.)	**JUNIOR WELTERWEIGHTS**		1985–1987	Calvin Grove* (Pa.)
1986	Robbie Sims* (Mass.)	1979–1981	Willie Rodriguez (Pa.)	1988–1989	Jeff Franklin (Nev.)
1987	Doug DeWitt* (N.Y.)	1981–1984	Johnny Bumphus* (N.J.)	1989–1991	Lupe Gutierrez* (Ca.)
1987	Frank Tate* (Mich.)	1984–1985	Gary Hinton* (Pa.)	1992	Louie Espinoza* (Ariz.)
1989	Tony Thornton (N.J.)	1986–1989	Frankie Warren (Tx.)	1993–1995	Francisco Segura* (Ca.)
1989	Kevin Watts (N.J.)	1989–1990	Loreto Garza* (Calif.)	1995–1997	David Santos* (Mass.)
1989–1990	Steve Collins* (Mass.)	1990–1991	Charles Murray (N.Y.)	1997–2001	Angel Vazquez* (Conn.)
1990–1991	Reggie Johnson* (Tx.)	1991–1992	Terrence Alli* (N.Y.)	2002–2003	Juan M. Marquez* (Ca.)
1992–1995	Bernard Hopkins* (Pa.)	1993–1995	Darryl Tyson (D.C.)	2005–2006	Rogers Mtagwa (Pa.)
1995–1996	Robert Allen (La.)	1995–1998	Fred Pendleton (Pa.)	2006–2007	Martin Honorio* (D.F.)
1996–1997	Brian Barbosa* (N.J.)	1998–1999	Terronn Millett* (Co.)	2008–2009	Jose Hernandez* (Ga.)
1997–2000	Antwun Echols* (Tenn.)	1999–2000	DeMarcus Corley* (D.C.)		
2001–2003	Robert Allen* (La.)	2001–2002	Teddy Reid (Pa.)	**JUNIOR FEATHERWEIGHTS**	
2004–2005	Daniel Edouard* (Fla)	2002	Benjamin Tackie (Ca.)	1985–1987	Greg Richardson (Ohio)
2006	Willie Gibbs* (Pa.)	2003–2004	Michael Stewart* (Del.)	1987–1991	Jesse Benavides* (Texas)
2007–	Lajuan Simon (Pa.)	2006–2007	Demetrius Hopkins* (Pa.)	1991–1992	Jesus (Bebis) Rojas (Fla.)
		2008–2009	Mike Arnaoutis (N.Y.)	1992	Kennedy McKinney* (Tenn.)
JUNIOR MIDDLEWEIGHTS		2009	Victor Ortiz* (Calif.)	1993–1994	Rudy Zavala* (Calif.)
1979–1980	Tony Chiaverini* (Ks.)	2009–	Tim Coleman (Md.)	1994	Agapito Sanchez (N.Y.)
1981–1983	Gary Guiden* (Ind.)			1994–1995	Mauricio Diaz (Calif.)
1983–1986	Duane Thomas* (Mich.)	**LIGHTWEIGHTS**		1996–1997	Kennedy McKinney* (Tenn.)
1987	Donald Curry* (Texas)	1979–1981	Sean O'Grady* (Okla.)	1998–1999	Jason Pires* (Mass.)
1987–1988	Robert Hines* (Pa.)	1981–1982	Curtis Harris* (N.J.)	2001–2002	Bobby Velardez* (Calif.)

2003–2005	Art Simonyan (Calif.)	
2005	Agapito Sanchez* (N.Y.)	
2006–2007	Mike Oliver* (Conn.)	
2009–	Teon Kennedy (Pa.)	

BANTAMWEIGHTS
1979–1980	Jeff Chandler* (Pa.)
1980–1982	Johnny Carter* (Pa.)
1982–1985	Gaby Canizales* (Tx.)
1985–1986	Hurley Snead* (Mich.)
1987	Kelvin Seabrooks* (N.C.)
1987–1988	Gaby Canizales (Texas)
1988–1989	Kenny Mitchell* (N.Y.)
1989–1990	Eddie Rangel (Texas)
1990–1991	Greg Richardson* (Ohio)
1991	Eddie Lee Cook* (Mo.)
1991–1993	Junior Jones* (N.Y.)
1994–1995	Mario Diaz (Texas)
1995	Sergio Reyes (Texas)
1995–1997	Ancee Gedeon* (Ariz.)
1997–2001	Vacant
2001	Peter Frissina* (Fla.)
2002	Rafael Marquez* (Ca.)

JUNIOR BANTAMWEIGHTS
1988	Orlando Canizales* (Tx.)
1988–1989	Raymond Medel (Texas)
1989–1990	Robert Quiroga* (Tx.)
1990–1991	Johnny Tapia* (N.M.)
1992–1993	John M. Johnson* (Tx.)
1995–1997	Jose M. Diaz* (Calif.)
1999	Francisco Espitia* (Ca.)
2001–2002	Martin Castillo* (Ca.)
2003–2004	Vernie Torres* (Fla.)

FLYWEIGHTS
1981–1982	Willie Jensen* (Nev.)
1982–1983	Henry Brent* (N.Y.)
1983–1985	Joey Olivo* (Calif.)
1985–1987	Henry Brent (N.Y.)
1987–1988	Raymond Medel* (Tx.)
1988–1990	Louis Curtis (Md.)
1990–1992	Pedro Feliciano (P.R.)
1992	Scott Olson (Alberta)
1992–1994	Jose L. Zepeda* (Az.)
1996–1998	Will Grigsby* (Minn.)
1998–2001	Pedro Pena* (Calif.)

California State Champions

HEAVYWEIGHTS
1931	Les Kennedy
1931	Dynamite Jackson
1931–1932	Ace Hudkins
1932	Lee Ramage*
1932–1933	Tom Patrick*
1933–1938	Vacant
1938	Lou Nova
1938–1939	Maxie Rosenbloom*
1941–1942	Big Boy Bray*
1942–1948	Vacant
1948–1950	Pat Valentino*
1950–1951	Frank Buford
1951	Andy Walker
1951–1952	Grant Butcher*
1952	Frank Buford
1952–1954	Willie Bean
1954	Yg. Jack Johnson
1954–1955	Willie Bean
1955–1956	Yg. Jack Johnson
1956–1958	Roger Rischer*
1958–1961	Reuben Vargas*
1961–1965	Roger Rischer
1965–1966	Thad Spencer
1966–1967	Bill McMurray
1967–1972	Henry Clark
1972–1974	Jack O'Halloran
1974–1977	Howard Smith*
1978–1983	Stan Ward
1983–1985	Mike Weaver*
1986–1988	Dee Collier
1988	Mike White
1988–1989	Levi Billups
1989–1991	Lionel Washington
1991	Tony Tucker*
1993–1994	Lionel Butler*
1995–1998	Jeremy Williams*
1998–2002	Vacant
2002–	Charles Wilson

CRUISERWEIGHTS
1987–1988	Olian Alexander*
1991–1993	Pedro Cortez*
1993–1994	Grover Robinson*

LIGHT HEAVYWEIGHTS
1931	Lee Ramage*
1931–1932	Oscar Rankins*
1932	Tony Poloni*
1933–1934	Billy Papke, Jr.*
1934–1937	Vacant
1937–1938	Swede Berglund*
1938–1939	Ernest McDonald*
1941	Oscar Rankin*
1942	Jack Coggins
1942–1943	Johnny Romero
1943–1944	Jack Coggins*
1944	Red Nibert*
1944	Watson Jones
1944–1945	Jack Chase
1945	Kenny Watkins
1945–1947	Billy Smith*
1947–1948	Archie Moore
1948–1950	Leonard Morrow*
1950–1952	Bob Murphy*
1952–1953	Tommy Harrison*
1953–1954	Frankie Daniels*
1954–1957	Esau Ferdinand*
1957	Charlie Black
1957–1958	Calvin Brad
1958	Billy Hester
1958–1959	Sixto Rodriguez
1959	Monroe Ratliff
1959–1962	Sixto Rodriguez
1962–1964	Dean Bogany*
1964–1966	Roger Rouse*
1966–1968	Bob Stininato*
1968–1970	Terry Lee
1970–1971	Chuck Hamilton
1971–1973	Ray White
1973–1974	Mike Quarry*
1974–1975	Yaqui Lopez
1975	Jesse Burnett
1975–1982	Yaqui Lopez*
1983–1984	G.C. Smith
1984–1985	Mike Sedillo*
1985	J.B. Williamson*
1986–1987	Glenn Kennedy*
1987–1988	Ramzi Hassan*
1988–1991	Grover Robinson*
1992–1993	Ernie Magdaleno*
1993–2002	Vacant
2002–	Rodney Toney

SUPER MIDDLEWEIGHTS
1988	James Kinchen*
1988–1990	Antoine Byrd*
1990–2003	Vacant
2003	Ishwar Amador*
2003–	Ricardo Cortes

MIDDLEWEIGHTS
1931	Chick Devlin*
1931–1932	Harry Smith*
1933–1934	Vearl Whitehead
1934	Swede Berglund
1934–1935	Oscar Rankin*
1935–1941	Vacant
1941	Eddie Booker
1941–1942	Shorty Hogue
1942–1943	Eddie Booker
1943	Jack Chase
1943	Archie Moore
1943–1944	Jack Chase
1944–1945	Charley Burley*
1945–1946	Paulie Peters*
1946–1950	Vacant
1950–1951	Maurice Harper
1951–1952	Bobby Jones
1952	Art Soto
1952–1953	Charlie Green
1953	Esau Ferdinand
1953	Charlie Green
1953–1954	Willie Vaughn
1954	Charlie Green
1954	Willie Vaughn
1954–1955	Sal Perea
1955	Willie Vaughn*
1956–1958	Neal Rivers
1958–1960	Hank Casey*
1960–1968	John H. Smith*
1969	Ralph McCoy
1969	George Cooper
1969–1970	Lonnie Harris
1970–1978	George Cooper
1978–1979	Marcos Geraldo*
1981	Erwin Williams*
1981–1982	Tim Harris
1982–1986	Fred Hutchings
1986	Alex Ramos
1986–1987	Michael Nunn*
1987–1988	Tim Williams
1988	James Kinchen*
1989	Tim Williams
1989	Larry Musgrove*
1989–1990	Tim Williams
1990–1991	Ray McElroy*
1992–1994	Gilbert Baptist*
1995–1997	Randy Smith*
1998–2000	Nick Martinez*
2000–	Dwain Williams

Junior Middleweights

1986–1987	Tomas Perez
1987	Derrick Kelly*
1988	Alphonso Long*
1988–1989	Tomas Perez*
1990–1992	Rollin Williams*
1992–1993	John Armijo
1993–1995	Kenny Lopez
1995–1996	Patrick Goossen*
1999–	Carlos Bojorquez

Welterweights

1929–1930	Charlie Cobb
1930–1931	Al Cante*
1931–1933	Yg. Corbett III*
1933	Johnny Romero
1933–1934	Ceferino Garcia
1934–1936	Yg. Peter Jackson*
1936–1937	Abie Miller
1937	Bert Colima II*
1938–1939	Frank Vallerino*
1939–1947	Jackie Wilson
1947	Earl Turner
1947–1948	George Costner
1948–1949	Earl Turner
1949–1950	Maurice Harper*
1950	Irvin Steen
1950–1951	John L. Davis*
1951–1952	Bobby Jones
1952–1955	Ramon Fuentes*
1956–1959	Tombstone Smith
1959–1960	Jerry Hunnicutt
1960–1961	Lyle Mackin*
1961–1962	Charley Smith
1962–1964	Gabe Terronez*
1964–1966	Charlie Shipes*
1967–1969	Ernie Lopez*
1969–1970	Roberto Amaya*
1970–1971	Gil King
1971–1972	Nate Robinson*
1972–1974	Armando Muniz*
1975–1980	Monroe Brooks*
1980–1981	Pablo Baez*
1983–1987	Felipe Canela
1987	Russell Mitchell
1987–1988	Alphonso Long*
1988–1990	Russell Mitchell*
1990–1991	Ernie Chavez*
1991–2000	*Vacant*
2000	Danny Perez*
2000–	Sebastian Valdez

Junior Welterweights

1974–1982	Monroe Brooks*
1983–1984	Rene Arredondo*
1985–1987	Andy Nance*
1987–1989	John Montes*
1991–1996	David Kamau*
1996–2000	*Vacant*
2000–2003	Juaquin Gallardo*
2004–2005	Rogelio Castaneda*

Lightweights

1931	Tod Morgan
1931–1932	Bobby Pacho
1932–1939	Yg. Peter Jackson*
1939–1942	*Vacant*
1942–1944	Ray Lunny
1944–1947	Willie Joyce*
1947–1949	Enrique Bolanos
1949–1950	Maxie Docusen*
1950–1951	Rudy Cruz
1951–1953	Johnny Gonsalves*
1954–1956	Don Jordan
1956–1957	Joey Lopes*
1957–1966	Paul Armstead*
1967–1969	Lovell Franklin
1969	Ray Adigun
1969–1970	Raul Montoya
1970–1971	Baby Luis*
1971	Felipe Torres
1971–1973	Juan Collado
1973–1977	Monroe Brooks*
1977	Jose Talamantez
1977–1979	Vicente Mijares*
1979–1982	*Vacant*
1982–1984	Connie Swift*
1987	Larry Villareal
1987	Ernie Landeros
1987–1988	Joey Olivera*
1988	Ricardo Velasquez
1988–1990	David Gonzales*
1990	David Santos
1990–1991	Tim Brooks*
1996–1997	Paris Alexander*
1998	Eduardo Contreras*
2000–2002	Yoni Vargas*
2003	Shawn Gallegos*
2004–2008	Marco Angel Perez*

Junior Lightweights

1933–1934	Eddie Shea*
1934–1971	*Vacant*
1971	Jorge Ramos*
1972–1973	Alberto Reyes*
1978–1979	Juan Escobar*
1982–1983	Richard Savala*
1983–1986	*Vacant*
1986–1987	Greg Puente
1987	Ramon Marchena*
1987–1988	Refugio Rojas
1988–1989	Genaro Hernandez*
1990–1992	Benny Lopez*
1995–1998	Isagani Pumar*
2000–2005	Marcos Licona*

Featherweights

1931	Fidel LaBarba
1931–1932	Claude Varner
1932–1934	Varias Milling*
1936–1937	Henry Armstrong*
1937–1946	*Vacant*
1946–1947	Carlos Chavez*
1948–1950	Harold Dade
1950	Rudy Garcia
1950–1951	Lauro Salas
1951	Fabela Chavez
1951–1952	Lauro Salas*
1952	Al Cruz
1952–1953	Dave Gallardo*
1954–1955	Rudy Garcia*
1955–1956	Davey Gallardo*
1956	Kenny Davis
1956	Tommy Bain*
1957–1958	Jose Luis Cotero
1958–1959	Jimmy Moser*
1959–1960	Bill Thomas
1960	Felix Cervantes*
1961	Danny Valdez
1961–1962	Gil Cadilli*
1962–1965	Don Johnson*
1965–1966	Danny Valdez
1966–1967	Alex Benitez
1967–1968	Bobby Valdez*
1968–1969	Dwight Hawkins*
1969–1970	Frankie Crawford*
1970–1978	*Vacant*
1978	Fel Clemente
1978–1979	Francisco Flores
1979–1980	Frankie Duarte*
1982–1983	Joe Guevara*
1982–1986	Refugio Rojas*
1986–1987	Irving Mitchell*
1987–1988	Jesus Poll*
1988–1989	Hugo Anguiano
1989–1990	Hector Lizarraga*
1990–1991	Rafael Ruelas*
1992	Jorge Parra*
1992–1994	Hector Lizarraga*
1997–1998	Carlos Navarro*
1999	Israel Correa*
2000–2002	Roger Medal*
2004–2005	Jose A. Gonzalez*

Junior Featherweights

1978–1979	Freddie Gonzales*
1979	Mario Chavez*
1979–1983	*Vacant*
1983–1984	Ricardo Varela*
1986	George Garcia*
1986–1988	Jorge Urbina Diaz*
1990	Jorge Garcia
1990–1991	Jose Luis Vegagil
1991–1992	Raul Contreras
1992–1995	Mauricio Diaz*
1995–2009	*Vacant*
2009–	Christopher Henry

Bantamweights

1931	Speedy Dado
1931–1932	Newsboy Brown
1932	Young Tommy
1932–1933	Speedy Dado
1933	Young Tommy
1933–1934	Speedy Dado*
1934–1938	*Vacant*
1938–1941	Little Dado*
1942	Manuel Ortiz*
1944–1945	Ceferino Robleto
1945–1946	Tony Olivera*
1947	Luis Castillo*
1948–1949	Cecil Schoonmaker*
1949–1952	*Vacant*
1952	Tommy Umeda
1952–1953	Oscar Torres
1953	Billy Peacock
1953–1954	Javier Gutierrez
1954–1955	Cecil Schoonmaker
1955–1956	Jesse Mongia*
1957–1958	Billy Peacock
1958	Boots Monroe*

1961–1962	Herman Marquez*
1962–1965	*Vacant*
1965–1966	Norman Parra
1966–1967	Rudy Corona
1967–1969	Daniel Valdez*
1970–1973	Jose Valdovinos*
1974–1976	Joe Guevara*
1976–1979	*Vacant*
1979–1983	Ricardo Varela*
1985–1986	George Garcia*
1988–1989	Luisito Espinosa*
1989–1994	*Vacant*
1994	Joe Manzano*
1994–2001	*Vacant*
2001–2003	Samuel Lopez*

Junior Bantamweights

1989–1991	Ricky Romero*
1991–1998	*Vacant*
1998	Pedro Pena*
2000–2002	Jorge Gonzalez*
2004–2008	David Martinez*

Flyweights

1946–1947	Alfredo Chavez*
1949–1952	Reuben Smith*
1954–1955	Johnny Ortega*
1956–1958	Jimmy Abeyta*
1958–1978	*Vacant*
1978–1980	Mike Stuart*
1981–1987	Alonso Gonzalez*

Texas State Champions

Heavyweights

1940	Babe Ritchie
1940–1941	Babe Hunt*
1943	Jack Marshall
1943–1945	Buddy Marshall
1945–1946	Watson Jones*
1947	Ben Johnson
1947–1948	Bob Sikes
1948	Dolph Quijano
1948	Whitey Berlier
1948–1951	Dolph Quijano*
1952–1953	Bing Roberts*
1955–1961	Roy Harris*
1963	S.D. (Sonny) Moore
1963–1964	Carl (Tod) Herring*
1965–1970	Dave Zyglewicz*
1971–1972	Terry Daniels
1972–1973	Cleveland Williams*
1973–1974	James Helwig*
1975–1977	Johnny Boudreaux
1977–1979	Randy Stephens*
1979–1982	Cookie Wallace
1982–1984	Charles Hostetter
1984–1986	Tony Perea*
1986–1973	*Vacant*
1973–1974	James Helwig*
1974–2003	*Vacant*
2003–2004	David Rodriguez*
2005–2006	Hector Ferreyro*
2007–2008	Domonic Jenkins*
2009–	Eugene Hill

Cruiserweights

| 1980–1981 | Alvin Dominey* |

1981–1985	*Vacant*
1985–1987	Jesse Shelby
1987–1988	Sherman Griffin*
1988–2003	*Vacant*
2003–2006	James Elizalde*
2006–2007	Billy Willis*
2008–	Eric Molina*

Light Heavyweights

1946–1947	Jimmy Webb
1947–1948	Dolph Quijano*
1948–1952	*Vacant*
1952	Red Worley
1952–1953	Joe Moran
1953–1955	Athos Williams*
1956–1957	Alvin Green
1957–1961	Donnie Fleeman*
1961–1963	George Price*
1963–1966	Benny Bowser
1966–1967	Karl Zurheide
1967–1970	Paul Patin
1970–1971	Willis Earls*
1971–1975	*Vacant*
1975–1976	Mike Quarry*
1978–1979	Clyde Mudgett
1979–1981	Otis Gordon*
1982–1988	Jay Strickland*
1988–2005	*Vacant*
2005	Fidel Avila
2005	Ignacio Garza
2005–2006	Gabriel Rivera*
2006–	Marcus Johnson*

Super Middleweights

1987–1988	Vincent Boulware*
1988–2007	*Vacant*
2007	Fernando Vela
2007–2008	Victor Lares*

Middleweights

1897–1898	Jack Johnson*
1898–1939	*Vacant*
1939–1940	Billy Pryor*
1940–1944	*Vacant*
1944	Chuck Hirst
1944–1945	Fritzi Zivic*
1945	Paul Altman
1945	Tony Elizondo
1945–1946	Paul Altman
1946–1947	Tommy Ramirez
1947–1950	Jimmy Curl*
1951–1952	Pete Gil
1952–1956	Bobby Dykes*
1956–1957	Norris Burse*
1957	Mickey Brown
1957–1958	Rocky Caballero*
1959–1964	Santiago Gutierrez*
1964–1970	*Vacant*
1970–1972	Willie Warren*
1973	Jesse Avelos*
1973–1978	*Vacant*
1978–1981	Melvin Dennis*
1981–2004	*Vacant*
2004–2006	Adrian Lopez*
2006–2007	Brian Vera*

Junior Middleweights

| 1984–1985 | Aniseto Ramos |

1985	Bobby McCorvey*
1985–1988	*Vacant*
1988–1989	Derwin Richards*
1989–2004	*Vacant*
2002–2003	Grady Brewer
2003–2004	Jose Luis Zertuche*
2004–2005	Roberto Garcia*
2006–	Juan de la Rosa

Welterweights

1938	Billy Deeg
1938	Bill McDowell
1938–1942	Eddie McGeever*
1942	Midget Mexico
1942–1943	Ernie Derho
1943–1945	Midget Mexico*
1945–1953	*Vacant*
1953–1955	Manuel Baptista*
1957–1960	Mel Barker
1960–1961	Ray Terrazas*
1963–1964	Manuel Gonzalez*
1965–1966	Curtis Cokes*
1966–1974	*Vacant*
1974–1975	Frank Young*
1977–1980	Raul Aguirre
1980–1982	Jimmy Heair*
1983–1985	Eddie Green
1985	Dennis Benjamin*
1985–1986	Othal Dixon*
1986–1987	Ricky Stoner*
1988–1990	Robin Blake*
1990–2002	*Vacant*
2002–2003	Omar Davila*
2005–2006	Roberto Garcia*
2007–	Raymond Gatica*

Junior Welterweights

1977	Rocky Ramon*
1977–1983	*Vacant*
1983–1984	Charles Allen*
1986–1989	Othal Dixon*

Lightweights

1938	Lew Jenkins
1938–1941	Wesley Ramey*
1941–1942	Mike Delia*
1944–1945	Proctor Heinhold*
1947	Jose Luis Vera
1947–1948	Paulino Montes*
1948–1949	Gordon House*
1949–1951	Eddie Bertolino*
1952–1953	Al Juergens
1953–1954	Jackie Blair
1954–1955	Cesar Saavedra
1955–1958	Ray Riojas
1958	Rocky Randell
1958–1959	Ray Riojas*
1960–1961	Rip Randall*
1962–1963	Vic Graffio
1963	Johnny Brooks*
1964	Henry Dominguez
1964–1969	Blackie Zamora
1969	Steve Freeman*
1969–1975	*Vacant*
1975–1976	Rocky Ramon
1976	Termite Watkins*
1977–1980	Rocky Ramon*

1981–1982	Bubba Busceme*	
1983–1984	Reggie Watson*	
1984–1986	Robin Blake*	
1986–1987	Ronald Haynes*	

SUPER FEATHERWEIGHTS

1975–1980	Tony Sanchez
1980–1989	Ruben Munoz*
1989–2004	Vacant
2004–2006	Jason Litzau*

FEATHERWEIGHTS

1939–1940	K.O. Borrado
1940–1941	Young Cordova*
1941–1944	Vacant
1944	Johnny Pacheco
1944–1948	Manny Ortega
1948–1950	Lauro Salas*
1951–1953	Jackie Blair*
1954	Otilio Galvan
1954	Doug Medley
1954	Cesar Saavedra*
1955–1958	Paul Jorgensen*
1959	Ruben Munoz
1959–1960	Frank Valdez*
1960–1964	Vacant
1964–1965	Humberto Barrera*
1965–1980	Vacant
1980–1981	Roque Montoya*
1981	Mike Ayala*
1981–2002	Vacant
2002–2004	Danny Flores*
2004	Tomas Villa
2004–2005	Danny Flores*
2005–2007	Tomas Villa*

SUPER BANTAMWEIGHTS

1977–1981	Mike Ayala*
1981–2002	Vacant
2002–2004	Armando Guerrero*
2005–2006	Antonio Escalante*

BANTAMWEIGHTS

1953–1954	Otilio Galvan
1955–1957	Henry Miramontes
1957	Rudy Valdez
1957–1959	Henry Miramontes*
1960–1961	Ricardo Lara
1961–1977	Vacant
1977–1979	Earl Large*
1981–1982	Freddie Jackson*
1982	Gaby Canizales*
1982–1986	Freddie Jackson*
1986–1987	David Gauvin*
1987–2005	Vacant
2005	Alejandro Garcia
2005–2006	Nelson Soto*

JUNIOR BANTAMWEIGHTS

1986–1988	Mike Phelps*
1988–2004	Vacant
2004–2005	Cesar Lopez*
2005–2009	Vacant
2009–	Luis Yanez

FLYWEIGHTS

1947–1949	Lalo Sarabia*
1949–1981	Vacant
1981–1982	Felix Castillo*
1982	Luis Jimenez
1982–1983	Javier de la Cerda
1983–1985	Mario Gonzalez*

New England Champions

HEAVYWEIGHTS

1931–1932	Ernie Schaaf (Mass.)
1932	Ed (Unknown) Winston (Ct.)
1932–1933	Ernie Schaaf* (Mass.)
1933–1934	Ed (Unknown) Winston (Ct.)
1934–1936	Tony Shucco (Mass.)
1936–1939	Al McCoy (Maine)
1939–1948	Nathan Mann (Conn.)
1948–1950	Bernie Reynolds (Conn.)
1950	Tiger Ted Lowry (Maine)
1950	Bernie Reynolds (Conn.)
1950–1951	Duilio Spagnola* (Mass.)
1952–1955	Willie James* (Mass.)
1956–1958	Claude Chapman* (Mass.)
1959–1961	Lee Williams* (Mass.)
1962	Don Prout (Rhode Is.)
1962–1965	Tom McNeeley (Mass.)
1965	Marion Connors (Mass.)
1965–1967	Tom McNeeley* (Mass.)
1969	Paul Kasper (Maine)
1969	Jimmy McDermott (Mass.)
1969	Pete Riccitelli (Maine)
1969–1970	Paul Raymond (Mass.)
1970	Eddie Spence (Mass.)
1970–1971	Paul Raymond* (Mass.)
1972	Doug Kirk (Mass.)
1972–1973	Cliff McDonald* (Mass.)
1973–1979	Vacant
1979–1983	Dino Denis* (Mass.)
1983–1991	Vacant
1991–1992	Paul Poirier* (Mass.)
1994	Stanley Wright (Maine)
1994–1995	Juan Quintana* (Mass.)

CRUISERWEIGHTS

1998	Arthur Saribekian* (R.I.)
1998–2002	Vacant
2002–2003	Tim Flamos* (Mass.)

LIGHT HEAVYWEIGHTS

1925–1928	Bing Conley* (Maine)
1931–1935	Al Gainer (Conn.)
1935–1936	Al McCoy* (Maine)
1937–1939	Lou Brouillard* (Mass.)
1940	It. Jack Dempsey (Mass.)
1940–1941	Tiger Ted Lowry (Conn.)
1941–1942	It. Jack Dempsey* (Mass.)
1942–1949	Vacant
1949–1955	Tiger Ted Lowry* (Conn.)
1956–1957	Ted Doncaster (Mass.)
1957–1958	Eddie Demars* (Mass.)
1958–1959	Billy Ryan (Mass.)
1959–1963	Bob Young (R.I.)
1963	Ted Williams (Mass.)
1963–1965	Marion Connors* (Mass.)
1967–1968	Jimmy McDermott (Maine)
1970	Eddie Spence (Mass.)
1970	Pete Riccitelli (Maine)
1970–1971	Eddie Spence (Mass.)
1971	Paul Cardoza (Mass.)
1971–1977	Eddie Owens (Mass.)
1977–1980	Matt Ross* (Mass.)
1980–1981	Don Addison (Conn.)
1981–1984	Marcus Jackson (Conn.)
1984–1985	Tyrone Booze* (Conn.)
1985–1990	Vacant
1990	Wesley Reid (Mass.)
1990–1992	Drake Thadzi* (Mass.)

SUPER MIDDLEWEIGHTS

1995–1996	Brian Barbosa* (R.I.)
1998–2000	Scott Pemberton* (Mass.)

MIDDLEWEIGHTS

1922–1926	Jack Delaney* (Conn.)
1928–1929	Al Mello* (Mass.)
1930–1931	George Manolian (Mass.)
1931	Frankie O'Brien* (Conn.)
1932	Leo Larrivee (Conn.)
1932–1934	Ad Zachow* (Maine)
1935–1937	Francis McLean*
1937–1939	Lou Brouillard (Mass.)
1939	Frankie Britt (Mass.)
1939–1940	Babe Verilla (Mass.)
1940–1941	Henry Chmielewski (Mass.)
1941–1946	Coley Welch (Maine)
1946–1947	Al (Red) Priest (Mass.)
1947–1949	Ralph Zannelli (R.I.)
1949	Norman Horton (R.I.)
1949–1950	Ralph Zannelli (R.I.)
1950	Joe Rindone (Mass.)
1950–1951	Ralph Zannelli (R.I.)
1951	Jackie Lovatt (R.I.)
1951–1952	Ralph Zannelli* (R.I.)
1952–1953	Sal DiMartino* (Conn.)
1954–1955	Jimmy Beau* (Conn.)
1956	Sammy Walker (Mass.)
1956	Barry Allison (Mass.)
1956	Don Williams (Mass.)
1956–1958	Barry Allison (Mass.)
1958–1959	Jackson Brown (Mass.)
1959	Wilfred Green (R.I.)
1959	Jackson Brown (Mass.)
1959–1960	Paul Pender* (Mass.)
1960	Mickey Dwyer (Mass.)
1960–1961	Wilfred Green* (R.I.)
1963–1964	Larry Carney* (Mass.)
1966–1967	Dick French (R.I.)
1967	Gene Herrick* (Maine)
1968–1969	Tony Valenti* (Mass.)
1970–1973	John Coiley* (Mass.)
1974–1980	Marvin Hagler* (Mass.)
1982–1986	Robbie Sims* (Mass.)
1989	John Scully* (Conn.)
1989–1991	Robbie Sims* (Mass.)
1991–1993	Sean Fitzgerald (Mass.)
1993–1994	Dana Rosenblatt* (Mass.)
1995–1996	George Heckley* (Mass.)

JUNIOR MIDDLEWEIGHTS

1974	Paul Osborne (Mass.)
1974–1975	Jackie Smith (Mass.)
1975–1976	Jesse Bender* (Conn.)
1976–1983	Vacant
1983–1984	Danny Long* (Mass.)

Welterweights

1919	Eddie Shevlin (Mass.)
1919–1920	Young Kloby (Mass.)
1920–1921	Nate Siegel (Mass.)
1921	Mike Morley (Conn.)
1921–1925	Eddie Shevlin (Mass.)
1925–1926	Al Mello (Mass.)
1926–1927	Meyer Cohen* (Mass.)
1927	George (Kid) Lee (Mass.)
1927–1931	Al Mello (Mass.)
1931–1932	Lou Brouillard (Mass.)
1932–1934	Andy Callahan (Mass.)
1934	Werther Arcelli (Mass.)
1934–1935	Harry Devine (Mass.)
1935–1936	Frankie Britt* (Mass.)
1936–1939	Cocoa Kid (Conn.)
1939–1940	Frankie Britt (Mass.)
1940–1942	Mike Kaplan* (Mass.)
1943–1946	George Martin (Mass.)
1946	Dave Andrews (Mass.)
1946–1949	Johnny Cesario (Conn.)
1949	Ralph Zannelli (R.I.)
1949–1950	Don Williams (Mass.)
1950–1952	Ralph Zannelli* (R.I.)
1952–1953	Wilbur Wilson* (Mass.)
1953–1954	Steve Marcello* (R.I.)
1955–1956	Jackie O'Brien (Conn.)
1956	Bobby Murphy (Mass.)
1956–1958	Walter Byars* (Mass.)
1961–1962	Kenny Tavares (Mass.)
1962–1963	Bob Fosmire (Mass.)
1963	Paul Christie (Mass.)
1963–1965	Dick French (R.I.)
1965–1966	Ted Whitfield* (Mass.)
1967	Manny Burgo* (Mass.)
1967–1968	Renaldo Victoria* (Mass.)
1968–1969	Al Romano (Mass.)
1969	Danny Heath* (Mass.)
1969–1972	Al Romano (Mass.)
1972–1974	Larry Butler* (Maine)
1975	Tony Lopes (Mass.)
1975–1976	Beau Jaynes (Mass.)
1976–1979	Tony Lopes* (Mass.)
1979–1983	Vacant
1983–1984	Dick Ecklund* (Mass.)
1985–1987	Milton Leaks* (Conn.)
1987–1990	Vacant
1990	Brian Powers* (Mass.)
1991–1992	John Rafuse* (Mass.)

Junior Welterweights

1973–1979	Tony Petronelli* (Mass.)
1981–1984	Herb Darity* (Conn.)
1984–1990	Vacant
1990–1991	John Rafuse* (Mass.)
1992–1993	Sean Malone* (Conn.)
1995–1996	Joey Gamache* (Maine)
1996–2002	Vacant
2002–	Jeff Fraza (Mass.)

Lightweights

1886–1887	Mike Daly* (Maine)
1887–1903	Vacant
1903	Arthur Cote (Maine)
1903–1920	Vacant
1920	Red Allen (Conn.)
1920	Frankie Britt* (Mass.)
1921	Johnny Clinton* (Mass.)
1921–1922	Johnny Shugrue* (Conn.)
1922	Sailor Pete Byron (Mass.)
1922–1923	George (Kid) Lee* (Mass.)
1923–1930	Vacant
1930	Andy Callahan (Mass.)
1930	Sammy Fuller* (Mass.)
1930–1931	Andy Callahan* (Mass.)
1931–1933	Louis (Kid) Kaplan* (Ct.)
1933–1936	Vacant
1936	Tommy Rawson, Jr. (Mass.)
1936–1939	Honey Mellody (Mass.)
1939–1940	Paul Junior (Maine)
1940–1942	Dave Castilloux* (Maine)
1944	Jerry Zullo* (Mass.)
1945	Benny Singleton* (Conn.)
1946	Tommy Greb* (Mass.)
1946–1947	Florient Desmarais* (N.H.)
1947–1950	Jackie Weber (R.I.)
1950	Iggy Vaccari (Mass.)
1950	Roy Andrews (Mass.)
1950–1953	George Araujo (R.I.)
1953–1955	Teddy Davis* (Conn.)
1956	George Monroe (Mass.)
1956–1957	Bobby Courchesne* (Mass.)
1957–1959	Tommy Tibbs (Mass.)
1959	Tommy Garrow (N.H.)
1959–1963	Tommy Tibbs (Mass.)
1963–1965	Dick DeVola* (Mass.)
1966–1968	Renaldo Victoria* (Mass.)
1968–1969	Beau Jaynes (Mass.)
1969	Ken Campbell (R.I.)
1969–1975	Beau Jaynes* (Mass.)
1975	Donnie Nelson* (Conn.)
1975–1976	Luis Davila (Conn.)
1976–1977	Vinnie DeBarros (Conn.)
1977–1979	Luis Davila* (Conn.)
1979–1991	Vacant
1991–1992	Ray Oliveira* (Mass.)
1994–1995	Ralph Chaplic* (Mass.)
1997–1998	Miguel Melo* (Mass.)

Junior Lightweights

1962–1966	Paddy Read (R.I.)
1966–1969	Beau Jaynes* (Mass.)
1969–1970	Bobby Richard (Maine)
1970–1971	Terry Rondeau (Mass.)
1971–1972	Bobby Richard* (Maine)
1975	Jimmy Lopez* (Mass.)
1976–1977	Tommy Rose* (Mass.)
1977–1990	Vacant
1990–1991	Mike Cappiello (Mass.)
1991–1992	Joey Negron* (Conn.)
1992–1993	Mike Cappiello* (Mass.)
1994–1995	Edwin Santana* (Mass.)

Featherweights

1915–1916	George Rosch* (Mass.)
1917	Yg. Abe Attell* (Maine)
1917–1921	Al Shubert (Mass.)
1921	Bobby Josephs (Mass.)
1921–1922	Al Shubert* (Mass.)
1922	Chick Suggs (R.I.)
1922–1923	Mickey Travers* (Conn.)
1923–1924	Chick Suggs* (R.I.)
1924–1925	Red Chapman* (Mass.)
1925–1928	Chick Suggs (R.I.)
1928	Sammy Fuller* (Mass.)
1928–1932	George Paulin* (Conn.)
1933	Armand Dutil (Maine)
1934	Frank (Lefty) Caruso
1936–1937	Joey Archibald (R.I.)
1937–1939	Tony Dupre (N.H.)
1939–1940	Sal Bartolo (Mass.)
1940–1942	Abe Denner (Mass.)
1942	Willie Pep* (Conn.)
1942–1943	Tony Costa (R.I.)
1943	Maurice LaChance* (Me.)
1944–1946	Vacant
1946–1949	Buddy Hayes (Mass.)
1949–1950	George Araujo* (R.I.)
1951	Joey Cam (Mass.)
1951–1953	Tommy Collins* (Mass.)
1954–1956	Harold Gomes* (R.I.)
1960–1961	Gene Fosmire (Mass.)
1961	Paddy Read (Mass.)
1961–1966	Tommy Haden (Mass.)
1966–1969	Beau Jaynes* (Mass.)
1970	Terry Rondeau* (Mass.)
1971–1974	Phil Hudson (Maine)
1974–1975	Jimmy Lopez (N.H.)
1975–1976	Dan Tratzinski* (Mass.)
1978–1980	Dave Ramalho* (Mass.)
1981–1984	Freddie Roach* (Mass.)
1984–1989	Vacant
1989–1990	Mike Cappiello* (Mass.)
1991–1992	Joey Negron* (Conn.)
1993–1995	Edwin Santana* (Mass.)

Bantamweights

1903–1911	Jimmy Walsh* (Mass.)
1912–1916	Joe Shea* (Conn.)
1918–1919	Paul Demers* (Mass.)
1921–1922	Abe Friedman (Mass.)
1922–1925	Terry Martin* (R.I.)
1925	Young Montreal* (R.I.)
1926–1928	Johnny Vacca* (Mass.)
1928–1936	Vacant
1936–1937	Tony Dupre* (N.H.)
1941	Paul Herrick (Maine)
1941	Ernie Burke* (Maine)
1941–1947	Vacant
1947	Ralph McNeil (Mass.)
1947	Earl Roys (Conn.)
1947–1951	Tommy Collins* (Mass.)
1951–1952	Johnny O'Brien* (Mass.)
1952–1963	Vacant
1963	Ray Jutras (Mass.)
1963–1965	Ronnie DeCost (Mass.)
1965–1967	Ray Jutras* (Mass.)
1968	Chick Ciciotte* (Maine)
1970	Pat Maloney (Maine)
1970–1972	Carlos Zayas* (Mass.)
1972–1983	Vacant
1983–1985	Felix Marquez* (Conn.)

Flyweights

1901	John Donahue (Maine)
1901–1922	Vacant
1922–1924	Eddie Polo* (Maine)
1926	Ruby Bradley (Mass.)
1926	Harry Goldstein (Mass.)
1926–1927	Ruby Bradley (Mass.)

1927–1928	Minty Rose* (Mass.)
1928–1945	Vacant
1945–1947	Ray Mondello* (Mass.)
1947–1950	Vacant
1950–1951	Johnny O'Brien* (Mass.)
1951–1961	Vacant
1961–1963	Ronnie DeCost* (Mass.)
1967–1969	Ray Jutras* (Mass.)

Southern Champions
[SBA = Southern Boxing Association]

Heavyweights
| 1955–1956 | Oscar Pharo (Ala.) |
| 1956–1961 | Roy Harris* (Texas) |

Cruiserweights
| 1982–1983 | Danny Sutton* (S.C.) [SBA] |
| 1983–1989 | Michael Greer* (Tn.) [SBA] |

Light Heavyweights
1932	Bob Godwin (Florida)
1932–1938	Joe Knight* (Georgia)
1984–1986	Bobby Jennings* (S.C.)

Middleweights
1912–1914	Jimmy Howard* (Tenn.)
1914–1923	Vacant
1923–1924	Frank Carbone* (La.)
1970–1971	Alvin Phillips* (La.)
1971–1974	Vacant
1974–1976	Gene Wells (Fla.)
1976	Emmett Atlas (La.)
1976–1977	Joey Vincent (Fla.)
1977–1979	Gene Wells* (Fla.)
1979	Milton Owens (Fla.)
1979	Dennis Riggs* (Fla.)
1979–1983	Vacant
1983–1984	Norman Solomon* (La.) [SBA]
1985–1986	Chuck Walker* (Tx.) [SBA]
1986–1989	Adam George* (La.) [SBA]

Junior Middleweights
1965–1966	Curtis Cokes* (Texas)
1966–1972	Vacant
1972–1975	Victor Perez (Fla.)
1975–1977	Edgar Ross* (Fla.)

Welterweights
1919–1922	Jake Abel (Georgia)
1922–1924	Young Stribling* (Ga.)
1924–1925	Otto Wallace* (Ark.)
1926–1929	Larry Avera* (Ga.)
1929–1939	Vacant
1939–1940	Sammy Magro (Ala.)
1940	Jerome Conforto (La.)
1940–1942	Harry Weekly* (La.)
1942–1956	Vacant
1956–1959	Jimmy Peters* (D.C.)
1959–1963	Ralph Dupas* (La.)
1963–1968	Vacant
1968–1972	Percy Pugh* (La.)
1972–1978	Vacant
1978	Scott Clark (Fla.)
1978–1984	Vacant
1984	Ken Shannon* (Va.) [SBA]

Junior Welterweights
1924–1926	Larry Avera* (Ga.)
1926–1968	Vacant
1968–1969	Joe Brown* (La.)
1969–1978	Vacant
1978–1980	Jimmy Heair* (Tenn.)
1980–1985	Vacant
1985–1986	Grant Walters* (La.) [SBA]

Lightweights
1915–1918	Joe Mandot (La.)
1918–1919	Pal Moran* (La.)
1920	Red Herring (Miss.)
1920–1921	Larry Avera* (Ga.)
1922–1928	Pal Moran* (La.)
1928–1932	Vacant
1932–1938	Battling Shaw* (La.)
1938–1955	Vacant
1955–1956	Arthur Persley (La.)
1956	Joe Brown* (La.)
1956–1977	Vacant
1977–1980	Maurice Watkins* (Texas)
1980–1981	Jimmy Heair* (Tenn.)
1981–1982	Billy Watkins, Jr.* (Texas)
1985–1986	Shelton LeBlanc* (La.) [SBA]
1988–1991	Kenny Vice* (La.) [SBA]

Junior Lightweights
1964–1968	Tommy Mamarelli* (Fla.)
1968–1983	Vacant
1983–1985	Billy White* (La.)

Featherweights
1908–1913	Young Britt* (Md.)
1913	George Chaney* (Md.)
1913–1914	Joe Harang (La.)
1914–1921	Vacant
1921	Young Stribling* (Ga.)
1923–1928	Tim O'Dowd* (Ga.)
1976–1981	Warren Matthews* (La.)

Bantamweights
1913–1914	Artie Simons (La.)
1914–1922	Pete Herman* (La.)
1922–1925	Vacant
1925–1929	Pinkey May* (Ga.)
1929–1957	Vacant
1957–1959	Pappy Gault* (S.C.)
1959–1983	Vacant
1983–1988	Jerome Coffee* (Tenn.)

Flyweights
1922	Claude Wilson* (Ala.)
1922–1924	Benny Schwartz (Md.)
1924–1928	Little Jeff Smith* (Md.)

Canada

Canadian Boxing Federation est. 1922.

Canadian Champions

Heavyweights
1912–1913	Tommy Burns* (Ont.)
1914	Tom Cowler* (B.C.)
1914–1918	Vacant
1918–1919	Soldier Jones (Ont.)
1919–1921	Arthur Pelkey* (Ont.)
1921–1923	Soldier Jones (Ont.)
1923–1926	Jack Renault* (Que.)
1927–1931	Larry Gains* (Ont.)
1931–1937	Vacant
1937–1941	Tiger Warrington (N.S.)
1941–1945	Al Delaney* (Ontario)
1947–1952	Vern Escoe (Ontario)
1952–1955	Earl Walls* (Ontario)
1955–1958	Vacant
1958–1960	George Chuvalo (Ont.)
1960	Robert Cleroux (Que.)
1960–1961	George Chuvalo (Ont.)
1961–1963	Robert Cleroux* (Que.)
1964–1979	George Chuvalo* (Ont.)
1979–1985	Trevor Berbick* (N.S.)
1986	Ken Lakusta (Alberta)
1986–1988	Willie de Wit* (Alb.)
1988–1989	Razor Ruddock* (Ont.)
1989–1990	Tony Morrison (Ont.)
1990	Ken Lakusta (Alb.)
1990–1992	Conroy Nelson* (Ont.)
1992–1993	Danny Lindstrom* (Alb.)
1993	Dave Fiddler (Sask.)
1993–1994	Tom Glesby* (Ontario)
1994–1997	Vacant
1997–1998	Ben Perlini (B.C.)
1998–1999	Shane Sutcliffe (B.C.)
1999–2001	Trevor Berbick* (N.S.)
2001–2002	Razor Ruddock* (Ont.)
2004–2006	Patrice L'Heureux (Que.)
2006–2007	David Cadieux (Quebec)
2007–2008	Raymond Olubowale (Ont.)
2008–	Grzegorz Kielsa (Ont.)

Cruiserweights
1998–2000	Willard Lewis (Que.)
2000–2003	Dale Brown* (Alb.)
2005–2006	Troy Ross* (Ont.)
2006–2008	Ryan Henney (Sask.)
2008–2010	Frank White (Ont.)
2010	Ryan Henney (Sask.)

Light Heavyweights

1920–1924	Soldier Jones (Ont.)	
1924–1925	Jack Reddick (Man.)	
1925–1926	Bob Fox* (Alberta)	
1926	Roy Mitchell* (N.S.)	
1927–1928	Harry Dillon (Manitoba)	
1928–1936	Charley Belanger (Man.)	
1936–1937	Al McCoy* (Quebec)	
1937–1940	Eddie Wenstob* (Alb.)	
1940–1950	*Vacant*	
1950–1952	Tiger Warrington (N.S.)	
1952–1953	Eddie Zastre* (Man.)	
1953	Yvon Durelle (N.B.)	
1953–1954	Doug Harper (Alberta)	
1954–1959	Yvon Durelle* (N.B.)	
1960–1965	Burke Emery (Quebec)	
1965–1968	Leslie Borden (Quebec)	
1968	Al Sparks (Ontario)	
1968	Rene Durelle (Quebec)	
1968–1973	Al Sparks (Ontario)	
1973–1981	Gary Summerhays (Ont.)	
1981–1983	Roddy MacDonald (N.S.)	
1983–1985	Don Lalonde* (Manitoba)	
1986	Roddy MacDonald (N.S.)	
1986–1989	Willie Featherstone* (Ont.)	
1990–1991	Danny Lindstrom (Alb.)	
1991–1992	Drake Thadzi* (N.S.)	
1992–1997	*Vacant*	
1997	Eric Lucas* (Quebec)	
1997–2005	*Vacant*	
2005–2006	Adrian Diaconu* (Que.)	
2007–2009	Jason Naugler* (N.S.)	
2009–	Junior Moar (B.C.)	

Super Middleweights

1993	Laurie Gross (N.S.)	
1993–1995	Eric Lucas* (Quebec)	
1995–1997	Ron Savoie (N.B.)	
1997	Kit Munroe* (B.C.)	
1997–2003	*Vacant*	
2003–2004	Mark Woolnough (B.C.)	
2004–2005	Otis Grant* (Quebec)	
2005–2007	Jean Pascal* (Quebec)	
2007–2009	Adonis Stevenson* (Que.)	
2010	David Lemieux (Que.)	

Middleweights

1913–1914	Billy Weeks (B.C.)	
1914	Frank Mantell* (B.C.)	
1914–1917	Billy Weeks* (B.C.)	
1917–1919	Al Ross* (Alberta)	
1919–1920	Frank Barrieau* (B.C.)	
1920	Eugene Brosseau (Que.)	
1920–1923	Mike McTigue* (Que.)	
1923–1925	Jack Reddick* (Sask.)	
1925–1926	Harry Dillon* (Man.)	
1926–1931	Del Fontaine (Man.)	
1931	Ted Moore* (Sask.)	
1933–1937	Frank Battaglia* (Man.)	
1938	Irving Pease (Ont.)	
1938	Len Wadsworth (Ont.)	
1938	Ray McIntyre (N.B.)	
1938–1947	Len Wadsworth (Ont.)	
1947–1948	Roger Whynott (N.S.)	
1948–1950	George Ross (N.S.)	
1950–1951	Roy Wouters* (B.C.)	
1953	Yvon Durelle* (N.B.)	
1954–1955	Charley Chase* (Que.)	
1955	Cobey McCluskey (N.S.)	
1955–1957	Lou Lawrence* (B.C.)	
1958–1962	Wilf Greaves (Ontario)	
1962–1967	Blair Richardson* (N.S.)	
1967–1970	Dave Downey (N.S.)	
1970	Gary Broughton (Ont.)	
1970–1975	Dave Downey (N.S.)	
1975–1976	Lawrence Hafey (N.S.)	
1976–1977	Fernand Marcotte (Que.)	
1977	Gerald Bouchard (Que.)	
1977–1980	Fernand Marcotte (Que.)	
1980	Ralph Hollett (N.S.)	
1980	Chris Clarke (N.S.)	
1980–1982	Ralph Hollett* (N.S.)	
1982	Lancelot Innis (Que.)	
1982–1983	Ralph Hollett (N.S.)	
1983–1985	Alex Hilton* (Quebec)	
1985–1987	Michael Olajide* (B.C.)	
1987–1988	Muhammad Eltassi* (Man.)	
1988–1989	Darrell Flint (N.S.)	
1989	Jacques LeBlanc (N.B.)	
1989–1990	Darrell Flint (N.S.)	
1990–1991	Dan Sherry (Ontario)	
1991–1992	Otis Grant* (Quebec)	
1994–1998	Fitzgerald Bruney* (Ont.)	
1998	Stephane Ouellet (Que.)	
1998–2000	David Hilton, Jr.* (Que.)	
2002	Bryon Mackie* (Ontario)	
2003–2004	Mark Flynn (N. Scotia)	
2004–2006	Larry Sharpe (Manitoba)	
2006–2007	Bryan Mackie* (Ontario)	
2007–2009	Sebastien Demers* (Que.)	
2010	Adam Trupish (Alberta)	

Light Middleweights

1993–1995	Stephane Ouellet* (Que.)
1995–1998	Manny Sobral* (B.C.)
1999–2000	Tony Badea* (Alberta)
2002–2005	Joachim Alcine* (Que.)
2005–2007	Sebastien Demers* (Que.)
2007–2009	Gareth Sutherland* (Man.)
2009–	Kris Andrews (Alberta)

Welterweights

1927–1928	George Fifield (Ont.)
1928–1929	George Sidders* (Que.)
1929–1934	Jackie Phillips* (Ont.)
1934–1937	Gordon Wallace (B.C.)
1937–1938	Frankie Genovese (Ont.)
1938–1940	Sammy Luftspring* (Ont.)
1941–1946	Dave Castilloux (Que.)
1946–1952	Johnny Greco (Quebec)
1952	Armand Savoie (Quebec)
1952–1953	Johnny Greco* (Quebec)
1953–1954	Marcel Brisebois (Que.)
1954	Claude Fortin* (Quebec)
1955	Tony Percy (Quebec)
1955	Allan McFater (Ont.)
1955–1956	Tony Percy* (Quebec)
1956–1957	Johnny Salkeld* (Alb.)
1958–1962	Gale Kerwin* (Ontario)
1962–1963	Peter Schmidt (Ontario)
1963	Eddie First Rider (Alb.)
1963–1964	Peter Schmidt (Ontario)
1964–1965	Joey Durelle* (Quebec)
1965	Peter Schmidt (Ontario)
1965–1967	Lenny Sparks (N.B.)
1967	Fernand Simard* (Que.)
1967–1969	Joey Durelle (Quebec)
1969–1971	Donato Paduano (Que.)
1971–1977	Clyde Gray (Ontario)
1977–1978	Ray Chavez (Quebec)
1978–1981	Clyde Gray* (Ontario)
1981–1984	Mario Cusson (Quebec)
1984–1985	David Hilton* (Quebec)
1985	Ricky Anderson (N.S.)
1985	Donnie Poole* (Ontario)
1986–1987	Ricky Anderson* (N.S.)
1987–1992	Donovan Boucher* (Ont.)
1993–1995	Alain Boismenu* (Que.)
1996–2000	Fitz Vanderpool (Ont.)
2000–2003	Hercules Kyvelos* (Que.)
2003–2005	Brooke Wellby* (Man.)
2005–	Victor Puiu (Ontario)

Light Welterweights

1959–1962	Lenny Sparks* (N.S.)
1962–1965	Lef Sprague (N.S.)
1965–1967	Fernand Simard (Que.)
1967–1968	Albert Breau (Quebec)
1968–1970	Colin Fraser* (Ont.)
1970–1971	Ray Cantin* (Quebec)
1971–1992	*Vacant*
1992–1993	Andy Wong (Ontario)
1993	Mark Leduc (Ontario)
1993–1994	Michel Galarneau* (Que.)
1995–1997	Moses James* (Ontario)
1997–2000	*Vacant*
2000–2003	Mark Riggs* (Manitoba)
2004–2005	Chad Brisson* (Manitoba)
2006–2008	Antonin Decarie* (Que.)
2008–	Manolis Plaitis (Que.)

Lightweights

1906–1908	Billy Lauder (Alb.)
1908–1909	Eddie Marino (B.C.)
1909–1910	Billy Lauder (Alb.)
1910–1911	Abe Attell* (B.C.)
1911–1912	Billy Allen (Ont.)
1912–1913	Joe Bayley (B.C.)
1913–1914	Frenchy Vaise (B.C.)
1914	Johnny O'Leary (B.C.)
1914–1915	Charley Burns (B.C.)
1915–1917	Johnny O'Leary (B.C.)
1917–1919	Clonie Tate* (Alb.)
1919–1924	Frankie Bull (Ont.)
1924–1926	Ted Cossette (Que.)
1926–1927	Tommy Mitchell (Ont.)
1927	Cliff Graham (Ont.)
1927	Chris Newton (Ont.)
1927–1928	Leo (Kid) Roy (Que.)
1928–1929	Al Foreman (Quebec)
1929–1931	Billy Townsend* (B.C.)
1932–1933	Tommy Bland (Ontario)
1933–1934	Al Foreman* (Quebec)
1934–1936	Tommy Bland* (Ontario)
1937–1939	Maxie Berger* (Quebec)
1939–1946	Dave Castilloux (Que.)
1946–1948	Danny Webb (Quebec)
1948–1951	Arthur King* (Ontario)
1951–1953	Armand Savoie (Quebec)
1953–1954	Arthur King* (Ontario)
1954–1959	Richie Howard* (N.S.)

1960–1963	Ed Beattie* (Ontario)
1964–1965	Tyrone Gardner* (N.S.)
1966–1967	Ronnie Sampson* (N.S.)
1968–1974	Al Ford* (Alberta)
1974–1976	Johnny Summerhays (Ont.)
1976–1977	Barry Sponagle (N.S.)
1977	Jean LaPointe (Quebec)
1977–1978	Cleveland Denny (Que.)
1978–1979	Gaetan Hart (Quebec)
1979–1980	Nick Furlano (Ontario)
1980–1981	Gaetan Hart* (Quebec)
1981	Michel LaLonde (Quebec)
1981–1982	Gaetan Hart (Quebec)
1982–1983	Johnny Summerhays (Ont.)
1983–1987	Remo DiCarlo* (Ontario)
1987–1988	Mark Adams* (N.B.)
1989–1990	John Kalbhenn (Ontario)
1990–1991	Harpal Talhan* (Alberta)
1992–1993	Howard Grant* (Quebec)
1993–1994	Nedrick Simmons (Ont.)
1994–1995	Howard Grant* (Quebec)
1995–2000	Vacant
2000–2001	Tony Pep (B.C.)
2001–2002	Mario Lechowski (Alb.)
2002–2005	Billy Irwin* (Ontario)
2005–2007	Benoit Gaudet* (Quebec)

SUPER FEATHERWEIGHTS

1961–1962	Andre Millette (Quebec)
1962–1963	Marcel Gendron* (Quebec)
1964–1966	Buddy Daye (N. Scotia)
1966–1970	Les Gillis* (N. Scotia)
1970–1971	Barry Sponagle* (N.S.)
1971–1977	Vacant
1977–1979	Nick Furlano* (Ontario)
1979–2007	Vacant
2007–2009	Sandy Tsagouris* (Ont.)
2009–	Pier Olivier Cote (Que.)

FEATHERWEIGHTS

1905–1907	Collie Allen* (Ontario)
1908–1911	Billy Allen* (Ontario)
1912–1914	Frankie Smeathers* (B.C.)
1914–1919	Frankie Fleming* (Que.)
1922	Kid Dube* (Quebec)
1923	Leo (Kid) Roy (Quebec)
1923	Curly Wilshur (Ontario)
1923–1924	Benny Gould (Ontario)
1924–1933	Leo (Kid) Roy* (Que.)
1933	Bobby Lawrence (Ont.)
1933–1937	Ray Cook* (Ontario)
1937–1938	Frankie Martin (Que.)
1938	Jackie Callura (Ont.)
1938–1940	Dave Castilloux* (Que.)
1940–1944	Vacant
1944–1945	Gus (Pell) Mell* (Que.)
1946–1947	Al Slater* (Alberta)
1947–1948	Hubert Gagnier (Que.)
1948	Fernando Gagnon (Que.)
1948–1949	Jean Richard* (Quebec)
1950–1953	Frankie Almond* (B.C.)
1954	Mike Garlash* (Ontario)
1955–1958	Gabriel Paliotti (Que.)
1958–1959	Gerry Simpson (Quebec)
1959–1964	David Hilton* (Quebec)
1965–1966	Rocky MacDougall (N.S.)
1966–1969	Billy McGrandle* (Alb.)
1969–1972	Rocky MacDougall* (N.S.)
1972–1983	Vacant
1983–1984	Tony Salvatore* (Que.)
1985–1987	Tony Pep* (B.C.)
1988–1989	Barrington Francis* (Que.)
1989–1992	Vacant
1992–1994	Vittorio Salvatore (Que.)
1994–1995	Barrington Francis* (Que.)
1995–2004	Vacant
2004–2006	Jason Adams (Alberta)
2006–2007	Olivier Lontchi* (Que.)

SUPER BANTAMWEIGHTS

2002–2004	Steve Molitor* (Ont.)
2006–2007	Jason Hayward (Newf'd)
2007–2008	Buzz Grant* (Ontario)
2009–	Tyson Cave (N. Scotia)

BANTAMWEIGHTS

1920–1924	Bobby Ebber (Ont.)
1924	Howard Mayberry (Ont.)

1924–1925	Vic Foley (B.C.)
1925–1926	Bobby Ebber* (Ont.)
1926–1928	Jackie Johnston* (Ont.)
1928–1931	Joe Villeneuve (Que.)
1931	Art Giroux (Quebec)
1931–1934	Bobby Leitham* (Que.)
1934–1937	Frankie Martin (Que.)
1937–1938	Baby Yack (Ont.)
1938–1939	Johnny Gaudes (Man.)
1939	Lefty Gwynne* (Ont.)
1939–1941	Vacant
1941–1946	Eddie Petrin (Quebec)
1946–1956	Fernando Gagnon* (Que.)
1956–1959	Pat Supple* (Quebec)
1959–1960	Johnny Devison (N.S.)
1960–1962	Marcel Gendron* (Que.)
1964–1973	Jackie Burke* (N.B.)
1973–2008	Vacant
2008–	Andrew Kooner (Ont.)

FLYWEIGHTS

1923–1924	Jimmy Britt (Quebec)
1924	Clovis Duran (Quebec)
1924–1927	Alex Burley* (Ontario)
1928	Frenchy Belanger (Ont.)
1928–1929	Steve Rocco (Ontario)
1929	Frenchy Belanger (Ont.)
1929	Harry Hill (Quebec)
1929–1932	Frenchy Belanger* (Ont.)
1932–1935	Vacant
1935–1936	Greggie Gregerson* (Ont.)
1936–1938	Aurelien Lamothe (Que.)
1938	Vianney Gauthier (Que.)
1938–1940	Aurelien Lamothe (Que.)
1940	Desse Green* (Quebec)
1940–1943	Vacant
1943–1944	Florian Bibeault* (Que.)
1944–1957	Vacant
1957–1958	Lloyd Gordon* (N.B.)
1958–1965	Vacant
1965–1967	Alex Martin* (N.S.)

Mexico

First provincial boxing commissions established in the early 1920s. Mexican Boxing Federation est. 1959.

Mexican Champions

HEAVYWEIGHTS

1959–1961	Alfredo Zuany*
1961–1977	Vacant
1977–1978	Fernando Montes
1978–1980	Chebo Hernandez*
1980	Jorge Flores
1980–1981	Alfredo Ortiz
1981–1983	Fernando Montes
1983–1985	Arturo Diaz
1985–1986	Ladislao Mijangos
1986	Mauricio Villegas
1986	Gerardo Valero
1986–1992	Mauricio Villegas
1992–1993	Martin Jacques
1993–1995	Leonardo Aguilar*
1995–1996	Salvador Maciel
1996	Ladislao Mijangos
1996–1997	Ernesto Moreno
1997	Mike Sedillo*
1997–1998	Ernesto Moreno*
2000–2002	Nestor Maciel
2002–	Saul Montana

CRUISERWEIGHTS

1997	Mike Sedillo*
1997–2002	Vacant
2002–2005	Jorge Kahwagi*
2005–2006	Jose Cruz Rivas
2006–2007	Ramiro Reducindo
2007	Felipe Romero
2007–2008	Ramiro Reducindo*
2009–	Juan Romo

LIGHT HEAVYWEIGHTS

1929–1935	Francisco Segura*

1935–1977	Vacant	1992–1993	Everardo Armenta	1983–1984	Gerardo Derbez
1977–1980	David Cabrera	1993–1994	Lupe Aquino*	1984	Gil Canchola
1980	Emeterio Villanueva	1994–1998	Eduardo Gutierrez	1984–1987	Jorge Vaca*
1980–1982	David Cabrera	1998–1999	Rito Ruvalcaba*	1988	Mario Olmedo
1982–1983	Marcos Geraldo*	1999	Eduardo Gutierrez*	1988	Sergio Arreola*
1983–1984	Lorenzo Benitez	1999–2001	Pedro Montiel	1989	Rey Morales
1984–1987	David Cabrera	2001	Ricardo Olmeda	1989	Jesus Cardenas
1987–1988	Juan Hernandez	2001–2002	Eduardo Gutierrez	1989–1990	Miguel A. Dominguez
1988–1991	Isaias Lucero	2002	Kirino Garcia*	1990	Sulio Sanchez
1991–1992	Saul Montana	2002	Francisco Barra	1991	Jesus Cardenas
1992	Salvador Maciel	2002–2003	Arturo Lopez	1991–1992	Luis Ramon Campas*
1992	Saul Montana	2003–2004	Kirino Garcia*	1993	Primo Ramos
1992–1993	Isaias Lucero*	2004–2006	Gustavo Magallanes*	1993–1994	Rene Herrera
1993–1996	Jesus Castaneda	2006–2007	Erik Esquivel	1994–1995	Jose Luis Lopez*
1996–1999	Manuel Verde	2007	Marco A. Rubio*	1996–2000	Marco Lizarraga
1999–2001	David Lopez	2008–	Ruben Padilla	2000–2001	Jose Luis Cruz*
2001–2004	Arturo Rivera			2001	Jorge Vaca
2004–2006	Kirino Garcia*	**Super Welterweights**		2001–2002	Jose Luis Cruz*
2006	Gustavo Arroyo	1989	Raymundo Torres	2002–2003	Miguel A. Rodriguez*
2006–2007	Ramiro Siordia	1989–1990	Alberto Lopez	2005–2007	Adrian Carreon*
2007–2008	Ivan Rodriguez*	1990–1991	Sergio Hernandez	2007–2009	Joel Juarez*
2009–	Quirino Garcia	1991	Luis Vazquez	2009–	Norberto Gonzalez
		1991–1992	Ruben Villaman		
Super Middleweights		1992	Jaime Llanes	**Super Lightweights**	
2005–2007	Esteban Camou	1992	Martin Quiroz		Alfredo Urbina
2007–2008	Francisco Sierra*	1992	Jorge Vaca	1988	Rodolfo Batta
2008	Felipe Romero	1992–1995	Jaime Llanes	1988–1989	Alberto Alcaraz
2008	Rigoberto Alvarez*	1995	Jorge Vaca	1989–1991	Marco Lizarraga
2009–	Francisco Sierra	1995–2002	Kirino Garcia*	1991–1992	Francisco Cuesta
		2002–2004	Marco A. Rubio*	1992–1994	Jaime (Rocky) Balboa
Middleweights		2004–2006	Saul Roman	1994	Horacio Cervantes
1933–1944	Alfredo Gaona*	2007–2008	Marcos Reyes*	1994	Juan Carlos Sanchez
1944–1947	Vacant	2008	Martin Avila	1994–1996	Horacio Cervantes
1947–1948	Vicente Villavicencio	2008	Christian Solano	1996	Alfonso Sanchez*
1948–1951	Babe Zavala	2008–	Michael Medina	1996–1997	David Ojeda
1951–1952	Chebo Hernandez			1997–1999	Mauro Lucero
1952–1954	Nicolas Moran*	**Welterweights**		1999–2000	Hector Quiroz*
1954–1955	Santos Gutierrez	1923–1927	Tommy White	2000–2001	Cosme Rivera
1955–1956	Rudy Jimenez	1927–1932	David Velazco	2001–2002	Arturo Morua
1956–1957	Jorge Castro	1932–1949	Kid Azteca*	2002	Arturo Urena*
1957–1960	Alfonso Flores	1949–1952	Nicolas Moran	2002–2009	Juan C. Rodriguez*
1960–1961	Chebo Hernandez	1952–1956	Tomas Lopez	2009–2010	Jorge Pimentel*
1961–1962	Everardo Armenta	1956–1960	Juan Padilla	2010	Armando Robles
1962–1963	Guillermo Ayon	1960–1963	Alvaro Gutierrez		
1963–1964	Aristeo Chavarin	1963–1964	Battling Torres	**Lightweights**	
1964	Hilario Morales	1964	Alvaro Gutierrez	1926	Jose Gonzalez
1964–1965	Everardo Armenta	1964–1965	Battling Torres	1926–1929	Bobby Fernandez
1965–1966	Guillermo Ayon	1965–1967	Jorge Rosales*	1929–1931	Jose Gonzalez
1966–1970	Rafael Gutierrez*	1968	Ray Reyes	1931–1935	Manuel Villa
1970–1974	Raul Delgado	1968–1969	Raul Soriano	1935–1937	Baby Casanova
1974–1977	Manuel Elizondo	1969–1972	Raul Rodriguez	1937–1938	Joe Conde
1977	Emeterio Villanueva	1972	Raul Soriano	1938–1939	Juan Zurita*
1977–1980	Marcos Geraldo*	1972–1974	Felipe Vaca	1939	Tony Mar
1980	Jose Baquedano	1974–1975	Arturo Zuniga	1939	Juan Zurita
1980–1981	Joaquin Macias*	1975	Jose Palacios	1939–1945	Rodolfo Ramirez*
1981	Abel Cordoba	1975–1976	Pipino Cuevas*	1946	Carlos Malacara
1981–1982	Jose Mireles	1976–1977	Jose Baquedano*	1946–1949	Tony Mar
1982	Andres Ramirez	1977–1979	Jose Luis Baltazar	1949–1952	Julio C. Jimenez
1982–1983	Gonzalo Montes	1979–1980	Adan Chavarria	1952–1954	Manuel Rivera
1983	Rafael Corona	1980	Jose Figueroa	1954	Raul Esqueda
1983–1985	Jose Duarte	1980	Celso Olivas	1954–1959	Bernabe Vasquez
1985	Andres Ramirez	1980	Alberto Lopez	1959–1962	Alfredo Urbina
1985–1986	Rafael Corona	1980–1981	Adolfo Sanjeado	1962–1963	Bernabe Vasquez
1986–1988	Francisco Carballo	1981	David Madrid	1963	Jorge Gutierrez
1988–1990	Jesus Gallardo	1981–1982	Alberto Lopez	1963–1964	Jose Luis Cruz
1990–1991	Jaime Montano	1982	Betillo Gutierrez*	1964–1966	Raul Soriano
1991–1992	Jaime Llanes*	1982–1983	Felipe Vaca	1966–1967	Raul Rodriguez*

1967	Chango Carmona
1967–1968	Alfredo Urbina
1968–1970	Arturo Lomeli
1970–1972	Chango Carmona*
1972–1973	Leoncio Ortiz
1973–1974	Juan Medina
1974–1976	Leoncio Ortiz
1976	Leonardo Bermudez
1976	Gerardo Ferrat
1976–1977	Betillo Gutierrez
1977–1978	Gerardo Ferrat
1978–1979	Jose Hernandez
1979–1983	Jose Luis Ramirez*
1983	Ricardo Peralta
1983–1985	Roque Montoya*
1985	Ricardo Peralta
1985–1986	Sergio Zambrano*
1986–1987	Primo Ramos*
1987–1988	Juan Soberanes
1988	Herminio Delgado
1988–1989	Ramon Marchena
1989	Jorge Gomez
1989–1990	Juan Soberanes
1990	Javier Altamirano
1990–1992	Omar Flores
1992	Luis Mora
1992	Mauro Gutierrez
1992	Luis Mora
1992–1994	Ramon Marchena
1994–1995	Juan C. Rodriguez
1995–1997	Javier Carmona*
1997–1998	Isaac Cruz
1998–2000	Jose Luis Juarez*
2001–2002	Omar Bernal
2002	Raymundo Gonzalez
2002–2003	Carlos Urias
2003	Alvaro Aguilar*
2003–2004	Jesus Zatarin
2004	Raymundo Gonzalez
2004–2005	Julio C. Garcia*
2005–2007	Juan H. Garza*
2007–2008	Julio Sanchez Leon
2008–2009	Josafat Perez*

Super Featherweights

1987–1988	Roger Arevalo
1988–1989	Jorge Ramirez
1989–1990	Rodolfo Gomez*
1990–1992	Jorge Ramirez*
1992	Eduardo Perez
1992–1993	Jesus Rodriguez
1993–1994	Aaron Zarate*
1995–1996	Jesus Rodriguez
1996–1997	Julio Alvarez
1997–1998	Antonio Hernandez*
1998–1999	Julio Alvarez
1999–2000	Jose L. Castillo*
2000–2001	Jesus Zatarin
2001–2003	Gustavo Corral*
2003–2004	Mauricio Borquez
2004	Victor Dominguez
2004	Julio C. Garcia*
2004–2005	Jorge Martinez
2005–2007	Guadalupe Rosales*
2007–2008	Michael Lozada*
2008–2009	Juan Castaneda*
2009–	Abraham Rodriguez

Featherweights

1929–1933	Chico Cisneros
1933–1934	Joe Conde
1934	Juan Zurita
1934–1937	Baby Casanova*
1939–1943	Juan Zurita*
1943–1946	*Vacant*
1946–1947	Leonardo Lopez
1947–1949	Panchito Villa
1949–1953	Memo Valero
1953–1954	Neftali Ortiz*
1955–1956	Moi Torres
1956–1959	Victor M. Quijano
1959–1960	Fili Nava
1960–1961	Juanito Ramirez
1961–1962	Lalo Guerrero
1962–1964	Juanito Ramirez
1964–1965	Vicente Saldivar*
1965–1967	Mario Diaz
1967	Aurelio Muniz
1967–1970	Vicente Garcia
1970–1971	Fernando Sotelo
1971–1972	Jose Jimenez
1972–1973	Enrique Garcia
1973–1975	Jesus Estrada*
1975–1977	Salvador Torres
1977	Ernesto Herrera*
1978–1979	Jose Torres
1979–1980	Guillermo Morales
1980–1981	Gustavo Salgado
1981	Justo Garcia
1981–1985	Marcos Villasana*
1985–1986	Javier Marquez
1986–1987	Mauro Gutierrez
1987	Narciso Valenzuela
1987–1988	Rafael Morfin
1988–1989	Javier Marquez
1989	Eduardo Montoya
1989–1990	Javier Marquez*
1991–1993	Gregorio Vargas*
1993–1994	Cesar Soto*
1994–1997	Javier Jauregui
1997	Rafael Olvera
1997	Jose L. Castillo*
1998	Julio Sanchez Leon
1998	Jose L. Castillo*
1999	Hector Marquez
1999–2000	Juan C. Ramirez*
2000	Hector Marquez
2000–2001	Edgar Barcenas*
2001	Cesar Figueroa*
2001–2002	Luis Fuentes*
2002–2003	Jose Luis Tula
2003–2005	Jorge Solis*
2005–2006	Carlos Garcia
2006–2009	Lizardo Moreno*
2009–	Carlos Yanez

Super Bantamweights

1988–1989	Cesar Martinez
1989–1990	Pedro de la Cruz
1990–1991	Alberto Martinez
1991	Jose DeJesus Garcia
1991–1992	Otilio Gallegos
1992–1993	Cesar Soto*
1993–1994	Otilio Gallegos*
1994–1995	Enrique Jupiter
1995–1996	Erik Morales*
1996	Nestor Garza*
1996–1997	Enrique Angeles
1997–1998	Juan C. Ramirez*
1998–2001	Oscar Larios*
2001	Ruben Estanislao
2001–2003	Jorge Solis*
2003–2004	Adrian Valdez
2004–2006	Ricardo Castillo*
2007–2008	Miguel Roman*
2008–2009	Giovanni Caro*
2009–	Victor Terrazas*

Bantamweights

1925–1927	Narciso Cisneros*
1927–1930	Julian Villegas
1930–1931	Kid Pancho
1931–1934	Baby Arizmendi*
1935–1936	Ricardo Manzanillo
1936	Fernando Valdez
1936–1937	Pachuca Kid Joe
1937–1938	Tiburcio de la Rosa
1938–1942	Pancho Villa*
1942–1946	Ernesto Aguilar*
1947	Leonardo Lopez
1947–1948	Bernardo Flores
1948–1949	Memo Valero
1949–1951	Luis Castillo
1951–1952	Chebo de la Torre
1952–1953	Edel Ojeda*
1953–1955	Raul Macias*
1955–1959	Toluco Lopez*
1959–1967	Jose Medel
1967–1970	Chuco Castillo*
1971	Alfredo Meneses
1971–1973	Romeo Anaya*
1973	Magallo Lozada
1973–1974	Jose Luis Soto
1974	Jose Medina
1974–1975	Jose Murillo Medel
1975–1976	Eliseo Cosme
1976	Roberto Rubaldino*
1976–1977	Eliseo Cosme
1977	Guadalupe Hernandez*
1977	Antonio Becerra
1977–1979	Hector Medina
1979–1981	Norberto Cabrera
1981–1982	Jorge Ramirez
1982–1985	Daniel Zaragoza*
1986–1987	Jorge Ramirez
1987–1988	Alberto Martinez*
1988–1989	Fernie Morales
1989	Lupe Rubio
1989–1990	Candelario Carmona*
1990–1991	Tony Wilson
1991	Candelario Carmona
1991–1993	Concepcion Velazquez
1993	Ricardo Vargas
1993–1994	Armando Castro*
1994–1995	Sergio Millan
1995–1996	Cuauhtemoc Gomez
1996	Jesus Sarabia
1996–1997	Adan Vargas*
1997	Sergio Millan
1997–1998	Jorge Reyes*
1998	Jesus Sarabia
1998–2001	Hugo Dianzo

2001–2002	Cruz Carbajal*	1961–1962	Chucho Hernandez	2006–2007	Jose Cabrera
2002–2003	Julio Zarate*	1962–1963	Carlos Gomez	2007	Salvador Montes
2003–2004	Jhonny Gonzalez*	1963–1968	Efren Torres*	2007–2009	Jesus Jimenez*
2005	Jaime Ortiz*	1969–1971	Fermin Gomez	2009–	Wilbert Uicab
2005–2008	Francisco Paredes*	1971–1972	Rocky Garcia		
2008	Ramon Leyte	1972–1975	Miguel Canto*		
2008–2009	Francisco Paredes	1975–1976	Alberto Morales		
2009	Jesus Ruiz	1976–1978	Valentin Martinez		
2009–	Rodolfo Hernandez	1978–1979	Baldo Gonzalez*		

Light Flyweights

		1979–1980	Jose Gallegos	1979–1981	German Torres
		1980–1981	Pedro Flores*	1981–1982	Amado Ursua*

Super Flyweights

1987	Jimmy Fernandez	1981	Jose Gallegos	1982	German Torres*
1987–1988	Armando Castro	1981–1982	Jorge Manuel Vera*	1982	Candido Tellez
1988–1989	Jose F. Montiel	1982	Jose Gallegos	1982	Luis Hernandez
1989–1990	Pedro Rabago	1982–1983	Ernesto Guevara	1982–1984	Francisco Montiel
1990	Armando Salazar*	1983–1984	Jose Gallegos	1984	Enrique Aguilar*
1990–1991	Armando Castro	1984	Jimmy Fernandez	1984–1985	Jorge Cano
1992–1993	Marco A. Barrera*	1984	Antonio Escobar	1985–1986	Efren Pinto*
1994–1995	Joel Luna Zarate*	1984–1985	Marco A. Benitez	1986	Jorge Cano
1995	Willy Salazar	1985	Artemio Ruiz	1986	Isidro Perez*
1995	Armando Salzar	1985–1987	Jimmy Fernandez	1987	Jorge Cano
1995–1996	Jose A. Moreno	1987	Gilberto Sosa	1987–1988	Humberto Gonzalez*
1996–1997	Marcelo Nava	1987–1988	Willy Salazar	1988–1989	Javier Varguez
1997	Ricardo Medina*	1988–1988	Armando Velasco*	1989–1990	Santiago Mendez
1998–2000	Heriberto Ruiz*	1988–1989	Willy Salazar	1990–1991	Antonio Perez
2001–2004	Tomas Rojas	1989	Javier Diaz	1991–1992	Alejandro Montiel
2004–2006	Cristian Mijares*	1989–1991	Gonzalo Villalobos	1992–1993	Raul Rios
2006–2007	Jovanny Soto*	1991	Alberto Jimenez*	1993–1995	Jesus Chong
2007–2008	Juan A. Rosas*	1991–1992	Cuauhtemoc Gomez	1995	Edgar Cardenas
2008–	Marco A. Hernandez	1992–1993	Hugo Torres	1995–1996	Jose Victor Burgos*
		1993	Antonio Ruiz*	1996–1997	Ramon Euroza*

Flyweights

	Chato Laredo	1993–1994	Miguel Martinez	1997	Edgar Cardenas*
	Tomas Dorantes	1994–1995	Oscar Arciniega	1998	Gabriel Munoz*
1924–1930	Gonzalo Rubio	1995–1996	Raul Juarez*	1998–2000	Francisco Garcia
1930–1940	Chato Laredo	1996	Oscar Arciniega	2000–2001	Hugo Cazares*
1940–1946	Luis Castillo*	1996–1998	Raul Juarez	2001–2002	Melchor Cob Castro*
1947–1949	Bernardo Flores	1998–2000	Oscar Arciniega	2002–2003	Edgar Cardenas*
1949	Raul Solis	2000–2001	Gerson Guerrero*	2003–2005	Ulises Solis*
1949–1950	Bernardo Flores	2001–2002	Everardo Morales*	2005–2007	Edgar Sosa*
1950–1951	Jorge Herrera	2002–2004	Luis Maldonado	2008	Abel Ochoa
1951–1954	Otilio Galvan*	2004	Manuel Vargas*	2008–	Jose G. Martinez
1954–1957	Memo Diez	2004	Carlos Bouchan*		
1957–1960	Mario DeLeon	2004	Melchor Cob Castro*		

Strawweights

1960	Nacho Escalante	2005	Everardo Morales	2001–2002	Omar Soto*
1960–1961	Ernesto Barrera	2005	Valerio Sanchez	2002	Jose Figueroa
		2005–2006	Alberto Rosas*	2002–2005	Lorenzo Trejo*
				2005–2007	Sammy Gutierrez
				2007–2008	Raul Garcia*
				2009–	Sammy Gutierrez

Cuba

Boxing was introduced in U.S. service bouts at Guantanamo Naval Base following the Spanish-American War. Chilean Juan Budinich promoted first professional cards, Molino Rojo Theater, Havana, 1910. Cuban Boxing Commission est. 1921; sport began to blossom with the emergence of all-time great featherweight Kid Chocolate in late 1920s. Kid Tunero, Cuba's greatest middleweight, campaigned in the '30s, but the 1950s was the high point of professional boxing in Cuba. Nino Valdes, Benny (Kid) Baret, Luis Rodriguez, and Doug Vaillant were among the top stars of this period. Sugar Ramos, Jose Napoles, and Jose Legra were the last outstanding boxers to come out of Cuba prior to Fidel Castro's abolition of professional sports in January 1962.

Cuban Champions

Heavyweights

1921–1922	Kid Cardenas*	1925–1927	Roleaux Saguero	1945	Federico Malibran
1922–1925	Antolin Fierro	1927–1933	Goyito Rico	1945–1959	Nino Valdes*
1925	Santiago Esparraguera	1933–1936	Young Herrera*		
		1937–1941	Goyito Rico*		

Light Heavyweights

		1942–1944	Julio Lazaro Diaz	1921	Louis Smith
		1944–1945	Mario R. Ochoa*	1921–1925	Santiago Esparraguera

1925–1929	Roleaux Saguero*
1929–1934	Vacant
1934–1936	Young Herrera*
1936–1947	Vacant
1947–1954	Yova Kid*
1955–1959	Julio Carreras

Middleweights
1922	Kid Campillo
1922–1924	Rafael Rodriguez
1924–1928	Kid Charol*
1928–1931	Jose LaPaz*
1931–1935	Antonio Dominguez*
1935–1937	Cuban Lewis*
1938–1939	Pedro Herrera*
1939–1941	George Bradad*
1941	Andres Gomez
1941–1942	Manuel Sanchez*
1942	Andre Gomez
1942–1943	Mario R. Ochoa
1943–1947	Kid Tunero*
1947–1948	Lino Armenteros
1948–1951	Jesus Vila*
1951–1954	Wilfredo Miro
1954–1957	Kid Charolito*
1957–1959	Baby Linares
1959–1961	Paul Diaz
1961	Baby Linares*

Welterweights
1921	E. Ponce de Leon
1921–1922	Lalo Dominguez*
1922	Rafael Rodriguez
1922–1933	E. Ponce de Leon*
1934–1935	Relampago Saguero*
1936	Joe Legon
1936–1938	Baby LaPaz*
1938–1946	Joe Legon*
1946–1949	Baby Coullimber
1949–1950	Wilfredo Miro*
1950–1951	Tony Armenteros*
1951–1953	Kid Charolito
1953–1956	Chico Verona
1956–1958	Miguel Diaz
1958	Kid Fichique
1958–1959	Luis Rodriguez*

Junior Welterweights
1956–1957	Kid Fichique*
1957–1958	Baby Cochet
1958	Alberto Bisbe
1958–1959	Baby Sagarra*

Lightweights
1913–1917	Manolo Vivancos*
1923–1925	Lalo Dominguez
1925–1929	Cirilin Olano*
1932–1934	Joaquin Torregosa*
1934–1935	Sixto Morales
1935–1938	Joe Coego*
1938	Young Souval*
1938–1940	Joe Coego*
1940–1941	Joe Pedroso
1941–1943	Santiago Sosa*
1943–1944	Baby Coullimber
1944–1945	Joe Pedroso
1945–1946	Kid Gavilan*
1946–1948	Kid Bururu
1948–1949	Orlando Zulueta*
1949–1955	Rafael Lastre
1955–1956	Fernando Silva
1956–1957	Baby Cochet
1957	Tato Menendez*
1957–1958	Orlando Echevarria
1958–1959	Armando Bragano
1959–1960	Chico Morales
1960–1961	Doug Vaillant*

Junior Lightweights
| 1958–1959 | Chico Morales* |

Featherweights
1912–1917	Tomas Galiana*
1917–1922	Vacant
1922–1924	Jack Coullimber*
1924–1928	Angel Diaz
1928–1933	Pablo Canales*
1934–1935	Gilbert Castillo
1935–1939	Alejandro Yanez*
1940–1941	Santiago Sosa*
1941–1942	Baby Coullimber
1942–1944	National Kid
1944–1948	Miguel Acevedo*
1948–1958	Ciro Morasen
1958–1959	Martin Rodriguez*
1960–1961	Sugar Ramos*

Bantamweights
1922–1926	Antonio Valdez
1926–1930	Genaro Pino*
1933–1935	Mario Sanchez
1935–1938	Kid Juancito*
1938	Pablo Medina
1938–1940	Baby Chichi*
1940–1942	Lorenzo Safora*
1942–1945	Humberto Espinosa*
1945–1954	Luis Galvani*
1954–1959	Orlando Reyes
1959–1960	Felix Gutierrez
1960–1961	Enrique Hitchman*

Flyweights
1913–1914	Victor Achan*
1915–1921	Oscar Garcia
1921–1925	Mike Castro*
1925–1931	Genaro Pino*
1932–1934	Rafael Valdez
1934–1938	Juan Morales
1938	Pablo Medina*
1940–1941	Chico Morales
1941–1945	Humberto Espinosa*
1945–1947	Black Pico*
1947	Tomas Vega
1947–1948	Luis Fuentes
1948–1951	Black Pico*
1952–1954	Amado Mir*
1954–1959	Oscar Suarez*
1959–1960	Hiram Bacallao

Light Flyweights
| 1922–1923 | Genaro Pino |
| 1923–1925 | Black Bill* |

Dominican Republic

Dominican National Boxing Commission est. 1967.

Dominican Champions

Heavyweights
| 1997–2001 | Marcial Vinicio |
| 2001–2004 | Fernely Feliz* |

Cruiserweights
| 1996–1997 | Marcial Vinicio* |

Light Heavyweights
| 2007– | Wilson Santana |

Middleweights
1977	Fermin Guzman
1977–1983	Jesus Castro*
1983–1999	Vacant
1999–2001	Feliberto Alvarez
2001–2003	Ezequiel Luperon*
2005–2007	Youanny Lorenzo*

Junior Middleweights
1993–1994	Angel Beltre*
1995	Pedro Gomez*
1996–1997	Angel Beltre*
1999–2001	Alejandro DeLeon*
2003–2005	Emiliano Cayetano*
2005–2009	Vacant
2009	Juan Ubaldo Cabrera

Welterweights
1974–1977	Fausto Rodriguez*
1978–1982	Mao de la Rosa
1982–1984	Antonio Espinal*
1985–1986	Eduardo Batista
1986–1987	Manuel J. DeLeon
1987–1990	Eduardo Batista*
1991–1993	Vidal Ramirez*
1995–1997	Pedro Sanchez
1997–1999	Francisco Alvarez
1999–2000	Danilo Alcantara*

2000–2003	Felix Vargas
2003–2005	Alexis Divison*
2005–	Euri Gonzalez

Junior Welterweights
1973–1974	Miguel Montilla
1974–1975	Hector Medina*
1975–1982	Miguel Montilla
1982–1990	Reyes A. Cruz*
1991–1992	Rafael Ortiz
1992–1993	Pedro Sanchez*
1993–1996	Vacant
1996–1998	Angel Beltre*
1998–2005	Ambioris Figuereo*
2005–2009	Vacant
2009–	Vladimir Baez

Lightweights
1962–1963	Hector Diaz*
1963–1973	Vacant
1973	Miguel Montilla*
1973–1978	Vacant
1978–1984	Antonio Cruz*
1986	Abraham Mieses
1986–1988	Roberto Nunez*
1988–1992	Vacant
1992–1995	Carlos Montero
1995–1996	Elias Cruz*
1997–2006	Victoriano Sosa*

Junior Lightweights
1973–1974	Livio Nolasco*
1974	Cocoa Sanchez
1974–1975	Jose Fernandez
1975–1984	Cocoa Sanchez*
1984–1986	Roberto Nunez*
1988–1990	Danilo Cabrera*
1991	Armando Reyes
1991	Rafael Meran
1991	Armando Reyes
1991	Pascual Polanco
1991–1992	Armando Reyes
1992–1993	Manuel Batista*
1993–1995	Armando Reyes*
1996–1998	Antonio Ramirez*

| 2000 | Justo Sencion* |
| 2001–2003 | Francisco Lorenzo* |

Featherweights
1978–1980	N. Cruz Tamariz*
1981–1983	Jose Jimenez*
1983–1984	Danilo Cabrera
1984–1985	Manuel Batista
1985	Jose Jimenez
1985–1987	Danilo Cabrera
1987–1988	Jose Jimenez
1988–1989	Pedro Nolasco*
1990–1991	Armando Reyes*
1991–1995	Vacant
1995–1996	Damian Brazoban*
1998–1999	Francisco de Leon
1999–2001	Joan Guzman*
2003–2004	Jose Anibal Cruz*
2005–2006	Leivi Brea*
2007–2008	Delvin Plascencia*

Junior Featherweights
1976–1977	N. Cruz Tamariz
1977–1978	Leonardo Cruz*
1983–1987	Tommy Valoy*
1988–1989	Jose Garcia*
1989–1990	Jose Pantaleon*
1990–1992	Jose Garcia*
1993–1996	Sergio Pena*
1996	Santiago Rojas
1996–1999	Andres Martinez*
1999–2001	Hector J. Avila
2001–2002	Joan Guzman*
2002–2005	Vacant
2005–2007	Edison Morillo*
2009–	Juan C. Rosario

Bantamweights
1977	Julio Soto Solano
1977–1978	Jose Jimenez
1978–1992	Julio Soto Solano
1992–1994	Vinicio Rosario*
1994–1997	Luis Sosa*
1997–1999	Alejandro Pena*
1999–2001	Francisco Melendez*

2003–2006	Osvaldo Cedeno*
2006–2009	Vacant
2009–	Denis Garcia

Junior Bantamweights
1990–1992	Luis Sosa*
1992–1994	Agapito Sanchez*
1995–1996	Andres Adames
1996–2000	Silvio Luzon*
2000–2009	Vacant
2009	Eliezer Aquino*
2009–	Francis Ruiz

Flyweights
1962–1973	Natalio Jimenez
1973–1976	Pablito Jimenez*
1978–1981	Julio Guerrero*
1982–1985	R. Antonio Nery*
1986–1987	Felix Marti
1987	Rafael Cabrera
1987–1988	Felix Marti
1988–1989	Rafael Torres*
1989–1994	Vacant
1994–1995	Domingo Guillen*
1995–1996	Fausto Rosario*
1997	Miguel Cabrera
1997–1998	Teofilo Manzueta*
1999–2000	Miguel Cabrera*
2000–2002	Domingo Guillen*
2004–2005	Leocadio Manon*

Junior Flyweights
1986–1987	Felix Marti*
1989–1990	Domingo Sosa*
1991–1992	Julio C. Perez*
1994–1996	Domingo Guillen*
1997–1998	Julio C. Perez*
2000–2002	Miguel Cabrera*
2005–2008	Domingo Guillen*

Mini Flyweights
1991–1993	Andres Tavarez
1993–1994	Domingo Guillen*
1994–2006	Vacant
2006–	Francisco Rosario

Puerto Rico

Boxing in Puerto Rico legalized, 1927. First Puerto Rican world champion: Sixto Escobar (world bantamweight champion, 1936–1937, 1938–1939)

Puerto Rican Champions

Heavyweights
| 1973–1974 | Pedro Agosto* |

Cruiserweights
| 1983–1985 | Dennis Jackson* |

Middleweights
1964–1967	Jose Torres*
1967–1982	Vacant
1982–1983	Carlos Betancourt
1983–1985	Reyes Escalera*
1986–1987	Jose Quinones*
1987–1995	Vacant
1995–1997	Daniel P. Garcia*

Junior Middleweights
1985–1986	Jose Vallejo*
1998–1999	Luis F. Perez*
2001–2004	Irving J. Garcia*

Welterweights
1929–1931	Atilio Sabatino*
1931–1974	Vacant
1974–1977	Sandy Torres*
1977–1985	Vacant
1985	Reynaldo Hernandez
1985–1987	Daniel P. Garcia*
1987–1990	Vacant
1990–1992	Walter O. Rivera*

1992–1996	Vacant
1996–1997	Edwin Rodriguez*
2000–2001	Jose DeJesus*
2002–2004	Felix Flores*

JUNIOR WELTERWEIGHTS

| 1998–2000 | Jose DeJesus* |

LIGHTWEIGHTS

1932–1933	Pedro Montanez*
1933–1938	Felipe Andrade*
1938–1962	Vacant
1962–1964	Daniel Berrios
1964–1965	Marcos Morales*
1965–1971	Vacant
1971	Josue Marquez
1971–1973	Esteban DeJesus*
1973–1984	Vacant
1984–1985	Miguel Santana*
1985–1986	Santos Cardona*
1986–1992	Vacant
1992–1993	Silverio Flores
1993–1994	Joe Rivera*
1996–1997	Wilfredo Negron*
1999–2001	Edwin Vazquez*

JUNIOR LIGHTWEIGHTS

1974–1976	Samuel Serrano*
1976–1983	Vacant
1983–1987	Alberto Batista*
1987–1993	Vacant
1993–1994	Ricardo Rivera
1994	Esteban Flores
1994–1996	Ricardo Rivera*

FEATHERWEIGHTS

1929–1931	Koli Kolo*
1931–1970	Vacant
1970–1971	Benjamin Ramirez*
1971–1972	Samuel Serrano
1972	Francisco Villegas
1972–1973	Samuel Serrano*
1973–1978	Vacant
1978–1981	Felix Trinidad, Sr.
1981–1984	Dagoberto Agosto*
1985–1990	R. Bonilla Rivera*
1992–1997	Jose Badillo*
1997–2001	Vacant
2001–2005	Victor Santiago*

JUNIOR FEATHERWEIGHTS

1983–1984	Antonio Rivera
1984–1985	Juan Veloz*
1985–1987	Ramon Cruz*
1987–1995	Vacant
1995–1996	Jose Juan Ayala*
1996–2001	Daniel Jimenez*

BANTAMWEIGHTS

1929	Koli Kolo*
1929–1974	Vacant
1974–1983	Andres Hernandez*
1983–1984	Juan Torres
1984–1986	Wilfredo Vazquez*

JUNIOR BANTAMWEIGHTS

| 1992–1993 | Angel Rosario* |

FLYWEIGHTS

1979–1982	Orlando Maldonado*
1982–1985	Rafael Caban*
1985–1991	Vacant
1991–1992	Josue Camacho*
1993–1997	Jose Lopez*

JUNIOR FLYWEIGHTS

1990–1991	Julio C. Acevedo*
1991–1997	Vacant
1997–2002	Jose Laureano*

MINI FLYWEIGHTS

| 2005– | Omar Soto |

Panama

Boxing was introduced to Panama in the wake of the building of the Panama Canal, when boxing was staged for the benefit of U.S. sailors. Famous American boxers — notably, Sam McVey — boxed in Panama in the period immediately prior to U.S. entry into World War I. Panamanian featherweight Davey Abad campaigned successfully in the U.S. during the 1930s. Boxing blossomed in this country after World War II, leading to the success of such outstanding Panamanian fighters as Federico Plummer, Alfonso (Peppermint) Frazer, Ismael Laguna, Roberto Duran, and Victor Cordoba. First Panamanian world champion: Ismael Laguna (world lightweight champion, 1965, 1970)

Panamanian Champions

HEAVYWEIGHTS

1913–1914	Abe the Newsboy
1914	Tommy Connors
1914–1915	Kid Norfolk
1915–1916	Jeff Clarke
1916–1917	Kid Norfolk*
1921–1922	Sailor Grande
1922–1923	Jim Briggs
1923–1924	Emilio Solomon*

LIGHT HEAVYWEIGHTS

| 1980–1981 | Tomas Ortiz* |

MIDDLEWEIGHTS

1916–1917	Panama Joe Gans*
1917–1922	Vacant
1922–1927	Jim Briggs*
1927–1985	Vacant
1985–1986	Victor Cordoba*

JUNIOR MIDDLEWEIGHTS

1980	Tomas Ortiz*
1980–1992	Vacant
1992–1995	Aquilino Asprilla
1995–2000	Javier Castillo
2000–2001	Alfonso Mosquera*
2003–2005	Elvis Guerrero
2005–	Jose Arosemena

WELTERWEIGHTS

1930	Alberto Ortega
1930–1933	Young Joe Walcott
1933–1935	Serafin Centeno
1935–1939	Kid Ambrosio*
1941–1944	Young Shadow*
1944–1949	Hankin Barrows*
1949–1954	Vacant
1954–1955	Tito Despaigne*
1955–1956	Irvin Blue
1956–1961	Jose Edwin*
1961–1975	Vacant
1975–1981	Vianor Durango*
1982	Eduardo Ruiz
1982	Jose Salazar*
1983	Eduardo Rodriguez*
1983–1995	Vacant
1995	Santiago Samaniego*
1995	Guillermo Jones*
1998	Tito Mendoza*
1999–2000	Juan Mosquera*

JUNIOR WELTERWEIGHTS

1978	Antonio Amaya*
1979–1980	Tomas Ortiz*
1982	Jose Salazar
1982–1983	Agustin Caballero*
1994–1995	Antonio Ocasio*
1995–1996	Tito Mendoza*
1996–1998	Jose Cordoba
1998	Miguel Callist*
1999	Juan Mosquera
1999	Demetrio Ceballos*
2000–2001	Juan Mosquera*
	Demetrio Ceballos*
2005–2007	Juan Mosquera*
2008–2009	Loel Barrantes
2009–	William Gonzalez

LIGHTWEIGHTS

| 1945–1946 | Young Finnegan* |

1946–1947	Aquilino Allen*
1949–1950	Clarence Sampson
1950–1951	Wilfredo Brown*
1951	Federico Thompson
1951–1956	Wilfredo Brown*
1957–1958	Horacio Otis
1958	Federico Plummer
1958–1959	Horacio Otis
1959–1961	Jorge Quintero*
1961–1963	Tito Marshall*
1963–1964	Esteban Santamaria
1964–1965	Humberto Trottman*
1967	Hector Sanchez*
1968–1972	Alfonso Frazer*
1972–1975	Vacant
1975–1978	Felix Sune
1978	Enrique Maxwell
1978–1979	Tommy Ortiz*
1979–1982	Vacant
1982	Angel Diaz
1982–1983	Julio Pastor Ruiz
1983–1987	Rafael Williams*
1988	Luis Mendieta
1988–1991	Julio Pastor Ruiz
1991–1992	Antonio Ocasio
1992–1993	Julio Pastor Ruiz*
1993–1995	Demetrio Ceballos*
1995–1998	Ovidio Arias
1998–1999	Miguel Callist*
1999–2003	Vacant
2003–2005	William Gonzalez
2005–2007	Ameth Diaz*
2009–	Augusto Pinilla

Junior Lightweights

1961	Tito Marshall*
1961–1964	Vacant
1964–1965	Justiniano Aguilar
1965	Julio Ruiz
1965–1966	Antonio Amaya*
1966	Leo Campbell*
1966–1967	Justiniano Aguilar*
1967–1970	Vacant
1970–1978	Diego Alcala*
1978–1981	Reynaldo Hidalgo*
1983–1984	Aquilino Asprilla*
1985–1991	Francisco Fernandez
1991–1995	Jesus Gutierrez*
1996	Jose Donaldson
1996–1997	Pedro Lopez*
1997–2000	Hilario Guzman*
2000–2003	Vacant
2003–2004	Armando Cordoba*
2005–	Joel Cerrud

Featherweights

1949–1950	F. Colon Garcia
1950	Rocky McKay*
1950–1952	Federico Plummer*
1953–1955	Pedro Tesis*
1956–1957	Isidro Martinez*
1957–1959	Jesus Santamaria
1959–1960	Melvin Bourne
1960–1962	Jesus Santamaria
1962	Pedro Ortiz
1962–1964	Beresford Francis
1964	Julio Ruiz*
1964–1967	Antonio Amaya*
1967–1969	Julio Ruiz
1969–1970	Miguel Riasco
1970–1972	Ernesto Marcel*
1973–1976	Rigoberto Riasco*
1978–1979	Jose Santana
1979–1980	Carlos Nunez
1980–1981	Pascual Patterson
1981–1982	Jose Luis Santana
1982	Pascual Patterson
1982–1983	Victor Samudio*
1983–1988	Vacant
1988–1993	Manuel Mejia
1993–1995	Florentino Campbell*
1996–1997	Amador Vasquez*
1997–1999	Luis Samudio*
2001–2002	Armando Cordoba*
2004–2006	Jose Miranda
2006–2007	Ramiro Lara
2007–	Irving Berry

Junior Featherweights

1978–1980	Ulises Morales*
1981	Felix Rodriguez*
1982–1984	Marcelo Beckford*
1984–1987	Vacant
1987–1988	Jose Meneses
1988–1991	Azael Moran*
1991–1993	Arnulfo Romero
1995–1996	Catalino Becerra*
1997–2000	Armando Cordoba
2000–2004	Celestino Caballero
2004–	Ricardo Cordoba

Bantamweights

1948–1949	Kid Zefine
1949–1950	Cesar Leal
1950–1953	Baby Green
1953–1957	Melvin Bourne*
1957–1958	Alberto Ibarra
1958–1960	Edwin Sykes
1960–1961	Hector Hicks
1961–1963	Ismael Laguna*
1963–1964	Luis Patino
1964–1965	Camy Beto
1965–1969	Eugenio Hurtado
1969–1970	Ernesto Marcel*
1970–1974	Enrique Pinder*
1974–1979	Gilbero Illueca
1979–1985	Ricardo Bennett
1985–1987	Azael Moran*
1988	Edgar Monserrat*
1988–1992	Vacant
1992	Ricardo Cordoba*
1992–1997	Vacant
1997–2002	Marcos Sanchez
2002–2004	Ricardo Cordoba*

Junior Bantamweights

1981	Rafael Pedroza*
1982–1985	Jose de la Cruz Lopez*
1985–1990	Vacant
1990–1993	Ernesto Ford*
1995	Juan Antonio Torres*
1996–1997	Julio Gudino
1997–1999	William de Sousa*
2001–2002	Ricardo Cordoba*
2004–2005	Alberto Mitre*
2005–2006	Anselmo Moreno*

Flyweights

1939–1941	Kid Zefine*
1942–1950	Young Gibson
1950–1953	Baby Quiros*
1953–1958	Vacant
1958–1960	Pedro Ortiz*
1961–1966	Pedro Carbajal
1966	Zenon Rios
1966–1970	Luis C. Urrunaga
1970–1974	Orlando Amoros*
1974–1976	Enrique Torres
1976–1979	Luis Ibarra*
1980–1982	Pedro Romero*
1982–1984	Bernardino Moreno*
1986–1990	Julio Gudino*
1991–1994	Evangelio Perez*
1995–1998	Virgilio Chifundo*
1999–2004	William de Sousa
2004–2005	Jonathan Aguilar
2005–2007	Alberto Mitre*

Junior Flyweights

1979–1981	Alfonso Lopez*
1981–1982	Ernesto Sanchez*
1982	Santos Becerra*
1982–1983	Leonardo Paredes
1983–1985	Victor Sierra*
1986–	Roy Thompson
1989–1992	Leon Salazar*
1995–1996	Carlos Murillo*
1996–1997	Royers Vasquez
1997–1998	Carlos Murillo*
2001–2003	Reynaldo Frutos
2003–2004	Angelo Dotting
2004–2008	Javier Tello*
2009	Luis A. Rios*

Mini Flyweights

1999–2004	Jairo Arango
2004–2009	Vacant
2009–	Luis A. Rios

Colombia

Antonio Gomez-Hoyos, known as the Father of Colombian Boxing, opened a boxing gymnasium at the prestigious University of Cartagena in 1898. Amateur boxing took root, and many Colombians began to follow professional boxing in other countries via their local newspapers. Colombia's first professional boxing show was held on July 6, 1921, when South American Rafael Tanco beat Belgium's Rene van Hoorde before a crowd of 4,000 in Bogota, and the Colombian Boxing Federation was organized on January 4, 1922. (The Colombian Professional Boxing Federation was established in March 1957). The years from 1928 to 1970 saw Colombia produce many quality pugilists, including lightweight Fernando Fiorillo (the first Colombian to box in New York), bantamweight phenomenon Jhon Bill, Jeronimo Trivino, Fortunato Grey, Eligio (Mochila) Herrera, Cipriano (Barbulito) Zuluaga, Bernardo Caraballo (the first Colombian to fight for a world title, versus Eder Jofre on November 27, 1964), and Mario Rossito. Antonio (Kid Pambele) Cervantes became Colombia's first world champion when he dethroned 140-pound title holder Alfonso (Peppermint) Frazer on October 28, 1972. Enrique Fortich, Alberto Barboza Moure, and Filemon Canate Bernet were the country's most important promoters up to 1985, when William (Billy) Chams created Cuadrilatero, Colombian's most important promotional and managerial group. Fidel Bassa, Tomas Molinares, Ricardo Torres, and Cesar Canchila have been their major stars.

Colombian Champions

CRUISERWEIGHTS

2002–2003	Ubaldo Torres*
2003–2008	Vacant
2008–	Santander Silgado

LIGHT HEAVYWEIGHTS

1981–1984	Tomas Polo*
1985–1987	Jairo Tovar*
1987–2000	Vacant
2000–2001	Jorge E. Ortiz*

SUPER MIDDLEWEIGHTS

2005–2006	Jose L. Herrera*
2007	Evert Bravo

MIDDLEWEIGHTS

1979–1981	Sigfredo Colorado*
1981–1983	Manuel Zambrano
1983–1984	Sigfredo Colorado*
1984–1987	Ramon Matamba*
1988–1993	Adolfo Caballero*
1994–1997	Juan C. Viloria*
1999–2003	Angel Valencia*

JUNIOR MIDDLEWEIGHTS

1972–1974	Juan Cordoba
1974–1976	Bonifacio Avila*
1978–1980	Adalberto Vanegas
1980–1981	Manuel Saavedra
1981–1983	Emiliano Villa*
1985–1986	Manuel Zambrano*
1986–1987	Pompilio Salgado*
1988–1990	Diosmel Anaya*
1990–1994	Gilberto Barreto
1994–1997	Henry Rossman*
1999–2001	Angel Valencia*
2001–2004	Vacant
2006–2008	Raul Pinzon*
2008–	Jhon R. Berrio

WELTERWEIGHTS

1957–1964	Luis Cassaran
1964–1970	Elias Lian*
1972–1973	Getulio Bruges
1973–1974	Adalberto Vanegas*
1974–1976	Carlos Obregon
1976–1978	Emiliano Villa*
1978–1979	Osvaldo Romero
1979–1980	Cristobal Torres*
1980–1981	Carlos Mejia
1981–1982	Gustavo Hernandez
1982–1983	Alfonso Torres*
1984	Mateo Valdez*
1984–1985	Fernando Alban*
1985–1986	Tomas Molinares*
1987	Edison Benitez
1987	Jorge Manchego
1987–1988	Anibal Miranda
1988	Jose Bermudez*
1988	Gilberto Barreto
1988–1989	Edison Benitez
1989–1991	Amaury Moguea
1991–1993	William Ruiz*
1994–1996	Manuel Alvarez*
1997–1999	Hugo Pineda*
1999–2001	Diego Castillo*
2002–2003	Ignacio Solar*
2005–2006	Jose M. Torres*
2006	Raul Pinzon*
2008–	Francisco Flores

JUNIOR WELTERWEIGHTS

1972–1974	Milton Mendez
1974–1976	Emiliano Villa*
1977	Miguel Betruz
1977–1978	Senon Silgado*
1978–1980	Miguel Betruz
1980–1982	Martin Rojas
1982–1983	Jose Angulo
1983	Simon Ramos
1983–1984	Aldemar Mosquera*
1985	Jose Angulo
1985–1986	Aldemar Mosquera*
1986–1987	Libardo Barrios*
1987–1988	Pedro Padilla*
1988–1991	Eder Gonzalez*
1993–1994	Hugo Pineda*
1994	Regino Caceres*
1994–1995	Edwin Cassiani*
1995–1996	Pedro Nel Julio*
1996–1997	Nicolas Cervera*
1998	Wilfrido Rocha*
1999	Arley Zuniga
1999–2000	Wilfrido Rocha*
2000	Arley Zuniga*
2000–2006	Vacant
2006	Breidis Prescott*
2006–2008	Florencio Castellano
2008–	Dunis Linan

LIGHTWEIGHTS

1957	Luis Castaneda
1957–1958	Mario Rossito*
1958–1971	Vacant
1971–1972	Juan Escobar
1972–1973	Andres Salgado
1973–1974	Emiliano Villa*
1975–1976	Miguel Betruz
1976–1977	Pedro Acosta
1977	Alfonso Perez*
1978–1979	Leonidas Asprilla*
1979–1980	Carlos Cossio
1980–1981	Eduardo Valdez
1981	Carlos Cossio
1981–1983	Sergio Alvarez*
1983–1984	Bobby Garcia*
1984–1985	Wilson Arias*
1985–1986	Miguel Aguado*
1986	Victor Babilonia*
1987–1988	Ismaldi Pineda
1988	Carlos Mantilla
1988	Hernan Gutierrez
1988–1989	Arnovis Castro*
1989–1990	Hernan Gutierrez*
1992	Felipe Caceres
1992–1993	Hernan Gutierrez*
1993–1995	Wilson Palacios*
1996	Luis Flores
1996–1999	Alvaro Moreno
1999–2000	Jorge L. Noriega*
2000–2001	Jimmy Rangel*
2001–2003	Diomedes Miranda
2003–2004	Miguel A. Suarez*
2006–2007	Samir Torres*
2008–	Fidel Monterrosa

JUNIOR LIGHTWEIGHTS

1972–1973	Hernan Torres
1973–1975	Miguel Betruz*
1977	Francisco Durango
1977–1982	Victor Pacheco
1982	Alvaro Moreno

1982–1983	Wilson Arias*
1983	Victor Pacheco
1983–1984	Bernabe Diaz*
1984–1985	Marcial Montano*
1986	Felipe Julio*
1986–1987	Adolfo Gonzalez
1987	Julio Llerena
1987–1988	Felipe Angulo*
1988–1989	Hernan Gutierrez*
1989	Wilfrido Rocha*
1990	Jose Cassiani*
1990–1991	William Herrera*
1991	Juan Estupinan*
1991–1992	Ruben D. Palacios*
1992–1993	Jimmy Garcia*
1993–1994	Moises Almanza
1994–1995	Jimmy Garcia*
1995–1996	Luis Flores*
1996–1997	Fabio Caicedo*
1998–1999	Alejandro Sarabia*
2000	John Rivas
2000–2001	Elias Ruiz*
2003–2004	Carlos Vargas*
2004–2005	Elias Ruiz*
2005–2006	Jesus Perez*
2006–2007	Wilson Alcorro*

FEATHERWEIGHTS

1957–1958	Fernando Tejedor*
1958–1972	Vacant
1972–1974	Bernardo Caraballo*
1975–1977	Alfonso Perez*
1977–1978	Jacob Torres*
1978–1979	Jacinto Herrera
1979–1980	Armando Perez
1980–1981	Mario Miranda*
1981	Manuel Julio
1981–1983	Idabeth Rojas*
1983–1984	Felipe Julio*
1985	Alvaro Bohorquez*
1985–1986	Adolfo Gonzalez
1986–1987	Felipe Angulo*
1987–1988	Ruben D. Palacios*
1988	Pedro Barrera*
1989	Wilson Fontalvo*
1990–1991	Wilson Palacios*
1991–1992	Milton Girado*
1992	Rafael Zuniga*
1992–1993	Dionis Blanco*
1994–1995	Victor Llerena*
1995–1996	Eduardo Barrios
1996	Victor Llerena*
1996–1997	Luis Mendoza
1998–1999	Oscar Leon*
2000–2001	Fabio Caicedo*
2002–2003	Jorge P. Monsalvo*
2003–2008	Vacant
2008	Aristides Perez*
2009–	Jose Palma

JUNIOR FEATHERWEIGHTS

1976–1977	Ricardo Cardona*
1977–1978	Nestor Jimenez*
1978–1980	Bernardino Rubio
1980–1982	Julio Llerena*
1982–1983	Jefferson Gomez
1983–1984	Franklin Salas*
1984–1985	Ruben D. Palacios*
1985	Mario Livinston
1985–1987	Moises Fuentes
1987	Luis Mendoza*
1987–1988	Arcelio Diaz*
1988–1989	Antonio Montero
1989–1990	Arcelio Diaz*
1991	Juan B. Rodriguez*
1991–1993	William Solano*
1993–1996	Vacant
1996	Harold Mestre*
1997–1998	Esteban Morales*
1999–2000	Elvis Mejia
2000–2002	Wilson Sarabia*
2004–2006	Andres Ledesman*
2006–2008	Hevinson Herrera*

BANTAMWEIGHTS

1957–1958	Arnulfo Pedreros
1958–1959	Miguel Cabezas*
1959–1963	Vacant
1963–1972	Bernardo Caraballo*
1972–1973	Jaime Amaya
1973–1976	Nestor Jimenez*
1976–1978	Enrique Pinto*
1980–1981	Jacinto Moreno
1981–1982	Homer Meza
1982–1983	Ruben D. Palacios*
1983–1985	Francisco Alvarez*
1986–1987	Luis Mendoza*
1988–1989	Carlos A. Rocha*
1989	Juan B. Rodriguez*
1990–1991	Wilson Sarabia*
1991–1992	Francisco Alvarez*
1993–1994	Harold Mestre*
1996–1998	Wilson Alcorro*
2000	Andres Mosquera
2001–2001	Jud Granados*
2002–2004	Jean Javier Sotelo*
2004–2007	Vacant
2007–2008	Santos Marimon*
2008–	Yogli Herrera

JUNIOR BANTAMWEIGHTS

1980–1982	Raul E. Diaz
1982	Miguel Perez
1982–1983	Miguel Lora*
1983–1984	Raul E. Diaz*
1984	Juan Polo Perez*
1984–1986	Toribio Riascos
1986–1987	Elvis Alvarez*
1987–1989	Alvaro Mercado*
1991–1992	Guillermo Salcedo*
1992–1996	Luis Bolanos*
1996–2000	Vacant
2000–2001	Jorge Otero*
2003–2004	Reynaldo Lopez*
2005	Luis Melendez*
2005–2006	Ronald Barrera*
2006–	Luis Melendez

FLYWEIGHTS

1957–1962	Jaime Caro
1962–1963	Bernardo Caraballo*
1963–1972	Vacant
1972–1973	Reinaldo Ramirez
1973–1974	Carlos A. Osorio*
1975	Alvaro Lopez*
1976–1977	Eduardo Barragan*
1978	Alfredo Herrera
1978	Tomas Maza
1978–1980	Jose Luis Tapias*
1981	Henry Diaz
1981–1982	Rafael Julio
1982–1983	Virgilio Palomo
1983	Agustin Higirio*
1983	Juan Polo Perez
1983–1984	Alberto Castro*
1984–1985	Jorge Lugo
1985	Fidel Bassa*
1985–1986	Prudencio Cardona*
1987	Joselo Perez
1987	Alfredo Lugo
1987–1989	Noel Cogollo*
1991–1992	Omar Cantillo*
1992–1993	Alvaro Mercado*
1993–1996	Vacant
1996	Yamil Valdelamar*
1996–1997	Ilidio Julio*
1998	Jose Sanjuanelo*
1999–2005	Angel A. Priolo*
2005–2006	Alejandro Ordonez*

JUNIOR FLYWEIGHTS

1975–1976	Hector Pinto
1976–1977	Ricardo Estupinan*
1978–1979	Manuel Rios*
1980–1981	Felipe Medrano
1981–1986	Agustin Garcia
1986	Rodolfo Blanco*
1986–1987	Agustin Garcia*
1987–1988	Uriel Londono*
1989	Francisco Tejedor*
1990–1992	Jorge Blanco
1992	Julio Coronel
1992–1993	Oscar A. Flores*
1994–1996	Yamil Caraballo*
1997–1998	Hernan Cardenas*
1998–2000	Beibis Mendoza*
2000–2002	Jesus Jose Ospino
2002–2003	Cesar C. Perez*
2004–2005	Wilfrido Valdez*
2005–2006	Ronald Barrera*
2006–2007	John A. Molina
2007–2008	Walberto Ramos*
2009	Farid Cassiani

MINI FLYWEIGHTS

1988	Eugenio Oviedo*
1988–1989	Yamil Caraballo*
1989–1992	Vacant
1992–1993	Kermin Guardia*
1995–1996	Juan Herrera*
1997–1999	Daniel Reyes*
1999–2003	Vacant
2003–2004	Wilfrido Valdez*
2004–2005	Ronald Barrera*
2005–2008	Vacant
2008–	Michael Arango

Venezuela

Boxing inaugurated 1922.

Venezuelan Champions

Heavyweights
1924–1930	Victor Vasquez*

Light Heavyweights
1969–1971	Vicente Rondon*

Middleweights
1924–1930	Pedro Godin*
1930–1949	Vacant
1949	Juan J. Fernandez*
1949–1958	Vacant
1958–1960	Evelio Rios*
1960–1970	Vacant
1970–1975	Octavio Romero*
1975–1986	Vacant
1986–1987	Basante Blanco
1987–1988	Fermin Chirino*
1988–1989	Marcos Solarte*

Junior Middleweights
1995	Carlos Luis Ugueto*
1995–1998	Vacant
1998–2005	Marco A. Avendano*

Welterweights
1925–1930	Rafael Carabano*
1930	Armando Best
1930–1931	Pete Martin
1931–1932	Tommy White*
1933–1937	Jupp Basselman*
1938	Francisco Campos
1938–1940	Jesus Rodil
1940–1941	Silvino Luces
1941–1942	Francisco Campos*
1942–1944	Vacant
1944–1945	Luis Monagas
1945–1949	Juan Jose Fernandez*
1950–1953	Jose Alberto Diaz
1954–1958	Ismael Espana*
1958–1961	Vacant
1961–1967	Jose Antonio Burgos
1967–1969	Antonio Mendez*
1969–1976	Vacant
1976–1979	Pedro Rojas*
1979–1983	Vacant
1983–1984	Juan B. Rondon*
1989–1990	Manuel Rojas*
1992–1993	Alejandro Ugueto*
1993–1996	Vacant
1996	Carlos Marcano
1996–2003	Luis J. Carmona*

Junior Welterweights
1977	Francisco Moreno
1977	Eleazar Blanco
1977–1979	Jose Ramirez*
1979–1984	Jesus Nava*
1985	Ildemar Paisan*
1986	Orlando Orozco*
1993–1994	Ildemar Paisan*
1996–1998	Gustavo Serrano*
1998–2001	Vacant
2001–	Richard Reyna

Lightweights
1925–1930	Armando Best*
1930–1932	Hector Chaffardet
1932–193	Pedro Montanez*
1940–1941	Juan Jose Fernandez*
1941–1943	Rafael Perez*
1947	Jose Alberto Diaz
1947	Oscar Calles
1947–1952	Jose Alberto Diaz*
1953–1957	Luis Barreto*
1957–1960	Vicente Rivas
1960–1964	Carlos Hernandez*
1965–1967	Vicente Rivas
1967–1971	Luis Vallejo*
1972–1975	Armando Mendoza*
1975–1979	Vacant
1979–1982	Luis B. Rodriguez
1982–1983	Ramon Cotua
1983–1984	Ildemar Paisan
1984–1985	Junel Rodriguez
1985–1986	Ernesto Espana*
1987–1989	Alfredo Rojas*
1991–1992	Junel Rodriguez
1992–1993	Jose R. Barboza*
1993–1994	Felix Freires*
1996	Gilberto Serrano*
1997–1998	Edgar Ilarraza*

Junior Lightweights
1976–1983	Ildefonso Bethelmi*
1984–19	Aurelio Benitez
1991–1992	Marcos Santos Guevara*
1992–2002	Vacant
2002–2003	Miguel Acosta*
2003–2006	Roberto Rojas*
2006–	Jaider Parra

Featherweights
1925–1930	Hector Mantellini*
1930–1932	Enrique Chaffardet*
1932–1933	Simon Chavez
1933	Jose Lago
1933–1938	Enrique Chaffardet
1938–1941	Simon Chavez*
1941	Enrique Chaffardet
1941–1943	Oscar Calles*
1944	Silvestre Almeida
1944–1946	Jose Alberto Diaz*
1946–1951	Oscar Calles*
1952–1959	Victor (Sonny) Leon
1959–1962	Epifanio Padron*
1963–1968	Francisco Bolivar
1968–1969	Pedro Gomez
1969–1970	Cruz Marcano*
1971–1975	Leonel Hernandez*
1976–1978	Oscar Arnal*
1979–1982	Ruben Veliz*
1982–1988	Vacant
1988–1990	Eloy Rojas*
1990–1995	Vacant
1995	Jose L. Velazquez*
1996–1998	Angel Rivas*

Junior Featherweights
1976–1979	Jesus Esparragoza*
1979–1987	Vacant
1987	Manuel Vilchez
1987–1988	Alfonso Rendon*
1990–1993	Ramon Guzman*
1995	Yober Ortega*
1997	Jose Luis Valbuena
1997–2000	Yober Ortega*

Bantamweights
1925–1930	Emiliano Orellanes*
1930–1944	Vacant
1944–1945	Fidel Garcia*
1945–1950	Vacant
1950–1957	Victor Leon*
1959–1962	Nelson Estrada
1962–1965	Castor Castillo*
1966–1970	Manuel Arnal
1970–1975	Ramon Bravo*
1975–1978	Jose A. Quijano*
1979–1980	Rafael Orono*
1980–1987	Edgar Roman*
1987–1989	Israel Contreras*
1995–1996	Felix Machado*
1997–1998	Antonio Osorio*
1998–2004	Vacant
2004–2005	Jose Gamez
2005–2007	Edicson Torres*
2007–	Franklin Varela

Junior Bantamweights
1980–1984	Carlos Gutierrez*
1984–1989	Vacant
1989–1991	David Griman*
1992–1994	Ernesto Briceno
1994–1995	Alimi Goitia*
1995–1996	Jesus Rojas*
1996–1997	Jesus Ratia
1997	Alcibel Flores*
1997–2009	Vacant
2009–	Liberio Solis

Flyweights
1925	Luis Garrido
1925–1930	Isidoro Gonzalez*
1930–1938	Vacant
1938–1941	Benigno Iglesias*
1941–1943	Jose Amado Lopez*
1943–1957	Vacant
1957–1962	Ramon Arias*

1962–1965	Vacant
1965–1969	Hector Criollo
1969–1975	Betulio Gonzalez*
1975–1978	Reyes Arnal*
1978–1979	Wilfredo Padron
1979	Carlos Gutierrez
1979–1982	Jovito Rengifo*
1985–1989	Manuel Sallago
1989–1991	Edison Torres
1991–1992	Aquiles Guzman*
1992–1993	Jose Bonilla*
1995–1996	Gilberto Gonzalez*
1996–2001	Vacant
2001–2003	Edgar Velazquez*
2004–2005	Jose Jimenez*

Junior Flyweights

1977–1980	Rigoberto Marcano*
1980–1984	Reinaldo Becerra*
1987–1988	Rafael (Leo) Gamez*
1989–1990	Victoriano Hernandez*
1992–1994	Ernesto Briceno*
1995–1996	Jose Guevara*
1996–1997	Jose Bonilla*
1997–2001	Vacant
2001	Edgar Velasquez*
2001–2005	Freddy Beleno*

Mini Flyweights

| 1988–1989 | Carlos A. Rodriguez* |

Argentina

Boxing came to Argentina in the late nineteenth century. The bouts, clandestine, were between sailors from Britain, Ireland, and the U.S.A. Argentina's first national professional champion, heavyweight Willie Gould, was crowned in 1908. Fifteen clubs established the Argentine Boxing Federation on March 23, 1920. Marcelo Peacan del Sar, Ismael Pace, Jose Lectoure, Juan Carlos Lectoure, Juan Parthenay, and Juan Humberto Natale have been the nation's top promoters, with Luna Park Stadium, Buenos Aires; North Stadium (Rosario), Orfeo Stadium, Cordoba; the Ramon Santamarina Club, Bahia Blanca; and Bristol Stadium, Mar del Plata its most outstanding venues. Luis Angel Firpo was the first Argentine to fight for a world title, versus heavyweight champion Jack Dempsey, September 14, 1923; Pascual Perez the first to win a world crown with a unanimous decision over defending flyweight champion Yoshio Shirai, November 26, 1954.

Argentine Champions

Heavyweights

1908–1915	Willie Gould
1915–1917	Gustavo Leneve*
1917–1922	Vacant
1922–1928	Luis Angel Firpo*
1930–1932	Vittorio Campolo*
1932–1934	Jose D. Carattoli*
1934–1938	Vacant
1938–1953	S. Alberto Lovell*
1953–1959	Rinaldo O. Ansaloni
1959–1962	Jose S. Georgetti
1962–1965	Gregorio M. Peralta
1965–1968	Oscar N. Bonavena*
1968–1971	H. Eduardo Corletti
1971–1973	Miguel Angel Paez*
1975–1977	Raul R. Gorosito
1977–1982	Domingo D'Elia
1982–1985	Juan A. Figueroa
1985–1986	Walter D. Falconi
1987–1988	Jorge G. Cambiaso
1988–1993	Walter A. Masseroni*
1993–1994	Juan Antonio Diaz
1994–1999	Daniel E. Netto
1999–2000	Fabio Eduardo Moli*
2001	Jorge A. Dascola
2001–2002	Fabio Eduardo Moli
2002–2007	Marcelo Dominguez*
2007	Lisandro E. Diaz
2007–2009	Fabio E. Moli
2009–	Lisandro E. Diaz

Cruiserweights

1977–1978	Juan Carlos Sosa II
1978	Ruben M. Gonzalez
1978–1980	Miguel Angel Paez
1980	Juan Carlos Sosa II
1980–1984	Hector Ruben Zamaro
1984–1986	Hector Pedro Rohr
1986–1993	Daniel E. Netto*
1993–1995	Marcelo F. Dominguez*
1997–1998	Dario W. Matteoni*
1999–2002	Vacant
2002–2003	Miguel A. Aguirre
2003–2004	Jorge F. Castro*
2005–2006	Hector A. Avila*
2006–2007	Cesar D. Crenz*
2007–2009	Hector A. Avila
2009–	Cesar D. Crenz

Light Heavyweights

1923–1926	Luis G. Laurito*
1926–1930	Vicente Olivieri
1930–1934	Jose D. Carattoli*
1934–1939	Salvador Zaccone
1940–1941	Rodolfo Lapolla
1941–1945	Amado Azar*
1945–1953	Vacant
1953–1956	Atilio N. Caraune
1956–1959	Vacant
1959–1961	Rodolfo Diaz
1961–1964	Jose Angel Manzur
1965	Miguel Angel Paez
1965–1967	Andres A. Selpa
1967–1968	Miguel Angel Paez
1968–1971	R. Avenamar Peralta
1971–1972	Juan Aguilar
1972–1974	Victor E. Galindez*
1975–1977	Miguel Angel Cuello*
1977–1978	Ramon R. Cerrezuela
1978–1982	Abel C. Bailone*
1983–1984	Jorge Juan Salgado
1984–1985	Victor Robledo
1985–1986	Jorge Juan Salgado
1986–1987	Nestor H. Giovannini
1987–1988	Jorge Juan Salgado*
1988–1991	Mario Oscar Melo*
1991–1992	Jorge Juan Salgado
1992–1996	Sergio Daniel Merani
1996	Miguel Medina Burgos
1996–1997	Dario W. Matteoni*
1998–1999	Fabian A. Chancalay*
2000–2003	Hector R. Sotelo
2003–2007	Hugo Hernan Garay*
2008–	Mariano N. Plotinsky

Super Middleweights

1988–1989	Miguel A. Maldonado
1989–1993	Dario Walter Matteoni*
1993	Juan Carlos Scaglia
1993–1997	Bruno Ruben Godoy
1997–2001	Omar E. Gonzalez
2001	Ramon P. Moyano
2001–2005	Omar E. Gonzalez*
2005–2008	Martin A. Bruer
2008	Nestor F. Casanova
2008–	Ruben E. Acosta

Middleweights

1921–1922	Elio Plaisant
1922–1925	Luis G. Laurito
1925–1928	Vicente Ostuni*
1930–1931	Eustaquio Peralta
1931–1933	Pedro Mancieri*
1933–1935	Felix Esposito
1935–1939	Jacinto Invierno*
1940–1949	Raul Rodriguez
1949–1952	Ricardo Calicchio*
1953–1956	Eduardo J. Lausse
1956–1959	Andres A. Selpa
1959–1960	Juan Carlos Duran
1960–1962	Farid Salim*
1963–1964	Hector Mora
1964–1966	Jorge Jose Fernandez
1966–1970	Carlos Monzon*
1971–1975	Antonio Oscar Aguilar
1975	Juan Carlos Bogado
1975–1976	Rodolfo Rosales*
1976–1978	Hugo Pastor Corro*

1978–1979	Ruben Hector Pardo	1980–1983	Alfredo Ruben Lucero	1987–1989	Alberto de las Mercedes*
1979–1980	Ricardo Arce	1983–1985	Enrique O. Sallago*	1989–1990	Hector Fabian Tejeda
1980–1981	Jacinto H. Fernandez	1985–1986	Ramon Gaspar Abeldano	1990–1991	Osvaldo Omar Corro
1981–1984	Juan Domingo Roldan*	1986–1987	Miguel Angel Arroyo	1991–1992	Ricardo Daniel Silva
1984–1985	Roberto Justino Ruiz*	1987	Simon Escobar	1992–1993	Miguel Fabian Arevalo
1986–1988	Dario Walter Matteoni*	1987–1988	Marcelo D. DiCroce*	1993–1995	Faustino M. Barrios
1988–1990	Hugo Antonio Corti*	1988–1991	Hector Hugo Vilte	1995	Luis Maria Diez
1990–1991	Ruben Dario Cabral	1991–1992	Jorge D. Bracamonte	1995–2002	Alberto E. Sicurella
1991	Hector Abel Lescano	1992–1993	Fabian A. Chancalay*	2002	Ariel Mariano Olveira
1991–1992	Juan Italo Meza	1995–1998	Ariel Gabriel Chaves	2002–2003	Sergio E. Gonzalez
1992–1993	Hugo Antonio Corti*	1998–1999	Sergio Ernesto Acuna*	2003	Ricardo Daniel Silva
1994–1996	Raul Omar Sena	1999–2000	Felix V. Vasconcel	2003–2004	Ariel Mariano Olveira
1996–1997	Ricardo R. Nunez	2000–2001	Sergio Erensto Acuna	2004	Victor Hugo Castro
1997–1998	Hugo Gonzalez	2001–2002	Sergio G. Martinez*	2004–2005	Ricardo Daniel Silva
1998–2001	Ramon A. Britez*	2002–2006	Raul E. Bejarano*	2005–2006	Sergio E. Gonzalez
2002	Cristian O. Zanabria	2006–	Hector D. Saldivia	2006	Fernando D. Saucedo*
2002	Mariano N. Carrera*			2006–2007	Nazareno G. Ruiz*
2003	Ramon A. Britez			2008	Aldo Nazareno Rios

JUNIOR WELTERWEIGHTS

1966–1968	Nicolino Locche*
1969–1971	Juan Alberto Aranda
1971	Juan Carlos Salinas
1971–1972	Juan Alberto Aranda
1972–1977	Carlos M. Gimenez
1977–1978	Hector Hernandez
1978–1980	Hugo Alfredo Luero
1980–1981	Roberto E. Alfaro
1981–1984	Ubaldo Nestor Sacco*
1985–1986	Hugo Ariel Hernandez
1986–1987	Juan Martin Coggi*
1987–1988	Hugo Ariel Hernandez*
1988–1991	Eduardo R. Benevent*
1991–1992	Jorge Alberto Melian
1992	Alfredo H. Jaurena
1992–1994	Jorge Alberto Melian
1994–1999	Ismael Armando Chaves*
2000–2001	Omar Gabriel Weis
2001–2005	Carlos W. Vilches
2005–	Cesar R. Cuenca

2003–2006 Mariano N. Carrera*
2007–2009 Francisco A. Mora
2009– Claudio A. Abalos

JUNIOR MIDDLEWEIGHTS

1966–1967	Jorge Jose Fernandez*
1967–1969	Jose Roberto Chirino
1969–1971	Ramon Edelmo Pereyra
1971–1972	Hector Ricardo Palleres
1972–1975	Miguel Angel Castellini*
1975–1976	Esteban Alfredo Osuna
1976–1979	Manuel Ricardo Gonzalez
1979–1982	Walter Desiderio Gomez
1982–1985	Patricio Diaz*
1985–1986	Florencio Ramon Ramos
1986–1989	Hugo Raul Marinangeli
1989–1992	Jorge Fernando Castro*
1992–1994	Mario Alberto Gaston
1994–1996	Hugo Daniel Sclarandi
1996–1997	Jose Luis Loyola
1997–1998	Enrique Areco*
1998–2007	Francisco A. Mora*
2007–2008	Ulises D. Lopez
2008	Diego D. Gallardo
2008–	Ulises D. Lopez

JUNIOR LIGHTWEIGHTS

1966–1970	Carlos Ruben Canete
1970–1971	Juan Domingo Corradi
1971–1974	Victor F. Echegaray
1974–1976	Pedro Luciano Aguero
1976–1979	Victor F. Echegaray
1979–1980	Ruben Geronimo Riani
1980–1982	Victor F. Echegaray*
1982	Mario Domingo Vizcaya
1982	Faustino M. Barrios
1982–1984	Carlos G. Olivera
1984–1985	Raul Roque Bianco
1985	Pedro A. Gutierrez
1985–1987	Faustino M. Barrios
1987–1991	Julio Cesar Miranda
1991	Victor Hugo Paz
1991–1993	Osmar Alberto Avila
1993–1997	Pedro A. Gutierrez
1997–1998	Claudio A. Martinez
1998–2000	Walter H. Rodriguez
2000–2002	Diego Felipe Jaurena*
2002–2003	Jorge Rodrigo Barrios*
2004–2005	Nazareno Gaston Ruiz
2005–2007	Israel Hector Perez*
2009–	Vicente M. Rodriguez

LIGHTWEIGHTS

1924–1928	Alcides G. Herrero*
1928–1930	Vacant
1930–1932	Justo Antonio Suarez
1932–1933	Victor Peralta
1933–1936	Alfredo S. Bilanzone*
1936–1940	Vacant
1940–1941	Victor Castillo
1941–1943	Carlos Beulchi
1943–1945	Humberto Savoia*
1947–1956	Alfredo E. Prada*
1957–1961	Jaime Gine
1961–1964	Nicolino Locche*
1964–1965	Abel R. Laudonio*
1965–1966	Nicolino Locche*
1966–1967	Hector Hugo Rambaldi
1967–1969	Carlos Alberto Aro
1969–1970	Hector Jorge Pace
1970–1972	Raul C. Venerdini
1972	Carlos Alberto Aro
1972–1976	Hugo A. Gutierrez
1976–1977	Nicolas Arkuszyn
1977–1978	Mario Alberto Ortiz*
1978–1979	Oscar Jorge Mendez*
1980	Jesus Eugenio Romero
1980–1984	Lorenzo Luis Garcia*
1984–1987	Jesus Eugenio Romero
1987	Luis Armando Soto

WELTERWEIGHTS

1922–1924	Vicente Ostuni*
1924–1928	Victor Druda*
1930–1935	Raul Athos Landini*
1936–1939	Carlos Martinez*
1940	Jaime Averboch*
1940–1944	Vacant
1944–1949	Amelio C. Piceda*
1949–1953	Vacant
1953–1955	Raul Oscar Pietta
1955–1956	Luis Cirilo Gil
1956–1958	Martiniano Pereyra
1958–1959	Luis Cirilo Gil
1959–1964	L. Federico Thompson*
1964–1969	Ramon LaCruz
1969–1970	Esteban Alfredo Osuna
1970–1971	Ramon LaCruz
1971–1974	Abel Cachazu*
1974–1979	Miguel A. Campanino*
1979	Simon Escobar
1979	Ricardo A. Magallanes
1979–1980	Eduardo Jorge Yanni
1980	Mario Omar Guilloti

FEATHERWEIGHTS

1922–1924	Julio Perez*
1924–1926	Olivio Gulle
1926–1927	Julio Mocoroa*
1927–1930	Vacant
1930–1932	Antonio Castroviejo*
1933	Guillermo Ortiz
1933–1936	Domingo E. Sciaraffia*
1936–1939	Isaac Pasion Jure*
1940–1953	Vital Coccio*
1953–1955	Jose Bruno
1955–1956	Alfredo Bunetta
1956	Manuel Sixto Alvarez
1956–1959	Osvaldo R. Gonzalez*
1959–1960	Alfredo Bunetta
1960–1961	Aldo Delfor Gamboa
1961	Oscar Diaz
1961–1962	Aldo Delfor Gamboa*
1962–1964	Oscar Diaz
1964–1965	Carlos R. Canete*
1965–1968	Jorge Oscar Ramos
1968–1972	Jose Smecca*

1972	Luis Romo	1969–1971	Hugo M. Bidyeran	1934–1953	Vacant
1972–1976	Oscar Jorge Mendez	1971–1972	Heleno V. Ferreira	1953–1954	Pascual Perez*
1976–1977	Benicio Segundo Sosa	1972–1973	Jose Teodomiro Casas	1954–1960	Vacant
1977–1982	Juan Domingo Malvares	1973–1976	Benicio Segundo Sosa*	1960–1961	Carlos O. Rodriguez
1982–1986	Ramon Fernando Sosa*	1976–1979	Julio Cesar Saba	1961–1966	Horacio E. Accavallo
1987	Jose Mario Lopez	1979–1980	Jose Felix Uziga		Nelson Hugo Alarcon
1987–1989	Miguel Angel Francia*	1980–1981	Jose Rufino Narvaez	1968	Juan Jose Brizuela
1989–1990	Jose Mario Lopez	1981–1984	Ramon Balbino Soria*	1968–1972	O. Ricardo Maldonado*
1990–1992	Miguel Angel Francia*	1985–1989	Lucio Omar Lopez*	1972–1975	Juan Jose Brizuela*
1992–1999	Claudio V. Martinet*	1989–1990	Juan Carlos Cortes	1975–1977	Rodolfo G. Rodriguez
2000–2006	Juan Gerardo Cabrera*	1990–1991	Roberto Moran	1977–1980	Ramon Balbino Soria*
2007–	Jonathan V. Barros	1991–1992	Luis Alberto Ocampo	1980–1981	Santos Benigno Laciar*
		1992–1993	Armando Cesar Martinez	1981–1982	Ruben Osvaldo Condori

SUPER BANTAMWEIGHTS

1977–1980	Sergio Victor Palma*	1993	Raul Javier Montesino	1982–1984	Adrian Daniel Roman
1980–1981	Cesar A. Villarruel	1993–1994	Rafael Martinez	1984–1985	Ramon Horacio Albers
1981–1982	Luis Pastor Alvarez	1994	Raul Javier Montesino	1985	Alberto Ramon Pacheco
1982–1987	Ramon A. Dominguez	1994–1996	Pastor H. Maurin*	1985–1988	Adrian Daniel Roman
1987–1988	Pedro Ruben Decima*	1997–1998	Marcos Oscar Garro*	1988–1990	Carlos Gabriel Salazar
1988–1989	Sergio Oscar Arreguez	2000–2001	Jorge D. Espindola	1990–1992	Hugo Rafael Soto
1989	Carlos Antonio Laciar	2001–2003	Julio Cesar Medina	1992–1993	Adrian Cristian Ochoa*
1989–1990	Ricardo R. Valenzuela	2003–2005	Hugo Rafael Soto*	1993	Walter Oscar Degracia
1990–1992	Sergio Rafael Liendo	2005	Pablo D. Sepulveda	1993–1996	Adrian Cristian Ochoa
1992	Ricardo Walter Farias	2005–2007	Damian D. Marchiano*	1996	Sandro Orlando Oviedo
1992–1993	Roberto Moran	2007–2008	Diego R. Hernandez	1996–1997	Victor Hugo Godoi*
1993–1996	Nestor Martin Farias	2008	Diego Damian Loto	1997	Alfredo S. Rivero
1996–1998	Roberto A. Godoy*	2008–	Diego Oscar Silva	1997–1999	Adrian Cristian Ochoa
1999–2000	Jorge A. Paredes			1999–2002	Horacio F. Chicagual
2000–2001	Mario Nestor Cabello	SUPER FLYWEIGHTS		2002–2004	Raul Eliseo Medina
2001	Jorge A. Paredes*	1983	Luis Alberto Ocampo	2004–2005	Ricardo Ariel Toledo
2002	Hugo Rafael Soto	1983–1986	Gustavo Ballas	2005–	Raul Eliseo Medina
2002–2006	Fabio Daniel Oliva*	1986–1988	Ruben O. Condori*		
2008–	Sergio M. Medina	1988–1989	Gustavo Ballas*	LIGHT FLYWEIGHTS	
		1989	Oscar Raul Chamorro	1978–1981	Rodolfo G. Rodriguez

BANTAMWEIGHTS

		1989–1990	Ramon N. Retamozo	1981–1982	Hector Luis Patri
1924–1925	Juan A. Rossi	1990–1992	Ruben Batista*	1982–1983	Miguel Angel Lazarte
1925	Eduardo D'Agostino	1992–1993	Hector Fabian Jaime*	1983–1987	Mario Alberto DeMarco*
1925–1928	Juan Abdon Lencina*	1993	Ruben Batista*	1987–1988	Hector Luis Patri
1928–1930	Vacant	1993–1994	Pedro Javier Torres	1988–1992	Jose Humberto Lagos*
1930–1936	Francisco Magnelli*	1994–2001	Jose Rafael Sosa	1993–1994	Hector Luis Patri*
1936–1953	Vacant	2001–2005	Sergio Santillan	1994–1998	Juan Domingo Cordoba*
1953–1958	Jose Roberto Castro	2005–2007	Marcos A. Gomez*	1998–2001	Luis Alberto Lazarte
1958–1960	Ernesto Miranda*	2007–2009	Santiago I. Acosta	2001–2005	Marcos Ramon Obregon*
1960–1961	Ricardo Moreno	2009–	Roberto D. Sosa	2006–2009	Carlos Javier Ponce*
1961–1964	Jose Smecca			2010	Adrian E. Mendoza
1964–1967	Miguel Angel Botta	FLYWEIGHTS			
1967–1968	Marcial Franco	1924–1925	Juan J. Rossi	MINI FLYWEIGHTS	
1968	Alejandro F. Juarez	1925–1926	Eduardo D'Agostino	1989–1990	Hector Luis Patri*
1968–1969	Victor R. Cardenas	1926–1931	Vacant	1991–1998	Carlos M. Eluaiza
		1931–1934	Constantino Gutierrez*	1998–	Luis A. Lazarte

Brazil

First Brazilian world champion and the greatest pound-for-pound boxer in Brazilian history: Eder Jofre. Four different groups vied for control of national titles in the late twentieth and early twenty-first centuries — the CNB, the CBBP, the ANB, and the FNBPB. The following is believed to be a reasonably coherent list of national champions.

Brazilian Champions

HEAVYWEIGHTS

		1975–1980	Luis Faustino Pires*	1997–1998	Elmo de Carvalho
		1982–1983	Waldemar Paulino	1998	George H. Arias
1956	Vicente Dos Santos	1983–1995	Adilson Rodrigues*		
1956–1960	Waldemar Adao*	1995–1996	Gilton Dos Santos*	CRUISERWEIGHTS	
1960–1975	Vacant	1996–1997	Edgar Da Silva*	1980–1983	Waldemar Paulino*
		1997	Marcos Rodrigues*	1983–1989	Vacant

1989–1990	Emmanuel Camargo
1990–1992	Dionisio Lazario*
1992–1993	Jose C. Da Silva*
1995–1997	Jose De Arimateia*
1998–1999	George H. Arias*
1999–2001	Antonio F. Caldas*
2002–2003	Roberto Coelho*
2004–2005	Daniel Bispo*
2005–2007	Rogerio Lobo*
2007	Carlos Escabrefe*
2008–2009	Luzimar Gonzaga*
2009–	Edson Dos Pasos

Light Heavyweights

1955–1960	Luiz Ignacio
1960–1961	Walter Rodrigues*
1961–1962	Hiram Campos*
1962	Luiz Ignacio
1962–1963	Hiram Campos*
1963–1975	*Vacant*
1975–1980	Waldemar Paulino*
1980–1986	Clarismundo Silva
1986–1987	Rui Barbosa Bonfim
1987–1993	Clarismundo Silva*
1993–1994	Ezequiel Paixao*
1995–1997	Dionisio Lazario*
1998	Marco A. Duarte*
1999–2001	Rogerio Lobo*
2001–2004	Fabio Garrido
2004–2006	Mario Soares*
2006–2008	Peter Venancio*
2009–	Gilberto Domingos

Super Middleweights

1988–1991	Reginaldo Dos Santos
1991–1993	Luciano Torres*
1993–1995	Reginaldo Andrade*
1996	Marco A. Duarte
1996–1998	Roberto Coelho
1998–2002	Reginaldo Andrade*
2003–2007	Edison F. Guedes
2007–2009	Marcus V. Oliveira
2009–2010	Joao Ferreira*

Middleweights

1951–1952	Arnaldo Pacheco
1952–1953	Paulo Sacoman
1953–1956	Nelson de Andrade
1956–1958	Milton Rosa
1958–1960	Paulo DeJesus*
1961–1967	Fernando Barreto*
1969–1970	Manoel Severino
1970–1971	Alipio Colli
1971–1975	Manoel Severino*
1977–1979	Luis Carlos Fabre*
1979–1983	*Vacant*
1983–1986	Carlos Antunes*
1987–1991	Jose C. Da Silva*
1993–1994	Francisco Silva
1994–1995	Rogerio Cacciatore*
1995–1996	Francisco Silva*
1996–2003	*Vacant*
2003–2006	Carlos Nascimento*
2006–2008	Erivan Conceicao*
2008–	Sueng-Kue Park

Light Middleweights

1973–1974	Miguel de Oliveira*
1974–1976	Joao Mendonca*
1978–1980	Joao Tavares*
1981–1990	Francisco DeJesus*
1992–1993	Luiz Belisario*
1995	Vanderlei De Paula
1995–1996	Genival Galvao*
1997–1998	Valmir Santos
1998–2001	Sergio de Oliveira*
2002	Macaris Do Livramento*
2003–2006	Anderson Clayton*
2006–2007	Carlos Nascimento*
2007–2008	Welson de Oliveira*
2008–2009	Edvaney Da Silva*
2009–	Noel Dos Santos

Welterweights

1964–1967	Juarez de Lima*
1968–1973	Edmundo Furtado*
1975–1980	Nelson Gomes*
1981	Edson Lima
1981–1983	Diogenes Pacheco*
1984–1985	Claudio Pereira
1985–1988	Helio Santana*
1990–1991	Francesco de Assis*
1993–1994	Jose C. Costa
1994–1996	Luis von Graffen
1996–1997	Ailton Pessoa*
1998–1999	Luiz A. Dos Santos*
2001–2002	Kelson C. Pinto*
2002–2003	Isak Tavares*
2005–2006	Jeferson Goncalo
2006–2007	Daniel Saboai*
2007–2009	Jailton Souza*
2009–	Acacio Ferreira

Light Welterweights

1960–1965	Sebastiao Nascimento
1966–1975	Joao Henrique*
1976–1981	Diogenes Pacheco*
1981–1985	Jose A. Da Silva
1985–1987	Giesi Maciel
1989–1991	Claudio Pereira*
1992–1995	Francisco Pereira*
1995–1996	Claudio Simao*
1996–1999	Francisco Pereira*
2000–2002	Luiz A. Ferreira
2002–2004	Kelson C. Pinto*
2004–2006	Antonio Mesquita
2006–2008	Esmeraldo Da Silva*
2009–	Luciano Silva

Lightweights

1951–1952	Ralph Zumbano
1952–1953	Romeu Barbosa
1953–1954	Ralph Zumbano*
1955	Kaled Curi
1955	Pedro Galasso*
1955	Sebastiao Ladislao
1955–1956	Kaled Curi*
1956–1960	Pedro Galasso
1960–1961	Sebastiao Nacimento*
1961–1966	*Vacant*
1965–1968	Josue de Moraes*
1970–1972	Raymundo Dias*
1974–1980	Jose A. Da Silva*
1982–1985	Joao C. dos Santos*
1985–1988	Edson Liberto*
1988–1990	Valdevino Monteiro
1990–1992	Jose G. Silva*
1993–1994	Gerardo Leite
1994	Marco Dos Santos
1994–1996	F. Tomas Da Cruz*
1998	Acelino Freitas*
1999–2001	Marcelo Goncalves*
2003–2004	Edson Nascimento*
2006–2007	Sidnei Siqueira*
2007–2008	Lindomarcos Souza*
2008–2009	Claudinei Lacerda*
2010	Ubiraci Dos Santos

Super Featherweights

1981–1983	Carlos A. Silva
1983–1986	F. Tomas Da Cruz*
1986–1992	*Vacant*
1992–1994	Andre Nicola*
1994–1995	Rildo Oliveira*
1995–1998	Marcos Dos Santos
1998–1999	Luiz C. Freitas*
1999–2002	Ricardo Silva*
2004–2005	Adailton DeJesus*
2005–2006	Juciel Nascimento*
2006–2007	Fernando Ferreira
2007	William Silva*
2008–2009	Edilson Rio*
2009–	Jilvan Santos Silva

Featherweights

1959–1961	Sebastiao Nascimento
1961–1965	Oripes Dos Santos
1965–1968	Rosemiro Dos Santos
1968–1973	Roberto Santana
1973–1985	Jose F. DePaula
1985–1987	Sidnei Dal Rovere*
1987–1992	*Vacant*
1992–1994	Danilo Batista*
1995–2000	Luiz C. Freitas*
2002–2003	Jorge Oliveira*
2005–2006	Edelson Martins*
2007–2008	Alex de Oliveira*
2009–	Cid Edson Ribeiro

Super Bantamweights

1978–1986	Danilo Batista*
1986–1987	Waldevino Monteiro
1987–1988	Danilo Batista
1988–1989	Daugisio Ribeiro*
1989–1990	Danilo Batista*
1991–1993	Arao Macedo*
1993–2000	*Vacant*
2000–	Giovanni Andrade

Bantamweights

1965–1966	Waldemiro Pinto*
1968–1970	Enilson Gomes
1970–1982	*Vacant*
1982–1985	Danilo Batista*
1986–1997	Joao Cardoso
1997–2000	Alexander Da Silva*
2002–2005	Raimundo Oliveira*
2007–2008	Edcarlos Macedo*
2008–	Cleber Correa

Super Flyweights

| 1986–1980 | Paulo Ribeiro |

1989–1990	Redigildo Conceicao
1990–1992	Luiz A. Ferreira*
1994–1997	Giovanni Andrade*
1997–2007	*Vacant*
2007–	Wilson Simao

FLYWEIGHTS

1964–1967	Jose Severino*
1967–1970	*Vacant*
1970–1972	Servilio de Oliveira*
1972–1979	*Vacant*
1979–1985	Paulo Ribeiro*
1985–1990	Claudemir Carvalho
1990–1994	*Vacant*
1994–1995	Hamilton Rodrigues*
1997–1999	Nei Andrade de Lima*
1999–2005	*Vacant*
2005–	Edilson Lima

LIGHT FLYWEIGHTS

1982–1986	Lindoarte Nunez*
1986–1996	*Vacant*
1996–1999	Wellington Vicente*

Chilean Champions

First amateur boxing card: Urriola Athletic Club, Valparaiso, 1897. First pro boxing card: Santiago Theatre, Santiago, 1902, young promoter Juan Budinich knocking out British light heavyweight Frank Jones in main event. First world title challenger: Arturo Godoy (vs. Joe Louis, world heavyweight title, February 9, 1940).

HEAVYWEIGHTS

1954–1955	Eduardo Rodriguez*
1955–1965	*Vacant*
1965–1968	Luis Urra
1968–1970	Guillermo Salinas
1970–1971	Misael Vilugron*
1971–1990	*Vacant*
1990–1991	Miguel Cea*
1991–2003	*Vacant*
2003–2007	Salvador Silva
2007–	Robinson Escobar

CRUISERWEIGHTS

1988	Miguel Cea
1988	Ruben Guerrero
1988–1989	Miguel Cea
1989–1991	Jaime Manque*
1991–2005	*Vacant*
2005–2006	Ricardo Araneda*

LIGHT HEAVYWEIGHTS

1955–1964	Humberto Loayza*
1966–1970	Guillermo Salinas*
1970–1979	*Vacant*
1979–1980	Luis Alvarado*
1981–1983	Miguel Cea*

SUPER MIDDLEWEIGHTS

2001–2004	Salvador Labbe*
2004–2008	*Vacant*
2008	Francisco Mascarena

MIDDLEWEIGHT

1953–1964	Humberto Loayza*
1964–1967	Luis Valenzuela*
1968–1969	Ruben Loayza*
1969–1972	*Vacant*
1972–1975	Roberto Ulloa*
1975–1976	Renato Garcia*
1976–1979	Antonio Garrido*
1981	Juan Mautz
1981–1982	Antonio Garrido
1986–1988	Elias Villegas*
1990–1993	Pedro Cabezas*
1995–1998	Juan C. Ramirez*

JUNIOR MIDDLEWEIGHTS

1968–1972	Manuel Hernandez*
1972–1975	*Vacant*
1975	Renato Garcia*
1976–1977	Angel Poblete*
1977–1978	Julio Medina*
1980–1981	Nelson Torres
1981–1982	Alejandro Garrido*
1983–1989	Felipe Carvallo*
1991–1994	Abdenago Jofre*
1994–2003	*Vacant*
2003–	Joel S. Mayo

WELTERWEIGHTS

1943–1946	Raul Carabantes
1946–1951	Carlos Rendich*
1953–1956	Mario Garrido*
1956–1959	*Vacant*
1959–1962	Andres Osorio
1962–1965	Manuel Hernandez
1965–1966	Ruben Loayza
1966–1968	Domingo Rubio
1968–1969	Ruben Loayza
1969–1971	Domingo Rubio*
1973–1974	Redomires Madariaga
1974–1975	Ricardo Molina
1975–1977	Julio Gomez*
1978	Nelson Torres
1978–1979	Jose Flores*
1980–1981	Victor Nilo*
1982–1983	Hector Hernandez*
1986–1987	Fernando Mena
1987–1991	Pedro Jofre
1991–1995	Juan C. Gonzalez*
1995–1999	Pedro Torres
1999–2001	Oscar Benavides
2001–2002	Elias Carrasco*
2002–2004	Oscar Benavides*
2004–2005	Joel S. Mayo*
2005–	Juan C. Alderete

JUNIOR WELTERWEIGHTS

1968	Ariel Navarrete
1968–1974	Mario Molina
1974	Efrain Ilufi
1974–1975	Luis Munoz
1975–1977	Efrain Ilufi
1977–1979	Eduardo Aracena
1979–1983	Roberto Iluffi
1983–1986	*Vacant*
1986	Pedro Jofre
1986–1989	Jaime Sanchez
1989–1990	Julio C. Barrias*
1991–2000	Freddy Rojas*
2000–2001	Oscar Benavides*

LIGHTWEIGHTS

1930–1933	Stanislaus Loayza*
1934–19	Simon Guerra*
1945–1953	Mario Salinas
1953–1954	Carlos Silva
1954–1956	Augusto Carcamo
1956–1957	Andres Osorio*
1957–1959	Sergio Salvia*
1959–1965	*Vacant*
1965	Luis Silva
1965–1966	Dagoberto Poblete
1966–1970	Luis Zuniga*
1970–1975	Luis Munoz
1978–1982	Oscar Huerta*
1984–1986	Oscar Benavides*
1986–1987	Ricardo Toledo*
1988–1996	Oscar Benavides
1996–	Alexis Macias*
2001–2002	Joel S. Mayo*
2002–2005	Juan C. Alderete*
2006–2007	Cristian Maldonado*
2009–	Hardy Paredes

JUNIOR LIGHTWEIGHTS

1976	Juan F. Garcia*
1976–1977	Eduardo Prieto*
1978	Roberto Diaz
1978–1981	Ben. Villablanca*
1981–1983	Juan M. Manriquez*
1986–1988	Eduardo Prieto
1988–1993	*Vacant*
1993–1995	Ricardo Toledo
1995–1997	Luis Concha
1997–2000	Joel Mayo*
2001	Luis Concha*
2002–2004	Miguel Aro*
2006–	Marcelo Carrasco

FEATHERWEIGHTS

1959–1962	Roberto Lobos*
1963–1968	Godfrey Stevens*
1970–1975	Jorge Barcia

1975–1976	Raul Astorga
1976–1979	Eduardo Prieto*
1979	Geraldo Moreno*
1980	Juan A. Aguirre
1980–1984	Juvenal Ordenes*
1985–1987	Robinson Diaz*
1987–1988	Juvenal Ordenes
1988–1990	Manuel Villegas
1990–1995	Luis Concha
1997–1998	Patricio Carrasco
1998–2005	Carlos Ariel Uribe*
2005–2007	Hardy Paredes
2007–	Cristian Palma

Junior Featherweights

1980–1981	Hugo Fica
1981–1986	Juan Araneda Bazan*
1986–1987	Casto Santander
1987–1988	Dagoberto Morales
1988–1990	Carlos A. Uribe*
1990–1991	Benito Badilla*
1992	Guillermo Oyarzun
1992–1993	Bernardo Mendoza*
1993–1995	Patricio Carrasco
1995–1998	Jose Torres Antinao*
1998–2000	Juan Nahuel
2000–2003	Bernardo Mendoza*
2005–2006	Moises Gutierrez*

Bantamweight

| 1950–1955 | Alberto Reyes |

1955–1960	Arturo Rojas*
1960–1961	Humberto Marin*
1962–1967	Elias Vargas
1967–1970	Jorge Barcia
1971–1975	Raul Astorga*
1978–1986	Benito Badilla
1986–1988	Cardenio Ulloa*
1988–1989	Benito Badilla*
1989–1990	Jose Moreira
1990–1991	Cardenio Ulloa*
1991–1994	Bernardo Mendoza*
1994–2006	*Vacant*
2006	Guido Antilef
2006–	Guillermo Dejeans

Junior Bantamweights

1986–1987	Victor Fuentealba
1987–1988	Bernardo Mendoza*
1989–1994	Victor Fuentealba
1994–1995	Bernardo Mendoza*
1998	Martin Vargas*
1998–2002	Israel Nahuel*

Flyweights

1954–1962	German Pardo
1962–1974	*Vacant*
1974–1978	Martin Vargas*
1978–1979	Juan Montero
1979–1980	Jaime Miranda
1980–1981	Danilo Canales*
1981–1983	Jaime Miranda*

1983–1986	*Vacant*
1986–1987	Victor Fuentealba*
1987–1988	Jaime Miranda
1990–1991	Jose Briones
1991–1992	Alli Galvez*
1992–1993	Jose Briones
1993–1996	Alli Galvez*
1998	Martin Vargas*
2000–2004	Luis Briones*
2004	Johnatan Vera Perez
2004–2005	Ricardo Perez*
2005–2007	Pedro Cardenas
2007–	Jose Sanchez

Junior Flyweights

1980	Jose A. Badilla
1980–1981	Luis Beltran
1981–1988	Jose A. Badilla*
1989–1992	Alli Galvez
1992–1993	Luis A. Briones
1993–1995	Alli Galvez*

Mini Flyweights

1992	Oscar Vergara
1992–1993	Luis Paredes*
1995–1996	Oscar Vergara
1996–2000	Luis Briones*

Peruvian Champions

Heavyweights

1973–1974	Roberto Davila
1974–1975	Guillermo de la Cruz
1975	Roberto Davila*

Light Heavyweights

1958–1965	Mauro Mina*
1965–1971	*Vacant*
1971	Carlos Bazan
1971–1972	Fridolino Vilca*
1972–1978	*Vacant*
1978–1980	Rumildo Bolivar*
1982–1990	Oscar Rivadeneyra*

Middleweights

1965–1967	Dante Pelaez*
1967–1975	*Vacant*
1975–1980	Marcelo Quinones*
1980–1984	*Vacant*
1984–1987	Felipe Guzman*

Junior Middleweights

| 1981–1984 | Pedro Lavalle* |

Welterweights

1958–1963	Homero Gutierrez*
1963–1979	*Vacant*
1979–1981	Fernando Castro*

1982–1986	Pedro Gallardo*
1986–1997	*Vacant*
1997–1999	Eduardo Occallo*

Junior Welterweights

1979–1982	Alfredo Estrada*
1984–1987	Carlos Lavalle*
1987–2003	*Vacant*
2003–2007	Antonio Fernandez*
2009–	Alan Paredes

Lightweights

1978–1980	Domingo Gonzalez
1980	Orlando Romero*
1981–1982	Domingo Gonzalez*
1982–1987	Juan Carrion
1987–1989	Freddy Chumpitaz*
1989–2003	*Vacant*
2003–2004	Antonio Fernandez
2004–	Alexander Tanchiva

Junior Lightweights

1978–1979	Luis Bendezu*
1980–1982	Carlos Lavalle*
1984–1987	Orlando R. Uribe*
1989–1994	Freddy Chumpitaz*
1994–2003	*Vacant*
2003–2005	Victor Grimaldo*

Featherweights

1978–1980	Walter Gonzales*
1981–1983	Hugo Tuanama*
1984–1987	Luis Loayza*
1987–1998	*Vacant*
1998–2003	Victor Grimaldo*
2004–	Luis Loayza

Junior Featherweights

| 1979–1980 | Luis Loayza |
| 1980–1981 | Cesar Zevallos* |

Bantamweights

1980–1981	Eloy Alca*
1981–1983	Elmer Gutierrez*
1983–1985	Julio Gonzales*
1985–1997	*Vacant*
1997–1998	Alejandro Montes*

Junior Bantamweights

| 1980–1983 | Luis Ibanez* |

Flyweights

| 1982–1984 | Segundo Toledo* |

Light Flyweights

| 1991 | Ruben Poma* |

Benelux Champions

BeNeLux titles est. 1981, partly in response to the growing difficulty of staging national title bouts in Belgium, the Netherlands, and Luxembourg. Boxers from those three nations are eligible for BeNeLux titles.

Heavyweights

1982–1984	Rudy Gauwe (Belgium)
1984	Maik Krol (Netherlands)
1984–1986	A. von den Oetelaar* (Neth.)
1987–1988	John Emmen* (Netherlands)
1991	Franco Wanyama (Belgium)
1991–1992	John Emmen* (Netherlands)
1992–1997	Vacant
1997–2000	Dirk Wallyn* (Belgium)
2000–2004	Vacant
2004–	Richel Hersisia (Neth.)

Cruiserweights

1987	Pedro Van Raamsdonk* (Neth.)
1987–1990	Vacant
1990–1991	Yves Monsieur* (Belgium)
1991	Franco Wanyama* (Belgium)
1992–1993	John Held (Netherlands)
1993	Franco Wanyama* (Belgium)
1993–1996	Vacant
1996–1997	Dirk Wallyn* (Belgium)
1997–2005	Vacant
2005–	Ismael Abdul (Belgium)

Light Heavyweights

1982	Hendrik Seys (Belgium)
1982–1984	Alex Blanchard* (Neth.)
1984–1991	Vacant
1991–1992	Eddy Smulders* (Neth.)
1995–1996	Wilhelmus Krijnen (Neth.)
1996–1998	Dirk Wallyn* (Belgium)
1999–2000	Ismael Abdul* (Belgium)

Super Middleweights

1992–1994	Wilhelmus Krijnen* (Neth.)
1996–1998	Patrick Titeux* (Belgium)
2000	Rudi Lupo* (Belgium)
2001–2002	Herve de Cloedt* (Belgium)
2002–2010	Vacant
2010	Selajdin Koxha (Belgium)

Middleweights

1982	Maurice Bufi* (Belgium)
1982–1983	Claudio Bosio (Belgium)
1983–1984	Maurice Bufi* (Belgium)
1985	Frankie Decaestecker (Bel.)
1985	John Van Elteren (Neth.)
1985–1986	Jan Lefeber* (Netherlands)
1986–1990	Vacant
1990	Bachir Chaarane (Belgium)
1990–1991	Rexfordt Kortram* (Neth.)
1992	Bachir Chaarane* (Belgium)
1992–1993	Filip Van Geert* (Belgium)
1993–1994	Danny DeBeul (Belgium)
1994	Hassen Mokhtar (Belgium)
1995–1997	Raymond Joval* (Neth.)
1997–2001	Nordin Bensalah* (Neth.)
2001–2002	Bendele Ilunga* (Belgium)
2002–2005	Michael Algoet (Belgium)
2005	Hans Janssen* (Netherlands)

Light Middleweights

1984–1985	Maurice Bufi* (Belgium)
1985	Romain Mianzula* (Belgium)
1986	Jesus Fernandez (Belgium)
1986–1987	Frankie Decaestecker* (Bel.)
1987–1991	Vacant
1991–1993	Freddy Demeulenaere (Bel.)
1993–1994	Patrick Vungbo* (Belgium)
1995	Freddy Demeulenaere (Bel.)
1995–1996	Michel Simeon (Belgium)
1996	Patrick Titeux* (Belgium)
1996–1998	Orhan Delibas* (Neth.)
1998–2006	Vacant
2006–2007	Alexander Polizzi* (Bel.)
2008–	Nefzi Ayoub (Belgium)

Welterweights

1981–1983	Frankie Decaestecker* (Bel.)
1983–1991	Vacant
1991–1992	Mark McCreath* (Belgium)
1992–1995	Vacant
1995–1997	Oswin Ipcedentia (Neth.)
1997–1998	Freddy Demeulenaere* (Bel.)
1998–2006	Vacant
2006–2007	Cedric Charlier* (Belgium)
2007–2009	Domingos Monteiro* (Lux.)
2009–	Hassan Ait Bassou (Neth.)

Light Welterweights

1982–1984	Anton Verrips* (Neth.)
1984–1987	Vacant
1987–1988	Raffaele Paoletti* (Lux.)
1988–1997	Vacant
1997–2001	Pascal Montulet (Belgium)
2001–2003	Akanel Dias (Netherlands)
2003–2005	Jurgen Haeck* (Belgium)

Lightweights

1984–1985	Francisco Rodriguez* (Bel.)
1985–1987	Fernando Blanco* (Belgium)
1987–2006	Vacant
2006–2008	Rachid Mokhtari* (Belgium)
2008–	Hovhannes Zhamkochyan (Bel.)

Super Featherweights

1987	Julio Garcia* (Belgium)
1987–2007	Vacant
2007–	Innocent Anyanwu (Neth.)

Featherweights

1983–1984	Jean Marc Renard* (Belgium)

Bantamweights

1982–1984	Mohamed Maalem* (Belgium)

Flyweights

2003–2007	Hassan Naji* (Belgium)

Belgium

Professional boxing begun in wake of World War I. Belgian boxing at its peak, 1925–35; declined sharply in the 1960s.

Belgian Champions

Heavyweights

1922–1923	Jeff Depaus
1923–1926	Jack Humbeeck
1926–1937	Pierre Charles*
1938–1940	Louis Verbeeren
1942–1945	Gustave Roth*
1946	Pierre Van Deuren
1946–1947	Piet Wilde
1947–1948	Robert Eugene
1948–1954	Piet Wilde
1954	Robert Eugene*
1955	Al Bernard
1955–1956	Robert Eugene
1956–1962	Alain Cherville*
1962–1965	Vacant
1965	Adrien Verbrugh*
1965–1968	Vacant
1968–1970	Lion Ven*
1973–1978	Jean Pierre Coopman

1978–1979	Rudi Gauwe	
1979	Albert Syben	
1979–1981	Rudi Gauwe	
1981–1983	Albert Syben*	
1983–1997	*Vacant*	
1997–2002	Dirk Wallyn*	
2002–2007	*Vacant*	
2007–	Romans Dabolins	

Cruiserweights

1986	Eddie Vandenhouwele
1986–1987	Luigi Ricci*
1987–1994	Yves Monsieur*
1995–1998	Dirk Wallyn*
1999–2000	Geert Blieck*
2000–2008	*Vacant*
2008–	Geoffrey Battelo

Light Heavyweights

1919–1921	Hippolyte Tyncke*
1921–1922	Leroi DeCominck
1922–1924	Julios Vernimmen*
1924–1925	Franz Hendrickx
1925–1928	Fernand Delarge
1928–1930	Jack Etienne
1930–1932	Gustave Limousin*
1932–1933	Jack Etienne
1933–1935	Leonard Steyaert
1935–1936	Jean Berlemont
1936–1939	Karel Sys*
1939–1942	Gustave Roth
1942–1944	Pol Goffaux
1944–1945	Gustave Roth*
1946–1949	Pol Goffaux*
1950–1953	Victor d'Haes
1953–1955	Marcel Limage*
1956–1957	Andre Cottyn*
1957–1960	*Vacant*
1960–1962	Willy Carmelliet
1962	Eli Elandon*
1962–1964	*Vacant*
1964–1970	Lion Ven*
1970–1972	Gilbert Monteyne*
1972–1975	*Vacant*
1975–1978	Freddy DeKerpel*
1980	Hendrik Seys*
1987	Yves Monsieur*
1988	Jose Seys*
1990–1991	Yves Monsieur*
1995–1996	Dirk Wallyn*
1998–2000	Ismael Abdul*
2000–2002	Rudi Lupo*
2003–2006	Djamel Selini*
2007–	Dries Kumpen

Super Middleweights

1996–1998	Patrick Titeux*
1999–2000	Rudi Lupo*
2000–2002	Herve de Cloedt*
2002–2008	*Vacant*
2008–	Selajdin Koxha

Middleweights

1920	Henri Villain
1920–1921	Hippolyte Tyncke*
1921–1930	Rene DeVos*
1930–1932	Francois Stevens
1932–1934	Rene DeVos
1934–1936	Gustave Roth*
1936–1940	Adrien Anneet
1940–1946	Al Baker*
1946–1947	Leon Fouquet
1947–1949	Cyrille Delannoit*
1950–1951	Albert Heyen
1951–1952	Andre DeKeersgieter*
1953–1955	Emile Delmine*
1956	Robert Stevens
1956–1957	Richard Bouchez
1957–1958	Aug. (Kid) Dussart*
1958–1959	Robert Stevens
1959	Abel Soudan*
1959–1961	Richard Bouchez
1961–1962	Robert Stevens
1962–1965	Emile Saerens
1965–1966	Carlos Van Neste*
1966–1971	*Vacant*
1971–1974	Lionel Cuypers*
1974–1978	*Vacant*
1978–1981	Michel Stini*
1981–1990	*Vacant*
1990–1991	Gaston Cool*
1992–1993	Hamza Miri
1993–1996	Hassen Mokhtar*
1996–1999	*Vacant*
1999–2001	Michael Algoet
2001–2003	Alexander Polizzi
2003–2007	Michael Algoet
2007–2008	Jamel Bahki*
2009–	Michael Recloux

Light Middleweights

1966–1969	Roger Van Laere
1969–1970	Lionel Cuypers*
1971–1972	Roger Van Laere*
1972–1980	*Vacant*
1980–1981	Paul Payen*
1984–1985	Maurice Bufi*
1985–1988	*Vacant*
1988–1990	Gaston Cool*
1990	Freddy Demeulenaere
1990–1992	Marino Monteyne
1992–1993	Bruno Wuestenberghs*
1993	Patrick Vungbo*
1995–1998	Lansana Diallo*
1998–1999	Dan Defevere
1999–2000	Patrick Vungbo*
2002–2003	Michael Algoet*
2003–2008	*Vacant*
2008–	Nefzi Ayoub

Welterweights

1919–1926	Piet Hobin
1926–1928	Leo Darton
1928–1929	Alfred Genon
1929–1932	Gustave Roth
1932–1934	Adrien Anneet
1934–1935	Nestor Charlier
1935–1944	Felix Wouters*
1944–1945	Fernand DeMeyer*
1946–1949	William Wimms
1949–1950	Constant Reypens
1950–1951	Emile Delmine
1951–1953	Aug. (Kid) Dussart
1953–1954	Alois DeWulf
1954–1956	Pierre Wouters
1956	Charles Odon
1956–1959	Pierre Wouters
1959	Carlos Van Neste
1959–1961	Emile Vlaemynck*
1962	Pol Van Audenhove
1963	Joseph Janssens*
1963–1966	Robert Brysse
1966–1970	Sylvain Luthesi*
1970–1981	*Vacant*
1981	Frankie Decaestecker
1981–1988	*Vacant*
1988–1989	Pascal Germijns*
1989–1991	Patrick Vungbo*
1991–1992	Godfrey Nyakana*
1992–1993	Lofti Belkhir
1993	Georges Hardy
1993–1997	*Vacant*
1997–1998	Douglas Bellini*
1998–2001	*Vacant*
2001–2002	Farid El Houari*
2002–2003	Abdelhakim Mehidi*
2003–2006	Jackson Osei-Bonsu*
2007–2008	Kobe Vandekerkhove
2008–2009	Juergen Haeck*
2009–	Kobe Vandekerkhove

Light Welterweights

1962–1966	Roger Verhelst
1966–1968	Jacques Sylveer*
1969–1971	Jean Van Torre*
1971–2002	*Vacant*
2002–2005	Farid El Houari*
2005–2007	Brahim Bariz*

Lightweights

1919–1920	Germain Zoonens
1920–1922	Charles Van Houste*
1922–1923	Henry Dupont*
1923–1925	Germain Zoonens
1925–1926	Louis Plees
1926–1927	Joe Claes*
1927–1928	Francois Lenglez
1928–1934	Francois Sybille*
1934–1935	Louis Saerens
1935–1938	Raymond Renard
1938–1939	Roger Barbary
1939–1945	Simon DeWinter*
1945–1952	Joseph Preys*
1952–1954	*Vacant*
1954	Joseph Janssens*
1955–1956	Raymond Souply
1956	Fernand Coppens
1956–1957	Jo Woussem
1957–1960	Louis Van Hoeck*
1961–1962	Aime Devisch*
1962–1964	*Vacant*
1964–1969	Pierre Tirlo*
1969–1982	*Vacant*
1982–1983	Jean Marc Renard*
2002–2005	Jurgen Haeck*
2005–2006	Farid El Houari
2006–2007	Hovhannes Zhamkochyan*
2009–	Jean Pierre Bauwens

Junior Lightweights

1994–1995	Marc Waelkens*

1995–2004 Vacant	1957–1959 Aime Devisch*	1953–1956 Pierre Cossemyns
2004–2006 Rachid Mokthari*	1959–1960 Oscar Alvarez	1956 Jean Renard*
2007–2008 Hovhannes Zhamkochyan*	1960–1964 Jean Renard*	1956–1963 Pierre Cossemyns*
2008– Ermano Fegatilli	1965–1970 Jean DeKeersmaecker*	1963–2009 Vacant
	1970–1992 Vacant	2009– Stephane Jamoye

FEATHERWEIGHTS

	1992–1993 John Miceli*	**FLYWEIGHTS**
1919–1923 Arthur Wyns	1993–1997 Vacant	1919–1921 Robert Corbiaux*
1923–1926 Henri Hebrans	1997–1998 Wilson Acuna*	1921–1927 Michel Montreuil
1926–1927 Francois Sybille*	1998–2009 Vacant	1927–1928 Nic. Petit-Biquet
1927–1928 Raymond Devergnies	2009– Alex Miskirtchian	1928 Raymond DeBleyser
1928–1929 Henri Scillie*		1928–1934 Emile Degand
1929–1931 Julien Verbist	**BANTAMWEIGHTS**	1934–1936 Joseph (Kid) David*
1931 Joseph Bodson	1920–1923 Alphonse Spaniers*	1936–1938 Gaston Van Den Bos
1931–1936 Francois Machtens	1923–1927 Henri Scillie*	1938–1943 Raoul Degryse
1936 Luc Biquet*	1927–1928 Julien Verbist*	1943–1944 Fernand Van Houche
1936–1937 Phil Dolhem*	1929–1938 Nic. Petit-Biquet*	1944–1948 Raoul Degryse
1937–1939 Joseph Preys	1938–1940 Albert Legrand*	1948–1949 Jules Robaeys
1939–1942 Phil Dolhem	1940–1942 Joe Cornelis*	1949–1951 Jean Sneyers*
1942–1943 Joseph Preys	1942–1945 Roger Peeters	1951–1957 Emile Delplanque*
1943–1946 Aug. (Kid) Dussart*	1945–1946 Alex Sinnaeve	1957–2003 Vacant
1947–1952 Jean Machterlinck	1946–1947 Roger Peeters*	2003–2007 Hassan Naji*
1952–1955 Louis Cabo	1947–1948 Joe Cornelis*	
1955–1957 Aime Devisch	1949–1950 Michel Verhamme*	
1957 Jean Renard	1950–1952 Andre Dicky*	

Netherlands

Nederlandse Boks Bond (NBB) est. February 1911 to govern professional and amateur boxing in the Netherlands under supervision of Dutch Ministry of Health, Welfare, and Sports. Vereniging Professional Boksen Nederland (VPBN) est. 1999 as independent branch within NBB to govern professional boxing.

Bep Van Klaveren is acknowledged as the greatest Dutch boxer of all-time, having won the 1928 Olympic featherweight title, as well as professional European titles at lightweight (1931) and middleweight (1938). Other Dutch boxers to win European titles include Fighting Mack (welterweight, 1968), Herman van't Hof (light heavyweight, 1926), and Rudi Koopmans (light heavyweight, 1979).

Dutch Champions

HEAVYWEIGHTS

1916–1917 Cees Kolm*	1999–2002 Fred Westgeest*	1949–1950 Pierre Doorenbosch
1918 Tom Berry*	2003– Richel Hersisia	1950–1953 Willy Schagen
1919–1933 Piet van der Veer*		1953–1957 Wim Snoek*
1934 Paul Hoffman	**CRUISERWEIGHTS**	1958–1960 Leen Jansen*
1934–1939 Harry Staal	1988–1989 Alex Blanchard*	1960–1963 Nelis Oostrum*
1939–1940 Dorus Elten	1989 John Emmen	1964–1969 Bas Van Duivenbode*
1940 Jo de Groot*	1989–1991 John Held*	1969–1979 Vacant
1941–1944 Dorus Elten	1991–1992 Hubert Zimmerman*	1979–1984 Rudi Koopmans*
1944 Rienus de Boer	1993–1999 Eddy Smulders*	1984–1986 Alex Blanchard*
1944–1946 Dorus Elten	1999–2005 Vacant	1987–1988 Pedro Van Raamsdank*
1946–1952 Jan Klein*	2005–2007 Don Diego Poeder*	1988–1991 Alex Blanchard*
1952–1955 Vacant	2008– Mettin Huizer	1991–1999 Vacant
1955–1956 Hennie Quentemeijer*		1999–2005 Nordin ben Salah*
1956 Pedro Klijssen	**LIGHT HEAVYWEIGHTS**	
1956–1957 Willy Schagen*	1918–1919 Janus Morelis*	**MIDDLEWEIGHTS**
1957–1960 All Cramp	1919–1923 Willem Westbroek*	1918–1919 Marinus Groeneweg*
1960–1966 Wim Snoek*	1924 Herman Sjouwerman	1919–1920 Jan Raats
1966–1971 Vacant	1924–1926 Sietze Jansma	1920–1922 Aad Winterink
1971–1973 Rudi Lubbers*	1926–1931 Piet Brand	1922–1923 Willem Westbroek
1973–1976 Vacant	1931–1933 Rienus de Boer	1923–1924 Nol Steenhorst
1976–1980 Hennie Thoonen	1933–1934 Piet Brand	1924–1926 Herman van't Hof
1980–1982 Rudi Lubbers*	1934–1937 Rienus de Boer	1926–1927 Piet Brand*
1982–1990 Vacant	1937–1939 Nico Droog	1928–1929 Piet Van Dam
1990–1992 John Emmen*	1939–1940 Dorus Elten	1929 Arie Van Vliet
1992–1999 Vacant	1940–1946 Jo de Groot	1929–1933 Huib Huizenaar
	1946–1948 Willy Quentemeijer*	1933–1934 Arie Van Vliet
	1948 Pierre Doorenbosch	1934–1940 Leen Sanders
	1948–1949 Gerrit Lefebre	1940–1947 Luc Van Dam

1947	Bep Van Klaveren
1947–1952	Luc Van Dam*
1954–1958	Leen Jansen*
1960–1965	Harko Kokmeijer*
1968–1970	Michel Blinker
1970–1973	Joop Kruis*
1973–1988	Vacant
1988	Henk Van der Tak
1988–1991	Rexford Kortram*
1992–1994	Marcelo Zimmerman*

LIGHT MIDDLEWEIGHTS

1967–1969	Ronald Riedewald
1969–1970	Joop Verbon
1970–1972	Ronald Riedewald*
1973–1974	Joop Verbon
1974–1976	Ben Zwezerijnen*
1977–1980	Adrie Huussen*
1980–1987	Vacant
1987	Romeo Kensmill*
1988–1990	Kid Taylor
1990–1994	Mourad Louati*
1994–2001	Vacant
2001–2002	Miguel Dias*

WELTERWEIGHTS

1916–1918	Sam Kingsley*
1919–1923	Kornelis Bisschop*
1923	Herman van't Hof*
1924	Simon Rossman*
1924–1926	Nol Steenhorst
1926–1934	Arie Van Vliet
1934–1935	Beb Donnars
1935–1936	Leen Sanders
1936	Beb Donnars
1936–1937	Robert Disch
1937	Beb Donnars
1937–1939	Robert Disch
1939–1940	Tin Dekkers*
1941–1944	Robert Disch
1944–1946	Jan Nicolaas
1946–1949	Giel de Roode
1949–1950	Job Roos
1950	Harry Bos
1950–1951	Giel de Roode*
1952–1953	Harry Bos
1953–1954	Nico Schoenmaker*
1954–1955	Theun Brommer
1955–1958	Frits van Kempen
1958–1962	Tommy Baars
1962–1963	Jan de Vos*
1963–1973	Vacant
1973–1975	Aad Jansen*
1975–1977	James Vrij*
1977–1982	Vacant
1982–1983	Cor Eversteijn*

LIGHT WELTERWEIGHTS

| 1995–2002 | Rene Prins |
| 2002–2005 | Akanel Dias* |

LIGHTWEIGHTS

1919	Willem Wienesen
1919–1923	Piet Dijksman*
1923–1924	Karel in't Veldt
1924–1925	Arie Van Vliet*
1926	Karel in't Veldt
1926–1928	Battling Van Dyke*
1928–1929	Jan Scheffers
1929–1930	Leen Sanders
1930–1932	Bep Van Klaveren*
1933–1936	Robert Disch*
1939–1941	Robert Disch
1941–1942	Arnold Lagrand
1942–1951	Jan Nicolaas*
1954–1958	Piet Van Klaveren*

JUNIOR LIGHTWEIGHTS

| 2008– | Innocent Anyanwu |

FEATHERWEIGHTS

1921–1922	Maup Ploeg
1922–1923	Rudolf Kool*
1924–1925	Arie Van Vliet*
1926–1927	Battling Van Dyke*
1927	Rudolf Kool
1927–1929	Herman Levie
1929–1937	Robert Disch
1937–1949	Arnold Lagrand*
1950	Jan Maas
1950	Hannes Schneider
1950–1953	Jan Maas
1953–1957	Henk Klok*
1957–1983	Vacant
1983–1986	Roy Somer*

BANTAMWEIGHTS

1920–1921	Maup Ploeg
1921–1922	Battling Van Dyke*
1923–1925	Rudolf Kool
1925–1926	Maup Ploeg
1928–1933	Rein Kokke*
1936–1942	Piet Paans*
1942–1947	Vacant
1947–1949	Theo Nolte
1949–1952	Hannes Schneider*
1953–1958	Hein Van der Zee
1958–1963	Henry Epril*
1966–1969	Gerard Berkhout*

FLYWEIGHTS

1920–1921	Battling Van Dyke*
1923–1924	Piet Versteeg*
1927–1928	Leo Turksma*
1928–1947	Vacant
1947	Hannes Schneider
1947–1952	Theo Nolte*

France

Boxing began to replace *La Savate*, national kick boxing sport of France, beginning 1908, when Francois Descamps converted teen-aged prodigy Georges Carpentier to the "international style." Two different groups—the French Federation Society of Boxing (FFSB) and the French Federation of Boxing Professionals (FFBP)—vied for control of French professional boxing in the early 1910s. First world champion: Georges Carpentier (world light heavyweight champion, 1920–23).

French Champions

HEAVYWEIGHTS

1911	Gustave Marthuin*
1911–1912	Hubert Roc
1912	Gustave Marthuin
1912–1913	Max Robert
1913–1919	Albert Lurie
1919	Marcel Nilles
1919–1920	Paul Hams
1920–1923	Marcel Nilles
1923–1927	Georges Carpentier*
1927–1930	Vacant
1930	Georges Gardebois*
1930–1933	Maurice Griselle
1933	Andre Lenglet*
1934–1935	Fernand Laudrin*
1935–1936	Raymond Lepage
1936–1938	Charles Rutz
1938–1939	Albert DiMeglio
1939	Jean Motte*
1939–1943	Vacant
1943–1944	Francis Rutz*
1944–1945	Jose Ricol*
1946	Francis Jacques
1946	Albert Renet
1946–1948	Georges Martin
1948–1949	Stephane Olek*
1950–1953	Vacant
1954–1955	Lucien Touzard
1955–1957	Maurice Mols
1957	Emile Vidal
1957–1959	Robert Duquesne
1959–1960	Francis Magnetto*
1960–1965	Robert Duquesne
1965–1966	Jean Paul Schiller*
1966–1970	Vacant
1970–1978	Christian Poncelet
1978–1981	Lucien Rodriguez*
1981–1986	Vacant
1986–1987	Toufik Belbouli*
1987	Damiens Marignan*
1988–1989	Jean Chanet*
1991	Jean Tano Weis*
1992–1993	Francois Yrius*

1993–1994	Christophe Bizot*	1959–1963	Paul Roux	1926–1927	Pierre Gandon
1996–1997	Joel Heinrich	1963–1964	Bernard Quellier	1927	Kid Nitram*
1997	Franck Guilmot	1964	Paul Roux	1927–1928	Barthelemy Molina*
1997–1998	Ismael Youla*	1964–1965	Marcel Vinot	1928–1938	Marcel Thil*
1999	Franck Guilmot*	1965–1966	Paul Roux	1938–1939	Victor (Kid) Janas
1999–2000	Yacine Kingbo*	1966–1967	Bernard Thebault*	1939–1941	Assane Diouf
2000	Antoine Palatis	1968–1969	Bernard Quellier	1941–1942	Jean Despeaux
2000–2001	Christophe Mendy*	1969–1971	Pierre Minier	1942–1944	Edouard Tenet
2001–2002	Alain Martin	1971	Jacques Marty	1944	Jean Despeaux*
2002	Yacine Kingbo	1971–1972	Bernard Quellier*	1944–1945	Robert Charron
2002–2003	Cyril Seror*	1973	Jean-Claude Capitolin*	1945	Assane Diouff
2003–2007	Steve Herelius*	1974–1977	Christian Poncelet	1945–1948	Marcel Cerdan*
2009–	Gregory Tony	1977–1978	Robert Amory	1948–1950	Jean Stock
		1978–1981	Hocine Tafer*	1950	Jacques Royer-Crecy

CRUISERWEIGHTS

		1983–1987	Richard Caramanolis	1950–1951	Kid Marcel
1989	Jean Chanet*	1987–1988	Rufino Angulo	1951–1952	Jean Stock
1990–1992	Akim Tafer*	1988–1989	Richard Caramanolis*	1952–1953	Jacques Royer-Crecy*
1993–1994	Eugene Taima	1989–1990	Eric Nicoletta*	1954	Charles Humez*
1994	Patrice Aouissi*	1990–1991	Christophe Girard*	1954–1957	Vacant
1996–1997	Antoine Palatis	1991–1992	Fabrice Tiozzo*	1957–1958	Andre Drille*
1997	Christophe Girard*	1992–1993	Christophe Girard*	1958–1959	Francois Anewy*
1997–2000	Samuel Florimond	1993–1994	Philippe Michel*	1959–1960	Michel Diouf
2000–2001	Alain Simon*	1994–1995	Christophe Girard*	1960–1961	Jean Ruellet
2001	Rene Janvier	1995–1996	Philippe Michel*	1961–1962	Marius Dori
2001–2002	Turan Bagci*	1996–1997	Pascal Warusfel*	1962–1963	Hippolyte Annex
2002–2003	Frederic Serrat	1997–1998	Philippe Michel*	1963–1966	Souleymane Diallo*
2003	Merick Roberge*	1998	Ganguina Larme	1966–1967	Pascal DiBenedetto
2003	Yohan Gimenez*	1998	Alain Simon	1967–1969	Jacques Marty
2003–2005	Frederic Serrat*	1998–2000	Jean Marc Mormeck*	1969	Yolande Leveque
2005–2006	Kamel Amrane	2000–2002	Kamel Amrane*	1969–1971	Pascal DiBenedetto
2006–2007	Jean Marc Monrose*	2002	Julien Chamayou	1971	Jean-Claude Bouttier*
2007–2008	Christophe Dettinger	2002–2003	Madjid Zaim*	1971	Nessim (Max) Cohen
2008	Merick Roberge	2003	Jackson Chanet*	1971–1974	Fabio Bettini
2008–	Rachid El Hadak	2004	Kamel Amrane*	1974	Gratien Tonna*
		2004–2007	Jean-Louis Mandengue*	1974–1975	Nessim (Max) Cohen*
		2007–2008	Rachid Kanfouah*	1976–1977	Gratien Tonna*
		2008–2009	Nadjib Mohammedi*	1977–1979	Vacant
		2010	Thierry Karl	1979	Gerard Nosley

LIGHT HEAVYWEIGHTS

1913–1922	Georges Carpentier			1979–1980	Gratien Tonna*
1922–1923	Battling Siki			1980–1982	Jacques Chinon*
1923	Emile Morelle	SUPER MIDDLEWEIGHTS		1982	Louis Acaries*
1923–1925	Raymond Bonnel	1990	Klayina Awouitoh*	1982–1983	Stephane Ferrara*
1925–1927	Francis Charles	1990–1991	Etienne Obertan	1983	Joel Bonnetaz
1927–1928	Moise Bouquillon*	1991–1992	Robert Boudouani	1983–1984	Frank Winterstein*
1928–1929	Abel Argotte*	1992–1993	Etienne Obertan*	1985–1988	Pierre Joly*
1929–1930	Arthur Vermaut	1993	Robert Boudouani	1988–1989	Andre Mongelema*
1930	Felix Sportiello	1994–1996	Tshimanga M'biye*	1989–1990	Frederic Seillier*
1930–1931	Eugene Alonzo	1996–1998	Bruno Girard*	1990–1991	Mbayo Wa Mbayo*
1931	Felix Sportiello	1998–1999	Patrick Cord'homme	1992–1993	Frederic Seillier*
1931–1932	Emile West-Moet	1999	Allaoua Anki	1994–1995	Gino Lelong*
1932–1934	Abel Argotte*	1999	Olivier Beard	1995–1996	Hassine Cherifi*
1935	Marcel Lauriot	1999	Frederic Serrat*	1996	Larbi Mohammed*
1935–1936	Albert Barjolin	1999–2000	Bellati Hakkar	1997–1998	Mourade Hakkar
1936–1939	Emilien Ollive	2000	Olivier Beard*	1998	Philippe Cazeaux
1939–1940	Charles Rutz*	2001	Mehdi Sahnoune*	1998–1999	Erlan Betare*
1940–1942	Vacant	2002–2007	Jean-Paul Mendy*	1999–2001	Mourade Hakkar*
1942–1944	Oscar Menozzi	2007–	Medhi Bouadla	2001–2002	Rachid Kanfouah*
1944	Victor Buttin			2002	Christophe Tendil
1944–1945	Assane Diouf	MIDDLEWEIGHTS		2002–2004	Hacine Cherifi
1945	Albert Renet	1913–1914	Marcel Moreau	2004–2006	Franck Mezaache
1945	Victor Buttin*	1914–1917	Bernard Bessan*	2006–2007	Thierry Karl
1946	Said Kaddour	1917–1919	Vacant	2007–2009	Francois Bastient
1946–1947	Charles Rutz*	1919–1921	Ercole Balzac*	2009–	Affif Belghecham
1947	Assane Diouf*	1922	Maurice Prunier		
1948	Emile Bentz	1922	Ercole Balzac	LIGHT MIDDLEWEIGHTS	
1948	Lucien Corenthin	1923–1923	Maurice Prunier		
1948–1950	Albert Yvel*	1923–1925	Francis Charles*	1965–1966	Yoland (Yves) Leveque*
1951–1953	Jacques Hairabedian*	1925–1926	Barthelemy Molina	1966–1967	Jean-Baptiste Rolland
1953–1959	Charles Colin				

1967–1968	Yoland (Yves) Leveque*	1949	Emmanuel Clavel	1965	Daniel Deneux
1969–1970	Jean-Baptiste Rolland	1949–1950	Omar Kouidri	1965–1966	Maurice Tavant*
1970–1971	Jo Gonzales	1950	Charles Humez	1966–1968	Aissa Hashas*
1971–1972	Jacques Kechichian*	1950	Emmanuel Clavel	1968–1969	Roger Zami
1973–1974	Francis Vermandere	1950–1951	Gilbert Lavoine	1969	Rene Roque*
1974–1976	Jean-Claude Warusfel	1951	Charles Humez*	1970	Roger Zami*
1976–1977	Joel Bonnetaz*	1952	Pierre Langlois*	1970–1971	Baldassare Picone
1977–1979	Claude Martin*	1953	Robert Guivarch	1971–1974	Roger Zami*
1979–1980	Georges Warusfel*	1953–1954	Idrissa Dione*	1975	Bernard Creton
1980–1981	Louis Acaries*	1955–1958	Valere Benedetto	1975–1978	Sardi Saadli
1981	Claude Martin*	1958–1959	Jacques Herbillon	1978–1979	Claude Lormeau*
1981–1982	Yvon Segor*	1959–1960	Michel Lombardet	1979–1980	Christian Gracia*
1982	Richard Rodriguez	1960–1961	Hippolyte Annex*	1980–1981	Jo Kimpuani*
1982–1983	Fred Coranson	1962	Sauveur Chiocca	1982	Robert Gambini*
1983	Germain LeMaitre*	1962–1963	Jean-Baptiste Rolland	1982–1987	Tek Nkalankete*
1983–1984	Said Skouma*	1963–1964	Maurice Auzel	1987–1988	Karim Rabbi
1984–1985	Germain LeMaitre	1964–1965	Francois Pavilla	1988–1989	Madjib Madhjoub*
1985	Said Skouma*	1965–1966	Jean Josselin*	1989–1990	Roland LeClerq*
1986–1987	Yvon Segor	1966–1968	Francois Pavilla*	1990–1991	Jean Scigliano*
1987–1988	Rene Jacquot*	1968–1969	Jean Josselin	1991	Karim Rabbi*
1988–1989	Gilbert Dele*	1969–1971	Roger Menetrey*	1992–1993	Khalid Rahilou
1990	Jean Claude Fontana*	1971–1973	Robert Gallois*	1993	Christian Merle*
1991–1992	Martin Camara*	1973–1974	Jacques Van Mellaerts*	1994	Khalid Rahilou
1992–1993	Bernard Razzano*	1974–1975	Germain LeMaitre*	1995–1996	Christian Merle*
1997–1998	Mamadou Thiam*	1976–1977	Jacques Van Mellaerts	1996–1997	Charles Baou*
1999	Olivier Meunier	1977	Alain Marion*	1997–1998	Abdou Mongi
1999–2000	Said Bennajem	1978	Louis Acaries	1998	Nordine Mouchi
2000	Mohamed Hissani	1978	Alain Ruocco	1998–1999	Frederic Tripp
2000	Oliver Meunier	1978–1980	Louis Acaries*	1999	Gabriel Mapouka*
2000–2001	Christophe Canclaux*	1980–1981	Ronald Zenon	1999–2000	Yannick Paget*
2001–2002	Aziz Daari	1981	Richard Rodriguez*	2000	Nordine Mouchi
2002–2004	Hussein Bayram*	1981	Georges Warusfel	2000–2001	Frederic Noto*
2005	Aziz Daari	1981–1982	Claude Lancastre	2001–2002	Suleiman M'Bayo*
2005–2006	Woulid Guarras	1982–1983	Gilles Elbilia*	2002–2003	Fabrice Colombel
2006–2007	Alban Mothie	1983	Jo Kimpuani	2003–2004	Karim Netchaoui
2007	Jimmy Colas*	1983–1984	Brahim Messaoudi	2004–2005	Mathieu Dubroeucq
2007–2008	Alban Mothie	1984–1985	Jean Marie Touati	2005–2006	Stephane Benito*
2008–2010	Sebastien Madani*	1985	Brahim Messaoudi*	2006–2009	Ismael El Massoudi*
2010	Cedric Vitu	1986–1988	Jean Marie Touati*	2009–	Christopher Sebire
		1988–1989	Alain Cuvillier		

WELTERWEIGHTS

		1989–1990	Daniel Bicchieray*	LIGHTWEIGHTS	
1910–1911	Robert Eustache	1990–1991	Charles Baou*	1911–1912	Edouard Brochet*
1911	Georges Carpentier*	1991–1992	Ludovic Proto*	1912–1922	Georges Papin
1911–1914	Henri Piet	1992–1993	Daniel Bicchieray*	1922	Leon Poutet
1914–1919	Auguste Degand*	1993	Jean Paul D'Alessandro	1922	Arthur Debeve
1920–1922	Francis Charles*	1993–1994	Philippe Bafounta	1922–1923	Leon Poutet
1922	Paul Brevieres	1994	Patrick Charpentier*	1923–1924	Fred Bretonnel
1922–1924	Raymond Porcher	1994–1997	Vacant	1924–1928	Lucien Vinez
1924–1925	Maurice Prunier	1997–1998	Stephane Cazeaux*	1928–1930	Aime Raphael
1925–1927	Emile Romerio	1998–1999	Stephane Jacob	1930–1931	Henri Vuillamy
1927–1928	Alfred Pegazzano	1999–2001	Frederic Klose*	1931–1932	Marius Baudry*
1928	Yves Laffineur*	2001	Stephane Jacob*	1932–1934	Victor Deckmyn*
1928–1929	Jean Gavalda	2001–2002	Mustapha Bouzid*	1934	Marius Baudry*
1929–1930	Louis Kessler	2002–2003	Sid-Hamed Zeroual	1934–1935	Fernand Viez
1930–1931	Aime Raphael	2003	Abdelhakim Mehidi*	1935	Henri Ferret*
1931	Jules Alverel	2003–2004	Brice Faradji*	1935–1937	Gustave Humery*
1931–1935	Edouard Tenet*	2004–2005	Mouchi Nordine*	1938	Pierre Momont
1935	Victor Janas*	2005–2006	Monney Seka	1938–1939	Frank Harsen*
1935–1936	Paul Rebel	2006–2007	Louis Mimoune	1939–1941	Omar LeNoir
1936–1937	Charles Pernot*	2007–2008	Brice Faradji*	1941–1942	Mohamed Allouche
1937–1938	Omar Kouidri	2008	Frank H. Horta	1942–1943	Omar LeNoir
1938–1943	Marcel Cerdan*	2008–2009	Louis Mimoune	1943	Louis Thierry
1943–1944	Walter Momber	2009–	Stanislas Salmon	1943	Emile DiCristo
1944–1945	Roger Mastrantuano			1943–1944	Andre Famechon
1945–1946	Omar Kouidri	LIGHT WELTERWEIGHTS		1944	Louis Thierry
1946–1948	Robert Villemain*	1920	Raymond Vittet*	1944–1946	Omar LeNoir*
1948–1949	Jean Walzack*	1920–1965	Vacant	1946–1947	Emile DiCristo*

1947–1948	Jean Mougin	
1948–1949	Pierre Montane*	
1949–1950	Roger Baour	
1950–1951	Pierre Montane*	
1951–1953	Auguste Caulet	
1953	Jacques Prigent	
1953–1954	Jacques Herbillon*	
1954	Auguste Caulet	
1954–1956	Seraphin Ferrer*	
1957–1958	Lahouari Godih*	
1958–1959	Felix Chiocca*	
1959	Fernand Nollet	
1959–1960	Sauveur Benamou*	
1960	Fernand Nollet*	
1961	Manuel Sosa	
1961–1963	Fernand Nollet*	
1963–1964	Mohamed ben Said	
1964–1966	Leon Zadourian*	
1967–1969	Rene Roque*	
1969	Maurice Tavant*	
1969–1970	Leonard Tavarez*	
1970–1971	Claude Thomas	
1971–1972	Jean Pierre LeJaouen	
1972–1973	Dominique Azzaro*	
1973–1975	Vacant	
1975–1979	Andre Holyk*	
1979	Didier Kowalski	
1979–1980	Georges Cotin	
1980–1982	Didier Kowalski	
1982–1983	Charles Jurietti	
1983–1986	Frederic Geoffroy	
1986	Alain Simoes*	
1987–1989	Jose Maillot*	
1989–1990	Alain Simoes*	
1990–1991	Angel Mona	
1991–1992	Jean-Baptiste Mendy*	
1992–1993	Charles Baou*	
1993–1994	Stephane Herouard*	
1995–1996	Manuel C. Fernandez*	
1996	Charles Baou*	
1996–1997	Samir Cherrad*	
1997–1998	Jean Gomis	
1998	Samir Cherrad	
1998	Yannick Paget	
1998–1999	Djamel Lifa*	
1999–2000	Affif Djelti*	
2000–2001	Djamel Lifa*	
2001–2002	Sedat Puskullu	
2002	Thierry Herrada*	
2003–2004	Abdel Jebahi	
2004–2005	Franck Patte	
2005–2006	Jean-Nicolas Weigel*	
2006–2007	Afif Hamdani	
2007–2009	Anthony Mezaache*	
2009	Afif Hamdani	
2009–	Guillaume Salingue	

Junior Lightweights

1971–1975	Felix Brami
1975–1976	Roland Cazeaux*
1976–1977	Georges Cotin*
1977–1978	Roland Cazeaux
1978	Rene Martin
1978	Georges Cotin
1978–1979	Maurice Apeang
1979–1980	Charles Jurietti*
1981–1982	Alain le Fol
1982	Francis Bailleul
1982–1983	Daniel Londas
1983–1985	Michele Siracusa
1985–1989	Daniel Londas*
1989–1990	Guy Bellehigue*
1990	Jacobin Yoma*
1991–1992	Areski Bakir*
1992–1993	Jacobin Yoma*
1993	Areski Bakir*
1994–1995	Djamel Lifa*
1995–1996	Didier Schaeffer*
1996–1999	Affif Djelti*
1999–2000	Didier Schaeffer*
2000	Mehdi Labdouni
2000–2001	Stephane Haccoun*
2001	Nasser Lakrib
2001	Youssef Djibaba
2001–2002	Bouziane Oudji*
2002	Ali Oubaali*
2002–2006	Youssef Djibaba
2006–2007	Mohammed Medjadji
2007–	Karim Chakim

Featherweights

1910–1911	Gaston Clement
1911–1919	Louis de Ponthieu*
1920–1921	Andre Dupre*
1921–1923	Eugene Criqui*
1923–1924	Edouard Mascart
1924	Charles Ledoux*
1925–1926	Andre Routis*
1926–1927	Pierre Pothier
1927–1928	Gustave Humery
1928–1929	Robert Tassin
1929	Raymond Defer
1929–1930	Robert Tassin*
1930–1931	Nicolas Bensa*
1931	Roger Simende*
1931–1932	Nicolas Bensa
1932	Francis Augier*
1932–1934	Georges LePerson
1934	Francis Augier
1934–1935	Maurice Holtzer*
1935–1936	Georges LePerson
1936–1938	Maurice Holtzer*
1938	Paul Dogniaux
1938–1942	Eugene Peyre
1942–1943	Germain Perez
1943–1944	Yves Nadal
1944	Paul Dogniaux
1944–1945	Germain Perez*
1945–1948	Raymond Famechon*
1949	Georges Mousse
1949–1951	Francis Bonnardel*
1952	Maurice Forni
1952–1953	Ray Grassi
1953–1954	Mohamed Chickaoui
1954	Jacques Dumesnil
1954–1957	Cherif Hamia*
1957–1958	Louis Poncy
1958–1959	Robert Meunier
1959	Louis Poncy
1959	Gracieux Lamperti*
1960–1963	Rene Barriere
1963–1965	Yves Desmarets*
1966	Michel Houdeau
1966–1968	Yves Desmarets*
1968–1969	Michel Houdeau
1969–1971	Daniel Vermandere*
1971–1972	Felix Said Brami*
1972–1975	Daniel Vermandere
1975	Michel Lefebvre
1975–1976	Albert Amatler*
1976–1977	Michele Siracusa
1977–1978	Albert Amatler
1978	Michele Lefebvre
1978–1980	Gerard Jacob
1980–1981	Laurent Grimbert
1981	Guy Caudron
1981–1982	Philippe Martin
1982–1983	Kamel Djadda*
1984	Philippe Martin
1984–1986	Farid Gallouze
1986–1987	Marc Amand
1987	Bruno Jacob*
1988	Farid Benredjeb*
1989–1991	Guy Bellehigue
1991–1992	Mehdi Labdouni*
1992–1993	Guy Bellehigue*
1994	Mehdi Labdouni*
1995	Arlindo de Abreu*
1996	Frederic Perez*
1997–1998	Jean DiBateza
1998–1999	Claude Chinon*
1999–2000	Francky Leroy*
2000–2001	Cyril Thomas*
2002	Rachid Bouaita
2002–2005	Johnny Begue*
2005–2006	Karim Ketoun
2006–2007	Frederic Bonifai
2007	Frederic Perez*
2007–2009	Osman Aktas
2009–	Guillaume Frenais

Junior Featherweights

1995–1996	Redha Jean Abbas*
1996	Serge Poilblan*
1997–1998	Frederic Bonifai
1998–1999	Serge Poilblan
1999–2000	Mustapha Hame
2000–2001	Salim Medjkoune*
2001	Mustapha Hame*
2002	Mahyar Monshipour*
2003	Turcay Kaya
2003–2004	Karim Ketoun
2004–2005	Turcay Kaya
2005–2008	Salem Bouaita*
2008	Karim Ketoun
2008–	Jeremy Parodi

Bantamweights

1912–1924	Charles Ledoux
1924–1925	Andre Routis
1925–1927	Kid Francis
1927–1928	Francis Biron
1928	Francois Moracchini
1928–1930	Andre Regis*
1931	Francis Biron
1931–1933	Emile Pladner*
1933–1934	Eugene Huat
1934	Joseph Decico
1934–1935	Emile Pladner
1935–1937	Joseph Decico
1937	Georges Bataille*

1938	Bernard Leroux	1987	Thierry Jacob*	1942	Mohamed ben Omar*
1938–1939	Roibert Bourdet*	1989–1990	Alain Limarola	1942	Andre Lopez
1939–1941	Pierre Louis	1990–1992	Lionel Jean*	1942–1943	Etienne Ferraro
1941–1942	Germain Perez*	1992–1993	Redha Jean Abbas*	1943–1946	Theo Medina*
1942	Pierre Louis	1995	Salim Medjkoune*	1946–1947	Emile Famechon
1942–1943	Joseph Decico	1997–1998	Luigi Mancini*	1947	Maurice Sandeyron*
1943–1944	Theo Medina	1998–1999	Kamel Guerfi	1947–1948	Mustapha Mustaphaoui
1944	Roger Fournier	1999–2000	Redha Jean Abbas	1948–1949	Louis Skena
1944	Theo Medina	2000–2001	Fabien Guillerme*	1949–1950	Honore Pratesi
1944	Valentin Angelmann*	2001–2002	Kamel Guerfi*	1950–1951	Louis Skena*
1944–1945	Rene Megret	2003–2004	Frederic Patrac*	1951–1955	Vacant
1945–1947	Theo Medina*	2004–2005	John Bikai	1955	Robert Mouginot
1947–1948	Georges Mousse	2005	Frederic Patrac*	1955–1956	Guy Schatt
1948–1950	Theo Medina	2005–2006	John Bikai	1956–1958	Robert Pollazon*
1950	Marcel Mathieu	2006	Jean-Marie Codet*	1959	Jean Guerard
1950–1952	Emile Chemana	2006–2007	Jerome Arnould*	1959–1963	Rene Libeer*
1952	Theo Medina*	2007	John Bikai	1963–1966	Vacant
1952–1953	Maurice Sandeyron	2007–2008	Malik Bouziane	1966–1967	Pierre Rossi*
1953–1954	Robert Cohen*	2008–	Mohamed Bouleghcha	1968–1969	Gerard Macrez
1954–1955	Andre Valignat			1969	Kamara Diop
1955	Hilaire Pratesi*	SUPER FLYWEIGHTS		1969–1972	Gerard Macrez
1956	Emile Chemama*	1993–1994	Redha Jean Abbas*	1972–1975	Dominique Cesari
1956–1957	Dante Bini			1975–1976	Daniel Chervet
1957–1959	Eugene LeCozannet	FLYWEIGHTS		1976–1977	Christian Martin
1959–1960	Mohamed Zarzi	1911	Elie Kleber	1977–1978	Dominique Cesari*
1960–1951	Elysee Castre	1911–1912	Charles Voirin	1978–1981	Vacant
1961–1962	Pierre Vetroff	1912–1913	Eugene Criqui*	1981–1982	Dominique Piedeleu*
1962	Jean Guerard	1913–1919	Albert Bouzonnie	1982–1983	Antoine Montero*
1962–1966	Pierre Vetroff*	1919–1920	Emile Juliard	1983–1995	Vacant
1966–1967	Antoine Porcel	1920–1922	Albert Bouzonnie	1995–1997	Philippe de Savoye
1967–1969	Pierre Vetroff	1922–1925	Andre Gleizes*	1997	David Guerault*
1969–1970	Claude Lapinte	1925–1927	Francois Moracchini	1997–2000	Vacant
1970–1971	Antoine Porcel	1927–1929	Emile Pladner*	2000–2001	Mimoun Chent*
1971	Claude Lapinte	1929	Eugene Huat*	2001–2002	Franck Gorjux
1971–1978	Guy Caudron	1930	Henri (Kid) Oliva*	2002	Cyril Bellanger*
1978–1979	Laurent Grimbert*	1931	Valentin Angelmann	2002	Christophe Rodrigues
1979–1980	Guy Caudron	1931–1932	Young Perez*	2002–2003	Brahim Asloum*
1980–1981	Laurent Grimbert*	1932–1934	Valentin Angelmann	2003	Alain Bonnel*
1981	Jean Jacques Souris	1934–1935	Maurice Huguenin	2003–2005	Bernard Inom*
1981	Philippe Martin*	1935–1936	Praxille Gyde	2005–2008	Christophe Rodrigues*
1981–1982	Dominique Cesari*	1936–1939	Pierre Louis	2009–	Karim Guerfi
1982–1986	Vacant	1939	Etienne Ferraro*		
1986–1987	Alan Limarola	1941	Gabriel Burah*		

Germany

First professional boxing card in Germany: 1899. National titles est. 1911. First professional boxing card in Berlin: September 15, 1913. Boxing very popular between the two world wars. First world champion: Max Schmeling (world heavyweight champion, 1930–32). Bund Deutscher Berufsboxer (BDB) [German Professional Boxing Federation] est. in Berlin, February 27, 1957. National title bouts cut from twelve to ten rounds following death of Jupp Elze in European title contest versus Juan Carlos Duran, Sports Hall, Cologne, June 12, 1968.

German Champions

HEAVYWEIGHTS

1919–1920	Otto Flint	1928	Max Schmeling*	1946–1952	Hein ten Hoff
1920–1924	Hans Breitenstradter	1928–1930	Ludwig Haymann	1952–1954	Heinz Neuhaus*
1924–1925	Paul Samson-Koerner	1930–1931	Hans Schoenrath	1955–1956	Gerhard Hecht
1925–1926	Hans Breitenstradter*	1931–1933	Hein Mueller*	1956–1957	Heinz Neuhaus
1926	Franz Diener*	1933–1936	Vincenz Hower	1957–1958	Hans Kalbfell
1927	Rudi Wagner	1936–1938	Arno Koelblin	1958–1959	Albert Westphal
1927–1928	Franz Diener	1938–1940	Walter Neusel	1959–1960	Hans Kalbfell*
		1940–1942	Heinz Lazek	1961	Albert Westphal
		1942	Adolf Heuser	1961–1962	Erich Schoeppner*
		1942–1946	Walter Neusel	1963–1968	Gerhard Zech

1968	Jurgen Blin
1968–1971	Peter Weiland
1971–1972	Horst Benedens*
1973–1974	Hartmut Sasse
1974	Conny Velensek
1974–1977	Bernd August
1977–1978	Kurt Luedecke
1978–1983	Bernd August
1983–1985	Reiner Hartmann
1985	Charly Graf
1985–1986	Thomas Classen*
1987–1990	Manfred Jassmann
1990–1992	Markus Bott*
1992–1993	Axel Schulz*
1993–1994	Bernd Friedrich
1994	Christian Honhold
1994–1995	Steffen Wiesenthal
1995–1996	Mario Schiesser*
1996–1998	Kim Weber
1998–1999	Mario Schiesser*
1999–2001	Timo Hoffman*
2001–2002	Luan Krasniqi*
2002–2007	Andreas Sidon*
2007–2008	Konstantin Airich*
2008–	Sebastian Koeber

Cruiserweights

1985–1988	Ralf Rocchigiani*
1988–1989	Klaus Winter
1989–1994	Ralf Rocchigiani
1994–1996	Torsten May*
1997–1998	Michael Kloetzsch
1998–1999	Silvio Meinel
1999–2002	Rudiger May*
2004–2005	Firat Arslan*
2006	Ali Saidi
2006–2009	Mario Stein
2009–	Serdar Sahin

Light Heavyweights

1921–1922	Walter Buckszun*
1923	Rudolf Arndt
1923–1924	Adolf Seybold
1924–1926	Paul Samson-Koerner*
1926–1928	Max Schmeling*
1929	Hein Mueller*
1930–1932	Ernst Pistulla*
1933	Erich Seelig*
1933	Johann Trollmann*
1933–1937	Adolf Witt
1937–1940	Adolf Heuser
1940–1941	Jean Kreitz*
1941	Heinz Seidler
1941–1944	Richard Vogt
1944–1946	Heinz Seidler
1946–1949	Richard Vogt
1949–1950	Conny Rux*
1950	Richard Vogt
1950–1951	Heinz Sachs
1951–1952	Willi Hoepner
1952–1954	Gerhard Hecht*
1954–1955	Willi Hoepner
1955–1956	Gerhard Hecht*
1956–1957	Hans Stretz*
1957–1958	Willi Hoepner
1958–1961	Erich Schoeppner*
1962–1966	Peter-Klaus Gumpert*
1966–1969	Lothar Stengel*
1970–1973	Rudiger Schmidtke*
1973–1975	Karl-Heinz Klein
1975–1977	Leo Kakolewicz*
1978–1979	Karl-Heinz Klein*
1980–1982	Uwe Meineke
1982–1986	Manfred Jassmann
1986–1988	Graciano Rocchigiani*
1988–1995	Vacant
1995–1996	Gerhard Schoberth
1996	Fritz Ploesser
1996–1997	Wieland Beust
1997	Ali Saidi
1997–1998	Sven Ottke*
1999–2000	Thomas Ulrich*
2001–2003	Norbert Nieroba*
2004–2005	Serdar Akova*

Super Middleweights

1988–1991	Mike Wissenbach*
1991–1992	Andreas Schweiger
1992–1996	Andreas Marks
1996–1997	Norbert Nieroba*
1998	Markus Beyer*
1998–1999	Juergen Hartenstein*
2000–2001	Danilo Haeussler*
2002–2004	Andy Liebling*
2004–2008	Vacant
2008	Christian Pawlak
2008–	Eduard Gutknecht

Middleweights

1911	Paul Mond*
1911–1914	Otto Flint*
1914–1919	Vacant
1919	Franz Kott
1919	Kurt Prenzel
1919–1921	Friedrich Dubois
1921–1924	Kurt Prenzel
1924–1925	Adolf Wiegert
1925–1930	Heinrich Domgoergen*
1930–1931	Erich Tobeck*
1931–1933	Erich Seelig*
1933–1934	Heinrich Domgoergen*
1934–1941	Josef Besselmann*
1941–1946	Vacant
1946–1947	Gustav Eder
1947	Dietrich Hucks
1947–1948	Fritz Gahrmeister
1948–1949	Carl Schmidt
1949	Peter Mueller*
1949–1950	Hans Stretz
1950–1952	Peter Mueller
1952–1954	Hans Stretz*
1956–1957	Peter Mueller
1957–1961	Gustav Scholz*
1961–1962	Hans-Werner Wohlers
1962–1963	Peter Mueller*
1963–1964	Heini Meinhardt
1964	Peter Mueller*
1964–1968	Josef (Jupp) Elze*
1968–1972	Hans-Dieter Schwartz
1972–1973	Klaus-Peter Tombers
1972–1974	Eckhardt Dagge*
1974–1978	Frank Reiche
1978–1983	Frank Wissenbach*
1983–1985	Georg Steinherr*
1985–1986	Graciano Rocchigiani*
1987–1988	Andreas Prox*
1990–1992	Patrick Pipa*
1994–1996	Salvador Yanez*
1997–1998	Bert Schenk*
2000–2001	Stephan Trabant*
2001–2002	Orhan Ajvazoski
2002–2003	Dirk Dzemski*
2004–2005	Sebastian Sylvester*
2006–2007	Ebubekir Bulut
2007–2008	Roman Aramian*
2008–	Thomas Troelenberg

Light Middleweight

1965–1967	Werner Mundt
1967–1968	Reinhard Dampmann
1968–1971	Gerhard Piaskowy*
1971–1972	Rainer Mueller
1972–1974	Randolph Hombach*
1974–1975	Peter Scheibner
1975–1976	Peter Wulf
1976	Jean-Andre Emmerich
1976–1978	Frank Wissenbach*
1978–1984	Jean-Andre Emmerich
1984–1989	Erwin Heiber
1989–1990	Jose Varela*
1990–1992	Andreas Marks*
1994–1996	Salvador Yanez*
1999–2001	Danny Thiele
2001–2003	Andy Liebing*
2003–2007	Marco Schulze*
2007–	Maurice Weber

Welterweights

1923–1924	Ernst Grimm
1924	Walter Funke
1924–1926	Ernst Grimm
1926	Hermann Herse
1926–1927	Ernst Grimm
1927–1928	Karl Sahm*
1928–1930	Hans Seifried
1930–1949	Gustav Eder*
1950–1951	Walter Schneider
1951–1952	Gustav Scholz*
1952–1955	Werner Handtke*
1956–1958	Guenther Hase
1958–1959	Ernst Zetzmann
1959–1962	Helmut Mistol*
1963	Conny Rudhof*
1964–1966	Klaus Klein
1966–1967	Conrad Rudhof*
1968	Willy Quatuor*
1968–1970	Klaus Klein
1970–1972	Horst Brinkmeier*
1972–1974	Kurt Hombach*
1974–1975	Juergen Voss
1975–1976	Horst Brinkmeier
1976–1978	Joerg Eipel*
1978–1980	Juergen Voss*
1982–1985	Tony Habermayer
1985–1989	Jose Varela*
1989–1996	Vacant
1996–1997	Jan Heinemann
1997	Mike Reissmann
1997–1999	Michel Trabant*
1999–2004	Vacant

| 2004–2006 | Turgay Uzun |
| 2006– | Norman Schuster |

LIGHT WELTERWEIGHTS

1963–1964	Klaus Klein*
1964–1977	Vacant
1977–1978	Boualem Belouard
1978–1980	Klaus Fuchs*
1980–1985	Vacant
1985–1988	Konrad Mittermeier*
1988–2003	Vacant
2003–2005	Mirko Wolf*

LIGHTWEIGHTS

1919–1927	Richard Naujoks
1927	Fritz Ensel
1927–1928	Paul Czirson*
1929	Fritz Reppel*
1929–1930	Jakob Domgoergen*
1930–1931	Walter Heinisch
1931–1933	Franz Duebbers*
1933–1934	Willi Seisler
1934–1935	Richard Stegemann
1935–1936	Willi Seisler
1936–1937	Rudolf Kretzschmar
1937	Albert Esser
1937–1938	Rudolf Kretzschmar
1938	Albert Esser*
1938–1940	Karl Blaho*
1940–1947	Vacant
1947–1948	Heinz Sander
1948–1950	Herbert Nuernberg
1950	Walter Demke
1950–1952	Hans Haefner
1952	Herbert Glaeser
1952–1954	Werner Handtke*
1955	Rudi Langer*
1955–1956	Karl-Heinz Bick*
1957–1958	Manfred Neuke
1958–1959	Rudi Langer
1959–1963	Conny Rudhof*
1963–1964	Willy Quatuor*
1964–1968	Karl Furcht*
1968–1976	Klaus Jacobi
1976–1977	Rolf Kersten*
1977–1978	Peter Lutz*
1979–1981	Dieter Schantz
1981–1989	Rene Weller*

SUPER FEATHERWEIGHTS

1963–1964	Peter Goschka*
1964–1970	Vacant
1970–1972	Lothar Abend*
1972–1985	Vacant
1985–1986	Georg Vlachos
1986–1987	Theo Hauser*

FEATHERWEIGHTS

1919–1921	Fritz Rolauf
1921–1923	Kurt Sasse
1923–1924	Fritz Rolauf
1924–1925	Theo Beyerling
1925–1926	Edu Schmidt*
1926–1929	Paul Noack*
1929–1930	Franz Duebbers*
1930–1932	Paul Noack
1932–1933	Harry Stein
1933–1936	Hans Schiller
1936–1937	Karl Beck*
1937	Kurt Bernhardt
1937–1940	Karl Beck
	Ernst Weiss*
1942–1946	Vacant
1946–1947	Hans Groetsch
1947–1948	Heinz Utz
1948	Hans Groetsch
1948	Georg Assmann
1948–1949	Karl Simon
1949	Ludwig Hess
1949–1951	Walter Demke*
1953–1957	Rudi Langer*
1958–1963	Willy Quatuor*
1965–1968	Lothar Abend*

BANTAMWEIGHTS

1919–1922	Willy Menke*
1922–1925	Urban Grass
1925–1928	Felix Friedemann
1928–1929	Otto Ziemdorf
1929–1930	Karl Schulze*
1930–1931	Georg Pfitzner
1931	Helmut Hinz
1931	Georg Pfitzner
1931–1933	Willy Metzner
1933–1937	Werner Riethdorf*
1938	Hermann Remscheid
1938–1940	Ernst Weiss*
1940–1941	Hermann Remscheid*
1941–1947	Vacant
1947–1949	Hans Schiffers
1949	Hans Schoemig
1949	Viktor Liwowski
1949–1950	Hans Schoemig*
1950–1953	Rudi Langer*
1954–1956	Willibald Koch*
1958–1961	Edgar Basel
1961–1963	Klaus Jaeger*

FLYWEIGHTS

1922–1923	Erich Kohler
1923–1925	Friedrich Schmidt
1925–1928	Harry Stein
1928–1929	Erich Kohler
1929	Karl Schulze*
1930	Erich Kohler
1930–1934	Willy Metzner
1934–1935	Hubert Ausboeck
1935–1937	Hubert Offermanns
1937	Paul Schaefer
1937–1938	Hubert Offermanns
1938	Walter List
1938–1939	Hubert Offermanns
1939–1948	Hans Schiffers
1948–1950	Willi Faerber
1950	Viktor Liwoski
1950–1952	Georg Tietzsch*

German International Champions

Instituted 1989. All boxers are eligible for these titles, regardless of nationality, providing they are licensed to box in Germany.

HEAVYWEIGHTS

1990	Ali Saidi*
1990	Karl-Heinz Heistermann*
1990–1991	Knut Blin*
1992–1993	Mario Guedes
1993–1994	Mario Schiesser*
1994–1995	Zeljko Mavrovic*
1996	Serdar Uysal*
1996	Willi Fischer
1996–1997	Kim Weber*
1997	Mario Schiesser
1997–2000	Willi Fischer
2000	Timo Hoffmann*
2000–2001	Rene Monse*
2001	Andreas Sidon
2001–2002	Balu Sauer
2002	Timo Hoffmann*
2002–2004	Konstantin Onofrei
2004–2007	Taras Bidenko*
2007	Pedro Carrion*
2007–2008	Alexander Ustinov*
2008	Steffen Kretschmann*
2008–	Yakup Saglam

CRUISERWEIGHTS

1989–1991	Yurder Demircan*
1991–1997	Vacant
1997–1998	Jens Ploesser*
2000–2001	Uwe Lorch*
2001–2003	Alexander Petkovic*
2003	Firat Arslan*
2004–2006	Mark Hendem*
2008–	Rene Huebner

LIGHT HEAVYWEIGHTS

1990–1993	Ali Saidi
1993	Dariusz Michalczewski*
1993–1997	Vacant
1997–1998	Silvio Meinel*
1998–1999	Thomas Ulrich*
2000	Ahmet Oener*
2000–2002	Stipe Drews*
2004–2005	Sedar Akova*
2006–2007	Zaur Yangubaev*
2007–	Denis Simcic

SUPER MIDDLEWEIGHTS

1989–1990	Konrad Mittermeier*
1991	Horace Fleary
1991–1992	Nelson Alves*
1994–1996	Horace Fleary
1996	Branko Sobot*
1996–1998	Isidore Janvier*
1998–1999	Mario Veit*
2004–2005	Malik Dziarra*
2006	Roman Aramian*
2006–2007	Thomas Troelenberg*
2007–2009	Lukas Wilaschek*
2009–	Roman Aramian*

MIDDLEWEIGHTS

1990–1993	Niyazi Aytekin*
1994	Salvador Yanez*
1996–1997	Branko Sobot*
1998–2000	Armand Krajnc*
2000	Ibrahim Alpaslan
	Viktor Granic

2001	Stephan Trabant*
2001–2002	Dirk Dzemski*
2003	Roman Aramian
2003–2005	Sebastian Sylvester*
2005–2006	Roman Aramian*
2006–2009	Vacant
2009–	Thomas Troelenberg

SUPER WELTERWEIGHTS

1989–1990	Salvador Yanez
1990–1991	Andreas Marks*
1991	Salvador Yanez*
1992–1994	Horace Fleary
1994–1996	Bahri Ahmeti*
1997	Donald Jenkins
1997–1998	Orhan Ajvazoski
1998–1999	Ahmet Oener*
1999–2000	Orhan Ajvazoski
2000	Hans Janssen*
2000–2002	Artur Drinaj
2002–2005	Lukas Konecny*
2007–	Turgay Uzun

WELTERWEIGHTS

1990–1992	Marco Unverdruss*
1992–1993	Reiner Gies*
1993–1994	Viatcheslav Ianovski*
1994	Gagik Khachatrian
1994	Stefan Schramm
1994–1996	Michael Loewe*
1997–2001	Alpaslan Aguezuem*
2001–2004	Turgay Uzun*
2004–	Jan Zaveck

LIGHT WELTERWEIGHTS

1992–1993	Stefan Schramm
1993	Savo Jankovic
1993–1995	Stefan Schramm
1995–1997	Yahia Issaoun
1997	Alpaslan Aguezuem*
1997–2001	Vacant
2001–2005	Faik Inan*

LIGHTWEIGHTS

1994–1995	Artur Grigorijan*
1996–1998	Thomas Seiler*
2001–2002	Levent Cukur*
2003–2007	Muzaffer Tosun*

SUPER FEATHERWEIGHTS

1990–1996	Sentuerk Oezdemir
1996–1997	Stephen Smith*
1997–2002	Vacant
2002–2005	Rashad Ismayilov*

SUPER BANTAMWEIGHTS

| 2000–2002 | Ibrahim Vural* |

Italy

Tito Alberto di Carini, giant gondolier, beat three men in one night in Venice, and was brought to England by William Pulteney, later the Earl of Bath, in 1733. Di Carini challenged retired champion James Figg, but was matched against Bob Whittaker of Whitby, pupil of the latter, who defeated him inside of half an hour. Professional boxing in Italy, under Queensberry rules, dates from 1910; first Italian professional governing body est. 1916.

Italian Champions

HEAVYWEIGHTS

1910–1913	Pietro Boine
1913–1920	Eugenio Pilotta
1920–1927	Erminio Spalla
1927–1928	Riccardo Bertazzolo*
1928–1930	Giacomo Panfilo*
1930–1931	Roberto Roberti*
1931–1936	Innocente Baiguerra
1936–1940	Sante De Leo*
1940–1941	Merlo Preciso
1941–1944	Luigi Musina*
1944–1945	Giovanni Martin
1945–1946	Duilio Spagnolo
1946	Luigi Musina
1946–1947	Duilio Spagnolo*
1947	Gino Buonvino
1947–1949	Enrico Bertola*
1949–1950	Alfredo Oldoini
1950–1952	Giorgio Milan
1952–1954	Uber Bacilieri
1954–1956	Franco Cavicchi*
1956	Antonio Crosia
1956–1958	Uber Bacilieri
1958–1959	Mario De Persio*
1959–1960	Bruno Scarabellin
1960–1961	Federico Friso
1961–1962	Rocco Mazzola
1962	Franco Cavicchi
1962–1965	Sante Amonti
1965–1969	Pietro Tomasoni
1969–1970	Dante Cane
1970	Giuseppe Ros
1970–1971	Mario Baruzzi
1971	Giuseppe Ros
1971	Dante Cante
1971–1972	Armando Zanini
1972–1973	Giuseppe Ros*
1973–1974	Mario Baruzzi*
1974–1975	Dante Cane*
1975	Lorenzo Zanon
1975–1977	Dante Cane
1977	Alfio Righetti
1977–1978	Dante Cane*
1979–1980	Giovanni De Luca
1980–1982	Domenico Adinolfi*
1982–1983	Daniele Laghi
1983–1986	Angelo Rottoli*
1986–1988	Guido Trane*
1989–1990	Cesare DiBenedetto*
1991–1992	Biagio Chianese*
1996	Vincenzo Cantatore*
1997–1998	Francesco Spinelli*
1999–2001	Vincenzo Rossitto*
2002–2005	Paolo Vidoz*

CRUISERWEIGHTS

1988	Gennaro Mauriello
1988–1989	Antonio Manfredini
1989	Alfredo Cacciatore
1989–1990	Massimiliano Duran*
1990–1991	Antonio Manfredini*
1991	Luigi Gaudiano*
1992–1993	Fernando Aiello
1993–1998	Marco Guidelli
1998–2000	Pietro Aurino*
2000–2001	Mario Tonus*
2002–2004	Vincenzo Rossitto*
2005–2006	Paolo Ferrara
2006–2008	Fabio Tuiach*
2009–	Salvatore Erittu

LIGHT HEAVYWEIGHTS

1913–1914	Alessandro Valli
1914–1922	Eugenio Pilotta
1922–1926	Rino Contro
1926	Rinaldo Palmucci
1926–1930	Michele Bonaglia
1931–1932	Merlo Preciso*
1932	Primo Ubaldo
1932	Michele Bonaglia
1932–1933	Emilio Bernasconi
1933	Mario Lenzi*
1933–1934	Domenico Ceccarelli
1934	Merlo Preciso*
1935	Vittorio Livan*
1935–1936	Domenico Ceccarelli*
1937–1940	Mario Casadei
1940–1942	Alfred Oldoini*
1943–1946	Luigi Musina
1946–1947	Enrico Bertola*
1947–1949	Giovanni Martin
1949	Giuliano Pancani*
1949–1950	Renato Tontini*
1950–1954	Vacant
1954–1956	Ivano Fontana
1956	Fernando Jannilli
1956–1957	Artemio Calzavara*
1957	Sandro D'Ottavio
1957–1958	Rocco Mazzola
1958	Domenico Baccheschi
1958–1960	Sante Amonti
1960–1961	Giulio Rinaldi
1962–1964	Piero Del Papa
1964–1965	Benito Michelon
1965–1969	Vittorio Saraudi*
1969–1970	Giovanni Biancardi

1970	Gianfranco Macchia	1952–1953	Ivano Fontana*	1976–1978	Damiano Lassandro*
1970	Giulio Rinaldi	1953–1954	Widmer Milandri	1979–1981	Luigi Minchillo*
1970–1972	Domenico Adinolfi	1954–1956	Bruno Tripodi	1982	Luigi Marini*
1972	Gianfranco Macchia	1956–1957	Guido Mazzinghi*	1982	Vincenzo Ungaro
1972	Mario Almanzo	1958–1959	Italo Scortichini*	1982	Rosario Pacileo
1972–1973	Renzo Grespan	1959–1960	Franco Scisciani	1982–1983	Daniele Zappaterra
1973	Domenico Adinolfi	1960–1962	Bruno Fortilli	1983–1984	Ernesto Ros
1973–1977	Aldo Traversaro*	1962–1963	Remo Carati*	1984–1985	Luigi Marini
1977–1979	Ennio Cometti*	1963–1965	Nino Benvenuti*	1985–1986	Giuseppe Leto
1980–1981	Cristiano Cavina*	1965–1966	Bruno Santini	1986	Angelo Liquori
1982–1983	Gennaro Mauriello	1966–1967	Juan Carlos Duran*	1986–1988	Callisto Bavaresco
1983–1984	Walter Cevoli	1968–1969	Remo Golfarini*	1988–1989	Giuseppe Leto
1984–1985	Gennaro Mauriello*	1969–1970	Luigi Patruno	1989–1990	Santo Colombo
1986–1987	Noe Cruciani*	1970	Mario Lamagna	1990–1991	Romolo Casamonica*
1988–1989	Mwehu Beya*	1970–1972	Luciano Sarti	1991	Santo Colombo
1991–1992	Andrea Magi*	1972	Mario Lamagna	1991–1993	Michele Mastrodonato
1995	Yawe Davis*	1972–1973	Sauro Soprani	1993	Valentino Manca
1996–1997	Giovanni Nardiello*	1973	Elio Calcabrini*	1993–1994	Santo Colombo
1998–1999	Yawe Davis*	1974	Luciano Sarti*	1994–1996	Davide Ciarlante*
2001	Mario Tonus*	1974–1975	Domenico Tiberia	1996	Santo Colombo
2002–2003	Leonardo Turchi	1975	Luciano Sarti	1996–1999	Paolo Pizzamiglio*
2003–2005	Massimiliano Saiani	1975–1976	Angelo Jacopucci*	1999–2000	Valentino Manca
2005	Antonio Brancalion*	1976–1977	Mario Romersi	2000	Luca Mori
2006–2007	Leonardo Turchi*	1977–1978	Angelo Jacopucci*	2000–2001	Gianluca Jommarini
2007–2008	Dario Cichello*	1978–1980	Matteo Salvemini*	2001	Lorenzo DiGiacomo*
2008–	Francesco Versaci	1980–1981	Nicola Cirelli*	2001–2003	Simone Rotolo*
		1982–1983	Gaetano Ardito*	2004–2005	Alessio Furlan
		1983–1985	Franco Buzzetti	2005–2006	Luca Messi*
		1985	Giovanni DeMarco	2006–2007	Sven Paris*
		1985–1987	Sumbu Kalambay*	2008	Tobia G. Loriga
		1988	Francesco Dell'Aquila*	2008–2010	Stefano Castellucci*

Super Middleweights

1990–1991	Enrico Scacchia
1991	Luciano Caioni
1991–1994	Mwehu Beya
1994	Massimiliano Bocchini
1995	Ivano Biagi
1995–1996	Pietro Pelizzaro*
1996	Vincenzo Imparato*
1996–1998	Giovanni Nardiello*
1998–1999	Maurizio Colombo
1999–2001	Vincenzo Imparato*
2001–2002	Antonio Brancalion
2002	Vincenzo Imparato
2002–2004	Alberto Colajanni*
2005–2006	Vincenzo Imparato*
2006–2008	Luca Tassi*
2008–2010	Mouhamed Ali Ndiaye*

Middleweights

1914–1915	Amilcare Berretta
1915–1919	Alessandro Garassini*
1919–1926	Bruno Frattini
1926–1928	Mario Bosisio
1928–1930	Leone Jacovacci
1930–1931	Mario Bosisio
1931–1932	Enzo Fiermonte*
1933–1934	Clemente Meroni
1934	Aldo Menabeni
1934–1936	Vincenzo Rocchi*
1936–1937	Mario Casadei
1937–1938	Alfredo Oldoini*
1939–1942	Mario Casadci
1942–1946	Italo Palmarini
1946–1947	Widmer Milandri
1947–1948	Giovanni Manca*
1948–1949	Tiberio Mitri*
1949–1950	Giovanni Manca
1950	Fernando Jannilli
1950–1951	Gino Campagna
1951–1952	William Poli*

(continued middleweights column 2)
1989	Constantino Padovano
1989–1991	Flaviano Polinori*
1991	Francesco Dell'Aquila*
1992–1993	Agostino Cardamone*
1993–1994	Silvio Branco*
1996–1997	Vincenzo Imparato
1997	Santo Colombo
1997–1998	Valentino Manca
1998–1999	Antonio Perugino*
1999–2000	Cristian Sanavia*
2001–2002	Gianluca Jommarini
2002	Marco Dell'Uomo*
2002–2004	Lorenzo Di Giacomo*
2006–2007	Domenico Spada*
2007–2008	Gaetano Nespro*
2008	Matteo Signani
2008–2010	Gaetano Nespro
2010	Matteo Signani

Light Middleweights

1963–1964	Bruno Visintin*
1965	Giampaolo Gabaneti
1965	Luciano Piazza
1965–1966	Ciro Patronelli
1966	Armando Pellarin
1966–1968	Remo Golfarini*
1969	Massimo Bruschini
1969–1970	Aldo Battistutta
1970–1971	Domenico Tiberia*
1971	Aldo Battistutta
1971–1972	Domenico Tiberia*
1972–1973	Silvano Bertini*
1973–1974	Aldo Bentini
1974–1975	Antonio Castellini
1975–1976	Damiano Lassandro
1976	Antonio Castellini*

Welterweights

1915–1920	Abelardo Zambon*
1920–1922	Arturo Giussani
1922–1923	Abelardo Zambon*
1923–1930	Mario Bosisio
1930–1932	Vittorio Venturi*
1933	Michele Palermo
1933–1937	Vittorio Venturi*
1938	Mario Bianchini*
1939–1941	Michele Palermo*
1941–1942	Carlo Orlandi*
1942	Egisto Peyre*
1943–1944	Michele Palermo*
1944–1947	Egisto Peyre*
1948	Michele Palermo
1948	Pino Facchi
1948–1949	Fernando Jannilli*
1949–1951	Michele Palermo*
1951–1953	Luigi Valentini
1953–1954	Paolo Melis*
1955–1956	Emilio Marconi*
1956–1957	Umberto Vernaglione
1957–1958	Giancarlo Garbelli
1958–1962	Bruno Visintin*
1962–1964	Fortunato Manca*
1964–1965	Domenico Tiberia
1965–1967	Carmelo Bossi*
1967–1968	Domenico Tiberia
1968–1969	Silvano Bertini*
1969	Domenico Tiberia*
1970–1971	Giovanni Zampieri
1971–1972	Marco Scano
1972–1973	Giuliano Nervino
1973	Marco Scano
1973–1975	Domenico DiJorio

1975–1976	Marco Scano*	1986	Alessandro Scapecchi	1968–1969	Bruno Melissano
1976	Luciano Borraccia*	1986–1987	Maurizio Ronzoni*	1969–1970	Carmelo Coscia*
1976–1977	Vittorio Conte	1987–1988	Salvatore Nardino	1970–1971	Antonio Puddu*
1977	Tommaso Marocco	1988	Efren Calamati*	1971–1972	Enzo Petriglia*
1977–1979	Gianni Molesini	1988–1989	Guerrino Sorgentone	1972	Efisio Pinna
1979–1981	Pierangelo Pira	1989	Salvatore Nardino*	1972–1973	Enzo Pizzoni
1981	Francesco Aresti	1990–1991	Maurizio Ronzoni	1973	Efisio Pinna
1981–1982	Giuseppe DiPadova	1991	Luigi LaGrasta	1973–1974	Ugo DiPietro
1982–1984	Gianfranco Rosi*	1991	Bruno Vottero	1974	Nedo Fabbri
1984–1985	Eupremio Epifani	1991–1994	Efren Calamati*	1974	Ugo DiPietro
1985	Gaetano Caso	1994–1995	Pasquale Perna*	1974	Enzo Pizzoni
1985–1986	Gianfranco Rosi*	1995–1996	Michele Piccirillo*	1974–1975	Giancarlo Usai*
1986–1987	Efisio Galici*	1997–1998	Gianluca Branco*	1975	Rosario Sanna
1987–1988	Romolo Casamonica*	1999	Cristian Giantomassi	1975	Vincenzo Quero*
1988–1989	Renato Zurlo	1999–2000	Massimo Bertozzi	1976	Giancarlo Barabotti
1989	Paolo Pesci	2000–2001	Salvatore Battaglia*	1976–1977	Vincenzo Burgio
1989–1990	Alessandro Duran	2001–2002	Giuseppe Lauri*	1977–1980	Giancarlo Usai*
1990	Paolo Pesci	2002–2004	Salvatore Battaglia*	1980–1981	Lucio Cusma*
1990	Renato Zurlo*	2004–2005	Giuseppe Lauri*	1981	Bruno de Montis
1991	Marco Cipollino	2005–2007	Michele DiRocco*	1981–1982	Giovanni Vitillo
1991–1992	Alessandro Duran	2007–2009	Brunet Zamora	1982	Lucio Cusma
1992–1993	Santo Serio	2009	Emanuele de Prophetis*	1982–1983	Alessandro Scapecchi
1993–1994	Alessandro Duran*	2009–	Vittorio Oi	1983–1985	Sebastiano Sotgia*
1994	Santo Serio			1985–1986	Alfredo Raininger*
1994–1995	Alessandro Duran	**LIGHTWEIGHTS**		1986–1988	Luca de Lorenzi*
1995–1996	Adriano Offreda	1913–1914	Giuseppe Poli	1989	Stefano Cassi*
1996	Alessandro Duran*	1914–1915	Vittorio Pardini*	1989–1991	Antonio Renzo*
1997–1998	Pasquale Perna*	1915–1919	*Vacant*	1991–1992	Giovanni Parisi*
1998	Michele Orlando	1919	Edoardo Piacentini	1994	Antonio Strabello
1998–1999	Pasquale Perna	1919–1920	Leopoldo Mariotti*	1994–1995	Massimo Conte*
1999	Carlo Brancalion	1921–1922	Dario Della Valle	1995–1996	Marco Presciutti
1999–2000	Michele Orlando	1922–1923	Mario Bosisio*	1996	Massimo Bertozzi
2000	Pasquale Perna	1923–1924	Romolo Parboni*	1996–1997	Gianni Gelli
2000–2001	Michele Orlando*	1924–1926	Edoardo Garzena	1997	Massimo Bertozzi
2002	Luca Messi*	1926–1929	Mario Farabullini*	1997–1999	Sandro Casamonica
2002–2004	Antonio Lauri	1929–1930	Anacleto Locatelli	1999	Massimo Bertozzi
2004–2005	Sven Paris*	1930–1931	Carlo Orlandi*	1999–2003	Michele delli Paoli*
2005–2006	Cris. de Martinis	1932–1933	Saverio Turiello	2005–2006	Corrado Battaglia
2006–2007	Daniele Petrucci*	1933–1934	Carlo Orlandi*	2006	Giusseppe Truono*
2008	Leonard Bundu*	1935–1937	Enrico Venturi*	2006–2008	Giovanni Niro*
2008–2009	Nicola Conti*	1938	Otello Abbruciati	2008–2009	Pasquale Di Silvio
2009–	Giuseppe Langella	1938–1939	Gino Giacomelli*	2009	Simone Califano*
		1939	Giuseppe Palermo*	2009–	Luca Marasco
LIGHT WELTERWEIGHTS		1939–1940	Oberdan Romeo		
1963–1964	Sandro Lopopolo	1940	Giuseppe Farfanelli	**SUPER FEATHERWEIGHTS**	
1964–1965	Piero Brandi	1940	Otello Abbruciati	1970–1971	Mario Redi
1965–1966	Sandro Lopopolo*	1940–1941	Bruno Bisterzo	1971	Oronzo Pesare
1966	Massimo Consolati	1941	Ascenzo Botta	1971	Ugo Poli
1966–1968	Bruno Arcari*	1941–1942	Bruno Bisterzo	1971–1972	Mario Sanna*
1968–1969	Romano Fanali	1942–1944	Roberto Proietti	1972–1973	Ugo Poli*
1969–1971	Ermanno Fasoli	1944–1945	Aldo Minelli	1973–1975	Giovanni Girgenti
1971–1972	Pietro Ceru	1945–1948	Bruno Bisterzo	1975	Giuseppe Mura
1972–1973	Romano Fanali	1948–1949	Giuseppe Fusaro	1975–1976	Natale Vezzoli*
1973–1974	Piero Ceru*	1949–1951	Luigi Male*	1976–1977	Salvatore Liscapade*
1974–1975	Bruno Freschi	1951–1955	Duilio Loi*	1977–1978	Carlo Frassinetti
1975–1976	Romano Fanali	1955–1957	Bruno Visintin*	1978	Biagio Pierri
1976–1977	Primo Bandini*	1957	Gaetano de Lucia	1978	Aristide Pizzo
1977	Bruno Freschi	1957–1958	Marcello Padovani	1979	Salvatore Liscapade*
1977–1980	Giuseppe Martinese*	1958	Annibale Omodei	1979–1980	Aristide Pizzo
1980–1981	Luciano Navarra	1958–1960	Mario Vecchiatto	1980–1981	Alessandro Nardi
1981	Giuseppe Martinese	1960–1962	Giordano Campari*	1981	Alfredo Raininger
1981	Giuseppe Russi	1962–1964	Mario Vecchiatto*	1981–1982	Lorenzo Paciullo
1981–1983	Patrizio Oliva*	1964–1965	Franco Brondi*	1982–1983	Alfredo Raininger*
1983–1984	Giuseppe Martinese	1965–1966	Aldo Pravisani	1983–1986	Marco Gallo*
1984	Juan Jose Gimenez	1966	Pietro Ziino	1986–1987	Salvatore Curcetti*
1984–1985	Alessandro Scapecchi*	1966–1967	Enrico Barlatti	1987–1988	Piero Morelli*
1986	Francesco Prezioso	1967–1968	Aldo Pravisani	1988–1989	Gianni DiNapoli*

1989	Claudio Nitti
1989–1990	Gianni DiNapoli*
1991	Salvatore Curcetti
1991–1992	Paziente Adobati
1992–1993	Michele LaFratta*
1993–1994	Giorgio Campanella*
1994–1995	Athos Menegola
1995	Maurizio Stecca*
1996–1997	Silvano Usini
1997–1998	Prisco Perugino
1998–1999	Stefano Zoff*
2001–2002	Athos Menegola*
2002	Alberto Servidei*
2003–2005	Ivan Fiorletta*
2006–2008	Antonio de Vitis*

FEATHERWEIGHTS

1914	Carlo Sala*
1914–1918	Azzo Gentili
1918–1919	Giovanni Bosetti
1919–1920	Enea Marzorati
1920–1922	Edoardo Piacentini*
1923–1925	Leo Giunchi
1925–1927	Luigi Marfut*
1927	Ambrogio Redaelli
1927–1930	Luigi Quadrini*
1930–1931	Vittorio Tamagnini*
1932–1934	Otello Abbruciati
1934–1937	Vittorio Tamagnini*
1937–1938	Gino Bondavalli*
1938	Bruno Grisoni
1938–1939	Gustavo Ansini*
1939–1944	Gino Bondavalli
1944–1946	Federico Cortonesi*
1946–1949	Enzo Correggioli
1949–1950	Alvaro Cerasani
1950–1951	Ernesto Formenti*
1952–1953	Nello Barbadoro
1953–1956	Altidoro Polidori
1956	Nello Barbadoro
1956–1958	Sergio Caprari*
1958–1959	Giordano Campari
1959–1961	Raimondo Nobile*
1961–1962	Mario Sitri
1962	Raimondo Nobile*
1962–1964	Lino Mastellaro
1964	Alberto Serti
1964–1967	Andreino Silanos*
1968	Renato Galli
1968–1969	Nevio Carbi
1969–1971	Giovanni Girgenti*
1971	Augusto Civardi
1971–1972	Giovanni Girgenti
1972–1973	Elio Cotena*
1973–1974	Enzo Farinelli
1974	Antonio Sassarini*
1974–1975	Michele Siracusa
1975	Pasquale Morbidelli
1975	Sergio Emili
1975–1976	Nevio Carbi*
1976	Sergio Emili
1976–1977	Natale Caredda
1977	Sergio Emili
1977–1979	Salvatore Melluzzo*
1979	Natale Caredda
1979	Potito DiMuro
1979–1980	Alfredo Mulas

1980	Marco Gallo
1980–1981	Salvatore Melluzzo*
1981–1983	Loris Stecca*
1983–1984	Salvatore Melluzzo
1984–1985	Salvatore Bottiglieri*
1986	Vincenzo Limatola*
1986–1987	Salvatore Bottiglieri*
1987–1992	Vincenzo Limatola
1992–1993	Gianni DiNapoli
1993–1994	Stefano Zoff*
1994–1995	Fabrizio Cappai
1995–1996	Stefano Zoff*
1996–1999	Vacant
1999–2001	Alessandro DiMeco*
2002–2004	Alberto Servidei*
2004–2007	Vacant
2007–2008	David Chianella
2008–2009	Gianpiero Contestabile
2009–	Massimo Morra

JUNIOR FEATHERWEIGHTS

1998	Alessandro DiMeco
1998–2004	Vincenzo Gigliotti*
2006–2007	Fausto Bartolozzi*
2007–2008	Massimo Morra
2008–2009	Fabrizio Trotta*
2009–	Massimo Deidda

BANTAMWEIGHTS

1913–1914	Carlo Sala
1914–1916	Azzo Gentili
1916–1919	Mario Cesereto
1919–1921	Giovanni Bosetti
1921–1922	Pietro Petasecca
1922–1923	Giovanni Bosetti
1923–1925	Tullio Alessandri
1925–1930	Domenico Bernasconi*
1931–1934	Alfredo Magnolfi
1934–1935	Edelweis Rodriguez
1935	Gino Cattaneo
1935–1936	Alfredo Magnolfi
1936–1938	Giuliano Secchi
1938–1940	Gino Cattaneo
1940–1941	Luigi Bonanomi
1941–1942	Arnaldo Tagliatti
1942–1945	Gino Bondavalli
1945–1946	Arturo Paoletti*
1946–1948	Guido Ferracin*
1948–1950	Amleto Falcinelli
1950–1952	Alvaro Nuvoloni
1952	Amleto Falcinelli
1952–1953	Gianni Zuddas
1953–1954	Mario D'Agata*
1955–1958	Piero Rollo*
1959	Federico Scarponi
1959–1960	Mario Sitri
1960–1961	Piero Rollo*
1962–1963	Federico Scarponi
1963	Luigi Lucini
1963–1964	Giuseppe Linzalone
1964–1965	Federico Scarponi
1965–1966	Tommaso Galli*
1966	Nevio Carbi*
1966–1969	Franco Zurlo*
1969–1970	Enzo Farinelli*
1970–1971	Antonio Sassarini*
1971	Enzo Farinelli

1971–1972	Antonio Sassarini*
1972–1973	Salvatore Fabrizio*
1974–1975	Ambrogio Mariani
1975	Franco Zurlo*
1975–1976	Salvatore Fabrizio*
1976	Franco Zurlo*
1977	Luigi Tessarin
1977–1978	Franco Buglione*
1978–1979	Alfredo Mulas*
1979	Giuseppe Fossati
1979–1980	Valerio Nati*
1980–1982	Giuseppe Fossati*
1982–1983	Walter Giorgetti*
1983–1984	Ciro de Leva*
1985–1986	Maurizio Lupino
1986–1987	Vincenzo Belcastro
1987–1988	Antonio Picardi
1988	Alessandro de Santis
1988–1989	Maurizio Lupino*
1989–1990	Alessandro de Santis
1990–1993	Antonio Picardi*
1996–1997	Gian Petriccioli*
1997–1999	Mercurio Ciaramitaro*
1999–2003	Vacant
2003–2004	Simone Maludrotto*
2004–2008	Vacant
2008–2009	Emiliano Salvini*
2010	Rodrigo Bracco

JUNIOR BANTAMWEIGHTS

| 2001–2002 | Michelangelo Chirco* |

FLYWEIGHTS

1913–1919	Mario Santini*
1919–1926	Enea Marzorati
1926–1927	Orlando Magliozzi*
1927–1930	Giovanni Sili*
1930	Vincenzo Savo
1930–1931	Orlando Magliozzi*
1931	Vincenzo Savo*
1931–1932	Kid Martino*
1933–1934	Carlo Cavagnoli
1934–1940	Enrico Urbinati
1940–1941	Vincenzo Anastasi*
1942–1943	Enrico Urbinati*
1943–1945	Antonio Morabito
1945–1946	Gavino Matta
1946–1947	Mario Solinas
1947	Gavino Matta*
1948–1949	Guido Nardecchia
1949–1950	Otello Belardinelli
1950–1951	Nazzareno Giannelli
1951–1952	Otello Belardinelli
1952–1955	Nazzareno Giannelli*
1955–1957	Aristide Pozzali*
1958–1961	Salvatore Burruni*
1961–1967	Vacant
1967–1970	Franco Sperati*
1971	Luigi Boschi
1971–1972	Franco Sperati
1972	Dino Contemori
1972–1973	Franco Sperati
1973–1974	Emilio Pireddu*
1974	Franco Sperati
1974–1975	Franco Buglione
1975–1976	Franco Sperati*
1976–1977	Emilio Pireddu*

1977	Claudio Tanda	1985–1986	Giampiero Pinna*	1997–2001	*Vacant*
1977–1979	Giovanni Camputaro	1986–1987	Luigi Camputaro*	2001–2002	Mercurio Ciaramitaro
1979	Sabatino DiFilippo	1987–1989	Giampiero Pinna*	2002–2003	Giuseppe Lagana
1979–1980	Giovanni Camputaro*	1989–1992	*Vacant*	2003–2004	Mercurio Ciaramitaro
1980–1982	Paolo Castrovilli*	1992–1995	Mercurio Ciaramitaro	2004–2005	Giuseppe Lagana*
1982	Ciro de Leva	1995–1996	Luigi Castiglione*		
1982–1984	Franco Cherchi*	1996–1997	Salvatore Fanni*		

Spain

First professional boxing show in Spain: Barcelona, 1903.
First Spanish world champion: Baltasar Sangchili (world bantamweight champion, 1935–36).

Spanish Champions

HEAVYWEIGHTS

1921–1924	Jose Teixidor
1924–1934	Paolino Uzcudun*
1934–1945	*Vacant*
1945–1952	Francisco Bueno*
1952	Cesar Santa Eulalia
1952–1961	Jose Gonzales
1961–1962	Mariano Echevarria
1962–1965	Benito Canal*
1966	Francisco San Jose
1966–1969	Mariano Echevarria
1969–1971	Benito Canal
1971–1972	Jose Ibar Urtain*
1972–1975	Casimiro Martinez
1975–1977	Jose Ibar Urtain*
1977–1978	Fermin Hernandez
1978–1986	Felipe Rodriguez*
1986–2003	*Vacant*
2003–2005	Hovik Keuchkerian*

CRUISERWEIGHTS

1987–1989	Jose A. Castro*
1989–1996	*Vacant*
1996–1997	Francisco Borja*
1997–2002	*Vacant*
2002–	David Quinonero

LIGHT HEAVYWEIGHTS

1920–1928	Juan Molero
1928	Antonio Gabiola
1928–1930	Mateo de la Osa
1930–1941	Martinez de Alfara
1941–1945	Francisco Bueno
1945	Fidel Arciniega
1945–1946	Ignacio Ara
1946	Antonio Folgado
1946	Eloy Lafuente*
1947–1949	Ignacio Ara*
1949–1950	Dionisio Ibbarondo*
1950	Pedro Llorente
1950–1953	Ramon Martinez
1953	Silvestre Paricas
1953	Bautista Navarro
1953–1955	Domingo Lopez
1955–1958	Bautista Navarro
1958	Mariano Echevarria
1958–1959	Domingo Lopez*
1959–1960	Mariano Echevarria
1960–1962	Luis Vicente Serra
1962–1963	Cesareo Barrera
1963–1964	Francisco Bermudez
1964–1965	Jose Luis Velasco
1965–1966	Angel Crela
1966–1970	Jose Luis Velasco
1970–1976	Quintana Trujillo
1976–1980	Francisco Fiol
1980–1981	Avenamar Peralta
1981–1985	Emilio Garcia*
1985–1992	*Vacant*
1992–1999	Roberto Dominguez
1999–2005	Juan Nelongo Perez
2005–2007	Gabriel Campillo*
2008–	Alejandro Lakatos

SUPER MIDDLEWEIGHTS

1996–1997	Jose Alonso Garcia
1997–2002	Jose Barruetabena*
2002–2005	*Vacant*
2005–2006	Jose M. Guerrero*
2006–2007	Oscard Lopez
2007–2009	Alexis Callero*
2009–	Roberto Santos

MIDDLEWEIGHTS

1921–1922	Joaquin Valls
1922–1924	De Carlos
1924–1925	Tomas Tomas
1925–1930	Ricardo Alis
1930–1931	Vicente Lorenzo
1931–1932	Angel Garcia Sobral
1932–1933	Francisco Ros
1933	Angel Garcia Sobral
1933–1938	Felix Gomez*
1940	Jose Luis Pinedo
1940–1941	Gabriel Zubiaga*
1941–1942	Eloy Lafuente
1942–1945	Ignacio Ara*
1947–1948	Agustin Mendicute
1948–1950	Antonio Soldevilla
1950–1952	Eduardo Lopez
1952–1953	Jose Navarro Moreno
1953–1955	Pedro A. Jimenez
1955–1956	Victoriano Olivares
1956–1957	Domingo Lopez
1957–1958	M. Ramon Correa
1958–1959	Domingo Lopez
1959	Francisco Frances
1959	Francisco Ortega
1959–1960	Francisco Frances
1960–1961	Fernando Penarroya
1961	Victoriano Olivares
1961	M. Ramon Correa
1961	Jose Ungidos*
1961	Francisco Bermudez
1961–1962	Diego Infantes
1962–1964	Luis Folledo*
1964	Vicente T. Moktar
1964–1970	Luis Folledo*
1970	Quintana Trujillo
1970	Jose M. Madrazo
1970–1973	Pablo Sanchez
1973–1975	Jorge Fernandez
1975–1977	Jose Hernandez
1977–1978	Francisco Ramon
1978–1980	Alfredo Naveiras
1980	Andoni Amana*
1980–1982	Jose Lozano*
1982	Juan Munoz Holgado
1982–1984	Jose Lozano
1984–1985	Andoni Amana
1985–1988	Angel M. Suarez*
1988–1990	Victor Fernandez*
1990–1994	Gonzalo Mencho*
1994–2000	Xavier Moya
2000	Amadeo Pena
2000–2002	Juan F. Galvez*
2002–2005	Jorge Sendra*
2006–2008	Ruben Diaz*
2009–	Israel Carrillo

LIGHT MIDDLEWEIGHTS

1963	Diego Infantes
1963–1965	Cesareo Barrera
1965–1967	Andres Navarro
1967	Emilio Vazquez
1967–1968	Jose Hernandez
1968	Francisco Ferri
1968–1970	Cesareo Barrera*
1970	Jose Hernandez*
1970–1972	Carlos San Jose
1972–1973	Jose M. Madrazo
1973–1974	Jose M. Duran*

1975	Moises Fajardo	1977	Francisco Leon	1940	Victoriano Alonso
1975–1977	Jose L. Pacheco*	1977–1978	Horacio Ruiz	1940–1941	Jose Martin
1977–1979	Andoni Amana	1978–1979	Jose L. Pacheco	1941	Jose Garcia Alvarez
1979–1984	Jose Hernandez	1979–1980	Carlos Morales	1941–1942	Teodoro Gonzalez
1984	Andoni Amana*	1980	Jose R. Gomez Fouz	1942–1943	Jose Garcia Alvarez
1984–1990	Emilio Sole*	1980	Antonio Casado	1943	Juanito Martin
1990–1992	Alfonso Cavia	1980–1982	Jose R. Gomez Fouz*	1943–1944	Jose Garcia Alvarez
1992–1993	Alfonso Redondo*	1982–1983	Alfonso Redondo	1944–1945	Juanito Martin
1993	Jose (Kid) Bello	1983	Perico Fernandez*	1945–1946	Francisco Beltran
1993–1995	Alfonso Redondo*	1984–1987	Alfonso Redondo*	1946	Pascual Garcia
1995–1997	Fernando Riera	1987	Alfredo Costas	1946–1949	Jose Valdes
1997–1998	Javier Castillejo*	1988	Ildefonso Martinez	1949–1950	Bartolome Marti*
1999–2000	Javier Martinez*	1988–1989	Alfredo Costas	1951–1953	Agustin Argote*
2001–2002	Jorge Araujo*	1989–1990	Alfonso Redondo	1955–1956	Fred Galiana
2002–2003	Jaime Pons*	1990–1992	Javier Castillejo*	1956–1957	Fernando Bufala
2003	Ruben Varon*	1993	Javier Martinez	1957–1959	Domingo Caparros
2004–2008	Pablo Navascues*	1993–1995	Jose Luis Navarro	1959–1961	Fred Galiana*
2008–	Ivan Sanchez	1995–1998	Jose Molinillo*	1961	Jose M. Manrique
		1998	Miguel A. Pena*	1961–1963	Juan Albornoz*
WELTERWEIGHTS		1998–1999	Jose R. Escriche*	1963–1964	Juan Aparici
1920–1921	Frank Puig	1999–2002	*Vacant*	1964–1965	Juan Rodriguez
1921	Pedro Saez	2002–2004	Denis Horning*	1965–1966	Angel Neches
1921–1923	Joaquin Valls	2004–2005	Juan M. Barreda*	1966	Mariano Sampedro
1923–1924	Ricardo Alis	2005–2008	*Vacant*	1966–1967	Miguel Roman
1924–1928	Jim Moran	2008–	Javier Vega	1967	Benito Gallardo
1928	Francisco Rios			1967–1969	Miguel Velasquez*
1928–1929	Santiago Alos	**LIGHT WELTERWEIGHTS**		1970–1973	Kid Tano
1929–1932	Francisco Rios	1963–1964	Juan Albornoz	1973–1974	Perico Fernandez*
1932	Jose de la Pena	1964	Jose Cabrera	1974–1975	Jeronimo Lucas
1932–1934	Martin Oroz	1964–1965	Juan Albornoz	1975	Miguel Velasquez*
1934–1936	Hilario Martinez	1965–1966	Jose M. Madrazo	1978–1979	Jose Luis Heredia
1936–1940	Miguel Tarre	1966	Jose Gonzalez Ribeiro	1979	Manuel Velasquez
1940–1941	Justo Gascon	1966	Jose Luis Torcida	1979–1980	Francisco Leon
1941–1944	Jose Ferrer	1966–1967	Tony Ortiz	1980–1981	Jose Luis Heredia
1944–1945	Francisco Peiro	1967–1970	Juan Albornoz	1981–1982	Jose A. Garcia
1945	Jose Ferrer	1970–1973	Tony Ortiz	1982–1983	Hugo Carrizo
1945	Teodoro Gonzalez	1973	Domingo Barrera	1983–1984	Jose A. Garcia
1945	Estanislao Llacer	1973–1974	Fernando Perez	1984	Hugo Carrizo
1945–1947	Jose Garcia Alvarez	1974–1975	Fernando Sanchez	1984–1985	Jose Matilla
1947–1949	Abdeslan ben Buker	1975	Rodriguez de la Rosa	1985	Carlos M. Rodriguez
1949	Juanito Martin	1975–1976	Mariano Perez	1985–1986	Jose A. Hernando
1949–1950	Agustin Argote	1976–1979	Fernando Sanchez	1986–1988	Policarpo Diaz*
1950–1952	Antonio Monzon*	1979	Marcos Jimenez	1988	Carlos M. Rodriguez
1953	Vicente Echeverria*	1979–1981	Antonio Guinaldo*	1988–1992	Domingo Gonzalez
1953–1954	Emilio Orozco	1981–1982	Francisco Leon	1992–1994	Jose A. Sole
1954–1955	M. Ramon Correa	1982–1984	Jose R. Gomez Fouz*	1994–1996	Jose C. Cantero
1955	Manuel Salcedo	1984–1985	Antonio Guinaldo*	1996–1998	Oscar Garcia Cano*
1955–1956	M. Ramon Correa	1985–1988	Rafael Gutierrez	1998–1999	Miguel Angel Pena*
1956–1959	Abdel. ben Buker*	1988–1991	Carlos Sole	2000	Angel Jose Perez
1959–1960	Jose Ungidos	1991–1992	Angel Hernandez*	2000–2001	Francisco Nohales
1960–1962	Luis Folledo*	1992–1995	Jose M. Berdonce*	2001–2005	Juan C. Diaz Melero*
1962	Andres Navarro	2001–2004	Miguel Angel Pena*	2005–2007	Hoang Sang Nguyen
1962–1963	Carmelo Garcia	2005–2008	Hector Moreira*	2007–2008	Daniel Rasilla
1963	Andres Navarro	2009–	Daniel Rasilla	2008–2009	Hoang Sang Nguyen*
1963–1964	Fred Galiana*			2010	Karim El Ouazghari
1964–1964	Carmelo Garcia	**LIGHTWEIGHTS**			
1965	Jose Gonzalez	1920–1921	Federico Zaldivar	**SUPER FEATHERWEIGHTS**	
1965–1966	Carmelo Garcia	1921–1923	Emilio Gil	1971	Valentin Loren
1966–1967	Juan Albornoz	1923–1925	Hilario Martinez*	1971–1972	"Gitano" Jimenez
1967–1968	Antonio Torres	1927	Tomas Cola	1972–1973	Miguel Molleda
1968	Jose Gonzalez	1927–1931	Luis Rayo	1973	Domingo Jimenez
1968	Angel Guinaldo	1931–1933	Roberto Sanz	1973–1974	Miguel Molleda
1968–1969	Tony Ortiz	1933	Vicente Riambau	1974	Manuel Alcala
1969–1971	Antonio Torres	1933–1934	Segundo Bartos	1974–1975	Miguel Molleda
1971–1976	Jose Gonzalez*	1934	Jose Mico	1975	Rodolfo Sanchez
1976–1977	Tony Ortiz*	1934–1936	Segundo Bartos	1975–1977	Antonio Guinaldo
1977	Horacio Ruiz	1936–1938	Valentin Miro*	1977	Miguel Molleda

1977–1979	Isidoro Cabeza	1977	Cecilio Lastra	1975	D. Rodriguez Figueroa
1979–1981	Ramon Garcia Marichal	1977	Roberto Castanon*	1975–1976	Fernando Bernardez
1981–1982	Carlos M. Rodriguez	1978–1979	Mariano Rodriguez	1976–1977	Pedro Molledo
1982	Roberto Castanon	1979–1981	Cecilio Lastra	1977–1979	Esteban Eguia
1983	Carlos Hernandez	1981	Emilio Barcala*	1979–1980	Vicente Rodriguez
1983–1984	Vicente J. Robayna	1981–1982	Jose Luis Vicho	1980–1982	Esteban Eguia
1984	Roberto Castanon*	1982–1984	Esteban Eguia*	1982–1983	Jose Luis de la Sagra
1984–1985	Carlos Hernandez*	1984–1986	Jose Luis Vicho*	1983	Jose Martinez Antunez*
1985–1986	Fernando Rodriguez	1986–1987	Jose Luis de la Sagra	1983–1984	Jose Luis de la Sagra*
1986–1987	Jose Manuel Ibanez	1987–1988	Jose Martinez Antunez*	1984–1985	Jose Martinez Antunez*
1987–1989	Fernando Rodriguez	1988–1991	Jose Luis de la Sagra*	1985–1987	Vicente Fernandez
1989–1992	Jose Antonio Hernando	1991–1992	Pedro Ferradas Couso*	1988–1990	Lorenzo Martinez*
1992–1994	Felix Garcia Losada*	1993–1997	Manuel Calvo Villahoz*	1993–1994	Jose Manuel Juarez
1994–1997	Alberto (Tito) Lopez	1997–2001	Vacant	1994–1997	Javier Campanario*
1997–2000	Pedro Octavio Miranda*	2001–2002	Oscar Sanchez Sandoval*	1997–2002	Vacant
2002–2003	Oscar Sanchez Sandoval*	2002–2003	Jose Antonio Fuente*	2002–2004	Karim Quibir Lopez*
2004–2005	Alberto (Tito) Lopez*	2003–2006	Oscar Sanchez Sandoval*		
2006–	Oscar Sanchez Sandoval	2007	Jesus Garcia Escalona*		

FEATHERWEIGHTS

1921–1923	Ramon Miro
1923–1924	Alfonso Canizares
1924–1925	Antonio Ruiz
1925	Jose Girones
1925	Antonio Ruiz
1925–1929	Young Ciclone*
1929–1935	Jose Girones*
1935–1940	Vacant
1940	Francisco Peiro
1940–1943	Eusebio Librero
1943	Raul Luengo
1943–1945	Jose Llovera
1945	Nicolas Santana
1945–1946	Luis de Santiago
1946–1948	Luis Romero
1948–1949	Luis de Santiago
1949	Francisco LaTorre*
1949	Joaquin Alejos
1949–1951	Luis de Santiago
1951–1952	Luis Romero*
1952–1956	Jose Hernandez*
1956–1958	Manolo Garcia*
1958–1959	Jose Luis Martinez*
1959–1961	Jose Sanchez Merayo
1961	Jose Luis Biescas
1961	Antonio Ramos
1961–1962	Jose Luis Biescas
1962–1963	Kid Tano
1963	Jose Luis Biescas
1963–1964	Miguel Calderin
1964	Luis Aisa
1964	Jose Bisbal
1964–1966	Kid Tano
1966	Luis Aisa
1966	Manuel Calvo
1966	Ramon Casal
1966–1968	Manuel Calvo*
1969–1970	Luis Aisa*
1972	Ramiro Suarez
1972	Gitano Jimenez
1972–1973	Rodolfo Garcia
1973–1975	Ramon Garcia Marichal
1975	Dionisio Bisbal
1975–1977	Pedro Jimenez

2007–2008	Juan Garcia Martin
2008	Ivan Ruiz Morote*

BANTAMWEIGHTS

1920–1921	Cesar Alaix
1921–1925	Luis Vallespin
1925–1928	Teodoro Murall
1928	Manuel Gonzalez
1928–1932	Carlos Flix
1932–1933	Gregorio Vidal*
1933–1935	Baltasar Sangchili*
1935–1940	Vacant
1940–1941	Baltasar Sangchili*
1941–1942	Luis Soria
1942–1943	Eusebio Librero
1943–1944	Luis Fernandez
1944–1945	Eusebio Librero
1945–1946	Luis Romero
1946	Eusebio Librero
1946–1950	Luis Romero*
1951–1952	Modesto Asencio*
1952–1953	Francisco Romaguera
1953	Felix Mendez Aedo
1953–1954	Francisco Romaguera
1954–1955	Pedro Paris*
1955–1956	Joaquin Navarro
1956–1959	Antonio Diaz Mendez
1959–1960	Jose Torres
1960	Francisco Carreno
1960	Jose Torres
1960–1961	Mimun ben Ali
1961	Raton Osuna
1961–1963	Mimum ben Ali*
1963	Rafael Fernandez
1963	Jose Bisbal
1963–1964	Ramon Casal
1964	Felix Alonso
1964	Ramon Casal
1964–1965	Jose Arranz
1965–1966	Jose Bisbal*
1966–1969	Francisco Martinez*
1970–1971	Agustin Senin
1971–1972	Dionisio Bisbal
1972	Pedro Caceres
1972–1973	Antonio Tenza
1973–1975	Bob Allotey*

JUNIOR BANTAMWEIGHTS

2003–2004	Lachene Zemmouri*

FLYWEIGHTS

1921–1923	Luis Vallespin
1923	Victor Ferrand
1923–1925	Manuel Gonzalez
1925–1931	Victor Ferrand
1931–1932	Mariano Arilla
1932–1940	Fortunato Ortega
1940–1941	Jose Lorente
1941–1944	Fortunato Ortega*
1944	Guill. Acin Lobato
1944–1949	Lorenzo Munoz
1949–1950	Juan Cristobal
1950	Jose Penalver Arias
1950–1951	Juan Cristobal*
1952–1955	Young Martin*
1955–1958	Jose Orgazon
1958–1959	Juan Segura
1959–1960	Luis Gomez Garcia
1960	Santos Martinez
1960–1963	Francisco Osuna
1963–1965	L. Rodriguez Aguado
1965	Fabian Bellanco
1965–1966	Dionisio Bisbal
1966	Antonio Puente
1966–1967	Manuel Alvarez
1967–1970	Fabian Bellanco
1970–1972	Adres Romero
1972–1974	Mariano Garcia
1974–1976	Pedro Molledo
1976	Mariano Garcia
1976–1977	Jose Cantero
1977–1979	Mariano Garcia
1979–1983	E. Rodriguez Cal
1983–1984	Mariano Garcia
1984–1988	Lorenzo Martinez*
1988–1994	Vacant
1994–1998	Jose Ramon Bartolome
	Jose A. Lopez Bueno*
1999–2004	Vacant
2004–2007	Lachene Zemmouri*
2009	Jordi Gallart
2009–	Jose A. Lopez Bueno

Philippines

Boxing introduced in 1903, five years after Spanish-American War. Popularity grew in early 1910s with arrival of American boxer Rufe Turner, who trained many local fighters. Oriental title bouts begun in 1912; all champions to start of World War II were Filipinos. Professional boxing officially legalized in 1921; twenty rounds maximum distance. American manager and booking agent Frank A. Churchill brought many Filipino boxers to U.S. after World War I. Games and Amusements Board, governing body for professional boxing, est. 1951; joined U.S. National Boxing Association as affiliate, January 1952. First Filipino world champion: Pancho Villa (world flyweight champion, 1923–25).

Filipino Champions

LIGHT HEAVYWEIGHTS
1945	Nicky Wan*

SUPER MIDDLEWEIGHTS
1996	Arman Picar*

MIDDLEWEIGHTS
1951	Boy Brooks
1951–1980	Vacant
1980–1983	Joe Willisco*
1983–1995	Vacant
1995	Marlon Chinilla*
1997–1999	Ernie Alesna*

JUNIOR MIDDLEWEIGHTS
1976–1978	Alberto Cruz
1978–1979	Armando Boniquit
1979–1983	Aquilino Nicolas*
1983–1993	Vacant
1993	Arman Picar*
1995	Morris East*
1995–1996	Armando Andales*
1996	Noli DeGuia*
1997–1999	Jerry Balagbagan*
2001–2002	Ernie Alesna*
2003–2004	Rev Santillan*
2005–2007	Bart Abapo*

WELTERWEIGHTS
1952–1954	Tony Aldeguer
1954–1956	Star Gony
1956–1957	Steven Tony
1957	Rocky Kalingo*
1958	Javellana Kid
1958–1960	Antonio Nios*
1961	Rocky Kalingo
1961–1962	Roberto Cruz*
1965–1967	Fel Pedranza*
1967	Filipino Ravalo*
1967–1976	Vacant
1976–1979	Gideon Toyogon
1979	Dan de Guzman*
1979–1980	Rolando Pastor
1980–1982	Mike de Guzman*
1983	Young de la Cruz*
1984–1985	Mon Desoloc*
1986–1987	Dionisio Castillo
1987–1991	Francisco Ferrer
1991–1992	Arman Picar
1992–1994	Allan Alegria
1994	Marlon Chinilla
1994–1995	Allan Alegria*
1995	Morris East*
1995–1997	Allan Alegria
1997	Ernie Alesna*
1998–1999	Bert Bado*
1999–2000	Jong Jong Pacquing
2000–2001	Rev Santillan*
2001–2002	Rey Pelonia*
2002–2007	Dondon Sultan
2007–	Arniel Tinampay

JUNIOR WELTERWEIGHTS
1964–1965	Randolf Masula
1965	Ramon Alarde
1965	Carl Penalosa
1965–1968	Ramon Alarde
1968–1971	Larry Flaviano
1971–1976	Alberto Cruz*
1976–1978	Dan de Guzman
1978–1979	Ruben Rabago
1979–1980	Alberto Cordero
1980–1981	Edward General
1981–1982	Willie Makitoki
1982–1984	Ruben Rabago
1984–1985	Francisco Ferrer
1985–1990	Allan Alegria
1990	Jong Jong Pacquing
1990	Rod Sequenan
1990–1991	Allan Alegria
1991–1992	Jong Jong Pacquing
1992–1993	Melgazar Regatuna
1993–1995	Jong Jong Pacquing*
1995–1996	Richard Acaylar*
1996–1998	Jongjong Pacquing*
2000–2006	Dindo Castanares*
2007–2009	Mark Melligen*
2009–	Eusebio Baluarte

LIGHTWEIGHTS
1946–1947	King Tut
1947–1952	Speed Cabanela*
1952–1953	Bonnie Espinosa*
1954	Tommy Romulo
1954–1955	Flash Elorde
1955–1957	Leo Alonzo
1957	Flash Elorde*
1959	Bonnie Espinosa
1959	Bert Somodio
1959–1960	Bonnie Espinosa
1960–1961	Bert Somodio*
1962–1963	Pete Acera
1963–1965	Carl Penalosa
1965–1966	Pedro Adigue*
1968–1975	Rudy Gonzales*
1975–1977	Tony Jumao-as
1977–1979	Manny Ysrael*
1979–1980	Lito Pena*
1980–1981	Nilo Acido
1981	Nardito Adrayan
1981–1982	Flash Villamer*
1982–1983	Rolando Aldemir*
1983	Jong Jong Pacquing
1983–1984	Amy Pacana
1984	Jong Jong Pacquing*
1985–1986	Lito Pena
1986–1987	Jong Jong Pacquing*
1988–1990	Bernabe Aliping
1990–1991	Darry Cabales*
1990	William Magahin
1990–1991	Jesse Solis
1991	William Magahin
1991–1992	Bernabe Aliping
1992	Rey Pelonia
1992–1995	Ernie Alesna*
1995–1996	Roger Borreros
1996–1998	Bert Navares
1998–2000	Joselito Rivera*
2000–2001	Dennis Laurente*
2002	Arex Montalban*
2003–2006	Fernando Montilla*
2006	Dexter Delada
2006–2007	Arnel Porras
2007–2008	J.R. Sollano*
2008–	Jason Pagara*

JUNIOR LIGHTWEIGHTS
1960–1962	Young Terror*
1964–1967	Rene Barrientos*
1968–1970	Flash Besande*
1971–1974	Flash Gallego*
1974–1975	Little Gallego
1975	Philip Tagupa
1976–1977	Ramon Elorde
1977	Al Espinosa
1977	Rey Tam*
1977–1979	Fred Basa
1979	Arman Bangoyan
1979–1980	Nilo Acido
1980–1981	Nene Jun
1981	Francis Camatagen
1981–1982	Nene Jun*
1982–1983	Albert Duldulao
1983	Rod Sequenan*
1983–1984	Geron Porras
1984–1985	Romy Cunanan
1985–1990	Lulu Villaverde
1990	Rudy Cabiles*
1990–1992	Tiger Ari*
1992–1996	Rudy Cabiles
1996	Jonathan Mercado
1996–1998	Lauro Wilton
1998	Jerry Quinones
1998–1999	Tiger Ari*
2000–2002	Randy Suico*
2002–2005	Bobby Pacquiao*

2005–2007	Jimrex Jaca*	2004	Reynaldo Tribo	1999	Rey Llagas
2007–	Aaron Melgarejo	2004–2007	Alex Escaner	1999–2001	Joel Avila*
		2007–	Jun Talape	2002	Eric Barcelona
				2002–2003	Roger Galicia*
				2003	Ramie Laput*
				2003–2006	Eric Barcelona
				2006–2008	Eden Sonsona
				2008	Richard Olisa
				2008–2009	Danilo Pena
				2009	Daniel Ferreras
				2009–	Danilo Pena

FEATHERWEIGHTS

1946–1947	Speed Cabanela*
1947–1950	Tirso Del Rosario
1950–1951	Bonnie Espinosa
1951	Manuel Ortiz
1951	Tirso Del Rosario*
1951–1953	Larry Bataan*
1954–1956	Ben Escobar
1956	Emil (Bill) Tinde*
1956–1959	Leo Espinosa
1959–1960	Roberto Cruz*
1960–1961	Cezar Redondo*
1963–1964	Emile de Leon
1964–1966	Francisco Balug*
1968–1969	Flash Besande*
1970–1972	James Skelton*
1973–1976	Fel Clemente*
1977–1979	Nene Jun
1979–1980	Dommy Marolena
1980	Lulu Villaverde
1980–1981	Cesar Ligan
1981–1982	Lulu Villaverde
1982	Divino Inocian
1982–1983	Ronaldo Sumalis
1983	Divino Inocian*
1984–1985	Al Llanita
1985–1986	Momong Manaay
1986	Rudy Cabiles
1986–1987	John Matienza*
1987	Rudy Cabiles
1987–1989	Jojo Cayson*
1990–1991	Cris Saguid*
1991	Noel Garcia
1991–1993	Joe Hiyas
1993–1994	Nick Enero
1994–1996	Samuel Duran*
1996–1998	Joe Escriber
1998–1999	Noel Panescoro
1999–2001	Baby Lorona
2001–2002	Samuel Duran*
2003–2006	Jeffrey Onate
2006	Vinvin Rufino

JUNIOR FEATHERWEIGHTS

1974–1976	Ric Quijano*
1976	Sandy Torres*
1976–1977	Arman Bangoyan
1977–1978	Sandy Noora*
1978–1980	Ric Diamale
1980–1981	Rey Naduma, Jr.
1981	Jong Jong Pacquing
1981–1982	Ric Diamale*
1982–1987	Little Bangoyan
1987–1988	Joe Hiyas*
1988–1989	Paquito Openo*
1989–1992	Ronnie Belaro
1992–1994	Jun Llano
1994–1995	Joe Escriber
1995	Reynante Jamili*
1995–1996	Jun Lito Gonzaga
1996	Jess Maca*
1997–1998	Arman Molina*
1998–2002	Dino Olivetti
2002–2004	Jimrex Jaca*

BANTAMWEIGHTS

1950–1951	Larry Bataan*
1952	Tanny Campo
1952–1953	Flash Elorde*
1953–1955	Tanny Campo
1955–1957	Cezar Redondo
1957	Arab Junior
1957–1959	Al Asuncion
1959–1960	Filleza Villar*
1960	Young Aquino
1960–1961	Johnny Jamito
1961–1962	Marcing David
1962–1963	Kid Tacio, Jr.*
1963	Johnny Jamito*
1963–1964	Marcel Juban*
1964–1965	Sugar Bonus
1965–1966	Jet Parker
1966–1968	Tiny Palacio
1968–1970	Alberto Jangalay*
1971–1973	Johnny Agbon*
1974–1975	Conrado Vasquez
1975	Rolando Navarrete
1975–1977	Fernando Cabanella*
1977–1978	Mario Odias
1978–1979	Billy Abato*
1979–1981	Ronaldo Sumalis
1981–1983	Bobby Berna*
1983	Amado Cabato
1983–1984	Neptali Alamag*
1984–1985	Ernie Cataluna
1985	Ari Blanca
1985–1986	Ernie Cataluna
1990	Loremer Pontino
1990–1991	Rey Paciones*
1991–1994	Samuel Duran
1994	Jess Maca
1994–1995	Julius Tarona
1995–1998	Jess Maca*
1998–1999	Edward Escriber
1999	Joel Junio
1999–2000	Ricky Gayamo
2000–2001	Abner Cordero*
2001–2003	Jimrex Jaca*
2002–2003	Johnny Lear
2003	Alvin Felisilda*
2003–2005	Joel Bauya
2005–2008	Michael Domingo*
2008–2009	Malcolm Tunacao*
2009–	Eden Sonsona

JUNIOR BANTAMWEIGHTS

1980–1981	Diego de Villa*
1981–1982	Flash Jagdon*
1982–1983	Diego de Villa*
1984–1986	Ruben de la Cruz*
1986–1987	Constancio Dangla*
1988–1989	Edel Geronimo*
1989–1990	Ari Blanca
1990–1993	Rey Paciones
1993–1996	Rolando Pascua
1996–1997	Raffy Montalban*
1997–1998	Rey Llagas
1998	Vernie Torres*

FLYWEIGHTS

1949–1950	Star Nabua
1950–1953	Tanny Campo*
1954–1955	Danny Kid
1955–1956	Tanny Campo*
1957–1959	Vic Campo*
1959–1962	*Vacant*
1962	Marcel Juban
1962–1963	Henry Acido
1963–1964	Leo Zulueta
1964	Baby Lorona
1964–1967	Ric Magramo
1967	Erbito Salavarria
1967–1968	Ric Magramo
1968–1969	Erbito Salavarria*
1970	Rudy Billiones
1970–1971	Fernando Cabanela*
1972–1973	Socrates Batoto*
1974–1978	Orlando Javierto*
1978	Julius Gonzaga
1978–1980	Arnel Arrozal*
1980–1983	Frank Cedeno*
1984	Rene Busayong*
1986	Dadoy Andujar
1986–1987	Romy Navarrete
1987–1988	Sammy Baculong
1988–1989	Romy Navarrete*
1989–1991	Ric Siodora*
1992–1993	Isagani Pumar*
1993–1994	Daniel Nietes
1994–1995	Roberto Padilla
1995	Noel Tunacao
1995–1996	Lee Escobido
1996–1999	Melvin Magramo*
1999–2000	Malcolm Tunacao*
2000	Flash Morillo
2000–2001	Melvin Magramo
2001	Anthony Villamor
2001–2002	Melvin Magramo
2002–2003	Rolly Lunas*
2003	Zcy Gorres
2003–2004	Edgar Rodrigo*
2005	Celso Dangud*
2006–2007	Jojo Bardon*
2007–	Rocky Fuentes

JUNIOR FLYWEIGHTS

1975–1977	Dan Reyes*
1977–1978	Flor Escobido
1978–1981	Siony Carupo*
1981–1982	Jun Resma*
1982–1983	Dodie Penalosa*
1983	Little Baguio*
1984–1985	Edwin Inocencio*
1986–1987	Tacy Macalos

1987–1988	Sonny Vidal*
1992–1993	Raul Terado*
1993	Roberto Padilla
1993–1994	David Franco
1994	Jun Medina
1994–1995	Renato Magramo*
1995	Leo Ramirez*
1995	Noel Tunacao*
1996–1998	Renato Magramo*
1998–2000	Lolito Laroa
2000	Eugene Gonzales
2000–2001	Jovan Presbitero
2001–2002	Bert Batawang*
2001–2002	Celso Dangud
2002	Wendyl Janiola*
2002–2004	Bert Batawang*
2004–2008	Sonny Boy Jaro*
2008–2009	Rodel Mayol*

Mini Flyweights

1986–1990	Domingo Lucas*
1990–1993	Ala Villamor*
1994	Leo Ramirez*
1994	Joma Gamboa
1994	Jerry Pahayahay
1994–1995	Joma Gamboa*
1996	Rey Villamor
1996–1997	Carmelo Caceres*
1997	Rey Villamor
1997	Jose Clasida*
1997–1998	Carmelo Caceres*
1999	Flash Villacura
1999–2001	Ernesto Rubillar*
2001	Lito Dangud
2001–2002	Eriberto Gejon*
2002–2003	Rodel Mayol*
2004–2006	Elmer Gejon
2006–2007	Florante Condes*
2007–2009	Denver Cuello*
2009–	Michael Landero

Indonesia

Sprang to international fistic prominence in 1980. First Indonesian to box for a world title: Thomas Americo (*versus* Saoul Mamby, WBC super lightweight title, August 29, 1981). First world champion: Ellyas Pical (IBF junior bantamweight champion, 1985–86).

Japan

Boxing introduced following Russo-Japanese War of 1905. First professional boxing show: 1922. Annual professional national tournaments to start of World War II. Japanese Boxing Commission est. April 20, 1952 with M. Tanabe as first president. First Japanese world champion: Yoshio Shirai (world flyweight champion, 1952–54).

Scoring: Chiefly four-point maximum system, 1952–1959. Primarily five-point must system, 1959–1978. Ten-point must system regularly adopted, 1978.

Japanese Champions

Heavyweights

| 1957–1958 | Noboru Kataoka* |

Middleweights

1947–1948	Shokichi Arai
1948	Tsuneo Horiguchi
1948–1950	Haruki Fumimoto
1950–1951	Shokichi Arai
1951–1953	Hachiro Tatsumi*
1953–1954	Mamoru Yokoyama
1954–1956	Hachiro Tatsumi
1956–1961	Teruo Onuki
1961–1962	Hachiro Tatsumi
1962	Takao Maemizo
1962–1963	Noboru Saito
1963	Takao Maemizo
1963–1965	Mario Kaneda
1965–1967	Fumio Kaizu
1967	Yoshiaki Akasaka
1967	Fumio Kaizu*
1967–1968	Yoshiaki Akasaka
1968	Hajime Fuji
1968	Yoshiaki Eto
1968–1969	Benkei Fujikura
1969–1970	Yoshiaki Eto*
1970–1971	Cassius Naito*
1971	Turtle Okabe
1971–1972	George Carter*
1972–1973	Cassius Naito
1973–1974	Stevens Smith*
1975–1978	Masashi Kudo*
1979	Katsuo Esashi
1979–1980	Dynamite Matsuo
1980–1981	James Callaghan
1981–1982	Kenji Shibata*
1982–1983	Kenji Miyata
1983–1984	Keitoku Senrima
1984–1986	Shinji Tojo
1986	Mugen Kawasaka
1986–1988	Masaharu Owada*
1988	Takeshi Yamato
1988–1989	Yoshiaki Tajima*
1989–1991	Takehito Saijo
1991–1993	Shinji Takehara*
1993	Vinnie Martin
1993–1995	Hisashi Teraji*
1995–1996	Kevin Palmer*
1996–1998	Yoshinori Nishizawa
1998–1999	Nobunao Otani
1999–2000	Naotaka Hozumi
2000–2003	Satoru Suzuki
2003–2004	Yoshihiro Araki*
2005	Satoru Suzuki
2005–2006	Toshihiko Itagaki
2006–2008	Keiji Eguchi
2008–	Tetsuya Suzuki

Junior Middleweights

1966–1968	Muneo Mizoguchi
1968–1969	Noriyasu Yoshimura
1969–1970	Koichi Wajima
1970	George Carter
1970–1971	Koichi Wajima*
1972–1973	Turtle Okabe
1973	Raizo Kajima
1973–1974	Hitoshi Nakagawa
1974–1975	Kenji Shibata
1975–1976	Hiroshi Hikichi
1976–1979	Kenji Shibata
1979–1982	Michihiro Horihata
1982	Yohi Arai
1982	Katsuhiro Sawada
1982–1984	Tadashi Mihara*
1984–1985	Mugen Kawasaka
1985–1986	Carlos Elliott*
1987–1988	Nobuyuki Tabata*
1989–1995	Hitoshi Kamiyama*
1995–1996	Tatsufumi Ito
1996	Akira Ohigashi
1996	Vinnie Martin
1996–1999	Akira Ohigashi*
1999–2000	Joya Kawai
2000–2001	Hiroyuki Yoshino
2001–2002	Joya Kawai*
2002–2006	Toshiharu Kaneyama*
2006–2008	Nobuhiro Ishida*
2008–2009	Yuki Nonaka
2009–	Akio Shibata

Welterweights

1947–1949	Ichiro Kawada
1949–1951	Hachiro Tatsumi
1951–1952	Isao Shiina
1952	Takeo Ugo

1952–1953	Hachiro Tatsumi*	
1953–1954	Teruo Onuki	
1954	Takeo Ugo	
1954–1955	Teruo Onuki	
1955–1956	Teruo Matsuyama	
1956	Kenji Fukuchi	
1956–1957	Teruo Matsuyama	
1957–1958	Kenji Fukuchi	
1958–1959	Jiro Sawada	
1959	Hiroshi Shinada	
1959–1961	Jiro Sawada	
1961–1962	Makoto Watanabe	
1962	Hachiro Ito	
1962–1964	Makoto Watamabe	
1964–1965	Osamu Watanabe	
1965	Sakuji Shinozawa	
1965–1966	Makoto Watanabe	
1966–1967	Hisao Minami	
1967–1969	Kazuyoshi Kubokura	
1969–1970	Ryu Sorimachi*	
1971–1972	Takatsune Shimizu	
1972–1978	Shoji Tsujimoto	
1978–1981	Akio Kameda*	
1981–1982	Dynamite Matsuo	
1982–1985	Junya Kushikino	
1985–1986	Fujio Ozaki	
1986	Nobuyuki Tabata	
1986–1987	Fujio Ozaki*	
1987–1988	Takao Sakamoto	
1988–1992	Hiroyuki Yoshino*	
1993–1996	Jintoku Sato*	
1997	Minoru Horiuchi	
1997–1998	Makoto Nakahara	
1998–2000	Toshiharu Kayama	
2000–2001	Yoshiro Nakano	
2001–2003	Teruo Nagase	
2003	Shuichi Kobayashi*	
2003–2004	Hiroyuki Maeda*	
2005	Tadashi Yuba	
2005–2007	Teruyoshi Omagari*	
2007–2008	Tadashi Yuba	
2008–2009	Koji Numata	
2009–	Daisuke Nakagawa	

Junior Welterweights

1964–1965	Koji Okano*
1965–1967	Paul Fujii*
1967–1969	Shigeru Ogiwara*
1969–1970	Lion Furuyama*
1971–1972	Eagle Sato
1972	Hiroshi Shoji
1972–1977	Lion Furuyama
1977–1979	Noboru Hatakeyama
1979–1980	Eiichi Fukumoto
1980	Minori Sugiya
1980	Eiichi Fukumoto
1980–1981	Noboru Natakeyama
1981	Eiichi Fukumoto
1981–1982	Tatsuya Moriyasu
1982–1984	Akio Kameda*
1985–1986	Masahiro Tanabu
1986–1988	Akinobu Hiranaka*
1989	Yoshifumi Kitajima
1989–1990	Yoshihiro Yamamoto
1990–1991	Rick Yoshimura
1991–1992	Viacheslav Ianovski*
1992–1996	Hiromu Kuwata

1996–1998	Hisao Arai
1998–2000	Junichi Ono
2000–2001	Hiroyuki Maeda*
2002–2003	Tadashi Yuba
2003	Motoki Sasaki
2003–2004	Shingo Eguchi
2004–2009	Norio Kimura
2009–2010	Yosukezan Onodera
2010	Yoshihiro Kamegai

Lightweights

1947–1948	Takeshi Sasazaki
1948–1949	Tetsuo Naito
1949–1950	Isao Shiina
1950–1955	Masashi Akiyama
1955–1956	Toshiharu Ogoshi
1956	Keijiro Kazama
1956	Toshiharu Ogoshi
1956–1957	Katsumi Kosaka
1957	Hideo Kobayashi
1957	Hiroshi Okawa*
1957–1960	Keiichi Ishikawa
1960–1963	Teruo Kosaka*
1963–1965	Vacant
1965–1966	Noriyoshi Toyoshima*
1966	Fujio Mikami
1966–1969	Akihisa Someya
1969–1970	Hidemori Tsujimoto
1970–1973	Masataka Takayama
1973–1974	Buzzsaw Yamabe
1974–1975	Masataka Takayama*
1975	Big Yamaryu*
1975–1976	Yasuji Yajima
1976–1977	Tamio Negishi
1977	Masa Ito
1977	Tamio Negishi
1977–1979	Masahiro Yokai*
1979–1981	Battle Hawk Kazama
1981–1982	Jyoken Narita
1982–1983	Fujio Ozaki
1983	Cheyenne Yamamoto
1983	Fujio Ozaki
1983–1984	Hikaru Tomonari
1984–1985	Tsuyoshi Hamada*
1985–1987	Cheyenne Yamamoto
1987–1989	Iwao Otomo
1989	Noboru Godai
1989–1990	Takehito Nakano
1990	Eiji Oyama
1990–1991	Dony Mizoguchi
1991–1992	Kenji Yagi*
1992	Takashi Saito
1992–1993	Makoto Nishizawa
1993	Rick Yoshimura
1993–1994	Hiroyuki Sakamoto*
1994–1995	Hiroyuki Maeda
1995–2000	Rick Yoshimura*
2001	Tadashi Yuba*
2001–2002	Norio Kimura
2002–2005	Takehiro Shimada*
2005	Katsushi Kubota
2005–2006	Shunsuke Ito
2006–2008	Kengo Nagashima*
2008–2009	Ichitaro Ishii
2009	Ryuji Migaki
2009–	Akihiro Kondo

Junior Lightweights

1963	Yasunobu Takada
1963–1965	Mamoru Hayashi
1965	Hiroshi Mori
1965–1966	Mamoru Hayashi
1966–1967	Yuji Amashima
1967–1968	Hiroshi Shoji
1968	Kiyoshi Ogawa
1968–1970	Hiroshi Shoji
1970–1972	Kenji Iwata
1972–1973	Sumio Nobata*
1973	Morito Kashiwaba*
1974–1975	Susumu Okabe
1975–1976	Yasutsune Uehara
1976	Masa Ito
1976–1981	Yasutsune Uehara*
1981	Hikaru Tomonari*
1981–1982	Yoshimitsu Azato*
1983–1985	Yonekura Ikhoni*
1986	Kenyu Tanaka
1986–1987	Wolf Sato
1987	Tiger Michigami
1987–1988	Fusao Imai
1988–1989	Masahiro Takagi
1989–1990	Takeyuki Akagi
1990	Kenichiro Kojo
1990–1991	Takeyuki Akagi
1991–1992	Yuji Watanabe*
1992	Takeyuki Akagi*
1993	Kenichiro Kojo
1993–1994	Isao Mano
1994–1995	Toshikazu Suzuki
1995	Yamato Mitani*
1996–1998	Koji Arisawa
1998	Takanori Hatakeyama*
1998	Ryuhei Sugita*
1998–2001	Koji Arisawa
2001–2002	Kinji Amano
2002	Kengo Nagashima*
2002	Ryuhei Sugita*
2002–2005	Nobuhito Honomo*
2006–2008	Yusuke Kobori*
2008–2009	Yoshimitsu Yashiro
2009	Takashi Miura

Featherweights

1947–1950	Baby Gostero
1950	Hideo Goto
1950–1951	Baby Gostero
1951–1952	Hideo Goto
1952–1953	Akiyoshi Akanuma
1953–1954	Noboru Tanaka
1954–1956	Hiroshi Okawa
1956–1957	Kiyoaki Nakanishi
1957–1958	Hiroshi Okawa
1958–1963	Kazuo Takayama*
1963–1964	Manzo Kikuchi
1964	Yuji Masuko
1964–1968	Hiroshi Kobayashi*
1968–1970	Nobuo Chiba*
1970–1971	Kuniaki Shibata*
1971–1972	Masanao San
1972	Kimio Shindo
1972	Thad Okamoto
1972–1974	Masanao San
1974–1975	Ushiwakamaru Harada
1975–1976	Flipper Uehara

1976	Shuzo Yoshida	2009	Shoji Kimura	\multicolumn{2}{l}{**Junior Bantamweights**}
1976–1977	Flipper Uehara*	2009–	Masaaki Serie	1980–1981	Jackal Maruyama
1977–1982	Spider Nemoto*	\multicolumn{2}{l}{**Bantamweights**}	1981–1982	Tsutomu Itokazu
1982–1983	Toshiyuki Tanaka	1947–1948	Hiroshi Horiguchi	1982–1983	Jackal Maruyama*
1983	Eijiro Kuruma	1948	Yoichiro Hanada	1983–1984	Mutsuo Watanabe
1983–1984	Hiroyuki Kobayashi	1948–1949	Hiroshi Horiguchi	1984–1985	Kazuo Katsuma*
1984	Eijiro Kuruma	1949–1951	Yoshio Shirai	1985–1986	Tadashi Maruo
1984–1985	Hiroyuki Kobayashi	1951	Hidemasa Nagashima	1986	Kazuo Katsuma
1985	Tatsunari Hisahiro	1951–1952	Yoshio Shirai*	1986	Koichi Sugimoto
1985	Eijiro Kuruma	1952–1954	Hiroshi Horiguchi	1986–1987	Tadashi Maruo
1985–1986	Roberto Arredondo	1954–1955	Keiichi Komoro	1987	Kiyoshi Hatanaka*
1986	Mitsuru Sugiya	1955	Showa Otsuka	1987	Yoshiyuki Uchida*
1986	Eijiro Kuruma*	1955–1956	Keiichi Komoro	1988–1990	Shunichi Nakajima
1987–1989	Mitsuru Sugiya	1956	Danny Kid	1990–1991	Katsuya Onizuka*
1989–1990	Seiji Asakawa	1956–1957	Saburo Otaki	1992	Suzuharu Kitazawa*
1990	Toshikazu Sono*	1957–1961	Hiroji Ishibashi	1992	Hideki Koike
1991	Koji Matsumoto	1961	Tetsuya Yamaguchi	1992–1994	Hiroshi Kawashima*
1991	Seiji Asakawa*	1961–1963	Kozo Nagata*	1994	Satoshi Iida*
1992–1994	Koji Matsumoto	1963–1964	Katsuo Haga	1995–1996	Nelson Harada*
1994	Nobutoshi Hiranaka*	1964	Tatsuya Takami	1996–1997	Koki Moribe*
1995–1996	Koji Matsumoto*	1964–1965	Katsuo Haga	1997–1998	Yoshiaki Matsukura
1996–1999	Takashi Koshimoto*	1965–1966	Tetsuya Yamagami	1998–1999	Akihiko Nago*
2000–2001	Toshikage Kimura	1966–1967	Katsuo Saito	1999–2000	Kazuhiro Ryuko*
2001	Eugenio Gomez	1967	Ushiwakamaru Harada	2001	Takuya Kiya
2001–2002	Eiichi Sugama	1967–1968	Eigo Takagi	2001–2002	Shingo Sasaki
2002–2004	Dainoshin Kuma	1968–1969	Ushiwakamaru Harada	2002–2003	Katsushige Kawashima*
2004–2006	Hiroyuki Enoki*	1969–1970	Shintaro Uchiyama	2003–2004	Kohei Matsuura
2006–2007	Koji Umetsu	1970–1971	Shigeyoshi Oki	2004	Masaki Kawabata
2007–2008	Takahiro Aoh*	1971–1972	Shintaro Uchiyama	2004	Masayuki Arinaga
2008–2009	Naoki Matsuda*	1972–1973	Genzo Kurosawa	2004–2005	Seiji Tanaka
2010	Ryol-Li Lee	1973–1974	Shintaro Uchiyama*	2005–2006	Nobuo Nashiro*
\multicolumn{2}{l}{**Junior Featherweights**}	1974–1977	Hisami Numata	2006–2007	Teppei Kikui
1964–1969	Hajime Taroura	1977	Tsuyoshi Okabe	2007–2008	Kohei Kono*
1969	Kuwashi Shimizu	1977–1978	Hisami Numata	2008–2010	Daigo Nakahiro*
1969	Kenjiro Nakajima	1978	Jo Araki	\multicolumn{2}{l}{**Flyweights**}
1969–1970	Kuwashi Shimizu	1978–1979	Kosei Anan	1947–1949	Yoichiro Handa
1970–1971	Takeo Harada	1979–1980	Hurricane Teru	1949–1952	Yoshio Shirai*
1971–1973	Sarutobi Koyama*	1980	Hitoshi Ishigaki	1952–1955	Speedy Akira
1973–1974	Snappy Asano	1980–1981	Hurricane Teru*	1955	Hitoshi Misako*
1974	Masaji Okano	1981–1983	Shuichi Isogami	1955	Speedy Akira
1974–1975	Seiichi Eto	1983–1984	Mitsuo Imazato	1955–1956	Mitsutada Okami
1975–1977	Waruinge Nakayama	1984–1985	Takaharu Nishimura	1956	Speedy Akira
1977–1979	Yu Kasahara	1985	Koichi Sugimoto	1956–1958	Masaji Iwamoto
1979–1980	Hiroyuki Iwamoto	1985–1987	Mitsuo Imazato	1958	Sadao Yaoita*
1980	Bunji Ando	1987	Naoto Takahashi	1958–1959	Kenji Yonekura*
1980–1983	Hiroyuki Iwamoto	1987	Chiaki Kobayashi*	1959–1961	Atsuto Fukumoto
1983–1986	Takuya Muguruma*	1988	Tadashi Shimabukuro*	1961–1962	Kyo Noguchi
1987–1989	Mark Horikoshi	1988	Koheita Tanaka	1962–1964	Seisaku Saito
1989	Naoto Takahashi*	1988–1989	Soichi Shimamura	1964	Kenichi Iida
1990	Manabu Saijo	1989	Keiichi Ozaki	1964–1965	Akashi Namekawa
1990–1992	Hiroaki Yokota*	1989–1990	Crusher Miura	1965–1967	Kiyoshi Tanabe*
1992–1993	Yuichi Kasai*	1990	Shigeru Okabe	1967–1968	Speedy Hayase
1994–1995	Jun Tan Sato	1990	Joichiro Tatsuyoshi*	1968	Yoshiaki Matsumoto
1995–1996	Yasushi Arai	1991	Keiichi Ozaki	1968–1969	Speedy Hayase
1996–1997	Kyoshiro Fukushima	1991	Yasuei Yakushiji*	1969–1972	Susumu Hanagata
1997–2000	Yutaka Manabe	1992	Masaki Yamaoka	1972	Osamu Haba
2000	Manabu Fukushima	1992–1995	Great Kanayama	1972–1974	Susumu Hanagata*
2000–2001	Setsuo Segawa	1995–1996	Setsuo Kawamasu*	1974–1975	Jiro Takada*
2001–2003	Junichi Watanabe	1997–1998	Jiro Matsushima	1975–1976	Kenji Kato
2003–2005	Yoshikane Nakajima	1998	Shin Yamato*	1976–1977	Riki Igarashi
2005	Shoji Kimura	1998–1999	Toshiaki Nishioka*	1977–1978	Kenji Kato
2005–2006	Rikiya Fukuhara	2000–2002	Nobuaki Naka*	1978–1980	Koichi Maki
2006–2007	Daisuke Yamanaka	2003–2006	Sasha Bakhtine*	1980–1982	Kazumasa Tamaki
2007–2008	Akifumi Shimoda	2006–2008	Masayuki Mitani	1982	Masaru Fuji
2008–2009	Kazuma Miura	2008–2010	Kohei Ohba*	1982	Kazuyoshi Funaki
		2010	Mikio Yasuda	1982–1985	Shuichi Hozumi*

1986–1987	Koji Nishikawa	1981–1982	Tadashi Tomori*	2007–2009	Munetsugu Kayoh
	Leopard Tamakuma*	1982–1983	Katsumi Sato	2009–	Ryo Miyazaki
1988–1989	Kenbun Taiho*	1983	Kentoku Nakama		
1989–1990	Yosuke Matsuoka	1983	Tetsumi Takeshita*	\multicolumn{2}{l}{**MINI FLYWEIGHTS**}
1990–1991	Puma Toguchi*	1984	Tadashi Kuramochi*	1986–1987	Kenji Ono
1991	Yuri Ebihara*	1984–1985	Yoshiaki Nojima	1987	Hiroki Ioka*
1992	Tomonori Tamura*	1985–1986	Tomohiro Kiyuna*	1987–1988	Kenji Yokozawa*
1992–1993	Hiroshi Kobayashi	1986	Hideyuki Ohashi*	1988	Yasuo Yogi
1993–1994	Futoshi Shindo	1987–1988	Tomohiro Kiyuna	1988	Missile Kudo
1994–1995	Akihiro Okada	1988	Hideyuki Ohashi*	1988–1989	Hisashi Tokushima*
1995–1996	Takato Toguchi*	1988–1989	Tomohiro Kiyuna	1990–1992	Rocky Lin*
1996–1998	N. Suzuki Cabato	1989	Shin Sayama	1992–1993	Yuichi Hosono*
1998–2000	Celes Kobayashi*	1989–1990	Kimio Hirano*	1993–1994	Kusuo Eguchi
2001–2002	Takefumi Sakata	1990–1991	Ryuichi Suhara*	1994–1995	Shinichi Tamaki*
2002–2003	Trash Nakanuma	1992–1993	Shiro Yahiro*	1995–1996	Keisuke Yokoyama
2003	Takefumi Sakata*	1993–1994	Masahide Makiyama	1996–1998	Keitaro Hoshino*
2004	Hiroshi Nakano	1994	Yuichi Hosono*	1999	Hiroshi Nakajima*
2004–2006	Daisuke Naito*	1994–1995	Keiji Yamaguchi*	1999–2001	Makoto Suzuki
2007–2008	Kenji Yoshida	1995–1996	Takashi Shiohama*	2001	Yutaka Niida*
2008–	Tomonobu Shimizu	1996	Hideki Todaka*	2001–2002	Makoto Suzuki
		1996–2000	Hidenobu Honda*	2002–2003	Hiroyuki Abe
\multicolumn{2}{l}{**JUNIOR FLYWEIGHTS**}	2000–2001	Takayuki Korogi	2003–2006	Satoshi Kogumazaka
1975–1980	Kazunori Tenryu	2001–2002	Keisuke Yokoyama	2006–2007	Teruo Misawa
1980	Tadashi Tomori	2002	Jun Kitano	2007–2008	Yasutaka Kuroki*
1980	Shuichi Hozumi*	2002–2004	Masato Hatakeyama	2009	Yuji Kanemitsu*
1980–1981	Masaharu Inami*	2004–2007	Nobuaki Masuda	2009–	Akira Yaegashi

Korea

Boxing introduced by western missionaries in early 1900s. Sport continued under Japanese occupation until World War II; first organized tournament held in Seoul, 1912. Several Koreans had pro ring careers in Japan in 1930s, including lightweight Jung-Yun Kim, flyweight Jung-Kwon Suh, and, most notably, bantamweight Joe Tei Ken. (South) Korean Amateur Boxing Federation est. Oct. 23, 1945; first national pro title bouts held one year later. Two different professional boxing organizations merged to form Korean Boxing Commission, 1960. First Orient Boxing Federation champion: Sae-Chul Kang, who won inaugural bout for junior middleweight title by defeating Rush Mayon of Philippines in first OBF title bout held in Korea, November 20, 1960, Seoul. First world champion: Ki-Soo Kim (WBA junior middleweight champion, 1966–68. Popularity of boxing greatly enhanced by Soo-Hwan Hong (WBA bantamweight champion, 1974–75).

Korean Champions

MIDDLEWEIGHTS		1985–1986	Chong-Bae Chang	1981	Kyung-Min Ra*
1946–195?	Bang-Houn Song*	1986	Bong-Chul Kim	1982	Byung-In Chang
1953–195?	Bok-Kyu Kim*	1986–1988	Ui-Jin Kim*	1982–1983	Chong-Ho Kim*
1958–1959	Jung-Kun Oh	1987–1988	Jae-Ik Kim*	1983	Kyung-Son Kim
1959–1960	Bang-Houn Song	1988–1989	Tae-Hwan Bae*	1983–1985	Jae-Hyung Yuh*
1960–1961	Sae-Chul Kang	1990–1992	Byung-In Kang*	1985–1986	Sang-Do Chung
1961–1965	Ki-Soo Kim*	1994	Hyun-Sik Lee*	1986–1987	Jae-Hyung Yuh*
1965–1967	Lee Ansano*	1994–1995	Sung-Chun Lee	1987	Sang-Do Chung*
1968–1970	Sung-Kap Choi	1995–1996	Jong-Mo Kim*	1988	Sung-In Lee
1970–1971	Lee Ansano	1997–1998	Jin-Yeul Song*	1988–1989	Sang-Do Chung*
1971	Jae-Do Yuh*	1998–2003	*Vacant*	1990–1991	Ki-Yun Song*
1971–1972	Sang-Jo Park	2003–2004	Han-Chul Kim*	1991–1992	Chong-Myun Kim*
1972–1973	Jang-Ho Yuh	2004–2005	Kwang-Jin Choi	1993	Chang-Taek Kim*
1973	Han-Shik Kim	2005–2007	Kyung-Hoon Lee*	1994–1995	Chun-Sok Choi
1973–1974	Nam-Yong Park	2008	Jae-Sub Jung*	1995–1997	Kuk-Yul Song*
1974–1975	Jae-Keun Lim	2008–2009	Pil-Seung Oh*	1997–1998	Hyun-Jeung Lee*
1975	Heung-Won Kang	2009–	Jae-Myung Lee	1998–2003	*Vacant*
1975–1977	Nam-Yong Park			2003	Byung-Chul Oh*
1977–1980	Heung-Won Kang	\multicolumn{2}{l}{**JUNIOR MIDDLEWEIGHTS**}	2003–2006	Hyok-Jin Kwon*
1980–1982	Byung-Rae Yuh	1976–1977	Ho Joo	2007–2008	Hyung-Won Jung*
1982–1983	Chung-Il Lim*	1977–1978	Jung-Shik Kim	2008	Kyung-Suk Kwack*
1984–1985	Chang-Hwan Noh*	1978	Man-Duk Lee	2009–	Jae-Sub Jung
		1978–1980	Yong-Taek Kim		
		1980–1981	Sang-Ho Lee*		

Welterweights

1946–1954	Bok-Soo Chung*
1955–1960	Sung-Koo Cho*
1961–1962	Lee Ansano*
1963	Jung-Il Han
1963–1964	Kyo-Sang Lee*
1965	Kyu-Sun Kang
1965–1966	Byong-Oh Chang
1966–1970	Kyung-In Cho*
1971–1972	Jae-Il Moon
1972–1974	Min Cho*
1975–1975	Man-Sung Choi*
1976–1977	Kap-Soo Kim*
1978	Man-Sung Choi
1978–1979	Nam-In Baek
1979–1980	Joo-Sok Kim*
1980	Jae-Hyung Yuh
1980–1982	Jun-Sok Hwang*
1982	Yung-Sup Suh
1982–1984	Seung-Soon Lee*
1984–1987	Yung-Kil Chung*
1987	Sung-Ho Chang*
1987–1988	Sang-Joo Park
1988	Tae-Yong Koh
1988–1989	Jung-Oh Park*
1989	Sang-Moon Suh
1989–1990	Jung-Oh Park*
1991	Yong-Kang Chang*
1991–1995	*Vacant*
1995–1997	Suk-Hyun Yun*
1997–1998	Han Chung*
1998–1999	Dae-Yong Kim
1999	Byung-Chul Oh
1999–2000	Yong-Hwa Choi*
2000–2003	*Vacant*
2003	Yong-Hwa Choi*
2003–2004	Sok-Keun Nah*
2004–2006	Dae Baira*
2007–2008	Joon-Chul Hwang
2008–	Hwan-Young Park

Junior Welterweights

1969–1971	Chul-Hye Choi
1971	Young-Kil Lee
1971–1972	Chun-San Lee
1972–1973	Jung-Bok Lee
1973	Man-Sung Choi
1973	Chun-San Lee
1973–1974	Bon-Hee Park
1974–1975	Chun-San Lee
1975	Chung-Moon Jin
1975–1980	Jong-Ho Kim
1980	Heung-Sok Yuh
1980	Dong-Bok Lee
1980–1981	Kyung-Hwan Chae*
1981–1982	Sang-Hyun Baek
1982	Kyung-Hwan Chae*
1983	Hwang Woo
1983	Eung-Shik Kim*
1983–1985	Kyung-Duk Ahn*
1986–1987	Chong-Hak Lee*
1987–1988	Hong-Kyu Lim*
1988–1989	Moon-Shil Choi*
1989–1990	Pyung-Sup Kim*
1990	Sung-Woon Song
1990–1992	Jong-Hoon Yuh
1992	Kyung-Hyun Park*
1993	Won Park*
1993–1994	Jong-Hoon Yuh*
1994	Suk-Hyun Yun*
1994–1995	Jong-Hoon Yuh*
1994–1995	Chong-Hoon Yuh*
1995–1998	Chong-Kil Kim*
1999–2001	Jung-Beum Kim
2001–2002	Hwan-Young Park*
2003–2004	Jung-Beum Kim*
2004–2005	Kyung-Sik Jeung
2005–2007	Yong-Sung Kim*
2007–2008	Do-Suk Oh*
2008–	Young-Bin Kim

Lightweights

1946–195?	Kang-Wung Kim*
1955–1956	Jin-Kook Kim
1956	Man-Oh Kang
1956–1957	Jae-Deuk Kim
1957–19	Han-Soo Kang*
1962–1963	Ki-Sun Lee
1963	Jae-Keun Yang
1963–1964	Ki-Soon Lee
1964–1965	Chong-Tae Lim
1965–1967	Boo-Yung Kang*
1967–1968	Yung-Chul Cho
1968–1969	Chun-Kyo Shin
1969–1970	Fighting Kim*
1970–1971	Chang-Kil Lee*
1972	Tae-Kyu Kang
1972	Man-Sung Choi
1972–1973	Yoo-Min Yow
1973–1974	Young-Chul Cho*
1974–1976	Young-Ho Oh*
1976–1977	Fighting Kang
1977	Kwang-Soon Kim
1977–1978	Kwang-Min Kim*
1978–1979	Lee Yidano
1979	Ki-Hun Kwak
1979–1980	Lee Yidano
1980	Ki-Hun Kwak
1980	Pil-Koo Lee
1980–1981	Deuk-Koo Kim*
1981–1982	Pil-Koo Lee*
1982–1983	Hong-Kyu Lim*
1983	Kyu-Woon Choi*
1983–1984	Sok-Kyo Park*
1985	Dong-Koo Woo
1985–1986	Kyu-Woon Choi
1986–1987	Wan-Taek Choi
1987	Tae-Yong Koh
1987–1988	Bong-Chun Park*
1988–1989	Sung-Woon Song*
1989–1990	Kang Choi*
1991–1992	Kwang-Shik Song*
1993	Jeung-Jin Noh*
1994	Kap-Ryong Lee
1994	Jong-Kwon Baek*
1995	Jeung-Jin Noh*
1997–1998	Sung-Ho Yuh*
1998–1999	Chong-Kil Kim*
1999	Jung-Beum Kim*
2000–2002	Ki-Dong Kang*
2002	Bai-Ra Kim*
2003–2004	Ki-Oh Kil
2004–2005	Sung-Woo Park
2005–2006	Hyun-Seong Kim*
2006–2007	Da-Woon Jung*
2007–2008	Jae-Hwan Kim*
2009–	Hee-Jae Cho

Junior Lightweights

1965–1966	Jae-Keun Yang
1966–1968	Sae-Chun Lee
1968–1969	Jung-Bok Lee
1969–1971	Lion San
1971–1972	Hwa-Ryong Yuh
1972	Hwa-Nam Kim
1972–1975	Yong-Soo Kim
1975–1976	Hwa-Ryong Yuh
1976–1977	Lee Yidano
1977–1978	Hae-Un Chung
1978–1981	Tae-Jin Moon*
1981	Wan-Chul Kim
1981–1982	Kyung-Soo Hong*
1982–1983	Dong-Koo Woo
1983–1984	Hyung-Kil Chun*
1984	Wan-Taek Choi*
1984–1985	Kyung-Chung Lee*
1985–1986	Sung-Yun Kim*
1986–1987	Hang Park*
1987	Chong-Soo Yum*
1987–1988	Soo-Ik Park
1988–1989	Shin-Heun Lee*
1989	Man-Soo Kim*
1989–1990	Kang-Suk Lee*
1991–1993	Byung-Sae Ahn
1993–1994	Yong-Soo Choi*
1995	Seung-Kon Chae*
1997–1998	Soon Chang*
1999–2000	Won-Bo Chun*
2002	Woo-Yul Chang*
2002	Moon-Young Cho*
2002	Johny Kim*
2003–2004	Woo-Yul Chang*
2004–2005	Yong-Beum Lee*
2006	Hee-Jae Cho*
2006–2008	Byung-Joo Moon*
2008–2009	Tae-Min Kim
2009–	Sung-Tae Kim

Featherweights

1946	Joung-Mo Yang
1946–195?	Jun-Ho Kim*
1958–1961	Jae-Koo Song*
1962–1964	Kang-Il Suh*
1965–1966	Kwang-Joo Lee*
1967–1968	Chong-Koo Sok
1968–1970	Hyun Kim*
1971	Nam-Il Lee
1971–1972	Nam-Chul Chung
1972–1973	Chun-Kwang Park
1973–1975	Moon-Sok Choi
1975	Soo-Man Hyun
1975–1976	Bok-Soo Hwang
1976–1977	Moon-Sok Choi
1977	Un-Chul Shin
1977–1978	Hyou-Sung Kim
1978	Jin-Kyun Kim
1978–1979	Sok-Tae Yun
1979–1980	Dae-Hwan Lee
1980	Woo-Kwon Lee
1980	Soon-Woo Chung
1980–1981	Dae-Hwan Lee*

1981–1982	Hyun Ahn		2000	Yong-In Cho*		1987	Chun Huh*
1982	Young-Shik Kim		2000–2003	Jae-Kwang Chung*		1987–1988	Seung-Hwan Lee
1982–1983	Oh-Hyung Lee		2003–2004	Kyong-Chul Park		1988–1989	Chong-Kwan Chung*
1983	Min-Keun Oh*		2004	Heung-Shik Lim*		1989–1990	Byung-Kwan Chung
1983–1984	Ki-Yung Chung*		2004–2006	Min-Seung Lee		1990	Kwang-Bok Lim*
1984–1985	Sang-Yul Ahn*		2006–2008	Jae-Seung Lee*		1991	Hyung-Chul Lee*
1985–1986	Jae-Yong Hwang*		2008–	Chang-Hyun Son		1992–1994	In-Sik Koh*
1986–1987	Cha-Suk Oh*					1995–1996	Jin-Hyung Yuh*
1987	Chan-Mok Park		**Bantamweights**			1997–1998	Yong-In Cho
1987	Chang-Bae Ahn		1946–1953	Kyung-Youl Lee*		1998	Jin-Hyung Yuh
1987	Woo-Chun Kim		1955–1957	Yong-Soo Baek		1998–1999	Deuk-Soo Oh*
1987–1988	Byung-Soo Park*		1957	Il-Yong Lee		1999–2000	Sung-Rok Choi*
1988	Chan-Mok Park*		1957–1958	Myung-Kun Lee		2002–2003	Seung-Hoon Kim
1988–1989	Cha-Suk Oh		1958	Kuk-Myun Chung		2003–2004	Huy-Jong Kim*
1989	Tae-Shik Chun*		1958–1960	Dong-Chun Lee		2004–2006	Jong-Wan Kim*
1989–1990	Yong-Kyun Park*		1960–1962	Chun–Won Kang		2006–2007	Jin-Man Jeon
1990–1991	Chong-Pil Park*		1962–1964	Chang-Soo Moon		2007	Jung-Oh Son*
1991–1993	Yong-Woon Park*		1964–1968	Hyun Kim		2007–2009	Joon-In Yoo*
1995–1996	Seung-Kon Chae*		1968–1969	Dong-Chun Lee			
1997–1998	Ho-Jin Kim*		1969–1970	Sang-Yong Cho		**Flyweights**	
1999–2003	Yang-Soo Seung*		1970–1971	Chul-Ho Shin		1946–1949	Il-Ho Lee*
2004	Seung-Kon Chae*		1971–1972	Soo-Hwan Hong		1950–1954	Il-Yong Chang*
2005	Jae-Kwang Chung*		1972–1973	Yong-Ho Choi		1955–1956	Il-Yung Lee
2005–2007	Gi-Hoon Kim*		1973–1974	Young-Shik Kim		1956–1959	Il-Nam Chang*
2007–2009	Jong-Hoon Lee*		1974–1975	Bok-Soo Hwang		1960–1963	Ki-Jae Lim*
2009–	Jung-Suk Soh		1975–1977	Young-Shik Kim		1964–1971	Hi-Soo Kang*
			1977–1978	Chun–Shik Park		1972	Soung-Kuk Kim
Junior Featherweights			1978–1979	In-Kyu Park		1972–1975	Hak-Young Kim*
1965	Chang-Soo Moon		1979–1980	Myung-Ahn Moon		1976–1977	Hang-Soo Yang*
1965–1966	Soo-Kang Suh		1980–1981	Kyung-Ju Ha		1978	Young-Hwan Kim
1966	Herbert Kang		1981	Kang-San Lee		1978–1979	Seung-Hoon Lee*
1966–1968	Soo-Kang Suh		1981–1982	Young-Hwan Oh*		1979–1980	Sok-Chul Bae*
1968–1969	Chun–Won Kang		1982–1983	Chong-Chul Park*		1980–1981	Kap-Chul Shin*
1969–1970	Joung-Wong Yang		1983–1984	Dong-Chun Lee*		1981–1982	In-Wan Hwang
1970–1971	Chang-Soo Kim		1984–1985	Ki-Youl Kang*		1982	Chong-Chul Park*
1971	Sung-Jong Hong		1985	Chong-Jin Chung*		1982–1983	Soon-Jung Kang*
1971–1974	Dong-Kyun Yum*		1985	Dong-Chun Lee*		1983	Sun-Li Moon*
1974	Young-Chul Choi		1985–1986	Kap-Sop Song		1983	Yun–He Kim
1974	Chong-Tae Yuh		1986–1987	Yung-Duk Park		1983–1984	Suk-Hwan Yun
1974–1975	Soo-Ho Moon		1987–1988	Chang-Kyun Oh*		1984–1985	Yun–Lee Moon*
1975	Chong-Tae Yuh		1988–1989	Yong-Hoon Lee*		1985	Rae-Ki Ahn*
1975–1976	Young-Chul Choi		1989–1991	Jae-Hae Lee		1985–1986	Houn–Kuk Chae
1976–1977	Soon-Hyun Chung		1991–1992	Chi-Ho Nah*		1986–1987	Soon-Jung Kang*
1977	Saeng-Kun Koh		1994–1995	In-Jin Chi*		1987	Chang-Ho Choi*
1977–1978	Soon-Hyun Chung		1995	Chang-Kyun Oh*		1987–1988	Soon-Jung Kang*
1978–1981	Chong-Woo Baek		1996	Jeung-Tae Kim*		1989	Jae-Suk Park*
1981	Bong-Ho Yang		1997–1999	Suk-Hwi Cho		1989–1990	Kyung-Jae Chang*
1981	Ki-Yung Chung		1999	Sang-Guri Lee*		1990–1991	Sung-Yong Chung*
1981–1982	Sung-In Suh*		1999–2002	*Vacant*		1991–1992	Seung-Koo Lee*
1982	Ki-Yung-Chung		2002–2004	Sung-Kuk Kim		1993	Chang-Jae Kwon*
1982–1983	Chan-Jung Chun		2004–2006	Seung-Suk Chae*		1994	Sung-Tae Lim*
1983	Ji-Won Kim*		2007–2008	Sung-Kook Kim*		1995–1996	Kap-Chul Shin*
1983–1984	Ho-Man Kim		2009–	Joon-In Yoo		1997–1998	Sam-Hoon Cho*
1984–1985	Yun–Kap Choi*					1999–2000	Kang-Woong Lee*
1985	Bong-Ho Choi		**Junior Bantamweights**			2000–2001	Jong-Wan Kim*
1985–1986	Hyun–Jae Hwang*		1980	Il-Sung Choi		2002–2003	Seon-Jung Oh*
1986	Han-Young Park		1980–1981	Chul-Ho Kim*		2003–2005	Jin-Man Chun*
1986–1987	Hi-Yun Chung*		1981–1982	Mun-Kyun Joo		2006–2007	Jung-Oh Son*
1987–1988	Jung-Woo Park*		1982	Ok-Kyun Yuh		2007–2008	Jin-Ki Jung*
1988	Yong-Kyun Park		1982–1983	Hi-Yun Chung		2008	Jong-Nam Park*
1988–1989	Jae-Won Choi		1983	Joo-Do Chun*		2009–	Jin-Man Jeon
1989–1990	Yun–Sup Park*		1984	Ok-Kyun Yuh			
1990–1991	Chae-Dong Lim*		1984	Tae-Il Chang		**Junior Flyweights**	
1992	Myung-Hwan Suh*		1984–1985	Seung-Kyun Bang*		1975	Myung-Ahn Moon
1994–1995	Nam-Chul Shin*		1985	Dong-Chun Lee*		1975–1976	Sung-Jun Kim*
1997–1998	Heung-Nam Yong*		1985–1986	Ki-Chang Kim*		1976	Sang-Il Chung
1999–2000	Ki-Oh Kil*		1986–1987	Dae-Yong Park*		1976–1977	Little Park

1977	Sung-Jun Kim*	1988	Sung-Yong Chung*	1988–1989	Myung-Kyu Lee*
1977–1978	Yong-Hyun Kim	1988–1989	Byung-Sik Bae*	1990	Sang-Ho Park*
1978–1979	Mak-Dong Kim*	1989	Jung-Keun Lim*	1990–1991	Sung-Woo Lee*
1979	Yong-Hyun Kim*	1989–1990	Nam-Hoon Cha*	1991	Keum-Soo Yuh*
1980	Sung-Nam Kim*	1990–1991	Keum-Soo Yuh*	1992	Keum-Yung Kang
1980–1981	Soon-Yun Mah	1992	Yung-Jin Kim*	1992–1993	Tae-Yung Kim
1981–1982	Ho-Chul Pyon	1994	Sang-Ik Yang	1993–1994	Keum-Yung Kang*
1982–1983	Moon-Suk Choi*	1994	Soo-Yong Sim*	1994–1995	Sang-Chul Lee
1983	Bi-Won Chung	1994–1997	Sang-Ik Yang	1995	Sang-Ik Yang*
1983–1984	Jae-Hong Kim*	1997–2000	Tae-Gil Lee*	1995–1996	Myung-Sup Park*
1984	Jum-Hwan Choi*	2002–2005	Sung-Dae Kim*	1996–1997	Sang-Chul Lee*
1985–1986	Cho-Woon Park*	2007–2008	Byung-Joo Lee*	1998	Jae-Woon Kim*
1986	Kyung-Jae Chang*			1998–2002	Vacant
1986–1987	Ha-Shik Lim			2002–2004	Ki-Moon Nah*
1987	Yong-Kang Kim*	1987	Sung-Woo Lee*		
1987–1988	Chang-Woo Hong	1987–1988	Sam-Soong Lee*		

MINI FLYWEIGHTS appears before 1987 entries.

Thailand

"International boxing" got off the ground just after World War II in Thailand, where Muay-Thai, the ancient Thai combative sport of kick boxing, remains extremely popular. First world title bout in Thailand: May 2, 1954, Robert Cohen retaining bantamweight crown with unanimous decision over Chamrern Songkitrat (first Thai to challenge for a world crown), twelve rounds (cut from fifteen due to rain), National Stadium, Bangkok. First Thai world champion: Saensak Muangsurin (WBC super lightweight champion, 1975–76, 1976–78).

Black World Champions

Prior to the end of World War II, many top black fighters were denied shots at the world titles.

HEAVYWEIGHTS

1883–1888	George Godfrey
1888–1896	Peter Jackson*
1896–1898	Bob Armstrong
1898	Frank Childs
1898–1901	George Byers
1901–1902	Frank Childs
1902–1903	Denver Ed Martin
1903–1905	Jack Johnson
1905–1906	Joe Jeannette
1906–1908	Jack Johnson*
1909	Sam McVey
1909–1910	Joe Jeannette
1910–1911	Sam Langford
1911–1912	Sam McVey
1912–1914	Sam Langford
1914	Harry Wills
1914–1915	Sam Langford
1915–1916	Joe Jeannette
1916–1917	Sam Langford
1917	Bill Tate
1917–1918	Sam Langford
1918–1926	Harry Wills*
1926–1928	George Godfrey
1928–1931	Larry Gains*
1931–1933	George Godfrey
1933–1935	Obie Walker
1935–1937	Larry Gains*

LIGHT HEAVYWEIGHTS

1921–1922	Lee Anderson*
1923–1926	Kid Norfolk*
1926–1933	Vacant
1933–1936	Billy Jones*

MIDDLEWEIGHTS

1924–1929	Larry Estridge*
1929–1933	Harry Smith*
1933–1937	Vacant
1937–1938	Alabama Kid*
1939–1940	Nate Bolden
1940–1942	Charley Burley
1942–1945	Holman Williams

WELTERWEIGHTS

1937–1938	Cocoa Kid
1938–1940	Charley Burley*

LIGHTWEIGHTS

1935–1936	Holman Williams*

FEATHERWEIGHTS

1929–1934	Kid Chocolate*

BANTAMWEIGHTS

1918–1920	Chick Suggs*
1922–1924	Danny Edwards*

Amateur Champions

Modern, or Queensberry, boxing was conceived for an amateur event at Cambridge in 1867. Amateur champions preceded the first recognized professional world Queensberry champions by eleven years.

The following records of amateur champions begins with the Queensberry Tournament winners of 1867–1885, and continues through the various amateur championships, to the modern Golden Gloves tournaments, covering regional to world (Olympic) champions.

Queensberry Amateur Champions

	Heavyweights	Middleweights	Lightweights
1867	J.C. Halliday	H.J. Chinnery	R. Cleminson
1868	T. Milvain	H.J. Chinnery	*No Competition*
1869	*No Competition*	H.J. Chinnery	H.L. Jeyes
1870	H.J. Chinnery	E.B. Michell	P.V. Churton
1871	H.J. Chinnery	E.C. Streatfield	P.V. Churton
1872	E.B. Michell	H.J. Blyth	P.V. Churton
1873	F.B. Maddison	A. Walker	C.T. Hobbs
1874	D. Gibson	F.R. Thomas	L. Denereaz
1875	A.L. Highton	J.H. Douglas	H.L. Giles
1876	R. Wakefield	J.H. Douglas	A. Bultitude
1877	J.M.R. Francis	J.H. Douglas	H. Skeate
1878	R. Frost Smith	G.J. Garland	G. Airey
1879	Geo. H. Vize	H.G. Brinsmead	G. Airey
1880	R. Frost Smith	W.B. Barge	E. Hutchins
1881	G. Fryer	T.B. Bellhouse	E.B. Michell
1882	A.F. Somerset	F. Francis	C.H. Kain
1883	R.A.J. Montgomerie	S.H. Reed	H.J. Howlett
1884	W.A.J. West	H.J. Kinlock	W. Mutchings
1885	H. Murray	E. Doland	J. Cope

British A.B.A. Champions

Britain's Amateur Boxing Association was established in 1881. Unlike the Queensberry tournament, which was restricted to "gentlemen" from London sporting clubs and the universities of Oxford and Cambridge, the A.B.A. annual tournament was open to all, including blue collar workers.

Full listings of the A.B.A. champions may be found in annual editions of the *British Boxing Board of Control Yearbook*, edited by Barry J. Hugman.

Olympic Medalists

The world's premiere amateur boxing tournament is the Olympics, the famous international competition held every fourth year. The first modern Olympics were held in Athens, Greece, in 1896, but boxing was not included until the third modern Olympiad in 1904. Boxing has been part of the Olympics ever since, except in 1912, when the Games were held in Stockholm; boxing was prohibited in Sweden. No Olympics were held in 1916, 1940, and 1944 due to World Wars I and II. Until 1952, the losing semi-finalists would battle for the bronze medal; since that year both have received bronze medals.

Super Heavyweights

	Gold/Bronze	Silver/Bronze
1984	Tyrell Biggs (U.S.)/ Salihu Azis (Yugoslavia)	Francesco Damiani (Italy)/ Robert Wells (U.K.)
1988	Lennox Lewis (Canada)/ Janusz Zarenkiewica (Poland)	Riddick Bowe (U.S.)/ Alex. Mirochnitchenko (U.S.S.R.)
1992	Roberto Balado (Cuba)/ Brian Nielsen (Denmark)	Richard Igbineghu (Nigeria)/ Svilen Roussinov (Bulgaria)
1996	Wladimir Klitschko (Ukraine)/ Alexei Lezin (Russia)	Paea Wolgramm (Tonga)/ Duncan Dokiwari (Nigeria)
2000	Audley Harrison (U.K.)/ Paolo Vidoz (Italy)	Mukhtark. Dildabekov (Kaz.)/ Rustam Saidov (Uzbekistan)
2004	Aleksandr Povetkin (Russia)/ Roberto Cammarelle (Italy)	Mohamed Aly (Egypt)/ Michel Lopez Nunez (Cuba)
2008	Roberto Cammarelle (Italy)/ David Price (U.K.)	Zhilei Zhang (China)/ Vyacheslav Glazkov (Ukraine)

Heavyweights

	Gold/Bronze	Silver/Bronze
1904	Samuel Berger (U.S.)/ William M. Michaels (U.S.)	Charles Mayer (U.S.)/
1908	A.L. Oldham (U.K.)/ Frederick Parks (U.K.)	S.C.H. Evans (U.K.)
1920	Ronald Rawson (U.K.)/ Xavier Eluere (France)	Soren Petersen (Denmark)/ William Spengler (U.S.)
1924	Otto von Porat (Norway)/ Alfredo Porzio (Argentina)	Soren Petersen (Denmark)/ Henk De Best (Netherlands)
1928	Arturo Rodriguez (Arg.)/ Michael Michaelsen (Den.)	Nils Arvid Ramm (Sweden)/ Sverre Sorsdal (Norway)
1932	Santiago A. Lovell (Arg.)/ Frederick Feary (U.S.)	Luigi Rovati (Italy)/ George Maughan (Canada)
1936	Herbert Runge (Ger.)/ Erling Nilsen (Norway)	Guillermo J. Lovell (Arg.)/ Ferenc Nagy (Hungary)
1948	Rafael Iglesias (Arg.)/ John D. Arthur (S.A.)	Gunnar Nilsson (Sweden)/ Hans Mueller (Switz.)
1952	H. Edward Sanders (U.S.)/ Andries C. Nieman (S.A.)	Ingemar Johansson (Swe.)/ Ilkka Koski (Finland)
1956	T. Peter Rademacher (U.S.)/ Daniel Wepener Bekker (S.A.)	Lev Moukhine (U.S.S.R.)/ Giacomo Bozzano (Italy)
1960	Francesco DePiccoli (Italy)/ Josef Nemec (Czechoslovakia)	Daniel Wepener Bekker (S.A.)/ Gunter Siegmund (Germany)
1964	Joseph Frazier (U.S.)/ Vadim Yemelyanov (U.S.S.R.)	Hans Huber (Germany)/ Giuseppe Ros (Italy)
1968	George Foreman (U.S.)/ Giorgio Bambini (Italy)	Iones Chepulis (U.S.S.R.)/ Joaquin Rocha (Mexico)
1972	Teofilo Stevenson (Cuba)/ Peter Hussing (Germany)	Ion Alexe (Roumania)/ Hasse Thomsen (Sweden)
1976	Teofilo Stevenson (Cuba)/ John Tate (U.S.)	Mircea Simon (Roumania)/ Clarence Hill (Bermuda)

	Gold/Bronze	Silver/Bronze
1980	Teofilo Stevenson (Cuba)/ Istvan Levai (Hungary)	Pyotr Zaev (U.S.S.R.)/ Jurgen Fanghanel (E. Ger.)
1984	Henry Tillman (U.S.)/ Angelo Musone (Italy)	Willie de Wit (Canada)/ Arnold Vanderlijde (Neth.)
1988	Ray Mercer (U.S.)/ Arnold Vanderlijde (Neth.)	Hyun-Man Baek (S. Korea)/ Andrew Golota (Poland)
1992	Felix Savon (Cuba)/ Arnold Vanderlijde (Neth.)	David Izonritei (Nigeria)/ David Tua (New Zealand)
1996	Felix Savon (Cuba)/ Luan Krasniqi (Ger.)	David Defiagbon (Canada)/ Nate Jones (U.S.)
2000	Felix Savon (Cuba)/ Sebastian Kober (Germany)	Sultan. Ibzagimov (Russia)/ Vladimir Tchantouria (Georgia)
2004	Odlanier Solis Fonte (Cuba)/ Mohamed Elsayed (Egypt)	Viktar Zuyev (Belarus)/ Naser Al Shami (Syria)
2008	Rakhim Chakhliev (Russia)/ Osmai Acosta (Cuba)	Clemente Russo (Italy)/ Deontay Wilder (U.S.)

Light Heavyweights

	Gold/Bronze	Silver/Bronze
1920	Edward P. Eagan (U.S.)/ H. Franks (U.K.)	Sverre Sorsdal (Norway)/ H. Brown (U.K.)
1924	Harry Mitchell (U.K.)/ Sverre Sorsdal (Norway)	Thyge Petersen (Den.)/ Carlo Saraudi (Italy)
1928	Vittorio Avendano (Arg.)/ Karel Leendert Miljon (Neth.)	Ernst Pistulla (Germany)/ Donald McCorkindale (S.A.)
1932	David E. Carstens (S.A.)/ Peter Jorgensen (Den.)	Gino Rossi (Italy)/ James J. Murphy (Ire.)
1936	Roger Michelot (France)/ Francisco Risiglione (Arg.)	Richard Vogt (Germany)/ Sydney Leibbrandt (S.A.)
1948	George Hunter (S.A.)/ Mauro Cia (Argentina)	Donald E. Scott (U.K.)/ Adrian F. Holmes (Australia)
1952	Norvel L. Lee (U.S.)/ Harry Siljander (Finland)	Antonio Pacenza (Argentina)/ Anatoly Perov (U.S.S.R.)
1956	James F. Boyd (U.S.)/ Romo. Murauskas (U.S.S.R.)	Gheorghe Negrea (Rou.)/ Carlos Lucas (Chile)
1960	Cassius Clay (U.S.)/ Anthony Madigan (Australia)	Zbigniew Pietrzykowski (Pol.)/ Giulio Saraudi (Italy)
1964	Cosimo Pinto (Italy)/ Alexandre Nicolov (Bulgaria)	Aleksy Kiselev (U.S.S.R.)/ Zbigniew Pietrzykowski (Pol.)
1968	Dan Pozdniak (U.S.S.R.)/ Gheorghi Stankov (Bulgaria)	Ion Monea (Roumania)/ Stanislaw Dragan (Poland)
1972	Mate Parlov (Yugoslavia)/ Janusz Gortat (Poland)	Gilberto Carrillo (Cuba)/ Isaac Ikhouria (Nigeria)
1976	Leon Spinks (U.S.)/ Janusz Gortat (Poland)	Sixto Soria (Cuba)/ Costica Dafiniou (Rou.)
1980	Slobodan Kacar (Yugo.)/ Herbert Bauch (E. Ger.)	Pawel Skrzecz (Poland)/ Ricardo Rojas (Cuba)
1984	Anton Josipovic (Yugo.)/ Mustapha Moussa (Algeria)	Kevin Barry (N.Z.)/ Evander Holyfield (U.S.)
1988	Andrew Maynard (U.S.)/ Henryk Petrich (Poland)	Nurma. Shanavazov (U.S.S.R.)/ Damir Skaro (Yugoslavia)
1992	Torsten May (Germany)/ Wojciech Bartnik (Poland)	Rostislov Zaoulitchnyi (Ukraine)/ Zoltan Beres (Hungary)
1996	Vassiliy Jirov (Kazak.)/ Antonio Tarver (U.S.)	Seung-Bao Lee (S. Korea)/ Thomas Ulrich (Germany)
2000	Alexandre Lebziak (Russia)/ Andri Fedtchouk (Ukraine)	Rudolf Kraj (Czech Rep.)/ Sergei Mikhailov (Uzbekistan)
2004	Andre Ward (U.S.)/ Utkirbek Haydarov (Uzbek.)	Magomed Aripgadjiev (Belarus)/ Ahmed Ismail (Egypt)
2008	Xiaoping Zhang (China)/ Yerkebulan Shynaliyev (Kazak.)	Kenny Egan (Ireland)/ Tony Jeffries (U.K.)

Middleweights

	Gold/Bronze	Silver/Bronze
1904	Charles Mayer (U.S.)	Benjamin Spradley (U.S.)
1908	John Douglas (U.K.)/ R.C. Warnes (U.K.)	Reginald L. Baker (Aus.)/ W. Philo (U.K.)
1920	Harry Mallin (U.K.)/ Moe Herzovitch (Canada)	Georges Prudhomme (Can.)/ Hjalmar Stromme (Norway)
1924	Harry Mallin (U.K.)/ Joseph Beecken (Belgium)	John Elliot (U.K.)/ Leslie Black (Canada)
1928	Piero Toscani (Italy)/ Leonard Steyaert (Belgium)	Jan Hermanek (Czech.)/ Frederick G. Mallin (U.K.)
1932	Carmen Barth (U.S.)/ Ernest Peirce (S.A.)	Amado Azar (Argentina)/ Roger Michelot (France)
1936	Jean Despeaux (France)/ Raul V. Villareal (Arg.)	Henry Tiller (Norway)/ Henryk Chmielewski (Pol.)
1948	Laszlo Papp (Hungary)/ Ivano Fontana (Italy)	John Wright (U.K.)/ Michael McKeon (Ire.)
1952	Floyd Patterson (U.S.)/ Stig Karl O. Sjolin (Sweden)	Vasile Tita (Roumania)/ Boris Nikolov (Bulgaria)
1956	Guennadiy Chatkov (U.S.S.R.)/ Victor Zalazar (Argentina)	Ramon Tapia (Chile)/ Gilbert Chapron (France)
1960	Edward Crook (U.S.)/ Ion Monea (Roumania)	Tadeusz Walasek (Poland)/ Eugeniy Feofanov (U.S.S.R.)
1964	Valery Popenchenko (U.S.S.R.)/ Tadeusz Walasek (Poland)	Emil Schulz (Germany)/ Franco Valle (Italy)
1968	Christopher Finnegan (U.K.)/ Alfred Jones (U.S.)	Aleksy Kiselev (U.S.S.R.)/ Agustin Zaragoza (Mexico)
1972	Viatchesiav Lemechev (U.S.S.R.)/ Marvin Johnson (U.S.)	Reima Virtanen (Finland)/ Prince Amartey (Ghana)
1976	Michael Spinks (U.S.)/ Alec Nastac (Roumania)	Rufat Riskiev (U.S.S.R.)/ Luis Martinez (Cuba)
1980	Jose Gomez (Cuba)/ Valentin Silaghi (Roumania)	Viktor Savchenko (U.S.S.R.)/ Jerzy Rybicki (Poland)
1984	Joon-Sup Shin (S. Korea)/ Aristides Gonzalez (P.R.)	Virgil Hill (U.S.)/ Mohamed Zaoui (Algeria)
1988	Henry Maske (E. Germany)/ Chris Sande (Kenya)	Egerton Marcus (Canada)/ Hussain Shah Syed (Pakistan)
1992	Ariel Hernandez (Cuba)/ Christopher Johnson (Canada)	Christopher Byrd (U.S.)/ Seung Lee (S. Korea)
1996	Ariel Hernandez (Cuba)/ Roshii Wells (U.S.)	Malik Beyleroglu (Turkey)/ Mohamed Bahari (Algeria)
2000	Jorge Gutierrez (Cuba)/ Zsolt Erdei (Hungary)	Gaidarbek Gaidarbekov (Russia)/ Vugar Alekparov (Azerbaijan)
2004	Gaydarbek Gaydarbekov (Russia)/ Suriya Prasathinphimai (Thai.)	Gennadiy Golovkin (Kazak.)/ Andre Dirrell (U.S.)
2008	James Degale (U.K.)/ Darren Sutherland (Ireland)	Emilio Correa Bayeaux (Cuba)/ Vijender Kumar (Indonesia)

Light Middleweights

	Gold/Bronze	Silver/Bronze
1952	Laszlo Papp (Hungary)/ Eladio Herrera (Argentina)	Theunis Van Schalkwyk (S.A.)/ Boris Tischin (U.S.S.R.)
1956	Laszlo Papp (Hungary)/ Zbigniew Pietrzykowski (Pol.)	Jose Luis Torres (U.S.)/ John McCormack (U.K.)
1960	Wilbert McClure (U.S.)/ Boris Lagutin (U.S.S.R.)	Carmelo Bossi (Italy)/ William Fisher (U.K.)
1964	Boris Lagutin (U.S.S.R.)/ Josef Grzesiak (Poland)	Joseph Gonzales (France)/ Nojim Maiyegun (Nigeria)
1968	Boris Lagutin (U.S.S.R.)/ Gunter Meier (Germany)	Rolando Garbey (Cuba)/ John Baldwin (U.S.)
1972	Dieter Kottysch (Germany)/ Alan Minter (U.K.)	Wieslaw Rudkowski (Poland)/ Peter Tiepold (E. Germany)
1976	Jerzy Rybicki (Poland)/ Viktor Savchenko (U.S.S.R.)	Tadija Kacar (Yugoslavia)/ Rolando Garbey (Cuba)
1980	Armando Martinez (Cuba)/ Jan Franek (Czechoslovakia)	Aleksandr Koshkin (U.S.S.R.)/ Detlef Kastner (E. Germany)
1984	Frank Tate (U.S.)/ Manfred Zielonka (Germany)	Shawn Sullivan (Canada)/ Christophe Tiozzo (France)

	Gold/Bronze	Silver/Bronze
1988	Si-Hun Park (S. Korea)/ Ray Downey (Canada)	Roy Jones, Jr. (U.S.)/ Richie Woodhall (U.K.)
1992	Juan Lemus (Cuba)/ Gyorgy Mizsei (Hungary)	Orhan Delibas (Neth.)/ Robin Reid (U.K.)
1996	David Reid (U.S.)/ Karim Tulyaganov (Uzbek.)	Alfredo Duvergel (Cuba)/ Ermakhan Ibraimov (Kazak.)
2000	Yermakhan Ibraimov (Kaz.)/ Pornchai Thongburan (Thai.)	Marin Simion (Roumania)/ Jermain Taylor (U.S.)
2004	*Division Abolished*	

Welterweights

	Gold/Bronze	Silver/Bronze
1904	Albert Young (U.S.)/ Joseph P. Lydon (U.S.)	Harry J. Spanger (U.S.)
1908	*Not Contested*	
1920	Albert Schneider (Canada)/ Fred. Wm. Colberg (U.S.)	Alexander Ireland (U.K.)/ William Clark (U.S.)
1924	Jean Delarge (Belgium)/ Douglas Lewis (Canada)	Hector E. Mendez (Arg.)/ Patrick Dwyer (Ireland)
1928	Edward Morgan (N.Z.)/ Raymond Smillie (Canada)	Raul Landini (Argentina)/ R. Galataud (France)
1932	Edward Flynn (U.S.)/ Bruno V. Ahlberg (Finland)	Erich Campe (Germany)/ David E. McCleave (U.K.)
1936	Sten Suvio (Finland)/ Gerhard Petersen (Den.)	Michael Murach (Ger.)/ Roger Tritz (France)
1948	Julius Torma (Czech.)/ Alessandro D'Ottavio (Italy)	Horace Herring (U.S.)/ Douglas Du Preez (S.A.)
1952	Zygmunt Chychla (Poland)/ Gunther Heidemann (Ger.)	Sergei Scherbakov (U.S.S.R.)/ Victor Jorgensen (Denmark)
1956	Nicolae Linca (Roumania)/ Nicholas Gargano (U.K.)	Frederick Tiedt (Ireland)/ Kevin G. Hogarth (Australia)
1960	Giovanni Benvenuti (Italy)/ James Lloyd (U.K.)	Yuriy Radonyak (U.S.S.R.)/ Leszek Drogosz (Poland)
1964	Marian Kasprzyk (Poland)/ Silvano Bertini (Italy)	Richardas Tamulis (U.S.S.R.)/ Pertti Ilmari Purhonen (Fin.)
1968	Manfred Wolke (E. Ger.)/ Vladimir Musalinov (U.S.S.R.)	Joseph Bessala (Cameroon)/ Mario Guilloti (Argentina)
1972	Emilio Correa (Cuba)/ Jesse Valdez (U.S.)	Janos Kajdi (Hungary)/ Dick Tiger Murunga (Kenya)
1976	Jochen Bachfeld (E. Ger.)/ Victor Zilberman (Roumania)	Pedro J. Gamarro (Vez.)/ Reinhard Skricek (Ger.)
1980	Andres Aldama (Cuba)/ Karl-Heinz Kruger (E. Ger.)	John Mugabi (Uganda)/ Kazimierz Szczerba (Pol.)
1984	Mark Breland (U.S.)/ Luciano Bruno (Italy)	Young-Soo Ahn (S. Korea)/ Joni Nyman (Finland)
1988	Robert Wangila (Kenya)/ Jan Dydak (Poland)	Laurent Boudouani (France)/ Kenny Gould (U.S.)
1992	Michael Carruth (Ire.)/ Anibal Acevedo (Puerto Rico)	Juan Hernandez (Cuba)/ Arkom Chenglai (Thai.)
1996	Oleg Saitov (Russia)/ Daniel Santos (P.R.)	Juan Hernandez (Cuba)/ Marian Simion (Roumania)
2000	Oleg Saitov (Russia)/ Dorel Simion (Roumania)	Sergei Dotsenko (Ukraine)/ Vitali Grusac (Moldova)
2004	Bakhtiyar Artayev (Kazak.)/ Oleg Saitov (Russia)	L. Aragon Armenteros (Cuba)/ Jung-Joo Kim (South Korea)
2008	Bakhyt Sarsekbayev (Kazak.)/ Jung-Joo Kim (South Korea)	Carlos Banteaux Suarez (Cuba)/ Silamu Hanati (China)

Light Welterweights

	Gold/Bronze	Silver/Bronze
1952	Charles Adkins (U.S.)/ Bruno Visintin (Italy)	Viktor Mednov (U.S.S.R.)/ Erkki Mallenius (Finland)
1956	Vladimir Enguibarian (U.S.S.R.)/ Henry J. Loubscher (S.A.)	Franco Nenci (Italy)/ Constantin Dumitrescu (Rou.)
1960	Bohumil Nemecek (Czech.)/ Quincy Daniels (U.S.)	Clement Quartey (Ghana)/ Marian Kasprzyk (Poland)
1964	Jerzy Kulej (Poland)/ Eddie Blay (Ghana)	Eugeny Frolov (U.S.S.R.)/ Habib Galhia (Tunisia)
1968	Jerzy Kulej (Poland)/ Arto Nilsson (Finland)	Enrique Regueiferos (Cuba)/ James Wallington (U.S.)
1972	Ray Seales (U.S.)/ Zvonimir Vujin (Yugoslavia)	Anghei Anghelov (Bulgaria)/ Issaka Dabore (Niger)
1976	Ray C. Leonard (U.S.)/ Kazimierz Szczerba (Poland)	Andres Aldama (Cuba)/ Vladimir Kolev (Bulgaria)
1980	Patrizio Oliva (Italy)/ Anthony Willis (U.K.)	Serik Konakbaev (U.S.S.R.)/ Jose Aguilar (Cuba)
1984	Jerry Page (U.S.)/ Mirko Puzovic (Yugoslavia)	Dhawee Umponmaha (Thai.)/ Mircea Fulger (Roumania)
1988	Viatcheslav Ianovski (U.S.S.R.)/ Reiner Geis (E. Germany)	Grahame Cheney (Australia)/ Lars Myrberg (Sweden)
1992	Hector Vinant (Cuba)/ Jyri Kjall (Finland)	Mark Leduc (Canada)/ Leonard Doroftei (Roumania)
1996	Hector Vinant (Cuba)/ Bolat Niyazymbetov (Kazak.)	Oktay Urkal (Germany)/ Fethi Missaoui (Tunisia)
2000	Mahamadkadyz Abdullaev (Uzk.)/ Diogenes Luna (Cuba)	Ricardo Williams (U.S.)/ Mohamed Allalou (Algeria)
2004	Manus Boonjumnong (Thai.)/ Boris Georgiev (Bulgaria)	Yudel Johnson Cedeno (Cuba)/ Ionut Gheorghe (Roumania)
2008	Felix Diaz (Dominican Rep.)/ Roniel Iglesias (Cuba)	Manus Boonjumnong (Thai.)/ Alexis Vastine (France)

Lightweights

	Gold/Bronze	Silver/Bronze
1904	Henry J. Spanger (U.S.)/ Russell Van Horn (U.S.)	Jack Eagan (U.S.)/ Peter Sturholdt (U.S.)
1908	Frederick Grace (U.S.)/ H.H. Johnson (U.K.)	Frederick Spiller (U.K.)
1920	Samuel A. Mosberg (U.S.)/ Clarence Newton (Canada)	Gotfred Johanssen (Den.)/ Richard Breland (S.A.)
1924	Hans J. Nielsen (Denmark)/ Frederick Boylstein (U.S.)	Alfredo Copello (Argentina)/ Jean Tholey (France)
1928	Carlo Orlandi (Italy)/ Gunnar Berggren (Sweden)	Stephen M. Halaiko (U.S.)/ Hans J. Nielsen (Denmark)
1932	Lawrence Stevens (S.A.)/ Nathan Bor (U.S.)	Thure J. Ahlqvist (Sweden)/ Mario Bianchini (Italy)
1936	Imre Harangi (Hungary)/ Erik Agren (Sweden)	Nikolai Stepulov (Estonia)/ Poul Kops (Denmark)
1948	Gerald Dreyer (S.A.)/ Svend Wad (Denmark)	Joseph Vissers (Belgium)/ Wallace Smith (U.S.)
1952	Aureliano Bolognesi (Italy)/ Erkki Pakkanen (Finland)	Aleksy Antkiewicz (Poland)/ Gheorghe Fiat (Roumania)
1956	Richard McTaggart (U.K.)/ Anatolii Laguetko (U.S.S.R.)	Harry Kurschat (Germany)/ Anthony Byrne (Ireland)
1960	Kazmierz Pazdzior (Poland)/ Richard McTaggart (U.K.)	Sandro Lopopolo (Italy)/ Abel R. Laudonio (Arg.)
1964	Josef Grudzien (Poland)/ Ronald A. Harris (U.S.)	Vellikton Barannikov (U.S.S.R.)/ James V. McCourt (Ireland)
1968	Ronald Harris (U.S.)/ Calistrat Cutov (Roumania)	Josef Grudzien (Poland)/ Zvonimir Vujin (Yugoslavia)
1972	Jan Szczepanski (Poland)/ Samuel Mbogua (Kenya)	Laszlo Orban (Hungary)/ Alfonso Perez (Colombia)
1976	Howard Davis, Jr. (U.S.)/ Ace Rusevski (Yugoslavia)	Simion Cutov (Roumania)/ Vasily Solomin (U.S.S.R.)
1980	Angel Herrera (Cuba)/ Kazimierz Adach (Poland)	Viktor Demianenko (U.S.S.R.)/ Richard Nowakowski (E. Ger.)
1984	Pernell Whitaker (U.S.)/ Chil-Sung Chun (S. Korea)	Luis F. Ortiz (Puerto Rico)/ Martin N. Ebanga (Cameroon)
1988	Andreas Zuelow (E. Ger.)/ Romallis Ellis (U.S.)	George Cramne (Sweden)/ Nerguy Enkhbat (Mongolia)
1992	Oscar de la Hoya (U.S.)/ Sung Hong (Korea)	Marco Rudolph (Germany)/ Namjil Bayarsaikhan (Mongolia)

	Gold/Bronze	*Silver/Bronze*		*Gold/Bronze*	*Silver/Bronze*
1996	Hocine Soltani (Algeria)/ Terrance Cauthen (U.S.)	Tontcho Tontchev (Bulgaria)/ Leonard Doroftei (Roumania)	1924	William Smith (S.A.)/ Jean Ces (France)	Salvatore Tripoli (U.S.)/ Oscar Andren (Sweden)
2000	Mario Kindelan (Cuba)/ Alexandre Maletin (Russia)	Andrej Kotelnyk (Ukraine)/ Cristian Bejarano (Mexico)	1928	Vittorio Tamagnini (Italy)/ Harry Isaacs (S.A.)	John L. Daley (U.S.)/ Frank Traynor (Ireland)
2004	Mario C. Kindelan Mesa (Cuba)/ Murat Khrachev (Russia)	Amir Khan (United Kingdom)/ Serik Yeleuov (Kazakhstan)	1932	Horace Gwynn (Canada)/ Jose Villanueva (Phil.)	Hans Ziglarski (Germany)/ Joseph Lang (U.S.)
2008	Alexey Tischenko (Russia)/ Hrachik Javakhyan (Armenia)	Daouda Sow (France)/ Yordenis Ugas (Cuba)	1936	Ulderico Sergo (Italy)/ Fidel Ortiz (Mexico)	Jackie Wilson (U.S.)/ Stig Cederberg (Sweden)
			1948	Tibor Csik (Hungary)/ Juan Evangelista (P.R.)	Giovanni Battista (Italy)/ Alvaro Domenech (Spain)

Featherweights

	Gold/Bronze	*Silver/Bronze*
1904	Oliver L. Kirk (U.S.)/ Fred Gilmore (U.S.)	Frank Haller (U.S.)
1908	Richard K. Gunn (U.K.)/ T. Ringer (U.K.)	C.W. Morris (U.K.)/ Hugh Roddin (U.K.)
1920	Paul Fritsch (France)/ Edoardo Garzena (Italy)	Jean Gachet (France)/ Jack A. Zivic (U.S.)
1924	Jackie Fields (U.S.)/ Pedro Quartucci (Arg.)	Joseph Salas (U.S.)/ Jean Devergnies (Belgium)
1928	Lambertus Van Klaveren (Neth.)/ Harold G. Devine (U.S.)	Victor Peralta (Argentina)/ Lucien Biquet (Belgium)
1932	Carmelo Robledo (Mexico)/ Carl A. Carlsson (Sweden)	Josef Schleinkofer (Ger.)/ Gaspare Alessandri (Italy)
1936	Oscar Casanovas (Arg.)/ Josef Miner (Germany)	Charles Catterall (S.A.)/ Dezso Frigyes (Hungary)
1948	Ernesto Formenti (Italy)/ Aleksy Antkiewicz (Poland)	Dennis G. Shepherd (S.A.)/ Francisco Nunez (Argentina)
1952	Jan Zachara (Czechoslovakia)/ Leonard J. Leisching (S.A.)	Sergio Caprari (Italy)/ Joseph Ventaja (France)
1956	Vladimir Safronov (U.S.S.R.)/ Henryk Niedzwiedzki (Poland)	Thomas Nicholls (U.K.)/ Pentti Hamalainen (Finland)
1960	Francesco Musso (Italy)/ Jorma Limmonen (Finland)	Jerzy Adamski (Poland)/ William Meyers (S.A.)
1964	Stanislav Stepashkin (U.S.S.R.)/ Heinz Schulz (Germany)	Anthony N. Villanueva (Phil.)/ Charles Brown (U.S.)
1968	Antonio Roldan (Mexico)/ Philip Waruinge (Kenya)	Albert Robinson (U.S.)/ Ivan Michailov (Bulgaria)
1972	Boris Kusnetsov (U.S.S.R.)/ Andras Botos (Hungary)	Philip Waruinge (Kenya)/ Clemente Rojas (Colombia)
1976	Angel Herrera (Cuba)/ Juan Paredes (Mexico)	Richard Nowakowski (E. Ger.)/ Leszek Kosedowski (Poland)
1980	Rudi Fink (E. Germany)/ Viktor Rybakov (U.S.S.R.)	Adolfo Horta (Cuba)/ Krzysztof Kosedowski (Poland)
1984	Meldrick Taylor (U.S.)/ Omar C. Peraza (Vez.)	Peter Konyegwachie (Nigeria)/ Turgut Aykac (Turkey)
1988	Giovanni Parisi (Italy)/ Abdelhak Achik (Morocco)	Daniel Dumitrescu (Rou.)/ Jae-Hyuk Lee (S. Korea)
1992	Andreas Trews (Germany)/ Hocine Soltani (Algeria)	Faustino Reyes (Spain)/ Ramazi Paliani (Unified Team)
1996	Somluck Kamsing (Thai.)/ Pablo Chacon (Argentina)	Serafim Todorov (Bulgaria)/ Floyd Mayweather, Jr. (U.S.)
2000	Bekzat Sattarkhanov (Kaz.)/ Tahar Tamsamani (Morocco)	Ricardo Juarez (U.S.)/ Kamil Djamaloudinov (Russia)
2004	Alexei Tichtchenko (Russia)/ Seok-Hwan Jo (South Korea)	Song-Guk Kim (North Korea)/ Vitali Tajbert (Germany)
2008	Vasyl Lomachenko (Ukraine)/ Yakup Kilic (Turkey)	Khedafi Djelkhir (France)/ Shahin Imranov (Azerbaijan)

Bantamweights

	Gold/Bronze	*Silver/Bronze*
1904	Oliver L. Kirk (U.S.)	Geo. V. Finnegan (U.S.)
1908	A.H. Thomas (U.K.)/ W. Webb (U.K.)	John Condon (U.K.)
1920	Clarence Walker (S.A.)/ James McKenzie (U.K.)	Chris J. Graham (Canada)/ Henri Hebrants (Belgium)
1952	Pentti Hamalainen (Finland)/ Gennady Garbuzov (U.S.S.R.)	John McNally (Ireland)/ Joon-Ho Kang (S. Korea)
1956	Wolfgang Behrendt (Ger.)/ Frederick Gilroy (Ireland)	Soon-Chun Song (S. Korea)/ Claudio Barrientos (Chile)
1960	Oleg Grigoryev (U.S.S.R.)/ Brunon Bendig (Poland)	Primo Zamparini (Italy)/ Oliver Taylor (Australia)
1964	Takao Sakurai (Japan)/ Washington Rodriguez (Uru.)	Shin-Cho Chung (S. Korea)/ Juan F. Mendoza (Mexico)
1968	Valery Sokolov (U.S.S.R.)/ Eiji Morioka (Japan)	Eridadi Mukwanga (Uganda)/ Kyou-Chull Chang (S. Korea)
1972	Orlando Martinez (Cuba)/ George Turpin (U.K.)	Alfonso Zamora (Mexico)/ Ricardo Carreras (U.S.)
1976	Yong-Jo Gu (N. Korea)/ Patrick Cowdell (U.K.)	Charles Mooney (U.S.)/ Victor Rybakov (U.S.S.R.)
1980	Juan Hernandez (Cuba)/ Michael Anthony (Guyana)	Bernardo Pinango (Vez.)/ Dumitru Cipere (Roumania)
1984	Maurizio Stecca (Italy)/ Pedro J. Nolasco (D.R.)	Hector Lopez (Mexico)/ Dale Walters (Canada)
1988	Kennedy McKinney (U.S.)/ Phajol Moolsan (Thailand)	Alexandre Hristov (Bulgaria)/ Jorge Rocha (Colombia)
1992	Joel Casamayor (Cuba)/ Gwang-Sik Li (N. Korea)	Wayne McCullough (Ire.)/ Mohamed Achik (Morocco)
1996	Istvan Kovacs (Hungary)/ Vichaira. Khadpo (Thai.)	Arnaldo Mesa (Cuba)/ Raim. Malakhbekov (Russia)
2000	Guillermo Rigondeaux (Cuba)/ Sergei Danylchenko (Ukraine)	Raim. Malakhbekov (Russia)/ Clarence Vinson (U.S.)
2004	Guillermo Rigondeaux Ortiz (Cuba)/ Bahodirjon Sooltonov (Uzbekistan)	Worapoj Petchkoom (Thai.)/ Aghasi Mammadov (Azerbaijan)
2008	Badar-Uugan Enkhbat (Mongolia)/ Veaceslav Gojan (Moldova)	Yankiel Leon Alarcon (Cuba)/ Bruno Julie (Mauritius)

Flyweights

	Gold/Bronze	*Silver/Bronze*
1904	Geo. V. Finnegan (U.S.)	Miles J. Burke (U.S.)
1908	*Not Contested*	
1920	Frank DeGenero (U.S.)/ William Cuthbertson (U.K.)	Anders Petersen (Denmark)/ J. Albert (France)
1924	Fidel LaBarba (U.S.)/ Raymond Fee (U.S.)	James McKenzie (U.K.)/ Rinaldo Castelenghi (Italy)
1928	Anton Kocsis (Hungary)/ Carlo Cavagnoli (Italy)	Armand Apell (France)/ Buddy Lebanon (S.A.)
1932	Istvan Enekes (Hungary)/ Louis Salica (U.S.)	Francisco Cabanas (Mexico)/ Thomas Pardoe (U.K.)
1936	Willi Kaiser (Germany)/ Louis D. Lauria (U.S.)	Gavino Matta (Italy)/ Alfredo Carlomagno (Arg.)
1948	Pascual Perez (Arg.)/ Soo-Ann Han (S. Korea)	Spartaco Bandinelli (Italy)/ Frantisek Majdloch (Czech.)
1952	Nathan Brooks (U.S.)/ William Toweel (S.A.)	Edgar Basel (Germany)/ Anatolij Bulakov (U.S.S.R.)
1956	Terence Spinks (U.K.)/ Rene Libeer (France)	Mircea Dobrescu (Roumania)/ John Caldwell (Ireland)
1960	Gyula Torok (Hungary)/	Sergei Sivko (U.S.S.R.)/

Gold/Bronze

- Abdelmoneim Elguindi (Egypt)
- 1964 Fernando Atzori (Italy)/ Robert Carmody (U.S.)
- 1968 Ricardo Delgado (Mexico)/ Servilio de Oliveira (Brazil)
- 1972 Gheorghi Kostadinov (Bul.)/ Leszek Blazynski (Poland)
- 1976 Leo Randolph (U.S.)/ Leszek Blazynski (Poland)
- 1980 Petar Lessov (Bulgaria)/ Hugh Russell (Ireland)
- 1984 Steven McCrory (U.S.)/ Eyup Can (Turkey)
- 1988 Kwang-Sun Kim (S. Korea)/ Timofei Skriabin (U.S.S.R.)
- 1992 Choi-Chol Soo (N. Korea)/ Timothy Austin (U.S.)
- 1996 Maikro Romero (Cuba)/ Albert Pakeev (Russia)
- 2000 Wijan Ponlid (Thailand)/ Jerome Thomas (France)
- 2004 Yuri. Gamboa Toledano (Cuba)/ Fuad Aslanov (Azerbaijan)
- 2008 Somjit Jongjohor (Thai.)/ Vincenzo Picardi (Italy)

Silver/Bronze

- Kiyoshi Tanabe (Japan)
- Artur Olech (Poland)/ Stanislav Sorokin (U.S.S.R.)
- Artur Olech (Poland)/ Leo Rwabwogo (Uganda)
- Leo Rwabwogo (Uganda)/ Douglas Rodriguez (Cuba)
- Ramon Duvalon (Cuba)/ David Torosyan (U.S.S.R.)
- Viktor Miroshnichenko (U.S.S.R.)/ Janos Varadi (Hungary)
- Redzep Redzepovski (Yugo.)/ Ibrahim Bilali (Kenya)
- Andreas Tews (E. Germany)/ Mario Gonzalez (Mexico)
- Raul Gonzalez (Cuba)/ Istvan Kovacs (Hungary)
- Bolat Djumadilov (Kazak.)/ Zoltan Lunka (Germany)
- Bulat Djumadilov (Kazak.)/ Vladimir Sidorenko (Ukraine)
- Jerome Thomas (France)/ Rustamhodza Rahimov (Ger.)
- Andris Laffita Hernandez (Cuba)/ Georgy Balakshin (Russia)

Light Flyweights

Gold/Bronze

- 1968 Franc. Rodriguez (Vez.)/ Harlan Marbley (U.S.)
- 1972 Gyoergy Gedo (Hungary)/ Ralph Evans (U.K.)
- 1976 Jorge Hernandez (Cuba)/ Orlando Maldonado (P.R.)
- 1980 Shamil Sabyrov (U.S.S.R.)/ Byong-Uk Li (N. Korea)
- 1984 Paul Gonzales (U.S.)/ Jose M. Bolivar (Vez.)
- 1988 Ivailo Hristov (Bulgaria)/ Leopoldo Serantes (Phil.)
- 1992 Rogelio Marcelo (Cuba)/ Jan Quasti (Germany)
- 1996 Daniel Petrov Bojilov (Bulgaria)/ Oleg Kiryukhin (Ukraine)
- 2000 Brahim Asloum (France)/ Maikro Romero (Cuba)
- 2004 Yan Bhartelemy Valera (Cuba)/ Zou Shimming (China)
- 2008 Shiming Zou (China)/ Paddy Barnes (Ireland)

Silver/Bronze

- Yong-Joo Jee (S. Korea)/ Hubert Skrzypczak (Poland)
- U-Gil Kim (N. Korea)/ Enrique Rodriguez Cal (Spain)
- Byong-Uk Li (N. Korea)/ Payao Poontarat (Thai.)
- Hipolito Ramos (Cuba)/ Ismail Moustafov (Bulgaria)
- Salvatore Todisco (Italy)/ Keith Mwila (Zambia)
- Michael Carbajal (U.S.)/ Robert Isaszegi (Hungary)
- Daniel Petrov Bojilov (Bulgaria)/ Roel Velasco (Philippines)
- Mansueto Velasco (Phil.)/ Rafael Lozano (Spain)
- Rafael Munoz Lozano (Spain)/ Un-Chol Kim (S. Korea)
- Atagun Yalcinkaya (Turkey)/ Sergei Kazakov (Russia)
- Serdamba Purevdorj (Mongolia)/ Yampier Hernandez G. (Cuba)

World Champions

Super Heavyweights

- 1982 Tyrell Biggs (U.S.)
- 1986 Teofilo Stevenson (Cuba)
- 1989 Roberto Balado (Cuba)
- 1991 Roberto Balado (Cuba)
- 1993 Roberto Balado (Cuba)
- 1995 Alexei Lezin (Russia)
- 1997 Georgi Kandelaki (Georgia)
- 1999 Sinan Samilsan (Turkey)
- 2001 Ruslan Chagaev (Uzbek.)
- 2003 Aleksandr Povetkin (Russia)
- 2005 Odlanier Solis (Cuba)
- 2007 Roberto Cammarelle (Italy)
- 2009 Roberto Cammarelle (Italy)

Heavyweights

- 1974 Teofilo Stevenson (Cuba)
- 1978 Teofilo Stevenson (Cuba)
- 1982 Aleksandr Yagubkin (U.S.S.R.)
- 1986 Felix Savon (Cuba)
- 1989 Felix Savon (Cuba)
- 1991 Felix Savon (Cuba)
- 1993 Felix Savon (Cuba)
- 1995 Felix Savon (Cuba)
- 1997 Felix Savon (Cuba)
- 1999 Michael Bennett (U.S.)
- 2001 Odlanier Solis (Cuba)
- 2003 Odlanier Solis (Cuba)
- 2005 Aleksandr Alekseyev (Russia)
- 2007 Clemente Russo (Italy)
- 2009 Egor Mekhontsev (Russia)

Light Heavyweights

- 1974 Mate Parlov (Yugoslavia)
- 1978 Sixto Soria (Cuba)
- 1982 Pablo Romero (Cuba)
- 1986 Pablo Romero (Cuba)
- 1989 Henry Maske (E. Ger.)
- 1991 Torsten May (Germany)
- 1993 Ramon Garbey (Cuba)
- 1995 Antonio Tarver (U.S.)
- 1997 Alexandre Lebziak (Russia)
- 1999 Michael Simms (U.S.)
- 2001 Yevgeniy Makarenko (Russia)
- 2003 Yevgeniy Makarenko (Russia)
- 2005 Yerdas Dzhanabergenov (Kazak.)
- 2007 Abbos Atoev (Uzbekistan)
- 2009 Artur Beterbiyev (Russia)

Middleweights

- 1974 Rufat Riskiev (U.S.S.R.)
- 1978 Jose Gomez (Cuba)
- 1982 Bernardo Comas (Cuba)
- 1986 Darin Allen (U.S.)
- 1989 Andrei Kurniavka (U.S.S.R.)
- 1991 Tommaso Russo (Italy)
- 1993 Ariel Hernandez (Cuba)
- 1995 Ariel Hernandez (Cuba)
- 1997 Zsolt Erdei (Hungary)
- 1999 Utirbek Haydarov (Uzbek.)
- 2001 Andrei Gogolev (Russia)
- 2003 Gennadiy Golovkin (Kazak.)
- 2005 Matvey Korobov (Russia)
- 2007 Matvey Korobov (Russia)
- 2009 Abbos Atoev (Uzbekistan)

Light Middleweights

- 1974 Roland Garbey (Cuba)
- 1978 Viktor Savchenko (U.S.S.R.)
- 1982 Alexandre Koshkin (U.S.S.R.)
- 1986 Angel Espinosa (Cuba)
- 1989 Israel Akopkokhian (U.S.S.R.)
- 1991 Juan Lemus (Cuba)
- 1993 Francisc Vastag (Roumania)
- 1995 Francisc Vastag (Roumania)
- 1997 Alfredo Duvergel (Cuba)
- 1999 Marin Simion (Roumania)
- 2001 Damian Echemendia (Cuba)
- 2003 *Division Abolished*

Welterweights

- 1974 Emilio Correa (Cuba)
- 1978 Valeriy Rachkov (U.S.S.R.)
- 1982 Mark Breland (U.S.)
- 1986 Kenneth Gould (U.S.)
- 1989 Francisc Vastag (Roumania)
- 1991 Juan Hernandez (Cuba)
- 1993 Juan Hernandez (Cuba)
- 1995 Juan Hernandez (Cuba)
- 1997 Oleg Saitov (Russia)
- 1999 Juan Hernandez (Cuba)

2001 Lorenzo Aragon (Cuba)
2003 Lorenzo Aragon (Cuba)
2005 Erislandy Lara (Cuba)
2007 Demetrius Andrade (U.S.)
2009 Jack Culcay-Keth (Ger.)

Light Welterweights

1974 Ayub Kalule (Uganda)
1978 Valeriy Lvov (U.S.S.R.)
1982 Carlos Garcia (Cuba)
1986 Vasily Shyshov (U.S.S.R.)
1989 Igor Ruzhnikov (U.S.S.R.)
1991 Konstantin Tszyu (U.S.S.R.)
1993 Hector Vinent (Cuba)
1995 Hector Vinent (Cuba)
1997 Dorel Simion (Roumania)
1999 Mahammat Abdullaev (Uz.)
2001 Diogenes Martinez (Cuba)
2003 Willy Blain (France)
2005 Serik Sapiyev (Kazak.)
2007 Serik Sapiyev (Kazak.)
2009 Roniel Iglesias (Cuba)

Lightweights

1974 Vasili Solomin (U.S.S.R.)
1978 Andeh Davidson (Nigeria)
1982 Angel Herrera (Cuba)
1986 Adolfo Horta (Cuba)
1989 Julio Gonzalez (Cuba)
1991 Marco Rudolph (Germany)
1993 Damian Austin (Cuba)
1995 Leonard Doroftei (Roumania)
1997 Alexandre Maletin (Russia)
1999 Mario Kindelan (Cuba)
2001 Mario Kindelan (Cuba)
2003 Mario Kindelan (Cuba)
2005 Yordenis Ugas (Cuba)

2007 Frankie Gavin (U.K.)
2009 Domenico Valentino (Italy)

Featherweights

1974 Howard Davis, Jr. (U.S.)
1978 Angel Herrera (Cuba)
1982 Adolfo Horta (Cuba)
1986 Kelcie Banks (U.S.)
1989 Airat Khamatov (U.S.S.R.)
1991 Kirkor Kirkorov (Bulgaria)
1993 Serafim Todorov (Bulgaria)
1995 Serafim Todorov (Bulgaria)
1997 Istvan Kovacs (Hungary)
1999 Ricardo Juarez (U.S.)
2001 Ramazan Palyani (Turkey)
2003 Galib Jafarov (Kazak.)
2005 Alexei Tichtchenko (Russia)
2007 Albert Selimov (Russia)
2009 Vasyl Lomachenko (Ukraine)

Bantamweights

1974 Wilfredo Gomez (P.R.)
1978 Adolfo Horta (Cuba)
1982 Floyd Favors (U.S.)
1986 Sung-Kil Moon (S. Korea)
1989 Enrique Carrion (Cuba)
1991 Serafim Todorov (Bulgaria)
1993 Alexandre Christov (Bulgaria)
1995 Raim. Malakhbekov (Russia)
1997 Raim. Malakhbekov (Russia)
1999 Racu Crinu (Roumania)
2001 Guillermo Rigondeaux (Cuba)
2003 Aghasi Mammadov (Azerbaijan)
2005 Guillermo Rigondeaux (Cuba)
2007 Sergey Vodopyanov (Russia)
2009 Detelin Dalakliev (Bulgaria)

Flyweights

1974 Douglas Rodriguez (Cuba)
1978 Henryk Srednicki (Poland)
1982 Yuri Alexandrov (U.S.S.R.)
1986 Pedro Reyes (Cuba)
1989 Yuri Arbachakov (U.S.S.R.)
1991 Istvan Kovacs (Hungary)
1993 Waldemar Font (Cuba)
1995 Zoltan Lunka (Germany)
1997 Manuel Mantilla (Cuba)
1999 Bolat Djumadilov (Kazak.)
2001 Jerome Thomas (France)
2003 Somjit Jongjohor (Thai.)
2005 Ok-Sung Lee (So. Korea)
2007 Raushee Warren (U.S.)
2009 McWilliams Arroyo (P.R.)

Light Flyweights

1974 Jorge Hernandez (Cuba)
1978 Stephen Mushioki (Kenya)
1982 Ismail Mustafov (Bulgaria)
1986 Juan Torres (Cuba)
1989 Eric Griffin (U.S.)
1991 Eric Griffin (U.S.)
1993 Nshan Munchian (Armenia)
1995 Daniel Petrov Bojilov (Bulgaria)
1997 Maikro Romero (Cuba)
1999 Brian C. Viloria (U.S.)
2001 Yan Bartelemi Varela (Cuba)
2003 Sergey Karazov (Russia)
2005 Zou Shiming (China)
2007 Zou Shiming (China)
2009 Serdamba Purevdorj (Mongolia)

Pan American Champions

Super Heavyweights

1983 Jorge Gonzalez (Cuba)
1987 Jorge Gonzalez (Cuba)
1991 Roberto Balado (Cuba)
1995 Leonardo Martinez (Cuba)
1999 Alexis Rubalcaba (Cuba)
2003 Jason Estrada (U.S.)
2007 Robert Alfonso (Cuba)

Heavyweights

1951 Jorge Vertone (Arg.)
1955 Alexis Ochoa (Arg.)
1959 Allen Hudson (U.S.)
1963 Lee W. Carr (U.S.)
1967 Forest Ward (U.S.)
1971 Duane Bobick (U.S.)
1975 Teofilo Stevenson (Cuba)
1979 Teofilo Stevenson (Cuba)
1983 Aurelio Toyo (Cuba)
1987 Felix Savon (Cuba)
1991 Felix Savon (Cuba)
1995 Felix Savon (Cuba)

1999 Oldaniel Solis (Cuba)
2003 Oldaniel Solis (Cuba)
2007 Osmay Acosta (Cuba)

Light Heavyweights

1951 Rinaldo Ansaloni (Arg.)
1955 Luis Ignacio (Brazil)
1959 Amos Johnson (U.S.)
1963 Fred Lewis (U.S.)
1967 Arthur Redden (U.S.)
1971 Raymond Russell (U.S.)
1975 Orestes Pedrozo (Cuba)
1979 Tony Tucker (U.S.)
1983 Pablo Romero (Cuba)
1987 Pablo Romero (Cuba)
1991 Orestes Solano (Cuba)
1995 Antonio Tarver (U.S.)
1999 Humberto Perez (Cuba)
2003 Ramiro Reducindo (Mex.)
2007 Eleider Alvarez (Colombia)

Middleweights

1951 Ubaldo Pereura (Arg.)
1955 Orville Pitts (U.S.)
1959 Abrao de Souza (Brazil)
1963 Luiz Cezar (Brazil)
1967 Jorge Ahumada (Arg.)
1971 Faustino Quinalez (Vez.)
1975 Alejandro Montoya (Cuba)
1979 Jose Gomez (Cuba)
1983 Bernardo Comas (Cuba)
1987 Angel Espinosa (Cuba)
1991 Ramon Garbey (Cuba)
1995 Ariel Hernandez (Cuba)
1999 Yohansen Martinez (Cuba)
2003 Juan Ubaldo Cabrera (D.R.)
2007 Emilio Correa (Cuba)

Light Middleweights

1955 Paul Wright (U.S.)
1959 Wilbert McClure (U.S.)
1963 Elecio Neves (Brazil)
1967 Rolando Garbey (Cuba)
1971 Rolando Garbey (Cuba)
1975 Rolando Garbey (Cuba)
1979 Jose Molina (P.R.)
1983 Orestes Solano (Cuba)
1987 Orestes Solano (Cuba)
1991 Juan Lemus (Cuba)

1995 Alfredo Duvergel (Cuba)	1955 Miguel Pendola (Arg.)	1975 Orlando Martinez (Cuba)
1999 Jorge Gutierrez (Cuba)	1959 Abel Laudonio (Arg.)	1979 Jackie Beard (U.S.)
2003 *Division Abolished*	1963 Roberto Caminero (Cuba)	1983 Manuel Vilchez (Vez.)
	1967 Enrico Blanco (Cuba)	1987 Manuel Martinez (Cuba)
	1971 Luis Davila (P.R.)	1991 Enrique Carrion (Cuba)

Welterweights

1951 Oscar Pietta (Arg.)
1955 Joseph Dorando (U.S.)
1959 Alfred Comejo (Chile)
1963 Misael Vilugeron (Chile)
1967 Andres Modina (Cuba)
1971 Emilio Correa (Cuba)
1975 Clinton Jackson (U.S.)
1979 Andres Aldama (Cuba)
1983 Louis Howard (U.S.)
1987 Juan Lemus (Cuba)
1991 Juan Hernandez (Cuba)
1995 David Reid (U.S.)
1999 Juan Hernandez (Cuba)
2003 Lorenzo Aragon (Cuba)
2007 Pedro Lima (Brazil)

Light Welterweights

1955 J.C.R. Fernandez (Arg.)
1959 Vincent Shomo (U.S.)
1963 Adolfo Moreira (Arg.)
1967 James Wallington (U.S.)
1971 Enrico Reguiferos (Cuba)
1975 Ray C. Leonard (U.S.)
1979 Lemuel Steeples (U.S.)
1983 Candelario Duvergel (Cuba)
1987 Candelario Duvergel (Cuba)
1991 Steve Johnston (U.S.)
1995 Walter Crucce (Arg.)
1999 Victor Castro (Arg.)
2003 Patricz Lopez (Vez.)
2007 Karl Dargan (U.S.)

Lightweights

1951 Oscar Galareo (Arg.)

1975 Chris Clarke (Canada)
1979 Adolfo Horta (Cuba)
1983 Pernell Whitaker (U.S.)
1987 Julio Gonzales (Cuba)
1991 Julio Gonzales (Cuba)
1995 Julio Gonzales (Cuba)
1999 Mario Kindelan (Cuba)
2003 Mario Kindelan (Cuba)
2007 Yordenis Ugas (Cuba)

Featherweights

1951 Francisco Nunez (Arg.)
1955 Osualdo Insfran (Arg.)
1959 Carlos Aro (Argentina)
1963 Rosemiro Santos (Brazil)
1967 Miguel Garcia (Arg.)
1971 Juan Garcia (Mexico)
1975 David Armstrong (U.S.)
1979 Bernard Taylor (U.S.)
1983 Adolfo Horta (Cuba)
1987 Kelcie Banks (U.S.)
1991 Arnaldo Mesa (Cuba)
1995 Arnaldo Mesa (Cuba)
1999 Yudel Jhonson (Cuba)
2003 Likar Ramos (Colombia)
2007 Idel Torriente (Cuba)

Bantamweights

1951 Ricardo Gonzales (Arg.)
1955 Salvador Enrigues (Vez.)
1959 Waldo Claudiano (Brazil)
1963 Abel Almariz (Argentina)
1967 Juvencio Martinez (Mexico)
1971 Pedro Flores (Mexico)

1995 Juan Despaigne (Cuba)
1999 Gerald Tucker (U.S.)
2003 Guillermo Rigondeaux (Cuba)
2007 Carlos Cuadras (Mexico)

Flyweights

1951 Alberto Barenghi (Arg.)
1955 Hilario Correa (Mexico)
1959 Miguel Botta (Argentina)
1963 Floreal LaRosa (Uruguay)
1967 Francisco Rodriguez (Vez.)
1971 Francisco Rodriguez (Vez.)
1975 Ramon Duvalon (Cuba)
1979 Alberto Mercado (P.R.)
1983 Pedro Reyes (Cuba)
1987 Adalberto Regalado (Cuba)
1991 Jose Ramos (Cuba)
1995 Juan Guzman (D.R.)
1999 Omar Narvaez (Arg.)
2003 Yuriolkis Gamboa (Cuba)
2007 McWilliams Arroyo (P.R.)

Light Flyweights

1971 Rafael Carbonell (Cuba)
1975 Jorge Hernandez (Cuba)
1979 Hector Ramirez (Cuba)
1983 Rafael Ramos (P.R.)
1987 Luis Rolon (P.R.)
1991 Rogelio Marcelo (Cuba)
1995 Edgar Velasquez (Vez.)
1999 Maikro Romero (Cuba)
2003 Yan Bartelemy (Cuba)
2007 Luis Yanez (U.S.)

U.S. National Champions

Super Heavyweights

1981 Tyrell Biggs
1982 Tyrell Biggs
     Warren Thompson
1983 Tyrell Biggs
1984 Nathaniel Fitch
1985 Wesley Watson
1986 Alex Garcia
1987 Charlton Hollis
1988 Robert Salters
1989 Eddie Donerlson
1990 Edward Escobedo
1991 Larry Donald
1992 Samson Pouha
1993 Joel Scott
1994 Lance Whitaker
1995 Lawrence Clay-Bey

1996 Lawrence Clay-Bey
1997 William Palms
1998 Dominick Guinn
1999 Calvin Brock
2000 T.J. Wilson
2001 Jason Estrada
2002 Jason Estrada
2003 Jason Estrada
2004 Mike Wilson
2005 Mike Wilson
2006 Jonte Willis
2007 Michael Hunter
2008 Lenroy Thompson
2009 Michael Hunter

Heavyweights

1890 N.F. Doherty
1891 A. Isaacs
1892 *No Tournament*
1893 D.A. Whilhere
1894 J. Kennedy
1895 W.D. Osgood

1896 George Schwegler
     J.G. Eberle
1897 D. Herty
1898 *No Tournament*
1899 J.B. Knipe
1900 J.B. Knipe
1901 Wm. Rodenbach
1902 Emery Payne
1903 Emery Payne
1904 Wm. Rodenbach
1905 Emery Payne
1906 W. Schulken
1907 Emery Payne
1908 Thomas Kennedy
1909 Philip Schlossberg
1910 W. Warren Barbour
1911 John Severino
1912 John Silverio
1913 Al. J. Reich
1914 Patrick L. Kelly
1915 Arthur Sheridan
1916 Carlo Armstrong

1917 John Gaddi
1918 Martin Burke
1919 Edward P. Eagan
1920 Karl Wicks
1921 Gordon Munce
1922 John Wilman
1923 Thomas Kirby
1924 E.G. Greathouse
1925 Joe Woods
1926 Armand Emanuel
1927 Milo Mallory
1928 George Hoffman
1929 Ralph Ficucello
1930 Jack Pallat
1931 Jack Pallat
1932 Fred Feary
1933 Izzy Richeter
1934 Stan Evans
1935 Louis Nova
1936 Willard Dean
1937 James Robinson
1938 Daniel Merritt

1939 Tony Novak
1940 Wallace Cross
1941 Ragon Kinney
1942 Paul Komar
1943 Walter Moore
1944 Richard Vaughn
1945 Charles Lester
1946 Charles Lester
1947 Willie Clemmons
1948 Coley Wallace
1949 Rex Layne
1950 Norvel Lee
1951 Norvel Lee
1952 Jack Scheberies
1953 Pete Rademacher
1954 Reuben Vargas
1955 George Moore
1956 Jim McCarter
1957 Lee Williams
1958 James Blythe
1959 James Blythe
1960 Harold Espy
1961 Rudy Davis
1962 Wyce Westbrook
1963 Vic Brown
1964 Buster Mathis
1965 Boone Kirkman
1966 James Howard
1967 Forest Ward
1968 George Foreman
1969 Earnie Shavers
1970 Ron Lyle
1971 Duane Bobick
1972 Nick Wells
1973 James Chapman
1974 Dwayne Bonds
1975 Michael Dokes
1976 Marvin Stinson
1977 Greg Page
1978 Greg Page
1979 Tony Tubbs
1980 Marvis Frazier
1981 Mark Mahone
1982 Elmer Martin
     Ricky Womack
1983 Henry Milligan
1984 Michael Bentt
1985 Jerry Goff
1986 Michael Bentt
1987 Michael Bentt
1988 Ray Mercer
1989 Javier Alvarez
1990 Javier Alvarez
1991 John Bray
1992 Shannon Briggs
1993 Derrell Dixon
1994 Derrell Dixon
1995 Lamon Brewster
1996 DaVarryl Williamson
1997 DaVarryl Williamson
1998 DaVarryl Williamson
1999 Malik Scott
2000 Michael Bennett
2001 B.J. Flores
2002 B.J. Flores
2003 Devin Vargas
2004 Matt Godfrey
2005 Tony Grano
2006 Adam Willett
2007 Deontay Wilder
2008 Jeremiah Graziano
2009 Jordan Shimmell

Light Heavyweights

1906 Tad Riordan
1907 *Not Contested*
1908 *Not Contested*
1909 *Not Contested*
1910 *Not Contested*
1911 *Not Contested*
1912 *Not Contested*
1913 Joe Brown
1914 Wm. Hanna
1915 Edward C. Carr
1916 Patrick McCarthy
1917 Ted Jamieson
1918 John McMenimen
1919 Al Roche
1920 John Burke
1921 Mangu Larsen
1922 Charles McKenna
1923 Henry Fay
1924 Tom Kirby
1925 Henry Lamar
1926 Henry Lamar
1927 George Hoffman
1928 Leon Lucas
1929 Martin Lewandowski
1930 Frank Tucker
1931 Antonio Poloni
1932 Homer Brandis
1933 Max Marek
1934 Joe Louis
1935 Joseph Bauer
1936 John Lasinski
1937 Tim Hill
1938 William Muldune
1939 James Reeves
1940 Vic Hutton
1941 Shelton Bell
1942 Robert Foxworth
1943 Robert Foxworth
1944 Ray Standifer
1945 Richard Nutt
1946 Robert Foxworth
1947 Grant Butcher
1948 Grant Butcher
1949 Delopez Oliver
1950 Eldredge Thompson
1951 John Boutilier
1952 Eldredge Thompson
1953 Frank Perry
1954 Warren Lester
1955 John Horne
1956 John Horne
1957 Lindy Lindimoser
1958 Sylvester Banks
1959 Cassius Clay
1960 Cassius Clay
1961 Bob Christopherson
1962 Billy Joiner
1963 Fred Lewis
1964 Bob Christopherson
1965 Roger Russell
1966 John Griffin
1967 John Griffin
1968 Len Hutchins
1969 Dave Matthews
1970 Nathaniel Jackson
1971 Marvin Johnson
1972 Hernando Molyneaux
1973 D.C. Barker
1974 Leon Spinks
1975 Leon Spinks
1976 Leon Spinks
1977 Larry Strogen
1978 Elmer Martin
1979 Tony Tucker
1980 Jeff Lampkin
1981 Alex DeLucia
1982 Bennie Heard
     Sherman Griffin
1983 Ricky Womack
1984 Loren Ross
1985 Loren Ross
1986 Loren Ross
1987 Andrew Maynard
1988 Andrew Maynard
1989 Jeremy Williams
1990 Jeremy Williams
1991 Terry McGroom
1992 Montell Griffin
1993 Antonio Tarver
1994 Benjamin McDowell
1995 Antonio Tarver
1996 Anthony Stewart
1997 Anthony Stewart
1998 Olanda Anderson
1999 Michael Simms, Jr.
2000 Olanda Anderson
2001 DeAndrey Abron
2002 Curtis Stevens
2003 Andre Ward
2004 Marcus Johnson
2005 Will Rosinsky
2006 Christopher Downs
2007 Christopher Downs
2008 Dorian Anthony
2009 Robert Brant

Middleweights

1888 P. Cahill
1889 P. Cahill
     W.H. Stuckey
1890 P. Cahill
1891 W.H. Stuckey
1892 *Not Contested*
1893 A. Black
1894 O. Harney
1895 M. Lewis
1896 George Schwegler
1897 A. McIntosh
1898 *Not Contested*
1899 A. McIntosh
1900 Wm. Rodenbach
1901 Wm. Rodenbach
1902 Wm. Rodenbach
1903 Wm. Rodenbach
1904 Wm. Rodenbach
1905 Charles Mayer
1906 Henry Fincke
1907 Wm. McKinnon
1908 Henry Hall
1909 Dan Sullivan
1910 William Beckman
1911 Napoleon Boutelier
1912 Arthur Sheridan
1913 William Barrett
1914 William Barrett
1915 Adolph Kaufman
1916 Adolph Kaufman
1917 Eugene Brosseau
1918 Martin Burke
1919 Sam Lagonia
1920 Sam Lagonia
1921 Sam Lagonia
1922 William Antrobus
1923 Homer Robertson
1924 Ben Funk
1925 Clayton Frye
1926 Arthur Flynn
1927 Joseph Hanlon
1928 Harry H. Henderson
1929 Ray Lopez
1930 Ring Larsen
1931 Frank Fullam
1932 Fred Caserio
1933 Tom Chester
1934 Fred Apostoli
1935 David Clark
1936 Jimmy Clark
1937 Ted Cerwin
1938 Bradley Lewis
1939 Ezzard Charles
1940 Joey Maxim
1941 James Mulligan
1942 Samson Powell
1943 Samson Powell
1944 Frank Sweeney
1945 Allen Faulkner
1946 Harold Anspach
1947 Nick Ranieri
1948 Raymond Bryan
1949 Albert Raymond
1950 Wes Echols
1951 Thomas Nelson
1952 Floyd Patterson
1953 Bryant Thompson
1954 Donald McCray
1955 Paul Wright
1956 Paul Wright
1957 Alex Ford
1958 Jose Torres
1959 Jimmy McQueen
1960 Leotis Martin
1961 Leotis Martin
1962 Richard Gosha
1963 Robert Williams
1964 Bill Cross
1965 George Cooper
1966 Martin Berzewski
1967 Len Hutchins
1968 Alfred Jones
1969 Larry Ward
1970 John Mangum
1971 Joey Hadley

1972 Michael Colbert	1977 Clinton Jackson	1933 William Celebron	1999 Larry Mosley
1973 Marvin Hagler	1978 J.B. Williamson	1934 Danny Farrar	2000 LeChaunce Shepherd
1974 Vonzell Johnson	1979 Jeff Stoudemire	1935 Jimmy Clark	2001 Anthony Thompson
1975 Tom Brooks	1980 Don Bowers	1936 Leo Sweeney	2002 Rondale Mason
1976 Keith Broom	1981 James Rayford	1937 Johnny Marquez	2003 Juan McPherson
1977 Jerome Bennett	1982 Dennis Milton	1938 James O'Malley	2004 Austin Trout
1978 Jeff McCracken	Dennis Milton	1939 Cozy Storace	2005 Demetrius Andrade
1979 Alex Ramos	1983 Frank Tate	1940 Henry Brimm	2006 Demetrius Andrade
1980 Martin Pierce	1984 Kelvin Bryant	1941 Dave Andrews	2007 Charles Hatley
1981 Michael Grogan	1985 Timothy Littles	1942 Willard Buckless	2008 Jovante Sparks
1982 Michael Grogan	1986 Michael Moorer	1943 Charles Cooper	2009 Errol Spence
Michael Grogan	1987 Gerald McClellan	1944 Joe Gannon	
1983 Michael Grogan	1988 Frank Liles	1945 Abe Lee	**Light Welterweights**
1984 Percy Harris	1989 Chris Byrd	1946 Robert Takeshita	
1985 Darin Allen	1990 Paul Vaden	1947 Jackie Keough	1952 Isaac Vaughn
1986 Anthony Hembrick	1991 Raul Marquez	1948 Eugene Linscott	1953 J. Curet Alvarez
1987 Anthony Hembrick	1992 Robert Allen	1949 Maurice Harper	1954 Robert Shell
1988 Jerome James	1993 Wayne Blair	1950 Gil Turner	1955 Robert Cofer
1989 Ray Lathon	1994 Jesse Aquino	1951 Rudolph Gwinn	1956 Thomas Thomas
1990 Michael DeMoss	1995 Jeffrey Clark	1952 Andy Anderson	1957 Vincent Shomo
1991 Chris Byrd	1996 David Reid	1953 Fred Terry	1958 Vincent Shomo
1992 Chris Byrd	1997 Darnell Wilson	1954 Joe Bethea	1959 Brian O'Shea
1993 Eric Wright	1998 Darnell Wilson	1955 Walter Sabbath	1960 Vincent Shomo
1994 Shane Swartz	1999 Darnell Wilson	1956 Jackson Brown	1961 J. Caldwell
1995 Shane Swartz	2000 Anthony Hanshaw	1957 Don Jullinger	1962 Jackie Range
1996 Omar Sheika	2001 Sechew Powell	1958 Gary Gauvin	1963 Harold Finley
1997 Jorge Hawley	2002 Jesus Gonzales	1959 Vernon Vinson	1964 Freddie Ward
1998 Jeff Lacy	2003 *Division Abolished*	1960 Phil Baldwin	1965 Ray Garay
1999 Arthur Palac		1961 Phil Baldwin	1966 James Wallington
2000 Matt Godfrey	**Welterweights**	1962 Wade Smith	1967 James Wallington
2001 Andre Ward		1963 Wade Smith	1968 Joe Louis Valdez
2002 Julius Fogle	1897 A. McIntosh	1964 Jess Valdez	1969 Rudy Bolds
2003 Andre Dirrell	1898 *Not Contested*	1965 Hedgemon Lewis	1970 Quincy Daniel
2004 James Johnson	1899 Percy McIntyre	1966 Roland Pryor	1971 Ray Seales
2005 Edwin Rodriguez	1900 J.J. Dukelow	1967 Kim Booker	1972 Carlos Palomino
2006 Daniel Jacobs	1901 J.J. Dukelow	1968 Michael Colbert	1973 Randy Shields
2007 Fernando Guerrero	1902 Charles McCann	1969 Armando Muniz	1974 Ray C. Leonard
2008 Luis Arias	1903 John Leavy	1970 Armando Muniz	1975 Ray C. Leonard
2009 Terrell Gausha	1904 C.T. Mitchell	1971 Sammy Maul	1976 M. (Pete) Seward
	1905 H.L. McKinnon	1972 Fred Washington	1977 Thomas Hearns
Light Middleweights	1906 William McDonald	1973 William Tuttle	1978 Donald Curry
	1907 W.J. Kirkland	1974 Clinton Jackson	1979 Lemuel Steeples
1952 Tony Anthony	1908 William Rolfe	1975 Clinton Jackson	1980 Johnny Bumphus
1953 William Collins	1909 Michael McNamara	1976 Clinton Jackson	1981 James Mitchell
1954 John Houston	1910 Hillard Long	1977 Michael McCallum	1982 Henry Hughes
1955 Frank Davis	1911 John Fisher	1978 Roger Leonard	Henry Hughes
1956 Frank Davis	1912 Charles Askins	1979 Donald Curry	1983 Zachary Padilla
1957 Dennis Moyer	1913 Charles Askins	1980 Gene Hatcher	1984 Elvis Yero
1958 William Pickett	1914 Max Woldman	1981 Darryl Robinson	1985 Nick Kakouris
1959 Wilbert McClure	1915 August Ratner	1982 Mark Breland	1986 Nick Kakouris
1960 Wilbert McClure	1916 Eugene Brosseau	Ron Essett	1987 Nick Kakouris
1961 Bobby Pasquale	1917 Daniel O'Connor	1983 Mark Breland	1988 Todd Foster
1962 Roy McMillian	1918 James Sullivan	1984 Daryl Lattimore	1989 Ray Lovato
1963 John Howard	1919 Dave Rosenberg	1985 Kenneth Gould	1990 Steve Johnston
1964 Toby Gibson	1920 Jack Schoendorf	1986 Kenneth Gould	1991 Vernon Forrest
1965 Conrad Williams	1921 Charles Jennkissen	1987 Kenneth Gould	1992 Shane Mosley
1966 John Howard	1922 Harry D. Simons	1988 Alton Rice	1993 Lupe Suazo
1967 Arthur Davis	1923 John Rini	1989 Raul Marquez	1994 Fareed Samad
1968 William Beeler	1924 Al Mello	1990 Emmett Linton	1995 Arturo Ramos
1969 Larry Carlisle	1925 Bernard Barde	1991 Pat Briceno	1996 Hector Camacho, Jr.
1970 Jesse Valdez	1926 Edward Tiernan	1992 Clayton Williams	1997 Keith Kemp
1971 Billy Daniels	1927 Thomas Lown	1993 Hector Colon	1998 Ricardo Williams, Jr.
1972 Henry Johnson	1928 Thomas Lown	1994 David Reid	1999 Ricardo Williams, Jr.
1973 Dale Grant	1929 Leslie Baker	1995 Bobby Lewis	2000 Anthony Thompson
1974 Jerome Bennett	1930 Charles Kelly	1996 David Palac	2001 Rock Allen
1975 Charles Walker	1931 Edward Flynn	1997 LeChaunce Shepherd	2002 Rock Allen
1976 J.B. Williamson	1932 Edward Flynn	1998 Larry Mosley	2003 Lamont Peterson

2004	Devon Alexander
2005	Karl Dargan
2006	Karl Dargan
2007	Javier Molina
2008	Danny O'Connor
2009	Frankie Gomez

Lightweights

1888	T. Thompson
1889	E.F. Walker
1890	J. Rice
1891	Owen M. Ziegler
1892	*Not Contested*
1893	H.M. Leeds
1894	C.J. Gehring
1895	J. Quinn
1896	James Pyne
1897	Ed Dix
1898	*Not Contested*
1899	G. Jensen
1900	J. Hopkins
1901	J.F. Mumford
1902	John Dillon
1903	John Leavy
1904	Goliath Jones
1905	Ambrose McGarry
1906	Lew Powell
1907	Joseph Doyle
1908	Jack Denning
1909	William Shevlin
1910	William Volk
1911	James Jarvis
1912	Al Wambsgans
1913	Michael Crowley
1914	Richard Stosh
1915	Michael Crowley
1916	Thomas Murphy
1917	Thomas Murphy
1918	Thomas O'Malley
1919	Frank B. Cassidy
1920	Thomas Murphy
1921	Ben Ponteau
1922	Joseph Ryan
1923	John T. McManus
1924	Fred Boylstein
1925	James McGonigal
1926	Thomas Lown
1927	Francis Burke
1928	Stephen Halaiko
1929	Stephen Halaiko
1930	Alex Santora
1931	Al Gomez
1932	Nathan Bor
1933	Frank Eagan
1934	Norbert Meehan
1935	Wm. Beauhuld
1936	Thomas Pallatin
1937	Joseph Kelly
1938	Richard Ford
1939	George Toy
1940	Paul Matsumoto
1941	Thomas Moyer
1942	Robert McQuillan
1943	Charles Hunter
1944	Joey D'Amato
1945	Jetson Arnold
1946	Joseph Discopeli
1947	Johnny Gonsalves
1948	Johnny Gonsalves
1949	Charles Adkins
1950	George Justice
1951	James Hackney
1952	John Barnes
1953	Frank Smith
1954	Garnett Hart
1955	Jack Puscas
1956	Bill Cherry
1957	Gene Gresham
1958	Adam Ellison
1959	Quincy Daniels
1960	Brian O'Shea
1961	Woody Marcus
1962	George Foster
1963	Manuel Ramirez
1964	Ronald A. Harris
1965	Herb Dolloson
1966	Ronald Harris
1967	Ronald Harris
1968	Ronald Harris
1969	Juan Ruiz
1970	James Parks
1971	James Busceme
1972	Norman Goins
1973	Aaron Pryor
1974	J. Hilmer Kenty
1975	J. Hilmer Kenty
1976	Howard Davis, Jr.
1977	Anthony Fletcher
1978	Melvin Paul
1979	David Armstrong
1980	Melvin Paul
1981	Joe Manley
1982	Pernell Whitaker / Clifford Gray
1983	Clifford Gray
1984	Victor Levine
1985	Vincent Phillips
1986	Vincent Phillips
1987	Charles Murray
1988	Romallis Ellis
1989	Shane Mosley
1990	Shane Mosley
1991	Oscar de la Hoya
1992	Patrice Brooks
1993	Abayomi Miller
1994	Fernando Vargas
1995	Terrance Cauthen
1996	Brian Adams
1997	David Jackson
1998	Jacob Hudson
1999	Jacob Hudson
2000	Rock Allen
2001	Paul Malignaggi
2002	Verquan Kimbrough
2003	Vicente Escobedo
2004	David Rodela
2005	Michael Evans
2006	Michael Evans
2007	Diego Magdaleno
2008	Miguel Gonzalez
2009	Duran Caffero, Jr.

Featherweights

1889	J. Brown
	J. Gorman
1890	J. Schneering
1891	W.H. Horton
1892	*Not Contested*
1893	W.H. Horton
1894	C. Miner
1895	L. Campbell
1896	*Not Contested*
1897	Joseph McCann
1898	*Not Contested*
1899	John Burns
1900	J. Scholes
1901	J. Scholes
1902	Joe McCann
1903	J. McGarry
1904	T.F. Fitzpatrick
1905	Willie Cornell
1906	W.J. Leonard
1907	T.J. Fitzpatrick
1908	E.J. Walsh
1909	T.J. Fitzpatrick
1910	Frank Smith
1911	Frank Hufnagie
1912	John Cooper
1913	Walter Hitchen
1914	Vince Pokorni
1915	Art Strawhacker
1916	William Morris
1917	Earl Baird
1918	James Fruzetti
1919	W.P. Corbett
1920	Solly Seaman
1921	Daniel Gartin
1922	George Fifield
1923	Terry Parker
1924	Joe Salas
1925	Ray Alfano
1926	Patsy Ruffalo
1927	Chris Battalino
1928	Harry Devine
1929	Martin Zuniga
1930	Ray Meyers
1931	Anthony Scarpati
1932	Richard Carter
1933	Louis Barisano
1934	Edgar Waling
1935	Al Nettlow
1936	Joseph Church
1937	Edgar Waling
1938	William Eddy
1939	William Eddy
1940	Frank Robinson
1941	Francis Leonard
1942	James Marlo
1943	Jackie Floyd
1944	Major Jones
1945	Virgil Franklin
1946	Leo Kelly
1947	Wallace Smith
1948	Teddy Fittipaldo
1949	Benny Apostadiro
1950	Sammy Rodgers
1951	Leonard Walters
1952	Mac Martinez
1953	Robert Tenquer
1954	Stan Fitzgerald
1955	Joe Charles
1956	Harry Smith
1957	Ruben Pizarro
1958	John Britt
1959	Roy Houpe
1960	George Foster
1961	Ralph Ungricht
1962	Steve Freeman
1963	Victor Baerga
1964	Charles Brown
1965	Lawrence Hines
1966	Robert Lozada
1967	Roy DeFilippis
1968	Ron McGarvey
1969	Joseph Bennett
1970	Ray Lunny III
1971	Ricky Boudreaux
1972	Jerome Artis
1973	Howard Davis, Jr.
1974	Michael Hess
1975	David Armstrong
1976	David Armstrong
1977	Johnny Bumphus
1978	Eiichi Jumawan
1979	Bernard Taylor
1980	Clifford Gray
1981	Guadalupe Suarez
1982	Orlando Johnson / Bernard Gray
1983	Andrew Minsker
1984	Lyndon Walker
1985	Runnel Doll
1986	Kelcie Banks
1987	Kelcie Banks
1988	Carl Daniels
1989	Frank Pena
1990	Oscar de la Hoya
1991	Ivan Robinson
1992	Julian Wheeler
1993	Julian Wheeler
1994	Frank Carmona
1995	Floyd Mayweather, Jr.
1996	Augustine Sanchez
1997	Jason Ingwaldson
1998	Michael Evans
1999	Ricardo Juarez
2000	Ricardo Juarez
2001	Andre Dirrell
2002	Johnny Vasquez, Jr.
2003	Jose Perez, Jr.
2004	Brandon Rios
2005	Mark Davis
2006	Mark Davis
2007	Raynell Williams
2008	Robert Rodriguez
2009	Kevin Rivers

Bantamweights

1888	Wm. H. Rocap
1889	Wm. H. Rocap / W. Kenny
1890	B. Weldon
1891	G.F. Connolly
1892	*Not Contested*

1893 M.J. Hallihan	1960 Oscar German	1900 W. Cullen	1967 Roland Miller
1894 R. McVeigh	1961 John Howard	1901 J. Brown	1968 Kenneth Bazer
1895 E. Horen	1962 Victor Melendez	1902 Wm. Schumaker	1969 Caleb Long
1896 J.J. Gross	1963 Gerald Lott	1903 R. McKinley	1970 Eduardo Santiago
1897 Charles Fahey	1964 Arthur Jones	1904 J. O'Brien	1971 Bobby Lee Hunter
1898 *Not Contested*	1965 George Colon	1905 Fred Stingel	1972 Bobby Lee Hunter
1899 William Wildner	1966 Jose Marquez	1906 James Carroll	1973 Richard Rozelle
1900 H. Murphy	1967 Earl Large	1907 John J. O'Brien	1974 Greg Richardson
1901 George Young	1968 Sammy Goss	1908 Angus McDougal	1975 Richard Rozelle
1902 F. Fieg	1969 Terry Pullen	1909 Arthur Sousa	1976 Leo Randolph
1903 Thomas Stone	1970 Robert Mullins	1910 James Rothwell	1977 Jerome Coffee
1904 Jerry Casey	1971 Ricardo Carreras	1911 John Fallon	1978 Michael Felde
1905 Sam Moss	1972 John David	1912 James Lynch	1979 Harold Petty
1906 Harry Baker	1973 Michael Hess	1913 Barney Snyder	1980 Richard Sandoval
1907 Henry Meyers	1974 Miguel Ayala	1914 John Downs	1981 Fred Perkins
1908 Michael Carroll	1975 Eiichi Jumawan	1915 Howard Root	1982 Steve McCrory
1909 Joseph Gorman	1976 Bernard Taylor	1916 Thomas Darcy	Todd Hickman
1910 John Gallant	1977 Rocky Lockridge	1917 Thomas Fall	1983 Steve McCrory
1911 Thomas Reagan	1978 Jackie Beard	1918 Joe Wiles	1984 Bernard Price
1912 Thomas Reagan	1979 Jackie Beard	1919 David Kamins	1985 Arthur Johnson
1913 Thomas Reagan	1980 Jackie Beard	1920 A.J. DeVito	1986 Arthur Johnson
1914 Steven Phillips	1981 Richard Savage	1921 John Hamm	1987 Arthur Johnson
1915 Tony Vatlin	1982 Floyd Favors	1922 Terry McManus	1988 Tony Gonzales
1916 Benny Valgar	Meldrick Taylor	1923 Al Bender	1989 Brian Lonon
1917 James Tomasulo	1983 Jesse Benavides	1924 Fidel LaBarba	1990 Rudolph Bradley
1918 James Tomasulo	1984 Eugene Speed	1925 Alfred Rollinson	1991 Timothy Austin
1919 Ashton Donze	1985 Michael Collins	1926 Lawrence Lyons	1992 Arturo Hoffman
1920 James Hutchinson	1986 Michael Collins	1927 Harry Liebenson	1993 Russell Roberts
1921 George Daly	1987 Michael Collins	1928 Hyman Miller	1994 Carlos Navarro
1922 Sidney Terris	1988 Jemal Hinton	1929 James Kerr	1995 Arnulfo Bravo
1923 Harry Marcus	1989 Tony Gonzales	1930 George Ostrow	1996 Ramases Patterson
1924 Salvatore Tripoli	1990 Sergio Reyes	1931 Babe Triscaro	1997 Clarence Vinson
1925 August Gotto	1991 Sergio Reyes	1932 Louis Salica	1998 Clarence Vinson
1926 Joe Katkish	1992 Sean Fletcher	1933 Tony Valore	1999 Roberto Benitez
1927 Tommy Paul	1993 Aristead Clayton	1934 Thomas Barry	2000 Roberto Benitez
1928 John Daley	1994 Jorge Munoz	1935 John Marcelline	2001 Roberto Benitez
1929 Al Holden	1995 Carlos Navarro	1936 Jackie Wilson	2002 Raul Martinez
1930 Abe Miller	1996 Jesus Vega	1937 William Speary	2003 Raul Martinez
1931 Joseph Ferrante	1997 Cornelius Lock	1938 Robert Carroll	2004 Ron Siler
1932 James Martin	1998 Antonio Rodriguez	1939 Jose Mercado	2005 Rau'shee Warren
1933 Angelo Tardugno	1999 Clarence Vinson	1940 Johnny Manalo	2006 Rau'shee Warren
1934 Armando Sicilia	2000 Sergio Espinosa	1941 Lawrence Torpey	2007 Rau'shee Warren
1935 Troy Bellini	2001 David Martinez, Jr.	1942 LeRoy Jackson	2008 Randy Caballero
1936 William Joyce	2002 Aaron Garcia	1943 Anthony Peppi	2009 Louis Byrd
1937 Morris Parker	2003 Samson Guillermo	1944 Cecil Schoonmaker	
1938 William Speary	2004 Roberto Benitez	1945 Keith Hamilton	**Light Flyweights**
1939 William Speary	2005 Gary Russell, Jr.	1946 David Buna	
1940 Angelo Ambrosano	2006 Gary Russell, Jr.	1947 Robert Holiday	1967 Benny Gerolaga
1941 Raymond Brown	2007 Ronny Rios	1948 Frank Sodano	1968 Harlan Marbley
1942 Bernard Docusen	2008 Ronny Rios	1949 John Ortega	1969 Dennis Mince
1943 Earl O'Neil	2009 Jesus Magdaleno	1950 Sherman Nelson	1970 Elijah Cooper
1944 Nick Saunders		1951 William Peacock	1971 Gary Griffin
1945 Amos Aitson	**Flyweights**	1952 Billy Hill	1972 David Armstrong
1946 Tsuneshi Naruo		1953 Robert Singleton	1973 Albert Sandoval
1947 Gorky Gonzales	1888 D. O'Brien	1954 Charles Branch	1974 Claudell Atkins
1948 William Morgan	1889 M. Rice	1955 Heiji Shimabukuro	1975 Claudell Atkins
1949 James Mitchell	D. O'Brien	1956 Albert Pell	1976 Brett Summers
1950 Mickey Mars	1890 T. Murphy	1957 Albert Pell	1977 Israel Acosta
1951 Ernest DeJesus	1891 J.D. Millen	1958 Ray Perez	1978 James Cullins
1952 David Moore	1892 *Not Contested*	1959 Gil Yanez	1979 Richard Sandoval
1953 Tom Nethercott	1893 G. Ross	1960 Wayman Gray	1980 Robert Shannon
1954 Bill Ramos	1894 J. Madden	1961 Peter Gonzalez	1981 Jesse Benavides
1955 John Cereghin	1895 J. Salmon	1962 George Colon	1982 Mario Lesperance
1956 Donald Whaley	1896 J. Mylan	1963 Lucas Matseke	Bryan Jones
1957 Herman Marquez	1897 G.W. Owens	1964 Melvin Miller	1983 Paul Gonzales
1958 Charles Branch	1898 *Not Contested*	1965 Sammy Goss	1984 James Harris
1959 Fred Griffin	1899 David Watson	1966 Nick Priola	1985 Brian Lonon

1986 Brian Lonon	1992 Bradley Martinez	1998 Ronald Siler	2004 Austreberto Juarez
1987 Brian Lonon	1993 Albert Guardado	1999 Brian Viloria	2005 Marco Rangel
1988 Michael Carbajal	1994 Albert Guardado	2000 Nonito Donaire	2006 Luis Yanez
1989 Marcus Johnson	1995 Pedro Pean	2001 Ronald Siler	2007 Luis Yanez
1990 John Herrera	1996 Albert Guardado	2002 Aaron Alafa	2008 Louis Byrd
1991 Eric Griffin	1997 Gabriel Elizondo	2003 Austreberto Juarez	2009 Miguel Cartagena

National Golden Gloves Champions

Super Heavyweights

1982 Warren Thompson
1983 Craig Payne
1984 Michael Williams
1985 James Pritchard
1986 Tevin George
1987 Nathaniel Fitch
1988 Kevin Ford
1989 Larry Donald
1990 Larry Donald
1991 Sampson Pouha
1992 Alvin Manley
1993 Lance Whitaker
1994 Derrick Jefferson
1995 Nate Jones
1996 Alvin Manley
1997 Dominick Guinn
1998 Tuese Ahkiong
1999 Dominic Guinn
2000 Steve Vukosa
2001 Lonnie Zaid
2002 Malcolm Tann
2003 Travis Walker
2004 Raphael Butler
2005 Gregory Corbin
2006 Felix Stewart
2007 Nathaniel Jones
2008 Tor Hamer
2009 Lenroy Thompson

Heavyweights

1962 Ben Black
1963 Harley Cooper
1964 Wyce Westbrook
1965 Jerry Quarry
1966 James Howard
1967 Clay Hodges
1968 Albert Wilson
1969 Walker Moore, Jr.
1970 William Thompson
1971 Ronald Draper
1972 Duane Bobick
1973 Johnny Hudson
1974 Emory Chapman
1975 Emory Chapman
1976 Michael Dokes
1977 James Clark
1978 Gregory Page
1979 Marvis Frazier
1980 Michael Arms
1981 Joe Thomas
1982 Earl Lewis
1983 Olian Alexander
1984 Michael Tyson
1985 Jerry Goff
1986 Orlin Norris
1987 Dave Sherbrooke
1988 Derek Isaman
1989 Boris Powell
1990 Gregory Suttington
1991 Melvin Foster
1992 Bobby Harris
1993 Frez Oquendo
1994 Nate Jones
1995 Glenn Robinson
1996 Davarryl Williamson
1997 Jeremiah Muhammad
1998 Calvin Brock
1999 Davarryl Williamson
2000 Devin Vargas
2001 Devin Vargas
2002 Matthew Godfrey
2003 Charles Ellis
2004 Chazz Witherspoon
2005 Eric Fields, Jr.
2006 Eric Fields, Jr.
2007 Deontay Wilder
2008 Craig Lewis
2009 Jordan Shimmell

Light Heavyweights

1962 Billy Joiner
1963 Ted Gullick
1964 Harley Cooper
1965 Larry Charleston
1966 Gerald Pate
1967 Brady Bredzeal
1968 Leonard Hutchins
1969 Dave Mathews
1970 Felton Wood
1971 Marvin Johnson
1972 Verbie Garland
1973 D.C. Barker
1974 Robert Stewart
1975 Frankie Williams
1976 Rick Jester
1977 Rick Jester
1978 Charles Singleton
1979 Leroy Murphy
1980 Steve Eden
1981 Johnny Williams
1982 Keith Vining
1983 Ricky Womack
1984 Evander Holyfield
1985 Donald Stephens
1986 Harvey Richards
1987 Terry McGroom
1988 Terry McGroom
1989 Terry McGroom
1990 Jeremy Williams
1991 Jeremy Williams
1992 Terry McGroom
1993 Benjamin McDowell
1994 Antonio Tarver
1995 Glenn Robinson
1996 Tim Williamson
1997 B.J. Flores
1998 Steven Cunningham
1999 Michael Simms
2000 Arthur Palac
2001 Cristobal Arreola
2002 Allan Green
2003 DeAndrey Abron
2004 De'Rae Crane
2005 Rommel Rene
2006 Yathomas Riley
2007 Siju Shabazz
2008 Azea Augustama
2009 Dorian Anthony

Middleweights

1962 Gary Brown
1963 Bill Douglas
1964 Robert McMillan
1965 Al Jones
1966 Joseph Hopkins
1967 Paul Badhorse
1968 Roy Dale
1969 Roosevelt Molden
1970 Larry Word
1971 Jerry Dobbs
1972 Marvin Johnson
1973 Roy Hollis
1974 Vonzell Johnson
1975 Tom Sullivan
1976 Michael Spinks
1977 Keith Broom
1978 Wilford Scypion
1979 Antonio Ayala
1980 Lamont Kirkland
1981 Donald V. Lee
1982 Arthel Lawhorn
1983 Arthur Jimmerson
1984 Virgil Hill
1985 William Guthrie
1986 Parker White
1987 Fabian Williams
1988 Keith Providence
1989 Ray Lathon
1990 Frank Vassar
1991 Frank Savanna
1992 Anthony Steward
1993 Tarvis Simms
1994 Dana Rucker
1995 Jose Spearman
1996 Byron Mitchell
1997 Dana Rucker
1998 Jerson Ravelo
1999 Athur Palac
2000 Eric Kelly
2001 Alfred Kinsey
2002 Jaidon Codrington
2003 Clarence Joseph
2004 Joe Green
2005 Daniel Jacobs
2006 Edwin Rodriguez
2007 Shawn Porter
2008 Denis Douglin
2009 Naim Terbunja

Light Middleweights

1967 Jesse Valdez
1968 William Beeler
1969 Morris Jordan
1970 William Beeler
1971 Samuel NeSmith
1972 Lamont Lovelady
1973 Dale Grant
1974 Michael Spinks
1975 Ray Phillips
1976 Don Carbin
1977 Curtis Parker
1978 Donald Bowers
1979 James Shuler
1980 James Shuler
1981 Alfred Mayes
1982 Sanderline Williams
1983 Frank Tate
1984 Ron Essett
1985 Mylon Watkins
1986 Mylon Watkins
1987 Roy Jones, Jr.
1988 Ray McElroy
1989 Mario Munoz
1990 Ravea Springs
1991 Kevin Bonner
1992 Lonnie Bradley
1993 Darnell Wilson
1994 Mike Nunnally
1995 Randy Carver
1996 Dwain Williams
1997 Cleveland Corder
1998 Jermaine Taylor
1999 Jermaine Taylor
2000 Sechew Powell
2001 Andre Berto
2002 Jesse Briseno
2003 *Division Abolished*

Amateur

Welterweights

1962 Rory O'Shea
1963 Wade Smith
1964 Don Cobbs
1965 Don Cobbs
1966 Hedgemon Lewis
1967 Pat O'Connor
1968 Richard Royal
1969 David Oropeza
1970 Melvin Dennis
1971 Larry Carlisle
1972 Jesse Valdez
1973 Harold Beal
1974 Clinton Jackson
1975 Clinton Jackson
1976 Clinton Jackson
1977 Michael McCallum
1978 Jeffrey Stoudemeier
1979 Michael McCallum
1980 Donald Curry
1981 Manuel Vallejas
1982 Roman George
1983 Louis Howard
1984 Mylon Watkins
1985 Anthony Stephens
1986 Frank Liles
1987 Roger Turner
1988 Ron Morgan, Jr.
1989 Jesse Lucero
1990 Jesse Briseno
1991 Ross Thompson
1992 Pepe Reilly
1993 David Reid
1994 Orlando Hollis
1995 David Palac
1996 Brandon Mitchell
1997 Cory Calvin
1998 Anthony Hanshaw
1999 Dante Craig
2000 Anthony Thompson
2001 James Parison
2002 Durrell Richardson
2003 Andre Berto
2004 Daniel Jacobs
2005 Brad Solomon
2006 Demetrius Andrade
2007 Demetrius Andrade
2008 Steven Martinez
2009 Errol Spence

Light Welterweights

1967 Willie Richardson
1968 Harold Beal
1969 Eddie Beauford
1970 Larry Bonds
1971 Wiley Johnson
1972 Ray Seales
1973 Larry Bonds
1974 Ray Leonard
1975 Paul Sherry
1976 Ronnie Shields
1977 Thomas Hearns
1978 Ronnie Shields
1979 Lemuel Steeples
1980 Terry Silver
1981 Henry Hughes
1982 Timothy Rabon
1983 Roderick Moore
1984 Timothy Rabon
1985 Robert Guy
1986 Roy L. Jones
1987 Todd Foster
1988 Skipper Kelp
1989 Victor McKinnia
1990 Mark Lewis
1991 Terronn Millett
1992 Robert Frazier
1993 David Diaz
1994 David Diaz
1995 DeMarcus Corley
1996 David Diaz
1997 Adan Reyes
1998 Ricardo Williams, Jr.
1999 Demetrius Hopkins
2000 Jesse Byers
2001 Chad Aquino
2002 Larry Gonzales
2003 Lorenzo Reynolds
2004 Jeremy Bryan
2005 Jeremy Bryan
2006 Brad Solomon
2007 Brad Solomon
2008 Daniel O'Connor
2009 Jose Benavidez

Lightweights

1962 Edward Ellis
1963 Perry Bennett
1964 Hedgemon Lewis
1965 Frank Anderson
1966 Marcus Anderson
1967 Quincelon Daniels
1968 Ronnie Harris
1969 Eddie Murray
1970 Norman Goins
1971 James Busceme
1972 James Busceme
1973 Ray Leonard
1974 Curtis Harris
1975 Aaron Pryor
1976 Aaron Pryor
1977 Samuel Ayala
1978 David Armstrong
1979 Johnny Bumphus
1980 Melvin Paul
1981 Primo Ramos
1982 Robert Byrd
1983 Jesse Lopez, Jr.
1984 Marvin Chambers
1985 Vincent Phillips
1986 Lavell Finger
1987 Skipper Kelp
1988 Kevin Childrey
1989 Tonga McLain
1990 Lamar Murphy
1991 Desi Ford
1992 Danny Rios
1993 Danny Rios
1994 Salvador Jasso
1995 Dante Craig
1996 David Jackson
1997 Kenito Drake
1998 Lamont Pearson
1999 Marshal Martinez
2000 Urbano Antillon
2001 Lamont Peterson
2002 Lorenzo Reynolds
2003 Anthony Peterson
2004 Danny Williams
2005 Michael Evans
2006 Jesus Mendez
2007 Sadam Ali
2008 Michael Perez
2009 Erick DeLeon

Featherweights

1962 George Foster
1963 Nick Petrecca
1964 Marcus Anderson
1965 Marcus Anderson
1966 Richard Gillis
1967 Brooks Byrd
1968 Lorenzo Trujillo
1969 James Busceme
1970 James Busceme
1971 Louis Self
1972 Louis Self
1973 Maurice Watkins
1974 William Berry
1975 Ronnie Shields
1976 David Armstrong
1977 Bernard Taylor
1978 Bernard Taylor
1979 Roland Cooley
1980 Bernard Taylor
1981 Rodney Watts
1982 Shelton LeBlanc
1983 Andrew Minsker
1984 Victor Levine
1985 Kelcie Banks
1986 William Little
1987 Donald Stokes
1988 Ed Hopson
1989 Oscar de la Hoya
1990 Fernando Sepulveda
1991 Fernando Sanchez
1992 Michael Clark
1993 Guillermo Moreno
1994 Salvador Jasso
1995 Frank Carmona
1996 Floyd Mayweather, Jr.
1997 Jose Hernandez
1998 Aaron Torres
1999 Michael Evans
2000 Tyrone Harris
2001 Aaron Garcia
2002 Mickey Bey
2003 Carney Bowman
2004 Luis Del Valle
2005 Prentice Brewer
2006 Sadam Ali
2007 Hylon Williams, Jr.
2008 Keenan Smith
2009 Robert Rodriguez

Bantamweights

1962 James Moon
1963 Emanuel Steward
1964 Manuel Navarro
1965 Melvin Miller
1966 John North
1967 Earl Large
1968 Earl Large
1969 Oliver James
1970 David Kibby
1971 John Moreno
1972 Ray Theragood
1973 James Martinez
1974 Dan Hermosillo
1975 Miguel Ayala
1976 Bernard Taylor
1977 Wayne Lynumm
1978 Jackie Beard
1979 Ken Baysmore
1980 Myron Taylor
1981 Steve Cruz, Jr.
1982 Meldrick Taylor
1983 Jesse Benavides
1984 Robert Shannon
1985 Eugene Speed
1986 Fernando Rodriguez
1987 Fernando Rodriguez
1988 Sergio Reyes
1989 John West
1990 Sandtanner Lewis
1991 Aristead Clayton, Jr.
1992 Chris Hamilton
1993 Terrance Churchwell
1994 Errid Calderas
1995 Jorge Munoz
1996 Baldo Ramirez
1997 Evaristo Rodriguez
1998 Alfredo Torres
1999 Aaron Garcia
2000 Jose Aquiniga
2001 Rashiem Jefferson
2002 Rasheim Jefferson
2003 Sergio Ramos
2004 Torrence Daniels
2005 Gary Russell, Jr.
2006 Dfrain Esquivias
2007 Ronny Rios
2008 Ernesto Garza
2009 Jesus Magdaleno

Flyweights

1962 Ray Jutrus
1963 Freddie Garcia
1964 Donnie Broadway
1965 Roland Miller
1966 Nick Priola
1967 Roland Miller
1968 Rudy Barrientos
1969 Anthony Moreno
1970 Anthony Moreno
1971 James Martinez
1972 Greg Lewis
1973 Miguel Ayala
1974 Greg Richardson
1975 Leo Randolph
1976 Julio Rodriguez
1977 Orlando Maldonado
1978 William Johnson

1979 Jerome Coffee
1980 Jerome Coffee
1981 Ronnie Rentz
1982 Jesse Benavides
1983 Todd Hickman
1984 Les Fabri
1985 Johnny Tapia
1986 Anthony Wilson
1987 Carl Daniels
1988 Jesse Medina
1989 Sandtanner Lewis
1990 Timothy Austin
1991 Timothy Austin
1992 Aristead Clayton, Jr.
1993 Carlos Navarro
1994 Floyd Mayweather
1995 Kelly Wright
1996 Luis Perez
1997 Roberto Benitez
1998 Gerald Tucker
1999 Roberto Benitez
2000 Rashiem Jefferson
2001 Francisco Rodriguez
2002 Ronald Siler
2003 Ronald Siler
2004 Teon Kennedy
2005 Barry Dennis, Jr.
2006 Aaron Alafa
2007 Aaron Alafa
2008 Jorge Alague
2009 Louis Byrd

Light Flyweights

1975 Claudell Atkins
1976 Louis Curtis
1977 *Not Contested*
1978 Ricardo Sandoval
1979 Ricardo Sandoval
1980 Steven McCrory
1981 Jesse Benavides
1982 Jose Rosario
1983 Johnny Tapia
1984 Israel Acosta
1985 Arthur Johnson
1986 Michael Carbajal
1987 Eric Griffin
1988 Mark Johnson
1989 Eric Griffin
1990 Russell Roberts
1991 Daniel Davis
1992 James Harris
1993 Floyd Mayweather, Jr.
1994 Eric Morel
1995 Jauquin Gallardo
1996 Gerald Tucker
1997 Sergio Espinosa
1998 Bradley Martinez
1999 Brian Viloria
2000 Ronald Siler
2001 Aaron Alafa
2002 Rayonta Whitfield
2003 Austreberto Juarez
2004 Israel Crespo
2005 Roberto Ceron
2006 Luis Yanez
2007 Luis Yanez
2008 Louie Byrd
2009 Miguel Cartagena

Golden Gloves Tournament History

1927

NEW YORK SUB-NOVICE
112 George McDonald
118 John McMahon
126 Nick Collenstein
135 Al Giaco
147 Bob McKenna
160 Johnny Kelly
175 Eric Holmberg
Hvt Pete Meyer

NEW YORK OPEN
112 Terry Roth
118 Jimmy Burns
126 Eddie Reilly
135 Joe Spatola
147 Tommy O'Donnell
160 Mike Collins
175 George Hoffman
Hvt Jack Edwards

1928

CHICAGO OPEN
112 Jimmy Chase
118 Johnny Burns
126 George Root
135 Joe Kestian
147 Nick Fosco
160 Charley Benoit
175 Dave Maier
Hvt Walt Radka

NEW YORK SUB-NOVICE
112 Joe Siclari
118 Bill Denehy
126 Teddy Martin
135 Andy Young
147 Danny Auerbach
160 Tommy Huggins
175 Yale Rubin
Hvt Jerry Pavelic

NEW YORK OPEN
112 Al Santora
118 Tim Quinn
126 Tony Caragliano
135 Joey Rund
147 Ed Shaara
160 Eddie Herbat
175 Bob Olin
Hvt George Hoffman

INTER-CITY
112 Jimmy Chase
118 Joe Bosak
126 Tony Caragliano
135 Joey Rund
147 Danny Auerbach
160 Eddie Herbat
175 Dave Maier
Hvt George Hoffman

1929

CHICAGO OPEN
112 Jimmy Chase
118 Harry Garbell
126 Barney Ross
135 Roosevelt Haines
147 Bud Hammer
160 Johnny Ross
175 Eddie Wills
Hvt George Meyer

NEW YORK SUB-NOVICE
112 Jimmy Siclari
118 Steve Polanski
126 Tony Ventura
135 Howie Boyd
147 George Palmer
160 Milt Hutner
175 Artie Huttick
Hvt Ralph Murcia

NEW YORK OPEN
112 Izzy Ryan
118 Charley Manzy
126 Al Santora
135 Phil Rafferty
147 Sal Affinito
160 Freddy McGrail
175 Jim Morris
Hvt Ralph Ficucello

INTER-CITY
112 Jimmy Chase
118 Charley Manzy
126 Barney Ross
135 Phil Rafferty
147 Sal Affinito
160 Jimmy Amber
175 Jim Morris
Hvt Ralph Ficucello

1930

CHICAGO OPEN
112 Joe Espinosa
118 Paul Leberte
126 Benny Goldblatt
135 Chauncey Crain
147 Carl Ogren
160 Ed Steeve
175 Buck Everett
Hvt Grant Fortney

NEW YORK SUB-NOVICE
112 Nick DiSanto
118 Howie Williamson
126 Jerry Mazza
135 Bobby Carlton
147 Charley Hodson
160 Al White
175 Mike Vetrano
Hvt Max Glickman

NEW YORK OPEN
112 Jimmy Siclari
118 Johnny Mauro
126 Joe Comforti
135 Patsy Pasculli
147 Walt Palm
160 Andy Melia
175 Art Rodenbach
Hvt Chet Maten

INTER-CITY
112 Johnny Emmerick
118 Johnny Mauro
126 Joe Comforti
135 Patsy Pasculli
147 Karl Ogren
160 Ed Steeve
175 Buck Everett
Hvt Grant Fortney

1931

CHICAGO OPEN
112 Leo Rodak
118 Nick Scialaba
126 Don Gonzales
135 Scotty Sylvano
147 George Keenan
160 Fred Caserio
175 Jack Kranz
Hvt Johnny Long

NEW YORK SUB-NOVICE
112 Sammy Gariglione
118 Joe Grippi
126 Lew Mendelson
135 George Bobbey
147 Johnny Consiglio
160 Walt Percy
175 Sam Portney
Hvt Gus Hoffman

NEW YORK OPEN
112 Jimmy Martin
118 Al Roth
126 Tony Scarpati
135 Jim Farley
147 Phil Dardell

160 Andy Melia
175 Phil Gavriluk
Hvt Yustin Sirutis

Inter-City
112 Leo Rodak
118 Nick Scialaba
126 Don Gonzales
135 Scotty Sylvano
147 Phil Dardell
160 Fred Caserio
175 Jack Kranz
Hvt Yustin Sirutis

1932

Note: From 1928 through 1931, the Chicago Golden Gloves was open to all individuals, who came from various parts of the Midwest as well as the city of Chicago. In 1932, the sponsoring Chicago Tribune changed this format, so that only teams, sponsored by local newspapers outside of Chicago, were eligible to compete. Chicago itself had teams representing the north, the west, and south sides of the city, plus the Chicago Catholic Youth Organization (CYO) team, while newspapers in Gary, Ind. and other cities sponsored their own tournaments, the winners going to Chicago as the Gary team, etc. The New York Golden Gloves continued to be open to all individuals until 1939.

Chicago GG/Western Regionals
112 Al Soukop
118 Leo Rodak
126 Joe Roman
135 Henry Rothier
147 Johnny Phagan
160 Charley Niego
175 Verne Miller
Hvt Adam Smith

New York Sub-Novice
112 Vince DeLucca
118 Phil Solis
126 Pete Caracciola
135 Johnny Rouff
147 Eddie Kolb
160 Oscar Waxman
175 Pat O'Connell
Hvt Tom Pontecorre

New York Open
112 Lou Salica
118 Johnny DeFoe
126 Richie Carter
135 Billy Hogan
147 Sammy Kanterwitz
160 Mark Hough
175 Walter Morris
Hvt Johnny Rutherford

Inter-City
112 Lou Salica
118 Johnny DeFoe
126 Richie Carter
135 Billy Hogan
147 Johnny Phagan
160 Mark Hough
175 Verne Miller
Hvt Jerry Wright

1933

Chicago GG/Western Regionals
112 Johnny Baltzer
118 Johnny Ginter
126 Leo Rodak
135 Eddie Ward
147 Henry Rothier
160 Fred Caserio
175 Max Marek
Hvt Johnny Paychek

New York Sub-Novice
112 Sammy Vukas
118 Henry Mangano
126 Lenny Del Genio
135 Johnny Makar
147 Joe Presti
160 Gus Lesnevich
175 Al Valo
Hvt Al Walz

New York Open
112 Charley Green
118 Julie Katz
126 Pat Robinson
135 Dick Cabello
147 Eddie Kolb
160 Harry Balsamo
175 Bob Pastor
Hvt Steve Dudas

Inter-City
112 Johnny Baltzer
118 Julie Katz
126 Leo Rodak
135 Johnny Makar
147 Henry Rothier
160 Fred Caserio
175 Max Marek
Hvt Johnny Paychek

1934

Chicago GG/Western Regionals
112 Jesse Levels
118 Troy Bellini
126 Al Netlow
135 Frank Bojack
147 Danny Farrar
160 Billy Treest
175 Joe Louis
Hvt Otis Thomas

New York Sub-Novice
112 Joe Fratello
118 Ray Olivo
126 Lenny Alexander
135 Eddie Brooks
147 Rocco DeCosmo
160 Frank Conroy
175 Jack Vaccerelli
Hvt Larry Green

New York Open
112 Dick LiBrandi
118 Davey Crawford
126 Lou Camps
135 Frank Williams
147 Joey Ferrone
160 Mark Hough
175 Phil Sommese
Hvt Bob Pastor

Inter-City
112 Dick LiBrandi
118 Tommy Barry
126 Sedgewick Harvey
135 Frank Williams
147 Freddie Tyus
160 Mark Hough
175 Arlo Soldati
Hvt Bob Pastor

1935

Chicago GG/Western Regionals
112 Patsy Urso
118 Johnny Brown
126 Andy Scrivani
135 Mike Gamiere
147 King Wyatt
160 Dave Clark
175 Joe Bauer
Hvt Lorenzo Pack

New York Sub-Novice
112 Frank Levine
118 Patsy Erra
126 Aaron Seltzer
135 Izzy Eisenberg
147 Joe Comito
160 Frank Murphy
175 John McCrave
Hvt George Maselli

New York Open
112 George Coyle
118 Bill Genz
126 Johnny Cabello
135 Marty Pomerantz
147 Johnny Clinton
160 Chester Rogers
175 Phil Sommese
Hvt Jim Howell

Inter-City
112 George Coyle
118 Charley Villareale
126 Andy Scrivani
135 Sedgewick Harvey
147 King Wyatt
160 Dave Clark
175 Clint Bridges
Hvt Lorenzo Pack

1936

Chicago GG/Western Regionals
112 Jackie Wilson
118 Johnny Brown
126 Teddy Kara
135 Pete Lello
147 Chester Rutecki
160 Milt Shivers
175 Carl Vinciquerra
Hvt Paul Hartnek

New York Sub-Novice
112 Johnny Beaton
118 Frank Castro
126 Buddy Basilico
135 Marcus Cohn
147 Jack Norris
160 Phil Pollack
175 John Bartunek
Hvt Nate Wright

New York Open
112 Joe Wall
118 Petey Scalzo
126 Austin McCann
135 Murray Kravitz
147 Vince Pimpinella
160 Bobby Burke
175 George Brothers
Hvt Jim Howell

Inter-City
112 Jackie Wilson
118 John Brown
126 Austin McCann
135 Pete Lello
147 Vince Pimpinella
160 Al Wardlow
175 George Brothers
Hvt Jim Howell

1937

Chicago GG/Western Regionals
112 Jimmy Urso
118 Frankie Kainrath
126 Willie Joyce
135 Eddie Kozole
147 Verne Patterson
160 Al Wardlow
175 Herman West
Hvt Paul Hartnek

New York Sub-Novice
112 Johnny Sinotti
118 Norm Leonard
126 Tony Bianco
135 Johnny Tonkowich

147 Ray O'Connell
160 Bob Miller
175 Gus Alexander
Hvt Eddie Crawford

NEW YORK OPEN

112 Bill Speary
118 Sal Bartolo
126 Jackie Donovan
135 Joe Kelly
147 Jack Tolson
160 Harry Smith
175 Charley Jackson
Hvt Joe Matisi

INTER-CITY

112 Bill Speary
118 Frank Kainrath
126 Willie Joyce
135 Eddie Kozole
147 Verne Patterson
160 Al Wardlow
175 Charley Jackson
Hvt Joe Matisi

1938

CHICAGO GG/WESTERN REGIONALS

112 Kenny Lottman
118 Frankie Kainrath
126 Eddie Dempsey
135 Johnny Renna
147 Jim O'Malley
160 Cornelius Young
175 Linto Guerrieri
Hvt Dan Merritt

NEW YORK SUB-NOVICE

112 Sam DiPasquale
118 Harold Santos
126 Army Dascenza
135 Joe DiBella
147 Jerry Fiorello
160 Dick Fitzgerald
175 Henry Jones
Hvt Freddie Larkin

NEW YORK OPEN

112 Bill Speary
118 Johnny Aiello
126 Tony Saraullo
135 Steve Kukol
147 Phil Shea
160 Bill Addison
175 Gus Alexander
Hvt Harry Mullins

INTER-CITY

112 Bill Speary
118 Johnny Aiello
126 Eddie Dempsey
135 Steve Kukol
147 Jim O'Malley
160 Bill Addison
175 Linto Guerrieri
Hvt Curtis Sheppard

1939

The first "Tournament of Champions" (Eastern Regionals) held in New York's Madison Square Garden on March 14, 1939, and composed of twenty-three bouts in eight divisions from flyweight to heavyweight, was conducted by *The New York Daily News* Welfare Association under sanction of the Amateur Athletic Union. Participants were winners of municipal Golden Gloves tournaments sponsored by a total of thirty-two newspapers in New York, New Jersey, Pennsylvania, Virginia, North Carolina, Georgia, and Florida.

WESTERN REGIONALS

112 Vic Saccola
118 Chester Ellis
126 Tony Ancona
135 John Pleasant
147 Milt Jones
160 Ezzard Charles
175 Jimmy Reeves
Hvt Tony Novak

NEW YORK SUB-NOVICE

112 Felice Corvino
118 Jackie Pembridge
126 Larry Aglialoro
135 Artie DiPietro
147 Sal Barone
160 Dave McGuire
175 Walt Spiroch
Hvt Nat Walcoff

NEW YORK OPEN

112 Basil Jones
118 Eddie Forsner
126 Ray Robinson
135 Willie Smith
147 Tami Mauriello
160 Warren Jones
175 Henry Jones
Hvt Buddy Moore

EASTERN REGIONALS

112 Johnny Forte
118 Bill Speary
126 Ray Robinson
135 Ennis Johnson
147 Corkey Dulgarian
160 Vince Fratello
175 Henry Jones
Hvt Buddy Moore

INTER-CITY (NATIONALS)

112 Johnny Forte
118 Bill Speary
126 Ray Robinson
135 John Pleasant
147 Corkey Dulgarian
160 Pete Hantz
175 Jimmy Reeves
Hvt Buddy Moore

1940

WESTERN REGIONALS

112 Harold Dade
118 Dick Menchaca
126 Roy Lewis
135 Tony Ancona
147 Savior Canadeo
160 Joey Maxim
175 Jim Richie
Hvt Cornelius Young

NEW YORK SUB-NOVICE

112 Gus Levine
118 Walt McDermott
126 Joe Acro
135 Rocco Lescio
147 Melih Acba
160 Nat Peragine
175 Johnny Farris
Hvt Chester Racasi

NEW YORK OPEN

112 Demetrio Carabella
118 Eddie Finley
126 Lou Valentine
135 Ray Robinson
147 Tony Celentano
160 Jesse Washington
175 Stan Goicz
Hvt Keene Simmons

EASTERN REGIONALS

112 Demetrio Carabella
118 Johnny Aiello
126 Frankie Donato
135 Ray Robinson
147 Al Tribuani
160 Bob Jacobs
175 Andy Sfrisi
Hvt Ted Wint

INTER-CITY (NATIONALS)

112 Demetrio Carabella
118 Jimmy Joyce
126 Frankie Donato
135 Ray Robinson
147 Savior Canadeo
160 Joey Maxim
175 Jim Richie
Hvt Cornelius Young

1941

In 1941, the format for the Chicago Golden Gloves underwent another change, with a separate final for the city of Chicago prior to the Western Regionals. The Chicago CYO continued to send its own separate team to the Western Regionals until after World War II.

CHICAGO OPEN

112 Harold Dade
118 Ray Brown
126 Bill Jefferson
135 Robert Earl
147 Bob Satterfield
160 Roosevelt Thomas
175 Hezzie Williams
Hvt Clayton Worlds

WESTERN REGIONALS

112 Harold Dade
118 Dick Menchaca
126 Jack Haley
135 Tommy Campbell
147 George Horne
160 Charley Hayes
175 Hezzie Williams
Hvt Allen Aubrey

NEW YORK SUB-NOVICE

112 Lee Booker
118 Vic Resto
126 Phil Terranova
135 Doc Henry
147 Joey Kantor
160 Anton Petrak
175 Jim White
Hvt Art Jackson

NEW YORK OPEN

112 Diogenes Leon
118 Al Linton
126 Charley Davis
135 Willie Smith
147 Eddie Saunders
160 Dudley Watson
175 Danny Cox
Hvt Johnny Vetcher

EASTERN REGIONALS

112 Diogenes Leon
118 Lester McGowan
126 Charley Davis
135 Johnny Green
147 Charley Burley
160 Bernie Lanier
175 Lou Brooks
Hvt Henry Allen

INTER-CITY (NATIONALS)

112 Diogenes Leon
118 Dick Menchaca
126 Jack Haley
135 Johnny Green
147 Bob Burns
160 Charley Hayes
175 Hezzie Williams
Hvt Tim Still

1942

Chicago Sub-Novice
- 112 Bill Turpel
- 118 Harry Reid
- 126 Tony Montesanto
- 135 Tim Dalton
- 147 Jim Williams
- 160 Barney Burnett
- 175 Joey Kaposta
- Hvt Walt Moore

Chicago Open
- 112 Al Noto
- 118 Harold Dade
- 126 Elbert Adams
- 135 Bobby Dorgan
- 147 Tommy James
- 160 Harry Stephens
- 175 Charley Crump
- Hvt Hubert Hood

Western Regionals
- 112 Hank Ulrich
- 118 Jackie Graves
- 126 Sammy Derrico
- 135 Morris Corona
- 147 Bob Burns
- 160 Benny McCombs
- 175 Tommy Attra
- Hvt Hubert Hood

New York Sub-Novice
- 112 Tom Walker
- 118 Nick Picarello
- 126 Johnny Burke
- 135 Vince Gillis
- 147 Nick Toretto
- 160 Jerry LaStarza
- 175 Sam Springer
- Hvt Edmond White

New York Open
- 112 Mike Contestabile
- 118 Bill Legrere
- 126 Vic Resto
- 135 Gene Burton
- 147 Joe Bonman
- 160 Reggie Osborne
- 175 Clent Conway
- Hvt Jimmy Carollo

Eastern Regionals
- 112 Ralph McNeil
- 118 Al Turner
- 126 Tommy Rotolo
- 135 Gene Burton
- 147 Benny Deans
- 160 Joe Carter
- 175 Clent Conway
- Hvt Jimmy Carollo

Inter-City (Nationals)
- 112 Ralph McNeil
- 118 Jackie Graves
- 126 Tommy Rotolo
- 135 Morris Corona
- 147 Bob Burns
- 160 Joe Carter
- 175 Clent Conway
- Hvt Jimmy Carollo

1943

Chicago Sub-Novice
- 112 Art Margevas
- 118 Sammy Johnson
- 126 Louis Kick
- 135 Don Crilly
- 147 Cliff Fossman
- 160 Tony Reilly
- 175 Raul Diez
- Hvt Irv Cagan

Chicago Open
- 112 Georgie Adams
- 118 Dick Roche
- 126 Bert White
- 135 Tim Dalton
- 147 Jimmy Hunt
- 160 Bill Johnson
- 175 Reedy Evans
- Hvt Walter Moore

Western Regionals
- 112 Barry Darby
- 118 Earl O'Neal
- 126 Tony Janiro
- 135 Chuck Hunter
- 147 Morris Corona
- 160 Sampson Powell
- 175 Reedy Evans
- Hvt Walter Moore

New York Sub-Novice
- 112 Jose Paniagua
- 118 Pat Brady
- 126 Jim Green
- 135 Leonard Legree
- 147 Sal D'Ambrosio
- 160 Walt Sorenson
- 175 Johnny Stevens
- Hvt Steve King

New York Open
- 112 Tommy Walker
- 118 Warren McKnight
- 126 George Cooper
- 135 Max Grothe
- 147 Sandro Carubia
- 160 Joe Bennett
- 175 Jim Miller
- Hvt Eddie Irwin

Eastern Regionals
- 112 Cliff Smith
- 118 Bill Henderson
- 126 Jackie Floyd
- 135 Max Gonzalez
- 147 Sandro Carubia
- 160 Dale Hersche
- 175 Al LaBreque
- Hvt Eddie Irwin

Inter-City (Nationals)
- 112 Cliff Smith
- 118 Leroy Jackson
- 126 Tony Janiro
- 135 Chuck Hunter
- 147 Sandro Carubia
- 160 Sampson Powell
- 175 Reedy Evans
- Hvt Walter Moore

1944

Chicago Sub-Novice
- 112 Pete Gorman
- 118 Joey Plummer
- 126 Raul Reyes
- 135 Collins Jones
- 147 Bryant Glenn
- 160 Roy Straight
- 175 Joe Evans
- Hvt Jim Anderson

Chicago Open
- 112 Jackie Boyd
- 118 Herb Mashino
- 126 Louie Kick
- 135 Johnny Bratton
- 147 Harry Sparrow
- 160 Collins Brown
- 175 Charley Kuchara
- Hvt Luke Baylark

Western Regionals
- 112 Tommy Nate
- 118 Clay Johnson
- 126 Major Jones
- 135 Buddy Holderfield
- 147 Levi Southall
- 160 Collins Brown
- 175 Ray Standifer
- Hvt Orlan Ott

New York Sub-Novice
- 112 Bobby Allen
- 118 Esme Springer
- 126 Tony Delicata
- 135 Leon Johnson
- 147 Allen McKinney
- 160 Dom Modafferi
- 175 Roland LaStarza
- Hvt Wilodis Harmon

New York Open
- 112 Cecil Schoonmaker
- 118 Sam Chernoff
- 126 Frank Perone
- 135 Max Grothe
- 147 Jim Palmer
- 160 Hy Bronstein
- 175 Herb Kroeten
- Hvt Gerry Jackson

Eastern Regionals
- 112 Cecil Schoonmaker
- 118 Bill Hernandez
- 126 Frank Perone
- 135 Max Grothe
- 147 Jim Palmer
- 160 Hy Bronstein
- 175 Herb Kroeten
- Hvt Rayno Workman

Inter-City (Nationals)
- 112 Cecil Schoonmaker
- 118 Clay Johnson
- 126 Major Jones
- 135 Buddy Holderfield
- 147 Doug Ratford
- 160 Dick Young
- 175 Ray Standifer
- Hvt Ragon Kinney

1945

Chicago Sub-Novice
- 112 Richie Payne
- 118 Harry Scorzo
- 126 Tommy Hickey
- 135 Donnie Lonergan
- 147 Dan Darrah
- 160 Ronnie Soble
- 175 Walt Jackson
- Hvt Bob Bormet

Chicago Open
- 112 Jackie Boyd
- 118 Joey Plummer
- 126 Wray Carter
- 135 Bernard Paige
- 147 Caesar Douglas
- 160 Jim Barkes
- 175 Leroy Scales
- Hvt Luke Baylark

Western Regionals
- 112 Jackie Byrd
- 118 Bob Jarvis
- 126 Virgil Franklin
- 135 Bernard Paige
- 147 Gil Garcia
- 160 Johnny Garcia
- 175 Dolph Quijano
- Hvt Luke Baylark

New York Sub-Novice
- 112 Frank Sapone
- 118 Lou Castrilli
- 126 Johnny LaRusso
- 135 Angelo Luongo
- 147 Harry Preston
- 160 Clarence Wilkinson
- 175 Tommy Jordan
- Hvt Roscoe Stout

New York Open
- 112 Bill Simon
- 118 Frank Stefano
- 126 Johnny Pembridge
- 135 Eddie Murphy
- 147 Antonio Carmona
- 160 Charley Johnson
- 175 Roland LaStarza

Hvt Art and Gerald Jackson (co-champs)	118 Tommy Rhett	160 Greg Siragusa	NEW YORK SUB-NOVICE
	126 Lou Castrilli	175 Mike Franko	112 Sal Spinelli
EASTERN REGIONALS	135 George Fraser	Hvt Mike Figliuolow	118 Mike DiPasquale
112 Francisco Colon Garcia	147 Clarence Alleyne		126 Frank Grillo
118 Adolfo Castro Calderon	160 Richie Dallas	NEW YORK OPEN	135 Charley Ayala
126 Rafael Reveron	175 Bob Isler	112 Maurice Fredericks	147 Hugo Starace
135 Eddie Murphy	Hvt Lorenzo Johnson	118 Eddie Posey	160 Ernie Toretto
147 Laverne Roach		126 Bill Pesante	175 Gene Darconte
160 Howie Brodt	EASTERN REGIONALS	135 Gene Hairston	Hvt Charley Smallwood
175 Roland LaStarza	112 Asuncion Llanos	147 Bill Miller	
Hvt Gus Schlee	118 Adolfo Castro Calderon	160 Jerome Richardson	NEW YORK OPEN
	126 Joe Barrone	175 Johnny Stevens	112 Tommy Pennino
INTER-CITY (NATIONALS)	135 Rafael Benitez	Hvt Joe Lindsey	118 Maurice Fredericks
112 Francisco Colon Garcia	147 Cliff Hart		126 Billy Hazel
118 Adolfo Castro Calderon	160 Lubby Grant	EASTERN REGIONALS	135 Johnny Saxton
126 Wray Carter	175 Bob Isler	112 Asuncion Llanos	147 Ricky Agard
135 Elbert Highers	Hvt Gabby Marex	118 Johnny Breeze	160 Johnny Carr
147 Laverne Roach		126 Leo Kelly	175 Al Kohn
160 Howie Brodt	INTER-CITY (NATIONALS)	135 Andy DePaul	Hvt Coley Wallace
175 Roland LaStarza	112 Asuncion Llanos	147 Columbus Lonman	
Hvt Luke Baylark	118 Eddie Dames	160 Jerome Richardson	EASTERN REGIONALS
	126 Jackie Dicker	175 Johnny Stevens	112 Henry Gault
1946	135 Herschel Acton	Hvt Joe Lindsey	118 Juan Venegas
	147 Cliff Hart		126 Johnny Thompson
CHICAGO SUB-NOVICE	160 Gil Garcia	INTER-CITY (NATIONALS)	135 Johnny Saxton
112 Henry Pietrzyk	175 Bob Foxworth	112 Bob Holliday	147 Leland Dillon
118 Troy Spano	Hvt Gabby Marex	118 Bobby Bell	160 Floyd Morris
126 Johnny Montello		126 Eddie Marotta	175 Israel Quition
135 Gil Davis	**1947**	135 John LaBroi	Hvt Coley Wallace
147 Richie Adamczyk		147 Jackie Keough	
160 Joe Leudanski	CHICAGO SUB-NOVICE	160 Nick Ranieri	INTER-CITY (NATIONALS)
175 Jim Edwards	112 Tom Maxwell	175 Dan Bucceroni	112 Henry Gault
Hvt Johnny Holman	118 Mel Gordon	Hvt Richard Hagan	118 Juan Venegas
	126 Sam Faulisi		126 Johnny Thompson
CHICAGO OPEN	135 Frank Williams	**1948**	135 Johnny Saxton
112 Milt Dockins	147 George DeSmet		147 Dick Guerrero
118 Paul Iguchi	160 Art Harrill	CHICAGO SUB-NOVICE	160 Alvin Williams
126 Joey Plummer	175 Stan Mylinski	112 Vic Ciccio	175 Buddy Turner
135 Abe Lee	Hvt Henry Downey	118 Madison Morgan	Hvt Coley Wallace
147 Julio Menendez		126 Herb Holmberg	
160 Stan Shealey	CHICAGO OPEN	135 Alan Moody	**1949**
175 Sam Davis	112 Jim Murray	147 Jim Dennis	
Hvt Luke Baylark	118 Claude Cole	160 Bill Yelnick	CHICAGO SUB-NOVICE
	126 Luther Rawlings	175 Don Schuster	112 Harold Hawthorne
WESTERN REGIONALS	135 Dick Dalton	Hvt Harold Sullivan, Jr.	118 Eddie Curley
112 Keith Nuttall	147 Cliff Williams		126 Benny Meeks
118 Eddie Dames	160 Nick Ranieri	CHICAGO OPEN	135 Bob Williams
126 Jack Dicker	175 Fred Peeler	112 Joe Castaneda	147 Joey Lewis
135 Herschel Acton	Hvt Richard Hagan	118 Sam Pusateri	160 LeRoy Cooper
147 Julie Menendez		126 Curtis Walker	175 Billy Apostal
160 Stan Shealey	WESTERN REGIONALS	135 Donald Lupo	Hvt Paul Cheung
175 Bob Foxworth	112 Bob Holliday	147 Richard Guerrero	
Hvt Joe Frucci	118 Bobby Bell	160 Al Prislinger	CHICAGO OPEN
	126 Eddie Marotta	175 Sam Davis	112 Joe Castaneda
NEW YORK SUB-NOVICE	135 John LaBroi	Hvt Leon McClinton	118 Art Manzy
112 Eddie Posey	147 Jackie Keough		126 Eugene Robnett
118 Mike Tarentino	160 Nick Ranieri	WESTERN REGIONALS	135 Alan Moody
126 Danny Butler	175 Dan Bucceroni	112 Bob Holliday	147 Richard Guerrero
135 Bill Stockey	Hvt Richard Hagan	118 Mel Barber	160 Al Prislinger
147 Nick Kashuba		126 Fernando Rivera	175 Millard Baker
160 Al Becton	NEW YORK SUB-NOVICE	135 Herschel Acton	Hvt Desry Sykes
175 Walter Selden	112 Carmelo Ippolito	147 Richard Guerrero	
Hvt Wade Chancey	118 Jimmy Wilde	160 Alvin Willialms	WESTERN REGIONALS
	126 Frank DeGeorge	175 Buddy Turner	112 Artie Brown
NEW YORK OPEN	135 Bob Donnelly	Hvt Clarence Henry	118 Jack McCann
112 George Decker	147 Bobby Dawson		126 Gene Robnett

135 Gale Outhouse
147 Richard Guerrero
160 Joe Leudanski
175 Wes Bascom
Hvt Don Perko

New York Sub-Novice
112 Benny Artist
118 Carl Antonucci
126 Ralph DeLeon
135 Ernie Roberts
147 Eppie Alonzo
160 Tony Gandolfo
175 Al Rockwell
Hvt Ernie Kearns

New York Open
112 Ricky Versace
118 Joe Wamsley
126 Al Hunter
135 Al Niang
147 Johnny Saxton
160 Frank Patterson
175 Haywood Henry
Hvt Coley Wallace

Eastern Regionals
112 Gene Smith
118 Noel Humphreys
126 Al Hunter
135 Bobby Barns
147 Johnny Saxton
160 Roland Randell
175 Elliott Powers
Hvt Bob Baker

Inter-City (Nationals)
112 Gene Smith
118 Noel Humphreys
126 Gene Robnett
135 Gale Outhouse
147 Dick Guerrero
160 Roland Randell
175 Wes Bascom
Hvt Bob Baker

1950

Chicago Sub-Novice
112 Richie Heller
118 Levi Carlton
126 Dave Castaneda
135 Ovidio Melendez
147 Guillermo Rojas
160 Bobby Rice
175 Tom Quigley
Hvt Jim Allen

Chicago Open
112 Augustine Lopez
118 Joe Castaneda
126 Madison Morgan
135 Nate Morgan
147 Alan Moody
160 Al Prislinger
175 Dave James
Hvt Van Leonard

Western Regionals
112 Nate Brooks
118 Alberto Cruz
126 Pies Gilmore
135 Jimmy Burroughs
147 Dick Anderson
160 Junior Perry
175 Jesse Brown
Hvt Earl Sudduth

New York Sub-Novice
112 Ronnie D'Alboro
118 Tommy Roberts
126 Johnny DiGilio
135 Howie Speller
147 Iggy Fugazzotto
160 Maurice Haran
175 Lenny Florio
Hvt Mike Maye

New York Open
112 George Goodbeer
118 Ike Chestnut
126 Frankie Ryff
135 Tommy Davis
147 Eppie Alonzo
160 Herbie Hayes
175 Delopez Oliver
Hvt Gil Newkirk

Eastern Regionals
112 Sharkey Lewis
118 Tommy Nee
126 Frankie Ryff
135 Tommy Davis
147 Al Anderson
160 Freddie Manns
175 Johnny Boutiler
Hvt Norvel Lee

Inter-City (Nationals)
112 Nate Brooks
118 Alberto Cruz
126 Frankie Ryff
135 Jimmy Burroughs
147 Dick Anderson
160 Freddie Manns
175 Johnny Boutiler
Hvt Norvel Lee

1951

Chicago Sub-Novice
112 Ray Flippin
118 Rudy Paredes
126 Jerry Parafalo
135 Ray Conrad
147 Johnny Werbeck
160 Wilbur Fanning
175 Charley Stanford
Hvt Ernie Blackburn

Chicago Open
112 William Wayne
118 Joe Castaneda
126 Art Manzy
135 James Vaughn
147 Rufus Johnson
160 Richard Guerrero
175 Eddie Jones
Hvt Toxie Hall

Western Regionals
112 Pat Riley
118 Nate Brooks
126 Ken Davis
135 Bobby Bickle
147 Willard Henry
160 Richard Guerrero
175 Bobby Jackson
Hvt Ernest Fann

New York Sub-Novice
112 Edgar Perkins
118 Carmelo Costa
126 Danny Mendoza
135 Ernest Anthony
147 Horace Creary
160 Nick Martino
175 Julius Griffin
Hvt Jim Strachin

New York Open
112 Charley Toomer
118 Sam Lawry
126 Frankie Ryff
135 Ed James
147 Randy Sandy
160 Floyd Patterson
175 Ned Hicks
Hvt Mike Maye

Eastern Regionals
112 Sharkey Lewis
118 Lou Perez
126 Frankie Ryff
135 Juan Curet
147 Randy Sandy
160 Floyd Patterson
175 Eldridge Thompson
Hvt Mike Maye

Inter-City (Nationals)
112 Sharkey Lewis
118 Nate Brooks
126 Kenny Davis
135 Bobby Bickle
147 Randy Sandy
160 Dick Guerrero
175 Bobby Jackson
Hvt Mike Maye

1952

Chicago Sub-Novice
112 Bob Jemilo
118 Frank Monte
126 John LaPlaca
135 Johnny Walker
147 Jim Gumm
160 Gus Chukas
175 Dock Alexander
Hvt Johnny Coleman

Chicago Open
112 George Hildebrand
118 Jack Corvino
126 Ralph Capone
135 Benny Meeks
147 James Vaughn
160 William Tate
175 Eddie Jones
Hvt Harold Sullivan

Western Regionals
112 Kenneth Wright
118 Jimmy Hairston
126 Ken Davis
135 Isaac Vaughn
147 Herschel Acton
160 Carl Blair
175 Eddie Jones
Hvt Ed Sanders

New York Sub-Novice
112 Rafael Montanez
118 Sam Rollins
126 Bert Bailey
135 Joe Tufaro
147 Tony DiBiase
160 Bill Haigler
175 Johnny Jenkins
Hvt George Booton

New York Open
112 Jackie Spurgeon
118 Edgar Perkins
126 Carmelo Costa
135 Tommy Roberts
147 Ernest Anthony
160 Richie Hill
175 Floyd Patterson
Hvt Alex Brown

Eastern Regionals
112 Jackie Spurgeon
118 Bob Woodland
126 Ike Chestnut
135 Tommy Roberts
147 Ernest Anthony
160 Neal Rivers
175 Floyd Patterson
Hvt Norvel Lee

Inter-City (Nationals)
112 Jackie Spurgeon
118 Jimmy Hairston
126 Kenny Davis
135 Ike Vaughn
147 Ernest Anthony
160 Carl Blair
175 Floyd Patterson
Hvt Norvel Lee

1953

Chicago Sub-Novice
112 Gerry Blaney
118 Cleophus Elopy
126 Billy Bertucci

135 Luther Bedford
147 Bobby Wheeler
160 Georgie Sandifer
175 Horace Brooks
Hvt Lee Moore

CHICAGO OPEN
112 Robert McGee
118 Scott Morgan
126 Joe Catalano
135 Emanuel Aghassi
147 James Vaughn
160 Abe Linnear
175 Eddie Jones
Hvt Ernest Blackburn

WESTERN REGIONALS
112 Pete Melendez
118 Dick Martinez
126 Johnny Butler
135 Herb Mickles
147 Richard Wall
160 William Tate
175 Cal Butler
Hvt Sonny Liston

NEW YORK SUB-NOVICE
112 Clarence Brown
118 Tony DeCola
126 Bill August
135 Bill Flamio
147 Harry Bonnette
160 Johnny McCarthy
175 John Bergland
Hvt Johnny Murphy

NEW YORK OPEN
112 Jackie Spurgeon
118 Sam Rollins
126 Edson Brown
135 Ben Artist
147 Tony DiBiase
160 Angelo DeFendis
175 Eddie Smith
Hvt Julius Griffin

EASTERN REGIONALS
112 Jackie Spurgeon
118 Jimmy Lane
126 Edson Brown
135 Tommy Davis
147 Tony DiBiase
160 Bill Ford
175 Harold Carter
Hvt Julius Griffin

INTER-CITY (NATIONALS)
112 Joe DeMeyer
118 Dick Martinez
126 Johnny Butler
135 Herb Mickles
147 Tony DiBiase
160 Bill Tate
175 Harold Carter
Hvt Sonny Liston

1954

CHICAGO SUB-NOVICE
112 Tony Coronna
118 Harold Johnson
126 Charley Spruel
135 Oscar Bullard
147 Maury Brown
160 Herron Jackson
175 Moses Walker
Hvt Tommy Dean

CHICAGO OPEN
112 Prince Johnson
118 Scott Morgan
126 Emanuel Aghassi
135 Louis Carr
147 Ulysses Campbell
160 James Beard
175 Sylvester Armstrong
Hvt Leandrew Moore

WESTERN REGIONALS
112 Bernie Dean
118 Alfredo Escobar
126 Joe Charles
135 Phil Horsley
147 Rudy Sawyer
160 Paul Wright
175 Orville Pitts
Hvt Garvin Sawyer

NEW YORK SUB-NOVICE
112 Bob St. John
118 Ray Baker
126 Pete Toro
135 Tony Puleo
147 Bob Mahone
160 Rudy Corney
175 Otha Miller
Hvt George Brantley

NEW YORK OPEN
112 Joe Belleau
118 Tony DeCola
126 Edson Brown
135 Bert Bailey
147 Distino Lois
160 Harry Bonnette
175 Hosie Boil
Hvt Julius Griffin

EASTERN REGIONALS
112 Joe Belleau
118 George Davis
126 Harry Smith
135 Ernie Williams
147 Reybon Stubbs
160 Johnny Morris
175 Dick Hill
Hvt Lenny Kanthal

INTER-CITY (NATIONALS)
112 Joe Belleau
118 Alfredo Escobar
126 Harry Smith
135 Ernie Williams
147 Reybob Stubbs
160 Paul Wright
175 Orville Pitts
Hvt Lenny Kanthal

1955

CHICAGO SUB-NOVICE
112 Alfonso Weston
118 Chuck Blasco
126 Bobby Reilly
135 Tommy Cawley
147 Grady Jordan
160 Ernest Terrell
175 Billy Hough
Hvt Tommy Fields

CHICAGO OPEN
112 Anthony Caronna
118 Prince Johnson
126 Emanuel Aghassi
135 Bobby Rogers
147 Virel Marcy
160 Fred Ruebe
175 Alonzo Joiner
Hvt Joe Taylor

WESTERN REGIONALS
112 Tommy Reynolds
118 Don Eddington
126 Harry Smith
135 William Morton
147 Richard Wall
160 Jesse Bowdry
175 Eddie Jenkins
Hvt Eddie Catoe

NEW YORK SUB-NOVICE
112 Pete Spanakos
118 Nick Spanakos
126 Vince Breen
135 Ralph Hicks
147 Billy Ramos
160 Danny Russo
175 George Grundy
Hvt Rudy Graves

NEW YORK OPEN
112 Al Pell
118 Bob St. John
126 Bobby Jackson
135 Billy Pickett
147 Jimmy Archer
160 Rudy Corney
175 John Henry
Hvt Roy Bullock

EASTERN REGIONALS
112 Jose Regores
118 Bob St. John
126 Walt Taylor
135 Tommy Schafer
147 Jimmy Archer
160 Rudy Corney
175 Johnny Horne
Hvt Roy Bullock

INTER-CITY (NATIONALS)
112 Tommy Reynolds
118 Donald Eddington
126 Walt Taylor
135 Manny Davis
147 Jimmy Archer
160 Rudy Corney
175 Johnny Horne
Hvt Eddie Catoe

1956

CHICAGO SUB-NOVICE
112 Brian O'Shea
118 Jimmy Clark
126 Rudy Avitia
135 Shadie Griggs
147 Bobby Erickson
160 Pete McFadden
175 Monroe Allen
Hvt Isaiah Burchett

CHICAGO OPEN
112 Louis Beuschlein
118 Ronald Jones
126 Fred Morish
135 Maurice Brown
147 Virel Marcy
160 Ken Kaner
175 Ernest Terrell
Hvt Joe Cutts

WESTERN REGIONALS
112 Pete Melendez
118 Vince Doniero
126 Leroy Jeffrey
135 Joe Shaw
147 Leon Brooks
160 Ed Cook
175 Jim Boyd
Hvt Solomon McTier

NEW YORK SUB-NOVICE
112 Angel Santiago
118 Tony Basile
126 Vince Shomo
135 George Brown
147 Art Seabrooke
160 George Bass
175 Allen Hudson
Hvt Nat Dixon

NEW YORK OPEN
112 Al Pell
118 Pete Spanakos
126 Vince Breen
135 Juan Melendez
147 John Chavis
160 Juan Pomare
175 John Henry
Hvt George Brantly

EASTERN REGIONALS
112 Jose Regores
118 Pete Spanakos
126 Vince Breen

Amateur

135 Tommy Schafer
147 Dick Hall
160 Juan Pomare
175 Alonzo Johnson
Hvt Johnny Harper

INTER-CITY (NATIONALS)
112 Pete Melendez
118 Al Pell
126 Vince Breen
135 Joe Shaw
147 Dick Hall
160 Juan Pomare
175 Alonzo Johnson
Hvt Johnny Harper

1957

CHICAGO OPEN
112 Sammy Giancola
118 Anthony Caronna
126 Brian O'Shea
135 Paul Boidy
147 Eddie Allen
160 Ernest McClendon
175 Ernest Terrell
Hvt Arthur Norris

WESTERN REGIONALS
112 Jimmy Jackson
118 Tommy Reynolds
126 Brown McGhee
135 Billy Braggs
147 Joe Shaw
160 Leotis Martin
175 Ernest Terrell
Hvt Joe Hemphel

NEW YORK SUB-NOVICE
112 Tony Tozzo
118 Angel Cruz
126 Charley Zarsky
135 Joe Logan
147 Charley Wormley
160 Johnny James
175 Ed Bramlett
Hvt Gene Glenn

NEW YORK OPEN
112 Al Pell
118 Tommy Smith
126 Reuben Pizzaro
135 Vince Shomo
147 Billy Pickett
160 Walt Reed
175 Jim Hargett
Hvt Nat Dixon

EASTERN REGIONALS
112 Al Pell
118 Don Morrison
126 Norm Smith
135 Vince Shomo
147 Jim Chavis
160 Tom Brown
175 Jim Hargett
Hvt Jim Gilliam

INTER-CITY (NATIONALS)
112 Al Pell
118 Tommy Reynolds
126 Brown McGhee
135 Bill Braggs
147 Joe Shaw
160 Ernie McClendon
175 Ernest Terrell
Hvt Joe Hemphill

1958

CHICAGO OPEN
112 Chris Rafter
118 Rory O'Shea
126 Fred Morish
135 Brian O'Shea
147 Maurice Burks
160 Maurice Oliver
175 Kent Green
Hvt Louis Coleman

WESTERN REGIONALS
112 Gil Yanez
118 Gil Higginbotham
126 Fred Morish
135 Billy Collins
147 Dave Holman
160 Wilbert McClure
175 Kent Green
Hvt Dan Hodge

NEW YORK SUB-NOVICE
112 Vern Alfred
118 Don Feehan
126 Jim Timms
135 Harold Richardson
147 Lenny Weiner
160 Tony Iovino
175 Joe Linge
Hvt Jim Williams

NEW YORK OPEN
112 Angel Morales
118 Tony Tozzo
126 Angel Cruz
135 Johnny Boyle
147 Emile Griffith
160 Jose Torres
175 Jim Hargett
Hvt Tommy Carcone

EASTERN REGIONALS
112 Antonio Castanon
118 Tony Tozzo
126 Norm Smith
135 Carmine Price
147 Emile Griffith
160 Jose Torres
175 Jim Hargett
Hvt Charley Hood

INTER-CITY (NATIONALS)
112 Antonio Castanon
118 Tony Tozzo
126 Norm Smith
135 Carmine Price
147 Emile Griffith
160 Jose Torres
175 Jim Hargett
Hvt Dan Hodge

1959

CHICAGO OPEN
112 Chris Rafter
118 Victor Perez
126 Mel Gonzales
135 Brian O'Shea
147 Wilson Harris
160 Manuel Pittman
175 Odis Walker
Hvt Jimmy Jones

WESTERN REGIONALS
112 Gil Yanez
118 Pat Moore
126 Don Eddington
135 Freddie Davis
147 Don Sargent
160 Leotis Martin
175 Cassius Clay
Hvt Jimmy Jones

NEW YORK SUB-NOVICE
112 Eddie Medina
118 Charley Morales
126 Al Dublin
135 Pat Riggio
147 Tommy Gallagher
160 Bruno Soccolich
175 Harold Simmons
Hvt Elliot Ellaba

NEW YORK OPEN
112 Angel Morales
118 Marcos Morales
126 Lloyd Weeks
135 Vince Shomo
147 Kenny Suhovosky
160 Carl Miner
175 Tony Madigan
Hvt Oscar Fields

EASTERN REGIONALS
112 Angel Morales
118 Luis Figueroa
126 Lloyd Weeks
135 Vince Shomo
147 Kenny Suhovosky
160 Mel Fulgham
175 Tony Madigan
Hvt Oscar Fields

INTER-CITY (NATIONALS)
112 Angel Morales
118 Luis Figueroa
126 Don Eddington
135 Vince Shomo
147 Ossie Marcano
160 Wilbert McClure
175 Cassius Clay
Hvt Sylvester Banks

1960

CHICAGO OPEN
112 Chris Rafter
118 Angel Olivera
126 Thomas O'Shea
135 Brian O'Shea
147 Jackie Holloway
160 Richard Gosha
175 John Lockhart
Hvt Jimmy Jones

WESTERN REGIONALS
112 Humberto Barrera
118 Pete Spanakos
126 Nick Spanakos
135 Brian O'Shea
147 Ferd Hernandez
160 Leotis Martin
175 Jeff Davis
Hvt Cassius Clay

NEW YORK SUB-NOVICE
112 Joe Cortez
118 Angelo Soto
126 Mike Cortez
135 Wendell Hauser
147 Norm Langford
160 Johnny Persol
175 Warren White
Hvt Ralph Woodberry

NEW YORK OPEN
112 Angel Morales
118 Ray Cruz
126 Jackie Kelly
135 Vince Shomo
147 Pete Toro
160 Teddy Pagan
175 Sylvester Banks
Hvt Billy Daniels

EASTERN REGIONALS
112 Tommy Mathis
118 Mike Loucas
126 Jackie Kelly
135 Vince Shomo
147 Pete Toro
160 Bobby Warthem
175 Bob Rutherford
Hvt Gary Jawish

INTER-CITY (NATIONALS)
112 Wayman Grey
118 Pete Spanakos
126 Nick Spanakos
135 Vince Shomo
147 Pete Toro
160 Leotis Martin
175 Jeff Davis
Hvt Cassius Clay

1961

CHICAGO OPEN
112 Cesar Garcia
118 Julio Ruiz

126	Raymond Plyman	175	Richard Gosha	126	Pete Spanakos	147	Dave Melendez
135	Thomas O'Shea	Hvt	Bennie Black	135	Flavio Toro	160	Willie Burton
147	Richard Gillford			147	Freddie DeVore	175	Forest Ward
160	Joe Lazarechi			160	Tommy Brennan	Hvt	Leroy Williams
175	James Alford			175	Don Waldheim		
Hvt	Howard Williams			Hvt	Charley Conway		

NEW YORK SUB-NOVICE (col 2)
- 112 Tony Beckles
- 118 Dino Pestrana
- 126 Jose Colon
- 135 Roscoe Gregory
- 147 Carl Williams
- 160 Eliseo Santos
- 175 Frank DePaula
- Hvt Sal Cusumano

WESTERN REGIONALS
- 112 Chico Marquez
- 118 Oscar German
- 126 James Anderson
- 135 Thomas O'Shea
- 147 Roy McMillian
- 160 James Ellis
- 175 Charles Williams
- Hvt Al Jenkins

NEW YORK SUB-NOVICE
- 112 George Colon
- 118 George Diaz
- 126 Enrique Costoso
- 135 Tommy Garrison
- 147 Tenny Morrison
- 160 Larry Price
- 175 Bobby Avena
- Hvt Vladimir Jezina

NEW YORK OPEN
- 112 Earl Spence
- 118 Joe Cortez
- 126 Nick Spanakos
- 135 Mike Cortez
- 147 Tommy Haynes
- 160 Johnny Persol
- 175 Simon Ramos
- Hvt Ray Patterson

EASTERN REGIONALS
- 112 Ray Jutras
- 118 Joe Cortez
- 126 Pat Brady
- 135 Mike Cortez
- 147 Tommy Haynes
- 160 Johnny Persol
- 175 Marion Connors
- Hvt Jimmy Rosette

INTER-CITY (NATIONALS)
- 112 Allen Lattmore
- 118 Joe Cortez
- 126 Jim Anderson
- 135 Mike Cortez
- 147 Ray McMillan
- 160 Johnny Persol
- 175 Marion Connors
- Hvt Ray Patterson

1962

CHICAGO OPEN
- 112 John Nate, Jr.
- 118 Gerald Evans
- 126 Archie Bailey
- 135 John Saylor
- 147 Rory O'Shea
- 160 Steve Applebury
- 175 Richard Gosha
- Hvt Bennie Black

NEW YORK SUB-NOVICE
- 112 Tony Beckles
- 118 Dino Pestrana
- 126 Jose Colon
- 135 Roscoe Gregory
- 147 Carl Williams
- 160 Eliseo Santos
- 175 Frank DePaula
- Hvt Sal Cusumano

NEW YORK OPEN
- 112 George Colon
- 118 Ray Cruz
- 126 Henry Costoso
- 135 Tommy Garrison
- 147 Tommy Haynes
- 160 John James
- 175 Levan Roundtree
- Hvt Ray Patterson

1963

CHICAGO OPEN
- 112 Richard Nate
- 118 John Nate, Jr.
- 126 Nick Petrecca
- 135 Parry Dixon
- 147 Rory O'Shea
- 160 James Davis
- 175 Richard Gosha
- Hvt Mark McNeeley

NEW YORK SUB-NOVICE
No Tournament

NEW YORK OPEN
No Tournament

1964

CHICAGO OPEN
- 112 Charles Pope
- 118 Richard Nate
- 126 Nick Petrecca
- 135 Thomas O'Shea
- 147 Robert Murray
- 160 Mose Little
- 175 Curtis Whitehead
- Hvt Bennie Black

NEW YORK SUB-NOVICE
- 112 Ramon Aviles
- 118 Jim Flores
- 126 Ulysses Mercer
- 135 Ray Torres
- 147 Carmelo Hernandez
- 160 Willie Burton
- 175 Charley Green
- Hvt Chuck Wepner

NEW YORK OPEN
- 112 Tony Beckles
- 118 Wilfredo Morales
- 126 Pete Spanakos
- 135 Flavio Toro
- 147 Freddie DeVore
- 160 Tommy Brennan
- 175 Don Waldheim
- Hvt Charley Conway

1965

CHICAGO OPEN
- 112 Willie Garrett
- 118 Sebastian Ramirez
- 126 Willie Taylor
- 135 Lee Gray
- 147 Jeremiah Davidson
- 160 Dayton Marshall
- 175 James Davis
- Hvt Frank Steele

NEW YORK SUB-NOVICE
- 112 Randy Horton
- 118 Florio DeJesus
- 126 Luis Hernandez
- 135 Bill McClendon
- 147 Tony Bowens
- 160 Elliot Miller
- 175 Tony Norris
- Hvt Dev Washington

NEW YORK OPEN
- 112 Gerry Abraham
- 118 George Colon
- 126 Ulysses Mercer
- 135 Luis Morales
- 147 Henry Castro
- 160 Willie Burton
- 175 Al Singletary
- Hvt Matt Blow

1966

CHICAGO OPEN
- 112 Willie Garrett
- 118 Antoine Miller
- 126 Mike Galostian
- 135 Bobby Carrillo
- 147 Alfred Lee
- 160 Franklin Wilson
- 175 James Davis
- Hvt Frank Steele

NEW YORK SUB-NOVICE
- 112 George Jones
- 118 Jose Nieves
- 126 Juan Ruiz
- 135 Bobo Akerson
- 147 Johnny Little
- 160 Johnny Burnside
- 175 Henry Jeter
- Hvt Tommy Connelly

NEW YORK OPEN
- 112 Luis Rosado
- 118 Pete Tom
- 126 Carl Trani
- 135 Ulysses Mercer
- 147 Dave Melendez
- 160 Willie Burton
- 175 Forest Ward
- Hvt Leroy Williams

1967

CHICAGO OPEN
- 112 Floyd Smith
- 118 *No Entries*
- 126 Antoine Miller
- 135 Eddie Lee Murray
- 147 Paul Salmassi
- 160 John Thomas
- 175 James Davis
- Hvt Frank Steele

NEW YORK SUB-NOVICE
- 112 Wilson Martin
- 118 Rogelio Gonzavez
- 126 George Barnham
- 135 Lepoldo Alvarado
- 147 Jose Rodriguez
- 160 Milledge Nix
- 175 Tom Robinson
- Hvt Joe Belton

NEW YORK OPEN
- 112 Carlos Hernandez
- 118 Davey Vasquez
- 126 Juan Ruiz
- 135 Ronald Trotman
- 147 Lloyd Coleman
- 160 Tom Bethea
- 175 Wayne McGee
- Hvt Forest Ward

1968

CHICAGO OPEN
- 112 General Cowans
- 118 Antoine Miller
- 126 Abdul Bey
- 135 Kasim Puskar
- 147 Henry Young
- 160 Luther Wray
- 175 McArthur Swindle
- Hvt Frank Steele

NEW YORK SUB-NOVICE
- 106 Phil Purdon
- 112 Israel Rivera
- 118 Edwin Viruet
- 126 Adolfo Viruet
- 135 Jose Toro
- 147 Ruben Melendez
- 160 Ray Hernandez
- 175 Ronald Oliver
- Hvt Pete Mueller

NEW YORK OPEN
- 106 *Not Contested*
- 112 Davey Vasquez
- 118 Bill Carter
- 126 Edwin & Vince Malave (co-champs)
- 135 Ronald Trotman

147	Bob Middlebrooks		
160	Donato Paduano		
175	Wayne McGee		
Hvt	Bob Williams		

1969

CHICAGO OPEN

112	Floyd Smith
118	General Cowans
126	Richard Koeppel
135	Kasim Puskar
147	Talbert Anderson
160	Dan Walsh
175	Leon Buchanan
Hvt	Fred Houpe

NEW YORK SUB-NOVICE

106	Hector Hernandez
112	Cris Mateo
118	Manny Rivera
126	Jose Rivera
135	Luis Torres
147	Shobe Streets
160	Jim Hargrove
175	Marv Daniels
Hvt	Herbert McGee

NEW YORK OPEN

106	Eduardo Santiago
112	Davey Vasquez
118	Wilson Martin
126	Edwin & Adolfo Viruet (co-champs)
135	Edwin Malave
147	Jose Rodriguez
160	Roy Edmonds
175	Angelo Nieves
Hvt	Wayne McGee

1970

CHICAGO OPEN

112	Ronald Quiroga
118	Isaac Vega
126	Frank Corona
135	Eddie Lee Murray
147	Fred Washington
160	John Gardner, Jr.
175	Thomas Phinizy
Hvt	Billy Boy Thompson

NEW YORK SUB-NOVICE

106	Charley Hunter
112	Johnny Britt
118	Dennis Freyre
126	Al Taylor
135	Wilfredo Ayala
147	Vito Antuofermo
160	Willie Classen
175	Rosey Bowman
Hvt	John Clohessy

NEW YORK OFFICE

106	Claudio Rivera
112	Eduardo Santiago
118	Bill Carter
126	Jose & Vilomar Fernandez (co-champs)
135	Ray Hammond
147	Harold Weston
160	Bob Middlebrooks
175	Serge Rodriguez
Hvt	Arnold Jenkins

1971

CHICAGO OPEN

112	Drew Bucaro
118	Floyd Smith
126	Robert Labon
135	Jacob Williams
147	Talbert Anderson
160	Tony Martinez
175	Tom Giacobbe
Hvt	Leroy Ellis

NEW YORK SUB-NOVICE

106	Dave Williams
112	Victor Morales
118	Donaldo Linares
126	Ernie Jackson
135	Domenico Monaco
147	Tyrone Phelps
160	Jose Ventura
175	Willie Taylor
Hvt	Leroy Jones

NEW YORK OPEN

106	Charley Hunter
112	Israel Rivera
118	Edwin Montalvo
126	Roy Taylor
135	Ray Hammond
147	Eddie Gregory
160	Bill Stewart
175	Nando Molyneaux
Hvt	Raul Gorosito

1972

CHICAGO OPEN

112	Mark Muscia
118	Drew Bucaro
126	Ronnie Walker
135	Tim Adams
147	Myron Kowalewycz
160	John Thomas
175	Leroy Ellis
Hvt	Billy Boy Thompson

NEW YORK SUB-NOVICE

106	Martin Rodriguez
112	David Capo
118	Pete Rivera
126	Bobby Alexander
135	Gil Gonzalez
147	Ernie Johnson
160	Mike Bowser
175	Tony Bullen
Hvt	Earious Tripp

NEW YORK OPEN

106	Dave Williams
112	Johnny Britt
118	Richie Harris
126	Roy Taylor
135	Jimmy Brackett
147	Eddie Gregory
160	Tom Chestnut
175	Nando Molyneaux
Hvt	Leroy Jones

1973

CHICAGO OPEN

112	Frank Smith
118	Steve Crowe
126	Abdul Bey
135	Tim Adams
147	Joseph Armour
160	Fred Reed
175	Moses Gray
Hvt	Fred Houpe

NEW YORK SUB-NOVICE

106	Rodney Jones
112	Tony Stokes
118	Tony Santana
126	Howard Davis
135	Marco Barahona
147	Victor Cherco
160	Gerry Cooney
175	Sam Campbell
Hvt	Eric George

NEW YORK OPEN

106	Jamie Mercado
112	Johnny Britt
118	Victor Vaddy
126	Bobby Alexander
135	Domenico Monaco
147	Al Fletcher
160	Chris Elliott
175	Eddie Davis
Hvt	Kevin Isaac

1974

CHICAGO OPEN

112	Tony Reed
118	Frank Smith
126	Abdul Bey
135	Kevin Stanley
147	Jerry Brown
160	Al Clay
175	Preston Fourtney
Hvt	Tom Giacobbe

NEW YORK SUB-NOVICE

106	Pedro Alvarado
112	Ismael Maldonado
118	Toney Bruce
126	Marcial Santiago
135	Carlos Paneto
147	Johnny Hayes
160	Jerry Johnson
175	Earl Leon
Hvt	Mike Orrach

NEW YORK OPEN

106	Gabe Perillo
112	Tony Stokes
118	Tony Santana
126	Howard Davis
135	Terry Butler
147	Al Fletcher
160	Johnny Mills
175	Eddie Davis
Hvt	Greg Brazell

1975

CHICAGO OPEN

112	Michael Jones
118	Wayne Lynumn
126	Frank Smith
135	Paul Williams
147	Fred Washington
160	Eddie Straight
175	Fred Reed
Hvt	Daron Anthony

NEW YORK SUB-NOVICE

106	Steve Price
112	Paul DeVorce
118	Frank Corvino
126	Percy Johnson
135	Bobby Rodriguez
147	Kevin Rooney
160	Al Tobe
175	Willie Starling
Hvt	Bobby Castro

NEW YORK OPEN

106	Claudio Rivera
112	Johnny Barretto
118	John Verderosa
126	Howard Davis
135	Carlos & Julio Paneto (co-champs)
147	Luis Resto
160	Tom Chestnut
175	Johnny Davis
Hvt	James Clark

1976

CHICAGO OPEN

112	Michael Jones
118	Wayne Lynumn
126	Pedro Rios
135	Floyd Pearson
147	Luis Velez
160	Leroy Murphy
175	Sam Peters
Hvt	Daron Anthony

NEW YORK SUB-NOVICE

106	Hector Torres
112	Juan LaPorte
118	Stan Graham
126	Pedro Vilella

135	David Moore			112	Benny Santiago	139	Bryant Ware
147	Cliff Lee	**1978**		118	Jorge Vasquez	147	Pedro Vilella
160	Michael Creegan			126	Steve Boyd	156	Alex Ramos
175	Paul Christiani	CHICAGO OPEN		135	Jesus Serrano	165	Mike Martinez
Hvt	Mitchell Green	106	Andrew Jekiel	147	Jose Martinez	178	Porfirio Llanes
		112	Roosevelt McCullum	160	Leon Taylor	Hvt	Mitchell Green

NEW YORK OPEN
- 106 Julio Matos
- 112 James McNeece
- 118 Johnny Barretto
- 126 John Verderosa
- 135 Howard Davis
- 147 Luis Resto
- 160 Kenny Bristol
- 175 Johnny Davis
- Hvt Gerry Cooney

1977

CHICAGO OPEN
- 106 Andrew Jekiel
- 112 Ronald Clifford
- 119 Wayne Lynumn
- 125 Kenneth Daniels
- 132 Ali Karim Muhammad
- 139 Raymond Vaxter
- 147 Robert Hughes
- 156 Roosevelt Green
- 165 Leroy Murphy
- 178 Randy Smith
- Hvt Calvin Cross

NEW YORK SUB-NOVICE
- 106 Jimmy Gomez
- 112 Gino Gelormino
- 118 Carmelo Negron
- 126 Wilfredo Lanzo
- 135 Kenny Davis
- 147 Alex Ramos
- 160 Bobby Cruz
- 175 Male Hill
- Hvt Eddie Gregg

NEW YORK OPEN
- 106 Miguel Rosario
- 112 Paul DeVorce
- 118 Joe Nietro
- 126 Steve Price
- 135 Pedro Vilella
- 147 David Moore
- 160 Paul Christiani
- 175 Sam Campbell
- Hvt Mitchell Green

INTER-CITY
- 106 Miguel Rosario
- 112 Paul DeVorce
- 119 Wayne Lynumm
- 125 Steve Price
- 132 Roy Johnson
- 139 Pedro Vilella
- 147 David Moore
- 156 Roosevelt Green
- 165 Leroy Murphy
- 178 Randy Smith
- Hvt Mitchell Green

1978

CHICAGO OPEN
- 106 Andrew Jekiel
- 112 Roosevelt McCullum
- 119 Wayne Lynumn
- 125 Kenneth Daniels
- 132 Peter Sanchez
- 139 Paul Williams
- 147 Steve Williams
- 156 Brian Matthews
- 165 Randy Smith
- 178 Leroy Murphy
- Hvt Reynaldo Snipes

NEW YORK SUB-NOVICE
- 106 Dennis Price
- 112 Hector Camacho
- 118 Juan Cruz
- 126 Roberto Vinas
- 135 Billy Hernandez
- 147 Francisco Fuentes
- 160 Everett Conklin
- 175 Mike Miles
- Hvt Mel Hillard

NEW YORK OPEN
- 106 Miguel Rosario
- 112 Kenny Mitchell
- 118 Carmelo Negron
- 126 Richie Flores
- 135 Bill Costello
- 147 David Moore
- 160 Alex Ramos
- 175 Ronnie Huston
- Hvt Eddie Gregg

INTER-CITY
- 106 Miguel Rosario
- 112 Kenny Mitchell
- 118 Wayne Lynumm
- 125 Kenny Jones
- 132 Johnny Hodge
- 139 Bill Costello
- 147 David Moore
- 156 Alex Ramos
- 165 Randy Smith
- 178 Leroy Murphy
- Hvt Eddie Gregg

1979

CHICAGO OPEN
- 106 Gilbert Campos
- 112 Vincent Hudson
- 119 Wayne Lynumn
- 125 Victor Mobley
- 132 Wayne Ingram
- 139 Ron Clifford
- 147 Xzavier Frazier
- 156 Randy Smith
- 165 John Collins
- 178 Lee Roy Murphy
- Hvt William Hosea

NEW YORK SUB-NOVICE
- 106 Israel Ortiz
- 112 Benny Santiago
- 118 Jorge Vasquez
- 126 Steve Boyd
- 135 Jesus Serrano
- 147 Jose Martinez
- 160 Leon Taylor
- 175 Jerry Moody
- Hvt Mike Maloney

NEW YORK OPEN
- 106 Gregory Vicenty
- 112 Kenny Mitchell
- 118 Hector Camacho
- 126 Roberto Vinas
- 135 Martin Parham
- 147 David Moore
- 160 Alex Ramos
- 175 Ronnie Huston
- Hvt Mitchell Green

INTER-CITY
- 106 Miguel Rosario
- 112 Kenny Mitchell
- 119 Hector Camacho
- 125 Jose Antonetti
- 132 Dennis Cruz
- 139 Martin Parham
- 147 David Moore
- 156 Randy Smith
- 165 Alex Ramos
- 178 Lee Roy Murphy
- Hvt Mitchell Green

1980

CHICAGO OPEN
- 106 Julio Quezada
- 112 Roosevelt McCullum
- 119 Wayne Lynumn
- 125 Orlando Johnson
- 132 Peter Sanchez
- 139 Tom Jackson
- 147 Jake Torrence
- 156 John Collins
- 165 Randy Smith
- 178 Leroy Murphy
- Hvt Alfonso Ratliff

NEW YORK SUB-NOVICE
- 106 Johnny Picart
- 112 Wellington Rocafuerte
- 119 Alberto Maldonado
- 125 Pedro Hernandez
- 132 Angel Diaz
- 139 Mark Breland
- 147 Michael de la Rue
- 156 Rodney Brown
- 165 Michael Trapani
- 178 Juan Hernandez
- Hvt Carl Williams

NEW YORK OPEN
- 106 Miguel Rosario
- 112 Kenny Mitchell
- 119 Hector Camacho
- 125 Roberto Vinas
- 132 Jesus Serrano
- 139 Bryant Ware
- 147 Pedro Vilella
- 156 Alex Ramos
- 165 Mike Martinez
- 178 Porfirio Llanes
- Hvt Mitchell Green

INTER-CITY
- 106 Miguel Rosario
- 112 Roosevelt McCullum
- 119 Wayne Lynumm
- 125 Hector Camacho
- 132 Jesus Serrano
- 139 Bryant Ware
- 147 Pedro Vilella
- 156 Johnny Collins
- 165 Randy Smith
- 178 Leroy Murphy
- Hvt Alphonso Ratliff

1981

CHICAGO OPEN
- 106 Tony Roberts
- 112 Roosevelt McCullum
- 119 Jesse Torres
- 125 Charlie Brown
- 132 Primo Ramos
- 139 J.C. Camell
- 147 Ephriam Bennett
- 156 Brian Matthews
- 165 Randy Smith
- 178 Johnny Williams
- Hvt Craig Bodzianowski

NEW YORK SUB-NOVICE
- 106 Esteban Pierret
- 112 Jeronimo Maisonet
- 119 Ewart Chance
- 125 Felix Rodriguez
- 132 Jose Caraballo
- 139 Andre Coles
- 147 Ray Brewer
- 156 Douglas Harden
- 165 Edward Howard
- 178 Richard Brent
- Hvt Antonio Cinelli

NEW YORK OPEN
- 106 Luis Gonzales
- 112 Luis Hernandez
- 119 Tyrone Jackson
- 125 Wayne Anderton
- 132 Michael Dominguez
- 139 Roberto Mejia
- 147 Mark Breland
- 156 Ramon Nieto
- 165 Dennis Milton
- 178 David Sears
- Hvt Carl Williams

INTER-CITY
- 106 Luiz Gonzalez
- 112 John Picart
- 119 Tyrone Jackson
- 125 Charlie Brown

132 Michael Dominguez	**NEW YORK SUB-NOVICE**	178 Edwin Cruz	**NEW YORK OPEN**
139 Roberto Mejia	106 Rene Resto	201 Michael Bentt	106 David Villar
147 Mark Breland	112 Manuel Gago	SH Ronald Turner	112 Israel Rodriguez
156 Ramon Nieto	119 Gilberto Marcano		119 Kevin Kelley
165 Randy Smith	125 Jaime Paneto	**1985**	125 Jorge Rivas
178 Dave Sears	132 David Rodriguez		132 Davey Franco
Hvt Carl Williams	139 Felipe Parrilla	**CHICAGO OPEN**	139 Glenwood Brown
	147 Antonio Ratliff	No Tournament	147 Aaron Davis
1982	156 Robert Burton		156 Ray Rivera
	165 Patrick Frazier	**NEW YORK SUB-NOVICE**	165 Darrin Oliver
CHICAGO OPEN	178 David Harris	106 *No Entries*	178 Riddick Bowe
106 Jesus Rea	Hvt Schuyler Jackson	112 Enrique Sanchez	201 Michael Bent
112 Jeff Silva		119 Elvis de los Rios	SH Louis Savarese
119 Owen Putman	**NEW YORK OPEN**	125 Alexis Mejia	
125 Orlando Johnson	106 Ralph Rosario	132 Hector Cruz	**1987**
132 Derrick Hudson	112 Terry Branch	139 James Hackett	
139 J.C. Camell	119 Anthony James	147 Ian Howell	**CHICAGO OPEN**
147 Jeff Lanas	125 Luis Hernandez	156 Stewart Daniels	106 Freddie Campos
156 Lonnie Horn	132 Derick Batts	165 Martin Soriano	112 Ronald Dunlap
165 Ted Hutcherson	139 Felix Rosado	178 Kevin Daly	119 Joey Garcia
178 Ed Smith	147 Mark Breland	201 Mark Wizbicki	125 Ezequiel Olaque
201 I.V. Nalls	156 Dennis Milton	SH Martin Snow	132 Rodney Wilson
SH Al Evans	165 Chris Reid		139 Kevin Williams
	178 Gary Hope	**NEW YORK OPEN**	147 Gregory Hornburger
NEW YORK SUB-NOVICE	Hvt Ronald Turner	106 David Villar	156 Robert Kraak
106 Terry Branch		112 Israel Rodriguez	165 Jerry Williams
112 James Swanson	**1984**	119 Raymond Castro	178 Terry McGroom
119 Anthony James		125 Kevin Dickerson	201 Ken Murphy
125 Pedro Maisonet	**CHICAGO OPEN**	132 Alan Brown	SH James Hutcherson
132 Felix Rosado	106 Darryl Dawson	139 Paul Rivera	
139 Diomedes Colme	112 Daniel Garcia	147 Maurice Donovan	**NEW YORK SUB-NOVICE**
147 Clinton Matias	119 Martin Murcio	156 Ray Rivera	106 Louis Diaz
156 Ronald Brown	125 Kelcie Banks	165 Sal Di Fiore	112 Irving Pierre-Louis
165 Richard Burton	132 Patrick Bruce	178 Robert Williams	119 David Brown
178 Edwin Cruz	139 Howard Stewart	201 Roberto Zapata	125 Genaro Andujar
Hvt Angel del Villar	147 J.C. Camell	SH Sinclair Babb	132 Robert Alvarez
	156 Ron Amundsen		139 Juan Rivera
NEW YORK OPEN	165 Wayne Hankins	**1986**	147 Ray Gonzalez
106 Luis Gonzales	178 Bernard Hightower		156 Keith Patron
112 George Soto	201 Johnny Williams	**CHICAGO OPEN**	165 Donald Leonardo
119 Wellington Rocafuerte	SH Kimmuel Odum	106 *No Entries*	178 Roy Reid
125 Luis Hernandez		112 Joey Garcia	201 Mark Wizbicki
132 Felix Santiago	**NEW YORK SUB-NOVICE**	119 Rodney Wilson	SH Herbert Viel
139 Santos Vilella	106 *No Entries*	125 Ezequiel Olaque	
147 Mark Breland	112 Angelo Domenech	132 Curtis Strong	**NEW YORK OPEN**
156 Dennis Milton	119 Patrick Sullivan	139 Patrick Bruce	106 David Villar
165 Anthony Holt	125 Larry Leone	147 Ken Corcoran	112 Raymond Castro
178 Gerald Capobianco	132 Ronald McCall	156 Robert Kraak	119 Peter Nieves
Hvt Anthony Zampelli	139 Alberto Quinones	165 Terry McGroom	125 Sean Knight
	147 Juan Torres	178 Lonnie Horn	132 Eddie Hernandez
1983	156 Damien Eddie	201 Danny Nieves	139 Dwayne Webb
	165 Moses Lewis	SH Dan Sprecksel	147 William Wise
CHICAGO OPEN	178 Michael Contratti		156 Ray Rivera
106 Fernando Gonzalez	201 Ira Turner	**NEW YORK SUB-NOVICE**	165 Terminator Coles
112 Daniel Garcia	SH William Mobley	106 Peter Nieves	178 Kelvin Daly
119 Patrick Bruce		112 Anthony Perez	201 Webster Vinson
125 Orlando Johnson	**NEW YORK OPEN**	119 Robert Scott	SH Riddick Bowe
132 Nate Rush	106 *No Entries*	125 Kris Ragoonath	
139 Pat Moss	112 Manuel Gago	132 Ricardo Garcia	**1988**
147 J.C. Camell	119 Tracy Harris	139 Aureliano Sosa	
156 Ron Amundsen	125 Wayne Anderton	147 Darrin Poullard	**CHICAGO OPEN**
165 Ted Hutcherson	132 David Rodriguez	156 Michael King	106 Johnny Lewis
178 Johnny Williams	139 John Meekins	165 Angel Valentin	112 Joel Zapata
201 Anthony Willis	147 Mark Breland	178 Clinton Mitchell	119 Mike Garcia
SH Kimmuel Odum	156 Dennis Milton	201 Ike Padilla	125 Vince Letizia
	165 Anthony Gordon	SH Anthony Green	132 Rodney Wilson

139	Lorenzo Smith
147	David White
156	Jim Lutsch
165	Robert Fisher
178	Tony LaRosa
201	David Hopkins
SH	James Hutcherson

NEW YORK SUB-NOVICE

106	Ishmael Sanders
112	Gilberto Gallego
119	Junior Jones
125	Jose Santana
132	Derrick Frances
139	Jose Avila
147	Julio Morales
156	Jose Sanchez
165	Carlos Gonzalez
178	Fred Harris
201	Nathan Williams
SH	Anthony Ottah

NEW YORK OPEN

106	David Villar
112	Lionell Odom
119	Anthony Perez
125	Fred Liberatore
132	Sean Daughtry
139	Varise Waller
147	Joseph DeGuardia
156	Ronald McCall
165	Kenny Providence
178	Earnest Mateen
201	Michael Bent
SH	Riddick Bowe

1989

CHICAGO OPEN

106	Freddy Campos
112	Johnny Lewis
119	Jorge Vasquez
125	Mike Garcia
132	Bolivar Farfan
139	Cortez Box
147	Glen Hudson
156	Mark Kosevich
165	Jerry Williams
178	James Flowers
201	Kevin Cestone
SH	James Hutcherson

NEW YORK SUB-NOVICE

106	George Acevedo
112	Felipe Gomez
119	Robert Landetta
125	Noel Rodriguez
132	Simon Somerville
139	Jamal Gibson
147	Junior McLeod
156	Willie Douglas
165	Steven Davis
178	Louis Del Valle
201	George Walsh
SH	Wayne Penn

NEW YORK OPEN

106	David Villar
112	Lionel Odom
119	Junior Jones
125	Irving Pierre-Louis
132	Sean Knight
139	Sean Daughtry
147	Adrian Carew
156	Lonnie Davis
165	Arve Breidal
178	Earnest Mateen
201	Earl Niles
SH	Nathaniel Williams

1990

CHICAGO OPEN

106	*No Entries*
112	Ronald Dunlap
119	Jorge Vasquez
125	Jeffery Mason
132	Eddie Balderas
139	Jose Morales
147	Patrick Coleman
156	Darnell Wilson
165	Ken Bowman
178	Terry McGroom
201	Kevin Cestone
SH	Albert Rasho

NEW YORK SUB-NOVICE

106	Brian O'Shea
112	Sergio Ramirez
119	Carlos Torres
125	Jose Rodriguez
132	Douglas Gray
139	Angel Arroyo
147	Angel Torres
156	Junior Neequaye
165	Joseph Kenna
178	Ian Phillips
201	Kristof Szilard
SH	Kelvin Hale

NEW YORK OPEN

106	George Acevedo
112	Ishmael Sanders
119	Lionel Odom
125	Herbert Medina
132	Derrick Frances
139	Victor Miller
147	Sean Daughtry
156	Lonnie Bradley
165	Glenn Robinson
178	Richard Frazier
201	Michael Hospodar
SH	Raymond Anis

1991

CHICAGO OPEN

106	*No Entries*
112	Ronald Dunlap
119	Martin Carrillo
125	Mark Chears
132	Javier Jimenez
139	Rocky Martinez
147	John Sankey
156	Darnell Wilson
165	Anthony Stewart
178	Terry McGroom
201	Vaughn Bean
SH	Albert Rasho

NEW YORK SUB-NOVICE
No Tournament

NEW YORK OPEN
No Tournament

1992

CHICAGO OPEN

106	*No Entries*
112	Ronald Dunlap
119	Johnny Lewis
125	Mike Garcia
132	John Sutton
139	Rocky Martinez
147	Leonard Townsend
156	Darnell Wilson
165	Anthony Stewart
178	Fres Oquendo
201	Vaughn Bean
SH	Derrell Dixon

NEW YORK SUB-NOVICE

106	Juan Rodriguez
112	Carlos Rodriguez
119	Claudio Hidalgo
125	Eddie Maldonado
132	Louie Rosenthal
139	Hiram Richman
147	Anthony Zientek
156	James Butler
165	Bryant Mungo
178	Ed Reid
201	Jose Colon
SH	Bertram Billups

NEW YORK OPEN

106	David Villar
112	George Acevedo
119	Lionel Odom
125	Daniel Acevedo
132	Nick Acevedo
139	Emin Tokay
147	Sean Daughtry
156	Lonnie Bradley
165	Junior Neequaye
178	Mike Shepherd
201	Sulaiman Hamilton
SH	Pasquale Laino

1993

CHICAGO OPEN

106	Jose Berumen
112	Jesus Gonzalez
119	Ronald Dunlap
125	Jorge Vasquez
132	John Sutton
139	Rocky Martinez
147	Patrick Bruce
156	Alfredo Cuevas
165	Anwar Oshana
178	Anthony Stewart
201	Fres Oquendo
SH	Marcus Johnson

NEW YORK SUB-NOVICE

106	Glen Ghany
112	Maximino Cuevas
119	Francisco Payano
125	Wilgens Lively
132	Jimmy Posa
139	Norberto Frias
147	Kevin Larsen
156	Ernesto Escalera
165	Michael Addison
178	Derrick Reddick
201	John Rosado
SH	Ronald Brown

NEW YORK OPEN

106	Joseph S. Quiambao
112	Juan Rodriguez
119	Carlos Rodriguez
125	Felipe Gomez
132	Brian Adams
139	Luis Rosado
147	Rodney Brown
156	Miguel Osorio
165	Carl Jones
178	Gabriel Hernandez
201	Sulaiman Hamilton
SH	Harlise Watson

1994

CHICAGO OPEN

106	*No Entries*
112	Juan Bailon
119	Kirk Deeble
125	Miguel Gonzalez
132	Alejandro Atempa
139	David Diaz
147	James Pointer
156	Alfredo Cuevas
165	Anwar Oshana
178	Anthony Stewart
201	Nate Jones
SH	Albert Rasho

NEW YORK SUB-NOVICE

106	Vincent Lopez
112	Angel Perales
119	John Flannelly
125	Joey Colon
132	Fidelio Morel
139	Zabdiel Judah
147	Robert Quiles
156	Elijah McNeil
165	Eric Alexander
178	Harry Whaley
201	Monte Barrett
SH	Gary Bell

NEW YORK OPEN

- 106 Glen Ghany
- 112 Juan Rodriguez
- 119 Claudio Hidalgo
- 125 Javier Rivera
- 132 Jonathan Toliaferro
- 139 Luis Rosado
- 147 Roderick Thomas
- 156 Larry Merriman
- 165 Carl Jones
- 178 Gabriel Hernandez
- 201 Jose Colon
- SH Jonathan Grant

1995

CHICAGO OPEN

- 106 Roberto Colon
- 112 Juan Bailon
- 119 Evaristo Rodriguez
- 125 Jose Hernandez
- 132 David Gray
- 139 David Diaz
- 147 Raul Diaz
- 156 Sheldon Joy
- 165 Sean Stigger
- 178 Anthony Stewart
- 201 Fres Oquendo
- SH Albert Rasho

NEW YORK SUB-NOVICE

- 106 Francisco Rivera
- 112 Miguel Quintana
- 119 Emmanuel Lucero
- 125 Freddie Soto
- 132 Fernando Cazares
- 139 William Ballard
- 147 Corey Jones
- 156 Daniel Judah
- 165 Dennys Lozada
- 178 Danny Santiago
- 201 Sean Harris
- SH Anthony Hayes

NEW YORK OPEN

- 106 Ivan Calderon
- 112 Glen Ghany
- 119 Claudio Hidalgo
- 125 Javier Rivera
- 132 Brian Adams
- 139 Zabdiel Judah
- 147 Cihat Salman
- 156 James Butler
- 165 Carl Jones
- 178 Glenn Robinson
- 201 Jose Colon
- SH Kelvin Hale

1996

CHICAGO OPEN

- 112 Luis Perez
- 119 Evaristo Rodriguez
- 125 Jose Hernandez
- 132 Jesus Neris
- 139 David Diaz
- 147 Raul Diaz
- 156 Sheldon Joy
- 165 Robert Fisher
- 178 Jose Orozco
- 201 Nate Jones
- SH Steve Jay

NEW YORK SUB-NOVICE

- 106 Juan Diaz
- 112 Rafael Vazquez
- 119 Justo Sencion
- 125 Washington Hago
- 132 Rudy Rodriguez
- 139 Andre Eason
- 147 David Thomas
- 156 Efrain Ortiz
- 165 Kenneth McDermott
- 178 Shaun George
- 201 Jay Hobbs
- SH Ofrona Reid

NEW YORK OPEN

- 106 No Entries
- 112 Glen Ghany
- 119 Miguel Quintana
- 125 Richard Mantovani
- 132 Brian Adams
- 139 David Salgado
- 147 Jeffrey Resto
- 156 Tokunbo Olajide
- 165 George Walton
- 178 Glenn Robinson
- 201 Jose Colon
- SH Elfair McKnight

1997

CHICAGO OPEN

- 112 Luis Perez
- 119 Evaristo Rodriguez
- 125 Jose Hernandez
- 132 Patrick Ramirez
- 139 Patrick Mulkerrin
- 147 Jimmy Garcia
- 156 Sheldon Joy
- 165 Jorge Pacheco
- 178 Israel Echevarria
- 201 Chris Thomas
- SH Ruperto Chavez

NEW YORK SUB-NOVICE

- 106 Joel Martin
- 112 Wilson Ramos
- 119 Angel Rios
- 125 Darling Jimenez
- 132 Arnaldo Sanchez
- 139 Jamell Hamilton
  Sechew Powell
- 147 Luis Sanchez
- 156 Richard Sanchez
- 165 Louis Danzine
- 178 Terry Coleman
- 201 Andrew Hutchinson
- SH Erol Sadikovski

NEW YORK OPEN

- 106 Juan Diaz
- 112 Glen Ghany
- 119 Emmanuel Lucero
- 125 Freddie Soto
- 132 Vivian Harris
- 139 Victor Rosado
- 147 Christopher Smith
- 156 Travis Simms
- 165 Rodney Roper
- 178 Shaun George
- 201 Ricardo Ortega
- SH Nicholus Nurse

1998

CHICAGO OPEN

- 112 Luis Perez
- 119 Sean Mulkerrin
- 125 Damion McMullen
- 132 Humberto Raya
- 139 Jermaine Marks
- 147 Germaine Sanders
- 156 Jorge Pacheco
- 165 Fernando Hernandez
- 178 Nick Cook
- 201 Andrew Siwik
- SH James Peaet

NEW YORK SUB-NOVICE

- 106 Gilberto Agront
- 112 Jose Espinal
- 119 Max Daguizan
- 125 Paul Malignaggi
- 132 Marco Arauz
- 139 Gabriel Bracero
- 147 Luis Collazo
- 156 John Vargas
- 165 Roderick Soto
- 178 Elvir Muriqi
- 201 Anthony Hunter
- SH Taurus Sykes

NEW YORK OPEN

- 106 Juan Diaz
- 112 Glen Ghany
- 119 David Fabre
- 125 Darling Jiminez
- 132 Eugenio Nocelo
- 139 Ike Ezeji
- 147 Jamelle Hamilton
- 156 Eric Kelly
- 165 Ernesto Escalera
- 178 Troy Sampson
- 201 Jay Hobbs
- SH Yacoubou Moutakilou

1999

CHICAGO OPEN

- 112 Rafael Marquez
- 119 Oscar Arellano
- 125 Evaristo Rodriguez
- 132 Sean Mulkerrin
- 139 Jermaine Marks
- 147 Jimmy Gonzalez
- 156 Lloyd Stewart
- 165 Jorge Pacheco
- 178 Ottu Holyfield
- 201 Michael Bennett
- SH Melvin Brooks

NEW YORK SUB-NOVICE

- 106 No Entries
- 112 Robert Acevedo
- 119 Saleh Saleh
- 125 Juan Nazario
- 132 Rikard Vila
- 139 Raymond Briggs
- 147 Leon Hinds
- 156 Eddie Howe
- 165 Aneudi Santos
- 178 Damon Sinsabaugh
- 201 Jeffrey Mansfield
- SH Otto Brito

NEW YORK OPEN

- 106 Gilberto Agront
- 112 Jose Espinal
- 119 Fari Diaz
- 125 Darling Jiminez
- 132 Leroy Pierson
- 139 Gabriel Bracera
- 147 Joseph Rios
- 156 Eric Kelly
- 165 Daniel Jufah
- 178 Carlos Sanchez
- 201 Patrick Nwamu
- SH Elfair McKnight

2000

CHICAGO OPEN

- 112 Francisco Rodriguez
- 119 Francisco Tafoya
- 125 Alberto Galarza
- 132 Ricardo Delgado
- 139 Jorge Gonzalez
- 147 Jimmy Gonzalez
- 156 Rudy Cisneros
- 165 Michael Walker
- 178 Ottu Holyfield
- 201 Ed Gutierrez
- SH Russell Felger

NEW YORK SUB-NOVICE

- 106 No Entries
- 112 No Entries
- 119 Rodrigo Pastor
- 125 James Eason
- 132 Hector Lopez
- 139 Jose Cardona
- 147 Clarence Joseph
- 156 Richard Nazario
- 165 Roberto Guevarez
- 178 Richard Milanese
- 201 Newton Kidd
- SH Paul Gonzalez

NEW YORK OPEN

- 106 Akbar Walton
- 112 Gary Stark, Jr.
- 119 Ghadman Alsaidi
- 125 Juan Nazario
- 132 Darling Jiminez

139	Raymond Biggs		
147	Luis Collazo		
156	Mark Anene		
165	Eric Simmons		
178	Carlos Sanchez		
201	Sameh Elashry		
SH	Elfair McKnight		

2001

CHICAGO OPEN

112	Francisco Rodriguez
119	Ricky Alvarez
125	Josephs Balks
132	Ricardo Delgado
139	Adam Molinar
147	Jorge Gonzalez
156	Jimmy Gonzalez
165	Ottu Holyfield
178	Marchello Michuad
201	Malachy Farrell
SH	Russell Felger

NEW YORK SUB-NOVICE

106	Francisco Moore
112	Robert Semidei
119	Joselito Collado
125	Apollo Welch
132	Roberto Astacio
139	James Miller
147	Francisco Figueroa
156	Luis Rodriguez
165	James Onnikian
178	William Finegan
201	Adam Lachoff
SH	Vaughn Parham

NEW YORK OPEN

106	*No Entries*
112	Alvaro Hernandez
119	Gary Stark
125	James Eason
132	Paul Malignaggi
139	Dmitry Salita
147	Austin Joseph
156	Yuri Foreman
165	Robert Kucher
178	Carlos Sanchez
201	Newton Kidd
SH	Elfair McKnight

2002

CHICAGO OPEN

112	Francisco Rodriguez
119	Eduardo Manon
125	Ricky Alvarez
132	Ricardo Delgado
139	Eddie Brooks
147	Adam Fusinato
156	Manuel Cruz
165	Michael Walker
178	John Venesanakos
201	Dimar Ortiz
SH	Carl Davis

NEW YORK SUB-NOVICE

106	Victor Velazquez
112	Robert Phillips
119	Ariel Ramirez
125	Jorge Teron
132	Edgar Alcantara
139	Joseph Livingston
147	Javier Monserrate
156	Andrew Barrow
165	Owen Radway
178	Adam Willett
201	Kevin Boswell
SH	Michael Jakab

NEW YORK OPEN

106	*No Entries*
112	Robert Semidei
119	Gary Stark
125	Apollo Welch
132	Jason Rivera
139	Julio Cardenas
147	Alvin Acosta
156	Julian Townsend
165	Ronald Campbell
178	Curtis Steven
201	Luis Reyes
SH	Vaughn Parham

2003

CHICAGO OPEN

112	Francisco Rodriguez
119	Ivan Rodriguez
125	Ricky Alvarez
132	Francisco Tafoya
141	Eddie Brooks
152	Ninos Abraham
165	Donovan George
178	John Venesanakos
201	Jason Cook
SH	Chris Riley

NEW YORK SUB-NOVICE

106	Jorge Figueroa
112	Anthony LaPorte
119	Omarluis Pena
125	Danny Valle
132	Mike Ruiz
141	Omar Gonzalez
152	Kenneth Edward
165	Omar Maldonado
178	Ronald Newbold
201	Thomas Cadotte
SH	Shain Stuart

NEW YORK OPEN

106	Vincente Lopez
112	Robert Semidei
119	Robert Phillips
125	Apollo Welch
132	Jorge Teron
141	Joseph Livingston
152	Martin Wright
165	Joe Gren
178	Mateen Hamid
201	Damien Ripley
SH	Jerome Tabb

2004

CHICAGO OPEN

106	*No Entries*
112	Francisco Rodriguez
119	Ivan Rodriguez
125	Brian Lebron
132	Freddy Cantu
141	Marcos Equivel
152	Ninos Abraham
165	Dan Wolf
178	Cedric Agnew
201	Leslie Brown
SH	Stephen Bonner

NEW YORK SUB-NOVICE

106	Daniel Martinez
112	Juan Dominguez
119	Eddie Irizarry
125	Durrel Joseph
132	Edward Valdez
141	Carlos Juan Herrera
152	Abelardo Peralta
165	Raymond Rodriguez
178	William Jeter
201	Guillermo Garcia
SH	Derric Rossy

NEW YORK OPEN

106	Vincente Lopez
112	Robert Semidei
119	Anthony LaPorte
125	Luis Del Valle
132	Jorge Teron
141	Omark Gonzalez
152	Daniel Jacobs
165	Joe Greene
178	Jaidon Codrington
201	Kevin Boswell
SH	Angel Alston

2005

CHICAGO OPEN

109*	Calvin Luyando
112	*No Entries*
119	Jarred Blount
125	Ricky Alvarez
132	Marcos Esquivel
141	Eddie Brooks
152	Ninos Abraham
165	Louis Turner
178	Bolivar Farfan
200	Derek Zugic
SH	Felix Abner

*Calvin Luyando and Juan Vargas went through the preliminary rounds unopposed at 112 and 106 lbs., respectively. Luyando then outpointed Vargas at 109 in the finals.

NEW YORK NOVICE

106	*No Entries*
112	Christian Concepcion
119	Shemuel Pagan
125	Kristian Vasquez
132	Ronney Vargas
141	Michael O'Connor
152	Denis Douglin
165	Wezley Hobbs
178	Jonathan Jenkins
201	Miguel Tavera
SH	Shawn McLean

NEW YORK OPEN

106	Mervin Santan
112	Orlando Fontanez
119	Joselito Collado
125	Luis Del Valle
132	Christian Martinez
141	Javier Monserrate
152	Anthony Irons
165	Daniel Jacobs
178	Will Rosinsky
201	Guillermo Garcia
SH	Darrel Madison

2006

CHICAGO OPEN

106	*No Entries*
112	*No Entries*
119	Erik Estrada
125	David Del Rosario
132	Brian Lebron
141	Gianvito Bartucci
152	Nathan Valenzuela
165	George Carter
178	Cedric Agnew
200	Michael Smazenka
SH	Joe McMahon

NEW YORK NOVICE

106	Julian Ramphal
112	Jose Rivera
119	Khabir Suleymanov
	Sabir Suleymanov
125	Osvaldo Rivera
132	Bryan O'Connor
141	Antonio Arrellano
152	Lambros Karaolides
165	Phillip Jackson-Benson
178	Peter Lawson
201	Paul Royal
SH	Adam Kownacki

NEW YORK OPEN

106	*No Entries*
112	Christian Conception
119	Shemuel Pagan
125	Sadam Ali
132	Kristian Vasquez
141	Ronney Vargas
152	Leon Green
165	Danny Jacobs
178	William Rosinsky
201	Adam Willett
SH	Nagy Aguilera

2007

CHICAGO OPEN

106	*No Entries*

112 *No Entries*	112 Adan Ortiz	112 Contrelle Wright	123 Eduardo Martinez
119 Chris Strong	119 Darren Smith	119 Darres Smith	132 Miguel Guadarrama
125 David Del Rosario	125 Ricky Alvarez	125 Paul Settapani	141 Ed Brown
132 Russell Fiore	132 Noe Perez	132 Leonard Arguello	152 Genaro Mendez
141 Ramiro Carrillo	141 Ramiro Carrillo	141 Alex Martin	165 Paul Littleton
152 Nathan Valenzuela	152 Osvaldo Pacheco	152 Nathan Valenzuela	178 Armando Pina
165 Orpheus White	165 Junior Wright	165 Tracy Rollins	200 Robert Jekabson
178 Derik Zugic	178 Derek Zugic	178 Junior Wright	SH Jelani Foster
200 Blake Reed	200 Robert Jekabson	200 Lamar Fenner	
SH Erick Correa	SH Erick Correa	SH Lashawn Liston	

NEW YORK NOVICE

			106 *No Entries*
106 Vincent Guzman	106 Timothy Ramirez	106 *No Entries*	114 Hamzah Al Nuzaili
112 Jaime Stuart, Jr.	112 Anthony Caraman	112 Daveshua Sepulveda	123 Wilfredo Morales
119 Schavez Peters	119 Frankie Garrigo	119 Kelvin Heredia	132 Louis Cruz
125 Chazz McDowell	125 Hassan Harb	125 Trevis Hall	141 Idrissa Kamara
132 Vasiliy Zherebnenko	132 Anthony Karperis	132 Wesley Ferrer	152 Peter Dobson
141 Randy Triunfel	141 William Whitt	141 Jayquran Hazel	165 Frank Galarza
152 Steven Martinez	152 Walter Velazquez	152 Shawn Cameron	178 Michael Spiegel
165 Raul Nuncio	165 Marcus Browne	165 Vincenzo D'Angelo	201 Thomas Hardwick
178 Jay Rodriguez	178 Joseph Smith, Jr.	178 Leon Falconer	SH Elijah Thomas
201 Jose Soto	201 Ngoli Okafor	201 Stivens Bujaj	
SH Tor Hamer	SH Daniel Torres	SH Joseph Williams, Jr.	

NEW YORK OPEN

			106 *No Entries*
106 *No Entries*	106 *No Entries*	106 *No Entries*	114 Anthony Caramanno
112 Julian Ramphal	112 Raul Lopez	112 Julian Ramphal	123 Wilfredo Morales
119 Cristian Concepcion	119 Schavez Peters	119 Raul Lopez	132 Marlon Brown
125 Luis Del Valle	125 Emmanuel Gonzalez	125 Dominique James	141 Shemuel Pagan
132 Sadam Ali	132 Shem Pagan	132 Shemuel Pagan	152 Eddie Gomez
141 Joseph Llovet	141 Livingstone Joseph	141 Pedro Sosa	165 Travis Peterkin
152 Ronney Vargas	152 Steven Martinez	152 Steven Martinez	178 Marcus Browne
165 Danny Jacobs	165 Philip Jackson Benson	165 Naim Terbunja	201 Stivins Bujaj
178 William Rosinsky	178 William Rosinsky	178 David Thompson	SH Roberto Morban
201 Sal Potente	201 Mitchell Balker	201 Ngoli Okafar	
SH Nagy Aguilero	SH Tor Hamer	SH Adam Nownacki	

Notes: 1944 — Doug Ratford boxed as "Johnny Wilson" (Inter-City 147). 1945 — Dolph Quijano later disq. for having boxed pro (Western 175)

2008
CHICAGO OPEN
106 *No Entries*

2009
CHICAGO OPEN
106 *No Entries*

2010
CHICAGO OPEN
114 Adan Ortiz

National Diamond Belt Champions

The Diamond Belt was sponsored by the Hearst newspapers. National finals were held as follows: 1937 — December 13, 1937, Boston, Mass.; 1938 — January 7, 1939, Detroit, Mich.; 1939 — January 25, 1940, San Francisco, Calif.; 1940 — January 27, 1941, Boston, Mass.

1937

112	Manuel Ortiz
118	Dom Perfetti
126	Eddie Marcus
135	Gene Rankin
147	Bobby Mathias
160	Joe Baynes
175	Henry Mobley
Hvt	Joe Lubin

1938

112	*No Champion*
118	Dom Perfetti
126	Johnny Delsanno
135	Jimmy Edgar
147	Willard Hogue
160	Willis Hogue
175	Larry Chapman
Hvt	Howie Williams

1939

112	Kenny Lindsay
118	Mike Bernal
126	Bill Eddy
135	Tommy Campbell
147	Jimmy Edgar
160	Odell Riley
175	Danny Cox
Hvt	Ted Wint

1940

112	Diogenes Leon
118	Lester McGowen
126	Charley Davis
135	Don Wallenfang
147	Mickey Daniels
160	Charley Hayes
175	Tommy Piesha
Hvt	Connie Nordon

PART V

The Organization of the Sport

Weight Divisions and World Titles

Heavyweights

The heavyweight division is, essentially, the "open" class, having no weight limit. It was, in ancient times, the *only* class, as weight divisions were unknown.

When boxing was revived in the late seventeenth century, following a 1300-year hiatus, there were, again, no weight divisions. Smaller men, in time, took to sparring — and then competing — amongst themselves. By the mid–eighteenth century, men weighing ten-stone (140 pounds) or less were termed "lightweights." When "middleweights" — ten to eleven stone (140–154 pounds) — came in about fifty years later, the open class was finally called "heavyweight," the name it has retained, among professionals, to the present day.

The most serious dispute about who was world champion arose with the retirement of Jem Mace in 1870. Tom Allen beat Mike McCoole in the U.S., allegedly for the vacant title, and this championship passed from Allen to Joe Goss to Paddy Ryan to John L. Sullivan. In many British eyes, however, the "Great John L." was simply the American champion. Richard K. Fox, publisher of the highly influential *Police Gazette* in the U.S., proclaimed Jake Kilrain champion after the latter was acknowledged to have had the better of a 106-round bare knuckle "draw" with British champion Jem Smith. Sullivan subsequently beat Kilrain, but many still would not accept him as world champion, pointing to Charley Mitchell, and, especially, Peter Jackson, "The Black Prince" against whom Sullivan drew the "color line."

James J. Corbett knocked out John L. for the title under Queensberry Rules in 1892 and knocked out Charley Mitchell in his first defense. When a proposed defense against world middleweight champion Bob Fitzsimmons was called off after legal difficulties — boxing was still illegal in almost all parts of the U.S. — a disgusted Corbett announced his retirement, stating that the winner of a bout between Australian Steve O'Donnell and Ireland's Peter Maher would be his successor.

O'Donnell was then piloted by Corbett's own manager, Bill Brady, and the fight with the hard hitting but weak-chinned and rather limited Maher was an attempt to keep the title under Brady's management. Maher upset the applecart, however, knocking out O'Donnell in the first round.

Bob Fitzsimmons then knocked out Maher in the first round of a bout sponsored by the controversial Judge Roy Bean of Texas. The issue was further confounded when referee Wyatt Earp declared "Fitz" loser on a foul when the latter knocked out "Sailor Tom" Sharkey in the second round of a contest in San Francisco. Earp had been bribed ten thousand dollars for his efforts. No one accepted Sharkey as world champion, but Fitzsimmons' own "world title" had been tarnished.

Corbett subsequently emerged from retirement to face Fitzsimmons in a fight-to-the-finish under Queensberry Rules in Carson City, Nev. on St. Patrick's Day in 1897. Fitz, dropped in the sixth, knocked out Corbett with a wicked straight right to the belly in the fourteenth round.

Bill Brady had now taken over the management of James J. Jeffries, a big, strong ex-boilermaker dubbed the "California Grizzly Bear." "Jeff" stopped the faded Peter Jackson in three rounds in 1898, knocked out Fitzsimmons in June of the year following, and outpointed Sharkey in his first title defense. James J. Jeffries was called "Champion of Champions" by many, the first truly undisputed world heavyweight title holder under the gloved rules.

Jeffries announced his retirement in May 1905 and agreed to referee a bout between Marvin Hart and Jack Root for the vacant title. Hart knocked out Root in the twelfth round, but received scant recognition as champion, especially after Philadelphia Jack O'Brien won the world light heavyweight title from Bob Fitzsimmons several months later. "When Jeffries gave up the title, his honors naturally went back to Fitzsimmons," stated the erudite Philadelphian. "I beat Fitz. That makes me the champion." Many bought the logic.

Tommy Burns, a blown-up middleweight but a good fighter nonetheless, outpointed Hart in twenty rounds and went on to face O'Brien over the same distance. The fight ended in a draw, later said to have been pre-arranged to force a lucrative rematch that ended in a victory for Burns.

Burns proceeded to dispose of a host of largely unqualified "challengers," knocking out Bill Squires in California, England (in a fight promoted by the champion himself), and then in Squire's home country, Australia, where Burns finally agreed to face black challenger Jack Johnson on December 26, 1908.

Johnson stopped Burns in fourteen and returned to the U.S. to knock out world middleweight champion Stanley Ketchel in his first defense. The cry now arose for James J. Jeffries to emerge from retirement and "knock the golden smile" from Jack Johnson's face. Jeff reluctantly emerged, only to be knocked out in a relatively easy fight for Johnson on July 4, 1910.

The title passed from Johnson to Jess Willard to Jack Dempsey to Gene Tunney, who announced his retirement after stopping Tom Heeney in July 1928. Eliminations to find a new world

champion ended when Max Schmeling was declared the winner on a foul over Jack Sharkey in 1930, although the National Boxing Association did not accept Schmeling as champion until he halted Young Stribling in Cleveland the following year.

There was little or no argument as to who was champion from then until Joe Louis announced his retirement on March 1, 1949. The National Boxing Association sanctioned a fifteen-rounder between Ezzard Charles and Jersey Joe Walcott for the world title, while the British Boxing Board of Control agreed to recognize the winner of a bout between British champion Bruce Woodcock and Lee Savold.

Charles won a unanimous decision over Walcott, while Savold upset British hopes by stopping Woodcock in four rounds. Louis, who emerged from retirement and lost to Charles on September 27, 1950, subsequently knocked out Savold in six rounds. The BBBC then recognized Charles as world champion, although some British fans insisted there was no real new champion until Rocky Marciano knocked out Louis and then Walcott, who had kayoed Charles in an unprecedented fifth try at the title.

Floyd Patterson won the vacant title by knocking out Archie Moore after Marciano announced his retirement in April 1956. Patterson lost the crown to Sweden's Ingemar Johansson, regained it a year later, and then lost it via first round knockout to the much feared Sonny Liston. Cassius Clay took the title from Liston on February 25, 1964, announced he was a member of Elijah Muhammad's so-called "Black Muslim" movement, and, two weeks later, said he had been given a new name: Muhammad Ali.

The World Boxing Association withdrew recognition from Clay/Ali as world champion after he signed for a return bout with Liston, in violation of their rules. Ernest Terrell won the vacant WBA title by outpointing Eddie Machen, but received no popular recognition as world champion and lost to Ali on February 6, 1967.

Ali was shorn of his world title by all bodies after he refused induction into the U.S. Armed Forces in April 1967. The WBA announced an eight-man tournament to find a new champion, while the New York State Athletic Commission sanctioned a fifteen-rounder between Joe Frazier and Buster Mathis for their version of the championship. Frazier knocked out Mathis in eleven. The WBA tournament ran as follows:

First Round: Jimmy Ellis TKO'd Leotis Martin in nine
Thad Spencer won unanimous decision over Ernest Terrell
Oscar Bonavena won unanimous decision over Karl Mildenberger
Jerry Quarry won majority decision over Floyd Patterson
Semi-Finals: Jimmy Ellis won unanimous decision over Oscar Bonavena
Jerry Quarry TKO'd Thad Spencer in twelve
Final Round: Jimmy Ellis won majority decision over Jerry Quarry

Frazier halted Ellis in a title unification bout in 1970, and won a unanimous decision over a returned Muhammad Ali on March 8, 1971.

Frazier lost the title to George Foreman, who lost it to Ali in the 1974 "Rumble in the Jungle." Ali lost the crown to Leon Spinks, who forfeited recognition by the World Boxing Council by signing for a return bout against Ali rather than face Ken Norton, the WBC's mandatory challenger, who had won a fifteen-round split decision over Jimmy Young several months earlier.

Spinks lost the linear title back to Ali, who announced his retirement in June 1979. John Tate won a four-man elimination tournament to find a new WBA champion, while Norton lost the WBC title to Larry Holmes.

Holmes added luster to his crown by stopping a returned Ali in October 1980, while the WBA title passed from Tate to Mike Weaver, to Michael Dokes, to Gerrie Coetzee, to Greg Page, Tony Tubbs, Tim Witherspoon, and James (Bonecrusher) Smith. Holmes forfeited the WBC title in 1983, but accepted recognition from the newly formed International Boxing Federation. Tim Witherspoon won the vacant WBC title, then lost it to Pinklon Thomas, who lost it to Trevor Berbick. Holmes lost the IBF title to Michael Spinks in 1985. The IBF stripped Spinks of their crown in 1987 and crowned Tony Tucker the new champ when he outpointed Buster Douglas.

The stage was set for a new force in boxing — Mike Tyson, who stopped Trevor Berbick for the WBC title, convincingly outpointed Bonecrusher Smith for the WBA diadem, and similarly outscored Tony Tucker for the IBF title in a so-called "championship tournament" televised by HBO. Tyson then demolished Spinks inside a round to win what was now called the "linear" title in a fight billed "Once and for All."

Tyson lost the title to Buster Douglas in the greatest upset in the history of boxing. Douglas lost the title to Evander Holyfield in his first defense, while Holyfield lost the crown to Riddick Bowe.

Bowe had agreed to face the winner of the Lennox Lewis–Razor Ruddock bout when he signed to face Holyfield, but relinquished the WBC title — actually throwing his WBC championship belt into a trash can — rather than face Lewis, who had impressively demolished Ruddock inside of two rounds.

The WBC crowned Lewis their new champion, while Bowe lost his WBA/IBF and "linear" title back to Holyfield. The latter lost the title on a majority decision to Michael Moorer, who dropped it to forty-five year old George Foreman on a tenth round knockout in 1994.

Foreman lost WBA and then IBF recognition for inactivity and failure to defend against top ranked challengers. George accepted recognition from the newly formed U.K.–based World Boxing Union, but lost his "linear" title in a totally unsanctioned twelve-rounder against Shannon Briggs — a highly controversial decision that caused Briggs to receive very little recognition as world champion. Lewis then stopped Briggs inside four rounds, and faced Evander Holyfield, now the WBA and IBF champion, in a bout to unify the title. Lewis had the better of the contest, but the official verdict was a draw.

Lewis outpointed Holyfield in a return bout, reigned as champion until knocked out by Hasim Rahman, kayoed the latter in a return bout, and held the title until announcing his retirement on February 6, 2004.

Cruiserweights

Created in 1979 as part of the World Boxing Council's expansion of weight classes under new president Jose Sulaiman of

Mexico and quickly adopted by the World Boxing Association under the name "junior heavyweight." The designation, "cruiserweight," was taken from a name for the light heavyweight (q.v.) division used in the United Kingdom for several decades. The WBC set 195 as the weight limit for this class, while the WBA opted for 190; the former body readjusted to 190 after a year and a half. The newly established International Boxing Federation adopted this division in 1983. Evander Holyfield remains the only "undisputed" champion (at the time, recognition by all three world sanctioning bodies) of this division, which has now been adopted by all world, regional, national, and local boxing bodies.

Light Heavyweights

The light heavyweight division was created in 1899, shortly after the huge James J. Jeffries took the world heavyweight title from 168-pound Bob Fitzsimmons. Lou Houseman, boxing columnist for the *Chicago Inter-Ocean*, "invented" the division for an athletic "fair" held in Des Moines, Iowa, that also featured various (and largely bogus) "regional" title bouts in the established weight divisions. Joe Choynski, who defeated Australian Jimmy Ryan for the title in Des Moines, defended the crown twice in the next several months before he was defeated by Charles (Kid) McCoy at New York's Broadway Athletic Club in January 1900. No further mention was made of the weight class until 1903, when McCoy met Jack Root for the title over ten rounds at the Light Guard Armory in Detroit. Root won referee Bat Masterson's decision, but quickly lost the title to George Gardner, who lost it, in turn, to Bob Fitzsimmons. Philadelphia Jack O'Brien won the title from the latter in 1905, but preferred to claim the world heavyweight title, and the light heavyweight division all but fell into extinction over the next several years. The weight class, which had fluctuated from 165 to 175 pounds in its early years, was reestablished by Britain's National Sporting Club at 175 pounds when that body standardized existing weight divisions in 1909. Georges Carpentier became the first world champion recognized on both sides of the Atlantic in 1920, but the division (first called "cruiserweight" in California in 1913, a designation picked up by the British) was not taken seriously by the American public until the mid–1920s, when Paul Berlenbach popularized it in a series of defenses in New York.

The first serious contention as to who was the world champion occurred in 1938, when the New York State Athletic Commission withdrew recognition from reigning world champion John Henry Lewis and sanctioned a three-man elimination tournament that saw Tiger Jack Fox beat Al Gainer and face Melio Bettina for the title. Bettina stopped Fox inside nine rounds on February 3, 1939, to win the NYSAC version of the championship. John Henry Lewis announced his retirement on June 19, 1939.

The British Boxing Board of Control took the opportunity to set up its own world championship, recognizing Len Harvey as world champ when he defeated Jock McAvoy at London's White City on July 10. Three days later, Billy Conn outscored Bettina in Pittsburgh and was declared the world champ by the NBA as well as the New York Commission. Six months after that, the NBA withdrew recognition from Conn and sanctioned a fifteen-rounder between Anton Christoforidis and Melio Bettina for their version of the championship, Christoforidis winning a unanimous decision. In May, the New York State Athletic Commission forced Billy Conn to relinquish his title before he could face Joe Louis for the world heavyweight title at the Polo Grounds, and Gus Lesnevich won the NBA and NYSAC titles with a unanimous decision over Christoforidis. The British Board of Boxing Control continued to support Len Harvey and then Freddie Mills (who stopped Harvey for the title in June 1942) as champions until after World War II, when Lesnevich stopped Mills in London to completely unify the title.

Mills beat Lesnevich in a return bout, Joey Maxim took the crown from Mills in 1950, and thirty-nine year old Archie Moore took it from Maxim in his first ever chance at a world title on December 17, 1952.

Moore remained the undisputed champion for more than eight years before the National Boxing Association withdrew recognition of him as world champion and sanctioned a fifteen-rounder between Harold Johnson and Jesse Bowdry for the vacant title. Johnson stopped Bowdry in nine rounds and went on to outpoint Doug Jones for general recognition after the New York Commission and the European Boxing Union both stripped Moore of the championship in February 1962. Archie was then forty-five years old.

Willie Pastrano won the title on a split decision over Johnson on June 1, 1963. The Michigan State Commission sanctioned their own fifteen-round world title bout between their local, Henry Hank, and Eddie Cotton, when Pastrano did not sign to meet the former. Cotton won the fight, but lost Michigan's titular recognition when outpointed by the younger Johnny Persol in a Madison Square Garden ten-rounder on February 21, 1964.

The title passed from Pastrano to Jose Torres to Dick Tiger to Bob Foster, who forfeited WBA recognition for not defending against the top-rated Jimmy Dupree. A fight for the vacant WBA title saw Dupree stopped by Venezuela's Vicente Paul Rondon, who went down in two rounds against Bob Foster in a title unification bout on April 7, 1972.

Foster held the title until announcing his retirement from boxing in September 1974. The World Boxing Council sanctioned John Conteh versus Jorge Ahumada (who had drawn with Foster in the latter's last title defense, a bout that most thought Ahumada won), while the WBA gave its blessings to Victor Galindez versus Len Hutchins. The two resulting lines of world light heavyweight champions continued until 1983, when WBA title holder Michael Spinks won a unanimous decision over WBC champion Dwight Muhammad Qawi to unify the title.

Spinks automatically relinquished the light heavyweight title upon winning the heavyweight title in 1985. The title was again split, this time between three major bodies (WBA, WBC, and IBF), joined by a fourth, the WBO, in 1988.

On November 23, 1996, WBA champion Virgil Hill outpointed IBF title holder Henry Maske in a unification bout, only to have the IBF strip him of its title. Hill then faced WBO champion Darius Michalczewski in a bout billed for the WBA title only. Michalczewski won on points, only to have the WBA strip *him* of *its* title. Darius retained his WBO belt, although, politics aside, he should have had the WBA and IBF titles as well.

WBC champion Roy Jones, Jr., won the WBA title from

Louis Del Valle in 1998 and the IBF title from Reggie Johnson in 1999. Efforts to match Jones with Michalczewski were unsuccessful, and Roy abandoned all three titles when he won the WBA heavyweight bauble from John Ruiz in 2003 — the same year Michalczewski lost his crown to Julio Gonzalez after winning more than twenty title bouts in the division.

Super Middleweights

Several locally promoted "junior light heavyweight" title bouts took place in the 1960s and '70s (most notably the one in which Bill Douglas, father of future world heavyweight champion Buster Douglas, knocked out Danny Brewer in two rounds in Columbus, Ohio, on November 27, 1974). The weight class was not established, however, until 1984, when the newly created International Boxing Federation re-introduced it as the super middleweight division at 168 pounds. The WBA adopted the division in 1987, the WBC following in 1988. At first derided, the class was finally seen to be a good one, bridging what had been a fifteen-pound gap between the middleweight (160) and light heavy (175) divisions.

Middleweights

Created around 1800, the middleweights were originally (and for many years thereafter) an eleven-stone division, meaning a class limit of 154, and included all those over ten-stone (140 pounds), the original class limit of the lightweights. Given new life with the amateur-influenced Queensberry Rules, the middles, like the lightweights, saw its class limit fluctuate between 1890 and the end of World War I. Lanky Bob Fitzsimmons first increased it to 158 pounds in 1894, while former welterweight champion Tommy Ryan frequently tried to return it to 154 pounds after graduating to the middleweight class in 1898. London's National Sporting Club made it 160 pounds in 1909, a limit not universally accepted until 1920, when the new and highly influential New York State Athletic Commission adopted the weight limits of the N.S.C.

English champion Denny Harrington became the division's — and all boxing's — first recognized professional champion under Queensberry Rules by knocking out American champion George Rooke in the sixth round on March 12, 1878, at 154 pounds. William Sherriff, "The Prussian," lifted Harrington's title in 1880, but outgrew the division by 1883.

The title was effectively vacant for the next three years, although Charley Mitchell was undoubtedly the best man at the weight during that time. Jack Dempsey, "The Nonpareil," established his right to the title by defeating Jack Fogarty, George LaBlanche, Johnny Regan (the latter under London Prize Ring Rules), and Billy McCarthy of Australia before losing it to Bob Fitzsimmons by a knockout on January 14, 1891.

Fitzsimmons won the title at 154 pounds, but raised it to 158 pounds for his 1894 defense against Dan Creedon of New Zealand. Fitz abandoned the division in 1896, and the crown was won by Charles (Kid) McCoy, who left it to pursue the heavyweight title. Tommy Ryan, having graduated from the welterweight division, was the next to claim the title, and was recognized as champion from 1898 to 1905, when he retired, proclaiming Hugo Kelly his successor. The latter had no real right to the crown, however, and received little recognition until outpointed by Billy Papke in 1908. Papke then met Stanley Ketchel, kayo conqueror of Joe Thomas, Mike (Twin) Sullivan, and Jack (Twin) Sullivan, to decide the real champion. Ketchel won on points.

Papke won and lost the title in two subsequent bouts with Ketchel, who was murdered in October 1910. Numerous title claimants appeared, but none was generally acknowledged until 1913, when the tough Frank Klaus, having already beaten Sailor Petroskey, Jack Dillon, Georges Carpentier, and Marcel Moreau, defeated Papke for the crown in Paris.

Klaus lost the title when knocked out by George Chip in a scheduled six-round no decision bout in Pittsburgh. Australian promoter Reggie (Snowy) Baker refused to accept a world title holder under those conditions, and arranged a series of world title bouts under full championship conditions — twenty rounds to a decision at 160 pounds, the weight limit set for the division by London's National Sporting Club in 1909. Eddie McGoorty (U.S.), Jeff Smith (U.S.), Mick King (Australia), Smith again, and Les Darcy (Australia) held this title in succession, the latter dying of pneumonia and tooth infection on May 24, 1917.

George Chip, having upset Klaus, now found himself upset by Al McCoy, a fairly lightly regarded southpaw, real surname Rudolph, who knocked him out in the first round of a slated no decision bout in Brooklyn. McCoy held on to his title for the next three years by staying the limit in a succession of no decision bouts, but lost it to Mike O'Dowd, who knocked him out in 1917.

Les Darcy having died, O'Dowd was given universal recognition as champion, but lost the title to Johnny Wilson, another lightly regarded southpaw, on points in 1920. Wilson was shorn of his title by the Ohio Boxing Federation following a highly controversial bout with Bryan Downey, and the New York Commission due to his reluctance to defend against Harry Greb. (The New York Commission sanctioned Greb versus Dave Rosenberg for the vacant title, but substituted Phil Krug when Greb said he had other commitments. Rosenberg beat Krug, but lost in turn to Mike O'Dowd, who retired following a first round knockout loss to Jock Malone in 1923.)

Greb, one of the greatest middleweights of all time, beat a reinstated Wilson for the title. Three years later, Greb lost the title to Tiger Flowers, who lost it to Mickey Walker, on a highly debatable decision in Chicago. Walker relinquished the title in 1931, and William (Gorilla) Jones won a National Boxing Association tournament to crown a new champion.

Jones lost the title on a controversial disqualification to the Frenchman, Marcel Thil, in Paris. The New York State Athletic Commission then decided to stage its own title elimination tournament, crowning Ben Jeby as world champion when he stopped Frank Battaglia in the series final on January 13, 1933.

The NBA, having withdrawn recognition from Thil, joined New York in recognizing Lou Brouillard as champion after he had knocked out Jeby the following August. Thil, in the meantime, had continued as world champion in Europe under recognition of the French-dominated International Boxing Union, defeating top notch challengers such as Len Harvey (U.K.), Kid Tunero (Cuba), Ignacio Ara (Spain), and Gustav Roth (Belgium).

The NBA–New York title passed from Brouillard to Vince Dundee, Teddy Yarosz, Babe Risko, and Freddie Steele. The New York State Commission allowed Thil to face Fred Apostoli in a fifteen-rounder at 160 pounds in Mike Jacobs' "Carnival of Champions" in 1937, but, still recognizing Freddie Steele as world champion, required both men to sign an agreement stating that the world title was not at stake. This was done, and Fred Apostoli was curiously announced as "new European middleweight champion" after he stopped Thil in ten rounds.

A subsequent Steele-Apostoli non-title bout saw Apostoli winner by a TKO in nine. Anxious for a rematch, with the title on the line, the NYSAC refused to recognize Al Hostak as champion when he knocked Steele out in the first round of a title bout in Seattle, and crowned Apostoli champ when he stopped Young Corbett III in Madison Square Garden. While this was going on, the International Boxing Union made their own new world champion in Eduardo Tenet, whom they stripped of the title upon formation of the World Championship Committee in April 1938.

The New York Commission title passed from Apostoli to Ceferino Garcia, Ken Overlin, and Billy Soose, while the NBA crown went from Hostak to Solly Krieger back to Hostak and to Tony Zale. Finally, in 1941, Soose relinquished the NYSAC title to campaign as a light heavyweight, and the New York Commission agreed to recognize the winner of a Zale–Georgie Abrams title fight in Madison Square Garden as the world title holder. Zale won, unifying the world middleweight championship for the first time in ten years.

The title passed from Zale to Rocky Graziano, back to Zale, to Marcel Cerdan, Jake LaMotta, Sugar Ray Robinson, Randy Turpin, and back to Robinson, who announced his retirement in 1952. Carl (Bobo) Olson won the vacant world title with a unanimous decision over Turpin, and subsequently lost the crown to a returned Ray Robinson, who dropped it to Gene Fullmer, and regained it, knocking Fullmer out with a "perfect punch" in the fifth round.

Robinson then lost and regained the title in two wars with Carmen Basilio. When Robinson failed to sign for a rubber match, preferring to promote his own fight against light heavyweight champion Archie Moore (which never happened), the National Boxing Association sanctioned a Basilio-Fullmer contest for the vacant title. Fullmer, a natural middleweight, knocked out Basilio, and proceeded to make multiple defenses before losing to Nigerian Dick Tiger.

Robinson lost his NYSAC and "linear" (a later term) title to Paul Pender, who dropped and regained it against Britain's Terry Downes. In 1963, Pender announced his retirement, giving Tiger universal recognition.

The world middleweight title remained unified through 1974, when the World Boxing Association withdrew recognition from Carlos Monzon and recognized Colombia's Rodrigo Valdez as champion when he knocked out Bennie Briscoe. Monzon again unified the title by outpointing Valdez, who won the vacant title after the Argentine retired.

At a time when every other world title was split between two or, increasingly, three "champions," the middleweight title remained unified, passing from Valdez to Hugo Corro, Vito Antuofermo, Alan Minter, and Marvin Hagler, who lost WBA recognition in February 1987 for failing to face their number one contender, Herol Graham (U.K.). Shortly thereafter, Hagler lost his WBC and linear title to Sugar Ray Leonard, who announced his retirement in June. The title was then split between WBA, WBC, and IBF champions, although IBF champion Michael Nunn won greater recognition as world champion when he knocked out WBA title holder Sumbu Kalambay on March 25, 1989. (The WBA had actually withdrawn recognition from Kalambay before the fight.) Nunn's successor, James Toney, relinquished the title to campaign as a super middle.

In 2002, the three major world middleweight titles were in a four-man series that saw IBF king Bernard Hopkins outscore WBC champ Keith Holmes, IBF junior middleweight title holder Felix Trinidad stop WBA champion William Joppy, and Hopkins stop Trinidad in the twelfth and final round to once more unify the title. In 2004, Hopkins strengthened his hold on the crown by knocking out WBO champion Oscar de la Hoya in the first bout licensed for a world title by all four major world sanctioning bodies. Jermain Taylor took the crown from Hopkins in 2005. He lost it to Kelly Pavlik in 2007, who lost it to Sergio Martinez of Argentina in 2010. The WBA and IBF withdrew recognition from Taylor in 2005 and 2006, respectively. The lineal title has nonetheless continued.

Junior Middleweights

The junior middleweight division was originally established as the light middleweight division by the Olympic Committee at 156 pounds in 1951. Set at 154 pounds (the original middleweight limit), the junior middleweight division was introduced to professional boxing by the National Boxing Association when that body became the World Boxing Association in 1962. Adopted by the new World Boxing Council in the next few years, the division was not universally accepted until the 1970s. Renamed the "super welterweight" division by the WBC, the class continues to be known as the "light middleweight" in Britain.

The WBA title passed from Denny Moyer to Ralph Dupas, Sandro Mazzinghi, Nino Benvenuti, Ki-Soo Kim, and back to Mazzinghi, who faced American challenger Fred Little in Milan on October 25, 1968. Tired, cut, and badly beaten, Mazzinghi failed to answer the bell for round nine of the slated fifteen-rounder, whereupon the referee, Herbert Tomser, declared the bout "no contest," stating he was following the rules of the European Boxing Union, which allowed the verdict if less than half the bout had been completed and one of the boxers had been "injured." The fact that more than half the bout had been completed did not seem to faze Tomser. Jim Deskin, the WBA's representative at the fight, declared Little had won, but the WBA Championship Committee simply ordered a rematch for which Mazzinghi failed to sign. The WBA then declared the title vacant and sanctioned a bout between Little and Stanley (Kitten) Hayward. Little won on points.

This bout accepts the Deskin ruling, and has Little winner of the title via ninth round TKO over Mazzinghi.

The title passed from Little to Carmelo Bossi to Koichi Wajima, Oscar Albarado, and back to Wajima. In 1975, the World Boxing Council withdrew their recognition from Wajima as world champion and sanctioned a fifteen-rounder between Miguel de

Oliveira of Brazil and Jose Duran of Spain, de Oliveira winning a unanimous decision.

The two title lines — WBA and WBC — continued. In 1981, Sugar Ray Leonard won the WBA title by knocking out Ayub Kalule, but relinquished the crown within a month. Tadashi Mihara of Japan won the then vacant WBA crown by outpointing Rocky Fratto. Davey Moore halted Mihara and then lost the title to Roberto Duran, who signed to face WBC title holder Thomas Hearns in what should have been a title unifying bout. The WBA, however, stripped Duran of their title prior to the fight, which saw Hearns knock Duran flat out in the second round.

Title unification activity since Hearns relinquished his title in September 1986: WBC champion Terry Norris won the IBF title by outpointing Paul Vaden in 1995. Felix Trinidad won the WBA title by outpointing David Reid and added IBF recognition by stopping Fernando Vargas in 2000. Oscar de la Hoya won the WBC championship from Javier Castillejos in 2001 and the WBA crown from Fernando Vargas in 2002. He lost both titles to Shane Mosley, who lost them to IBF champion Ronald (Winky) Wright in 2004. Wright, the only man to hold all three major 154-pound titles, relinquished them the following year.

Welterweights

A division with a curious history, the "welterweights" first saw the light of day around 1790, when several "lightweights," unable to make that division's 140-pound class limit, fought among themselves as 142-pound "welters," a term borrowed from horse racing, where a *welter* was a bar of metal used in handicapping. The prolific Paddington Tom Jones was recognized as champion of the welters in 1792, but the weight class disappeared until the 1880s when, in the U.S., the lightweights were restricted to 133 pounds and Johnny Reagan won the welterweight title at 142. The U.K. was slow to re-accept the new division, as Dick Burge, British lightweight champion of the 1890s, often defended that title at weights up to 140 pounds. In 1903, with Burge out of the picture and Jabez White recognized as British lightweight champion at 134 pounds, Charlie Allum became the first British welterweight champion by knocking out Charlie Knock at 146 pounds. The National Sporting Club's standardization of weights placed welter at 147 in 1909, but the U.S. limit remained 142 to 145, depending on the locale and the fighters, until 1920, when the newly established New York State Athletic Commission fell in line with Britain.

The biggest, most confusing split in world title history involved the welterweight title from 1904 to 1917. It started when Aaron Brown, the "Dixie Kid," was declared the winner on a foul in the twentieth and final round over defending champion Joe Walcott, at Woodward's Pavilion in San Francisco on April 29, 1904. The disqualification seemed unjustified to neutral observers, and it was found that referee James (Duck) Sullivan had bet on Brown to win. Tom O'Rourke, manager of Walcott, knocked out several of Sullivan's teeth, and Brown, who received little recognition as champion, spent most of 1905 through 1908 in prison for offenses that do not relate to boxing. Walcott's bad luck continued six months later, when he shot himself through the right hand while showing a revolver to a friend. Inactive throughout 1905, Walcott, with reduced effectiveness, lost twice to Honey Mellody in 1906.

Mike (Twin) Sullivan outpointed Mellody in 1907, but received limited recognition due to a dispute over the weight. Frank Mantell then knocked out Mellody at 142 pounds, and was subsequently knocked out by Harry Lewis in the third round of a slated twelve-round bout billed for the championship. Jimmy Gardner claimed the title on outpointing Jimmy Clabby in November 1908, but moved into the middleweight division in 1909. Clabby then claimed the title before likewise moving up in weight.

Harry Lewis also moved to middleweight in 1911, while Aaron Brown, who reclaimed the title with a knockout over Britain's Johnny Summers, was recognized as world champion by the International Boxing Union in June 1912. France's Marcel Thomas claimed the title when he outscored Brown the following October.

Mike (Twin) Sullivan having moved up to the middleweight division, Ray Bronson claimed the U.S. version of the title after outpointing Clarence English on April 1, 1912. Denmark's Waldemar Holberg outscored Bronson on New Year's Day, 1914, and lost it to Tom McCormick twenty-three days later. McCormick lost the title claim to Matt Wells in quick order.

Mike Glover, who had stopped Marcel Thomas in four rounds in Boston on July 22, 1913, drove another nail into his world title claim by outpointing Wells, also in Boston, on June 1, 1915. Jack Britton then outpointed Glover, who died of pneumonia two years later.

On June 25, 1917, all other claimants having been eliminated — there were several minor pretenders to the welter crown besides the major ones here chronicled — Britton met Ted (Kid) Lewis for the title in a twenty-round bout in Dayton, Ohio. Lewis won on points.

Given the hopeless confusion which had plagued the welterweight title in this early period, there was relatively little dispute about who was world welterweight champion from 1917 to 1967, when the New York State Athletic Commission withdrew recognition from title holder Jose Napoles after he had failed to sign for a "rubber match" with former champion Billy Backus. On June 16, 1972, Hedgemon Lewis won a unanimous decision over Backus for the vacant NYSAC version of the title at the War Memorial Auditorium in Syracuse. He repeated his triumph less than six months later. Lewis made no further defenses of what was, by now, a minor version of the title with no ties to Madison Square Garden. On August 3, 1974, he faced Napoles for the world title and was stopped inside nine rounds.

Napoles, beset with two mandatory challengers, relinquished the WBA title, retaining recognition from the WBC. The former group then matched Puerto Rico's Angel Espada with British Empire champion Clyde Gray for its version of the title. Espada won a unanimous decision, beginning a WBA line of champions that continued through Pipino Cuevas and Thomas Hearns, who faced WBC title holder Sugar Ray Leonard in a title unification bout on September 16, 1981. Leonard won by TKO, and reigned as undisputed champion until announcing his retirement on November 9, 1982.

Donald Curry won the vacant WBA title by outpointing Jun-Sok Hwang, while Milton McCrory took the WBC crown by outscoring Britain's Colin Jones. Curry reunified the title by knocking out McCrory on December 6, 1985.

Lloyd Honeyghan, who won the crown by stopping Curry after six rounds in September, 1986, relinquished the WBA version of the title rather than face mandatory challenger Harold Volbrecht of the then apartheid nation of South Africa. The WBA then sanctioned Volbrecht versus Mark Breland for its version of the title, Breland winning via knockout.

The WBC (and linear) championship line continued until 1999, when title holder Felix Trinidad automatically relinquished the crown upon winning the junior middleweight title. Ricardo Mayorga reunified the WBA and WBC titles by stopping Vernon Forrest in 2003 before losing to IBF champion Cory Spinks, son of former world heavyweight champion Leon Spinks, later that same year. Zabdiel Judah (U.S.), Carlos Baldomir (Argentina), and Floyd Mayweather, Jr. (U.S.), continued the line of lineal champions to 2008.

Junior Welterweights

First mentioned in the rules of the New York State Athletic Commission in 1920 (see "junior lightweights"), the junior welterweight (140-pound) division was ignored until the fall of 1922, when Mike Collins, editor of *The Blade*, a midwestern boxing weekly, held a write-in contest to name the first world champion of the division. Myron (Pinkey) Mitchell, brother of lightweight contender Richie Mitchell, was announced as the winner on November 15.

Mitchell held on to his "title" until 1926, when he was defeated by Mushy Callahan at the Olympic Auditorium in Los Angeles. Callahan lost the title to England's Jack (Kid) Berg at London's Royal Albert Hall in 1930. The National Boxing Association, having heretofore ignored the new division, stated Berg lost his title when knocked out by Tony Canzoneri in a bid for the latter's world lightweight title on April 24, 1931. Berg rightly pointed out he had been forced to reduce to 135 for that fight, and continued to claim the world junior welter crown until outpointed by Sammy Fuller on May 20, 1932. NBA recognition, in the meantime, passed from Canzoneri to Johnny Jadick, Battling Shaw, back to Canzoneri, and then to Barney Ross, who won it when he also outscored Canzi for the lightweight title. Ross reunified the title by outpointing Fuller in Chicago on November 17, 1933, but relinquished it in 1935.

Maxie Berger won recognition as world junior welterweight champion by the Montreal Boxing Commission when he outscored Wesley Ramey in 1939, but moved up to welterweight within six months. Harry Weekly was similarly recognized by the Louisiana State Commission from 1940 to 1942.

Tippy Larkin won NBA and then New York recognition as world junior welterweight champion when he twice outpointed Willie Joyce in 1946. Larkin forfeited titular recognition when knocked out by Ike Williams in June 1947. The latter did not claim the junior welter title, preferring to remain as the world lightweight champion, and the junior welterweight class did not come back again until 1959, when the National Boxing Association sanctioned a twelve-round bout between Kenny Lane and Carlos Ortiz for the vacant title. Ortiz stopped Lane after two rounds on a cut, defended the crown twice, and lost it to Duilio Loi in Milan on September 1, 1960.

The title passed from Loi to Eddie Perkins, and back to Loi, who announced his retirement from boxing in January 1963. Roberto Cruz then won World Boxing Association recognition as new champion by knocking out Battling Torres in Los Angeles, but lost to Eddie Perkins three months later.

Perkins, one of the best fighters of his generation, lost the title on a "home base" split decision to Carlos Hernandez in Venezuela on January 18, 1965. The latter lost it to Italy's Sandro Lopopolo, who in turn lost it to Paul Fujii of Hawaii.

Late in 1968, the World Boxing Council withdrew title recognition from Fujii for failure to meet their top challenger, Adolph Pruitt, and sanctioned Pruitt versus Pedro Adigue of the Philippines for their version of the title. Adigue won on points, establishing the WBC line of junior welterweight (renamed "super lightweight" in 1976) champions.

The "original," "linear," WBA version of the title passed from Paul Fujii to Nicolino Locche to Alfonso (Peppermint) Frazer to Antonio Cervantes to Wilfred Benitez, who forfeited WBA recognition by his failure to sign for a rematch with Cervantes. Benitez made one defense under the auspices of the New York State Athletic Commission, stopping Guerrero (Ray) Chavez on August 3, 1977, but relinquished all claims to the junior welterweight title in the following year.

Cervantes, who beat Carlos Giminez for the vacant WBA title, lost that crown to Aaron Pryor on August 2, 1980. Pryor relinquished the WBA title in January 1984, but accepted recognition by the new International Boxing Federation until December 1985, when he forfeited that title due to inactivity.

The three lines of champions continued their separate ways until the early twenty-first century, when Kostya Tszyu won all three titles to become the first "universally recognized" junior welterweight/super lightweight champion in thirty-five years. Ricky Hatton took the title from Tszyu in 2005, but relinquished it the following year.

Lightweights

Boxing's second oldest division started in the eighteenth century, as boxers weighing under ten stone (140 pounds) began competing among themselves. Edward (Ned) Hunt, later pensioned by the Prince of Wales, was acclaimed the first lightweight "champion" in 1740. The lightweight division is unique among divisions in another way, as it is the only weight class to have started at a higher limit than it has today. The 140-pound class limit was reduced to 133 in the U.S. after Queensberry Rules supplanted the bare knuckle contests in the late nineteenth century, although Britain continued to accept as high as 144 throughout the 1890s, when it did not recognize a welterweight division. In 1896, at London's National Sporting Club, George (Kid) Lavigne (U.S.) knocked out Dick Burge (U.K.) for the vacant world lightweight title at a compromise weight limit of 137.

In 1902, Jabez White was recognized as English lightweight champion after stopping Bill Chester at 134 pounds, and Britain's National Sporting Club fixed the class at 135 when it codified weight divisions in 1909. This was immediately accepted in Continental Europe and Australia, while the U.S. held at 133 until 1913, when American world champion Willie Ritchie declared he would defend at 135.

The lightweight title was the second most prestigious prize in sports prior to World War II, when the middleweight division, fueled by the Zale-Graziano fights, Marcel Cerdan, Jake LaMotta, and Sugar Ray Robinson superceded it in terms of glamour. Men were, on average, smaller in the early 1900s, and the lightweight title, representing the second oldest division, seemed a counterpart to the heavyweight championship. This resulted in greater public demand for "unification" bouts, which meant that all title claims were rapidly decided.

Late in 1904, world lightweight champion Joe Gans, at pains to make 133 pounds for a proposed return bout with Jimmy Britt, saw the latter outpoint Battling Nelson to claim the title and successfully defend against Jabez White and Kid Sullivan before losing a return to Nelson. Gans was then induced to make 133 pounds —*ringside, in shoes*— for a lightweight title showdown against Nelson. Gans did so, and defeated Nelson in forty-two rounds. There is little doubt that Gans damaged himself in the process, hastening his death, from tuberculosis, at age thirty-five.

The first long-standing rift in world crown recognition came about when champion Sammy Angott announced his retirement from boxing on November 13, 1942. The New York State Athletic Commission promptly sanctioned Ike Williams versus Tippy Larkin for the vacant title. Williams knocked out Larkin in the third round of the slated fifteen-rounder at Madison Square Garden.

The Maryland State Commission almost just as quickly gave its titular blessings to Luther (Slugger) White versus Willie Joyce at the Baltimore Coliseum. White won a unanimous decision.

Williams then lost, regained, and lost the New York title in three bouts against Bob Montgomery of Philadelphia. Angott, in the meantime, came out of retirement to outpoint Slugger White in a National Association title bout in Hollywood's famed Legion Stadium.

Mexico's Juan Zurita outscored Angott for the title at the same place just a little over four months later. One year later, on April 18, 1945, Ike Williams took the title from Zurita by a TKO in Mexico City. Finally, on August 4, 1947, Williams unified the crown by knocking out Montgomery in 2:37 of round six at Philadelphia's Municipal Stadium.

The next split came when the World Boxing Council withdrew recognition from champion Ken Buchanan for signing for a return bout with Ismael Laguna instead of facing former champion Mando Ramos, the WBC's top-ranked contender. Ramos proceeded to win two out of three WBC title bouts against Pedro Carrasco of Spain.

The WBC title passed from Ramos to Chango Carmona to Rodolfo Gonzalez to Gattu Ishimatsu to Esteban DeJesus. Buchanan, in the meantime, dropped the WBA (and "linear") title to Roberto Duran on June 26, 1972. Duran, one of boxing's all-time greatest fighters, unified the crown by knocking out DeJesus in the twelfth round in Las Vegas on January 21, 1978.

Duran went into the welterweight division and relinquished the lightweight title on February 2, 1979. Jim Watt then won the WBC crown by stopping Alfredo Pitalua, while Ernesto Espana took the WBA title by knocking out Claude Noel.

Espana lost the latter crown to Hilmer Kenty, who dropped it to Sean O'Grady, from whom the WBA withdrew recognition in August, 1981. O'Grady's father, Pat, then formed the World Athletic Association (WAA) to recognize Sean, but Hawaii's Andrew Ganigan knocked out the younger O'Grady in the second round of the latter's first WAA defense on October 31. Alexis Arguello, who had won the WBC title by outpointing Watt, then knocked out Ganigan.

The WBA had meanwhile crowned Claude Noel as their new champion when he outscored Rodolfo (Gato) Gonzalez. The WBC and WBA championship lines continued through to 1988, when WBA title holder Julio Cesar Chavez defeated WBC counterpart Jose Luis Ramirez in Las Vegas to unify the titles for six and a half a months—until May 13, 1989, when Chavez automatically relinquished the lightweight championship upon winning the WBC super lightweight crown.

The WBA and WBC had, by then, been joined by the International Boxing Federation (IBF), a third world sanctioning body. On August 11, 1990, Pernell Whitaker, who had added the WBC title to his IBF crown, reunified the title by winning the WBA belt. Less than two years later, on July 18, 1992, Whitaker automatically relinquished the lightweight title upon winning the IBF junior welterweight diadem.

WBA lightweight king Juan Diaz staked a claim to the title of *world* lightweight champion by winning the IBF crown from Julio Diaz and the WBO title from Acelino Freitas in 2007. Nate Campbell took these titles from Diaz the following year, but relinquished them in 2009.

Junior Lightweights

The original "junior" division, the junior lightweights first appeared in Europe early in 1914, when minor fighters like "Battling Kid Nelson" (Joe Nudelman), Benny (The Kid) Berger, Fritz Schmidt, and Gerry Anderson reputedly engaged in a series of title bouts in England and Germany just before the start of World War I. Rules of the newly formed New York State Athletic Commission, partly written by Englishman William A. Gavin, recognized the scale of weight limits established by the National Sporting Club in 1909 (heavyweight, 175, 160, 147, 135, 126, 118, and 112), but also provided for five "junior" classes at 140, 130, 122, 115, and 109.

Johnny Dundee won the first world junior lightweight title under the new aegis, beating George (K.O.) Chaney on a foul. Dundee lost and regained the title in two fights with Jack Bernstein, and lost it again to Steve (Kid) Sullivan of Brooklyn. Sullivan lost it to Mike Ballerino, who lost it to Tod Morgan, who lost it via kayo to Philadelphia's Benny Bass. The suspicious nature of this contest caused the New York State Athletic Commission to abolish "junior" titles on January 1, 1930. Bass lost his title to Kid Chocolate, who lost it to San Francisco's Frankie Klick, who outgrew the division in 1934.

The junior lightweight division died out at this point, to be temporarily reborn in the early '50s, when the National Boxing Association recognized Sandy Saddler as 130-pound champion. In 1959, the NBA revived the class on a more permanent basis, sanctioning a fight between Harold Gomes and Paul Jorgensen for the vacant title. Gomes won, but lost the title to Gabriel (Flash) Elorde, who became a legend in his native Philippines,

successfully defending the world junior lightweight title ten times and the Oriental lightweight title seven times (in two reigns) from 1960 through 1966.

Elorde lost the junior lightweight crown to Japan's Yoshiaki Numata, who lost it to fellow countryman Hiroshi Kobayashi. The World Boxing Council withdrew recognition from Kobayashi as world champion in 1968, sanctioning Rene Barrientos versus Ruben Navarro for their version of the title. Barrientos won, beginning a WBC line of world junior lightweight title holders.

The two title lines were joined by a third, the IBF, in 1984 (not to mention, a fourth, the WBO, in 1989). In 1991, WBA (and linear) champion Brian Mitchell relinquished the WBA title in order to avoid a mandatory challenger in favor of an immediate rematch with IBF champion Tony Lopez, with whom he had fought a draw. Mitchell outscored Lopez in the rematch (technically, a defense of Lopez's IBF crown) and announced his retirement in January 1992, the last "linear" champion dating back to Harold Gomes in 1959.

Featherweights

The featherweight division had a checkered history in the nineteenth century. Fixed at 115 pounds in the late bare knuckle era, the division fluctuated from 120 to 126 pounds in the early Queensberry period before being standardized at 126 in the U.K. in 1900. The U.S. continued to recognize 122 pounds as the "legitimate" featherweight limit — with exceptions — until 1920.

Ike O'Neil Weir became the division's first world champion under Marquess of Queensberry Rules by knocking out Tommy Miller in a billed 120-pound title bout in Minneapolis on January 23, 1888. Torpedo Billy Murphy of New Zealand won the crown by knocking out Weir in 1890, but lost it to Young Griffo in Australia later that same year. Griffo defended at 126 pounds, but was unable to make that weight by the time he left Australia in 1893 and relinquished the title. World bantamweight champion George Dixon won the *Police Gazette* world featherweight championship belt by knocking out Eddie Pierce on August 7, 1893 and cemented his hold on the title by knocking out Solly Smith a month and a half later. Both those contests were at 120 pounds, but Dixon defended against Frank Erne at 122 in 1896, losing on points over twenty rounds. He defeated Erne in a return.

Dixon's successor, Terry McGovern, agreed to defend against Young Corbett II at 126 pounds, being knocked out in the second round. Corbett was attempting to defend at weights up to 130 by the latter part of 1903, and Abe Attell was paired against Johnny Reagan to decide a new "legitimate" featherweight champion at 122.

The first serious split in the world featherweight title from that point in time followed champion Battling Battalino's inability to make the weight in 1932. Tommy Paul was crowned by the new champ by the National Boxing Association upon outpointing Johnny Pena, the first Puerto Rican to fight for a world title, in Detroit on May 26 of that year, while the New York State Commission recognized Kid Chocolate when he stopped Lew Feldman in twelve rounds on October 13.

The split continued until Henry Armstrong, who had won California and Mexican recognition as world champion by outpointing Baby Arizmendi, knocked out NBA champ Petey Sarron in Madison Square Garden on October 29, 1937, NYSAC title holder Mike Belloise having given up the title. Armstrong, however, outgrew the division, and Joey Archibald was crowned as world champ only after winning the NYSAC version of the title by outpointing Belloise and then beating Maryland world champion Leo Rodak in a contest sanctioned by the NBA.

The NBA withdrew recognition from Archibald six months later, declaring Petey Scalzo, who had knocked him out in a non-title bout, the new champ. The split continued until NYSAC title holder Willie Pep knocked out NBA champ Sal Bartolo on June 7, 1946.

The featherweight title remained unified until 1967, when world champion Vicente Saldivar announced his retirement following his third victory over Britain's Howard Winstone. The title has been splintered since that time, with the HBO pay television network effectively setting up its own version of the championship in 2003. Given HBO's resources and demands for meaningful title bouts, hope remains the title will be unified again.

Junior Featherweights

First mentioned in the rules of the New York State Athletic Commission in 1920, the junior featherweight (122-pound) division got off to an early start and then faltered until its revival in 1976. Charley Beecher claimed the title with twelve-round decisions over Freddie Jacks (February 28, 1921) and Tibby Watson (September 16, 1922). Jack (Kid) Wolfe won a billed fifteen-round world junior featherweight title bout with a unanimous decision over world bantamweight champion Joe Lynch at Madison Square Garden on September 21, but was himself outscored by Benny Gould over ten rounds in Toronto three months later. Gould knocked out Beecher in New York on March 6, 1923, which should have unified the title, though some sources say that Carl Duane claimed the championship when he won a twelve-round decision over Wolfe in Long Island City on August 29, 1923. That, however, ended the early history of the junior featherweight title and division, with Wolfe-Lynch holding special status as the only fifteen-rounder.

Henry Brimm claimed the title by outpointing Tony Canzoneri over ten rounds in Philadelphia on June 27, 1928, but made no defenses of his "title."

The sustained history of the 122-pound division starts in 1976, when the World Boxing Council revived the division, which it called "super bantamweight," by sanctioning a fifteen-rounder between Panama's Rigoberto Riasco and Kenya's Waruinge Nakayama for its new title. Riasco stopped Nakayama after eight rounds, successfully defended twice, and lost the title to Royal Kobayashi of Japan.

The WBA followed late in 1977, pairing former bantamweight champion Soo-Hwan Hong with Hector Carrasquilla for its version of the junior featherweight title. Hong won on a third-round knockout.

There has been no universally recognized world junior featherweight champion, but Puerto Rico's Wilfredo Gomez has been the most successful — and, most certainly, the greatest — fighter in the history of the division. Gomez won the WBC super ban-

tamweight title by knocking out Dong-Kyun Yum (Kobayashi's successor) on May 21, 1977 and made seventeen successful defenses before relinquishing the crown in April, 1983.

Bantamweights

Originally fixed at 105 pounds, the bantamweight limit increased as different world champions effectively carried the limit up with them as their own weight naturally increased. By 1890, with the featherweight limit at 120–122, the George Dixon–Nunc Wallace title bout at London's Pelican Club was set at 114 pounds, and the class limit went from there to 115 to 118 pounds by the end of 1892. American authorities continued to recognize 115 or 116 until 1920, when the newly established New York State Athletic Commission fell in line with the 118-pound limit set by London's National Sporting Club in February 1909.

The first serious split in the bantamweight championship, once most of the confusions over weight had been resolved, occurred when Joe Bowker ignored his world bantamweight title in favor of defending his British world featherweight title in 1905. Jimmy Walsh claimed the title on outpointing Digger Stanley in Chelsea, Mass. on November 2 of that year, but received scant recognition outside of his native Massachusetts. The National Sporting Club staged a world title bout in which Owen Moran outpointed Al Delmont on April 22, 1907, but Moran soon abandoned the division. In the U.S., Monte Attell claimed the crown by stopping former title holder Frankie Neil, a claim he lost when Frankie Conley stopped him in the 42nd round of a scheduled 45-rounder on February 22, 1910. Johnny Coulon likewise claimed the title when he stopped Britain's Jim Kenrick in the nineteenth round in March, and was recognized as champion in the eastern part of the United States. Coulon unified the American version of the title by outpointing Conley on February 26, 1911.

Across the Atlantic, Bowker returned to the bantamweight division in 1910, and won the vacant European title by knocking out Frenchman Jean Audony at the N.S.C. on March 7, 1910. Bowker then met Digger Stanley for N.S.C. recognition as world title holder and was knocked out in eight rounds. Stanley lost this world title to France's Charles Ledoux, who lost it to Eddie Campi of the U.S. Kid Williams then unified the world title for the first time in nine years by knocking out Campi on January 31, 1914, and Coulon within three rounds less than six months later.

The next serious rift in title recognition came when Charley Phil Rosenberg was stripped of the title in February 1927. Teddy Baldock (U.K.) outscored Archie Bell (U.S.) for British recognition while Charles (Bud) Taylor won the National Boxing Association title by outpointing Tony Canzoneri in Chicago. New York joined the fray in 1928, recognizing Bushy Graham versus Corporal Izzy Schwartz at Brooklyn's Ebbets Field for their version of the title, Graham winning by unanimous decision. Baldock's successor, Willie Smith (South Africa), abandoned his title in early 1928, followed by Taylor in August of that year and Graham several months later. Panama Al Brown then won general recognition as world champion, defeating Vidal Gregorio, Johnny Erickson, Eugene Huat, and Pete Sanstol.

The next major split occurred when the National Boxing Association withdrew recognition from Brown in 1934, citing failure to defend against their top contender, Baby Casanova of Mexico. The latter was matched with Puerto Rico's Sixto Escobar for the vacant NBA title, Escobar winning by a knockout in nine rounds.

Brown lost his title to Spain's Baltasar Sangchili, who dropped it to Tony Marino in New York. Escobar then unified the crown by stopping Marino in the 13th round.

The NBA, defying the World Championship Committee (est. 1938), withdrew recognition from champion Robert Cohen for failure to meet leading challenger Raul (Raton) Macias in 1955. Macias, one of Mexico's all-time greatest gate attractions, won the NBA title by stopping Thailand's Chamrern Songkitrat and successfully defended it versus Leo Espinosa and Dommy Ursua before losing to Alphonse Halimi in a unification bout in Los Angeles, November 6, 1957.

The NBA and European Boxing Union decided on different championship pairings when world champion Jose Becerra retired after suffering a knockout by fellow Mexican Eloy Sanchez in a non-title bout on August 30, 1960. The EBU crowned former title holder Alphonse Halimi champ when he outpointed Freddie Gilroy, while the NBA declared Eder Jofre of Brazil new bantam king upon his six-round knockout over Sanchez. The title was unified on January 18, 1962, when Jofre halted Caldwell, the successor to Halimi.

The increasingly powerful World Boxing Council stripped champion Enrique Pinder of their title recognition in December 1972 due to failure to defend against their number one contender, Rodolfo Martinez. Former champion Rafael Herrera stopped Martinez for the WBC title, while the "linear" title continued, recognized by the World Boxing Association. That line ended when Bernardo Pinango relinquished the title in February 1987. The bantamweight division has since been without a legitimate world title holder.

Junior Bantamweights

This class was on the books of the New York State Athletic Commission in 1920, but no title bouts of any kind are known to have occurred until the class was re-introduced (as the "super flyweight" division) by the World Boxing Council in 1980.

The World Boxing Association followed with its own junior bantamweight class in 1981, and the two lines of champions did not meet until 1984, when WBA champion Jiro Watanabe outpointed WBC title holder Payao Poontarat in Osaka, Japan, whereupon the WBA stripped Watanabe of its crown and sanctioned another title fight, in which Thailand's Khaosai Galaxy knocked out the Dominican Republic's Eusebio Espinal to create a new line of WBA champions. The WBC and WBA titles had meanwhile been joined by another line of champions created by the newly formed International Boxing Federation in 1983.

Flyweights

Originally termed the "paperweight" division, the original weight limit was 95 pounds in the 1880s, when the weight class

first appeared. The paperweights increased to 100 by the end of the decade as the bantams moved up to 112. By 1892, with the bantams at 115, the paperweights, then at 105, increased to 108 and then 110, the bantams moving up to 116. (The exact weights varied, depending on the jurisdiction and, sometimes, the boxers involved.) The class was renamed "flyweight" and placed at 112 when the N.S.C. established its system of weight classes in 1909. Many at the time protested the new scale of weights, stating that the flyweight limit was too high and/or calling for one or two lighter divisions. These voices were silenced, however, when 103-pound Jimmy Wilde defeated the world's best through 115 lbs.

The world flyweight title entered its first long-term split in 1927, when champion Fidel LaBarba announced his retirement. California staged a tournament, won by Johnny McCoy, while New York crowned Corporal Izzy Schwartz as champion when he defeated Newsboy Brown. The National Boxing Association first crowned Pinky Silverberg, winner over Ruby Bradley, but rescinded his title in favor of Frenchy Belanger, who won an eliminator by outpointing Frankie Genaro and then outscored Britain's Ernie Jarvis for the NBA title.

Newsboy Brown took McCoy's California title and then lost it to Great Britain's Johnny Hill, who died on September 27, 1929. Frankie Genaro outpointed Frenchy Belanger for the NBA crown, while Willie LaMorte outscored Izzy Schwartz in Newark, N.J. The NYSAC refused to recognize LaMorte and declared the title vacant in favor of an eight-man elimination tournament won by Midget Wolgast. The latter then knocked out LaMorte.

Wolgast and Genaro, now the only claimants, met for the vacant title in Madison Square Garden on December 26, 1930. The result, a draw, left the world title vacant until 1937, when NBA-IBU champion Benny Lynch outpointed NYSAC–Calif. Champion Small Montana at Wembley.

The title went through another period of anarchy when Lynch forfeited the title on June 29, 1938, coming in six and one-half pounds over the weight limit for a defense against Jackie Jurich. The NBA, IBU, and NYSAC recognized Peter Kane as the new title holder when he outpointed Jurich on September 22 of that year, while Little Dado outscored Small Montana for recognition in California. Kane relinquished the title in May 1939, and the NBA proclaimed Dado their champion the following the following December. Dado retired at the end of 1943, and Kane, returned to the flyweight ranks and was allowed to defend his old title against Jackie Paterson, who knocked him out in the first round.

In 1965, the World Boxing Association withdrew recognition from Salvatore Burruni and crowned Horacio Accavallo as world champ when he outpointed Katsuyoshi Takayama of Japan. The "linear" world title, recognized by the World Boxing Council, persisted until August 1973, when Venice Borkorsor of Thailand relinquished his title to campaign in the bantamweight division. There have been outstanding flyweights since that time—most notably, perhaps, Miguel Canto—but no one with a clear right to the world title.

Junior Flyweights

The junior flyweight class was established by the New York State Athletic Commission at 109 pounds in 1920. Jockey Joe Dillon (Giuseppe Capizzi, b. March 5, 1897, Sicily, d. January 11, 1973, San Mateo, Calif.), a well known flyweight who doubled as a jockey for the Stoneham family at Saratoga, supposedly won recognition as world champion around 1921, although no confirmation has been found. The WBC and WBA re-introduced the class at 108 in 1975, as professional boxing moved increasingly away from the U.S. and into countries where competitors were lighter (e.g., Thailand) on average.

The closest boxing has come to unifying the 108-pound world title (called "light flyweight" by the WBC) came when WBC champion Humberto Gonzalez beat IBF title holder Michael Carbajal in 1993. Gonzalez won a return bout but lost to Thailand's Saman Sor Jaturong in 1995. Sor Jaturong lost IBF recognition, but the line continued through his WBC title successors, Yo-Sam Choi and Jorge Arce, who relinquished the title in 2005.

Mini Flyweights

Introduced by the Thai Boxing Commission in 1984, this modern 105-pound class was picked up by the Oriental & Pacific Boxing Federation in 1986, and then, in 1987, by the IBF (as "mini flyweight"), the WBC (as "strawweight"), and the WBA (as "minimumweight").

The only attempts to unify the unify the WBC and WBA came about in 1998, when long-time WBC champion Ricardo Lopez faced WBA counterpart Rosendo Alvarez with both titles on the line in Mexico City. The bout, an unusually tough one for Lopez, ended in a tech draw in seven. A rematch, held in Las Vegas eight months later, saw Lopez win a split decision in a bout sanctioned only by the WBA. Lopez quickly moved up to the 108-pound class, leaving the world 105-pound title to the various organizational champions.

U.S. Association of Boxing Commissions (ABC)

Est. 1984 by state commissions of Texas, Nevada, and New York; since joined by the majority of state boxing commissions. Formed to establish and maintain minimum standards of safety, a passport system, and a system for reporting bout results; also to maintain integrity of state commissions re: appointments of officials for world championship bouts.

Presidents

1984–1987	Jose L. Torres (N.Y.)
1987–1990	Duane B. Ford (Nev.)
1990–1992	James Hall (Oklahoma)
1992–1993	A. Randall Gordon (N.Y.)
1993–1994	Donald Hazelton (Fla.)
1994–1996	Marc H. Ratner (Nev.)
1996–2001	Gregory P. Sirb (Pa.)
2001–	Tim. J. Lueckenhoff (Mo.)

State Commissions

Alabama: Three-member Boxing and Wrestling Commission est. 1939. Reorganized as Alabama State Athletic Commission, 1980.

Alaska: Boxing legalized by Territorial Legislature, 1929. Four-member State Athletic Commission est. within Department of Community and Economic Development, 1959.

Arizona: Arizona State Boxing Commission est. 1963, replacing municipal commissions that had previously governed boxing.

Arkansas: Seven-member State Athletic Commission est. 1927.

California: No limit as to rounds in professional contests in private clubs, 1887–1891. Twenty-five rounds (forty-five in Colma, south of San Francisco) permitted, 1892–1914. Four rounds maximum distance, 1915–1914. State Athletic Commission est. 1925, permitting maximum distance of ten rounds (with decision) and twelve rounds (no decision). Decisions permitted in twelve-rounders, 1940. Fifteen rounds permitted (with decisions), 1943.

Colorado: Boxing first legalized, 1899. Boxing law restructured under Cornforth Bill permitting maximum of ten rounds, no decision, 1911. New state law permitting decisions, March 1927. Fifteen rounds subsequently permitted to decision by referee and two judges. State Commission abolished amid accusations of racial inequity and corruption, 1977. Regulated by Colorado Boxing Alliance, 1994–2000, with out-of-state commissioner present at each program. New State Commission est. 2000.

Connecticut: Professional boxing outlawed by State General Assembly, 1965. Legalized under State of Connecticut Athletic Division, 1972.

Delaware: State Commission est., 1931; bouts limited to eight rounds with only one eight-rounder permitted on each program and a maximum of thirty rounds on card.

District of Columbia: Boxing legalized under D.C. Commission, 1934.

Florida: State Boxing Commission est. 1985, replacing the municipal commissions that had previously governed boxing.

Georgia: State Boxing Commission est. 1981, replacing the municipal commissions that had previously governed boxing. Name changed to Georgia Athletic and Entertainment Commission, 2001.

Hawaiian Islands: Boxing legalized by Territorial Legislature, 1929.

Idaho: Boxing legalized under State Athletic Commission, 1919; twenty rounds with four-oz. gloves permitted.

Illinois: Six rounds permitted, 1892. Boxing outlawed, 1906. Legalized under State Athletic Commission, 1926; ten rounds permitted. Fifteen rounds permitted, 1935.

Indiana: No decisions permitted until State Boxing Commission est., 1931. Twelve rounds maximum distance, 1931–1959; fifteen rounds permitted for Patterson-London world heavyweight title bout, 1959.

Iowa: State Boxing Commission under Iowa Division of Labor.

Kansas: State Athletic Commission est. 1925; ten rounds permitted, no decision. Official decisions permitted, 1953.

Kentucky: Legalized under State Athletic Commission, 1920; twelve rounds permitted, no decision. Official decisions permitted, 1934.

Louisiana: State Athletic Commission est. 1920.

Maine: State Athletic Commission est. 1939.

Maryland: State Athletic Commission est. 1920.

Massachusetts: State Athletic Commission est., 1920, with ten rounds permitted to decision; twelve rounds permitted, 1932.

Michigan: State Athletic Commission reorganized as Athletic Board of Control under Michigan Department of Licensing and Regulation.

Minnesota: Six, ten, and fifteen-round contests permitted with decisions until 1911, when bouts were restricted to ten rounds, no decision. Minnesota Board of Boxing est. 1915 to supervise boxing in Minneapolis, St. Paul, and Duluth. Official decisions permitted, 1932. State Athletic Commission abolished. Boxing supervised by representative of U.S. Association of Boxing Commissions.

Mississippi: Mississippi State Athletic Commission est. 1928.

Missouri: Missouri Athletic Commission reorganized as Missouri Office of Athletics under Division of Professional Registration, 1972.

Montana: Boxing legalized, 1919; shows to be officially promoted by branches of the American Legion, share of all proceeds going towards a building for soldiers, sailors, and marines.

Nebraska: Ten rounds maximum distance until 1955, when fifteen rounds permitted.

Nevada: Boxing legalized, 1897, with no limit as to rounds. Bouts restricted to ten rounds, 1913. General Revenue Bill ended licensed boxing, 1915. Twenty rounds permitted under local ordinance in early 1930s. State Athletic Commission est. 1941.

New Hampshire: State Athletic Commission est. 1929. Name changed to New Hampshire Boxing and Wrestling Commission, 1982.

New Jersey: Boxing legalized under State Commission by Hurley Law, 1918; eight rounds permitted; no decision. Twelve rounds permitted, 1920. Official decisions authorized by Altman Bill, 1928. Commission reorganized as State Athletic Control Board, 1985.

New Mexico: State Athletic Commission est. 1980.

New York: Professional boxing legalized under Frawley Law; twenty-five rounds permitted with decision, 1896–1900. Sport illegal, 1900–1903. Boxing permitted in private clubs, 1903–1911. State Athletic Commission est. 1911 under Frawley Law; ten rounds permitted; no decision. Frawley Law repealed, 1917. Club membership boxing ruled illegal, 1918. New State Athletic Commission est. 1920 under Walker Law; fifteen rounds; official decisions by referee and two judges.

North Carolina: State Boxing Commission est. 1995. Reorganized as North Carolina Boxing Authority under Division of Alcohol Law Enforcement, 2004.

North Dakota: North Dakota State Athletic Commission est. 1935.

Ohio: State Boxing Commission est. 1981, replacing the municipal commissions that had governed boxing under banner of Ohio Boxing Federation. Prior to 1981, the number of rounds permitted, etc., had varied with the time and place. (For example, the Cincinnati Boxing Commission passed a rule permitting fifteen-round bouts to a decision on June 15, 1917. Bouts in Cincinnati had been limited to ten rounds, no decision, in previous years.)

Oklahoma: State Boxing Commission est. 1994.

Oregon: State Boxing and Wrestling Commission est. 1987, replacing the municipal commissions that had previously governed boxing.

Pennsylvania: State Commission est. December 1, 1923; ten rounds permitted with decision. Fifteen rounds permitted, 1934.

Rhode Island: R.I. State Athletics Commission reorganized as Racing and Athletics Division of Rhode Island Department of Business Regulation.

South Carolina: Boxing supervised by South Carolina Dept. of Labor, Licensing, and Regulation.

South Dakota: State Athletic Commission abolished. Boxing supervised by representative of U.S. Association of Boxing Commissions.

Tennessee: Boxing legalized, 1909; eight rounds permitted with decision.

Texas: Boxing legalized in 1933.

Utah: State Athletic Commission est. 1953.

Vermont: Vermont State Boxing Commission reorganized under Office of Professional Regulation.

Virginia: State Athletic Commission est. 1934. Reorganized as State Athletic Board under Dept. of Professional and Occupational Regulation, 1994.

Washington: Boxing legalized under State Athletic Commission effective June 8, 1933.

West Virginia: State Boxing Commission est. 1931.

Wisconsin: State Athletic Commission est. 1913; ten rounds permitted; no decision. Fifteen rounds allowed for title bouts, 1941.

Wyoming: No State Athletic Commission. Boxing supervised by representative of U.S. Association of Boxing Commissions.

U.S. Scoring Systems

Most states belonging to the National Boxing Association (est. 1921) used the ten-pound divisible system from the mid–1920s to the early 1950s. This system involved dividing ten points between the two boxers in each round. Thus, an even round was scored by giving five points to each boxer. A round won by the narrowest of margins saw six points go to the winner of the round and four points to the loser. Rounds won by wider margins were scored 7–3, 8–2, 9–1, and (in very rare cases) 10–0.

This system gave way to the five-point "must" system beginning around 1953. This system involved giving five points to the winner of each round, and four or less to the loser, depending on the margin of victory. An even round was scored 5–5, as in the ten-point divisible system.

The Commonwealth of Massachusetts was apparently the first state to use the ten-point "must" system, in which ten points are given to the winner of the round and nine or less to the loser, depending, again, on the margin of victory, with an even round scored 10–10. Massachusetts was using this system in the early 1940s.

California used the "Australian" system from 1940 to 1956. This system is similar to the ten-point divisible system, except that eleven points, rather than ten, are divided between the boxers in each round. (Hence, there are no even rounds.) A boxer must be at least three points ahead at the end of the bout to win the vote of an official. The Calif. Commission experimented with various systems until 1961, when the "Wisconsin four points" system was adopted. In this system, the loser of a round receives no points and the winner from one point to four, depending on the margin of victory.

New York, never a member of the NBA, scored by rounds only from 1925 through 1947. Rounds could be scored for either boxer, or called even. Thus, a scorecard that read 7-2-1 at the conclusion of a ten-round bout meant that the official had scored seven rounds for one boxer, two rounds for the other, and one round even. In 1947, Col. Edward Eagan, chairman of the New York State Athletic Commission, introduced the supplementary point system (really the "Wisconsin four points" system) in addition to the scoring by rounds. The points figured in the decision if the rounds on an official's scorecard came out even (as in 5–5 or 4-4-2 in a ten-round bout).

The ten-point "must" scoring system—the system used in virtually all world title bouts since 1980—had been adopted by all U.S. commissions by 1985.

Boxers Associations

National Sports Alliance

Formed to aid indigent and infirm former boxers, the National Sports Alliance lasted from the 1920s to the 1980s. Harry Markson and Nat Loubet headed the Alliance in its latter stages.

Veteran Boxers' Association

The first Veteran Boxers' Association in the United States was formed in Philadelphia in 1936, when former boxer Jimmy Love died in poverty and avoided a Potter's Field burial due to the altruism of fellow pugilists. Ex-featherweight Johnny O'Beck then became the prime mover for the establishment of the organization called the National Boxers' Fraternity and served as its first president.

This short-lived Philadelphia-based organization provided the footing for the Philadelphia Veteran Boxers' Association, organized a few months later with Al Thompson as its first president. Another chapter, this one in Chicago, followed in the next few years.

The National Veteran Boxers' Association was formed at the First National Convention of Fraternal Boxing Organizations in Philadelphia on October 29, 1963. Joe Guinan was its first president, succeeded by Packey O'Gatty and, in turn, Jack Larkin. This organization was succeeded by the International Veteran Boxers Association in 1975. Al (Scoop) Gallello has been president since its inception.

---

1. Philadelphia, Pa.
2. Chicago, Ill.
3. Pittsburgh, Pa.
4. Boston, Mass.
5. Shenandoah Valley, Pa.
6. Camden, N.J.
7. Montevideo, Uruguay
8. New York, N.Y.
9. Bergen & Passaic Counties, N.J.
10. Providence, R.I.
12. Atlantic City, N.J.
14. Hudson County, N.J.
15. Louisville, Ky.
16. Poughkeepsie, N.Y.
19. San Francisco, Calif.
20. Los Angeles, Calif.
21. Brooklyn, N.Y.
22. Essex & Union Counties, N.J.
23. Lehigh Valley, Pa.
24. San Diego, Calif.
25. Newark, N.J.
26. Morris County, N.J.
28. Roanoke, Va.
30. Westchester County, N.Y.
31. South Florida
32. Detroit, Mich.
33. Portland, Maine
34. Red Bank, N.J.
36. Prescott, Ariz.
37. Omaha, Neb.
38. Dover, N.H.
39. South Africa
40. United American, Phila., Pa.
41. Bucks County, Pa.
42. Cold Springs, N.Y.
43. Mohawk Valley, N.Y.
44. Buffalo, N.Y.
47. Southbridge, Mass.
48. Jacksonville, Fla.
52. Worcester, Mass.
53. Niagara Falls, N.Y.
54. Auburn, N.Y.
56. Syracuse, N.Y.

Ring No. 6, Camden, N.J., moved to Watertown, N.Y., 1967. Original Ring No. 25 in doubt; Nos. 22 and 26 merged to form new No. 25 in 1964. New No. 26 established in Schenectady, N.Y., 1966.

Ex-Boxers Associations (Britain and Ireland)

The first Ex-Boxers Association in Great Britain was the Oldham, Ashton, and Manchester EBA, founded 1951; named changed to the Ex-Boxers' Association of Great Britain in 1953. This EBA disbanded, but was revived in 1968 as the Manchester & District EBA, now the Manchester EBA.

No central organization of EBAs has, as yet, been formed.

Leeds	1952
Birmingham	1956 Defunct
Sunderland	1959
Kent	1968 Defunct
Manchester	1968
N. Staffs & S. Cheshire	1969
Ipswich	1970
Northern Ireland	1970
Tyneside	1970
London	1971
Furness	1971 Defunct
Leicester	1972
Cork	1973
Irish	1973
Eastern Area	1973
Merseyside	1973
Preston	1973
Slough	1973 Defunct
Wirral	1973 Defunct
Northern Federation	1974*
Scottish	1974†
Sheffield	1974

Southport	1974 Defunct	
Sussex	1974 Defunct	
Sefton	1975 Defunct	
Welsh	1976	
Reading	1977 Defunct	
Square Ring	1978	
Nottingham	1979	
Bournemouth	1980	
Northamptonshire	1981	
Tramore	1981	
Croydon	1982	
Plymouth	1982	
St. Helens	1983	
Swansea & S.W. Wales	1983	
Cornwall	1989	
Hull & E. Yorkshire	1996	
Kent & Sussex	1997	
Northampton	2001	

Also Defunct: Notts & Derby
*Several member EBAs
†Defunct 1974; Reorganized 1997

Other EBAs are active in Australia.

American Association for the Improvement of Boxing

Founded by Steve Acunto and Rocky Marciano in 1965, the AAIB gives annual awards in various categories and seeks to improve the image of boxing while promoting safety in the ring.

International Boxing Research Organization

Founded by Herbert G. Goldman and John Grasso in 1982, the IBRO publishes a voluminous quarterly newsletter filled with fistic history. Presidents have included John Grasso (1982–1988), Tim Leone (1988–1994), Ralph Citro (1994–2000), and Dan Cuoco (2000–).

American Association of Professional Ringside Physicians

Founded by Dr. Michael B. Schwartz in 1997, the AAPRP had approximately 350 members in 2004. Its objectives include board certification, adequate financial compensation, and increased powers for ringside physicians re: the safety of contestants. (No relation to the American Association of Ringside Physicians, an earlier organization founded by Dr. Max Novich.)

HALLS OF FAME

The first Boxing Hall of Fame was that established by *The Ring* in 1954. Annual elections in the Modern (retired from five to twenty-five years), Old-Timer (retired more than twenty-five years), and Pioneer (bare knuckle) categories (a "Meritorious Service" category was established after founder Nat Fleischer's death in 1972) were held from then through 1987, after which the magazine's increased financial difficulties brought a temporary halt to publication, and its Hall of Fame was discontinued.

Efforts at establishing several independent Boxing Halls of Fame were started in the 1980s, two of which were launched. The World Boxing Hall of Fame is really an annual dinner hosted in Los Angeles since 1980; its lists of inductees exist on paper. The International Boxing Hall of Fame is an actual Boxing Museum and Hall of Fame established in 1989 in Canastota, N.Y., birthplace of Carmen Basilio and his nephew, Billy Backus. Elections have been held annually since that time, the first induction ceremony taking place in June, 1990. The original categories of Modern, Old-Timer, Pioneer, and Non-Participant were joined by an Observers category in 2000–2001. (Journalists were previously included in the Non-Participants.)

The following are complete lists of inductees for all three Halls of Fame, with inductees listed in alphabetical order.

The Ring
Hall of Fame

Moderns

Muhammad Ali	1987				
Lou Ambers	1964	Jim Braddock	1964	Johnny Dundee	1957
Sammy Angott	1973	Jack Britton	1960	Jack Dempsey	1954
Fred Apostoli	1978	Tony Canzoneri	1956	Sixto Escobar	1975
Henry Armstrong	1954	Marcel Cerdan	1962	Bob Foster	1983
Max Baer	1968	Ezzard Charles	1970	Joe Frazier	1980
Carmen Basilio	1969	Kid Chocolate	1959	Gene Fullmer	1974
Jack (Kid) Berg	1975	Billy Conn	1965	Ceferino Garcia	1977

Halls of Fame

Kid Gavilan	1966	Harry Jeffra	1982	Jem Mace	1954	Joe Brown	1987
Rocky Graziano	1971	James J. Jeffries	1954	Daniel Mendoza	1954	Panama Al Brown	1986
Harry Greb	1955	Jack Johnson	1954	Tom Molineaux	1958	Ken Buchanan	2000
Emile Griffith	1981	Stanley Ketchel	1954	John Morrissey	1954	Charley Burley	1987
Beau Jack	1972	(The Dixie Kid)	1975	Henry Pearce	1987	Tommy Burns	2000
Lew Jenkins	1976	Johnny Kilbane	1960	Ned Price	1962	Gil Cadilli	2006
Eder Jofre	1986	Frank Klaus	1974	Bill Richmond	1956	Mushy Callahan	1989
Benny Leonard	1955	Fidel LaBarba	1972	Paddy Ryan	1973	Miguel Canto	2002
Gus Lesnevich	1973	Jake LaMotta	1985	Young Dutch Sam	1975	Orlando Canizales	2009
Joe Louis	1954	Sam Langford	1955	Tom Sayers	1954	Tony Canzoneri	1981
Jimmy McLarnin	1956	George (Kid) Lavigne	1959	Tom Spring	1961	Primo Carnera	1990
Rocky Marciano	1959	Battling Levinsky	1966	Bendigo Thompson	1955	Georges Carpentier	1986
Joey Maxim	1975	Ted (Kid) Lewis	1964	Jem Ward	1963	Jimmy Carruthers	1995
Carlos Monzon	1983	Benny Lynch	1986			Jimmy Carter	1987
Archie Moore	1966	Jack McAuliffe	1954	**Meritorious Service**		Marcel Cerdan	1982
Jose Napoles	1985	Charles (Kid) McCoy	1957			Antonio Cervantes	2001
Pascual Perez	1977	Packey McFarland	1957	Ray Arcel	1982	Bobby Chacon	1991
Floyd Patterson	1976	Terry McGovern	1955	Jack Blackburn	1982	Jeff Chandler	2005
Willie Pep	1963	Sam McVey	1986	John Graham Chambers	1986	Ezzard Charles	1983
Billy Petrolle	1962	Peter Maher	1978	Daniel M. Daniel	1977	Carlos Chavez	1991
Sugar Ray Robinson	1967	Charley Mitchell	1957	Arthur Donovan	1981	Fabela Chavez	1993
Maxie Rosenbloom	1972	Owen Moran	1965	Nat Fleischer	1975	Julio César Chávez	2010
Barney Ross	1956	Battling Nelson	1957	Mike Jacobs	1982	Ike Chestnut	2006
Sandy Saddler	1971	Phila. Jack O'Brien	1968	Jack Kearns	1981	Kid Chocolate	1985
Max Schmeling	1970	Manuel Ortiz	1985	Lord Lonsdale	1985	George Chuvalo	1997
Yoshio Shirai	1977	Billy Papke	1972	Tex Rickard	1980	Curtis Cokes	1998
Lew Tendler	1961	Willie Ritchie	1962	Sam Taub	1978	Bert Colima	1997
Dick Tiger	1974	Jack Root	1961			Billy Conn	1981
Gene Tunney	1955	Tommy Ryan	1958			Young Corbett III	1987
Jersey Joe Walcott	1969	Jack Sharkey	1980	*World Boxing*		James J. Corbett	1980
Mickey Walker	1955	Tom Sharkey	1959	*Hall of Fame*		Pipino Cuevas	1996
Ike Williams	1978	Jeff Smith	1969			Harold Dade	1995
Chalky Wright	1976	Young Stribling	1985			Les Darcy	1998
Tony Zale	1958	John L. Sullivan	1954			Chuck Davey	1998
Fritzie Zivic	1972	Charles (Bud) Taylor	1986	**Boxers**		Albert Davila	1997
		Pancho Villa	1961			Esteban DeJesus	1996
Old-Timers		Joe Walcott	1955	Georgie Abrams	1996	Tony DeMarco	1989
		Freddie Welsh	1960	Muhammad Ali	1986	Jack Dempsey	1980
Abe Attell	1955	Jimmy Wilde	1959	Lou Ambers	1982	George Dixon	2009
Paul Berlenbach	1971	Jess Willard	1977	Sammy Angott	1989	Bernard Docusen	2010
Jimmy Britt	1976	Kid Williams	1970	Vito Antuofermo	1994	Johnny Dundee	1989
Panama Al Brown	1985	Harry Wills	1970	Fred Apostoli	1988	Ralph Dupas	2000
Charley Burley	1983	Ad Wolgast	1958	Art Aragon	1990	Roberto Duran	2006
Tommy Burns	1960			Joey Archer	2005	Jimmy Ellis	2004
Georges Carpentier	1964	**Pioneers**		Alexis Arguello	1991	Flash Elorde	1988
George (K.O.) Chaney	1974			Baby Arizmendi	1990	Johnny Famechon	1997
Joe Choynski	1960	Young Barney Aaron	1967	Henry Armstrong	1980	Jeff Fenech	2004
James J. Corbett	1954	Jack Broughton	1954	Abe Attell	1981	Jackie Fields	1987
Young Corbett	1965	James Burke	1966	Kid Azteca	1992	Young Firpo	2008
Johnny Coulon	1965	Arthur Chambers	1954	Max Baer	1984	Bob Fitzsimmons	1980
Les Darcy	1957	Tom Chandler	1972	Joey Barnum	1999	Del Flanagan	2003
Jack Delaney	1973	Nobby Clark	1971	Carmen Basilio	1982	Glen Flanagan	2005
Nonpareil Jack Dempsey	1954	Sam Collyer	1964	Jose Becerra	1998	Tiger Flowers	1990
Jack Dillon	1959	Tom Cribb	1954	Wilfred Benitez	1993	George Foreman	2002
George Dixon	1956	Dick Curtis	1974	Nino Benvenuti	1993	Bob Foster	1984
Jim Driscoll	1956	Dan Donnelly	1960	Jack (Kid) Berg	1989	Tiger Jack Fox	2010
Jackie Fields	1977	Mike Donovan	1970	Paul Berlenbach	1993	Joe Frazier	1990
Bob Fitzsimmons	1954	Joe Goss	1969	Melio Bettina	1995	Gene Fullmer	1985
Tiger Flowers	1971	John Gully	1959	Jimmy Bivins	1994	Khaosai Galaxy	1999
Joe Gans	1954	John C. Heenan	1954	Lou Bogash	2000	Victor Galindez	1995
Frankie Genaro	1973	Jacob Hyer	1968	Enrique Bolanos	1988	Joe Gans	1980
Mike Gibbons	1958	Tom Hyer	1954	Oscar Bonavena	1996	Ceferino Garcia	1989
Tommy Gibbons	1963	John Jackson	1954	Eddie Booker	2000	Frankie Garcia	1992
Young Griffo	1954	Peter Jackson	1957	Cornelius Boza-Edwards	1993	Kid Gavilan	1985
Pete Herman	1959	Tom Johnson	1985	Bennie Briscoe	2010	Joey Giambra	2003
Leo Houck	1969	Jake Kilrain	1965	Jim Braddock	1989	Joey Giardello	1990
Joe Jeannette	1967	Nat Langham	1986	Lou Brouillard	1988	Mike Gibbons	1997

Name	Year	Name	Year	Name	Year	Name	Year
Tommy Gibbons	1997	Jimmy McLarnin	1980	Ernest Terrell	2004	Joey Olmos	2006
Bert Gilroy	2006	Brian Mitchell	2009	Marcel Thil	1999	David Pearl	1997
Benny Goldberg	1994	Bob Montgomery	1993	Dick Tiger	1987	Larry Rozadilla	1999
Wilfredo Gomez	2000	Carlos Monzon	1983	Efren Torres	2007	Richard Steele	2000
Johnny Gonsalvez	1995	Archie Moore	1980	Jose Torres	1994	Joe Stone	1994
Humberto Gonzalez	2003	Davey Moore	1986	Gene Tunney	1980	John Thomas	1993
Rodolfo Gonzalez	2003	Davey Moore	1995	Randy Turpin	1990	Dick Young	1993
Billy Graham	1989	Denny Moyer	2001	Mike Tyson	2010		
Jackie Graves	2006	Saad Muhammad	2006	Pancho Villa	1986	**Promoters/**	
Rocky Graziano	1983	Armando Muniz	1993	Jersey Joe Walcott	1983	**Matchmakers**	
Harry Greb	1980	Jose Napoles	1984	Mickey Walker	1980		
Emile Griffith	1984	Azumah Nelson	2003	Pernell Whitaker	2008	Bob Arum	1986
Marvin Hagler	1992	Ken Norton	1989	Jess Willard	1989	Umberto Branchini	1993
Alphonse Halimi	2009	Lou Nova	1991	Cleveland Williams	1997	Teddy Brenner	1989
Fighting Harada	1990	Phila. Jack O'Brien	1987	Holman Williams	1996	Johnny Buckley	1996
Greg Haugen	2008	Sean O'Grady	1992	Ike Williams	1983	Dr. Jerry Buss	1992
Clarence Henry	1998	Ruben Olivares	1985	Jackie Wilson	1999	Don Chargin	1986
Genaro Hernandez	2004	Tony Olivera	1998	Chalky Wright	1989	Mickey Davies	1982
Rafael Herrera	2009	Bobo Olson	1984	Teddy Yarosz	1998	Aileen Eaton	1981
Larry Holmes	2007	Gaspar Ortega	1995	Tony Zale	1981	Don Fraser	1987
Al Hostak	1997	Carlos Ortiz	1986	Alfonso Zamora	2005	Tom Gallery	1982
Ace Hudkins	1995	Manuel Ortiz	1981	Daniel Zaragoza	2004	Dan Goossen	1997
Beau Jack	1986	Ken Overlin	1996	Carlos Zarate	1996	Mel Greb	1989
Julian Jackson	2006	Carlos Palomino	1989	Fritzie Zivic	1987	Babe Griffin	1990
Young Peter Jackson	1999	Laszlo Papp	2004	Juan Zurita	1997	Akihiko Honda	2008
Harry Jeffra	1998	Willie Pastrano	1988			Sam Ichinose	1988
James J. Jeffries	1980	Floyd Patterson	1985	**Administrators/**		Mike Jacobs	1981
Lew Jenkins	1983	Billy Peacock	2006	**Physicians**		Don King	2001
Eder Jofre	1986	Eusebio Pedroza	2001			George Parnassus	1981
Ingemar Johansson	1988	Paul Pender	1994	Bill Brennan	1989	J. Russell Peltz	2000
Harold Johnson	1992	Willie Pep	1981	Charles Casas	1988	Tex Rickard	1981
Jack Johnson	1980	Pascual Perez	2001	Gordon Del Faro	1984	Jack Solomons	1985
Marvin Johnson	2008	Eddie Perkins	2006	Michael DeLuca, M.D.	1999	Bruce Trampler	1999
Gorilla Jones	1994	Billy Petrolle	1985	Edward P. Eagan	1985		
Don Jordan	1999	Jesus Pimentel	1998	Joseph Elia, M.D.	1989	**Managers/Trainers**	
Stanley Ketchel	1980	Lupe Pintor	2002	Jerry Geisler	1982		
Frank Klaus	1992	Aaron Pryor	2001	Gilberto Mendoza	2008	Steve Acunto	1988
Fidel LaBarba	1987	Dwight Muhammad		Maurice (Dub) Harris	1987	Ray Arcel	1981
Ismael Laguna	1999	Qawi	2010	Bill Kaplan	2002	Teddy Atlas	2005
Jake LaMotta	1986	Jerry Quarry	1995	Vincent Nardiello, M.D.	1992	George Benton	2007
Kenny Lane	2004	Jose Luis Ramirez	1999	Max Novich, M.D.	1982	Nancho Beristain	2006
Sam Langford	1981	Mando Ramos	1988	Marc Ratner	2005	Whitey Bimstein	1982
Tippy Larkin	1992	Sugar Ramos	1993	Everett L. Sanders	1981	Jack Blackburn	1984
George Latka	1992	Lucia Rijker	2009	Bernhard Schwartz	1986	Chuck Bodak	1996
Richie Lemos	1989	Willie Ritchie	1987	Jose Sulaiman	2001	Charles (Doc) Broadus	1998
Benny Leonard	1980	Sugar Ray Robinson	1981	Bob Turley	1986	Amilcar Brusa	2009
Sugar Ray Leonard	1986	Lilly Rodriguez	2007			Gil Clancy	1985
Gus Lesnevich	1988	Luis Rodriguez	2002	**Ring Officials**		Cus D'Amato	1985
John Henry Lewis	1991	Lionel Rose	1994			Miguel Diaz	2008
Lennox Lewis	2008	Maxie Rosenbloom	1985	Artie Aidala	1994	Mickey Duff	1992
Sonny Liston	1990	Barney Ross	1981	George Blake	1981	Angelo Dundee	1981
Nicolino Locche	2001	Sandy Saddler	1982	Robert Byrd	2006	Chris Dundee	1985
Danny Lopez	1987	Lauro Salas	1993	Joe Cortez	2007	Yancey Durham	1991
Ricardo Lopez	2007	Vicente Saldivar	1989	Marty Denkin	1996	Lou Duva	1991
Yaqui Lopez	2007	Salvador Sanchez	1988	Arthur Donovan	1981	Charles (Pop) Foster	1981
Tommy Loughran	1981	Dave Sands	1998	Jack Downey	1990	Johnny Flores	1991
Joe Louis	1980	Pete Sanstol	2000	Lew Eskin	1988	Eddie Futch	1988
Ray Lunny	1991	Johnny Saxton	1995	Gwen Farrell Adair	2005	George Gainford	1992
Raul Macias	1994	Max Schmeling	1982	Lou Filippo	1990	Bennie Georgino	2003
Ray Mancini	2005	Marty Servo	2003	Ruby Goldstein	1981	Charley Goldman	1987
Sammy Mandell	1986	Jack Sharkey	1987	Chuck Hassett	1998	Joe Goossen	2010
Rocky Marciano	1980	Billy Soose	1994	Dr. James Jen-Kin	2009	Teddy Hayes	1981
Lloyd Marshall	1996	Michael Spinks	1995	Rudy Jordan	1995	Duke Holloway	1986
Joey Maxim	1988	Freddie Steele	1989	Mills Lane	1991	Joe Herman	1994
Mike McCallum	2002	Young Stribling	1992	George Latka	1988	Jack Hurley	1984
Gerald McClellan	2007	John L. Sullivan	1983	Harold Lederman	1997	Jimmy Jacobs	1989
Barry McGuigan	2000	Phil Terranova	1998	Arthur Mercante	1987	Harry Kabakoff	1994

Jack Kearns	1981	Ferdie Pacheco, M.D.	1991	Ismael Laguna	2001	Max Baer	1995
Norm Lockwood	1987	Col. Bob Sheridan	2004	Jake LaMotta	1990	Jimmy Barry	2000
Jackie McCoy	1985	Dan Tobey	1982	Sugar Ray Leonard	1997	Benny Bass	2002
Ricardo Maldonado	2003	Barry Tompkins	2006	Lennox Lewis	2009	Battling Battalino	2003
Jimmy Montoya	2010			Sonny Liston	1991	Paul Berlenbach	2001
Jerry Moore	1995			Nicolino Locche	2003	Jim Braddock	2001
Joe Ponce	1998			Duilio Loi	2005	Jack Britton	1990

International Boxing Hall of Fame

Moderns

Alberto Reyes	2008	Muhammad Ali	1990	Danny Lopez	2010	Lou Brouillard	2006
Jesse Reid	2004	Sammy Angott	1998	Ricardo Lopez	2007	Newsboy Brown	2012
Freddie Roach	2002	Fred Apostoli	2003	Joe Louis	1990	Panama Al Brown	1992
Dick Sadler	2007	Alexis Arguello	1992	Mike McCallum	2003	Tommy Burns	1996
Al Silvani	1993	Henry Armstrong	1990	Barry McGuigan	2005	Tony Canzoneri	1990
Howie Steindler	1983	Carmen Basilio	1990	Rocky Marciano	1990	Georges Carpentier	1991
Emanuel Steward	2000	Wilfred Benitez	1996	Lloyd Marshall	2010	Kid Chocolate	1991
Thel Torrence	1994	Nino Benvenuti	1992	Joey Maxim	1994	Joe Choynski	1998
Johnny Vidal	1995	Jack (Kid) Berg	1994	Brian Mitchell	2009	James J. Corbett	1990
Suey Welch	1984	Jimmy Bivins	1999	Bob Montgomery	1995	Young Corbett	2010
		Joe Brown	1996	Carlos Monzon	1990	Young Corbett III	2004

Journalists/Writers

		Ken Buchanan	2000	Archie Moore	1990	Johnny Coulon	1999
John Beyrooty	1985	Charley Burley	1992	Saad Muhammad	1998	Eugene Criqui	2005
Jimmy Cannon	1994	Orlando Canizales	2009	Jose Napoles	1990	Les Darcy	1993
Harry Carpenter	1999	Miguel Canto	1998	Azumah Nelson	2004	Jack Delaney	1996
Bill Conlin	1987	Michael Carbajal	2006	Terry Norris	2005	Jack Dempsey	1990
Jack Fiske	1985	Jimmy Carter	2000	Ken Norton	1992	Nonpareil Jack Dempsey	1992
Nat Fleischer	1981	Marcel Cerdan	1991	Ruben Olivares	1991	Jack Dillon	1995
Reg Gutteridge	1995	Antonio Cervantes	1998	Bobo Olson	2000	George Dixon	1990
John Hall	1990	Bobby Chacon	2005	Carlos Ortiz	1991	Jim Driscoll	1990
Graham Houston	2010	Jeff Chandler	2000	Manuel Ortiz	1996	Johnny Dundee	1991
Hank Kaplan	1999	Jung-Koo Chang	2010	Carlos Palomino	2004	Sixto Escobar	2002
Michael Katz	2003	Ezzard Charles	1990	Laszlo Papp	2001	Jackie Fields	2004
A.J. Leibling	1992	Julio César Chávez	2011	Willie Pastrano	2001	Bob Fitzsimmons	1990
George Luckman	1989	Curtis Cokes	2003	Floyd Patterson	1991	Tiger Flowers	1993
Luis Magana	1992	Billy Conn	1990	Eusebio Pedroza	1999	Joe Gans	1990
Billy Mahoney	1989	Pipino Cuevas	2002	Willie Pep	1990	Frankie Genaro	1998
Allan Malamud	2000	Roberto Duran	2007	Pascual Perez	1995	Mike Gibbons	1992
Eddie Muller	1981	Flash Elorde	1993	Eddie Perkins	2008	Tommy Gibbons	1993
Jim Murray	1990	Jeff Fenech	2002	Aaron Pryor	1996	Harry Greb	1990
Mike Neporadny	1990	George Foreman	2003	Dwight Qawi	2004	Young Griffo	1991
Dan Parker	1983	Bob Foster	1990	Sugar Ramos	2001	Harry Harris	2002
Grantland Rice	1981	Joe Frazier	1990	Sugar Ray Robinson	1990	Len Harvey	2008
Charlie Ross	1995	Gene Fullmer	1991	Luis Rodriguez	1997	Pete Herman	1997
Damon Runyon	1981	Khaosai Galaxy	1999	Edwin Rosario	2006	Leo Houck	2012
Sailor Don Sauer	1992	Victor Galindez	2002	Sandy Saddler	1990	Peter Jackson	1990
Red Smith	1982	Kid Gavilan	1990	Vicente Saldivar	1999	Joe Jeannette	1997
Bert Randolph Sugar	1989	Joey Giardello	1993	Salvador Sanchez	1991	James J. Jeffries	1990
Tony Unitas	1990	Wilfredo Gomez	1995	Max Schmeling	1992	Jack Johnson	1990
Danny Wambolt	1998	Humberto Gonzalez	2006	Michael Spinks	1994	Wm. (Gorilla) Jones	2009
		Billy Graham	1992	Dick Tiger	1991	Rocky Kansas	2010

Announcers/Broadcasters

		Rocky Graziano	1991	Jose Torres	1997	Louis (Kid) Kaplan	2003
		Emile Griffith	1990	Kostya Tszyu	2011	Stanley Ketchel	1990
Johnny Addie	1988	Marvin Hagler	1993	Randy Turpin	2001	The Dixie Kid	2002
Steve Albert	2007	Fighting Harada	1995	Mike Tyson	2011	Johnny Kilbane	1995
Harry Balough	1982	Thomas Hearns	2012	Jersey Joe Walcott	1990	Jake Kilrain	2012
Al Bernstein	2009	Larry Holmes	2008	Pernell Whitaker	2007	Frank Klaus	2008
Michael Buffer	1997	Beau Jack	1991	Holman Williams	2008	Fidel LaBarba	1996
Bill Corum	1984	Lew Jenkins	1999	Ike Williams	1990	Sam Langford	1990
Don Dunphy	1983	Eder Jofre	1992	Chalky Wright	1997	George (Kid) Lavigne	1998
Dick Enberg	1993	Ingemar Johansson	2002	Tony Zale	1991	Benny Leonard	1990
Chuck Hull	1996	Harold Johnson	1993	Daniel Zaragoza	2004	Battling Levinsky	2000
Joe Humphreys	1981	Mark Johnson	2012	Carlos Zarate	1994	Harry Lewis	2008
Tom Kelly	2004	Cocoa Kid	2012	Fritzie Zivic	1993	John Henry Lewis	1994
Jim Lampley	2001					Ted (Kid) Lewis	1992
Jimmy Lennon	1981			### Old-Timers		Tommy Loughran	1991
Jimmy Lennon, Jr.	1998					Benny Lynch	1998
Larry Merchant	2002			Lou Ambers	1992	Joe Lynch	2005
				Baby Arizmendi	2004	Jack McAuliffe	1995
				Abe Attell	1990	Charles (Kid) McCoy	1991

Packey McFarland	1992	Jem Carney	2006	Don Chargin	2001	J. Russell Peltz	2004
Terry McGovern	1990	Arthur Chambers	2000	Stanley Christodoulou	2004	Marquess of Queensberry	1990
Jimmy McLarnin	1991	Tom Cribb	1991	Gil Clancy	1993	Tex Rickard	1990
Sam McVey	1999	Mike Donovan	1998	James W. Coffroth	1991	Freddie Roach	2012
Sammy Mandell	1998	Billy Edwards	2004	Irving Cohen	2002	Rodolfo Sabbatini	2006
Freddie Miller	1997	Dan Donnelly	2008	Joe Cortez	2011	Lope Sarreal	2005
Billy Miske	2010	Paddy Duffy	1994	Cus D'Amato	1995	Wilfried Sauerland	2010
Charley Mitchell	2002	James Figg	1992	Jeff Dickson	2000	George Siler	1995
Owen Moran	2002	Joe Goss	2003	Arthur Donovan	1993	Sam Silverman	2002
Memphis Pal Moore	2011	John Gully	2011	Mickey Duff	1999	Jack Solomons	1995
Battling Nelson	1992	John C. Heenan	2002	Angelo Dundee	1992	Emanuel Steward	1996
Kid Norfolk	2007	Tom Hyer	2009	Chris Dundee	1994	Jose Sulaiman	2007
Phila. Jack O'Brien	1994	John Jackson	1992	Don Dunphy	1993	Sam Taub	1994
Billy Papke	2001	Tom Johnson	1995	Dan Duva	2003	Herman Taylor	1998
Billy Petrolle	2000	Paddington Tom Jones	2010	Lou Duva	1998	Bruce Trampler	2010
Willie Ritchie	2004	Tom King	1992	Aileen Eaton	2002	Rip Valenti	2012
Jack Root	2011	Nat Langham	1992	Pierce Egan	1991	Lou Viscusi	2004
Maxie Rosenbloom	1993	Jem Mace	1990	Shelly Finkel	2010	James J. Walker	1992
Barney Ross	1990	Daniel Mendoza	1990	Nat Fleischer	1990	Frank Warren	2008
Tommy Ryan	1991	Tom Molineaux	1997	Richard K. Fox	1997	Al Weill	2003
Dave Shade	2011	John Morrissey	1996	Dewey Fragetta	2003		
Jack Sharkey	1994	Henry Pearce	1993	Don Fraser	2005	**Observers**	
Tom Sharkey	2003	Jack Randall	2005	Eddie Futch	1994		
Jimmy Slattery	2006	Bill Richmond	1999	Billy Gibson	2009	Dave Anderson	2008
Mysterious Billy Smith	2009	Dutch Sam	1997	Charley Goldman	1992	Al Bernstein	2012
Billy Soose	2009	Young Dutch Sam	2002	Ruby Goldstein	1994	Lester Bromberg	2001
Freddie Steele	1999	Tom Sayers	1990	Bob Goodman	2009	Jimmy Cannon	2002
Young Stribling	1996	Tom Spring	1992	Murray Goodman	1999	Harry Carpenter	2011
Charles (Bud) Taylor	2005	John L. Sullivan	1990	Bill Gore	2008	Ralph Citro	2001
Lew Tendler	1999	Bendigo Thompson	1991	Abe Greene	2009	Howard Cosell	2010
Marcel Thil	2005	Jem Ward	1995	Larry Hazzard	2010	Jack Fiske	2003
Gene Tunney	1990	James Wharton	2012	Akihiko Honda	2009	Paul Gallico	2009
Pancho Villa	1994			Joe Humphreys	1997	Bill Gallo	2001
Joe Walcott	1991	**Non-Participants**		Sam Ichinose	2000	Reg Gutteridge	2002
Mickey Walker	1990			Jim Jacobs	1993	W.C. Heinz	2004
Freddie Welsh	1997	Tom Andrews	1992	Mike Jacobs	1990	Jersey Jones	2005
Jimmy Wilde	1990	Ray Arcel	1991	Jimmy Johnston	1999	Hank Kaplan	2006
Jess Willard	2003	Bob Arum	1999	Jack Kearns	1990	Michael Katz	2012
Kid Williams	1996	Jarvis Astaire	2006	Don King	1997	Joe Koizumi	2008
Harry Wills	1992	Giuseppe Ballarati	1999	Tito Lectoure	2000	Hugh McIlvanney	2009
Ad Wolgast	2000	George Benton	2001	A.J. Liebling	1992	Larry Merchant	2009
Midget Wolgast	2001	Ignacio (Nacho) Beristain	2011	Lord Lonsdale	1996	Harry Mullan	2005
Teddy Yarosz	2006	A.F. (Peggy) Bettinson	2011	Hugh D. MacIntosh	2012	Barney Nagler	2004
		Whitey Bimstein	2006	Harry Markson	1992	Damon Runyon	2002
Pioneers		Jack Blackburn	1992	Arthur Mercante	1995	Budd Schulberg	2003
		William A. Brady	1998	Dan Morgan	2000	Ed Schuyler	2010
Barney Aaron	2001	Umberto Branchini	2004	William Muldoon	1996	Sylvester Stallone	2011
Caleb Baldwin	2003	Teddy Brenner	1993	Gilbert Odd	1995	Bert Randolph Sugar	2005
Jem Belcher	1992	Amilcar Brusa	2007	Tom O'Rourke	1999	Stanley Weston	2006
Ben Brain	1994	Michael Buffer	2012	Mogens Palle	2008		
Jack Broughton	1990	Bill Cayton	2005	Dan Parker	1996		
James Burke	1992	John Graham Chambers	1990	George Parnassus	1991		

PART VI

Boxing in History and Culture

Olympic Champions of Ancient Greece

The Greeks had many gods, some for elements of nature, others for various items and occupations. Pollux was the god of boxing.

Greek boxing contests ended only when one man was knocked completely "out" or simply could not continue. If both men became so weak that neither could land an effective blow, the fighters *drew* straws to determine who would get a "free" (i.e., unblocked) punch at his opponent. The modern term "draw" owes its origin to this ancient practice.

Legend states that Pelops organized the first Olympic Games following the death of Ojnomaos, king of Elis, in 1253 B.C. They were held only to commemorate important events until 776 B.C., when they were reorganized and held every fourth year. Boxing was included for the first time in 688 B.C. The last Olympics were held in A.D. 393.

Other Games, each held every four years, were the Nemean, Isthmian, and Pythian. After 573 B.C., the Olympics were held in the first year, both the Isthmian and Nemean Games in the second and fourth years, and the Pythian in the third year, making for a total of six "Great Games" in every four-year period. A Periodonic was an athlete who won the same event in all four Games within one Olympiad (the four-year period beginning or ending with the Olympic Games).

Periodonics in Boxing

520 B.C.	Glaukos of Karystos
480 B.C.	Theagenes of Thasos
464 B.C.	Diagoras of Rhodes
300 B.C.	Archippos of Mytilene
240 B.C.	Kleoxenos of Alexandria
200 B.C.	Moschos of Kolofon
184 B.C.	Epitherses of Egypt
144 B.C.	Xenothemis of Miletos
120 B.C.	Agesarchos of Tracia
25 B.C.	Democrates of Magnesia

Olympic Boxing Champions

688–672 B.C.	Onomastos of Smyrna
672–652 B.C.	Daippos of Kroton
652–648 B.C.	Komajos of Megara
648–636 B.C.	*Unknown*
636–632 B.C.	Fymon of Athens
632–588 B.C.	*Unknown*
588–572 B.C.	Pythagoras of Samos
572–556 B.C.	Tissandros of Naxos
556–544 B.C.	Damagetos of Sparta
544–540 B.C.	Paraxidamos of Egina
540–520 B.C.	*Unknown*
520–500 B.C.	Glaukos of Karystos
500–492 B.C.	Philon of Korkyra
492–488 B.C.	Kleomedes of Astypalaia
488–484 B.C.	Diognetos of Crete
484–480 B.C.	Euthymos of Lokroi
480–476 B.C.	Theagenes of Thasos
476–468 B.C.	Euthymos of Lokroi
468–464 B.C.	Menalkos of Opous
464–456 B.C.	Diagoras of Rhodes
456–444 B.C.	*Unknown*
444–440 B.C.	Alkajnetos of Lepreos
440–424 B.C.	*Unknown*
424–420 B.C.	Kleomachos of Magnesia
420–416 B.C.	Teantos of Lepreos
416–404 B.C.	*Unknown*
404–400 B.C.	Eukles of Rhodes
400–396 B.C.	Demarchos of Paresia
396–392 B.C.	Bykelos of Sikyon
392–388 B.C.	Formion of Helikarnas
388–384 B.C.	Eupalos of Tesalia
384–380 B.C.	Damoxenidas of Mainalos
380–376 B.C.	*Unknown*
376–372 B.C.	Labax of Lepreos
372–368 B.C.	Tersilochos of Korkyra
368–364 B.C.	Aristion of Epidauros
364–360 B.C.	*Unknown*
360–356 B.C.	Filammon of Athens
356–352 B.C.	*Unknown*
352–348 B.C.	Athensajos of Ephesos
348–344 B.C.	*Unknown*
344–340 B.C.	Damaretos of Messene
340–336 B.C.	Asamon of Elis
336–332 B.C.	Mys of Tarent
332–324 B.C.	Satyros of Elis
324–320 B.C.	Duris of Samos
320–316 B.C.	Pyttalos of Elis
316–312 B.C.	Chojrilos of Elis
312–308 B.C.	*Unknown*
308–304 B.C.	Teotimos of Elis
304–300 B.C.	Kallon of Elis
300–296 B.C.	Archippos of Mytilene
296–292 B.C.	Kalippos of Rhodes
292–272 B.C.	Philippos of Arkadia
272–268 B.C.	Kreugas of Epidauros
268–240 B.C.	*Unknown*
240–220 B.C.	Kleoxenos of Alexandria
220–216 B.C.	*Unknown*
216–208 B.C.	Kleitomachos of Thebes
208–200 B.C.	*Unknown*
200–196 B.C.	Moschos of Kolofon
196–184 B.C.	*Unknown*
184–176 B.C.	Epitherses of Egypt
176–172 B.C.	*Unknown*
172–168 B.C.	Eurydamas of Cyrene
168–148 B.C.	*Unknown*
148–144 B.C.	Demetrios of Alexandria
144–140 B.C.	Xenotemis of Miletos
140–120 B.C.	*Unknown*
120–116 B.C.	Agesarchos of Tracia
116–72 B.C.	*Unknown*
72–68 B.C.	Atyanas of Adramicia
68–64 B.C.	*Unknown*
64–60 B.C.	Brymias of Elis
60–52 B.C.	*Unknown*
52–48 B.C.	Asamon of Elis

48–40 B.C.	Unknown	A.D. 37–49	Unknown	141–149	Tuliusz of Bithynia
40–36 B.C.	Taliarchos of Elis	49–53	Melankomas of Karia	149–173	Unknown
36–32 B.C.	Unknown	53–89	Unknown	173–177	Fotion of Ephesos
32–28 B.C.	Taliarchos of Elis	89–93	Sarapion of of Alexandria	177–189	Unknown
28–8 B.C.	Unknown	93–97	Herakledjes of Alexandria	189–193	Apollonius of Smyrna
8–4 B.C.	Nikofon of Miletos	97–125	Unknown	193–385	Unknown
4 B.C.–A.D. 25	Unknown	125–129	Deidas of Arsinoe	385–389	Varazdates of Armenia
A.D. 25–37	Demokrates of Magnesia	129–141	Unknown		

A Brief History of Boxing

Boxing's popularity is elemental. Anyone, in any culture, understands a punch in the nose.

Boxing, as we know it, began in 1867. Its predecessor sport was known as prize fighting, its historical ancestor pugilism. Both were very popular, although a gap of about 1,300 years exists between the end of ancient "pugilism" and the birth of the prize ring in England.

Roots

Where fist fighting competition started, no one really knows. Sculpture found on a 1937 archeological expedition at Khafaje, near Baghdad, shows two men squared off against each other, their arms outstretched in boxing pose and their fists bandaged. The sculpture has been dated to the peak of Sumerian civilization, about 3,000 B.C.

Historians have also traced the sport to ancient Ethiopia. From there, they say, it went to Egypt, and thence to Greece. Pollux, the Greek god of boxing, was possibly a real person who lived about 1500 B.C.

The Olympics continued under the domination of Rome. In A.D. 393, following the 291st Olympiad, all athletic competitions were outlawed by the Emperor Theodosius. Boxing, as a spectator sport, ceased to exist for close to 1,300 years.

One of the few allusions to fist fighting between 394 and 1681 comes in 1201, when a cleric, later canonized as St. Bernardine, of Sienna, Italy, alarmed because so many hot-headed parishioners were dueling with knives, suggested bare fist fights instead, and proceeded to give lessons in defensive tactics.

The true revival of the sport, however, did not occur until the seventeenth century, in England. The Restoration offered many freedoms, all the more so since King Charles II was an avid sportsman. At provincial fairs "masters" of the cudgel, small broad sword, and fist fighting gave demonstrations of their ability. Many of these masters challenged "all comers." Boxing was on its way back.

It was only a small step to the big city. The recorded history of the London Prize Ring officially begins on September 18, 1719, when James Figg, newly established in his Amphitheatre on Tottenham Court Road under the patronage of the Earl of Peterborough, challenged "one and all" to fight for "love or money." Figg, then twenty-seven, had been a pupil of the celebrated Timothy Buck, whom he defeated, and the ensuing years saw him dispose of challengers like Ned Sutton, whom he beat three times. Figg was a Renaissance man of combat sports, and many of his battles involved the use of cudgels or backswords as well as bare fists. He retired in 1730 and died four years later, at the age of thirty-eight.

Prize fighting continued, with its ups and downs, its periods of favor and disfavor with the public and "The Fancy," as the aristocratics who largely supported the sport were generally known. The beginning of the end came in 1861, when Tom Sayers, champion of England, drew with the much larger John C. Heenan, champion of America. Sayers was subsequently presented to Princess Mary of Cambridge, but the middle class, historical opponents of the sport, were now aroused to action. A bill deeming it a capital offense to so much as transport anyone to the scene of a prize fight spelled the end of the last "Golden Era" of the English prize ring. Two results were the shifting of the principal scene of the sport from the U.K. to the U.S., and the end of Prize Fighting with the birth of a successor sport, the sport we know as boxing.

Like the modern game of basketball, boxing, in its modern form, was "invented" by a lone individual at a specific time and place. The individual was John Graham Chambers, the year was 1867, and the place was Cambridge, Chambers' own dear alma mater. Chambers' rules were written for a two-day athletic tournament held at Lillie Bridge, a London stadium. Boxing competitions were held in three weight classes — heavyweight (over 154 lbs.), middleweight (not over 154), and lightweight (not over 140). Participants were drawn exclusively from posh London sporting clubs. The far less exclusive Amateur Boxing Association (ABA) was formed in 1881 and has continued to the present.

Meanwhile, a tournament called the Bow Cup began that was, essentially, an open competition — pitting amateurs against prize fighters in Queensberry bouts limited to four rounds. The Bow Cup thereby introduced the new rules to the pros, and former world champ Tom Allen had three Queensberry bouts in 1877–78. The last was a dull fifteen-round draw, and progress in getting the Queensberry rules accepted by the professional ranks was

slowed in 1878, despite the fact that Dennis Harrington knocked out George Rook on March 12 of that year to win the world middleweight crown.

The scene then shifted to the United States, where Joe Goss, who had defeated Allen for the bare knuckle title, lost the championship to Paddy Ryan in 1880. Ryan, known as "The Trojan Giant," was essentially a wrestler with little fighting skill who outlasted the forty-year-old Goss. Two years later, Ryan was, predictably, knocked out by the Boston Strong Boy, John L. Sullivan.

Sullivan was young (twenty-three at the time he beat Ryan), fast, and probably the hardest puncher in the history of the bare knuckle prize ring. His belief in his ability was nothing short of gargantuan, and fed the lore which quickly surrounded his life and fistic career. The Great John L. was the first sports superstar, and his 1883–84 tour of the United States, in which he offered a thousand dollars to any man lasting four rounds with him on the stage, paved the way for the full acceptance of the Queensberry Rules over the next few years.

John L. Sullivan was the right man at the right time—a larger-than-life personality who promulgated Queensberry boxing at a time when urban populations were exploding, with corresponding demands for popular amusements for the working man. Before John L. Sullivan, the prize ring gave its top fighters little more than popular recognition. By the time he retired, it was a *profession* in which men made steady livings by engaging in hundreds of contests over the course of a career. Sullivan's popularity, coupled with his acceptance of the Queensberry Rules and acceptance by the fight fraternity, along with increasingly friendly legislators (who carefully distinguished between "boxing" and bare knuckle "prize fighting"), were the crucial factors in the growth and standardization of the sport of boxing.

End of the Prize Ring

William Goldberg, a shadowy figure known as "The Shifter" (presumably because he continually shifted the locations of prize fights and other illegal sporting activities to keep ahead of the law) founded the Pelican Club in London's Soho district in 1887 with the help of various influential friends. In 1889, the Club arranged a bare knuckle fight for the English championship in Bruges, Belgium, between Jem Smith and Frank Slavin, the latter from Australia. Slavin was obviously superior, but was kept from easy victory by repeated interference from Smith's corner in an obviously pre-arranged "frame." The referee, in fear, first called the fight a draw (meaning, under London Prize Ring rules, an inconclusive, not an even, contest), although Slavin eventually received the prize money and recognition as the British bare knuckle heavyweight champion. The scandal resulted in the well-known sports patron, "Squire Abingdon" (George Abingdon Baird), being expelled from the Pelican Club. More importantly, it spelled the end of London Prize Ring fighting.

Six months later, the club promoted and staged a scheduled thirty-round bout between Nunc Wallace and George Dixon for the 114-pound championship of the world under Queensberry Rules. Dixon, a black Canadian-American, stopped Wallace in the eighteenth round. Queensberry boxing had arrived.

Legality

In America, the introduction of the Queensberry Rules, Sullivan's popularity, and a demand for amusement in the major cities led to the fight to legalize boxing. The effort towards legalization took many years, and began in 1890, when New Orleans effectively legalized Queensberry boxing. January 14, 1891, saw Bob Fitzsimmons take the world middleweight title from Jack Dempsey, the Nonpareil, in the first totally legal championship fight on American soil.

The following year saw New Orleans' Olympic Club present a Carnival of Champions in which George Dixon retained his world bantamweight title by knocking out Jack Skelly (in his pro debut), Jack McAuliffe retained his world lightweight crown by knocking out Billy Myer, and James J. Corbett took the world heavyweight title by knocking out John L. Sullivan.

Sullivan's defeat was decisive, crushing to his many fans, and signaled the beginning of a new era that had really begun more than two years earlier in England. Boxing was still illegal in every place save New Orleans and San Francisco, leading Corbett to temporarily resign his title in disgust in 1895 when repeated attempts to stage a defense against middleweight champion Fitzsimmons ended in frustrating failure.

Boxing finally gained firm footing in 1896, when the Horton Law legalized twenty-five round bouts in New York, and Philadelphia allowed six-round bouts with no decisions permitted, an attempt to encourage the idea that the bouts were merely "exhibitions of skill" and, at the same time, discourage the then-rampant gambling. Nevada quickly legalized boxing to allow Corbett to finally engage Fitzsimmons. The bout took place on St. Patrick's Day in 1897, Fitz winning with a hard drive to the stomach in the fourteenth round.

New York's Horton Law permitted the strong, durable James J. Jeffries to win the crown by knocking out Fitzsimmons in June 1899 and make two defenses—a 25-round decision over Tom Sharkey five months later and a 23rd-round knockout over Corbett in 1900. The Horton Law was repealed later that year, and boxing's focus shifted, once again, to San Francisco, where promoter James W. Coffroth began signing main event name fighters to split the gate with him in lieu of guarantees.

But it was George "Tex" Rickard who promoted the first "big" fights—Joe Gans versus Battling Nelson in Goldfield, Nevada, in 1906, and Jack Johnson, the first black world heavyweight champion, against James J. Jeffries in Reno, Nevada, July 4, 1910. Jeffries' comeback was soundly spoiled by the superior Johnson in a fight that sparked several race riots and led Congress to pass a law prohibiting the interstate transportation of fight films, a law that remained on the books until 1940.

San Francisco was the mecca of big-time boxing in America from 1900 to 1914, when the sport was outlawed save for four-round "amateur" contests (which featured top name pros) where everyone was paid. The sport had, by now, gradually been reintroduced in New York, first through private "clubs" (in which attendees purchased a "club membership" for the night), and then, in 1911, through the Frawley Law, which legalized the ten-round bouts that had been taking place in Gotham since 1909. The Frawley Law also provided for a boxing commission to oversee the sport, the first such commission in ring history.

Boxing's popularity, in terms of its prolificacy at that time, can perhaps best be gauged by one statistic. The year 1917 saw New York State host approximately 1,100 professional boxing cards. In 2002, the same state had just twenty-two shows.

The Frawley Law was repealed in November of 1917, though boxing carried on in Philadelphia and other cities. What finally established its legality, on a continuous basis throughout the United States, was World War I. Hundreds of pro boxers became physical education instructors in the U.S. Armed Forces, with three- and four-round contests helping to build fighting attitudes that met with the approval of commanding officers. An American Expeditionary Forces tournament was held in France at the war's end, and light heavyweight champion Gene Tunney defeated heavyweight champion Fighting Bob Martin in a special four-round bout to cap proceedings. The stage was set for boxing to resume and plant itself firmly — legally, financially, and socially. In New York, the Walker Law would give boxing the standing it had thus far lacked.

The man behind what became known as New York's Walker Law was William A. Gavin, former publisher of *Vanity Fair*, a successful businessman who dreamed of an American version of London's National Sporting Club, based in New York City. He first thought that such an institution could function as a private club, but quickly found that club membership boxing had been ruled illegal in February, 1918. Undismayed, he turned his efforts to a bill to legalize the sport, raising money for his International Sporting Club and using, as he freely admitted, much of it to grease the palms of state senators and assemblymen, who finally passed State Senator James J. Walker's bill in 1920, legalizing boxing in New York under a commission and allowing up to slated fifteen-round bouts to a decision.

Gavin thought that this was being done to provide the legal framework necessary for his International Sporting Club, a mercantilism totally at odds with American capitalism. To his dismay, he found that licenses were given out to many other clubs and promoters, including Tex Rickard, who was to have been Gavin's matchmaker. Rickard, acting behind Gavin's back, leased Madison Square Garden with the help of his friend, John Ringling. Gavin threatened to start a movement to have the Walker Law repealed, but finally relinquished the presidency of the I.S.C. to Gutzan Borglum, who would later gain fame as the architect of the Mount Rushmore Memorial. The I.S.C. liquidated in 1922, having promoted one world bantamweight title bout.

Gavin, however, made another, almost equally long-lasting contribution to the history of boxing. In January, 1921, he convened a meeting of the heads of boxing commissions from every state in which boxing had been legalized. The result was the National Boxing Association. Only the New York State Commission refused to join — a realization of its power and a rebuke to its "enemy," William A. Gavin.

Golden Ages

In terms of popularity, economic prosperity, and the great crowds that attended boxing, the decade of the 1920s was indeed the golden era of the sport. The Jack Dempsey–Georges Carpenter fight of July 2, 1921, produced the first "million dollar gate," and outdoor contests continued to attract fantastic crowds, culminating in the two Dempsey-Tunney bouts, both of which drew well over 100,000 paying customers.

With decisions on the line, the sport's techniques began to blossom, with extensive jabbing, hooking, feinting, and combination punching. Benny Leonard reigned as king of lightweights, Harry Greb, the "Human Windmill," of the middleweights, and the tigerish Jack Dempsey as the heavyweight champion. California reintroduced ten- and twelve-round bouts in 1925, and a new annual amateur tournament aimed at the poor youth of inner cities made its first appearance — the Golden Gloves.

Rickard, long established as the sport's greatest promoter, died in January, 1929. Boxing continued to attract good crowds to its top heavyweight contests in the Great Depression, but for most, the times were hard. Boxers made far less than they had in the '20s, and the competition was extremely fierce. The Golden Gloves were a breeding ground for tough professionals, the kind of fighters willing to take three punches just to land one.

The heavyweight championship passed through Max Schmeling, Jack Sharkey, Primo Carnera, Max Baer, and Jim Braddock to Joe Louis, a product of the Golden Gloves and National AAU tournaments. Turning professional under the tutelage of Jack Blackburn in 1934, Louis won a series of fights in Chicago and Detroit under increasingly tough competition. Rated the world's number nine contender for the world heavyweight championship after only four months as a pro, Louis was the greatest boxing phenom of the age. His New York debut was a scheduled fifteen-rounder in a ball park (Yankee Stadium) against former champion Primo Carnera, whom Louis beat into submission in less than six rounds.

Louis's next bout saw him kayo Max Baer in four, and critics hailed him as not only the world's top heavyweight of the age, but, likely, of all time. It therefore came as a shock when former champ Max Schmeling, nine years older, knocked out Louis in twelve rounds on June 19, 1936.

Louis's subsequent first-round knockout of Schmeling in the same ring two years later may be looked upon as the pinnacle of boxing, given its political implications as well as the great interest the bout garnered, and the dynamic nature of the actual contest. Some, however, point to Louis's come-from-behind knockout over Billy Conn as boxing's high point. What is undeniable is that boxing was a pre–War War II sport that regained neither its popularity, or its place in American society, after that conflict was over.

Supporting statistics for this can be found in the attendance figures for baseball versus boxing. After World War II, major league baseball set new records for attendance. Boxing did not. Nonetheless, the postwar era is now regarded by many as the sport's "golden age" — principally because the sport found a highly visible home on network television, even as innumerable local fight clubs shut their doors.

Television was saturated with boxing in the 1950s, with six weekly shows — one on CBS, one on NBC, an astounding three on ABC, and one on the limited and now long defunct DuMont network — holding sway for one incredible three-month period in 1953. From that peak, the number dropped to five and four in rapid order, then to three, and finally to one — the NBC *Gillette Cavalcade of Sports Fight of the Week*. In 1962, fight fans wit-

nessed Emile Griffith regain the world welterweight crown by stopping Benny (Kid) Paret with blow after blow of unanswered punches. Paret died shortly after, raising cries for the abolition of boxing.

The fall of 1963 saw ABC replace NBC as Gillette's carrier. On September 11, 1964, the Gillette *Fight of the Week* had its final night, as Dick Tiger outscored Don Fullmer in a ten-round bout from Cleveland, Ohio. Boxing's "TV era" was over.

Age of Ali

Boxing was at a low from 1958 to 1964. Attendances declined at Madison Square Garden, Sonny Liston, widely viewed as an unreformed thug, won the world heavyweight title by knocking out Floyd Patterson in the first round and seemingly mugged him — also in the first round — of an ill-advised rematch. Boxing was looked upon as a corrupt and violent relic of the "Bad Old Days" before John F. Kennedy.

Enter Cassius Clay.

He was brash, a braggart who talked fast, recited poetry, predicted (with amazing accuracy, for the most part) the round in which he'd knock out his opponent. He was young, handsome, and boxed with his hands down, seemingly inviting his opponents to aim punches at his chin. His major talent was his speed — never seen in such great measure in a heavyweight — especially in one so large (6 ft. 2½ in. and 208 pounds as a top-flight contender), combined with amazing reflexes, a punishing jab, and sharp combination punching.

Boxing purists shuddered at his "hands down at the waist" style, and his bragging was considered anything but good sportsmanship. But the young man's popularity grew from the moment he turned pro in October 1960, having won the Olympic light heavyweight gold medal in Rome. Clay became the number one contender for the title after Liston destroyed Patterson in their rematch, not because anyone considered him a serious challenger, but rather through attrition. Liston had beaten almost every other heavyweight of note before he'd become champion.

On February 25, 1964, Clay "shocked the world," in his own words, by stopping Liston after six rounds in Miami Beach. A press conference, held the next day, saw him announce he was a member of the Nation of Islam, a socio-religious organization dubbed the Black Muslims by the press and painted as an "extremist," racist group totally at odds with the work of the Rev. Dr. Martin Luther King.

Clay, now calling himself Muhammad Ali, "knocked out" Liston in the first round of a suspicious — to say the least — rematch in Lewiston, Maine on May 25, 1965. Ali's popularity grew fast with the times. He was a new kind of black man — neither the conciliatory, modest figure of Floyd Patterson, nor the nightmare mugger personified by Liston. He attracted more and more positive attention from young people as protests against the Viet Nam War intensified across the nation.

Ali was stripped of his world title upon his refusal to accept induction into the United States Armed Forces in April 1967. Three and a half years of exile from active competition followed, as no state would license him to fight and he was not allowed to leave the country. Boxing, in general, ironically experienced a bit of a boom period at this time, as new arenas — notably the Spectrum in Philadelphia, the new Madison Square Garden in New York, and The Forum in Inglewood, Calif.— drew increased attendance.

Ali, cleared of his conviction for draft evasion by the U.S. Supreme Court, returned to action in the fall of 1970. On March 8, 1971, he faced Joe Frazier for the undisputed title in Madison Square Garden and lost on a unanimous decision after fifteen rounds. George Foreman took Frazier's title in 1973, and October 30, 1974 saw Ali pull off an inspired miracle by knocking out Foreman in the eighth round in Kinshasa, Zaire — the so-called (by Ali) "Rumble in the Jungle."

Ali stopped Frazier in Manila in 1975, a fight that underscored the growing infeasibility of staging major fights in the U.S. The following year saw Ali outpoint Ken Norton in Yankee Stadium amidst vandalism in the surrounding neighborhood. Boxing, as it had been known, was drawing to a close.

Current Era

December, 1975 saw the election of Jose Sulaiman as president of the World Boxing Council — a group of commissions from around the world that had formed its own organization in opposition to the World Boxing Association, the group spawned by the National Boxing Association formed by William A. Gavin in 1921.

Sulaiman reorganized the WBC into a system of continental federations — the long-standing European Boxing Union, the North American Boxing Federation, the South American Boxing Federation, the Central American & Caribbean Boxing Federation, the African Boxing Union, and the Oriental & Pacific Boxing Federation. The rules of the WBC were tightened with respect to mandatory defenses by champions and purse offers, including introduction of a system of competitive bidding for outstanding promoters. In years to come, he would institute new medical requirements, reduce the title distance from fifteen to twelve rounds, and begin a program of relief for destitute ex-champions.

The year 1976 was pivotal for professional boxing — not only in the negative aspects of the Ali-Norton bout in Yankee Stadium, but in two tremendously positive influences it received from outside its own ranks. One was the spectacular success of the 1976 U.S. Olympic boxing team, which won five gold medals and captured the imaginations of sports fans, since their accomplishments were telecast live by ABC. Another was the motion picture *Rocky*, about a down-and-out fighter who rises to the occasion when he gets a chance at the world title, held by the flamboyant Apollo Creed, a thinly disguised version of Muhammad Ali. (Still another was the George Foreman–Ron Lyle fight, the first contest staged by a hotel casino — Caesars Palace.) It was against this background that *The Ring*, the magazine long looked upon as "boxing's bible," linked arms with promoter Don King to present a U.S. Championship Tournament on ABC-TV in 1977. Charges, however, that the magazine's vaunted record keeping was faulty (and probably corrupt), and that its honored ratings were skewered to promote certain fighters, soon led ABC to cancel further telecasts.

ABC, and, to some extent, other TV networks, now looked elsewhere for their sanctioning and credibility. They got it a year

later, when the WBC withdrew recognition from Leon Spinks as world heavyweight champion and declared Ken Norton the new title holder. ABC secured the rights to Norton's first defense, which saw him lose a split decision to Larry Holmes, and went on to telecast what became series of defenses by the latter. World sanctioning bodies, especially the WBC, derided by the press, were now household names thanks to the medium of television.

Many great fights and fighters (Sugar Ray Leonard, Thomas Hearns, Aaron Pryor, Roberto Duran, Alexis Arguello, Salvador Sanchez, and Jeff Chandler, to name a few) were seen on network and closed circuit television over the next half dozen years. By 1983, however, boxing had again worn out its welcome. Television once again decreased its coverage, and the sport waited for the coming of still another messiah. He arrived two years later, when a troubled youth from the Bedford-Stuyvesant section of Brooklyn turned professional. His name was Michael Gerard Tyson.

Tyson was the last fighter to capture the public imagination—first in a series of spectacular knockouts in which his punches literally knocked opponents across the ring before sending them to the canvas, then in a series of embarrassing escapades, the most severe of which sent him to prison on a rape charge.

Tyson's arrival on the heavyweight scene mirrored the change from network to pay television, as HBO took the play away from ABC and other networks. Pay-Per-View likewise replaced closed circuit television at movie theatres. The money was there for the top fighters, but boxing was increasingly a niche sport, very few fighters known by name to the average sports fan.

Boxing has survived into the twenty-first century. Where once it went from one floating venue to another one step away from the law, it now moves from one support group to another, seemingly one step away from virtual extinction. And while it faces competition in the form of mixed martial arts and similar fight sports, it continues to attract a great deal of attention—especially on the international stage—giving hope to fans that it will return to some semblance of its past popularity.

Boxing will, it is believed, be here for quite some time. However, boxing as it was—the grass roots spectator sport of the working man—is gone, it would now seem, forever.

Boxing Demographics

Continuous statistics regarding active boxers, number of bouts, and number of boxing programs are not readily available, especially pre–World War II. Figures cited in newspapers, however, reveal a sport in which over 1,000 shows a year were held in the State of California alone during the period from 1925 to 1930. (In 1925, the California State Athletic Commission's first year of operation, it licensed 2,448 boxers and eighty-seven promoters or clubs.) New York State hosted some 1,100 shows in 1917. By contrast, an annual average of only about 800 boxing cards were held in the entire United States in the fifteen years from 1989 through 2010.

A study done by Don Majeski, probably the world's most knowledgeable person on the inner workings of the boxing business, shows that boxing at Madison Square Garden (which presented roughly forty shows a year) annually outdrew at least one (frequently two and sometimes as high as four) major league baseball teams from 1921 to 1941. Major league baseball teams then played seventy-seven home games per season, with seating capacities far in excess of Madison Square Garden's 16,000.

A major change came after World War II, when boxing attendance held steady, but major league baseball started drawing record numbers. A more dramatic change came *circa* 1957, when boxing attendance at Madison Square Garden dropped dramatically at the same time as many boxing venues all around the U.S. closed their doors — victims of television, the moves of working and middle class families from the cities to the suburbs, the beginnings of investigations into boxing, and a gradual decline of the sport's popularity due to changing attitudes and times.

Network television, which had telecast as many as six shows a week (for a few months in 1953), gradually withdrew from boxing in favor of situation comedies and westerns. The *Gillette Fight of the Week*, television's last weekly boxing program, went off the air in September, 1964.

Basketball became the leading night time sport of major U.S. cities. Boxing, despite the individual popularity of Muhammad Ali, became more and more of a marginal sport, shunned by television (save for an occasional major fight on ABC's *Wide World of Sports* beginning with Muhammad Ali's TKO over Henry Cooper) and the public.

There were, of course, some ups and downs. The openings of the Spectrum in Philadelphia, a new Madison Square Garden, and the Inglewood Forum (which catered to a largely Mexican-American audience) sparked a minor revival in boxing attendance from 1968 to 1970—a period, ironically, in which Muhammad Ali was inactive.

Figures are not available on the number of fighters active at any one time, but some useful estimates may be made. It is believed that there were about sixteen thousand professional boxers active in the world in 1925—about twelve thousand of them in the United States. There were about nine thousand pros active in the world in 2010—around 1,750 in the U.S.

The number of fight shows remains a largely unbiased barometer of professional boxing's popularity and health, as well as its response to outside factors such as major wars. Here are the figures, when available:

Number of Boxing Cards or Shows

United Kingdom

The following figures on the number of shows in the U.K. on a yearly basis from 1910 through 1946 are the result of diligent research through many newspapers by Miles Templeton and Richard Ireland.

1910	1718	1923	1390	1936	2616
1911	1848	1924	1513	1937	2210
1912	1429	1925	1573	1938	2157
1913	1377	1926	1951	1939	1560
1914	1445	1927	2538	1940	613
1915	762	1928	3046	1941	476
1916	1030	1929	3161	1942	567
1917	935	1930	4004	1943	508
1918	878	1931	4732	1944	448
1919	1497	1932	4779	1945	450
1920	1665	1933	4753	1946	820
1921	1328	1934	4382		
1922	1291	1935	3462		

British boxing is quite seasonal, and the following figures show the number of annual shows in the U.K. from July 1 through June 30 of the following year. They are from the British Boxing Board of Control.

1946–47	1028	1967–68	162	1988–89	270
1947–48	1109	1968–69	161	1989–90	280
1948–49	1115	1969–70	145	1990–91	264
1949–50	869	1970–71	161		236
1950–51	758	1971–72	168	1992–93	236
1951–52	714	1972–73	164	1993–94	222
1952–53	482	1973–74	168	1994–95	224
1953–54	387	1974–75	150	1995–96	223
1954–55	344	1975–76	192	1996–97	210
1955–56	313	1976–77	199	1997–98	205
1956–57	245	1977–78	221	1998–99	188
1957–58	305	1978–79	215	1999–00	187
1958–59	238	1979–80	233	2000–01	191
1959–60	219	1980–81	228	2001–02	185
1960–61	192	1981–82	250	2002–03	198
1961–62	178	1982–83	239	2003–04	183
1962–63	161	1983–84	216	2004–05	177
1963–64	161	1984–85	223	2005–06	190
1964–65	157	1985–86	237	2006–07	205
1965–66	158	1986–87	253	2007–08	203
1966–67	166	1987–88	275	2008–09	193

Australia

1961	169	1969	248	1977	101
1962	185	1970	378	1978	133
1963	129	1971	359	1979	115
1964	97	1972	277	1980	130
1965	106	1973	241	1981	166
1966	89	1974	222	1982	175
1967	123	1975	166	1983	174
1968	141	1976	128	1984	168

1985	105	1994	90	2003	79
1986	98	1995	76	2004	90
1987	78	1996	78	2005	82
1988	54	1997	86	2006	94
1989	75	1998	76	2007	107*
1990	71	1999	63	2008	117*
1991	64	2000	62	2009	
1992	77	2001	77		
1993	100	2002	88		

*Including a number of primarily amateur cards with one or two pro bouts.

Canada

1985	35	1994	17	2003	27
1986	50	1995	22	2004	27
1987	32	1996	25	2005	53
1988	13	1997	22	2006	50
1989	21	1998	24	2007	42
1990	30	1999	21	2008	40
1991	27	2000	30	2009	41
1992	NA	2001	30		
1993	NA	2002	22		

United States

1985	848	1994	716	2003	817
1986	751	1995	745	2004	819
1987	716	1996	764	2005	843
1988	668	1997	790	2006	776
1989	713	1998	786	2007	752
1990	758	1999	802	2008	650
1991	688	2000	786	2009	640
1992	NA	2001	783		
1993	730	2002	774		

Puerto Rico

1985	20	1994	15	2003	7
1986	17	1995	22	2004	7
1987	22	1996	20	2005	15
1988	14	1997	31	2006	15
1989	9	1998	23	2007	21
1990	18	1999	8	2008	27
1991	26	2000	7	2009	25
1992	NA	2001	15		
1993	19	2002	15		

Japan

The Japanese Boxing Commission reports an average of 150 shows a year since its inception in 1952 — a total of about 8,000 shows. Japan has been one of the most active countries in the boxing world since the dawn of the new millennium, averaging about 250 shows a year from 2000 through 2004.

	Shows	Bouts
2005	305	2580
2006	303	2506
2007		
2008	276	2245
2009	260	2082

Deaths

The figures given below include all boxing deaths — amateur and professional — worldwide for each calendar year since 1918.

Even fatalities resulting apparently from sparring sessions have been included in a number of cases. These statistics, therefore, are all-inclusive, and should, in fairness, be weighed against the thousands of amateur and professional bouts held throughout the world each year. Fatalities from "tough man" contests are, of course, excluded, as they are not part of boxing.

1918	3	1930	23	1942	8
1919	5	1931	8	1943	5
1920	3	1932	21	1944	7
1921	9	1933	10	1945	10
1922	19	1934	6	1946	17
1923	15	1935	9	1947	11
1924	16	1936	6	1948	18
1925	13	1937	8	1949	20
1926	6	1938	7	1950	14
1927	7	1939	3	1951	15
1928	12	1940	5	1952	19
1929	16	1941	8	1953	25
1954	7	1973	5	1992	3
1955	11	1974	11	1993	1
1956	15	1975	12	1994	2
1957	13	1976	6	1995	10
1958	9	1977	9	1996	7
1959	14	1978	10	1997	8
1960	12	1979	11	1998	2
1961	11	1980	5	1999	4
1962	16	1981	7	2000	6
1963	16	1982	7	2001	6
1964	17	1983	10	2002	8
1965	13	1984	6	2003	8
1966	12	1985	7	2004	7
1967	6	1986	3	2005	5
1968	6	1987	4	2006	3
1969	7	1988	4	2007	3
1970	9	1989	4	2008	3
1971	12	1990	4	2009	5
1972	12	1991	5	2010	5

Equipment and Equipment Makers

Most notable of the many changes in boxing equipment through the years has been that in the boxing glove. Many contests of the 1880s, under London Prize Ring (bare knuckle) or Queensberry (gloved) rules wore fought with "skin tight gloves." Gradual acceptance of the Queensberry rules saw the weight of gloves increase to two ounces, then to four, than five, and finally to six, the standard until after World War II. Boxers below light heavyweight (175 lbs.) now wear eight ounce gloves, with ten ounces common in the cruiserweight and heavyweight divisions.

Fighters of the 1910s wrapped their hands with heavy black bicycle tape. This is now illegal. Modern boxers' hands are wrapped with gauze before they don their gloves. For many years high percentage of boxing gloves used by professionals were manufactured by individual makers or small outfits, rather than being mass-produced.

The mouthpiece (or gumshield, as it is called in the U.K.) was introduced by British boxer Ted (Kid) Lewis in 1913. Opponents, referees, and commissions frequently objected to this piece of equipment, which was only gradually accepted. It is now mandatory.

Manufacturers of boxing equipment (most notably, gloves, but including punching bags and various other paraphernalia) have served an important role in the history of boxing. The following are among the most historically important or prominent glove makers and equipment manufacturers in boxing. They are presented in roughly chronological order (the date of their first operations may not coincide with the dates of boxing equipment manufacture).

Reach (Philadelphia, 1874–c. 1922)
Founder: A.J. Reach (1840–1928)
Primarily known for manufacturing baseball equipment, but also manufactured boxing gloves and other gear. Reach was a former major league baseball player and founder and owner of the Philadelphia Phillies.

Spalding (Chicago; Springfield, Mass., 1876–)
Founder: A.G. Spalding (1850–1915)
Also primarily known for manufacturing baseball equipment, but offered a wide range of sporting goods, including boxing gloves, medicine balls for training, punching bags, etc. Spalding was a former major league baseball pitcher. The company has not manufactured boxing equipment for some time.

Sol Levinson (1028 Market Street, San Francisco, 1896–1926)
Founder: Sol Levinson
First important manufacturer of boxing gloves on a sustained basis. Levinson's gloves were used in many championship fights in the early 20th century.

Everlast (Bronx, N.Y., 1910–)
Founder: Jacob J. Golomb (1893–1951)
The oldest extant and best known manufacturer of boxing equipment in the world.

G & S (New York, N.Y., 1937–)
Founder: Izzy Zerling (1914–)
Manufacturer of boxing gloves and other equipment, founded by Zerling, with his wife, Betty, after he retired from the ring.

BenLee (Late 1930s–1960s)
Founder: Ben Leibrowitz
Manufactured gloves worn by many champions, most

notably Rocky Marciano. The brand was relaunched by a German manufacturer as BenLee Rocky Marciano.

Tuf-Wear (New York, N.Y., 1931–1987)
Founder: Gil Spillet
Manufactured gloves, bags and other equipment. The label was sold to another manufacturer upon Spillet's retirement, and now focuses primarily on football equipment.

Roman (280 Broadway, New York, N.Y.)
Prominent in 1930s.

Cleto Reyes (Mexico City, c. 1939–)
Founder: Cleto Reyes Castro (1920–1999)
Reyes also manufactured equipment under the name Seyer (Reyes spelled backwards). Reyes' son Alberto joined the family business in the 1970s, trade-marking the name and forming Industria Reyes. A favorite among Mexican fighters.

Frager (4723 Arthington Street, Chicago, Ill., 1945–1965)
Founder: Sammy Frager (1896–1966)
Manufactured custom-fit gloves.

Adidas (Herzogenaurach, Germany, 1948–)
Founder: Adolf Dassler (1900–1978)
Primarily known for manufacturing running shoes, Adidas' gloves are used extensively in Germany. The company also manufactures boxing shoes and other gear. Behind Nike, Adidas is the world's largest sporting goods company.

Flores (Burlingame, Calif.)
Founder: Ray Flores
Ray Flores hand-manufactured high-quality gloves in California throughout the 1950s and 1960s, and was succeeded by his nephew, Dan Mosby. Mosby operated the business through the early 2000s.

Spartan (Brooklyn, N.Y.)
Founder: Al Zimmer
Glove maker and mail order equipment supplier, prominent in the latter half of the 20th century.

Lonsdale (London, 1960–)
Founder: Bernard Hart
Hart, a former boxer, founded Lonsdale as an equipment manufacturer, but its primary focus shifted to apparel. Named after the Fifth Earl of Lonsdale, who arranged gloved matches in the late 19th century after the ring-related deaths of several bare-knuckle fighters.

Casanova (Mexico City)
A favorite with many Latin American boxers, Casanova gloves have a seam that seems to lead to cuts.

Grant Boxing (New York, N.Y., 1994–)
Founder: Grant Phillips
Manufacturer of boxing gloves, bags and a wide range of equipment.

SELECTED BOXING VENUES AND GYMNASIUMS

Indoor Venues

BELGIUM

Antwerp
Sports Palace
Brussels
Sports Palace

FRANCE

Paris
Palais des Sport

GERMANY

Berlin
Sportpalast (1919–1943, 1953–1969)
Deutschlandhalle (1937–42, 1957–)
Dortmund
Westfalenhalle (1926–44, 1952–)
Hamburg
Hanseatenhalle (1935–1943)

HUNGARY

Budapest
Sports Palace

ITALY

Capo D'Orlando
Sports Palace
Rome
Sports Palace
San Vincent
Sports Palace
Sassari
Sports Palace

SWEDEN

Stockholm
Johanneshov Hall

UNITED KINGDOM

England

Birmingham
Aston Villa Leisure Centre
Bristol
Colston Hall
Liverpool
Pudsey Street Ice Rink (1911–1929)
The Stadium (1929–)
London
Pelican Club, Soho (1887–1891)
National Sporting Club (1891–1929)
Wonderland (1906–1911)
The Ring, Blackfriars (1910–1939)

Premierland (1911–1934)
Olympia Exhibition Centre (1911–33)
Holborn Stadium (1916–193)
Royal Albert Hall (1918–)
Harringay Arena (1936–1958)
Earls Court Exhibition Hall (1950–)
York Hall, Bethnal Green (1968–)
Elephant & Castle Leisure Centre
Britannia Leisure Centre (1984–)
Manchester
Belle Vue Stadium (1926–1975)
Nottingham
Ice Rink (1941–1974)
Telford
Ice Rink
Watford
Town Hall
Wembley
Empire Pool (1934–)

Northern Ireland
Belfast
King's Hall (1937–)
Ulster Hall

Scotland
Glasgow
Kelvin Hall (1934–)
Scottish Exhibition Centre

Wales
Cardiff
Star Leisure Centre
Welsh Institute of Sport
International Arena

CANADA

British Columbia
Vancouver
The Arena (1927–1936)
Pacific Northwest Agrodome

Manit   oba
Winnipeg
Convention Centre (1978–)

Nova Scotia
Halifax
Metro Centre (1978–2003)

Ontario
Fort Erie
International A.C. (1901–1903)
Orillia
Casino Rama
Toronto
Coliseum (1923–1931)
Maple Leaf Garden (1931–)

Quebec
Montreal
Mt. St. Louis Auditorium
Mount Royal Arena
Forum (1925–1997)
Molson/Bell Centre (1998–)
Paul Sauve Arena

UNITED STATES

Arizona
Tucson
Sports Center (1949–1971)
Convention Center

California
Bakersfield
Civic Auditorium (1962–1995)
Colma
Mission Street Arena (1905–1909)
Hollywood
Legion Stadium (1921–1959)
Moulin Rouge
Indio
Fantasy Springs Casino [AIC]
Inglewood
Great Western Forum (1968–)
Irvine
Marriott (1985–)
Long Beach
Municipal Auditorium (1935–1971)
Los Angeles
Hazard's Pavilion (1897–1904)
Naud Junction Pavilion (1906–1910)
The Arena, Vernon (1908–1925)
Olympic Auditorium (1925–)
Staples Center (2000–)
Marin
Civic Center
Oakland
Auditorium (1914–1982)
Reseda
Country Club
Richmond
Civic Auditorium (1951–1975)
Sacramento
Memorial Auditorium (1929–1985)
ARCO Arena (1985–)
San Diego
Coliseum (1924–1979)
Sports Arena (1980)
San Francisco
California A.C. (1887–1892)
Mechanics Pavilion (1896–1906)
Woodward's Pavilion (1897–1906)
Dreamland Arena (1906–1940)
Coliseum Bowl (1940–1955)
National Hall (1923–1949)
Winterland Arena (1950–56, 1966–69)
Civic Auditorium (1916–1992)
Cow Palace (1949–1975, 1981, 1986, 1998, 2003)
San Jose
Civic Auditorium (1936–)
Santa Monica
Civic Auditorium (1959–1989)
Stockton
Civic Auditorium (1930–2005)
Watsonville
Civic Auditorium (1926–1958)
Woodland Hills
Valley Arena

District of Columbia
Washington
Turner's Arena (1935–1956)
Uline Arena (1941–1959)
Capitol Arena (1954–1964)
Coliseum (1964–1979)
Starplex Armory (1975–)
Convention Center (1984–2005)

Colorado
Denver
Coliseum (1893–1973)

Connecticut
Bridgeport
Casino (1916–1921)
Red Men's Hall (1929–1932)
City Arena (1963–1964)
Hartford
Coliseum (1898–1901)
Foot Guard Hall (1919–1961)
Velodrome (1926–1930)
Civic Center (1977–1989)
Mashantucket
Foxwoods Resort Casino [AICH] (1992–)
New Britain
Stanley Arena (1927, 1938–49, 1953–57)
New Haven
The Arena (1915–1956, 1961)
Coliseum
Uncasville
Mohegan Sun Casino [AIC] (1996–)
Waterbury
Buckingham Hall (1920–33, 1940–42, 1951, 1958)

Delaware
Wilmington
Fournier Hall (1950–56, 1970, 1974–77)

Florida
Coral Gables
Coliseum (1930–1938, 1948–1953)
Hialeah
Milander Auditorium
Hollywood
Seminole Indian Casino [AIC]
Jacksonville
Coliseum (1962–1997)
Miami
Mahi Shrine Auditorium
Miccosukee Indian Gaming Center [AIC]
Miami Beach
Auditorium (1951–1964)
Convention Hall (1960–)
Jai-Alai Fronton
Pensacola
Sports Palace (1951–)
Civic Center
Bayfront Auditorium
St. Petersburg
Legion Armory
Tampa
City Auditorium
Curtis Hixon Hall (1971–1984)
Hyatt Regency Ballroom
Knight Convention Center
West Palm Beach
Auditorium (1967–1992)

Georgia
Atlanta
Auditorium (1918–1939)
The Omni

Hawaiian Islands
Honolulu
Civic Auditorium
Blaisdell Center

Idaho
Boise
Bank of America Center
Worley
Coeur d'Alene Casino [AIC]

Illinois
Aurora
Hollywood Casino
Chicago
Tattersall's (1895–1900)
Coliseum (1923–54, 1962–64, 1970)
Chicago Stadium (1929–1960)
White City Arena (1926–40, 1945–46)
Marigold Gardens (1934–1964)
Arcadia Gardens (1933–1936)
Rainbo Arena (1929–1953)
Bismarck Hotel (1980–1995)
Americana Congress Hotel (1983–87)
McCormick Inn (1981–1983)
Danville
Civic Center
Elgin
Grand Victory Casino
Peoria
Continental Regency Hotel
Villa Park
Odeum Sports Arena

Indiana
Fort Wayne
Princess Rink (1907–1914)
Indianapolis
Auditorium (1905–1913)
Armory (1931–1951)
Sherwood Club
Terre Haute
Knights of Columbus Hall (1919–33)

Iowa
Davenport
Claus Groth Hall (1898–1906)
Des Moines
Coliseum (1914–1949)
Sioux City
Auditorium

Kansas
Wichita
Forum (1944–1959)

Kentucky
Fort Thomas
Armory
Louisville
Jefferson County Armory (1920–62)
Freedom Hall (1958–)

Louisiana
Lafayette
Municipal Auditorium
Lake Charles
Civic Center
Players Island Casino
New Orleans
Olympic Club (1890–1895)
Louisiana Auditorium (1911–1924)
Coliseum Arena (1922–1959)
St. Bernard Auditorium

Maine
Portland
Exposition Building (1915–)
Cumberland County Civic Center
Lewiston
Central Maine Youth Center
Waterville
Armory

Maryland
Baltimore
Germania Maennerchor Hall (1897–1912)
Coliseum (1939–1963)
Civic Center (1962–1983)
Teamsters Hall
Landover
Capital Centre (1974–)
Pikesville
Armory

Massachusetts
Boston
Fanueil Hall
Armory (1908–1924)
Mechanics Building (1919–1958)
The Arena (1921–1977)
Boston Garden (1928–1982, 1988–90)
Fleet Center (1995–)
Fall River
Casino (1920–1954)
Holyoke
Valley Arena (1925–1960)
New Bedford
Page Arena (1945–1951)
Springfield
Civic Center (1972, 1978–82, 1989–97)
Worcester
Mechanics Hall (1920–1967)
Centrum (1984–)

Michigan
Auburn Hills
The Palace (1988–)
Detroit
Light Guard Armory (1897–1917)
Arena Gardens (1925–1951)
The Olympia (1927–1980)
Motor City Arena (1951–1976)
Cobo Hall (1961–)
Joe Louis Arena (1980–)
Flint
IMA Auditorium (1927–1957)
Grand Rapids
Civic Auditorium (1946–55, 1965–67)
Saginaw
Auditorium
Civic Center

Minnesota
Minneapolis
The Arena
Prior Lake
Mystic Lake Casino [AIC]
St. Paul
Auditorium (1915–1961)

Mississippi
Bay St. Louis
Casino Magic
Biloxi
Casino Magic
Tunica
Grand Casino

Missouri
Kansas City
Convention Hall (1901–1936)
Harrah's Hotel & Casino (1997–)
St. Joseph
Civic Arena
St. Louis
West End Coliseum (1897–1904)
The Arena (1930–1969)
Kiel Auditorium (1936–1960)
Masonic Temple

Nevada
Incline Village
Hyatt Lake Tahoe Hotel
Las Vegas
Desert Inn
Convention Center (1959–1976)
The Sands (1982–1991)
The Dunes (1979–1990)
The Sahara (1977–1986)
Las Vegas Hilton (1978–2003)
Showboat Hotel (1980–1989)
Silver Slipper (1962–1982)
The Dunes (1979–1990)
The Aladdin (1976–2006)
Caesars Palace (1976–2006)
Riviera Hotel (1984–1993)
The Mirage (1989–1996)
Thomas & Mack Center (1992–)
MGM Grand Garden (1994–)
Mandalay Bay Resort (1999–)
Reno
Lawlor Events Center (1984–)
Stateline
Caesars Tahoe (1974–)

New Hampshire
Keene
City Hall (1928–1936, 1946–1948)

New Jersey
Atlantic City
Waltz Dream Arena (1924–1943)
Convention Hall (1930–)
Resorts Int. Hotel (1979–1993)
Harrah's Marina Hotel & Casino (1982–94)
Sands Hotel & Casino (1980–2001)
Showboat Hotel & Casino (1987–)
Playboy Hotel & Casino (1981–1984)
Trump Castle Hotel (1989–1994)
Trump Plaza (1985–1994)
Trump Taj Mahal (1990–2005)
Caesars Hotel & Casino (1981–1989)
Convention Center (1997–)
Elizabeth
Armory (1925–1975)
Jersey City
Armory (1918–1979, 2002)
Long Branch
Boardwalk Arena (1918–1949)
Newark
Sussex Avenue Armory (1919–1968)
Laurel Garden (1921–1956)
North Bergen
Embassy Hall (1969–1982)
Passaic
Garden Palace (1926–1928)
Paterson
Armory (1918–1965, 1971)
Lazzara Music Hall
Totowa
Ice World (1978–1986)
Trenton
The Arena (1920–1956)

New Mexico
Albuquerque
Civic Auditorium
The Pit
Sandia Casino [AIC]

New York
Albany
Knickerbocker A.C. (1908–1927)
Bronx
Fairmont Athletic Club (1908–1917)
Coliseum (1929–1942)
Brooklyn
Hercules A.C.
Broadway Arena (1912–1951)
Fort Hamilton Arena (1926–1954)
Coney Island Velodrome (1930–1950)
Golden City Arena (1925–1931)
Prospect Hall (1930–32, 1938–39, 1976, 1981)
Eastern Parkway Arena (1947–1955)
Velodrome (1920–1930)
Buffalo
Broadway Auditorium (1911–1940)
New York City (Manhattan)
Harry Hill's (1868–1890)
Broadway Athletic Club (1896–1900)
Lenox Athletic Club (1896–1900)
Manhattan Casino [Rockland Palace]
Commonwealth Sporting Club, Harlem
New Polo A.A.
National A.C. [Pioneer S.C.]
Long Acre A.C.
Grupp's
Star Casino, 107th Street and Park Avenue
National Maritime Union Hall
Golden Gate Arena, Harlem
Audubon Ballroom, Harlem (1967–1982)

Madison Sq. Garden, 26th and Madison (1900–25)
Madison Sq. Garden, 50th and 8th Ave. (1925–67)
Madison Sq. Garden, 32nd and 7th Ave. (1968–
St. Nicholas Arena (1906–1962)
Roseland
Manhattan Center

Queens
Empire Athletic Club, Maspeth
Queensboro Arena, Long Island City
Ridgewood Grove, Ridgewood (1926–56, 1982–85)
Sunnyside Garden, Sunnyside (1947–1977)
Jamaica Arena, Jamaica (1929–1940, 1946–1950)

Rochester
Convention Hall (1920–1941)
War Memorial Auditorium (1958, 1976–1996)

Syracuse
Alhambra (1891–1911)
Arena (1911–1940)
Coliseum (1940–1970)
War Memorial Auditorium (1951–1986)

Verona
Turning Stone Casino [AIC]

White Plains
Westchester County Center (1934–)

North Carolina
Charlotte
Armory

North Dakota
Fargo
Auditorium (1919–1929)
Bismarck
Civic Center (1986–2001)
Minot
Municipal Auditorium

Ohio
Akron
Armory (1918–1974)
Alliance
Armory
Cincinnati
Music Hall (1927–1954)
Gardens (1949–1955)
Riverfront Coliseum
Cleveland
Public Hall (1926–1981)
The Arena (1938–1974)
Columbus
Goodale Arena (1912–1914)
Olympic Coliseum (1914–1923)
Veterans Memorial Auditorium

Dayton
Memorial Hall (1910–1956)
Fremont
Rainbow Garden
Highland Heights
Front Row Theatre
Richfield
Coliseum (1975–1984)
Toledo
Sports Arena (1947–2006)

Oklahoma
Tulsa
Civic Center

Oregon
Salem
Armory (1922–1950)
Portland
Armory (1919–1937)
Civic Auditorium (1929–1965)
Marriott Hotel (1981–1984)

Pennsylvania
Erie
Carney Auditorium (1916–1945)
Philadelphia
Douglas A.C.
Broadway A.C.
Nonpareil A.C.
Cambria A.C. (1917–1963)
National A.C.
Olympia, Broad & Bainbridge
The Arena (1922–1977)
Convention Hall (1932–1992)
Blue Horizon Auditorium (1961–)
The Spectrum (1967–)
Pittsburgh
Duquesne Garden (1908–1956)
Old City Hall (1910–1913)
Power Auditorium (1915–1917)
Motor Square Garden (1920–1939)
Moose Lodge (1929–1940)
Northside Arena (1930–1936)
Aragon Gardens (1941–1950)
Flamingo Arena (1951–1952)
Heidelberg Arena (1951–1954)
Civic Arena (1961–1967)
David Lawrence Convention Center
Reading
Armory (1919–1949)
Scranton
Town Hall (1913–1951)
Watres Armory (1950–1983)
Catholic Youth Center (1967–)
Wilkes-Barre
Armory (1919–1931, 1940–1951)

Rhode Island
Marieville
Gardens (1912–1945)

Providence
National A.C. (1916–1930)
R.I. Auditorium (1925–1962)
Civic Center (1973–1996)

South Carolina
Camden
City Arena

South Dakota
Deadwood
Armory
Mitchell
Corn Palace
Sioux Falls
Arena

Tennessee
Jackson
Civic Center
Memphis
Phoenix Athletic Club (1909–1919)
New Lyric Theatre
Southern Athletic Club
Hilton Inn
Cook Convention Center
The Pyramid
Nashville
Hippodrome Arena

Texas
Austin
Music Hall
Beaumont
Civic Center (1979–)
Corpus Christi
Memorial Coliseum
Dallas
Sportatorium (1936–40, 1946–47, 1953–56, 1974)
Memorial Auditorium
El Paso
County Coliseum (1942–)
Fort Worth
Will Rogers Coliseum (1969–)
Galveston
Civic Center
Houston
Sam Houston Coliseum (1955–69, 1978–83)
Civic Auditorium
Raddison Hotel
Laredo
Civic Center
Levelland
Civic Coliseum
Pharr
Civic Center
Port Arthur
Civic Center
San Antonio
Freeman Coliseum (1950–)
Sunset Station
Victoria
Dome

Utah
Ogden
Golden Spike Coliseum
Salt Lake City
Salt Palace (1900–1910)
Fairgrounds Coliseum (1944–1984)

Vermont
Burlington
Hawks Auditorium
Rutland
Armory

Virginia
Alexandria
Portner's Arena (1931–1934)
Norfolk
Municipal Auditorium (1933–1965)
The Scope (1973–)
Richmond
City Arena (1938–40, 1963–1970)

Washington
Seattle
Crystal Pool (1917–1938)
Civic Auditorium (1930–1959)
Spokane
Coliseum (1954–1969)
Tacoma
Civic Auditorium (1922–1932)
Greenwich Coliseum (1927–1940)
Walla Walla
Armory

Wisconsin
Milwaukee
Hippodrome (1908–1915)
Auditorium (1910–1975)
The Arena (1950–1958)

BAHAMAS
Nassau
Poinciana Arena

JAMAICA
Kingston
National Stadium (1961–)

HAITI
Port-au-Prince
Jean Claude Duvalier Gymnasium

CUBA
Havana
Sports Palace

Selected Boxing Venues and Gymnasiums

ARGENTINA

Buenos Aires
Luna Park Stadium (1932–)

VENEZUELA

Caracas
Nuevo Circo
El Poliedro

JAPAN

Amagasaki City
City Gymnasium
Aomori
Prefectural Gymnasium
Hachinohe
Municipal Gymnasium
Kochi City
Prefectural Gymnasium
Miyazaki
Prefectural Gymnasium
Moriguchi
City Gymnasium
Nagoya
Municipal Gymnasium
Rainbow Hall
Osaka
Prefectural Gymnasium
Municipal Sports Arena
Tokyo
Kuramae Arena
Korakuen Hall (1962–)
JCB Hall (2008–)
Yokohama
Cultural Gymnasium

KOREA

Pusan
Kudok Arena
Seoul
Munhwa Gymnasium

PHILIPPINES

Manila
Rizal Memorial Coliseum
Quezon City
Arena Coliseum (1960–)

AUSTRALIA

New South Wales
Auburn
R.S.L. Club (1963–)

Victoria
Melbourne
Festival Hall (1959–1993)

Outdoor Venues

DENMARK

Copenhagen
Parken Stadium (2001)

GERMANY

Frankfurt
Waldstadion (1925–2005)

UNITED KINGDOM

England
London
White City Stadium (1933–1958)
Wembley
Wembley Stadium

MONACO

Monte Carlo
Louis II Stadium (1971–1992)

UNITED STATES

California
Los Angeles
Wrigley Field (1926–41, 1946–49, 1956–58)
Gilmore Stadium (1937–1944)
Gilmore Field (1941, 1944, 1947, 1954, 1957)
Dodger Stadium (1963)
San Francisco
Candlestick Park (1962)
San Diego
Lane Field

District of Columbia
Washington
Griffith Stadium (1934–53)
R.F.K. Stadium (1979)

Connecticut
Hartford
Velodrome
Capitol Park
Bulkeley Stadium
Waterbury
Brassco Park

Florida
Miami
Flamingo Park
Orange Bowl

Illinois
Chicago
Soldier Field (1927)
Comiskey Park (1926–28, 1933–37, 1942–49, 1962)
Wrigley Field (1927, 1934, 1943–46)

Indiana
Michigan City
Sky Blue Arena
Terre Haute
Three-I League Park

Maryland
Baltimore
Municipal Stadium (1941–1960)

Massachusetts
Boston
Braves Field (1920–37, 1943–46, 1950–51)
Fenway Park (1919–20, 1928–32, 1936–37, 1945, 1954–56)

Michigan
Detroit
Briggs Stadium (1939, 1949)

Nevada
Goldfield
Casino A.C. Amphitheatre
Las Vegas
Cashman Field

New Jersey
Englewood
Madonna Park (1926)
Jersey City
Rickard's Arena
Armory A.A. Amphitheatre
Jersey City Park
Newark
Meadowbrook Bowl (1938–1954)
Ruppert Stadium (1941–1951)
Passaic
Garden Palace (1924–19)
Union City
Roosevelt Stadium

New York
Buffalo
Bison Stadium (1918–1934)
Manhattan
Polo Grounds (1922–41, 1949–60)
Dyckman Oval, Inwood (1921–1938)
Bronx
Yankee Stadium (1923–1959, 1976)
Brooklyn
Ebbets Field (1915, 1921–22, 1926–36, 1941, 1946–47)
Washington Park (1915–1916)
Henderson's Bowl (1924, 1930)
Queens
Dexter Park, Woodhaven (1914–1946)
M.S.G. Bowl, Long Is. City (1932–38)
Queensboro Stadium, Long Is. City
Shea Stadium, Flushing (1966–1967)

Ohio
Cincinnati
Parkway Arena
Crosley Field (1916–17, 1923–31, 1941–48)
Cleveland
League Park (1921, 1930)
Municipal Stadium (1931–32, 1935, 1942)
Dayton
North Side Field
Westwood Field
Toledo
Bay View Park Arena

Pennsylvania
Millvale
Hickey Park (1930–1945)
Zivic Arena (1946–1950)
Philadelphia
Municipal Stadium* (1926–39, 1947–52)
Shibe Park (1917–1958)
Baker Bowl (1904, 1919–1938)
Toppi Stadium (1948–1953)
Pittsburgh
Forbes Field (1917–25, 1933–51, 1956)

*originally Sesquicentennial Stadium

Texas
Houston
Astrodome (1966–67, 1971, 1981–82)
Alamodome (1993–)

Utah
Ogden
Ogden Stadium

Washington
Seattle
Civic Stadium
Chester
Mountaineer Race Track

PUERTO RICO

Hato Rey
Roberto Clemente Coliseum (1973–2002)
San Juan
Sixto Escobar Stadium (1946–1961)
Hiram Bithorn Stadium (1963–1986)

Selected Boxing Venues and Gymnasiums

MEXICO

Federal District
Mexico City
Azteca Stadium

Yucatan
Merida
Carte Clara Park

SOUTH AFRICA

Transvaal
Johannesburg
Ellis Park Rugby Stadium

AUSTRALIA

New South Wales
Sydney
Sydney Stadium (1908–1970)

Queensland
Brisbane
Brisbane Stadium (1910–1957)

JAPAN

Tokyo
Korakuen Stadium (1952–1960)
Tokyo Dome (1988, 1990)

THAILAND

Bangkok
National Stadium

Boxing Gymnasiums

DENMARK

Copenhagen
CIK Gymnasium

MEXICO CITY

Federal District
Mexico City
El Jordan (1932–1972)

CANADA

British Columbia
Vancouver
Astoria Boxing Gym

UNITED STATES

California
Colma
Millett's (1902–1916)
Prop.: Joseph Francis Millett (1877–1958)
Long Beach
Seaside Gymnasium
Prop.: Bill Field
Los Angeles
Olympic Gym (1920–1951)
Main Street Gym (1951–1984)
Props.: Babe McCoy, Wm. Ginsberg, Howie Steindler
Oakland
East Oakland Boxing Gym
Sacramento
Capitol Boxing Gym [3701 Stockton Blvd.]
Mgrs.: Ernest Flores Guevara, Edward D. Vinson
San Francisco
Royal A.C. Gym
Prop.: Dolph Thomas
Paddy Ryan's Gym [312 Leavenworth]
Prop.: Joe Herman, Billy Newman (1942–1984)
Santa Monica
LaSalle's Gym
Prop.: Kenny LaSalle

Florida
Miami Beach
Fifth Street Gym [237 Fifth Street]
Prop.: Chris Dundee
Magic City Gym (1951–1959)
Black's Gym [265 N.W. Fifth Street]
Prop.: Lou Black

Illinois
Chicago
Coulon's
Prop.: Johnny Coulon
McConnell Gymnasium
Windy City Boxing Gym

Kentucky
Dayton
Tacoma Park (1927–1932)

Louisiana
New Orleans
Curley's Gym (1952–1967)
Neutral Corner Gym

Massachusetts
Brockton
Petronelli Boxing Gym (1970–)

Michigan
Detroit
Motor City Gymnasium
Archie Sillman's Gym

Minnesota
St. Paul
Tom Gibbons' Gym
Jim Glancey's Gym (940 Beech Street)

Nevada
Las Vegas
Tocco's Ringside Gym
Prop.: Johnny Tocco

New Jersey
Paterson
Randy & Ike's Boxing Gym
Prop.: Phil Shevack

New York
Brooklyn
Beecher's Gym (1923–1953)
Gleason's Gym (1985–)
Prop.: Bruce Silverglade
Bronx
Gleason's Gym (1937–1980) [434 Westchester Ave.]
Prop.: Bobby Gleason
Buffalo
Jack Singer's Gym
New York
Blue Velvet Boxing Club [23 West 24 St.] (1995–)
Broadway Gym
Prop.: Harry Wiley
Duffy's Gym [711 Eighth Avenue]
Prop.: Bill Duffy (1927–1932)
Gleason's Gym (1980–1985)
Gramercy Park Gym (1933–1988) [118 East 14th Street]
Prop.: Cus D'Amato (1933–63), Al Gavin (1963–88)
Grupp's Gym, 1915–192 [252 West 116th Street]
Prop.: Billy Grupp
Mac Levy's Gymnasium [Madison Sq. Garden]
Prop.: M. Mac Levy (1890–1925)
McGovern's Gymnasium [41 East 42 Street]
Pioneer Gym, [340 West 44 Street]
Prop:
Seward Park Gym [Hester Street]
Prop.: (1921–1929)
Stillman's Gym [919 Eighth Avenue]
Prop.: Louis Ingber (1921–1959)
Telstar Gym
Times Square Gymnasium [145 West 42nd Street]
Prop.: Jimmy Glenn (?–1993)
Syracuse
Irv Robbins' Gym

Ohio
Cincinnati
Bach's Gym [Pleasant Street]
Cleveland
Old Angle Gym

Oregon
Portland
Grand Avenue Boxing Gym

Pennsylvania
Philadelphia
Champ's Gym [2305 Ridge Avenue, 1909 E. Westmoreland St.]
Juniper Gym [1312 South Juniper Street]
Front Street Boxing Gym [Clearfield St.]
Augie's Gym

Texas
Austin
Lord's Boxing Gym [5400 North Lamar]
Prop.: Richard Lord
Houston
A. & B. Gymnasium
Prop.: Hugh Benbow
Main Boxing Gym

Utah
Salt Lake City
Jensen's Gym

Washington
Seattle
Cherry Street Boxing Gym
Evergreen Gym

Training Camps

California
Ojaia
Pop Soper's

Connecticut
Stratford
Terry McGovern

Indiana
Michigan City
Jim Braddock

New Jersey
Asbury Park
Greenwood Lake
Joe Murchio's
Lakewood
Stanley Hotel
Long Branch
Tommy Farr
Summit
Madame Bey's/Ehsan's
Prop.: Madame Bey (1919–42), Ehsan Karadag

(1942–69). Gene Tunney, Mickey Walker, Max Schmeling, Paolino Uzcudun, Sixto Escobar, Fred Apostoli, Kid Chocolate, Tony Galento, Kid Gavilan, Rocky Graziano, Tami Mauriello, Jimmy Carter

Pompton Lakes
Doc Bier's
Prop.: Joseph (Doc) Bier, Joe Louis, Ray Robinson
Speculator
Osbornes'

New York

Catskill
Concord
Grossinger's

Rocky Marciano
Greenwood Lake
Ray Robinson
Monticello
Orangeburg
Primo Carnera
Saratoga Lake
White Sulphur Springs Hotel (1910s and '20s)
Prop.: Thomas Luther (?–1937)

Staten Island
Seaview Hotel
Prop.: Eddy Conolly

Pennsylvania

Berks County
Deer Lake
Muhammad Ali

BOXING BROADCASTS ON RADIO AND TELEVISION

Boxing on Radio

The Jack Dempsey–Georges Carpentier world heavyweight title bout of July 2, 1921, was the first boxing program broadcast over radio. This pioneer effort was the brainchild of Maj. Andrew White, editor of RCA's *Wireless Age*, who also produced the broadcast and did the ringside blow-by-blow, starting with a preliminary bout between Frankie Burns and Packey O'Gatty. The card was carried over Station WJY, a temporary station owned by RCA, with White describing the fight into a ringside telephone and J.O. Smith repeating his words for the listening audience. The broadcast was heralded as a complete success, and RCA soon started its first permanent station, WJZ, based in New York City. Dempsey-Carpentier was thus not only the beginning of boxing on radio, but the real beginning of commercial radio itself.

Maj. White also broadcast the multi-knockdown Jack Dempsey–Luis Angel Firpo title bout from the Polo Grounds over a string of stations that included WJZ on September 14, 1923. White wound up saying "He's up, he's down, he's up, he's down" as Firpo was bounced off the canvas seven times in the first round, leaving many bewildered listeners — especially those late in tuning in — wondering just who, indeed, was "up" or "down." ("He's up, he's down, etc.," would be parodied in several animated cartoons of the 1930s.)

RCA formed the National Broadcasting Company (NBC) on November 15, 1926. White left to start his own network — which eventually became CBS — the following year, and Graham McNamee took over as NBC's chief sports announcer. McNamee, whose general announcing duties at the network also included serving as the straight man for Ed Wynn, broadcast most of the world title bouts heard over NBC through 1935. (Ted Husing, generally smoother and more competent than McNamee, handled the ringside commentary at CBS from 1928 to the end of network radio.)

Clem McCarthy, primarily identified with horseracing, was NBC's big fight announcer for the next three years; "and ... Schmeling is down. Here's the count..." were his most memorable lines during the second Joe Louis–Max Schmeling encounter in 1938. Sam Taub, who had been doing the weekly fights at Madison Square Garden locally over WMSG since 1926, replaced McCarthy the following September. Garrulous Sam, who had begun his career at the old *New York Morning Telegraph* with former western lawman Bat Masterson in 1908, looked like, sounded like, and was a true man of the fight game.

Taub's broadcasts of Garden and world title fights were sponsored by Adam Hats. Sam's tenure at the peak of boxing broadcasting came to an end in 1941, when the Gillette Safety Razor Company outbid Adam for the broadcast rights to MSG boxing and moved the fights from NBC to the Mutual Network. Thirty-two year old Don Dunphy was hired as ringside blow-by-blow commentator, and remained radio's leading fight broadcaster until 1960, when ABC, having replaced Mutual as Gillette's radio network in 1946, also acquired the television rights and switched Dunphy to video.

Boxing on Television

United States

LOCAL (NEW YORK CITY)

Oct. 28, 1939	Ridgewood Grove, Ridgewood, Queens, N.Y.
Nov. 1, 1939	Madison Square Garden, New York, N.Y.
Nov. 1, 1939	Ridgewood Grove, Ridgewood, Queens, N.Y.
Nov. 25, 1939	Ridgewood Grove, Ridgewood, Queens, N.Y.
Dec. 2, 1939	Ridgewood Grove, Ridgewood, Queens, N.Y.
Dec. 9, 1939	Ridgewood Grove, Ridgewood, Queens, N.Y.
Dec. 16, 1939	Ridgewood Grove, Ridgewood, Queens, N.Y.
Dec. 22, 1939	Madison Square Garden, New York, N.Y.

			Show	Announcer
KCOP (Los Angeles, Calif.)		(Th)	Boxing at the Olympic Auditorium	Reid Kilpatrick
KHJ (Hollywood, Calif.)		(S)	Boxing from Legion Stadium	Bill Symes
WWJ (Detroit, Mich.)		(T)	Boxing from Motor City Arena	Bill Fleming
WAVE (Louisville, Ky.)				
July 2, 1954–		(F)	*Tomorrow's Champions* [Amateur]	Ed Kallay

DuMont

		Show	Announcer
July, 1948–Jan., 1949	(T)	*Boxing from Park Arena*	Dennis James
July, 1948–Jan., 1949	(W)	*Boxing from White Plains*	Dennis James
Mar., 1949–May, 1949	(M)	*Boxing from Jamaica Arena*	Dennis James
Apr., 1949–May, 1949	(T)	*Boxing from Park Arena*	Dennis James
June, 1949–Aug., 1949	(W)	*Boxing from White Plains*	Dennis James
May 12, 1952–May 10, 1954	(M)	*Boxing from Eastern Parkway*	Ted Husing
May 17, 1954–Aug. 6, 1956	(M)	*Boxing from St. Nicholas Arena*	Chris Schenkel

NBC

		Show	Announcer
Nov. 8, 1946–May 20, 1949 [Madison Square Garden]	(F)	*Cavalcade of Sports*	Bob Stanton
Nov. 11, 1946–May 2, 1949 [St. Nicholas Arena]	(M)	*Cavalcade of Sports*	Bob Stanton
Sept. 9, 1949–June 24, 1960	(F)	*Gillette Cavalcade of Sports*	Jimmy Powers

NBC Sports World

Sept. 14, 1977	"A Night with the Heavyweights"
	Ken Norton vs. Lorenzo Zanon
	Jimmy Young vs. Jody Ballard
	Ron Lyle vs. Stan Ward
	Larry Holmes vs. Young Sanford
Sept. 29, 1977	Muhammad Ali vs. Earnie Shavers
Feb. 5, 1978	Cecilio Lastra vs. Sean O'Grady [CANCELLED]
Mar. 5, 1978	Pipino Cuevas vs. Harold Weston highlights [TAPE]
Mar. 19, 1978	Amateurs: U.S. Armed Forces Championships [TAPE]
Mar. 26, 1978	Amateurs: National Golden Gloves Finals [TAPE]
Feb. 4, 1979	Amateurs: Muhammad Ali B.C. vs. U.S.M.C. [TAPE]
Feb. 11, 1979	Sugar Ray Leonard vs. Fernand Marcotte
Mar. 18, 1979	Amateurs: "Bengal Bouts" from Notre Dame
Apr. 1, 1979	Amateurs: National Golden Gloves Finals [TAPE]
Apr. 22, 1979	Amateurs: U.S. Armed Forces Championships Part 1 [TAPE]
Apr. 29, 1979	Amateurs: U.S. Armed Forces Championships Part 2 [TAPE]
May 20, 1979	Thomas Hearns vs. Harold Weston, Jr.
May 27, 1979	Amateurs: Joe Frazier B.C. vs. Muhammad Ali B.C.
June 24, 1979	Leon Spinks vs. Gerrie Coetzee
July 1, 1979	James Scott vs. Bunny Johnson
July 22, 1979	Ken Norton vs. Scott LeDoux [CANCELLED]
Aug. 19, 1979	Ken Norton vs. Scott LeDoux
Aug. 26, 1979	James Scott vs. Enio Cometti
Oct. 20, 1979	John Tate vs. Gerrie Coetzee
Nov. 3, 1979	Jim Watt vs. Robert Vasquez
Nov. 17, 1979	Amateurs: M. Ali B.C. vs. Mexican B.C. [TAPE]
Dec. 1, 1979	James Scott vs. Yaqui Lopez [TAPE] [Affiliates]
Feb. 24, 1980	Roberto Duran vs. Wellington Wheatley
May 4, 1980	Curtis Parker vs. Mike Colbert
May 25, 1980	James Scott vs. Jerry Martin
June 15, 1980	Wilford Scypion vs. Mustafa Hamsho
July 27, 1980	Sean O'Grady vs. Gonzalo Montellano
Aug. 1, 1980	Wilfred Benitez vs. Tony Chiaverini
Aug. 8, 1980	Curtis Parker vs. Dwight Davison
Aug. 22, 1980	Wilfredo Gomez vs. Derrick Holmes
Oct. 18, 1980	Michael Spinks vs. Yaqui Lopez
Feb. 8, 1981	Alex Ramos vs. Marciano Bernardi
Feb. 15, 1981	Mustafa Hamsho vs. Curtis Parker
Feb. 22, 1981	Bobby Czyz vs. Teddy Mann
	Tony Tucker vs. Robbie Evans
	Bernard Taylor vs. Jimmy Washington
Mar. 8, 1981	Renaldo Snipes vs. Jumbo Cummings
May 3, 1981	Wilford Scypion vs. Curtis Parker
May 17, 1981	Renaldo Snipes vs. Mustafa Muhammad
June 14, 1981	Frank Fletcher vs. Norberto Sabater
June 21, 1981	Davey Moore vs. Kevin Rooney
July 18, 1981	Edwin Rosario vs. Rodrigo Aguirre
July 25, 1981	Bobby Joe Young vs. Ceotis Burgess
July 26, 1981	Bobby Czyz vs. Rick Noggle
Aug. 9, 1981	Renaldo Snipes vs. Gerrie Coetzee
Aug. 23, 1981	Chris McDonald vs. Lou Benson
	Tony Ayala, Jr. vs. Nicanor Camacho
Sept. 5, 1981	James Scott vs. Dwight Braxton
Oct. 31, 1981	Willie Rodriguez vs. Johnny Bumphus
Nov. 14, 1981	Alex Ramos vs. Norberto Sabater
Dec. 5, 1981	Tim Witherspoon vs. Alfonso Ratliff
Jan. 17, 1982	Robbie Sims vs. Bobby Czyz
Feb. 2, 1982	Tadashi Mihara vs. Davey Moore
Feb. 21, 1982	Tony Sibson vs. Dwight Davison
Feb. 28, 1982	Frank Fletcher vs. Tony Braxton
Mar. 13, 1982	Mustafa Hamsho vs. Curtis Parker
Mar. 14, 1982	Wilford Scypion vs. James Green
Mar. 20, 1982	Michael Dokes vs. Franco Thomas
Mar. 21, 1982	Aaron Pryor vs. Miguel Montilla
Mar. 27, 1982	Jeff Chandler vs. Johnny Carter
May 2, 1982	Tony Ayala, Jr. vs. Steve Gregory
May 16, 1982	James Green vs. Teddy Mann
May 23, 1982	Bobby Czyz vs. Bob Coolidge
June 20, 1982	Frank Fletcher vs. Clint Jackson
July 4, 1982	Aaron Pryor vs. Akio Kameda
July 11, 1982	Wilford Scypion vs. Mark Frazie
Aug. 1, 1982	Tony Ayala, Jr. vs. Robbie Epps
Aug. 15, 1982	James Green vs. Ernie Singletary
Sept. 5, 1982	James Kinchen vs. Odell Hadley
Oct. 16, 1982	Eusebio Pedroza vs. Bernard Taylor
Oct. 23, 1982	Sugar Ray Seales vs. James Shuler

Nov. 6, 1982	Jose Ribalta vs. Nate Robinson	June 8, 1986	Simon Brown vs. Shawn O'Sullivan
Nov. 13, 1982	Mike McCallum vs. Ayub Kalule	June 22, 1986	Azumah Nelson vs. Danilo Cabrera
Nov. 20, 1982	Dwight M. Qawi vs. Eddie Davis	Aug. 3, 1986	Julio C. Chavez vs. Rocky Lockridge
Feb. 6, 1983	Ray Mancini vs. George Feeney	Aug. 24, 1986	Buster Drayton vs. Davey Moore
Feb. 13, 1983	Frank Fletcher vs. Wilford Scypion	Feb. 1, 1987	Michael Olajide vs. Donald Lee
Feb. 27, 1983	C. Boza-Edwards vs. Pedro Laza	Feb. 8, 1987	Vinny Pazienza vs. Roberto Elizondo
Mar. 20, 1983	John Collins vs. Lenny LaPaglia	Feb. 15, 1987	Frankie Warren vs. Gene Hatcher
Mar. 26, 1983	Pinklon Thomas vs. Alfonso Ratliff	May 10, 1987	Michael Olajide vs. Troy Darrell
Mar. 27, 1983	Larry Holmes vs. Lucien Rodriguez		Frank Tate vs. Mark McPherson
Apr. 2, 1983	Johnny Bumphus vs. Michael Bradley	May 24, 1987	Rocky Lockridge vs. Dennis Cruz
Apr. 24, 1983	Alexis Arguello vs. Claude Noel		Lupe Suarez vs. Juan Molina
May 1, 1983	Reyes A. Cruz vs. Johnny Verderosa	June 7, 1987	Greg Haugen vs. Vinny Pazienza
May 15, 1983	Bobby Chacon vs. C. Boza-Edwards	June 21, 1987	Darrin Van Horn vs. Luis Santana
May 22, 1983	Jeff Chandler vs. Hector Cortez	July 12, 1987	Frank Tate vs. Troy Darrell
July 3, 1983	John Mugabi vs. Gary Guiden	Aug. 9, 1987	Barry Michael vs. Rocky Lockridge
July 10, 1983	Thomas Hearns vs. Murray Sutherland	Oct. 10, 1987	Michael Olajide vs. Frank Tate
July 24, 1983	Nino LaRocca vs. Pete Ranzany	Feb. 7, 1988	Frank Tate vs. Tony Sibson
Aug. 7, 1983	John Collins vs. Kenny Whetstone	Feb. 14, 1988	Frankie Warren vs. Buddy McGirt
Sept. 10, 1983	Larry Holmes vs. Scott Frank	Feb. 21, 1988	Darrin Van Horn vs. John Munduga
Oct. 8, 1983	Tony Sibson vs. John Collins	Mar. 6, 1988	Iran Barkley vs. Michael Olajide
Nov. 12, 1983	John Mugabi vs. Curtis Parker	May 21, 1988	Frank Tate vs. Sanderline Williams
Nov. 25, 1983	Larry Holmes vs. Marvis Frazier		Jesse Benavides vs. James Pipps
Jan. 15, 1984	Tony Sibson vs. Donald Lee	May 22, 1988	Terrence Alli vs. Jerry Page
Jan. 22, 1984	Johnny Bumphus vs. Lorenzo Garcia		Bobby Czyz vs. Dennis Andries
Feb. 19, 1984	John Mugabi vs. James Green	June 12, 1988	Luca de Lorenzi vs. Mark Adams
Feb. 26, 1984	Roger Mayweather vs. Rocky Lockridge		Sumbu Kalambay vs. Robbie Sims
Mar. 31, 1984	Juan LaPorte vs. Wilfredo Gomez	July 16, 1988	Evander Holyfield vs. James Tillis
Apr. 15, 1984	Choo-Choo Brown vs. Harry Arroyo	Dec. 3, 1988	Michael Moorer vs. Ramzi Hassan
May 13, 1984	Frank Bruno vs. Bonecrusher Smith	Feb. 5, 1989	Robert Hines vs. Darrin Van Horn
May 20, 1984	Hector Camacho vs. Rafael Williams	Feb. 19, 1989	Michael Moorer vs. Frankie Swindell
May 27, 1984	Eusebio Pedroza vs. Angel Mayor	Mar. 5, 1989	Tony Lopez vs. Rocky Lockridge
June 10, 1984	Alex Ramos vs. John Collins	May 14, 1989	Tracy H. Patterson vs. Steve Cruz
June 17, 1984	C. Boza-Edwards vs. Gary Villegas	May 21, 1989	Glenwood Brown vs. Charles Nwokolo
July 29, 1984	Rocky Lockridge vs. Julio Llerena		Nigel Benn vs. Michael Watson
Aug. 5, 1984	John Mugabi vs. Frank Fletcher	June 11, 1989	Roy Jones, Jr. vs. Stefan Johnson
Sept. 1, 1984	Harry Arroyo vs. Charlie Brown		Vinny Pazienza vs. Vinnie Burgese
Oct. 13, 1984	Barry McGuigan vs. Felipe Orozco	June 18, 1989	Tony Lopez vs. Tyrone Jackson
Nov. 24, 1984	Alex Ramos vs. James Kinchen	Aug. 6, 1989	Jorge Paez vs. Steve Cruz
Dec. 1, 1984	Mike McCallum vs. Luigi Minchillo	Aug. 27, 1989	Buddy McGirt vs. Gary Jacobs
Jan. 27, 1985	Rocky Lockridge vs. Kamel Bou-Ali	Sept. 3, 1989	Roy Jones, Jr. vs. Ron Amundsen
Feb. 2, 1985	Eusebio Pedroza vs. Jorge Lujan	Oct. 7, 1989	Tony Lopez vs. Juan Molina
Feb. 16, 1985	James Shuler vs. James Kinchen	Dec. 9, 1989	Jorge Paez vs. Lupe Gutierrez
Feb. 23, 1985	Michael Spinks vs. David Sears	Jan. 28, 1990	Juan Molina vs. Lupe Suarez
Mar. 17, 1985	John Mugabi vs. Earl Hargrove	Feb. 4, 1990	Jorge Paez vs. Troy Dorsey
Apr. 14, 1985	C. Boza-Edwards vs. Melvin Paul	Feb. 18, 1990	Tony DeLuca vs. Michael Carbajal
May 12, 1985	Kenny Baysmore vs. Roger Mayweather	Mar. 25, 1990	Jesus Salud vs. Jesse Benavides
May 19, 1985	Rocky Lockridge vs. Wilfredo Gomez	Apr. 1, 1990	Michael Carbajal vs. Raul Acosta
May 20, 1985	Larry Holmes vs. Carl Williams	Apr. 7, 1990	Jorge Paez vs. Louie Espinoza
May 26, 1985	Milton McCrory vs. Luis Santana	May 13, 1990	Jemal Hinton vs. Alberto Martinez
June 1, 1985	Carlos Santos vs. Louis Acaries		Jesse Benavides vs. Kelvin Seabrooks
June 16, 1985	Edwin Rosario vs. Frankie Randall	May 20, 1990	Frankie Mitchell vs. Edward Parker
July 14, 1985	C. Boza-Edwards vs. John Montes		Juan Molina vs. Tony Lopez
July 28, 1985	Mike McCallum vs. David Braxton	June 10, 1990	Todd Foster vs. Santos Moreno
Aug. 3, 1985	John Collins vs. Mark Holmes		Orlando Canizales vs. Paul Gonzales
Oct. 12, 1985	Azumah Nelson vs. Pat Cowdell	July 8, 1990	Jorge Paez vs. Troy Dorsey
Feb. 2, 1986	Meldrick Taylor vs. Robin Blake	Aug. 5, 1990	Greg Haugen vs. Vinny Pazienza
Mar. 9, 1986	John Collins vs. Robbie Sims	Sept. 22, 1990	Tony Lopez vs. Jorge Paez
May 11, 1986	Frankie Warren vs. Ronnie Shields	Dec. 8, 1990	Michael Carbajal vs. Leon Salazar
May 18, 1986	Vinny Pazienza vs. Harry Arroyo	Oct. 3, 1992	James Leija vs. Troy Dorsey
	Marlon Starling vs. Johnny Bumphus	Oct. 24, 1992	Joey Gamache vs. Tony Lopez

---

CBS

Sept. 29, 1948–May 25, 1955 (W)   *Pabst Blue Ribbon Bouts*   Russ Hodges

CBS Sports Spectacular

Apr. 7, 1972	Bob Foster vs. Vicente Rondon
Mar. 2, 1975	Roberto Duran vs. Ray Lampkin
Sept. 13, 1977	"Night of the Champions"
	Carlos Palomino vs. Everaldo Costa
	Danny Lopez *vs.* Jose Torres
	Howard Davis, Jr. vs. Arturo Pineda
	Michael Spinks vs. Ray Elson
Sept. 17, 1977	Victor Galindez vs. Yaqui Lopez
Oct. 22, 1977	Leon Spinks vs. Scott LeDoux
	Michael Spinks vs. Gary Summerhays
Nov. 5, 1977	Rodrigo Valdez vs. Bennie Briscoe
Nov. 18, 1977	Leon Spinks vs. Alfio Righetti
	Jesse Burnett vs. Lonnie Bennett
Nov. 19, 1977	Victor Galindez vs. Eddie Gregory
Dec. 17, 1977	C. Palomino vs. J. Palacios highlights [TAPE]
Jan. 7, 1978	Miguel A. Cuello vs. Mate Parlov
Jan. 21, 1978	Roberto Duran vs. Esteban DeJesus
Feb. 4, 1978	Howard Davis, Jr. vs. Jose Fernandez
Feb. 11, 1978	Carlos Palomino vs. Ryu Sorimachi
Feb. 15, 1978	Muhammad Ali vs. Leon Spinks
	Danny Lopez vs. David Kotey
	Michael Spinks vs. Tom Bethea
Mar. 17, 1978	Alexis Arguello vs. Arturo Leon
	Bobby Cassidy vs. Ramon Ronquillo
Mar. 18, 1978	Carlos Palomino vs. Mimoun Mohatar
May 13, 1978	Howard Davis, Jr. vs. Larry Stanton
Jan. 13, 1979	Kallie Knoetze vs. Bill Sharkey
Feb. 3, 1979	Marvin Hagler vs. Sugar Ray Seales [TAPE]
Feb. 10, 1979	Pipino Cuevas vs. Scott Clark [TAPE]
Feb. 24, 1979	"Fight of the Week" [TAPED HIGHLIGHTS]
Mar. 10, 1979	James Scott vs. Richie Kates
Mar. 17, 1979	Carlos Zarate vs. Mensah Kpalongo [TAPE]
Apr. 21, 1979	Howard Davis, Jr. vs. Giancarlo Usai
May 5, 1979	Amateurs: King's Cup, Part 1 [TAPE]
May 12, 1979	Amateurs: King's Cup, Part 2 [TAPE]
May 26, 1979	Amateurs: Int. Championships [TAPE]
June 2, 1979	John Tate vs. Kallie Knoetze
June 17, 1979	Danny Lopez vs. Mike Ayala
June 23, 1979	Wilfredo Gomez vs. Julio Hernandez [TAPE]
	Ernesto Espana vs. Claude Noel [TAPE]
June 30, 1979	Thomas Hearns vs. Bruce Curry [TAPE]
July 7, 1979	Amateurs: Pan American Games, Part 1 [TAPE]
July 14, 1979	Amateurs: Pan American Games, Part 2 [TAPE]
July 15, 1979	Amateurs: Pan American Games, Part 3 [TAPE]
Sept. 15, 1979	Howard Davis, Jr. vs. Termite Watkins
Oct. 27, 1979	James Scott vs. Jerry Celestine
Nov. 3, 1979	Ed (Too Tall) Jones vs. Jesus Meneses
Nov. 24, 1979	Mike Weaver vs. Scott LeDoux
Dec. 8, 1979	Marvin Camel vs. Mate Parlov [TAPED HIGHLIGHTS]
Jan. 12, 1980	Leon Spinks vs. Alfredo Evangelista
Feb. 24, 1980	Michael Spinks vs. Ramon Ronquillo
Mar. 9, 1980	Scott LeDoux vs. Marty Monroe
Mar. 16, 1980	Wilfred Benitez vs. Johnny Turner
Mar. 29, 1980	Saad Muhammad vs. John Conteh
Apr. 19, 1980	Michael Dokes vs. Osvaldo Ocasio
May 3, 1980	Leon Spinks vs. Kevin Isaac
	Thomas Hearns vs. Eddie Gazo
May 4, 1980	Michael Spinks vs. Murray Sutherland
May 17, 1980	Marvin Hagler vs. Marcos Geraldo
May 25, 1980	Gerry Cooney vs. Jimmy Young
May 31, 1980	Marty Monroe vs. Lynn Ball
June 14, 1980	Victor Galindez vs. Jesse Burnett
June 15, 1980	Mustafa Hamsho vs. Wilford Scypion
July 13, 1980	Saad Muhammad vs. Yaqui Lopez
July 20, 1980	Mustapha Muhammad vs. Jerry Martin
Aug. 1, 1980	Wilfred Benitez vs. Tony Chiaverini
Aug. 2, 1980	Antonio Cervantes vs. Aaron Pryor
Aug. 8, 1980	Dwight Davison vs. Curtis Parker
Aug. 9, 1980	Pipino Cuevas vs. Thomas Hearns [TAPE]
Sept. 20, 1980	Hilmer Kenty vs. Ernesto Espana
Oct. 4, 1980	Eusebio Pedroza vs. Rocky Lockridge
Nov. 8, 1980	Hilmer Kenty vs. Vilomar Fernandez
Nov. 22, 1980	Aaron Pryor vs. Gaetan Hart
Dec. 6, 1980	Howard Davis, Jr. vs. Johnny Lira
Jan. 31, 1981	Jeff Chandler vs. Jorge Lujan
Feb. 7, 1981	Greg Page vs. Stan Ward
Feb. 22, 1981	Mike Rossman vs. Luke Capuano
Feb. 28, 1981	Saad Muhammad vs. Vonzell Johnson
Mar. 8, 1981	Rafael Limon vs. C. Boza-Edwards
Mar. 14, 1981	Gerrie Coetzee vs. George Chaplin
Mar. 28, 1981	Michael Spinks vs. Marvin Johnson
Apr. 5, 1981	Jeff Chandler vs. Eijiro Murata
Apr. 25, 1981	Saad Muhammad vs. Murray Sutherland
May 10, 1981	Jose Luis Ramirez vs. Cocoa Sanchez
May 16, 1981	Jorge Morales vs. Ray Mancini
May 23, 1981	Maurice Hope vs. Wilfred Benitez
May 31, 1981	Dwight Braxton vs. Mike Rossman
June 13, 1981	Gato Gonzalez vs. Andrew Ganigan
June 20, 1981	Jim Watt vs. Alexis Arguello
July 19, 1981	Ray Mancini vs. Jose Luis Ramirez
July 25, 1981	Jeff Chandler vs. Julian Solis
July 26, 1981	Lupe Pintor vs. Jovito Rengifo
Aug. 8, 1981	Dwight Davison vs. Wilford Scypion
Aug. 9, 1981	Roberto Duran vs. Nino Gonzalez
Aug. 22, 1981	Rocky Lockridge vs. Juan LaPorte
Aug. 29, 1981	C. Boza-Edwards vs. Rolando Navarrete
Sept. 12, 1981	Claude Noel vs. Gato Gonzalez
Sept. 26, 1981	Roberto Duran vs. Luigi Minchillo
Oct. 3, 1981	Alexis Arguello vs. Ray Mancini
Oct. 31, 1981	Sean O'Grady vs. Andrew Ganigan
Nov. 7, 1981	Michael Spinks vs. Vonzell Johnson
Nov. 14, 1981	Aaron Pryor vs. Dujuan Johnson
Nov. 21, 1981	Alexis Arguello vs. Roberto Elizondo
Dec. 5, 1981	Claude Noel vs. Arturo Frias
Jan. 23, 1982	Ray Mancini vs. Julio Valdez
Jan. 24, 1982	Eusebio Pedroza vs. Juan LaPorte
Jan. 30, 1982	Arturo Frias vs. Ernesto Espana
Feb. 13, 1982	Alexis Arguello vs. Bubba Busceme
Feb. 27, 1982	Thomas Hearns vs. Marcos Geraldo
Mar. 13, 1982	James Tillis vs. Jerry Williams
Apr. 3, 1982	Richie Sandoval vs. Harold Petty
Apr. 10, 1982	Rocky Lockridge vs. Robert Mullins
Apr. 24, 1982	C. Boza-Edwards vs. John Verderosa
May 8, 1982	Arturo Frias vs. Ray Mancini
May 22, 1982	Alexis Arguello vs. Andrew Ganigan
June 12, 1982	Sergio Palma vs. Leonardo Cruz
June 19, 1982	Jaime Garza vs. Carmelo Negron
June 26, 1982	Saoul Mamby vs. Leroy Haley
June 27, 1982	Carlos DeLeon vs. S.T. Gordon
July 10, 1982	Donald Curry vs. Adolfo Viruet
July 11, 1982	Hector Camacho vs. Louie Loy
July 17, 1982	Marlon Starling vs. Kevin Morgan
July 24, 1982	Ray Mancini vs. Ernesto Espana
July 25, 1982	Thomas Hearns vs. Jeff McCracken
July 31, 1982	Alexis Arguello vs. Kevin Rooney
Aug. 7, 1982	Tony Tubbs vs. Clarence Hill
Aug. 14, 1982	Hilmer Kenty vs. John Montes
Oct. 17, 1982	James Broad vs. Donnie Long
Oct. 23, 1982	Donald Curry vs. Marlon Starling
Oct. 24, 1982	Hilmer Kenty vs. Roberto Elizondo
Oct. 30, 1982	Hector Camacho vs. Melvin Paul
Oct. 31, 1982	Leon Spinks vs. Jesse Burnett

Date	Fight	Date	Fight
Nov. 7, 1982	Bill Costello vs. Willie Rodriguez	May 29, 1988	Don Lalonde vs. Leslie Stewart
Nov. 13, 1982	Ray Mancini vs. Deuk-Koo Kim	June 25, 1988	Azumah Nelson vs. Lupe Suarez
Nov. 20, 1982	Hector Camacho vs. Greg Coverson	July 9, 1988	Kelvin Seabrooks vs. Orlando Canizales
Jan. 22, 1983	Gerrie Coetzee vs. Pinklon Thomas	July 10, 1988	Livingstone Bramble vs. Fred Pendleton
Jan. 29, 1983	Davey Moore vs. Gary Guiden	July 16, 1988	Simon Brown vs. Jorge Vaca
Feb. 5, 1983	Marlon Starling vs. Jose Baret	July 23, 1988	Rocky Lockridge vs. Tony Lopez
Feb. 12, 1983	Hector Camacho vs. John Montes	July 30, 1988	Julian Jackson vs. Buster Drayton
Feb. 13, 1983	Leroy Haley vs. Saoul Mamby	Aug. 12, 1988	Jeff Fenech vs. Tyrone Downes
Feb. 19, 1983	Johnny Bumphus vs. Randy Shields	Jan. 15, 1989	Frankie Warren vs. Mickey Ward
Feb. 26, 1983	Alexis Arguello vs. Vilomar Fernandez	Feb. 11, 1989	Donald Curry vs. Rene Jacquot
Feb. 27, 1983	Howard Davis, Jr. vs. Tony Baltazar	Feb. 18, 1989	Simon Brown vs. Jorge Maysonet
Mar. 6, 1983	Carlos DeLeon vs. Leon Spinks	June 24, 1989	Orlando Canizales vs. Kelvin Seabrooks
Apr. 10, 1983	Marvis Frazier vs. James Broad	June 25, 1989	Michael Moorer vs. Leslie Stewart
Apr. 20, 1983	Roger Mayweather vs. Jorge Alvarado	July 2, 1989	Razor Ruddock vs. Bonecrusher Smith
Apr. 23, 1983	Marlon Starling vs. Kevin Howard	July 9, 1989	Buddy McGirt vs. Tony Baltazar
June 4, 1983	Marvis Frazier vs. Joe Bugner	July 15, 1989	Riddick Bowe vs. Lorenzo Canady
June 12, 1983	Jimmy Paul vs. Andrew Ganigan	July 16, 1989	Steve Collins vs. Tony Thornton
June 16, 1983	Davey Moore vs. Roberto Duran	Aug. 12, 1989	Frankie Warren vs. Loreto Garza
June 18, 1983	Howard Davis, Jr. vs. Greg Coverson	Jan. 27, 1990	Lindell Holmes vs. Frank Tate
June 25, 1983	Juan LaPorte vs. Johnny de la Rosa	Mar. 31, 1990	Buddy McGirt vs. Tommy Ayers
July 17, 1983	S.T. Gordon vs. Carlos DeLeon	July 8, 1990	Riddick Bowe vs. Art Tucker
July 24, 1983	Marlon Starling vs. Tommy Ayers	July 15, 1990	Roger Mayweather vs. Terrence Alli
Aug. 7, 1983	Hector Camacho vs. Rafael Limon	July 22, 1990	Buddy McGirt vs. Jose Bermudez
Sept. 15, 1983	Ray Mancini vs. Orlando Romero	Aug. 5, 1990	Bert Cooper vs. Ray Mercer
Jan. 14, 1984	Robin Blake vs. Harry Arroyo	Aug. 19, 1990	Razor Ruddock vs. Kimmuel Odum
Jan. 15, 1984	Tyrone Crawley vs. Steve Romero	May 4, 1991	Orlando Canizales vs. Billy Hardy
Apr. 15, 1984	Milton McCrory vs. Gilles Elbilia	May 12, 1991	Terrence Alli vs. Charles Murray
June 30, 1984	Barry McGuigan vs. Paul Devorce	July 21, 1991	John D. Jackson vs. Tyrone Trice
July 8, 1984	Roger Mayweather vs. Tony Baltazar	June 12, 1994	Junior Jones vs. Orlando Fernandez
July 15, 1984	Bill Costello vs. Ronnie Shields	June 26, 1994	Kevin Kelley vs. George Navarro
July 22, 1984	Charlie Brown vs. Louie Burke	July 24, 1994	Zack Padilla vs. Juan LaPorte
Sept. 15, 1984	Thomas Hearns vs. Fred Hutchings	Aug. 7, 1994	Buddy McGirt vs. Pat Coleman
Sept. 29, 1984	Gerry Cooney vs. Phillip Brown	Oct. 8, 1994	Kenny Keene vs. Terry Ray
Nov. 3, 1984	Bill Costello vs. Saoul Mamby	Oct. 15, 1994	Orlando Canizales vs. Sergio Reyes
Jan. 12, 1985	Harry Arroyo vs. Terrence Alli	Oct. 22, 1994	Tom Johnson vs. Pancho Segura
Jan. 19, 1985	Hector Camacho vs. Louie Burke	Oct. 29, 1994	Jimmy Thunder vs. Richard Mason
Feb. 9, 1985	Robin Blake vs. Adolfo Medel	Nov. 5, 1994	David Izegwire vs. Adolpho Washington
Feb. 16, 1985	Bill Costello vs. Leroy Haley	Dec. 10, 1994	Oscar de la Hoya vs. John Avila
Feb. 23, 1985	Barry McGuigan vs. Juan LaPorte	Apr. 30, 1995	Anthony Hembrick vs. James Toney
Apr. 6, 1985	Harry Arroyo vs. Jimmy Paul	May 7, 1995	Buddy McGirt vs. Baby Joe Gatti
June 30, 1985	Jimmy Paul vs. Robin Blake	May 28, 1995	Tom Johnson vs. Eddie Croft
July 7, 1985	Julio C. Chavez vs. Roger Mayweather	June 17, 1995	Regilio Tuur vs. Pete Taliaferro
July 14, 1985	Milton McCrory vs. Carlos Trujillo	June 18, 1995	James Toney vs. Freddie Delgado
July 21, 1985	Gene Hatcher vs. Ubaldo Sacco	July 2, 1995	Lennox Lewis vs. Justin Fortune
Aug. 11, 1985	Paul Gonzales vs. Jose (Pulga) Torres	July 9, 1995	Kenny Keene vs. Terry Ray
Aug. 18, 1985	Juan (Kid) Meza vs. Lupe Pintor	July 16, 1995	Jimmy Thunder vs. Franco Wanyama
Feb. 2, 1986	Alonzo Gonzalez vs. Paul Gonzales	Aug. 6, 1995	Hector Camacho vs. Gary Kirkland
Feb. 9, 1986	Alexis Arguello vs. Bill Costello	Aug. 26, 1995	Kennedy McKinney vs. John Lowey
Feb. 15, 1986	Wilfred Benitez vs. Matthew Hilton	Sept. 16, 1995	Aaron Davis vs. Simon Brown
Feb. 23, 1986	Marvis Frazier vs. Bonecrusher Smith	Sept. 23, 1995	Alejandro Gonzalez vs. Manuel Medina
Mar. 9, 1986	Donald Curry vs. Eduardo Rodriguez	Sept. 30, 1995	Buddy McGirt vs. Andrew Council
Apr. 5, 1986	Mike Weaver vs. Bonecrusher Smith	Oct. 7, 1995	George Scott vs. Rafael Ruelas
June 15, 1986	Henry Tillman vs. Bert Cooper	May 5, 1996	Kennedy McKinney vs. John Lewus
July 13, 1986	Milton McCrory vs. Doug DeWitt	June 2, 1996	Larry Donald vs. Jorge Valdes
July 20, 1986	Paul Gonzales vs. Orlando Canizales	June 15, 1996	Aaron Davis vs. Anthony Stephens
Feb. 7, 1987	Donald Curry vs. Tony Montgomery	June 16, 1996	Larry Holmes vs. Anthony Willis
Feb. 14, 1987	Bert Cooper vs. Willie de Wit	July 13, 1996	Wayne McCullough vs. Julio Cardona
Feb. 21, 1987	Bobby Czyz vs. Willie Edwards	July 14, 1996	Marco A. Barrera vs. Orlando Fernandez
Apr. 4, 1987	Donald Curry vs. Carlos Santos	Mar. 30, 1997	Buster Douglas vs. Brian Scott
June 21, 1987	Carl Williams vs. Bert Cooper	Apr. 5, 1997	David Tua vs. Oleg Maskaev
June 27, 1987	Albert Davila vs. Frankie Duarte	May 4, 1997	Arturo Gatti vs. Calvin Grove
July 5, 1987	Juan LaPorte vs. Lupe Suarez	June 1, 1997	Mark Johnson vs. Cecilio Espino
July 18, 1987	Mike McCallum vs. Donald Curry	June 14, 1997	James Toney vs. Steve Little
July 19, 1987	Jose L. Ramirez vs. Terrence Alli	June 15, 1997	Ross Puritty vs. Joe Hipp
Jan. 2, 1988	Michael Nunn vs. Kevin Watts	July 12, 1997	Kirk Johnson vs. Louis Monaco
Apr. 10, 1988	Milton McCrory vs. Lupe Aquino	July 13, 1997	Buster Douglas vs. Quinn Navarre
Apr. 23, 1988	Simon Brown vs. Tyrone Trice	July 20, 1997	Bernard Hopkins vs. Glencoffe Johnson

ABC

Jan., 1949–Sept., 1950	(T)	*Tomorrow's Champions* [Chicago]	
Jan. 3, 1952–June 26, 1952	(Th)	*Meet the Champ* [Service Bouts]	Wally Butterworth
Jan. 24, 1953–Jan. 15, 1955	(S)	*Saturday Night Fights*	Bill Stern
Feb. 17, 1953–Aug. 18, 1953	(T)	*Boxing from Ridgewood Grove*	Jason Owen
			Bob Finnegan
Mar. 19, 1953–June 18, 1953	(Th)	*Motor City Boxing*	Don Wattrick
May 17, 1954–May 23, 1955	(M)	*Boxing from Eastern Parkway*	Bob Finnegan
			Tommy Loughran
June 1, 1955–Sept. 28, 1960	(W)	*Wednesday Night Fights*	Jack Drees
Oct. 8, 1960–Sept. 14, 1963	(S)	*Gillette Cavalcade of Sports*	Don Dunphy
Sept. 20, 1963–Sept. 11, 1964	(F)	*Gillette Cavalcade of Sports*	Don Dunphy

WIDE WORLD OF SPORTS (APRIL 29, 1961–)

Apr. 11, 1964	Sonny Liston vs. Cassius Clay [TAPE]
May 30, 1964	Amateurs: U.S. Olympic Trials
Nov. 14, 1964	Floyd Patterson Analysis: Liston-Clay
Apr. 3, 1965	Willie Pastrano vs. Jose Torres [TAPE]
	E. Griffith vs. J. Stable [TAPED HIGHLIGHTS]
May 22, 1965	Muhammad Ali vs. Sonny Liston Preview
May 29, 1965	Muhammad Ali vs. Sonny Liston [TAPE]
June 26, 1965	Amateurs: National AAU Championships
Nov. 20, 1965	Muhammad Ali vs. Floyd Patterson Preview
Jan. 29, 1966	Muhammad Ali vs. Floyd Patterson [TAPE]
Apr. 2, 1966	Muhammad Ali vs. George Chuvalo [TAPE]
May 21, 1966	Muhammad Ali vs. Henry Cooper
Aug. 6, 1966	Muhammad Ali vs. Brian London
Sept. 10, 1966	Muhammad Ali vs. Karl Mildenberger
Sept. 24, 1966	Floyd Patterson vs. Henry Cooper [TAPE]
Nov. 26, 1966	Muhammad Ali vs. Cleveland Williams [TAPE]
Dec. 31, 1966	Muhammad Ali–Ernest Terrell Interview
Feb. 11, 1967	Muhammad Ali vs. Ernest Terrell [TAPE]
Mar. 4, 1967	Ernest Terrell Interview
Mar. 11, 1967	M. Ali–Wilt Chamberlain Interview
Aug. 5, 1967	Jimmy Ellis vs. Leotis Martin
	Ernest Terrell vs. Thad Spencer
Sept. 16, 1967	Oscar Bonavena vs. Karl Mildenberger
Sept. 30, 1967	Nino Benvenuti vs. Emile Griffith [TAPE]
Oct. 28, 1967	Floyd Patterson vs. Jerry Quarry
Dec. 2, 1967	Jimmy Ellis vs. Oscar Bonavena
Feb. 3, 1968	Jerry Quarry vs. Thad Spencer
Apr. 27, 1968	Jimmy Ellis vs. Jerry Quarry
July 6, 1968	Sonny Liston vs. Henry Clark
Sept. 14, 1968	Jimmy Ellis vs. Floyd Patterson
Dec. 14, 1968	Nino Benvenuti vs. Don Fullmer
May 24, 1969	Bob Foster vs. Andy Kendall
Nov. 22, 1969	Nino Benvenuti vs. Luis Rodriguez
Dec. 6, 1969	Sonny Liston vs. Leotis Martin
May 23, 1970	Nino Benvenuti vs. Tom Bethea
May 8, 1971	Carlos Monzon vs. Nino Benvenuti
Dec. 14, 1971	Jose Napoles vs. Hedgemon Lewis
Sept. 25, 1971	Carlos Monzon vs. Emile Griffith
June 17, 1972	Carlos Monzon vs. Jean-Claude Bouttier
Nov. 11, 1972	Carlos Monzon vs. Bennie Briscoe
Mar. 31, 1973	Muhammad Ali vs. Ken Norton
Jan. 24, 1976	George Foreman vs. Ron Lyle
Sept. 10, 1977	Alfredo Escalera vs. Sigfredo Rodriguez
Sept. 17, 1977	Roberto Duran vs. Edwin Viruet
Sept. 24, 1977	Sugar Ray Leonard vs. Frank Santore
Nov. 5, 1977	Ken Norton vs. Jimmy Young
	Jerry Quarry vs. Lorenzo Zanon
	Sugar Ray Leonard vs. Augustin Estrada
Nov. 12, 1977	Amateurs: U.S. vs. Cuba
Dec. 17, 1977	Sugar Ray Leonard vs. Hector Diaz
Jan. 8, 1978	Amateurs: U.S. vs. Roumania
Jan. 22, 1978	M. Ali: Three of his Greatest Fights
Jan. 28, 1978	Alfredo Escalera vs. Alexis Arguello
Jan. 29, 1978	Amateurs: U.S. vs. U.S.S.R.
Feb. 4, 1978	Sugar Ray Leonard vs. Rocky Ramon
Feb. 12, 1978	Amateurs: U.S. vs. Cuba
Feb. 25, 1978	Carlos Zarate vs. Albert Davila
Feb. 26, 1978	Amateurs: U.S. vs. Yugoslavia
Mar. 5, 1978	Amateurs: U.S. vs. E. Germany
Mar. 19, 1978	Sugar Ray Leonard vs. Javier Muniz
Mar. 25, 1978	Earnie Shavers vs. Larry Holmes
Mar. 26, 1978	Amateurs: U.S. vs. Ireland
Jan. 14, 1979	Carlos Palomino vs. Wilfred Benitez
Jan. 27, 1979	Osvaldo Ocasio vs. Jimmy Young
Jan. 28, 1979	Amateurs: U.S. vs. U.S.S.R.
Feb. 4, 1979	Alexis Arguello vs. Alfredo Escalera
Feb. 11, 1979	Amateurs: U.S. vs. Cuba
Feb. 17, 1979	John Tate vs. Duane Bobick
Feb. 18, 1979	Samuel Serrano vs. Julio Diaz
Feb. 24, 1979	Mike Rossman vs. V. Galindez [*CANCELLED*]
Feb. 25, 1979	Amateurs: U.S. vs. Poland
Mar. 4, 1979	Rocky Mattioli vs. Maurice Hope
Mar. 10, 1979	Danny Lopez vs. Roberto Castanon
Mar. 23, 1979	Larry Holmes vs. Osvaldo Ocasio
Mar. 24, 1979	Sugar Ray Leonard vs. Daniel Gonzales
Mar. 25, 1979	Wilfred Benitez vs. Harold Weston
Apr. 1, 1979	Amateurs: U.S. vs. Ireland
Apr. 8, 1979	Jorge Lujan vs. Cleo Garcia
Apr. 19, 1979	Mike Rossman vs. Victor Galindez
Apr. 21, 1979	Sugar Ray Leonard vs. Adolfo Viruet
May 12, 1979	Ron Lyle vs. Scott LeDoux
May 20, 1979	Sugar Ray Leonard vs. Marcos Geraldo
June 3, 1979	Carlos Zarate vs. Lupe Pintor
June 24, 1979	Sugar Ray Leonard vs. Tony Chiaverini
June 30, 1979	Hugo Corro vs. Vito Antuofermo
July 1, 1979	Larry Holmes vs. Mike Weaver [TAPE]
July 8, 1979	Alexis Arguello vs. Rafael Limon
Aug. 4, 1979	Ernesto Espana vs. Johnny Lira
Aug. 12, 1979	Sugar Ray Leonard vs. Pete Ranzany
Aug. 18, 1979	Saad Muhammad vs. John Conteh
Sept. 1, 1979	Amateurs: U.S. vs. W. Germany [TAPE]
Sept. 15, 1979	Alexis Arguello vs. Bobby Chacon
Sept. 28, 1979	Larry Holmes vs. Earnie Shavers
	Sugar Ray Leonard vs. Andy Price
	Roberto Duran vs. Zeferino Gonzalez
Oct. 6, 1979	Ernesto Espana vs. Sean O'Grady
Nov. 30, 1979	Victor Galindez vs. Marvin Johnson
	Vito Antuofermo vs. Marvin Hagler
	Wilfred Benitez vs. Sugar Ray Leonard
Dec. 8, 1979	Amateurs: World Cup Finals [TAPE]

Jan. 20, 1980	Alexis Arguello vs. Ruben Castillo
Feb. 3, 1980	Larry Holmes vs. Lorenzo Zanon
Mar. 2, 1980	Ernesto Espana vs. Hilmer Kenty
Mar. 16, 1980	Vito Antuofermo vs. Alan Minter
Mar. 31, 1980	John Tate vs. Mike Weaver
	Marvin Johnson vs. Eddie Gregory
	Larry Holmes vs. Leroy Jones
Apr. 12, 1980	Salvador Sanchez vs. Ruben Castillo
Apr. 27, 1980	Alexis Arguello vs. Rolando Navarrete
May 5, 1980	Ricardo Cardona vs. Leo Randolph
May 11, 1980	Saad Muhammad vs. Louis Pergaud
June 7, 1980	Jim Watt vs. Howard Davis, Jr.
June 21, 1980	Salvador Sanchez vs. Danny Lopez
June 28, 1980	Alan Minter vs. Vito Antuofermo
July 7, 1980	Larry Holmes vs. Scott LeDoux
	Saoul Mamby vs. Esteban DeJesus
July 12, 1980	Maurice Hope vs. Rocky Mattioli
Aug. 9, 1980	Alexis Arguello vs. C. Boza-Edwards
Sept. 13, 1980	Salvador Sanchez vs. Patrick Ford
Sept. 27, 1980	Alan Minter vs. Marvin Hagler
Oct. 31, 1980	Jim Watt vs. Sean O'Grady
Dec. 13, 1980	Salvador Sanchez vs. Juan LaPorte
Dec. 19, 1980	Lupe Pintor vs. Albert Davila
Feb. 8, 1981	Hilario Zapata vs. Joey Olivo
Feb. 14, 1981	Eusebio Pedroza vs. Patrick Ford
Feb. 22, 1981	Lupe Pintor vs. Jose Uziga
Mar. 8, 1981	Rafael Limon vs. C. Boza-Edwards
Mar. 22, 1981	Salvador Sanchez vs. Roberto Castanon
Mar. 28, 1981	Michael Spinks vs. Marvin Johnson
Apr. 12, 1981	Hilmer Kenty vs. Sean O'Grady
Apr. 25, 1981	Thomas Hearns vs. Randy Shields
May 30, 1981	C. Boza-Edwards vs. Bobby Chacon
June 6, 1981	Alan Minter vs. Mustafa Hamsho
June 12, 1981	Larry Holmes vs. Leon Spinks
June 27, 1981	Aaron Pryor vs. Lennox Blackmoore
July 18, 1981	Mustafa Muhammad vs. Michael Spinks
July 26, 1981	Lupe Pintor vs. Jovito Rengifo
Aug. 22, 1981	Greg Page vs. George Chaplin
Sept. 6, 1981	S. Sanchez vs. Wilfredo Gomez [TAPE]
Sept. 26, 1981	Saad Muhammad vs. Jerry Martin
Nov. 6, 1981	Larry Holmes vs. Renaldo Snipes
Dec. 19, 1981	Saad Muhammad vs. Dwight M. Qawi
Feb. 6, 1982	Alexis Arguello vs. Bubba Busceme
Feb. 13, 1982	Michael Spinks vs. Mustapha Wasajja
Mar. 7, 1982	Marvin Hagler vs. Wm. (Caveman) Lee
Mar. 21, 1982	Dwight M. Qawi vs. Jerry Martin
Mar. 27, 1982	Wilfredo Gomez vs. Juan (Kid) Meza
Apr. 11, 1982	Michael Spinks vs. Murray Sutherland
Apr. 17, 1982	Saad Muhammad vs. Pete McIntyre
May 1, 1982	Jackie Beard vs. Jose Caba
May 2, 1982	Greg Page vs. Jimmy Young
June 5, 1982	Tim Witherspoon vs. Renaldo Snipes
June 11, 1982	Milton McCrory vs. Roger Stafford
June 26, 1982	C. Boza-Edwards vs. Roberto Elizondo
July 17, 1982	Davey Moore vs. Ayub Kalule
Aug. 14, 1982	Pinklon Thomas vs. James Tillis
Sept. 18, 1982	Michael Spinks vs. Johnny Davis
Nov. 26, 1982	Larry Holmes vs. Randall (Tex) Cobb
Dec. 11, 1982	Rafael Limon vs. Bobby Chacon
Feb. 20, 1983	Juan LaPorte vs. Ruben Castillo
Mar. 13, 1983	Jeff Chandler vs. Gaby Canizales
Mar. 19, 1983	Milton McCrory vs. Colin Jones
Apr. 2, 1983	Aaron Pryor vs. Sang-Hyun Kim
Apr. 24, 1983	Eusebio Pedroza vs. Rocky Lockridge
May 1, 1983	Edwin Rosario vs. Jose Luis Ramirez
May 20, 1983	Larry Holmes vs. Tim Witherspoon
May 20, 1983	Michael Dokes vs. Mike Weaver
May 28, 1983	Trevor Berbick vs. S.T. Gordon
July 16, 1983	Wilfred Benitez vs. Mustafa Hamsho
July 23, 1983	Jeff Chandler vs. Oscar Muniz
Aug. 13, 1983	Milton McCrory vs. Colin Jones
Sept. 3, 1983	Donald Curry vs. Roger Stafford
Sept. 9, 1983	Aaron Pryor vs. Alexis Arguello
Oct. 22, 1983	Eusebio Pedroza vs. Jose Caba
Dec. 17, 1983	Jeff Chandler vs. Oscar Muniz
Jan. 14, 1984	Milton McCrory vs. Milton Guest
Feb. 4, 1984	Donald Curry vs. Marlon Starling
Mar. 12, 1984	Edwin Rosario vs. Roberto Elizondo
Apr. 7, 1984	Jeff Chandler vs. Richie Sandoval
Apr. 21, 1984	Donald Curry vs. Elio Diaz
June 23, 1984	Edwin Rosario vs. Howard Davis, Jr.
July 14, 1984	Wilfred Benitez vs. Davey Moore
Sept. 22, 1984	Donald Curry vs. Nino LaRocca
Nov. 15, 1984	"Night of Gold"
	Evander Holyfield vs. Lionel Byarm
	Pernell Whitaker vs. Farrain Comeaux
	Tyrell Biggs vs. Mike Evans
	Mark Breland vs. Dwight Williams
Jan. 5, 1985	Mark Breland vs. Marlon Palmer
Jan. 19, 1985	Donald Curry vs. Colin Jones
Jan. 20, 1985	Meldrick Taylor vs. Dwight Pratchett
	Pernell Whitaker vs. Danny Avery
	Evander Holyfield vs. Eric Winbush
Mar. 2, 1985	Aaron Pryor vs. Gary Hinton
Mar. 9, 1985	Milton McCrory vs. Pedro Vilella
Mar. 30, 1985	Donald Curry vs. James Green
Apr. 6, 1985	Mark Breland vs. Steve Little
	Meldrick Taylor vs. Elias Martinez
Apr. 20, 1985	Pernell Whitaker vs. Nick Parker
	Tyrell Biggs vs. Mike Perkins
	Evander Holyfield vs. Mark Rivera
June 8, 1985	Eusebio Pedroza vs. Barry McGuigan
June 22, 1985	Donald Curry vs. Pablo Baez
July 13, 1985	Tyrell Biggs vs. Eddie Richardson
July 20, 1985	Mark Breland vs. Don Shiver
	Pernell Whitaker vs. John Senegal
	Meldrick Taylor vs. Roberto Medina
	Evander Holyfield vs. Tyrone Booze
Aug. 31, 1985	Carl Williams vs. Jesse Ferguson
Sept. 28, 1985	Barry McGuigan vs. Bernard Taylor
Dec. 6, 1985	Donald Curry vs. Milton McCrory
Dec. 21, 1985	Tyrell Biggs vs. Tony Anthony
	Evander Holyfield vs. Anthony Davis
	Meldrick Taylor vs. Victor Acosta
	Mark Breland vs. Hedgemon Robertson
Jan. 25, 1986	Tyrell Biggs vs. James Tillis
	Mark Breland vs. Troy Wortham
Feb. 15, 1986	Barry McGuigan vs. Danilo Cabrera
Feb. 16, 1986	Mike Tyson vs. Jesse Ferguson
	Mike Weaver vs. Carl Williams
Mar. 1, 1986	Evander Holyfield vs. Chisanda Mutti
Mar. 2, 1986	Mark Breland vs. Richard Aguirre
Mar. 9, 1986	Pernell Whitaker vs. John Montes
Mar. 10, 1986	Marvin Hagler vs. John Mugabi
Mar. 22, 1986	Dwight M. Qawi vs. Leon Spinks
Mar. 23, 1986	Tyrell Biggs vs. Jeff Sims
Mar. 30, 1986	C. Boza-Edwards vs. Terrence Alli
Apr. 6, 1986	Evander Holyfield vs. Jesse Shelby
Apr. 12, 1986	Mark Breland vs. Darryl Anthony
May 3, 1986	Mike Tyson vs. James Tillis
May 31, 1986	Gerry Cooney vs. Eddie Gregg
June 21, 1986	Mark Breland vs. John Munduga
July 12, 1986	Dwight M. Qawi vs. Evander Holyfield
July 26, 1986	Mike Tyson vs. Marvis Frazier

Aug. 16, 1986	Howard Davis, Jr. vs. Meldrick Taylor		Doug DeWitt vs. Nigel Benn
	Pernell Whitaker vs. Rafael Williams	June 2, 1990	Marcos Villasana vs. Paul Hodkinson
Dec. 19, 1986	Pernell Whitaker vs. Alfredo Layne	June 24, 1990	Bobby Czyz vs. Andrew Maynard
Feb. 14, 1987	Evander Holyfield vs. Henry Tillman	July 7, 1990	Virgil Hill vs. Tyrone Frazier
Feb. 22, 1987	Lloyd Honeyghan vs. Johnny Bumphus	July 8, 1990	Mark Breland vs. Aaron Davis
Mar. 7, 1987	Dennis Andries vs. Thomas Hearns	July 21, 1990	Gianfranco Rosi vs. Darrin Van Horn
Mar. 28, 1987	Pernell Whitaker vs. Roger Mayweather	July 28, 1990	Jeff Harding vs. Dennis Andries
Apr. 18, 1987	Lloyd Honeyghan vs. Maurice Blocker	July 29, 1990	M. Kittikasem vs. Michael Carbajal
Apr. 19, 1987	Mike McCallum vs. Milton McCrory	Aug. 18, 1990	Nigel Benn vs. Iran Barkley
May 2, 1987	Hector Camacho vs. Howard Davis, Jr.	Aug. 19, 1990	Marlon Starling vs. Maurice Blocker
May 3, 1987	Bobby Czyz vs. Jim MacDonald	Mar. 2, 1991	Riddick Bowe vs. Tyrell Biggs
May 23, 1987	Marvin Johnson vs. Leslie Stewart	Apr. 20, 1991	Riddick Bowe vs. Tony Tubbs
June 26, 1987	Mike Tyson vs. Pinklon Thomas [TAPE]	June 29, 1991	James Toney vs. Reggie Johnson
June 27, 1987	Buster Drayton vs. Matthew Hilton	Feb. 8, 1992	James Toney vs. Dave Tiberi
July 11, 1987	Meldrick Taylor vs. Cubanito Perez	Feb. 15, 1992	Michael Carbajal vs. Marcos Pacheco
July 12, 1987	Duane Thomas vs. Lupe Aquino	Feb. 22, 1992	Terry Norris vs. Carl Daniels
July 25, 1987	Pernell Whitaker vs. Miguel Santana	June 13, 1992	Chil-Sung Chun vs. Joey Gamache
Aug. 22, 1987	Mark Breland vs. Marlon Starling	June 27, 1992	Tommy Morrison vs. Joe Hipp
Sept. 5, 1987	Leslie Stewart vs. Virgil Hill	Feb. 6, 1993	Oscar de la Hoya vs. Curtis Strong
Feb. 6, 1988	Vinny Pazienza vs. Greg Haugen	Feb. 27, 1993	Michael Moorer vs. Bonecrusher Smith
Mar. 5, 1988	Sumbu Kalambay vs. Mike McCallum	Mar. 13, 1993	Tracy H. Patterson vs. J. Benavides
Mar. 12, 1988	Jose L. Ramirez vs. Pernell Whitaker	May 8, 1993	Oscar de la Hoya vs. Frankie Avelar
Apr. 2, 1988	Rocky Lockridge vs. Harold Knight	June 26, 1993	Nigel Benn vs. Lou Gent
Apr. 3, 1988	Virgil Hill vs. Jean-Marie Emebe	Nov. 6, 1993	Riddick Bowe vs. Evander Holyfield
July 31, 1988	Buddy McGirt vs. Howard Davis, Jr.	Mar. 12, 1994	Jeremy Williams vs. Larry Donald
Sept. 3, 1988	Buddy McGirt vs. Meldrick Taylor	Apr. 16, 1994	Kennedy McKinney vs. Welcome Ncita
Jan. 21, 1989	Meldrick Taylor vs. John W. Meekins	June 25, 1995	Kostya Tszyu vs. Roger Mayweather
Feb. 18, 1989	Greg Haugen vs. Pernell Whitaker	July 2, 1995	Johnny Tapia vs. Arthur Johnson
Mar. 4, 1989	Virgil Hill vs. Bobby Czyz	July 9, 1995	Ed Hopson vs. Tracy H. Patterson
Mar. 11, 1989	Michael Dokes vs. Evander Holyfield	Aug. 19, 1995	Luis Santana vs. Terry Norris
Apr. 22, 1989	Mark Breland vs. Rafael Pineda	Mar. 16, 1996	Bernard Hopkins vs. Joe Lipsey
Apr. 30, 1989	Pernell Whitaker vs. Louie Lomeli	June 22, 1996	Michael Moorer vs. Axel Schulz
May 21, 1989	Jorge Paez vs. Louie Espinoza	Aug. 17, 1996	Johnny Tapia vs. Hugo Soto
May 27, 1989	Virgil Hill vs. Joe Lasisi	Mar. 1, 1997	Jean-B. Mendy vs. Stevie Johnston
June 24, 1989	Dennis Andries vs. Jeff Harding	Apr. 5, 1997	Vuyani Bungu vs. Kennedy McKinney
June 25, 1989	Charles Williams vs. Bobby Czyz	Apr. 12, 1997	Raul Marquez vs. Anthony Stephens
July 9, 1989	Edwin Rosario vs. Anthony Jones	Apr. 19, 1997	Michael Grant vs. Lionel Butler
July 15, 1989	Darrin Van Horn vs. Gianfranco Rosi	June 14, 1997	Virgil Hill vs. D. Michalczewski
July 30, 1989	Julian Jackson vs. Terry Norris	July 5, 1997	Raul Marquez vs. Romallis Ellis
Aug. 20, 1989	Pernell Whitaker vs. Jose L. Ramirez	July 12, 1997	Kevin Kelley vs. Orlando Fernandez
Feb. 3, 1990	Mike McCallum vs. Steve Collins	July 19, 1997	Naseem Hamed vs. Juan G. Cabrera
Mar. 3, 1990	Mark Breland vs. Lloyd Honeyghan	Aug. 9, 1997	Vincent Phillips vs. Mickey Ward
Mar. 31, 1990	John Mugabi vs. Terry Norris	Feb. 28, 1998	Stevie Johnston vs. George Scott
Apr. 1, 1990	Simon Brown vs. Tyrone Trice	June 13, 1998	Freddie Norwood vs. Genaro Rios
Apr. 14, 1990	Mike McCallum vs. Michael Watson	July 26, 1998	Mark Johnson vs. Luis Roman Rolon
Apr. 29, 1990	Andrew Maynard vs. Art Jimmerson	June 17, 2000	Stevie Johnston vs. Jose L. Castillo

HOME BOX OFFICE

First telecast: Jan. 22, 1973   Joe Frazier vs. George Foreman

SHOWTIME

First telecast: Mar. 10, 1986   Marvin Hagler vs. John Mugabi

COX CABLE TELEVISION

Selected telecasts:
Nov. 28, 1980   Matt Franklin vs. Lotte Mwale
Nov. 29, 1980   Eddie Gregory vs. Rudi Koopmans

ESPN

Apr. 10, 1980–Dec. 1, 1995   *ESPN Top Rank Boxing*   Randy Gordon*
Sept. 4, 1982–Nov. 20, 1982   *ESPN Saturday Night at the Fights*
Dec. 8, 1995–Sept. 25, 1998   *ESPN Championship Boxing*   Al Bernstein

*Replaced by Al Bernstein.

ESPN2

Feb. 4, 1996–Aug. 30, 1998	*ESPN2 Sunday Night Boxing*	
Oct. 2, 1998–	*ESPN2 Friday Night Boxing*	Bob Papa

USA Cable Network

Oct. 1, 1982–Aug. 25, 1998	*Tuesday Night Fights*	Al Albert
		Randy Gordon†

Note: This series, eventually called Tuesday Night Fights, *began on a Friday (Oct. 1, 1982). Prior to producing its own televised fight programs, the USA Cable Network had telecast a number of previously aired boxing shows at the Olympic Auditorium, Los Angeles, Calif., beginning March 25, 1981.*

†Replaced by Sean O'Grady.

FOX SPORTS NET

PRISM

SPORTSCHANNEL

Puerto Rico

WKAQ (San Juan)
Mar. 31, 1955–

Mexico

Televiso
Azteca

United Kingdom

BBC	Harry Carpenter
Thames	Reg Gutteridge
Sky	

France

TF1
Canal+ (Cable — Paris, France)

Austria

ORF	Sigi Bergmann

Germany

April 3, 1955 — Bochun

Italy

RAI

Australia

TV Ringside (Melbourne, Vic.)
TV Fight of the Week
Australian Broadcasting Company

Japan

TV Asahi
Nippon TV
Japan Broadcasting Company
TBS Network

Closed Circuit Television

Pay-Per-View

TVKO [HBO]
Showtime Entertainment Television (SET)

LITERATURE, STAGE, SCREEN AND THE ARTS

Boxing has inspired authors, painters, and sculptors from the beginning of recorded history. Even Homer's *Iliad* includes a description of a boxing match. The following is a selected list of the most notable writings on boxing (in various categories), plays, shows, films, paintings, and sculptures.

Autobiography

Ali, Muhammad, with Richard Durham. *The Greatest: My Own Story*. New York: Random House, 1975.

Angle, Bernard John. *My Sporting Memories*. London: Robert Holden, 1925.

Brenner, Teddy, as told to Barney Nagler. *Only the Ring Was Square*. Englewood Cliffs, N.J.: Prentice-Hall, 1981.

Broadribb, Ted. *Fighting Is My Life*. London: Frederick Muller, 1951.

Carpentier, Georges. *Carpentier by Himself*. London: Hutchinson, 1955.

Carter, Rubin. *The Sixteenth Round: From No. 1 Contender to No. 45472*. New York: Viking Press, 1974.

Cooper, Henry. *Henry Cooper: An Autobiography*. London: Cassell, 1972.

Corbett, James J. *Roar of the Crowd: The True*

Tale of the Rise and Fall of a Champion. New York: Putnam's, 1925.

Corri, Eugene. *Fifty Years in the Ring.* London: Hutchinson, 1933.

Dempsey, Jack, with Myron M. Stearns. *Round by Round.* New York: McGraw Hill, 1940.

Deyong, Moss. *Everybody Boo—.* London: Stanley Paul, 1951.

Dundee, Angelo, with Mike Winters. *I Only Talk Winning.* Chicago: Contemporary Books, 1985.

Fleischer, Nat. *Fifty Years at Ringside.* New York: Fleet, 1958.

Foreman, George, and Joel Engel. *By George.* New York: Simon & Schuster, 2000.

Frazier, Joe, with Phil Berger. *Smokin' Joe.* New York: Macmillan, 1996.

Gibbs, Harry, as told to John Morris. *Box On.* London: Pelham Books, 1981.

Graziano, Rocky, with Rowland Barber. *Somebody Up There Likes Me: The Story of My Life Until Today.* New York: Simon & Schuster, 1955.

Graziano, Rocky, with Ralph Corsel. *Somebody Down Here Likes Me, Too.* New York: Stein & Day, 1981.

Gutteridge, Reg, with Peter Batt. *Uppercuts and Dazes.* London: Blake, 1998.

Hollandersky, Abe. *The Life Story of Abe the Newsboy.* Los Angeles: Abraham Hollandersky, 1930.

Holmes, Larry, with Phil Berger. *Against the Odds.* New York: St. Martin's Press, 1998.

Holyfield, Evander, and Bernard Holyfield. *Holyfield: The Humble Warrior.* Nashville: Thomas Nelson, 1996.

Jeffries, James J., and Hugh Fullerton. *Two-Fisted Jeff.* Chicago: Consolidated Book Publishers, 1929.

Johansson, Ingemar. *Seconds Out of the Ring.* Translated from the Swedish by Ian Rodger and Jan Jonsjo. London: Stanley Paul, 1960.

Johnson, Jack: *Jack Johnson: In the Ring—and Out.* Chicago: National Sports, 1927.

Kessler, Harry, as told to Alma Kessler and Robert A. Suhosky. *The Millionaire Referee.* St. Louis: Harkess, 1982.

LaMotta, Jake, with Joseph Carter and Peter Savage. *Raging Bull.* Englewood Cliffs: Prentice-Hall, 1970.

Lane, Mills, with Jedwin Smith. *Let's Get It On.* New York: Crown, 1998.

Louis, Joe, with Edna and Art Rust, Jr. *My Life.* New York: Harcourt Brace Jovanovich, 1978.

Luftspring, Sammy, with Brian Swarbrick. *Call Me Sammy.* Scarborough, Ont.: Prentice Hall of Canada, 1975.

Mace, Jem. *Fifty Years a Fighter.* London: C. Arthur Pearson, 1908.

Moore, Archie. *The Archie Moore Story.* New York: McGraw-Hill, 1960.

Morgan, Dan, with John McCallum. *Dumb Dan.* New York: Tedson, 1953.

Nelson, Battling. *Life, Battles and Career of Battling Nelson, Lightweight Champion of the World.* Hegewisch, Ill.: Battling Nelson, 1908.

Pacheco, Ferdie. *Fight Doctor.* New York: Simon & Schuster, 1977.

Palmer, Joe. *Recollections of a Boxing Referee.* London: John Lane/The Bodley Head, 1927.

Patterson, Floyd, with Milton Gross. *Victory Over Myself.* New York: Random House, 1962.

Pryor, Aaron, and Marshall Terrill. *Flight of the Hawk.* Sun Lakes, Ariz.: Book World, 1996.

Robinson, Ray, with Dave Anderson. *Sugar Ray.* New York: Viking Press, 1970.

Ross, Barney, and Martin Abramson. *No Man Stands Alone.* Philadelphia: Lippincott, 1957.

Schmeling, Max. *Max Schmeling: An Autobiography.* Translated and Edited by George von der Lippe. Chicago: Bonus Books, 1998. [Originally published in German by Verlag Ullstein GmbH, 1977]

Scott, Fraser. *Weigh In: The Selling of a Middleweight.* New York: Thomas Y. Crowell, 1974.

Shavers, Earnie, with Mike Fitzgerald and Marshall Terrill. *Welcome to the Big Time.* New York: Sports Publishing, 2002.

Solomons, Jack. *Jack Solomons Tells All.* London: Rich and Cowan, 1951.

Sullivan, John L. *Life and Reminiscences of a Nineteenth Century Gladiator.* Boston: J.A. Hearn, 1892.

Tillis, James, as told to J. Engleman Price. *Thinkin' Big.* Toronto: ECW Press, 2000.

Tunney, Gene. *A Man Must Fight.* Boston: Houghton Mifflin, 1932.

Walker, Mickey, with Joe Richler. *The Toy Bulldog and His Times.* New York: Random House, 1961.

Wilde, Jimmy. *Fighting Was My Business.* London: Michael Joseph, 1938.

Biography

Astor, Gerald. *And a Credit to His Race: The Life and Hard Times of Joseph Louis Barrow, Also Known as Joe Louis.* New York: Saturday Review Press, 1974.

Aycock, Colleen, and Scott, Mark. *Joe Gans: A Biography of the First African-American World Boxing Champion.* Jefferson, N.C.: McFarland, 2008.

Berger, Phil. *Blood Season: Mike Tyson and the World of Boxing.* New York: Four Walls Eight Windows, 1995.

Birtley, Jack. *The Tragedy of Randolph Turpin.* London: New English Library, 1975.

_____. *Freddie Mills: His Life and Death.* London: New English Library, 1977.

Boyd, Herb, with Ray Robinson II. *Pound for Pound: A Biography of Sugar Ray Robinson.* New York: Amistad/HarperCollins, 2005.

Burrowes, John. *Benny Lynch: The Life and Times of a Fighting Legend.* Edinburgh: Scot.: Mainstream, 1982.

Cantwell, Robert. *The Real McCoy: The Life and Times of Norman Selby.* Princeton, N.J.: Auerbach, 1971.

Daniel, Daniel M. *The Jacobs Story.* New York: Ring, 1949.

Davis, Robert H. *Ruby Robert, Alias Bob Fitzsimmons.* New York: George H. Doran, 1926.

deCoy, Robert H. *The Big Black Fire: An Uncensored Biography of the First Black Heavyweight Champion, Jack Johnson.* Los Angeles: Holloway House, 1969.

DeLisa, Michael C. *Cinderella Man: The James J. Braddock Story.* Wrea Green, Eng.: Milo Books, 2005.

Evans, Gavin. *Prince of the Ring: The Naseem Hamed Story.* London: Robson Books, 1996.

Fair, James R. *Give Him to the Angels: The Story of Harry Greb.* New York: Smith and Durell, 1946.

Fields, Armond. *James J. Corbett: A Biography of the Heavyweight Boxing Champion and Popular Theater Headliner.* Jefferson, N.C.: McFarland, 2001.

Fitzgerald, Mike. *The Ageless Warrior: The Life of Boxing Legend Archie Moore.* New York: Sports Publishing, 2004.

Fleischer, Nat. *The Boston Strong Boy: The Story of John L. Sullivan, The Champion of Champions.* New York: Ring Bookshop, 1941.

_____. *The Flaming Ben Hogan.* New York: Ring Bookshop, 1941.

_____. *Gentleman Jim: The Story of James J. Corbett.* New York: Ring Bookshop, 1943.

_____. *Jack Dempsey, Idol of Fistiana.* New York: Ring, 1929.

_____. *Jack McAuliffe: The Napoleon of the Prize Ring.* New York: Ring Bookshop, 1944.

_____. *Leonard the Magnificent: The Life Story of the Man Who Made Himself King of the Lightweights.* New York: Ring Bookshop, 1947.

_____. *The Louis Legend.* New York: Ring, 1956.

_____. *Max Baer: The Glamour Boy of the Ring.* New York: Ring Bookshop, 1941.

_____. *The Michigan Assassin: The Saga of Stanley Ketchel, World's Most Sensational Middleweight Champion.* New York: Ring Bookshop, 1946.

_____. *Terrible Terry, The Brooklyn Terror: The Fistic Career of Terry McGovern.* New York: Ring Bookshop, 1943.

_____. *Young Griffo, the Will o' the Wisp of the Roped Square.* New York: Ring, 1928.

Fraser, Raymond. *The Fighting Fisherman: The Life of Yvon Durelle.* Toronto: Doubleday Canada, 1981.

Gallimore, Andrew. *A Bloody Canvas: The Mike McTigue Story*. Douglas Village, Co. Cork, Ireland: Mercier Press, 2007.

Gilmore, Al-Tony. *Bad Nigger! The National Impact of Jack Johnson*. Port Washington, N.Y.: Kennikat Press, 1975.

Goldstein, Alan. *A Fistful of Sugar: The Sugar Ray Leonard Story*. New York: Coward, McCann & Geoghegan, 1981.

Gordon, Graham. *Master of the Ring: The Extraordinary Life of Jem Mace, Father of Boxing and the First Worldwide Sports Star*. Lancaster, Eng.: Milo Books, 2007.

Griffin, Marcus. *Wise Guy—James J. Johnston: A Rhapsody in Fistics*. New York: The Vanguard Press, 1933.

Gutteridge, Reg, and Norman Giller. *Mike Tyson: The Release of Power*. Harpenden, Eng.: Queen Anne Press, 1995.

Harding, John, with Jack (Kid) Berg. *Jack (Kid) Berg*. London: Robson Books, 1987.

Hauser, Thomas. *Muhammad Ali: His Life and Times*. New York: Simon & Schuster, 1991.

Haygood, Wil. *Sweet Thunder: The Life and Times of Sugar Ray Robinson*. New York: Alfred A. Knopf, 2009.

Isenberg, Michael T. *John L. Sullivan and His America*. Urbana: University of Illinois Press, 1988.

Jarrett, John. *Byker to Broadway: The Fighting Life and Times of Seaman Tommy Watson*. Newcastle, Eng.: Bewick Press, 1996.

Jones, Jimmy. *King of the Canebrakes* [Young Stribling]. Macon, Ga.: Southern Press, 1969.

Kawakami, Tim. *Golden Boy: The Fame, Money, and Mystery of Oscar de la Hoya*. Kansas City, Mo.: Andrews McMeel, 1999.

Kaye, Andrew M. *The Pussycat of Prizefighting: Tiger Flowers and the Politics of Black Celebrity*. Athens: University of Georgia Press, 2004.

Langley, Tom. *The Life of John L. Sullivan*. Leicester, Eng.: Vance Harvey, 1973.

_____. *The Life of Tom Sayers*. Leicester, Eng.: Vance Harvey, 1973.

_____. *The Life of Peter Jackson*. Leicester, Eng.: Vance Harvey, 1974.

_____. *The Tipton Slasher* [William Perry]. Tipton, Staffs., Eng.: Black Country Society, 1970.

Lewis, Morton. *Ted (Kid) Lewis: His Life and Times*. London: Robson Books, 1992.

Lonkhurst, Bob. *Man of Courage: The Life and Career of Tommy Farr*. Lewes, E. Sussex, Eng.: Book Guild, Temple House, 1997.

Mead, Chris. *Champion: Joe Louis—Black Hero in White America*. London: Robson Books, 1986.

Moyle, Clay. *Sam Langford: Boxing's Greatest Uncrowned Champion*. Seattle: Bennett & Hastings, 2008.

Mullally, Frederic. *Primo: The Story of "Man Mountain" Carnera*. London: Robson Books, 1991.

Myler, Patrick. *Gentleman Jim Corbett: The Truth Behind a Boxing Legend*. London: Robson Books, 1998.

_____. *Regency Rogue: Dan Donnelly, His Life and Legends*. Dublin: O'Brien Press, 1976.

Nagler, Barney. *Brown Bomber: The Pilgrimage of Joe Louis*. New York: World, 1972.

_____. *James Norris and the Decline of Boxing*. New York: Bobbs-Merrill, 1964.

Newfield, Jack. *Only in America: The Life and Crimes of Don King*. New York: William Morrow, 1995.

Odd, Gilbert. *The Fighting Blacksmith: The Story of Bob Fitzsimmons*. London: Pelham Books, 1976.

_____. *Len Harvey: Prince of Boxers*. London: Pelham Books, 1978.

Olsen, Jack. *Black Is Best: The Riddle of Cassius Clay*. New York: Putnam, 1967.

O'Toole, Andrew. *Sweet William: The Life of Billy Conn*. Chicago: University of Illinois Press, 2008.

Pepe, Phil. *Come Out Smokin': Joe Frazier—The Champ Nobody Knew*. New York: Coward, McCann & Geoghegan, 1972.

Ribalow, Harold U. *Fighter from Whitechapel: The Story of Daniel Mendoza*. New York: Farrar, Straus and Cudahy, 1962.

Roberts, Randy. *Jack Dempsey: The Manassa Mauler*. Baton Rouge: Louisiana State University Press, 1979.

_____. *Papa Jack: Jack Johnson and the Era of White Hopes*. New York: Free Press/Macmillan, 1983.

Ross, Ron. *Bummy Davis vs. Murder, Inc.: The Rise and Fall of the Jewish Mafia and an Ill-Fated Prizefighter*. New York: St. Martin's Press, 2003.

Samuels, Charles. *The Magnificent Rube: The Life and Gaudy Times of Tex Rickard*. New York: McGraw-Hill, 1957.

Schaap, Jeremy. *Cinderella Man: James J. Braddock, Max Baer, and the Greatest Upset in Boxing History*. New York: Houghton Mifflin, 2005.

Shabazian, Lud. *Relief to Royalty: The Story of James J. Braddock, World Heavyweight Champion*. Union City, N.J.: Ludwig Shabazian, 1936.

Skehan, Everett M. *Rocky Marciano: Biography of a First Son*. Boston: Houghton Mifflin, 1977.

Sullivan, Russell. *Rocky Marciano: The Rock of His Times*. Urbana: University of Illinois Press, 2002.

Swanwick, Raymond. *Les Darcy: Australia's Golden Boy of Boxing*. Sydney: Ure Smith Pty, 1965.

Thomas, Champ. *Sean O'Grady, Living Legend*. Denver: Celebrity, 1981.

Torres, Jose. *Sting Like a Bee: The Muhammad Ali Story*. New York: Abelard Schumann, 1971.

Tosches, Nick. *The Devil and Sonny Liston*. Boston: Little, Brown, 2000.

Ward, Geoffrey C. *Unforgivable Blackness: The Rise and Fall of Jack Johnson*. New York: Alfred A. Knopf, 2004.

Wright, John D. *The Terror of Terre Haute: Bud Taylor and the 1920s*. Indianapolis: Dog Ear, 2009.

Young, A.S. *Sonny Liston: The Champ Nobody Wanted*. Chicago: Johnson, 1963.

Poetry

The Nonpareil's Grave
   Author: M.J. McMahon
   McMahon, a journalist, wrote this upon learning that former world middleweight champion Jack (The Nonpareil) Dempsey was buried in a modest grave in Oregon.

The Kid's Last Fight
   Author: Anonymous
   Recitative poem on the order of *A Face Upon the Bar Room Floor*, *The Traitor's Deathbed*, etc.

The Set-Up
   Author: Joseph Moncure March
   Narrative poem.

Short Stories

Hemingway, Ernest. "Fifty Grand"
Lardner, Ring W. "Champion"

Comic Strips

Joe Palooka
   Peak Syndication: circa 900 newspapers
   Created by Ham Fisher in Wilkes-Barre, Pa.
   Written and Drawn by Ham Fisher (1930–1955), Tony DiPreta (1955–1984)

Novels

Shaw, George Bernard. *Cashel Byron's Profession*. New York: G. Muro, 1887.

Kandel, Aben. *City for Conquest*. New York: Covici, Friede, 1936.

Schulberg, Budd. *The Harder They Fall*. New York: Random House, 1947.

_____. *Waterfront*. New York: Random House, 1955.

Heinz, W.C. *The Professional*. New York: Harper and Row, 1958.

Plays

Cashel Byron's Profession
   Broadway Opening: January 8, 1906, Daly's Theatre
   Broadway Closing: February 3, 1906, Majestic Theatre

Author: Stanislaus Stange
Source: Novel of same title by George Bernard Shaw
Producer: Henry B. Harris
Principal Cast: James J. Corbett (Cashel Byron), Margaret Wycherly

Is Zat So?
Broadway Opening: January 5, 1925, Thirty-Ninth Street Theatre
Broadway Closing: July 31, 1926 (634 performances)
Authors: James Gleason, Richard Taber
Producers: Earl Boothe in association with the Messrs. Shubert
Director: Everett Butterfield
Principal Cast: James Gleason (Hap Hurley), Robert Armstrong (Chick Cowan), Sydney Riggs (C. Clinton Blackburn), Marie Chambers (Sue Blackburn), John C. King (Robert Parker)

Ringside
Broadway Opening: August 29, 1928, Broadhurst Theatre
Broadway Closing: September 29, 1928 (37 performances)
Authors: Edward E. Paramore, Jr., Hyatt Daab, George Abbott
Producer: Gene Buck
Director: George Abbott
Principal Cast: Richard Taber (Bobby Murray), Suzanne Caubaye (Paula Vornoff), Robert Glecker (John Zelli)

The Big Fight
Broadway Opening: September 18, 1928, Majestic Theatre
Broadway Closing: October 13, 1928 (31 performances)
Authors: Milton Herbert Gropper, Max Marcin
Producer: Sam H. Harris
Director: David Belasco
Principal Cast: Jack Dempsey (Tiger Dillon), Estelle Taylor (Shirley), Jack Roseleigh (Steve Logan), Arthur R. Vinton (Chuck Sloan)

Golden Boy
Broadway Opening: November 4, 1937, Belasco Theatre
Broadway Closing: June 4, 1938 (248 performances)
Author: Clifford Odets
Producer: The Group Theatre
Director: Harold Clurman
Principal Cast: Luther Adler (Joe Bonaparte), Morris Carnovsky (Mr. Bonaparte), Frances Farmer (Laura Moon)

Golden Boy (revival)
Broadway Opening: March 12, 1952, ANTA Theatre
Broadway Closing: April 27, 1952 (56 performances)
Author: Clifford Odets
Producer: American National Theatre and Academy
Director: Clifford Odets
Principal Cast: John Garfield (Joe Bonaparte), Lee J. Cobb (Mr. Bonaparte), Betty Grayson (Lorna Moon)

The Happiest Millionaire
Broadway Opening: November 20, 1956, Lyceum Theatre
Broadway Closing: July 13, 1957 (272 performances)
Author: Kyle Crichton
Source: *My Philadelphia Father* by Cordelia Drexel Biddle and Kyle Crichton
Producers: Howard Erskine and Joseph Hayes
Directors: Howard Erskine and Joseph Hayes
Principal Cast: Walter Pidgeon (Anthony J. Drexel Biddle), Ruth Matteson (Mrs. Anthony J. Drexel Biddle), Diana van der Vlis (Cordelia), George Grizzard (Angier Duke)

The Great White Hope
Broadway Opening: October 3, 1968, Alvin Theatre
Broadway Closing: January 31, 1970 (546 performances)
Author: Howard Sackler
Producer: Herman Levin
Director: Edwin Sherin
Principal Cast: James Earl Jones (Jack Jefferson), Jane Alexander (Eleanor Bachman)

Knockout
Broadway Opening: May 6, 1979, Helen Hayes Theatre
Broadway Closing: September 16, 1979 (154 performances)
Author: Louis LaRusso II
Producer: Bill Sargent
Director: Frank Corsaro
Principal Cast: Danny Aiello (Damie Ruffino), Margaret Warncke (Kay), Frank Bongiorno (Champ Sella)

Musical Comedies

Hold Everything
Broadway Opening: October 10, 1928, Broadhurst Theatre
Broadway Closing: October 5, 1929 (409 performances)
Producers: Alex A. Aarons and Vinton Freedley
Librettists: B.G. DeSylva, John McGowan
Composer: Ray Henderson
Lyricists: B.G. DeSylva, Lew Brown
Principal Cast: Jack Whiting (Sonny Jim Brooks), Ona Munson (Sue Burke), Betty Compton (Norine Lloyd), Victor Moore (Nosey Bartlett), Alice Boulden (Betty Dunn), Nina Olivette (Toots Breen), Bert Lahr (Gink Shiner)

Golden Boy
Broadway Opening: October 20, 1964, Majestic Theatre
Broadway Closing: March 5, 1966 (569 performances)
Producer: Hillard Elkins
Librettists: Clifford Odets, William Gibson
Composer: Charles Strouse
Lyricist: Lee Adams
Principal Cast: Sammy Davis, Jr. (Joe Wellington), Paula Wayne (Lorna Moon), Kenneth Tobey (Tom Moody), Billy Daniels (Edie Satin)

Sound Films

Hold Everything (Warner Bros., 1930)
Director: Roy Del Ruth
Principal Cast: Joe E. Brown, Winnie Lightner, Sally O'Neil

The Champ (MGM, 1931)
Director: King Vidor
Principal Cast: Wallace Beery, Jackie Cooper, Irene Rich

Winner Take All (Warner Bros., 1932)
Director: Roy Del Ruth
Principal Cast: James Cagney, Virginia Bruce, Marian Nixon

The Prizefighter and the Lady (MGM, 1933)
Director: W.S. Van Dyke
Principal Cast: Myrna Loy, Otto Kruger, Walter Huston, Max Baer, Primo Carnera, Jack Dempsey

Palooka (United Artists, 1934)
Director: Benjamin Stoloff
Principal Cast: Stu Irwin, Jimmy Durante, Lupe Velez, Robert Armstrong, Marjorie Rambeau, Mary Carlisle, William Cagney, Thelma Todd

The Milky Way (Paramount, 1936)
Director: Leo McCarey
Principal Cast: Harold Lloyd, Adolphe Mejou, Verree Teasdale, Helen Mack, William Gargan

Kid Galahad (Warner Bros., 1937)
Director: Michael Curtiz
Principal Cast: Edward G. Robinson, Bette Davis, Wayne Morris, Humphrey Bogart

Golden Boy (Columbia, 1939)
Director: Rouben Mamoulian
Principal Cast: William Holden, Barbara Stanwyck, Adolphe Menjou

City for Conquest (Warner Bros., 1940)
Director: Anatole Litvak
Principal Cast: James Cagney, Ann Sheridan, Arthur Kennedy, Elia Kazan, Anthony Quinn

Here Comes Mr. Jordan (Columbia, 1941)
Director: Alexander Hall

Principal Cast: Robert Montgomery, Evelyn Keyes, Claude Rains, Rita Johnson

Gentleman Jim (Warner Bros., 1942)
Director: Raoul Walsh
Principal Cast: Errol Flynn, Alexis Smith, Alan Hale, Ward Bond

The Kid from Brooklyn (RKO, 1946)
Director: Norman Z. McLeod
Principal Cast: Danny Kaye, Virginia Mayo, Vera-Ellen, Steve Cochran, Eve Arden

Body and Soul (United Artists, 1947)
Director: Robert Rossen
Principal Cast: John Garfield, Lili Palmer

Killer McCoy (MGM, 1947)
Director: Roy Rowland
Principal Cast: Mickey Rooney, Don Levy, Ann Blyth

Whiplash (Warner Bros., 1948)
Director: Louis Seiler
Principal Cast: Dane Clark, Alexis Smith, Zachary Scott

The Champion (United Artists, 1949)
Director: Mark Robson
Principal Cast: Kirk Douglas, Marilyn Maxwell, Arthur Kennedy

The Set-Up (RKO, 1949)
Director: Robert Wise
Principal Cast: Robert Ryan, Audrey Totter, George Tobias

Right Cross (MGM, 1950)
Director: John Sturges
Principal Cast: Dick Powell, June Allyson, Ricardo Montalban, Lionel Barrymore

The Joe Louis Story (United Artists, 1953)
Director: Robert Gordon
Principal Cast: Coley Wallace, Paul Stewart, Hilda Simms

The Leather Saint (Paramount, 1956)
Director: Alvin Ganzer
Principal Cast: Paul Douglas, John Derek, Jody Lawrence

The Harder They Fall (Columbia, 1956)
Director: Mark Robson
Principal Cast: Humphrey Bogart, Rod Steiger, Jan Sterling, Max Baer

Somebody Up There Likes Me (MGM, 1957)
Director: Robert Wise
Principal Cast: Paul Newman, Pier Angeli, Everett Sloane, Sal Mineo

Monkey on My Back (United Artists, 1957)
Director: Andre de Toth
Principal Cast: Cameron Mitchell, Diane Foster

Requiem for a Heavyweight (Columbia, 1962)
Director: Ralph Nelson
Principal Cast: Anthony Quinn, Jackie Gleason, Mickey Rooney, Julie Harris

Kid Galahad (United Artists, 1962)
Director: Phil Karlson
Principal Cast: Elvis Presley, Gig Young, Lola Albright

The Happiest Millionaire (Buena Vista, 1967)
Director: Norman Tokar
Principal Cast: Fred MacMurray, Greer Garson, Tommy Steele, Lesley Ann Warren

The Great White Hope (Twentieth Century–Fox, 1970)
Director: Martin Ritt
Principal Cast: James Earl Jones, Jane Alexander, Lou Gilbert

Fat City (Columbia, 1972)
Director: John Huston
Principal Cast: Stacy Keach, Jeff Bridges, Susan Tyrell

Rocky (United Artists, 1976)
Director: John G. Avildsen
Principal Cast: Sylvester Stallone, Talia Shire, Burt Young, Carl Weathers, Burgess Meredith

The Greatest (Columbia, 1977)
Director: Tom Gries
Principal Cast: Muhammad Ali, Ernest Borgnine, John Marley, James Earl Jones

Matilda (American International, 1978)
Director: Daniel Mann
Principal Cast: Elliot Gould, Robert Mitchum

Rocky II (United Artists, 1979)
Director: Sylvester Stallone
Principal Cast: Sylvester Stallone, Talia Shire, Burt Young, Carl Weathers, Burgess Meredith

The Champ (MGM, 1979)
Director: Franco Zeffirelli
Principal Cast: Jon Voight, Ricky Schroder, Faye Dunaway

The Main Event (Warner Bros., 1979)
Director: Harold Zieff
Principal Cast: Barbra Streisand, Ryan O'Neal

Raging Bull (United Artists, 1980)
Director: Martin Scorcese
Principal Cast: Robert DeNiro, Catherine Moriarty, Joe Pesci, Frank Vincent, Nicholas Colasanto

Rocky III (MGM/United Artists, 1982)
Director: Sylvester Stallone
Principal Cast: Sylvester Stallone, Talia Shire, Burt Young, Carl Weathers, Burgess Meredith, Mr. T

Rocky IV (MGM/United Artists, 1985)
Director: Sylvester Stallone
Principal Cast: Sylvester Stallone, Talia Shire, Burt Young, Carl Weathers, Brigitte Nielsen, Tony Burton, Michael Pataki, Dolph Lundgren

Streets of Gold (Twentieth Century–Fox, 1986)
Director: Joe Roth
Principal Cast: Klaus Maris Brandauer, Adrian Pasdar, Wesley Snipes

Rocky V (United Artists, 1990)
Director: John G. Avildsen
Principal Cast: Sylvester Stallone, Talia Shire, Burt Young, Sage Stallone, Burgess Meredith, Tommy Morrison

Night and the City (Penta/Tribeca, 1992)
Director: Irwin Winkler
Principal Cast: Robert DeNico, Jessica Lange, Cliff Gorman

The Great White Hype (Twentieth Century–Fox, 1996)
Director: Reginald Hudlin
Principal Cast: Samuel L. Jackson, Peter Berg, Damon Wayans, Jeff Goldblum, Cheech Marin

The Mouse (Strand, 1997)
Director: Daniel Adams
Principal Cast: John Savage, Angelica Torn, Rip Torn

The Boxer (Universal, 1997)
Director: Jim Sheridan
Principal Cast: Daniel Day-Lewis, Emily Watson, Brian Cox, Ken Scott

The Hurricane (Universal, 1999)
Director: Norman Jewison
Principal Cast: Denzel Washington, Vicellous Reon Shannon, Deborah Kara Unger

Ali (Columbia, 2001)
Director: Michael Mann
Principal Cast: Will Smith, Jamie Foxx, Jon Voight, Mario Van Peebles, Jada Pinkett Smith

Against the Ropes (Paramount, 2003)
Director: Charles S. Dutton
Principal Cast: Meg Ryan, Omar Epps, Tony Shalhoub, Skye McCole Bartusiak, Timothy Daly

Million Dollar Baby (Warner Bros., 2004)
Director: Clint Eastwood
Principal Cast: Clint Eastwood, Hilary Swank, Morgan Freeman

Cinderella Man (Universal, 2005)
Director: Ron Howard
Principal Cast: Russell Crowe, Renee Zellweger

Rocky Balboa (MGM/Columbia, 2006)
Director: Sylvester Stallone
Principal Cast: Sylvester Stallone, Burt Young, Antonio Tarver

The Fighter (Paramount, 2010)
Director: David O. Russell
Principal Cast: Mark Wahlberg, Christian Bale, Amy Adams, Melissa Leo

Television Movies

Requiem for a Heavyweight (CBS)
  Telecast: October 11, 1956
  Running Time: 90 minutes
  Author: Rod Serling
  Producer: *Playhouse 90*/Marty Manulis
  Director: Ralph Nelson
  Principal Cast: Jack Palance, Kim Hunter, Keenan Wynn, Ed Wynn, Stanley Adams, Edgar Stehli, Harry Landers, Maxie Rosenbloom, Max Baer

Ring of Passion (NBC)
  Telecast: February 4, 1978
  Running Time: 120 minutes
  Author: Larry Forrester
  Producer: Twentieth Century–Fox Television/Lou Morheim
  Director: Robert Michael Lewis
  Director of Photography: Jules Brenner
  Principal Cast: Bernie Casey (Joe Louis), Stephen Macht (Max Schmeling), Percy Rodrigues (John Roxborough), Britt Ekland (Anny Ondra Schmeling), Denise Nicholas (Marva Trotter Louis)

Marciano (ABC)
  Telecast: October 21, 1979
  Running Time: 120 minutes
  Author: Paul Savage
  Producer: Circle Films/John G. Stephens
  Director: Bernard L. Kowalski
  Director of Photography: Michael Joyce
  Principal Cast: Tony LoBianco (Rocky Marciano), Belinda J. Montgomery (Barbara Marciano), Michael O'Hare (Allie Columbo), Richard Herd (John Furst), Vincent Gardenia (Al Weill)

Dempsey (CBS)
  Telecast: September 28, 1983
  Running Time: 180 minutes
  Author: Edward DiLorenzo (from the book by Barbara Piattelli Dempsey and Jack Dempsey)
  Producer: Charles Fries Productions/Jay Benson
  Director: Gus Trikonis
  Director of Photography: Ric Waite
  Principal Cast: Treat Williams (Jack Dempsey), Sam Waterston (Doc Kearns), Sally Kellerman (Maxine Cates), Victoria Tennant (Estelle Taylor), Peter Mark Richman (Tex Rickard)

Terrible Joe Moran (CBS)
  Telecast: March 27, 1984
  Running Time: 102 minutes
  Author: Frank Cucci
  Producer: Robert Halmi Productions
  Director: Joseph Sargent
  Director of Photography: Mike Fash
  Principal Cast: James Cagney (Joe Moran), Art Carney (Troy), Ellen Barkin (Ronnie), Peter Gallagher (Nick), Joseph Sirola (Capo)

Heart of a Champion: The Ray Mancini Story (CBS)
  Telecast: May 1, 1985
  Running Time: 120 minutes
  Author: Dennis Nemec
  Producer: Robert A. Papazian
  Executor Producer: Sylvester Stallone
  Director: Richard Michaels
  Director of Photography: Jan de Bont
  Principal Cast: Doug McKeon (Ray Mancini), Robert Blake (Lenny Mancini), Mariclare Costello (Ellen Mancini), Tony Burton (Grif), Ray Buktenica (David Wolf), James Callahan (Father O'Neill), Richard Bakalyan (Frank Jacobs), Curtis Conaway (Lenny Mancini, Jr.), Luisa Leschin (Ellen Mancini, Jr.), Norman Alden (Ray Arcel), Ben Frank (Eddie Sullivan)

Tyson (HBO)
  Telecast: April 29, 1995
  Running Time: 110 minutes
  Author: Robert Johnson
  Source: *Fire and Fear: The Inside Story of Mike Tyson* by Jose Torres
  Producer: David Blocker
  Director: Uli Edel
  Cinematographer: Jack Conroy
  Principal Cast: Michael Jai White (Mike Tyson), George C. Scott (Cus D'Amato), Paul Winfield (Don King), Tony LoBianco (Jimmy Jacobs), James B. Sikking (Bill Cayton), Malcolm-Jamal Warner (Rory Holloway), Kristen Wilson (Robin Givens), Clark Gregg (Kevin Rooney), Holt McCallany (Teddy Atlas), Sheila Wills (Ruth Roper), Rebekah Johnson (Desiree Washington), Lilyan Chauvin (Camille Ewald)

Radio Series

Joe Palooka (CBS, 1932)
  15 minutes, Tuesdays and Thursdays, 5:45–6:00 P.M.
  Announcer: Ted Husing
  Principal Cast: Teddy Bergman, Frank Readick, Mary Jane Higby, Elsie Hitz, James Marr
  Note: Bergman, who played Joe Palooka, was later known as Alan Reed (best known as the original voice of Fred Flintstone on television's *The Flintstones*). Joe Palooka also played by Norman Gottschalk and Karl Swenson on various broadcasts.

Television Series

The Joe Palooka Story (Syndicated, 1954)
Principal Cast: Joe Kirkwood, Jr. (Joe Palooka), Cathy Downs (Ann Howe), Luis Van Rooten/Sid Tomack (Knobby Walsh), Maxie Rosenbloom (Humphrey Pennyworth)

Documentaries

In This Corner: Joe Louis (1962)
Boxing's Last Round (NBC, 1963)
Knockout
The Legendary Champions
Sonny Liston: The Mysterious Life and Death of a Champion (1995)
When We Were Kings (1996)
Unforgivable Blackness: The Rise and Fall of Jack Johnson (PBS, 2005) Director: Ken Burns.
Ring of Fire: The Emile Griffith Story (2005)
Joe Louis-Max Schmeling
Triumph and Tragedy: The Ray Mancini Story (ESPN, 2007)
Joe Louis: America's Hero ... Betrayed (HBO, 2008)
Assault in the Ring (HBO, 2009)

Paintings

Oils

Bellows, George
  Dempsey and Firpo (1923)
  Introducing John L. Sullivan (1923)

Chapin, James
  Boxer and Handlers
  Fighter and His Manager
  Negro Boxer
  Beaten Boxer

Eakins, Thomas
  Salutat (1898)
  Between Rounds (1899)

Groth, John
  Stillman's Gym (1947)

Martin, Fletcher
  Black King (1942)

Miartani, P.
  Sporting Club (1893)

Peirce, Waldo
  Ringside (1930)

Riggs, Robert
  The Brown Bomber (1938)

Seyffert, Leopold
  Eddie Eagan (1936)

Sisti, Anthony
  At Ringside (1938)

Szenassy, Sandor
  The Fight [series of 20 painting of the 1971 Frazier-Ali bout] (1998–2003)
  Heavyweight Heads [series of 40 paintings of world heavyweight champions]
  Szenassy is a British artist whose paintings represent a paradigm shift away from the particulars of the sport. His boxers are depicted — monumentally — as tragic figures in a contemporary human drama, echoing the archetypal protagonists of ancient Greek tragedy. Not literally toyed with by the

"heartless gods," they are none the less doomed — either to destroy each other, as did Frazier and Ali, or to self-destruct, like Tyson.

Ziegler, Henry
The Last Fight in the Old Garden (1925)

Murals

Flagg, James Montgomery
Dempsey vs. Willard

Pastels

Young, Mahonri
Two Men Boxing
Landing Blows

Watercolors

Golinkin, Joseph W.
Primo on the Ropes (1934)
First Round Knockout (1938)
Louis-Galento (1939)

Schreiber, Georges
10 P.M., Madison Square Garden (1945)

Shahn, Ben
Boxers

Sisti, Anthony
Toe to Toe (1941)

Lithographs

Bellows, George
Preliminaries to the Big Bout
The White Hope (1910)
A Stag at Sharkey's

Golinkin, Joseph W.
Louis and Baer at the Yankee Stadium (1935)

Martin, Fletcher
On the Skids

Riggs, Robert
Baer-Carnera (1934)

Sketches

Young, Mahonri
To a Neutral Corner
Boxers

Leroy Neiman may be the most successful commercial artist of all time. Boxing is a frequent subject in his innumerable works in various mediums.

Sculptures

Ben-Shmuel, Ahron
Pugilist. Black granite head.

Young, Mahonri
Joe Gans. Bronze statue.
Bob Fitzsimmons. Bronze statue.
Right to the Jaw. Bronze statue.
On the Button. Bronze statue.
The Knockdown. Bronze statue.

Appendix: Timeline of Boxing History

Revival

1662		Diary of Samuel Pepys (Eng.) describes prize fight at a fair.
1681	Jan.	*The Impartial Protestant Mercury* (London) records prize fight between butcher and Duke of Albemarle's footman.
1692		James Figg born, Thane, Oxfordshire, Eng.
1704		Jack Broughton born.
1719	Sept. 18	Figg challenges "one and all" to meet him on the stage in London. Beginning of the British prize ring championship.
1734	Dec. 8	Figg dies, London, Eng.
1738		Jack Broughton becomes undisputed champion by beating George Taylor, 20 minutes, Tottenham Court Road, London.
1741	Apr. 24	First prize ring fatality: George Stevenson killed in title fight with Broughton, 39 minutes, London.
1743	Aug. 10	Broughton and others bring out first prize fighting rules.
1746	June 11	Ned Hunt, 126 lbs., beats Major Hawksley, "The Lifeguardsman," 238 lbs., in ten minutes, Broughton's Amphitheatre, London, Eng.
1750	Apr. 10	Jack Slack defeats Jack Broughton, using a backhand punch. The Duke of Cumberland, having lost considerable money wagering on Broughton, begins campaign for anti-prize fight legislation.
	July 29	First international world title prize fight: champion Jack Slack (England) vs. challenger "Monsieur Petit" (France), Harlston, Norfolk. Slack wins in 25 minutes.
1753	Apr. 14	Prize fighting prohibited by act of British Parliament as result of Duke of Cumberland's influence.
1758		Ned Hunt pensioned by the Prince of Wales.
1760	June 17	Bill Stevens, "The Nailer," wins heavyweight championship by knocking out Jack Slack.
1761	Mar. 2	George Meggs wins heavyweight title when champion Bill Stevens gives in after 17 minutes in fix orchestrated by Meggs' backer, former champion Jack Slack.
1762	July 2	George Millsom, "The Baker," wins title from Meggs.
1765	Aug. 27	Tom Duchau, "The Disher," wins championship from George Millsom in a hard-fought battle near St. Alban's.
1766	May	Bill Darts knocks out Duchau to win title.
1769	June 27	Tom Lyons, "The Waterman," rallies after taking a severe beating to defeat Darts for the title, Kingston, Eng. Lyons does not fight again.
1770	Mar. 25	Darts beats Stephen (Death) Oliver to win the vacant title.
1771	May 10	Ireland's Peter Corcoran defeats Darts for the title in contest British sportsmen claim was fixed by well known turfman, Capt. O'Kelly. Corcoran is first non–English prize ring champion.
1775	Oct. 16	Harry Sellers beats Corcoran in ten minutes.
1779	Sept. 25	Jack (Duggan) Fearns, an Irish boatswain, wins the title, beating Sellers in one and a half minutes at The Crown, Slough, Eng. Fight is called a "frame," and Fearns drops out of sight. Low point of the British prize ring.
1783	June	Tom Johnson makes prize fighting debut, beating Jack Jarvis in fifteen minutes.
1784	June	Johnson acknowledged champion after beating Stephen (Death) Oliver in 35 minutes.
1789	Jan. 8	Jack Broughton dies, London, Eng.
	Feb. 11	Johnson defeats Michael Ryan, 33 minutes, near Rickmansworth.
	Oct. 22	Johnson beats Isaac Perrins, 75 minutes, Banbury.
1791	Jan. 17	Big Ben Brain wins title, beating Johnson, 21 minutes, Wrotham, Kent.
1794	Apr. 8	Brain dies of liver ailment, London.
	Nov. 12	Daniel Mendoza defeats William Warr, 17 minutes, Bexley Heath, Kent, for acknowledged title.
1795	Apr. 15	Gentleman John Jackson beats Mendoza, ten and a half minutes, winning title. Jackson announces his retirement from active competition shortly thereafter.
1800	Dec. 22	Jem Belcher, maternal grandson of Jack Slack, defeats Andrew Gamble, seven minutes, Wimbledon, for title.
1803	Apr. 12	Belcher beats Jack Fearby, 20 minutes, near Linton, Essex.
		Belcher loses sight in one eye playing rackets.
1805	Mar. 11	Henry Pearce, "The Game Chicken," beats Elias Spray, 35 minutes, Moulsey Hurst, winning vacant title.

	Oct. 8	Pearce defeats John Gully, 77 minutes, Hailsham, Sussex.
	Dec. 6	Pearce defeats Jem Belcher, 35 minutes, Blythe, Notts.
1806		Pearce announces retirement.
1807	Oct. 14	John Gully beats Bob Gregson, near Newmarket, for acknowledged title.
1808	May 10	Gully defeats Gregson in return, near Market Street, Herts., and soon after announces retirement.
	Oct. 25	Tom Cribb wins vacant title, beating Gregson.
1809	Feb. 1	Cribb beats Jem Belcher, 40 minutes, Epsom Downs.
1810	Dec. 10	Cribb beats Tom Molineaux (U.S.), 55 minutes, in first interracial heavyweight title fight.
1811	Sept. 28	Cribb beats Molineaux again, 20 minutes, Thisleton Gap, Leicester.
1814	May 22	Pugilistic Club est., Thatched House Tavern, London, Eng.
1819	May 4	With Cribb not having fought for more than seven years, Tom Spring claims championship after beating Jack Carter, one hour and 55 minutes, Crawley Downs.
1824	Jan. 7	App. 25,000 spectators see Tom Spring defeat Irish champion Jack Langan, one hour and 48 minutes, Birdham Bridge, near Chichester, on outskirts of Worcester. Four thousand sit in specially built grandstand.
	Feb. 20	Jack Kable beats Bill Clark, ten minutes, Sydney, N.S.W., in first fight for championship of Australia.
	Nov. 23	Spring having retired, Tom Cannon, "The Great Gun of Windsor," beats Josh Hudson to win vacant title.
1825	July 19	Jem Ward, "The Black Diamond," defeats Cannon.
1827	Jan. 2	Peter Crawley beats Jem Ward, 26 minutes, Royston Heath, and announces his retirement one week later. Ward reclaims the title.
1831	July 12	Ward beats Simon Byrne, one hour and 17 minutes, Willeycuts.
	July 14	Ward receives first championship belt and retires soon thereafter.
1833	May 30	James (Deaf) Burke defeats Byrne and claims title. Byrne, severely beaten, dies three days later, and Burke leaves for the United States.
1837	Aug. 21	Burke beats Tom O'Connell, Hart's Island, N.Y. Burke returns to England.

London Prize Ring

1838		Pugilistic Club issues London Prize Ring Rules.
1839	Feb. 12	William Thompson, known as "Bendigo," beats Deaf Burke, who is disqualified for butting.
1842	Sept. 13	First prize ring fatality in U.S.: Tom McCoy dies after contest with Chris Lilly (U.K.), Westchester County, N.Y.
1849	Feb. 7	Tom Hyer beats Yankee Sullivan in 18 minutes, Still Pond Heights, Md., in first American championship fight.
	March	Commonwealth of Massachusetts bans prize fighting.
		State of Maryland bans prize fighting.
1850	June 5	Bendigo defeats Tom Paddock by disqualification, 59 minutes, Mildenhall, Staffordshire.
	Dec. 17	Bendigo having retired, William Perry, the "Tipton Slasher," wins the title, beating Paddock, also by disqualification, 42 minutes, Woking, Surrey.
1851	Sept. 29	Harry Broome beats Perry on a foul, 33 minutes, Mildenhall, Staffordshire.
1853		London Prize Ring rules revised.
1856	Oct. 2	Tom Paddock defeats Broome, one hour and three minutes, near Bentley, Suffolk.
1858	June 16	Tom Sayers defeats Paddock, one hour and 20 minutes, Canary Island.
	Oct. 12	John L. Sullivan born, Roxbury, Mass.
1859		Chapter 37 of New York State Penal Code, providing for six months to a year in jail and $200 to $1,000 in fines to any "person who shall, in this state, bet on, foot, instigate, promote, aid, abet, encourage, or do any act towards the furtherance of any prize fight," is unanimously passed by the State Senate.
1860	Apr. 17	Tom Sayers (U.K.) vs. John C. Heenan (U.S.) for vacant "world championship," Farnborough, Eng., ends in draw. Hysteria raised by this match adds to anti-prize fight sentiment.
	Nov. 5	Sayers having retired, Sam Hurst wins the title, beating Tom Paddock, nine minutes and 30 seconds, Berkshire.
1861	June 13	Jem Mace beats Hurst, forty minutes, Home Circuit.
1862	Jan. 28	Mace beats Tom King, one hour and eight minutes, Home Circuit.
1862	Nov. 26	King beats Mace in return, 38 minutes, Home Circuit.
1863	May 26	Bob Fitzsimmons born, Helston, Cornwall, Eng.
	Dec. 8	British champion Tom King wins "world championship" by defeating U.S. champion John C. Heenan, Wadhurst, Kent, Eng.
1866	Aug. 6	King having retired, Mace wins vacant title, beating Joe Goss, 31 minutes, London District.
	Sept. 1	James J. Corbett born, San Francisco, Calif.

Prize Fighting to Boxing

1867		John Graham Chambers writes Queensberry Rules for two-day amateur athletic tournament, Lille Bridge, London, Eng. Boxing champions are crowned in lightweight, middleweight, and heavyweight divisions. Chambers' rules are sponsored and published by John Sholto Douglas, Marques of Queensberry.
1868		Act of Parliament makes it an offense to allow a train to discharge passengers between stations when a "breach of the peace" is likely to be committed. Law effectively ends prize fighting in Britain.
1869		Jem Mace sails for New York.
1870	May 10	First important international prize fight in the United States: Mace defeats fellow Englishman Tom Allen, Kennerville, La.
1872		Inauguration of the Bow Cup tournament in England. The four-round bouts are held under Queensberry Rules, and the tournament is open to both amateurs and pros. The Bow Cup thus

		serves to introduce Queensberry boxing to bare knuckle fighters.
1873	Sept. 23	Mace having retired, Tom Allen wins the title by decisively defeating Mike McCoole near St. Louis, Mo., marking the first time a world championship is won on U.S. soil.
1875	Apr. 15	James J. Jeffries born, Carroll Co., Ohio.
1876	Sept. 7	Allen defends against Joe Goss. The fight begins in Kenton County, Kentucky, but is then abandoned and resumed in Boone County, Ky., where Allen is disqualified for fouling. Goss thus wins the bare knuckle heavyweight title.
1877	Apr. 4	Allen stops countryman Tomkin Gilbert in first contest billed for world heavyweight title under Marquess of Queensberry Rules, Sadlers Wells, London. The bout is actually conducted under a mixture of London Prize Ring and Queensberry Rules, several rounds ending short and the fight lasting slightly over 16 minutes. Gilbert, a novice, takes a beating and quits after seven rounds.
1878	Mar. 12	First legitimate world title bout under Queensberry Rules: Dennis Harrington (U.K.) vs. George Rooke (U.K./U.S.) for middleweight title, London, Eng. Harrington is winner by a knockout in six rounds.
	Apr. 4	Tom Allen knocks out Charley Davis in the fifth round under Marquess of Queensberry Rules, Cambridge Hall, London, Eng. The latter's trainer enters ring with Davis lying helpless on the floor, ending the bout by disqualification and thus saving any bets.
1879	Mar.	First newspaper mention of John L. Sullivan as prize fighter.
	Apr. 22	Allen defends against Jem Stewart, St. James' Hall, London, Eng. Referee stops contest after 25 rounds of very little action. Official result is a "draw." Interest in professional Queensberry boxing wanes in England over the next ten years.
1880	Jan.	British Amateur Boxing Association (ABA) est., London, Eng.
	May 30	Paddy Ryan, "The Trojan Giant," defeats Goss, one hour and 24 minutes, Collier Station, W. Va. (LPR Rules)
1882	Feb. 7	John L. Sullivan beats Ryan, Mississippi City, Miss. (LPR Rules).
1883	May 14	Sullivan stops Charley Mitchell in three rounds, Queensberry Rules, Madison Square Garden, New York, N.Y.
	Aug. 6	Sullivan stops Herbert Slade, "The Maori," in two rounds, Queensberry Rules, Madison Square Garden, New York, N.Y.
	Sept. 28	Sullivan begins tour of the U.S. in Baltimore, Md., offering $1,000 to anyone lasting four three-minute gloved rounds with him. Tour popularizes Queensberry boxing throughout the country.
1884	Jan.	Walter Watson appointed boxing instructor, Olympic Club, San Francisco, Calif.
	Feb.	James J. Corbett joins Olympic Club.
	May 23	Conclusion of Sullivan tour, Toledo, Ohio.
1885	Aug. 29	Sullivan outpoints Dominick McCaffrey, Chester Park, Cincinnati, Ohio, in six-round bout advertised for world heavyweight title under Queensberry Rules.
1887	Jan. 19	Opening of Pelican Club, Soho, London, Eng.
	Dec. 19	Jake Kilrain (U.S.) vs. British champion Jem Smith, Isle des Souverains, France. Contest stopped by darkness after two and a half hours; declared draw (London Prize Ring Rules).
1888	Mar. 10	Sullivan retains title with 39-round "draw" against Charley Mitchell (U.K.) on Baron Rothschild's Estate, Chantilly, France (London Prize Ring Rules).
1889	Mar. 29	First world title bout in western part of the U.S.: Paddy Duffy vs. Tom Meadows, world welterweight championship (Queensberry Rules) at California A.C., San Francisco, Calif.
	July 8	Sullivan defeats Jake Kilrain in last world heavyweight title fight under LPR Rules, Richburg, Miss. Kilrain's seconds throw in sponge after 75 rounds.
	Dec. 23	Frank Slavin robbed of victory in London Prize Ring British heavyweight championship fight against champion Jem Smith in Bruges, Belgium. Contest broken up by Jem Carney's gang of Birmingham toughs; Slavin struck with sticks and "knuckle dusters." George Alexander Baird, also known as "Squire Abingdon," expelled from London's Pelican Club (the fight's promoter) for complicity with the affair. Slavin, an Australian, receives winner's money and acknowledgment as "Champion of England." Effective end of the bare knuckle prize ring. [All subsequent bouts on this list under Queensberry Rules.]
1890	Mar. 14	New Orleans (La.) City Council votes to permit professional boxing under Marques of Queensberry Rules.
	June 27	George Dixon becomes first African American professional world boxing champion by stopping Edwin (Nunc) Wallace for world bantamweight title, Pelican Club, London, Eng.
	Sept. 27	Frank Slavin knocks out Joe McAuliffe (U.S.) for *Police Gazette* belt emblematic of world title under Queensberry Rules, Ormonde Club, London, Eng.
1891	Jan. 14	First world championship contest under law in New Orleans: Jack Dempsey vs. Bob Fitzsimmons, world middleweight title, Olympic Club.
	Mar. 5	Opening of National Sporting Club, Covent Garden, London, Eng.
	May 21	First use of automatic timer: James J. Corbett vs. Peter Jackson, California A.C., San Francisco. Bout is called "no contest" after 61 rounds. Refusal to pay boxers their fair shares leads to demise of California A.C.
	June 16	Frank Slavin retains *Police Gazette* Queensberry world heavyweight championship belt by stopping Jake Kilrain in nine rounds, Hoboken, N.J.
1892	May 9	Billy Plimmer (U.K.) wins world paperweight title by knocking out Tommy (Spider) Kelly (U.S.) in round ten of scheduled twenty under local patronage, West End Casino, Coney Island, N.Y.
	May 30	Peter Jackson knocks out Frank Slavin for British

		Empire heavyweight title and claim to Queensberry world championship, National Sporting Club, London, Eng. Most celebrated Queensberry bout prior to Corbett-Sullivan.
	Sept. 5	Jack McAuliffe knocks out Billy Myer to retain world lightweight title in first of three world title bouts in three-night "Carnival of Champions," Olympic Club, New Orleans, La.
	Sept. 6	George Dixon knocks out Jack Skelly in round eight to retain world bantamweight title. (Contest is billed for world featherweight title.)
	Sept. 7	James J. Corbett wins world heavyweight title by knocking out John L. Sullivan in twenty-first round.
		First bout in padded ring: Bob Cunningham vs. Sammy Kelly, Coney Island Athletic Club, Brooklyn, N.Y.
1893	Feb. 12	Last bout on turf: Bob Cunningham vs. Tim O'Connell, skin tight gloves, New Orleans, La.

The "Golden Age"

1894	Jan. 25	James J. Corbett retains world heavyweight title with third round knockout over Charley Mitchell, Jacksonville, Fla.
1895	June 24	Future world heavyweight champion Jack Dempsey born, Manassa, Colo.
		State of North Carolina outlaws prize fighting and professional boxing.
	Nov. 2	Jack Dempsey, The Nonpareil [John Kelly], dies, Portland, Ore.
1896	June 1	George (Kid) Lavigne (U.S.) wins vacant world lightweight title, knocking out Dick Burge (U.K.) in round seventeen of scheduled twenty, National Sporting Club, London, Eng.
	Nov.	Horton Law legalizes boxing in State of New York.
1897		Boxing legalized in Nevada with no limit as to rounds, in preparation for Corbett's title defense versus Bob Fitzsimmons.
	Mar. 17	Bob Fitzsimmons wins world heavyweight title by knocking out James J. Corbett with body punch in first filmed world championship bout, Carson City, Nev.
1899	June 9	James J. Jeffries wins world heavyweight title by knocking out Bob Fitzsimmons in round eleven at Seaside Athletic Club, Coney Island, N.Y.
	Aug. 20	Joe Choynski becomes first world light heavyweight champion by outpointing Australian Jimmy Ryan, Dubuque, Iowa.
	Sept. 12	Terry McGovern wins world bantamweight title by knocking out Thomas (Pedlar) Palmer in 2:32 of round one, Tuckahoe, N.Y.
	Nov. 3	James J. Jeffries retains world heavyweight title by outpointing Sailor Tom Sharkey, 25 rounds, Greater New York A.C., Coney Island N.Y., in first championship bout filmed under artificial lighting.
1900	Mar. 28	New York's Horton Law repealed by the Lewis Law. Boxing illegal after August 31 in New York State.
	Aug. 30	James J. Corbett knocks out Charles (Kid) McCoy in last New York boxing show under Horton Law. Result is suspect.
	Dec. 13	Terry McGovern scores two-round knockout over Joe Gans in obvious fixed fight at Tattersall's, Chicago, Ill. Boxing is suspended in Chicago.
	Dec.	Boxing suspended in Philadelphia following death of amateur boxer Edward P. Sanford (ring name Frank Barr) from injuries sustained in bout on December 21.
1901		Boxing effectively legalized in United Kingdom following death of Billy Smith (Murray Livingstone) in bout vs. Jack Roberts, April 24, 1901, National Sporting Club, London, Eng.
	Nov. 15	James J. Jeffries retains world heavyweight crown by stopping Gus Ruhlin after five rounds, Mechanics Pavilion, San Francisco, Calif. Promotional debut of James W. Coffroth.
	Dec. 6	Boxing resumes in Philadelphia.
	Dec.	Professional boxing resumes in Chicago.
1905	May 13	James J. Jeffries announces retirement as undefeated world heavyweight champion.

The Age of Tex Rickard

1906		Professional boxing outlawed in Chicago.
	Sept. 3	Battling Nelson vs. Joe Gans, Casino A.C. Amphitheatre, Goldfield, Nev. Biggest boxing promotion to that time; major promotional debut of Tex Rickard.
1907	May 8	Tommy Burns outpoints Philadelphia Jack O'Brien, Naud Junction Pavilion, Los Angeles, Calif., to win general recognition as world heavyweight champion.
1908	Dec. 26	Jack Johnson wins world heavyweight title, stopping Tommy Burns in round fourteen of scheduled twenty, Rushcutter's Bay Stadium, Sydney, N.S.W., Australia.
1909	Feb. 11	National Sporting Club fixes championship weights in eight divisions: flyweight (112), bantamweight (118), featherweight (126), lightweight (135), welterweight (147), middleweight (160), light heavyweight (175), heavyweight (no limit).
	Feb.	Boxing legalized in State of Tennessee.
	Sept. 11	*Boxing* (later *Boxing News*), weekly boxing newspaper, est., London, Eng.
1910	July 4	Jack Johnson knocks out James J. Jeffries in fifteenth round, Reno, Nev. Thirty people killed in race riots as fight films are shown around the country.
	Oct. 15	Reigning world middleweight champion Stanley Ketchel shot and killed by Walter A. Dipley, Conway, Mo. (Ketchel actually dies in hospital in nearby Springfield, Mo.)
1911	Apr.	Cornforth Bill legalizes professional boxing in State of Colorado. Bouts limited to ten rounds, no decision.
	June 21	New York Governor John D. Dix signs Frawley Bill into law, legalizing professional boxing in State of New York and creating the first State Boxing Commission. Bouts limited to ten rounds, no decision.
1912	Mar.	Professional boxing's first international governing body: International Boxing Union, brainchild of Parisian boxing journalist Victor Breyer,

	July	formed at meeting of French and Swiss officials in Paris, France.
	July	Interstate transportation of fight motion pictures outlawed in United States as the result of violence sparked by showings of Jack Johnson–James J. Jeffries fight film.
1913	Feb. 5	New York State Athletic Commission prohibits racially mixed bouts.
	Aug.	Boxing legalized in State of Wisconsin. State Athletic Commission est. with rules similar to those of New York, including maximum distance of ten rounds with no decision.
		Boxing contests limited to ten rounds in State of Nevada.
	June 4	World heavyweight champion Jack Johnson sentenced to 366 days confinement and fined one thousand dollars for violation of the Mann Act, Federal Building, Chicago Ill.
	June 29	Jack Johnson sails for Le Havre, France, in order to escape incarceration.
	Dec.	Light heavyweight class renamed "cruiserweight" division in California. New name not accepted elsewhere in U.S., but subsequently adopted in U.K. to designate 175-pound class until creation of new "cruiserweight" division (190/195 pounds) in 1979.
	Dec. 19	First "all black" world heavyweight title bout: world champion Jack Johnson versus challenger Battling Jim Johnson, ten rounds, Premierland, Paris, France. One judge votes for challenger; other judge and referee Emil Maitrot vote for draw. Jack Johnson thus retains title on majority draw.
1914		Junior lightweight class begins in Europe.
	June 27	Jack Johnson retains world heavyweight title by outpointing challenger Frank Moran, 20 rounds, Velodrome d'Hiver, Paris, France.
	July 3	Gov. Hall signs bill permitting twenty-round bouts under auspices of chartered clubs throughout the State of Louisiana. Bouts had been limited to ten rounds (except in McDonoghville, just outside New Orleans) since 1894.
	Dec. 16	Professional boxing declared illegal in State of California. "Amateur" bouts permitted if restricted to four rounds.
1915	Mar.	General Revenue Bill repeals 1913 law permitting ten-round bouts in Nevada, ending licensed boxing in that state.
	Apr. 5	Jess Willard wins world heavyweight title by knocking out Jack Johnson in round 26 of scheduled 45-rounder, Oriental Race Track, Marianao, Cuba. One year later, Johnson claims that he had "thrown" the fight. [Films of the bout show Johnson knocked out by a long, hard right cross to the jaw.]
	Aug. 22	American Boxing Association est., Hollenden Hotel, Cleveland, Ohio. Composed of unsalaried promoters, managers, and referees, it seeks to standardize weight classes, "promote boxing in its best form, to exert control over the sport, protect the public, the boxer, the manager, and the promoter." Prominent Cleveland referee Matthew J. Hinkel is elected president.
	Nov. 14	ABA Directors' Meeting, Chicago, Ill. Jack Dillon recognized as light heavyweight title holder.
1916	Mar. 25	Jess Willard retains world heavyweight title with ten-round "newspaper" decision over Frank Moran, Madison Square Garden, New York, N.Y.
1917	May 28	Benny Leonard wins world lightweight title, stopping Freddie Welsh in ninth round of slated ten-round "no decision" bout, Manhattan Casino, New York, N.Y.
		New York's Frawley Law repealed.
	Oct. 22	Bob Fitzsimmons dies of pneumonia, Michael Reese Hospital, Chicago, Ill.
1918	Feb. 2	John L. Sullivan dies, Abingdon, Mass.
	Feb. 5	Club membership boxing ruled illegal in New York City.
	Mar.	Hurley Law legalizes professional boxing in State of New Jersey.
1919	July 4	Jack Dempsey wins world heavyweight title, stopping Jess Willard, Bay View Park Arena, Toledo, Ohio.
1920		International Amateur Boxing Federation est., Paris, France. John Herbert Douglas, well known referee of London's National Sporting Club, elected first president.
	Mar. 12	Boxing legalized in State of Kentucky.
	Mar.	International Boxing Union (IBU) reorganized. Italy, Spain, and the Netherlands join France and Switzerland as members.
	Apr. 24	South American Boxing Confederation (CSAB) est. by boxing commissions of Argentina, Chile, and Uruguay. Name changed to Latin American Boxing Confederation (CLAB) following addition of new member countries.
	May 24	New York Governor Alfred E. Smith signs Walker Bill into law, legalizing professional boxing in State of New York under a new State Athletic Commission. Commission Rules stipulate official decisions, a maximum distance of fifteen rounds, and recognition of thirteen weight classes — the eight standardized by Britain's National Sporting Club in 1909, and five "junior" divisions — junior welterweight (140), junior lightweight (130), junior featherweight (122), junior bantamweight (115), and junior flyweight (109).
	June 4	Gov. Calvin Coolidge signs bill into law legalizing professional boxing in State of Massachusetts effective September 2. Sport to be controlled by State Commission under Dept. of Public Safety. Bouts limited to ten rounds with official referee decisions.
	Sept. 17	First boxing show at Madison Square Garden under Walker Law.
	Nov. 26	First world title bout in New York under Walker Law: Benny Leonard vs. Joe Welling, world lightweight title, Madison Square Garden.
	Dec. 14	First world heavyweight title bout in New York under Walker Law: Jack Dempsey vs. Bill Brennan, Madison Square Garden.
1921	Jan.	National Boxing Association (NBA) founded in New York City. New York State Athletic Commission refuses membership.
	July 2	Boxing's first million dollar gate and first live

		"blow-by-blow" broadcast of boxing: Jack Dempsey vs. Georges Carpentier.
		First Mexican boxing commission est., City of Tampico, State of Tamaulipas.
	Dec. 11	National Sports Alliance organized, Lexington Avenue Theatre, New York, N.Y.
1922	Feb. 15	First issue of *The Ring*, boxing's first continuous monthly magazine, edited by Nat Fleischer.
	May 7	First professional boxing show: Japan.
	May 14	First professional boxing show: Venezuela.
	Dec. 7	Dominion Boxing and Wrestling Federation (later the Canadian Professional Boxing Federation) est., Windsor Hotel, Montreal, Que. Ontario Athletic Commission Chairman P.J. Mulqueen is elected the first president.
1923		Professional boxing officially legalized by South African Parliament.
	Mar. 1	Bill passed allowing ten-round bouts to referee's decision in South Carolina effective July 1, 1923.
	May 12	Former world heavyweight champion Jess Willard stops Floyd Johnson and Luis Angel Firpo knocks out Jack McAuliffe II in first boxing show at Yankee Stadium, Bronx, N.Y.
	July 4	Jack Dempsey retains world heavyweight title by outpointing Tommy Gibbons, 15 rounds, Shelby, Mont. Two local banks fail due to insufficient ticket sales and huge guarantees paid to Dempsey and his manager, Jack Kearns.
		Mexican Federal District Boxing Commission est., Mexico City.
	Sept. 14	Jack Dempsey knocks out Luis Angel Firpo in thrilling title defense, Polo Grounds, New York, N.Y.
	Dec. 1	Pennsylvania State Boxing Commission est. Rules stipulate official decisions by two judges and referee with maximum ten-round distance.
1924		First radio broadcasts of boxing from Madison Square Garden. Sam Taub, ringside commentator.
		Professional boxing re-legalized in State of California effective January 1, 1925. Ten-round decision bouts permitted; twelve-round bouts if no decision.
1925		*The Ring* prints its first annual ratings (for year 1924) in February issue.
	May 4	Last boxing card, Madison Square Garden II.
	Aug. 5	First boxing card, Olympic Auditorium, Los Angeles, Calif.
	Dec. 11	First boxing card, Madison Square Garden III, Eighth Avenue and Fiftieth Street in New York City.
1926	Apr. 13	Statewide referendum legalizes boxing throughout State of Illinois under State Athletic Commission, resulting in return of boxing to Chicago after twenty years.
		Boxing Writers Assn. est., New York, N.Y.
	July 9	Tenth Congress of Int. Boxing Union, Paris, France. Maurice Collard of Belgium re-elected president. U.S. National Boxing Association admitted as affiliate, with NBA president Latrobe Cogswell of Baltimore, Md., elected a vice president of IBU. German Boxing Commission also admitted by delegates representing Belgium, France, the Netherlands, Spain, Italy, Switzerland, and Argentina.
	Sept. 23	Gene Tunney wins world heavyweight title with ten-round unanimous decision over Jack Dempsey, Sesquicentennial Stadium, Philadelphia, Pa. Paid attendance is 120,757 — a record that will stand until 1993.
	Dec. 8	Illinois, in wake of controversial Walker-Flowers verdict, joins New York and Pennsylvania, providing for decisions by two judges (and referee, if judges disagree).
1927	Mar. 16	Gov. Horace Mann Towner approves Boxing Act, legalizing and regulating professional and amateur boxing in Puerto Rico.
		Inaugural round of first New York Golden Gloves tournament.
	July 21	Jack Dempsey knocks out Jack Sharkey in seventh round of scheduled fifteen, Yankee Stadium, Bronx, N.Y.—first non-title million dollar gate.
	Sept. 22	Tunney retains title with unanimous decision over Dempsey in ten-round rematch featuring "Long Count" in seventh round, Soldier Field, Chicago, Ill.
1928	Mar. 2	First decision bouts held in New Jersey under Altman Law, Armory, Orange, N.J.
	July 26	Gene Tunney retains world heavyweight crown by stopping New Zealand's Tom Heeney, Yankee Stadium, Bronx, N.Y.
	July 31	Tunney announces retirement as world heavyweight champion.
	Aug.	*The Ring* begins its monthly ratings.
		Last scheduled 20-round contest in U.K.
1929	Jan. 1	British Boxing Board of Control est.
	Jan. 6	George (Tex) Rickard dies, Miami, Fla.

The Age of Jacobs and Louis

1929	Feb. 8	U.S. President Calvin Coolidge signs bill permitting ten-round boxing contests in territories of Alaska and Hawaii.
	Mar. 28	Chicago Stadium opens with Tommy Loughran defending his world light heavyweight title vs. world middleweight champion Mickey Walker.
	May 25	Gov. Fred W. Green signs bill permitting fifteen-round title bouts in State of Michigan.
	Dec. 31	Junior weight divisions are abolished in New York. State Athletic Commission's action follows alleged dive by defending world junior lightweight champion Tod Morgan in title defense *versus* Benny Bass, Dec. 20, Madison Sq. Garden.
1930	June 12	Max Schmeling wins vacant world heavyweight title on foul in round four against Jack Sharkey.
	July 1	New York State Athletic Commission adopts resolution abolishing the termination of contests due to single foul blows. New provision penalizes foul violators with loss of the round in which a foul is committed, and eventual disqualification, at discretion of the referee, for repeated offenses.
1932	June 21	Jack Sharkey wins world heavyweight title with split decision over Max Schmeling, Madison Square Garden Bowl, Long Island City, Queens, N.Y.

1933	Feb.	Fifteen-round bouts permitted in the State of Illinois.
	Feb. 18	James J. Corbett dies, Bayside, Queens, N.Y.
	Apr. 20	Gov. C. Douglass Buck signs bill permitting two 20-round championship bouts each year in the State of Delaware. Four ten-round bouts allowed on each professional card in place of previous eight-round limit.
	June 13	Gov. Miriam A. Ferguson approves bill legalizing professional boxing in the State of Texas effective September 1. Fifteen rounds allowed for title bouts; ten rounds for non-title contests. Boxing had been outlawed in Texas since 1895.
	June 29	Primo Carnera wins world heavyweight title by knocking out Jack Sharkey in round six, M.S.G. Bowl, Long Island City, N.Y.
1934	Jan. 24	Mike Jacobs, leading sports ticket broker, makes promotional debut, Coliseum, Bronx, N.Y.
	Apr. 24	U.S. President Franklin D. Roosevelt signs bill legalizing professional and amateur boxing in District of Columbia under supervision of a commission.
	June 14	Max Baer wins world heavyweight title by stopping Primo Carnera in eleventh round at Madison Square Garden Bowl, Long Island City, N.Y.
	July 4	Joe Louis makes professional debut with first round knockout over Jack Kracken, Bacon Casino, Chicago, Ill.
1935	June 13	Jim Braddock wins world heavyweight title with upset verdict over Max Baer, M.S.G. Bowl, Long Island City, N.Y.
	June 25	Joe Louis debuts in New York, stopping former world champion Primo Carnera in six rounds, Yankee Stadium, Bronx, N.Y.
	Sept. 24	Louis knocks out former world champion Max Baer in fourth round, Yankee Stadium, Bronx, N.Y., and is heralded as all-time great after less than fifteen months in the pro ranks.
1936	June 19	Max Schmeling scores twelfth round knockout over Joe Louis, Yankee Stadium, Bronx, N.Y., in one of the sport's greatest upsets.
		British Boxing Board of Control reorganized.
1937	Jan. 19	Scotland's Benny Lynch unifies world flyweight title for first time in a decade by outpointing Small Montana, Empire Pool, Wembley, Eng.
		First paid sponsorship for series of boxing radio broadcasts: eighteen cards from The Hippodrome by Adam Hats through arrangement with Twentieth Century Sporting Club. Sam Taub, ringside commentator.
	June 22	Joe Louis wins world heavyweight title with eighth round knockout over Jim Braddock, Comiskey Park, Chicago, Ill.
	Sept. 23	"Carnival of Champions," Polo Grounds, New York, N.Y. Four world title bouts on card.
	Oct. 29	First Madison Square Garden promotion under Mike Jacobs' Twentieth Century Sporting Club: Petey Sarron vs. Henry Armstrong, world featherweight title.
1938	May 2	World Championship Committee, comprised of National Boxing Association of United States, International Boxing Union, and British Boxing Board of Control, est. at World Boxing Conference, Rome, Italy. Raffaele Riccardi, head of the Italian Boxing Federation, is elected president. Major General John J. Phelan, chairman of New York State Athletic Commission, attends but does not vote, claiming he is not authorized to commit his commission.
	May 3	New York State Athletic Commission declines membership on World Championship Committee.
	June 22	Joe Louis retains world heavyweight title with first round knockout over Max Schmeling, Yankee Stadium, Bronx, N.Y.
	July 11	Illinois State Athletic Commission ratifies agreements reached by World Championship Committee, votes to join WCC, and approves membership of its chairman, Joseph Triner, on Committee.
	Aug. 17	Henry Armstrong wins world lightweight title with split decision over defending champion Lou Ambers, Madison Square Garden, New York, N.Y. Armstrong thus becomes first boxer to hold three world titles simultaneously—featherweight, lightweight, and welterweight.
1939	Sept. 15	Maine State Boxing Commission established. Rules stipulate official decisions.
1940		Twelve-round decision bouts permitted in State of California.
	July	President Franklin Delano Roosevelt signs bill repealing 1912 law banning interstate transportation of fight films.
	Oct. 4	Amateur star Sugar Ray Robinson makes professional debut by stopping Joe Echevarria at 0:51 of round two in slated four-round prelim to Henry Armstrong–Fritzie Zivic world welterweight title bout, Madison Square Garden, New York, N.Y.
1941		Nevada State Athletic Commission est.
	June 18	Joe Louis scores come-from-behind knockout over Billy Conn, Polo Grounds, New York, N.Y., in first fight sponsored by Gillette Safety Razor Co. over radio—Don Dunphy's major debut as a blow-by-blow announcer.
	Sept.	California State Athletic Commission joins NBA.
1942	Jan. 17	Cassius Marcellus Clay, Jr., born in Louisville, Ky.
1943	Jan. 11	First fifteen-round bout in California since 1914—Jack Chase vs. Eddie Booker for state middleweight title.
	Nov. 23	National Boxing Association announces it will not recognize any championship contest not submitted to it for advance approval.
1944	Sept. 29	First commercially sponsored telecast of boxing: Willie Pep vs. Chalky Wright, world featherweight title, Madison Square Garden, New York, N.Y. by Gillette Safety Razor Co. through arrangement with Twentieth Century Sporting Club.
	Nov. 13	Boxing Managers' Guild of New York incorporated under Laws of the State of New York.
1946		European Boxing Union (EBU) est. to replace International Boxing Union (IBU), dormant since 1940.
		International Amateur Boxing Association est., London, Eng.

	June 10	Jack Johnson dies in automobile accident, Raleigh, N.C., en route to New York for Louis-Conn rematch.
	June 19	Joe Louis retains world heavyweight title for 22nd time by knocking out Billy Conn in eighth round of rematch, Yankee Stadium, N.Y. Gross of $1,925,564 is highest since the Tunney-Dempsey rematch.
	Nov. 8	National Broadcasting Company begins network telecasts of Friday Night Boxing from Madison Square Garden under title *Cavalcade of Sports*. Start of network television era.
	Nov. 11	Premiere telecast: *Cavalcade of Sports* Monday Night Boxing from St. Nicholas Arena (N.B.C.) as part of same agreement with Twentieth Century Sporting Club and Gillette Safety Razor Co.
	Dec. 3	Mike Jacobs suffers cerebral stoke. Attorney Sol Strauss and publicist Harry Markson assume active control of Twentieth Century Sporting Club, Inc.
1947	Apr. 18	Former world lightweight champion Benny Leonard dies of heart attack while refereeing, St. Nicholas Arena, New York, N.Y. Leonard's death leads New York State Athletic Commission to mandate use of more than one referee on all professional boxing cards.
	May	Tournament of Champions, promotional body, organized by Lawrence Lowman of CBS, Charles Miller of MCA, and five other parties.
1948	Mar. 20	NBA adopts 21-point safety program at annual meeting, Philadelphia, Pa.
		British Board of Boxing Control abolishes prohibition on black boxers challenging for British titles.
	Apr. 8	Professional boxing banned by new communist government in Czechoslovakia.
	June 25	Joe Louis knocks out Jersey Joe Walcott in eleventh round, Yankee Stadium — his 25th and final title defense.
	July	DuMont Television Network enters boxing with telecasts from Park Arena (Bronx, N.Y.) on Tuesdays and Westchester Convention Center (White Plains, N.Y.) on Wednesdays. DuMont begins telecasts from Jamaica Arena (Jamaica, Queens, N.Y.) on Mondays in March, 1949; from Sunnyside Arena (Sunnyside, Queens, N.Y.) and Dexter Park (Woodhaven, Queens, N.Y.) on Thursdays in September, 1949; and *Amateur Boxing from Chicago* on Fridays in September, 1949. Monday series cancelled, May, 1949; Tuesday series cancelled, January, 1949 [briefly back on air, April–May, 1949]; Wednesday series cancelled, January, 1949 [back on air, June–August, 1949]; Thursday series cancelled, Sept., 1950; Friday series cancelled, July, 1950.
	Sept. 29	*Wednesday Night Fights* premieres over CBS. [Series goes off the air for the summer at the end of May, 1949; returns under title, *International Boxing Club Bouts*, Oct., 1949. Title changed to *Blue Ribbon Bouts*, summer, 1951.]
1949	Jan.	Premiere telecast: *Tomorrow's Boxing Champions* (ABC). Tuesday night series, ABC-TV's first entry into boxing, runs into September, 1950. Originating from Chicago with Bob Elson at ringside, the program features young and unranked boxers.
	Feb. 11	Willie Pep regains world featherweight title with unanimous decision over Sandy Saddler in brilliant display of boxing, Madison Square Garden, New York, N.Y.
	Mar. 1	Joe Louis announces retirement as world heavyweight champion.

The Age of Norris

1949		Formation of International Boxing Club by multi-millionaire James D. Norris, attorney Arthur D. Wirtz, and others.
	May 2	Final telecast: *Cavalcade of Sports* Boxing from St. Nicholas Arena.
	May 20	Final telecast: *Cavalcade of Sports* Boxing from Madison Square Garden.
		Tournament of Champions promotional body sold to International Boxing Club.
	June 1	Cancellation of lease between Madison Square Garden and Twentieth Century Sporting Club, Inc. Official end of Jacobs as promoter.
	June 22	Ezzard Charles wins vacant NBA world heavyweight title with unanimous decision over Jersey Joe Walcott, Comiskey Park, Chicago, Ill.
	June 23	Professional Boxers' Association est., London, Eng. Len Harvey, president; Laurie Buxton, chairman; Harry Davis, honorary secretary.
	June	Formation of American Boxing League, Inc., headed by Jo Wiseman.
	Sept.	Friday night *Gillette Cavalcade of Sports* boxing resumes over NBC with Jimmy Powers as ringside announcer. Series runs through June, 1960.
1950	Sept. 27	Ezzard Charles gains universal recognition as champion with unanimous decision over the returned Joe Louis, Yankee Stadium, Bronx, N.Y.
1951	June 15	Joe Louis knocks out Lee Savold in round six of first closed circuit network televised event. Scheduled 15-rounder at Madison Square Garden is shown in eight cinemas in total of six cities. New York City is blacked out.
	July 10	Randy Turpin wins world middleweight title by outpointing Ray Robinson, Earls Court, London, Eng.
	July 18	Jersey Joe Walcott wins world heavyweight title with seventh round knockout over Ezzard Charles, Forbes Field, Pittsburgh, Pa.
	Sept. 12	Ray Robinson regains world middleweight crown by stopping Randy Turpin in round ten, Polo Grounds, New York, N.Y.
	Oct. 3	First national (coast-to-coast) telecast of bout: Dave Sands vs. Carl (Bobo) Olson, Chicago Stadium, Chicago, Ill.
	Oct. 26	Rocky Marciano knocks out Joe Louis in eighth round of slated ten at Madison Square Garden. Last fight for the great "Brown Bomber."
		Revision of weight classes by International Amateur Boxing Association: heavyweight (over 178), light heavyweight (178), middleweight (165), light middleweight (156), welterweight (147), light welterweight (139), lightweight

		(132), featherweight (125), bantamweight (119), flyweight (112), light flyweight (106).
1952	Jan. 27	Games and Amusements Board of the Philippines joins National Boxing Association.
	Feb. 4	First interracial bout in State of Florida: world welterweight champion Kid Gavilan vs. Bobby Dykes, 15 rounds, Miami Stadium, Miami, Fla.
	Apr.	International Boxing Guild, comprised of boxing managers, est., Chicago, Ill. Boxing Managers' Guild president Charles B. Johnston resigns to become president of IBG, which establishes New York local, New York Boxing Guild, to compete with BMG.
	May 12	Premiere telecast: *Boxing from Eastern Parkway* (Brooklyn, N.Y.) over DuMont. Ted Husing, announcer [succeeded by Chris Schenkel, March, 1953].
	June 5	Jersey Joe Walcott retains world heavyweight title with unanimous decision over Ezzard Charles, Municipal Stadium, Philadelphia, Pa. First coast-to-coast telecast of world heavyweight championship bout.
		Telesistema Mexicano [later Televisa] begins televising Wednesday and Saturday night shows in Mexico City.
	Sept. 23	Rocky Marciano wins world heavyweight title with 13th round knockout over Jersey Joe Walcott, Municipal Stadium, Philadelphia, Pa.
		Boxing Managers' Guild dissolved.
	Dec. 18	Ray Robinson announces his retirement from ring.
1953	Jan. 23	Louisiana State Athletic Commission rescinds sixty-year old rule prohibiting black boxers and white boxers from appearing on same bill. Racially mixed contests still prohibited.
	Jan. 24	Premiere telecast: *Saturday Night Fights* (ABC).
	Feb. 17	Premiere telecast: *Boxing from Ridgewood Grove* (ABC).
	Mar. 3	James J. Jeffries dies, Burbank, Calif.
	Mar. 19	Premiere telecast of *Motor City Boxing* from Detroit gives ABC three television boxing shows a week [*Boxing from Ridgewood Grove* on Tuesdays, *Motor City Boxing* on Thursdays, and *Saturday Night Fights*]. *Boxing from Eastern Parkway* (DuMont) on Mondays, *Blue Ribbon Bouts* (CBS) on Wednesdays, and *Gillette Cavalcade of Sports* (NBC) run concurrently, giving network television viewers boxing six times weekly through June, 1953, when *Motor City Boxing* leaves the air. Peak of boxing television era.
	May 3	International Committee for Professional Boxing est., Paris, France. Purpose is to recognize and regulate world titles. NBA Pres. George A. Barton, New York State Athletic Commission Chairman Robert K. Christenberry, British Boxing Board of Control President J. Onslow Fane, and European Boxing Union Secretary-General Edouard Rabret comprise the Committee.
	Aug. 18	Final telecast: *Boxing from Ridgewood Grove* (ABC).
	Sept. 15	NBA adopts "ten-point 'must'" scoring system, replacing "ten-point divisible" system used in most states since the 1920s. (This is not accepted by all constituent commissions, some preferring to use "five-point 'must'" or other scoring systems.)
1954	May 10	Final telecast: Monday night *Boxing from Eastern Parkway* (DuMont).
	May 17	Premiere telecast: Monday night *Boxing from Eastern Parkway* (ABC).
	May 17	Premiere telecast: Monday night *Boxing from St. Nicholas Arena* (DuMont).
		Texas Court of Civil Appeals overturns 1933 state law banning interracial boxing contests.
		The Ring Boxing Hall of Fame est.
	Sept.	Wednesday night *Blue Ribbon Bouts* (CBS) switches from weekly schedule to three-out-of-every-four-week schedule.
	Oct. 12	British Commonwealth and Empire Boxing Championships Committee formed to oversee British Empire title bouts. Reconstituted as British Commonwealth Boxing Championships Committee, Nov. 22, 1972, and as Commonwealth Boxing Championships Committee, 1989.
	Oct. 20	Ray Robinson announces his return to ring.
	Oct. 27	Orient Boxing Federation est. in Tokyo by commissioners of Japan, the Philippines, and Thailand.
	Nov. 12	Twelve-year-old Cassius Clay makes amateur debut with unanimous decision over Ronnie O'Keefe on *Tomorrow's Champions* (WAVE), Louisville, Ky.
	Dec.	National Boxing Association, acting independently of International Committee, withdraws titular recognition from recently crowned (Sept. 19, 1954) world bantamweight champion Robert Cohen.
1955	Jan. 15	Final telecast: *Saturday Night Fights* (ABC).
	Jan. 31	U.S. Supreme Court rules (7–2) professional boxing subject to anti-trust laws.
	Feb. 24	Reagan (Buddy) Turman wins ten-round unanimous decision over I.H. (Sporty) Harvey in Dallas—first interracial bout in Texas since Joe Choynski vs. Jack Johnson, February 25, 1901, Galveston, and first not prohibited by any local statute.
	May 10	Gov. George M. Leader suspends professional boxing for ninety days in State of Pennsylvania. Action follows revelation that Harold Johnson had been drugged prior to his scheduled ten-round bout with Julio Mederos at Philadelphia Arena on May 6.
	May 23	Final telecast: *Boxing from Eastern Parkway* (ABC).
	May 25	Final telecast: Wednesday night *Blue Ribbon Bouts* (CBS).
	June 1	Premiere telecast: Wednesday night *Blue Ribbon Bouts*, renamed *Wednesday Night Fights* (ABC).
	Sept. 22	First sponsored television bout in England.
	Dec. 12	New York State Athletic Commission orders all boxing managers to resign from New York Boxing Guild by January 16, 1956 upon penalty of license revocation.
1956		New York Boxing Guild dissolved.
		Major investigations of alleged fixes in bouts promoted by Babe McCoy in State of California.
	Apr. 27	Rocky Marciano announces retirement as undefeated world heavyweight champion.

	May 17	Sugar Ray Leonard born, Palmer Park, Md.
		All five members of California State Athletic Commission resign at request of Calif. Governor Goodwin Knight.
	Aug. 6	Final network telecast: *Boxing from St. Nicholas Arena* (DuMont). DuMont folds as a network. Series remains on the air locally into the fall.
	Nov. 30	Floyd Patterson wins vacant world heavyweight title by knocking out Archie Moore in 2:27 of round five, Chicago Stadium, Chicago, Ill.
1957	Jan. 10	Judge James C. Connell, United States District Court, Cleveland, acquits three executives of International Boxing Guild of anti-trust law violations.
	Feb. 27	Bund Deutscher Berusboxer (BDB) [German Professional Boxing Federation] est., Berlin.
		Government-controlled Chilean Boxing Federation suspends licenses of all professional boxers. Action follows boxers' boycott against Federation.
	Mar. 8	Judge Sylvester J. Ryan, United States District Court, Southern District of New York, rules James D. Norris, Arthur D. Wirtz, Madison Square Garden Corp., and International Boxing Club in violation of Sherman Anti-Trust Act.
	Mar.	Colombian Professional Boxing Federation est., Bogota.
	June 24	Judge Ryan orders dissolution of International Boxing Club.
	Sept. 23	Carmen Basilio wins world middleweight title with split decision over Sugar Ray Robinson, Yankee Stadium, N.Y. Last major IBC promotion.
	Nov. 6	Alphonse Halimi reunifies world bantamweight title with split decision over NBA title holder Raul (Raton) Macias, Wrigley Field, Los Angeles, Calif.
1958	May 31	World Championship Committee accepts resignation of National Boxing Association at meeting in Paris, France, claiming NBA had "repeatedly broken the world committee's rules."
		National Boxing Association issues its first monthly top ten rankings.
	July 24	New York County Grand Jury issues ten-count indictment of Paul John (Frankie) Carbo on charges of conspiracy, undercover management of boxers, and unlicensed matchmaking re: bouts promoted by International Boxing Club.
		International Amateur Boxing Association, in response to poor decisions given by referees at Olympic Games in Melbourne, establishes five-judges system.
		Stanley Weston founds *Boxing Illustrated*.
		Louisiana Gov. Earl K. Long appoints first female chairman of state boxing commission — Mrs. James D. Waldron, widow of the deceased chairman.
1959	Jan. 12	James D. Norris, Arthur D. Wirtz, Madison Square Garden Corp., and International Boxing Club lose final appeal re: conviction for violation of Sherman Anti-Trust Act. U.S. Supreme Court affirms Judge Sylvester J. Ryan's decision, 5–3.
	Feb. 18	Norris and Wirtz interests sell their 219,350 shares (40 percent total ownership) in Madison Square Garden Corp. to Graham-Paige Corp.
	Feb. 19	Madison Square Garden Boxing, Inc., organized. Harry Markson named general manager.
	Feb. 23	Norris and Wirtz organize National Boxing Club, Chicago, Ill., to present boxing for television on Wednesday nights. Truman K. Gibson, Jr., appointed general manager. Name of body subsequently changed to National Boxing Enterprises at request of National Broadcasting Company.
	May	Termination of Hollywood Boxing and Wrestling Club's lease on Legion Stadium, Hollywood, Calif. End of Legion Stadium as boxing venue.
	May 29	Paul John (Frankie) Carbo arrested, Hayden Township, N.J.
		National Boxing Association revives junior welterweight and junior lightweight classes.
	June 26	Ingemar Johansson wins world heavyweight title with multiple knockdown TKO over Floyd Patterson, Yankee Stadium, Bronx, N.Y.
		Mexican Boxing Federation est., Mexico City, Mex.
	Dec. 13	Last boxing show at Palais des Sports, Paris, France.
1960	Apr. 17	Charles Mohr dies of head injuries suffered in knockout loss to Stu Bartell in final of NCAA 165-pound tournament one week earlier. Four of the ten colleges to earn points in this meet drop boxing in the following eight months.
	June 14	Jake LaMotta, testifying before Senate Subcommittee, admits to "throwing" fight to Billy Fox at Madison Square Garden, on November 14, 1947 in exchange for title shot at then world middleweight champion Marcel Cerdan.
	June 20	Floyd Patterson becomes first boxer to regain world heavyweight title, scoring fifth-round knockout over Ingemar Johansson, Polo Grounds, New York, N.Y.
	June 24	Final telecast: *Gillette Cavalcade of Sports* (NBC).

Age of Ali

1960	Sept. 5	Cassius Marcellus Clay, Jr., wins Olympic 178-pound Gold Medal with unanimous decision over Poland's Ziggy Pietrzykowski, Rome, Italy.
	Sept. 28	Final telecast: *Wednesday Night Fights* (ABC).
	Oct. 8	Premiere telecast: *Fight of the Week* (ABC).
	Oct. 29	Cassius Clay makes professional debut with six-round unanimous decision over Tunney Hunsaker, Freedom Hall, Louisville, Ky.
1961	Jan.	National Collegiate Athletic Association (NCAA), noting small number of remaining college teams, abolishes its yearly collegiate boxing championships at annual convention, Pittsburgh, Pa. Effective end of boxing as collegiate sport.
	May 30	Frankie Carbo, Frank (Blinky) Palermo, Truman K. Gibson, Jr., Joe Sica, and Louis Thomas Dragna convicted of conspiracy and extortion charges in connection with the contract of former world welterweight champion Don Jordan.
	Dec. 30	Eighth Avenue (formerly Stillman's) Gym in New York closes.

1962	Jan. 4	Professional sports (including boxing) formally abolished in Cuba.
		Golden Gloves of America est.
	Mar. 24	Benny Paret fails to regain consciousness after losing world welterweight title to Emile Griffith in 12th round at Madison Square Garden. Bout is seen on ABC-TV.
	Apr. 3	Paret dies of brain injuries.
	May 28	Last boxing card at St. Nicholas Arena, New York, N.Y.
	June 26	First world title bout in Israel: Alphonse Halimi outpoints Piero Rollo, Tel Aviv.
	Aug. 23	National Boxing Association reorganized as World Boxing Association (WBA) at annual meeting, Tacoma, Wash.; World Championship Committee becomes part of the new body. NBA president Dr. Charles Larson of Tacoma elected first president of WBA, which establishes new junior middleweight (154-pound) division.
	Sept. 25	Sonny Liston wins world heavyweight title by knocking out Floyd Patterson in 2:06 of the first round, Comiskey Park, Chicago, Ill.
	Oct. 19	Evander Holyfield born, Atmore, Ala.
	Dec. 3	Amateur Athletic Union boxing committee adopts four major changes for boxing safety.
1963	Feb. 13	U.S. Court of Appeals confirms convictions of Frankie Carbo, Frank (Blinky) Palermo, Truman K. Gibson, Jr., and Joe Sica. Conviction of Louis Thomas Dragna is reversed.
	Feb. 14	World Boxing Council est., Mexico City, Mex.
	Mar. 25	Davey Moore dies of injuries received in losing world featherweight title to Sugar Ramos at Dodger Stadium, Chavez Ravine, Calif., March 21.
	June 18	Cassius Clay, floored at end of fourth, stops Henry Cooper on cuts in the fifth round, Wembley, Eng.
	July 22	Sonny Liston retains world heavyweight title by knocking out Floyd Patterson in 2:10 of the first round, Convention Center, Las Vegas, Nev. Patterson is counted out on third visit to canvas.
	Aug. 21	World Boxing Association adopts 26-Rule Safety Code at Annual Convention, Miami Beach, Fla.
	Sept. 20	*Fight of the Week* (ABC) switches to Friday night.
	Oct. 29	National Veteran Boxers' Association est., Philadelphia, Pa. Joe Guinan elected first president.
1964	Feb. 25	Cassius Clay wins world heavyweight title from Sonny Liston, who fails to answer bell for round seven, Convention Hall, Miami Beach, Fla.
	Feb. 26	Clay announces membership in Nation of Islam.
	Mar.	Clay announces he will be known as Muhammad Ali.
		Junior featherweight division revived in Japan.
	Sept. 11	Final telecast: *Fight of the Week* (ABC). Boxing's last weekly network series ends with Dick Tiger vs. Don Fullmer from Cleveland, Ohio.
1965	Mar. 5	Ernest Terrell wins vacant World Boxing Association heavyweight title with unanimous decision over Eddie Machen, International Amphitheatre, Chicago, Ill.
	May 25	Ali retains world heavyweight title with suspicious-looking first round knockout over Sonny Liston, Central Maine Youth Center, Lewiston, Maine.
	Sept. 2	Lennox Lewis born, London, Eng.
	Dec. 10	First bout televised in color: world welterweight champion Emile Griffith *versus* challenger Manuel Gonzalez, Madison Square Garden, New York, N.Y. Syndicated.
1966	Mar. 29	Ali defends world heavyweight title with unanimous decision over George Chuvalo, Maple Leaf Garden, Toronto, Ontario, Canada, in promotional debut of Bob Arum (as attorney/partner of Main Bout, Inc.)
	May 21	Ali stops Henry Cooper in six rounds, London, Eng., as professional boxing returns to U.S. network television via telstar on ABC *Wide World of Sports*.
	Aug. 20	World Boxing Association executive committee votes to end "all affiliation with ... World Boxing Council."
	Aug. 30	Mike Tyson born, Brooklyn, N.Y.
1967	Feb. 6	Ali reunifies world heavyweight title with unanimous decision over WBA champion Terrell.
		Australian Boxing Federation est., N.S.W.
		Dominican National Boxing Commission est.
	Apr. 28	Ali refuses induction into U.S. Army, United States Custom House, Houston, Texas. Subsequently stripped of recognition as world heavyweight champion by all major governing bodies.
	Oct. 17	First boxing card at The Spectrum, Philadelphia.
1968	Mar. 4	First boxing card at Madison Square Garden IV: Joe Frazier *vs.* Buster Mathis/Emile Griffith vs. Nino Benvenuti.
	June 14	First boxing card at The Forum, Inglewood, Calif.
		Nevada State Athletic Commission withdraws from World Boxing Association.
1969	Jan. 16	Roy Jones, Jr., born, Pensacola, Fla.
	May 20	World Boxing Council, functioning on memorandum of agreement since 1963 inception, adopts constitution. Rules a champion may defend against anyone in top ten in first defense; second defense must be against number one contender or challenger named by Council if top contender is unavailable.
	June 23	Nevada State Athletic Commission joins World Boxing Council.
	Aug. 31	Rocky Marciano dies in airplane crash, Newton, Ia.
		North American Boxing Federation (NABF) est.
	Nov. 26	Swedish Parliament outlaws professional boxing effective January 1, 1970.
1970	Feb. 16	Joe Frazier unifies New York and WBA heavyweight titles by stopping Jimmy Ellis, who fails to answer bell for round five of scheduled fifteen, Madison Square Garden, New York, N.Y.
	Oct. 26	Muhammad Ali returns to ring after three and a half year lay-off, stopping Jerry Quarry in three rounds, Municipal Auditorium, Atlanta, Ga.
1971	Mar. 8	Muhammad Ali vs. Joe Frazier, Madison Square Garden, New York, N.Y. Most anticipated bout of all time. Frazier wins by a unanimous decision.
		South American Boxing Federation (FESUBOX) est. as World Boxing Council continental federation sanctioning South American title bouts.
1972	June 25	Nat Fleischer dies at 84, New York, N.Y.

	June 26	Roberto Duran wins world lightweight title when defending champion Ken Buchanan cannot continue after round thirteen at Madison Square Garden.
1973	Jan. 22	First HBO telecast of boxing: George Foreman wins world heavyweight title from Joe Frazier with six knockdowns in two rounds, National Stadium, Kingston, Jamaica.
	Feb. 1	Carol B. Polis appointed first female professional boxing judge in the U.S. by Pennsylvania Governor Milton Shapp.
	Feb. 4	Oscar de la Hoya born, Los Angeles, Calif. African Boxing Union (ABU) est.
1974	Sept.	New England Association of Boxing Commissions est., Portland, Maine. Eugene Swiech (Rhode Island) elected chairman.
	Oct. 30	Ali regains world heavyweight title by knocking out George Foreman at Twentieth of May Stadium, Kinshasa, Zaire.
	Nov. 23	Club show at Waterbury Armory marks first use of boxing judges in Connecticut.
1975		World Boxing Council revives junior flyweight division at 108 lbs.
	Oct. 1	"Thrilla in Manila": Ali-Frazier III. Muhammad Ali's last great fight.

The Present Era: Casino-Hotels, Cable Television and Multiple Sanctioning Bodies

1975		First WBC purse offer: Jose Napoles vs. John H. Stracey
	Dec.	Jose Sulaiman elected president of World Boxing Council.
1976	Jan. 24	First professional boxing card at major Las Vegas hotel-casino: George Foreman vs. Ron Lyle, Caesars Palace. Beginning of casino-subsidized boxing in U.S.
	July	U.S. Olympic Team wins five gold medals. Televised by ABC-TV.
		World Boxing Council revives 122-pound division.
		Opening of the film, *Rocky*, instrumental in revival of boxing's popularity over the next seven years.
		Central American & Caribbean Boxing Federation (FECARBOX) est. as part of Jose Sulaiman's reorganization of World Boxing Council as group of continental federations.
	Sept. 28	Last boxing card in New York ballpark until 2010: Muhammad Ali vs. Ken Norton, Yankee Stadium, Bronx.
		Barry Frank, vice president of CBS Sports, signs Howard Davis, Jr., bringing boxing back to network television on "occasional" weekend basis.
1977	Apr. 16	ABC-TV suspends U.S. Championship Tournament, citing inaccuracies in boxers' records as supplied by *The Ring* magazine and lack of credibility in *The Ring* ratings.
	Sept. 22	First legal professional boxing program since 1895 in State of North Carolina.
	Sept. 29	First female judge in world heavyweight title bout: Eva Shain in Muhammad Ali vs. Earnie Shavers, Madison Square Garden, New York, N.Y.
	Nov.	Orient Boxing Federation changes name to Orient & Pacific Boxing Federation at its 21st Convention in Manila, Philippines, due to admission of Australia as part of WBC president Jose Sulaiman's efforts to group all member nations in continental federations.
1978	Feb. 15	Leon Spinks wins world heavyweight title with split decision over Muhammad Ali, Las Vegas Hilton, Las Vegas, Nev.
	Mar. 18	World Boxing Council withdraws titular recognition from Leon Spinks; proclaims Ken Norton champion.
	June 9	Larry Holmes wins WBC heavyweight title with split decision over Ken Norton on ABC-TV in Don King promotion.
	July 19	Britain's Alan Minter wins vacant European middleweight title by knocking out Angelo Jacopucci in round 12 of scheduled 15, Bellaria, Italy. Jacopucci, 29, lapses into coma and dies two days later in Bologna, prompting European Boxing Union to shorten title bouts from 15 rounds to 12. British Boxing Board and Commonwealth Championships Committee follow suit.
		United States Boxing Association (USBA) est.
	Sept. 15	Muhammad Ali wins world heavyweight title an unprecedented third time with unanimous decision over Leon Spinks, Superdome, New Orleans, La.
	Nov. 9	"A Night with the Champ": Tribute to Joe Louis, Caesars Palace, Las Vegas, Nev.
1979	Jan.	Race distinctions abolished by South African National Board of Boxing Control.
	June 27	Muhammad Ali announces retirement as champion.
	July	*The Ring*, including *The Ring Record Book*, The Ring Book Shop, etc., sold to combine headed by Chicago businessman Nicholas Kladis and former basketball great Dave DeBusschere.
		World Boxing Council revives 115-pound division as "super flyweight" class and creates new cruiserweight division at 190 pounds.
1980	Apr. 10	Premiere telecast: *Top Rank Boxing* (ESPN).
	Oct. 2	Muhammad Ali's comeback fails, as he does not answer bell for round 11 against WBC heavyweight champion Larry Holmes, Caesars Palace, Las Vegas. Holmes generally recognized as world heavyweight champion.
	Nov. 25	Sugar Ray Leonard regains world welterweight title when Roberto Duran says "*no mas*" at 2:44 of round eight, Superdome, New Orleans, La.
1981	Jan.	Muhammad Ali Professional Sports (MAPS) publicly linked to FBI probe into alleged illegal transfers of large amounts of money between accounts at Beverly Hills branch of Wells Fargo Bank. MAPS chairman Harold Smith (also known as Ross Fields) subsequently indicted.
		United States Amateur Boxing Federation (USABF) est. in succession to boxing division of National Amateur Athletic Association.
	Mar. 25	Premiere telecast: *USA Boxing* (USA).
	Apr. 12	Joe Louis dies, Las Vegas, Nev.

	June 15	Professional boxing banned in Norway.
	Sept. 16	WBC welterweight champion Sugar Ray Leonard stops WBA counterpart Thomas Hearns in 14th round at Caesars Palace, Las Vegas, Nev. High mark of 1976–83 boxing "boom."
	Nov. 1	Ralph Citro, Inc., forerunner of Fight Fax, Inc., est., Blackwood, N.J.
1982	Jan. 26	New York State Athletic Commission mandates use of thumbless gloves.
	June 11	Larry Holmes retains world heavyweight title, stopping Gerry Cooney at 2:52 of round thirteen, Caesars Palace, Las Vegas, Nev., in one of boxing's most anticipated contests.
		Canadian Professional Boxing Federation withdraws from WBA.
	Nov. 13	Ray Mancini retains WBA lightweight title by knocking out Korea's Deuk-Koo Kim in 0:19 of 14th round in scheduled 15, Caesars Palace, Las Vegas, Nev. Kim lapses into coma.
	Nov. 15	Virginia State Athletic Commission withdraws from WBA.
	Nov. 17	Deuk-Koo Kim dies of injuries sustained in the Mancini bout.
	Nov. 18	Missouri State Boxing Commission withdraws from WBA.
	Nov. 26	Larry Holmes retains world heavyweight title with unanimous decision over Randall (Tex) Cobb, Astrodome, Houston, Texas.
	Dec. 2	Howard Cosell announces he will no longer serve as a ringside boxing commentator.
	Dec. 9	World Boxing Council, reacting to the death of Deuk-Koo Kim, announces it will sanction only 12-round title bouts in 1983.
1983	Jan. 20	New York State Athletic Commission announces scoring of bouts in New York will henceforth be done by three judges, rather than two judges and referee.
	May 31	Jack Dempsey dies, New York, N.Y.
		Robert W. Lee, failing in bid for WBA presidency, forms USBA-International.
	Nov. 5	Name of USBA-International changed to International Boxing Federation (IBF), Newark, N.J.
1984		Int. Boxing Federation inaugurates super middleweight division at 168 pounds.
1985	Mar. 6	Mike Tyson makes professional debut with first round TKO of Hector Mercedes, Empire State Convention Center, Albany, N.Y.
		United States Association of Boxing Commission (ABC) est.
	Sept. 21	Reigning world light heavyweight champion Michael Spinks wins world heavyweight title with 15-round unanimous decision over Larry Holmes, Riviera Hotel and Casino, Las Vegas, Nev.
1986	Mar. 10	First Showtime telecast of boxing: Marvin Hagler retains world middleweight title, knocking out John Mugabi in 1:29 of round eleven in scheduled 12-rounder, Caesars Palace, Las Vegas, Nev.
	Nov. 22	Mike Tyson wins WBC heavyweight title by stopping Trevor Berbick at 2:35 of round two, Las Vegas Hilton, Las Vegas, Nev. Twenty-year-old Tyson is youngest (partial) world heavyweight champion in boxing history.
1987	Mar. 7	Mike Tyson wins WBA heavyweight title with unanimous decision over James (Bonecrusher) Smith, Las Vegas Hilton, Las Vegas, Nev. Tyson's 29th straight win as pro.
	Aug. 1	Tyson wins IBF heavyweight title with unanimous decision over Tony Tucker, Las Vegas Hilton, Las Vegas, Nev. in finale of HBO "tournament."
		Strawweight (105-pound) division, originated by Thai Boxing Commission and adopted by Orient & Pacific Boxing Federation, sanctioned as weight class by World Boxing Council and World Boxing Association (as "minimumweight" division). International Boxing Federation subsequently adopts class under name of "mini flyweight."
1988	Apr. 12	Sugar Ray Robinson dies, Los Angeles, Ca.
	June 3	International Boxing Federation votes, 12–3 with six abstentions, to shorten its world title bouts from 15 rounds to 12, at its annual convention, Miami Beach, Fla.
	June 27	Mike Tyson wins linear world heavyweight title by knocking out Michael Spinks in 1:31 of the first round, Convention Hall, Atlantic City, N.J. Pinnacle of his career.
		World Boxing Organization (WBO) est.
1989		World Boxing Federation (WBF) est. [Does not sanction title bouts until 1991.]
1990	Feb. 11	James (Buster) Douglas wins world heavyweight title by knocking out Mike Tyson in 1:23 of round ten, Tokyo Dome, Tokyo, Japan. Greatest upset in the history of boxing.
		Intercontinental Boxing Council (IBC) est.
	June 11	Premiere induction ceremony, International Boxing Hall of Fame Canastota, N.Y.
	Oct. 25	Evander Holyfield wins world heavyweight title by knocking out James (Buster) Douglas in round three, Mirage Casino-Hotel, Las Vegas, Nev.
1991	Apr. 19	Evander Holyfield retains world heavyweight title with unanimous decision over George Foreman, Convention Center, Atlantic City, N.J., in first boxing show presented on Time-Warner TVKO pay-per-view network.
		International Boxing Organization (IBO) est.
1992	Mar. 26	Former world heavyweight champion Mike Tyson, having been convicted of one count of rape and two counts of deviate sexual conduct, is sentenced to ten years in prison, four suspended, by Indiana Superior Court Judge Patricia Gifford.
	Nov. 13	Riddick Bowe wins world heavyweight title with unanimous decision over Evander Holyfield, Thomas & Mack Center, Las Vegas, Nev.
1993	Feb. 20	Julio Cesar Chavez vs. Greg Haugen breaks 1926 Dempsey-Tunney mark for paid attendance with 136,282, Azteca Stadium, Mexico City, Mex.
	May 7	Madison Square Garden announces it will close its boxing department, M.S.G. Boxing, Inc., after three more shows at The Paramount, Garden's smaller auditorium below the main arena.
	July 8	Final boxing show at The Paramount, Madison Square Garden. Lonnie Bradley stops Marcel Huffaker at 1:34 of round one in final contest.
	Nov. 6	Evander Holyfield regains world heavyweight title with majority decision over Riddick Bowe, Caesars Palace, Las Vegas, Nev., in fight interrupted by parachute jump.

1994	Jan. 29	First boxing show at MGM Grand Garden, Las Vegas, Nev.—"Super Grand Slam of Boxing": Frankie Randall vs. Julio Cesar Chavez, Felix Trinidad vs. Hector Camacho, Simon Brown vs. Troy Waters, Thomas Hearns vs. Dan Ward. American Association of Boxing Commissions announces it will not recognize results of bouts in U.S. unsanctioned by a state commission.
	Apr. 22	Michael Moorer wins world heavyweight title with majority decision over Evander Holyfield, Caesars Palace, Las Vegas, Nev. World Boxing Union (WBU) founded by Jon W. Robinson (U.K.). American Association of Professional Ringside Physicians est. WBC's South American Boxing Federation (FESUBOX) absorbs WBA-affiliated Latin American Boxing Confederation (CLAB). WBA inaugurates "Fedelatin" championships to replace CLAB Latin American titles.
	Nov. 5	Forty-five-year-old George Foreman regains world heavyweight title, knocking out Michael Moorer in round ten at MGM Grand Garden, Las Vegas, Nev.
1995	Aug. 19	Mike Tyson returns to ring after four years, defeating Pete McNeeley at MGM Grand Garden, Las Vegas, Nev., in 1:29 of the first round in record breaking pay-per-view event.
1996		International Boxing Association (IBA) founded by former major league baseball pitcher Dean Chance.
	Oct. 9	Professional Boxing Safety Act signed into law by U.S. Pres. William J. Clinton. Law requires every professional boxing show in the U.S. to be sanctioned by a commission, mandates boxer identification cards, requires results to be reported to registries certified by Association of Boxing Commissions, and requires that medically related suspensions be enforced throughout the country.
1997	Mar. 18	Professional Boxing Promoters Association est., London, Eng.
	Apr. 30	Opening of WBC's five-day first World Medical Boxing Congress, Aruba.
	June 7	Jose A. (Shibata) Flores outpoints Eric Holland for World Boxing Board light middleweight title in last 15-round bout in boxing history, Ruidoso, N.M.
	June 28	Referee Mills Lane disqualifies Mike Tyson for biting defending WBA heavyweight champion Evander Holyfield in round three, MGM Grand Garden, Las Vegas, Nev.
1998	Aug. 25	Final telecast: *Tuesday Night Fights* (USA)—USA Network's farewell to boxing after 17 years.
	Oct. 2	First telecast: *Friday Night Fights* (ESPN2).
1999	Mar. 13	WBC heavyweight champion Lennox Lewis meets WBA-IBF heavyweight champion Evander Holyfield in 12-round title unification bout, Madison Square Garden, New York, N.Y. Official decision is a draw, despite apparent victory by Lewis.
	Nov. 4	Int. Boxing Federation president Robert W. Lee, Robert W. Lee, Jr., Donald Wm. (Bill) Brennan, and Francisco Fernandez indicted on federal racketeering and bribery charges, accused of soliciting and accepting bribes from promoters and boxers in exchange for manipulation of rankings, allowing boxers to qualify for lucrative championship bouts. Thirty-two count indictment specifically refers to George Foreman–Axel Schulz heavyweight title contest and accuses IBF of accepting total of $338,000 in bribes from seven promoters and 23 boxers.
	Nov. 13	WBC heavyweight champion Lennox Lewis wins unanimous decision over WBA-IBF champion Evander Holyfield in 12-round title unification bout, Thomas & Mack Center, Las Vegas, Nev.
2000	May 26	Muhammad Ali Professional Boxing Reform Act signed into law by U.S. Pres. William J. Clinton. Law is aimed at anti-competitive and corrupt business practices in professional boxing.
	June 16	Last network telecast of boxing: Jose Luis Castillo wins WBC lightweight title with majority decision over Stevie Johnston at the Bicycle Casino, Bell Gardens, Calif., over ABC.
	Aug. 18	Former IBF President Robert W. Lee acquitted on 27 counts of bribery and racketeering, but convicted on charges of money laundering, tax evasion, and interstate travel to aid racketeering, U.S. Federal Court, Newark, N.J.
2001	Apr. 22	Hasim Rahman wins world heavyweight title with stunning upset knockout over Lennox Lewis in 2:32 of round five, Carnival City Big Top Arena, Brakpan, Transvaal, South Africa.
	Sept. 29	Bernard Hopkins reunifies world middleweight title for first time in 14 years by stopping Felix Trinidad at 1:42 of 12th and final round, Madison Square Garden.
	Nov. 17	Lennox Lewis regains world heavyweight title by knocking out Hasim Rahman in 1:29 of round four, Mandalay Bay Resort, Las Vegas, Nev.
2002	June 8	Lennox Lewis retains world heavyweight title by knocking out Mike Tyson in 2:25 of round eight, The Pyramid, Memphis, Tenn. Graciano Rocchigiani wins 31 million dollar judgment against World Boxing Council, which had failed to proclaim him world light heavyweight champion after his defeat of Michael Nunn in 1998 (Roy Jones, Jr., having failed to make mandatory defense).
2003	Apr. 16	World Boxing Council files Chapter Eleven bankruptcy, U.S. Bankruptcy Court, San Juan, P.R.
	June 21	Lennox Lewis, trailing on points, retains world heavyweight title by stopping Vitali Klitschko on cuts after six rounds, Staples Center, Los Angeles, Calif.
	Nov. 25	ESPN announces it will no longer pay boxing "site fees" (i.e., money for broadcasting rights) on its ESPN2 *Friday Night Fights* series. [This is later rescinded in favor of a maximum site fee of $15,000.]
2004	Feb. 6	Lennox Lewis announces retirement as world heavyweight champion.
	June	WBC avoids total liquidation, making last minute financial settlement with former champion Graciano Rocchigiani, who reportedly receives three million dollars.

	Sept. 29	Office of U.S. Attorney General and Int. Boxing Federation enter into a Consent Decree, terminating monitorship of IBF begun in January 2000 as result of civil RICO action filed by United States based upon the allegations of corruption in criminal case against former IBF President Robert W. Lee.
2005	June	Vitali Klitschko announces retirement as WBC heavyweight champion.
	July 16	Jermain Taylor wins world middleweight title with split decision over defending champion Bernard Hopkins, MGM Grand Garden, Las Vegas, Nev. Hopkins had been IBF champion since 1995.
	Nov. 19	Dedication of $53,000,000 Muhammad Ali Center, Louisville, Ky.
2007	Jan. 27	Gothenburg: First professional boxing card in Sweden since 1964.
	May 5	Floyd Mayweather, Jr., wins WBC super welterweight title with split decision over defending champion Oscar de la Hoya, MGM Grand Garden, Las Vegas, Nev. Program breaks all records in pay-per-view TV sales and receipts.
		Japanese Boxing Commission sanctions female boxing.
2009	May 2	Manny Pacquiao wins IBO light welter title with devastating two-round knockout over Britain's Ricky Hatton, MGM Grand Garden, Las Vegas, Nev.
		Boxing Promoters' Association est.
2010	Apr. 19	Former WBC lightweight champion Edwin Valero commits suicide in Valencia, Carabobo, Venezuela, hours after having killed his wife.

BIBLIOGRAPHY

Record Books

All Star Sport Record 1919, compiled by Al Spink. All Star Sport Record Press, Chicago, Ill.

Almanach du Ring 1945, by Georges Pagnoud. Le Soir editions, Paris.

American Boxing Guide, Graham Houston, compiler. 1980, 1981, and 1982 editions. Produced by Graham Houston, South Surrey, B.C., Canada. Stapled, no covers.

American Boxing Record Book, edited by Bill Miley, Davison, Mich. Published from 1986 to 1997. First two editions entitled *Mid-American Boxing News Record Book*; 1988 edition entitled *American Boxing News Record Book*.

Andrews Championship Records: Pocket Sporting Compendium, by T.S. Andrews. Milwaukee, Wisc., 1903. This first edition of T.S. Andrews' record books contained only a list of some main event results for the years 1901 and 1902. Followed by *The St. Louis Star's Sporting Manual, 1904*, by T.S. Andrews (q.v.)

Andrews World's Sporting Annual and Record Book, by T.S. Andrews. Milwaukee, Wisc. Published annually, 1905–1927. Complete records of selected contemporary boxers in a compact pocket-sized format.

Andrews World's Sporting Annual. Compiled and published by T.S. Andrews, Milwaukee, Wisc. Published annually, 1928–1934. A continuation of the pocket-sized Andrews series, with a minor change in title.

Andrews World's Boxing Annual, 1937. Compiled and published by T.S. Andrews, Milwaukee, Wisc. A renewal of the pocket-sized Andrews series after a two-year hiatus.

Andrews Authentic and Complete 1938 Boxing Record, edited by T.S. Andrews. Associated Publishers Corp., Chicago, Ill. The final volume in the pocket-sized series.

Annuaire du Ring Belge, 1923, by Jean Coenen. Published by Clarence Denis, Brussels, Belgium. Evidently the only Belgian record book ever published.

Annuario del Ring 1925, edited by V. Ravizza and E. Mazzia for *Giornale "El Ring,"* Rome, Italy.

Annuaire du Ring, by Victor Breyer. Published by Tristan Bernard, Paris, France. Records of contemporary French boxers. Published in 1909, 1911, 1912–13, and 1920, and yearly thereafter through 1939. Records of contemporary French boxers and some highly rated boxers from other countries. First edition entitled *Annuaire du Ring Francais*.

Annuaire du Ring, Nouvelle Series. Edited by Georges Denis. Editions Arcadiennes, Paris, France. Thirteen editions: 1945–46, 1946–47, 1947–48, 1948–49, 1949–50, 1952; 1953; 1953–54, 1955, 1956, 1957, 1958, 1959. Partial and complete records of contemporary French boxers and some outstanding boxers from other countries.

Annual Universel de "La Boxe et les Boxeurs," by Leon See. A fairly thick booklet with records of contemporary French, British, American, and other boxers.

Annuario della Boxe Italiana, edited by Rino Tommasi. Published yearly from 1956 to 1963 and in 1966. The 1956 and 1962 editions contained records of contemporary Italian boxers. Other editions contained records of contemporary European boxers and even some records of non–Europeans.

Annuario Internazionale, 1957, 1958–59, and 1971 editions. Edited by Umberto Branchini. Recent records of numerous selected contemporary boxers, world-wide.

Annuario Pugilistico, 1951 and 1952 editions. 1951 edition edited by Jose Fanelli, Andres Turnaturi, and Evaristo Monti; 1952 edition edited by Evaristo Monti. Records of the previous year's activities of Argentine boxers.

Anuario Boxistico Espanol, 1954. Edited by Rafael Barbosa and Narciso Villar. Records of contemporary Spanish boxers. Evidently the only Spanish record book ever published.

Auf Schmeling's Spuren! Rekordheft '78. Printed in German; editors and site of publication not specified. A small booklet containing records of contemporary German boxers.

Australasian Boxing Records, by Kirk Anthony. The Ruskin Press, Melbourne, Vic., Aus., 1924. "Containing records of Australasian boxers and of famous overseas men, also Australasian records of many professional visiting boxers."

Australian Boxing Records, compiled and edited by Jack Read. Eight editions: 1927, 1928, 1930, 1934, 1935, 1938, 1945, 1947. Selections of records of contemporary and earlier Australian champions and other noted boxers. Sixth edition published as *Australian Boxing Annual*; seventh and eighth editions published as *Read's Boxing Records*.

Australian Boxing Records (Incorporating New Zealand and Fijian Records), 1996 and 1997 editions. Compiled and published by John M. Hogg, Coorparoo, Brisbane, Qld., Aus. Complete records of contemporary boxers in the southwest Pacific.

Australian Ring Digest. Published annually from 1951 to 1957. Compiled by Bill O'Loughlin (with Dick Bellenger in 1956). O'Loughlin Publications, Sydney, N.S.W., Aus. Records of Australian boxers for the preceding year.

Australian Ring Record Book, edited by Ray Mitchell. Published annually from 1958 to 1963. O'Loughlin Publications, Inc., Sydney, N.S.W., Aus. First edition titled *Australian Ring Special Records and Review Issue No. 1*. Final four editions published as *Boxing Record Book*. First two editions contain previous year's records of Australian and New Zealand boxers. Final four editions contain complete records of Australian and New Zealand boxers and records of world and British Empire champions. 1961 edition also contains records of four great Australian champions of the past.

Bang Boxing Record, 1938. Edited by Maurie Waxman and Charles Vackner. Published by Maurie Waxman, New York, N.Y. Records of contemporary boxers and past champions.

Bare Knuckle Record Book, Vol. 1, 2, 3., by Jan Skotnicki and Bill Matthews. Printed in Poland, 1991. Records of bare knuckle fighters, including a few who were active into the Queensberry era.

Bibliography

Box-Brevier, by B.E. Luthge. Deutscher Rennsport, Berlin, Germany. Two editions: 1948 and 1949. Records of contemporary German boxers; entries lack dates and venues.

Boxe 1942 and *Boxe 1943*, by Pierre Bardol. Records of contemporary French boxers, world champions, present and former European champions.

Boxeo Mexicano en Records, by Roberto Valero. Mexico City, Mexico. Records of contemporary Mexican boxers, Mexican world champions, and some other notable Mexican boxers of the past.

Boxing's Book of Records to May 1921. Published by *Boxing*, London, Eng. Mainly records of contemporary British boxers.

Boxing Illustrated Record Book, 1978 and 1979 editions. Reg Noble, editor. Fax Publishing, Montreal, Que., Canada. Previous year's records of contemporary boxers and complete records of current world champions.

Boxing News Annual. Published yearly in London from 1945 to 1985. 1945 through 1957 editions compiled and edited by Jack Wilson and the staff of *Boxing News*; 1958 through 1985 editions titled *Boxing News Annual and Record Book*, compiled and edited by the staff of *Boxing News* (last few editions edited by Harry Mullan, editor of *Boxing News*). Contain yearly records of contemporary British and some non–British boxers. (No records in 1945 edition.)

Boxing News Record. Three editions: 1937, 1938, 1939. Edited by George Winn. Published by George Winn, New York, N.Y. Records of contemporary boxers.

Boxing Record Book, by Donn J. Shields. D.J. Shields Publishing Co., San Francisco, Calif. Records of contemporary California-based boxers.

The Boxing Record Book. Printed in Japanese. Published annually, 1981 to date. Records by Japanese boxers.

The Boxing Record Book. Phil Marder, editor, 1994–2001; Anibal Miramontes, editor, 2002–2009. Published annually, 1994 to date, by Fight Fax, Inc., Sicklerville, N.J. (Maple Shade, N.J. since 2002). Successor to *Computer Boxing Update*. Complete records of contemporary boxers.

The Boxing Register: International Boxing Hall of Fame Official Record Book, by James B. Roberts and Alexander G. Skutt. Four editions: 1997, 1999, 2002. 2006. McBooks Press, Ithaca, N.Y. Records of boxers elected to the International Hall of Fame; partial records for old-timers; complete records of "moderns" (active after 1942).

Boxing's Book of Records to June 30, 1914. Publishing by *Boxing*, London, Eng. Records of contemporary British boxers, plus some boxers from France, U.S., etc.

Boxsport-Almanach Internationales Rekordbuch 1965. Edited by Willi Papenfuss, Gerhard Reimann, and Eberhard Wassilowski. Boxring-Verlag Papenfuss. Records of contemporary German boxers plus world and European champions.

British Boxing Records: Official Annual, 1939, compiled and edited by Geoffrey W. Bardsley under the direct authority of The National Boxing Association. Records of contemporary British boxers. This small booklet is the only boxing record book published in England in the 1930s.

British Boxing Yearbook. Edited by Barry J. Hugman. Published annually from 1985 to 2010. Title changed to *British Boxing Board of Control Yearbook* beginning with the 1993 edition. Various publishers.

Buffalo Boxing Record, by Charlie Murray. Published by Charles J. Murray and Joseph F. Miller, Buffalo, N.Y., 1926. Mainly a chronology of boxing programs in Buffalo from 1916 to 1925, but contains records of the better known contemporary Buffalo boxers.

Cambria Athletic Club: The College of Hard Knocks. A small booklet containing the records of ten contemporary Philadelphia boxers.

Campioni del Passato, edited by Giuseppe Ballarati, Rome, Italy. Two editions: Volume 1, 1983, and Volume 2, 1988. Records of selected boxers of the past from various countries.

Complete Records of World's Heavyweight Champions. Edited by Alex Sullivan. New York: 1941.

Computer Boxing Update. Published annually from 1984 to 1993 by Ralph Citro, Inc., Blackwood, N.J. Volume 1 contains the 1982 and 1983 records of contemporary boxers. Volumes 2 through 6 contain the yearly records of contemporary boxers for the next five years. Volumes 7 through 10 contain complete records of contemporary boxers. Succeed by *The Boxing Record Book*.

Continental Boxing Guide, edited by Charles Parish. A.H. Butler, Ltd., 1957. 250 records of contemporary continental European boxers. Followed by *European Boxing Guide, 1958–59*.

Cuadrilatero: Annuario 88 Records. Argentina, 1988. Mainly records of Argentine boxers.

Delaware County Boxing Record and Capsule History, by Chuck Hasson. Records of boxers from Delaware County, Pennsylvania, from 1927 to 1984.

El Boxeo Professional de Venezuela, 1922–1981, by Roberto Riveiro and Leo Benitez. Records of Venezuelan champions through 1981.

English Boxing Champions (1872–1910) and Record Book, by Bill Matthews. Arthur H. Stockwell Ltd., Ilfracombe, Devon., Eng.

European Boxing Record Book. Records to 1994, compiled by Primiano Michele Sciavone, via C. Battisti, Lesina, Fg., Italy. Complete and partial records of contemporary European boxers.

European Boxing Guide, 1958–59, edited by Charlers Parish. Kent Arms Printing Works Ltd., Maidstone, Eng. "Records of all (contemporary) leading European and Empire boxers."

Everlast Boxing Record. Published annually by The Everlast Sporting Goods Co., 1922 to 1937. Early editions edited by Robert Ripley. 1934 edition edited by Billy Stevens; 1936 edition edited by George Winn and published by The Boxing News, New York, N.Y; 1937 edition edited and published by Eddie Borden, New York, N.Y.

Fight's Boxing Annual, 1950. Sporting Publications (Pty.) Ltd., Johannesburg, South Africa. Complete and partial records of past and present South African boxers.

Flash Gordon's 1986 East Coast Boxing Yearbook. Compiled by Malcolm (Flash) Gordon, Sunnyside, Queens, N.Y. Records of boxers from the eastern United States for the year 1985.

Florida Boxing Record Book, by Enrique G. Encinosa. Miami, Fla. Three editions: 1984, 1985, 1986. Complete and partial records for contemporary Florida-based boxers.

German Yearbook of Professional Boxing. Edited by Olaf Schroeder. Published annually, 1998–2004, by Fight Production, Bielefeld, Germany. Records of contemporary German boxers, plus historical information.

Guia Lagunera de Box: Libro de Records del Pugilismo de la Comarca Lagunera y de las Ciudades de Durango y Saltillo, by Miguel Ramirez Aznar. Torreon, Coahuila, Mexico, 1954. Records of contemporary boxers from northern Mexico.

Guia Pugilistica. Buenos Aires, Argentina. First two editions: 1932 and 1933–1934–1935, published as *Firpo Sports Records: Guia Pugilistica Argentina*, edited by Simon Bronenberg. Following two editions, 1938 and 1939, published as *Guia Pugilista Argentina*, edited by Simon Bronenberg and Cesar A. Parody. Published annually from 1946 to 1952 as *Guia Pugilistica Sud America*, edited by Simon Bronenberg and Jose Cardona. Published annually as *Guia Pugilisitica*, 1953 through 1979, edited by Simon Bronenberg and Jose Cardona; and 1981 through 1987, edited by Maria Pomares Vda. de Bronenberg and Jose Cardona Records of contemporary South American boxers, primarily Argentine.

Guia Pugilistica Argentina, 1924, by Rosario Perez Aubone. Records of contemporary Argentine boxers.

Guia Pugilistica Provincial, 1938–39, edited

by "Charolito" and J.U. Natale. Rosario, Argentina. Records of some provincial Argentine boxers for 1938.

IBOP Factual. Two volumes; hardcover. Two editions: 1996 and 1997. Edited by Elmer DeDiaux. Published by the International Brotherhood of Prizefighters; Dino DaVinci, director of public relations. Records of contemporary boxers.

Internationale Box-Rekorde, by Fred Petermann. Verlag G.M.B.H., Berlin, Ger, 1931.

International Record Book (Annuario Internazionale di Pugilato), 1988, edited by Primiano Michele Sciavone, via A. Diaz, Lesina (Fg), Italy. Records of contemporary boxers, world-wide, for 1987.

International Boxing Year. Edited by Barry J. Hugman. Three editions: 1988, 1989, 1990. First two editions published by McDonald Queen Anne Press, London, Eng.; 1990 edition published by Hugman Sporting Publ., London, Eng. The three editions contain 424, 408, and 444 career records, respectively.

Jack Solomons International Boxing Annual. Compiled by L.N. Bailey. Six editions: 1948 through 1953. First edition titled *Jack Solomons 1948 Annual of the Ring.* Playfair Books Ltd., London, Eng. Records of contemporary British boxers and world champions.

Jahrbuch des Deutschen Boxsports. Edited by Alfred Petemann, Gerhard Reiman, and Willie Papenfuss. Six editions: 1959 through 1964. Verlag August Steinkopf, Berlin, Ger. Records of contemporary German boxers. First five editions also contain records of all German boxing champions beginning in the early 1920s. Followed by *Boxsport Almanach Internationales Rekordbuch 1965* (q.v.)

King Korn Record Book. Supplement to *South African Boxing World.* Ten editions: 1981 through 1990. Compiled by Ron Jackson; edited by Bert Blewett. (Jackson both compiled and edited the 1990 edition.) Followed by *M-Net Supersport Boxing Yearbook,* 1991, also a supplement to *Boxing World,* compiled and edited by Ron Jackson.

Kiwis with Gloves On: A History and Record Book of New Zealand Boxing, by Brian F. O'Brien. A.H. & A.W. Reed, Wellington, N.Z., 1960. Contains a limited number of records of New Zealand boxers; bouts listed without dates.

Mexicano Record Book 1957, Jose Luis Valero, director. Presented by Ring Universal.

Minnesota Record Book, by George D. Blair. Eleven editions: 1984 through 1994. George D. Blair, St. Paul, Minn. Some editions titled *Minnesota and Upper Midwest Record Book*; others *Midwest Boxing Record Book.*

New England Boxing Yearbook, 1968. New England Sports Enterprises; Gerald Saint Amand, president. Waterville, Maine.

New York State Boxing Yearbook, edited by Flash Gordon and John Bosdal, 1969 edition.

New Zealand Boxing Yearbook, compiled and edited by J.W. Mahoney. Two editions: 1957, 1959. Published by Truth Limited, Wellington, N.Z.

New Zealand Boxing Yearbook, Bob Jones', edited by Robert E. Jones. Two editions: 1972, 1973. Robert Jones Holdings Ltd., Wellington, N.Z.

Nordic Record Book, by Roger Soderberg. Five editions: 1969 through 1973.

Northwest Record Book, 1984.

Old Timer Sporting Records Compendium. Records of selected American boxers through 1907.

Pacific NW's Annual Boxing Yearbook, 1969–70, edited by Bob Decker. Records of contemporary boxers of the U.S. Pacific northwest.

Pacific Northwest Record Book, edited by Bruce Siebol. Four editions: 1979 through 1982.

Pacific Southwest Record Book. Dean Lohuis, editor. Seven editions: 1985 through 1991. Annual records for boxers from California and other Pacific southwest areas.

People Boxing Guide, edited by Maurice Smith. Odhams Press Ltd., London, Eng., 1950. Records of 21 "star" British boxers.

Police Gazette Sporting Annual, compiled by Sam C. Austin. Published annually from 1896 to 1918. Richard K. Fox, Publisher, New York. Records of contemporary boxers.

Police Gazette Sporting Annual, 1930. Richard K. Fox Publishing Co., Inc., New York. A revival of the series. Records of contemporary boxers.

Post Boxing Record Sports Annual. Four editions: 1934, 1935, 1936, 1937. Edited by John J. Romano. Post Sports Records Corporation, New York. Records of contemporary boxers.

Puerto Rican Record Book, 1928. Records of contemporary Puerto Rican boxers.

Pugilato, edited by Giuseppe Ballarati. Title varies. First four editions (1962, 1963, 1964, 1966) titled *Pugilato: Records dei Pugili Italiani*; contain records of Italian boxers. Following twelve editions (1967 through 1978) titled *Pugiliato: Records dei Pugili Europei*; contain records of all European boxers active in the preceding year. Subsequent sixteen editions (1979 through 1994) titled *La "Bibbia" del Pugilato*; also contain records of all European boxers active in the preceding year and records of selected boxers from other continents. The 1972 through 1979 editions also contain "The Golden Pages," which give records of important European boxers of the past.

Punos Argentinos. Two editions: 1949, edited by Empir Elair; 1950, edited by Anibal J. Imperiale. Editorial Sic, Buenos Aires, Arg. Complete records of selected contemporary Argentine boxers.

Records Ieri e Oggi, 1910–1971, compiled by Leonardo La Rosa. Trapani, Italy, 1973. Records of most Italian boxing champions in all divisions from 1910 to 1971.

Ring, by Georges Peeters. A series of four record booklets (*Ring 53, Ring 54, Ring 55, Ring 56*) published for the years 1953–56 by *Ring*, a French boxing magazine. Contain partial and complete records of contemporary French boxers.

Ring Battles of Centuries, compiled by Thomas S. Andrews. Two editions: 1914 and 1924. Records of past and contemporary boxers.

Ring Record Book. Title varies: 1941 (soft cover; all subsequent editions in hard cover), 1942, 1943, and 1944, published as *Nat Fleischer's All-Time Ring Record Book,* contained records of former and contemporary boxers. 1945 through 1952 editions, titled *Nat Fleischer's Ring-Record Book,* contained records of contemporary boxers, although 1949 through 1952 editions also contained records of past world champions in each major division. 1953 through 1969 editions titled *Nat Fleischer's Ring Record and Boxing Encyclopedia* and contained records of contemporary boxers, past world champions in all divisions and other outstanding boxers from previous years. 1970 through 1972 editions titled *The Ring Record Book and Boxing Encyclopedia;* similar contents; 1973 through 1985 and 1986-87 editions titled *The Ring Boxing Encyclopedia and Record Book*; similar contents.

Ring Records, by Nelse Innes, author and publisher. Published annually from 1893 to 1899. The first boxing book with bout-by-bout records.

Ringside Boxing Record of 1940, with Records up to April 30, 1940. Peter Vaccare, Editor and Publisher, New York, N.Y.

Ringside Reviews, by Joe Rivers. *Truth and Sportsman* Ltd., Valley, Brisbane, Qld., Aus.

Rocky Mountain Record Book. Two editions: 1990 and 1991. Ed Walsh, compiler-editor, Denver, Colo.

Schutte's American Supplement of Boxing. Three volumes: No. 1 (1989), No. 2 (1991), No. 3 (1995), by William Schutte, Whitewater, Wisc. Each volume contains records of American boxers active from the 1880s to 1910.

Self Defense Sporting Annual. Two editions: 1929 and 1930. Edited by Joe Burten and Jay Thomas. Published by Self Defense Publishing Co., New York, N.Y.

Sessant-Anni di Pugilato Italiano, by Salvatore Salsedo. Edizioni la Fiaccola, Rome, Italy,

1973. Contains a limited number of complete records of noted Italian boxers.
Small Glove News Record Book. Five editions: 1977, 1978, 1979, 1981, 1983. Edited by Les Gibbons. Complete records of contemporary Australian boxers. The 1977 and 1978 editions also contain records of some earlier Australian boxers.
South African Boxing Annual for 1948. Edited by Felix Stark. Johannesburg, Trans., S.A.
Sporting Life Boxing Records to October, 1909. Published by *The Sporting Life*, London, Eng.
Sporting Life Boxing Records, 1923. Published by *The Sporting Life*, London, Eng.
Sporting Record Boxing Annual 1949, edited by Trevor Wignall. Country & Sporting Publications Ltd., London, Eng.
St. Louis Star's Sporting Manual: The Sporting and Athletic World for 1904, compiled by Thomas S. Andrews. A pocket-sized record book that followed *T.S. Andrews' Championship Records: The Pocket Compendium*, and was succeeded by the *T.S. Andrews World's Sporting Annual Record Book* series.
Tartan Boxing Annual and Record Book 1984, compiled and edited by Robert MacDonald. Published and printed by R.W.M. Productions, Wick, Caithness, Scotland. Records of some contemporary Scottish boxers, plus a few from earlier years.
Welsh Board of Boxing Control Annual Handbook, 1931. Priory Press, Ltd. Records of contemporary Welsh boxers.
Zawadowcy: Historia Championatu Wszechwag: I Poczet Mistrzow Swiata 1719–1993, by Jan Skotnicki and Slawomir Rojek. Wydawnictwo Kask. Records of heavyweight champions.

Reference Books

Blewett, Bert. *The A–Z of World Boxing*. London: Robson Books, 1996.
Golesworthy, Maurice. *Encyclopedia of Boxing*. Seventh Edition. London: Robert Hale, 1983. (First Edition: 1960)
Morrison, Ian. *Boxing: The Records*. Enfield, Middlesex, Eng.: Guinness Superlatives, 1986.
Odd, Gilbert. *Encyclopedia of Boxing*. London: Hamlyn, 1983.

General Histories

Andre, Sam, and Fleischer, Nat. *A Pictorial History of Boxing*. Secaucus, N.J.: Citadel Press, 1959.
Arnold, Peter. *The Pictorial History of Boxing*. New York: Gallery Books, 1988.
Carpenter, Harry. *Boxing: An Illustrated History*. London: William Collins, 1975.
Gee, Tony. *Up to Scratch: Bareknuckle Fighting and Heroes of the Prize Ring*. London: Queen Anne Press, 1998.
Grombach, John V. *The Saga of Sock*. New York: A.S. Barnes, 1949.
Greyvenstein, Chris. *The Fighters: A Pictorial History of South African Boxing from 1881*. Cape Town, S.A.: Don Nelson, 1981.
Job, Bertram. *Boxing*. Berlin: Feierabend, 2003.
Johnson, Alexander. *Ten and Out: The Complete Story of the Prize Ring in America*. New York: Ives Washburn, 1927.
MacDonald, Alan. *Champions by Acclaim: Prize Ring Rulers of the Lighter Weight Divisions*. Auckland, N.Z.: David Hines, 1994.
Mee, Robert. *Bare Fists: The History of Bare Knuckle Prize Fighting*. Woodstock, N.Y.: Overlook Press, 2001.
_____. *The Heavyweights: The Definitive History of the Heavyweight Fighters*. Stroud, Gloucestershire, Eng.: Tempus, 2006.

Record Keeping Service

Fightfax

Boxing Websites

boxrec.com
cyberboxingzone.com

Magazines

The Ring, Boxing Illustrated

Trade Newspapers

The Boxing Blade, Boxing News

Trade Newsletters

Tonight's Boxing Program, Boxing Update

Newspapers

ASIA

Philippines
Manila: *Bulletin, Times*

CARIBBEAN

Cuba
Havana: *Diario de la Marina, Noticias de Hoy,*

CENTRAL AMERICA

Panama
Panama City: *Star & Herald*

NORTH AMERICA

Canada
Alberta
Calgary: *Herald*
British Columbia
Vancouver: *Sun*
Manitoba
Winnipeg: *Free Press*
Ontario
Toronto: *Globe*
Quebec
Montreal: *Star*

Mexico
Yucatan
Merida: *Diario de Yucatan*

United States
Arizona
Phoenix: *Republican*
California
Los Angeles: *Examiner, Herald, Times*
Sacramento: *Bee*
San Bernardino: *Sun-Telegram*
San Francisco: *Call, Chronicle, Examiner*
San Jose: *Mercury-News*
Ventura: *Free Press*
Watsonville: *Pajaronian*
Colorado
Denver: *Rocky Mountain News*
Pueblo: *Star-Journal*
District of Columbia
Washington: *Post, Star-News*
Connecticut
Bridgeport: *Post, Telegram*
Hartford: *Courant*
New Haven: *Journal*
Waterbury: *American, Republican*
Delaware
Wilmington: *Journal*
Florida
Miami: *Herald*
Georgia
Atlanta: *Constitution, Journal*
Savannah: *Morning News*
Illinois
Alton: *Evening Telegraph*
Chicago: *Tribune*
Ottawa: *Republican-Times*
Rock Island: *Argus*
Indiana
Fort Wayne: *Journal-Gazette*
Hammond: *Times*
Indianapolis: *News, Star*
Kokomo: *Dispatch*
Terre Haute: *Star*
Iowa
Des Moines: *Register*
Dubuque:
Kentucky
Louisville: *Courier*
Louisiana
New Orleans: *Picayune, Times*

Shreveport: *Times*
Maine
  Bangor: *Daily News*
  Portland: *Press-Herald*
Maryland
  Baltimore: *Sun*
Massachusetts
  Boston: *Globe, Herald, Post*
  Fall River: *Herald News*
  Lowell: *Sun*
  Springfield: *Republican*
  Worcester: *Evening Gazette*
Michigan
  Detroit: *Free Press, News*
  Flint: *Journal*
  Grand Rapids: *Herald*
  Jackson: *Citizen-Patriot*
  Lansing: *State Journal*
  Kalamazoo: *Gazette*
  Muskegon: *Chronicle*
  Saginaw: *News*
Minnesota
  Minneapolis: *Journal*
  St. Paul: *Dispatch and Pioneer Press*
Missouri
  Kansas City: *Star*
  St. Louis: *Globe-Democrat*
Nevada
  Las Vegas: *Sun*
  Reno: *Gazette*
New Jersey
  Asbury Park: *Press*
  Atlantic City: *Press*
  Elizabeth: *Journal*
  Englewood: *Journal*
  Jersey City: *Journal*
  Long Branch: *Record*
  Newark: *News, Star-Ledger/Eagle*
  Passaic: *Herald, News*
  Paterson: *News*
New York
  Albany: *Journal*
  Brooklyn: *Citizen, Eagle, Standard-Union, Times*
  Buffalo: *Courier, News*
  New York: *American, Herald, Journal, News, Post, Sun, Telegram, Times, Tribune, World*
  Rochester: *Herald*
  Syracuse: *Herald, Post-Standard*
North Dakota
  Fargo: *Forum*
Ohio
  Akron: *Beacon-Journal, Times-Press*
  Bellaire: *Leader*
  Canton: *Daily News, Repository*
  Cincinnati: *Post*
  Cleveland: *Leader, Plain Dealer*
  Columbus: *Ohio State Journal*
  Dayton: *Journal, Daily News*
  Lorain: *Journal*
  Portsmouth: *Times*
  Sandusky: *Star-Journal*
  Toledo: *Bee, Blade*
  Youngstown: *Vindicator*
  Zanesville: *Signal*
Oregon
  Portland: *Oregonian*
Pennsylvania
  Philadelphia: *Inquirer, Item, Public Ledger, Record*
  Pittsburgh: *Post, Press*
  Scranton: *Times*
  Wilkes-Barre: *Times-Leader*
  Williamsport: *Gazette*
Rhode Island
  Providence: *Journal*
Texas
  Fort Worth: *Courier/Star-Telegram*
Utah
  Salt Lake City: *Tribune*
Virginia
  Norfolk: *Pilot*
Washington
  Seattle: *Post-Intelligencer, Times*
  Spokane: *Spokesman-Review*
  Tacoma: *Ledger, News-Tribune*
  Yakima: *Republic*
Wisconsin
  Milwaukee: *Free Press, Journal*
  Superior: *Telegram*
Wyoming
  Rock Springs: *Daily Rocket*